PSICOPATOLOGIA

W579p Whitbourne, Susan Krauss.
Psicopatologia : perspectivas clínicas dos transtornos psicológicos / Susan Krauss Whitbourne, Richard P. Halgin ; tradução: Maria Cristina G. Monteiro ; revisão técnica: Francisco B. Assumpção Jr., Evelyn Kuczynski. – 7. ed. – Porto Alegre : AMGH, 2015.
xxv, 458 p. : il. color. ; 28 cm.

ISBN 978-85-8055-486-1

1. Psicopatologia. I. Halgin, Richard P. II. Título.

CDU 616.89

Catalogação na publicação: Poliana Sanchez de Araujo – CRB 10/2094

SUSAN KRAUSS WHITBOURNE
Universidade de Massachusetts Amherst

RICHARD P. HALGIN
Universidade de Massachusetts Amherst

PSICOPATOLOGIA

Perspectivas clínicas dos transtornos psicológicos

7ª EDIÇÃO

Tradução:
Maria Cristina G. Monteiro

Revisão técnica:

Francisco B. Assumpção Jr.
Psiquiatra. Doutor em Psicologia Clínica pela Pontifícia Universidade Católica de São Paulo.
Professor livre-docente pela Faculdade de Medicina da Universidade de São Paulo.
Professor associado do Instituto de Psicologia da Universidade de São Paulo.

Evelyn Kuczynski
Pediatra e psiquiatra.
Doutora pelo Departamento de Psiquiatria da Faculdade de Medicina da Universidade de São Paulo.
Pesquisadora voluntária do Laboratório de Distúrbios do Desenvolvimento do
Instituto de Psicologia da Universidade de São Paulo.

AMGH Editora Ltda.
2015

Obra originalmente publicada sob o título
Abnormal Psychology: Clinical Perspectives on Psychological Disorders, 7th Edition
ISBN 0078035279 / 9780078035272

Gerente editorial: *Letícia Bispo de Lima*

Colaboraram nesta edição:

Coordenadora editorial: *Cláudia Bittencourt*

Assistente editorial: *Paola Araújo de Oliveira*

Capa sobre arte original: *Márcio Monticelli*

Preparação de originais: *Juçá Neves da Silva*

Leitura final: *Antonio Augusto da Roza*

Editoração: *Techbooks*

Reservados todos os direitos de publicação, em língua portuguesa, à
AMGH EDITORA LTDA., uma parceria entre GRUPO A EDUCAÇÃO S.A. e McGRAW-HILL EDUCATION
Av. Jerônimo de Ornelas, 670 – Santana
90040-340 – Porto Alegre – RS
Fone: (51) 3027-7000 Fax: (51) 3027-7070

Unidade São Paulo
Av. Embaixador Macedo Soares, 10.735 – Pavilhão 5 – Cond. Espace Center
Vila Anastácio – 05095-035 – São Paulo – SP
Fone: (11) 3665-1100 Fax: (11) 3667-1333

SAC 0800 703-3444 – www.grupoa.com.br

IMPRESSO NO BRASIL
PRINTED IN BRAZIL
Impresso sob demanda na Meta Brasil a pedido de Grupo A Educação.

Autores

Susan Krauss Whitbourne e **Richard P. Halgin** são professores de psicologia na University of Massachusetts Amherst. Lecionam em cursos de graduação, bem como ensinam e supervisionam estudantes de doutorado em psicologia desenvolvimental e clínica. Sua experiência clínica abrange contextos hospitalares e ambulatoriais. São membros da American Psychological Association e coeditores de *A Case Book in Abnormal Psychology: From the Files of Experts* (Oxford University Press), que contém estudos de caso escritos pelas principais autoridades internacionais no campo da psicopatologia.

A professora Whitbourne obteve seu PhD na Columbia University e tem especializações em psicologia desenvolvimental do ciclo de vida e em psicologia clínica. Lecionou na State University of New York, em Geneseo, e na University of Rochester. Na University of Massachusetts, recebeu o University's Distinguished Teaching Award, o Outstanding Advising Award e o College of Arts and Sciences Outstanding Teacher Award. Em 2001, recebeu o Psi Chi da Eastern Region Faculty Advisor Award e, em 2002, o Florence Denmark Psi Chi National Advisor Award. Em 2003, recebeu os Prêmios da Divisão 20 da APA e da Gerontological Society of America. Atuou como coordenadora do Departamento de Estudos Avançados de 1990 a 2010 e atualmente é conselheira docente Psi Chi e diretora do Office of National Scholarship Advisement na Commonwealth Honors College. Autora de 16 livros e mais de 160 artigos de revistas e capítulos de livros, é considerada especialista em desenvolvimento da personalidade na meia-idade e na terceira idade. É membro do Conselho de Administração da APA, foi presidente do Conselho de Política e Planejamento da APA e da Comissão da APA para a Estrutura e Função do Conselho. É representante do Conselho da APA para a Divisão 20 (Desenvolvimento Adulto e Envelhecimento), tendo atuado também como presidente da Divisão 20. É membro das Divisões 20, 1 (Psicologia Geral), 2 (Ensino de Psicologia), 12 (Psicologia Clínica) e 35 (Sociedade para a Psicologia das Mulheres) da APA. Membro da Gerontological Society of America, atua no Conselho Executivo da Seção de Ciências Comportamentais e Sociais. Em 2007, foi vice-presidente da Região Leste Psi Chi e, em 2009, presidente de Programa da National Leadership Conference. Atuou ainda como redatora de itens para o Serviço de Testagem Educacional, foi membro do Painel Consultivo de Padrões Nacionais do Currículo do Ensino Médio da APA e redigiu as Diretrizes do Currículo do Ensino Médio para a Psicologia Desenvolvimental do Ciclo de Vida. É redatora de itens para o Exame para Prática Profissional da Psicologia e presidente do Conselho dos Programas de Treinamento de Geropsicologia Profissional. Seu livro *The Search for Fulfillment*, publicado em 2010, foi indicado para o William James Award da APA. Em 2011, recebeu uma Menção Presidencial da APA. Além de seus livros acadêmicos, ela edita um *blog* no *site* da *Psychology Today*, intitulado "Fulfillment at Any Age".

O professor Halgin obteve seu PhD na Fordham University e foi membro do Departamento de Psiquiatria do New York Hospital-Cornell Medical Center antes de passar a integrar o corpo docente da University of Massachusetts em 1977. É psicólogo clínico certificado com mais de quatro décadas de experiência em clínica, supervisão e consultoria. Na University of Massachusetts, recebeu o Distinguished Teaching Award, o Distinguished Faculty Award, da Associação de Ex-alunos, e foi indicado para o Carnegie Foundation's U. S. Professor of the Year Award. Seu ensino foi reconhecido pela Danforth Foundation e pela Society for the Teaching of Psychology. É autor de 60 artigos de revistas e capítulos de livros nos campos de psicoterapia, supervisão clínica e questões profissionais em psicologia. Também é editor de *Taking*

Sides: Controversial Issues in Abnormal Psychology, sexta edição (McGraw-Hill). Atuou como presidente do Comitê de Examinadores para o Exame de Registro de Graduação de Psicologia, como membro associado do Comitê de Ética da American Psychological Association e, atualmente, participa do Conselho do Registro de Psicólogos de Massachusetts.

Para nossas famílias, com amor e reconhecimento

Prefácio

Abordagem acessível e pesquisa com apoio empírico

Esta sétima edição de *Psicopatologia* se concentra em apresentar uma visão precisa, abrangente, concisa e atualizada deste campo de rápida evolução. Realizamos uma revisão completa da literatura e sintetizamos as informações a fim de abordar as teorias e as pesquisas mais relevantes para seu estudo. Novos recursos foram incluídos para permitir ao leitor uma avaliação das questões éticas com que os profissionais da saúde mental se defrontam e das controvérsias atuais no campo em torno das mudanças no sistema diagnóstico: os itens **"Você Decide"** apresentam questões éticas polêmicas relacionadas especificamente ao conteúdo dos capítulos; os itens **"Novidades no DSM-5"** resumem o que mudou do DSM-IV-TR para o DSM-5. Também revisamos cada capítulo com base nos princípios do que é chamado "tratamento baseado em evidência". Esses recursos darão ao leitor uma visão contemporânea do campo como é agora e também proporcionarão uma base sólida para entender como esta área em constante desenvolvimento continua a progredir.

Na redação desta sétima edição, aprimoramos o foco de cada capítulo para fornecer um quadro o mais vibrante possível desse campo extraordinário na psicologia. Se você conhece uma das edições anteriores, perceberá uma mudança nítida, pois o livro, embora ainda focado em "falar ao estudante", o faz de uma forma que reflete o estilo de aprendizagem dos estudantes de hoje. Percebemos que eles se matriculam em muitas disciplinas, com muitos créditos, e que cada disciplina (particularmente na psicologia) parece estar ficando cada vez mais exigente. Portanto, queremos que você seja capaz de compreender o material em menos tempo, mas com profundidade semelhante à que os estudantes encontravam em nossas edições anteriores.

Você decide

Neurocirurgia psiquiátrica

Como discutimos no Capítulo 4, a neurocirurgia psiquiátrica está cada vez mais sendo utilizada com o objetivo de dar aos médicos um instrumento para controlar os sintomas do TOC. Entretanto, em que medida a intervenção cirúrgica é justificável para controlar a existência de sintomas psicológicos? Além disso, essa cirurgia não é reversível. O debate sobre a psicocirurgia remonta a meados do século XX, quando o médico Walter Freeman viajou pelos Estados Unidos realizando aproximadamente 18 mil leucotomias nas quais separava os lobos frontais do resto do cérebro para controlar os comportamentos intratáveis de pacientes psiquiátricos. A ideia era que, separando os lobos frontais do sistema límbico, os pacientes não seriam mais controlados por seus impulsos.

Como acontecia no início do século XX, quando os médicos empregavam lobotomias para tratar sintomas de outro modo intratáveis de pacientes psiquiátricos, é possível que as futuras gerações considerem as cingulotomias e intervenções semelhantes excessivamente punitivas e mesmo bárbaras? Ao mesmo tempo, com sintomas que são tão graves e incapacitantes, qualquer método que possa controlá-los deve ser usado, mesmo que imperfeito?

Gillett (2011) levantou essas questões em relação ao uso das atuais psicocirurgias. Ao alterarem o cérebro do indivíduo por meio dessas técnicas radicais, os psiquiatras estão interferindo com um sistema complexo de interações que compõem a personalidade do sujeito. Apenas porque "funcionam", e porque não existem outros métodos disponíveis atualmente, isso justifica fazer mudanças permanentes no cérebro do indivíduo? As vítimas das leucotomias realizadas por Freeman "melhoraram" na medida em que o comportamento delas se tornou mais dócil, mas elas nunca mais foram as mesmas.

P: *Você decide:* É apropriado transformar a pessoa usando métodos permanentes cuja base para sua eficácia não pode ser cientificamente estabelecida? Como Gillett conclui, "queime, aqueça, cutuque, congele, dê choques, corte, estimule ou de outro modo abale (mas não agite) o cérebro e você afetará a psique" (p. 43).

Novidades no DSM-5

Subtipos de esquizofrenia e avaliações dimensionais

Os autores do DSM-5 implementaram mudanças importantes em sua abordagem ao diagnóstico de esquizofrenia. Como mencionamos no início do capítulo, eles eliminaram os subtipos do transtorno. Em vez disso, usando uma escala que está na Seção III, os clínicos atribuem um diagnóstico de esquizofrenia ao qual podem acrescentar uma classificação dos sintomas do indivíduo ao longo de um conjunto de dimensões, como mostra a Tabela 6.3.

Eliminando os subtipos de esquizofrenia, os autores do DSM-5 buscaram melhorar tanto a confiabilidade como a validade diagnóstica do sistema. Eles também procuraram ter uma base mais quantificável para a pesquisa sobre as causas do transtorno e para o planejamento do tratamento. Por exemplo, um profissional avaliando os resultados da terapia cognitivo-comportamental poderia usar as classificações de gravidade da alucinação e do delírio para determinar se a intervenção está reduzindo os sintomas específicos para os quais está direcionando o tratamento.

Os autores do DSM-5 também decidiram incluir prejuízo cognitivo como uma dimensão na classificações de gravidade da Seção III, dada a importância dos déficits cognitivos nos entendimentos atuais da capacidade do indivíduo de realizar atividades sociais e ocupacionais, bem como as tarefas da vida diária. Nesse sentido, uma avaliação neuropsicológica poderia fundamentar o processo de diagnóstico (Reichenberg, 2010).

Os autores do DSM-5 consideraram, mas decidiram não eliminar, o transtorno esquizoafetivo como uma entidade separada.

Embora ainda não tenham chegado lá, os autores acreditam que os médicos eventualmente diagnosticarão a esquizofrenia como um transtorno de "espectro". Isso significaria, talvez, que mesmo diagnósticos há muito tempo em uso na psiquiatria desapareceriam, incluindo transtorno esquizofreniforme, transtorno esquizoafetivo e os dois transtornos da personalidade associados com sintomas tipo-esquizofrênico.

O sistema atual no DSM-5 representa um passo no afastamento do antigo sistema de categorização na direção da abordagem dimensional. Incluindo classificações de gravidade em vez de subtipos na Seção III, o sistema está tornando possível para os clínicos e pesquisadores acompanhar indivíduos ao longo do tempo de uma forma quantificável.

Como você estudará o comportamento humano "anormal"?

O campo da psicopatologia abrange todo o espectro de comportamento humano ao longo do ciclo de vida. Da infância até a terceira idade, o processo de desenvolvimento nos impulsiona através de uma vasta gama de experiências. Algumas dessas experiências envolvem, invariavelmente, emoções, comportamentos, experiências interiores e interações angustiantes com outras pessoas. Não há uma linha divisória nítida entre "normal" e "anormal", como você descobrirá neste livro, nem as pessoas passam suas vidas inteiras em uma ou outra dessas esferas.

A psicopatologia é particularmente fascinante porque reflete tantas possíveis variações no comportamento humano, particularmente à medida que essas se desenvolvem ao longo do tempo na vida de um indivíduo. Aprender sobre psicopatologia pode ser uma meta em si, mas você muito provavelmente se descobrirá atraído para suas aplicações práticas como uma base para aprender como ajudar os outros. Entretanto, decidindo ou não por uma profissão de assistência, você irá considerar o conhecimento desse campo útil para qualquer área de atuação, assim como para sua vida diária.

Perspectivas clínicas dos transtornos psicológicos

O subtítulo desta sétima edição, *Perspectivas clínicas dos transtornos psicológicos*, reflete a ênfase das edições anteriores na experiência de clientes e clínicos em suas tentativas de facilitar o funcionamento máximo de cada indivíduo. Apresentamos um estudo de caso real no início de cada capítulo que caracteriza os transtornos que serão abordados. No final do capítulo, retornamos ao estudo de caso com o desfecho de um tratamento prescrito com base na melhor evidência disponível. Ao longo de todo o capítulo, traduzimos os sintomas de cada transtorno em termos que capturam sua essência. Nossa filosofia é que os estudantes devem ser capazes de reconhecer a natureza fundamental de cada transtorno sem necessariamente ter de memorizar critérios diagnósticos. Dessa forma, os estudantes podem obter um entendimento básico que lhes servirá bem, independentemente de suas metas profissionais.

A abordagem biopsicossocial

Um entendimento dos transtornos psicológicos requer uma abordagem integrativa, particularmente à medida que os pesquisadores começam a entender cada vez mais as conexões entre as múltiplas dimensões que influenciam as pessoas ao longo da vida. Estamos adotando a abordagem *biopsicossocial* – incorporando as contribuições biológica, psicológica e sociocultural aos transtornos psicológicos. A pesquisa das neurociências está se tornando cada vez mais relevante para o entendimento da psicopatologia, e, ao mesmo tempo, também as questões relacionadas ao contexto social, incluindo diversidade de classe social, raça e etnia. Esses fatores se combinam de formas complexas, e, ao longo do livro, explicamos como eles se aplicam a transtornos psicológicos particulares.

A abordagem do ciclo de vida

Os indivíduos crescem e mudam durante a vida, e sentimos que é essencial capturar a dimensão do desenvolvimento para ajudar os estudantes a entender a evolução dos transtornos psicológicos ao longo do tempo. Portanto, incorporamos pesquisa e teorias para fornecer percepções relevantes de como os transtornos que abrangemos surgem e variam da infância até a idade adulta. Também enfatizamos os efeitos interativos e recíprocos da "natureza" (genética) e da "criação" (o ambiente) como contribuições para os transtornos psicológicos.

A experiência humana dos transtornos psicológicos

Acima de tudo, o estudo da psicopatologia é o estudo de experiências profundamente humanas. Com isso em mente, desenvolvemos um recurso biográfico intitulado **"Histórias Reais"**. Você lerá narrativas de experiências reais de celebridades, atletas, políticos, escritores, músicos e artistas, variando de Beethoven a Herschel Walker. Cada história real é escrita para proporcionar um entendimento do transtorno abordado no capítulo. Lendo esses fragmentos biográficos fascinantes, você desenvolverá uma perspectiva pessoal mais profunda para usar no entendimento da natureza do transtorno.

A estrutura de cientista-profissional

Desenvolvemos este livro usando uma estrutura de cientista-profissional. Em outras palavras, você lerá sobre pesquisa inspirada pela prática clínica. Apresentamos pesquisas sobre teorias e tratamentos para cada um dos transtornos com base nos princípios de "prática baseada em evidência". Isso significa que as abordagens que descrevemos são testadas por meio de extensa pesquisa com base na prática clínica. Muitos pesquisadores no campo da psicopatologia também tratam clientes em seus próprios consultórios particulares, em hospitais ou em clínicas ambulatoriais. Como resultado, abordam seu trabalho no laboratório sabendo que seus achados poderão fornecer ajuda real a pessoas reais.

Mudanças capítulo a capítulo

A mudança mais significativa nesta edição atualizada é a integração do DSM-5 a cada capítulo em que ele se aplica. Até mesmo o sumário foi reorganizado para refletir a nova edição do DSM.

Outra alteração importante que você perceberá é na ordem dos autores. Após muitos anos de ensino, pesquisa e escrita, a nova primeira autora (professora Whitbourne) está trazendo seu estilo de sala de aula para este livro. Ela também mantém um *blog* popular na página da *Psychology Today*, chamado "Fulfillment at Any Age", e adaptou o material das edições anteriores para refletir o estilo de leitura empiricamente informado mas acessível que contribuiu para o sucesso desse *blog*.

Além disso, uniu-se à equipe uma assistente de pesquisa que traz uma perspectiva mais jovem e contemporânea a determinados aspectos do texto. Estudante de graduação em psicologia clínica avançada na American University na época em que o livro foi escrito, Jennifer O'Brien escreveu os recursos "Histórias Reais" e os estudos de caso que iniciam e terminam cada capítulo. Mudando os detalhes identificáveis, ela trouxe esses casos de sua prática em um centro de aconselhamento universitário em um hospital de veteranos, em um sistema judicial e em uma clínica de terapia para mulheres. Além de suas credenciais acadêmicas excepcionais, Jennifer é a filha mais nova da professora Whitbourne. Ela é membro do Psi Chi, da APAGS (a associação de estudantes graduados da APA) e detentora de um prêmio de assistente de ensino excepcional. Sua pesquisa de tese, sobre a aliança terapêutica, fornecerá novos *insights* ao entendimento desse componente fundamental da psicoterapia. Trabalha atualmente como pesquisadora no Veterans Administration Medical Center, em Jamaica Plain, Boston, MA.

Acrescentamos dois recursos particularmente empolgantes à maioria dos capítulos desta sétima edição:

- **"Novidades no DSM-5":** Este recurso resume as mudanças do DSM-IV-TR para o DSM-5. Não apenas destaca a nova edição do DSM, mas também demonstra como a definição e a categorização dos transtornos psicológicos mudam ao longo do tempo.
- **"Você Decide":** As questões éticas que os psicólogos enfrentam são uma parte da pesquisa e da prática. Nesses recursos destacados ao longo do texto, salientamos um aspecto específico de um dos transtornos discutidos no capítulo e apresentamos uma pergunta a ser respondida pelo leitor. Você será o juiz e terá de decidir que posição deseja tomar após lhe informarmos sobre ambos os lados da questão em causa.

Para facilitar a compreensão do que mudou nesta edição, apresentamos a seguir um resumo das revisões mais importantes de cada capítulo.

CAPÍTULO 1: Visão Geral para Entender Psicopatologia

- Reduzimos o tamanho das seções sobre história da psicopatologia
- Revisamos a seção de perspectiva biopsicossocial
- Acrescentamos uma seção sobre genética comportamental
- Ampliamos a discussão da perspectiva desenvolvimental

CAPÍTULO 2: Diagnóstico e Tratamento

- Substituimos a descrição do DSM-IV-TR por uma seção sobre o DSM-5
- Acrescentamos material sobre a *Classificação internacional de doenças* (CID)
- Conferimos maior destaque à prática baseada em evidência

CAPÍTULO 3: Avaliação

- Incluimos informações atualizadas sobre o WAIS-IV e seu uso na avaliação
- Ampliamos significativamente a seção sobre avaliação neuropsicológica, incluindo a testagem computadorizada
- Atualizamos e expandimos o tratamento de métodos de imagem cerebral
- Mantivemos a testagem projetiva, mas com menos foco na interpretação detalhada dos dados dos testes projetivos

CAPÍTULO 4: Perspectivas Teóricas

- Mantivemos as teorias psicodinâmicas clássicas, mas com atualizações da pesquisa atual
- Ampliamos significativamente a discussão das teorias biológicas e a posicionamos no início do capítulo
- Fornecemos mais detalhes sobre a perspectiva cognitivo-comportamental como base para capítulos subsequentes

CAPÍTULOS 5 a 14: Transtornos do Desenvolvimento Neurológico a Transtornos da Personalidade

- Quando adequado, incorporamos informações sobre como o DSM-5 mudou a conceituação desses transtornos, incluindo alterações na terminologia

- Ampliamos a abrangência das teorias biológicas, incluindo estudos sobre genética, epigenética e neuroimagem
- Atualizamos completamente as seções de tratamento, dando ênfase àquelas abordagens de tratamento recomendadas pela prática baseada em evidências
- Incluímos as terapias mais recentes, como *mindfulness*/meditação, relaxamento e terapia de aceitação e compromisso
- Revisamos tabelas e figuras

CAPÍTULO 15: Questões Éticas e Legais

- Ampliamos a discussão do Código de Ética da APA, incluindo uma tabela que resume seus aspectos mais importantes
- Atualizamos os casos com informações mais recentes, incluindo uma seção sobre a Lei de Kendra
- Revisamos a seção sobre psicologia forense, incluindo exemplos de jurisprudência relevante

Material complementar para professores (em inglês)

Os seguintes materiais (em inglês) acompanham a sétima edição de *Psicopatologia*.

O **Manual do Professor** traz muitas ferramentas úteis para o uso desta sétima edição. Para cada capítulo, o Manual inclui um panorama do capítulo, os objetivos de ensino, sugestões e recursos para tópicos de aula, atividades de sala de aula e questões dissertativas visando a ajudar os estudantes a desenvolver ideias para projetos e ensaios indepententes.

O **Banco de Testes** contém mais de 2.000 itens de teste. Todos os itens de testes são classificados como conceituais ou aplicados, e referenciados ao objetivo de aprendizagem adequado.

As **Apresentações de PowerPoint®** trazem os pontos fundamentais de cada capítulo e contêm ilustrações, gráficos e tabelas essenciais para uso em sala de aula.

Para baixar o material exclusivo para professores acesse, em www.grupoa.com.br, a página do livro por meio do campo de busca e clique em Material do Professor (o professor deverá se cadastrar para ter acesso a esse material).

Agradecimentos

Os seguintes professores foram fundamentais no desenvolvimento do livro, oferecendo sugestões e conselhos como revisores:

David Alfano, Community College of Rhode Island
Bryan Cochran, University of Montana
Julie A. Deisinger, Saint Xavier University
Angela Fournier, Bemidji State University
Richard Helms, Central Piedmont Community College
Heather Jennings, Mercer County Community College
Joan Brandt Jensen, Central Piedmont Community College
Cynthia Kalodner, Towson University
Patricia Kemerer, Ivy Tech Community College
Barbara Kennedy, Brevard Community College-Palm Bay
Joseph Lowman, University of North Carolina-Chapel Hill
Don Lucas, Northwest Vista College
James A. Markusic, Missouri State University
Mark McKellop, Juniata College
Maura Mitrushina, California State University-Northridge
John Norland, Blackhawk Technical College
Karen Clay Rhines, Northampton Community College
Ty Schepis, Texas State University
William R. Scott, Liberty University
Dr. Wayne S. Stein, Brevard Community College
Marla Sturm, Montgomery County Community College
Terry S. Trepper, Purdue University-Calumet
Naomi Wagner, San Jose State University
Nevada Winrow, Baltimore City Community College

Um grande livro não pode ser feito sem uma grande equipe editorial. Gostaríamos de agradecer à nossa equipe, que trabalhou conosco ao longo de vários estágios do processo editorial. Agradecimentos especiais à nossa editora, Krista Bettino, cuja visão nos ajudou a apresentar o material de maneira arejada e orientada ao estudante. Barbara Heinssen, gerente de desenvolvimento, auxiliou no desenvolvimento e remodelagem desta edição. Anne Fuzellier, diretora de publicação, e Chantelle Walker, coordenadora editorial, nos apoiaram ao longo do complexo processo de publicação. Sarah Colwell, editora de desenvolvimento digital, e Neil Kahn, analista de produto digital, garantiram que o material fosse traduzido para a mídia digital. Laura Byrnes, coordenadora de mercado, também merece nosso agradecimento especial.

Carta do autor

Fico muito feliz que você tenha escolhido ler este livro. O tema psicopatologia nunca foi tão fascinante ou relevante. Ouvimos constantemente relatos da mídia sobre celebridades sofrendo colapsos para os quais elas recebem diagnósticos rápidos que podem ou não ser corretos. Dada toda essa informação incorreta na mente do público, sinto que é importante que você seja instruído na ciência e na prática da psicopatologia. Ao mesmo tempo, a ciência psicológica ocupa quase o mesmo número de manchetes em todas as formas de novas mídias. Parece que todos estão ávidos por aprender sobre os achados mais recentes, variando da neurociência do comportamento à eficácia dos mais novos métodos de tratamento. Os avanços nos métodos de varredura cerebral e nos estudos de eficácia da psicoterapia estão aumentando cada vez mais nosso entendimento de como ajudar as pessoas com transtornos psicológicos.

Particularmente fascinantes são as mudanças do DSM-5. Cada revisão do DSM traz consigo controvérsias e desafios, e o DSM-5 não é exceção. A despeito dos desafios às novas formas do DSM-5 de definir e categorizar os transtornos psicológicos, talvez ele seja apoiado, mais do que qualquer edição anterior, em um base de pesquisa forte. Cientistas e profissionais continuarão a debater as melhores formas de interpretar essa pesquisa. Todos nós seremos beneficiados por esses diálogos.

A profissão de psicólogo clínico também está passando por alterações rápidas. Com as mudanças nas políticas de tratamento de saúde, é muito provável que cada vez mais profissionais, variando de psicólogos a orientadores de saúde mental, sejam empregados no fornecimento de intervenções comportamentais. Ao dar seu primeiro passo para sua formação, você estará se preparando para uma carreira que está sendo cada vez mais reconhecida como vital para ajudar indivíduos de todas as idades e de todas as camadas sociais a realizar todo o seu potencial.

Espero que você considere este livro tão agradável como leitura quanto eu o considerei como escrita. Sinta-se livre para enviar-me um *e-mail* com suas perguntas e reações ao material.

Obrigada novamente por escolher ler este livro!

Tudo de melhor,

Susan Krauss Whitbourne, PhD
swhitbo@psych.umass.edu

Sumário

Sumário Detalhado

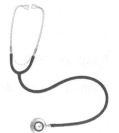

Capítulo 15
Questões Legais e Éticas 378

PSICOPATOLOGIA

Visão Geral para o Entendimento de Comportamento Anormal

SUMÁRIO

Objetivos de aprendizagem

1.1 Diferenciar entre comportamento normal, mas fora do comum, e comportamento fora do comum, mas anormal.

1.2 Entender como as explicações de comportamento anormal mudaram ao longo do tempo.

1.3 Articular os pontos fortes e fracos dos métodos de pesquisa.

1.4 Descrever os tipos de estudos de pesquisa.

Relato de caso: Rebecca Hasbrouck

Informação demográfica: Mulher caucasiana de 18 anos.

Problema apresentado: Rebecca apresentou-se voluntariamente à clínica de psicoterapia da universidade. Ela é caloura da faculdade, vivendo fora de casa pela primeira vez. Após a primeira semana letiva, Rebecca relata que está tendo problemas para dormir, dificuldade para se concentrar nas aulas e que, com frequência, se sente irritável. Está frustrada pela complexidade dos trabalhos de seu curso e declara que está preocupada porque suas notas estão começando a ser prejudicadas. Ela também relata que está tendo problemas para fazer amizades e que tem se sentido sozinha porque não tem amigos íntimos com quem possa falar abertamente. Rebecca é muito apegada a seu namorado, com quem se relaciona há três anos, embora ambos tenham iniciado faculdades em cidades diferentes. Ela estava chorosa durante toda nossa primeira sessão, declarando que, pela primeira vez em sua vida, se sente esmagada por sentimentos de desesperança. Relata que, embora a primeira semana na faculdade parecesse uma "tortura", pouco a pouco está se acostumando com seu novo estilo de vida, mas ainda sente falta de sua família e de seu namorado, bem como de seus amigos do ensino médio.

História passada relevante: Rebecca não tem história familiar de transtornos psicológicos. Relatou que às vezes sua mãe tende a ficar "bastante estressada", embora nunca tenha recebido tratamento para isso.

Sintomas: Humor deprimido, dificuldade para dormir (insônia) e se concentrar nas aulas. Não relatou ideação suicida.

Formulação de caso: Embora parecesse, a princípio, estar sofrendo de um episódio depressivo maior, Rebecca não satisfazia os critérios diagnósticos. Ainda que a idade de início para depressão tenda a ser em torno da idade da paciente, dada a ausência de uma história familiar de depressão e uma vez que seus sintomas estavam ocorrendo em resposta a um estressor maior, o clínico determinou que Rebbeca estava sofrendo de transtorno de adaptação com humor deprimido.

Plano de tratamento: O orientador encaminhará Rebecca para psicoterapia. A terapia deve se concentrar na melhora do humor e também fornecer espaço para discutir seus sentimentos em torno das mudanças importantes que estão ocorrendo em sua vida.

Sarah Tobin, PhD
Clínica

O relato de caso de Rebecca Hasbrouck resume os aspectos pertinentes que o clínico incluiria ao ver um cliente pela primeira vez após uma avaliação inicial. Cada capítulo deste livro inicia com um relato de caso para um cliente cujas características estão relacionadas ao tema do capítulo. Uma profissional fictícia, dra. Sarah Tobin, supervisora de uma clínica que oferece uma variedade de serviços, escreve tais relatos. Em alguns casos, ela fornece os serviços e, em outros, supervisiona o trabalho de outro psicólogo. Para cada situação, ela fornece um diagnóstico usando o manual oficial adotado pela profissão, o *Manual diagnóstico e estatístico de transtornos mentais, quinta edição* (DSM-5) (American Psychiatric Association, 2013).

No final do capítulo, após você ter desenvolvido um melhor entendimento do transtorno da cliente, retornaremos à descrição da dra. Tobin dos resultados do tratamento e dos desfechos futuros esperados para a cliente. Também incluímos reflexões pessoais da doutora sobre o caso para que você possa ter uma percepção da experiência profissional ao trabalhar com indivíduos com transtornos psicológicos.

O campo da psicopatologia é repleto de incontáveis histórias fascinantes de pessoas que sofrem desses transtornos. Neste capítulo, tentaremos transmitir-lhe a noção de que algum transtorno psicológico sem dúvida tocará a todos, em algum grau, em algum ponto na vida. À medida que avançar neste curso, você por certo desenvolverá uma noção dos desafios que as pessoas associam com problemas psicológicos. Você será atraído pelas muitas formas como os problemas mentais afetam as vidas dos indivíduos, de suas famílias e da sociedade. Além de ficar pessoalmente mais exposto aos aspectos emocionais da psicopatologia, aprenderá sobre a base científica e teórica para entender e tratar as pessoas que sofrem de transtornos psicológicos.

1.1 O que é comportamento anormal?

É possível que você conheça alguém parecido com Rebecca, que está sofrendo de um grau de dificuldades de adaptação na faculdade maior que a média. Você consideraria essa pessoa psicologicamente perturbada? Consideraria lhe dar um diagnóstico? E se alguém que você conhecesse não estivesse apenas deprimido, mas também parecesse pronto a se ferir? Em que ponto você traça a linha entre uma pessoa que tem um transtorno psicológico e alguém que, como Rebecca, tem um transtorno de adaptação? É mesmo necessário dar a Rebecca algum diagnóstico, afinal de contas? Questões sobre normalidade e anormalidade, como essas, são fundamentais para nosso entendimento dos transtornos psicológicos.

O aparente desespero desta jovem pode ser sintoma de um transtorno psicológico.

É provável que condições como a de Rebecca afetem você de uma forma muito pessoal. Talvez tenha ficado incomumente deprimido, temeroso ou ansioso, ou talvez o sofrimento emocional tenha estado a um passo de você: seu pai luta contra o alcoolismo, sua mãe foi hospitalizada por depressão grave, uma irmã com transtorno alimentar ou um irmão com algum medo irracional. Se não encontrou um transtorno psicológico em sua família imediata, você tem muita probabilidade de encontrá-lo em sua família extensiva e em seu círculo de amigos. Você pode não ter conhecido o diagnóstico psiquiátrico formal para o problema, bem como não ter entendido sua natureza ou sua causa, mas sabia que alguma coisa estava errada e reconhecia a necessidade de ajuda profissional.

Até serem forçadas a encarar esses problemas, a maioria das pessoas acredita que "coisas ruins" acontecem apenas aos outros. Outras pessoas sofrem acidentes de automóvel, sucumbem ao câncer ou ficam gravemente deprimidas. Esperamos que a leitura deste livro o ajude a ir além dessa síndrome "da outra pessoa". Os transtornos psicológicos são parte da experiência humana, afetando a vida – direta ou indiretamente – de cada indivíduo. À medida que ler sobre esses transtornos e sobre as pessoas que sofrem com eles, descobrirá que a maioria tem tratamento e muitos podem ser prevenidos.

1.2 O impacto social dos transtornos psicológicos

Coloque-se na seguinte situação. Uma mensagem urgente da mãe de Jeremy o aguarda. Seu melhor amigo no ensino médio, Jeremy, acabou de ser internado em um hospital psiquiátrico e implora para vê-lo, porque apenas você pode entender o que ele está passando. Você fica confuso e angustiado com essa notícia. Não tinha ideia de que ele tivesse qualquer problema psicológico. O que você lhe dirá? Pode perguntar-lhe o que tem ou como se sente? Teria coragem de indagar sobre o que os médicos disseram sobre suas chances de melhorar? Como será vê-lo em um hospital psiquiátrico? Você acha que poderia ser amigo de alguém que passou um tempo nesse tipo de lugar?

Agora imagine a mesma situação, mas, em vez disso, as notícias relatam que Jeremy acabou de ser internado no pronto-socorro de um hospital geral com uma apendicite aguda. Você sabe exatamente como agir quando for vê-lo. Vai perguntar como se sente, o que de fato tem e quando estará bem novamente. Ainda que possa não gostar muito de hospitais, pelo menos você tem uma boa ideia de como são os pacientes de um hospital. Não parece estranho imaginar Jeremy como paciente nesse tipo de instituição. Provavelmente seria muito mais fácil entender e aceitar a doença física de seu amigo do que seu transtorno psicológico, e é possível que você nem mesmo considerasse se poderia voltar a ser amigo dele após sua alta.

Indivíduos com transtornos psicológicos com frequência enfrentam situações como a de Jeremy, nas quais as pessoas que lhes são próximas não têm certeza de como responder aos seus sintomas. Pior ainda, experimentam efeitos emocionais e sociais profundos e duradouros mesmo após os sintomas serem controlados e retomarem suas vidas anteriores. Também devem enfrentar a dor pessoal associada com o próprio transtorno. Pense em Rebecca e sua infelicidade. Em vez de desfrutar de sua independência recém-adquirida ao ir para a faculdade, como seus colegas, está experimentando quantidades extremas de tristeza e solidão. Ela é incapaz de focar nos estudos, fazer novas amizades ou mesmo dormir.

A família de indivíduos com transtornos psicológicos enfrenta estresses significativos quando seus parentes precisam ser hospitalizados.

As atitudes sociais em relação a pessoas com transtornos psicológicos variam de desconforto a preconceito evidente. A linguagem, o humor e os estereótipos retratam os transtornos psicológicos em uma luz negativa, e as pessoas com frequência temem que esses pacientes sejam violentos e perigosos. Parece haver alguma coisa em relação a um transtorno psicológico que faz os indivíduos quererem se afastar dele o máximo possível. O resultado desses estereótipos é a discriminação social, que apenas serve para complicar ainda mais as vidas das pessoas afligidas.

Nos capítulos que seguem, você lerá sobre uma ampla variedade de transtornos envolvendo humor, ansiedade, uso de substâncias, sexualidade e distúrbio do pensamento. As descrições de caso lhe darão um vislumbre dos sentimentos e das experiências das pessoas que apresentam esses transtornos, e você pode descobrir que alguns desses indivíduos parecem iguais a você ou a conhecidos. Enquanto lê sobre essas condições, coloque-se no lugar desses pacientes. Considere como eles se sentem e como gostariam de ser tratados. Esperamos que você entenda que nossa discussão não é sobre transtornos, mas sobre as pessoas acometidas por elas.

1.3 Definindo anormalidade

Como você definiria comportamento anormal? Leia os seguintes exemplos. Quais desses comportamentos você considera anormais?

- Encontrar um assento "da sorte" em um exame
- Incapacidade de dormir, comer, estudar ou falar com qualquer pessoa durante dias após um(a) namorado(a) dizer "Está tudo acabado entre nós"
- Suar frio ao pensar em ficar preso em um elevador
- Xingar, jogar almofadas e bater com os punhos na parede no meio de uma discussão com um colega de quarto
- Recusar-se a comer alimentos sólidos durante dias seguidos a fim de permanecer magro(a)
- Lavar as mãos de maneira minuciosa ao chegar em casa após uma viagem de ônibus
- Acreditar que o governo tem agentes que estão interceptando conversas telefônicas
- Beber meia dúzia de cervejas por dia a fim de "socializar" com os amigos após o trabalho

Se você for como a maioria das pessoas, é provável que tenha dificuldade em decidir entre normal e anormal. É surpreendentemente difícil fazer essa diferenciação, mas é importante estabelecer alguns critérios para normalidade.

Hoje, a comunidade da saúde mental utiliza procedimentos diagnósticos para decidir se um determinado indivíduo se encaixa nos critérios para anormalidade. Há atualmente cinco critérios para um transtorno psicológico. O primeiro é a "significância clínica", ou seja, o comportamento envolve um grau de prejuízo mensurável. Também deve ter validade diagnóstica, o que quer dizer que os diagnósticos predizem comportamento futuro ou respostas ao tratamento. Segundo, o comportamento reflete uma disfunção nos processos psicológicos, biológicos ou do desenvolvimento. Terceiro, o comportamento em geral está associado com sofrimento ou incapacidade significativos em esferas importantes da vida. Quarto, o comportamento do indivíduo não pode ser socialmente "desviante" em termos de religião, política ou sexualidade. Quinto, os conflitos entre o sujeito e a sociedade não são considerados transtornos psicológicos a menos que reflitam uma disfunção do indivíduo. Assim, em alguns sistemas políticos opressivos, pessoas eram "diagnosticadas" com um transtorno psicológico quando, na realidade, o governo apenas buscava encontrar uma forma de silenciar seus opositores. Ao fazer diagnósticos, os clínicos não apenas avaliam cada um desses critérios, mas também pesam as possíveis desvantagens de diagnosticar um comportamento como "anormal" *versus* fornecer um diagnóstico que permitirá ao cliente receber cobertura do seguro pelo transtorno.

Esta jovem está angustiada por sua incapacidade de adormecer, mas isso significa que ela tem um transtorno psicológico?

1.4 O que causa comportamento anormal?

Qualquer que seja a definição, podemos conceituar melhor comportamento anormal a partir de múltiplos pontos de vista que incorporem fatores biológicos, psicológicos e socioculturais.

Causas biológicas

A esfera biológica inclui influências genéticas e ambientais sobre o funcionamento físico. Pessoas com transtornos psicológicos podem herdar uma predisposição para o desenvolvimento de distúrbios comportamentais. De particular interesse são aqueles fatores que alteram o funcionamento do sistema nervoso. Há também mudanças fisiológicas que afetam o comportamento, causadas por outras condições no corpo, como dano cerebral ou exposição a estímulos ambientais nocivos. Por exemplo, uma anormalidade da tireoide pode provocar amplas flutuações de humor em uma pessoa. Dano cerebral devido a um traumatismo craniano pode resultar em padrões de pensamento aberrantes. Substâncias tóxicas ou alergênicos no ambiente também são capazes de fazer uma pessoa experimentar mudanças emocionais e comportamento perturbadores.

Causas psicológicas

As causas psicológicas de comportamento anormal envolvem distúrbios nos pensamentos e sentimentos. Conforme você descobrirá neste livro, há uma variedade de explicações alternativas para o comportamento anormal que se focalizam em fatores como experiência de aprendizagem passada, padrões de pensamento mal-adaptativos e dificuldades no enfrentamento do estresse. As diversas perspectivas teóricas na psicopatologia refletem diferenças nas suposições sobre as causas subjacentes do comportamento humano. Modelos de tratamento baseados nessas perspectivas teóricas refletem essas diferentes suposições.

Causas socioculturais

O termo *sociocultural* refere-se aos diversos círculos de influência sobre o indivíduo, variando de amigos íntimos e familiares às instituições e políticas de um país ou do mundo como um todo. A discriminação, seja baseada em classe social, renda, raça e etnia ou gênero, pode influenciar o desenvolvimento de comportamento anormal. Para pessoas que são diagnosticadas com um transtorno psicológico, os estigmas sociais associados com o fato de ser um "paciente mental" podem afetar ainda mais seus sintomas. Um **estigma** é um rótulo que nos faz considerar certas pessoas diferentes, defeituosas e separadas dos mem-

estigma
Um rótulo que faz certas pessoas serem consideradas diferentes, defeituosas e separadas dos membros convencionais da sociedade.

TABELA 1.1 Causas de comportamento anormal

Biológicas	Herança genética Mudanças fisiológicas Exposição a substâncias tóxicas
Psicológicas	Experiências de aprendizagem passadas Padrões de pensamento mal-adaptativos Dificuldades de enfrentar estresse
Socioculturais	Políticas sociais Discriminação Estigma

bros convencionais da sociedade. Além de aumentar tanto a carga desses sujeitos como a de seus entes queridos, um estigma impede os sujeitos de obterem ajuda realmente necessária e, dessa forma, perpetua um ciclo no qual inúmeras pessoas necessitadas de ajuda pioram ainda mais. O estigma dos transtornos psicológicos afeta pessoas das minorias étnicas e raciais de forma mais séria do que aquelas da sociedade convencional. Por exemplo, adolescentes norte-americanos de origem europeia e seus cuidadores são duas vezes mais propensos que os membros de minorias a definir problemas em termos de saúde mental ou a buscar ajuda para esses problemas (Roberts, Alegría, Roberts, & Chen, 2005).

A perspectiva biopsicossocial

A Tabela 1.1 resume as três categorias das causas de anormalidade. Distúrbios em qualquer dessas áreas do funcionamento humano podem contribuir para o desenvolvimento de um transtorno psicológico. Entretanto, não podemos dividir tão nitidamente as causas de anormalidade. Há, com frequência, considerável interação entre os três conjuntos de influências.

biopsicossocial
Um modelo no qual a interação de fatores biológicos, psicológicos e socioculturais é vista como um aspecto que influencia o desenvolvimento do indivíduo.

Os cientistas sociais usam o termo **biopsicossocial** para referir a interação na qual fatores biológicos, psicológicos e socioculturais desempenham um papel no desenvolvimento dos sintomas de um indivíduo. A perspectiva biopsicossocial incorpora um ponto de vista evolucionista. Isso significa que os sujeitos devem ser vistos como mudando ao longo do tempo. Os fatores biopsicossociais interagem para alterar a expressão de padrões comportamentais do indivíduo ao longo do tempo. Portanto, é importante examinar os fatores de risco precoces que tornam uma pessoa vulnerável ao desenvolvimento de um transtorno. De modo similar, tais fatores podem variar de acordo com a posição da pessoa no ciclo de vida (Whitbourne & Meeks, 2011).

Como você verá quando ler sobre as condições neste livro, o grau de influência de cada uma dessas variáveis difere de um transtorno para outro. Para alguns, como a esquizofrenia, a biologia tem um papel dominante. Para outros, como reações a estresse, os fatores psicológicos predominam. Para outras condições, como transtorno de estresse pós-traumático, que resulta, por exemplo, de experiências sob um regime terrorista, a causa é primariamente sociocultural.

Porém, certas experiências de vida podem proteger as pessoas de desenvolverem condições às quais são vulneráveis. Os fatores protetores, como cuidadores afetuosos, tratamento de saúde adequado e sucessos precoces na vida, reduzem a vulnerabilidade de forma considerável. Em contrapartida, a baixa vulnerabilidade pode aumentar quando as pessoas recebem tratamento de saúde inadequado, adotam comportamentos de risco (como usar drogas) e se envolvem em relacionamentos disfuncionais. A verdade é que podemos conceituar melhor comportamento anormal como uma interação complexa entre múltiplos fatores.

1.5 Temas proeminentes em psicopatologia ao longo da história

Os maiores pensadores do mundo, de Platão aos dias de hoje, tentaram explicar as variedades de comportamento humano que constituem anormalidade. Três temas proe-

A Remoção da Pedra da Loucura, de Hieronymous Bosch, retrata um "médico" medieval extirpando a presumida fonte de loucura do crânio de um paciente. A crença predominante era de que a possessão espiritual causaria o transtorno psicológico.

Os gregos buscavam orientação dos oráculos, conselheiros sábios que transmitiam a resposta divina às questões humanas.

minentes na explicação dos transtornos psicológicos repetem-se ao longo de toda a história: o espiritual, o científico e o humanitário. As explicações espirituais consideram comportamento anormal o produto de possessão por espíritos malignos ou demoníacos. As explicações humanitárias consideram os transtornos psicológicos resultado de crueldade, estresse e condições de vida pobres. As explicações científicas procuram causas que podemos medir objetivamente, como alterações biológicas, processos de aprendizagem falhos ou estressores emocionais.

explicações espirituais
Consideram os transtornos psicológicos produto de possessão por espíritos malignos ou demoníacos.

explicações humanitárias
Consideram os transtornos psicológicos resultado de crueldade, estresse ou condições de vida pobres.

explicações científicas
Consideram os transtornos psicológicos resultado de causas que podemos medir objetivamente, como alterações biológicas, processos de aprendizagem falhos ou estressores emocionais.

Abordagem espiritual

A abordagem mais antiga ao entendimento do comportamento anormal é a espiritual; a crença de que pessoas com sinais de distúrbio comportamental eram possuídas por espíritos maus. Evidências arqueológicas datando de 8000 a.C. sugerem que a explicação espiritual era prevalente em épocas pré-históricas. Os crânios de alguns indivíduos tinham perfurações, um processo chamado "trepanação", feitas aparentemente na tentativa de liberar os espíritos maus da cabeça da pessoa (Maher & Maher, 1985). Arqueólogos encontraram evidência de trepanação em muitos países e culturas, incluindo o Extremo e o Médio Oriente, as tribos Celtas na Grã-Bretanha, a China antiga e recente, a Índia e vários povos da América do Norte e do Sul, incluindo os Maias, os Astecas, os Incas e os índios brasileiros (Gross, 1999).

Outra prática antiga era expulsar os espíritos maus por meio do ritual do exorcismo, uma forma de tortura física e mentalmente dolorosa realizada por um xamã, por um padre ou por um homem da medicina. Variantes do xamanismo apareceram ao longo de toda a História. Os gregos buscavam o conselho dos oráculos, os quais acreditavam que estivessem em contato com os deuses. Os chineses praticavam a magia como proteção contra demônios. Na Índia, o xamanismo floresceu durante séculos, e ainda persiste na Ásia Central.

Durante a Idade Média, as pessoas praticavam largamente rituais de magia e exorcismo e administravam remédios populares. A sociedade considerava indivíduos com dificuldades psicológicas pecadores, bruxos ou personificações do diabo, e eram severamente punidos. *Malleus maleficarum*, um manual de indiciamento de bruxas escrito por dois monges dominicanos na Alemanha, em 1486, tornou-se a justificativa da Igreja

Nesta encenação moderna dos julgamentos das bruxas de Salém, uma mulher é torturada por seus supostos crimes.

para denunciar bruxas como hereges e demônios a quem tinha de destruir no interesse da preservação do Cristianismo. Ela recomendava "tratamentos" como deportação, tortura e morte na fogueira. As mulheres eram os principais alvos de perseguição. Mesmo no final da década de 1600, na América colonial, os puritanos sentenciavam pessoas à morte na fogueira, como é comprovado nos famosos julgamentos das bruxas de Salém.

Abordagem humanitária

A abordagem humanitária desenvolveu-se ao longo de toda a História, em parte como uma reação à abordagem espiritual e sua associada punição de pessoas com transtornos psicológicos. Abrigos de pobres e monastérios tornaram-se refúgios e, embora pudessem não oferecer tratamento, forneciam algumas medidas protetoras. Infelizmente, eles com frequência ficavam superlotados e, em vez de fornecer proteção, se tornavam lugares onde ocorriam abusos. Por exemplo, a sociedade acreditava com convicção que pessoas psicologicamente perturbadas eram insensíveis a extremos de calor e frio ou à limpeza de seus ambientes. O "tratamento" delas envolvia sangria, vômito forçado e purgação. Bastaram algumas poucas pessoas corajosas, que reconheceram a desumanidade das práticas existentes, para promover mudanças. No final do século XVIII, hospitais na França, Escócia e Inglaterra tentaram reverter essas práticas severas. A ideia do "tratamento moral" se impôs – a noção de que as pessoas podiam desenvolver autocontrole sobre seus comportamentos se tivessem um ambiente tranquilo e repousante. As instituições usavam contenções apenas se absolutamente necessário, e, mesmo nesses casos, o conforto do paciente vinha em primeiro lugar.

As condições nos sanatórios voltaram a piorar no início da década de 1800, quando as instituições sofriam com a superlotação e os funcionários apelavam para punição física a fim de controlar os pacientes. Em 1841, uma professora de Boston chamada Dorothea Dix (1802–1887) assumiu a causa da reforma. Horrorizada pelas condições desumanas nos sanatórios, Dix recorreu à Legislatura de Massachusetts para obter mais hospitais públicos financiados pelo governo que fornecessem tratamento humano para os pacientes mentais. De Massachusetts, a professora propagou sua mensagem por toda a América do Norte e Europa.

Dorothea Dix foi uma reformista de Massachusetts que procurou melhorar o tratamento de pessoas com transtornos psicológicos em meados da década de 1800.

Ao longo dos 100 anos seguintes, os governos construíram dezenas de hospitais estaduais por todos os Estados Unidos. Mais uma vez, entretanto, foi apenas questão de tempo antes que apresentassem superlotação e falta de pessoal.

Embora a desinstitucionalização visasse melhorar a qualidade de vida das pessoas que tinham sido mantidas durante anos em hospitais psiquiátricos públicos, muitos indivíduos deixavam as instituições apenas para encontrar uma vida de pobreza e negligência fora delas.

Simplesmente não era possível curar os pacientes por meio das intervenções bem-intencionadas, mas ineficazes, propostas pelo tratamento moral. Contudo, as metas humanitárias que Dix defendia tiveram uma influência duradoura no sistema de saúde mental. Seu trabalho foi levado adiante no século XX pelos defensores do que se tornou conhecido como o movimento da higiene mental.

Até a década de 1970, apesar do crescente conhecimento e entendimento das causas de comportamento anormal, as práticas reais no tratamento cotidiano de pessoas psicologicamente perturbadas eram às vezes tão bárbaras quanto as da Idade Média. Mesmo aquelas pessoas com transtornos psicológicos menos graves eram frequentemente alojadas nas "alas dos fundos"* de instituições estaduais grandes e impessoais, sem tratamento adequado ou suficiente. As instituições continham os pacientes com medicamentos tranquilizantes poderosos e camisas de força, casacos com mangas longas o suficiente para serem enroladas em torno do tronco do indivíduo. Mais radical ainda era o uso indiscriminado de cirurgia cerebral para alterar comportamentos ou a aplicação de choques elétricos – supostos tratamentos que eram, na verdade, punições visando controlar pacientes indóceis (ver mais sobre esses procedimentos no Capítulo 2).

O ultraje do público em relação a esses abusos nos hospitais mentais finalmente levou a uma percepção mais difundida de que os serviços de saúde mental requeriam mudanças drásticas. O governo norte-americano tomou uma atitude enfática em 1963 com a aprovação de uma legislação inovadora. A Lei dos Centros de Saúde Mental (Mental Retardation Facilities and Community Mental Health Center Construction Act) daquele ano iniciou uma série de mudanças que afetariam os serviços de saúde mental pelas décadas seguintes. Os legisladores começaram a promover políticas visando mudar as pessoas de instituições para programas menos restritivos na comunidade, tais como centros de reabilitação vocacional, hospitais-dia e clínicas psiquiátricas. Após receberem alta do hospital, as pessoas iam para casas de passagem, que forneciam um ambiente sustentador no qual elas podiam aprender as habilidades sociais necessárias para retornar à comunidade. Em meados da década de 1970, os hospitais psiquiátricos estaduais do país, antes superlotados, ficaram praticamente desertos. Eles liberaram centenas de milhares de pessoas confinadas em instituições para iniciarem uma vida com mais dignidade e maior autonomia. Esse processo, conhecido como o movimento de desinstitucionalização, promoveu a liberação de pacientes psiquiátricos para locais de tratamento na comunidade.

* N. de T.: "*Back wards*". Trocadilho com a palavra inglesa "*backwards*", que significa retardado, retrógrado, retrocesso.

TABELA 1.2 Metas da Healthy People para 2020

No final de 2010, o projeto Healthy People do governo norte-americano apresentou suas metas para a próxima década. Estas visam tanto melhorar o funcionamento psicológico de indivíduos nos Estados Unidos quanto ampliar os serviços de tratamento.

- Reduzir a taxa de suicídio.
- Reduzir as tentativas de suicídio entre adolescentes.
- Reduzir a proporção de adolescentes que se envolvem em comportamentos alimentares perturbados na tentativa de controlar seu peso.
- Reduzir a proporção de pessoas que experimentam episódios depressivos maiores.
- Aumentar a proporção de instituições de cuidado primário que forneçam tratamento de saúde mental no local ou por encaminhamento pago.
- Aumentar a proporção de crianças com problemas de saúde mental que recebem tratamento.
- Aumentar a proporção de centros de detenção juvenil que avaliam internações para problemas de saúde mental.
- Aumentar a proporção de pessoas com doença mental séria (SMI) que estejam empregadas.
- Aumentar a proporção de adultos com transtornos mentais que recebem tratamento.
- Aumentar a proporção de pessoas com abuso de substância e transtornos mentais concomitantes que recebem tratamento para ambos os transtornos.
- Aumentar a avaliação de depressão por profissionais de cuidados primários.
- Aumentar a proporção de adultos sem-teto com problemas de saúde mental que recebem serviços de saúde mental.

FONTE: http://www.healthypeople.gov/2020/topicsobjectives2020/pdfs/MentalHealth.pdf.

Infelizmente, esse movimento não realizou por completo os sonhos de seus autores. Em vez de abolir o tratamento desumano, a desinstitucionalização criou outro conjunto de males. Muitas promessas e muitos programas, saudados como alternativas à institucionalização, em última análise deixaram de ser cumpridos devido a planejamento inadequado e fundos insuficientes. Os pacientes iam e vinham entre hospitais, casas de passagem e pensões pobres, nunca tendo um senso de estabilidade ou respeito. Embora a intenção de liberar pacientes de hospitais psiquiátricos fosse libertar pessoas que tinham sido privadas dos direitos humanos básicos, o resultado pode não ter sido tão libertador quanto muitos esperavam. Na sociedade norte-americana contemporânea, pessoas que teriam estado em hospitais psiquiátricos quatro décadas atrás estão se movendo em um circuito de abrigos, programas de reabilitação, cadeias e prisões, e um número perturbador desses indivíduos passa longos períodos de tempo como membros sem-teto e marginalizados da sociedade.

O dr. Benjamin Rush, fundador da psiquiatria norte-americana, foi um reformista fervoroso que promoveu o estudo científico dos transtornos psicológicos.

Os defensores contemporâneos da abordagem humanitária sugerem novas formas de tratamento compassivo para pessoas que sofrem de transtornos psicológicos. Eles encorajam os consumidores da saúde mental a assumirem um papel ativo na escolha de seus tratamentos. Vários grupos de defesa têm trabalhado de maneira incansável para mudar a forma como o público vê as pessoas mentalmente doentes e como a sociedade lida com elas em todos os contextos. Esses grupos incluem a National Alliance on Mental Illness (Aliança Nacional para a Doença Mental) (NAMI), bem como a Mental Health Association (Associação de Saúde Mental), o Center to Address Discrimination and Stigma (Centro para Tratar Discriminação e Estigma) e a Eliminate the Barriers Initiative (Iniciativa para Eliminar as Barreiras). O governo federal dos Estados Unidos também tem se envolvido em programas antiestigma como parte dos esforços para melhorar o fornecimento de serviços de saúde mental por meio da President's New Freedom Commission (Nova Comissão da Liberdade do Presidente) (Hogan, 2003). Com os olhos voltados para a próxima década, o governo norte-americano estabeleceu as metas da iniciativa Healthy People (Povo Saudável) para 2020 focadas em melhorar significativamente a qualidade dos serviços de tratamento (ver Tab. 1.2).

Abordagem científica

Os filósofos gregos antigos foram os primeiros a tentar uma abordagem científica ao entendimento dos transtornos psicológicos. Hipócrates (ca. 460-377 a.C.), considerado o fundador da medicina moderna, acreditava na existência de quatro fluidos corporais* importantes que influenciavam a saúde física e mental, levando a quatro disposições de personalidade. Para tratar um transtorno psicológico seria necessário livrar o corpo do fluido excessivo. Várias centenas de anos mais tarde, o médico romano Claudius Galeno (130-200 d.C.) desenvolveu um sistema de conhecimento médico com base em estudos anatômicos.

A psicologia positiva enfatiza o crescimento pessoal por meio da meditação e de outras vias alternativas para o autodescobrimento.

Os cientistas fizeram pouquíssimos avanços significativos no entendimento da anormalidade até o século XVIII. Benjamin Rush (1745-1813), o fundador da psiquiatria norte-americana, reacendeu o interesse na abordagem científica aos transtornos psicológicos. Em 1783, Rush juntou-se à equipe médica do Hospital Pennsylvania. Horrorizado pelas más condições do hospital, defendeu melhorias como colocar os pacientes psicologicamente perturbados em enfermarias próprias, dar-lhes terapias ocupacionais e proibir visitas de curiosos que visitavam o hospital por diversão.

Refletindo os métodos predominantes da época, Rush também apoiava o uso de sangrias e purgação no tratamento de transtornos psicológicos, bem como a utilização da cadeira "tranquilizadora", que visava reduzir o fluxo sanguíneo para o cérebro amarrando a cabeça e os membros do paciente. Também recomendava mergulhar os pacientes em banhos frios e apavorá-los com ameaças de morte. Acreditava que a indução do medo neutralizaria a excitação excessiva, a qual ele considerava responsável pelo comportamento violento dos pacientes (Deutsch, 1949).

Em 1844, um grupo de 13 administradores de hospitais mentais formaram a Association of Medical Superintendents of American Institutions for the Insane (Associação de Superintendentes Médicos de Instituições Americanas para Insanos). A organização por fim mudou seu nome para American Psychiatric Association (Associação Americana de Psiquiatria). O psiquiatra alemão Wilhelm Greisinger publicou *The Pathology and Therapy of Mental Disorders*, em 1845, propondo que as "neuropatologias" eram a causa dos transtornos psicológicos. Outro psiquiatra alemão, Emil Kraepelin, promoveu um sistema de classificação muito parecido com aquele aplicado aos diagnósticos médicos. Ele propôs que os transtornos podiam ser identificados por seus padrões de sintomas. Finalmente, esse trabalho forneceu a base científica para os sistemas diagnósticos atuais.

A abordagem científica aos transtornos psicológicos também adquiriu uma nova dinâmica quando psiquiatras e psicólogos propuseram modelos de comportamento que incluíam explicações de anormalidade. No início da década de 1800, médicos europeus experimentaram a hipnose para fins terapêuticos. Por fim, esses esforços levaram ao trabalho pioneiro do neurologista vienense Sigmund Freud (1856-1939), que, no início da década de 1900, desenvolveu a psicanálise, uma teoria e um sistema de prática que se baseavam de forma consistente nos conceitos da mente inconsciente, dos impulsos sexuais inibidos e do desenvolvimento na infância.

Ao longo de todo o século XX, psicólogos desenvolveram modelos de comportamento normal, que algumas vezes foram incorporados a sistemas de terapia. O trabalho do fisiologista russo Ivan Pavlov (1849-1936), conhecido por sua descoberta do condicionamento clássico, tornou-se a base para o movimento behaviorista iniciado nos Estados Unidos por John B. Watson (1878-1958). B. F. Skinner (1904-1990) formulou uma abordagem sistemática ao condicionamento operante, especificando os tipos e a natureza do reforço como uma forma de modificar o comportamento. No século XX, esses modelos continuaram a evoluir para a teoria da aprendizagem social de Albert Bandura (1925-), o modelo cognitivo de Aaron Beck (1921-) e a abordagem da terapia racional-emotiva de Albert Ellis (1913-2007).

---

* N. de R.T.: Os quatro fluidos corporais eram sangue, linfa, bile negra e bile amarela.

Na década de 1950, cientistas experimentando tratamentos farmacológicos inventaram medicamentos que pela primeira vez na História podiam controlar com sucesso os sintomas de transtornos psicológicos. Agora, os pacientes podiam receber tratamentos que lhes permitiriam viver de forma independente fora dos hospitais psiquiátricos por períodos de tempo prolongados. Em 1963, a Lei dos Centros de Saúde Mental (Mental Retardation Facilities and Community Mental Health Center Construction Act) propôs o tratamento do paciente em clínicas e centros de tratamento fora dos hospitais psiquiátricos. Essa legislação abriu caminho para o movimento de desinstitucionalização e para os esforços subsequentes de continuar a melhorar o tratamento na comunidade.

psicologia positiva
Perspectiva que enfatiza o potencial para crescimento e mudança ao longo da vida.

Mais recentemente, o campo da psicopatologia está se beneficiando do movimento da **psicologia positiva**, que enfatiza o potencial para crescimento e mudança ao longo da vida. O movimento considera os transtornos psicológicos dificuldades que inibem a capacidade do indivíduo de alcançar bem-estar e sentimentos de realização altamente subjetivos. Além disso, o movimento da psicologia positiva enfatiza a prevenção mais do que a intervenção. Em vez de consertar os problemas após ocorrerem, seria mais benéfico para as pessoas se pudessem evitar, em primeiro lugar, o desenvolvimento de sintomas. Embora suas metas sejam semelhantes às da abordagem humanitária, o movimento da psicologia positiva tem uma base forte na pesquisa empírica e, como resultado, está obtendo amplo apoio no campo.

1.6 Métodos de pesquisa em psicopatologia

Como você acabou de descobrir, a abordagem científica levou a avanços significativos no entendimento e no tratamento do comportamento anormal. A essência do método científico é a objetividade, o processo de testar ideias sobre a natureza dos fenômenos psicológicos de forma imparcial antes de aceitá-las como explicações adequadas.

O método científico envolve uma progressão de passos, os quais vão desde fazer perguntas de interesse até compartilhar os resultados com a comunidade científica. Durante toda a aplicação desse método, os pesquisadores mantêm a objetividade que é a característica da abordagem científica. Isso significa que eles não deixam suas tendências pessoais interferirem na coleta de dados ou na interpretação dos resultados. Além disso, os pesquisadores devem sempre estar abertos a explicações alternativas para seus achados.

Embora o método científico seja baseado na objetividade, isso não significa que os cientistas não tenham interesse pessoal no que estão estudando. Na verdade, com frequência é totalmente o oposto. Muitos pesquisadores se tornam envolvidos na busca de conhecimento em áreas que têm relação com experiências de suas próprias vidas, em particular no campo da psicopatologia. Eles podem ter parentes afligidos por certos transtornos ou podem ter ficado confusos com os sintomas de um cliente. Ao conduzir sua pesquisa, entretanto, não podem deixar esses vieses pessoais interferirem.

Portanto, ao fazer perguntas de interesse, os pesquisadores psicológicos podem se questionar se determinado tipo de experiência levou aos sintomas de um indivíduo ou especular sobre o papel de determinados fatores biológicos. Os psicólogos clínicos também estão interessados em descobrir se um tratamento específico tratará de maneira eficaz os sintomas de um transtorno. De qualquer forma, a abordagem ideal à resposta dessas perguntas envolve uma progressão através de um conjunto de passos nos quais o psicólogo propõe uma hipótese, conduz um estudo e coleta e analisa os dados. Por fim, eles comunicam os resultados por meio da publicação em revistas científicas.

variável independente
A variável cujo nível é ajustado ou controlado pelo experimentador.

variável dependente
A variável cujo valor é o resultado da manipulação que o experimentador faz da variável independente.

1.7 Modelo experimental

Ao usar o modelo experimental na pesquisa, o cientista testa uma hipótese manipulando de uma variável de interesse-chave. A variável que ele manipula é a **variável independente**, significando que o pesquisador a controla. Ele estabelece pelo menos duas condições que reflitam diferentes níveis dessa variável. Na maioria dos casos, essas condições são o grupo "experimental" ou de tratamento (aquele que recebe o tratamento) e o "grupo-controle" (aquele que não recebe qualquer tratamento ou recebe um tratamento diferente). Os pesquisadores então comparam os grupos a partir da variável dependente, que é aquela que eles observam. Fundamental para a objetividade da pesquisa experimental é o requisito de que os pesquisadores sempre designem os participantes aleatoriamente para os diferentes grupos. Um estudo seria falho se todos os homens estivessem no grupo experimental, por exemplo, e todas as mulheres no grupo-controle.

Novidades no DSM-5

Definição de um transtorno mental

Existem cinco critérios para um transtorno mental no DSM-5, o mesmo número que era incluído no DSM-IV. Os critérios ainda se referem a "clinicamente significativo" para estabelecer que os comportamentos sob consideração não são sintomas passageiros ou dificuldades menores. O DSM-5 refere-se aos comportamentos como refletindo disfunção nos processos psicológico, biológico ou do desenvolvimento, termos que o DSM-IV não usava. Tanto o DSM-IV como o DSM-5 estabelecem que os transtornos devem desviar do que é socialmente aceito e esperado para pessoas experimentando determinados estresses de vida. O DSM-5 também especifica que o transtorno deve ter "utilidade clínica", significando que, por exemplo, os diagnósticos ajudam a orientar os clínicos na tomada de decisão sobre tratamento. Durante o processo de escrita do DSM-5, os autores advertiram contra a mudança das listas de transtornos (acrescentando ou subtraindo) sem levar em consideração os possíveis benefícios e riscos. Por exemplo, eles perceberam que acrescentar um novo diagnóstico poderia levar a rotular como "anormal" um comportamento anteriormente considerado "normal". A vantagem de ter o novo diagnóstico deve ser maior do que o prejuízo de categorizar uma pessoa "normal" como alguém que apresenta um "transtorno". De modo similar, suprimir um diagnóstico para um transtorno que requer tratamento (e a consequente cobertura de seguro) poderia levar indivíduos que ainda necessitam de ajuda profissional a recusá-la ou a pagar excessivamente por ela. Com esses cuidados em mente, os autores do DSM-5 também recomendam que os critérios isolados não são suficientes para fazer julgamentos legais ou para elegibilidade para compensação de seguro. Esses julgamentos exigiriam informação adicional além do âmbito exclusivo dos critérios diagnósticos.

Na pesquisa sobre as causas de comportamento anormal, pode ser difícil estabelecer um estudo experimental verdadeiro. Muitas das variáveis de maior interesse para os psicólogos são aquelas que o pesquisador não pode controlar; por consequência, elas não são de fato "independentes". Por exemplo, a depressão nunca pode ser uma variável independente porque o pesquisador não pode manipulá-la. De maneira similar, os pesquisadores não podem designar aleatoriamente pessoas a grupos com base em seu sexo biológico. Estudos que investigam as diferenças entre grupos não determinados por designação aleatória são conhecidos como "quase-experimentais".

A maioria dos estudos experimentais na psicopatologia, pelo menos aqueles sobre seres humanos, testa não as causas do comportamento anormal, mas a eficácia de determinados tratamentos em que é possível planejar grupos-controle e grupos experimentais designados aleatoriamente. Os estudiosos avaliam a efetividade de um tratamento comparando os grupos a partir de variáveis dependentes, como o alívio do sintoma. Pode haver mais de um grupo experimental, dependendo da natureza do estudo específico.

É prática comum em estudos avaliando a efetividade da terapia haver uma condição-placebo, na qual os participantes recebem um tratamento semelhante ao experimental, mas sem o aspecto fundamental do tratamento de interesse. Se a pesquisa estiver avaliando a eficácia do medicamento, o placebo terá ingredientes inertes. Em estudos avaliando a eficácia da terapia, os cientistas devem planejar o placebo de uma forma que imite, mas não seja igual, a terapia real. De maneira ideal, os pesquisadores desejariam que os participantes do grupo-placebo recebessem tratamentos com a mesma frequência e duração que os do grupo experimental que estão recebendo psicoterapia.

condição-placebo
Condição em um experimento na qual os participantes recebem um tratamento semelhante ao experimental, mas sem o aspecto-chave do tratamento de interesse.

As expectativas sobre o desfecho do experimento podem afetar tanto o pesquisador quanto o participante. Essas chamadas "características da demanda" podem comprometer as conclusões sobre a eficácia verdadeira da intervenção. Obviamente, o pesquisador deve ser o mais imparcial possível, mas ainda pode haver formas sutis de ele transmitir sinais que afetem a resposta do participante. Este também pode ter um esquema pessoal para tentar provar ou negar a suposta intenção verdadeira do estudo. A melhor forma de eliminar as características da demanda é usar um método duplo-cego, que protege tanto o pesquisador quanto o participante de conhecer o propósito do estudo ou a natureza do tratamento do paciente.

duplo-cego
Um procedimento experimental no qual nem a pessoa que administra o tratamento nem aquela que o recebe sabem se o participante está no grupo experimental ou no de controle.

Em estudos envolvendo medicamento, um placebo completamente inerte pode não ser suficiente para estabelecer o controle experimental verdadeiro. Em uma condição

Você decide

Ser são em lugares insanos

No início da década de 1970, o psicólogo David Rosenhan iniciou um estudo inovador que visava desafiar as suposições das pessoas sobre a diferença entre "são" e "insano". Motivado pelo que ele considerava um sistema diagnóstico psiquiátrico que levou à hospitalização de pessoas diagnosticadas inadequadamente como tendo esquizofrenia, Rosenhan e seus colaboradores decidiram conduzir seu próprio experimento para testar tal sistema. Veja se você acha que o experimento deles comprovou o argumento.

Oito pessoas sem história de sintomas psiquiátricos de qualquer tipo, empregadas em uma variedade de ocupações profissionais, se apresentaram a hospitais psiquiátricos queixando-se de ouvir vozes que diziam, "vazio", "buraco" e "pancada". Esses eram sintomas que a literatura psiquiátrica nunca tinha relatado. De vários outros modos, os "pseudopacientes" forneceram informações factuais sobre si mesmos (exceto seus nomes e locais de trabalho). Cada um deles foi internado em seu respectivo hospital; uma vez internados, eles não apresentaram mais sinais de estar experimentando esses sintomas. Entretanto, a equipe do hospital nunca questionou a necessidade de eles serem hospitalizados; muito pelo contrário, o comportamento dos sujeitos nas enfermarias, agora completamente "normal", foi considerado outra evidência da necessidade de continuarem hospitalizados. Apesar dos esforços dos pseudopacientes para convencer a equipe de que não havia nada errado com eles, suas altas demoraram de 7 a 52 dias. Na alta, receberam o diagnóstico de "esquizofrenia em remissão" (significando que, por enquanto, não tinham mais tal diagnóstico).

Houve profunda reação na comunidade psiquiátrica ao estudo de Rosehan. Se era tão fácil institucionalizar não pacientes, não haveria alguma coisa errada com o sistema diagnóstico? E quanto à tendência a rotular pessoas como "esquizofrênicas" quando não havia nada de errado com elas e ficar preso a esse rótulo mesmo quando não apresentavam mais sintoma algum? Além disso, os pseudopacientes relataram que se sentiram desumanizados pelos funcionários e não receberam qualquer tratamento ativo. Uma vez do lado de fora, eles puderam relatar para o mundo em geral sobre as falhas dos hospitais psiquiátricos em fornecer tratamento adequado. Pacientes verdadeiros não teriam recebido tanta simpatia da imprensa, e, portanto, não teria sido aberto o caminho para o movimento de desinstitucionalização que se seguiu à divulgação generalizada do estudo.

Agora, você decide. Foi antiético da parte de Rosenhan planejar esse tipo de estudo? Os profissionais da saúde mental nos hospitais não tinham ideia de que eram os "sujeitos" do estudo. Eles tinham respondido ao que lhes parecia serem sintomas psicológicos sérios por indivíduos buscando internação voluntariamente. No momento da alta, o fato de terem rotulado os pseudopacientes como estando em remissão significava que estes estavam livres de sintomas, mas não havia razão para a equipe duvidar da veracidade desses sintomas. No entanto, se soubesse que eles faziam parte de um estudo, a equipe teria reagido de forma muito diferente, e, como resultado, o estudo não teria tido impacto.

E quanto à qualidade desse estudo do ponto de vista científico? Não havia uma condição de controle, portanto não era de fato um experimento. Ademais, o estudo não adotou medidas objetivas do comportamento da equipe, nem havia medidas de desfecho que os pesquisadores pudessem analisar estatisticamente.

P: *Você decide:* O estudo de Rosenhan, com suas falhas, foi válido? Os fins justificaram os meios?

de "placebo ativo", os pesquisadores incorporam os efeitos colaterais do medicamento experimental ao placebo. Se eles souberem que um medicamento produz boca seca, dificuldade para engolir ou irritação estomacal, então o placebo também deve imitar esses efeitos colaterais ou os participantes saberão a qual grupo foram designados.

1.8 Modelo correlacional

Estudos baseados em um modelo correlacional envolvem testes de relacionamentos entre variáveis que os pesquisadores não podem manipular experimentalmente. Expressamos a estatística correlacional em termos de um número entre +1 e −1. Números positivos representam correlações positivas, significando que, à medida que as pontuações em uma variável aumentam, o mesmo ocorre na outra. Por exemplo, visto que um aspecto da depressão é que ela causa um distúrbio nos padrões de sono normais, você poderia esperar então que as pontuações em uma medida de depressão estariam positivamente correlacionadas com aquelas em uma medida de distúrbios do sono. De maneira inversa, correlações negativas indicam que, conforme as pontuações em uma variável aumentam, as na outra diminuem. Um exemplo de correlação negativa é o relacionamento entre depressão e autoestima. Quanto mais deprimida a pessoa está, mais baixas são suas pontuações em uma medida de autoestima. Em muitos casos, não há correlação entre duas variáveis. Em outras palavras, elas não apresentam relacionamento sistemático entre si. Por exemplo, depressão não está relacionada com altura.

Simplesmente saber que há uma correlação entre duas variáveis não lhe diz se uma causa a outra. A correlação apenas lhe diz que as duas variáveis estão associadas entre si de uma forma particular. O distúrbio do sono poderia causar uma pontuação mais alta em uma medida de depressão, assim como um alto grau de depressão poderia causar padrões de sono mais perturbados. Ou, uma terceira variável que você não mediu poderia explicar a correlação entre as duas variáveis estudadas. Tanto a depressão quanto o distúrbio do sono poderiam se dever a uma disfunção fisiológica subjacente.

Os pesquisadores que usam métodos correlacionais em suas pesquisas devem estar atentos para a possível existência de variáveis não medidas influenciando os resultados observados. Entretanto, além de simplesmente ligar duas variáveis para ver se são correlacionadas, eles podem usar métodos avançados que levem em consideração relacionamentos mais complexos. Por exemplo, podemos avaliar as contribuições relativas de distúrbios do sono, autoestima, gênero e classe social com métodos correlacionais que avaliem diversas variáveis relacionadas ao mesmo tempo.

1.9 Tipos de estudos de pesquisa

Como os pesquisadores coletam seus dados? Há diversos tipos de estudos que os psicólogos usam. O tipo de estudo depende em grande parte da pergunta e dos recursos disponíveis para o pesquisador. A Tabela 1.3 resume esses métodos.

Levantamento

Os pesquisadores usam um **levantamento** para obter informações de uma amostra de pessoas representativa de determinada população. Eles o utilizam sobretudo em estudos envolvendo um modelo correlacional, quando buscam descobrir se variáveis potencialmente associadas têm de fato relação entre si, conforme hipotetizado. Em um levantamento, os pesquisadores criam conjuntos de perguntas para explorar essas variáveis. Eles podem conduzir um levantamento para determinar se idade está correlacionada com bem-estar subjetivo, controlando para a influência da saúde. Nesse caso, o pesquisador pode hipotetizar que o bem-estar subjetivo é mais alto em adultos mais velhos, mas apenas após levar em consideração o papel da saúde.

Os pesquisadores também usam levantamentos para reunir estatísticas sobre a frequência de sintomas psicológicos. Por exemplo, o Substance Abuse and Mental Health Services Administration do governo dos Estados Unidos (SAMHSA) conduz levantamentos anuais para estabelecer a frequência do uso de substâncias ilegais pela popu-

levantamento
Um instrumento de pesquisa usado para obter informações de uma amostra de pessoas considerada representativa de uma determinada população, no qual os participantes devem responder a perguntas sobre o tópico de interesse.

TABELA 1.3 Métodos de pesquisa em psicopatologia

Tipo de método	Objetivo	Exemplo
Levantamento	Obter dados da população	Pesquisadores trabalhando para um órgão do governo tentam determinar a prevalência de doença por meio de questionários administrados por telefone.
Estudo laboratorial	Coletar dados sob condições controladas	Um experimento é conduzido para comparar os tempos de reação a estímulos neutros e provocadores de medo.
Estudo de caso	Um indivíduo ou um pequeno grupo são estudados intensivamente	Um terapeuta descreve os casos de membros de uma família que compartilham o mesmo transtorno raro.
Modelo experimental de caso único	A mesma pessoa serve como sujeito em condições experimentais e de controle	Os pesquisadores relatam a frequência do comportamento de um cliente quando recebe atenção (tratamento experimental) e quando é ignorado (condição de controle) por apresentar surtos agressivos em uma enfermaria psiquiátrica.
Genética comportamental	Tentar identificar padrões genéticos na herança de determinados comportamentos	Pesquisadores genéticos comparam o DNA de pessoas com e sem sintomas de determinados transtornos psicológicos.

HISTÓRIAS REAIS

Vincent van Gogh: Psicose

"Não existe segurança no meio do perigo. Como seria a vida se não tivéssemos coragem de tentar coisa alguma? Será uma difícil partida para mim; a maré sobe alto, quase até os lábios e talvez ainda mais alto, como posso saber? Mas devo lutar minha batalha... e tentar ganhar e tirar o melhor dela." Vincent van Gogh, dezembro de 1881.

Vincent van Gogh, um pintor pós-impressionista holandês, viveu a maior parte de sua vida na pobreza e com a saúde física e mental precária. Após sua morte, seu trabalho cresceu imensamente em reconhecimento e popularidade. Suas pinturas, agora logo reconhecidas, são vendidas por dezenas de milhões de dólares, enquanto, durante sua vida, seu irmão, Théo, sustentou o pintor, enviando-lhe suprimentos e dinheiro para as despesas de subsistência. Van Gogh lutou contra a doença mental grande parte de sua existência, passando um ano em um sanatório antes de seu último ano de vida, quando cometeu suicídio, em 1890, aos 37 anos de idade.

Embora a natureza específica da doença mental de van Gogh seja desconhecida, suas quase 600 cartas a Théo oferecem alguma percepção de suas experiências. Publicado em 1937, *Cartas a Théo* fornece um visão não filtrada de todos os aspectos de sua vida, incluindo arte, amor e suas dificuldades psicológicas. Van Gogh nunca recebeu um diagnóstico formal ao longo de sua vida, e até hoje muitos psicólogos debatem sobre o transtorno do qual ele poderia sofrer. Já foram sugeridos até 30 possíveis diagnósticos, variando de esquizofrenia e transtorno bipolar a sífilis e alcoolismo. A constante subnutrição, o consumo excessivo de absinto e uma tendência a trabalhar ao ponto de exaustão sem dúvida contribuíam e pioravam quaisquer problemas psicológicos que o pintor já tivesse.

A vida romântica de van Gogh foi realçada por uma série de relacionamentos fracassados, e ele nunca teve filhos. Quando propôs casamento a Kee Vos-Stricker, em 1881, ela e seus pais o recusaram porque estava tendo dificuldades para se sustentar financeiramente na época. Kee era uma viúva com um filho, e van Gogh não teria sido capaz de manter a família. Em resposta a essa rejeição, van Gogh colocou sua mão sobre a chama de um candeeiro, exigindo que o pai dela permitisse que visse a mulher que amava, um evento que mais tarde foi incapaz de recordar com clareza. Infelizmente para van Gogh, a afeição nunca foi correspondida. Seu relacionamento romântico mais longo durou um ano, durante o qual viveu com uma prostituta e os dois filhos dela.

Van Gogh aprendeu a desenhar no ensino médio, um passatempo que preservou durante toda sua tentativa fracassada de se tornar um missionário religioso. Ele foi reprovado no exame para ingresso na escola teológica em Amsterdã e, mais tarde, foi reprovado na escola missionária. Em 1880, decidiu dedicar sua vida à pintura. Após frequentar a escola de arte em Bruxelas, van Gogh viveu em vários lugares da Holanda e aperfeiçoou sua habilidade, frequentemente vivendo na pobreza e em condições precárias. Passou um período morando com seus pais, mas nunca ficou com eles muito tempo devido a seu relacionamento tumultuado com o pai. Em 1885, começou a obter reconhecimento como artista e completou sua primeira obra importante, *Os comedores de batata*. No ano seguinte, mudou-se para Paris, onde morou com seu irmão e começou a se inserir no próspero mundo artístico da cidade. Devido a suas condições de vida insatisfatórias, a saúde de van Gogh começou a se deteriorar, e então ele se mudou para o campo no sul da França. Lá passou dois meses morando e trabalhando ao lado de seu bom amigo e colega pintor Paul Gauguin. Suas diferenças artísticas levavam a frequentes discordâncias que lentamente corroeram seu amigável companheirismo. Em *Cartas a Théo*, Johanna van Gogh, cunhada de Vincent, escreve sobre o notório incidente que ocorreu em 23 de dezembro de 1888. Van Gogh, "em um estado de terrível excitação

Noite estrelada sobre o Ródano, de Vincent van Gogh, pintada em 1888, um ano antes de sua morte.

e febre alta, tinha cortado um pedaço de sua própria orelha, enviando-o de presente a uma mulher em um bordel. Houve uma cena violenta; Roulin, o carteiro, conseguiu pegá-lo em casa, mas a polícia interveio, encontrou Vincent sangrando e inconsciente na cama e o levou para o hospital".

Após o incidente, van Gogh foi internado em um sanatório em Saint Remy de Provence, França, por cerca de um ano. Enquanto estava no hospital, com frequência refletia sobre o estado de sua saúde mental em cartas a seu irmão:

"Estes últimos três meses me parecem muito estranhos. Às vezes humores de indescritível angústia mental, às vezes momentos em que o véu do tempo e a fatalidade das circunstâncias pareciam se despedaçar por um instante. Afinal de contas, você tem razão, muita razão; mesmo levando em conta a esperança, temos que aceitar a realidade provavelmente desastrosa. Espero voltar a me concentrar integralmente em meu trabalho, que está muito atrasado."

Enquanto estava hospitalizado e tentando se recuperar de seus "ataques", van Gogh passava a maior parte do tempo trabalhando com fervor em sua pintura, muitas vezes encontrando inspiração no cenário em torno do sanatório. Para ele, a pintura era um alívio bem-vindo que esperava que curaria sua doença. De suas experiências com a doença mental, escreveu: "... estou começando a considerar a loucura uma doença como outra qualquer e aceito a coisa como ela é; entretanto, durante as crises, parecia-me que tudo o que imaginava era real". Fica claro em muitas de suas cartas que ele tinha experimentado alucinações e mesmo delírios – dois sintomas indicadores de transtornos psicológicos envolvendo psicose, tal como esquizofrenia.

Após sua alta do sanatório, van Gogh participou de mostras de arte em Bruxelas e em Paris. Embora permanecesse artisticamente produtivo, sua depressão se aprofundou até que, em 29 de julho de 1890, saiu a caminhar pelo campo e atirou em seu próprio peito com um revólver, morrendo dois dias depois. Suas últimas palavras, de acordo com seu irmão que tinha corrido para ficar a seu lado em seu leito de morte, foram "a tristeza durará para sempre".

Em toda sua vida, Vincent van Gogh vendeu apenas uma pintura; em 1990, seu *Retrato do Dr. Gachet* foi vendido por 82,5 milhões de dólares, tornando-a uma das pinturas mais caras já vendidas. Suas obras, impagáveis, embelezam galerias ao redor do planeta e têm uma influência inestimável no mundo das artes. Tivesse sua história ocorrido agora, com muitas opções diferentes para tratamento psicológico de sintomas psicóticos e depressão, sua vida poderia não ter terminado de forma tão trágica.

---

lação. A Organização Mundial da Saúde (OMS) conduz levantamentos comparando a frequência de transtornos psicológicos em cada país. Esses levantamentos fornecem dados epidemiológicos valiosos que podem estimar a saúde da população.

Pesquisadores relatam dados epidemiológicos sobre a ocorrência de sintomas e transtornos psicológicos em termos da estrutura de tempo ao longo da qual ocorrem. A **incidência** é a frequência de *novos* casos de um transtorno em um determinado período de tempo. Os respondentes que fornecem dados de incidência declaram se agora têm um transtorno que antes nunca tiveram. As informações de incidência podem cobrir qualquer intervalo de tempo; as pessoas tendem a relatá-la em termos de um mês, seis meses e um ano. Os pesquisadores usam dados de incidência quando estão interessados em determinar com que rapidez um transtorno está se espalhando. Por exemplo, durante uma epidemia, os pesquisadores da saúde precisam saber como planejar para controlar a doença, e, portanto, os dados de incidência são mais pertinentes a essa questão.

incidência
A frequência de novos casos em um determinado período de tempo.

A **prevalência** de um transtorno refere-se ao número de pessoas que *já* o tiveram durante um período de tempo especificado. Para coletar dados de prevalência, os estudiosos pedem aos respondentes que declarem se, nesse período, experimentaram os sintomas do transtorno. O período de tempo de referência pode ser o dia do levantamento, em cujo caso chamamos de prevalência pontual. Também há a prevalência de um mês, que se refere aos 30 dias anteriores ao estudo, e a prevalência ao longo da vida, que se refere à vida inteira do respondente. Por exemplo, os pesquisadores podem perguntar aos respondentes se fumaram cigarros em algum momento durante o mês anterior (prevalência de um mês) ou se o fizeram alguma vez em suas vidas (prevalência ao longo da vida). Normalmente, a prevalência ao longo da vida é mais alta que a de um mês ou a pontual porque a pergunta captura toda a experiência passada de um transtorno ou sintoma.

prevalência
O número de pessoas que já tiveram um transtorno em um determinado momento ou durante um período especificado.

Estudos laboratoriais

Os pesquisadores realizam a maioria dos experimentos em laboratórios psicológicos nos quais os participantes fornecem dados sob condições controladas. Os sujeitos são expostos a condições baseadas na natureza da manipulação experimental. Por exemplo, os pesquisadores podem mostrar aos participantes estímulos em telas de computador e pedir-lhes que respondam. Os dados coletados poderiam incluir a velocidade do tempo de reação ou a memória para diferentes tipos de estímulos. Os estudos laboratoriais também podem envolver comparação de respostas de escaneamento cerebral feito sob diferentes condições. Outro tipo de estudo laboratorial pode envolver a observação de pessoas em situações de grupos pequenos nas quais os pesquisadores investigam suas interações.

Embora sejam ideais para conduzir esses experimentos, os laboratórios também podem ser contextos adequados para dados de autorrelato, tais como respostas a questionários. Os pesquisadores podem pedir aos participantes que completem suas respostas em um período de tempo fixo e sob condições envolvendo um mínimo de distrações. Também podem fornecer instrumentos de autorrelato para serem completados em um computador, permitindo coletar os dados de forma sistemática e uniforme entre os respondentes.

O método de estudo de caso

estudo de caso
Investigação intensiva sobre um indivíduo descrito detalhadamente.

Muitos dos pesquisadores, do que a profissão considera estudos clássicos dos primórdios da psicopatologia, basearam seus achados no **estudo de caso**, que é uma investigação intensiva de um indivíduo ou de um pequeno grupo. Por exemplo, Freud baseou grande parte de sua teoria em relatos de seus próprios pacientes – o desenvolvimento de seus sintomas e seu progresso na terapia. Na pesquisa atual, os pesquisadores realizam estudos de caso por uma série de razões. Eles fornecem a oportunidade de relatar casos raros, ou o desenvolvimento de um transtorno ao longo do tempo pode ser o foco do estudo. Por exemplo, uma psicóloga clínica pode escrever um relatório em uma revista sobre como forneceu tratamento a um cliente com um tipo raro de medo.

pesquisa qualitativa
Um modelo de análise de dados que fornece à pesquisa métodos para examinar relações complexas que não se prestam facilmente a processos estatísticos convencionais.

A vantagem de um estudo de caso profundo também é uma possível desvantagem, uma vez que não envolve controle experimental suficiente para constituir um acréscimo útil à literatura. Pesquisadores que utilizam estudos de caso, portanto, devem ser extremamente precisos em seus métodos e, tanto quanto possível, adotar uma abordagem objetiva e imparcial. Existem padrões para uso na **pesquisa qualitativa** que podem garantir que os pesquisadores apresentem dados de estudo de caso de forma proveitosa para outros estudiosos.

Modelo experimental de caso único

modelo experimental de caso único (SCED)
Modelo no qual a mesma pessoa serve como sujeito em ambas as condições, experimental e de controle.

Em um **modelo experimental de caso único (SCED)**, a mesma pessoa serve como sujeito em ambas as condições, experimental e de controle. Particularmente útil para estudos de eficácia do tratamento, um modelo de sujeito único em geral envolve alternar as fases ligado-desligado da condição basal ("A") e da condição de intervenção ("B"). A profissão também se refere aos SCEDs como modelos "ABAB", refletindo a alternância entre as condições A e B. A Figura 1.1 mostra um exemplo de um SCED envolvendo comportamento autolesivo.

Em casos nos quais a retirada do tratamento na fase "B" apresentaria um problema ético (devido à eliminação de um tratamento eficaz), os pesquisadores usam uma variação chamada de método basal múltiplo. Em um modelo basal múltiplo, o pesquisador aplica o tratamento de uma forma AB de modo que ele nunca seja retirado. A observação ocorre entre indivíduos diferentes, para comportamentos diferentes, ou em contextos diferentes. O pesquisador adota medidas de comportamento repetidas em relação à introdução do tratamento. Por exemplo, ao tratar um cliente suicida, um profissional pode primeiro visar os pensamentos suicidas e, depois, os comportamentos suicidas. A força do modelo está em mostrar que os comportamentos mudam quando o pesquisador introduz tratamentos específicos (Rizvi & Nock, 2008).

Investigações em genética comportamental

Os pesquisadores no campo da genética comportamental e da psicopatologia tentam determinar o grau em que as pessoas herdam transtornos psicológicos. Os geneticistas comportamentais normalmente iniciam uma investigação da herança genética de um transtorno após observar que este apresenta um padrão distinto de herança familiar. Esse processo requer a obtenção de histórias familiares completas de pessoas a quem eles possam identificar como tendo sintomas do transtorno. Os pesquisadores então

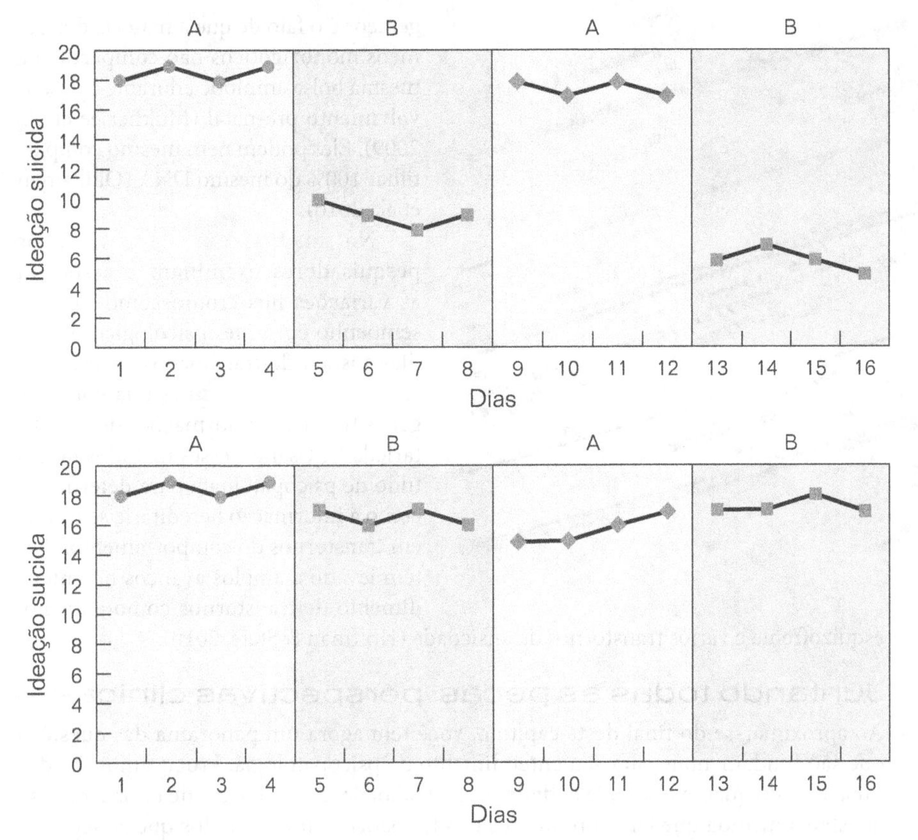

FIGURA 1.1 Modelo ABAB
Em um modelo ABAB, os pesquisadores observam comportamentos na fase "A", instituem tratamento na fase "B"e, então, repetem o processo. Neste estudo hipotético, a ideação suicida parece melhorar com o tratamento no conjunto de gráficos de cima, mas não mostra efeito do tratamento no conjunto de baixo (Rizvi & Nock, 2008).

calculam a **taxa de concordância**, ou as razões de concordância, entre as pessoas diagnosticadas com o transtorno e seus parentes. Por exemplo, um pesquisador pode observar que, de uma amostra de 10 pares de gêmeos, 6 têm o mesmo transtorno psicológico diagnosticado. Isso significaria que, entre essa amostra, há uma taxa de concordância de 0,60 (6 de 10). Esperaríamos que um transtorno herdado tivesse a concordância mais alta entre gêmeos monozigóticos ou idênticos (cujos genes são os mesmos), com taxas um pouco mais baixas entre irmãos e gêmeos dizigóticos ou fraternos (que não são mais semelhantes geneticamente do que irmãos de idades diferentes) e mesmo taxas mais baixas entre parentes mais distantes.

taxa de concordância
Razões de concordância entre pessoas diagnosticadas com um determinado transtorno e seus parentes.

Uma segunda abordagem na genética comportamental é estudar famílias que adotaram. A evidência mais extensiva disponível a partir desses estudos vem de países escandinavos, onde os governos mantêm registros completos de nascimentos e de adoções. A pesquisa estuda dois tipos de adoções. O primeiro é um estudo de adoção no qual os pesquisadores estabelecem as taxas do transtorno em crianças cujos pais biológicos foram diagnosticados como tendo transtornos psicológicos, ao contrário dos pais adotivos. Se os filhos apresentam o transtorno, isso sugere que os fatores genéticos desempenham um papel mais forte do que o ambiente. No segundo estudo de adoção, referido como "adoção cruzada", os pesquisadores examinam a frequência do transtorno nas crianças cujos pais biológicos são saudáveis, mas cujos pais adotivos receberam o diagnóstico.

Os estudos de gêmeos são um terceiro método de genética comportamental. Nestes, os pesquisadores comparam gêmeos monozigóticos criados juntos àqueles criados separados. Em teoria, se os gêmeos criados separados compartilharem um determinado transtorno, isso sugere que o ambiente teve um papel relativamente menor em sua causa.

Esses tipos de estudos permitem aos pesquisadores fazerem deduções sobre as contribuições relativas de biologia e ambiente familiar para o desenvolvimento de transtornos psicológicos. Entretanto, eles não são precisos e têm várias falhas possivelmente sérias. Os estudos de adoção podem ser sugestivos, mas dificilmente são definitivos. Pode haver características não medidas dos pais adotivos que influenciem o desenvolvimento do transtorno nos filhos. A ameaça mais significativa à utilidade dos estudos de

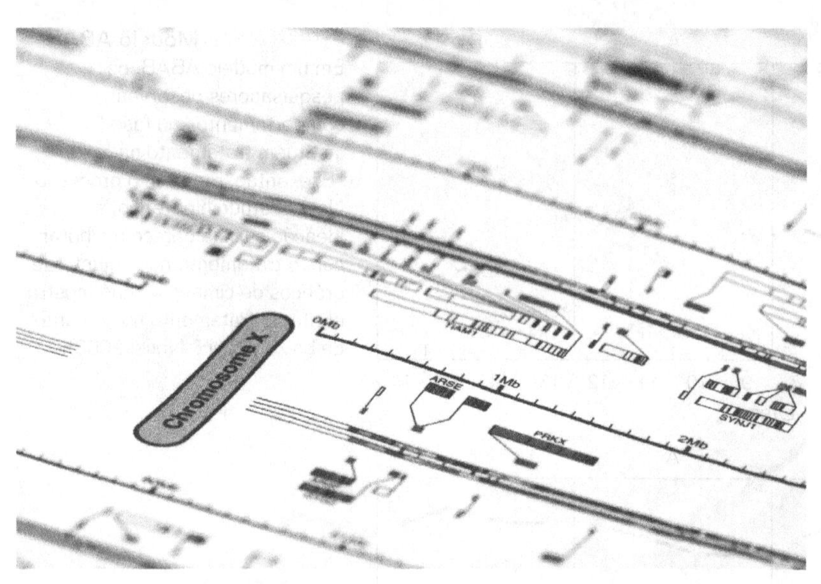

O mapeamento genético está revolucionando a forma como os cientistas entendem e tratam os transtornos psicológicos.

gêmeos é o fato de que a maioria dos gêmeos monozigóticos não compartilha a mesma bolsa amniótica durante o desenvolvimento pré-natal (Mukherjee et al., 2009). Eles podem nem mesmo compartilhar 100% do mesmo DNA (Ollikainen et al., 2010).

No **mapeamento genético**, os pesquisadores examinam e associam as variações nos cromossomos ao desempenho em testes psicológicos ou ao diagnóstico de transtornos específicos. A **genética molecular** estuda como os genes traduzem informações de hereditariedade. Usamos esses métodos no estudo de psicopatologia para determinar como a informação hereditária se traduz em transtornos do comportamento. Eles têm levado a amplos avanços no entendimento de transtornos como autismo, esquizofrenia e vários transtornos de ansiedade (Hoffman & State, 2010).

mapeamento genético
A tentativa por pesquisadores biológicos de identificar a estrutura de um gene e as características que ele controla.

genética molecular
O estudo de como os genes traduzem informações de hereditariedade.

Juntando todas as peças: perspectivas clínicas

Ao aproximar-se do final deste capítulo, você tem agora um panorama das questões que são fundamentais para seu entendimento da psicopatologia. Procuramos lhe dar uma ideia do quanto é complexo definir anormalidade, e você haverá de retornar a essa questão à medida que ler sobre muitos dos transtornos nos capítulos que se seguem. Desenvolveremos a perspectiva histórica em capítulos subsequentes quando examinarmos as teorias sobre transtornos específicos e seus tratamentos. Atualmente, avanços estão surgindo no campo da psicopatologia em um ritmo inacreditável devido aos esforços dos pesquisadores que aplicam as técnicas descritas aqui. Você aprenderá mais sobre alguns desses métodos de pesquisa no contexto das discussões sobre transtornos específicos. Também desenvolverá um entendimento de como os clínicos, como a dra. Sarah Tobin, analisam a variedade de transtornos psicológicos que afetam as pessoas ao longo de toda a vida. Daremos particular atenção à explicação de como essas doenças se desenvolvem e qual a melhor forma de tratá-las. Nossa discussão do impacto dos transtornos psicológicos constitui um tema central para este livro, visto que retornaremos repetidamente à consideração da experiência humana dessas condições.

Retorno ao caso: Rebecca Hasbrouck

Um assistente viu Rebecca no centro de aconselhamento uma vez por semana durante 12 semanas consecutivas. Durante as primeiras sessões, ela chorava com frequência, em especial quando falava sobre seu namorado e como estava se sentindo sozinha. Na terapia, trabalhamos para identificar suas emoções e encontrar habilidades de enfrentamento para lidar com estresse. Por fim, os sentimentos de tristeza de Rebecca diminuíram à medida que ela se acostumou a sua vida no *campus* e foi capaz de fazer algumas amizades próximas. Visto que estava se sentindo melhor, seu sono também melhorou, o que a ajudou a se concentrar nas aulas com mais facilidade, permitindo-lhe um desempenho melhor e, portanto, mais confiança em si mesma como estudante.

Reflexões da dra. Tobin: Ficou claro para mim em nossa primeira sessão que Rebecca era uma jovem que estava tendo dificuldades para lidar com questões comuns de adaptação à faculdade. Ela também estava sobrecarregada pelas muitas experiências novas e parecia particularmente incapaz de lidar com o fato de estar por conta própria e separada de sua rede de apoio, incluindo sua família e o namorado. Seus padrões acadêmicos altos aumentaram seu estresse, e, visto que não tinha apoio social, ela estava incapaz de falar sobre as dificuldades que apresentava, o que sem dúvida perpetuava seus problemas. Fico feliz que ela tenha procurado ajuda cedo, antes que suas dificuldades se tornassem exacerbadas, e que tenha respondido tão bem ao tratamento.

RESUMO

- Questões sobre normalidade e anormalidade são básicas para nosso entendimento dos transtornos psicológicos. Elas podem nos afetar de formas muito pessoais.
- O impacto social pode afetar os transtornos psicológicos. As atitudes sociais em relação a pessoas com essas condições variam de desconforto a preconceito. A linguagem, o humor e os estereótipos retratam os transtornos psicológicos em uma luz negativa. Os estereótipos então resultam em discriminação social, que apenas serve para complicar ainda mais as vidas das pessoas afetadas.
- A comunidade da saúde mental usa atualmente cinco critérios diagnósticos para medir anormalidade: 1) significância clínica; 2) disfunção psicológica, biológica e do desenvolvimento; 3) sofrimento ou incapacidade significativos; 4) não ser definida como "desviante" em termos de religião, política ou sexualidade; e 5) conflitos sociopolíticos devem refletir disfunção no indivíduo a fim de serem considerados transtornos psicológicos. Embora esses cinco critérios possam servir como base para definir anormalidade, com frequência há uma interação.
- As causas de anormalidade incorporam fatores biológicos, psicológicos e socioculturais. Os cientistas usam o termo biopsicossocial para se referir à interação entre esses fatores e seu papel no desenvolvimento dos sintomas de um indivíduo.
- As três dimensões proeminentes na explicação dos transtornos psicológicos que se repetem ao longo da História incluem 1) espiritual, 2) científica e 3) humanitária. As explicações **espirituais** consideram o comportamento anormal produto de possessão por espíritos maus ou demoníacos. As **humanitárias** veem os transtornos psicológicos como resultado de crueldade, estresse ou condições de vida pobres. As **científicas** procuram por causas que podem ser medidas objetivamente, como alterações biológicas, processos de aprendizagem falhos ou estressores emocionais.
- Os pesquisadores usam vários métodos para estudar as causas e o tratamento de transtornos psicológicos. Estes incluem 1) o método científico, que envolve uma progressão de passos desde fazer perguntas de interesse a compartilhar os resultados com a comunidade científica; 2) o modelo experimental, que testa uma hipótese construindo uma manipulação de uma variável-chave de interesse; e 3) o modelo correlacional, que envolve testes de relacionamentos entre variáveis que os pesquisadores não podem manipular experimentalmente.
- Os tipos de estudos de pesquisa incluem **levantamentos, estudos laboratoriais** e **estudos de caso.** Os levantamentos permitem aos pesquisadores estimarem a incidência e a prevalência de transtornos psicológicos. Em um laboratório, os participantes são expostos a condições baseadas na natureza da manipulação experimental. Os estudos de caso permitem ao pesquisador estudar intensivamente um indivíduo. Isso também pode envolver o modelo de sujeito único, no qual o pesquisador estuda uma mesma pessoa em ambas as condições, experimental e de controle, enquanto aplica e retira tratamento em fases alternadas.
- As investigações no campo da genética e da psicoterapia comportamentais tentam determinar o grau em que as pessoas herdam transtornos psicológicos. Diferentes estudos permitem aos pesquisadores fazerem deduções sobre as contribuições relativas de biologia e ambiente familiar para o desenvolvimento de transtornos psicológicos, mas essas investigações não são precisas e têm falhas possivelmente sérias.

TERMOS-CHAVE

Biopsicossocial 8
Condição-placebo 15
Duplo-cego 15
Estigma 7
Estudo de caso 20
Explicação científica 9
Explicação espiritual 9
Explicação humanitária 9
Genética molecular 22
Incidência 19
Levantamento 17
Mapeamento genético 22
Modelo experimental de caso único (SCED) 20
Pesquisa qualitativa 20
Prevalência 19
Psicologia positiva 14
Taxa de concordância 21
Variável dependente 14
Variável independente 14

Diagnóstico e Tratamento

SUMÁRIO

Objetivos de aprendizagem

2.1 Descrever as experiências do cliente e do clínico.
2.2 Avaliar os pontos fortes e fracos da abordagem do DSM aos transtornos psicológicos.
2.3 Identificar a *Classificação internacional de doenças* (CID).
2.4 Explicar os passos do processo de diagnóstico.
2.5 Descrever o plano e as metas do tratamento.
2.6 Explicar o curso e o desfecho do tratamento.

Relato de caso: Peter Dickinson

Informação demográfica: Homem caucasiano de 28 anos.

Problema apresentado: Ashley, namorada de Peter há um ano, o encaminhou a uma clínica de saúde mental ambulatorial. Ele está trabalhando há dois anos como advogado de defesa em uma pequena firma de advocacia. Ashley relatou que, há cerca de seis meses, os pais de Peter iniciaram um processo de divórcio e, desde então, ela vem percebendo algumas mudanças no comportamento do namorado. Embora seu emprego sempre tenha sido desafiador, Peter era um funcionário esforçado que se dedicou aos estudos durante toda sua vida acadêmica e tinha sido igualmente motivado em seu emprego atual. Desde o referido divórcio, entretanto, Ashley revelou que Peter passou a dormir poucas horas à noite e a ter dificuldades para acompanhar sua carga de casos no trabalho. A coisa ficou tão ruim que a firma considerou demiti-lo.

Quando foi visto na clínica de psicoterapia, Peter relatou que os últimos seis meses tinham sido muito difíceis para ele. Embora admitisse ter sido sempre um "preocupado", não conseguia tirar o divórcio de seus pais da cabeça, e isso estava interferindo em sua capacidade de concentrar-se e desempenhar bem seu trabalho. Ele descreveu a maioria de suas preocupações como medos de que o divórcio dos pais destruísse a vida deles, bem como a sua. Declarou temer que de algum modo essa separação fosse culpa sua e que, quando esse pensamento lhe vinha à mente, ficava se repetindo como um disco quebrado. Também explicou que Ashley tinha ameaçado terminar o namoro se ele não "se organizasse", e isso também estava ocupando sua mente a maior parte do tempo. Ele contou que se preocupava constantemente a respeito de ter arruinado a vida dela e que esse pensamento também era muito repetitivo.

Era perceptível a ansiedade e a irritabilidade de Peter durante toda a sessão, sobretudo quando falava sobre seus pais ou sobre Ashley. No início da consulta, ele expressou que se sentira muito tenso todo o dia e que tinha "um nó" no estômago. Durante toda a entrevista, suas pernas e mãos estavam inquietas, e ele se levantou e se sentou diversas vezes. Declarou que, desde que havia iniciado seu emprego novo, tinha se tornado muito irritadiço com as pessoas, frequentemente se sentia "ligado" e tenso e, como resultado, tinha dificuldade para se concentrar em seu trabalho e não dormia bem. Explicou que não podia lembrar da última vez em que se sentiu calmo ou não se preocupou com alguma coisa durante um dia inteiro. Também disse que mal podia pensar em outra coisa que não fosse o divórcio de seus pais e seus problemas de relacionamento com Ashley, mesmo se tentasse tirar isso de sua mente. Relatou que, antes de saber do divórcio de seus pais, era especialmente "obsessivo" em relação a seu trabalho, e notou que isso era semelhante a como se sentia quando estava na faculdade. Ele declarou que em geral tinha medo de cometer um erro e passava mais tempo se preocupando com falhar do que de fato fazendo seu trabalho. Um relacionamento sério de quatro anos terminou após sua ex-namorada ficar cansada do que tinha chamado de sua "obsessão" com o trabalho e sua negligência quanto ao relacionamento deles. Atualmente, diante da possibilidade de perder seu emprego e outro relacionamento importante, Peter constatou que percebe, pela primeira vez, que sua ansiedade pode estar interferindo em sua vida.

História relevante: Peter relatou que sua mãe tinha uma história de ataques de pânico e seu pai tinha usado medicamento para ansiedade, mas não era capaz de lembrar quaisquer detalhes de sua história familiar. Declarou que, desde que podia lembrar, sempre tinha se sentido ansioso e frequentemente se preocupava com as coisas mais do que as outras pessoas. Lembrava de um caso em particular, no ensino médio, quando mal dormira por duas semanas porque estava preparando uma argumentação para a equipe de debate de sua escola. Peter revelou que nunca tinha feito psicoterapia ou usado qualquer medicamento psiquiátrico. Disse que, embora sua preocupação com frequência o fizesse se sentir "para baixo", nunca se sentiu gravemente deprimido e não tem história de ideação suicida.

Sintomas: Dificuldade para dormir a noite inteira, inquietação, dificuldade para concentrar-se, irritabilidade. Peter declarou que achava difícil controlar a preocupação e que passava a maior parte do tempo se preocupando com o divórcio de seus pais, o trabalho ou seu relacionamento com Ashley.

Formulação de caso: Peter satisfaz todos os critérios do DSM-5 requeridos para transtorno de ansiedade generalizada (TAG). Ele tem exibido preocupação excessiva na maioria dos dias dos últimos seis meses, foi incapaz de controlar sua inquietação e apresentou 4 dos 6 sintomas principais associados com TAG. Além disso, a preocupação de Peter não estava relacionada a medos de ter um ataque de pânico (como no transtorno de pânico) ou a estar em situações sociais ou públicas (como no transtorno de ansiedade social). A ansiedade estava lhe causando problemas significativos no trabalho e em seu relacionamento com Ashley. Finalmente, sua ansiedade não era resultado do uso de substância.

Plano de tratamento: O plano de tratamento de Peter envolverá uma combinação de duas abordagens. Primeiro, ele será encaminhado a um psiquiatra para receber medicamento ansiolítico para diminuir os sintomas físicos do problema. Psicoterapia cognitivo-comportamental também será recomendada, uma vez que foi demonstrado que essa é a modalidade terapêutica atual mais eficaz para tratar TAG.

Sarah Tobin, PhD
Médica

A vida de Peter estava a ponto de ser destruída pela piora de seus sintomas de ansiedade, que o colocavam em risco de perder seu emprego e seu relacionamento. O plano de tratamento da dra. Tobin sugere um conjunto de passos para tratar-lhe os sintomas imediatos e finalmente trazer-lhe alívio a longo prazo. Neste capítulo, você aprenderá sobre como os clínicos seguem os passos do diagnóstico e do planejamento do tratamento. A fim de ajudá-lo a entender essas etapas, apresentaremos os conceitos fundamentais que orientam esses processos cruciais.

2.1 Transtorno psicológico: experiências do cliente e do clínico

psicólogo
Profissional da saúde mental que oferece serviços psicológicos.

cliente
Uma pessoa que busca tratamento profissional.

Os **psicólogos** são profissionais da saúde mental que oferecem serviços psicológicos. Aqueles que trabalham no campo da psicopatologia examinam não apenas as causas de comportamento anormal, mas também as questões humanas complexas envolvidas no processo terapêutico. Ao longo deste texto, você lerá muitos casos de **clientes** individuais que buscam tratamento para aliviar seus sintomas a fim de poder levar vidas mais gratificantes. Iniciamos essa exploração apresentando os papéis relevantes de "cliente" e "clínico".

O cliente

paciente
No modelo médico, uma pessoa que recebe tratamento.

As pessoas que trabalham na área da psicopatologia se referem aos indivíduos que buscam intervenção psicológica como "**cliente**" e "**paciente**". Neste livro, nossa preferência é usar o termo *cliente*, refletindo a visão de que as pessoas em tratamento colaboram com aquelas que as tratam. Sentimos que o termo *paciente* traz consigo a conotação de um participante mais passivo do que ativo. Entretanto, há vezes em que é apropriado usar esse termo, como no contexto de "tratamento de paciente externo (ambulatorial)" e "direitos dos pacientes".

Neste contexto, queremos salientar que você deve definitivamente evitar alguma terminologia e chamar pessoas com transtornos psicológicos pelo nome da condição que apresentam. Ao chamar alguém de "esquizofrênico", se está igualando o sujeito ao transtorno. Em vez disso, você demonstrará maior sensibilidade caso se refira ao indivíduo como "uma pessoa com esquizofrenia". As pessoas são mais do que a soma de seus transtornos. Usando sua linguagem com cuidado, você comunica maior respeito pela pessoa como um todo.

O clínico

Um relacionamento positivo, de confiança, entre terapeuta e cliente é crucial para um bom desfecho terapêutico.

Neste livro, referimo-nos à pessoa que fornece o tratamento como o **clínico**. Há muitos tipos de profissionais que abordam o trabalho clínico de diversas formas, com base em seu treinamento e orientação. Os **psiquiatras** são pessoas com diplomas de medicina (DRs) que recebem treinamento avançado especializado em diagnóstico e tratamento de indivíduos com transtornos psicológicos. Os **psicólogos clínicos** têm um diploma avançado no campo da psicologia e são treinados em diagnóstico e terapia. Os psicólogos clínicos não podem administrar tratamentos médicos, mas alguns Estados norte-americanos, como Louisiana e Novo México, desde 2011, lhes concedem privilégios de prescrição, e outros também estão tentando aprovar leis semelhantes.

Há dois tipos de doutorados em psicologia. O título de doutor em filosofia (PhD) é normalmente concedido a quem completa a pós-graduação em pesquisa. A fim de ser capaz de exercer, pessoas que obtêm seus PhDs em psicologia clínica também completam um estágio. Doutor em psicologia (PsyD) é o diploma que as faculdades de psicologia concedem e costuma envolver menos treinamento em pesquisa. Esses indivíduos também devem completar um estágio a fim de exercer a profissão. Os psicólogos de aconselhamento, com doutorado em educação (EdD) ou PhD também atuam como clínicos.

Os profissionais com diplomas de mestre também fornecem serviços psicológicos. Esses incluem assistentes sociais, orientadores de nível de mestrado, terapeutas de casais e de família, enfermeiros e psicólogos escolares. O campo da saúde mental inclui ainda um grande grupo de indivíduos que não têm treinamento de nível universitário, mas exercem um papel essencial no funcionamento e na administração do sistema de saúde mental. Incluídos nesse grupo estão terapeutas ocupacionais, terapeutas recreativos e conselheiros que trabalham em instituições, agências, escolas e lares.*

clínico
A pessoa que fornece tratamento.

psiquiatras
Pessoas com diplomas em medicina que recebem treinamento avançado especializado em diagnóstico e tratamento de pessoas com transtornos psicológicos.

psicólogo clínico
Um profissional da saúde mental.

2.2 O processo de diagnóstico

A fim de tratar transtornos psicológicos, os clínicos devem primeiro ser capazes de diagnosticá-los. O processo de diagnóstico requer, por sua vez, que os profissionais realizem uma abordagem sistemática à classificação dos transtornos que veem em seus pacientes. Um manual diagnóstico serve para fornecer diagnósticos consistentes entre pessoas com base na presença ou ausência de um conjunto de sintomas específicos. Sem um manual diagnóstico preciso, é impossível para o clínico decidir qual o melhor caminho de tratamento para um determinado cliente. Os pesquisadores também usam manuais diagnósticos a fim de fornecer aos investigadores terminologias consistentes para usarem nos relatos de seus achados.

A profissão utiliza dois fatores para avaliar a capacidade de um manual diagnóstico de cumprir sua função. O primeiro é a **confiabilidade**, significando que os profissionais aplicarão os diagnósticos consistentemente entre os indivíduos que têm um conjunto particular de sintomas. Um manual não seria muito útil se o sintoma de humor triste levasse um clínico ao diagnóstico de algum tipo de transtorno depressivo e outro ao de algum tipo de transtorno de ansiedade. O segundo fator é a **validade**, significando que os diagnósticos representam fenômenos clínicos reais e distintos.

confiabilidade
Quando usado com relação a diagnóstico, esse termos refere-se ao grau de consistência com que os clínicos fornecem diagnósticos entre indivíduos que têm um conjunto particular de sintomas.

validade
O grau em que um teste, um diagnóstico ou uma avaliação caracterizam com precisão e clareza o estado psicológico de uma pessoa.

---

* N. de R. T.: No Brasil, a situação difere. Psiquiatras são médicos com treinamento especializado por, ao menos três anos após a faculdade de Medicina. Os psicólogos clínicos não podem prescrever medicamentos, sendo treinados em diagnóstico psicológico e psicoterapia por meio de cursos de especialização após a faculdade de Psicologia. A carreira acadêmica, constituída pelo mestrado e doutorado, destina-se a estudo e pesquisa. Os psicólogos com doutorado em Educação não atuam como clínicos, restringindo-se à abordagem escolar. Os terapeutas ocupacionais, no Brasil, possuem formação universitária.

Novidades no DSM-5

Mudanças na estrutura do DSM-5

Todas as edições do DSM geraram considerável controvérsia, e a quinta edição não parece ser exceção. As mudanças mais significativas diziam respeito ao sistema multiaxial – a categorização de transtornos ao longo de cinco eixos separados. A força-tarefa do DSM-5 decidiu eliminar o sistema multiaxial do DSM-IV-TR e, em vez disso, seguir o sistema em uso pela *Classificação internacional de doenças* (CID), da Organização Mundial da Saúde. O Eixo I do DSM-IV-TR continha "síndromes" maiores, ou agrupamentos de doenças. O Eixo II continha diagnósticos de transtornos da personalidade e ao que era então chamado de retardo mental. O Eixo III era usado para anotar as condições clínicas do cliente. O Eixo IV avaliava os estresses psicossociais, e o Eixo V, o nível de funcionamento global do cliente. As forças-tarefa também consideraram o uso de um modelo dimensional em vez do modelo categórico representado pelo DSM-IV-TR. Entretanto, no final, preferiram não fazê-lo. A organização atual inicia com os transtornos do neurodesenvolvimento e então segue com os "internalizantes" (caracterizados por sintomas de ansiedade, depressivos e somáticos) e os "externalizantes" (caracterizados por sintomas impulsivos, de conduta disruptiva e de uso de substâncias). A esperança é que sejam feitas novas pesquisas, permitindo que futuros manuais diagnósticos sejam baseados mais nas causas subjacentes do que apenas nos sintomas.

Os manuais diagnósticos atuais têm por base o modelo médico na medida em que buscam rotular corretamente grupos de sintomas com a intenção de fornecer tratamentos direcionados. Nem todos no sistema de saúde mental estão confortáveis com esse modelo. Aqueles que objetam observam que o sistema diagnóstico atual admite que há uma diferença reconhecível entre normalidade e anormalidade. Além disso, ao rotular um conjunto de comportamentos como uma "doença", o uso do manual pode aumentar a tendência a estigmatizar aqueles cujo comportamento está fora da norma.

Apesar dessas críticas, os profissionais da saúde mental devem se basear nos sistemas diagnósticos, se não por qualquer outra razão, para permitir que seus clientes recebam tratamento em hospitais e reembolso dos planos de saúde. As companhias de seguros utilizam os códigos diagnósticos que eles fornecem para determinar os esquemas de pagamento para tratamento tanto hospitalar quanto ambulatorial.

É válido estar alerta às críticas a esses sistemas diagnósticos, particularmente porque servem como um lembrete de que é a pessoa, e não a doença, que os clínicos visam ajudar.

Os clínicos usam os termos e definições-padrão contidos no ***Manual diagnóstico e estatístico de transtornos mentais* (DSM)** publicado pela American Psychiatric Association. Organizamos este texto de acordo com a versão mais recente, que é o DSM-5, ou quinta edição (American Psychiatric Association, 2013).* O DSM-IV organizou os diagnósticos usando cinco eixos separados. Ele define um **eixo** como uma categoria de informações relativas a uma dimensão do funcionamento de um indivíduo. O **sistema multiaxial** no DSM-IV-TR visava permitir aos profissionais que caracterizassem os clientes de forma multidimensional. Além disso, o DSM-5 contém uma "Seção III", que inclui medidas de avaliação e diagnósticos não considerados suficientemente bem estabelecidos para fazer parte do sistema principal. Esses diagnósticos podem vir a ser incorporados na próxima edição do DSM-5, ou um "DSM-5.1", caso os dados clínicos e de pesquisa apoiem sua inclusão.

Manual diagnóstico e estatístico de transtornos mentais (DSM)
Um livro publicado pela American Psychiatric Association que contém termos e definições-padrão de transtornos psicológicos.

eixo
Uma classe de informação no DSM-IV relativa a um aspecto do funcionamento do indivíduo.

sistema multiaxial
Uma classificação e um sistema diagnósticos multidimensionais no DSM-IV-TR resumindo informações relevantes sobre o funcionamento físico e psicológico de um indivíduo.

Classificação internacional de doenças (CID)
O sistema diagnóstico da Organização Mundial da Saúde.

O *Manual diagnóstico e estatístico de transtornos mentais* (DSM-5)

O DSM-5 é dividido em 22 capítulos que incluem conjuntos de transtornos relacionados. Os capítulos são organizados de modo que os transtornos relacionados apareçam mais próximos uns dos outros. Doenças psicológicas e biológicas com frequência têm relação entre si. Diversos diagnósticos no DSM-5 têm integrados a si um diagnóstico médico, tal como uma doença neurológica que produza sintomas cognitivos. Entretanto, se uma doença primariamente médica não for especificada no DSM-5, os clínicos podem especificá-la usando os diagnósticos-padrão da CID. Você pode ler exemplos de transtornos em cada categoria na Tabela 2.1.

A maioria dos profissionais da saúde mental fora dos Estados Unidos e do Canadá usam o sistema diagnóstico da Organização Mundial da Saúde (OMS), que é a ***Classificação internacional de doenças* (CID)**. A OMS desenvolveu a CID como um instrumento epidemiológico. Com um sistema diagnóstico comum, as 110 nações-membro podem comparar as taxas de doença e assegurar-se de que empregam a mesma terminologia por uma questão de consistência. A décima edição (CID-10) está em uso atual-

* N. de R. T.: No Brasil, são utilizados os textos contidos na *Classificação internacional de doenças* (CID-10), décima edição, da Organização Mundial da Saúde.

TABELA 2.1 Transtornos no DSM-5

Categoria	Descrição	Exemplos de diagnósticos
Transtornos do neurodesenvolvimento	Transtornos que em geral se desenvolvem durante os primeiros anos de vida, principalmente envolvendo desenvolvimento e amadurecimento anormais	Transtorno do espectro do autismo Transtorno específico da aprendizagem Transtorno de déficit de atenção/hiperatividade
Espectro da esquizofrenia e outros transtornos psicóticos	Transtornos envolvendo sintomas de distorção na percepção da realidade e prejuízo no pensamento, no comportamento, no afeto e na motivação	Esquizofrenia Transtorno psicótico breve
Transtorno bipolar e transtornos relacionados	Transtornos envolvendo humor elevado	Transtorno bipolar Transtorno ciclotímico
Transtornos depressivos	Transtornos envolvendo humor triste	Transtorno depressivo maior Transtorno depressivo persistente
Transtornos de ansiedade	Transtornos envolvendo a experiência de intensa ansiedade, preocupação, medo ou apreensão	Transtorno de pânico Agorafobia Fobia específica Transtorno de ansiedade social
Transtorno obsessivo-compulsivo e transtornos relacionados	Transtornos envolvendo obsessões e compulsões	Transtorno obsessivo-compulsivo Transtorno dismórfico corporal Transtorno de acumulação
Transtornos relacionados a trauma e estressores	Respostas a eventos traumáticos	Transtorno de estresse pós-traumático Transtorno de estresse agudo Transtorno de adaptação
Transtornos dissociativos	Transtornos nos quais a integração normal de consciência, memória, sentido de *self* ou percepção é perturbada	Transtorno dissociativo de identidade Amnésia dissociativa
Transtornos de sintomas somáticos e transtornos relacionados	Transtornos envolvendo queixas recorrentes de sintomas físicos que podem ou não estar associados com uma condição médica	Transtorno de ansiedade de doença Transtorno conversivo
Transtornos alimentares	Transtornos caracterizados por perturbações graves no comportamento alimentar	Anorexia nervosa Bulimia nervosa Transtorno de compulsão alimentar
Transtornos da eliminação	Transtornos envolvendo distúrbios da bexiga e dos intestinos	Enurese (bexiga) Encoprese (intestinos)
Transtornos do sono-vigília	Transtornos envolvendo distúrbios nos padrões de sono	Transtorno de insônia Narcolepsia
Disfunções sexuais	Transtornos envolvendo perturbações na expressão ou experiência da sexualidade	Transtorno erétil Transtorno do orgasmo feminino Ejaculação prematura (precoce)
Disforia de gênero	Discrepância (incompatibilidade) entre sexo biológico e identidade de gênero	Disforia de gênero
Transtornos disruptivos, do controle de impulsos e da conduta	Transtornos caracterizados por expressão repetida de comportamentos impulsivos ou disruptivos	Cleptomania Transtorno explosivo intermitente Transtorno da conduta
Transtornos relacionados a substâncias e transtornos aditivos	Transtornos relacionados ao uso de substâncias	Transtornos decorrentes do uso de substâncias Transtornos induzidos por substâncias
Transtornos neurocognitivos	Transtornos envolvendo prejuízos nos processos de pensamento causados por substâncias ou condições médicas	Transtorno neurocognitivo leve Transtorno neurocognitivo maior
Transtornos da personalidade	Transtornos relacionados à personalidade de um indivíduo	Transtorno da personalidade *borderline* Transtorno da personalidade antissocial Transtorno da personalidade narcisista

TABELA 2.1 Transtornos no DSM-5 (*Continuação*)

Categoria	Descrição	Exemplos de diagnósticos
Transtornos parafílicos	Transtorno no qual uma parafilia causa sofrimento e prejuízo	Transtorno pedofílico Transtorno fetichista Transtorno transvéstico
Outros transtornos mentais	Condições ou problemas para os quais uma pessoa pode buscar ajuda profissional	Outro transtorno mental especificado devido a outra condição médica
Transtornos do movimento induzidos por medicamentos e outros efeitos adversos de medicamentos	Distúrbios que podem estar relacionados ao uso de medicamentos	Discinesia tardia Tremor postural induzido por medicamento
Outras condições que podem ser foco da atenção clínica	Condições ou problemas para os quais uma pessoa pode buscar ajuda médica	Problemas relacionados a abuso ou negligência Problema ocupacional

FONTE: Reimpressa com permissão do *Manual diagnóstico e estatístico de transtornos mentais*, quinta edição. Copyright © 2013 American Psychiatric Association.

mente; ela está passando por uma revisão importante, e a OMS projeta que a CID-11 estará disponível em 2015. A CID está disponível nos seis idiomas oficiais da OMS (árabe, chinês, inglês, francês, russo e espanhol), bem como em outros 36 idiomas.

Informações adicionais

O DSM-IV-TR continha um "eixo" separado, ou dimensão, para especificar as doenças físicas do cliente. Ao fazer isso, o clínico transmite informações que têm implicações terapêuticas importantes. Por exemplo, uma pessoa com doença cardíaca crônica não deve receber certos medicamentos psiquiátricos. Além disso, o conhecimento da condição médica do cliente pode fornecer informações importantes sobre a etiologia do transtorno mental, que é sua causa presumida. Seria útil saber que um homem de meia-idade recebendo tratamento para um transtorno depressivo pela primeira vez teve um ataque cardíaco seis meses antes. O ataque cardíaco pode ter constituído um fator de risco para o desenvolvimento de depressão, particularmente em uma pessoa sem história psiquiátrica anterior.

Ao fornecerem um quadro diagnóstico total do transtorno psicológico do cliente, os clínicos também podem decidir que é importante especificar estressores particulares que estejam afetando o estado psicológico do indivíduo. Nesses casos, os profissionais podem usar um conjunto de códigos na CID que indicam a presença de problemas psicossociais e ambientais conhecidos como códigos "Z". É possível que estes sejam importantes porque podem afetar o diagnóstico, o tratamento ou o desfecho do transtorno psicológico de um cliente. Uma pessoa mostrando sinais de um transtorno de ansiedade pela primeira vez logo após ficar desempregada apresenta um quadro diagnóstico muito diferente de alguém cujas circunstâncias de vida atuais não mudaram absolutamente em vários anos. Na maior parte das vezes, os estressores ambientais são negativos. Entretanto, poderíamos considerar eventos de vida positivos, por exemplo, uma promoção no emprego, como estressores. Uma pessoa que recebe uma promoção importante no emprego pode encontrar dificuldades psicológicas devido a suas maiores responsabilidades e exigências no novo cargo. Selecionamos diversos exemplos de códigos *Z* da CID-10 para a Tabela 2.2.

Os clínicos podem querer incluir seu julgamento global do funcionamento psicológico, social e ocupacional de um cliente. Um instrumento conhecido como Escala de Avaliação de Incapacidades da OMS (WHODAS) é incluído como uma seção do DSM-5 a fim de que os clínicos possam realizar tal avaliação. Fornecemos 12 das questões da WHODAS na Tabela 2.3.

síndromes ligadas à cultura
Padrões recorrentes de comportamento ou experiência anormais que são limitados a sociedades ou a áreas culturais específicas.

Síndromes ligadas à cultura

Em determinadas culturas, existem padrões de sintomas idiossincrásicos, muitos dos quais não têm contrapartes diretas a um diagnóstico específico do DSM-5. **Síndromes ligadas à cultura** são padrões de comportamento que existem apenas em certas cultu-

TABELA 2.2 Exemplos de Códigos Z na CID-10

Problema	Exemplos
Problemas relacionados a educação e alfabetização	Desempenho insatisfatório na escola
Problemas relacionados a emprego e desemprego	Mudança de emprego Assédio sexual no emprego Situação de deslocamento militar
Problemas relacionados a habitação e a circunstâncias econômicas	Falta de moradia Pobreza extrema Baixa renda
Problemas relacionados a ambiente social	Dificuldade de aculturação
Outros problemas relacionados a grupo de apoio primário, incluindo circunstâncias familiares	Problemas no relacionamento com o cônjuge Desaparecimento e morte de membro da família Alcoolismo e adição na família
Problemas relacionados a certas circunstâncias psicossociais	Gravidez indesejada

FONTE: http://www.icd10data.com/ICD10CM/Codes/Z00-Z99/Z55-Z65.

ras. Para qualificar-se como uma síndrome ligada à cultura, os sintomas não devem ter quaisquer fontes bioquímicas ou fisiológicas claras. Apenas aquela cultura em particular, e não outras, reconhece os sintomas de uma síndrome ligada à cultura. A Tabela 2.4 descreve exemplos de algumas dessas síndromes mais estudadas.

TABELA 2.3 Questões na WHODAS

	Nos últimos 30 dias, que dificuldade você teve em:	Nenhuma	Leve	Moderada	Grave	Extrema/ Não apto
S 1	Ficar em pé por longos períodos, por exemplo, 30 minutos?	1	2	3	4	5
S 2	Cuidar de suas responsabilidades domésticas?	1	2	3	4	5
S 3	Aprender uma tarefa nova, por exemplo, chegar a um lugar novo?	1	2	3	4	5
S 4	Fazer parte de atividades da comunidade (p. ex., festividades, atividades religiosas ou outras) da mesma forma como quaisquer pessoas fazem?	1	2	3	4	5
S 5	O quanto você foi emocionalmente afetado por seus problemas de saúde?	1	2	3	4	5
S 6	Concentrar-se em fazer alguma coisa por 10 minutos?	1	2	3	4	5
S 7	Caminhar uma distância longa, por exemplo, 1 Km [ou equivalente]?	1	2	3	4	5
S 8	Lavar seu corpo inteiro?	1	2	3	4	5
S 9	Vestir-se?	1	2	3	4	5
S 10	Tratar com pessoas que você não conhece?	1	2	3	4	5
S 11	Manter uma amizade?	1	2	3	4	5
S 12	Seu trabalho/escola diário?	1	2	3	4	5

FONTE: http://www.who.int/classifications/icf/WHODAS2.0_12itemsINTERVIEW.pdf.

TABELA 2.4 Exemplos de síndromes ligadas à cultura

Certos transtornos psicológicos, como depressão e ansiedade, são universalmente encontrados. Em determinadas culturas, entretanto, são encontrados padrões de sintomas idiossincrásicos, muitos dos quais não têm contraparte direta a um diagnóstico específico. Essas condições, chamadas de síndromes ligadas à cultura, são padrões recorrentes de comportamento ou experiência anormal limitados a sociedades ou a áreas culturais específicas.

Esta tabela descreve algumas das síndromes e formas de sofrimento ligadas à cultura mais estudadas que podem ser encontradas na prática clínica na América do Norte, bem como as categorias do DSM-IV-TR com as quais elas mais se assemelham.

Termo	Localização	Descrição
Amok	Malásia	Episódio dissociativo consistindo em retraimento seguido por surtos violentos, agressivos e possivelmente homicidas. Precipitado por deslize ou insulto; em geral visto mais em homens. Retorno ao estado pré-mórbido após o episódio.
Ataque de nervos	América Latina	Sofrimento associado com grito, choro, tremor e agressão verbal e física incontroláveis. Dissociação, convulsões e gestos suicidas são possíveis. Frequentemente ocorre como resultado de um evento familiar estressante. Rápido retorno ao estado pré-mórbido.
Bilis e cólera	América Latina	Condição causada por forte raiva ou fúria. Marcada por desequilíbrios corporais centrais, incluindo tensão, tremor, gritos, cefaleia e distúrbio estomacal. Fadiga crônica e perda de consciência possível.
Bouffée delirante	África Ocidental e Haiti	Acesso súbito de comportamento agitado e agressivo, confusão e excitação psicomotora. Paranoia e alucinações visuais e auditivas são possíveis.
Esgotamento mental	África Ocidental	Dificuldades em concentração, memória e pensamento, geralmente experimentado por estudantes em resposta a estresse. Outros sintomas incluem dor no pescoço e na cabeça, pressão e visão borrada.
Dhat	Índia	Ansiedade grave e preocupação hipocondríaca em relação a descarga de sêmen, descoloração esbranquiçada da urina, fraqueza e fadiga extrema.
"Escurecimento" ou "apagamento"	Sul dos Estados Unidos e Caribe	Um colapso súbito, geralmente precedido por tontura. Perda temporária da visão e da capacidade de se movimentar.
Doença do fantasma	Tribos indígenas norte-americanas	Uma preocupação com morte e com os mortos. Supõe-se simbolizada por pesadelos, fraqueza, medo, perda do apetite, ansiedade, alucinações, perda de consciência e uma sensação de sufocação.
Hwa-byung (wool-hwa-byung)	Coreia	Sentimentos agudos de raiva resultando em sintomas incluindo insônia, fadiga, pânico, medo da morte, disforia, indigestão, perda do apetite, dispneia, palpitações, dores e a sensação de uma massa no abdome.
Koro	Malásia	Um episódio de súbita e intensa ansiedade de que o pênis ou a vulva e os mamilos irão recuar para dentro do corpo e causar a morte.
Latah	Malásia	Hipersensibilidade a pavor súbito, geralmente acompanhada por sintomas incluindo ecopraxia (imitar os movimentos e gestos de outra pessoa), ecolalia (papagaiar irreverente do que outra pessoa disse), obediência a comando e dissociação, todos os quais são característicos de esquizofrenia.

Termo	Localização	Descrição
Mau olhado	Culturas mediterrâneas	Significa "o olho do diabo" quando traduzido do espanhol. As crianças correm um risco maior; mulheres adultas correm um risco maior do que homens adultos. Manifestado por sono entrecortado, choro sem causa aparente, diarreia, vômito e febre.
Pibloktog	Comunidades esquimós árticas e subárticas	Episódio dissociativo repentino associado com excitação extrema, com frequência seguido por convulsões e coma. Durante o ataque, a pessoa pode quebrar coisas, gritar obscenidades, comer fezes e comportar-se de maneira perigosa. A vítima pode ficar temporariamente retirada da comunidade e relatar amnésia em relação ao ataque.
Reação psicótica de qi-gong	China	Episódio agudo marcado por dissociação e paranoia que pode ocorrer após a participação no qi-gong, uma prática de cura popular chinesa.
"Trabalho"	Sul dos Estados Unidos, populações afro-americanas e europeias e sociedades caribenhas	Interpretação cultural que atribui a doença a feitiçaria ou bruxaria. Associado com ansiedade, problemas gastrintestinais, fraqueza, tontura e medo de ser envenenado ou assassinado.
Shen-k'uei ou *Shenkui*	Taiwan e China	Sintomas atribuídos a perda excessiva de sêmen devido a intercurso, masturbação e emissão noturna frequentes. Tontura, dor nas costas, fadiga, fraqueza, insônia, sonhos frequentes e disfunção sexual. A perda excessiva de sêmen é temida porque representa a perda da essência vital, sendo, portanto, uma ameaça à vida.
Shin-byung	Coreia	Ansiedade e problemas somáticos acompanhados por dissociação e possessão por espíritos ancestrais.
Transe	Comunidades afro-americanas e euro-americanas no sul dos Estados Unidos	Estado de transe no qual ocorre a comunicação com parentes falecidos ou espíritos. Às vezes associado com uma mudança de personalidade temporária.
Susto	Latinos nos Estados Unidos e no México, América Central e América do Sul	Doença causada por um evento assustador que faz a alma sair do corpo. Causa infelicidade, aflições (dores musculares, cefaleia por estresse e diarreia), tensão em papéis sociais, distúrbios de apetite e sono, falta de motivação, autoestima baixa e morte. Os métodos de cura incluem chamar a alma de volta para o corpo e purificação para restaurar o equilíbrio corporal e espiritual.
Taijin kyofusho	Japão	Medo intenso de que partes ou funções corporais desagradem, embaracem ou sejam ofensivas aos outros em relação a aparência, odor, expressões faciais ou movimentos.
Zar	Etiópia, Somália, Egito, Sudão, Irã e outras sociedades do Norte da África e do Oriente Médio	Possessão por um espírito. Pode causar experiências dissociativas caracterizadas por gritar, dar risadas, bater a cabeça contra uma parede, cantar, chorar, apatia, retraimento e mudança nos hábitos diários.

FONTE: Reimpressa com permissão do *Manual diagnóstico e estatístico de transtornos mentais*, quarta edição, texto revisado. Copyright ©2000 American Psychiatric Association.

2.3 Passos no processo de diagnóstico

O processo de diagnóstico envolve o uso de todas as informações relevantes para chegar a um rótulo que caracterize o transtorno do cliente. Esses dados incluem os resultados de quaisquer testes administrados ao sujeito, material obtido das entrevistas e conhecimento sobre sua história pessoal. Os clínicos usam a primeira fase do trabalho com o cliente para obter tais informações antes de prosseguirem com o tratamento propriamente dito.

Procedimentos diagnósticos

Fundamental ao diagnóstico é obter a descrição mais clara possível dos sintomas de um cliente, tanto os que ele relata como aqueles que o clínico observa. A dra. Tobin, quando ouve Peter se descrever como "ansioso", imediatamente supõe que ele *possa* ter um transtorno de ansiedade. Entretanto, os clientes nem sempre rotulam seus estados internos de forma correta. Portanto, o clínico também deve prestar atenção ao comportamento, à expressão emocional e ao estado mental aparente do sujeito. Este pode expressar ansiedade, mas seu comportamento pode sugerir que, em vez disso, está experimentando um transtorno do humor.

Os clínicos em primeiro lugar escutam os clientes enquanto descrevem a experiência de seus sintomas, mas devem em seguida acompanhar isso com uma abordagem mais sistemática ao diagnóstico. Como você descobrirá no Capítulo 3, uma variedade de instrumentos de avaliação dão ao profissional uma estrutura para determinar o grau em que esses sintomas coincidem com os critérios diagnósticos de um determinado transtorno. O clínico deve determinar a natureza exata dos sintomas de um cliente, o tempo durante o qual ele os tem experimentado e quaisquer sintomas associados. No processo, o profissional também obtém informações sobre a história pessoal e familiar do cliente. Ao fazer perguntas dessa maneira, começa a formular o **diagnóstico principal** – ou seja, o transtorno mais estreitamente alinhado com a razão principal de o indivíduo estar buscando ajuda profissional.

diagnóstico principal
O transtorno que é considerado a razão primária de o indivíduo buscar ajuda profissional.

comórbido
Caso em que múltiplas condições diagnósticas são observadas de forma simultânea no mesmo indivíduo.

diagnóstico diferencial
O processo de excluir sistematicamente diagnósticos alternativos.

Para muitos clientes, os sintomas que experimentam refletem a presença de mais de um diagnóstico principal. Nesses casos, usamos o termo **comórbido**, significando literalmente dois (ou mais) transtornos. A comorbidade é muito comum. Uma investigação importante, conhecida como National Comorbidity Survey (NCS) (Levantamento Nacional de Comorbidade), mostrou que mais de metade dos respondentes com um transtorno psiquiátrico também tinha um segundo diagnóstico em algum ponto de suas vidas. As comorbidades mais comuns envolvem abuso de drogas e/ou álcool com outros transtornos psiquiátricos.

O **diagnóstico diferencial**, a exclusão de diagnósticos alternativos, é um passo crucial no processo de diagnóstico. É importante que o clínico elimine a possibilidade de que o cliente esteja experimentando um transtorno diferente ou talvez um transtorno adicional. Peter declara que é ansioso, e seus sintomas sugerem o transtorno conhecido como "transtorno de ansiedade generalizada", mas a dra. Tobin precisa considerar se esse diagnóstico é o que melhor combina com seus sintomas. É possível que Peter sofra de transtorno de pânico, outro transtorno de ansiedade envolvendo a experiência de ataques de pânico. Seus sintomas também podem sugerir transtorno de ansiedade social. Alternativamente, ele poderia estar sofrendo de dificuldades de ajustamento decorrentes do divórcio de seus pais ou do estresse de seu trabalho. Ele pode mesmo ter um transtorno relacionado ao uso de substâncias, uma condição médica não diagnosticada ou mesmo um terceiro transtorno. O diagnóstico inicial da dra. Tobin deve ser testado contra essas possibilidades durante o período de avaliação do tratamento.

O processo de diagnóstico pode levar de algumas horas a semanas, dependendo da complexidade dos sintomas apresentados pelo sujeito. O cliente e o clínico podem realizar um trabalho terapêutico durante esse tempo, em particular se o cliente estiver em crise. Por exemplo, a dra. Tobin iniciará medicamentos ansiolíticos com Peter imediatamente para ajudá-lo a se sentir melhor. Entretanto, seu objetivo final é chegar a um entendimento mais completo possível do transtorno de seu cliente. Isso abre caminho para ela trabalhar com ele ao longo do processo de tratamento.

Formulação de caso

Uma vez que o clínico tenha feito um diagnóstico formal, ainda tem pela frente um grande desafio – compor um quadro de como o transtorno se desenvolveu. Com o diagnóstico, ele pode atribuir um rótulo para os sintomas do cliente. Embora informativo, esse rótulo não conta toda sua história. Para obter uma avaliação completa do transtorno do cliente, o clínico desenvolve uma **formulação de caso**: uma análise do desenvolvimento do cliente e os fatores que poderiam ter influenciado seu estado psicológico atual. A formulação de caso fornece uma análise que transforma o diagnóstico de um conjunto de números de código em uma porção rica de informações descritivas sobre a história pessoal do cliente. Com essas informações, o clínico pode criar um plano de tratamento específico para os sintomas, as experiências passadas únicas e o potencial para crescimento futuro do sujeito.

formulação de caso
A análise de um clínico dos fatores que poderiam ter influenciado o estado psicológico atual do cliente.

Entender o cliente de um ponto de vista do desenvolvimento é crucial para fornecer uma formulação de caso minuciosa. No trabalho da dra. Tobin com Peter, ela dará corpo aos detalhes de sua formulação de caso à medida que o for conhecendo nas fases iniciais da terapia. Sua formulação de caso se ampliará para incluir a história familiar de Peter, focalizando-se no divórcio de seus pais, bem como nas possíveis causas de seu perfeccionismo e sua preocupação com o desempenho acadêmico. Ela tentará entender por que ele se sente tão sobrecarregado no trabalho e obter uma perspectiva sobre por que seu relacionamento com Ashley tem sido tão problemático. Finalmente, ela precisará investigar o possível papel dos ataques de pânico de sua mãe e a relação destes com a experiência de sintomas de ansiedade de Peter. Para auxiliar no diagnóstico diferencial, a dra. Tobin também avaliará o padrão de uso de substância de seu cliente, bem como quaisquer possíveis condições médicas que não tenha detectado durante a fase inicial de avaliação.

Formulação cultural

Os clínicos precisam levar em consideração a origem cultural do cliente ao fazer diagnósticos. Uma **formulação cultural** inclui a avaliação do grau de identificação do cliente com a cultura de origem, as crenças desta sobre transtornos psicológicos, as formas como a cultura interpreta determinados eventos e os apoios culturais disponíveis para o cliente.

formulação cultural
Inclui a avaliação do clínico com relação ao grau de identificação do cliente com a cultura de origem, as crenças desta sobre transtornos psicológicos, as formas como a cultura interpreta eventos em particular e os apoios culturais disponíveis para o cliente.

Podemos esperar que normas e crenças culturais tenham um impacto mais forte sobre aqueles que se identificam fortemente com sua cultura de origem. A familiaridade do indivíduo com um certo idioma e sua preferência por utilizá-lo é um indicador óbvio de tal identificação. A abordagem de uma cultura ao entendimento das causas de comportamentos pode influenciar esses indivíduos que apresentam forte identificação cultural. A exposição a esses sistemas de crença pode influenciar a expressão dos sintomas de um cliente.

Mesmo se os sintomas do cliente não representarem uma síndrome ligada à cultura, os clínicos devem considerar a estrutura cultural do indivíduo como um pano de fundo. Os membros de uma determinada cultura atribuem significados importantes a certos eventos. Por exemplo, em algumas culturas asiáticas, um insulto pode provocar a condição conhecida como *amok*, em que uma pessoa (geralmente um homem) entra em um estado de consciência alterado no qual se torna violento, agressivo e mesmo homicida. No caso de Peter, embora ele seja um produto da classe média branca, é possível que fatores culturais estejam influenciando sua preocupação extrema com o desempenho acadêmico. Talvez sua família o pressionasse para ser bem-sucedido devido a sua própria incorporação da crença na importância da mobilidade social ascendente. Eles podem tê-lo pressionado muito para ir bem na escola, e, como resultado, tê-lo feito sentir que sua autoestima como indivíduo dependia de suas notas. Como adulto, ele é incapaz de se desvincular desse conjunto de valores excessivamente rigoroso.

Os clínicos devem olhar para a formação cultural do cliente como uma forma de determinar os apoios culturais disponíveis. Clientes de certas culturas, particularmente os negros, os hispânicos, os latinos e os asiáticos, têm redes familiares e religiões estendidas, que fornecem os recursos emocionais para ajudar os indivíduos a lidarem com eventos de vida estressantes.

Os sintomas de transtornos psicológicos frequentemente variam com base na cultura a que o indivíduo pertence.

As formulações culturais são importantes para entender os transtornos psicológicos de um ponto de vista biopsicossocial. O fato de que esses transtornos variam de uma sociedade para outra apoia a argumentação da perspectiva sociocultural, segundo a qual os fatores culturais influenciam a expressão de comportamento anormal.

Os psicólogos estão cada vez mais se aperfeiçoando para trabalhar inseridos em uma estrutura multicultural, a fim de levar em consideração não só a raça e a etnia de um cliente, mas também a idade, o gênero, a orientação sexual e a condição de incapacidade, entre outros (American Psychological Association, 2002). Por meio dessa educação, os clínicos podem aprender não apenas como adaptar seus métodos diagnósticos de forma mais generalizada, mas a adotar uma abordagem multicultural ao longo do tratamento.

2.4 Planejamento do tratamento

plano de tratamento O resumo de como a terapia deve ser realizada.

Os clínicos normalmente acompanham a fase de diagnóstico com um **plano de tratamento**, um resumo de como a terapia deve ser realizada. Nele descrevem as metas, o local e a modalidade de tratamento e a abordagem teórica. As decisões que tomam enquanto elaboram o plano de tratamento refletem o que sabem no momento sobre as necessidades e os recursos disponíveis do cliente. Entretanto, os clínicos com frequência revisam esse plano dependendo de como os métodos de intervenção propostos estão realmente funcionando.

Metas do tratamento

O primeiro passo no planejamento do tratamento é estabelecer as metas da terapêutica, que variam de imediatas a de longo prazo. De maneira ideal, esses objetivos refletem o que ele sabe tanto sobre o transtorno como sobre a terapia recomendada e sobre as necessidades e preocupações particulares do cliente.

A meta imediata no tratamento de clientes em crise é garantir que seus sintomas sejam tratados, sobretudo se são um risco para os próprios sujeitos ou para os outros. Peter, por exemplo, necessita de tratamento psiquiátrico a fim de controlar seus sintomas de ansiedade. O clínico pode precisar hospitalizar um cliente que esteja gravemente deprimido e suicida. O plano de tratamento pode apenas incluir essa meta imediata até que o profissional tenha um entendimento mais amplo da situação do indivíduo.

As metas de curto prazo são voltadas para o alívio dos sintomas do cliente com relação a comportamento, pensamento ou emoções problemáticos. O plano, neste ponto,

Você decide

Os psicólogos como prescritores

Em 2002, o Novo México tornou-se o primeiro Estado norte-americano a aprovar privilégios de prescrição para os psicólogos. O Estado da Louisiana acompanhou logo em seguida, aprovando legislação semelhante em 2004. Esses atos legislativos históricos estão abrindo caminho para outros Estados tomarem medidas semelhantes. Porém, a questão permanece controversa. Em 2010, o Estado do Oregon aprovou um projeto de lei (SB 1046) concedendo autoridade prescritiva aos psicólogos, mas o governador Ted Kulongoski vetou-o em resposta à pressão de vários grupos de interesse, incluindo os psiquiatras.

Há diversos argumentos contra a concessão de privilégios de prescrição aos psicólogos. Ao contrário dos psiquiatras, os psicólogos não recebem treinamento médico e, portanto, não têm o treinamento de pré-médico ou os anos de faculdade de medicina, estágio e residência que os médicos recebem. Filosoficamente, os psicólogos orientados à pesquisa argumentam que a concessão de privilégios de prescrição afeta a noção de que os psicólogos são tanto cientistas como clínicos. Os psicólogos não devem estar envolvidos, eles argumentam, no negócio de fornecer medicamentos. Um segundo argumento contra os privilégios de prescrição diz respeito ao papel do medicamento no tratamento psicológico. Desse ponto de vista, os psicólogos devem estar focados na psicoterapia. Os benefícios de longo prazo da psicoterapia, esses críticos argumentam, são iguais, se não maiores, aos benefícios de longo prazo dos medicamentos para a maioria dos transtornos, incluindo depressão maior, transtornos de ansiedade e outros transtornos não psicóticos. Nos casos excepcionais de doença mental séria, como esquizofrenia e transtorno bipolar, os psicólogos podem trabalhar em equipe com os psiquiatras para manter seus clientes em regimes de medicamento de longo prazo.

Os argumentos em favor dos privilégios de prescrição também são convincentes. Se tiverem o poder para prescrever medicamentos, os psicólogos podem fazer um trabalho melhor do que os psiquiatras, integrando medicamentos à psicoterapia. Do ponto de vista do cliente, haveria maior continuidade de tratamento, uma vez que o indivíduo não necessita ver mais de um profissional da saúde mental. Os psicólogos a favor dos privilégios de prescrição também destacam o fato de que é necessário treinamento especializado para um psicólogo clínico ser capaz de prescrever medicamentos para transtornos mentais. Portanto, aqueles que prescrevem têm uma base de conhecimento igual à dos médicos. Um segundo argumento a favor dos privilégios de prescrição é que, nos Estados Unidos, há outros profissionais da saúde de nível não médico com esse poder legal, incluindo enfermeiros psiquiátricos e enfermeiros especializados, entre outros, embora a natureza exata de seus privilégios varie entre os Estados.

O Diretório de Prática da American Psychological Association continua a pressionar em favor da aceitação mais ampla dos privilégios de prescrição em todo o país. Entretanto, como o caso de Oregon demonstra, essa legislação está propensa a enfrentar um caminho pedregoso em outros Estados norte-americanos.

P: *Você decide:* Ter privilégios de prescrição reduziria a condição científica da psicologia como profissão? Você preferiria que o psicólogo que consultasse pudesse incorporar medicamentos a seu tratamento?

poderia incluir o estabelecimento de um relacionamento de trabalho entre o clínico e o cliente, bem como o estabelecimento de objetivos específicos para mudança terapêutica. Outra meta de curto prazo poderia ser estabilizar um cliente que esteja usando medicamentos, um processo que poderia levar várias semanas ou mais se a primeira rodada de tratamento não for bem-sucedida. No caso de Peter, a dra. Tobin precisará se assegurar de que os medicamentos estão de fato ajudando seu cliente a aliviar sua ansiedade. Ela também precisará trabalhar com o psiquiatra para monitorar quaisquer efeitos colaterais adversos. Suas metas de curto prazo com Peter também incluirão iniciar o exame da natureza de sua ansiedade e como ele pode começar a tratar seus sintomas usando intervenções psicológicas.

Neste centro de crise, conselheiros estão disponíveis por telefone 24 horas por dia.

As metas de longo prazo incluem alterações mais fundamentais e profundamente enraizadas na personalidade e nos relacionamentos do cliente. São os objetivos finais de mudança terapêutica. De maneira ideal, as metas de longo prazo para qualquer cliente são lidar com os sintomas do transtorno e desenvolver uma estratégia para manejá-los, caso não se alcance a recuperação completa. Dependendo da natureza do transtorno do cliente, dos apoios disponíveis e do estresse de vida, essas metas podem levar anos para serem alcançadas. A meta de longo prazo da dra. Tobin com Peter é retirar seus medicamentos. Ao mesmo tempo, ela planeja ajudá-lo a obter um entendimento das causas de seus sintomas e, no processo, a reduzir-lhes a gravidade, se não eliminá-los completamente.

Em muitos casos, os clínicos cumprem as metas de tratamento de maneira sequencial. Primeiro lidam com a crise, então tratam os problemas no futuro próximo e finalmente tratam de questões que requerem trabalho extensivo no futuro. Entretanto, muitos clientes experimentam um desdobramento cíclico de estágios. Novos conjuntos de crises imediatas ou de metas de curto prazo podem surgir no curso do tratamento, ou pode haver uma redefinição de metas de longo prazo enquanto o tratamento progride. Talvez seja mais útil pensar nos três estágios não como etapas consecutivas por si só, mas como níveis diferentes de foco do tratamento.

Local do tratamento

Os clínicos precisam lidar com uma série de questões ao recomendar o local de tratamento mais adequado ao cliente. Esses locais variam quanto ao grau com que fornecem um ambiente controlado e à natureza dos serviços que os clientes receberão. Aqueles que estão em crise ou correm o risco de prejudicar a si mesmos ou aos outros precisam ficar em ambientes controlados. Contudo, há muitas outras considerações, incluindo custo e cobertura do plano de saúde, necessidade de tratamento médico adicional, disponibilidade de apoio da comunidade e duração projetada do tratamento. Em alguns casos, os clínicos recomendam o tratamento do cliente em ambulatórios, nas escolas ou no local de trabalho.

Hospitais psiquiátricos

Em um hospital psiquiátrico, um cliente recebe intervenções médicas e formas intensivas de psicoterapia. Esses ambientes são mais adequados para indivíduos em risco de prejudicar a si próprios ou aos outros e que parecem incapazes de cuidar de si mesmos. Em alguns casos, os clínicos podem hospitalizá-los involuntariamente, por meio de uma ordem judicial, até que possam controlar seus sintomas (discutiremos isso em mais detalhes no Cap. 15).

Centros de tratamento especializado para pacientes internados

Os clientes podem necessitar de supervisão intensiva, mas não de tratamento hospitalar real. Para esses indivíduos, os centros de tratamento especializado fornecem tanto serviços de apoio quanto monitoração permanente. Esses locais incluem os centros de tratamento de recuperação para adultos buscando superar a adição. Os clínicos também podem recomendar esse local de tratamento para crianças que necessitem de monitoração constante devido a distúrbios comportamentais graves.

Tratamento ambulatorial

De longe, o local de tratamento mais comum é uma clínica ambulatorial ou o consultório do terapeuta. Os **centros de saúde mental da comunidade** (CMHCs) são clínicas ambulatoriais que fornecem serviços

centro de saúde mental da comunidade
Clínica ambulatorial que fornece serviços psicológicos em uma escala de honorários móvel para atender indivíduos que vivem em determinada área geográfica.

Centros de tratamento da comunidade, como este, fornecem tratamento indispensável para indivíduos com uma ampla variedade de transtornos psicológicos.

psicológicos em uma escala de honorários móvel para indivíduos que vivem em uma determinada área geográfica. Os profissionais nos consultórios particulares oferecem sessões individuais ou de grupo. Alguns planos de saúde pré-pagos cobrem o custo dessas consultas a um clínico particular ou a uma clínica que trabalhe em uma organização de manutenção da saúde (HMO). Serviços financiados parcial ou completamente por fundos públicos também podem oferecer tratamento ambulatorial. A dra. Tobin verá Peter em tratamento ambulatorial porque seus sintomas não são graves o suficiente para justificar hospitalização.

Os clientes que recebem serviços ambulatoriais terão necessariamente tratamento mais limitado do que encontrariam em um hospital, em termos tanto do tempo envolvido como da natureza do contato entre cliente e terapeuta. Por consequência, os profissionais podem aconselhar que seus clientes recebam serviços adicionais, incluindo aconselhamento vocacional, serviços domiciliares ou apoio de uma organização de autoajuda, como os Alcoólicos Anônimos.

Casas de passagem e programas de tratamento-dia Clientes com transtornos psicológicos sérios que são capazes de viver na comunidade podem precisar do apoio adicional de locais que visam atender às necessidades dessa população específica. Essas instituições podem estar ligadas a um hospital, a um órgão público ou a uma corporação privada. As **casas de passagem** são destinadas a clientes que receberam alta de instituições psiquiátricas, mas que ainda não estão prontos para a vida independente. Uma casa de passagem fornece um contexto de vida com outras pessoas desinstitucionalizadas e dispõe de profissionais que trabalham com os clientes no desenvolvimento das habilidades necessárias para conseguir um emprego e estabelecer uma vida independente. Os **programas de tratamento-dia** são destinados a clientes previamente hospitalizados, bem como para aqueles que não necessitam hospitalização, mas precisam de um programa estruturado, durante o dia, semelhante ao que um hospital fornece.

casa de passagem
Um serviço de tratamento da comunidade para clientes desinstitucionalizados que receberam alta de um hospital, mas ainda não estão prontos para a vida independente.

programa de tratamento-dia
Um programa estruturado em um serviço de tratamento da comunidade que fornece atividades semelhantes às de um hospital psiquiátrico.

Outros locais de tratamento Os profissionais podem recomendar que seus clientes recebam tratamento nos locais onde trabalham ou estudam. Os psicólogos escolares são treinados para trabalhar com crianças e adolescentes que requeiram avaliação ou intervenções comportamentais. No local de trabalho, os Programas de Assistência ao Empregado (PAE) fornecem aos funcionários um contexto confidencial no qual podem buscar tratamento individual na forma de aconselhamento, assistência

Os orientadores são frequentemente os primeiros profissionais a quem estudantes com problemas procuram para assistência especializada.

com abuso de substância e tratamento familiar. Esses recursos podem se revelar importantes para os profissionais que desejam fornecer a seus clientes o máximo de recursos possível no longo prazo.

Modalidade de tratamento

A **modalidade**, ou a forma pela qual o clínico oferece psicoterapia, é outro componente crucial do plano de tratamento. Os clínicos recomendam uma ou mais modalidades, dependendo da natureza dos sintomas do cliente e da necessidade do envolvimento de outras pessoas de seu convívio.

Os clientes recebem tratamento em uma base pessoal na **psicoterapia individual**. Na terapia de casais, ambos os parceiros em um relacionamento são incluídos no tratamento, e, na **terapia familiar**, vários ou todos os membros da família são envolvidos. Na terapia familiar, os membros da família podem identificar uma pessoa como o "paciente". O terapeuta, entretanto, vê o sistema familiar inteiro como o alvo do tratamento. A **terapia de grupo** fornece uma modalidade na qual clientes que enfrentam problemas semelhantes podem compartilhar abertamente suas dificuldades com outros, recebem *feedback*, desenvolvem confiança e melhoram suas habilidades interpessoais.

Um profissional pode recomendar qualquer uma ou todas essas modalidades em qualquer contexto. Específica a hospitais psiquiátricos é a **ambientoterapia**, cuja base é a premissa de que o meio (*milieu*), ou ambiente, é um componente importante do tratamento. De maneira ideal, o meio é organizado de forma que permita aos clientes receberem consistentemente reações terapêuticas e construtivas de todos os que vivem e trabalham lá. Além da psicoterapia tradicional, eles participam de outros esforços terapêuticos por meio de aconselhamento de grupo ou de pares, bem como terapia ocupacional e recreativa.

modalidade
Forma como o clínico oferece psicoterapia.

psicoterapia individual
Tratamento psicológico no qual o terapeuta trabalha em uma base pessoal com o cliente.

terapia familiar
Tratamento psicológico no qual o terapeuta trabalha com diversos ou todos os membros da família.

terapia de grupo
Tratamento psicológico no qual o terapeuta facilita a discussão entre diversos clientes que falam sobre seus problemas.

ambientoterapia
Uma abordagem de tratamento, usada em um serviço psiquiátrico de pacientes internados, na qual todas as facetas do meio, ou ambiente, são componentes do tratamento.

A ambientoterapia envolve muitos pacientes participando em um contexto da comunidade.

Determinando a melhor abordagem ao tratamento

Seja qual for a modalidade de tratamento recomendada, ela deve ser baseada na escolha da perspectiva ou de combinações das perspectivas teóricas mais apropriadas. Muitos profissionais são treinados de acordo com um conjunto particular de suposições sobre as origens dos transtornos psicológicos e os melhores métodos de tratá-los. Com frequência, essa orientação teórica forma a base para as decisões de tratamento. Entretanto, com igual frequência, os clínicos adaptam sua orientação teórica para se ajustarem às necessidades do cliente.

Após décadas de debate em relação a quais tratamentos são mais eficazes, e para quem, os psicólogos adotaram os princípios da **prática baseada em evidência na psicologia** – tomada de decisão clínica que integra a melhor evidência de pesquisa disponível e a experiência clínica no contexto da herança cultural, das preferências e das características dos clientes (Força-tarefa Presidencial da American Psychological Association sobre Prática Baseada em Evidência, 2006). Em outras palavras, os terapeutas devem basear seus tratamentos nos achados da pesquisa mais recentes que se adaptam aos aspectos particulares do cliente, levando em consideração seus antecedentes, suas necessidades e suas experiências anteriores. Atualmente, os profissionais usam esses critérios como base para currículos em programas de pós-graduação e de doutorado (Collins, Leffingwell, & Belar, 2007).

prática baseada em evidência na psicologia
Tomada de decisão clínica que integra a melhor evidência de pesquisa disponível e a experiência clínica no contexto da herança cultural, das preferências e das características dos clientes.

À medida que você lê neste livro sobre vários transtornos e os tratamentos mais eficazes, será importante ter em mente a base empírica para as conclusões do tratamento. Achados de estudos de eficácia esclarecem as intervenções apropriadas, mas são insuficientes para determinar conclusivamente o que é mais eficaz para pessoas reais com problemas complexos.

2.5 O curso do tratamento

A forma como o tratamento prossegue é consequência das contribuições do clínico e do cliente. Cada um deles tem um papel na determinação do desfecho do caso, assim como a interação única de suas personalidades, capacidades e expectativas.

O papel do clínico no tratamento

Acima e além de quaisquer técnicas que um profissional utilize para tratar os problemas de um cliente, a qualidade do relacionamento entre eles é um determinante crucial de a terapia ser ou não bem-sucedida. Um bom terapeuta faz mais do que administrar objetivamente o tratamento a um cliente. Os melhores clínicos introduzem no relacionamento terapêutico um interesse pessoal, uma preocupação e um respeito pelo cliente. A dra. Tobin trabalhará com Peter nas primeiras semanas de terapia a fim de estabelecer essa base sólida para seu trabalho juntos.

O papel do cliente no tratamento

Em situações ideais, a psicoterapia é um empreendimento conjunto no qual o cliente desempenha um papel ativo. Compete basicamente a ele descrever e identificar a natureza de seu transtorno, explicar as reações pessoais à medida que o tratamento progride e iniciar e acompanhar as mudanças.

As atitudes do cliente em relação à terapia e ao terapeuta são uma parte importante da contribuição que ele dá ao relacionamento terapêutico. Há uma qualidade especial na ajuda que o cliente está pedindo; envolve material que pode ser doloroso, constrangedor e pessoalmente revelador que ele não está acostumado a revelar para outro indivíduo. A maioria das pessoas sente-se muito mais à vontade discutindo seus problemas médicos, legais, financeiros e outros fora da esfera das emoções. As atitudes sociais em relação aos transtornos psicológicos também têm um papel. As pessoas podem sentir que devem ser capazes de lidar com seus problemas emocionais sem procurar ajuda. Podem acreditar que, se não puderem resolver seus próprios problemas emocionais, são imaturas ou incompetentes. Além disso, ter que procurar um profissional pode fazer uma pessoa acreditar que é "louca". Embora as atitudes em relação a terapia estejam

HISTÓRIAS REAIS

Daniel Johnston: Transtorno bipolar

"Onde quer que eu esteja, tenho música em meu coração."

Daniel Johnston, nascido em 22 de janeiro de 1961, é um cantor-compositor norte-americano bem conhecido por seu talento musical único, bem como por sua luta ao longo da vida com o transtorno bipolar. O documentário de 2005, *The Devil and Daniel Johnston*, retrata sua incrível história da infância em West Virginia até hoje. Embora Daniel tenha tido uma carreira musical extraordinária, sua viagem turbulenta com a doença mental não é diferente da de muitos outros indivíduos que sofrem de transtornos psicológicos gravemente debilitantes. Por intermédio de sua música, ele expressa tanto as manias elevadas, às vezes delirantes, como as profundezas escuras, insuportáveis da depressão que enfrentou durante toda sua vida.

Mais novo de cinco filhos, a mãe de Daniel, Mabel, lembra que "... ele era diferente... eu percebi desde o início". Quando adolescente, inspirado sobretudo por histórias em quadrinhos, ele se dedicou a inúmeras atividades artísticas, incluindo desenhos e filmes divertidos sobre sua vida em casa. Sua criatividade o ajudava a ganhar a atenção de amigos e colegas de classe, mas também frustrava infinitamente seus pais muito religiosos e tradicionais, os quais preferiam que ele passasse seu tempo frequentando a igreja, trabalhando e ajudando em casa. A paixão de Daniel por criar permaneceu com ele sua vida inteira. Nas palavras de seu melhor amigo, David Thornberry, "Ele transpira arte... ele não pode parar de fazer arte".

Como acontece com muitos indivíduos com transtornos do humor graves, o comportamento de Daniel começou a mudar para pior após sair de casa para a faculdade. Sua família estava acostumada com seu comportamento diferente de seus pares, mas na faculdade ele começou a ficar confuso e desorientado. Uma visita ao médico da família resultou em um diagnóstico de depressão maníaca (transtorno bipolar). Incapaz de continuar com os desafios que enfrentava na faculdade, voltou para casa e se matriculou em uma pequena faculdade de artes próxima de Ohio. Aí, conheceu e subsequentemente se apaixonou por sua colega de classe Laurie. Embora nunca tenham tido um relacionamento romântico e ela tenha se casado com outro homem, o amor não correspondido de Daniel por ela foi uma de suas fontes criativas mais poderosas e também lhe causou seu primeiro episódio depressivo maior. Foi neste ponto, sua mãe recorda, que ele começou a tocar piano e a escrever canções.

Daniel estava tendo problemas em seus cursos na faculdade de artes, e, portanto, sua família mais uma vez o tirou da instituição de ensino. Dessa vez, eles o mandaram morar com seu irmão mais velho em Houston, na esperança de que pudesse começar a construir uma vida produtiva. Daniel trabalhava meio período em um parque de diversões local e começou a gravar músicas na garagem de seu irmão. Tendo se frustrado por Daniel não encontrar um emprego estável, seu irmão o mandou morar com sua irmã, Margie. Uma manhã, esta percebeu que Daniel não tinha voltado para casa na noite anterior. Sua família não ouviu falar dele por meses, quando então ficaram sabendo que tinha espontaneamente comprado uma motocicleta e se juntado a um parque de diversões itinerante. Quando o parque parou em Austin, Texas, Daniel foi agredido nas imediações da feira e fugiu para uma igreja local em busca de ajuda. Conseguiu encontrar moradia em Austin e começou a levar suas gravações domésticas para músicos e jornais locais. Uma das artistas locais que ele conheceu foi Kathy McCarthy. Os dois tiveram um namoro breve, e, depois de conhecê-lo, Kathy recorda, "Era inegável após uma ou duas semanas que havia alguma coisa terrivelmente errada com ele."

Em uma cena de *The Devil and Daniel Johnston*, ele lê um relato detalhado das características de um indivíduo com sua condição, declarando, "Eis a situação. Eu sou um maníaco depressivo com delírios de grandeza". A maioria de seus delírios era de natureza paranoide e religiosa, talvez resultado de sua criação altamente religiosa. Embora estivesse bem consciente de sua doença, na época ele pouco fazia para aliviá-la. Em Austin, começou a fumar maconha e experimentou LSD com regularidade, causando diversos episódios bizarros e, às vezes, violentos. De maneira simultânea, a carreira musical de Daniel começou a florescer à medida que obtinha reconhecimento e notoriedade por sua música e suas apresentações ao vivo frequentemente bizarras.

Em 1986, um encontro de Natal com seus irmãos logo se transformou em um evento terrível. Daniel começou a

As canções de Daniel Johnston fornecem um vislumbre de sua luta contra a doença mental.

pregar sobre Satanás para sua família e atacou seu irmão, quebrando-lhe uma costela. Apavorados por seu comportamento e inseguros sobre o que fazer, seus irmãos o levaram a um terminal rodoviário próximo. Em seguida, a polícia descobriu Daniel na Universidade de Austin, nadando em um lago e novamente pregando sobre Satanás. Foi neste ponto que seus amigos e sua família começaram a perceber que, conforme um amigo colocou, "ele era realmente uma pessoa doente". Ainda que sua música tivesse sido uma forma de ele filtrar os demônios em sua mente, a doença de Daniel estava começando a causar estragos em sua vida, e medidas drásticas eram necessárias para garantir que ele não prejudicasse ainda mais os outros ou a si próprio. Os médicos prescreveram-lhe o medicamento antipsicótico Haldol, e ele passou todo o ano de 1987 na cama (o que ele chamou de "ano perdido"). Mesmo estando estabilizado, Daniel foi incapaz de escrever qualquer música durante esse período. Na verdade, durante toda sua vida, e como muitos indivíduos com transtorno bipolar, Daniel frequentemente tinha problemas para aderir à medicação. Achava que era melhor criando e se apresentando quando sua mente podia correr livre do que confinado ao embotamento que sentia quando medicado.

Visto que muitas vezes deixava de tomar seu medicamento, Daniel vivenciou cinco anos de um redemoinho de colapsos com ciclos entre mania delirante e depressão clínica, resultando em inúmeras hospitalizações que duravam meses. Logo que parava a medicação, seu comportamento e seu humor eram normais por alguns dias até que, rápida e inesperadamente, retornavam ao bizarro. Em um caso em particular, Daniel tinha parado de tomar seu medicamento antes de se apresentar para uma grande plateia em um festival de música em Austin, Texas. A participação foi uma das apresentações mais aclamadas de sua carreira. Logo em seguida, entretanto, quando ele e seu pai embarcavam no avião de dois lugares que os levaria para casa em West Virginia, ele tomou os controles de seu pai, mandando a aeronave direto para o chão. Felizmente, o pai de Daniel conseguiu recuperar o controle do avião a tempo, e eles sobreviveram após pousarem no topo de uma árvore. Seu pai recorda agora que, na época, Daniel acreditava ser Gasparzinho (da história em quadrinhos infantil *Gasparzinho, o fantasminha camarada*) e que assumir o controle do avião era um ato heroico.

Desde aquele período negro de sua vida, Daniel tem estado estabilizado em grande parte devido a sua rede de apoio de família e amigos. Ele mora com seus pais em Waller, Texas, e continua a escrever música e a viajar ao redor do mundo. Muitos consideram Daniel Johnston um dos cantores-compositores mais brilhantes da História norte-americana. Sua luta comovente contra a doença mental tem sido uma força destrutiva, contudo inspiradora, em seu trabalho, que confunde a linha entre criatividade artística e doença mental.

---

se tornando mais aceitas na atual cultura ocidental, ainda há um grau de vergonha ou constrangimento que os clientes devem enfrentar.

A maior parte das pessoas, portanto, se sentiria menos inclinada a mencionar a conhecidos que está em psicoterapia por problemas pessoais. A pressão de manter a terapia em segredo geralmente aumenta a ansiedade do indivíduo sobre buscar ajuda profissional. Para alguém que já está perturbado por problemas graves na vida, essa ansiedade adicional pode ser ainda mais inibidora. Com tantas forças potenciais afastando-o de buscar terapia, o passo inicial é às vezes o mais difícil. Por isso, o relacionamento terapêutico requer que o cliente esteja disposto a trabalhar com o clínico em parceria e preparado para suportar a dor e o constrangimento envolvidos em fazer revelações pessoais. Ademais, também é necessária uma disposição para quebrar velhos padrões e tentar novas formas de se ver, bem como de se relacionar, com os outros.

2.6 O desfecho do tratamento

No melhor de todos os mundos possíveis, o tratamento funciona. O cliente permanece em tratamento até seu término, apresenta melhora e mantém esse nível de funcionamento melhorado. Muitas vezes, contudo, o caminho não é tão plano, e pode ser que o cliente não alcance as metas do plano de tratamento ou surjam problemas inesperados.

Os clínicos acham particularmente frustrante quando seus clientes não parecem dispostos a acompanhar seu desejo de mudar. Mudar é muito difícil, e diversos clientes se tornaram tão acostumados a viver com seus sintomas que o esforço necessário para resolver o problema parece devastador. Às vezes, os profissionais também enfrentam frustração em relação a restrições financeiras. Eles podem recomendar um tratamento que, acreditam, possa ser bem-sucedido, mas que é financeiramente inviável. Em outros casos, pessoas na vida do cliente recusam-se a participar da terapia, ainda que desempenhem papéis centrais. Outras questões pragmáticas podem interromper o tratamento: os clientes podem se mudar, perder os empregos ou não ter transporte consistente até a clínica. Com o tempo, os profissionais do campo da saúde mental descobrem que são limitados em sua capacidade de mudar as vidas de pessoas que procuram sua ajuda. Entretanto, como você descobrirá neste livro, a terapia geralmente é eficaz, e a maioria dos tratamentos resulta em melhora significativa.

Retorno ao caso: Peter Dickinson

O psiquiatra na clínica de saúde mental prescreveu medicamento ansiolítico para Peter. No período de quatro semanas, o cliente relatou que conseguia dormir durante toda a noite e que estava se sentindo menos inquieto. Sua psicoterapia focalizou-se em técnicas de relaxamento, como respiração profunda, bem como em técnicas cognitivas, como rotular e contestar sua preocupação e procurar várias formas de lidar com o estresse além da preocupação excessiva. A terapia também foi útil para Peter discutir e entender seus sentimentos sobre o divórcio de seus pais e como sua ansiedade afetava seus relacionamentos românticos.

Reflexões da dra. Tobin: Típico de muitos indivíduos com TAG, Peter sempre se achou um "preocupado" constante, mas essa ansiedade foi recentemente agravada por um evento estressante: o divórcio de seus pais. Além disso, é provável que sua falta de sono estivesse contribuindo para sua dificuldade em obter a concentração necessária para manter os padrões profissionais requeridos por sua carreira. Visto que estava indo bem no trabalho até este ponto, ele pode não ter sentido que sua ansiedade fosse um problema. Sua ansiedade também pode ter passado despercebida devido à intensa pressão e ao sacrifício que todos os indivíduos que trabalham na área profissional de Peter enfrentam. Era evidente, entretanto, que ele se preocupava com muitas questões em um grau maior do que outras pessoas em sua situação. Na época em que procurou tratamento, porém, estava claro que sua incapacidade de controlar sua preocupação em relação a seus pais e sua namorada estava causando problemas maiores em seu trabalho e em sua vida social. Além disso, sua ansiedade passada tinha ocasionado problemas que ele não reconhecia naquela época. Para muitas pessoas que sofrem de TAG, quanto maior o tempo sem tratamento, pior o quadro. Felizmente para Peter, sua namorada reconheceu que ele estava com problemas e conseguiu obter ajuda para sua ansiedade esmagadora. Estou satisfeita com o progresso da terapia até agora e tenho esperança de que, devido a seus muitos pontos fortes, Peter será capaz de lidar com seus sintomas por meio dos métodos psicológicos, os quais está dominando bem. Ele tem potencial para ser um advogado de sucesso, e dada a força de seu relacionamento com Ashley, acredito que será capaz de dar uma guinada em sua vida, com uma chance muito pequena de voltar a vivenciar esses sintomas.

RESUMO

- O campo da psicopatologia vai além da preocupação acadêmica de estudar o comportamento. Ele inclui a grande variedade de questões humanas envolvidas quando cliente e profissional trabalham juntos para ajudar o sujeito a resolver dificuldades psicológicas.
- As pessoas que trabalham na área da psicopatologia usam os termos **"cliente"** e **"paciente"** para se referirem àqueles que usam serviços psicológicos. Nossa preferência é usar o termo "cliente", refletindo a visão de que as intervenções clínicas são um empreendimento colaborativo.
- A pessoa que fornece o tratamento é o **clínico.** Há muitos tipos de profissionais que abordam o trabalho clínico de uma variedade de formas com base em treinamento e orientação. Estes incluem psiquiatras, psicólogos clínicos, assistentes sociais, orientadores, terapeutas e enfermeiros. O campo também abarca aqueles que não têm treinamento no nível de graduação. Estes incluem terapeutas ocupacionais, terapeutas recreativos e orientadores que trabalham em instituições, escolas e asilos.
- Clínicos e pesquisadores usam o *Manual diagnóstico e estatístico de transtornos mentais*, quinta edição (DSM-5), que contém descrições de todos os transtornos psicológicos. Em edições recentes, os autores do DSM esforçaram-se para manter o critério de confiabilidade, de modo que um terapeuta possa aplicar consistentemente um diagnóstico a qualquer pessoa que apresente um determinado conjunto de sintomas. Ao mesmo tempo, os pesquisadores trabalharam para garantir a validade do sistema de classificação, de maneira que os vários diagnósticos representem fenômenos clínicos reais e distintos.

- O DSM-5 apresenta diagnósticos organizados em 22 capítulos. O sistema de classificação é mais descritivo do que explanatório e mais categórico do que dimensional.
- O processo de diagnóstico envolve o uso de todas as informações relevantes para chegar a um rótulo que caracterize o transtorno de um cliente. Fundamental ao diagnóstico é obter a descrição mais clara possível dos sintomas de um cliente, tanto daqueles que ele relata como daqueles que o profissional observa. O **diagnóstico diferencial**, a exclusão de diagnósticos alternativos, é um passo crucial no processo de diagnóstico.
- Para obter uma apreciação completa do transtorno do cliente, o clínico desenvolve uma **formulação de caso**: a análise do desenvolvimento do cliente e dos fatores que poderiam ter influenciado sua condução psicológica atual.
- Uma **formulação de caso** explica a herança cultural do cliente na realização de diagnósticos.
- **Síndromes ligadas à cultura** são padrões de comportamento que encontramos apenas em determinadas culturas.
- Os profissionais normalmente acompanham a fase de diagnóstico estabelecendo um **plano de tratamento**, o resumo de como a terapia deve ocorrer. O primeiro passo no plano de tratamento é o terapeuta estabelecer as metas da terapia, que variam de imediatas a de longo prazo.
- Os locais de tratamento variam quanto ao grau com que fornecem um ambiente controlado e quanto à natureza dos serviços que os clientes recebem. Estes incluem hospitais psiquiátricos; centros de tratamento especializado para pacientes internados; e tratamento ambulatorial, que varia de uma clínica ambulatorial ou consultório particular do terapeuta a um centro de saúde mental da comunidade. Outros locais de tratamento incluem casas de passagem, programas de tratamento-dia, locais de trabalho ou escolas.
- A **modalidade**, ou a forma como a psicoterapia é oferecida, também é um componente crucial do plano de tratamento. A terapia pode ser **individual, familiar, de grupo** ou **ambientoterapia**. Seja qual for a modalidade recomendada, ela deve ser baseada na escolha da perspectiva teórica ou combinação de perspectivas mais adequadas.
- Em situações ideais, a psicoterapia é um empreendimento conjunto no qual os clientes têm um papel ativo. No melhor de todos os mundos possíveis, o cliente permanece em tratamento até o seu término, apresenta melhora e mantém o nível de funcionamento melhorado. Embora nem sempre bem-sucedida, a terapia geralmente é eficaz, e a maioria dos tratamentos resulta em melhora significativa.

TERMOS-CHAVE

Ambientoterapia 40
Casa de passagem 39
Centro de saúde mental da comunidade 38
Classificação internacional de doenças (CID) 28
Cliente 26
Clínico 27
Comórbido 34
Confiabilidade 27
Diagnóstico diferencial 34
Diagnóstico principal 34
Eixo 28
Formulação cultural 35
Formulação de caso 35
Manual diagnóstico e estatístico de transtornos mentais (DSM) 28
Modalidade 40
Paciente 26
Plano de tratamento 36
Prática baseada em evidência na psicologia 41
Programa de tratamento-dia 39
Psicólogo 26
Psicólogo clínico 27
Psicoterapia individual 40
Psiquiatra 27
Síndromes ligadas à cultura 30
Sistema multiaxial 28
Terapia de grupo 40
Terapia familiar 40
Validade 27

Avaliação

SUMÁRIO

Objetivos de aprendizagem

3.1 Definir conceitos-chave de avaliação.
3.2 Descrever as entrevistas clínicas.
3.3 Identificar o exame do estado mental.
3.4 Explicar os testes de inteligência.
3.5 Descrever os testes de personalidade.
3.6 Reconhecer a avaliação comportamental.
3.7 Identificar a avaliação multicultural.
3.8 Explicar a avaliação neuropsicológica.
3.9 Descrever a neuroimagem.

Relato de caso: Ben Robsham

Razão para o encaminhamento: Ben é um homem caucasiano de 22 anos de idade e 12 de educação formal que foi encaminhado à clínica por seu supervisor após um incidente, quando bateu sua cabeça ao operar um trem do metrô. Ele relatou que, enquanto conduzia sobre a terra, os freios tinham travado ao chegar a uma interseção onde pedestres estavam atravessando. Usando o freio de emergência, havia conseguido parar o trem, mas a parada repentina o fez bater a cabeça no vidro da janela e temporariamente perder a consciência. Ele não consegue lembrar o que aconteceu logo após a pancada. Ben tirou uma licença de duas semanas após o incidente e continuou evitando ir ao trabalho nas duas semanas seguintes. Quando o supervisor lhe telefonou, Ben declarou: "Eu não posso sair de casa. Eles virão me pegar".

História relevante: Ben não tem história de tratamento psiquiátrico. Relatou que nunca teve depressão ou ansiedade e que em geral se sente "muito bem", o que tornava as recentes mudanças em seu estado psicológico ainda mais perturbadoras para ele. Ben contou que nunca usou drogas e bebe apenas ocasionalmente, quando está em um ambiente social. Além disso, disse que seu avô e seu tio maternos tinham sido ambos diagnosticados com esquizofrenia. Por fim, relatou não ter história médica passada ou atual extraordinária.

Formulação de caso: Visto que os sintomas de Ben surgiram após o incidente, ele será encaminhado para testagem neuropsicológica para excluir possível lesão cerebral traumática.

Diagnóstico: Excluir transtorno neurocognitivo leve devido a lesão cerebral traumática com distúrbio comportamental.

Plano de tratamento: Após uma entrevista inicial na universidade, Ben foi encaminhado para avaliação psicológica e consulta psiquiátrica com o dr. Martin Washington, um neurologista. Os testes administrados pelo clínico estão na Tabela 3.1.

Sarah Tobin, PhD
Médica

TABELA 3.1 Testes administrados a Ben

Entrevista clínica
Escala de Inteligência Wechsler para Adultos, quarta edição (WAIS-IV)
Teste de Trilhas, Parte A e B
Teste do Desenho do Relógio
Teste Auditivo Compassado de Adição Seriada (PASAT)
Teste de Nomeação de Boston, segunda edição (BNT)
Escala de Memória Wechsler (WMS)
Inventário Multifásico da Personalidade de Minnesota-2 (MMPI-2)

3.1 Características das avaliações psicológicas

avaliação psicológica
Uma ampla variedade de técnicas de medidas, todas as quais envolvem pessoas fornecendo informações mensuráveis sobre seu funcionamento psicológico.

Uma **avaliação psicológica** é um procedimento no qual o clínico fornece uma avaliação formal do funcionamento cognitivo, da personalidade e psicossocial de um indivíduo.* Como você verá no caso de Ben, uma avaliação abrangente provou ser valiosa para ajudar a entender a natureza de seus sintomas e as possíveis direções para o tratamento.

Os profissionais conduzem avaliações sob uma variedade de condições. Em muitos casos, usam o processo de avaliação para fornecer um diagnóstico, ainda que provisório, do transtorno psicológico de um indivíduo. Entretanto, também podem usar as avaliações por diversas outras razões. Por exemplo, nas avaliações forenses, os clínicos determinam se um suspeito satisfaz os critérios de competência para ser julgado. Poderiam ainda fornecer aos empregadores informações que podem ser usadas para avaliar a adequação de um indivíduo para determinada função. As avaliações também são úteis quando os profissionais são consultados sobre o nível de funcionamento de um indivíduo em uma área específica. Uma mulher mais velha experimentando problemas de memória pode buscar avaliação neuropsicológica para determinar se tem um prejuízo cognitivo que exigirá outra intervenção.

No caso de Ben, o processo de avaliação é fundamental para entender a natureza de seus sintomas atuais. O terapeuta deve avaliar os papéis potenciais tanto de lesão cerebral como de coisas não relacionadas ao incidente do trem que podem ter causado o aparecimento dos sintomas. Seu plano de tratamento imediato e seu desenvolvimento psicológico de longo prazo dependerão do desfecho da avaliação. A dra. Tobin forneceu uma avaliação inicial e, como resultado, decidiu encaminhar Ben para um neuropsicólogo.

Para que tenham utilidade, os terapeutas devem manter as avaliações em padrões que garantam os resultados mais reproduzíveis e precisos. A confiabilidade de um teste indica a consistência das pontuações que produz. Em outras palavras, ele deve produzir os mesmos resultados independentemente de quando seja administrado, e o indivíduo deve responder aos itens do teste de forma semelhante. A validade do instrumento reflete o grau em que ele mede o que se destina a medir. Um teste de inteligência deve medir a inteligência, não a personalidade. Antes de usar um determinado teste, os clínicos devem estar cientes de sua confiabilidade e validade, informações facilmente encontradas na literatura publicada sobre o instrumento.

padronização
Um critério psicométrico que especifica claramente as instruções para administração e pontuação de um teste.

A profissão esforça-se para criar testes de modo que os resultados produzidos não variem de um profissional para outro. O critério de **padronização** especifica com clareza as instruções de administração e pontuação de um teste. Cada indivíduo que recebe o instrumento deve ter a mesma quantidade de tempo, e cada pessoa que verifica seu resultado deve fazê-lo da mesma maneira, de acordo com os mesmos critérios predefinidos. Além disso, uma determinada pontuação obtida no teste por uma pessoa deve ter um significado claro. De maneira ideal, os criadores desses instrumentos têm um banco de dados suficientemente substancial em relação ao qual comparar as pontuações de cada avaliando.

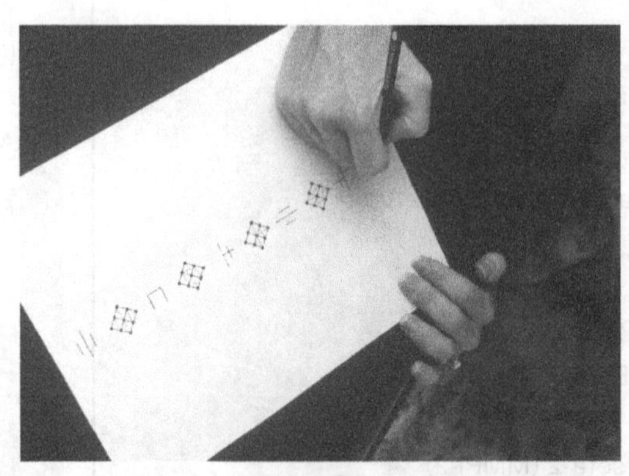

Uma paciente completa uma tarefa visoespacial como parte de uma avaliação neuropsicológica.

Além de determinar a confiabilidade e a validade de um teste, é importante levar em consideração sua aplicabilidade a testados de diversas características. Cada vez mais, os editores de testes estão criando suas medidas para uso com uma variedade de indivíduos em termos de nível de capacidade, primeira língua, herança cultural e idade. Por exemplo, os terapeutas podem precisar adaptar instrumentos de avaliação para uso com adultos mais velhos, que podem requerer letras maiores ou mais tempo, assim como instrumentos de escrita especiais para uso com aqueles que têm artrite (Edelstein, Martin, & McKee, 2000). Ainda assim, os profissionais precisam se assegurar de que estão usando o instrumento mais adequado para um determinado cliente.

Ao interpretar os resultados de testes, os profissionais precisam ter o cuidado de não cair na armadilha do chamado "Efeito Barnum". De-

* N. de R. T.: No Brasil, a avaliação psicológica (incluindo-se a psicometria) é um procedimento exclusivo do psicólogo.

signado pelo nome do legendário proprietário de circo P. T. Barnum, esta é a tendência de os clínicos involuntariamente fazerem afirmações genéricas e vagas sobre seus clientes que não caracterizam o cliente de maneira específica. Eis um exemplo de uma declaração de Efeito Barnum: "Júlia costuma ser tímida perto de outras pessoas, mas às vezes pode ser muito extrovertida. Quando se apresenta um desafio, ela com frequência consegue se sair muito bem, mas algumas vezes fica nervosa e intimidada". Essas duas sentenças *poderiam* se aplicar a Júlia, mas também poderiam ser aplicadas à maioria das outras pessoas. Portanto, elas não dizem nada de especial sobre Júlia. Além disso, a maior parte das pessoas acharia difícil discordar desse comentário. Você tem mais probabilidade de encontrar o Efeito Barnum ao ler seu horóscopo ou o texto de um biscoito da sorte, que são escritos de forma tão geral que poderiam ser direcionados a qualquer pessoa. Estas são situações bastante inofensivas, a menos que você decida investir uma grande quantidade de dinheiro com base em um prognosticador tão duvidoso. Em uma situação clínica, o problema é que tais afirmações não são particularmente introspectivas ou reveladoras e não ajudam a inspirar o processo de avaliação.

Os profissionais devem se manter atualizados com a literatura para garantir que estejam usando os melhores métodos de avaliação possíveis. A avaliação baseada em evidência inclui (1) basear-se em achados de pesquisa e em teorias cientificamente viáveis; (2) usar medidas psicometricamente fortes; e (3) avaliar empiricamente o processo de avaliação (Hunsley & Mash, 2007). Seguindo essas diretrizes, os terapeutas garantem que irão avaliar seus clientes usando os materiais mais atuais e apropriados disponíveis. Por exemplo, uma clínica experiente pode ter uma preferência por usar os métodos de avaliação que aprendeu na faculdade, mas deve estar constantemente alerta para novos procedimentos fundamentados em tecnologia ou pesquisa mais recentes. De acordo com o critério (3), ela também deve desenvolver métodos para verificar se suas avaliações estão fornecendo informações úteis sobre seus clientes.

Por exemplo, considere o caso de uma avaliação que sugira que uma cliente está vivenciando sintomas depressivos significativos, ainda que busque ajuda para o que descreve como ataques de ansiedade. Seguindo os critérios para avaliação baseada em evidência, a profissional determinaria se o instrumento ou os instrumentos que usou para fazer o diagnóstico fornecem uma caracterização precisa dos sintomas da mulher conforme eles se desenvolvem ao longo do tratamento. De forma semelhante, no caso de Ben, o terapeuta deve validar cuidadosamente os achados da avaliação neuropsicológica obtendo medidas múltiplas para avaliar possível lesão cerebral.

3.2 Entrevista clínica

Os profissionais normalmente iniciam sua avaliação com a **entrevista clínica**, uma série de perguntas que administram na interação face a face com o cliente. As respostas a essas perguntas fornecem informações básicas importantes sobre os clientes, permitem que descrevam seus sintomas e que os clínicos façam observações capazes de orientar as decisões sobre os próximos passos, os quais podem incluir nova testagem.

entrevista clínica
Uma série de perguntas que o médico administra na interação face a face com o cliente.

A versão menos formal da entrevista clínica é a **entrevista não estruturada**, que consiste em uma série de perguntas abertas em relação aos sintomas do cliente, seu estado de saúde, sua história familiar e de vida e as razões para procurar ajuda. Além de anotar as respostas, o terapeuta também percebe a linguagem corporal do sujeito. Observando os sinais não verbais, o profissional pode notar se o cliente está vivenciando, por exemplo, ansiedade, dificuldades de atenção, falta de disposição para cooperar ou preocupação incomum com a testagem. Ele também pode usar sinais da aparência do cliente que dão outras indicações de seus sintomas, estado emocional ou dificuldades interpessoais. A entrevista clínica típica abrange as áreas resumidas na Tabela 3.2. O terapeuta pode variar a ordem das perguntas e o fraseado exato que usou para obter essa informação.

entrevista não estruturada
Uma série de perguntas abertas para determinar as razões de o cliente estar em tratamento, seus sintomas, estado de saúde, história familiar e história de vida.

No caso de Ben, a entrevista clínica forneceu à dra. Tobin informações fundamentais sobre sua história, incluindo não apenas sua formação educacional e vocacional mas também sua história de relacionamentos. Ela determinou que, antes do incidente, ele gostava de se relacionar com os outros, portanto, seu isolamento atual é uma mudança de seu padrão de funcionamento social anterior.

TABELA 3.2 Áreas cobertas em uma entrevista clínica

Tópico	Propósito
Idade e sexo	Obter informações demográficas básicas.
Razão para o encaminhamento	Ouvir a razão do cliente para procurar tratamento, em suas próprias palavras.
Educação e história profissional	Obter a situação socioeconômica e determinar se o cliente ainda está trabalhando.
Situação social atual	Descobrir se o cliente mantém um relacionamento atual e o apoio social potencialmente disponível.
História de saúde física e mental	Determinar se o cliente tem alguma doença médica e se houve mudança recente na saúde. Descobrir sobre a história de problema presente, incluindo diagnósticos e tratamentos passados e se o tratamento foi útil ou não.
Uso de droga/álcool e medicamentos atuais	Determinar se o cliente está usando drogas psicoativas (incluindo álcool e cafeína). Obter lista de medicamentos para evitar possíveis interações com quaisquer intervenções psicofarmacológicas.
História familiar	Descobrir se a família do cliente tem transtornos médicos e psicológicos, particularmente algum relevante aos sintomas atuais do cliente.
Observações comportamentais	Observar comportamentos, incluindo não verbais, que indicam se o cliente está experimentando ansiedade ou humor alterado. Também observar se ele parece estar experimentando dificuldades na atenção ou na adesão. Tentar determinar o estado mental do cliente. Comparar sua aparência com a idade declarada. Determinar se é orientado para tempo, lugar e pessoa. Observar quaisquer comportamentos motores incomuns.

O dr. Washington obteve informações mais detalhadas de sua entrevista clínica com Ben. Após questionamento sobre seus sintomas, Ben declarou que tem dificuldade para se concentrar, mas que seu sintoma principal é a ocorrência de "pensamentos muito estranhos" que têm sido bastante perturbadores. Especificamente, ele sente muito medo de sair de seu apartamento porque acredita que a polícia irá prendê-lo como punição pelo "que [ele] fez". Preocupa-se que os outros o culpem por matar pessoas no incidente e que, se voltar ao trabalho, os passageiros se voltarão contra ele, desse modo resultando em sua captura. Declara que passa várias horas por dia preocupado com as consequências do incidente e, às vezes, ouve vozes acusatórias que o culpam por ferir pessoas e lhe dizem que ele é um "monstro". Ben relatou que apenas ouviu essas vozes algumas vezes nas últimas quatro semanas. Como a dra. Tobin observou, no entanto, ninguém foi ferido no incidente.

Embora relate que se sente angustiado sobre seus problemas psicológicos recentes, Ben afirmou que não tinha pensamentos de se ferir ou se matar. Ele também relatou que não tem conseguido dormir uma noite inteira desde o incidente. Às vezes, não consegue adormecer, e, quando consegue, pesadelos frequentes sobre o ocorrido o despertam, e sente que as pessoas que acredita ter matado no incidente o estão "assombrando".

Ben declarou que, mesmo preocupado com o que tem vivenciado recentemente, tinha ficado muito constrangido para falar com alguém, pensando que estivesse "ficando louco". Visto que não tinha mais se encontrado com os amigos ou com a família, e não estava indo trabalhar, as pessoas em sua vida não tinham conhecimento da extensão de seus problemas psicológicos após o incidente. Ben tirou uma licença para as duas primeiras semanas após o ocorrido e, desde então, tem ligado diariamente alegando estar doente. Quando a sugestão da testagem psicológica foi feita, Ben relatou que estava esperando que ela pudesse ajudar a revelar a natureza de seus sintomas perturbadores.

Como você pode ver, a entrevista clínica é um passo fundamental no processo de diagnóstico devido às informações que fornece em relação a sintomas atuais, história e disponibilidade de apoio social do cliente. Além disso, o dr. Washington usou a entrevista como uma oportunidade para estabelecer *rapport* com Ben. Ao longo de uma entrevista de 30 a 45 minutos, o terapeuta deve ajudar o cliente a sentir-se o mais relaxado possível. Uma vez que o sujeito está fornecendo informações altamente pessoais, o profissional tenta fazê-lo se abrir por meio de questionamento respeitoso, mas também prático. Nesse sentido, a entrevista clínica não é como uma conversa comum.

Ao contrário da entrevista clínica, a **entrevista estruturada** fornece perguntas padronizadas que são formuladas da mesma forma para todos os clientes. Uma entrevista estruturada pode fornecer um diagnóstico sobre o qual basear o tratamento ou classificar os sintomas do cliente no espectro de um transtorno do DSM.

Uma das entrevistas clínicas mais amplamente utilizadas é a **Entrevista Clínica Estruturada para os Transtornos do DSM-IV (SCID)**, apresentada na Tabela 3.3. Embora o título use a palavra "estruturada", os médicos que administram a SCID modificam o fraseado e a ordem das perguntas para acomodar o indivíduo que estão examinando. Eles usam a SCID-I para fazer diagnósticos do Eixo I e a SCID-II para fazer diagnósticos do Eixo II. Ambas são concebidas de modo que o clínico possa adaptar as respostas particulares do entrevistado. As perguntas são formuladas na forma-padrão, mas o entrevistador escolhe quais fazer com base nas respostas do cliente a perguntas anteriores. Por exemplo, se uma cliente afirma que experimenta sintomas de ansiedade, o entrevistador seguiria com questões específicas sobre esses sintomas. Faria perguntas de seguimento apenas se a cliente declarasse que estava experimentando sintomas de

entrevista estruturada
Uma série padronizada de perguntas de avaliação, com um fraseado e uma ordem predeterminados.

Entrevista Clínica Estruturada para Transtornos do DSM-IV (SCID)
Uma entrevista clínica amplamente utilizada.

TABELA 3.3 Exemplo de perguntas da SCID para episódio depressivo maior atual

Episódio depressivo maior atual	Critérios de EDM	
Agora eu vou lhe fazer algumas perguntas sobre seu humor	A. Cinco (ou mais) dos seguintes sintomas estavam presentes durante o mesmo período de duas semanas e representam uma mudança do funcionamento anterior; pelo menos um dos sintomas é (1) humor deprimido ou (2) perda de interesse ou prazer.	? 1 2 3
No mês passado... ... houve um período de tempo em que você estava se sentindo deprimido ou abatido a maior parte do dia quase todos os dias? (Como era?) Se sim: Quanto tempo durou? (Até duas semanas?)	(1) humor deprimido a maior parte do dia, quase todos os dias, indicado por relato subjetivo (p. ex., sente-se triste ou vazio) ou observação feita por outros (p. ex., parece prestes a chorar).	? 1 2 3 Se nem o item (1) nem o (2) for codificado "3," vá para
... e quanto a perder o interesse ou o prazer em coisas que você geralmente apreciava? Se sim: Era quase todos os dias? Quanto tempo durou? (Até duas semanas?)	(2) interesse ou prazer acentuadamente diminuído em todas, ou quase todas, as atividades a maior parte do dia, quase todos os dias (indicado por relato subjetivo ou observação feita por outros).	
	Nota: Ao avaliar os seguintes itens, codifique "1" se claramente devido a uma condição médica geral ou a delírios ou alucinações incongruentes ao humor.	

FONTE: First, M. B., & Gibbon, M. (2004). "A Entrevista Clínica Estruturada para os Transtornos do Eixo I do DSM-IV (SCID-I) e a Entrevista Clínica Estruturada para os Transtornos do Eixo II do DSM-IV (SCID-II). Em M. J. Hilsenroth e D. L. Segal (eds.), *Comprehensive handbook of psychological assessment*, vol. 2: *Personality assessment* (p. 134–143). Hoboken, NJ: John Wiley & Sons Inc.

ansiedade. Se ela dissesse que tinha sintomas diferentes, como humor deprimido, então as perguntas de seguimento indagariam mais sobre seu humor (First & Gibbon, 2004). A SCID-I leva de 45 a 90 minutos para ser administrada, dependendo da complexidade dos sintomas do cliente.

Uma vantagem da entrevista estruturada é que trata-se de uma abordagem sistemática menos sujeita a variações de um profissional para outro se comparada a uma entrevista não estruturada. Além disso, qualquer um com o treinamento adequado pode administrar a SCID, não necessariamente apenas profissionais da saúde mental diplomados. Isso tem valor prático na medida em que os clientes podem passar por uma avaliação inicial antes de iniciarem um processo terapêutico. Existe, ainda, uma versão de pesquisa da SCID que os profissionais podem usar para fornecer informações diagnósticas sistemáticas entre diferentes investigações. Os pesquisadores podem ter a confiança de que um diagnóstico de um transtorno do humor baseado na SCID significa a mesma coisa independentemente de quem tenha conduzido o estudo. Uma SCID para o DSM-5 está hoje em desenvolvimento.

3.3 Exame do estado mental

exame do estado mental
Um método de avaliar objetivamente o comportamento e o funcionamento de um cliente em uma série de esferas, com atenção particular aos sintomas associados com transtorno psicológico.

Um clínico usa um **exame do estado mental** para avaliar o estado de espírito atual de um cliente. Ao conduzir esse exame, ele verifica uma série de aspectos do sujeito, incluindo aparência, atitudes, comportamento, humor e afeto, fala, processos de pensamento, conteúdo do pensamento, percepção, cognição, *insight* e julgamento. O desfecho do exame do estado mental é uma descrição abrangente de como o cliente parece, pensa, sente e se comporta.

O Miniexame do Estado Mental (MMSE, Mini-mental state examination) é um instrumento estruturado que o terapêuta usa como um dispositivo de triagem breve para avaliar demência. Ele administra um conjunto de tarefas de memória curtas e compara as pontuações do cliente para estabelecer normas. Se o cliente pontua abaixo de um determinado ponto de corte, o terapêuta pode (e deve) continuar para uma testagem mais profunda de possíveis prejuízos cognitivos.

No caso de Ben, o dr. Washington observou que ele não estava experimentando um estado mental alterado no momento da entrevista. O cliente chegou na hora e estava alerta e totalmente orientado. Sua fala tinha tom, ritmo, volume, velocidade e prosódia normais. O clínico notou que sua linguagem receptiva parecia intacta, e ele era capaz de entender instruções de teste novas. Entretanto, sua aparência geral era um pouco desgrenhada (i.e., suas roupas estavam amassadas e ele não havia se barbeado). Seu afeto era apropriado, significando que seu estado emocional aparente combinava com o esperado na situação, embora fizesse algumas piadas ao ficar frustrado durante a administração de um teste que achou difícil. Em geral, porém, ao longo de toda a testagem cooperou com o examinador e parecia motivado e interessado nos testes em si. O dr. Washington decidiu não administrar um exame do estado mental formal. Em vez disso, prosseguiu diretamente para uma testagem neuropsicológica e da personalidade.

3.4 Teste de inteligência

Muitas profissões (i.e., saúde mental, ensino, negócios, órgãos do governo) utilizam testes de inteligência (QI) para uma variedade de avaliações, incluindo avaliação cognitiva global, diagnóstico de dificuldades de aprendizagem, determinação de dotação ou retardo mental e previsão de realização acadêmica futura. Os terapeutas às vezes também utilizam testes de QI no diagnóstico de transtornos neurológicos e psiquiátricos, em cujos casos eles são um componente de um procedimento de avaliação mais abrangente. Finalmente, departamentos de recursos humanos com frequência usam testes de QI na seleção de pessoal para avaliar o potencial de desempenho dos empregados em condições específicas.

Por meio desses testes, os profissionais podem obter pontuações padronizadas que lhes permitem avaliar as forças e fraquezas cognitivas de seus clientes. Os testes de inteligência mais comumente utilizados em contextos clínicos são na base individual, fornecendo uma ampla visão das capacidades do cliente de realizar uma variedade de tarefas perceptuais, de memória, de raciocínio e de velocidade.

TABELA 3.4 Tipos de capacidades avaliadas pelo Stanford-Binet 5 (SB5)

Escala	Definição	Exemplo
Raciocínio Fluido	Capacidade de resolver problemas novos	Selecionar fichas de figuras em grupos de três
Conhecimento	Cabedal de informações gerais acumulado	Demonstrar como realizar determinada ação
Raciocínio Quantitativo	Capacidade de resolver problemas com números e conceitos numéricos	Contar um conjunto de itens
Raciocínio Visuoespacial	Capacidade de analisar relacionamentos espaciais e conceitos geométricos	Montar formas tipo quebra-cabeças
Memória Operacional	Capacidade de armazenar, transformar e recuperar informações na memória de curto prazo	Lembrar uma sequência de batidas

FONTE: Roid & Barram, 2004.

Teste de Inteligência de Stanford-Binet

Desenvolvido pela primeira vez no início da década de 1900 por Alfred Binet, o Stanford-Binet está agora em sua quinta edição, conhecida como o Stanford-Binet 5 (SB5). Crianças que fazem esse teste recebem uma pontuação de desvio de inteligência (QI), calculada pela conversão de suas pontuações brutas em escores padronizados que refletem onde o infante se encontra em relação a outros de idade e gênero semelhantes. A pontuação média de desvio de QI é fixada em 100 com um desvio-padrão de 15. Se uma criança recebe uma pontuação de QI do SB5 de 115, isso significa que ela se encontra acima do QI de 68% da população.

desvio de inteligência (QI) Um índice de inteligência derivado da comparação da pontuação do indivíduo em um teste de inteligência com a pontuação média para o grupo de referência daquele indivíduo.

Além de produzir uma pontuação de QI global, o SB5 produz pontuações em medidas de escalas intituladas Raciocínio Fluido, Conhecimento, Raciocínio Quantitativo, Raciocínio Visuoespacial e Memória Operacional (Tab. 3.4). Essas escalas visam fornecer um maior entendimento das forças e fraquezas cognitivas da criança não necessariamente transmitidas em uma pontuação de QI global.

Escalas de Inteligência Wechsler

O primeiro teste individual abrangente que os pesquisadores criaram específico para medir a inteligência adulta foi a Escala de Inteligência Wechsler para Adultos (WAIS). Desenvolvida originalmente em 1939, por David Wechsler, como o teste Wechsler-Bellevue, a WAIS, publicada pela primeira vez em 1955, está agora em sua quarta edição (WAIS-IV) (D. Wechsler, 2008). Os pesquisadores seguintes desenvolveram testes paralelos para crianças com base no mesmo formato das escalas para adultos. Aqueles em uso atualmente são a Escala de Inteligência Wechsler para Crianças—quarta edição (WISC-IV) (D. Wechsler, 2003) e a Escala de Inteligência Wechsler Pré-escolar e Primária—terceira edição (WPPSI-III) (D. Wechsler, 2002).

Wechsler a princípio buscou desenvolver um instrumento para ser usado em contextos clínicos, não apenas em escolas. Ele também acreditava que era importante incluir testes verbais e não verbais. Na origem, intitulou essas categorias "Verbal" e "Execução". Por muitos anos, os profissionais relataram as pontuações da WAIS em termos dessas duas classificações de subtestes. Contudo, ao longo do tempo ficou cada vez mais evidente que essas duas pontuações categóricas não capturavam de forma adequada toda a complexidade do funcionamento intelectual. Portanto, a WAIS-III foi revisada substancialmente em 2008 para se tornar a WAIS-IV, que agora inclui novos testes e um sistema de pontuação diferente.

TABELA 3.5 Escalas na Escala de Inteligência Wechsler para Adultos-IV (WAIS-IV)

Escala	Testes	Tipo de item
Compreensão Verbal	Vocabulário	Defina a palavra "barril"
	Informação	Quantos minutos há em uma hora?
	Compreensão	Por que as plantas necessitam de água?
	Semelhanças	Qual a semelhança entre um elefante e um gato?
Raciocínio Perceptual	Raciocínio matricial	Escolha qual padrão se segue logicamente após um conjunto de padrões
	Quebra-cabeças visual	Organize um conjunto de blocos para que reproduzam um desenho
	Desenho de blocos	Diga o que está faltando em uma figura de um objeto comum
	Completar figuras	
Memória Operacional	Dígitos na ordem direta	Lembre uma série de dígitos na ordem direta
	Dígitos na ordem inversa	Lembre uma série de dígitos na ordem inversa
	Sequência de letras e números	Lembre um conjunto de itens do menor ao maior
		Lembre um conjunto de letras e números misturados do maior para o menor
Velocidade de Processamento	Procurar símbolos	
	Codificar	Copie os números que correspondem aos símbolos nas caixas apropriadas

A WAIS-IV, como suas antecessoras e o SB5, produz uma pontuação de QI global baseada em média normatizada por idade de 100 e desvio-padrão de 15. Entretanto, a escala de QI total não é tão útil para propósitos clínicos quanto as pontuações em Compreensão Verbal, Raciocínio Perceptual, Memória Operacional e Velocidade de Processamento (Tab. 3.5). A intenção da WAIS-IV é permitir aos médicos que examinem mais profundamente o funcionamento cognitivo do cliente ao longo dessas dimensões-chave.

Você pode pensar nas pontuações da WAIS-IV como se formassem um triângulo (ver Fig. 3.1). No topo está o QI de Escala Total (FSIQ), que reflete o funcionamento

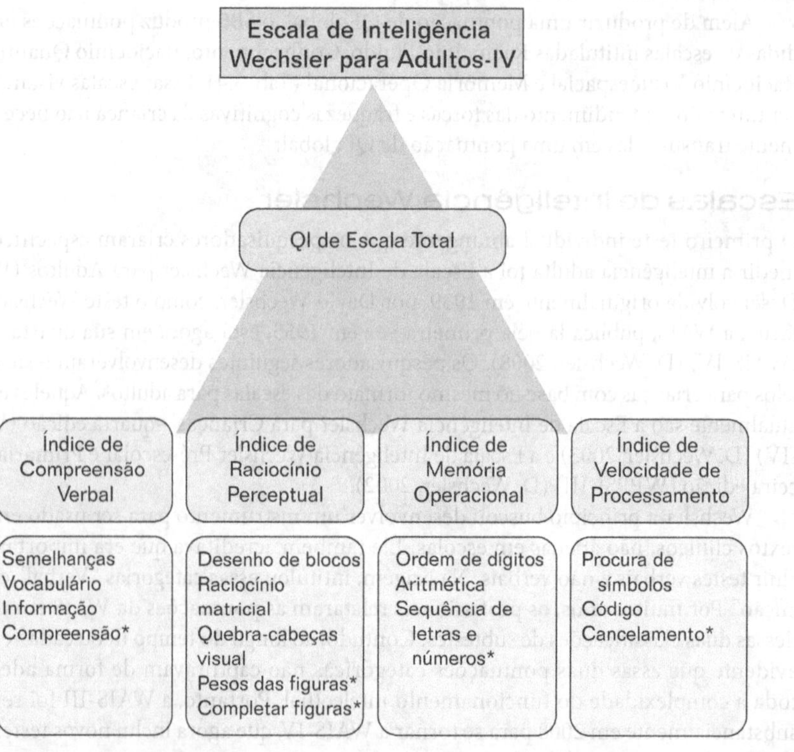

FIGURA 3.1 Estrutura da WAIS-IV.

TABELA 3.6 Pontuações de Ben na WAIS-IV

Escala total:	115		
Índice de Compreensão Verbal	132		
Índice de Raciocínio Perceptual	107		
Índice de Memória Operacional	111		
Índice de Velocidade de Processamento	97		
Subtestes individuais:			
Vocabulário	15	Completar Figuras	12
Semelhanças	17	Código	7
Aritmética	13	Desenho de Blocos	10
Ordem de dígitos	11	Raciocínio Matricial	14
Informação	14	Procura de Símbolos	12
Compreensão	18	Pesos das Figuras	13
Sequência de Letras e Números	10	Quebra-cabeças Visual	10
		Cancelamento	12

cognitivo geral e é o melhor prognosticador isolado de realização escolar na WAIS-IV. Abaixo do escore FSIQ no topo da pirâmide estão quatro pontuações-índice. O Índice de Compreensão Verbal (ICV) avalia o conhecimento adquirido e as habildiades de raciocínio verbal. O Índice de Raciocínio Perceptual (IRP) mede os raciocínios visuoespacial e fluido. O Índice de Memória Operacional (IMO) mede a capacidade de manter e processar informações na memória. O Índice de Velocidade de Processamento (IVP) mede a capacidade de processar informação não verbal com rapidez. Além de interpretar as pontuações-índice, os terapeutas propõem hipóteses sobre o desempenho dos indivíduos com base em uma interpretação de agrupamentos clínicos, que consistem em várias combinações de pontuações de subescalas individuais.

Visto que a WAIS-IV é administrada em uma base individual, os clínicos têm amplas oportunidades de observar o comportamento dos testados durante o teste, possivelmente obtendo informações diagnósticas valiosas para complementar as pontuações do teste. De fato, as instruções para se calcular a pontuação da WAIS-IV trazem sugestões para o examinador incluir observações comportamentais, como a fluência do indivíduo na língua; a aparência física; problemas com visão, audição ou comportamento motor; dificuldades com atenção e concentração; motivação para testagem; e quaisquer comportamentos incomuns que o testado apresente.

A Tabela 3.6 mostra o desempenho de Ben na WAIS-R. Seu FSIQ era 115, indicando que tem um nível de desempenho acima da média (superior a 68% da população). Todavia, se examinar o padrão inteiro de suas pontuações, você perceberá que Ben demonstrou alta variabilidade entre as pontuações-índice que constituem o FSIQ. Esse tipo de variabilidade sugere uma ampla variação em suas capacidades cognitivas. O médico considerou digno de atenção que a pontuação agrupada de Velocidade de Processamento de Ben era baixa (mais alta apenas que 40% da população). Isso sugere dificuldade com a percepção de padrões e estímulos visuais, particularmente quando a velocidade é um fator. O aparecimento dessa pontuação baixa em um subteste no qual ele deveria ter tido bom desempenho (em razão de seu trabalho) indica que pode haver lesão às areas de seu cérebro envolvidas no processamento de informação espacial.

Durante a administração da WAIS-IV, o dr. Washington registrou de forma cuidadosa o comportamento de seu cliente, dando corpo ao quadro fornecido pelas próprias pontuações do teste. Ben declarou várias vezes durante toda a sessão de testagem que "eles lhe dão uma falsa confiança no início", referindo sua frustração à medida que o teste se tornava mais difícil. Apesar dessa frustração, permaneceu determinado a concluir a avaliação. Por exemplo, ele levou quase seis minutos para completar o item final de Desenho de Blocos, e finalmente declarou: "Não faz sentido—não há blocos suficientes". No subteste de Raciocínio Matricial, levou quase um minuto para cada resposta na parte final da tarefa. Enquanto completava o subteste Pesos das Figuras, comentou sobre coisas com as quais as formas no livro de estímulo se pareciam e fez várias piadas durante toda a administração. Na tarefa Sequência de Letras e Números, antes de dar sua resposta a cada item, descrevia como cada uma se correlacionava com o nome de um tipo diferente de navio ou avião do exército. À medida que os testes se tornaram mais difíceis na parte final da sessão de testagem, pareceu visivelmente inquieto e começou a batucar os dedos nas pernas. Em tarefas que exigiam respostas verbais, forneceu elaborações longas e, quando o teste requeria uma resposta curta, às vezes respondia cantarolando.

3.5 Teste de personalidade

Os profissionais usam testes de personalidade para entender os pensamentos, os comportamentos e as emoções de uma pessoa. Há duas formas principais de testes de personalidade: autorrelato e projetivos. Esses testes diferem na natureza de seus itens e na forma como são pontuados.

Testes de autorrelato

inventário clínico de autorrelato
Um teste psicológico com perguntas padronizadas de categorias de respostas fixas que o testado completa independentemente, autorrelatando o grau em que as respostas são caracterizações precisas.

Um **inventário clínico de autorrelato** contém perguntas padronizadas com categorias de respostas fixas que o testado pode completar no papel ou no computador. Os testados avaliam a adequação do item a si próprios em uma escala fixa. Esses testes são objetivos no sentido de que a pontuação não envolve qualquer forma de julgamento subjetivo por parte do examinador. Na verdade, os computadores podem tanto pontuar esses testes como produzir relatos explanatórios breves. Entretanto, os médicos precisam equilibrar as vantagens de sua objetividade com a possibilidade de que esses relatos estejam sujeitos ao Efeito Barnum. Visto que se baseiam em um conjunto de algoritmos para produzir seus relatos, os programas de computador correm o risco de ser excessivamente genéricos e não adaptados às idiossincrasias particulares do testado.

Apesar de tudo, uma vantagem importante dos inventários de autorrelato é que são bastante fáceis de administrar e pontuar. Por consequência, grandes números de pessoas podem realizá-los de uma maneira eficiente. Os clínicos podem tirar partido da riqueza de informações sobre a validade e a confiabilidade dos inventários de autorrelato mais conhecidos ao interpretarem as pontuações de seus próprios clientes.

Há literalmente centenas de inventários clínicos de autorrelato, muitos dos quais os pesquisadores desenvolveram de forma específica para investigar problemas médicos ou determinadas áreas de pesquisa. Como é o caso com testes como o MMPI, os profissionais devem ter o cuidado de garantir que as medidas satisfaçam os padrões de confiabilidade e validade antes de interpretarem suas pontuações.

O inventário de autorrelato mais popular é de longe o Inventário Multifásico da Personalidade de Minnesota (MMPI), publicado originalmente em 1943. A versão atual desse teste é sua revisão de 1989, conhecida como o MMPI-2 (Tab. 3.7). Nela, há 567 itens no formato verdadeiro-falso, todos na forma de afirmações que descrevem pensamentos, comportamentos, sentimentos e atitudes do indivíduo. A intenção original do MMPI era fornecer pontuações em 10 chamadas "escalas clínicas", que correspondem às principais categorias diagnósticas, como esquizofrenia, depressão e ansiedade. Os desenvolvedores do teste incluíram três escalas de "validade" adicionais a fim de se prevenirem contra pessoas tentando fingir saúde ou doença psicológica excepcionais.

Nas décadas após sua publicação, pesquisadores e clínicos tiveram a consciência das limitações nas pontuações da escala clínica do MMPI-2. Elas não correspondiam às categorias clínicas originais, significando que eles não podiam interpretá-las como os desenvolvedores da escala planejaram a princípio (i.e., uma pontuação alta na escala de "Esquizofrenia" não significava que o indivíduo tivesse esse diagnóstico). Por isso, usuários do MMPI-2 estão incorporando as escalas clínicas (ECs) reestruturadas, mais recentes, do MMPI. Na verdade, a versão mais recente desse inventário é o MMPI-2-RF, publicada em 2008 (Tab. 3.8). Ela é baseada inteiramente nas escalas reestruturadas. Contendo apenas 338 itens, a última versão do MMPI-2 também fornece pontuações para os chamados fatores de "ordem superior", que indicam o funcionamento emocional, cognitivo e comportamental global do cliente.

TABELA 3.7 Escalas clínicas e de validade do MMPI-2, com itens adaptados

Escala	Nome da escala	Tipo de conteúdo	Item adaptado
Escalas clínicas			
1	**Hipocondria**	Preocupações e interesses corporais, medo de doença	Tenho momentos difíceis com náusea a vômitos.
2	**Depressão**	Infelicidade e sentimentos de valor pessoal baixo	Eu queria ser tão feliz quanto os outros parecem ser.
3	**Histeria**	Negação de problemas psicológicos e reações excessivas a situações estressantes Várias queixas corporais	Frequentemente minha cabeça parece doer em todos os lugares.
4	**Desvio psicopático**	Tendências antissociais e delinquência	Ocasionalmente sou mandado para a sala do diretor por mau comportamento.
5	**Masculinidade-feminilidade**	Adoção de comportamentos e atitudes de papel sexual estereotipados	Gosto de ler histórias românticas (item feminino).
6	**Paranoia**	Sentimentos de perseguição e desconfiança dos outros	Eu teria sido mais bem-sucedido se os outros não fossem vingativos.
7	**Psicastenia**	Impulsos incontroláveis para pensar e agir Medos irracionais	Às vezes tenho pensamentos terríveis demais para serem discutidos.
8	**Esquizofrenia**	Perturbações do pensamento, humor e comportamento	Tive algumas experiências bastante bizarras.
9	**Hipomania**	Humor elevado, fala e atividade motora acelerada	Fico excitado pelo menos uma vez por semana.
10	**Introversão social**	Tendência a afastar-se de situações sociais	Geralmente não falo primeiro. Espero que os outros falem comigo.
Escalas de Validade (compostas de itens das escalas clínicas)			
L	**Escala da mentira**	Autorrepresentação irrealisticamente positiva.	
K	**Correção**	Semelhante à escala L – indicação mais sofisticada de tendência a autorrepresentação positiva.	
F	**Infrequência**	Apresenta-se de uma forma irrealisticamente negativa	

FONTE: MMPI®-2 (Inventário Multifásico da Personalidade de Minnesota®-2) *Manual para Administração, Pontuação e Interpretação*.

TABELA 3.8 Escalas clínicas do MMPI-2-RF

Escala	Nome da escala	Tipo de conteúdo
RCd	Desmoralização	Infelicidade e insatisfação geral
RC1	Queixas somáticas	Queixas de saúde física difusas
RC2	Emoções positivas baixas	Ausência de resposta emocional positiva
RC3	Cinismo	Sem expressão de crenças autorreferenciais
RC4	Comportamento antissocial	Quebra de regras e comportamento irresponsável
RC6	Ideias de perseguição	Crença de que os outros lhe são uma ameaça
RC7	Emoções negativas disfuncionais	Ansiedade, raiva e irritabilidade mal-adaptativas
RC8	Experiências aberrantes	Pensamentos ou percepções insólitos
RC9	Ativação hipomaníaca	Ativação excessiva, agressividade, impulsividade e grandiosidade

FONTE: Ben-Porath, 2010.

O Inventário de Avaliação da Personalidade (PAI) (Morey, 1992) consiste em 344 itens organizados em 11 escalas clínicas, 5 escalas de tratamento, 2 escalas interpessoais e 4 escalas de validade. Uma vantagem do PAI é a possibilidade de os profissionais usarem-no com clientes que não têm as habilidades de linguagem ou leitura para completar o MMPI-2. Além disso, ao contrário do MMPI, a escala de validade é calculada independentemente de qualquer das escalas de conteúdo.

O SCL-90-R (Derogatis, 1994)* mede a experiência atual do testado de 90 sintomas físicos e psicológicos. Uma de suas vantagens é que se concentra no estado atual do cliente em vez de perguntar sobre sintomas durante um período de tempo anterior. Portanto, os clínicos podem acompanhar o progresso de seus clientes em múltiplas ocasiões.

Menos orientado ao uso clínico é o Inventário da Personalidade NEO (Revisado) (NEO-PI-R) (Costa & McCrae, 1992), um questionário de 240 itens que mede cinco di-

FIGURA 3.2 O MMPI-2 de Ben

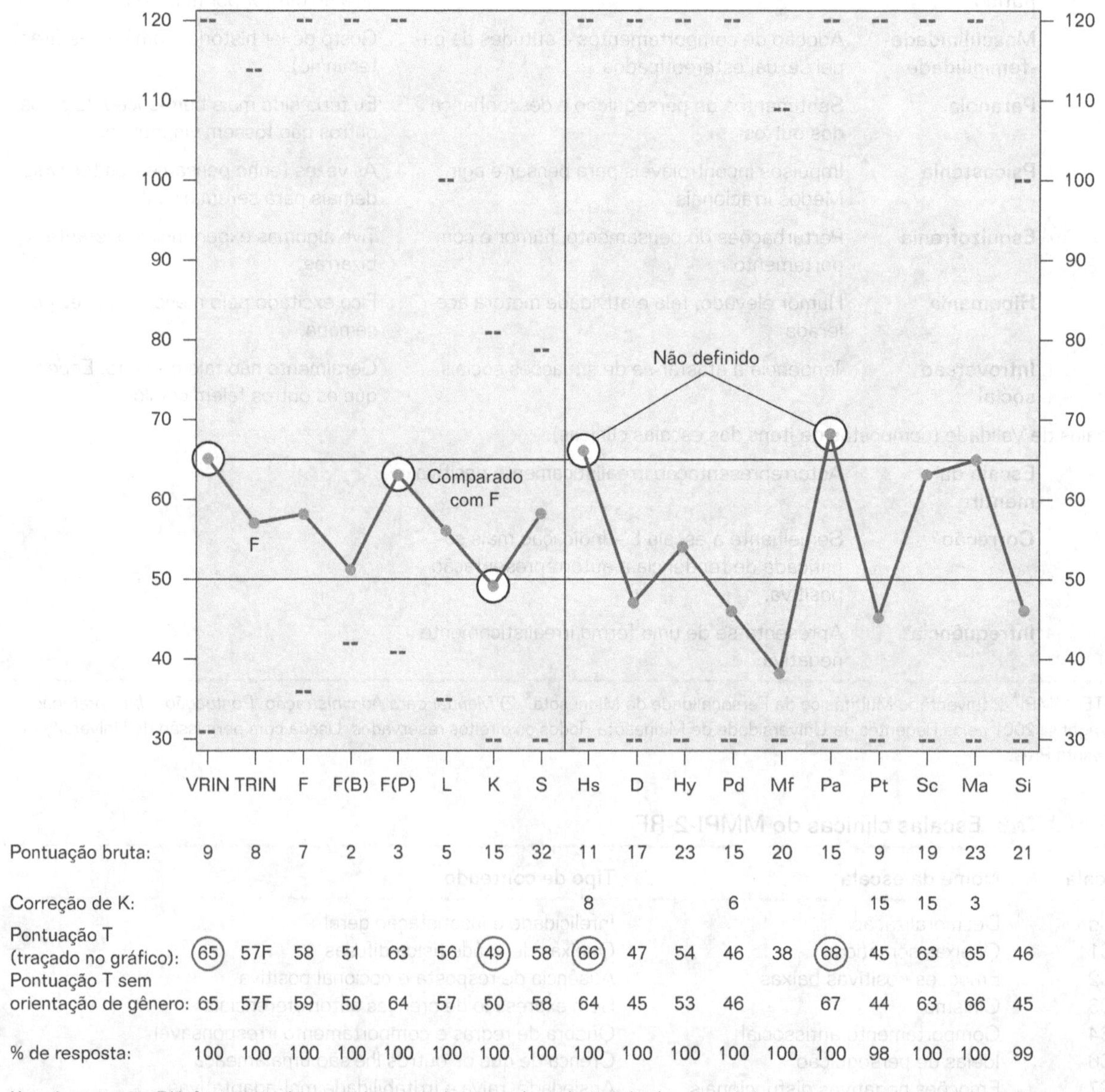

	VRIN	TRIN	F	F(B)	F(P)	L	K	S	Hs	D	Hy	Pd	Mf	Pa	Pt	Sc	Ma	Si
Pontuação bruta:	9	8	7	2	3	5	15	32	11	17	23	15	20	15	9	19	23	21
Correção de K:									8			6			15	15	3	
Pontuação T (traçado no gráfico):	(65)	57F	58	51	63	56	(49)	58	(66)	47	54	46	38	(68)	45	63	65	46
Pontuação T sem orientação de gênero:	65	57F	59	50	64	57	50	58	64	45	53	46		67	44	63	66	45
% de resposta:	100	100	100	100	100	100	100	100	100	100	100	100	100	100	98	100	100	99

Nota: As pontuações T Uniformes mais altas e mais baixas possíveis em cada escala são indicadas por um "--".

* N. de R. T.: Symptom Checklist-90-Revised, utilizado para indivíduos maiores de 60 anos de idade, tem tempo de aplicação entre 12 a 15 minutos constando de 90 itens, 9 escalas e 3 índices de mal-estar geral.

mensões, ou conjuntos de traços. As escalas são concebidas de modo que possam ser completadas tanto pelo avaliando como por indivíduos que o conhecem, tais como cônjuges, companheiros ou parentes (Forma R). As pessoas usam mais o NEO-PI-R na pesquisa da personalidade ou na seleção de pessoal do que em contextos clínicos, embora ele possa ter valor ao descrever a "personalidade" dos clientes como distinta de seus sintomas.

Clínicos e pesquisadores também podem usar inventários de autorrelato específicos, destinados a investigar transtornos em particular ou questões de pesquisa para as quais um teste geral pode não ser tão relevante. Há literalmente centenas de instrumentos desenvolvidos para esses propósitos específicos. Esses inventários também podem suplementar métodos de avaliação mais gerais.

Você pode ver as pontuações do MMPI-2 de Ben na Figura 3.2. Suas pontuações na escala de Paranoia eram um pouco elevadas, e ele confirmou diversos itens essenciais relacionados diretamente com psicose, tais como "Eu não tenho inimigos que realmente desejem me prejudicar" (Falso), "Eu tenho pensamentos estranhos e peculiares" (Verdadeiro) e "Às vezes meus pensamentos são mais acelerados do que eu consigo

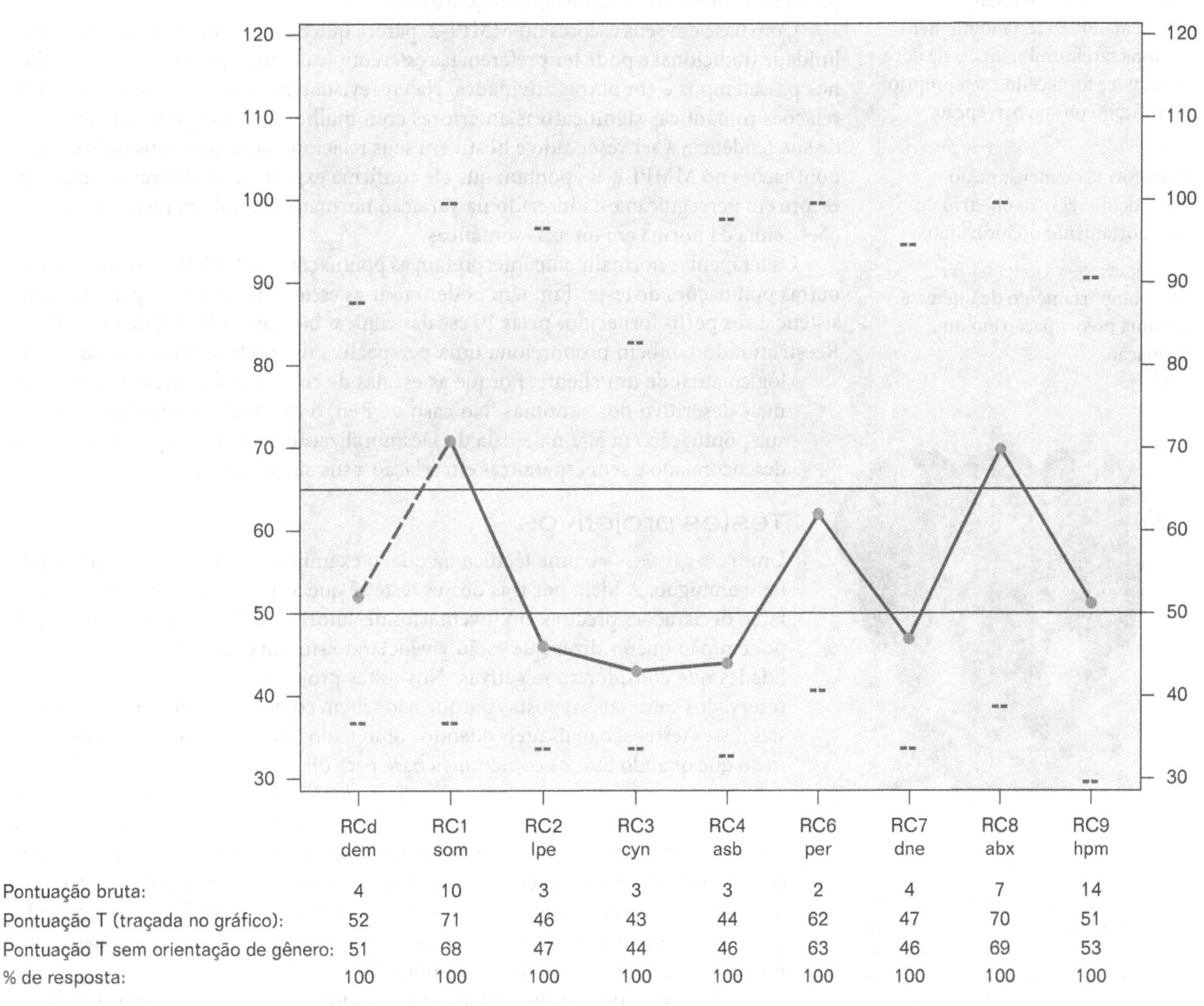

	RCd dem	RC1 som	RC2 lpe	RC3 cyn	RC4 asb	RC6 per	RC7 dne	RC8 abx	RC9 hpm
Pontuação bruta:	4	10	3	3	3	2	4	7	14
Pontuação T (traçada no gráfico):	52	71	46	43	44	62	47	70	51
Pontuação T sem orientação de gênero:	51	68	47	44	46	63	46	69	53
% de resposta:	100	100	100	100	100	100	100	100	100

Nota: As pontuações T Uniformes mais altas e mais baixas possíveis em cada escala são indicadas por um "--".

Legenda
dem = desmoralização
som = queixas somáticas
lpe = emoções positivas baixas
cyn = cinismo
asb = comportamento antissocial
per = ideias de perseguição
dne = emoções negativas disfuncionais
abx = experiências aberrantes
hpm = ativação hipomaníaca

verbalizá-los" (Verdadeiro). De acordo com suas respostas, ele pode ter conteúdo de pensamento incomum e com frequência suspeitar que os outros estejam dizendo coisas ruins a seu respeito. Como resultado, pode se sentir desconectado da realidade. Ele pode acreditar que seus sentimentos e pensamentos sejam controlados por terceiros. Seu conteúdo de pensamento anormal ficou evidente algumas vezes durante a administração da WAIS-IV em suas reações incomuns a certos itens do teste. Suas pontuações no MMPI-2, entretanto, indicam que ele não tende a ser impulsivo ou a assumir riscos físicos e, geralmente, segue regras e leis. É possível que estes sejam fatores protetores para Ben uma vez que pode ser capaz de manter algum controle sobre seus pensamentos anormais, o que pode diferenciá-lo de pessoas com transtornos psicóticos diagnosticáveis.

Examinando as pontuações de Ben, o dr. Washington concluiu que seus recursos de enfrentamento limitados podem ser um problema mais situacional do que de longa duração. Além disso, o perfil clínico de seu cliente sugere que ele pode ser excessivamente sensível e responsivo às opiniões dos outros. Pode enfatizar demais a racionalidade e ser moralista e rígido em suas atitudes e opiniões. Logo, talvez seja propenso a discussões e tenda a culpar os outros e a agir com desconfiança, reserva e prevenção nos relacionamentos. Isso pode explicar seu relato de ter poucos amigos íntimos na faculdade e sua preferência por ficar sozinho em seu quarto.

Com base em seus escores no MMPI-2, parece que Ben tem um sentido de masculinidade tradicional e pode ter preferências estereotipicamente masculinas no trabalho, nos passatempos e em outras atividades. Na entrevista clínica, ele relatou não ter tido relações românticas significativas anteriores com mulheres, o que pode ser resultado de sua tendência a ser reservado e hostil em seus relacionamentos com os outros. Suas pontuações no MMPI-2-R apontam que ele confirma experiências aberrantes, mas seu escore em perseguição está inserido na variação normativa. Também recebeu pontuações acima da norma em queixas somáticas.

Os terapeutas normalmente interpretam as pontuações do MMPI-2 no contexto de outras pontuações de teste. Também podem usar as escalas de conteúdo para dar consistência aos perfis fornecidos pelas 10 escalas clínicas básicas do MMPI-2. O MMPI-2 Reestruturado também proporciona uma perspectiva diferente sobre o estado psicológico atual de um cliente, porque as escalas de conteúdo fornecem um resumo mais descritivo dos sintomas. No caso de Ben, o dr. Washington observou que sua pontuação era alta na escala de Desmoralização, sugerindo que ele se sentia desencorajado e sem esperanças em relação a sua situação de vida atual.

teste projetivo
Uma técnica na qual são apresentados ao testado um item ou uma tarefa ambíguos, e ele deve responder fornecendo seu próprio significado ou sua percepção.

avaliação comportamental
Uma forma de mensuração baseada no registro objetivo do comportamento do indivíduo.

comportamento-alvo
Um comportamento de interesse ou uma preocupação em uma avaliação.

Testes projetivos

Um **teste projetivo** é uma técnica na qual o examinador faz perguntas sobre um item ambíguo. A ideia por trás desses testes é que as pessoas não podem ou não farão declarações precisas em inventários de autorrelato. Por exemplo, os clientes podem não querer dizer que estão vivenciando sintomas incomuns ou têm qualidades que consideram negativas. Nos testes projetivos, eles podem ser menos reservados sobre suas repostas porque não sabem como o avaliador irá interpretá-las. Esses testes são mais úteis quando combinados com inventários de autorrelato do que quando usados como única base para diagnosticar ou avaliar o cliente.

A técnica projetiva mais famosa é o Teste das Manchas de Tinta de Rorschach, designado pelo nome do psiquiatra suiço Hermann Rorschach, que desenvolveu o método em 1911. Para administrar o teste, o examinador mostra ao testado um conjunto de 10 cartões (5 em preto e branco, 5 com cores), um por um. A tarefa do sujeito é descrever com o que a mancha de tinta se parece. Embora o método pareça bastante simples, ao longo do século passado pesquisadores e médicos continuaram a refinar suas técnicas de pontuação.

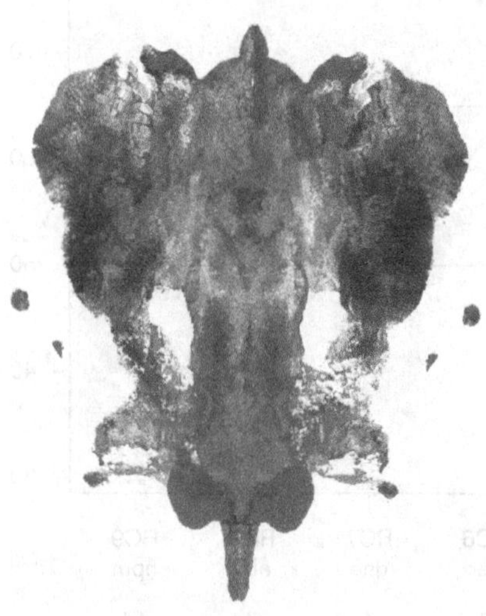

A percepção de Ben desta mancha de tinta do tipo Rorschach foi "Uma máscara de diabo que está saltando para te pegar. Também uma semente, algum tipo de semente que está se dividindo em duas metades iguais. Poderia ser um sinal de concepção e, no entanto, está morrendo. Ela está perdendo parte de si mesma, se dissolvendo, se enfurecendo".

O Teste de Apercepção Temática (TAT) apresenta aos testados uma tarefa diferente da do Rorschach. Eles olham desenhos em preto e branco que retratam pessoas em uma variedade de situações ambíguas. A tarefa deles é contar uma história sobre o que está acontecendo em cada cena, focalizando detalhes como o que as personagens na figura estão pensando e sentindo. O propósito original do

TAT era avaliar motivação como a necessidade de realização ou a necessidade de poder. Assim como o Rorschach, seu uso evoluiu ao longo do tempo, e os médicos podem administrá-lo como parte de uma bateria de testes maior.

No caso de Ben, o dr. Washington decidiu não conduzir a testagem projetiva até que ele completasse a avaliação neuropsicológica. Os médicos normalmente não administram esses instrumentos como parte de uma bateria-padrão, em particular se existe a possibilidade de que os sintomas do cliente estejam relacionados a trauma ou lesão.

Os pacientes frequentemente completam autorrelatos individuais de padrões comportamentais como parte de uma avaliação psicológica abrangente.

3.6 Avaliação comportamental

Ao contrário dos testes psicológicos, as avaliações comportamentais registram ações mais do que respostas a escalas ou questões de avaliação. O comportamento-alvo é aquele que o cliente e o clínico desejam mudar. As avaliações comportamentais incluem descrições dos eventos que precedem ou seguem os comportamentos. Chamamos os eventos precedentes de *antecedentes*, e aqueles que ocorrem após o comportamento, de *consequências*.

Por exemplo, uma criança em uma sala de aula pode ser incomumente perturbadora logo após o recreio, mas não logo após o almoço. Quando os profissionais registram comportamentos em seu contexto natural, como na sala de aula ou em casa, isso é chamado de observação *in vivo*. Entretanto, nem sempre é possível ou prático conduzir uma observação *in vivo*. Os professores ou seus auxiliares muito provavelmente estarão ocupados demais para registrar o comportamento de uma criança, e ter um clínico na sala de aula criaria uma distração ou influenciaria o comportamento que está sendo observado.

As observações análogas ocorrem em ambientes ou contextos como um consultório profissional ou laboratório designado especificamente para observação do comportamento-alvo. O terapeuta que avalia uma criança disruptiva necessitaria organizar uma situação o mais comparável possível ao ambiente natural da sala de aula para que sua observação análoga tenha utilidade.

Os clientes também podem relatar seu próprio comportamento em vez de ter alguém os observando. Em um autorrelato comportamental, o sujeito registra o comportamento-alvo, incluindo seus antecedentes e consequências. A automonitoração é uma forma de autorrelato comportamental na qual o cliente mantém um registro da frequência de comportamentos especificados, tais como o número de cigarros que fumou, as calorias que consumiu ou o número de vezes por dia que um determinado pensamento indesejado veio a sua mente. Os profissionais também obtêm informações de seus clientes usando a entrevista comportamental, na qual fazem perguntas sobre a frequência, os antecedentes e as consequências do comportamento-alvo.

3.7 Avaliação multicultural

Quando conduzem uma avaliação, os psicólogos devem levar em consideração a herança cultural, étnica e racial da pessoa, o que é feito por meio de uma avaliação multicultural. Ao avaliar clientes que não falam o idioma local ou o tem como segunda língua, os clínicos devem fazer uma série de perguntas: O cliente entende o processo de avaliação o suficiente para fornecer consentimento informado? Ele entende as instruções para o instrumento? Há dados normativos para seu grupo étnico? Mesmo se parecerem razoavelmente fluentes, os clientes podem não entender expressões idiomáticas para as quais há múltiplos significados (Weiner & Greene, 2008).

Os editores de testes psicológicos estão sempre reavaliando os instrumentos para garantir que uma variedade de clientes possa entender seus itens. Ao mesmo tempo, estagiários diplomados em programas clínicos são treinados para entender as heranças

observação *in vivo*
Processo envolvendo o registro de comportamento em seu contexto natural, tal como a sala de aula ou a casa.

observações análogas
Avaliações que acontecem em um ambiente ou contexto, como um consultório de um terapeuta ou laboratório, designado especificamente para observação do comportamento-alvo.

autorrelato comportamental
Método de avaliação comportamental no qual o indivíduo fornece informações sobre a frequência de determinados comportamentos.

automonitoração
Uma técnica de autorrelato na qual o cliente mantém um registro da frequência de comportamentos especificados.

entrevista comportamental
Processo de avalição em que os clínicos fazem perguntas sobre frequência, antecedentes e consequências do comportamento-alvo.

avaliação multicultural
Processo de avaliação no qual os profissionais levam em consideração a herança cultural, étnica e racial da pessoa.

É importante que os psicólogos levem em consideração as questões multiculturais ao longo de todo o processo de avaliação.

culturais daqueles que avaliam. Eles também estão aprendendo a observar criticamente os instrumentos de avaliação e a reconhecer quando necessitam de aconselhamento (Dana, 2002).

3.8 Avaliação neuropsicológica

A **avaliação neuropsicológica** é o processo de obter informações sobre o funcionamento cerebral de um cliente com base em seu desempenho em testes psicológicos. Os clínicos usam medidas de avaliação neuropsicológica para tentar determinar os correlatos funcionais de dano cerebral comparando o desempenho de um cliente em um determinado teste a dados normativos de indivíduos que têm reconhecidamente certos tipos de lesões ou transtornos. Não há um procedimento estabelecido para conduzir uma avaliação neuropsicológica. Determinados profissionais podem ter preferências por certos testes, mas estas não são definitivas. Além disso, os neuropsicólogos em geral escolhem testes que os ajudarão a entender os sintomas presentes no cliente e seus possíveis diagnósticos. A idade do sujeito é outro fator que o clínico leva em consideração. Testes apropriados para adultos mais velhos não são necessariamente apropriados ou úteis para diagnosticar uma criança ou um adolescente.

Certos testes neuropsicológicos são iguais aos da WAIS-IV ou derivados dela, como Lembrança de Dígitos (usado para avaliar a lembrança verbal e a atenção auditiva) e Semelhanças (para verificar capacidades de abstração verbal). Os desenvolvedores pensam que cada um desses testes está relacionado a dano cerebral em áreas específicas. Eles também criaram outros testes, como os Testes da Trilha, também chamados de "Trilhas". A Figura 3.3 mostra um exemplo de um item do Teste da Trilha A. Este avalia o funcionamento do lobo frontal e se focaliza na atenção, no esquadrinhamento de estímulos visuais e na sequência de números.

avaliação neuropsicológica
Um processo de obter informações sobre o funcionamento cerebral de um cliente com base no desempenho em testes psicológicos.

Em uma avaliação neuropsicológica, o profissional pode escolher entre testes que meçam a atenção e a memória operacional (de curto prazo), a velocidade de processamento, o raciocínio e a compreensão verbal, o raciocínio visual, a memória verbal e a memória visual. Uma série de avaliações examina o que os clínicos chamam de "função executiva", a capacidade de formular metas, fazer planos, realizá-los e, então, completá-los de uma forma eficaz. Há uma variedade de testes disponíveis em cada categoria. Se um terapeuta deseja investigar uma área em profundidade para um determinado cliente, então administrará mais avaliações dessa categoria.

FIGURA 3.3 Teste da Trilha.

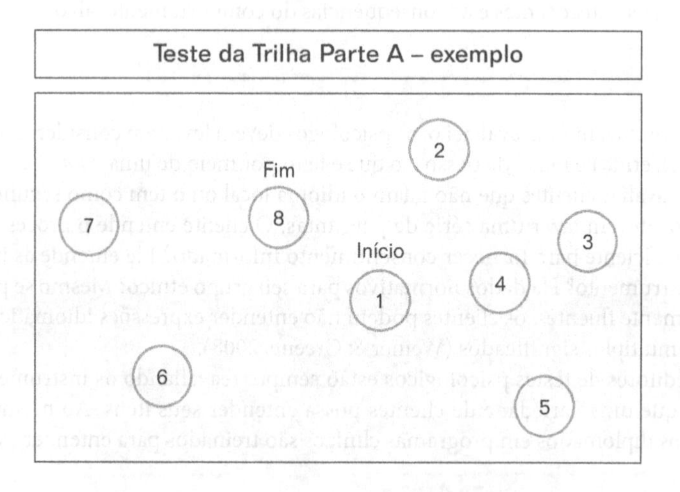

Há um grande número de testes que medem a capacidade visuoespacial. Muitos neuropsicólogos contam com o Teste do Desenho do Relógio (Sunderland et al., 1989), um procedimento simples que envolve dar ao cliente uma folha de papel com um grande círculo pré-desenhado. Então, o examinador pede ao cliente que desenhe os números em torno do círculo para parecer a face de um relógio analógico. Finalmente, o profissional lhe pede que desenhe os ponteiros do relógio marcando "11 e 10". O clínico então avalia o desenho do cliente de acordo com o número de erros. Os clientes mais prejudicados são absolutamente incapazes de reproduzir a face de um relógio, ou cometem erros ao escrever os números ou ao colocá-los no desenho.

O Teste de Seleção de Cartões de Wisconsin (WCST) (ver Fig. 3.4) requer que o cliente combine um cartão com outro de um conjunto que compartilha várias características. Originalmente desenvolvido usando os cartões físicos, o médico em geral administra-o em seu formato computadorizado. O teste solicita ao cliente que mude a configuração mental porque a base para uma combinação correta muda de uma tentativa para outra. No exemplo que mostramos na Figura 3.4, o cliente podia combinar o cartão com base na cor, no número de itens ou na forma. A profissão considera o WCST um teste de funcionamento executivo (Rabin, Barr, & Burton, 2005) que é sensível a lesão dos lobos frontais, mas também avalia dano em outras áreas corticais (Nagahama, Okina, Suzuki, Nabatame, & Matsuda, 2005).

Novidades no DSM-5

Medidas de avaliação da Seção III

A Seção III do DSM-5 contém um conjunto de instrumentos de avaliação que os clínicos podem usar para melhorar seu processo de tomada de decisão. Esses instrumentos incluem uma entrevista "transversal", que revê os sintomas ao longo de todos os transtornos psicológicos que o cliente ou alguém próximo dele possa completar. Essa revisão permitiria chamar atenção dos clínicos para sintomas que possam não se enquadrar precisamente nos diagnósticos baseados nas categorias. Essas questões poderiam ser incorporadas a um exame do estado mental. Um conjunto de questões contém um levantamento breve de 13 domínios para adultos e 12 para crianças. As questões de acompanhamento vão mais fundo em domínios que parecem justificar mais atenção.

Os autores do DSM-5 reconhecem que as abordagens dimensionais são cada vez mais apoiadas pela literatura porque as diferenças categóricas entre os transtornos podem, às vezes, parecer arbitrárias. Além disso, há condições que combinam aspectos de duas doenças. Muitos clientes também têm mais de um transtorno, diagnósticos que não se enquadram facilmente em uma categoria. De modo eventual, uma abordagem dimensional poderia ser combinada com os diagnósticos baseados nas categorias do DSM. Essa abordagem permitiria aos profissionais indicarem a gravidade do transtorno de um cliente, tornando possível avaliar seu progresso durante o tratamento.

Além desses instrumentos, a Seção III inclui a WHODAS (que apresentamos no Cap. 2) e uma seção que fornece aos médicos instrumentos para realizar uma formulação cultural. Esta é uma entrevista semiestruturada abrangente que focaliza a experiência e o contexto social do cliente. Os autores do DSM-5 enfatizam que a entrevista deve ser conduzida de forma que permita ao cliente relatar suas experiências subjetivas. Isso visa reduzir as chances de que os estereótipos ou os vieses preexistentes do médico afetem o processo de diagnóstico.

Os autores do DSM-5 expressam a esperança de que, fornecendo esses instrumentos e técnicas, não apenas irão melhorar o processo de diagnóstico, mas também contribuir para a literatura de pesquisa sobre a natureza e as causas dos transtornos psicológicos.

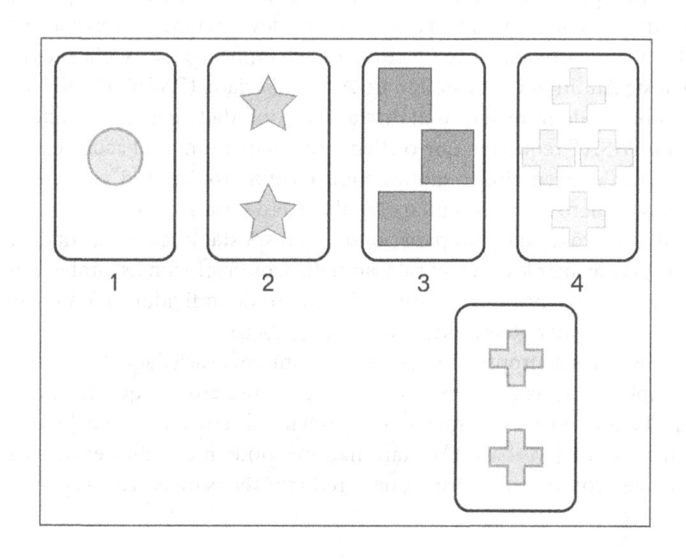

FIGURA 3.4 Exemplo de item do Teste de Seleção de Cartões de Wisconsin.

Você decide

Os psicólogos no sistema legal

Os psicólogos que trabalham no sistema legal são chamados com frequência para servir de testemunhas periciais, e o testemunho deles costuma se basear em avaliações psicológicas. Ao contrário do contexto terapêutico, o ambiente forense não envolve necessariamente um relacionamento positivo. Na verdade, o psicólogo pode enfrentar um processo de má prática profissional por parte dos clientes se estes desejarem buscar vingança por uma avaliação que levou a alguma condenação ou decisão desfavorável, como em casos de custódia.

Knapp e VandeCreek (2001), embora escrevessem antes da adoção dos Princípios Éticos da APA de 2002, apresentam uma história de caso interessante de um psicólogo envolvido em uma situação de custódia, o qual escreveu em seu relatório que o pai tinha "tendências autoritárias e que poderia se beneficiar participando de classes de parentagem" (p. 244–245). Entretanto, na verdade ele não tinha entrevistado o pai; baseou essa afirmação no que os filhos lhe contaram. Como resultado, foi repreendido pelo conselho profissional de seu Estado.

Os psicólogos também são obrigados pelo Código de Ética a praticar a profissão em seu campo de competência. Se não receberam treinamento em psicologia forense, devem buscar consultoria de um colega especialista. Um segundo exemplo de caso apresentado por Knapp e VandeCreek envolveu o testemunho por um psicólogo especialista em avaliação, mas não forense, o qual atestou que, com base nas pontuações elevadas nas escalas 6 e 9 do MMPI-2, o réu era de fato "insano". Contudo, insano, do ponto de vista legal, não é o mesmo que psicologicamente perturbado, e portanto o testemunho do psicólogo foi desconsiderado pelo tribunal.

O consentimento informado é outro princípio ético fundamental que se aplica não apenas à pesquisa, mas também a avaliação e tratamento. Quando um réu com um transtorno psicológico é entrevistado para uma avaliação forense, o psicólogo deve tomar todas as precauções possíveis para informá-lo sobre os limites de confidencialidade nesse contexto. Em outro exemplo apresentado por Knapp e VandeCreek, um réu ficou genuinamente perplexo ao ouvir o psicólogo relatar sobre a entrevista, porque não tinha entendido a natureza do consentimento informado.

Como exemplo final, considere a proibição no Código de Ética contra relacionamentos duplos. Psicólogos que estão fornecendo terapia não devem dar informações que poderiam ser usadas por um advogado em um processo legal. O exemplo citado por Knapp e VandeCreek envolveu um psicólogo tratando os filhos de um casal separado. As crianças declararam que preferiam morar com a mãe. A mãe mais tarde solicitou que o psicólogo escrevesse uma carta para seu advogado. Por sua vez, o advogado pediu ao psicólogo para "compartilhar suas opiniões sobre onde as crianças deveriam morar" (p. 250).

P: *Você decide:* Conforme você pode ver aqui, o Código de Ética da APA determina de forma explícita o curso de ação adequado em cada caso; a questão aqui para você julgar não é qual curso de ação é adequado, já que isso é claramente estabelecido nesse código de ética. Antes, considere as complexidades que os psicólogos enfrentam quando interagem no sistema legal. Esses exemplos são apenas alguns dos muitos possíveis, que colocam os profissionais em situações que requerem inteira familiaridade com os princípios que orientam a prática.

Os neuropsicólogos usam o Teste de Nomeação de Boston (BNT) para avaliar a capacidade de linguagem. Contendo 60 desenhos de objetos alinhados variando em familiaridade, os terapeutas podem usá-lo para examinar crianças com dificuldades de aprendizagem e adultos que sofrem de lesão cerebral ou demência. Os itens simples são aqueles que têm alta frequência, como uma casa. O cliente deve escolher entre quatro possibilidades para identificar corretamente o objeto (p.ex., chaminé, igreja, escola e casa).

O Teste Auditivo Compassado de Adição Seriada (PASAT) avalia a velocidade de processamento de informação auditiva, a flexibilidade e a capacidade de cálculo. As tarefas no PASAT requerem que o cliente mantenha um total acumulado de uma série de números. Por exemplo, o examinador lê os números "6" e "8"; o total correto é 14. Se o próximo número fosse "3", então o total correto seria 17. O cliente deve responder antes de ouvir o próximo dígito para pontuar a resposta de maneira correta. Além de sua utilidade para avaliar lesão cerebral traumática, os profissionais também usam o PASAT extensivamente na avaliação do funcionamento de indivíduos com esclerose múltipla (Tombaugh, Stormer, Rees, Irving, & Francis, 2006).

Outros testes neuropsicológicos investigam uma variedade de funções de memória; por exemplo, a Escala de Memória Wechsler, agora em sua quarta edição (WMS-IV). A WMS-IV inclui testes de memória operacional (curto prazo) e de longo prazo para estímulos visuais e verbais. Os examinadores podem escolher entre as subescalas da WMS-IV de acordo com as áreas que acreditam ser as mais críticas para avaliar em determinados clientes. Por exemplo, ao testar um adulto mais velho, o examinador pode usar apenas as escalas para Memória Lógica (lembrança de uma história), Associados Pareados Verbais (lembrar o segundo em pares de palavras) e Reprodução Visual (desenhar um estímulo visual). Entretanto, os neuropsicólogos são cautelosos em aceitar as versões mais recentes tanto da WMS-IV como da WAIS-IV, visto que são muito novas para ter acumulado dados de validação suficientes.

Cada vez mais, esses profissionais estão utilizando baterias de testes computadorizadas, que são mais fáceis de administrar do que as versões de papel e lápis. Uma vantagem da testagem computadorizada é que ela fornece a oportunidade para **testagem adaptativa**, na qual as respostas dos clientes a perguntas anteriores determinam as perguntas que serão apresentadas a seguir.

testagem adaptativa
Testagem na qual as respostas dos clientes a perguntas anteriores determinam quais são as questões subsequentes.

A Bateria de Testes Neuropsicológicos Automatizados de Cambridge (CANTAB) consiste em 22 subtestes que avaliam memória visual, memória operacional, função e planejamento executivos, atenção, memória verbal e tomada de decisão e controle de resposta. Antes de decidir mudar para um teste computadorizado, o clínico deve pesar as vantagens da facilidade de administração e pontuação em relação às possíveis desvantagens para clientes desfavorecidos em sua capacidade de usar computadores, como as crianças pequenas (Luciana, 2003). Entretanto, dado o crescimento relativamente rápido desse campo, dados normativos mais extensivos estarão disponíveis para permitir que os terapeutas se sintam mais confiantes sobre sua utilidade.

O dr. Washington escolheu administrar tarefas que seriam sensíveis ao tipo de lesão que Ben poderia ter sofrido visto sua baixa pontuação em Codificação no WAIS-IV, a qual sugeria uma possível ocorrência de dano cerebral que levou a mudanças em sua capacidade de concentrar sua atenção visual e de realizar com rapidez uma tarefa de velocidade psicomotora. Infelizmente, uma vez que viu Ben duas semanas após a suposta lesão cerebral, o dr. Washington não pôde administrar a Escala de Coma de Glasgow (GCS), um teste comum que os médicos usam em casos de possível lesão cerebral traumática. Incluídas na GCS estão avaliações, por exemplo, da capacidade do indivíduo de ouvir e obedecer comandos, abrir os olhos e falar com coerência.

O tempo de Ben para completar o Teste da Trilha Parte A estava na variação marginalmente prejudicada. No Teste do Desenho do Relógio, ele recebeu pontuação 5 de 10, amontoando de modo equivocado os números em uma extremidade do relógio. Recebeu uma pontuação na variação normal no PASAT, sugerindo que a lesão não afetou seu funcionamento atencional auditivo. No WCST, mostrou evidência de erros de perseveração, significando que era incapaz de mudar a configuração mental na classificação de cartões de acordo com critérios diferentes. O desempenho de Ben na WMS-IV estava na variação normal, um achado congruente com suas pontuações relativamente altas nas escalas Verbais da WAIS-IV e que indica que não tinha sofrido perda de memória de curto ou de longo prazos.

neuroimagem
Método de avaliação que fornece um quadro das estruturas ou do nível de atividade do cérebro e, portanto, é um instrumento útil para "examinar" o cérebro.

eletrencefalograma (EEG)
Uma medida das mudanças na atividade elétrica do cérebro.

3.9 Neuroimagem

A **neuroimagem** fornece um quadro das estruturas ou do nível de atividade do cérebro e, portanto, é um instrumento útil para "examinar" esse órgão. Existem diversos tipos de métodos de neuroimagem que variam nos tipos de resultados que fornecem.

O **eletrencefalograma (EEG)** mede a atividade elétrica no cérebro. A atividade do EEG reflete o grau em que um indivíduo está alerta, em repouso, dormindo ou sonhando. O padrão do EEG também mostra padrões particulares de ondas cerebrais quando um indivíduo está envolvido em determinadas tarefas mentais. Os clínicos o utilizam para avaliar condições como epilepsia, transtornos do sono e tumores cerebrais.

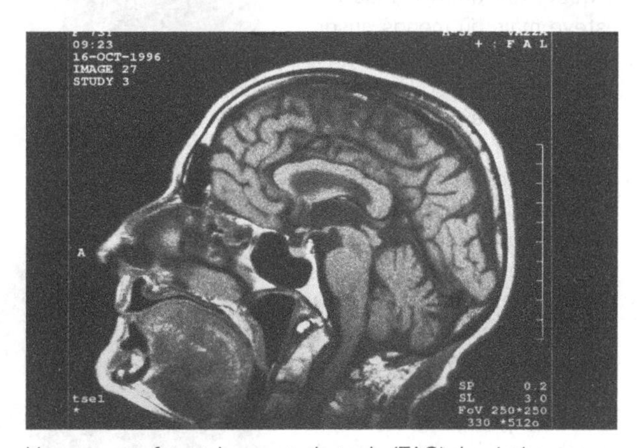

Uma tomografia axial computadorizada (TAC) do cérebro de um paciente ajuda os neuropsicólogos a encontrarem anormalidades na estrutura do cérebro que podem estar causando disfunção cognitiva.

HISTÓRIAS REAIS

Ludwig van Beethoven: Transtorno bipolar

"Às vezes eu ficava a ponto de acabar com a minha vida – apenas a arte freava a minha mão. Oh! Parecia que eu não podia abandonar esta terra antes de ter produzido tudo que eu sentia dentro de mim..." (1802)

O compositor alemão Ludwig van Beethoven é um dos mais brilhantes de todos os tempos. Sua música captura a gama de emoções incrivelmente vasta que ele vivenciou durante toda sua vida – provavelmente uma gama maior do que a maioria das pessoas vivencia, uma vez que os estudiosos acreditam que ele sofresse de transtorno bipolar. O livro *The Key to Genius* relata histórias da vida de Beethoven baseadas em cartas do compositor e relatos de seus amigos que lembram a vida emocionalmente caótica e, com frequência, volátil que ele levava. Como um amigo comenta no livro, "parece improvável que alguém pudesse compor obras de variação e intensidade emocionais comparáveis às de Beethoven sem essas experiências emocionais extraordinárias".

Beethoven foi criado por um pai que costumava lhe bater – e que, segundo relatos, o trancava no porão – e uma mãe a quem ele amava, mas que esteve mais ou menos ausente durante grande parte de sua juventude. Quando Beethoven tinha 17 anos, sua mãe ficou doente e faleceu, deixando para trás três filhos pequenos e um marido que passou a abusar do álcool. Visto que seu pai era incapaz de olhar por seus filhos, coube ao compositor cuidar de seus dois irmãos menores até que fossem capazes de cuidar de si mesmos.

Neste ponto em sua vida, Beethoven já tinha publicado sua primeira composição para piano. Aos 22 anos, deixou sua família para estudar com o renomado compositor Franz Joseph Haydn em Viena, Áustria, onde permaneceu pelo resto de sua vida. Embora a maioria dos compositores da época trabalhasse por comissão de igrejas, Beethoven era um compositor autônomo e rapidamente se tornou um nome bem-sucedido e respeitado. Esse sucesso o protegeu de uma sociedade que, de outra maneira, sem dúvida o teria olhado de forma muito negativa. As pessoas próximas o viam como um homem instável no aspecto emocional que era propenso a períodos de intensa irritabilidade e paranoia, bem como a períodos prolongados de depressão. Seu temperamento ardente frequentemente o levava a discussões com senhorios e servos, e, como resultado, precisava mudar sempre de residência. Seu temperamento afetava muito seus relacionamentos pessoais, e ele costumava maldizer os amigos apenas para mais tarde implorar seu perdão, que eles costumavam conceder devido a sua natureza geralmente boa, afora seus períodos de agitação e melancolia.

É surpreendente que, embora Beethoven sofresse de perda auditiva e por fim se tornasse surdo por completo, pelos últimos 10 anos de vida continuou a compor e a tocar música até sua morte, apesar da angústia que a surdez lhe causava. Como muitos indivíduos criativos com transtorno bipolar, a mania de Beethoven se revelou uma imensa força criativa em sua vida. Em contrapartida, seus períodos de depressão eram incomumente improdutivos, já que ele costumava mergulhar na solidão até o humor passar. Estava com frequência doente e sofria com a asma no inverno, o que sem dúvida contribuía para sua depressão persistente e alto consumo de álcool. Por sua vez, seu alcoolismo levou a muitos outros problemas físicos. Infelizmente, é comum o abuso de substâncias, como o alcoolismo, ser um problema secundário do transtorno bipolar, em uma tentativa de controlar o sofrimento das flutuações de humor.

Acredita-se que Ludwig van Beethoven sofresse de transtorno bipolar.

Os episódios de mania de Beethoven não apenas lhe permitiam ter períodos de criatividade elevada, mas também superar temporariamente quaisquer condições físicas de que sofresse, mesmo nos últimos anos de sua vida, quando se viu afetado por uma série de problemas médicos dolorosos. Conforme um dos médicos observou, "frequentemente, com rara resistência, ele trabalhava em suas composições no meio do bosque e, feito seu trabalho, ainda radiante, não raro saía para caminhar por horas nos ambientes mais inóspitos, ignorando toda mudança de temperatura, e durante as nevascas mais pesadas".

Beethoven nunca se casou e não teve filhos, ainda que

fosse conhecido como um romântico que teve muitas conquistas amorosas. Quando seu irmão mais novo morreu, ele acolheu seu sobrinho de 9 anos, Karl, uma ação que, segundo consta, logo se mostrou desastrosa. Beethoven era muito desconfiado da mãe de Karl (não era incomum que ele suspeitasse das pessoas em sua vida) e levou-a aos tribunais pela custódia de seu sobrinho. A disputa pela custódia durou algum tempo, e, quando obteve a guarda do menino, se soube que ele constantemente implicava com a criança e interferia em sua vida. Tornou-se tão difícil para Karl que ele tentou o suicídio e, mais tarde, decidiu entrar para o exército, aparentemente na tentativa de buscar uma vida mais estável do que a que conhecera com seu tio. Não é difícil imaginar que fosse difícil para Beethoven tomar conta de uma criança quando ele próprio mal conseguia tomar conta de si mesmo. Seus amigos relatam em *The Key to Genius* sobre a falta de higiene e autocuidado, muitas vezes completa, do compositor em seus últimos anos de vida. Ele costumava aparecer tão desgrenhado que uma vez foi preso ao ser confundido com um assaltante enquanto caminhava pela vizinhança em Viena, e apenas foi solto quando um amigo conseguiu identificá-lo. Com base em sua aparência, os policiais não acreditaram que ele fosse Beethoven.

As pessoas próximas de Beethoven eventualmente toleravam suas incomuns, às vezes rápidas, mudanças de humor e seus comportamentos impulsivos. Além disso, a sociedade vienense aceitava seu comportamento bizarro devido a seu sucesso e suas contribuições musicais. Sua criatividade ilimitada e seu amor pela música beneficiavam-se de suas experiências emocionais e o ajudavam a atravessar muitos períodos difíceis. Um amigo escreveu: "... é possível que Beethoven tenha sobrevivido como criador porque era corajoso ou porque seu amor pela música o mantinha vivo". Entretanto, sua saúde física estava constantemente comprometida devido em grande parte à mania que o empurrava à beira do limite. Quando sua doença se tornava insuportável, com frequência entrava em depressão, e esse ciclo constante representa as lutas que pessoas com transtorno bipolar vivenciam. No final, a paixão de Beethoven pela música não foi suficiente para salvá-lo de sucumbir à cirrose do fígado causada por consumo excessivo de álcool, em 1827, aos 57 anos de idade. Embora nos lembremos dele por sua música, podemos ouvir suas lutas emocionais em suas criações. Como um amigo observou, "tanto da vida de Beethoven foi passada em meio a doença e dor, fraqueza e depressão que é notável que ele tenha afinal realizado alguma coisa. Dada a extensão de seu sofrimento, sua obra é tanto mais um milagre".

A **tomografia axial computadorizada (TAC ou CAT)** é um método de imagem que médicos e pesquisadores utilizam para visualizar um corte transversal do cérebro de qualquer ângulo ou nível. As TACs fornecem uma imagem das áreas do cérebro preenchidas com líquido, os ventrículos. O método é útil quando estão investigando dano estrutural ao cérebro. A **imagem de ressonância magnética (IRM ou MRI)** usa ondas de rádio em vez de raios X para construir uma imagem do cérebro vivo com base no conteúdo de água de vários tecidos. A pessoa é colocada dentro de um dispositivo que contém um eletromagneto poderoso. Isso faz os núcleos nos átomos de hidrogênio transmitirem energia eletromagnética (daí o termo *ressonância magnética*), e a atividade de milhares de ângulos é enviada para um computador, o qual produz uma figura de alta resolução da área escaneada. A imagem da IRM diferencia áreas de substância branca (fibras nervosas) de áreas de substância cinzenta (células nervosas) e é útil para diagnosticar doenças que afetam as fibras nervosas que compõem a substância branca. Entretanto, como a TAC, a IRM produz imagens estáticas e, portanto, não consegue monitorar a atividade cerebral. A **tomografia por emissão de pósitron (TEP ou PET)**, ou uma variedade conhecida como **tomografia computadorizada por emissão de fóton único (SPECT)**, fornece imagens de tal atividade. Especialistas injetam compostos radioativamente marcados nas veias da pessoa em pequenas quantidades. Os compostos viajam através da corrente sanguínea até o cérebro e emitem elétrons com carga positiva chamados de pósitrons, os quais podem ser detectados como os raios X em uma TC. As imagens, que representam a acumulação do composto marcado, podem mostrar fluxo sanguíneo, metabolismo de oxigênio ou glicose e concentrações de substâncias químicas cerebrais. Cores vibrantes na extremidade vermelha do espectro representam níveis mais altos de atividade, e cores na extremidade azul-verde-violeta do

tomografia axial computadorizada (TAC ou CAT)
Uma série de raios X obtidos de vários ângulos em torno do corpo, os quais são integrados por um computador para produzir uma imagem composta.

imagem de ressonância magnética (IRM ou MRI)
O uso de ondas de rádio em vez de raios X para construir uma imagem do cérebro vivo baseada no conteúdo de água de vários tecidos.

tomografia por emissão de pósitron (PET)
Uma medida da atividade cerebral na qual uma pequena quantidade de açúcar radioativo é injetada na corrente sanguínea do indivíduo, após o que um computador mede os diversos níveis de radiação em diferentes partes do cérebro e produz uma imagem multicolorida.

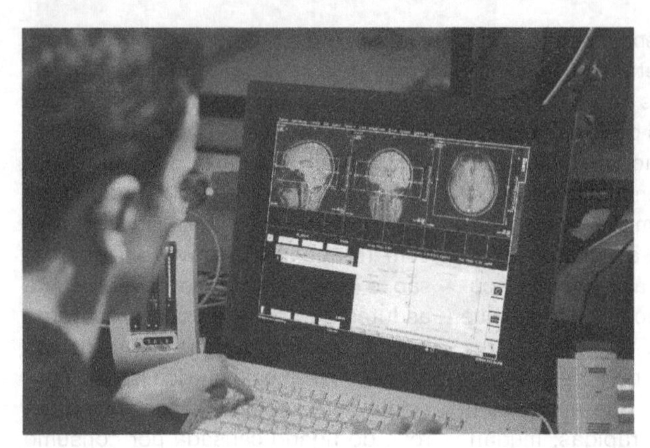

Uma IRMf é usada para monitorar mudanças na atividade cerebral.

espectro representam níveis mais baixos. A **espectroscopia de prótons por ressonância magnética (MRS)** é outro método de varredura que mede a atividade metabólica dos neurônios e, portanto, pode indicar áreas de dano cerebral (Govind et al., 2010).

A **imagem de ressonância magnética funcional (IRMf ou fMRI)** fornece um quadro de como as pessoas reagem a estímulos praticamente em tempo real, tornando possível apresentar estímulos a um indivíduo enquanto o examinador monitora sua resposta. Os pesquisadores estão cada vez mais usando IRMfs para entender as áreas cerebrais envolvidas no processamento de informações. Uma de suas principais vantagens é que não requer injeção de materiais radioativos, como as varreduras por PET ou SPECT. Porém, visto que a IRMf usa magnetismo para detectar atividade cerebral, pessoas com membros artificiais feitos de metais, como titânio, não podem utilizá-la.

As varreduras do cérebro podem produzir evidências de áreas específicas de dano, mas não necessariamente correspondem a uma perda específica de funcionamento comportamental (Meyers & Rohling, 2009). Ao avaliar Ben por testagem neuropsicológica, o dr. Washington decidiu administrar uma TC (de Guise et al., 2010), porque seu cliente apresentava alguns sinais de dano ao lobo frontal (mudanças de personalidade, alguma perseveração no WCST e erros marginais no TMT). Contudo, foi necessário excluir dano ao lobo parietal, que também pode contribuir tanto para esse padrão de desempenho como para déficits de atenção visual. A TC revelou que Ben tinha sofrido uma lesão cerebral traumática como resultado do incidente, talvez na forma de uma hemorragia cerebral.

tomografia computadorizada por emissão de fóton único (SPECT)
Uma variante da PET que permite uma análise mais longa e detalhada das imagens.

espectroscopia de prótons por ressonância magnética (MRS)
Um método de varredura que mede a atividade metabólica de neurônios e, portanto, pode indicar áreas de dano cerebral.

imagem de ressonância magnética funcional (IRMf ou fMRI)
Uma variação da IRM tradicional que torna possível construir uma imagem da atividade do cérebro.

3.10 Juntando todas as peças

Como acabamos de ver no caso de Ben, os profissionais são confrontados com tarefas difíceis quando tentam desenvolver um diagnóstico a partir das evidências obtidas por meio do processo de avaliação. Eles devem avaliar cada cliente individualmente e determinar qual combinação de testes é mais adequada para identificar da forma mais precisa possível a natureza e a causa de seus sintomas comportamentais. Além disso, os clínicos, quando realizam as avaliações, tentam entender as habilidades adaptativas do cliente, a fim de fazer recomendações para melhorar suas capacidades existentes e ajudar a planejar o tratamento para maximizar seu funcionamento na vida diária.

Retorno ao caso: Ben Robsham

Dada a causa potencial de seus sintomas, o dr. Washington recomendou a Ben reabilitação para fortalecer suas habilidades existentes a fim de poder retornar a seu emprego anterior. Ele também receberá terapia de apoio e, talvez, aconselhamento vocacional, se continuar a demonstrar déficits na velocidade de processamento visual e espacial, habilidades claramente necessárias em seu emprego atual.

Reflexões da dra. Tobin: É um pouco tranquilizador saber que a lesão de Ben, embora, agora, interfira em sua capacidade de voltar ao trabalho, muito provavelmente se resolverá por si mesma. A necessidade de uma avaliação neuropsicológica foi evidente neste caso; infelizmente, com os aumentos nas lesões cerebrais traumáticas nos últimos anos, esse tipo de avaliação será cada vez mais necessária. A lesão de Ben ocorreu no trabalho, mas muitas outras pessoas jovens estão sofrendo esse tipo de lesão em atividades que vão desde jogar hóquei ou futebol a envolvimento em guerras. Com o desenvolvimento de testagem mais sofisticada de neuroimagem e computadorizada, no futuro, estaremos mais bem preparados para avaliar tanto indivíduos como Ben quanto aqueles clientes cujos transtornos são sobretudo de natureza psicológica.

RESUMO

- Uma **avaliação psicológica** é um procedimento no qual o médico fornece uma avaliação do funcionamento cognitivo, da personalidade e psicossocial de um indivíduo. Os terapeutas conduzem avaliações sob uma variedade de condições. Em muitos casos, usam o processo para fornecer um diagnóstico, ainda que temporário, do transtorno psicológico de um indivíduo.
- Para terem utilidade, os clínicos devem manter as avaliações em padrões que garantam fornecimento dos resultados mais reproduzíveis e precisos. A confiabilidade de um teste indica a consistência das pontuações que ele produz. Sua validade reflete o grau com que mede o que se destina a medir.
- Os profissionais devem usar os melhores métodos de avaliação possíveis. A avaliação baseada em evidência inclui (1) contar com achados de pesquisa e teorias cientificamente viáveis; (2) usar medidas psicometricamente fortes; e (3) avaliar empiricamente o processo de avaliação.
- A **entrevista clínica** é uma série de perguntas que os clínicos administram na interação face a face com o cliente. As respostas a essas perguntas fornecem informações básicas importantes sobre os clientes, permitem que eles descrevam seus sintomas e que os profissionais façam observações que podem orientar as decisões sobre os próximos passos do tratamento, os quais podem incluir nova testagem. Seu formato pode ser estruturado e não estruturado.
- Um clínico utiliza um **exame do estado mental** para avaliar o estado de espírito atual de um cliente. O médico avalia uma série de aspectos, incluindo aparência, atitudes, comportamento, humor e afeto, fala, processos de pensamento, conteúdo do pensamento, percepção, cognição, *insight* e julgamento. O resultado desse exame é uma descrição abrangente de como o cliente parece, pensa, sente e se comporta.
- Os testes de inteligência, como o Teste de Inteligência de Stanford-Binet, mas particularmente as escalas Wechsler, fornecem informações valiosas sobre o funcionamento cognitivo de um indivíduo.
- Os terapeutas usam testes de personalidade para entender os pensamentos, os comportamentos e as emoções de uma pessoa. Há duas formas principais de testes de personalidade: de autorrelato e projetivos. Os instrumentos incluem o Inventário Multifásico da Personalidade de Minnesota (MMPI), o Inventário de Avaliação da Personalidade (PAI), o SCL-90-R, o Inventário da Personalidade NEO e outros inventários de autorrelato específicos, designados para investigar transtornos em particular ou questões de pesquisa para os quais um teste geral pode não ser relevante.
- Ao contrário dos testes psicológicos, as **avaliações comportamentais** registram ações em vez de respostas a escalas ou questões de avaliação. O **comportamento-alvo** é aquele que o cliente e o clínico desejam mudar. As avaliações comportamentais incluem descrições dos eventos que precedem os comportamentos ou os seguem. As **observações *in vivo*** acontecem em um ambiente ou contexto como o consultório de um profissional ou um laboratório especificamente destinado à observação do comportamento-alvo. Em um **autorrelato comportamental**, o cliente registra o comportamento-alvo, incluindo seus antecedentes e suas consequências. A **automonitoração** é uma forma de autorrelato comportamental na qual o cliente mantém um registro da frequência de comportamentos especificados.
- Quando conduzem uma **avaliação multicultural**, os psicólogos devem levar em consideração a herança cultural, étnica e racial da pessoa.
- A **avaliação neuropsicológica** é o processo de obter informações sobre o funcionamento cerebral de um cliente com base no desempenho em testes psicológicos. Os clínicos usam medidas de avaliação neuropsicológica para tentar determinar os correlatos funcionais de dano cerebral comparando o desempenho de um cliente em um determinado teste a dados normativos de indivíduos que reconhecidamente têm certos tipos de lesões ou transtornos. Há uma variedade de testes para avaliar a lembrança verbal e a atenção auditiva. As medidas fisiológicas incluem técnicas de imagem cerebral como EEG, TC, IRM ou MRI, IRMf ou fMRI, PET e outras técnicas para avaliar anormalidades no corpo, em particular no cérebro.

TERMOS-CHAVE

Automonitoração 61
Autorrelato comportamental 61
Avaliação comportamental 60
Avaliação multicultural 61
Avaliação neuropsicológica 62
Avaliação psicológica 48
Comportamento-alvo 60
Desvio de inteligência (QI) 53
Eletrencefalograma (EEG) 65
Entrevista clínica 49
Entrevista Clínica Estruturada para os Transtornos do DSM-IV (SCID) 51
Entrevista comportamental 61
Entrevista estruturada 51
Entrevista não estruturada 49
Espectroscopia de prótons por ressonância magnética (MRS) 67
Exame do estado mental 52
Imagem de ressonância magnética (IRM ou MRI) 67
Imagem de ressonância magnética funcional (IRMf ou fMRI) 68
Inventário clínico de autorrelato 56
Neuroimagem 65
Observação análoga 61
Observação *in vivo* 61
Padronização 48
Testagem adaptativa 65
Teste projetivo 60
Tomografia axial computadorizada (TAC ou CAT) 67
Tomografia computadorizada por emissão de fóton único (SPECT) 68
Tomografia por emissão de pósitron (PET) 67

Perspectivas Teóricas

SUMÁRIO

Objetivos de aprendizagem

4.1 Avaliar as teorias da perspectiva biológica e identificar tratamentos.

4.2 Descrever a teoria do traço.

4.3 Comparar e diferenciar a teoria de Freud das visões psicodinâmicas pós-freudianas, bem como identificar tratamentos.

4.4 Avaliar as teorias da perspectiva comportamental e identificar tratamentos.

4.5 Avaliar as teorias da perspectiva cognitiva e identificar tratamentos.

4.6 Avaliar as teorias da perspectiva humanista e identificar tratamentos.

4.7 Avaliar as teorias da perspectiva sociocultural e identificar tratamentos.

4.8 Explicar a perspectiva biopsicossocial.

Relato de caso: Meera Krishnan

Informações demográficas: Mulher de 26 anos, norte-americana de origem indiana.

Problema apresentado: Meera apresentou-se de forma voluntária em meu consultório por insistência de uma amiga. Nas últimas três semanas, relata estar se sentindo "profundamente triste sem qualquer razão", letárgica e preocupada com pensamentos de suicídio, embora declare não ter plano ou intenção específicos de cometê-lo. Seu desempenho no trabalho se deteriorou. Ela dorme demais a maioria dos dias, perdeu o apetite e tenta evitar qualquer contato social. Relata sentir que tem decepcionado muito sua família e seus amigos.

História relevante: Formada em biologia, Meera trabalha no laboratório de pesquisa de um hospital. Mais nova de duas filhas, relatou sentir que seus pais favoreciam sua irmã mais velha. Percebe que seus pais desaprovam seu estilo de vida atual em comparação ao de sua irmã, que se casou com o filho de amigos da família. Embora ela e a irmã tenham sido muito próximas no passado, não mantêm mais contato regular, e Meera raramente visita os pais, embora vivam em uma cidade vizinha.

Ela disse que raras vezes bebia álcool e nunca tinha usado qualquer droga ilícita. Não tem problemas de saúde e declarou que, em geral, sua saúde é muito boa. Antes do início de seu episódio depressivo atual, relatou que se exercitava regularmente, participando de um clube de corrida de longa distância, e gostava de cozinhar para seus amigos e ouvir música. Este é o terceiro episódio depressivo de Meera desde o primeiro ano do ensino médio. Cada episódio durou cerca de dois meses ou um pouco mais. Ela não procurou tratamento anteriormente.

Sintomas: Por três semanas, Meera vem vivenciando sentimentos esmagadores de tristeza, não justificados por luto, por uso de substância ou por uma condição médica. Seus sintomas incluem sentimentos de inutilidade, choro fácil, perda de interesse, distúrbio do sono (dorme demais) e perda de apetite. Tem apresentado pensamentos recorrentes sobre morte e ideação suicida passiva.

Formulação de caso: Meera satisfaz os critérios do DSM-5 para transtorno depressivo maior (TDM), recorrente. Os sintomas de seu episódio depressivo atual estão interferindo em seu funcionamento diário normal. Visto que Meera experimentou dois episódios depressivos anteriores que tiveram pelo menos dois meses de duração cada, seu diagnóstico é TDM, recorrente.

Plano de tratamento: Os princípios da prática baseada em evidência indicam que o melhor tratamento para Meera é a terapia cognitivo-comportamental. Após a admissão, ela receberá uma avaliação psicológica completa e será encaminhada a um psiquiatra para avaliação médica.

Sarah Tobin, PhD

4.1 Perspectivas teóricas em psicopatologia

perspectiva teórica
Uma orientação ao entendimento das causas de comportamento humano e ao tratamento de anormalidade.

As **perspectivas teóricas**, as orientações ao entendimento das causas de comportamento humano e o tratamento da anormalidade subjacentes orientam a pesquisa e o trabalho clínico em psicopatologia. Neste capítulo, iremos explorar as principais perspectivas teóricas que formam a base deste livro. Você lerá com mais detalhes sobre cada uma delas e como se aplica a transtornos específicos nos capítulos que abordam os transtornos psicológicos maiores. Para facilitar seu entendimento dessas perspectivas, usaremos o caso de Meera como exemplo para mostrar como os clínicos que trabalham de acordo com cada perspectiva abordariam seu tratamento. Embora o plano de Meera indique tratamento conforme a perspectiva cognitivo-comportamental, seu caso tem muitas facetas de que todas as principais teorias tratam, justificando uma discussão.

4.2 A perspectiva biológica

perspectiva biológica
Uma perspectiva teórica na qual se supõe que alterações nas emoções, no comportamento e em processos cognitivos são causadas por anormalidades no funcionamento do corpo.

Os psicólogos que trabalham com base na **perspectiva biológica** acreditam que anormalidades no funcionamento do corpo sejam responsáveis pelos sintomas de transtornos psicológicos. Em particular, consideram que podemos traçar as causas de sintomas psicológicos primariamente a distúrbios no sistema nervoso ou em outros sistemas que o influenciem.

Teorias

neurotransmissor
Uma substância química que um neurônio libera dentro da fenda sináptica, onde ela passa pela sinapse e é absorvida pelo neurônio receptor.

A transmissão de informações ao longo do sistema nervoso ocorre em sinapses, ou pontos de comunicação entre os neurônios. Sinais elétricos contendo informações são transmitidos quimicamente por meio das sinapses de um neurônio para o seguinte. Por intermédio dessa transmissão, os neurônios formam caminhos complexos ao longo dos quais a informação viaja de uma parte do sistema nervoso para outra. Os **neurotransmissores** são os mensageiros químicos que viajam através da sinapse, permitindo que os neurônios se comuniquem com seus vizinhos. A Tabela 4.1 mostra o papel proposto de diversos neurotransmissores importantes nos transtornos psicológicos.

Além de distúrbios nos neurotransmissores, as próprias anormalidades nas estruturas cerebrais também podem causar sintomas psicológicos. Embora nem sempre seja possível ligar estruturas cerebrais muito grandes ou muito pequenas a prejuízos comportamentais, pesquisadores acreditam que algumas alterações no comportamento tenham uma associação com estruturas cerebrais anormalmente desenvolvidas ou disfuncionais. Visto que não podemos observar de forma direta tais estruturas, pesquisadores desenvolveram métodos de varredura cerebral sofisticados que lhes permitem medir como o cérebro de um indivíduo é estruturado e, mais importante, como ele atua enquanto está processando informações.

As causas de disfunção do sistema nervoso variam de anormalidades genéticas a dano cerebral. As anormalidades genéticas podem acontecer por meio de herança de determinadas combinações de genes, de cópia defeituosa quando as células se reproduzem ou de mutações que uma pessoa adquire ao longo da vida. As células possuem a capacidade de reparar muitas dessas mutações. Se esses mecanismos de reparo falharem, entretanto, a mutação pode repassar para as futuras cópias da célula alterada.

Os genes contêm as instruções para formar proteínas, que, por sua vez, determinam como a célula atua. No caso dos neurônios, os genes controlam a produção de neurotransmissores e a forma como estes se comportam na sinapse. Os genes também determinam, em parte, como as estruturas cerebrais se desenvolvem ao longo da vida. Qualquer fator que possa alterar o código genético também pode modificar a maneira dessas estruturas atuarem.

genótipo
A constituição genética de um organismo.

alelo
Uma de duas variações diferentes de um gene.

Transtornos herdados acontecem quando os genes de cada um dos genitores se combinam de tal forma que o funcionamento normal de uma célula é comprometido. Seu **genótipo** é sua constituição genética e contém a forma de cada gene que você herda, chamada **alelo**. Digamos que o Alelo A cause a formação de uma proteína que leva um

TABELA 4.1 Neurotransmissores selecionados envolvidos em transtornos psicológicos

Neurotransmissor	Transtornos relacionados
Norepinefrina	Transtornos depressivos Transtornos relacionados a ansiedade (transtorno de pânico)
Serotonina	Transtornos depressivos Transtornos de ansiedade Esquizofrenia Anorexia nervosa Transtornos relacionados a substâncias
Ácido gama-amino-butírico (GABA)	Transtornos de ansiedade Transtornos relacionados a substâncias
Dopamina	Transtorno neurocognitivo maior ou leve devido à doença de Parkinson Esquizofrenia Transtornos alimentares Transtornos por uso de substâncias
Acetilcolina	Transtorno neurocognitivo maior ou leve devido à doença de Alzheimer
Opioides	Transtornos relacionados a substâncias

neurônio a se formar de modo anormal. O Alelo B produz o neurônio inteiramente saudável. Se você herdar dois genes contendo o Alelo B, então não tem chance de desenvolver essa doença. Se, no entanto, herdar dois genes contendo o Alelo A, é quase certo que você apresentará a moléstia. Se herdar um Alelo A e um Alelo B, a situação se torna mais complicada. A possibilidade de ter ou não a doença dependerá de o Alelo A ser "dominante", significando que suas instruções para codificar a proteína nociva quase certamente prevalecerão sobre as do Alelo B. Se for "recessivo", então o Alelo A sozinho não pode causar a formação da tal proteína. Entretanto, visto ser uma combinação AB, você é considerado um *portador*, porque, se gerar uma criança com outro portador AB, ela poderia receber os dois AAs e, portanto, desenvolver o transtorno (Fig. 4.1).

O modelo de herança genética dominante-recessiva raramente, ou nunca, pode explicar a herança genética de transtornos psicológicos. Em alguns casos, os transtornos herdados acontecem por meio de ligações apenas maternas, significando que são transmitidos apenas pela mãe. Esses transtornos ocorrem com defeitos no DNA mitocondrial, que é o DNA que controla a formação de proteína nas mitocôndrias (estruturas produtoras de energia) da célula. Muitos transtornos psicológicos refletem um modelo **poligênico** envolvendo o impacto conjunto de múltiplas combinações genéticas.

Para complicar ainda mais as coisas, não apenas múltiplos genes estão envolvidos no desenvolvimento de transtornos psicológicos, mas o ambiente também desempenha um papel importante ao contribuir para a forma como nosso comportamento reflete nossa herança genética. Seu **fenótipo** é a característica observada e mensurável que resulta da combinação de influências ambientais e genéticas. Alguns fenótipos são relativamente próximos de seu genótipo. Por exemplo, a cor dos olhos não reflete influências ambientais. Órgãos complexos como o cérebro, entretanto, com frequência apresentam uma ampla disparidade entre o genótipo e o fenótipo, porque o ambiente ao qual as pessoas são expostas tem forte influência sobre seu desenvolvimento durante toda a vida. Além disso, existem inúmeros genes que participam da formação das estruturas no cérebro e influenciam suas mudanças ao longo do tempo. O estudo da **epigenética** tenta identificar as maneiras como o ambiente influencia os genes a produzirem fenótipos.

poligênico
Um modelo de herança no qual mais de um gene participa no processo de determinar certa característica.

fenótipo
A expressão do programa genético nos atributos físicos e psicológicos do indivíduo.

epigenética
A ciência que tenta identificar as formas como o ambiente influencia os genes a produzirem fenótipos.

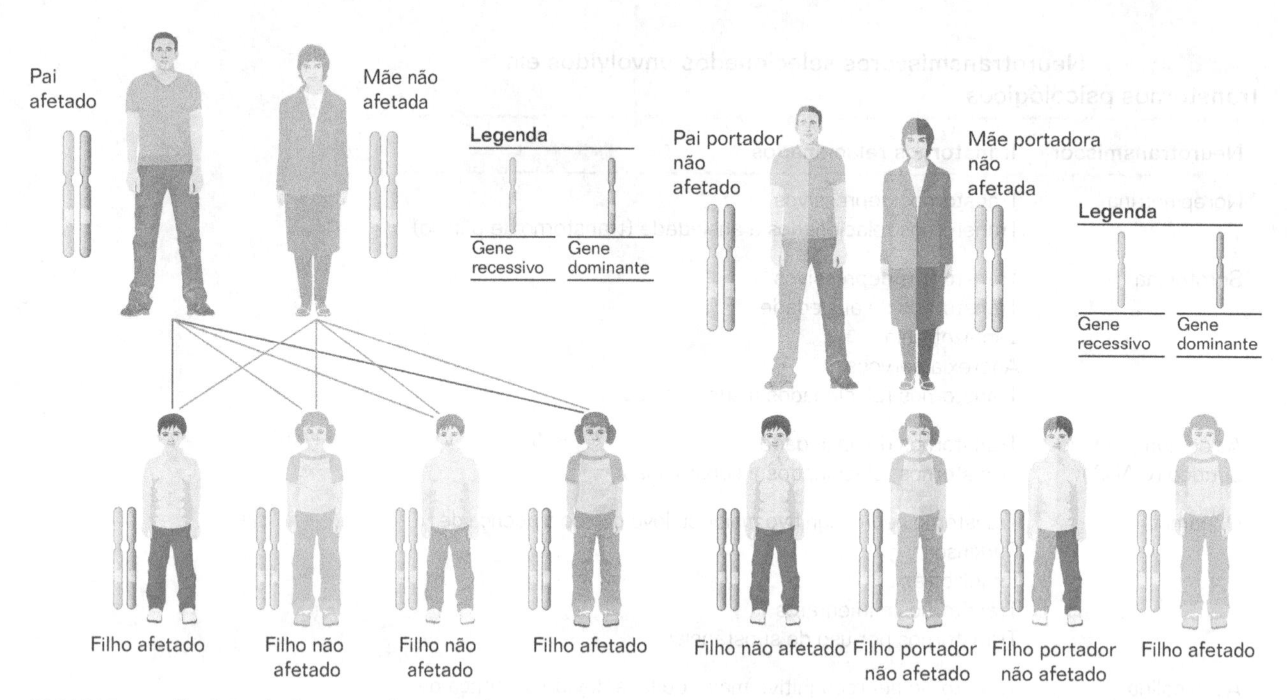

FIGURA 4.1 Padrão de herança de traço dominante-recessivo.

endofenótipos
Anormalidades biocomportamentais ligadas às causas genéticas e neurológicas dos transtornos mentais.

Refletindo a complexidade das estruturas e funções do cérebro, pesquisadores importantes em esquizofrenia (Gottesman & Shields, 1972; Gottesman & Shields, 1973) propuseram o uso do termo "**endofenótipos**" a fim de caracterizar a combinação de contribuições genéticas e ambientais para comportamentos complexos. Um endofenótipo é um fenótipo interno, ou seja, uma característica que não é observável exteriormente. No caso da esquizofrenia, por exemplo, existem diversos endofenótipos que podem estar na origem dos sintomas observáveis da doença. Estes incluem anormalidades na memória, em processos sensoriais e em determinados tipos de células do sistema nervoso. A suposição é que essas características não observáveis, que a hereditariedade e o ambiente influenciam, sejam responsáveis pelas expressões comportamentais da doença. O conceito de endofenótipos estava provavelmente décadas à frente de seu tempo, porque, na década de 1970, os pesquisadores eram limitados no que podiam estudar tanto em termos de genética como do cérebro. Com o desenvolvimento de testes de DNA e de métodos de imagem cerebral sofisticados, o conceito está ressurgindo (Gottesman & Gould, 2003).

As relações entre influência genética e ambiental enquadram-se em duas categorias: correlações gene-ambiente e interações entre genes e o ambiente (Lau & Eley, 2010). As correlações gene-ambiente existem quando as pessoas com uma certa predisposição genética estão distribuídas de modo desigual em determinados ambientes (Scarr & McCartney, 1983). Essas correlações podem suceder de três formas. A primeira é por meio de exposição passiva. Crianças com certas predisposições genéticas podem ser expostas a ambientes que seus pais criam com base em suas predisposições genéticas. Por exemplo, o filho de dois genitores com dotes atléticos que praticam esportes herda genes que lhe dão uma propensão atlética. Visto estarem eles mesmos envolvidos em atividades atléticas, os pais criaram um ambiente que estimula o desenvolvimento atlético da criança. Isso evoca a segunda interação gene-ambiente e pode ocorrer quando os pais tratam os filhos com certas predisposições genéticas de formas específicas porque suas capacidades provocam respostas específicas. Voltando ao nosso exemplo, o treinador da escola pode recrutar a criança com dotes atléticos para equipes esportivas na infância, levando-a a tornar-se ainda mais talentosa nessa área. Chamamos a terceira correlação gene-ambiente de "seleção no nicho". A criança com dotes atléticos pode não esperar pelo recrutamento, mas, em vez disso, buscar oportunidades para praticar esportes e, nesse processo, tornar-se ainda mais talentosa. Em termos de

MINICASO

Abordagens biológicas ao tratamento de Meera

Um profissional que trabalha com a perspectiva biológica trataria a depressão de Meera com medicamentos antidepressivos, começando muito provavelmente com ISRSs. Visto que esses medicamentos não fazem efeito por várias semanas, ele iria monitorá-la de perto durante esse período para assegurar que permanecesse estável. Ao longo desse tempo, o clínico se encontraria com ela pelo menos uma vez por semana, para monitorar seu progresso, observar quaisquer efeitos colaterais que estivesse experimentando e fazer ajustes quando necessário, sobretudo após 4 a 6 semanas. Meera não é uma candidata adequada para intervenções mais radicais porque, embora revele pensamentos suicidas, não tem planos e não parece correr um risco significativo. O clínico também pode recomendar que ela tente retomar sua rotina anterior de exercícios para ajudar a aumentar os efeitos terapêuticos de seus medicamentos.

desenvolvimento psicológico, qualquer dessas três situações pode ocorrer, aumentando o risco de que filhos de pais com predisposições genéticas tenham mais probabilidade de desenvolver o transtorno devido ao efeito intensificador do ambiente.

As interações gene-ambiente ocorrem quando um fator influencia a expressão do outro. No caso de indivíduos com transtorno depressivo maior, por exemplo, pesquisadores descobriram que pessoas com risco genético alto são mais propensas a apresentar sintomas depressivos quando colocadas sob alto estresse do que aquelas com risco genético baixo. Portanto, o mesmo estresse tem efeitos diferentes sobre sujeitos com diferentes predisposições genéticas. Inversamente, o risco genético de pessoas expostas a níveis de estresse mais altos se torna mais alto do que o de pessoas que vivem em ambientes de estresse baixo. Em outras palavras, uma pessoa pode ter uma predisposição ou vulnerabilidade genética latente que apenas se manifesta quando ela se encontra sob estresse ambiental. Nesses estudos, os pesquisadores definiram o risco genético como a existência ou não de um parente próximo com sintomas do transtorno. A presença de risco genético não previu se a pessoa desenvolvia ou não transtorno depressivo maior a menos que fosse exposta a um ambiente de alto estresse (Lau & Eley, 2010).

Pesquisadores estudando psicopatologia há muito têm conhecimento das contribuições conjuntas de genes e do ambiente para o desenvolvimento de transtornos psicológicos. O **modelo diátese-estresse** propôs que as pessoas nascem com uma diátese (predisposição genética) ou adquirem vulnerabilidade no início da vida em função de eventos formativos, como traumas, doenças, complicações do parto ou ambientes familiares severos (Zubin & Spring, 1977). Essa vulnerabilidade então coloca tais indivíduos em risco para o desenvolvimento de um transtorno psicológico à medida que eles crescem (Johnson, Cohen, Kasen, Smailes, & Brook, 2001).

Com os avanços na ciência da genética, os pesquisadores são agora muito mais capazes de entender as formas precisas como genes e fatores ambientais interagem. Em geral, as pessoas herdam duas cópias de um gene, uma de cada genitor, e ambas modelam ativamente o desenvolvimento do indivíduo. Entretanto, certos genes se regulam por meio de um processo conhecido como **epigênese**, significando que o ambiente os faz "desligar" ou "ligar". Se o gene operante restante for deletado ou sofrer mutação grave, então uma pessoa pode desenvolver uma doença. O processo de **metilação do DNA** pode desligar um determinado gene enquanto um grupo químico, metil, se liga a ele (Fig. 4.2) (http://www.nature.com/scitable/topicpage/the-role-of-methylation-in-gene-expression-1070).

Por meio dos processos epigenéticos de metilação do DNA, o cuidado materno, por exemplo, pode mudar a expressão genética. Um estudo mostrou que, durante a gravidez, a exposição de uma mãe a toxinas ambientais provocou metilação do DNA em seu feto (Furness, Dekker, & Roberts, 2011). Estudos com animais de laboratório também mostram que o estresse pode afetar o DNA de formas específicas, as quais alteram o desenvolvimento cerebral (Mychasiuk, Ilnytskyy, Kovalchuk, Kolb, & Gibb, 2011). Pesquisadores acreditam que certas drogas que a mãe usa durante a gravidez causem metilação do DNA, incluindo nicotina, álcool e cocaína.

modelo diátese-estresse
A proposta de que as pessoas nascem com uma predisposição (ou "diátese") que os coloca em risco de desenvolver um transtorno psicológico se expostas a determinadas experiências de vida extremamente extressantes.

epigênese
Processo por meio do qual o ambiente "liga" ou "desliga" os genes.

metilação do DNA
Processo que pode desligar um gene enquanto um grupo químico, metil, se liga a ele.

FIGURA 4.2 Epigênese.

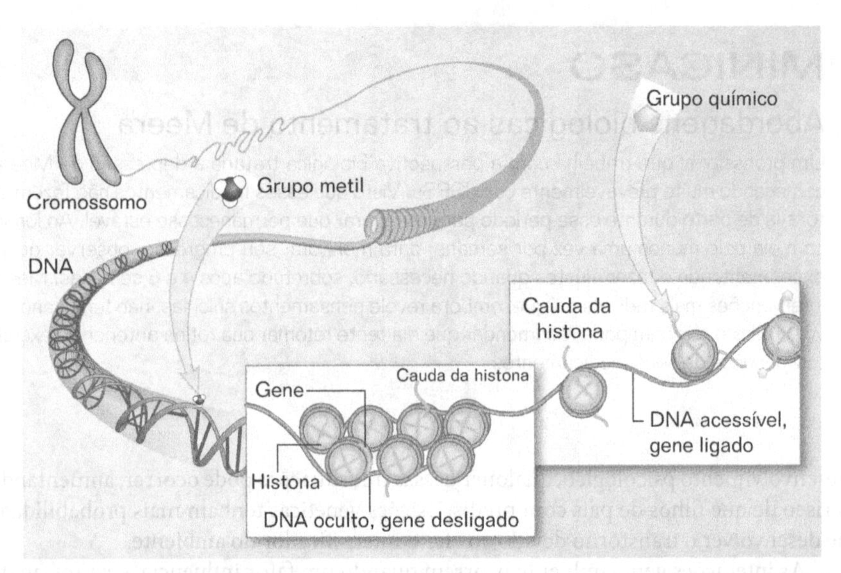

O epigenoma pode marcar o DNA de duas formas, ambas desempenhando um papel no desligar e ligar dos genes. A primeira ocorre quando certas substâncias químicas, que chamamos de grupos metil, se ligam à espinha dorsal de uma molécula de DNA. A segunda ocorre quando diversas substâncias químicas se ligam às caudas das histonas, que são proteínas semelhantes a um carretel que compactam o DNA ordenadamente dentro dos cromossomos. Essa ação afeta a firmeza com que o DNA é enrolado em torno das histonas.

(FONTE: NHGRI, www.genoma.gov)

A fim de entender as contribuições da genética para os transtornos psicológicos, os pesquisadores utilizam três métodos de estudo: herança familiar, ligação do DNA e genômica combinada com tecnologia de varredura cerebral. Os estudos de herança familiar comparam as taxas de transtorno entre parentes que têm graus variados de semelhança genética. Eles examinam as taxas de transtorno em diferentes pares de indivíduos geneticamente relacionados. O grau mais alto de semelhança genética é entre gêmeos idênticos ou monozigóticos (MZs), que compartilham 100% de seu genótipo. Gêmeos dizigóticos (DZs) ou fraternos compartilham, na média, 50% de seus genomas, mas ambos os tipos de gêmeos compartilham o mesmo ambiente familiar. Portanto, embora sejam úteis, as comparações entre gêmeos MZs-DZs não permitem que os pesquisadores excluam o impacto do ambiente. De modo similar, estudos de pais e filhos são confundidos porque os pais criam o ambiente no qual seus filhos são criados. Para separar o possível impacto do ambiente em estudos comparando gêmeos MZs e DZs, os pesquisadores voltaram-se há muito tempo para os estudos de adoção nos quais famílias diferentes criaram gêmeos MZs, de modo que os indivíduos vivenciaram ambientes diferentes.

Durante décadas, os estudos de famílias e de gêmeos eram os únicos métodos que os pesquisadores disponham para quantificar o grau de influências genéticas sobre os transtornos psicológicos. Com o advento da testagem genética, entretanto, eles foram capazes de examinar contribuições genéticas específicas para uma variedade de traços, incluindo distúrbios físicos e transtornos psicológicos.

estudo de ligação genômica ampla Método genético no qual pesquisadores estudam as famílias de pessoas com traços ou transtornos psicológicos específicos.

estudo de associação genômica ampla (GWAS) Método genético no qual pesquisadores varrem o genoma inteiro de indivíduos que não são parentes para encontrar as variações genéticas associadas a determinada doença.

Em um **estudo de ligação genômica ampla**, os pesquisadores estudam as famílias de pessoas com traços ou transtornos psicológicos específicos. O princípio por trás de um estudo de ligação é que características próximas umas das outras em um determinado gene têm mais probabilidade de serem herdadas juntas. Com os métodos de testagem genética refinados disponíveis, agora é possível realizar essa tarefa com precisão muito maior do que ocorria no passado.

Embora úteis, os estudos de ligação têm limitações, principalmente porque requerem a análise de grandes números de membros da família; além disso, podem produzir achados apenas limitados. Nos **estudos de associação genômica ampla (GWAS)**, os pesquisadores varrem o genoma inteiro de indivíduos que não são parentes para encontrar as variações genéticas associadas a determinada doença. Eles estão procurando

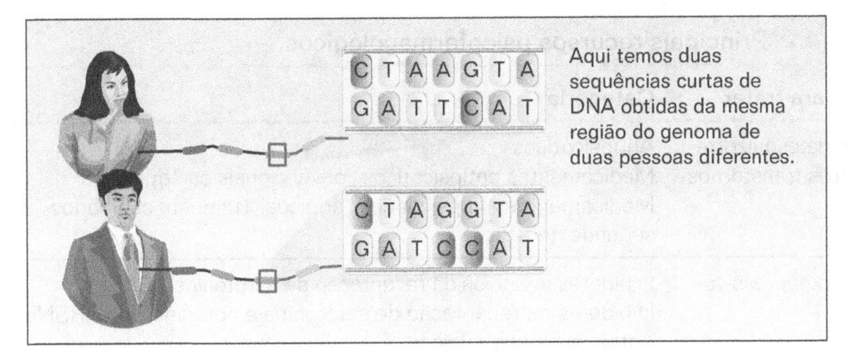

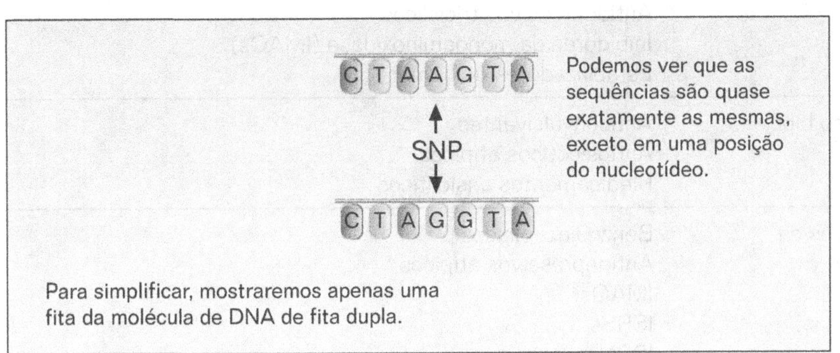

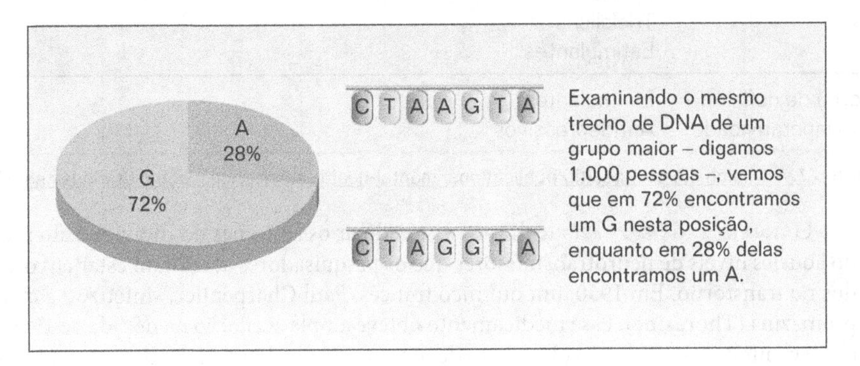

FIGURA 4.3 Detecção de SNP.
Esta figura mostra como ocorre a variação SNP tal como quando duas sequência de DNA diferem apenas por um único nucleotídeo ("A" vs. "G").

um **polimorfismo de nucleotídeo único (SNP)** (pronunciado "snip"), que é uma pequena variação genética que pode ocorrer na sequência do DNA de uma pessoa. Quatro letras do nucleotídeo – adenina, guanina, timina e citosina (A, G, T, C) – especificam o código genético. Uma variação SNP ocorre quando um único nucleotídeo, como um A, é substituído por um dos outros três. Por exemplo, um SNP é a alteração do segmento do DNA AAGGTTA para ATGGTTA, no qual um "T" substitui o segundo "A" no primeiro fragmento (Fig. 4.3). Com os métodos de testagem genética de alta tecnologia agora mais facilmente acessíveis, os pesquisadores têm instrumentos mais poderosos para encontrar SNPs que ocorrem com determinados traços (ou doenças) entre grandes números de pessoas. Ainda que muitos SNPs não produzam mudanças físicas nas pessoas, pesquisadores acreditam que outros podem predispô-las a doença e até influenciar suas respostas a regimes de medicamentos.

polimorfismo de nucleotídeo único (SNP) (pronunciado "snip") Uma pequena variação genética que pode ocorrer na sequência do DNA de uma pessoa.

A genômica por imagem está melhorando cada vez mais os estudos genéticos. Os pesquisadores podem combinar métodos de ligação ou de associação com instrumentos de imagem para examinar as ligações entre variantes de genes e padrões de ativação no cérebro.

Tratamento

No presente momento, a terapêutica de base biológica não pode tratar a causa do transtorno em termos de consertar problemas genéticos. Antes, as terapias biológicas envolvem medicamentos, cirurgia ou outras formas de tratamento direto no cérebro.

TABELA 4.2 Principais recursos psicofarmacológicos

Usados para tratar	Categoria
Espectro da esquizofrenia e outros transtornos psicóticos	Antipsicóticos Medicamentos antipsicóticos convencionais ou "típicos" Medicamentos antipsicóticos "atípicos" (também chamados "de segunda geração")
Transtorno depressivo maior	Inibidores seletivos da recaptação de serotonina (ISRSs) Inibidores da recaptação de serotonina e norepinefrina (IRSNs) Antidepressivos atípicos Antidepressivos tricíclicos Inibidores da monoaminoxidase (IMAOs) Estabilizadores do humor
Transtorno bipolar	Anticonvulsivantes Antipsicóticos atípicos Medicamentos ansiolíticos
Transtornos de ansiedade	Benzodiazepínicos Antidepressivos atípicos IMAOs ISRSs IRSNs Tricíclicos Estimulantes
Transtorno de déficit de atenção/hiperatividade	Estimulantes Antidepressivos

FONTE: http://www.nimh.nih.gov/health/publications/mental-health-medications/complete-index.shtml.

tratamentos psicofarmacológicos
Tratamentos somáticos que visam reduzir os sintomas do indivíduo alterando aqueles níveis de neurotransmissores que os pesquisadores acreditam estar envolvidos no transtorno.

O **tratamento psicofarmacológico** visa reduzir os sintomas do indivíduo alterando aqueles níveis de neurotransmissores que os pesquisadores acreditam estar envolvidos no transtorno. Em 1950, um químico francês, Paul Charpentier, sintetizou a clorpromazina (Thorazine). Esse medicamento obteve ampla aceitação na década de 1960 e abriu caminho para o desenvolvimento de uma variedade de agentes psicoterapêuticos.

Atualmente, as principais categorias de psicofármacos incluem antipsicóticos, antidepressivos, estabilizadores do humor, anticonvulsivantes, medicamentos ansiolíticos e estimulantes (Tab. 4.2). Como você pode ver na Tabela 4.2, algumas categorias de medicamentos que as companhias farmacêuticas desenvolveram para tratar um transtorno, como os antidepressivos, também servem para outros, como os transtornos de ansiedade. O fato de os médicos usarem os mesmos medicamentos para tratar transtornos diferentes sugere que anormalidades envolvendo ações de neurotransmissores semelhantes possam mediar essas doenças.

Cada um desses medicamentos pode gerar efeitos colaterais sérios, levando os pacientes que experimentam essas chamadas reações adversas a interromper seu uso e tentar um fármaco diferente, talvez de outra categoria. A Food and Drug Administration* mantém uma lista de vigilância de efeitos colaterais com atualizações mensais (http://www.fda.gov/Safety/MedWatch/default.htm), e os pacientes podem se cadastrar para receber boletins acessando um *link* nessa página.

psicocirurgia
Forma de cirurgia no cérebro cujo propósito é reduzir as perturbações psicológicas.

neurocirurgia psiquiátrica
Tratamento em que um neurocirurgião opera regiões cerebrais.

Os tratamentos biológicos também incluem uma segunda categoria importante de intervenções. A **psicocirurgia**, ou **neurocirurgia psiquiátrica**, é um tratamento no qual um neurocirurgião opera regiões do cérebro mais provavelmente responsáveis

* N. de R. T.: A "Food and Drug Administration", ligada ao US Department of Health & Human Services, é o órgão respirável pela proteção da Saúde Pública nos EUA, garantindo segurança, qualidade e eficácia de fármacos para animais e humanos, bem como de produtos médicos e biológicos. No Brasil, o órgão mais próximo disso é a ANVISA (Agência Nacional de Vigilância Sanitária).

Neurocirurgia psiquiátrica

Inúmeros centros médicos têm realizado diversas cirurgias cerebrais experimentais como um último recurso para tratar transtornos obsessivo-compulsivos graves que estão além do alcance do tratamento-padrão.

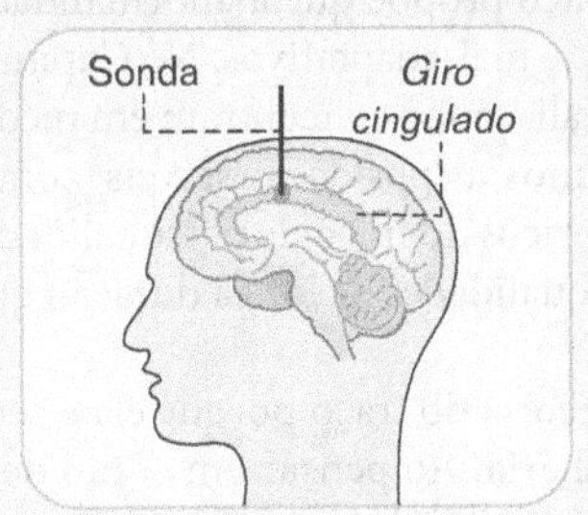

Cingulotomia
Sondas são inseridas no cérebro para destruir um ponto no giro cingulado anterior, para interromper um circuito que conecta os centros de planejamento emocional e consciente do cérebro.

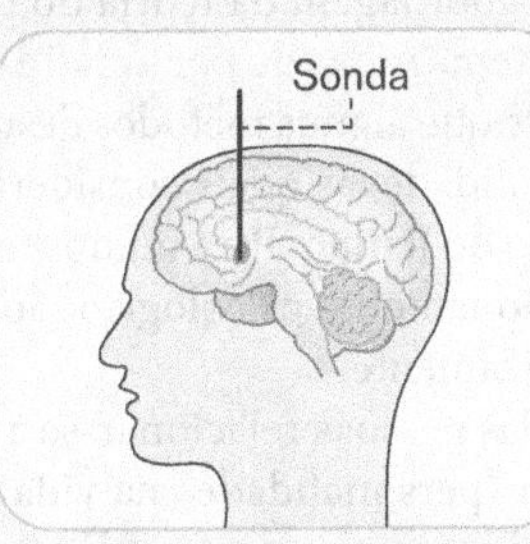

Capsulotomia
Sondas são inseridas fundo no cérebro e aquecidas para destruir parte da cápsula anterior, a fim de interromper um circuito julgado ser hiperativo em pessoas com TOC grave.

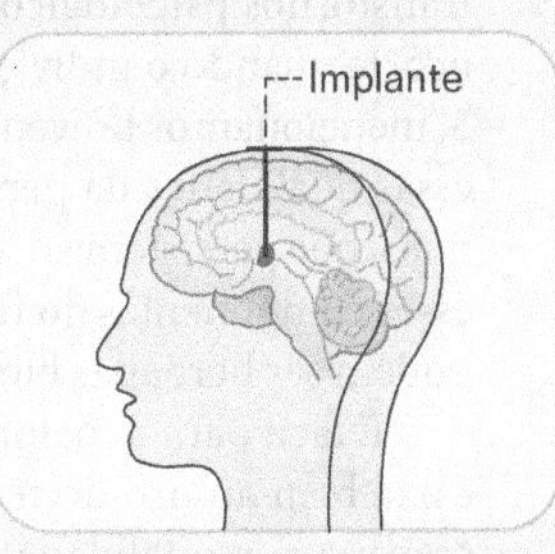

Estimulação cerebral profunda
Como alternativa à capsulotomia, um eletrodo é implantado permanentemente em um ou em ambos os lados do cérebro. Um dispositivo semelhante a um marca-passo então libera uma corrente ajustável.

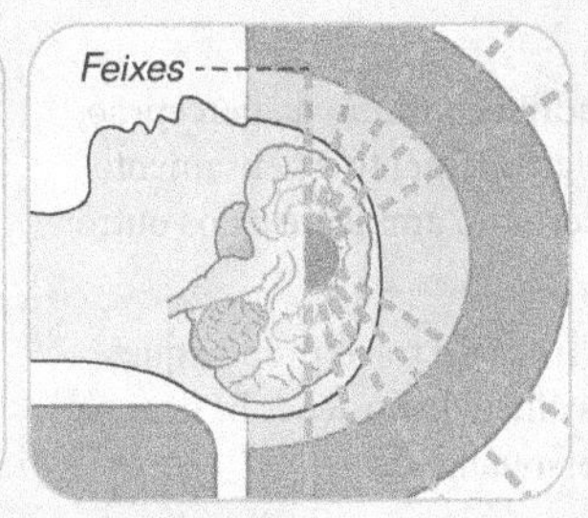

Cirurgia *gama knife*
Um dispositivo semelhante a IRM focaliza centenas de pequenos feixes de radiação em um ponto dentro do cérebro, destruindo pequenas áreas de tecido.

FIGURA 4.4 Formas de psicocirurgia para tratar transtornos obsessivo-compulsivos graves que estão além do alcance do tratamento-padrão.

pelos sintomas do indivíduo. O primeiro uso moderno da psicocirurgia foi uma lobotomia pré-frontal, desenvolvida em 1935 pelo neurocirurgião português Egas Moniz. Separando os lobos pré-frontais do resto do cérebro, Moniz verificou que era capaz de reduzir os sintomas dos pacientes. Infelizmente, o procedimento também causou mudanças graves na personalidade dos indivíduos, incluindo perda de motivação. O campo médico considerou a técnica um grande avanço na época, levando Moniz a ser homenageado com um Prêmio Nobel em 1949. Na década de 1960, quando os medicamentos psiquiátricos se tornaram disponíveis, os psiquiatras tiveram uma alternativa às lobotomias pré-frontais, permitindo-lhes reduzir os sintomas de um paciente sem apelar para essa medida extrema.

A psicocirurgia moderna conta com intervenções que visam reduzir os sintomas em pacientes que provaram ser de outro modo insensíveis a tratamento menos radical (Fig. 4.4). Cada uma dessas formas de neurocirurgia psiquiátrica focaliza uma região específica do cérebro que os pesquisadores acreditem estar envolvida como causa de sintomas. Com níveis de precisão mais altos que refletem avanços nas técnicas cirúrgicas, os neurocirurgiões podem produzir uma lesão em uma região específica do cérebro para proporcionar alívio do sintoma. Para indivíduos com transtorno obsessivo-compulsivo ou depressivo maior grave, as lesões visam o córtex, o corpo estriado e o tálamo. A **estimulação cerebral profunda (ECP)**, também chamada de **neuromodulação**, é outra forma de neurocirurgia psiquiátrica, na qual eletrodos implantados permanentemente disparam respostas em circuitos cerebrais específicos, quando necessário (Shah, Pesiridou, Baltuch, Malone, & O'Reardon, 2008).

Na **eletroconvulsoterapia (ECT)**, eletrodos presos em torno da cabeça produzem um choque elétrico que causa convulsões breves. Ugo Cerletti, um neurologista italiano buscando um tratamento para epilepsia, desenvolveu esse método em 1937. A TEC tornou-se cada vez mais popular nas décadas de 1940 e 1950, mas, como o filme *Um estranho no ninho* retrata, os funcionários nos hospitais psiquiátricos também abusavam dela como forma de conter pacientes violentos. Embora a TEC tivesse caído em desuso em meados da década de 1970, os psiquiatras continuaram a usá-la para tratar uma variedade limitada de transtornos. Uma revisão abrangente de estudos controlados usando essa técnica para tratamento de transtorno depressivo maior mostrou que, a curto prazo, ela foi mais eficaz do que medicamentos para produzir melhora rápida de sintomas. Entretanto, ela apresenta consequências de longo prazo, incluindo prejuízo de memória (UK ECT Review Group, 2003).

estimulação cerebral profunda (ECP)
Tratamento somático no qual o neurocirurgião implanta o microeletrodo que libera estimulação elétrica baixa, constante, para uma pequena região do cérebro, alimentado por uma bateria implantada.

neuromodulação
Forma de neurocirurgia psiquiátrica na qual eletrodos implantados permanentemente disparam respostas em circuitos cerebrais específicos, quando necessário.

eletroconvulsoterapia (ECT)
A aplicação de choque elétrico à cabeça com o objetivo de induzir convulsões terapeuticamente benéficas.

4.3 A teoria do traço

traços de personalidade
Padrão contínuo de percepção, relacionamento e pensamento acerca do ambiente e dos outros.

Modelo dos Cinco Fatores
A troca do traço propõe que há cinco disposições básicas na personalidade.

Sendo tanto uma teoria sobre funcionamento normal da personalidade quanto sobre transtornos psicológicos, a abordagem da teoria do traço propõe que a anormalidade ocorre quando o indivíduo tem **traços de personalidade** mal-adaptativos. No Capítulo 3, mencionamos brevemente que alguns métodos de avaliação se concentram em medir essas qualidades da personalidade, as quais consideramos disposições estáveis, contínuas, que persistem ao longo do tempo. Para muitos teóricos do traço de personalidade, esses componentes do funcionamento psicológico são qualidades de longa duração que podem ser herdadas biologicamente.

É fácil para a maioria das pessoas relacionar-se à teoria do traço porque ela se encaixa bem ao uso do termo "personalidade" na vida diária. Ao pensar em como descrever a personalidade de alguém que você conheça, é provável que crie uma lista de qualidades que pareçam se encaixar ao comportamento observável do sujeito. Essas características normalmente tomam a forma de adjetivos como "cordial" ou "calmo" ou, talvez, "ansioso" e "tímido". As teorias do traço de personalidade propõem que adjetivos como esses captam a essência da constituição psicológica do indivíduo. O fato de as pessoas usarem esses adjetivos na vida diária para descrever a si e aos outros coincide com o princípio básico dessa teoria – ou seja, que a personalidade é equivalente a um conjunto de atributos característicos estáveis.

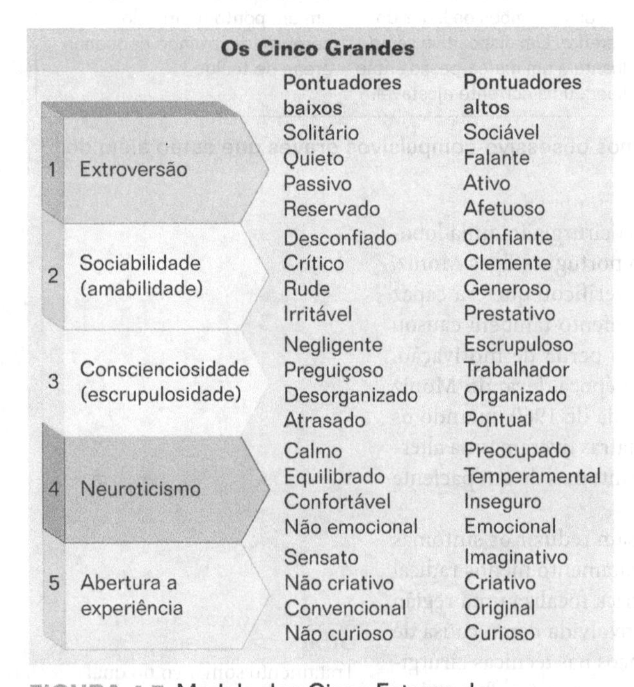

FIGURA 4.5 Modelo dos Cinco Fatores da personalidade.

A teoria do traço predominante no campo da psicopatologia é o **Modelo dos Cinco Fatores**, também chamado de "Os Cinco Grandes" (Fig. 4.5) (McCrae & Costa, 1987). De acordo com essa teoria, cada uma das cinco disposições básicas tem seis facetas, o que leva a um total de 30 componentes da personalidade. O Modelo dos Cinco Fatores inclui os traços de personalidade de neuroticismo, extroversão, abertura a experiência, sociabilidade (amabilidade) e conscienciosidade (escrupulosidade). Uma caracterização completa de um indivíduo nos cinco fatores envolve pontuações e avaliações em cada uma dessas facetas.

De acordo com a teoria do traço, o ponto em que as pessoas se encaixam nas 30 facetas influencia fortemente a forma de vida delas. Indivíduos com pontuações altas nos traços que definem a extremidade menos saudável psicologicamente de cada *continuum* podem ser mais propensas a experimentar eventos de vida negativos porque suas personalidades as tornam mais vulneráveis a estresses de vida. Pessoas

MINICASO

Abordagens da teoria do traço ao tratamento de Meera

Visto que a teoria do traço não incorpora tratamento, não há formas óbvias para que um médico aplique essa perspectiva à depressão de Meera. Porém, como a dra. Tobin observou no Relato de Caso, o diagnóstico do Eixo II de Meera é adiado. A avaliação de seus traços de personalidade poderia ajudar a determinar se ela de fato receberia tal diagnóstico. Mesmo se não tiver um transtorno da personalidade, é possível que o perfil do traço de personalidade de Meera seja relevante ao tratamento. Por exemplo, ela parece não ser introvertida demais, uma vez que interage frequentemente com os amigos. Seus sintomas depressivos parecem não ser sobrepostos a traços de personalidade que incluam neuroticismo alto. Ela parece apreciar atividades envolvendo criatividade e exploração fora de casa, o que indica uma personalidade normativa para sua idade em abertura a experiência. Antes de seu episódio depressivo, ela era, pelo menos, média em conscienciosidade (escrupulosidade), como indicava sua história profissional de sucesso, e não há evidência sugerindo que ela seja incomumente baixa em sociabilidade (amabilidade). É muito provável que seu médico pedisse uma avaliação que inclua uma medida baseada no traço de personalidade para confirmar essas hipóteses e determinar se ela tem ou não um transtorno da personalidade comórbido.

com pontuações altas em traços de personalidade representando riscos (busca de emoções) têm mais propensão a sofrer ferimentos porque suas personalidades as levam a situações que podem colocá-las em perigo. De acordo com o Modelo dos Cinco Fatores, embora as circunstâncias possam mudar a personalidade, é mais provável que a personalidade molde as circunstâncias.

Entretanto, de acordo com a pesquisa usando modelos de análise de dados altamente sofisticados para acompanhar pessoas ao longo do tempo, estas podem mudar mesmo seus traços de personalidade fundamentais. A maioria das pesquisas é baseada em amostras cujas pontuações estão na variação normal de funcionamento. Por exemplo, à medida que envelhecem, as pessoas são menos propensas a agir impulsivamente (Terracciano, McCrae, Brant, & Costa, 2005).

O principal valor de entender a teoria do traço de personalidade é que ela fornece uma perspectiva para examinar os transtornos da personalidade. A pesquisa fundamentada no Modelo dos Cinco Fatores tornou-se a base para as atuais tentativas de reformular os transtornos da personalidade no DSM-5. Ainda que não forneça necessariamente uma estrutura para psicoterapia, o Modelo dos Cinco Fatores provou ser valioso como base para a avaliação da personalidade no contexto do entendimento dos padrões de comportamento característicos de um indivíduo (Bastiaansen, Rossi, Schotte, & De Fruyt, 2011).

Novidades no DSM-5

Abordagens teóricas

As versões do DSM anteriores ao DSM-III eram baseadas quase inteiramente em julgamentos clínicos estruturados de acordo com o modelo psicodinâmico de anormalidade. O DSM usava termos como "neurose" e "psicose", que tinham significado no mundo psicodinâmico, para diferenciar as categorias de transtorno. Por exemplo, os transtornos de ansiedade ficavam na categoria de neurose porque seus sintomas primários incluíam medos e preocupações irracionais. A obra rotulava esquizofrenia como um transtorno psicótico porque seus sintomas primários envolvem falta de contato com a realidade e outras distorções cognitivas. Os autores do DSM-III conceituaram sua abordagem ao longo de duas linhas principais. Primeiro, pretendiam que ele fosse ateórico – significando que não havia teoria subjacente, seja psicodinâmica, seja outra. Segundo, pretendiam que os critérios diagnósticos fossem tais que uma variedade de profissionais da saúde mental poderia avaliar com segurança. A força-tarefa do DSM-III, portanto, autorizou estudos nos quais os pesquisadores podiam avaliar a confiabilidade dos critérios diagnósticos. Em vez de usar uma terminologia bastante vaga (tal como neurose), que podia estar aberta a várias interpretações, o diagnóstico do DSM-III explicitava critérios em níveis de detalhes precisos. O DSM-IV e sua revisão posterior, o DSM-IV-TR, mantiveram essa tradição de especificar os critérios diagnósticos em termos objetivos, baseados em pesquisa.

O DSM-5 continua essa tradição empírica e permanece ateórico. Os críticos agora afirmam que os autores deveriam, em vez disso, ter desenvolvido um sistema que reconhecesse os fundamentos conhecidos (até agora) de muitos dos transtornos (Hyman, 2011). Em vez de manter o sistema categórico distinto dos DSMs anteriores, transtornos que compartilham aspectos comuns, seja em termos de sintomas, de fatores de risco ou de anormalidades neurais compartilhadas, eles acreditam que o DSM-5 deveria ter representado espectros ou sistemas de agrupamento maiores. Embora as forças-tarefa do DSM-5 considerassem fazer essa mudança radical, finalmente decidiram manter as categorias anteriores, se bem que com algumas alterações. O movimento de afastamento das categorias e na direção das dimensões teria requerido não apenas uma reestruturação massiva, mas também uma necessidade de retreinar médicos que eram treinados nos DSMs anteriores. Essas mudanças também reforçariam o modelo médico porque levariam a um sistema mais similar ao diagnóstico de doenças físicas do que psicológicas.

Se os futuros DSMs se afastarão do sistema atual dependerá em grande parte de desenvolvimentos no campo da psicopatologia. A Seção III do DSM-5 contém um sistema dimensional que os médicos podem usar para suplementar seus diagnósticos formais dos transtornos da personalidade. Os diagnósticos são dispostos, agora, em grupos ou capítulos de acordo com suas supostas semelhanças ou causas subjacentes. Por fim, os autores tomarão decisões sobre bases empíricas, que manterão a intenção do DSM de preservar sua base ateórica.

4.4 A perspectiva psicodinâmica

A **perspectiva psicodinâmica** enfatiza os determinantes inconscientes do comportamento. De todas as abordagens psicológicas, a psicodinâmica dá maior ênfase ao papel dos processos abaixo da superfície da consciência como influências sobre a anormalidade.

perspectiva psicodinâmica
A orientação teórica na psicologia que enfatiza os determinantes inconscientes do comportamento.

A teoria de Freud

A partir de seu interesse na causa de sintomas incomuns em seus pacientes, no final do século XIX , Sigmund Freud começou a explorar a ideia de que o homem podia estudar e dar uma explicação científica para as causas e os sintomas dos transtornos psicológicos. Na época de sua morte, em 1939, Freud tinha articulado uma visão para a causa e o tratamento de transtornos psicológicos com o princípio básico de que a maioria dos sintomas tinha raízes profundamente enterradas no passado de um indivíduo.

De acordo com Freud (1923), a mente tem três estruturas: o id, o ego e o superego. O **id** é a estrutura de personalidade oculta no inconsciente que contém instintos orien-

id
Na teoria psicanalítica, a estrutura da personalidade que contém os instintos sexuais e agressivos.

Sigmund Freud acreditava que os sonhos de um indivíduo continham informações vitais sobre suas vontades e desejos mais íntimos que poderiam ser entendidos pela análise de seu conteúdo.

princípio do prazer
Na teoria psicanalítica, uma força motivadora orientada à gratificação imediata e total de necessidades e desejos sensuais.

libido
Uma pressão instintual por gratificação de desejos sexuais e agressivos.

ego
Na teoria psicanalítica, a estrutura da personalidade que dá ao indivíduo os poderes mentais de julgamento, memória, percepção e tomada de decisão, permitindo que ele se adapte às realidades do mundo externo.

princípio da realidade
Na teoria psicanalítica, a força motivacional que leva o indivíduo a confrontar as restrições do mundo externo.

pensamento de processo secundário
Na teoria psicanalítica, o tipo de pensamento envolvido na solução de problema lógica e racional.

superego
Na teoria psicanalítica, a estrutura da personalidade que inclui a consciência e o ideal do ego; ele incorpora as proibições sociais e exerce controle sobre a busca de gratificação instintual.

mecanismos de defesa
Tática que mantém pensamentos, instintos e sentimentos inaceitáveis fora da consciência e, portanto, protege o ego contra ansiedade.

estágios psicossexuais
De acordo com a teoria psicanalítica, a sequência normal de desenvolvimento pela qual todos os indivíduos passam entre a infância e a idade adulta.

tados à satisfação de pulsões biológicas básicas, incluindo a gratificação de necessidades sexuais e agressivas. O id segue o **princípio do prazer**, uma força motivadora que busca gratificação imediata e total de necessidades e desejos sensuais. Segundo Freud, podemos apenas obter prazer quando a tensão de uma pulsão não satisfeita diminui. A forma como o id tenta alcançar prazer não é necessariamente pela gratificação real de uma necessidade com recompensas palpáveis. Antes, ele usa a satisfação do desejo para alcançar seus objetivos. Pela realização do desejo, o id idealiza uma imagem de tudo o que irá satisfazer as necessidades do momento. Chamamos os instintos primitivos do id de **libido**.

O centro da consciência na personalidade é o **ego**, que dá ao indivíduo os poderes cognitivos de julgamento, memória, percepção e tomada de decisão. Freud (1911) descreveu o ego como governado pelo **princípio da realidade**, significando que usa a racionalidade para alcançar seus objetivos. Em contrapartida ao pensamento de processo primário ilógico do id, o **pensamento de processo secundário** – abordagens lógico-analíticas à solução de problemas – caracteriza as funções do ego. A terceira parte da equação na teoria psicodinâmica é o **superego**, que é a sede da moralidade. O superego inclui a consciência (sentido de certo e errado) e o ideal do ego, ou aspirações.

Segundo Freud (1923), na personalidade de um indivíduo saudável, o id realiza desejos instintuais por meio da capacidade do ego de navegar no mundo externo de acordo com os limites que o superego lhe impõe. A psicodinâmica, ou a interação entre as estruturas da mente, é portanto a base para o funcionamento psicológico tanto normal quanto anormal.

Freud acreditava que as pessoas necessitam de proteção contra o conhecimento sobre seus próprios desejos inconscientes. Elas o fazem usando **mecanismos de defesa** (Tab. 4.3). Conforme o autor, todos usam mecanismos de defesa continuamente para se prevenir contra o reconhecimento da existência desses desejos. Embora todos usem mecanismos de defesa em alguma medida, eles se tornam problemáticos quando um indivíduo não consegue aceitar sua verdadeira natureza inconsciente.

O tema do desenvolvimento é uma peça importante da teoria de Freud. Em 1905, propôs que há uma sequência normal de desenvolvimento ao longo de uma série do que ele chamou de **estágios psicossexuais**. Freud afirmava que as crianças atravessam

TABELA 4.3 Categorias e exemplos de mecanismos de defesa

Mecanismo de defesa	Definição
Deslocamento	Desviar sentimentos ou impulsos inaceitáveis do alvo desses sentimentos para alguém menos ameaçador ou para um objeto.
Intelectualização	Recorrer em excesso a pensamento abstrato em vez de focar nos aspectos perturbadores da resposta a questões que causam conflito ou estresse.
Formação de reação	Transformar um sentimento ou desejo inaceitável em seu oposto a fim de torná-lo mais aceitável.
Repressão	Excluir inconscientemente da consciência desejos, experiências e pensamentos perturbadores.
Negação	Lidar com conflito ou estresse emocional recusando-se a reconhecer um aspecto doloroso da realidade ou da experiência que seria aparente para os outros.
Projeção	Atribuir traços ou sentimentos pessoais indesejáveis a outra pessoa para proteger o próprio ego do reconhecimento de atributos pessoais desagradáveis.
Sublimação	Transferir um impulso ou desejo inaceitável para uma atividade ou um interesse socialmente apropriado.
Regressão	Lidar com conflito ou estresse emocional regredindo para comportamentos infantis.

esses estágios de acordo com o desenvolvimento de sua libido. Em cada estágio, esta se fixa em uma determinada zona "erógena" ou sexualmente excitável do corpo. Segundo o autor, um indivíduo pode regredir para comportamento apropriado a um estágio anterior ou pode ficar preso, fixado, em determinado estágio. Por exemplo, a chamada personalidade "*anal retentiva*" é excessivamente rígida, controlada e perfeccionista. Freud acreditava que a personalidade adulta reflete a forma como o indivíduo resolve os estágios psicossexuais no início da vida, ainda que alguma reelaboração possa ocorrer pelo menos até a meia-idade (idade adulta média). Também acreditava que os sentimentos da criança em relação ao genitor do sexo oposto definem o ajustamento psicológico futuro. O resultado do que ele chamou de "Complexo de Édipo" (em referência a uma personagem trágica na Grécia antiga) determinava se o indivíduo tinha um ego saudável ou se passaria a vida destruído por ansiedade e sentimentos conflituosos reprimidos.

Visões psicodinâmicas pós-freudianas

Freud desenvolveu sua teoria no contexto de sua prática clínica, mas também encorajou neurologistas e psiquiatras da mesma corrente de pensamento a trabalharem juntos para desenvolver uma nova teoria da anormalidade. Ao longo de alguns anos, eles passaram muito tempo comparando anotações sobre seus casos clínicos e tentando chegar a um entendimento conjunto da causa de anormalidade. Embora compartilhassem as mesmas opiniões quando iniciaram suas discussões, vários deles acabaram desenvol-

MINICASO

Abordagens psicodinâmicas ao tratamento de Meera

Um terapeuta que trabalha com Meera baseado em uma perspectiva psicodinâmica assumiria que suas dificuldades derivam de conflitos na infância. Por exemplo, ele exploraria o ressentimento que ela sente contra seus pais por favorecerem sua irmã e sua possível culpa por romper com a família quando estabeleceu sua própria vida independente. No tratamento, observaria se Meera reencena seus sentimentos conflituosos em relação aos pais nos relacionamentos que estabelece com o clínico. O tema central do relacionamento conflituoso (CCRT – *core conflictual relationship theme*) pareceria particularmente adequado para Meera, dado o possível papel desses relacionamentos difíceis na origem de seu transtorno depressivo. Seus sintomas depressivos justificariam uma abordagem de tempo limitado focada em seu episódio atual com a opção de que procurasse tratamento no futuro se sua depressão voltasse.

A teoria do arquétipo de Carl Jung explicaria que os super-heróis populares são representações externas de aspectos universais da personalidade humana.

vendo sua própria marca única de teoria psicodinâmica e, agora, têm suas próprias escolas de pensamento.

O afastamento mais notável da escola de pensamento de Freud ocorreu quando o psiquiatra suíço Carl Jung (1875–1961) renovou a definição do inconsciente. Segundo ele (1961), o inconsciente é formado em sua raiz em torno de imagens comuns a toda experiência humana, que ele chamou de *arquétipos*. Jung acreditava que as pessoas respondiam a eventos em suas vidas diárias baseadas nesses arquétipos, porque eles são parte de nossa constituição genética. Por exemplo, Freud afirmava que personagens arquetípicos (como o Batman e o Super-Homem de hoje) são populares porque ativam o arquétipo do "herói". Além disso, Jung (1916) acreditava que a anormalidade resultava de um desequilíbrio na mente, especialmente quando as pessoas deixam de prestar atenção adequada a suas necessidades inconscientes.

Para Alfred Adler (1870–1937) e Karen Horney (1885–1952), o ego era o aspecto mais importante da personalidade. Embora suas teorias representassem contribuições distintas, e cada uma fosse associada com um tipo particular de terapia, ambas davam grande ênfase ao papel de um autoconceito saudável no funcionamento psicológico normal. Adler falava sobre as consequências negativas de um "complexo de inferioridade", e Horney sugeria que a infelicidade se origina de tentar viver de acordo com um *self* falso. Tanto Adler quanto Horney também enfatizavam preocupações sociais e relações interpessoais no desenvolvimento da personalidade. Eles consideravam os relacionamentos com a família e os amigos, bem como um interesse na vida da comunidade, gratificantes por si só, não porque um desejo sexual ou agressivo fosse satisfeito indiretamente no processo (como Freud poderia dizer).

psicologia do ego
Perspectiva teórica baseada na teoria psicodinâmica enfatizando o ego como a força principal na personalidade.

Talvez o único teórico psicodinâmico a dar atenção à vida como um todo, não apenas à infância, tenha sido Erik Erikson (1902–1994). Como Adler e Horney, Erikson deu grande atenção ao ego, ou ao que ele chamava de "identidade do ego". Por essa razão, nos referimos às teorias de Adler, Horney e Erikson como o grupo da **psicologia do ego**. Na verdade, associamos Erikson com o termo "crise de identidade", uma tarefa que ele acreditava ser central ao desenvolvimento na adolescência. Ele pensava que o ego passa por uma série de transformações ao longo de toda a vida nas quais uma nova força ou capacidade pode amadurecer. Também acreditava que cada estágio se baseia em seu precedente e, por sua vez, influencia todos os estágios seguintes. Entretanto, Erikson propôs que qualquer estágio podia se tornar um foco importante em qualquer idade – questões de identidade podem ressurgir em qualquer ponto na idade adulta, mesmo após a identidade da pessoa estar relativamente estabelecida. Por exemplo, uma mulher de meia-idade que é demitida de seu emprego pode mais uma vez questionar sua identidade profissional enquanto procura um novo emprego no mercado de trabalho.

De acordo com a teoria de Alfred Adler, esta pessoa pode estar se retratando negativamente para os outros devido a um sentimento de autoestima baixa e inferioridade.

Karen Horney acreditava que o ego é um aspecto central do funcionamento humano.

Ainda outro grupo de teóricos de orientação psicodinâmica focalizou o que se tornou as **relações objetais**, ou seja, os relacionamentos que as pessoas têm com os outros ("objetos") em suas vidas. Em particular, os teóricos das relações objetais acreditavam que o relacionamento do indivíduo com o cuidador (geralmente a mãe) passa a ser um modelo para todos os relacionamentos adultos íntimos. Esses teóricos incluíam John Bowlby (1907–1990), Melanie Klein (1882–1960), D. W. Winnicott (1896–1971), Heinz Kohut (1913–1981) e Margaret Mahler (1897–1995). Assim como os psicólogos do ego, cada teórico das relações objetais tem um modelo particular de terapia que associamos com suas teorias. Entretanto, todos eles concordam que os relacionamentos da infância estão na origem da anormalidade.

relações objetais
A representação inconsciente de um indivíduo de pessoas importantes em sua vida.

estilo do apego
A forma como uma pessoa se relaciona com a figura do cuidador.

O trabalho dos teóricos das relações objetais levou ao desenvolvimento do que é agora uma estrutura amplamente reconhecida para o entendimento da personalidade adulta, sobretudo quando aplicada a relacionamentos românticos. A psicóloga canadense Mary Salter Ainsworth (1913–1999) e seus colaboradores (1978) estudaram as diferenças entre os bebês no **estilo do apego**, ou a forma de se relacionarem com a figura do cuidador. Ela desenvolveu a "situação estranha", um contexto experimental no qual os pesquisadores separavam os bebês de suas mães e, então, os reuniam novamente.

Embora elaborada como uma teoria do desenvolvimento infantil, os pesquisadores depois adaptaram o conceito de estilo de apego para aplicá-lo a relacionamentos românticos adultos. A maioria das crianças desenvolve estilos de apego seguros e, mais tarde durante a vida, se relacionam com parceiros românticos sem a ansiedade excessiva sobre se eles se importam ou não com elas. Aquelas que tiveram apegos inseguros na infância, porém, podem apresentar na idade adulta um padrão de apego ansioso no qual sentem que não podem confiar no amor e no apoio de seus parceiros. Alternativamente, adultos com apegos inseguros podem apresentar um estilo de apego indiferente ou esquivo no qual temem a rejeição dos outros e, portanto, tentam se proteger permanecendo distantes.

O estilo de apego do indivíduo também pode influenciar como responde à psicoterapia. Entre 19 estudos separados envolvendo quase 1.500 clientes, pesquisadores verificaram que a segurança do apego estava positivamente relacionada ao desfecho da terapia. Eles também constataram que indivíduos com um estilo de apego seguro são mais capazes de estabelecer um

Os teóricos do apego acreditam que uma criança transfere o vínculo emocional do cuidador primário para um objeto, como um ursinho, e, por fim, deste para pessoas fora da família.

relacionamento de trabalho positivo com seus terapeutas, o que, por sua vez, prediz desfechos positivos da terapia (Levy, Ellison, Scott, & Bernecker, 2011).

Tratamento

O objetivo principal do tratamento psicanalítico tradicional desenvolvido por Freud (1913–14/1963) era trazer à consciência material reprimido, inconsciente. Para realizar essa tarefa, ele desenvolveu o método terapêutico de **associação livre**, no qual o cliente literalmente diz tudo o que lhe vem à mente. Freud acreditava que os clientes necessitavam elaborar seus conflitos inconscientes, trazendo-os de modo gradual à consciência.

associação livre
Um método usado na psicanálise no qual o cliente fala livremente, dizendo tudo o que lhe vem à mente.

O tratamento psicodinâmico atual visa ajudar os clientes a explorarem aspectos do *self* que são "inconscientes", no sentido de que o sujeito não os reconhece. O terapeuta concentra-se particularmente em como os clientes revelam e influenciam esses aspectos do *self* em seu relacionamento com o terapeuta. Os elementos fundamentais da terapia psicodinâmica envolvem exploração das experiências emocionais do cliente, uso de mecanismos de defesa, relacionamentos íntimos com outras pessoas, experiências passadas e exploração da vida de fantasia em sonhos, devaneios e fantasias (Shedler, 2010).

Ao contrário do retrato estereotipado que você poderia ver no cinema ou na televisão, os médicos não precisam conduzir a terapia psicodinâmica em um divã, por anos a fio, ou com um terapeuta silencioso. Todavia, dada a impraticabilidade de manter essa forma de tratamento tão longa e intensa, os psicoterapeutas começaram a desenvolver formas mais breves de psicoterapia psicodinâmica. Em vez de tentar renovar toda a estrutura psíquica de um cliente, os profissionais que usam esses métodos concentram seu trabalho em um sintoma específico ou em um conjunto de sintomas para os quais o cliente está buscando ajuda. O número de sessões pode variar, mas raramente excede a 25. Ao contrário da terapia psicodinâmica tradicional, o terapeuta adota uma abordagem bastante ativa, mantendo o foco do tratamento no problema presente do cliente ou em questões imediatamente relevantes a esse problema (Lewis, Dennerstein, & Gibbs, 2008).

Em uma versão da terapia psicodinâmica breve, o médico identifica o "tema central do relacionamento conflituoso" (CCRT). Avalia os desejos do cliente, as respostas esperadas dos outros e as respostas do sujeito às respostas dos outros ou ao desejo. Os clientes descrevem casos específicos em seus relacionamentos com os outros que permitam ao médico fazer a avaliação do CCRT. O profissional, então, trabalha com eles de forma apoiadora para ajudá-los a reconhecer e, por fim, elaborar esses padrões (Jarry, 2010).

Os terapeutas comportamentais com frequência usam uma hierarquia do medo para expor um indivíduo gradualmente às situações que ele mais teme, como, por exemplo, ficar preso em uma sala cheia de fumaça sem chance de fuga.

4.5 A perspectiva comportamental

De acordo com a **perspectiva comportamental**, o indivíduo adquire comportamento mal-adaptativo por meio de aprendizagem.

perspectiva comportamental
Uma perspectiva teórica que supõe que a anormalidade seja causada por experiências incorretas de aprendizagem.

Teorias

O **condicionamento clássico** explica a aprendizagem de respostas emocionais, automáticas. Por exemplo, se tivesse ficado preso em uma sala cheia de fumaça sem saída imediata, você poderia sentir medo toda vez que ouvisse um zumbido alto parecido com o alarme de incêndio que soava enquanto aguardava o resgate. Muito do condicionamento clássico em que os médicos comportamentais se focalizam envolve esse tipo de condicionamento aversivo, no qual o indivíduo associa uma resposta mal-adaptativa com um estímulo que, em si, poderia ser inofensivo.

condicionamento clássico
A aprendizagem de uma ligação entre um estímulo originalmente neutro e outro naturalmente evocador que produz uma reação reflexiva automática.

Você decide

A prática baseada em evidência

Conforme discutimos no Capítulo 2, a APA adotou princípios de prática baseada em evidência que fornecem diretrizes para os médicos seguirem ao fornecer tratamento psicológico. Neste capítulo, você aprendeu sobre a ampla variedade de modelos teóricos disponíveis para os profissionais, variando de psicocirurgia em um extremo a terapia familiar no outro. Dada a recomendação de que os psicólogos forneçam o tratamento mais adequado ao transtorno psicológico do cliente, a questão é garantir que cada terapeuta tenha a capacidade de fornecer tratamento de acordo com cada um desses modelos teóricos. Entretanto, essa é uma suposição realista? Podemos esperar que um profissional literalmente tenha total conhecimento sobre cada perspectiva teórica para ser capaz de fornecer a seus clientes as intervenções mais eficazes?

À medida que a pesquisa no campo da psicologia clínica e em outros relacionados continua a aumentar a uma taxa quase exponencial, como cada profissional pode permanecer no topo de todos os últimos desenvolvimentos, com qualidade suficiente para se sentir à vontade em fornecer as abordagens mais recentes a cada cliente? De acordo com as Diretrizes Éticas da APA, os profissionais devem trabalhar em suas áreas de especialidade, e, se for preciso que se estendam para além dessa área, então devem buscar consultoria. Ademais, cada Estado norte-americano mantém regulamentos rigorosos sobre licenciamento de psicólogos para assegurar que eles continuem se atualizando. Como resultado, há muitas garantias para proteger os clientes de receberem métodos de intervenção obsoletos ou inadequados.

P: *Você decide:* Como consumidor de psicologia, você sente que é mais importante para os clientes em potencial consultar um profissional em quem confiam com base em reputação, experiência anterior ou recomendações de outras pessoas ou eles devem, em vez disso, procurar um especialista que, na perspectiva teórica, corresponde mais estreitamente aos padrões baseados em evidência? Pode um "generalista" respeitado fornecer tratamento com tanta qualidade quanto outro profissional que tenha um treinamento mais limitado? Finalmente, os clientes têm proteção contra tratamento inadequado pelos padrões que governam cada profissão (orientação, psiquiatria, psicologia, assistência social). Entretanto, também é benéfico que os consumidores estejam a par dos últimos desenvolvimentos, de modo que possam fazer escolhas mais informadas.

Em contrapartida, no **condicionamento operante**, um indivíduo adquire uma resposta mal-adaptativa ao aprender a associar um comportamento com suas consequências. As consequências do comportamento são seu **reforço** – a condição que torna o sujeito mais propenso a repeti-lo no futuro. O reforço pode assumir muitas formas. Por exemplo, por meio do reforço positivo, seus amigos podem rir quando você expressa opiniões chocantes, tornando-o mais inclinado a expressá-las no futuro. Você também poderia aprender pelo reforço negativo a tomar um medicamento sem receita médica se achar que ele ajuda a aliviar sua insônia. O reforço tanto positivo quanto negativo aumenta a frequência dos comportamentos que os precedem. Nesses exemplos, os comportamentos que aumentam são dar opiniões chocantes e tomar medicamento para dormir.

De acordo com a perspectiva comportamental, você não tem que experimentar diretamente o reforço a fim de modificar seu comportamento. Os psicólogos que estudam a **teoria da aprendizagem social** acreditam que as pessoas podem aprender observando os outros. Por intermédio do **reforço indireto**, você pode se tornar mais propenso a realizar esses comportamentos observados. Também pode desenvolver ideias sobre suas próprias capacidades, ou sentido de **autoeficácia**, observando os resultados de suas próprias ações ou das ações de outras pessoas com as quais se identifica. Por exemplo, você pode se perguntar se tem a capacidade de superar seu medo de falar em público, mas, se vir um colega se apresentar em classe com sucesso, isso aumentará seus sentimentos de autoeficácia, e você se sairá bem quando for sua vez de levantar e falar.

condicionamento operante
Um processo de aprendizagem no qual um indivíduo adquire comportamentos por meio de reforço.

reforço
O "fortalecimento" de um comportamento.

teoria da aprendizagem social
Perspectiva que se focaliza em entender como as pessoas desenvolvem transtornos psicológicos por meio de seus relacionamentos com os outros e da observação de outras pessoas.

reforço indireto
Uma forma de aprendizagem na qual um novo comportamento é adquirido pelo processo de observar outra pessoa receber reforço pelo mesmo comportamento.

autoeficácia
A percepção do indivíduo de competência em várias situações de vida.

MINICASO

Abordagens psicodinâmicas ao tratamento de Meera

A partir da suposição comportamental de que clientes que vivenciam episódios depressivos desenvolvam respostas mal-adaptativas, um profissional de orientação comportamental daria a Meera a oportunidade de aprender comportamentos novos, adaptativos. Como você aprenderá no Capítulo 9, as abordagens comportamentais ao transtorno depressivo maior envolvem fazer o cliente aumentar a frequência de eventos positivamente reforçadores. Meera manteria um diário de suas interações com os amigos, de seu envolvimento em exercícios e de outras atividades prazerosas, o qual então mostraria a seu terapeuta. Para aumentar a frequência desses comportamentos, ela e seu terapeuta desenvolveriam um conjunto de recompensas que ocorreriam com sua conclusão, tendo por base recompensas que a jovem considerasse desejáveis. Para a intervenção ser eficaz, o profissional precisa garantir que Meera possa alcançar suas metas de forma realística, a fim de que continue tendo sucesso em alcançá-las.

Tratamento

Os terapeutas do comportamento concentram seus esforços em ajudar seus clientes a desaprenderem comportamentos mal-adaptativos e substituí-los por outros, mais saudáveis e adaptativos. No **contracondicionamento**, os clientes aprendem a associar uma resposta nova a um estímulo que antes provocava a resposta mal-adaptativa. A resposta nova é, na verdade, incompatível com a antiga (indesejável). Por exemplo, você não pode ficar fisicamente ansioso e relaxado ao mesmo tempo. Por meio do contracondicionamento, desenvolvido pelo médico Joseph Wolpe (1915–1997), os clientes aprendem a associar a resposta de relaxamento com o estímulo que lhes havia causado ansiedade. Os profissionais ensinam os clientes a relaxar mediante uma série de passos progressivos; por exemplo, relaxar primeiro a cabeça e a musculatura do pescoço, então os ombros, braços, e assim por diante.

contracondicionamento
O processo de substituir uma resposta indesejada a um estímulo por uma resposta aceitável.

O contracondicionamento ocorre com frequência em estágios graduais, usando o método de **dessensibilização sistemática**. O terapeuta decompõe a resposta mal-adaptativa em seus mínimos passos em vez de expor o cliente de uma só vez ao estímulo temido. O cliente fornece ao terapeuta uma hierarquia, ou lista, de imagens associadas com o estímulo temido. Começando com a situação menos temida na hierarquia, o clínico pede ao cliente que a imagine e relaxe ao mesmo tempo. Após ele ter estabelecido a conexão entre a imagem e relaxamento, o terapeuta então passa para o próximo nível da hierarquia. Por fim, o cliente pode confrontar a situação temida, enquanto ao mesmo tempo se sente inteiramente relaxado. Em algum momento, entretanto, se o

dessensibilização sistemática
Uma variação do contracondicionamento que envolve apresentar ao cliente imagens progressivamente mais provocadoras de ansiedade enquanto em um estado relaxado.

Um psicólogo expõe pacientes a uma situação que normalmente induziria uma reação fóbica. Praticando exercícios de respiração para reduzir a tensão fisiológica e lidando com os pensamentos automáticos que surgem enquanto na situação temida, os psicólogos tentam ajudar pacientes a superarem sua fobia.

Segurar uma aranha de pelúcia → Segurar uma aranha pequena de borracha → Observar uma aranha viva em uma caixa fechada → Observar uma pessoa segurando uma aranha → Segurar uma aranha viva

FIGURA 4.6 Hiearquia do medo na dessensibilização sistemática.

cliente sofrer um revés, o médico retrocede na hierarquia para ajudá-lo a reaprender a associação de relaxamento com a imagem um nível abaixo. A Figura 4.6 mostra um exemplo de hierarquia temida que um terapeuta poderia usar para dessensibilizar sistematicamente uma pessoa que tenha medo de aranhas.

Com base nos princípios do condicionamento operante, o **manejo da contingência** é uma forma de terapia comportamental na qual os profissionais fornecem aos clientes reforço positivo para a realização de comportamentos desejados. O sujeito aprende a associar o resultado do comportamento com o próprio comportamento, a fim de estabelecer uma contingência ou conexão. O terapeuta trabalha com o cliente para desenvolver uma lista de reforços positivos que ele pode receber apenas após realizar o comportamento desejado. Por exemplo, se está tentando parar de fumar, o clínico sugere um esquema no qual possa receber o reforço indicado após ficar sem fumar por um tempo específico (tal como permissão para jogar *videogames*). De maneira gradual, o cliente amplia o período de tempo até ser capaz de parar totalmente de fumar. Uma forma de manejo da contingência que os hospitais utilizam é a **economia de fichas**, na qual os residentes que realizam atividades desejadas ganham fichas que mais tarde podem ser trocadas por benefícios palpáveis (LePage et al., 2003).

manejo da contingência
Uma forma de terapia comportamental que envolve o princípio de recompensar o cliente por comportamentos desejados e não recompensá-lo pelos indesejados.

economia de fichas
Uma forma de manejo da contingência na qual um cliente que realiza atividades desejadas ganha fichas ou passes que mais tarde podem ser trocados por benefícios palpáveis.

Os tratamentos comportamentais também podem envolver o princípio do reforço indireto, no qual os clínicos mostram modelos de pessoas recebendo recompensas por demonstrar os comportamentos desejados (Bandura, 1971). Por exemplo, o profissional pode mostrar um vídeo de alguém se divertindo ao brincar com um cão para um cliente que tem medo de cães. O reforço indireto nessa situação é o prazer de brincar com o cão. O terapeuta também poderia usar a **modelagem participante**, uma forma de terapia na qual primeiro mostra ao cliente um comportamento desejado e, então, o orienta na mudança do comportamento.

modelagem participante
Uma forma de terapia na qual o terapeuta primeiro mostra ao cliente um comportamento desejado e, então, o orienta na mudança do comportamento.

Os profissionais que trabalham conforme a perspectiva comportamental, com frequência, prescrevem a seus clientes deveres de casa. O profissional pode pedir ao cliente que mantenha um registro detalhado dos comportamentos que está tentando mudar, junto com as situações nas quais os comportamentos ocorrem. O dever de casa também poderia incluir determinadas tarefas que o médico pede ao cliente para realizar com instruções específicas a fim de observar o resultado de completá-las.

4.6 A perspectiva cognitiva

A **perspectiva cognitiva** focaliza a forma como os pensamentos das pessoas influenciam suas emoções.

perspectiva cognitiva
Uma perspectiva teórica na qual se supõe que a anormalidade seja causada por processos de pensamento mal-adaptativos que resultam em comportamento disfuncional.

Teorias

Os transtornos psicológicos, de acordo com a perspectiva cognitiva, são o produto de pensamentos perturbados. Mudando os pensamentos, os psicólogos cognitivos acreditam poder ajudar os clientes a desenvolverem emoções mais adaptativas (ver Fig. 4.7).

Particularmente problemáticos, conforme essa perspectiva, são os **pensamentos automáticos** – ideias arraigadas de forma tão profunda que o indivíduo nem mesmo tem consciência de que elas levam a sentimentos de infelicidade e desencorajamento. Os pensamentos automáticos são o produto de **atitudes disfuncionais**, que são crenças negativas sobre si mesmo também profundamente enraizadas e difíceis de articular. Processos lógicos defeituosos contribuem para o problema. Embora todo mundo algumas vezes faça deduções lógicas incorretas, as pessoas propensas a certos transtornos psicológicos consistentemente tiram conclusões prejudiciais a seus sentimentos de bem-estar.

pensamentos automáticos
Ideias tão profundamente enraizadas que o indivíduo nem mesmo tem consciência de que elas levam a sentimentos de infelicidade e desencorajamento.

atitudes disfuncionais
Regras ou valores pessoais mantidos pelos indivíduos que interferem no ajustamento adequado.

FIGURA 4.7 A relação entre atitude disfuncional, experiência, pensamento automático e emoção negativa.

FONTE: Adaptada de A. T. Beck, A. J. Busch, B. F. Shaw & G. Emery em *Cognitive Therapy of Depression*. Copyright © 1979 Guilford Publications, Inc. Reimpressa com permissão.

Atitude disfuncional
As pessoas provavelmente pensarão menos de mim se eu cometer um erro
Experiência
Eu dei a resposta errada na aula.
Pensamento automático
As pessoas acham que eu sou estúpido(a).
Emoção negativa
Eu me sinto triste e inútil.

No modelo desenvolvido por Albert Ellis, há uma cadeia de eventos "A-B-C", que leva de cognições defeituosas a emoções disfuncionais (Ellis, 2005). *A* refere-se à "experiência ativadora", *B* a crenças, e *C* a consequências. Em pessoas com transtornos psicológicos, essas crenças assumem uma forma irracional de visões sobre si mesmas e o mundo, visões essas que são irreais, extremas e ilógicas e fazem os indivíduos criarem transtorno emocional desnecessário pelo apego rígido aos "deveres" e, então, se punirem desnecessariamente. Eles passam a sentir pena de si mesmos e se recusam a admitir que precisam de ajuda (ver Fig. 4.7).

Tratamento

Se os pensamentos disfuncionais causam emoções disfuncionais, como propõe a perspectiva cognitiva, então mudar os pensamentos de uma pessoa deve aliviar o sofrimento que eles causam. Na **reestruturação cognitiva**, o médico tenta mudar os pensamentos do cliente questionando e contestando suas atitudes disfuncionais e suas crenças irracionais. Ele também dá sugestões que o cliente pode testar no comportamento fora da sessão de terapia. Por exemplo, o terapeuta poderia dar ao cliente que tem medo de cães a tarefa de visitar por cinco minutos o cão do vizinho enquanto, ao mesmo tempo, pratica o relaxamento.

Na **terapia cognitivo-comportamental (TCC)**, como o termo sugere, os profissionais se concentram em mudar pensamentos e comportamentos mal-adaptativos. Os terapeutas incorporam técnicas comportamentais, como o dever de casa e o reforço aos métodos cognitivos, que aumentam a consciência do cliente a respeito de seus pensamentos disfuncionais. Os clientes aprendem a reconhecer quando suas avaliações das situações estão contribuindo irrealisticamente para suas emoções disfuncionais. Podem, então, tentar identificar situações, comportamentos ou pessoas que os ajudem a neutralizar essas emoções. O objetivo da TCC é dar aos clientes maior controle sobre seus comportamentos, pensamentos e emoções disfuncionais.

Teóricos e terapeutas cognitivos têm continuado a refinar os métodos que visam as formas problemáticas como as pessoas veem e lidam com seus problemas psicológicos. A **terapia de aceitação e compromisso (ACT)** ajuda os clientes a aceitarem toda a gama de suas experiências subjetivas, incluindo pensamentos e sentimentos angustiantes, enquanto se comprometem com tarefas que buscam alcançar a mudança de

reestruturação cognitiva
Uma das técnicas fundamentais da terapia cognitivo-comportamental, na qual os clientes aprendem a reformular ideias negativas em outras mais positivas.

terapia cognitivo-comportamental (TCC)
Método de tratamento no qual os médicos se concentram em mudar pensamentos e comportamentos mal-adaptativos.

Terapia de aceitação e compromisso (ACT)
Uma forma de terapia cognitiva que ajuda os clientes a aceitarem toda a gama de suas experiências subjetivas, tais como pensamentos e sentimentos angustiantes, enquanto se comprometem com tarefas visando alcançar mudança de comportamento que levará a uma melhor qualidade de vida.

MINICASO

Abordagem cognitiva ao tratamento de Meera

Um profissional que trabalha segundo uma perspectiva cognitiva trataria Meera ajudando-a a desenvolver pensamentos mais adaptativos. De um ponto de vista estritamente cognitivo, ele se concentraria nas crenças de Meera de que ela decepcionou sua família e seus amigos. Ele a encorajaria a contestar sua conclusão e examinaria com a cliente a base para sua suposição sobre os sentimentos de sua família em relação a ela.

Combinando a abordagem cognitiva com a comportamental, ele também lhe pediria para manter um registro de seus comportamentos, incluindo sua participação em atividades positivamente recompensadoras. Entretanto, ao contrário do behaviorista rigoroso, um terapeuta que trabalha de acordo com a perspectiva cognitivo-comportamental também instruiria Meera a manter um registro de seus pensamentos disfuncionais, em particular aqueles que exacerbam suas emoções negativas.

comportamento que levará a uma melhor qualidade de vida (Forman, Herbert, Moitra, Yeomans, & Geller, 2007). Central à abordagem da ACT é a noção de que, em vez de lutar contra sintomas perturbadores, os clientes devem reconhecer que sentirão certas emoções desagradáveis em determinadas situações. Aceitando essas situações, em vez de evitá-las, os indivíduos podem ter uma perspectiva e, no processo, sentir que estão mais no controle de seus sintomas.

4.7 A perspectiva humanista

Os psicólogos que concordam com a perspectiva humanista acreditam que as pessoas são motivadas a buscar a autorrealização e o significado da vida. O "humano" em humanista refere-se ao foco dessa perspectiva nas qualidades que tornam cada indivíduo único. Ao contrário da perspectiva comportamental, que traduz os princípios da pesquisa com animais para o comportamento das pessoas, a humanista focaliza especificamente os valores, as crenças e a capacidade de refletir sobre as próprias experiências que separam os seres humanos das outras espécies.

perspectiva humanista
Abordagem à personalidade e ao transtorno psicológico que considera as pessoas como motivadas pela necessidade de entenderem a si mesmas e o mundo, bem como de obter maior enriquecimento de suas experiências realizando seu potencial individual único.

teoria centrada na pessoa
A teoria humanista que se focaliza na singularidade de cada indivíduo, na importância de permitir que cada um alcance a realização máxima do potencial e na necessidade de o indivíduo confrontar honestamente a realidade de suas experiências no mundo.

centrado no cliente
Abordagem baseada na crença mantida por Rogers de que as pessoas são inerentemente boas e que o potencial para autoaperfeiçoamento está no interior do indivíduo.

Teorias

Os teóricos e os clínicos humanistas consideravam suas ideias um afastamento radical do foco tradicional da psicologia, o qual minimizava o papel do livre arbítrio na experiência humana. Esses teóricos também viam o comportamento humano em termos muito mais positivos e consideravam os transtornos psicológicos resultado de potencial de crescimento restringido. A psicologia existencial teve forte influência sobre o trabalho de teóricos humanistas, uma posição teórica que enfatiza a importância de se apreciar plenamente cada momento à medida que ocorre (May, 1983). De acordo com a psicologia existencial, pessoas que estão sintonizadas com o mundo em torno delas e experimentam a vida da maneira mais plena possível em cada momento são as mais saudáveis psicologicamente. Os transtornos psicológicos surgem quando as pessoas são incapazes da experiência de viver o momento. Elas desenvolvem transtornos não devido a falhas fundamentais em sua biologia ou em seus pensamentos, mas porque a sociedade moderna impõe restrições à capacidade do indivíduo de expressar seu eu interior (Frankl, 1963; Laing, 1959).

Em meados do século XX, psicólogos que estavam desencantados com as principais abordagens teóricas ao entendimento do comportamento humano e do transtorno psicológico passaram a acreditar que a psicologia tinha perdido seu contato com o lado humanista do comportamento humano. Esses humanistas reuniram-se para formar a "terceira força" na psicologia, com a intenção de desafiar a psicanálise e o behaviorismo. Dois dos teóricos mais proeminentes nessa tradição foram Carl Rogers e Abraham Maslow.

A teoria centrada na pessoa, de Carl Rogers (1902–1987), focaliza-se na singularidade de cada indivíduo, na importância de permitir que cada um alcance a realização máxima do potencial e na necessidade de o sujeito confrontar com honestidade a realidade de suas experiências no mundo. Ao aplicar a teoria centrada na pessoa ao contexto da terapia, Rogers (1951) usou o termo centrado no cliente para refletir sua crença de que as pessoas são inerentemente boas e que o potencial para autoaperfeiçoamento está mais no indivíduo do que no terapeuta ou nas técnicas terapêuticas.

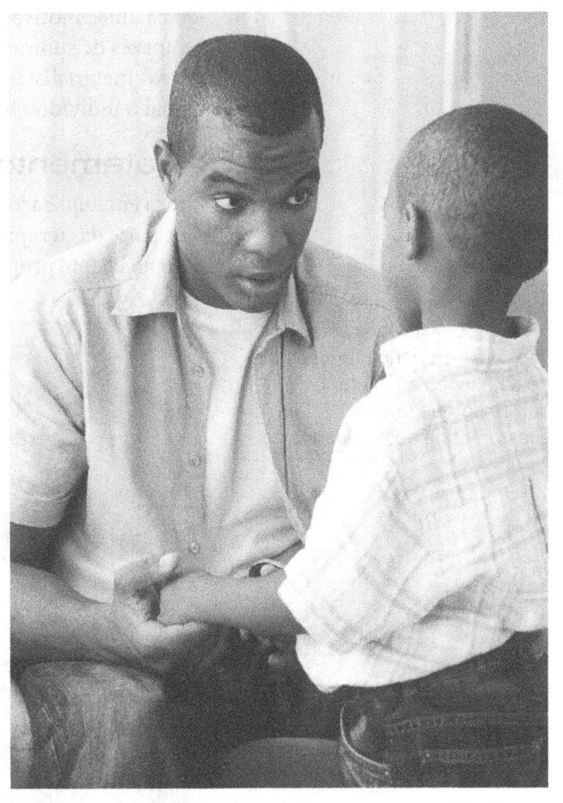

Hoje, muitos psicólogos acreditam que as experiências do início da infância com os principais cuidadores influenciam a forma como um indivíduo se comporta nos relacionamentos interpessoais ao longo da vida.

Rogers acreditava que a autoimagem de uma pessoa bem ajustada deve ser congruente com suas experiências. Nesse estado de congruência, uma pessoa está funcionando de forma plena

– significando que é capaz de usar ao máximo seus recursos psicológicos. De modo inverso, um transtorno psicológico é resultado de um bloqueio no potencial do indivíduo de viver em sua capacidade total, ocasionando um estado de incongruência e incompatibilidade entre a autoimagem e a realidade. Entretanto, a congruência não é um estado estático. Estar em pleno funcionamento significa que o indivíduo está constantemente evoluindo e crescendo.

De acordo com Rogers, os transtornos psicológicos que se desenvolvem têm suas origens no início da vida, quando os pais de uma pessoa são severamente críticos e exigentes. Nessa situação, as pessoas desenvolvem ansiedade crônica sobre cometer erros que as submeterão a mais desaprovação. Rogers usou o termo "condições de valor" para referir-se às demandas que os pais impõem aos filhos. A fim de serem amados, eles sentem que têm que satisfazer esses critérios. Quando adultos, estão sempre tentando satisfazer as expectativas dos outros, em vez de sentir que os outros os valorizarão por quem são.

autorrealização
Na teoria humanista, a realização máxima do potencial do indivíduo para crescimento psicológico.

O modelo humanista de Abraham Maslow (1962) centraliza-se na noção de **autorrealização**, a realização máxima do potencial do indivíduo para crescimento psicológico. De acordo com Maslow, pessoas realizadas têm percepções de si mesmas corretas e são capazes de encontrar fontes ricas de prazer e estimulação em suas atividades diárias. Elas são capazes de escolher experiências nas quais sentem uma enorme felicidade interior, como se estivessem em total harmonia consigo mesmas e com o mundo. Mas esses indivíduos não estão simplesmente buscando prazer sensual ou espiritual: eles também têm uma filosofia de vida baseada em valores humanitários e igualitários.

Maslow definiu a hierarquia de necessidades, a qual propõe que as pessoas são mais capazes de experimentar a autorrealização quando satisfazem suas necessidades físicas e psicológicas básicas. Chamamos as necessidades que estão no nível mais baixo na hierarquia de necessidades deficitárias, porque descrevem um estado no qual o indivíduo busca obter alguma coisa que lhe falta. Aquele que está preocupado em satisfazer necessidades deficitárias não pode alcançar a autorrealização. Por exemplo, pessoas cuja única motivação é ganhar dinheiro (uma necessidade de ordem inferior) não serão capazes de subir na hierarquia para a autorrealização até terem posto de lado seus motivos materialistas. A autorrealização não é um fim em si mesma, mas um processo no qual o indivíduo busca a verdadeira autoexpressão.

Tratamento

Rica em implicações para o tratamento, a teoria centrada na pessoa forma a base de grande parte das terapias e do aconselhamento contemporâneos. O modelo de terapia centrado no cliente propõe diretrizes específicas para os terapeutas seguirem a fim de garantir

Indivíduos realizados são capazes de alcançar um sentido de satisfação ao ajudar os outros porque já satisfizeram suas próprias necessidades.

que seus clientes sejam capazes de alcançar a autorrealização plena. De acordo com Rogers, os profissionais devem se concentrar nas necessidades de sua clientela, não em suas noções preconcebidas sobre o que é melhor para ela. De fato, refletindo essa ênfase nas forças inerentes de pessoas que buscam tratamento, ele foi o primeiro a usar a expressão mais colegial "clientes" em vez do termo orientado a doença "pacientes".

Rogers acreditava que o trabalho de um terapeuta é ajudar os clientes a descobrirem sua bondade inerente e, no processo, auxiliar cada um a alcançar maior autocompreensão. Para neutralizar os problemas causados por condições de valor na infância, esse pesquisador recomendou que os terapeutas tratassem os clientes com **consideração positiva incondicional**. Esse método envolve total aceitação do que o cliente diz, faz e sente. À medida que se sentem melhor em relação a si mesmos, os clientes se tornam mais capazes de tolerar a ansiedade que ocorre com o reconhecimento de suas fraquezas porque não se sentem mais compelidos a se verem como perfeitos. O terapeuta tenta ser o mais empático possível e enxergar a situação do cliente como este a vê.

consideração positiva incondicional
Um método na terapia centrada no cliente em que o médico demonstra total aceitação do que o cliente diz, faz e sente.

Os terapeutas humanistas e experienciais contemporâneos enfatizam que, tanto quanto possível, os profissionais podem ser mais eficazes se conseguirem ver o mundo pelos olhos de seus clientes. Os terapeutas que trabalham segundo o modelo centrado no cliente são treinados nas técnicas de reflexo e esclarecimento. No reflexo, o profissional reflete de volta o que o cliente acabou de dizer, talvez com ligeira reformulação da frase. Essas técnicas permitem aos clientes sentirem que o terapeuta os está escutando empaticamente, e não os julgando. De modo gradual, eles se sentem cada vez mais confiantes para revelar seu eu interior verdadeiro, porque sabem que o terapeuta não os rejeitará ou rotulará como inadequados.

Rogers também sugeriu que os profissionais devem fornecer um modelo de autenticidade e disposição ao revelar suas próprias fraquezas e limitações. Com isso, os clientes percebem que não precisam usar uma "máscara" para tentar parecer algo que não são. Idealmente, o cliente verá que é aceitável e saudável ser honesto ao confrontar suas experiências, mesmo se elas tiverem implicações menos favoráveis. Por exemplo, o clínico rogeriano poderia admitir ter experiências semelhantes às que o cliente descreve, tal como se sentir ansioso ao ter que falar diante de um grupo.

A **entrevista motivacional (EM)** é outra técnica centrada no cliente que usa o entendimento empático como um meio de promover mudança comportamental (Miller & Rose, 2009). Na entrevista motivacional, o profissional colabora com o cliente a fim de fortalecer-lhe a motivação para mudar, fazendo perguntas que evoquem os próprios argumentos do indivíduo para a mudança. A EM, como a abordagem centrada no cliente em geral, enfatiza a autonomia deste.

entrevista motivacional (EM)
Um estilo diretivo, centrado no cliente, para induzir mudança de comportamento, ajudando-o a explorar e resolver ambivalências.

4.8 A perspectiva sociocultural

Os teóricos da **perspectiva sociocultural** enfatizam as formas como os indivíduos, as instituições sociais e as forças sociais influenciam as pessoas no mundo a seu redor. A perspectiva sociocultural transcende o indivíduo para incluir fatores que possam contribuir para seu desenvolvimento de transtornos psicológicos.

perspectiva sociocultural
A perspectiva teórica que enfatiza as formas como os indivíduos são influenciados por pessoas, instituições e forças sociais no mundo em torno deles.

MINICASO

Abordagens humanistas ao tratamento de Meera

Na terapia humanista, um profissional trataria Meera focalizando seus sentimentos de autoestima baixa. Ele exploraria como ela foi influenciada pelas comparações negativas que seus pais faziam entre ela e sua irmã. O fato de se recusarem a aceitá-la na família a menos que respeitasse suas regras fez Meera sentir que as pessoas não podiam considerá-la um indivíduo em seus próprios termos. O terapeuta trabalharia com a cliente para estabelecer uma aliança terapêutica firme, escutando com empatia suas descrições de seus sentimentos. De acordo com a ênfase de Carl Rogers em tornar-se mais consciente dos próprios sentimentos, o profissional encorajaria Meera a experimentar mais plenamente seus sentimentos em relação a sua rejeição por sua família e sua tristeza como resultado desse afastamento. Nesse processo, o clínico a ajudaria a identificar seus sentimentos e a aceitá-los sem autocrítica indevida.

Teorias

perspectiva familiar
Perspectiva teórica na qual se supõe que a anormalidade seja causada por perturbações no padrão de interações e relacionamentos na família.

discriminação social
Tratamento preconceituoso de uma classe de indivíduos, visto na perspectiva sociocultural como uma das causas de problemas psicológicos.

Os proponentes da **perspectiva familiar** consideram que a anormalidade é causada por perturbações nos padrões de interações e relacionamentos que existem na família. Esses padrões de relacionamentos alterados podem criar o "paciente identificado", ou seja, o indivíduo no tratamento cujas dificuldades refletem tensões na família.

Os pesquisadores dessa perspectiva também focalizam a **discriminação social** como uma causa de problemas psicológicos. A discriminação com base em gênero, raça, orientação sexual, religião, classe social e idade, por exemplo, pode contribuir para transtornos nas esferas da saúde física e mental. A partir da década de 1950, pesquisadores estabeleceram o achado de que os transtornos psicológicos são mais comumente diagnosticados entre pessoas nas camadas socioeconômicas mais baixas (Hollingshead & Redlich, 1958). Essa relação pode refletir o fato de as pessoas de classe social mais baixa vivenciarem dificuldades econômicas e terem acesso limitado a educação de qualidade, tratamento de saúde e emprego. A discriminação socioeconômica é agravada, ainda, pela condição de membro de minorias étnicas ou raciais. Quando têm menos oportunidades ou encontram opressão devido a características humanas inalteráveis, as pessoas são mais propensas a experimentar tumulto interior, frustração e estresse, levando ao desenvolvimento de sintomas psicológicos.

Os transtornos psicológicos também podem surgir como resultado de eventos históricos destrutivos, como a violência de uma revolução política, a confusão de um desastre natural ou a depressão de uma nação pobre. Desde a Primeira Guerra Mundial, os psicólogos norte-americanos têm conduzido estudos de larga escala das formas como uma guerra afeta negativamente o funcionamento psicológico. Pessoas que estão traumatizadas como resultado de ataques terroristas, exposição a conflitos militares, perseguição ou prisão correm o risco de desenvolver transtornos de ansiedade sérios. De forma semelhante, incêndios e desastres naturais, como terremotos, tornados e furacões, deixam mais do que destruição física em seu rastro.

Tratamento

Como os profissionais intervêm com pessoas que sofrem de condições que fatores socioculturais causam ou exacerbam? Evidentemente, não é possível "mudar o mundo". Entretanto, eles podem desempenhar um papel crucial para ajudar as pessoas a enfrentarem problemas que se desenvolveram no âmbito de um sistema familiar.

Na terapia familiar, o terapeuta encoraja todos os membros do grupo familiar (qualquer que seja sua definição) a tentarem novas formas de se relacionar uns com os outros ou de pensar sobre seus problemas. O terapeuta familiar, às vezes trabalhando com um coterapeuta, se reúne com a maior quantidade de membros da família possível ao mesmo tempo. Em vez de focalizar os problemas ou as preocupações de um indivíduo, os terapeutas de família e de casais examinam as formas como os padrões relacionais dis-

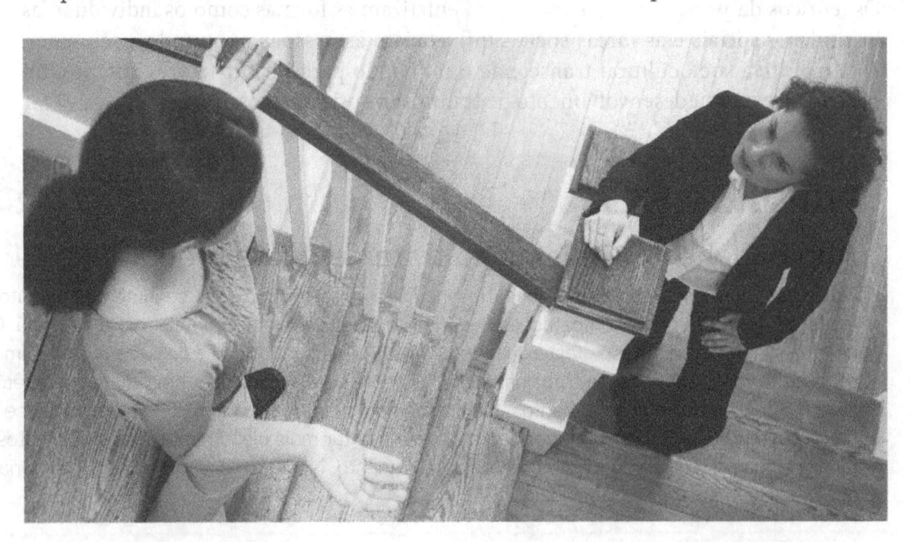

De acordo com os teóricos dos sistemas familiares, a disfunção na dinâmica familiar pode ser uma fonte importante de sofrimento psicológico de um indivíduo.

funcionais perpetuam um determinado problema ou sintoma. Eles também usam uma perspectiva do ciclo de vida na qual consideram as questões do desenvolvimento, não apenas de cada indivíduo, mas da família inteira ou do casal. Além disso, esses profissionais veem os relacionamentos contínuos entre os membros da família como potencialmente mais curativos do que o relacionamento entre terapeutas e clientes.

As técnicas específicas que os profissionais usam na terapia familiar dependem muito de seu treinamento e de sua abordagem teórica. Um terapeuta familiar intergeracional poderia sugerir desenhar um genograma, um diagrama de todos os parentes no passado recente, na tentativa de entender a história dos relacionamentos familiares e, então, usar esse entendimento para ocasionar mudança. Um terapeuta familiar estrutural poderia sugerir que um subgrupo dos membros da família representasse uma desavença, como se fossem personagens em uma peça sobre a família. Já terapeutas familiares estratégicos poderiam trabalhar com os membros da família para desenvolver soluções para os problemas que estão causando dificuldade. Um terapeuta familiar experiencial, por sua vez, poderia trabalhar com os membros da família para desenvolver uma compreensão (*insight*) de seus relacionamentos uns com os outros.

Na terapia de grupo, as pessoas que vivem experiências semelhantes compartilham suas histórias com os outros, auxiliadas pela facilitação do terapeuta. De acordo com Irvin Yalom (1995), um dos fundadores da terapia de grupo, essa modalidade terapêutica tem um impacto positivo por permitir que os clientes encontrem alívio e esperança ao perceber que seus problemas não são únicos. No grupo, eles podem adquirir informações e conselhos valiosos de pessoas que compartilham de suas preocupações. Além disso, no processo de dar aos outros, as pessoas geralmente percebem que elas próprias se beneficiam.

Os profissionais usam a ambientoterapia em contextos de tratamento, como os hospitais, para promover o funcionamento positivo nos clientes, criando uma comunidade terapêutica. Os integrantes dessa comunidade participam de atividades de grupo, variando de terapia ocupacional a aulas de treinamento. Os membros da equipe encorajam os clientes a trabalharem junto e a passar um tempo com os outros residentes, mesmo durante as saídas. Cada pessoa da equipe, seja um terapeuta, um enfermeiro ou um paraprofissional, participa da missão global de proporcionar um ambiente que apoie mudanças positivas e reforce comportamentos sociais apropriados. A ideia por trás da ambientoterapia é que a pressão para se ajustarem às normas sociais de comportamento convencionais estimula comportamento mais adaptativo por parte de clientes individuais. Ainda, os efeitos normalizadores de um ambiente sustentador visam ajudar o sujeito a fazer uma transição mais suave e eficaz para a vida fora da comunidade terapêutica.

Embora não possam reverter a discriminação social, os médicos podem adotar uma **abordagem multicultural** à terapia com base na consciência, no conhecimento e nas habilidades do contexto sociocultural do cliente. Por exemplo, os terapeutas precisam ser sensíveis às formas como a herança cultural do indivíduo interage com suas experiências de vida e influências familiares específicas. O compromisso em aprender sobre o grupo cultural, étnico e racial do cliente e como esses fatores desempenham um papel na avaliação, no diagnóstico e no tratamento caracteriza conhecimento. As habilidades multiculturais incluem domínio de técnicas de terapia específicas da cultura que são sensíveis às características únicas de um cliente.

abordagem multicultural
Terapia que se baseia na consciência, no conhecimento e nas habilidades do contexto sociocultural do cliente.

MINICASO

Abordagem sociocultural ao tratamento de Meera

Um terapeuta que trabalha segundo a perspectiva sociocultural incorporaria as questões familiares específicas de Meera no contexto de sua herança cultural. Os sintomas da jovem não apenas surgiram de sua própria construção da atitude de sua família em relação a seu trabalho e a decisões de relacionamento, mas também refletem sua herança cultural, que dá grande ênfase às obrigações familiares. Ao escolher um caminho diferente do de sua irmã, Meera talvez, na realidade, ou em sua própria percepção, tenha violado as expectativas de sua família. O terapeuta poderia sugerir que ela fosse vista junto com a família, se possível, para elaborar essas questões culturais e relacionais.

HISTÓRIAS REAIS

Sylvia Plath: Transtorno depressivo maior

"Sou habitada por um grito.
Quando é noite ele se agita
Procurando, com suas garras, por algo para amar.
Tenho pavor dessa coisa escura
Que dorme em mim;
Todo o dia sinto seu retorcer emplumado, sua índole ruim."

Aos 30 anos de idade, a poetisa norte-americana Sylvia Plath sucumbiu a sua longa batalha contra a depressão. Na noite de 11 de novembro de 1963, com seus dois filhos pequenos dormindo, Sylvia cuidadosamente colocou toalhas sob as frestas das portas dos quartos de seus filhos e de sua cozinha, ligou o gás do forno e colocou sua cabeça dentro. Ela deixou leite e pão no quarto dos filhos com as janelas abertas para a fria noite londrina a fim de que o café da manhã deles estivesse fresco pela manhã. Alguns dias antes, tinha iniciado um curso de antidepressivos, e os especialistas acreditam que seu suicídio ocorreu em um momento perigoso no curso do tratamento com esses medicamentos, quando o indivíduo – ainda deprimido – se torna ao mesmo tempo mais ativo, o que leva a um risco aumentado de tentativas de suicídio. *Amarga fama: a vida de Sylvia Plath*, por Anne Stevenson, registra a vida e os textos da escritora notoriamente torturada por meio de trechos do diário de Sylva, suas cartas pessoais e entrevistas com pessoas que conviveram com ela. Nascida e criada nos arredores de Boston, Massachusetts, começou a escrever aos 7 anos de idade. Suas experiências de vida serviriam de inspiração até os últimos dias de sua vida. Durante toda sua infância e adolescência, Sylvia produziu um número impressionante de poemas e contos que deram origem a seu sonho supremo de se tornar escritora profissional. Talvez o acontecimento mais influente em sua vida seja a morte súbita de seu pai logo após seu oitavo aniversário. O acontecimento serviu para alimentar seus medos e desejos mais íntimos, e a perda do pai foi um tema recorrente em sua obra. Esse episódio também a deixou extremamente sensível à depressão após o abandono por outros em sua vida, em particular parceiros românticos.

Sylvia cresceu na prototípica cidade da Nova Inglaterra, Wellesley, Massachussetts, e frequentou a Smith College em Northampton, Massachusetts, com uma bolsa de estudos acadêmica. Embora a transição para a faculdade fosse inicialmente difícil para ela, sua inteligência e ética de trabalho diligente a ajudaram a receber notas altas e uma reputação destacada na Smith. Quando entrou na idade adulta, passou a experimentar humores elevados e começou a ter crises de depressão. Aos 19 anos, tentou suicídio engolindo pílulas para dormir de sua mãe e escondendo-se no sótão de sua casa. Ela foi descoberta dois dias depois em um estado de semiconsciência e confusão. Após a tentativa, Sylvia foi internada em um hospital psiquiátrico próximo por um período de quatro meses, onde recebeu eletroconvulsoterapia (ECT) e tratamento de insulina. Isso marcou uma virada importante em sua vida e em seus textos.

"Atribuível a sua ECT", Stevenson escreve em *Amarga fama*, "é a ameaça invisível que assombra quase tudo o que ela escreveu, sua convicção de que o mundo, embora aparentemente benigno, oculta animosidade perigosa, dirigida sobretudo a ela". Podemos observar sua natureza profundamente introspectiva nos diários pessoais que ela manteve durante toda sua vida, os quais serviram como uma fonte importante de autoexpressão nos quais vertia cada pensamento e sentimento. Ela utilizava esse meio de autoexpressão em particular nas situações de sofrimento, oferecendo aos leitores uma visão íntima de seus momentos mais escuros.

Após a hospitalização, Sylvia retornou à Smith e se formou em 1954, *summa cum laude*. Continuou seus estudos de pós-graduação com uma prestigiada bolsa de estudos Fulbright em Cambridge, Inglaterra. À medida que amadurecia profissionalmente enquanto estudava, seus interesses românticos se voltaram para um colega poeta a quem admirava muito, Ted Hughes. Depois de se conhecerem em uma festa, os dois sentiram uma atração imediata e, após um rápido romance, se casaram em uma cerimônia secreta na Inglaterra. Na época, Sylvia recebia uma bolsa de estudos, a qual ela temia perder caso a notícia de seu casamento viesse à tona. Por fim, o casal tornou pública sua união e passou os primeiros meses do matrimônio na Espanha, onde Ted estava lecionando.

Em *Amarga fama*, Stevenson descreve como as mudanças de humor de Sylvia se tornaram bastante pronunciadas após a felicidade conjugal inicial ter diminuído. "Seu humor parecia subir e afundar com alarmante rapidez. Sylvia registrou em seu diário suas reações voláteis e intensas a algum incidente não mencionado, possivelmente surgindo para surpresa de seu marido no rancor que ela demonstrou em uma desavença com a proprietária da casa, que queria aumentar o aluguel, ou talvez em uma noite quando

Sylvia Plath em 1957.

eles saíram com alguns ingleses que aborreceram Sylvia. Esses humores, Ted constatou, eram em grande parte injustificados: eles começavam e terminavam como tempestades de raios, e ele aprendeu simplesmente a aceitar sua ocorrência."

O casal mudou-se então para Massachusetts, o Estado natal de Sylvia, onde ela lecionava cursos de inglês em sua *alma mater* Faculdade Smith. Sua excitação inicial pelo prestígio de ensinar em uma instituição tão renomada rapidamente deu lugar à ansiedade relacionada à quantidade de trabalho vinculada e sobretudo à falta de tempo para trabalhar em seus próprios textos. Também era atormentada por períodos incapacitantes de insegurança que a empurraram novamente para a depressão. Ela escreveu, "Ontem à noite eu senti... o fluxo doentio, que aniquila a alma, do medo em meu sangue mudando sua corrente para a luta desafiadora. Não pude dormir, embora cansada, e fiquei deitada sentindo meus nervos raspando até doer e a voz interior murmurando: oh, você não consegue ensinar, não consegue fazer nada. Não consegue escrever, não consegue pensar. E eu deitada sob a inundação glacial da negação, pensando que aquela voz era a minha, uma parte de mim, que de alguma forma deve me conquistar e me deixar com minhas piores visões: ter tido a chance de combatê-la e vencê-la dia a dia, mas ter fracassado". Esses pensamentos de inutilidade são comuns a indivíduos sofrendo de depressão maior.

Depois de um ano lecionando, Sylvia e Ted se mudaram para Boston, onde se tornaram parte de uma comunidade de poetas e escritores muito unida. Neste ponto, Ted tinha começado a obter elogios consideráveis por seus textos, e o casal vivia principalmente do dinheiro dos prêmios por seus escritos. Isso permitiu a Sylvia passar a maior parte de seu tempo desenvolvendo sua escrita. Quando ela ficou grávida do primeiro filho do casal, os Hughes se mudaram para a Inglaterra, estabelecendo-se em um apartamento em Londres e, então, em uma casa no campo antes do nascimento de seu segundo filho.

Embora por todos os relatos Ted fosse um marido e pai dedicado, Sylvia era acometida por medos de sua infidelidade e com frequência o acusava de ter casos extraconjugais. Em uma ocasião, Ted demorou para voltar para casa de uma entrevista com a BBC. Ela reagiu destruindo uma grande parte do material que ele estava escrevendo, junto com alguns de seus livros mais estimados. Finalmente, os dois se separaram (ainda que nunca tenham se divorciado), e, após Ted sair de casa, Sylvia se mudou para um apartamento em Londres com os dois filhos. Ali, ela experimentou uma onda de energia criativa que produziu muitos de seus poemas mais famosos. Neste ponto Sylvia tinha completado seu primeiro, e que veio a ser o único, romance, *A redoma de vidro*, um relato semiautobiográfico da jornada de uma jovem mulher através da vida adulta, navegando nas águas turvas de carreira, romance e sofrimento psicológico. Grande parte da narrativa do livro reflete diretamente as próprias experiências de Sylvia.

Sua poesia, também, refletia suas lutas enquanto ela continuava a lidar com sua saúde mental que se deteriorava. "Absorvida e objetiva como um cartógrafo", Stevenson escreve em *Amarga fama*, "Sylvia relatava em seus poemas o clima de seu universo interior e delineava seus dois polos: 'estase' e raiva. No polo deprimido, havia uma volta para dentro de si mesma, um desejo de não ser... Era como se ela olhasse dentro de um copo e uma enorme imagem de espelho de sua infância traumatizada a encarasse de volta".

Mesmo que estivesse vivenciando uma onda de criatividade, Sylvia estava caindo em uma depressão profunda. Ela começou a ver um psiquiatra que notou a gravidade de sua condição. Incapaz de cuidar de si mesma e de seus filhos, ela ficou com amigos enquanto tentava se recuperar – com muito medo de enfrentar outra série de ECT em um hospital psiquiátrico. Um dia, desafiadoramente decidiu que estava pronta para voltar a seu apartamento com os filhos. Seus amigos, confusos por sua súbita determinação, tentaram em vão persuadi-la a permanecer sob seus cuidados. Na mesma noite em que voltou para casa, finalmente longe dos olhos vigilantes dos amigos, Sylvia acabou com sua curta, contudo intensa, vida. Nos anos seguintes a sua morte, os críticos vieram a considerar Sylvia Plath uma das poetisas mais talentosas e influentes do século XX. Compilado por Ted Hughes, que passou a criar os dois filhos com sua segunda esposa, *The Collected Poems*, uma coletânea completa dos poemas de Sylvia, que ela escreveu entre a adolescência e o fim da vida, ganhou o Prêmio Pulitzer em 1982.

4.9 Perspectivas biopsicossociais sobre teorias e tratamentos: uma abordagem integrativa

Agora que leu sobre as principais perspectivas sobre comportamento anormal, é provável que você possa ver o valor de cada uma delas. Certas facetas de várias teorias podem parecer particularmente úteis e interessantes. Na verdade, você pode ter dificuldade para decidir qual abordagem é a "melhor". Entretanto, como dissemos repetidas vezes, a maioria dos profissionais seleciona aspectos dos vários modelos, em vez de aderir estritamente a um único método. De fato, nas últimas décadas, houve um grande afastamento das abordagens clínicas estritas que estão enraizadas em um único modelo teórico. A maior parte dos médicos utiliza abordagens integrativas ou ecléticas. O terapeuta vê as necessidades do cliente de múltiplos pontos de vista e desenvolve um plano de tratamento que responda a essas preocupações particulares.

Retorno ao caso: Meera Krishnan

Após uma avaliação psicológica mais abrangente como seu plano de tratamento indicava, o terapeuta determinou que Meera se beneficiaria mais de uma psicoterapia de abordagem cognitivo-comportamental em conjunto com medicamento. Ela seguiu essas duas recomendações e procurou um psiquiatra, que lhe prescreveu um ISRS. Ela passou a ver seu psiquiatra uma vez por semana no primeiro mês de seu curso de medicamento e, depois, uma vez por mês para uma verificação. Meera também começou a ver um terapeuta para sessões de psicoterapia semanais. Usando uma perspectiva cognitivo-comportamental, o início do trabalho com seu terapeuta focalizou-se em estratégias, como ativação comportamental, que ajudariam a lidar com os sintomas depressivos que estavam interferindo em seu funcionamento. Quando sua depressão diminuiu, a terapia passou a se concentrar nos padrões de pensamento mal-adaptativos de Meera que diziam respeito a seus relacionamentos interpessoais. Com a ajuda do terapeuta, ela reconheceu que tinha criado padrões inalcançáveis para si mesma, os quais achava que seus amigos e sua família estavam expressando. Examinando mais cuidadosamente seus relacionamentos, ela descobriu que estava impondo essas expectativas a si mesma e que seus amigos e sua família a aceitavam pelo que ela era.

Reflexões da dra. Tobin: Dada sua resposta ao tratamento, a depressão de Meera parece ser resultado tanto de uma vulnerabilidade biológica como de um processo de pensamento mal-adaptativo que surgiu no início da idade adulta. Como tal, será importante que ela permaneça com o medicamento antidepressivo para prevenir a ocorrência de futuros episódios depressivos. Seu terapeuta pode recomendar que ela mantenha terapia, uma vez que pode levar algum tempo para os padrões de pensamento dos indivíduos se tornarem mais adaptativos. Embora já estivesse se sentindo melhor após dois meses, visto que seu padrão de pensamento aparentemente esteve presente a maior parte de sua vida, será importante que Meera permaneça em terapia para assegurar que se adapte a uma forma mais corretiva de lidar com o ambiente e o estresse. O forte compromisso de Meera de recuperar-se ajudou a motivá-la para receber o tratamento que necessitava, e, como resultado, seu prognóstico é bastante positivo.

RESUMO

- As **perspectivas teóricas** influenciam as formas como médicos e pesquisadores interpretam e organizam suas observações sobre comportamento. Neste capítulo, discutimos cinco importantes perspectivas teóricas: psicodinâmica, humanista, sociocultural, cognitivo-comportamental e biológica. Concluímos a discussão com a consideração de uma abordagem integrada na qual teóricos e médicos reúnam aspectos e técnicas de mais de uma perspectiva.
- Na **perspectiva biológica**, os terapeutas veem as perturbações nas emoções, no comportamento e nos processos cognitivos como causados por anormalidades no funcionamento do corpo, tais como distúrbios no cérebro e no sistema nervoso ou endócrino. A constituição genética de uma pessoa pode desempenhar um papel importante na precipitação de certos transtornos. Na tentativa de avaliar os papéis relativos de natureza e criação, pesquisadores passaram a aceitar a noção de uma interação entre contribuições genéticas e ambientais para a anormalidade. Os tratamentos que os médicos baseiam no modelo biológico envolvem uma série de terapias somáticas, sendo a mais comum o medicamento. Intervenções somáticas mais extremas incluem **psicocirurgia** e **eletroconvulsoterapia**.
- A teoria do traço propõe que o comportamento anormal reflita **traços de personalidade** mal-adaptativos. O princípio básico dessa teoria é que a personalidade equivale a um conjunto de características estáveis. Na psicopatologia, a teoria do traço predominante é o **Modelo de Cinco Fatores**, ou os "Cinco Grandes", que inclui os traços de personalidade de neuroticismo, extroversão, abertura a experiência, sociabilidade (amabilidade) e conscienciosidade (escrupulosidade). Embora não forneça necessariamente uma estrutura para psicoterapia, o Modelo dos Cinco Fatores oferece uma perspectiva para avaliar os transtornos da personalidade.
- A **perspectiva psicodinâmica** é uma orientação teórica que enfatiza os determinantes inconscientes de comportamento e é derivada da abordagem psicanalítica de Freud. Usamos o termo *psicodinâmica* para descrever a interação entre o **id**, o **ego** e o **superego**. De acordo com os teóricos dessa escola, as pessoas usam **mecanismos de defesa** para manter pensamentos, instintos e sentimentos inaceitáveis fora da consciência. Freud dizia que há uma sequência normal de desenvolvimento através de uma série do que ele chamou de **estágios psicossexuais**, com cada estágio focalizando uma zona diferente, sexualmente excitável, do corpo: oral, anal, fálico e genital.
- Os teóricos pós-freudianos, como Jung, Adler, Horney e Erikson, se afastaram da teoria freudiana, alegando que Freud enfatizava excessivamente os instintos sexuais e agressivos. Os teóricos das **relações objetais**, como Klein, Winnicott, Kohut e Mahler, propuseram que os relacionamentos interpessoais estão no centro da personalidade e que a mente inconsciente contém imagens dos pais da criança e de seus relacionamentos com ela.
- O tratamento segundo a perspectiva psicodinâmica pode incorporar técnicas como **associação livre**, análise dos sonhos, análise da transferência e análise da resistência. Um debate considerável sobre os princípios e as técnicas dessa perspectiva continua a ocorrer. Muito dessa discussão se concentra no fato de os conceitos psicodinâmicos serem difíceis de estudar e medir e de alguns profissionais agora considerarem as noções freudianas irrelevantes na sociedade contemporânea. Abordagens mais recentes, baseadas na teoria das relações objetais, adaptaram o conceito de **estilo de apego** do bebê para entender as formas como os adultos se relacionam com pessoas significativas em suas vidas.

- De acordo com a **perspectiva comportamental**, experiências de aprendizagem defeituosas causam anormalidade. Conforme a perspectiva cognitivo-comportamental (às vezes chamada de cognitiva), processos de pensamento mal-adaptativos causam anormalidade. Os behavioristas afirmam que os indivíduos adquirem muitas reações emocionais por meio do **condicionamento clássico**. O **condicionamento operante**, com a ênfase de Skinner no **reforço**, envolve a aprendizagem de comportamentos que não são automáticos. Os **teóricos da aprendizagem social** estudaram o processo de aquisição de novas respostas pela observação e imitação do comportamento de outras pessoas, que chamamos de modelagem. Em intervenções baseadas na teoria comportamental, os terapeutas fixam-se em comportamentos que podem ser observados.
- As teorias cognitivas de Beck enfatizam as formas de pensar perturbadas. Os profissionais que aderem a uma **perspectiva cognitiva** trabalham com os clientes para mudar padrões de pensamento mal-adaptativos.
- No centro da **perspectiva humanista** está a crença de que a motivação humana é baseada em uma tendência inerente a buscar a autorrealização e o significado da vida, noções enraizadas na psicologia existencial. A teoria centrada na pessoa, de Carl Rogers, focaliza-se na singularidade de cada indivíduo, na importância de permitir que cada um alcance a máxima realização do potencial e na necessidade de o sujeito confrontar honestamente a realidade de suas experiências no mundo. A teoria da **autorrealização**, de Maslow, está centrada na realização máxima do potencial do indivíduo para crescimento psicológico. Na **terapia centrada no cliente**, Rogers recomendou que os terapeutas o tratem com **consideração positiva incondicional** e empatia, ao mesmo tempo fornecendo um modelo de autenticidade e uma disposição a autorrevelação.
- Os teóricos da **perspectiva sociocultural** enfatizam as formas como pessoas, instituições e forças sociais influenciam os indivíduos. Os proponentes da **perspectiva familiar** veem o sujeito como um componente integral do padrão de interações e relacionamentos que existe no âmbito da família. Suas quatro abordagens principais são intergeracional, estrutural, estratégica e experiencial. Os transtornos psicológicos também podem surgir como resultado de discriminação quanto a atributos como gênero, raça ou idade, bem como de pressões associadas com dificuldades econômicas. As forças sociais gerais, como os valores fluidos e inconsistentes em uma sociedade, e eventos históricos destrutivos, como revolução política, desastre natural ou depressão de uma nação, também podem afetar as pessoas de maneira adversa. A natureza do grupo envolvido determina os tratamentos na perspectiva sociocultural. Na terapia familiar, os terapeutas encorajam os membros da família a tentarem novas formas de se relacionar uns com os outros e de pensar sobre seus problemas. Na terapia de grupo, as pessoas compartilham suas histórias e experiências com outras pessoas em situações semelhantes. A ambientoterapia fornece um contexto no qual a intervenção é o ambiente, em vez de o indivíduo, geralmente consistindo em equipe e clientes em uma comunidade terapêutica.
- Na prática contemporânea, a maioria dos profissionais adota uma abordagem integrativa, na qual eles selecionam aspectos de vários modelos em vez de aderir estritamente a um único modelo. As três formas como eles integram vários modelos incluem ecletismo técnico, integração teórica e a abordagem de fatores comuns.

TERMOS-CHAVE

Abordagem multicultural 95
Alelo 72
Associação livre 86
Atitudes disfuncionais 89
Autoeficácia 87
Autorrealização 92
Centrado no cliente 91
Condicionamento clássico 86
Condicionamento operante 87
Consideração positiva incondicional 93
Contracondicionamento 88
Dessensibilização sistemática 88
Discriminação social 94
Economia de fichas 89
Ego 82
Eletroconvulsoterapia (ECT) 79
Endofenótipos 74
Entrevista motivacional (EM) 93
Epigênese 75
Epigenética 73
Estágios psicossexuais 82
Estilo do apego 85
Estimulação cerebral profunda (ECP) 79
Estudo de associação genômica ampla (GWAS) 76
Estudo de ligação genômica ampla 76
Fenótipo 73
Genótipo 72
Id 81
Libido 82
Manejo da contingência 89
Mecanismos de defesa 82
Medicamentos psicoterapêuticos 78
Metilação do DNA 75
Modelagem participante 89
Modelo diátese-estresse 75
Modelo dos Cinco Fatores 80
Neurocirurgia psiquiátrica 78
Neuromodulação 79
Neurotransmissor 72
Pensamento de processo secundário 82
Pensamentos automáticos 89
Perspectiva biológica 72
Perspectiva cognitiva 89
Perspectiva comportamental 86
Perspectiva familiar 94
Perspectiva humanista 91
Perspectiva psicodinâmica 81
Perspectiva sociocultural 93
Perspectiva teórica 72
Poligênico 73
Polimorfismo de nucleotídeo único (SNP) 77
Princípio da realidade 82
Princípio do prazer 82
Psicocirurgia 78
Psicologia do ego 84
Reestruturação cognitiva 90
Reforço 87
Reforço indireto 87
Relações objetais 85
Superego 82
Teoria centrada na pessoa 91
Teoria da aprendizagem social 87
Terapia cognitivo-comportamental (TCC) 90
Terapia de aceitação e compromisso (ACT) 90
Traço de personalidade 80
Tratamento psicofarmacológico 78

Transtornos do Neurodesenvolvimento

SUMÁRIO

Objetivos de aprendizagem

5.1 Explicar as características e as causas de deficiência intelectual.

5.2 Explicar as características, as teorias e o tratamento de transtorno do espectro autista.

5.3 Diferenciar entre aprendizagem e comunicação e transtornos da comunicação.

5.4 Explicar as características, as teorias e o tratamento de TDAH.

5.5 Descrever os transtornos motores.

5.6 Analisar o modelo biopsicossocial dos transtornos do neurodesenvolvimento.

Relato de caso: Jason Newman

Informação demográfica: Jason é um menino caucasiano de 8 anos de idade.

Problema apresentado: A professora do 3º ano de Mason, sra. Brownstein, tinha notado seu comportamento cada vez mais hiperativo e sua incapacidade de prestar atenção em aula desde o primeiro dia de escola. Uma vez que não queria alarmar os pais de Jason, a sra. Brownstein observou seu comportamento nas primeiras semanas para determinar se a adaptação à sala poderia diminuir seu comportamento turbulento. Entretanto, o comportamento dele apenas se deteriorou à medida que as semanas passavam, e a professora decidiu entrar em contato com seus pais, Pam e John, e sugeriu uma avaliação psicológica para o menino. Embora tivessem sido aconselhados por professoras anteriores a levar Jason a um psicólogo, o plano de saúde dos Newman não cobria essa despesa, e eles não tinham condições de pagá-la. Contudo, estava se tornando evidente que o tratamento seria necessário para que Jason completasse com sucesso sua escolaridade. Felizmente, o marido da sra. Brownstein era psicólogo infantil com consultório particular e concordou em avaliá-lo de graça. A mãe de Jason, Pam, o acompanhou à consulta com o dr. Brownstein, que a entrevistou antes de ver o menino. Pam explicou que Jason tinha sido "uma criança muito inquieta" desde bebê, mas que seu comportamento disruptivo e com frequência inadequado na escola tinha ficado notavelmente pior nos últimos três anos. Visto que ele tinha sido o primeiro filho do casal, Pam não tinha percebido que sua aparente abundância de energia era anormal. O casal também tem um filho de 4 anos, Nicholas, cujo comportamento quando bebê era muito "mais calmo", o que os tinha alertado de que alguma coisa era diferente com Jason. Pam explicou ainda que, fora do ambiente da sala de aula, Jason costuma ser mais agitado em situações em que tenha de manter a atenção por um longo período de tempo. Por exemplo, ela notou que, na igreja, aos domingos, Jason em geral começa a se retorcer em seu assento após os primeiros cinco minutos do culto. Ela comentou que isso é muito constrangedor para ela e seu marido, que tem dificuldade em fazer o filho ficar quieto e, como resultado, parou de ir à igreja. Ela descreveu também que muitas vezes era difícil cuidar de Nicholas quando bebê, porque Jason frequentemente corria para dentro do quarto quando Nicholas estava mamando e exigia que a mãe prestasse atenção nele. Em diversas ocasiões, Jason tirou a mamadeira da mão de Pam enquanto ela alimentava Nicholas.

Embora tente ser muito paciente com Jason, Pam relata que seu marido, John, tem mais dificuldade em lidar com o comportamento inquieto do filho. Descreveu casos em que Jason tinha sido particularmente turbulento em casa, tendo quebrado móveis e artigos caros que estavam em cima das mesas nas quais subira. Ela declarou que isso tem tornado difícil o relacionamento entre pai e filho e tem sido uma fonte de tensão entre ela e John também, já que com frequência discordam sobre como disciplinar Jason. Pam e John tentaram, sem sucesso, implementar um sistema de punição e recompensas com base no desempenho na escola. Entretanto, isso apenas causou mais frustração, uma vez que ambos costumam discordar quanto à quantidade adequada de punição.

Pam declarou que as professoras de Jason tinham descrito os mesmos padrões de comportamento todos os anos, ainda que durante o ano escolar atual sua capacidade de prestar atenção tenha diminuído seriamente, talvez, como Pam observou, porque o material apresentado na sala de aula tenha se tornado mais complexo, requerendo mais atenção e reflexão. Ao longo dos anos anteriores, a incapacidade de prestar atenção se manifestava no fato de ele deixar os materiais da sala de aula espalhados após ter terminado e nunca recolhê-los. Durante o ano escolar atual, diante de problemas difíceis na sala de aula, a sra. Brownstein relatou que Jason saía de sua carteira e ia para outra parte da sala e começava a brincar com os brinquedos quando ela estava tentando passar uma lição. Pam estava particularmente preocupada com a possibilidade de o mau comportamento do menino na escola afetar a qualidade de sua educação ao longo dos anos, em especial porque suas notas tinham estado na média inferior da classe todos os anos. Além disso, foi difícil para Jason fazer amizades na escola, dada sua conduta excessivamente ativa e sua propensão a ser rude e impaciente com outras crianças. Pam declarou temer que, sem bons amigos na escola, ele pudesse ficar isolado e sujeito a zombarias de seus colegas. Comentou que Jason e Nicholas também não se davam muito bem, porque Jason tendia a ser autoritário com o irmão mais novo e em geral não estava disposto a brincar com ele.

Quando o dr. Brownstein chamou Jason para sua sala após a entrevista com Pam, este tinha ido para o corredor e estava correndo para cima e para baixo na escada que leva ao consultório. Pam foi buscá-lo e o trouxe de volta, ficando na sala de espera enquanto o filho era entrevistado sozinho. Jason ficou sentado imóvel por alguns minutos, mas logo foi se tornando inquieto, levantando da cadeira e tentando sair do consultório diversas vezes durante toda a entrevista. Suas respostas às perguntas do dr. Brownstein eram tangenciais e difíceis de compreender, uma vez que levantava da cadeira repetidas vezes enquanto estava falando. Quando questionado por que era tão difícil se sentar quieto, respondeu, "Eu estou apenas entediado o tempo todo. Não posso evitar!".

A fim de observar a capacidade de Jason para manter a atenção em uma tarefa, o dr. Brownstein deu-lhe canetas coloridas e pediu que desenhasse uma casa. Jason começou a desenhar a forma de uma casa, mas logo abandonou a tarefa e correu para um dos cantos da sala, onde viu blocos de construção de brinquedo e começou a se divertir com eles. Quando o psicólogo lhe pediu para voltar à tarefa, ele declarou raivosamente: "Não! Não! Não! Não! Não! Eles me fazem desenhar na escola o tempo todo! Onde está a minha mãe?". Nesse ponto, Jason começou a chorar. Tomando cuidado para não causar sofrimento desnecessário, o dr. Brownstein chamou Pam de volta ao consultório, e Jason logo se acalmou e começou a sorrir.

História relevante: Pam relatou não ter tido complicações durante sua gravidez e que Jason não tivera problemas de saúde durante seu desenvolvimento. Não havia história familiar de transtornos da infância ou de déficit de atenção.

Formulação de caso: Com base na entrevista com Pam e na observação do comportamento de Jason, o dr. Brownstein determinou que o menino satisfaz os critérios diagnósticos do DSM-5 para transtorno de déficit de atenção/hiperatividade, tipo hiperativo-impulsivo. Seus sintomas estiveram presentes por mais de seis meses e antes dos 7 anos de idade. Ele exibe sintomas predominantemente hiperativo-impulsivos, e, embora tenha alguns sintomas de desatenção, eles são muito poucos para considerar uma apresentação combinada.

Plano de tratamento: Jason será encaminhado a seu pediatra para uma consulta de medicamento. Ele também será encaminhado para terapia comportamental em uma clínica de baixo custo na área.

Sarah Tobin, PhD

Visto que surgem muito cedo, os transtornos que iniciam na infância afetam de forma significativa as vidas daqueles que os apresentam, de suas famílias, das escolas e da sociedade em geral. As intervenções visando a esses transtornos são importantes sobretudo porque podem literalmente reconfigurar a direção que a vida do indivíduo tomará. Ao mesmo tempo, clínicos, pais e professores lutam com a questão relacionada a aplicar ou não diagnósticos de um determinado transtorno às crianças que apresentam distúrbios comportamentais. Uma vez feito um diagnóstico, existe a possibilidade de as pessoas tratarem essas crianças de maneira "difereciada", e estas em consequência experimentarem efeitos que vão além de seus sintomas iniciais. Por exemplo, é certo dar um diagnóstico psiquiátrico a um menino que perde a cabeça com frequência, discute com seus pais, se recusa a obedecer regras, age de forma irritante e mente? De que forma esses comportamentos diferem das atitudes da criança "normal", que está apenas passando por fases como os "terríveis dois anos" ou a rebeldia do início da adolescência? Como você aprenderá, os clínicos tentam definir esses diagnósticos o mais restritivamente possível para evitar confundir desenvolvimento normal com anormal. De modo invariável, entretanto, é possível que haja casos nos quais um profissional considere que um comportamento normal satisfaz os critérios para um transtorno psicológico.

Os transtornos que iniciam cedo na infância e permanecem com o indivíduo durante toda a vida são conhecidos como **transtornos do neurodesenvolvimento**. Eles normalmente se tornam evidentes no início do desenvolvimento das crianças, com frequência antes de elas alcançarem a idade escolar. Os déficits associados com esses transtornos incluem prejuízos no funcionamento pessoal, social, acadêmico ou ocupacional. Alguns transtornos têm especificadores para indicar, por exemplo, que estão ligados a uma anormalidade genética ou a fatores ambientais que afetaram o indivíduo durante o período pré-natal.

transtornos do neurodesenvolvimento
Condições que iniciam na infância e têm um impacto importante no funcionamento social e cognitivo, envolvendo déficits sérios na interação social e nas habilidades de comunicação, bem como comportamento, interesses e atividades bizarros.

É importante não esquecer que, por definição, os transtornos do neurodesenvolvimento podem apresentar mudanças importantes ao longo do tempo. À medida que passam da infância para a adolescência e a idade adulta, os indivíduos podem experimentar mudanças no amadurecimento que alteram a forma como seu transtorno se manifesta em determinados comportamentos. Felizmente, com intervenções adequadas, os terapeutas podem ajudar as crianças a aprender a lidar com seus sintomas ou a superá-los por completo.

5.1 Deficiência intelectual (transtorno do desenvolvimento intelectual)

Os profissionais diagnosticam indivíduos com uma deficiência intelectual quando apresentam déficits intelectuais e adaptativos que se tornam evidentes pela primeira vez na infância. A CID usa o termo "transtorno do desenvolvimento intelectual", portanto o DSM-5 coloca essa expressão entre parênteses após "**deficiência intelectual**". O DSM-IV-TR usava o termo "**retardo mental**" para referir-se a esse grupo de transtornos. Entretanto, de acordo com as recomendações da American Association of Intellectual and Developmental Disabilities (Associação Americana sobre Deficiências Intelectuais e do Desenvolvimento-AAIDD), entre outros grupos, os autores do DSM-5 adotaram a terminologia de "deficiência intelectual" (transtorno do desenvolvimento intelectual). Por uma questão de brevidade, iremos nos referir ao transtorno como deficiência intelectual, embora tecnicamente ele também deva incluir "transtorno do desenvolvimento intelectual".

deficiência intelectual (transtorno do desenvolvimento intelectual)
Diagnóstico usado para caracterizar indivíduos que têm déficits intelectuais e adaptativos que se tornaram evidentes pela primeira vez quando eles eram crianças.

retardo mental
Uma condição, presente desde a infância, caracterizada por funcionamento intelectual geral significativamente abaixo da média (um QI de 70 ou abaixo).

Para receber um diagnóstico de deficiência intelectual, o indivíduo deve satisfazer condições que se enquadrem em três conjuntos de critérios. O primeiro inclui déficits nas habilidades intelectuais gerais que um teste de inteligência poderia medir, incluindo raciocínio, solução de problemas, julgamento, habilidade de aprender com a experiência e aprendizagem em um contexto acadêmico. Para fazer essa determinação, o clínico deve usar testes que sejam individualizados, padronizados e psicometricamente sólidos. Além disso, os testes devem ser adequados à cultura. Isso significa que indivíduos que não falem o inglês (o idioma local) como primeira língua, por exemplo, e poderiam não ter boa pontuação em um teste de QI baseado na língua inglesa (local), devendo, portanto, receber avaliação com um teste linguisticamente adequado. Além da adequação linguística, o teste também deve considerar diferenças culturais nas formas como as pessoas se comunicam, se movimentam, e se comportam. Essas últimas considerações são congruentes com as da AAIDD. O ponto de corte para satisfazer esse critério é uma medida de inteligência de aproximadamente 70 ou abaixo.

O segundo conjunto de critérios para um diagnóstico de deficiência intelectual envolve prejuízos no funcionamento adaptativo, relativo à idade e ao grupo cultural de uma pessoa, em uma variedade de atividades da vida diária, como comunicação, participação social e vida independente. Algumas dessas dificuldades adaptativas, por exemplo, incluem problemas para usar dinheiro, dizer as horas e se relacionar com outras pessoas em situações sociais. Os terapeutas devem julgar se o comportamento adaptativo de um indivíduo está ou não prejudicado por meio de testes que sejam padronizados, individualizados, possuam solidez psicométrica e sejam culturalmente adequados.

O terceiro critério diz respeito à idade de início. De maneira específica, o transtorno deve começar antes da idade de 18 anos.

MINICASO

Deficiência intelectual

Juanita é uma menina de 5 anos com síndrome de Down. Sua mãe tinha 43 anos quando ela e seu marido decidiram iniciar uma família. Devido a sua idade, os clínicos a aconselharam a fazer um teste pré-natal para anormalidades na constituição cromossômica do feto em desenvolvimento. O casal ficou chocado e angustiado quando recebeu os resultados. Quando Juanita nasceu, seus pais estavam preparados para o que esperar em termos da aparência, do comportamento e de possíveis problemas médicos da criança. Felizmente, ela não necessitou de atenção médica especial. Muito cedo na vida de Juanita, seus pais consultaram psicopedagogos, os quais recomendaram um programa de enriquecimento para maximizar o funcionamento cognitivo. A partir dos 6 meses de idade, todas as manhãs o bebê frequentou um programa no qual a equipe fazia esforços intensivos para facilitar seu desenvolvimento motor e intelectual. Agora que está em idade escolar, Juanita entrará no jardim de infância da escola pública local, onde os professores irão se esforçar para integrá-la à educação convencional. A jovem tem a sorte de viver em um distrito escolar no qual os administradores reconhecem a importância de fornecer os recursos para alunos como ela, a fim de que tenham a oportunidade de aprender e crescer o mais normalmente possível.

Uma vez que o terapeuta determine que o diagnóstico de deficiência intelectual é adequado, o próximo passo é avaliar o grau de gravidade, que pode ser leve, moderado, grave e profundo. Em classificações anteriores, esses níveis tinham por base as pontuações de testes de inteligência. No DSM-5, eles são baseados em quão bem o indivíduo é capaz de se adaptar nas esferas conceitual, social e prática (ver Tab. 5.1). Ainda, a terminologia do DSM-5 é mais específica do que a do DSM-IV-TR. Ademais, o DSM-5 requer que os profissionais usem testes que refletem sensibilidade cultural. O DSM-5 baseia as esferas de comportamento adaptativo em áreas que determinam melhor se um indivíduo está ou não prejudicado na vida diária, e elas são delineadas de forma mais completa. Os pesquisadores acreditam que a combinação de melhor especificidade nos critérios de comportamento adaptativo e inclusão de testes culturalmente sensíveis resultarão em uma base mais precisa para o diagnóstico e, em última análise, em melhor tratamento de indivíduos com transtornos do desenvolvimento intelectual.

As estimativas mostram que aproximadamente 1% da população mundial tem deficiência intelectual, mas a prevalência é maior em países de baixa renda (1,64%) do que em países classificados como de renda média (1,59%) ou alta (1,54%). A prevalência mais alta ocorre em favelas urbanas ou em contextos rurais-urbanos. Estudos com crianças e adolescentes também relatam taxas de prevalência mais altas do que estudos com adultos. Os custos para a economia associados com o tratamento desses indivíduos pode ser muito oneroso, com estimativas ao longo da vida de até 51,2 bilhões de dólares apenas nos Estados Unidos. Compensando esses custos estão tentativas de melhorar a saúde materna e infantil e intervenções que visam ensinar habilidades adaptativas para crianças com esses transtornos, de modo que possam viver em níveis funcionais mais altos (Maulik, Mascarenhas, Mathers, Dua, & Saxena, 2011).

Causas de deficiência intelectual

síndrome de Down
Uma forma de deficiência intelectual causada por formação cromossômica anormal durante a concepção.

As anormalidades genéticas são uma causa significativa de deficiência intelectual. As três causas genéticas mais importantes são **síndrome de Down**, fenilcetonúria e síndrome do X frágil. A epigenética também parece desempenhar um papel importante no aumento do risco de o indivíduo desenvolver uma deficiência intelectual. Estilo de vida, dieta, condições de vida e idade podem afetar a expressão de um gene por meio de mutações, deleções ou posições alteradas de genes nos cromossomos (Franklin & Mansuy, 2011).

A maioria das pessoas com síndrome de Down herdou uma cópia extra do cromossomo 21 e, portanto, tem 47 cromossomos em vez dos 46 normais. Nesta forma de síndrome de Down, denominada Trissomia 21, o cromossomo extra interfere no desenvolvimento normal do corpo e do cérebro. Os sintomas da síndrome de Down variam de leve a grave e podem variar de uma pessoa para outra. Essa síndrome é a causa mais comum de defeitos de nascimento em seres humanos e quase sempre está associada com deficiência intelectual, bem como com uma série de sinais físicos.

TABELA 5.1 Escala diagnóstica de comportamento adaptativo

O DSM-5 especifica quatro níveis de gravidade para deficiência intelectual em cada uma de três esferas:

Conceitual

Leve: Dificuldades na aprendizagem de habilidades acadêmicas, funcionamento executivo limitado (em adultos) e memória prejudicada.

Moderado: Atrasos significativos ao longo da infância em linguagem, leitura e matemática. Os adultos permanecem no nível do ensino fundamental e necessitam de assistência contínua para completar tarefas da vida diária.

Grave: Alcance limitado de habilidades conceituais, pouco entendimento de linguagem, aritmética, tempo e dinheiro; necessita apoio extensivo durante toda a vida.

Profundo: Incapaz de pensar simbolicamente, entendimento limitado de como usar objetos; prejuízos motores e sensoriais com frequência são presentes neste nível, tornando impossível para o indivíduo o uso de objetos de uma forma funcional.

Social

Leve: Imaturo em interações sociais, dificuldades para regular as emoções e para comportar-se de maneira adequada para a idade; ingenuidade.

Moderado: Linguagem menos complexa do que a de seus pares, capaz de vínculos sociais e emocionais com os outros, mas pode não ser capaz de ler os sinais sociais das outras pessoas. Os cuidadores devem auxiliar na tomada de decisão.

Grave: Vocabulário e gramática limitados; fala e linguagem focadas no "aqui e agora"; capaz de entender fala e gestos simples; entretanto, também é capaz de relacionamentos interpessoais gratificantes.

Profundo: Entendimento muito limitado de fala e gestos na comunicação social; pode expressar desejos e emoções de formas não verbais; pode ter relacionamentos gratificantes com os outros, contudo, se estiverem familiarizados com o indivíduo. Prejuízos sensoriais e motores, entretanto, podem impedir a participação em uma ampla variedade de atividades sociais.

Prática

Leve: Pode ser capaz de cuidar de si mesmo, mas necessita apoio com tarefas complexas na vida diária, como fazer compras, transporte, cuidado de crianças e manejo do dinheiro. Na idade adulta, pode ser empregado em funções que não requeiram habilidades conceituais.

Moderado: Capaz de suprir uma variedade de necessidades pessoais, embora considerável treinamento seja requerido a princípio. Pode ser empregado em funções que requeiram habilidades conceituais limitadas; necessita apoio e supervisão. Uma pequena minoria apresenta comportamento mal-adaptativo.

Grave: Requer apoio e supervisão para atividades da vida diária; não pode tomar decisões por si ou pelos outros; quando adulto, exige treinamento e apoio de longo prazo para qualquer tipo de aquisição de habilidade. Muitas pessoas neste nível podem apresentar comportamento mal-adaptativo, incluindo autolesão.

Profundo: Dependente de outras pessoas para todos os aspectos das atividades diárias; pode ser capaz de ajudar em algumas tarefas em casa ou no local de trabalho. Pode apreciar uma variedade de formas de entretenimento, embora prejuízos físicos e sensoriais impeçam a participação ativa. Uma minoria significativa apresenta comportamento mal-adaptativo.

A face de um indivíduo com síndrome de Down é relativamente fácil de reconhecer e inclui uma cabeça menor que o normal e de formato incomum. Alguns dos aspectos característicos das pessoas com a síndrome incluem um nariz achatado, orelhas pequenas, boca pequena, olhos inclinados para cima, excesso de pele na nuca e pontos brancos na íris do olho. Apresentando atrasos no desenvolvimento físico, os indivíduos com síndrome de Down nunca alcançam a altura adulta total. Também são propensos a sofrer de uma variedade de males físicos, incluindo defeitos cardíacos, catarata

Crianças com síndrome de Down sofrem de uma anormalidade genética que afeta gravemente seu desenvolvimento intelectual.

dos olhos*, problemas de audição, problemas de quadril, vômito precoce e massivo, constipação crônica, apneia do sono, tireoide subativa e dentes que aparecem mais tarde que o normal e em locais que podem levar a problemas de mastigação. Além das pontuações de QI mais baixas, esses indivíduos são mais propensos a apresentar comportamento impulsivo, julgamento pobre, intervalo de atenção curto e tendência a frustração e irritação por suas limitações. Eles são muito mais inclinados a desenvolver doença de Alzheimer, e isso acontece em uma idade muito mais precoce do que seria esperado (PubMedHealth, 2011b). Os altos níveis de estressores de vida que enfrentam os tornam potencialmente vulneráveis a desenvolver transtornos depressivos (Walker, Dosen, Buitelaar, & Janzing, 2011).

Os bebês nascidos com **fenilcetonúria (PKU)** não possuem uma enzima chamada fenilalanina-hidroxase, que decompõe a fenilalanina, um aminoácido encontrado em alimentos que contêm proteínas. Quando a fenilalanina aumenta no corpo, causa dano ao sistema nervoso central. Não tratada, a PKU leva a atrasos do desenvolvimento, um tamanho da cabeça menor que o normal, hiperatividade, movimentos espasmódicos do braço e da cabeça, convulsões, erupções cutâneas e tremores. Felizmente, a administração de um teste sanguíneo simples a todos os bebês logo após o nascimento pode diagnosticar PKU. As crianças que herdaram essa condição precisam seguir uma dieta baixa em fenilalanina, particularmente no início da vida. Entretanto, essa dieta significa que o indivíduo deve evitar leite, ovos e outros alimentos comuns, bem como o adoçante artificial aspartame. A criança também pode seguir uma dieta rica em óleo de peixe, ferro e carnitina. Aqueles que não aderem a esse regime podem desenvolver transtorno de déficit de atenção/hiperatividade (PubMedHealth, 2011d). Também podem apresentar anormalidades no uso de estratégia em tarefas verbais, mesmo se receberam tratamento no início da vida (Banerjee, Grange, Steiner, & White, 2011).

fenilcetonúria (PKU)
Condição na qual as crianças nascem com falta de uma enzima chamada fenilalanina hidroxase.

Em crianças nascidas com a doença de Tay-Sachs, os déficits no funcionamento intelectual ocorrem devido a uma falta de hexosaminidase A, uma enzima que ajuda a decompor uma substância química no tecido nervoso denominada gangliosídeo. Sem essa enzima, os níveis de gangliosídeo se acumulam, particularmente nos neurônios do cérebro. A doença ocorre devido a um gene defeituoso no cromossomo 15. Para que se desenvolva, ambos os genitores devem ter esse defeito genético. Se apenas um deles apresentá-lo, a criança se torna portadora e poderia transmitir a doença a seus filhos se o parceiro também tiver o gene defeituoso. É mais comum entre os judeus Ashkenazi, que são descendentes de europeus do leste.

Os sintomas da doença de Tay-Sachs, além de atrasos do desenvolvimento, incluem surdez, cegueira, perda do tônus muscular e das habilidades motoras, demência, reflexos atrasados, desatenção, paralisia, convulsões e crescimento lento. Embora essa doença possa se desenvolver mais tarde na vida, a maioria dos indivíduos tem a forma que aparece nos primeiros 3 a 10 meses após o nascimento. A doença progride rapidamente, e a maioria das crianças afetadas não vive além dos 4 ou 5 anos de idade. Não há tratamento. Entretanto, os pais podem receber testagem genética antes de a criança nascer (PubMedHealth, 2011e).

A forma mais comum de deficiência intelectual em homens é a **síndrome do X frágil**, um transtorno genético causado por uma mudança em um gene chamado FMRI.

síndrome do X frágil
Um transtorno genético causado por uma mudança em um gene chamado FMRI.

* N. de R. T.: Corresponde à opacidade, parcial ou total, do cristalino, que é uma lente natural do olho, responsável pela focalização, para longe ou perto. Com a opacidade, ocorre a diminuição progressiva da visão.

Uma pequena parte do código genético é repetido em uma área frágil do cromossomo X, e, quanto maior o número de repetições, maior o déficit. Visto que os homens têm apenas um cromossomo X, esse defeito genético tem mais probabilidade de afetá-los do que às mulheres.

As crianças com a síndrome do X frágil podem parecer normais, mas apresentam algumas anormalidades físicas, incluindo uma circunferência da cabeça grande, anormalidades sutis da aparência facial como testa ampla e face alongada, pés chatos, tamanho do corpo grande e testículos grandes após entrar na puberdade. Os problemas de comportamento que exibem incluem atrasos para alcançar marcos como engatinhar ou caminhar, comportamento hiperativo ou impulsivo, bater palmas ou morder, atraso de fala e linguagem e tendência a evitar contato visual. As meninas com esse transtorno podem não apresentar outros sintomas além de menopausa prematura ou dificuldade para conceber um filho (PubMedHealth, 2011c). Os terapeutas também associam a síndrome do X frágil com hiperatividade e atenção pobre, bem como com outros transtornos do neurodesenvolvimento, incluindo o do espectro do autismo. Um levantamento de mais de mil famílias que tinham pelo menos um filho com a síndrome do X frágil revelou que mais de metade vivenciava uma carga financeira relevante como resul-

Novidades no DSM-5

Transtornos do neurodesenvolvimento

Muitas mudanças ocorreram na organização dos transtornos da infância quando o DSM-5 foi finalizado. Talvez a mais significativa tenha sido a nova denominação de um grande grupo de condições com o termo "neurodesenvolvimento". Os críticos do DSM-5 argumentam que esse termo presume um modelo teórico por atribuir a causas biológicas muitos dos transtornos que, no passado, eram vistos como refletindo múltiplos fatores. Especificamente, colocar o TDAH nessa categoria sugere que o tratamento adequado, por sua vez, se concentraria em mudar a biologia do indivíduo por meio de medicamentos.

A categoria mais genérica "transtorno específico da aprendizagem" substituiu o que eram transtornos separados, como o das habilidades matemáticas. O termo de melhor aceitação "deficiência intelectual" substituiu o termo "retardo mental". "transtorno do espectro autista" substituiu o transtorno autista, e o termo "transtorno de Asperger" foi completamente eliminado. As pessoas que recebiam o diagnóstico desse transtorno são agora incluídas no espectro autista.

Houve outras mudanças de categoria importantes na transição para o DSM-5. O transtorno de ansiedade de separação era incluído nos transtornos diagnosticados pela primeira vez na infância; agora encontra-se na categoria de transtornos de ansiedade. Os transtornos de oposição desafiante e da conduta passaram para "transtornos disruptivos, do controle dos impulsos e da conduta", uma categoria que discutiremos no Capítulo 14. Pica, transtorno de ruminação e transtorno da alimentação da infância e da primeira infância passaram para a categoria de "transtornos alimentares".

Ao mover muitos desses transtornos da infância para categorias novas ou outras já existentes, os autores do DSM-5 reconhecem a continuidade de comportamento da infância até a idade adulta, uma posição que seria congruente com os princípios do desenvolvimento do ciclo de vida. Entretanto, as crianças podem estar mais propensas a receber diagnósticos que eram considerados apropriados apenas para adultos na época do DSM-IV-TR.

Estes meninos gêmeos têm a síndrome do X frágil, um transtorno genético raro que causa algumas anormalidades físicas sutis e, em muitos casos, problemas comportamentais.

A síndrome alcoólica fetal faz as crianças nascerem com deficiências intelectuais e do desenvolvimento graves.

tado direto do transtorno, e quase 60% tiveram que interromper ou mudar significativamente seus horários de trabalho (Ouyang, Grosse, Raspa, & Bailey, 2010).

Os riscos ambientais durante o desenvolvimento pré-natal são a segunda categoria de causas de deficiência intelectual. Esses riscos, chamados de "teratogênicos", incluem drogas ou substâncias químicas tóxicas, subnutrição materna e infecções na genitora durante fases essenciais do desenvolvimento fetal. As mães que contraem rubéola ("sarampo alemão") durante o primeiro trimestre da gravidez são propensas a dar à luz um filho com deficiência intelectual. Infecções, privação de oxigênio durante o parto ("anoxia"), parto prematuro e lesão cerebral durante o parto também podem levar a dano cerebral e a déficits intelectuais associados. Também podemos associar parto prematuro com deficiência intelectual. Doenças, traumatismos cranianos causados por acidentes ou abuso e exposição a substâncias tóxicas, como chumbo ou monóxido de carbono, também podem levar crianças mais velhas a sofrer perda da capacidade intelectual.

O consumo materno de álcool durante a gravidez pode levar o infante a desenvolver, antes do nascimento, **síndrome alcoólica fetal (SAF)**, um conjunto de anormalidades na aparência facial, padrões de crescimento mais lentos que a média e, mais importante, amadurecimento do sistema nervoso que resulta em déficits intelectuais. O uso materno de álcool durante todos os estágios da gravidez pode causar dano ao desenvolvimento da criança. A profissão médica considera o nível de consumo prejudicial mais de 80 gramas de álcool por dia. Quanto maior a quantidade consumida pela gestante, maiores os efeitos sobre a criança.

Os clínicos diagnosticam indivíduos com SAF se eles satisfizerem os critérios listados na Tabela 5.2. A ideia por trás dessas diretrizes é que, tendo medidas objetivas, quantitativas, os profis-

síndrome alcoólica fetal (SAF)
Uma condição associada com deficiência intelectual em uma criança cuja mãe consumiu grandes quantidades de álcool regularmente durante a gravidez.

TABELA 5.2 Critérios diagnósticos para síndrome alcoólica fetal (SAF)

Área de funcionamento	Critérios
Aparência facial	Cume suave entre o nariz e o lábio, borda fina em torno dos lábios e pequena separação entre as pálpebras superiores e inferiores (baseado em normas raciais)
Problemas de crescimento	Altura, peso ou ambos iguais ou abaixo do 10º percentil (ajustado para idade, sexo e raça ou etnia)
Anormalidades do sistema nervoso central	Circunferência da cabeça menor e anormalidades cerebrais visíveis em exames por imagem Problemas neurológicos não devidos a lesão ou febre Desempenho em medidas funcionais substancialmente abaixo do esperado para a idade, a escolaridade ou as circunstâncias de um indivíduo
Exposição materna a álcool	Exposição a álcool pré-natal confirmada; se essa informação não estiver disponível, as crianças que satisfizerem todos os três critérios acima seriam encaminhadas para nova testagem

FONTE: Bertrand et al., 2004.

sionais serão capazes de fornecer diagnósticos mais precisos, facilitando tanto o tratamento como a pesquisa (Bertrand et al., 2004).

Os déficits cognitivos de crianças com SAF parecem pronunciados sobretudo na área de funcionamento executivo, levando-as a serem particularmente desafiadas no processamento e integração de informação. Elas acham difícil efetuar tarefas que requeiram a graduação do controle da atenção e a realização de manipulações mentais (Kodituwakku, 2009). Embora a exposição ao álcool afete o cérebro inteiro, as crianças com SAF apresentam volume cerebral reduzido e malformações do corpo caloso, o tecido que conecta os dois hemisférios cerebrais (Lebel, Roussotte, & Sowell, 2011).

Os epidemiologistas estimam a prevalência de SAF em cerca de 0,5 a 2,0 de cada mil crianças nascidas por ano (Centers for Disease Control and Prevention, 2011). Usando essas estimativas, isso significa que, entre os aproximadamente 4 milhões de bebês nascidos nos Estados Unidos a cada ano, de mil a 6 mil terão SAF. Entretanto, as taxas da síndrome variam muito em determinados subgrupos da população. Grupos economicamente desfavorecidos, nativos norte-americanos e outras minorias têm taxas mais altas, como 3 a 5 de cada mil nascimentos. As crianças com SAF correm o risco de ter uma variedade de desfechos negativos, incluindo abandono da escola, problemas com a lei, diagnósticos de outros problemas de saúde mental, desenvolvimento de transtornos decorrentes do uso de substâncias, comportamento sexual inadequado, incapacidade de viver independentemente e dificuldade de permanecer no emprego (Bertrand et al., 2004).

Tratamento de deficiência intelectual

As pessoas com deficiência intelectual podem se beneficiar da intervenção precoce que visa fornecer treinamento em coordenação motora, uso da linguagem e habilidades sociais. Os educadores podem combinar a **inclusão** (*mainstreaming*), que as integra a salas de aula comuns, com educação especial que lhes dá assistência voltada a suas necessidades específicas.

inclusão
Uma política governamental para integrar totalmente na sociedade pessoas com deficiências cognitivas e físicas.

Visto que têm compreensão limitada de situações sociais e de como realizar suas atividades da vida diária, muitas pessoas com deficiência intelectual podem requerer tratamento para essas dificuldades associadas. Portanto, o tratamento para esses indivíduos frequentemente toma a forma de intervenções comportamentais ou sociais que os treinam para lidar com as demandas da vida cotidiana. Isso inclui cuidado coordenado que integra tratamento comportamental, aproximação e avaliação multidisciplinar, bem como tratamento de quaisquer condições relacionadas que possam estar afetando o indivíduo, incluindo depressão, transtorno de ansiedade, transtorno bipolar ou um transtorno do espectro autista (Richings, Cook, & Roy, 2011).

Quando possível, a prevenção é valiosa para reduzir o risco de deficiências intelectuais. No caso da SAF, educação e aconselhamento são de valor potencial. Infelizmente, as evidências que demonstram que esses programas de fato reduzem o consumo de álcool em mulheres grávidas ou, mais importante, produzem efeitos benéficos nas crianças, são muito limitadas (Stade et al., 2009). Os clínicos podem usar testes genéticos para detectar a presença ou o risco de síndrome de Down, Tay-Sachs, PKU e síndrome do X frágil. No caso específico da PKU, as crianças precisam aderir a dietas com restrição de fenilalanina imediatamente após o teste mostrar que herdaram essa condição.

As crianças nascidas com SAF podem se beneficiar de diversos fatores protetores que reduzem o impacto do transtorno sobre sua adaptação e seu desenvolvimento posteriores. O diagnóstico precoce pode ajudar os educadores a colocá-las em classes adequadas, e elas podem receber os serviços sociais que podem ajudá-las, assim como suas famílias. O envolvimento na educação especial com foco específico nas necessidades e estilos de aprendizagem pode ser particularmente benéfico. Quanto mais essas crianças puderem receber ajuda de uma vida familiar amorosa e estável, maiores suas chances de evitar condições secundárias como comportamento criminoso, desemprego e interrupções na educação. Por fim, elas podem se beneficiar aprendendo formas de prevenir a expressão de sua raiva ou frustração, a fim de que não se tornem envolvidas em violência juvenil (Centers for Disease Control and Prevention, 2011).

O treinamento da amizade é uma intervenção comportamental que pode ajudar crianças com SAF a aprenderem a interagir adequadamente com as demais, a fim de que possam fazer e manter amizades. Esse tipo de treinamento envolve uma combinação de habilidades sociais como, por exemplo, brincar com outras crianças, organizar datas de brinquedo em casa e elaborar ou evitar conflitos (O'Connor et al., 2006). As intervenções cognitivas que se focalizem em considerar os déficits da função executiva específicos de crianças com SAF podem ajudar a melhorar seu desempenho escolar. Esses métodos incluem usar exemplos concretos, repetir informações e decompor um problema em partes (Kodituwakku & Kodituwakku, 2011). Os pais também precisam aprender como lidar melhor com o comportamento de seus filhos, o que leva à redução de seu sofrimento e, portanto, a um ambiente doméstico menos estressante.

5.2 Transtorno do espectro autista

transtorno do espectro autista
Transtorno do neurodesenvolvimento que envolve prejuízos na esfera da comunicação social e o desempenho de comportamentos restritos e repetitivos.

O transtorno que conhecemos familiarmente como "autismo", é chamado de **transtorno do espectro autista** no DSM-5. Essa condição incorpora uma variedade de distúrbios sérios nas formas como os indivíduos interagem e se comunicam com os outros, bem como nos comportamentos que podem incluir os interesses e os padrões de atividade de uma pessoa. O conjunto de critérios diagnósticos associados com esse transtorno pode persistir até o fim da vida, mas, dependendo de sua gravidade, o indivíduo pode receber ajuda para funcionar satisfatoriamente com tratamento.

O diagnóstico do DSM-5 substitui a categoria de transtorno autista do DSM-IV-TR. A principal razão para mudar o termo foi fornecer uma diferenciação mais confiável e válida entre crianças que demonstram claramente "desenvolvimento típico" e aquelas que demonstram uma variedade de déficits na comunicação e nos comportamentos sociais. O termo transtorno do espectro autista reflete um consenso entre os cientistas que redigiram o DSM-5 de que quatro transtornos antes considerados separados são, na verdade, uma condição única com diferentes níveis de gravidade. Estes eram transtorno autista, transtorno de Asperger, transtorno desintegrativo da infância e transtorno global do desenvolvimento sem outra especificação.

Para diagnosticar transtorno do espectro autista, os clínicos avaliam crianças ao longo de dois domínios centrais. O primeiro inclui distúrbios sociais e da comunicação. O segundo inclui uma variedade restrita de interesses e desempenho de comportamentos e atividades repetitivas. Em cada domínio, os profissionais especificam 1 de 3 níveis de gravidade: requerendo apoio, requerendo apoio substancial e requerendo apoio muito substancial.

Na área da comunicação, as crianças com transtorno do espectro autista podem apresentar atrasos do desenvolvimento no uso da linguagem, mas esse aspecto particular do diagnóstico não é único ao transtorno do espectro do autismo. Mais típicos desse

MINICASO

Transtorno do espectro autista

Brian é uma criança de 6 anos atualmente recebendo tratamento em uma escola para crianças com deficiência mental. Quando bebê, não respondia bem às tentativas de seus pais de brincar com ele e de segurá-lo. Sua mãe percebeu que seu corpo todo parecia se enrijecer quando ela o tirava do berço. Não importava o quanto tentasse, não conseguia fazê-lo sorrir. Quando tentava brincar fazendo cócegas em seus pés ou tocando seu nariz, ele desviava os olhos e olhava para a janela. Foi apenas quando ele tinha 18 meses que sua mãe percebeu pela primeira vez que seu comportamento refletia mais do que apenas um temperamento quieto – que ele, na verdade, estava se desenvolvendo anormalmente. Brian nunca desenvolveu um apego às pessoas; antes, se agarrava a um pequeno pedaço de madeira que carregava consigo para todos os lugares. Sua mãe com frequência o encontrava balançando seu corpo em um canto, agarrado a seu pedaço de madeira. A linguagem do menino finalmente indicou distúrbios sérios. Em uma idade em que a maioria das crianças começa a juntar sentenças curtas, ele ainda estava balbuciando de modo incoerente. Seu balbucio não soava como o de um bebê normal. Dizia a mesma sílaba de forma repetitiva – em geral a última sílaba de alguma coisa que tinha acabado de lhe ser dita – com uma voz monótona e estridente. Talvez o aspecto mais bizarro da fala de Brian fosse que ele não a dirigia ao ouvinte. Parecia estar se comunicando em um mundo próprio.

Há uma ampla variação de apresentação de sintomas e de níveis de disfunção para crianças que são diagnosticadas com transtorno do espectro autista.

transtorno são os déficits nos aspectos sociais da comunicação. Os indivíduos que o apresentam podem evitar o contato visual, e suas expressões faciais, seus gestos e mesmo sua postura podem chocar os outros como bizarros ou incomuns. Por exemplo, eles podem achar difícil entender a linguagem corporal das outras pessoas, e sua própria linguagem corporal pode parecer bizarra aos demais.

Os padrões de amizade de crianças com transtorno do espectro autista diferem dos de jovens saudáveis porque elas não parecem gostar de brincar com as outras crianças, de compartilhar experiências ou de se envolver em interações sociais de troca. Em casos extremos, elas podem evitar completamente interações sociais ou, pelo menos, não tentam iniciá-las. O brinquedo imaginativo, um componente essencial do desenvolvimento normal, apresenta desafios particulares a essas crianças. Elas podem ser incapazes de participar do tipo de padrões de brinquedo imitativo que caracterizam as interações sociais comuns de crianças pequenas.

Separados dos padrões sociais e de comunicação deficientes de pessoas com transtorno do espectro do autismo estão os distúrbios de comportamento que apresentam. Elas podem realizar comportamentos restritos ou repetitivos, tais como tamborilar as mãos ou os dedos, ou mesmo contorcer seus corpos. Os comportamentos repetitivos também podem tomar a forma do sintoma de **ecolalia**, que é emitir os mesmos sons repetidas vezes. Repetir as mesmas rotinas sem quaisquer mudanças pode ser outra manifestação do transtorno. Se alguém tenta mudar a ordem na qual fazem alguma coisa, como comer, elas podem se tornar extremamente angustiadas.

ecolalia
Emitir os mesmos sons repetidas vezes.

Os indivíduos com transtorno do espectro autista também podem desenvolver interesses muito limitados e focalizados de forma específica, os quais vão além dos brinquedos ou divertimentos típicos das outras pessoas. Eles podem se tornar especialistas em uma área muito objetiva que envolva seu foco de atenção.

Qualquer desses sintomas isolados representaria um desafio para as famílias de pessoas com esse transtorno, mas particularmente angustiantes são os distúrbios que esses indivíduos podem apresentar em sua sensibilidade a estímulos em seu ambiente. Eles podem parecer quase insensíveis a dor, calor ou frio, significando que podem se colocar com facilidade em risco de lesões significativas. No entanto, suas anormalidades sensoriais podem tomar a forma de hipersensibilidade a som, luz ou cheiro.

As características incomuns do transtorno do espectro autista tornam-se mais proeminentes quando o bebê chega à fase dos primeiros passos e à idade escolar. Além disso, essa condição continua durante toda a vida do indivíduo, assumindo uma de inúmeras formas, que variam em sintomas e gravidade. Entretanto, as áreas particula-

Os sábios autistas frequentemente se destacam em uma habilidade específica, tal como tocar uma música inteira no piano de memória após ouvi-la uma única vez.

res afetadas e a gravidade dos sintomas variam da infância à adolescência e, novamente, da adolescência à idade adulta. Em um grande estudo transversal comparando esses três grupos etários, a capacidade de interagir com os outros era menos prejudicada entre os adolescentes do que entre os adultos, e os adultos eram menos prejudicados na área de comportamentos restritos e repetitivos (Seltzer et al., 2003).

Em um estudo de observação de locais múltiplos em 14 Estados usando registros de educação e saúde, os Centers for Disease Control and Prevention relataram uma taxa média de prevalência estimada de 0,66%, ou 1 de cada 150 crianças, um grande aumento em relação a taxas relatadas anteriormente (Centers for Disease Control and Prevention, 2007). A publicação desse relatório atraiu grande atenção da mídia para o que os autores consideraram uma crise de saúde pública. Na esteira desse relatório, pesquisadores têm tentado entender as razões para o aparente aumento na prevalência. Diversas possibilidades se destacam. Uma é que houve mudanças na forma como são interpretados os critérios diagnósticos. Outra diz respeito à sobreposição entre deficiência intelectual e transtorno do espectro autista. No passado, os Centers for Disease Control and Prevention estimaram que 75% dos indivíduos com transtorno do espectro autista também tinham deficiência intelectual; porém, no estudo CDC, a porcentagem variou de 33 a 64%. Essa mudança reflete o fato de que os profissionais avaliam crianças com um certo conjunto de comportamentos de comunicação disfuncional sob os sistemas atuais de categorização diferentemente de décadas anteriores. Outra possível razão para o aumento da prevalência estimada é que, embora usassem aos critérios do DSM para identificar indivíduos com transtorno do espectro autista, os pesquisadores conduziam avaliações usando registros de caso em vez de avaliações pessoais.

Uma variação incomum dessa doença, denominada síndrome do sábio autista, ocorre em pessoas com transtorno do espectro autista que possuem uma habilidade extraordinária, tal como a capacidade de realizar operações numéricas de extrema complexidade - por exemplo, nomear de maneira correta o dia da semana em que cairia uma data há milhares de anos (Thioux, Stark, Klaiman, & Schultz, 2006). A síndrome do sábio autista costuma aparecer em uma idade precoce, quando a criança com o transtorno parece ter habilidades musicais excepcionais, talento artístico ou a capacidade de resolver quebra-cabeças extremamente difíceis. Talvez ela se deva a tendência dessas crianças a se focalizarem com intensidade nos atributos físicos dos objetos em vez de nas implicações desses atributos: ver as árvores, mas não a floresta. Contudo, a memória para áreas fora de suas próprias áreas de *expertise* parece não ser melhor do que a de pessoas com transtorno do espectro autista que não têm essas habilidades de memória especiais (Neumann et al., 2010).

Teorias e tratamento de transtorno do espectro autista

As evidências que apontam para padrões de herança familiar apoiam a teoria de que o transtorno do espectro autista tem causas biológicas. Com base nessas investigações, pesquisadores estimam a hereditariedade do transtorno em aproximadamente 90%, com suspeitas de anormalidades genéticas nos cromossomos 7, 2 e 15. Não existem evidências claras em relação a déficits específicos na estrutura cerebral, mas os pesquisadores têm se concentrado no cerebelo, no córtex frontal, no hipocampo e na amígdala. Além disso, pessoas com esse transtorno parecem ter déficits nas áreas de associação do córtex (Minshew & Williams, 2007). Há alguma evidência de que o tamanho global do cérebro é aumentado em alguns indivíduos (Santangelo & Tsatsanis, 2005).

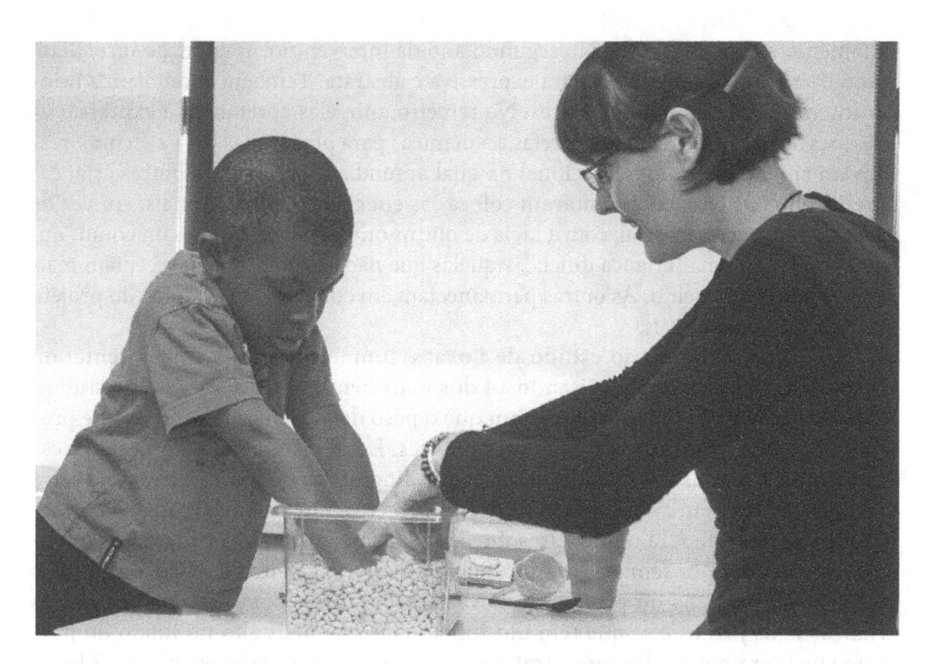

Com intervenção terapêutica precoce, crianças que são diagnosticadas com transtorno do espectro autista podem experimentar melhora significativa dos sintomas.

Existem anormalidades no circuito neural de pessoas com transtorno do espectro autista, refletidas por sua particular dificuldade em processar estímulos visuais (Batty, Meaux, Wittemeyer, Rogé, & Taylor, 2011; Dalton et al., 2005). Essas alterações cerebrais podem explicar o fato de esses indivíduos serem menos propensos a olhar dentro dos olhos das pessoas quando se comunicam com elas e menos capazes de usar sinais emocionais quando processam informações das expressões faciais dos outros (Bayliss & Tipper, 2005; Dawson et al., 2004).

Dada a forte evidência em favor de anormalidades neurobiológicas em indivíduos com esse transtorno, a perspectiva comportamental é mais relevante ao tratamento. Os clínicos que tratam crianças afetadas com base em uma perspectiva comportamental fundamentam seus métodos nos primeiros programas de intervenção criados pelo psicólogo da UCLA Ivar Lovaas no final da década de 1980 (Lovaas, 1987). No relato original sobre o programa, Lovaas e colaboradores dividiram aleatoriamente 38 crianças com idades de 3 a 4 anos diagnosticadas com transtorno do espectro autista em dois grupos de tratamento. Um grupo recebeu intervenção por pelo menos 40 horas semanais por 2 anos ou mais. As crianças no segundo grupo receberam tratamento com a mesma intervenção por menos de 10 horas por semana. O terceiro grupo recebeu tratamento fora da clínica de Lovaas. Usando pontuações de QI como variáveis dependentes, 9 das 19 crianças que receberam tratamento intensivo aumentaram em mais de 20 pontos; aos 13 anos de idade, 8 delas tinham mantido seus ganhos QI. Em contrapartida, apenas uma criança no tratamento menos intensivo mostrou essas melhoras. Os estudos de Lovaas, impressionantes como eram, receberam críticas de outros pesquisadores porque nunca avaliaram os efeitos da intervenção sobre as habilidades sociais e de comunicação.

O tratamento de Lovaas baseia-se nos princípios do condicionamento operante, praticados tanto pelos terapeutas quanto pelos pais. Os aspectos comportamentais da intervenção consistiam em ignorar os comportamentos agressivos e autoestimulantes das crianças, usando suspensões (*time-outs*) quando eram disruptivas, e dando-lhes atenção positiva apenas quando tinham comportamentos socialmente adequados, além de usar modelagem para aumentar o desempenho dos comportamentos-alvo. Como último recurso, quando as crianças apresentavam comportamento indesejável, recebiam um sonoro "não" ou um tapa na coxa.

No primeiro ano, o tratamento concentrava-se em reduzir os comportamentos autoestimulantes e agressivos, modelar as crianças para atender a pedidos verbais simples, usar aprendizagem por imitação, estabelecer os primórdios do brinquedo e estender o tratamento à casa da família. No segundo ano da intervenção, as crianças aprendiam como usar a linguagem de maneira expressiva e abstrata. Também aprendiam a brincar interativamente com seus pares. No terceiro ano, elas aprendiam a expressar as emoções de maneira adequada, tarefas acadêmicas para prepará-las para a escola e realizavam aprendizagem observacional na qual aprendiam observando outras crianças aprendendo. Os terapeutas tentavam colocá-las em classes convencionais, em vez de classes de educação especial, com a ideia de que os outros não as rotulariam como "autistas" ou como uma "criança difícil". Aquelas que não se recuperavam recebiam mais seis anos de treinamento. As outras permaneciam em contato com a equipe do projeto para consultas ocasionais.

Nos anos seguintes ao estudo de Lovaas, inúmeros pesquisadores tentaram reproduzir seus achados. Revisando 14 dos mais bem-controlados desses estudos, Makyrgianni e Reed (2010) concluíram que o peso da evidência apoia o uso de projetos de intervenção comportamental precoces. Esses programas são muito eficazes para melhorar as capacidades intelectuais, linguísticas, comunicativas e sociais. A evidência também apoia a eficácia desses projetos. Quanto mais intensivo e duradouro, mais forte será o impacto sobre as crianças. Entretanto, programas intensivos de 25 horas por semana foram suficientes para um efeito benéfico, em vez das 40 horas por semana do projeto de Lovaas. Além disso, como seria esperado, as crianças mais jovens e as que têm um funcionamento mais alto no início do programa melhoram mais durante o tratamento. Esses recursos também são mais bem-sucedidos se envolverem os pais.

As crianças com transtorno do espectro autista apresentarão uma diminuição nos comportamentos disruptivos e autoestimulantes se receberem reforço pelos comportamentos adequados, tal como pedir ajuda ou opinião. Esse reforço pode torná-las menos propensas a envolvimento em comportamentos autolesivos ou agressivos. Nesse tipo de tratamento, os clínicos consideram mais útil focalizar a mudança de comportamentos essenciais, com o objetivo de ocasionar melhoras em outros comportamentos, em vez de se concentrar em mudar distúrbios comportamentais isolados. O terapeuta também pode ajudar a criança a desenvolver novas habilidades de aprendizagem que lhe dê algumas experiências de sucesso na solução de problemas. Por exemplo, ele poderia ensiná-la a dividir um problema grande, tal como se vestir, em tarefas menores que possa realizar. Como resultado, a criança se sente menos frustrada e, portanto, é menos propensa a regredir para comportamentos problemáticos, como balançar e bater a cabeça. Os profissionais também se concentram na necessidade de motivar a criança a comunicar-se mais efetivamente. Ela então será motivada a responder a estímulos sociais e comportamentais, que é a chave para o tratamento (Koegel, Koegel, & McNerney, 2001). Com o tempo, as crianças serão mais motivadas a regular e iniciar comportamentos por contra própria. Mesmo mudanças simples podem ter esse impacto, tal como deixá-las escolherem os materiais, os brinquedos e as atividades para a intervenção, em vez de serem escolhidos pelo clínico.

Outras estratégias comportamentais incluem procedimentos de autocontrole, tal como automonitoração, treinamento do relaxamento e condicionamento encoberto. As crianças também podem aprender a tocar uma imagem de uma face "carrancuda" para indicar seu desprazer em vez de agir agressivamente quando estão aborrecidas ou infelizes (Martin, Drasgow, Halle, & Brucker, 2005).

Um fato importante a perceber é que, para esses programas comportamentais serem eficazes, os terapeutas devem realizá-los intensivamente por um longo período de tempo, começando cedo na vida da criança. Um estudo longitudinal conduzido por pesquisadores da UCLA acompanhou crianças entre as idades de 2 e 6 anos e mostrou que aquelas que apresentam melhores habilidades nas áreas de comunicação e brinquedo tinham melhores habilidades de linguagem e sociais nos anos de pré-adolescência (Sigman & Ruskin, 1999).

Outra abordagem à intervenção é ter iguais em vez de adultos interagindo com a criança. Essa situação aproxima-se de um tipo mais normal de ambiente social, no qual as crianças assumem um papel poderoso na modificação do comportamento das outras. Em comparação com as intervenções nas quais os adultos fornecem o reforço, as mediadas por pares têm a vantagem de permitir que os jovens realizem suas atividades comuns sem interrupção dos adultos. A mais eficaz dessas intervenções envolve meninos pequenos cujos irmãos mais velhos fornecem a intervenção, usa modelagem de pares, tenta generalizar entre situações e envolve a colaboração entre os membros da família e o pessoal da escola (Zhang & Wheeler, 2011).

Síndrome de Rett

Na **síndrome de Rett**, a criança desenvolve-se normalmente no início da vida (até os 4 anos) e, então, começa a apresentar prejuízos neurológicos e cognitivos, incluindo desaceleração do crescimento da cabeça e alguns dos sintomas de transtorno do espectro autista. Embora não seja um diagnóstico separado no DSM-5, a síndrome de Rett foi um tema de estudos clínicos e de pesquisa após sua introdução no DSM-IV-TR. A síndrome ocorre quase exclusivamente em mulheres.

síndrome de Rett
Uma condição na qual a criança se desenvolve normalmente até os 4 anos de idade e, então, começa a apresentar prejuízos neurológicos e cognitivos, incluindo desaceleração do crescimento da cabeça e alguns dos sintomas de transtorno do espectro autista.

O gene para a síndrome de Rett foi identificado em 1999. Mutações nesse gene, que tem o nome de MECP2, levam a anormalidades na produção de uma proteína específica importante no funcionamento normal dos neurônios. Os pesquisadores não sabem ainda como essas mutações estão ligadas aos sintomas da criança. Entretanto, há sinais promissores de que pessoas com essa condição podem se beneficiar se receberem logo após o nascimento tratamentos que promovam o desenvolvimento saudável do cérebro (Matsuishi, Yamashita, Takahashi, & Nagamitsu, 2011). Os profissionais que tinham diagnosticado jovens com síndrome de Rett antes que esse diagnóstico fosse eliminado do DSM-5 usam agora o diagnóstico de espectro autista. Todavia, ao especificar que as crianças têm uma condição genética ou médica conhecida, eles são capazes de indicar que os sintomas estão relacionados à síndrome de Rett.

Algumas crianças com transtorno do espectro autista parecem se desenvolver normalmente pelos dois primeiros anos de vida, mas, em algum ponto antes dos 10 anos, começam a perder as habilidades de linguagem e motoras, bem como outras funções adaptativas, incluindo controle do intestino e da bexiga. Essa condição rara antes era chamada de **transtorno desintegrativo da infância**, porém o diagnóstico foi eliminado do DSM-5 e é, agora, incorporado ao transtorno do espectro autista.

transtorno desintegrativo da infância
Um transtorno no DSM-IV-TR no qual a criança se desenvolve normalmente pelos primeiros dois anos e, então, começa a perder as habilidades de linguagem, sociais e motoras, bem como outras funções adaptativas, incluindo controle do intestino e da bexiga.

Os sintomas da síndrome de Rett começam a aparecer em torno dos 5 meses de idade.

HISTÓRIAS REAIS

Daniel Tammet: Transtorno do espectro autista

"Eu nasci em 31 de janeiro de 1979 – uma quarta-feira. Eu sei que era uma quarta-feira porque a data é azul em minha mente, e as quartas-feiras são sempre azuis, como o número 9 ou o som de vozes discutindo alto."

Em muitos aspectos, a jornada evolutiva de Daniel Tammet seguiu um caminho típico de muitas crianças. Entretanto, há diversos aspectos de sua infância que se destacam. Daniel tinha 26 anos quando escreveu sua autobiografia, *Nascido em um dia azul*, que descreve em detalhes vívidos suas experiências, os quais são tanto uma parte do desenvolvimento de qualquer criança quanto daquelas que são muito mais raras.

Daniel foi o primeiro filho de um casal que vivia na pobreza e que teria mais oito filhos depois dele. Quando bebê, chorava inconsolavelmente, exceto quando estava comendo ou dormindo. Os médicos acreditavam que era apenas um caso de cólica e que o choro era uma fase que passaria rápido. No livro, Daniel reflete sobre esse tempo em sua vida. "Meus pais me dizem que eu era solitário, não me misturando com as outras crianças, e era descrito pelos supervisores como absorto em meu próprio mundo. O contraste entre meus primeiros anos e aquela época deve ter sido nítido para meus pais, evoluindo, como fiz, de um bebê que gritava, chorava, batia a cabeça para uma criança absorta em si mesma e indiferente. Em retrospectiva, eles percebem agora que a mudança não foi necessariamente um sinal da melhora, como acreditaram na época. Eu me tornei quase bom demais – quieto demais e muito pouco exigente."

Quando Daniel era criança, o mundo científico sabia pouco sobre transtornos do neurodesenvolvimento, e seus pais não podiam entender o que seu filho estava vivenciando. "Eu acho que meus pais também devem ter tido medo do possível estigma associado com ter um filho com problemas de desenvolvimento", ele escreve, e relata como eles fizeram o melhor possível para lhe proporcionar uma infância normal. Quando amigos ou vizinhos questionavam seus pais, eles lhes diziam que Daniel era apenas sensível ou tímido.

Na idade de 4 anos, Daniel começou a ter convulsões, e os médicos finalmente o diagnosticaram com epilepsia do lobo temporal. A condição causou problemas importantes com seu sono, e ele tomou medicamentos por cerca de três anos, até que as convulsões desaparecessem. Seus médicos acreditam agora que essas convulsões levaram à síndrome do sábio, uma condição rara da qual ele sofre. Daniel descreve que sua sinestesia (uma condição de base neurológica na qual a estimulação do caminho sensorial ou cognitivo leva a experiências involuntárias automáticas em um segundo caminho sensorial ou cognitivo) causa um embotamento de seus sentidos e emoções quando alguém lhe apresenta números ou palavras. Ele escreve:"A palavra *escada*, por exemplo, é azul e brilhante, enquanto *aro* é uma palavra macia e branca."

Como ocorre com muitos outros com a síndrome do sábio, Daniel também tem um diagnóstico de transtorno do espectro autista e, ao longo de todo o livro, descreve ter tido muitas experiências durante sua infância que são compatíveis com o diagnóstico. Lembra que, quando criança, se sentia confortável nas rotinas diárias na escola e se tornava muito ansioso caso elas fossem perturbadas de qualquer forma. Até hoje, Daniel afirma: "Eu tenho uma necessidade quase obsessiva por ordem e rotina, a qual afeta praticamente cada aspecto da minha vida". Na escola, muitos de seus colegas debochavam de suas peculiaridades, tais como abanar os braços de modo incontrolável. Quando estava se sentindo particularmente ansioso, ele batia sua cabeça contra uma parede ou corria para a casa dos pais quando se sentia sobrecarregado durante as aulas. Olhando para trás, Daniel se pergunta: "O que as outras crianças devem ter feito comigo? Eu não sei, porque não tenho qualquer lembrança delas. Para mim, elas eram o segundo plano de minhas experiências visuais e táteis".

Era em especial difícil para Daniel se conectar com outras crianças na escola, e ele descreve que passou a maior parte de sua infância isolado, enquanto aprendia a se confortar construindo jogos, pensando sobre números ou colecionando fanaticamente pequenos objetos, como castanhas ou moedas. Embora seus pais tentassem muito fazê-lo socializar fora de casa com seus irmãos e outras crianças, Daniel achava difícil sair do conforto do lar. Ele fazia amizade com crianças a quem os demais consideravam estranhas na sala de aula, mas em geral preferia ficar sozinho. Quando passou para o ensino médio, continuou a achar difícil se relacionar com os outros e mantinha um interesse quase obsessivo em seus estudos, sobretudo em história. Também tinha dificuldades em algumas áreas, de modo particular nos cursos que requeriam interação com os outros.

Quando seu corpo estava se ajustando à idade adulta, Daniel lembra de sentir a onda típica de hormônios e o interesse aumentado em relacionamentos, ainda que suas habilidades sociais tornassem suas interações com seus pares excessivamente desajeitadas e difíceis de manter. Como ele recorda: "Eu não entendia as emoções; elas eram coisas que apenas me aconteciam, com frequência aparecendo do nada. Tudo o que eu sabia era que queria estar perto de alguém e, não compreendendo a proximidade como sobretudo emocional, caminhava até algum dos outros estudantes no recreio e ficava muito perto deles até poder sentir o calor de seus corpos contra minha pele. Eu ainda não tinha qualquer conceito de espaço pessoal, e o que estava fazendo deixava a outra pessoa constrangida". Durante a adolescência, Daniel tornou-se inquestionavelmente consciente de que se sentia atraído por outros meninos e lembra até de sua primeira paixão e sua primeira tentativa decepcionante de namorar.

Após terminar o ensino médio, decidiu não ir para a universidade e, em vez disso, arranjou um emprego no Voluntary Services Overseas, uma entidade beneficente focada no desenvolvimento internacional. Como parte do trabalho, viveu na Lituânia por um ano e considerou a experiência uma parte crucial de seu desenvolvimento para a idade adulta. Do que aprendeu nesse tempo, ele escreve: "Por um lado, eu tinha aprendido muito sobre mim mesmo. Podia ver com mais clareza do que nunca como minhas 'diferenças' afetavam minha vida cotidiana, em especial minhas interações com outras pessoas. Passei a entender finalmente que a amizade era um processo delicado e gradual, que não deve ser apressado ou dimensionado, mas permitido e encorajado a tomar seu curso ao longo do tempo. Eu a imaginei como uma borboleta, ao mesmo tempo bela e frágil, que uma vez flutuando pertencia ao ar, e qualquer tentativa de agarrá-la a destruiria. Lembrei como no passado, na escola, tinha perdido possíveis amizades porque, não tendo o instinto social, tinha me esforçado demais e passado uma impressão completamente errada".

Daniel escreve sobre lutar para encontrar um emprego após retornar para casa devido a suas dificuldades para funcionar não apenas em situações sociais, mas também em entrevistas de emprego que exigiam que pensasse sobre situações abstratas, teóricas. Como ele explica, não se ajusta com facilidade a situações novas. Por fim, Daniel iniciou um programa na internet que ensina línguas diferentes, o qual se tornou um sucesso com o passar dos anos.

Em *Nascido em um dia azul*, Daniel Tammet descreve suas experiências da infância com transtorno do espectro autista e a síndrome do sábio, em uma época em que os cientistas sabiam muito pouco sobre as duas condições.

Na época em que voltou da Lituânia, Daniel conheceu o homem que se tornaria seu parceiro na vida, Neil. Eles se conheceram em um grupo de bate-papo na internet e trocaram *e-mails* por muitos meses antes de se encontrarem pessoalmente. Daniel explica que era muito mais fácil para ele se comunicar por via eletrônica com Neil enquanto estavam se conhecendo, uma vez que isso não requeria habilidades sociais complexas.

Ele relata que, por meio desse relacionamento, aprendeu a ser mais aberto com os outros e que o apoio de Neil tem sido uma fonte de imensa força que o ajudou a aprender a lidar com o autismo. Sua síndrome do sábio lhe concede a capacidade de ver letras e números como cores e texturas, e levou a algumas realizações notáveis na vida. Por exemplo, Daniel aprendeu sozinho a falar pelo menos 10 idiomas, incluindo o islandês, que ele aprendeu em apenas 4 dias como parte da filmagem para um documentário no qual participou. Em 2005, ele estabeleceu o recorde britânico e europeu por recitar 22.514 dígitos de *pi* em pouco mais de 5 horas. Embora tenha recebido considerável atenção da mídia por suas capacidades extraordinárias, Daniel leva uma vida tranquila, em que passa a maior parte do tempo em casa, tendo prazer em suas rotinas diárias. Ele também encontra forças frequentando a igreja e aprecia-lhe especialmente o aspecto ritual. Algumas vezes, dá palestras para a Sociedade Autista Nacional e para a Sociedade Nacional para a Epilepsia e escreve que espera continuar contribuindo para um entendimento e uma aceitação dos transtornos do desenvolvimento. Daniel escreveu outro livro, *Embracing the Wide Sky*, além de muitos outros artigos, e realiza aparições públicas.

Transtorno do espectro autista de alto funcionamento, anteriormente chamado de transtorno de Asperger

transtorno de Asperger
Termo usado anteriormente para descrever indivíduos com transtorno do espectro autista de alto funcionamento.

Uma vez considerado um transtorno separado do transtorno do espectro autista, o diagnóstico de **transtorno de Asperger** era usado para caracterizar indivíduos com sintomas de uma natureza menos extrema. O DSM-IV-TR diferenciava os transtornos autista e de Asperger com base em se a criança apresenta ou não atrasos no desenvolvimento intelectual e da linguagem. No DSM-5, o diagnóstico de transtorno de Asperger foi removido, e os indivíduos com esses sintomas são diagnosticados com transtorno do espectro autista.

Aqueles que recebiam um diagnóstico de transtorno de Asperger no passado tendiam a ter prejuízos menos graves e mais focalizados, se comparados a indivíduos com transtorno do espectro autista. As pessoas com transtorno de Asperger podem não apresentar sintomas até chegar à idade pré-escolar. Nesse ponto, quando a maioria das crianças desenvolve habilidades sociais e interativas, essas crianças têm dificuldade para ler os sinais sociais dos outros e esperar sua vez de falar, bem como são incapazes de interpretar sutilezas da linguagem. Elas podem evitar o contato visual ou, alternativamente, podem manter o olhar fixo nos outros. Suas expressões faciais e posturas podem parecer incomuns. Esses indivíduos de alto funcionamento com transtorno do espectro autista tendem a se tornar preocupados com um conjunto limitado de interesses. Podem falar de forma extensiva sobre esses interesses, sem perceber que tais conversas unilaterais não são socialmente adequadas. Entretanto, são mais propensos do que as crianças na extremidade de funcionamento mais baixo do espectro do autismo a tentar fazer amizades.

O termo transtorno de Asperger recebeu o nome do médico vienense Hans Asperger, que, durante a Segunda Guerra Mundial, descreveu um grupo de meninos que possuía habilidades de linguagem e cognitivas bastante boas, mas tinha problemas sociais marcantes porque agiam como "pequenos professores" afetados e eram fisicamente desajeitados.

Em um caso descrito na literatura (Volkmar, Klin, Schultz, Rubin, & Bronen, 2000), um menino de 11 anos, Robert, tinha as capacidades verbais de um jovem de 17 anos, mas as habilidades sociais de uma criança de 3 anos. Embora ele tivesse um conhecimento notável sobre as estrelas, os planetas e o tempo, sua devoção intelectual exclusiva a esses assuntos o impedia de adquirir outros tipos de conhecimentos. Os pares o rejeitavam devido a suas conversas unilaterais e tolas. O caso de Robert serve para ressaltar a natureza complexa do transtorno do espectro autista para indivíduos na extremidade de alto funcionamento do *continuum*. Nos primeiros anos de vida, os pais tendem a ver seus filhos mais como especialmente dotados do que como vítimas de um prejuízo sério. À medida que essas crianças se desenvolvem, seus problemas se tornam mais proeminentes. Os pais e os educadores com responsáveis pelas crianças que começam a apresentar sintomas cedo na vida podem se concentrar em ajudá-las a maximizar suas habilidades de adaptação interpessoal.

Ao longo do tempo, e com o apoio de pais e educadores, os indivíduos na extremidade alta do espectro do autismo podem desenvolver estratégias de enfrentamento adaptativas e até tornar-se muito bem-sucedidos no campo escolhido, sobretudo em áreas como tecnologia e engenharia. Além disso, quando adultos, são, por fim, capazes de perceber suas forças e fraquezas e podem aprender a adquirir habilidades sociais, incluindo como ler os sinais sociais das outras pessoas de maneira mais correta.

5.3 Transtornos da aprendizagem e da comunicação

Transtorno específico da aprendizagem

transtorno específico da aprendizagem
Atraso ou déficit em uma habilidade acadêmica que é evidente quando a realização e as habilidades de um indivíduo estão substancialmente abaixo do que seria esperado para outros de idade, educação e nível de inteligência comparáveis.

As crianças que têm um **transtorno específico da aprendizagem** vivenciam um atraso ou déficit em sua capacidade de adquirir uma habilidade acadêmica básica. Essas dificuldades tornam-se evidentes quando suas realizações e habilidades estão substancialmente abaixo do nível de desempenho para suas idade, educação e inteligência. Nessa categoria geral, os profissionais também especificam qual esfera acadêmica o transtorno envolve e seu nível de gravidade (leve, moderado e grave).

Nos Estados Unidos, pesquisadores estimam que aproximadamente 5,3% de meninos e 3,8% de meninas de 5 a 17 anos têm um transtorno da aprendizagem diagnosticado (Centers for Disease Control and Prevention, 2005). Entretanto, a prevalência durante a vida é muito mais alta, com estimativas de 5,4% na população em geral. Os fatores que parecem aumentar o risco de uma criança desenvolver um transtorno da aprendizagem são vir de uma família com educação mais baixa e taxas de pobreza mais altas. Crescer em uma família recomposta de dois genitores, ser adotado e viver na presença de um fumante também faz aumentarem os riscos. Outros fatores de risco familiares incluem ter pais que vivenciam mais dificuldade na parentagem, não trocam ideias com os filhos e não discutem abertamente as discordâncias em casa (Altarac & Saroha, 2007).

Indivíduo com **transtorno específico da aprendizagem com prejuízo na matemática** têm dificuldade com tarefas e conceitos matemáticos. Podem ser incapazes de entender termos, símbolos e conceitos matemáticos. Esses indivíduos podem ter **discalculia**, que se refere a um padrão de dificuldades no sentido numérico, na capacidade de aprender fatos matemáticos e em realizar cálculos corretos. Uma criança de idade escolar com esse transtorno pode ter problemas para completar a lição de casa. Já um adulto afetado poderia ser incapaz de controlar o saldo no talão de cheques devido a dificuldade em realizar cálculos matemáticos simples.

transtorno específico da aprendizagem com prejuízo na matemática
Transtorno da aprendizagem no qual o indivíduo tem dificuldade com tarefas e conceitos matemáticos.

discalculia
Padrão de dificuldades no sentido numérico, na capacidade de aprender fatos matemáticos e de realizar cálculos corretos.

Existem sérias consequências de longo prazo em ter um transtorno específico da aprendizagem com prejuízo na matemática. Em um estudo longitudinal de larga escala com mais de 17 mil indivíduos acompanhados do nascimento até a idade adulta, as pessoas com habilidades matemáticas mais pobres tinham taxas mais baixas de emprego em tempo integral, e os cargos que tinham eram em trabalhos manuais de salário mais baixo. Sem intervenção, indivíduos com esse transtorno podem ter sua qualidade de vida afetada pela gravidade das consequências da sua condição.

No **transtorno específico da aprendizagem com prejuízo na expressão escrita**, o indivíduo tem dificuldade em soletrar, usar adequadamente regras gramaticais ou de pontuação e organizar parágrafos. Esses desafios levam a problemas sérios em muitas matérias acadêmicas. Para os adultos, o transtorno da expressão escrita pode criar muitos problemas interpessoais e práticos. Menos oportunidades de trabalho estarão abertas para eles, sobretudo se seus sintomas os colocam no nível grave de funcionamento.

transtorno específico da aprendizagem com prejuízo na expressão escrita
Transtorno da aprendizagem no qual a escrita do indivíduo é caracterizada por soletração pobre, erros gramaticais e de pontuação e desorganização de parágrafos.

Indivíduos com **transtorno específico da aprendizagem com prejuízo na leitura** (comumente chamado de **dislexia**) omitem, distorcem ou substituem palavras quando leem. Por consequência, leem de uma forma lenta e hesitante. O transtorno pode impedir as crianças de fazerem progresso adequado em uma variedade de matérias escolares. Como ocorre no transtorno da expressão escrita, os adultos com dislexia enfrentam restrições no tipo de emprego para o qual podem se qualificar. Estudos epidemiológicos mostram taxas de prevalência de 5 a 10% da população (PubMedHealth, 2011a).

transtorno específico da aprendizagem com prejuízo na leitura (dislexia)
Transtorno da aprendizagem no qual o indivíduo omite, distorce ou substitui palavras quando lê e o faz de uma forma lenta e hesitante.

A adolescência é o momento crucial durante o qual as pessoas com esses transtornos são particularmente suscetíveis a problemas comportamentais e emocionais e correm o risco de abandonar a escola antes de terminar o ensino médio. Mesmo fora do contexto escolar, contudo, muitos indivíduos com esses transtornos têm autoestima baixa e sentimentos de incompetência e vergonha. As dificuldades associadas experimentadas por essas pessoas podem colocá-las em risco para abuso de substâncias, incluindo tabaco, metanfetamina, inalantes, cocaína, *ecstasy* e *Cannabis*. Esses indivíduos também são mais propensos a ter dificuldades do sono (Fakier & Wild, 2011).

Os aspectos centrais desses transtornos parecem envolver déficits no planejamento e na programação do comportamento, e não com dificuldades na execução motora, no controle motor entre os hemisférios cerebrais ou em quaisquer transtornos visual ou visuoperceptual (Vaivre-Douret et al., 2011b). Os clínicos acreditam que a melhor abordagem para identificar crianças com transtornos da aprendizagem seja a "Respos-

TABELA 5.3 Recomendações para tratar crianças com transtorno específico da aprendizagem com prejuízo na matemática

Lista de verificação para executar as recomendações

Recomendação 1. Avalie todos os estudantes para identificar aqueles em risco para possíveis dificuldades na matemática e forneça intervenções àqueles identificados.

☐ Quando um distrito ou uma escola estabelecerem um sistema de triagem, tenha uma equipe para avaliar medidas de triagem potenciais. A equipe deve selecionar medidas que sejam eficientes e razoavelmente confiáveis e que demonstrem validade preditiva. A triagem deve ocorrer no início e no meio do ano.

☐ Selecione medidas de triagem com base no conteúdo que elas abrangem, com uma ênfase em objetivos pedagógicos essenciais para cada série.

☐ Do 5° ao 9° ano, use dados de triagem em combinação com resultados de testagem estadual.

Use o mesmo instrumento de triagem em um distrito para permitir a análise de resultados entre as escolas.

Recomendação 2. Os materiais pedagógicos para estudantes que recebem intervenções devem se focalizar intensamente no tratamento profundo de números inteiros da educação infantil ao 6° ano e em números racionais do 5° ao 9° ano. Esses materiais devem ser selecionados pela comissão.

☐ Para estudantes da educação infantil ao 6° ano, as intervenções de níveis 2 e 3 devem se focalizar quase exclusivamente nas propriedades dos números inteiros e nas operações. Alguns estudantes mais velhos com problemas com números inteiros e operações também se beneficiariam da cobertura profunda desses tópicos.

☐ Para estudantes de níveis 2 e 3 do 5° ao 9° ano, as intervenções devem se focalizar na cobertura profunda de números racionais, bem como em tópicos avançados na aritmética de números inteiros (p.ex., divisão longa).

☐ Os distritos devem nomear comissões, incluindo especialistas no ensino dessa matéria e matemáticos com conhecimento de currículo de matemática do ensino fundamental e médio, para assegurar que critérios específicos sejam abordados em profundidade no currículo que adotarem.

Recomendação 3. A instrução durante a intervenção deve ser explícita e sistemática. Isso inclui fornecer modelos de solução de problemas proficiente, verbalização de processos de pensamento, prática orientada, *feedback* corretivo e revisão cumulativa frequente.

☐ Assegure que os materiais pedagógicos sejam sistemáticos e explícitos. Em particular, devem incluir inúmeros modelos claros de problemas fáceis e difíceis, com comentários em voz alta do professor.

☐ Dê aos estudantes oportunidades de resolver problemas em grupo e de comunicar estratégias de solução de problemas.

☐ Assegure que os materiais pedagógicos incluam revisão cumulativa em cada sessão.

Recomendação 4. As intervenções devem incluir instrução para resolver problemas escritos que seja baseada em estruturas subjacentes comuns.

☐ Ensine os estudantes sobre a estrutura de vários tipos de problema, como categorizar problemas com base na estrutura e como determinar soluções adequadas para cada tipo.

☐ Ensine os estudantes a reconhecer a estrutura subjacente comum entre problemas familiares e desconhecidos e a transferir métodos de solução conhecidos de problemas familiares para problemas desconhecidos.

Recomendação 5. Os materiais de intervenção devem incluir oportunidades para os estudantes trabalharem com representações visuais de ideias matemáticas, e os intervencionistas devem ser proficientes no uso de representações visuais de ideias matemáticas.

☐ Use representações visuais como linhas, ordens e diagramas de tira de números.

☐ Se as representações visuais não forem suficientes para desenvolver respostas e pensamento abstratos precisos, use manipuláveis concretos primeiro. Embora isso também possa ser feito com estudantes nos últimos anos do ensino fundamental e no ensino médio, o uso de manipuláveis com estudantes mais velhos deve ser rápido porque a meta é passar para a compreensão de – e facilidade com – representações visuais e, finalmente, para o abstrato.

Recomendação 6. As intervenções em todos os anos devem dedicar aproximadamente 10 minutos em cada sessão para desenvolver a recuperação fluente de fatos aritméticos básicos.

☐ Forneça aproximadamente 10 minutos por sessão de instrução para desenvolver a recuperação rápida de fatos aritméticos básicos. Considere o uso de tecnologia, cartões de memória e outros materiais para prática extensiva a fim de facilitar a recuperação automática.

☐ Para estudantes da educação infantil ao 3° ano, ensine explicitamente estratégias de contagem eficiente para melhorar a recuperação de fatos matemáticos.

☐ Ensine os estudantes do 3° ao 9° ano a usar seu conhecimento de propriedades, tais como as leis comutativa, associativa e distributiva, para deduzir fatos em suas mentes.

TABELA 5.3 Recomendações para tratar crianças com transtorno específico da aprendizagem com prejuízo na matemática (continuação)

Recomendação 7. Monitore o progresso dos estudantes que estão recebendo instrução suplementar e de estudantes de risco.

- ☐ Monitore o progresso dos estudantes de níveis 2 e 3 e de nível 1 limítrofe pelo menos uma vez por mês usando medidas de desfecho gerais adequadas ao ano escolar.
- ☐ Use avaliações incorporadas ao currículo nas intervenções para determinar se os estudantes estão aprendendo com a intervenção. Essas medidas podem ser usadas todos os dias ou uma vez a cada duas semanas.
- ☐ Use os dados da monitoração do progresso para reagrupar os estudantes quando necessário.

Recomendação 8. Inclua estratégias motivacionais nas intervenções de níveis 2 e 3.

- ☐ Reforce ou elogie os estudantes por seus esforços, atenção e envolvimento na lição.
- ☐ Considere recompensar as realizações do estudante.
- ☐ Permita aos estudantes que mapeiem seu progresso e estabeleçam metas para melhoria.

FONTE: Gersten et al., 2009.

ta à Intervenção" (RTI), na qual instituem um conjunto de procedimentos baseados em evidência que seguem uma série de passos. Primeiro, usam critérios de triagem para identificar crianças de risco. Em seguida, as crianças identificadas recebem uma intervenção bem-estabelecida por um período de tempo específico. Aquelas que não se beneficiam dessa intervenção recebem outra, ainda mais intensiva. Neste ponto, as crianças que não se beneficiam do tratamento seriam as que os terapeutas classificam com transtornos da aprendizagem. Para auxiliar no diagnóstico, neste ponto, o indivíduo também passaria por uma avaliação abrangente usando informações de múltiplas fontes, incluindo testes padronizados (Büttner & Shamir, 2011). Há poucos programas de tratamento validados empiricamente para tratar os déficits de crianças com transtorno específico da aprendizagem com prejuízo na matemática, mas existem algumas abordagens sendo desenvolvidas. A mais promissora é uma de múltiplos níveis, na qual as crianças de risco participam no ensino de matemática geral e em intervenções de grupos pequenos. Aquelas que não melhoram passam, então, para intervenções individuais mais intensivas (Tab. 5.3) (Geary, 2011). A escola é em geral o local primário de tratamento para transtornos específicos do desenvolvimento. Uma equipe multidisciplinar consistindo em vários profissionais, como um psicólogo escolar, um professor de educação especial, a professora de sala de aula, um terapeuta de fala e linguagem e, possivelmente, um neurologista, cria um plano de tratamento. De modo habitual, as crianças com esses transtornos requerem mais estrutura, menos distrações e uma apresentação de material novo que utilize mais de uma modalidade sensorial de cada vez. Por exemplo, o professor pode ensinar conceitos matemáticos usando apresentação oral combinada com manipulações de objetos. Talvez o mais importante seja aumentar os pontos fortes da criança, de modo que ela possa ter a sensação de realização e a autoestima aumentada.

Transtornos da comunicação

Os **transtornos da comunicação** são condições caracterizadas por prejuízo na linguagem, na fala e na comunicação. Crianças com **transtorno da linguagem** não têm a capacidade de se expressar de formas adequadas a sua idade e seu nível de desenvolvimento. Elas usam vocabulário limitado e deficiente e falam em sentenças curtas com estruturas gramaticais simplificadas, omitindo palavras e frases fundamentais. Também podem juntar as palavras em uma ordem peculiar nas sentenças. Uma pessoa com esse transtorno pode, por exemplo, usar sempre o tempo presente, dizendo "Eu me divirto muito ontem" em vez de "Eu me diverti". Os atrasos do desenvolvimento podem causar transtornos da linguagem expressiva, mas sintomas semelhantes podem se originar de uma doença médica ou de traumatismo craniano.

As dificuldades de expressão de algumas pessoas são caracterizadas não por sua incapacidade de entender ou expressar a linguagem, mas por dificuldades específicas

transtornos da comunicação
Condições que envolvem prejuízo na linguagem, na fala e na comunicação.

transtorno da linguagem
Transtorno da comunicação caracterizado por ter um vocabulário limitado e deficiente, falar em sentenças curtas com estruturas gramaticais simplificadas, omitir palavras ou frases fundamentais ou juntar palavras em ordem peculiar.

transtorno do som da fala
Transtorno da comunicação no qual o indivíduo articula mal, substitui ou omite sons da fala.

transtorno da fluência de início na infância (tartamudez)
Transtorno da comunicação também conhecido como tartamudez, ou gagueira, que envolve um distúrbio na fluência e padronização normal da fala. É caracterizado por verbalizações como repetições ou prolongamentos de sons, palavras quebradas, bloqueio de sons, substituições de palavras para evitar termos problemáticos ou palavras expressas com excesso de tensão.

transtorno da comunicação social (pragmática)
Transtorno envolvendo déficits no uso social de comunicação verbal e não verbal.

de fala. Uma pessoa com **transtorno do som da fala** substitui, omite ou articula incorretamente os sons do discurso. Por exemplo, uma criança pode usar um som de *l* para a letra *r*, dizendo "balata" em vez de "barata". As pessoas com frequência consideram "fofo" as pronúncias erradas das crianças; entretanto, esses padrões de fala da infância tendem a causar problemas acadêmicos à medida que o indivíduo cresce e acaba sendo ridicularizada pelos colegas na escola.

As crianças que vivenciam um **transtorno da fluência de início na infância (tartamudez)*** são incapazes de produzir fala fluente. Elas podem emitir verbalizações como repetições e prolongamentos de sons, palavras cortadas, bloqueio de sons, substituições de palavras para evitar termos problemáticos, e palavras expressas com um excesso de tensão. Embora seja difícil determinar causa e efeito, uma equipe de pesquisadores australianos demonstrou que há uma forte correlação negativa entre gravidade da tartamudez e níveis de escolaridade. É possível que essa relação reflita, pelo menos em parte, as consequências a longo prazo enfrentadas pelas crianças cujos problemas de fala criam experiências negativas em seus primeiros anos de escola (O'Brian, Jones, Packman, Menzies, & Onslow, 2011).

As crianças com **transtorno da comunicação social (pragmática)** têm déficits no uso social da comunicação verbal e não verbal. Elas têm problemas para ajustar seu comportamento ao contexto social, tal como saber como cumprimentar pessoas ou interpretar a forma como são cumprimentadas. Além disso, são incapazes de condizer sua comunicação com as necessidades do ouvinte, tal como falar de forma diferente com crianças e adultos. Em uma conversa, têm dificuldades para seguir as convenções sociais de revezar-se ao falar. Finalmente, têm problemas para entender significados implícitos ou ambíguos, como aqueles usados no humor e em metáforas. Esses déficits podem tornar difícil para os indivíduos não apenas a comunicação eficaz, mas também seu desempenho no trabalho e a participação em interações sociais comuns.

5.4 Transtorno de déficit de atenção/hiperatividade (TDAH)

transtorno de déficit de atenção/hiperatividade (TDAH)
Transtorno do neurodesenvolvimento envolvendo um padrão persistente de desatenção e/ou hiperatividade.

Um dos transtornos psicológicos mais comumente reconhecidos em termos de atenção popular, o **transtorno de déficit de atenção/hiperatividade (TDAH)** é um transtorno do neurodesenvolvimento que envolve um padrão persistente de desatenção e/ou hiperatividade. Os critérios diagnósticos e o nome da condição mudaram de maneira significativa ao longo das últimas décadas. Somando-se às complicações em nosso entendimento do TDAH estão os debates em relação a sua prevalência, suas causas, seu curso e seu tratamento.

Com toda probabilidade, você ouviu o termo "TDAH" em seu sentido comum. Como é o caso no transtorno do espectro autista, o TDAH tem agora um significado amplo que muitas pessoas usam para descrever uma criança ou um adulto cujos sintomas são prontamente aparentes em diversos contextos sociais e educacionais. Sensibilizados pela cobertura da mídia para o transtorno tanto em crianças como em adultos, pais, professores e amigos podem considerar que as crianças que perturbam a sala de aula ou o ambiente doméstico têm ou estão em risco para esse transtorno porque elas mostram sinais de hiperexcitação e distratibilidade. A questão de quais comportamentos constituem uma condição diagnosticável, entretanto, não é inteiramente clara.

Características do TDAH

Os indivíduos que preenchem os critérios diagnósticos do DSM-5 para TDAH têm, em um grau extremo, padrões de comportamento nos quais são desatentos e hiperativos/impulsivos. Conforme você pode ver na Tabela 5.4, os dois componentes do transtorno são definidos em termos de um conjunto de critérios comportamentais específicos. Os terapeutas também podem diagnosticar crianças com TDAH "tipo combinado" se elas satisfizerem ambos os conjuntos de critérios por pelo menos 6 meses. Eles também po-

* N. de R. T.: Ou gagueira.

TABELA 5.4 Critérios do DSM-5 para transtorno de déficit de atenção/hiperatividade

Para receber o diagnóstico de TDAH, um indivíduo deve apresentar seis ou mais dos seguintes sintomas em qualquer das categorias de desatenção e hiperatividade. Esses comportamentos devem estar presentes por pelo menos 6 meses em um grau que seja mal-adaptativo e inconpatível com o nível de desenvolvimento da pessoa.

Além disso, diversos sintomas de desatenção e de hiperatividade-impulsividade devem estar presentes antes da idade de 12 anos, os sintomas devem causar prejuízo em dois ou mais contextos (tal como escola e família), deve haver evidência clara de prejuízo significativo no funcionamento diário e os sintomas não devem ser mais bem explicados por outro transtorno ou ocorrer no curso de outro transtorno.

Desatenção (6 ou mais dos seguintes):

(a) com frequência não dá atenção a detalhes ou comete erros por desatenção no trabalho escolar, no trabalho ou em outras atividades
(b) com frequência tem dificuldade para manter a atenção em tarefas ou atividades recreativas
(c) com frequência não parece escutar quando alguém lhe fala diretamente
(d) com frequência não segue instruções e deixa de terminar o trabalho escolar, as tarefas domésticas ou as funções no local de trabalho (não devido a comportamento oposicional ou falha em entender as instruções)
(e) com frequência tem dificuldade para organizar tarefas e atividades
(f) com frequência evita, não gosta ou reluta em realizar tarefas que requeiram esforço mental contínuo (como o trabalho escolar ou o dever de casa)
(g) com frequência perde coisas necessárias para as tarefas ou atividades (p.ex., brinquedos, instruções do professor, lápis, livros ou instrumentos)
(h) com frequência é facilmente distraído por estímulos alheios
(i) com frequência é desleixado nas atividades diárias

Hiperatividade e impulsividade (6 ou mais dos seguintes; para aqueles com 17 anos e mais velhos pelo menos 5 são requeridos):

(a) com frequência mexe com as mãos ou os pés ou se contorce na cadeira
(b) com frequência levanta-se na sala de aula ou em outras situações nas quais permanecer sentado é o esperado
(c) com frequência corre ou escala excessivamente em situações nas quais é inadequado (em adolescentes ou adultos, pode ser limitado a sentimentos subjetivos de inquietação)
(d) com frequência tem dificuldade para brincar ou se envolver em atividade de lazer silenciosamente
(e) com frequência está "em movimento" ou age como se "movido por um motor"
(f) com frequência fala excessivamente
(g) com frequência deixa escapar as respostas antes de as perguntas serem completadas
(h) com frequência tem dificuldade para esperar sua vez
(i) com frequência interrompe ou se intromete nas coisas dos outros (p.ex., entra no meio de conversas ou jogos)

dem diagnosticá-las com TDAH "tipo predominantemente desatento" se satisfizerem os critérios para desatenção, mas não para hiperatividade-impulsividade, nos últimos 6 meses. De forma alternativa, os profissionais podem diagnosticá-las como "predominantemente hiperativas-impulsivas" se satisfizerem o segundo conjunto de critérios, mas não demonstraram desatenção, nos 6 meses anteriores.

Os pesquisadores estimam a prevalência média de TDAH no mundo em 5,29%, mas as diferenças nas taxas de prevalência do transtorno variam amplamente de acordo

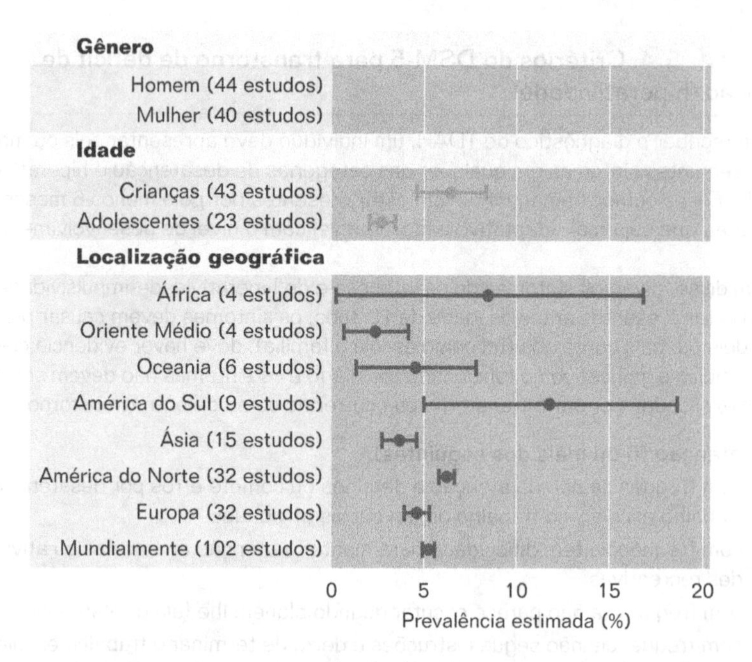

FIGURA 5.1 Prevalência mundial de TDAH.

com o país e a região do mundo (Fig. 5.1) (Polanczyk, de Lima, Horta, Biederman, & Rohde, 2007). A variabilidade nas taxas de prevalência não se devem a diferenças reais na incidência da condição, mas a diferenças metodológicas entre os estudos epidemiológicos. Contudo, pela disparidade nessas taxas, podemos concluir que as definições de TDAH ainda necessitam de muito esclarecimento e padronização.

Essas amplas variações de prevalência nos mostram que pesquisadores e clínicos ainda não chegaram a uma visão consistente dos sintomas centrais de TDAH. A presença tanto de desatenção como de hiperatividade-impulsividade é requerida ou devemos considerar apenas um conjunto de sintomas como uma base suficiente para que o clínico atribua o diagnóstico a uma determinada criança? A questão é muito debatida, como indicam os critérios do DSM-5 mostrados na Tabela 5.4.

Avançando para entender o quadro clínico do TDAH por meio dos critérios diagnósticos atuais, podemos ver que crianças que vivenciam esse transtorno podem enfrentar muitos desafios. Durante os anos do ensino fundamental, as crianças com TDAH podem ter notas baixas, problemas de repetição de disciplinas e colocação em classes de educação especial (Wilens, Faraone, & Biederman, 2004). Quando chegam à idade adulta, elas têm mais probabilidade de desenvolver transtornos relacionados a substâncias (Wilens et al., 2011). Embora acreditassem no passado que os sintomas de TDAH desaparecem na adolescência, pesquisadores e clínicos reconhecem agora que pessoas com o transtorno continuam a vivenciá-lo durante a adolescência e a idade adulta. O quadro sintomático muda da infância para a adolescência, de modo que a hiperatividade, evidente durante os anos pré-escolares e na infância, diminui na ado-

MINICASO

Transtorno de déficit de atenção/hiperatividade

A mãe de Joshua acabou de ter uma reunião com a professora de seu filho, que relatou que o menino, de 7 anos, era extremamente inquieto e distraído na aula. A todo minuto, levantava de sua carteira, explorando alguma coisa em uma estante de livros ou olhando pela janela. Quando sentado, balançava os pés para a frente e para trás, tamborilava seus dedos sobre a mesa, virava para trás e, em geral, mantinha um constante alto nível de movimento. Ele podia pedir para ir ao banheiro três vezes em uma hora. Falava muito rápido, e suas ideias eram mal organizadas. Durante o recreio, Joshua era agressivo e violava muitas das regras da pracinha. Sua mãe confirmou a descrição da professora com histórias semelhantes sobre o comportamento de seu filho em casa. Embora tenha inteligência normal, ele é incapaz de manter a atenção concentrada em qualquer atividade por mais de alguns minutos.

lescência; contudo, os problemas de atenção permanecem, e dificuldades patentes nas funções executivas tornam-se proeminentes. As funções executivas incluem tarefas como autorreflexão, autocontrole, planejamento, antecipação, adiamento de gratificação, regulação do afeto e resistência a distração (Wasserstein, 2005). Os adultos com TDAH são mais propensos a ter déficits na memória operacional, na atenção contínua, na fluência verbal e na velocidade de processamento, problemas que resultam em realização acadêmica inferior à de adultos sem o transtorno (Biederman et al., 2006).

Adolescentes com TDAH podem ter uma ampla variedade de problemas comportamentais, acadêmicos e interpessoais que lhes criam sérias dificuldades e problemas em seus relacionamentos com a família, os amigos e os educadores. Eles tendem a ser especialmente imaturos, propensos a se envolver em conflitos com seus pais, têm habilidades sociais bastante pobres e se envolvem em mais atividades de alto risco, como abuso de substância, sexo sem proteção e direção imprudente (Resnick, 2005).

O diagnóstico de TDAH em meninas adolescentes é em especial complicado; como resultado, educadores e terapeutas frequentemente deixam de fazê-lo, porque os sintomas delas tendem a ser menos evidentes que os dos garotos. Os sintomas em meninas incluem esquecimento, desorganização, autoestima baixa e desmoralização. Ao contrário dos meninos, elas exteriorizam seus sintomas e se tornam ansiosas, deprimidas e socialmente retraídas. De maneira alternativa, algumas adolescentes apresentam um quadro sintomático no qual são tagarelas ou emocionalmente hiper-reativas (Quinn, 2005), características que podemos confundir com reflexo da volatilidade adolescente típica. As meninas adolescentes com TDAH com frequência vivenciam uma intensificação dos sintomas devido a mudanças hormonais na puberdade, bem como são mais propensas a agir de formas diferentes de suas contrapartes masculinas e a se colocar em risco para gestações não planejadas e não desejadas (Resnick, 2005). Elas continuam a experimentar sintomas persistentes e podem permanecer prejudicadas até a idade adulta (Mick et al., 2011).

TDAH em adultos

Considerado no passado um transtorno restrito à infância, clínicos e pesquisadores consideram agora que o TDAH tem o potencial para continuar na idade adulta. É muito provável que o transtorno não se apresente pela primeira vez na adultez, mas os clínicos só podem diagnosticá-lo corretamente até essa fase. Podemos supor que os profissionais deixaram passar ou diagnosticaram de modo equivocado casos de TDAH adulto, em particular naqueles indivíduos que, quando crianças, tinham sintomas de desatenção mas não turbulentos. Talvez aproximadamente 4% dos adultos norte-americanos satisfaçam os critérios diagnósticos para esse transtorno, com números quase iguais para homens e mulheres (Kessler et al., 2006).

Os sintomas de TDAH aparecem em diferentes formas nos adultos se comparados às crianças. Os adultos com TDAH são menos propensos a demonstrar hiperatividade e impulsividade e mais a continuar com os sintomas de desatenção. Seus sintomas ajustam-se a um quadro congruente com déficits no funcionamento executivo, significando que são mais inclinados a ter dificuldade para organizar tarefas e realizar aquelas que envolvam priorizar atividades com base na importância, a cometer erros por desatenção e a perder coisas. Embora as crianças possam apresentar maior evidência de inquietação e impulsividade, o TDAH adulto envolve dificuldades em manter o foco de atenção (Kessler et al., 2010).

Em suas vidas diárias, então, os adultos com TDAH têm problemas para criar rotinas, são desregrados em seu manejo de tempo e dinheiro e acham difícil completar o trabalho acadêmico ou acompanhar tarefas no trabalho. Durante toda a vida adulta, os homens em particular têm um risco mais alto de sofrer acidentes de carro e de receber multas de trânsito (Cox, Cox, &

Crianças e adolescentes que sofrem de TDAH vivenciam dificuldades significativas para acompanhar o trabalho escolar devido a sintomas como desatenção e inquietação extrema. Muitos pesquisadores acreditam que o diagnóstico seja influenciado por fatores ambientais e socioculturais.

Cox, 2011). Uma pequena porcentagem de adultos com TDAH é capaz de canalizar sua energia e inquietação excessivas para esforços criativos, tais como iniciativas empresariais (Weiss & Murray, 2003), ainda que sua incapacidade de manter a atenção e de se comprometer com um projeto possa limitar a probabilidade de sucesso por um período de tempo prolongado.

As mulheres com TDAH são menos propensas a apresentar os comportamentos de alto risco vistos em homens. Em vez disso, elas tendem mais a experimentar disforia, problemas de organização, impulsividade e desatenção, características que são de particular preocupação se interferirem na parentalidade consistente (Quinn, 2005).

Os adultos com TDAH costumam ter sérios problemas nos relacionamentos, seja o relacionamento com um parceiro íntimo, um colega de trabalho, um conhecido ou mesmo com um estranho. Um pouco ironicamente, visto que estão sempre buscando estimulação, eles podem encontrá-la provocando conflito em suas interações com os outros, iniciando discussões, recusando-se a terminar discussões ou insistindo em ter a última palavra. Acham difícil escutar os demais, podem ouvir apenas partes de uma conversa, são inclinados a interromper e falam enquanto os outros estão tentando falar. Em geral são muito tensos, o que é evidente em suas tendências a hipersensibilidade e hiper-reatividade, expressas às vezes em ataques de raiva e em mau humor intenso. Seus parceiros íntimos tornam-se exasperados por sua impulsividade, inclinação a excesso de compromissos, tomada de decisão pobre e manejo disparatado do dinheiro. Os conflitos e as discussões surgem devido aos sintomas de desorganização, esquecimento, atraso crônico, perda repetida de chaves e outros objetos importantes, bem como falta de confiabilidade geral (Robins, 2005).

Se apresentarem deficiências nos tipos de tarefas de funcionamento executivo envolvidas na realização de atividades da vida diária, os adultos com TDAH também correm maior risco de se envolver em comportamento desviante e antissocial (Barkley & Murphy, 2011). Essas tarefas incluem auto-organização (p. ex., manejo do tempo), autodisciplina (p. ex., manejo do dinheiro e ser capaz de tolerar espera), automotivação (tomar atalhos no trabalho) e autoativação/concentração (ser facilmente distraído). O TDAH adulto é mais do que um construto teórico; é uma condição altamente incapacitante que pode impedir os indivíduos de alcançarem seus objetivos de vida.

Teorias e tratamento de TDAH

A determinação biológica de TDAH é bem estabelecida, como indicado por estudos familiares, de gêmeos, de adoção e de genética molecular. Pesquisadores estimam que a hereditariedade do TDAH seja de até 76% (Faraone et al., 2005) e esteja entre as taxas mais altas de todos os transtornos psiquiátricos. Estudos de indivíduos com TDAH encontraram evidências do envolvimento de diversos genes relacionados à dopamina, sugerindo que déficits nos padrões de recompensa possam contribuir para os sintomas desse transtorno (Volkow et al., 2009).

Os pesquisadores também encontraram anormalidades cerebrais estruturais em pessoas com TDAH e acreditam que uma rede de áreas cerebrais inter-relacionadas está envolvida no prejuízo das funções atencionais-executivas desses indivíduos (Wilens et al., 2004). Por exemplo, as IRMs de crianças com TDAH em um estudo recente revelaram que, em média, o volume do seu córtex era 9% menor, e elas apresentavam interrupções nos circuitos envolvidos na regulagem do controle motor (Qiu et al., 2011).

Embora os pesquisadores tenham encontrado anormalidades funcionais e estruturais nos cérebros de pessoas com TDAH, a maioria concorda que a vulnerabilidade genética interage com a exposição ambiental. Esses estressores incluem complicações do parto, dano cerebral adquirido, exposição a substâncias tóxicas, doenças infecciosas e mesmo estresse conjugal dos pais (Martel et al., 2011). Os pesquisadores também suspeitam que possa haver subtipos de TDAH, dependendo da comorbidade com outros transtornos, tais como os do humor ou de ansiedade, deficiências de aprendizagem, transtorno da conduta ou transtorno de oposição desafiante (Adler, Barkley, Wilens, & Ginsberg, 2006). Cada um desses subtipos pode ter um padrão diferente de herança familiar, fatores de risco, neurobiologia e respostas a medicamentos (Biederman, Mick, Faraone, & Burback, 2001).

Unindo anormalidades biológicas e problemas comportamentais nesse transtorno, a teoria do TDAH de Barkley (1997) propõe que o prejuízo central seja a incapacidade de inibir respostas devido a anormalidades no córtex pré-frontal e em suas conexões com outras partes do cérebro. O prejuízo da inibição de resposta manifesta-se em quatro áreas de funcionamento: (1) memória operacional; (2) internalização de fala autodirigida; (3) a autorregulação de afeto, motivação e nível de excitação; e (4) reconstituição - a capacidade de dividir comportamentos observados em partes componentes que podem se recombinar em novos comportamentos dirigidos a um objetivo. Além disso, de acordo com Barkley, as crianças com TDAH não conseguem desenvolver uma orientação ao futuro e um sentido do *self* ao longo do tempo.

Considere como cada um desses prejuízos é expresso no comportamento de uma criança. Problemas com a memória operacional fazem a criança ter dificuldade em manter o controle do tempo ou em lembrar coisas como prazos e compromissos. Ter uma internalização prejudicada da fala autodirigida significa que esses jovens não conseguem manter seus pensamentos para si mesmos ou realizar autoquestionamento ou auto-orientação privados. A autorregulação prejudicada do humor e da motivação fazem-nos exibir suas emoções externamente sem censura, sendo ao mesmo tempo incapazes de autorregular seu impulso e sua motivação. A capacidade prejudicada de reconstituir torna essas crianças menos capazes de resolver problemas, porque são incapazes de analisar condutas e sintetizar novos comportamentos.

A teoria de Barkley continua a receber apoio. Mais recentemente, ele criou uma escala para medir o funcionamento executivo em adultos, a qual avalia o autogerenciamento com relação a tempo, auto-organização e solução de problemas, autodisciplina, automotivação e autoativação/concentração. Os adultos com TDAH apresentavam prejuízo nessas medidas. Além disso, as avaliações de seu funcionamento executivo

TABELA 5.5 Exemplo de itens da escala de avaliação do funcionamento executivo do TDAH adulto

Cada item é avaliado em uma escala Likert de 0–3 (1 = Raramente ou nunca; 2 = Às vezes; 3 = Frequentemente; 4 = Muito frequentemente).

Escala	Exemplo de itens
Autogerenciamento do tempo	Deixa para mais tarde ou adia as coisas até o último minuto Atrasado(a) para o trabalho ou para compromissos marcados
Auto-organização e solução de problemas	Frequentemente não encontra as palavras quando quer explicar alguma coisa para os outros Incapaz de "pensar por mim mesmo(a)" ou de responder de maneira tão eficaz quanto os outros a eventos inesperados
Autodisciplina	Faz comentários impulsivos para os outros Tem problemas para seguir as regras em uma situação
Automotivação	Propenso(a) a tomar atalhos no trabalho e a não fazer tudo o que se espera que faça Os outros me dizem que sou preguiçoso(a) ou desmotivado(a)
Autoativação/ Concentração	Facilmente distraído(a) por pensamentos irrelevantes quando deve se concentrar em alguma coisa Tem problemas para permanecer alerta ou acordado(a) em situações tediosas

FONTE: Barkley & Murphy, 2011.

Você decide

Prescrevendo medicamentos psiquiátricos para crianças

A pesquisa com participantes humanos de qualquer idade requer que os pesquisadores se atenham estritamente às Diretrizes Éticas da APA. No caso de crianças, entretanto, as questões mudam de modo considerável, visto que são "populações vulneráveis". Isso significa que elas podem ter um risco aumentado para abuso e exploração. Como consequência, durante décadas, os pesquisadores evitaram conduzir estudos para testar a eficácia de psicofármacos em crianças, a fim de evitar expô-las a dano desnecessário durante os ensaios clínicos. Sem dados conclusivos sobre eficácia, segurança e ação farmacológica nos quais basear as recomendações de tratamento, os psiquiatras tratavam seus pacientes pediátricos usando as chamadas prescrições "fora da bula" que não tinham recebido aprovação da FDA norte-americana.

A prática de prescrever esses medicamentos sem indicação específica para os transtornos é disseminada nos Estados Unidos, mas, devido aos problemas de conduzir pesquisas com crianças, tais prescrições são frequentemente voltadas para essa população. A FDA não tem autoridade para regular a forma como os médicos praticam a medicina, então eles devem tomar suas próprias decisões sobre prescrever ou não para uma criança um medicamento não específico para o transtorno. No processo, os profissionais devem pesar os possíveis benefícios em relação aos riscos da substância. Com poucos estudos da segurança e eficácia dos medicamentos, eles devem contar com sua própria experiência (Spetie & Arnold, 2007).

As crianças, portanto, correm um risco maior de apresentar efeitos colaterais se comparadas a outras populações para as quais existem dados extensivos. A situação foi trazida à tona de uma maneira dramática em 2003, quando a FDA recebeu relatos que mostravam uma associação entre uso de ISRSs em adolescentes e um risco aumentado de autolesão e pensamentos suicidas. Em 2007, esses medicamentos receberam a "tarja preta" da FDA que se aplicava não apenas a crianças e adolescentes, mas também a adultos jovens. Visto que não tinha dados extensivos sobre o uso desses fármacos por jovens, a FDA utilizou as informações que tinha a sua disposição para tomar essa decisão. Há agora consideravelmente mais informações sobre esses medicamentos, as quais indicam que os antidepressivos podem, na verdade, reduzir os riscos de suicídio nessa população, uma ameaça que diminui de forma contínua ao longo do tratamento (Dudley, Goldney, & Hadzi-Pavlovic, 2010).

P: *Você decide:* Os pesquisadores devem conduzir mais pesquisas sobre medicamentos psicoterapêuticos com crianças? Os riscos de efeitos colaterais que possam ocorrer durante essas pesquisas as justificam? Além disso, se os pesquisadores descobrirem que um medicamento tem efeitos colaterais prejudiciais, como os profissionais da saúde devem pesá-los em relação aos possíveis benefícios?

estavam relacionadas às medidas de comportamento desviante na vida diária, incluindo atos antissociais, diversos crimes e infrações de trânsito (Barkley & Murphy, 2011). Exemplos de itens da escala de funcionamento executivo adulto são mostrados na Tabela 5.5.

Além dos fatores biológicos e psicológicos, as influências socioculturais desempenham um papel no agravamento do quadro sintomático de TDAH. Muitas crianças com o transtorno cresceram em um ambiente familiar caótico e desorganizado e tiveram experiências de fracasso na escola. Entretanto, o comportamento turbulento da criança pode contribuir ainda mais para os problemas familiares e escolares. Criar um filho com TDAH é mais difícil do que criar um filho saudável, e esse estresse sobre a família poderia levar a distúrbios familiares. De modo similar, as experiências de fracasso da criança na escola podem ser o resultado, mais do que a causa, de distúrbios da atenção.

Quando chegam à idade adulta, os indivíduos com TDAH vivenciaram tantas frustrações na vida, particularmente nos relacionamentos, que se tornam presos em um círculo vicioso de disfunção. A própria natureza de seu transtorno gera dificuldades nos relacionamentos, mesmo com aqueles de quem são mais próximos. Os companheiros tornam-se exasperados e podem desistir do relacionamento, fazendo o indivíduo com TDAH ficar ainda mais deprimido e mais inclinado a buscar comportamentos autoenergizantes que, por fim, se revelam contraproducentes.

Pessoas com TDAH em geral recebem medicamentos para controlar seus sintomas. Embora haja mais de uma dúzia de nomes comerciais, a maioria dos medicamentos é baseada no metilfenidato. Nas últimas décadas, as companhias farmacêuticas têm feito avanços significativos no desenvolvimento de fármacos eficazes para TDAH, de modo que aqueles produzidos mais recentemente, em formulações de liberação prolongada, são de duração mais longa. A primeira classe de medicamentos estimulantes, que incluíam o metilfenidato, era eficaz para durações breves (3 a 5 horas) e requeria múltiplas doses em horários certos ao longo do dia. As formulações de liberação prolongada funcionam de duas formas: sistemas de liberação adiada e sistemas de liberação 50-50. O cloridrato de metilfenidato é um produto de liberação adiada: 22% da dose estão na parte do comprimido de liberação imediata, e 78% são liberados aproximadamente 4 horas após a ingestão. A levoanfetamina de liberação prolongada é um produto de liberação 50-50 e simula a tomada de duas doses iguais na hora certa. A duração da ação é de 7 a 9 horas em adultos (Dodson, 2005). Uma vantagem dos medicamentos de longa ação é que há menos probabilidade de abuso (Mao, Babcock, & Brams, 2011).

Como alternativa ao metilfenidato, os medicamentos antidepressivos são às vezes prescritos para pessoas com TDAH. Estes incluem bupropriona, pemolina, atomoxetina e imipramina. Os clínicos usam essas substâncias para tratar TDAH leve a moderado, com alguns efeitos aparentes em 2 a 3 dias. Eles normalmente usam esse grupo de medicamentos para indivíduos com sintomas de TDAH leves e sintomas coexistentes, como ansiedade ou depressão; para aqueles com condições médicas que contraindicam o uso de estimulantes; para os que apresentam transtorno de tique ou de Tourette (discutido mais adiante neste capítulo); e para pessoas com histórias de abuso de drogas (Dodson, 2005).

Os pais ficam compreensivelmente preocupados com os efeitos colaterais decorrentes do uso de estimulantes. Por exemplo, algumas crianças usando o medicamento têm problemas para dormir e apetite reduzido. Os efeitos colaterais mais sérios envolvem o desenvolvimento de espasmos corporais e verbalizações incontroláveis, bem como supressão temporária do crescimento. Os críticos afirmam que os clínicos prescrevem esses medicamentos em excesso e que os utilizam como a intervenção principal, e muitas vezes a única, para tratar indivíduos, em particular crianças, com problemas de comportamento. Além disso, com base em modelos com animais, o uso a longo prazo de estimulantes como o metilfenidato pode provocar consequências neurocomportamentais persistentes que, na verdade, exacerbam os sintomas de TDAH (Marco et al., 2011). No entanto, os estimulantes podem desempenhar um papel importante como parte de uma intervenção integrada (Breggin & Barkley, 2005).

Na esfera não farmacológica, diversas intervenções são eficazes para reduzir os sintomas de TDAH, bem como para ajudar indivíduos com essa condição a funcionar melhor no campo interpessoal e a se sentirem melhor em relação si mesmos. Murphy (2005) enumera uma abordagem em várias frentes ao tratamento psicológico. Embora ele se concentre no tratamento de adolescentes e adultos com o TDAH, podemos aplicar as mesmas estratégias em famílias de crianças com o transtorno. As oito estratégias são as seguintes:

1. A psicoeducação é o ponto de partida, porque, quanto mais as pessoas com TDAH sabem sobre sua condição e como ela os afeta, mais serão capazes de entender o impacto desse transtorno sobre seu funcionamento diário e desenvolver estratégias de enfrentamento. A psicoeducação instila esperança e otimismo à proporção que o indivíduo estrutura a condição como tratável e começa a esperar que a vida se torne melhor à medida que começa a fazer mudanças.

2. As terapias psicológicas, como a terapia individual, fornecem um contexto no qual os clínicos, junto com os clientes, podem estabelecer metas de tratamento, resolver conflitos, solucionar problemas, lidar com transições de vida e tratar problemas

coexistentes, como depressão e ansiedade. Técnicas específicas, como estratégias cognitivo-comportamentais, podem ajudar os clientes a mudar o comportamento e os padrões de pensamento mal-adaptativos que interferem no funcionamento diário. Esses padrões de pensamento costumam se tornar arraigados como resultado de mensagens negativas recorrentes de professores, pais e pares.

3. O treinamento comportamental compensatório e da autogestão dá a oportunidade de a pessoa construir habilidades pela incorporação de mais estrutura e rotina em sua vida. Estratégias simples podem tornar as tarefas e responsabilidades do dia a dia mais viáveis. Estas incluem fazer listas de afazeres, usar agendas, manter blocos de notas em locais úteis e ter vários molhos de chaves.
4. Outras terapias psicológicas, como aconselhamento conjugal, terapia familiar, aconselhamento de carreira, terapia de grupo e planejamento para a faculdade também dão a oportunidade de avaliar as várias formas como os sintomas de TDAH afetam as escolhas de vida e as pessoas com as quais o indivíduo está envolvido.
5. O *coaching* (treinamento), uma intervenção desenvolvida mais recentemente, envolve a consulta a um profissional que pode ajudar o indivíduo com TDAH a se focar na implementação prática de metas. Em outras palavras, o profissional (treinador, *coach*) ajuda a pessoa a encontrar caminhos para realizar as coisas por meio de uma abordagem pragmática, comportamental, orientada a resultados.
6. A tecnologia (p. ex., programas de computador ou assistentes pessoais digitais [PDAs]) pode ajudar os indivíduos com TDAH a acessar ferramentas e dispositivos que os auxiliam a ser mais eficazes na hora de se comunicar, escrever, soletrar, permanecer organizados, lembrar informações, cumprir horários e manter a noção do tempo.
7. Acomodações na escola e no local do trabalho podem facilitar a produtividade e minimizar a distração. Estudantes ou empregados com TDAH geralmente trabalham melhor em ambientes silenciosos, sem distrações. Eles também são mais propensos a ter sucesso quando recebem revisões de desempenho mais frequentes, para ajudar a moldar seu desempenho e estabelecer prioridades. É importante reestruturar tarefas de formas que tirem proveito de seus pontos fortes e seus talentos.
8. A defesa, em particular na forma de advogar em causa própria, é especialmente importante para alcançar o sucesso. Embora seja difícil para a maioria das pessoas revelar aos demais aspectos incapacitantes do TDAH, elas podem descobrir que explicar sua condição aos outros melhora a situação para todos os envolvidos.

Essa abordagem de múltiplas frentes é obviamente mais adequada para adolescentes e adultos que podem assumir a responsabilidade de gerenciar suas vidas. Terapeutas, pais e professores que tratam de crianças com TDAH podem, contudo, adaptar algumas dessas táticas.

Um terapeuta que trabalhe com uma criança poderia usar autorreforço para encorajá-la a regular comportamentos, como se fixar em uma tarefa, adiar gratificação, manter a automotivação e monitorar o progresso em direção aos objetivos. Implícita na abordagem comportamental está a noção de que a família deve aprender a usar métodos comportamentais e se envolver diretamente para auxiliar a criança a reduzir comportamentos disruptivos. A coordenação desses esforços com intervenção comparável pelos professores de sala de aula melhora as chances de auxiliar o jovem a obter melhor autocontrole.

5.5 Transtornos motores

Transtorno do desenvolvimento da coordenação

transtorno do desenvolvimento da coordenação
Transtorno motor caracterizado por prejuízo marcante no desenvolvimento da coordenação motora.

A principal forma de transtorno motor é o **transtorno do desenvolvimento da coordenação**. As crianças afetadas vivenciam prejuízo marcante em suas capacidades de coordenar os movimentos das mãos e dos pés. Surpreendentemente comum, esse transtorno atinge quase 6% das crianças e pode levá-las a ter problemas em suas realizações acadêmicas e em seu envolvimento nas tarefas comuns da vida diária (Nass & Ross, 2008). Pode haver subtipos de transtorno do desenvolvimento da coordenação, um deles envolvendo a coordenação mão-olho e as outras dificuldades visuoespaciais (Vaivre-Douret et al., 2011a).

Nos primeiros anos de vida, crianças com transtorno do desenvolvimento da coordenação têm problemas para engatinhar, caminhar e sentar. Quando se desenvolvem, seu desempenho em outras tarefas relacionadas com a idade também está abaixo da média. Elas podem ser incapazes de amarrar seus sapatos, jogar bola, completar um quebra-cabeças ou mesmo escrever de forma legível. Consequentemente, podem vivenciar problemas de autoestima baixa. Além disso, a falta de coordenação também pode diminuir sua capacidade de participar de esportes e programas de exercícios, fazendo-as ficarem acima do peso. Dada a complexidade de seus sintomas, as crianças com transtorno motor parecem se beneficiar de uma abordagem integrada que identifique suas necessidades e as de suas famílias nos primeiros estágios, quando os sintomas começam a aparecer pela primeira vez. Pode-se estabelecer então uma abordagem integrada à avaliação, na qual as crianças, as famílias e os profissionais compartilham suas perspectivas sobre os sintomas da criança e começam a formular metas terapêuticas. Em seguida, os profissionais, os pais e as crianças planejam como a intervenção irá prosseguir, tirando partido dos recursos da comunidade. Aqui, novamente, todos devem colaborar no estabelecimento de metas para o jovem. Devem basear as intervenções planejadas em tratamentos apoiados em evidência. Por fim, a equipe de intervenção deve planejar estratégias que continuem a apoiar a criança e suas famílias durante a transição para a autogestão em casa, na escola e nas comunidades (Forsyth, Maciver, Howden, Owen, & Shepherd, 2008).

Transtorno de tique

Um **tique** é um movimento ou uma vocalização rápidos, involuntários e recorrentes. Há diversos tipos de transtornos de tique envolvendo movimentos corporais ou vocalizações. Exemplos de tiques motores incluem piscar os olhos, espasmos faciais e encolher os ombros. Os tiques vocais incluem tossir, grunhir, bufar, coprolalia (proferir obscenidades) e estalar a língua.

tique
Movimento ou vocalização involuntários recorrentes e rápidos.

Esta criança sofre de um transtorno do desenvolvimento da coordenação, tornando-lhe difícil colocar objetos em ordem a uma taxa normal para o desenvolvimento.

transtorno de Tourette
Transtorno envolvendo uma combinação de movimento e tiques vocais crônicos.

O **transtorno de Tourette** talvez seja o mais conhecido dos transtornos de tique, afetando cerca de 1% das crianças. As pessoas com essa condução experimentam uma combinação de movimento crônico e tiques vocais, sendo homens na maioria. O transtorno inicia de modo gradual, frequentemente com um único tique, como piscar os olhos, que com o tempo se desenvolve em comportamentos mais complexos. Indivíduos com transtorno de Tourette em geral fazem movimentos incontroláveis com a cabeça e, às vezes, com partes do tronco. Em alguns casos, realizam movimentos corporais complexos, os quais envolvem tocar, agachar, se retorcer ou refazer passos. Ao mesmo tempo, realizam vocalizações que soam muito bizarras aos outros; por exemplo, um indivíduo pode ter um comportamento de tique complexo no qual gira a cabeça enquanto funga e faz ruídos de latido. Apenas uma pequena porcentagem de casos de pessoas com transtorno de Tourette profere obscenidades. Essa não é uma condição passageira, mas, antes, pode durar a vida inteira, com início na infância ou na adolescência.

Indivíduos com esse transtorno também têm outros sintomas psicológicos, sendo mais comuns os obsessivo-compulsivos, dificuldades de fala e problemas de atenção. Os terapeutas acreditam que déficits nos mecanismos inibitórios do cérebro no córtex pré-frontal estejam implicados no transtorno de Tourette, um aspecto que é compartilhado com o transtorno obsessivo-compulsivo e com TDAH (Aliane, Pérez, Bohren, Deniau, & Kemel, 2011). A condição pode se resolver na idade adulta, quando as estruturas cerebrais envolvidas na inibição dos tiques amadurecem.

As crianças com transtorno de Tourette podem se beneficiar de intervenções educacionais que ajudem a apoiar a autoestima e forneçam aconselhamento sustentador. Entretanto, se os tiques forem dolorosos e autolesivos (como se arranhar), ou causarem incapacidade significativa, os profissionais precisam intervir de forma mais sistemática. Esses indivíduos podem se beneficiar de uma modalidade de terapia cognitivo-comportamental que utilize a inversão de hábito. Nessa abordagem, o terapeuta treina os clientes para monitorar seus tiques e as sensações que os precedem e responder a eles com um comportamento voluntário que seja fisicamente incompatível com os tiques. Entretanto, o indivíduo pode não ter acesso ao tratamento cognitivo-comportamental, que pode ser demorado e não é comprovado. Portanto, o profissional pode colocar o cliente em terapia farmacológica, que pode incluir ISRSs, agentes antipsicóticos atípicos e, em casos extremos, estimulação cerebral profunda. Porém, cada uma dessas abordagens apresenta riscos. Os únicos medicamentos para transtorno de Tourette que a FDA aprovou são os agentes antipsicóticos neurolépticos clássicos haloperidol e pimozida, que bloqueiam os receptores de dopamina D2 (Kurlan, 2010).

Transtorno do movimento estereotipado

transtorno do movimento estereotipado
Transtorno no qual o indivíduo repete voluntariamente comportamentos não funcionais, tais como se balançar ou bater a cabeça, que podem ser prejudiciais a seu bem-estar físico.

As crianças com **transtorno do movimento estereotipado** realizam comportamentos repetitivos, aparentemente impulsivos, como abanar as mãos, balançar o corpo, bater a cabeça, se morder e escoriar seus corpos. Esses comportamentos podem interferir no funcionamento normal e causar lesões corporais. Cerca de 60% das crianças entre as idades de 2 e 5 anos realizam esses comportamentos repetitivos, portanto eles são muito comuns; contudo, apenas recebem o diagnóstico quando tais ações criam prejuízo significativo. Subgrupos de crianças são particularmente propensos a ter transtornos motores estereotipados, incluindo crianças cegas e aquelas com atrasos do desenvolvimento. Visto que os comportamentos repetitivos podem ser tão comuns, e podem até servir a um propósito evolutivo, a criança talvez não necessite de intervenção. Para aquelas de fato prejudicadas, ou que correm o risco de ferimentos sérios como resultado do transtorno, a modificação do comportamento parece ser o mais eficaz para ajudá-las a parar de realizá-lo. Se ele não levar a dano físico, entretanto, as crianças podem se beneficiar de aprender a parar de executar a ação em público (tal como na sala de aula), mesmo que continuem na privacidade (Freeman, Soltanifar, & Baer, 2010).

5.6 Transtornos do neurodesenvolvimento: a perspectiva biopsicossocial

Os transtornos que abordamos neste capítulo incluem uma série de condições que refletem, em diferentes graus, combinações de influências biológicas, psicológicas e socioculturais. As influências genéticas sobre muitos desses transtornos são claramente evidentes, mas, ainda assim, as interações com o contexto social desempenham um papel importante. Além disso, visto que começam cedo na vida, esses transtornos têm o potencial de exercer efeitos psicológicos profundos na vida de um indivíduo. Os fatores familiares também desempenham um papel fundamental, dada a importância das primeiras experiências de parentalidade como uma contribuição para desfechos psicológicos.

Se os transtornos refletem múltiplas influências, com os tratamentos não é diferente. Ao fornecer intervenções para crianças, os clínicos estão se tornando justificadamente preocupados em relação ao uso de medicamentos. A terapia do ponto de vista comportamental parece ter inúmeras vantagens, porque seus sintomas podem ser bastante receptivos a tratamentos que se focalizam nos princípios do reforço.

O enorme crescimento do interesse nas condições que podem afetar as crianças durante as últimas décadas significa que há consideravelmente mais informações disponíveis sobre as causas e as intervenções do que havia poucos anos atrás. Embora as intervenções possam ser eficazes em pessoas de qualquer idade, tratar as crianças o mais cedo possível pode ajudá-las a alcançar desfechos favoráveis, capazes de influenciar suas vidas pelas próximas décadas.

Retorno ao caso: Jason Newman

Jason começou a tomar um medicamento estimulante, e tanto seus pais como a sra. Brownstein notaram uma melhora em sua capacidade de prestar atenção e de se sentar quieto por longos períodos de tempo. Embora ele continuasse a se sentir inquieto, seu trabalho comportamental com um terapeuta na clínica começou a ajudá-lo a diminuir sua conduta turbulenta na escola. O terapeuta também trabalhou com Pam e John para criar um sistema de recompensas e punições consistente para o comportamento de Jason. Juntos eles perceberam que, devido a suas opiniões diferentes sobre o quanto ser rigoroso com Jason, tinham lhe enviado mensagens de reforço divergentes. A fim de facilitar um acordo sobre como puni-lo ou recompensá-lo adequadamente, eles trabalharam na criação de um sistema de reforço que compartilharam com Jason, para que ele ficasse mais bem informado sobre o que esperar caso se comportasse mal. Após vários meses de medicamento e terapia, e com a melhora da capacidade de seus pais de discipliná-lo, Jason se tornou menos hiperativo na escola e suas notas começaram a melhorar. Ele começou a se dar melhor com seus colegas e entrou para o time de basquete, o que lhe permitiu fazer amizades e canalizar sua energia de maneira apropriada.

Reflexões da dra. Tobin: Pode ser difícil diferenciar hiperatividade normal em crianças pequenas de sintomatologia mais grave que é indicativa de TDAH. O dr. Brownstein fez uma consideração cuidadosa disso quando diagnosticou Jason, com base na descrição de Pam de seu comportamento ao longo dos anos. Ficou claro que os problemas comportamentais do menino estavam interferindo seriamente em sua capacidade de levar uma infância normal e de estudar. Sobretudo comparado a seu irmão Nicholas, era evidente que Jason estava lutando com seus sintomas, que iam além do comportamento infantil normal.

O TDAH é normalmente diagnosticado durante os anos do ensino fundamental, e, ainda que o transtorno possa durar até a adolescência, com tratamento adequado – como o que Jason está recebendo – os sintomas podem começar a diminuir na idade adulta. Pode ser uma decisão ética difícil prescrever medicamentos estimulantes para crianças, embora, no caso de Jason, isso fosse importante para ajudar a diminuir seus sintomas hiperativos que lhe causavam problemas na escola e que dificultariam ainda mais conduzir a terapia do comportamento. Felizmente, com a continuidade da terapia e as estratégias comportamentais implementadas por seus pais, ele será capaz de descontinuar o medicamento no futuro próximo.

RESUMO

- Os **transtornos do neurodesenvolvimento** incluem transtornos que acometem crianças no início da vida e parecem afetar seu funcionamento comportamental criando anormalidades cerebrais.
- **Incapacidade intelectual** refere-se a déficits intelectuais e adaptativos que são evidentes pela primeira vez na infância. Anormalidades genéticas são uma causa significativa. As três causas genéticas mais importantes são **síndrome de Down, fenilcetonúria** e **síndrome do X frágil.** Outro transtorno genético é a doença de Tay-Sachs.
- Os riscos ambientais durante o desenvolvimento pré-natal são a segunda categoria de causas de deficiência intelectual. Esses riscos, chamados de "teratogênicos", incluem drogas e canais tóxicos, subnutrição materna e infecções na mãe durante fases fundamentais do desenvolvimento fetal. O consumo de álcool durante a gravidez pode levar a **síndrome alcoólica fetal (SAF).**
- Pessoas com deficiência intelectual podem se beneficiar da intervenção precoce visando fornecer-lhes treinamento em coordenação motora, uso da linguagem e habilidades sociais. Os educadores podem combinar **inclusão (*mainstreaming*)**, que as integra em salas de aula de escolas comuns, com educação especial que lhes forneça assistência voltada às suas necessidades particulares.
- Os autores do DSM-5 criaram a categoria de **transtorno do espectro autista** para fornecer uma diferenciação mais confiável e válida entre crianças que demonstram claramente "desenvolvimento típico" e aquelas que demonstram a variedade de déficits na comunicação e no comportamento social que o DSM-IV-TR tentou diferenciar. O novo formato do espectro para essa categoria ressalta os aspectos comuns entre transtornos que antes eram considerados distintos. Transtornos listados no DSM-IV-TR, como o de Asperger, autismo, síndrome de Rett, **transtorno desintegrativo da infância** e transtorno global do desenvolvimento são incluídos no transtorno do espectro autista no DSM-5. Os sintomas que anteriormente diferenciavam essas condições entre si são agora indicados por especificadores diagnósticos.
- A evidência apontando para padrões de herança familiar apoia a teoria de que o transtorno do espectro autista tem uma causa biológica. Embora seja evidente que existem diferenças neurológicas entre pessoas com e sem esse transtorno, a base para tais disfunções e suas implicações não são claras.
- Ainda que existam fortes evidências em favor das anormalidades neurobiológicas em indivíduos com transtorno do espectro autista, a perspectiva comportamental é a mais relevante para o tratamento, particularmente intervenções que se baseiem nos princípios do condicionamento operante praticados por terapeutas e pais. Comportamentos turbulentos e autoestimulatórios diminuirão se as crianças com esse transtorno receberem reforço por comportamentos adequados, tal como pedir ajuda ou opinião. Nesses casos, elas têm menos probabilidade de realizar comportamentos autolesivos ou agressivos.
- O **transtorno de déficit de atenção/hiperatividade (TDAH)** envolve desatenção ou hiperatividade e impulsividade. Há muitas teorias sobre a causa desse transtorno, mas as taxas de hereditariedade familiar podem ser de até 76%. Embora pesquisadores tenham encontrado anormalidades fundamentais e estruturais nos cérebros de pessoas com TDAH, a maioria concorda que a vulnerabilidade genética interage com a exposição ambiental. As influências socioculturais também desempenham um papel no agravamento do quadro sintomático do TDAH.
- No DSM-5, a nova categoria de transtornos específicos da aprendizagem inclui agora o com prejuízo na leitura (dislexia), o com prejuízo na matemática, o com prejuízo na expressão escrita e a **discalculia.** Os transtornos da comunicação incluem transtornos da linguagem, da fluência de início na infância (tartamudez) e da comunicação social (pragmática).
- Os profissionais acreditam que a melhor abordagem para identificar crianças com transtornos da aprendizagem seja a "Resposta à Intervenção" (TRI), na qual instituem um conjunto de procedimentos baseados em evidência que seguem uma série de passos.
- **Tiques** são o sintoma que identifica os transtornos motores, sendo caracterizados por movimentos ou vocalizações recorrentes, involuntários e rápidos. Os transtornos anteriormente conhecidos como **transtorno de Tourette,** transtorno do desenvolvimento da coordenação, **transtorno do movimento estereotipado**, transtorno de tique motor ou vocal persistente e transtorno de tique temporário são agora incluídos na categoria de transtornos motores do DSM-5.
- Os transtornos abordados neste capítulo incluem diversas condições que refletem, em diferentes graus, combinações de influências biológicas, psicológicas e socioculturais. As influências genéticas sobre o desenvolvimento de muitos desses transtornos são claramente evidentes, mas, mesmo assim, as interações com o contexto social desempenham um papel importante. Além disso, visto que aparecem cedo na vida, esses transtornos têm o potencial para exercer efeitos psicológicos profundos na vida de um indivíduo.

TERMOS-CHAVE

Deficiência intelectual (transtorno do desenvolvimento intelectual) 103
Discalculia 119
Ecolalia 111
Fenilcetonúria (PKU) 106
Inclusão 109
Retardo mental 103
Síndrome alcoólica fetal (SAF) 108
Síndrome de Down 104
Síndrome de Rett 115
Síndrome do X frágil 106
Tique 131
Transtorno da comunicação social (pragmática) 122
Transtorno da fluência de início na infância (tartamudez) 122
Transtorno da linguagem 121
Transtorno de Asperger 118
Transtorno de déficit de atenção/hiperatividade (TDAH) 122
Transtorno de Tourette 132
Transtorno desintegrativo da infância 115
Transtorno do desenvolvimento da coordenação 130
Transtorno do espectro autista 110
Transtorno do movimento estereotipado 132
Transtorno do som da fala 122
Transtorno específico da aprendizagem 118
Transtorno específico da aprendizagem com prejuízo na expressão escrita 119
Transtorno específico da aprendizagem com prejuízo na leitura (dislexia) 119
Transtorno específico da aprendizagem com prejuízo na matemática 119
Transtornos da comunicação 121
Transtornos do neurodesenvolvimento 103

Espectro da Esquizofrenia e Outros Transtornos Psicóticos

SUMÁRIO

Objetivos de aprendizagem

6.1 Explicar as características da esquizofrenia.

6.2 Descrever os aspectos fundamentais de outros transtornos psicóticos.

6.3 Identificar as teorias e os tratamentos da esquizofrenia.

6.4 Analisar o modelo biopsicossocial da esquizofrenia.

Relato de caso: David Marshall

Informação demográfica: Homem ásio-americano de 19 anos.

Problema apresentado: David foi avaliado em uma instituição psiquiátrica para pacientes internados após seu segundo episódio psicótico no período de um ano. Ele foi trazido para o hospital por sua mãe, Ann, que havia percebido que o comportamento do filho havia se tornado cada vez mais bizarro ao longo dos últimos sete meses. Ela foi a principal fonte de informação durante a entrevista, visto que David era incapaz de fornecer uma história pessoal precisa.

David está no segundo ano de faculdade e frequenta uma universidade em sua cidade natal. Embora ele tenha vivido em casa com Ann durante o primeiro ano de curso (ela o tinha criado após se divorciar, quando ele tinha 5 anos), ela e David decidiram que seria benéfico para ele se mudar para os dormitórios a fim de ficar mais independente. Ann relatou que David estava indo bem nas duas primeiras semanas nos alojamentos; eles normalmente falavam ao telefone algumas vezes por semana, e ele jantava em casa nos domingos. Em uma dessas noites, em meados de outubro, Ann relatou que David não apareceu para jantar como tinha sido combinado. Ela ligou para o melhor amigo dele, Mark, que não sabia do rapaz há alguns dias e também estava preocupado. Mark conhece David desde o ensino médio e vive na mesma cidade. Comentou com Ann que David não "parecia ser ele mesmo nos últimos tempos" e estava agindo de modo particularmente reservado. Mark ficou preocupado por não saber do amigo e então passou a procurá-lo nas diferentes partes da cidade onde sabia que David gostava de passar o tempo; por fim, encontrou-o do lado de fora de uma cafeteria. Quando Mark se aproximou do amigo, este disse que desejava ser chamado de "Joey". Mark notou que David parecia bastante desgrenhado, o que era incomum, já que ele em geral se cuidava muito bem. Também percebeu que ele estava sorrindo e rindo consigo mesmo. Mark supôs que ele estivesse agindo assim porque estava de muito bom humor, embora seu tom tenha se tornado mais sério quando ele lhe ofereceu uma carona de volta ao dormitório. David recusou, declarando: "Eu tenho muita coisa para escrever. Meus poemas vão ser publicados e eles querem que eu escreva mais 20 para poderem publicar um livro de meus poemas". Escrever sempre tinha sido um dos passatempos de David, e ambos com frequência discutiam seus respectivos esforços criativos. Mark ficou alarmado quando olhou o bloco de notas de David, que estava aberto em seu colo enquanto conversavam, e observou apenas rabiscos ilegíveis. Mark percebeu que, durante toda a conversa, o braço esquerdo de David se estendia de forma repetitiva e aparentemente involuntária, com um movimento espasmódico a cada minuto. Mark não conseguiu convencer o amigo a voltar para o *campus* com ele e deixou a cafeteria hesitante. Ao ouvir essa história, Ann ficou chocada com o comportamento do filho, comentando que nunca o tinha visto agir de forma tão bizarra. Insegura do que fazer, decidiu esperar até ele procurá-la.

David finalmente voltou para seu quarto no dormitório e ligou para Ann por volta das três horas da manhã, declarando: "Eu não posso ficar aqui porque não há poetas aqui. Eles precisam de mim lá. Reunião, reunião, ônibus, poemas. Preciso de poemas para um dinheiro para ir à reunião. Uma reunião. Eu tenho que chegar lá. Eu tenho lá. Eu tenho que ir lá". Ele repetiu esta última parte diversas vezes. Confusa, Ann perguntou-lhe o que ele queria dizer, e ele desligou o telefone. Depois disso, ela relatou que não soube do filho por cerca de uma semana.

David foi trazido para a casa de Ann pela polícia, que o tinha encontrado no *campus* causando perturbação, gritando com alguns outros estudantes que estavam esperando um ônibus nas proximidades. Ann não tinha certeza se David tinha realmente ido a Nova York ou se tinha ficado no *campus* todo o tempo, mas conseguiu saber que ele não tinha comparecido às aulas. Então decidiu escrever para os professores de David, pedindo para trancar as matérias já que era evidente que ele não poderia completar suas aulas em seu estado atual. David permaneceu com Ann pelas três semanas seguintes, durante as quais continuou a exibir comportamento estranho. Ela esperava que ele se recuperasse a qualquer momento, mas estava ficando claro que não ocorria melhora. Quando Ann voltava para casa do trabalho, encontrava roupas e louças sujas, caixas de pizza e cinzas de cigarro por toda a casa. Com frequência David ficava em seu quarto o dia inteiro, saindo apenas para usar o banheiro ou fazer uma refeição. Quando Ann o via, percebia que ele parecia bastante triste e retraído, mal falando com ela. Normalmente, eles tinham um relacionamento muito próximo e gostavam de passar o tempo juntos em casa. Ainda que se preocupasse com seu filho, ela não sabia o que poderia fazer para ajudá-lo.

Quando o ano letivo seguinte estava para começar, Ann sentiu que David parecia ter tido uma grande melhora – estava se envolvendo mais com ela em casa, menos confuso, e o conteúdo de sua fala era menos bizarro. Contudo, ainda parecia muito mais retraído em geral do que costumava ser e estava envolvido em uma quantidade mínima de atividades. Ele conseguiu um emprego de meio-período por cerca de um mês na primavera em um posto de gasolina, mas foi despedido devido a excesso de atrasos. De outro modo, na maior parte das vezes, ficava em casa em seu quarto escutando música e escrevendo. Ele saía com Mark ocasionalmente, embora muitas vezes cancelasse os encontros alegando que apenas não se sentia bem no meio de pessoas.

David e Ann decidiram que ele deveria voltar para a faculdade, e, por insistência dele, foi novamente morar nos dormitórios. Duas semanas depois, voltou a desaparecer. Conforme já havia acontecido, Ann recebeu uma ligação do filho uma noite, o qual dizia estar em Manhattan. Ela relatou que David disser a que devia algum dinheiro ao seu senhorio por ter precisado fazer um novo jogo de chaves. Ann nem mesmo sabia que David tinha ido para Nova York ou que estava morando lá. Ele pediu os dados do cartão de crédito dela pelo telefone e disse que, se não aparecesse com o dinheiro, o senhorio estava ameaçando usar violência contra ele. Quando Ann perguntou onde exatamente ele estava, David desligou o telefone, e ela não teve mais notícias até ele aparecer em sua casa, três dias mais tarde, completamente desgrenhado e imundo. Ele falou que estava com medo de que seu colega de quarto fosse queimar todos os seus pertences. Enquanto contava a história, ele ria. Pareceu a Ann que David outra vez estava agindo de forma bizarra e, após a experiência anterior, sabia que desta vez alguma coisa tinha que ser feita. Sem saber a quem recorrer, Ann o levou ao hospital geral mais próximo, onde ele foi internado na ala psiquiátrica.

História relevante: David não tem história anterior de tratamento psiquiátrico. Sua mãe relatou que ele tinha vivenciado alguma depressão leve anteriormente em sua adolescência. Lembrou que David sempre tinha sido "um pouco diferente" de seus pares, notando que tinha poucos amigos próximos durante sua infância e adolescência.

Em termos de história familiar, Ann relatou que o avô paterno de David tinha sido diagnosticado com esquizofrenia, embora não houvesse outra história familiar conhecida de doença mental.

Formulação de caso: Ficou claro pela história apresentada que David tinha vivenciado dois episódios psicóticos ao longo dos últimos meses. Seu primeiro surto psicótico ocorreu após um estressor maior – sair de casa pela primeira vez. Esse é um estressor típico que acontece no período de desenvolvimento, quando os sintomas psicóticos podem aparecer pela primeira vez em sua totalidade, devido à alta taxa básica de eventos de vida importantes que ocorrem durante essa época. Pelo relato de Ann, David talvez tivesse exibido alguns sintomas prodrômicos quando adolescente, o que também é normal no caso de indivíduos com esquizofrenia. Ele satisfaz os critérios diagnósticos para esse transtorno, uma vez que seus sintomas duraram mais de seis meses e incluíram mais de um mês de sintomas ativos. Além disso, seu nível de funcionamento geral foi enormemente reduzido após o primeiro episódio psicótico; ele foi incapaz de manter um emprego e permaneceu isolado de seus relacionamentos interpessoais.

O delírio de David sobre assinar um contrato com uma editora em Nova York para um livro de poesia não foi transportado para seu episódio psicótico seguinte, que se centralizou em um tema diferente.

Plano de tratamento: David será estabilizado com medicamento antipsicótico enquanto estiver no hospital, e o objetivo de seus psiquiatras será encontrar uma dose de manutenção adequada para quando receber alta. Ele frequentará uma clínica psiquiátrica ambulatorial, que lhe fornecerá medicamento e psicoterapia semanal. Também é recomendado que procure alguém para ajudá-lo com atividades vocacionais e para decidir se continuar sua educação superior é uma possibilidade, visto suas vulnerabilidades passadas quando estava na faculdade.

Sarah Tobin, PhD

6.1 Esquizofrenia

A categoria ampla de **esquizofrenia** inclui um conjunto de transtornos nos quais os indivíduos vivenciam uma percepção distorcida da realidade e um prejuízo no pensamento, no comportamento, no afeto e na motivação. A esquizofrenia é uma doença mental séria, dado seu impacto potencialmente grande sobre a capacidade de o indivíduo levar uma vida produtiva e realizada. Embora um número significativo de pessoas com esse transtorno algumas vezes consiga viver sem sintomas, muitas precisam encontrar formas de adaptar suas vidas à realidade da doença. Em termos econômicos, a esquizofrenia também constitui uma carga pesada, com um custo anual estimado nos Estados Unidos (em dólares de 2002) de US$62,7 bilhões, que inclui custos diretos do tratamento e custos indiretos de perda de produtividade (McEvoy, 2007).

Um **delírio** é uma crença falsa profundamente arraigada e não compatível com a inteligência ou a herança cultural do cliente. Por exemplo, um delírio de perseguição é a falsa crença de que alguém ou alguma coisa quer prejudicá-lo (Tab. 6.1). Uma

esquizofrenia
Transtorno com uma variedade de sintomas envolvendo distúrbios no conteúdo e na forma do pensamento, na percepção, no afeto, no sentido de *self*,* na motivação, no comportamento e no funcionamento interpessoal.

delírio
Crença falsa profundamente arraigada e não compatível com a inteligência ou a herança cultural do cliente.

TABELA 6.1 Tipos e exemplos de delírios

Grandeza
Uma concepção muito exagerada da própria importância do indivíduo. Esses delírios variam desde acreditar que se tem um papel importante na sociedade até a crença de que se é, na verdade, Cristo, Napoleão ou Hitler.

Controle
O sentimento de que a pessoa está sendo controlada por outros, ou mesmo por máquinas ou aparelhos. Por exemplo, um homem pode acreditar que suas ações estão sendo controladas pelo rádio, que o está "forçando" a realizar certas ações contra sua vontade.

Referência
A crença da pessoa de que o comportamento dos outros ou certos objetos ou eventos estão se referindo pessoalmente a ela. Por exemplo, uma mulher acredita que uma novela está na verdade contando a história de sua vida, ou um homem acredita que os artigos vendidos em um supermercado local se destinam em particular a suas próprias deficiências dietéticas.

Perseguição
A crença de que outra pessoa ou pessoas estão tentando prejudicar o indivíduo, sua família ou seu grupo social. Por exemplo, uma mulher sente que um grupo organizado de sujeitos politicamente liberais está tentando destruir a organização política de direita à qual ela pertence.

Autoculpa
Sentimentos de remorso sem justificativa. Um homem considera-se responsável pela fome na África devido a certas ações cruéis ou pecaminosas que acredita ter cometido.

Somático
Preocupações inadequadas sobre o próprio corpo, normalmente relacionadas a doença. Por exemplo, sem qualquer justificativa, uma mulher acredita que tem câncer de encéfalo. Para aumentar ainda mais o tom bizarro, ela acredita que formigas invadiram sua cabeça e estão devorando seu cérebro.

Infidelidade
Uma crença falsa, geralmente associada com ciúme patológico, envolvendo a noção de que o(a) amante da pessoa está sendo infiel. Um homem agride sua esposa com palavras ríspidas, insistindo que ela está tendo um caso com o carteiro devido a sua ansiedade pela chegada da correspondência todos os dias.

Irradiação de pensamento
A ideia de que os pensamentos do indivíduo estão sendo retransmitidos para os outros. Um homem acredita que todas as pessoas na sala podem ouvir o que ele está pensando ou que seus pensamentos, na verdade, estão sendo transmitidos por ondas de televisão ou rádio.

Inserção de pensamento
A crença de que forças externas estão inserindo pensamentos na mente da pessoa. Por exemplo, uma mulher conclui que seus pensamentos não são dela, mas que estão sendo colocados lá para controlá-la e perturbá-la.

* N. de R. T.: Conhecimento que o indivíduo tem sobre si mesmo. Pode ser considerado similar ao que, jasperianamente, se considera "consciência do Eu", compreendendo sentimento de atividade, consciência de unidade, consciência de identidade e consciência de oposição do Eu ao exterior.

MINICASO

Catatonia, não específica

Maria é uma estudante de faculdade de 21 anos que esteve hospitalizada por problemas psiquiátricos por um mês. A assistente residente no dormitório da jovem a trouxe ao hospital em dezembro, porque tinha ficado cada vez mais preocupada com o comportamento deteriorante da moça no decorrer do semestre. Quando voltou para a faculdade, em setembro, sua colega de quarto contou para todos, incluindo a assistente residente, que Maria estava agindo de maneira estranha. Por exemplo, ela tinha o hábito de repetir as palavras das outras pessoas, olhava fixo pela janela, indiferente ao resto, e ignorava sua higiene pessoal. À medida que o final do semestre se aproximava, Maria se retraía cada vez mais em seu mundo, até que seu comportamento chegou ao ponto em que era completamente indiferente aos outros. No hospital, ela mantém uma postura rígida do corpo, enquanto olha fixo para o teto e passa a maior parte do dia em um estado de transe que parece impenetrável. Os membros da equipe que a tratam estão em um dilema sobre qual intervenção usar devido à hipersensibilidade da moça a maioria dos medicamentos. No momento, os clínicos estão tentando determinar se Maria tem outra condição médica ou um transtorno psicológico, mas, por enquanto, eles a diagnosticaram como tendo catatonia não específica.

alucinação
Percepção falsa que não corresponde aos estímulos objetivos presentes no ambiente.

incoerente
Linguagem que é incompreensível.

afrouxamento de associações
Fluxo de pensamentos que é vago, não focalizado e ilógico.

catatonia
Condição na qual o indivíduo apresenta distúrbios psicomotores marcantes.

fase ativa
Período no curso da esquizofrenia no qual sintomas psicóticos estão presentes.

sintomas positivos
Os sintomas de esquizofrenia, incluindo delírios, alucinações, fala e comportamento perturbados, que são exageros ou distorções de pensamentos, emoções e comportamento normais.

sintomas negativos
Os sintomas de esquizofrenia, incluindo embotamento afetivo, alogia, avolição e anedonia, que envolvem funcionamento abaixo do nível de comportamento normal.

afeto restrito
Limitação da gama de expressões externas de emoções.

avolição
Falta de iniciativa, não querer agir ou falta de energia e vontade para agir.

alucinação é uma percepção falsa que não corresponde aos estímulos objetivos presentes no ambiente. Fala desorganizada refere-se a linguagem **incoerente**, significando que ela é incompreensível. O processo de pensamento subjacente a esse tipo de fala reflete **afrouxamento de associações**; ou seja, um fluxo de pensamentos que é vago, não focalizado e ilógico.

Embora não seja mais um subtipo de esquizofrenia, os profissionais diagnosticam **catatonia** quando o indivíduo apresenta distúrbios psicomotores marcantes, os quais podem consistir em atividade motora diminuída, excessiva ou peculiar e não relacionada ativamente a situações no ambiente. A catatonia pode ser diagnosticada em associação com outro transtorno psicológico, com uma condição mental ou devido a uma causa que o clínico não pode determinar.

A Tabela 6.2 contém seis critérios diagnósticos de esquizofrenia. Os sintomas no Critério A referem-se à **fase ativa** do transtorno, ou seja, o período durante o qual os sintomas do indivíduo são mais proeminentes. Os sintomas experimentados nessa fase se enquadram em duas categorias: positivos e negativos. **Sintomas positivos** são exageros ou distorções de pensamentos, emoções e comportamentos normais. Em referência à Tabela 6.2, os sintomas numerados de 1 a 4 sob o Critério A enquadram-se nessa categoria.

Os sintomas no número 5 sob o Critério A são **sintomas negativos**, significando que envolvem funcionamento abaixo do nível de comportamento normal. O **afeto restrito**, como o termo sugere, faz referência a uma limitação da gama de expressões externas de emoções. **Avolição** é uma falta de iniciativa, não querer agir ou faltar a energia e vontade para agir. A **associalidade** diz respeito a uma falta de interesse nos relacionamentos sociais, incluindo uma ausência de empatia ou incapacidade de formar relacionamentos íntimos com os outros.

O Critério B é congruente com outros critérios do DSM para transtornos psicológicos que implicam prejuízo significativo. Entretanto, para esquizofrenia, o grau de prejuízo é mais extenso. O Critério C, que indica o período de distúrbio, também é cuidadosamente delineado para assegurar que os indivíduos recebam esse diagnóstico apenas se demonstrarem uma duração substancial dos sintomas. Os Critérios D e E referem-se a outros transtornos que não devem estar presentes em pessoas diagnosticadas com esquizofrenia. No caso do Critério D, é sobremaneira importante excluir transtorno esquizoafetivo, que discutimos a seguir.

No DSM-IV-TR, os clínicos diagnosticavam um indivíduo com esquizofrenia em 1 de 5 subtipos baseados em quais sintomas eram mais proeminentes. Estes eram catatônico, desorganizado, paranoide, indiferenciado e residual. Esses subtipos desapareceram no DSM-5 porque os membros da força-tarefa para esquizofrenia acreditavam que eles não eram apoiados por evidência empírica. Tadavia, o tipo catatônico permanece no DSM-5 como um transtorno separado (catatonia).

TABELA 6.2 Critérios diagnósticos de esquizofrenia

Para ser diagnosticado com esquizofrenia, um indivíduo deve satisfazer todos os critérios listados em A–F.

A. Dois (ou mais) dos seguintes sintomas devem estar presentes por um perído significativo de tempo durante um período de um mês (embora este possa ser menor se o indivíduo for tratado com sucesso). Pelo menos um sintoma deve ser das três primeiras categorias.
   1. Delírios
   2. Alucinações
   3. Fala desorganizada
   4. Comportamento psicomotor grosseiramente anormal
   5. Sintomas negativos, como afeto restrito, avolição e associalidade

B. Disfunção ocupacional
   Por um período significativo do tempo desde o início da perturbação, uma ou mais áreas importantes de funcionamento, como trabalho, relações interpessoais ou autocuidado, estão acentuadamente abaixo do nível alcançado antes do início (ou quando o início é na infância ou na adolescência, a pessoa não consegue alcançar o nível esperado de realização interpessoal, acadêmica ou ocupacional).

C. Duração de pelo menos seis meses
   Sinais contínuos do transtorno devem persistir por pelo menos seis meses. Durante pelo menos um desses seis meses, a pessoa deve apresentar os sintomas de fase ativa do Critério A (ou menos se a pessoa foi tratada com sucesso). Os seis meses podem incluir períodos durante os quais o indivíduo teve sintomas levando a (prodrômicos) ou após (residuais) uma fase ativa. Durante esses períodos, a pessoa deve apresentar apenas sintomas negativos ou dois ou mais sintomas da fase ativa mas na forma atenuada.

D. Sem evidência de transtorno esquizoafetivo, depressivo, ou bipolar.

E. Os sintomas não se devem a transtorno por uso de substância ou uma condição médica geral.

F. Se houver uma história de transtorno do espectro autista ou um transtorno da comunicação de início na infância, o diagnóstico adicional de esquizofrenia é feito apenas se delírios ou alucinações proeminentes também estiverem presentes por pelo menos um mês (ou menos se tratado com sucesso).

A fala de indivíduos com esquizofrenia pode ser desconexa e quase indecifrável, bem como conter **neologismos**, que são palavras inventados ("novas"). Ao contrário das palavras que algumas vezes podem ser aceitas em um determinado idioma (tal como "google"), os neologismos desses sujeitos têm significados altamente idiossincrásicos que são usados apenas pelo indivíduo. O comportamento das pessoas com esse tipo de esquizofrenia é, como o termo sugere, bastante desorganizado, e elas podem ser incapazes de completar tarefas básicas da vida diária, como tomar banho. Outro sintoma característico é o **afeto inadequado**, significando que a resposta emocional da

associabilidade
Falta de interesse em relacionamentos sociais.

neologismos
Palavras inventadas ("novas").

afeto inadequado
O grau em que a expressividade emocional de uma pessoa não corresponde ao conteúdo do que está sendo discutido.

MINICASO

Esquizofrenia, contínua

Joshua é um homem de 43 anos que fica parado diariamente nas escadarias de um banco local, na esquina de uma rua movimentada. Todos os dias, ele usa um boné de time de futebol, uma camiseta amarela, veste calções e tênis cor de laranja. Chova ou faça sol, dia após dia, Joshua mantém seu posto no banco. Às vezes, ele fica conversando com pessoas imaginárias. Sem provocação, ele soluça tristemente. De vez em quando, ele explode em acessos de gargalhadas. A polícia e os assistentes sociais continuam a levá-lo para abrigos destinados a sem-teto, mas Joshua dá um jeito de voltar para a rua antes que possa receber tratamento. Ele tem insistido repetidamente que essas pessoas não têm o direito de incomodá-lo.

Os indivíduos com esquizofrenia apresentam uma ampla variedade de sintomas. Por exemplo, podem manter delírios paranoides de que estão em perigo.

pessoa não combina com os sinais sociais apresentados em uma situação, tal como rir após ouvir uma história triste.

A **paranoia**, o medo ou a percepção irracional das pessoas de que os outros desejam lhes fazer mal, pode estar associada com delírios ou alucinações auditivas relacionadas a um tema de que alguém as está perseguindo ou assediando. Entretanto, não têm sintomas de fala desorganizada ou comportamento perturbado.

O médico francês Benedict Morel (1809–1873) identificou pela primeira vez a esquizofrenia como uma doença que denominou *démence précoce* (demência cerebral do jovem). O psiquiatra alemão Emil Kraepelin (1856–1926) renomeou a condição *dementia praecox*. Ele incluiu na definição um grupo de nove formas clínicas diferentes que compartilham um curso semelhante, no qual os indivíduos afetados, em última análise, vivenciaram declínio comportamental e cognitivo grave. Subjacente aos diferentes sintomas, Kraepelin acreditava, estava um processo de doença causando o "enfraquecimento" dos processos mentais.

O psicólogo suíço Eugen Bleuler (1857–1939) propôs uma mudança drástica tanto no nome como no entendimento do transtorno. De acordo com Bleuler (1911), o transtorno não era um, mas um conjunto de doenças ao qual chamou de *esquizofrenias*. O termo *esquizofrenia* não é uma cisão de personalidades (como no transtorno dissociativo de identidade), mas uma cisão (*schiz*) das funções da mente. Ao contrário de Kraepelin, Bleuler achava que era possível pessoas com esquizofrenia se recuperarem do transtorno.

paranoia
A crença ou percepção irracional de que os outros desejam lhe fazer mal.

Os profissionais ainda se referem aos aspectos fundamentais do transtorno que Bleurer identificou como os "Quatro As":

1. Transtorno do pensamento, como poderia ser evidente pela fala desconexa e incoerente ("Associação")
2. Transtorno da experiência e da expressão de emoção ("Afeto")
3. Incapacidade de tomar ou levar adiante decisões ("Ambivalência")
4. Afastamento da realidade ("Autismo")

Nas décadas seguintes ao trabalho de Bleuler, os clínicos na Europa e nos Estados Unidos propuseram outras diferenciações no agrupamento de esquizofrenia. Um colaborador notável ao debate foi o psiquiatra alemão Kurt Schneider (1887–1967), o qual acreditava que os médicos devem apenas diagnosticar esquizofrenia quando um indivíduo tem certos "sintomas de primeira ordem". As pessoas com esses sintomas acreditam, por exemplo, que alguém está controlando seus impulsos e sentimentos. O DSM-III e a CID-10 incluíram os sintomas de primeira ordem como parte das tentativas dos profissionais de desenvolver um conjunto de critérios diagnósticos mais preciso do que aqueles presentes nas edições anteriores desses sistemas. Entretanto, surgiram evidências de estudos de herança familiar mostrando que parentes de pessoas com esquizofrenia desenvolviam não apenas essa condição, mas também transtornos semelhantes à esquizofrenia. Os pesquisadores começaram a falar do "espectro da esquizofrenia", em vez de

MINICASO

Esquizofrenia, episódios múltiplos, atualmente em remissão total

Esther é uma mulher solteira de 36 anos que vive com sua mãe. Nos últimos 10 anos, ela tem trabalhado como assistente jurídica em uma companhia de seguros e não apresenta mais os delírios, a fala desorganizada e a ausência de expressão emocional que originalmente a levaram a duas hospitalizações anteriores em um período de dois anos. No momento, ela consegue realizar seu trabalho e manter um relacionamento com sua mãe e com alguns amigos.

uma única entidade de doença, levando a novas categorias diagnósticas que incluíam, por exemplo, transtornos da personalidade e transtornos afetivos. Para esse fim, a Seção III do DSM-5 inclui um conjunto de classificações de gravidade do sintoma (ver Tab. 6.3), as quais podem fundamentar o processo de diagnóstico, bem como permitir aos terapeutas acompanharem as mudanças nos sintomas do cliente ao longo do tempo e durante o curso do tratamento.

Junto com a mudança nas conceituações de esquizofrenia, pesquisadores e clínicos começaram a diferenciar entre os chamados sintomas "positivos", como delírios e alucinações, e os sintomas "negativos", que incluíam afastamento social, perda da vontade, embotamento afetivo, e fala vazia ou sem sentido. Os pesquisadores propuseram que os sintomas positivos refletissem níveis de dopamina ativados no sistema nervoso, e os sintomas negativos, anormalidades na estrutura do cérebro (Jablensky, 2010). Cada vez mais, os estudiosos estão começando a reconhecer que o prejuízo cognitivo desempenha um papel importante nesse transtorno (Reichenberg, 2010). Em vez de se focalizarem apenas nos sintomas positivos, eles estão redefinindo os déficits cognitivos como aspectos centrais do transtorno (Gur & Gur, 2010). Falaremos mais sobre estes posteriormente no capítulo, sob as perspectivas psicológicas.

Os clínicos acreditaram por muitos anos que a prevalência de esquizofrenia ao longo da vida era de 1 por 100, mas diversas revisões de larga escala bastante recentes fornecem uma prevalência estimada na vida mais baixa, de 7 por 1.000 (i.e., 0,7 por 100). As pessoas com esquizofrenia têm 2 a 3 vezes mais probabilidade de morrer se comparadas a outras em sua faixa etária. As disparidades no risco de mortalidade entre pessoas com e sem esquizofrenia são significativas, em parte porque os medicamentos usados para tratar esses sujeitos podem contribuir para ganho de peso, que, por sua vez, aumenta o risco de doenças potencialmente fatais. A proporção por sexo pende um pouco na direção dos homens. Para cada três homens que desenvolvem esquizofrenia ao longo de suas vidas, duas mulheres são afetadas pelo transtorno.

Embora a prevalência de esquizofrenia seja bastante baixa em comparação com outros transtornos psicológicos, uma porcentagem surpreendentemente alta de adultos relata experimentar sintomas psicóticos menores. Revisando um grande número de estudos sobre sintomas psicóticos, um grupo de pesquisadores estimou a prevalência ao longo da vida em torno de 5% e a prevalência em qualquer outro momento em torno de 3% (van Os, Linscott, Myin-Germeys, Delespaul, & Krabbendam, 2009).

Novidades no DSM-5

Subtipos de esquizofrenia e avaliações dimensionais

Os autores do DSM-5 implementaram mudanças importantes em sua abordagem ao diagnóstico de esquizofrenia. Como mencionamos no início do capítulo, eles eliminaram os subtipos do transtorno. Em vez disso, usando uma escala que está na Seção III, os clínicos atribuem um diagnóstico de esquizofrenia ao qual podem acrescentar uma classificação dos sintomas do indivíduo ao longo de um conjunto de dimensões, como mostra a Tabela 6.3.

Eliminando os subtipos de esquizofrenia, os autores do DSM-5 buscaram melhorar tanto a confiabilidade como a validade diagnóstica do sistema. Eles também procuraram ter uma base mais quantificável para a pesquisa sobre as causas do transtorno e para o planejamento do tratamento. Por exemplo, um profissional avaliando os resultados da terapia cognitivo-comportamental poderia usar as classificações de gravidade da alucinação e do delírio para determinar se a intervenção está reduzindo os sintomas específicos para os quais está direcionando o tratamento.

Os autores do DSM-5 também decidiram incluir prejuízo cognitivo como uma dimensão na classificações de gravidade da Seção III, dada a importância dos déficits cognitivos nos entendimentos atuais da capacidade do indivíduo de realizar atividades sociais e ocupacionais, bem como as tarefas da vida diária. Nesse sentido, uma avaliação neuropsicológica poderia fundamentar o processo de diagnóstico (Reichenberg, 2010).

Os autores do DSM-5 consideraram, mas decidiram não eliminar, o transtorno esquizoafetivo como uma entidade separada.

Embora ainda não tenham chegado lá, os autores acreditam que os médicos eventualmente diagnosticarão a esquizofrenia como um transtorno de "espectro". Isso significaria, talvez, que mesmo diagnósticos há muito tempo em uso na psiquiatria desapareceriam, incluindo transtorno esquizofreniforme, transtorno esquizoafetivo e os dois transtornos da personalidade associados com sintomas tipo-esquizofrênico.

O sistema atual no DSM-5 representa um passo no afastamento do antigo sistema de categorização na direção da abordagem dimensional. Incluindo classificações de gravidade em vez de subtipos na Seção III, o sistema está tornando possível para os clínicos e pesquisadores acompanhar indivíduos ao longo do tempo de uma forma quantificável.

Curso da esquizofrenia

Por muitos anos, até o início da década de 1970, sem quaisquer critérios diagnósticos abrangentes à disposição, os psiquiatras usavam esquizofrenia como um termo genérico, que era aplicado a maioria das pessoas que requeriam institucionalização

TABELA 6.3 Dimensões de gravidade de sintomas psicóticos na Seção III do DSM-5

	Alucinações	Delírios	Fala desorganizada	Comportamento psicomotor anormal	Sintomas negativos (expressão emocional restrita ou avolição)	Cognição prejudicada	Depressão	Mania
0	Não presente	Não presente	Não presente	Não presente	Não presente	Não presente	Não presente	Não presente
1	Equívoco (gravidade ou duração não suficiente para ser considerado psicose)	Equívoco (gravidade ou duração não suficiente para ser considerado psicose)	Equívoco (gravidade ou duração não suficiente para ser considerado desorganização)	Equívoco (gravidade ou duração não suficiente para ser considerado comportamento psicomotor anormal)	Diminuição equívoca na expressividade facial, na prosódia, nos gestos ou no comportamento autoiniciado	Equívoco (função cognitiva não claramente fora da variação esperada para a idade ou SES, i.e., dentro de 0,5 DP da média)	Equívoco (algum humor deprimido, mas sintomas, duração ou gravidade insuficientes para satisfazer os critérios diagnósticos)	Equívoco (algum humor exaltado ou irritável, mas sintomas, duração ou gravidade insuficientes para satisfazer os critérios diagnósticos)
2	Presente, mas leve (pouca pressão para obedecer às vozes, não muito incomodado por elas)	Presente, mas leve (os delírios não são bizarros ou pouca pressão para agir de acordo com as crenças delirantes; não muito incomodado pelas crenças)	Presente, mas leve (alguma dificuldade para acompanhar a fala e/ou comportamento bizarro ocasional)	Presente, mas leve (comportamento motor anormal ocasional)	Presente, mas leve diminuição na expressividade facial, na prosódia, nos gestos ou no comportamento autoiniciado	Presente, mas leve (alguma redução na função cognitiva abaixo do esperado para a idade e SES; 0,5–1 DP da média)	Presente, mas leve (satisfaz os critérios para depressão maior, com número mínimo de sintomas, duração e gravidade)	Presente, mas leve (satisfaz os critérios para mania com número mínimo de sintomas, duração e gravidade)
3	Presente e moderado (alguma pressão para responder às vozes, ou sente-se um pouco incomodado por elas)	Presente e moderado (pressão grave para agir de acordo com as crenças, ou sente-se muito incomodado por elas)	Presente e moderado (fala frequentemente difícil de acompanhar e/ou comportamento bizarro frequente)	Presente e moderado (comportamento motor anormal frequente)	Presente e diminuição moderada na expressividade facial, na prosódia, nos gestos ou no comportamento autoiniciado	Presente e moderado (redução clara na função cognitiva abaixo do esperado para idade e SES; 1-2 DP da média)	Presente e moderado (satisfaz os critérios para depressão maior com um pouco mais que o número mínimo de sintomas, duração e/ou gravidade)	Presente e moderado (satisfaz os critérios para mania com um pouco mais que o número mínimo de sintomas, duração e/ou gravidade)
4	Presente e grave (pressão grave para responder às vozes, ou sente-se muito incomodado por elas)	Presente e grave (pressão grave para agir de acordo com as crenças, ou sente-se muito incomodado por elas)	Presente e grave (fala quase impossível de acompanhar e/ou comportamento quase sempre bizarro)	Presente e grave (comportamento motor anormal quase constante)	Presente e diminuição grave na expressividade facial, na prosódia, nos gestos e no comportamento autoiniciado	Presente e grave (redução grave na função cognitiva abaixo do esperado para idade e SES; > 2 DP da média)	Presente e grave (satisfaz os critérios para depressão maior com muito mais que o número mínimo de sintomas, duração e/ou gravidade	Presente e grave (satisfaz os critérios para mania com muito mais que o número mínimo de sintomas, duração e/ou gravidade)

Nota: SD = desvio padrão; SES = *status* socioeconômico.

Você decide

Diagnóstico de esquizofrenia

Como discutimos no capítulo, o desfecho da esquizofrenia não é necessariamente positivo. Embora muitos consigam se recuperar, em particular se foram tratadas cedo no curso do transtorno, as pessoas com esquizofrenia, apesar de tudo, enfrentam riscos substanciais de recaida durante o resto de suas vidas. Portanto, quando um profissional da saúde mental fornece um diagnóstico a um indivíduo com esquizofrenia, essa é uma notícia séria que poderia levá-lo a vivenciar grande sofrimento, tanto quanto uma pessoa com câncer ao receber seu diagnóstico.

Há outras questões éticas que os profissionais enfrentam ao trabalhar com pessoas diagnosticadas com essa doença (Howe, 2008). Os profissionais da saúde mental não apenas tentam determinar se fornecem ou não um diagnóstico deste sério transtorno, mas também se deparam com questões específicas relevantes aos sintomas particulares do indivíduo. Por exemplo, o clínico pode considerar mais aceitável dizer a clientes com transtorno delirante que estão recebendo medicamento para ansiedade, estresse ou disforia, em vez de delírios. Informar o cliente sobre a natureza real de seus sintomas poderia interferir na capacidade de formar uma aliança terapêutica, o que pode interferir no sucesso final do tratamento.

Para superar esse obstáculo, um clínico pode decidir compartilhar uma verdade "parcial". Especificamente, ele pode reformular os sintomas do cliente como pontos fortes. Em vez de ver os apegos do sujeito a objetos inanimados como um sintoma, por exemplo, o profissional pode reformular o comportamento como comprovando a capacidade excepcional do cliente de ser carinhoso.

Um segundo dilema ético envolve equilibrar o desejo de um cliente de ter sucesso na vida com a realidade de que, devido ao transtorno, ele pode ser incapaz de realizar essas ambições. O estresse de, por exemplo, uma carreira competitiva poderia empurrá-lo para a beira de uma recaída. Deve o clínico tentar proteger o cliente de correr esse risco ou respeitar sua autonomia de tomar as próprias decisões?

Como se esses dois desafios não fossem suficientes, considere a situação na qual o profissional deseja envolver a família do cliente no tratamento. Conforme observamos no capítulo, membros da família envolvidos demais ou críticos podem exacerbar os sintomas de um cliente. Deve o clínico tentar persuadir o cliente a envolver a família no tratamento, sabendo que isso poderia possivelmente ser útil para as chances globais de recuperação? Ou essa persuasão seria antiética, novamente, violando a autonomia do cliente?

Por fim, visto que pessoas com uma história familiar de esquizofrenia têm risco aumentado de desenvolver o transtorno, em que medida os profissionais devem alertar adolescentes ou adultos jovens de risco? Por um lado, dizer a pessoas assintomáticas que elas podem desenvolver essa doença séria poderia em si provocar um episódio. Por outro, não contar àquelas com risco genético sobre a possibilidade de desenvolver esquizofrenia pode significar que não tomarão medidas preventivas.

Howe (2008) sugere que os profissionais da saúde mental podem enfrentar esses dilemas éticos usando uma "escala ética deslizante". Eles podem basear suas decisões éticas levando em consideração a capacidade de *insight* do cliente, a força de seu relacionamento com ele e a natureza e força do relacionamento do cliente com a família. Embora respeitar a autonomia do cliente deva ser o princípio condutor primário, os clínicos devem pesar esse princípio contra as capacidades do cliente de tomar decisões.

P: *Você decide:* Você concorda com a ideia de usar uma "escala ética deslizante"?

por sintomas psicóticos. Infelizmente, isso significava que, mesmo para pessoas vivenciando um episódio breve ou outro transtorno que não esquizofrenia, o diagnóstico poderia permanecer com eles durante anos no que era, na época, chamado de uma fase "residual". Tornando a situação pior estava o fato de que os psiquiatras prescreviam para seus clientes medicamentos antipsicóticos por toda a vida para prevenir o retorno de seus sintomas. Essa situação começou a mudar durante a década de 1980, quando pesquisadores e clínicos desenvolveram um melhor entendimento da natureza dos transtornos psicóticos. Sabemos agora que a esquizofrenia pode tomar um de diversos cursos. No mais sério, o indivíduo não se recupera e continua a vivenciar sintomas positivos contínuos. Os profissionais definem a **remissão** como o estado em que os sintomas do indivíduo não interferem mais em seu comportamento e estão abaixo daqueles requeridos para um diagnóstico do DSM (Lambert, Karow, Leucht, Schimmelmann, & Naber, 2010).

remissão
Termo usado para referir-se à situação em que os sintomas do indivíduo não interferem mais em seu comportamento e estão abaixo dos requeridos para um diagnóstico do DSM.

Pesquisadores têm tentado mapear o desfecho a longo prazo da esquizofrenia e, em particular, quantificar as fases do transtorno. Eles também estão preocupados com a maneira de fornecer critérios consistentes para "recuperação". Por quanto tempo e quão bem um indivíduo tem de estar a fim de estar completamente livre de sintomas? Uma equipe internacional de cientistas, o Grupo de Trabalho sobre a Remissão da Esquizofrenia, publicou uma declaração de consenso, em 2005, na qual definiram remissão de acordo com uma combinação de sintomas (p. ex., delírios, alucinações, fala desorganizada) e curso de tempo (um mínimo de seis meses) (Lambert et al., 2010).

O Grupo de Trabalho propôs que os terapeutas usem a definição de remissão como um limiar absoluto, significando que, em vez de comparar um indivíduo consigo mesmo em um ponto anterior, os profissionais o avaliariam de acordo com quais sintomas ele exibe e por quanto tempo. Esses critérios ajudariam a reduzir a variação na forma como vários indivíduos, incluindo o cliente, definem remissão. Por exemplo, pessoas com esquizofrenia tendem a julgar sua própria remissão em relação a quanto elas estão se sentindo bem; já os psiquiatras baseiam seus julgamentos em se o indivíduo continua ou não a satisfazer os critérios do DSM-5.

Comparando com outros transtornos psicológicos, o curso e o desfecho são mais insatisfatórios para pessoas com esquizofrenia (Jobe & Harrow, 2010). Durante os primeiros 10 a 15 anos, as pessoas com esse transtorno têm mais episódios recorrentes e suas chances de se recuperar completamente, mesmo após os primeiros 10 anos, são piores do que para pessoas com outros transtornos. A maioria das pessoas continua a vivenciar sintomas psicóticos e pensamento perturbado, bem como sintomas negativos. Elas são menos capazes de obter ou manter um emprego. Do lado positivo, entretanto, se elas receberem tratamento corrente durante sua fase aguda, mais de 40% podem se recuperar (i.e., não ter sintomas ou hospitalizações e ter pelo menos um emprego de meio período) por um ou mais anos de cada vez. Algumas pessoas afetadas podem mesmo apresentar recuperação completa pelo restante de suas vidas.

Os pesquisadores que acompanham pessoas com esquizofrenia por períodos de tempo prolongados propõem um modelo no qual 25 a 35% apresentam sintomas psicóticos crônicos. Contudo, mesmo quando estão livres de sintomas, elas ainda podem estar prejudicadas em seu funcionamento e ajustamento. Os fatores que contribuem para o prognóstico mais insatisfatório incluem habilidades cognitivas mais pobres, um período de tempo mais longo sem tratamento, abuso de substância, um curso de desenvolvimento na infância mais insatisfatório, vulnerabilidade mais alta a ansiedade e eventos de vida negativos. Além disso, o envolvimento excessivo de membros da família na vida do indivíduo, como discutiremos mais adiante no capítulo, também prediz desfecho mais insatisfatório (Jobe & Harrow, 2010).

transtorno psicótico breve
Transtorno caracterizado pelo início súbito de sintomas psicóticos que são limitados a um período de menos de um mês.

Homens solteiros parecem ter um risco particularmente alto se apresentar essas características adicionais (Gómez-de-Regil et al., 2010). Os homens também são mais propensos a vivenciar sintomas negativos, a ter redes de apoio social mais pobres e a ter funcionamento mais insatisfatório ao longo do tempo do que as mulheres (Willhite et al., 2008). O prognóstico para indivíduos de países em desenvolvimento (baseados na agricultura) é melhor do que para habitantes de nações desenvolvidas (industriais) devido aos maiores recursos para tratar os indivíduos afetados (Hopper, Harrison, Janca, & Sartorius, 2007).

Um episódio psicótico breve pode durar entre um dia e um mês.

6.2 Transtorno psicótico breve

Como o termo sugere, o **transtorno psicótico breve** é um diagnóstico que os profissionais usam quando um indivíduo desenvolve sintomas de psicose que não persistem passado um curto período de tempo. Para receber esse diagnóstico, o sujeito deve apresentar 1 de 4 sintomas, que incluem delírios, alucinações, fala desorganizada e comportamento grosseiramente desorganizado ou catatônico. O diagnóstico requer que os sintomas sejam vivenciados por mais de um dia, mas ocorra recuperação em menos de um mês.

Ao atribuir esse diagnóstico, o profissional deve levar em consideração a herança cultural do cliente. Conforme discutimos

MINICASO

Transtorno psicótico breve, com estressores acentuados

Anthony é um aluno de 22 anos de uma pequena faculdade de prestígio. Sua família sempre teve padrões altos para ele, e seu pai tinha a expectativa de que o filho iria ser aceito na Faculdade de Direito de Harvard. Anthony sentia-se intensamente pressionado quando se esforçava dia e noite para manter uma média alta de notas, enquanto se preparava com dedicação para o exame nacional de admissão a faculdades de direito. Sua vida social tornou-se destituída de qualquer contato significativo. Ele até começou a pular refeições, porque não queria tomar o tempo dos estudos. Quando recebeu suas pontuações de seu exame de admissão, ficou devastado, porque sabia que eram muito baixas para lhe permitir o ingresso em qualquer das melhores universidades de direito. Começou a chorar incontrolavelmente, vagando pelos corredores do dormitório, gritando obscenidades e dizendo às pessoas que havia um complô por parte do diretor da faculdade para impedi-lo de ser admitido. Após dois dias desse comportamento, o orientador residente de Anthony o convenceu a ir à enfermaria, onde os clínicos diagnosticaram e trataram sua condição. Após uma semana de repouso e alguma medicação, ele retornou ao funcionamento normal e pôde avaliar sua situação acadêmica de forma mais racional.

no Capítulo 2, as culturas variam em relação ao que seus membros consideram um padrão de resposta adequado. O profissional também deve registrar se o cliente vivenciou um estressor recente, tal como um desastre natural, a perda de um parente próximo ou um acidente de automóvel. Os clínicos também registram se uma mulher desenvolve esse transtorno no período de quatro semanas após o parto.

6.3 Transtorno esquizofreniforme

As pessoas recebem um diagnóstico de **transtorno esquizofreniforme** se apresentarem sintomas de esquizofrenia por um período de 1 a 6 meses. Se tiveram seus sintomas por mais de meio ano, o clínico conduziria uma avaliação para determinar se devem receber um diagnóstico de esquizofrenia. As pessoas têm boas chances de recuperação e de não desenvolver esquizofrenia quando apresentam um desenvolvimento rápido de sintomas (em um período de 4 semanas), confusão ou perplexidade no auge do episódio e bom funcionamento social e pessoal antes do episódio. Também há tendência a um bom prognóstico se elas não demonstrarem os sintomas negativos de apatia, afastamento e associalidade.

transtorno esquizofreniforme
Transtorno caracterizado por sintomas psicóticos que são essencialmente os mesmos encontrados na esquizofrenia, exceto pela duração; de maneira específica, duram de 1 a 6 meses.

transtorno esquizoafetivo
Transtorno envolvendo a experiência de um episódio depressivo maior, um episódio maníaco ou um episódio misto ao mesmo tempo em que satisfaz os critérios diagnósticos para esquizofrenia.

6.4 Transtorno esquizoafetivo

No **transtorno esquizoafetivo**, indivíduos com transtorno depressivo ou bipolar também têm delírios e/ou alucinações. O diagnóstico se torna mais complicado pelo fato de que deve haver um período de pelo menos duas semanas nas quais esses sujeitos não tenham qualquer sintoma de transtorno do humor, mas tenham sintomas psicóticos.

MINICASO

Transtorno esquizofreniforme, com bons aspectos prognósticos

Na época em que desenvolveu um transtorno psicológico, Edward tinha 26 anos e trabalhava para uma cadeia de lojas de conveniência. Embora a família e os amigos sempre o tenham considerado incomum, ele nunca tinha apresentado sintomas psicóticos. Isso tudo mudou quando ele se tornou cada vez mais perturbado ao longo de vários meses. Sua mãe pensou que ele estivesse apenas "estressado" devido a seus problemas financeiros, mas Edward não parecia preocupado com essas questões. Ele gradualmente desenvolveu delírios paranoides e passou a se preocupar com a leitura da Bíblia. O que trouxe sua perturbação à atenção de seus supervisores foi o fato de ele ter feito um pedido ao escritório distrital de 6 mil pães. Ele tinha rabiscado em cima do formulário do pedido, "Jesus multiplicará os pães". Quando supervisores questionaram esse pedido inadequado, Edward ficou enraivecido e insistiu em que eles estavam conspirando para impedi-lo de combater a fome mundial. Temas paranoides e comportamentos bizarros também apareceram nas relações de Edward com sua esposa e seus filhos. Após dois meses de comportamento cada vez mais perturbado, o chefe de Edward exigiu que ele procurasse um psiquiatra. Com repouso e doses relativamente baixas de medicamento antipsicótico, ele retornou ao funcionamento normal após algumas semanas de hospitalização.

MINICASO

Transtorno esquizoafetivo, tipo bipolar

Na época de sua internação em um hospital psiquiátrico, Hazel era uma mulher de 42 anos, mãe de três filhos. Ela tinha uma história de 20 anos de sintomas semelhantes aos de esquizofrenia e vivenciava episódios periódicos de mania. Seus sintomas tipo esquizofrenia incluíam delírios, alucinações e transtorno do pensamento e foram razoavelmente bem controlados por medicamento antipsicótico, que ela recebia por injeção a cada duas semanas. Também foi tratada com lítio para controlar seus episódios maníacos; porém, com frequência pulava sua dose diária porque gostava de "se sentir alta". Em diversas ocasiões após períodos prolongados de abstinência do lítio, Hazel se tornava maníaca. Fala e atividade corporal aceleradas, noites sem dormir e comportamento errático caracterizavam esses episódios. Por insistência de seu marido e de seu terapeuta, voltava a tomar lítio, e logo em seguida seus sintomas maníacos diminuíam, embora seus sintomas tipo esquizofrenia ainda fossem um pouco evidentes.

Entretanto, na maior parte da duração de sua doença, devem ter um episódio de humor maior (depressivo ou maníaco), bem como sintomas de esquizofrenia. Em outras palavras, devem ter um episódio de humor e também um transtorno psicótico, mas pelo menos duas semanas durante as quais delírios e/ou alucinações sejam os únicos sintomas apresentados.

tipo erotomaníaco de transtorno delirante
Transtorno delirante no qual os indivíduos acreditam falsamente que outra pessoa está apaixonada por eles.

tipo grandioso de transtorno delirante
Uma visão exagerada de si mesmo como possuindo qualidades e capacidades pessoais especiais e extremamente favoráveis.

tipo ciumento de transtorno delirante
Transtorno delirante no qual os indivíduos acreditam falsamente que seu parceiro romântico lhes seja infiel.

tipo persecutório de transtorno delirante
Transtorno delirante no qual os indivíduos acreditam falsamente que alguém os está tratando de maneira malévola.

tipo somático de transtorno delirante
Transtorno delirante no qual os indivíduos acreditam falsamente que tenham uma condição médica.

6.5 Transtornos delirantes

Pessoas com transtornos delirantes têm como único sintoma delírios que duram por pelo menos um mês. Elas recebem esse diagnóstico se não apresentarem qualquer outro sintoma de esquizofrenia e nunca tenham satisfeito os critérios para esquizofrenia. Na verdade, esses indivíduos podem funcionar muito bem e não parecem bizarros para os outros, exceto quando falam sobre seu delírio particular.

Baseado em qual tema delirante é proeminente, os terapeutas diagnosticam indivíduos com transtornos delirantes em 1 de 5 tipos. Aqueles com o **tipo erotomaníaco de transtorno delirante** acreditam falsamente que outra pessoa está apaixonada por eles. O alvo do delírio costuma ser alguém com posição superior. Por exemplo, uma mulher pode estar certa de que um cantor famoso está apaixonado por ela e que ele lhe envia mensagens de amor secretas em suas canções. A certeza de que são extremamente importantes, em contrapartida, caracteriza pessoas que têm o **tipo grandioso de transtorno delirante**. Por exemplo, um homem pode acreditar que é o Messias aguardando um sinal do céu para iniciar sua pregação ativa. No **tipo ciumento de transtorno delirante**, os indivíduos estão certos de que seu parceiro romântico lhes seja infiel. Eles podem até armar um plano para apanhar seus companheiros em uma armadilha que prove a infidelidade deles. As pessoas com o **tipo persecutório de transtorno delirante** acreditam que alguém as está tratando de maneira malévola. Elas podem, por exemplo, ficar convencidas de que seus vizinhos estão deliberadamente envenenando sua água. Aquelas com o **tipo somático de transtorno delirante** acreditam que tenham uma condição médica. Ao contrário das pessoas com um transtorno de ansiedade, as crenças afetadas por um transtorno delirante não são baseadas em ansiedade.

MINICASO

Transtorno delirante, tipo ciumento

Paul é um homem de 28 anos que recentemente vivenciou um tremendo estresse em seu trabalho. Embora tenha evitado pensar em seus problemas profissionais, começou a desenvolver crenças irracionais sobre sua namorada, Elizabeth. Apesar dos repetidos juramentos dela de que é absolutamente fiel no relacionamento, Paul se tornou obcecado com a crença de que sua companheira está envolvida sexualmente com outra pessoa. Ele desconfia de todos com quem Elizabeth interage, questionando--a sobre cada encontro insignificante. Vasculha seu armário e suas gavetas em busca de objetos misteriosos, procura despesas inexplicáveis em suas faturas de cartão de crédito, escuta seus telefonemas e contratou um investigador particular para segui-la. Paul está agora insistindo para que se mudem para outro Estado.

MINICASO

Transtorno delirante, tipo persecutório

Júlio conheceu Ernesto no refeitório da empresa de contabilidade onde ambos trabalhavam. Após uma conversa breve e muito casual, Júlio começou a desenvolver a crença de que Ernesto estava secretamente tentando invadir sua estação de trabalho para plantar relatórios incorretos. Logo ficou convencido de que Ernesto estava conspirando com outros três em sua unidade para fazer parecer que ele era incompetente. Júlio solicitou uma troca de atribuições a fim de não ter mais seu trabalho, em sua opinião, prejudicado pelo comportamento de seus colegas.

O DSM-IV listava **transtorno delirante compartilhado** como um diagnóstico para os profissionais usarem em casos nos quais uma ou mais pessoas desenvolvem um sistema delirante como resultado de um relacionamento próximo com uma pessoa psicótica delirante. Quando duas pessoas estão envolvidas nesse transtorno, os profissionais se referem à situação como *folie à deux* (loucura a dois). Ocasionalmente, três ou mais pessoas ou todos os membros de uma família estão envolvidos. Visto ser muito raro, esse transtorno não é mais incluído na categoria de transtornos delirantes.

transtorno delirante compartilhado
Transtorno delirante no qual uma ou mais pessoas desenvolvem um sistema delirante como resultado de um relacionamento íntimo com uma pessoa psicótica delirante.

6.6 Teorias e tratamento da esquizofrenia

As teorias que explicam a origem da esquizofrenia tradicionalmente se enquadram em duas categorias: biológica e psicológica. Na primeira parte deste século, travou-se um debate entre os proponentes de ambos os lados. Todavia, está claro agora que tanto a biologia quanto a experiência interagem na determinação da esquizofrenia, e foram criados modelos teóricos complexos que incorporam múltiplos fatores (McGuffin, 2004). Os pesquisadores baseiam esses modelos no conceito de vulnerabilidade, propondo que os indivíduos têm uma predisposição biologicamente determinada a desenvolver esquizofrenia, mas que o transtorno ocorre apenas quando certas condições ambientais atuam. Enquanto examinamos cada uma das contribuições para o modelo de vulnerabilidade, lembremos que nenhuma teoria contém a explicação inteira.

Pessoas com tipo persecutório de transtorno delirante acreditam, incorretamente, que alguém esteja conspirando ou planejando contra elas.

Perspectivas biológicas

Teorias As explicações biológicas da esquizofrenia têm suas origens nos textos de Kraepelin, que a considerava uma doença causada por uma degeneração do tecido cerebral. As ideias de Kraepelin abriram caminho para a investigação posterior de fatores como estrutura e genética cerebrais, que são agora reconhecidos como adjuvantes para a vulnerabilidade biológica de um indivíduo à esquizofrenia.

Os cientistas interessaram-se pela primeira vez por possíveis anormalidades cerebrais nas pessoas com esquizofrenia no século XIX. Entretanto, os métodos disponíveis para esses pesquisadores não estavam à altura da tarefa. Em vez das técnicas de imagem cerebral sofisticadas utilizadas agora, os primeiros estudiosos podiam apenas examinar os cérebros de indivíduos nesse procedimento. Não apenas as medidas baseadas na necropsia eram imprecisas, mas os cientistas não podiam fazer associações entre o comportamento do indivíduo e anormalidades cerebrais. As tecnologias da tomografia computadorizada (CT ou CAT) e da imagem de ressonância magnética (IRM) estão permitindo aos pesquisadores em esquizofrenia tirar fotografias do cérebro vivo e analisar essas fotos quantitativamente e em tempo real.

Uma das primeiras descobertas a surgir dos métodos de neuroimagem foi que os cérebros de pessoas com esquizofrenia têm ventrículos aumentados, os quais são as cavidades dentro do cérebro que contêm o líquido cerebrospinal. Essa condição, chamada de alargamento ventricular, ocorre com frequência nessas pessoas junto com atrofia cortical, uma perda de tecido cerebral. A perda de volume cerebral é particularmente pronunciada nos lobos pré-frontais, a área do cérebro responsável pelo planejamento e pela inibição de pensamentos e comportamentos (Molina, Sanz, Sarramea, Benito, & Palomo, 2005). O lobo pré-frontal também apresenta flutuações anormais em pessoas que estão nos estágios iniciais do transtorno (Huang et al., 2010). Durante o curso da doença, o córtex apresenta afinamento pronunciado por todo o cérebro, mas sobretudo nos lobos frontais e temporais, as partes do cérebro que processam a informação auditiva (van Haren et al., 2011).

Estudos de neuroimagem usando CT, IRMfs e PET mostram alterações difusas, embora sutis, nas estruturas cerebrais que podem afetar o pensamento do indivíduo interferindo na integração do funcionamento neural e cognitivo (Shenton, Whitford, & Kubicki, 2010). Especificamente, por meio de estudos de IRMf, pessoas com esquizofrenia têm uma ampla variedade de déficits, incluindo desempenho pobre em tarefas motoras, dificuldades na memória operacional, atenção mais pobre, fluência de palavras reduzida, processamento deficiente de informação emocional e tomada de decisão prejudicada (Gur & Gur, 2010). Os pesquisadores também estão usando **imagem de tensor de difusão (DTI)**, um método para investigar anormalidades na substância branca do cérebro. Esse método acompanha a atividade de moléculas de água enquanto elas se difundem ao longo do comprimento dos axônios, tornando possível verificar anormalidades nos caminhos neurais (Fig. 6.1). Os resultados de estudos de DTI mostram que, além de sua associação com alterações nas estruturas cerebrais, a esquizofrenia está relacionada a perda de conectividade entre as regiões cerebrais causada por alterações nos caminhos neurais (Coyle, Balu, Benneyworth, Basu, & Roseman, 2010).

imagem de tensor de difusão (DTI)
Um método para investigar anormalidades na substância branca do cérebro.

Alterações estruturais isoladas, por mais importantes que possam ser, não podem explicar inteiramente o que acontece ao cérebro para aumentar a suscetibilidade do indivíduo a desenvolver esquizofrenia. Com base na observação de que um medicamento para relaxar pacientes cirúrgicos parecia ter efeitos calmantes, médicos franceses começaram a experimentar seu uso em pacientes com transtornos psicóticos. Eles acreditavam que o medicamento, a clorpromazina, exercesse seu efeito bloqueando os receptores de dopamina, dando origem à hipótese dopamínica da esquizofrenia (Carlsson, 1988). De forma mais específica, o receptor D2 parece ser o implicado na esquizofrenia (Hirvonen et al., 2005). O ácido gama-aminobutírico (GABA), um neurotransmissor inibitório, também parece estar envolvido no transtorno. Alterações nos receptores de N-metil-D-aspartato (NMDA), que são receptores de GABA, também parecem desempenhar um papel. Os receptores de NMDA ajudam a promover nova aprendizagem no cérebro, auxiliando na construção de sinapses. Essas alterações podem, por sua vez, estar relacionadas a disfunções nos neurônios que os tornam menos capazes de apoiar a memória e a aprendizagem. Os sintomas de esquizofrenia relacionados a excitação aumentada, inibição diminuída e funcionamento cognitivo alterado corresponderiam, portanto, a essas modificações nos neurotransmissores (Coyle et al., 2010).

A pesquisa sobre os padrões de herança familiar apoiam a ideia de que a esquizofrenia seja, pelo menos em parte, um transtorno com causas genéticas cujas estimativas de hereditariedade variam de 64 a 81% (Lichtenstein et al., 2009; Sullivan, Kendler, & Neale, 2003). Tendo estabelecido que há uma alta hereditariedade para essa doença, os pesquisadores então passaram a tentar localizar os genes específicos implicados e entender os fatores que aumentam as chances de a pessoa geneticamente vulnerável de fato desenvolver o transtorno. A combinação de neuroimagem e genômica mostra, além disso, que irmãos apresentam anormalidades na IRMf menos graves do que aquelas que aparecem nos cérebros de indivíduos afetados (Gur & Gur, 2010).

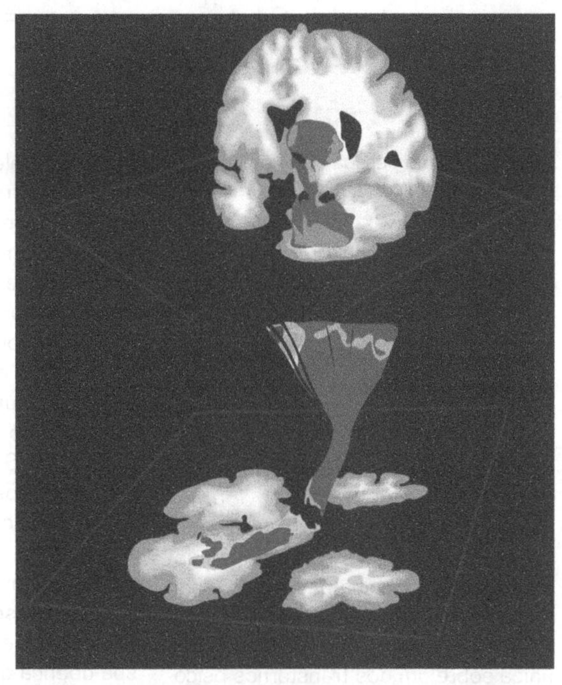

FIGURA 6.1 Rastreamento por DTI do cérebro de indivíduos com esquizofrenia.
A imagem de tensor de difusão (DTI) produz imagens de feixes de fibras nervosas. Diferentes cores indicam a organização dessas fibras. Aqui, um feixe com origem no cerebelo é sobreposto a uma imagem de IRM estrutural de uma secção transversal do cérebro.

Atualmente, pesquisadores identificaram pelo menos 19 possíveis genes dispersos entre os cromossomos 1, 2, 5, 6, 8, 11, 13, 14, 19 e 22. Algumas das funções atendidas por esses genes envolvem os neurotransmissores que já discutimos, incluindo dopamina e GABA, bem como serotonina e glutamato. Essas anormalidade genéticas também poderiam afetar o desenvolvimento do cérebro, a transmissão sináptica, o funcionamento imune e a fabricação de proteínas importantes implicadas na neurotransmissão (Tiwari, Zai, Muller, & Kennedy, 2010). Por exemplo, alguns indivíduos com esquizofrenia têm um determinado alelo no gene para a enzima catecol-O-metiltransferase (COMT), que poderia ser responsável pela atividade diminuída na área pré-frontal do córtex. Pessoas que herdaram esse alelo de ambos os genitores têm menos probabilidade de empregar o córtex pré-frontal e o hipocampo quando realizam tarefas de memória no laboratório (Gur & Gur, 2010).

Entretanto, em comparação com transtornos como a demência, que causa uma perda progressiva de tecido neural na idade adulta, pesquisadores acreditam que as alterações nos cérebros de pessoas com esquizofrenia representam uma evolução ao longo do tempo, iniciando no início da vida e prosseguindo durante todo o curso do transtorno.

De acordo com a **hipótese do neurodesenvolvimento** (Andreasen, 2010), a esquizofrenia é um transtorno do desenvolvimento que surge durante os anos da adolescência e início da idade adulta devido a alterações no controle genético do amadurecimento cerebral. Indivíduos com esquizofrenia podem ter uma vulnerabilidade genética, que se torna evidente se forem expostos a certos riscos durante o desenvolvimento inicial do cérebro. Esses riscos podem ocorrer durante o período pré-natal nas formas de infecções virais, subnutrição ou exposição a toxinas. Também podem ocorrer durante ou logo após o nascimento se eles forem expostos a lesões ou a infecções virais ou se suas mães sofrerem complicações no parto. O dano a seus cérebros em desenvolvimento pode aparecer cedo na vida na forma de tamanho da cabeça diminuído, prejuízos motores e déficits na cognição e no funcionamento social. O apoio para a hipótese do neurodesenvolvimento também vem do fato de que indivíduos que têm seus primeiros episódios psicóticos apresentam uma série de anormalidades cerebrais inexplicáveis como resultado da doença. À medida que a doença prossegue, eles podem exibir alterações prejudiciais contínuas ao longo de um processo de "neuroprogressão" em que os efeitos da esquizofrenia interagem com alterações cerebrais causadas pelo envelhecimento normal.

hipótese do neurodesenvolvimento
Teoria que propõe que a esquizofrenia é um transtorno do neurodesenvolvimento que surge durante os anos da adolescência ou início da idade adulta devido a alterações no controle genético do amadurecimento cerebral.

HISTÓRIAS REAIS

Elyn Saks: Esquizofrenia

"Se você é uma pessoa com uma doença mental, o desafio é encontrar a vida certa para você. Mas na verdade, esse não é o desafio para todos nós, mentalmente doentes ou não? Minha sorte não é eu ter me recuperado de uma doença mental. Eu não me recuperei, nem jamais vou me recuperar. Minha sorte está em eu ter encontrado a minha vida."

Em suas memórias, *The Center Cannot Hold: My Journey through Madness*, a professora da UCLA Elyn Saks conta a emocionante história de sua batalha ao longo da vida contra a esquizofrenia. Sua trajetória fornece uma perspectiva única sobre um dos transtornos psicológicos mais debilitantes e oferece um relato em primeira mão da experiência da psicose. Elyn inicia o livro descrevendo os primeiros sinais de sua doença como uma criança crescendo em uma família de classe média alta em Miami, Flórida.

"Quando eu tinha mais ou menos 8 anos, de repente precisava fazer as coisas um pouco diferente do que meus pais tinham desejado que eu fizesse. Desenvolvi, na falta de uma palavra melhor, algumas pequenas peculiaridades. Por exemplo, não podia sair do meu quarto a menos que meus sapatos estivessem todos alinhados em meu armário. Ou ao lado da minha cama. Algumas noites, não podia apagar a luz do meu quarto até que os livros nas minhas estantes estivessem exatamente organizados." Elyn também recorda as primeiras experiências dissociativas que começaram em torno dessa mesma época. Essas experiências de "desorganização", como ela se refere, inicialmente provocavam medo, em parte porque ela era incapaz de expressar o que estava lhe acontecendo para sua família, que era apoiadora e carinhosa.

Ao longo dos seus anos de formação, Elyn continuou a vivenciar o que ela agora reconhece como sintomas prodrômicos de esquizofrenia. Na época, suas experiências a faziam se sentir paranoide perto dos outros, por medo que eles descobrissem seu segredo. Ela frequentou a faculdade na Universidade Vanderbilt e, a princípio, apreciou demais sua recém-descoberta independência. Entretanto, durante as primeiras duas semanas de aula, longe das garras protetoras de sua família e de todos os confortos que vinham junto com os cuidados que recebia, como ela diz "tudo começou lentamente a se desfazer". Sua incapacidade de realizar atividades de autocuidado, como tomar banho, sinalizaram o início de sua doença, e Elyn teve diversos episódios psicóticos muito breves, que se resolveram sem intervenção. No livro, ela descreve a natureza insidiosa de sua doença quando começou a se manifestar.

"A esquizofrenia desenrola-se como um lento nevoeiro, se tornando imperceptivelmente mais densa à medida que o tempo passa. A princípio, o dia fica brilhante o suficiente, o céu fica claro, a luz do sol aquece seus ombros. Mas logo você percebe uma neblina começando a envolvê-lo, e o ar não parece mais tão quente... Para mim (e para muitos de nós), a primeira evidência desse nevoeiro é uma deterioração gradual da higiene comum básica... Longe dos olhos vigilantes de meus pais, eu me tornei inconsistente em fazer a mim mesma as perguntas tidas como certas."

Após retornar para casa de férias de seu ano de caloura, Elyn continuou a vivenciar paranoia e alucinações ocasionais, embora agora, além desses sintomas, ela também se sentia deprimida e letárgica. Seus pais a levaram para ver um psiquiatra cuja única percepção de sua condição foi que ela "necessitava de ajuda". Quando Elyn retornou à Vanderbilt para seu segundo ano de faculdade, seus sintomas diminuíram porque encontrava conforto nos estudos e com um grupo de amigos muito unidos. Com apoio social forte, Elyn conseguiu permanecer em uma condição bastante estável pelo resto de seu tempo de faculdade. Entretanto, esse conforto rapidamente se transformou em medo à medida que a formatura se aproximava e ela percebia que a estrutura frágil que sustentava seu conteúdo estava prestes a ser sacudida.

Elyn recebeu uma bolsa de estudos Marshall de enorme prestígio para estudar filosofia na Oxford University, na

Elyn Saks tem uma carreira bem-sucedida no direito apesar de sofrer de esquizofrenia.

Inglaterra. Ela estava aterrorizada de viver em um país diferente, tão distante de tudo o que conhecia, e em particular de estar longe de sua rotina e dos amigos da faculdade. De fato, após apenas algumas semanas em Oxford, a doença ainda anônima começou novamente a tomar posse dela, e seu medo da patologia se transformou em ideação suicida. A pedido de uma amiga, ela procurou um psiquiatra e admitiu que tinha pensamentos de acabar com a vida. Entrou em um programa de tratamento-dia em um hospital psiquiátrico mesmo não tendo ideia do quanto estava doente. "Era como um resfriado ruim, ou um surto de gripe. Algo tinha dado errado; era simplesmente uma questão de descobrir o que era aquele algo e consertar", ela escreve a respeito de sua perspectiva sobre seus sintomas na época.

No hospital, Elyn recebia psicoterapia intensiva e passava o resto de seu tempo estudando. Seu curso não requeria que frequentasse as aulas e, portanto, ela pôde se isolar em seu apartamento enquanto estudava, o que tornou difícil perceber a extensão de suas dificuldades psicológicas. Ela não estava usando qualquer medicamento na época, e sua capacidade de ter uma compreensão firme da realidade lentamente se deteriorou. Quando relatou a seu psiquiatra que sua ideação suicida tinha piorado, ela foi aconselhada a se tornar paciente de tempo integral no hospital, onde permaneceu por duas semanas. Após iniciar um curso de medicamento psicoterapêutico, Elyn por fim se sentiu bem o suficiente para voltar aos estudos, embora logo começasse a se descompensar. Retornou ao hospital, onde definhou em psicose e depressão por vários meses. Quando foi estabilizada, seu psiquiatra recomendou-lhe que fizesse psicanálise. Determinada a terminar seu curso em Oxford, Elyn continuou seus estudos enquanto via um psicanalista cinco dias por semana. Mesmo após terminar seus estudos, que acabaram levando 4 anos em vez de 2, sentiu que o relacionamento com seu analista a estava ajudando tanto que decidiu permanecer na Inglaterra para continuar a terapia por mais 2 anos. No livro, ela descreve sua experiência de viver com a doença durante esse tempo de sua vida. "Completamente delirante, eu ainda entendia os aspectos essenciais de como o mundo funcionava. Por exemplo, durante minhas atividades escolares, entendia de forma vaga a regra de que, em uma situação social, mesmo com as pessoas em quem eu mais confiava, não podia ficar divagando sobre meus pensamentos psicóticos. Falar sobre matar crianças ou incendiar mundos inteiros ou ser capaz de destruir cidades com minha mente não fazia parte de conversas educadas... Às vezes, estava tão psicótica que mal podia me conter. Os delírios expandiam-se para alucinações completas, nas quais eu podia ouvir claramente pessoas sussurrando. Podia ouvir meu nome sendo chamado quando não havia por perto qualquer presença física – em um canto da biblioteca, ou tarde da noite, em meu quarto, onde eu dormia sozinha. Em certas ocasiões, o ruído que eu ouvia era tão esmagador que abafava quase todos os outros sons."

Após deixar a Inglaterra, Elyn decidiu frequentar a faculdade de direito na Universidade Yale, onde continuou a lutar com os episódios psicóticos – que resultaram em diversas hospitalizações prolongadas –, embora finalmente tenha conseguido terminar seu curso. Ela tinha descoberto uma paixão por ajudar pacientes psiquiátricos após o trabalho em uma clínica de saúde mental judicial, movida por seu entendimento íntimo da experiência de ser ela própria uma paciente psiquiátrica. Ao longo de toda sua carreira, ela tem trabalhado para criar um alto padrão de cuidado legal para pacientes psiquiátricos nos Estados Unidos.

Por fim, Elyn conseguiu um emprego na faculdade de direito da UCLA, onde continua a trabalhar como membro titular do corpo docente. Ao longo dos anos, ela tem se esforçado para manter seus sintomas psicóticos a distância com a ajuda de uma combinação de terapia, medicamento e apoio social de seu marido e amigos íntimos. Ainda que tenha lutado por muitos anos para admitir a realidade de sua doença, ela agora aceita seu diagnóstico e tudo o que ele acarreta. No final do livro, Elyn escreve que se sente grata por ser um dos poucos afortunados capazes de conviver com sucesso com a esquizofrenia. Ela rejeita a ideia de que teve uma vida melhor em razão da esquizofrenia; em vez disso, afirma que foi capaz de viver sua vida apesar dela. Frequentemente, no decorrer de sua carreira, ao discutir os aspectos legais do tratamento de saúde mental, ela percebeu pessoas estigmatizando indivíduos com doença mental, não acreditando que pudessem levar vidas normais ou ser inofensivos. Ao explicar por que decidiu escrever o livro e se "expor" como doente mental, ela declara que quer trazer esperança àqueles que sofrem de esquizofrenia e compreensão àqueles que não sofrem".

Tratamentos O principal tratamento biológico para esquizofrenia é o medicamento antipsicótico. Como discutimos no Capítulo 4, os psiquiatras prescrevem duas categorias desses fármacos, também chamados neurolépticos (derivado das palavras gregas que significam "cisão da mente"). Além de suas qualidades sedativas, os neurolépticos reduzem a frequência e a gravidade dos sintomas psicóticos. As duas principais categorias desses medicamentos são os chamados antipsicóticos "típicos", ou "de primeira geração", e "atípicos", ou "de segunda geração".

Conforme mencionado no referido capítulo, o primeiro medicamento usado para tratar esquizofrenia foi o antipsicótico típico clorpromazina (Thorazine), sedativo desenvolvido por Paul Charpentier, um químico francês. O haloperidol (Haldol) é outro medicamento antipsicótico típico que era usado de forma generalizada. Esses neurolépticos parecem ter efeito sobre a redução dos sintomas, agindo sobretudo no sistema

A demência frequentemente causa problemas secundários quando as pessoas afetadas são incapazes de usar a dosagem correta de seus medicamentos.

receptor de dopamina em áreas do cérebro associadas com delírios, alucinações e outros sintomas positivos.

Além de serem altamente sedativos, fazendo a pessoa se sentir cansada e apática, os antipsicóticos típicos também têm consequências indesejáveis sérias. Estas incluem os **sintomas extrapiramidais (EPS)**, que são transtornos motores envolvendo rigidez muscular, tremores, movimentos vacilantes, inquietação* e espasmos musculares afetando a postura. Após vários anos, eles também podem causar **discinesia tardia**, outro transtorno motor, que consiste em movimentos involuntários da boca, dos braços e do tronco.

Os efeitos colaterais aflitivos e o fracasso dos antipsicóticos típicos em tratar os sintomas negativos da esquizofrenia levaram os pesquisadores psiquiátricos a uma busca de alternativas que fossem eficazes e, ao mesmo tempo, não causassem discinesia tardia. Os antipsicóticos atípicos (de segunda geração) operam sobre os neurotransmissores serotonina e dopamina e, consequentemente, também são chamados de antagonistas de serotonina-dopamina. Os clínicos acreditavam que esses fármacos posteriores resultassem em menos efeitos colaterais e ajudassem no tratamento dos sintomas negativos. Entretanto, descobriram que um dos primeiros antipsicóticos atípicos, a clozapina (Clorazil), tinha efeitos colaterais potencialmente letais por causarem agranulocitose, uma condição que afeta o funcionamento dos glóbulos brancos. Eles a recomendam agora apenas sob condições muito controladas e só quando outros medicamentos não funcionam. Em vez disso, podem agora prescrever um de uma série de antipsicóticos atípicos mais seguros, incluindo risperidona, olanzapina e quetiapina.

sintomas extrapiramidais (EPS)
Transtornos motores envolvendo rigidez muscular, tremores, movimentos vacilantes, inquietação e espasmos musculares afetando a postura.

discinesia tardia
Transtorno motor que consiste em movimentos involuntários da boca, dos braços e do tronco.

É lamentável que mesmo os mais recentes antipsicóticos atípicos não estejam livres de efeitos colaterais potencialmente sérios. Eles podem causar distúrbios metabólicos, em particular ganho de peso, aumentos no colesterol sanguíneo e maior resistência à insulina, sendo de maior risco para diabetes e doença cardiovascular.

Devido às muitas complexidades no tratamento biológico de indivíduos com esquizofrenia, pesquisadores e clínicos reconhecem cada vez mais a necessidade de levar em consideração o perfil médico e psiquiátrico do indivíduo. Para clientes resistentes a tratamento, a clozapina é a única abordagem que tem apoio empírico. Em outros casos, os profissionais podem tentar encontrar uma combinação de antipsicóticos ou uma combinação de antipsicóticos com outras classes de medicamentos. A próxima questão vem a ser determinar por quanto tempo manter um cliente sob medicação equilibrando o valor de continuar o tratamento em relação ao risco de relapso e possíveis riscos à saúde que ocorrem com seu uso ao longo do tempo (Kane & Correll, 2010).

Os psiquiatras esforçam-se para encontrar um regime adequado de medicamento a fim de prevenir os indivíduos com transtornos psicóticos de vivenciar sintomas psicóticos altamente disruptivos.

Perspectivas psicológicas

Teorias

Havendo cada vez mais evidências que sugerem anormalidades genéticas e neurofisiológicas específicas nos cérebros de pessoas com esquizofrenia, cresce o interesse dos pesquisadores em descobrir mais sobre o papel dos déficits cognitivos na causa do transtorno. Conforme já foi mencionado, os delírios e as alucinações obviamente provocam tumulto na vida de uma pessoa e são extremamente importantes para o diagnóstico do transtorno. Entretanto, esses sintomas, por mais surpreendente que isso possa parecer, podem não estar no centro do transtorno. Em vez deles, as funções cognitivas afetadas

* N. de R. T.: A impossibilidade de permanecer parado ou sentado, com inquietação, agitação, ansiedade e vontade de se mexer todo o tempo, é denominada acatisia.

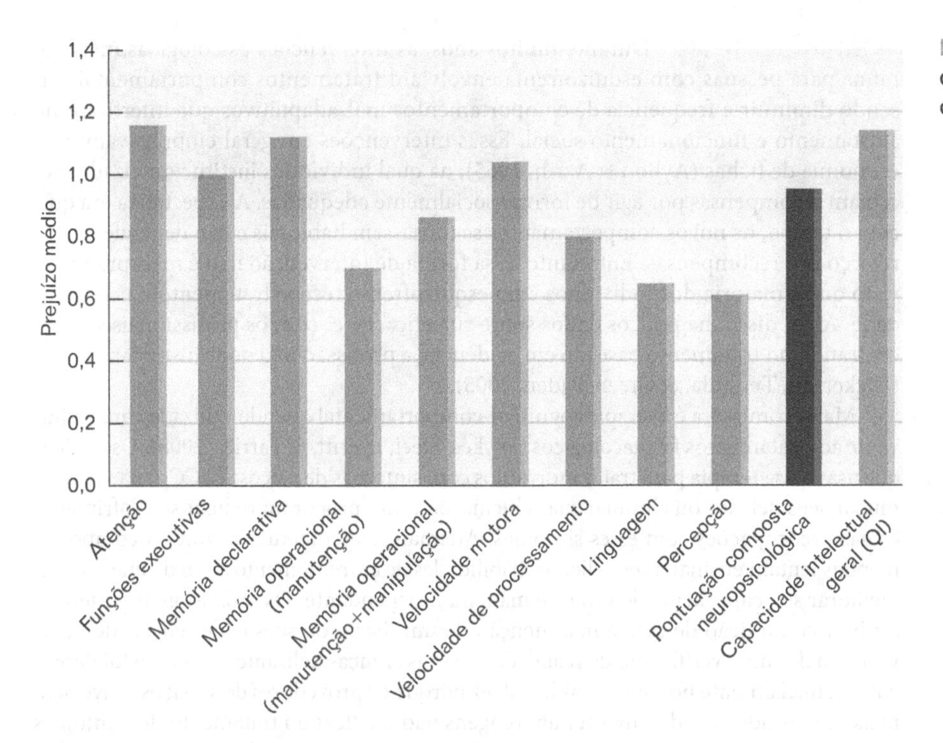

FIGURA 6.2 Perfil de desempenho neuropsicológico da esquizofrenia.

pela esquizofrenia podem ser mais fundamentais para o entendimento dos aspectos centrais da doença.

A Figura 6.2 mostra o prejuízo médio de pessoas com esquizofrenia em uma variedade de testes neuropsicológicos. Elas têm capacidade intelectual mais baixa que a média, além de déficits em áreas específicas de atenção, memória declarativa (lembrança a longo prazo de informações) e velocidade de processamento, embora exista possibilidade de que essas anormalidades sejam o resultado de outros fatores que podem influenciar o desempenho dessas pessoas nesses testes, como idade, formação educacional, uso de medicamento e gravidade ou duração da doença. Contudo, indivíduos que estão vivenciando sintomas positivos (delírios e alucinações) têm desempenho inconsistente nessas tarefas. No total, as estimativas de quantas pessoas com esquizofrenia têm prejuízo cognitivo variam de 55 a algo entre 70 e 80% (Reichenberg, 2010).

Os indivíduos com esquizofrenia também apresentam déficits na área de cognição social, significando que têm dificuldade para perceber as emoções dos outros. Esse déficit é particularmente problemático quando eles recebem a tarefa de reconhecer as emoções de medo, raiva e aversão. Esses sujeitos, porém, são melhores na identificação de felicidade leve nas expressões faciais das outras pessoas. Eles não apenas têm dificuldade para reconhecer emoções no rosto de alguém, mas seus cérebros se tornam menos ativados quando recebem uma tarefa de cognição social (Gur & Gur, 2010).

Esses prejuízos no funcionamento cognitivo podem levar a muitos problemas na vida diária, estabelecendo um ciclo vicioso. Os problemas de memória, planejamento e velocidade de processamento, por exemplo, interferem na capacidade de manter empregos mentalmente desafiadores. As limitações na cognição social torna difícil trabalhar em funções que envolvam o atendimento de pessoas. Com uma incapacidade de manter um emprego consistente, os indivíduos afetados podem cair na pobreza que, como veremos na próxima seção, enfraquece ainda mais suas capacidades de levar vidas produtivas. Além disso, viver em áreas de alta pobreza os coloca em risco de se envolverem em abuso de substâncias, o qual pode contribuir para os sintomas que vivenciam como resultado de seu transtorno.

Tratamentos Durante muitos anos, as intervenções psicológicas mais comuns para pessoas com esquizofrenia envolviam tratamentos comportamentais visando diminuir a frequência de comportamentos mal-adaptativos que interfiram no ajustamento e funcionamento social. Essas intervenções em geral empregavam uma economia de fichas (Ayllon & Azrin, 1965), na qual indivíduos institucionalizados recebiam recompensas por agir de formas socialmente adequadas. A expectativa era que, com o tempo, os novos comportamentos se tornassem habituais e não dependentes de reforço por recompensas. Entretanto, essa forma de intervenção não é mais praticável visto que a maioria dos indivíduos com esquizofrenia recebe tratamento na comunidade. Além disso, há poucos dados sobre sua eficácia, e, com os profissionais se concentrando no tratamento baseado em evidência, a profissão não pode justificar seu uso (Dickerson, Tenhula, & Green-Paden, 2005).

Mais promissora é a terapia cognitivo-comportamental quando utilizada como adjuvante aos tratamentos farmacológicos (Wykes, Steel, Everitt, & Tarrier, 2008). Os clínicos que usam essa terapia para tratar indivíduos com sintomas de psicose (TCCp) não tentam mudar seus delírios ou eliminar suas alucinações, mas procuram reduzir seu sofrimento e suas preocupações com esses sintomas. Ademais, os terapeutas cognitivo-comportamentais tentam ensinar a seus clientes habilidades de enfrentamento a fim de que possam melhorar sua capacidade de viver de maneira independente. Os profissionais poderiam atribuir como lição de casa a manutenção de um diário de suas experiências de ouvir vozes ou de "uma verificação da realidade" de suas crenças delirantes. A TCCp foi desenvolvida inicialmente no Reino Unido, talvez porque os provedores de serviços estivessem mais interessados em desenvolver abordagens não médicas ao tratamento dos sintomas de psicose do que ocorre na América do Norte. Todavia, o método está obtendo aceitação mais generalizada nos Estados Unidos, com base em estudos mostrando sua eficácia, sobretudo em conjunto com antipsicóticos atípicos (Pinninti, Rissmiller, & Steer, 2010).

Os pesquisadores também estão desenvolvendo intervenções para ajudar a tratar os déficits cognitivos de indivíduos com esquizofrenia, em particular daqueles que sofrem de sintomas primariamente negativos (ver Fig. 6.3). Assim como treinamento de aptidão física, as pessoas com esquizofrenia recebem treinamento cognitivo, que aumenta seu nível de funcionamento atual para restaurar ou melhorar seu desempenho. Esse treinamento é orientado pelos achados da neurociência que mostram que esses sujeitos têm déficits na memória e no processamento sensorial. Uma abordagem de treinamento cognitivo promissora envolve treinamento no reconhecimento de fala e na percepção auditiva. Melhorando suas habilidades de memória e sensoriais, essas pessoas são mais capazes de tirar proveito de outras intervenções psicológicas e de participar com mais sucesso de programas de reabilitação vocacional. Esses estudos também estão demonstrando que indivíduos com esquizofrenia na verdade podem apresentar "plasticidade" neural, significando que seus cérebros sofrem mudanças adaptativas positivas durante o treinamento (Genevsky, Garrett, Alexander, & Vinogradov, 2010).

Perspectivas socioculturais

Teorias Em algumas das primeiras formulações sobre as causas da esquizofrenia, os teóricos da psicologia propuseram que os padrões de comunicação perturbados no ambiente familiar de uma criança poderiam precipitar o desenvolvimento de esquizofrenia. Em estudos sobre modos de comunicação e comportamento em famílias com um membro acometido pelo transtorno, os pesquisadores tentaram documentar padrões de comunicação desviantes e formas inadequadas de interação dos pais com seus filhos. Os profissionais acreditavam que esses distúrbios nos relacionamentos familiares levavam ao desenvolvimento de respostas emocionais defeituosas e distorções cognitivas fundamentais para os sintomas psicológicos de esquizofrenia.

Os pesquisadores contemporâneos têm abordado a questão tentando prever o desfecho ou a recuperação em adultos hospitalizados com esquizofrenia. Em vez de considerar uma família perturbada como a causa da doença, esses estudiosos veem a família como uma possível fonte de estresse no ambiente da pessoa que está tentando se recuperar de um episódio esquizofrênico. O índice de emoção expressa (EE) reflete o estresse

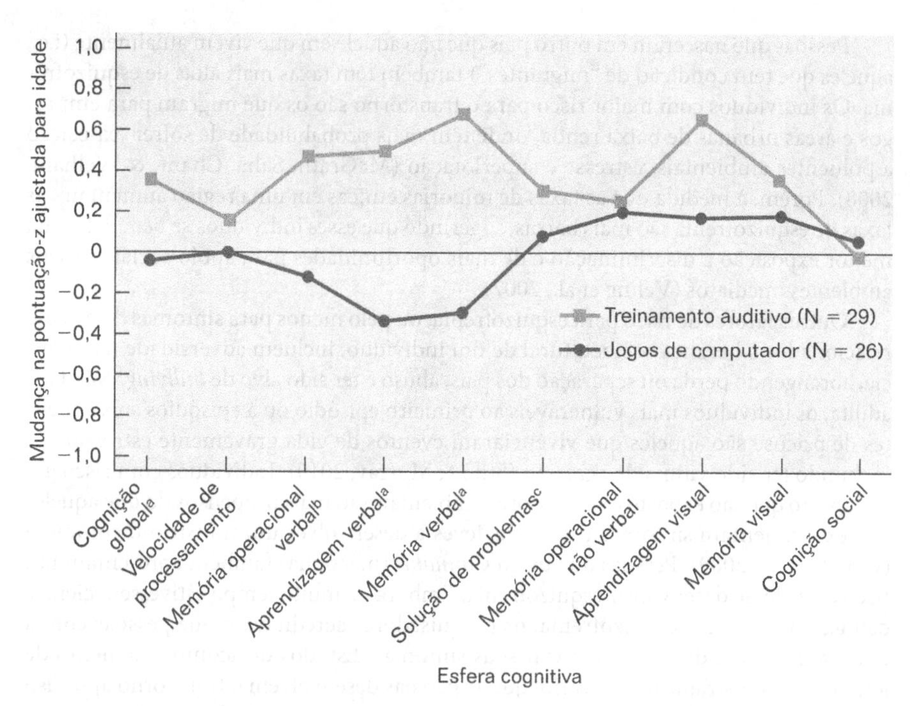

[a]Diferença significativa entre os grupos ($P < 0,01$, ANOVA de medidas repetidas)
[b]Diferença significativa entre os grupos ($P < 0,05$, ANOVA de medidas repetidas)
[c]Diferença não significativa entre os grupos ($P = 0,10$, ANOVA de medidas repetidas)

FIGURA 6.3 **Mudança no desempenho cognitivo em pacientes com esquizofrenia após 50 horas de treinamento auditivo computadorizado.**

que os membros da família criam. Isso fornece uma medida do grau em que eles falam de formas que refletem crítica, sentimentos hostis e envolvimento emocional ou preocupação excessivos. Apoiando o conceito de EE como uma fonte de estresse, pesquisadores verificaram que pessoas vivendo em famílias com alta EE são mais propensas a sofrer uma recaída, em particular se forem expostas a altos níveis de crítica (Marom, Munitz, Jones, Weizman, & Hermesh, 2005). Um estudo de IRMf mostrou que pessoas com esquizofrenia têm ativação mais alta de regiões do cérebro envolvidas na autorreflexão e sensibilidade a situações sociais quando escutam fala alta em EE se comparada com fala neutra (Rylands, McKie, Elliott, Deakin, & Tarrier, 2011).

É evidente que a pesquisa sobre EE nunca poderia empregar um modelo experimental. Consequentemente, os pesquisadores nunca podem traçar ligações causais entre EE e esquizofrenia, mesmo em pessoas cuja esquizofrenia possa ter refletido vulnerabilidade genética ou neurodesenvolvimental. Também é muito provável que a presença de um indivíduo com tal transtorno crie estresse na família, mesmo se esse membro familiar não estiver vivendo em casa. A condição do sujeito pode afetar pais, irmãos e mesmo avós, sobretudo quando os sintomas começaram a surgir pela primeira vez no início da idade adulta.

Indo além do ambiente familiar, pesquisadores também estudaram fatores sociais mais amplos, tais como classe social e renda, em relação à esquizofrenia. Naquele que talvez seja o primeiro estudo epidemiológico de doença mental nos Estados Unidos, Hollingshead e Redlich (1958) observaram que o transtorno era muito mais prevalente nas classes socioeconômicas mais baixas. Inúmeros pesquisadores reproduziram o achado de que mais indivíduos com a doença vivem nas zonas mais pobres de áreas urbanas nos Estados Unidos e na Europa. Uma possível interpretação desse achado é que pessoas com esse transtorno vivenciam um "desvio descendente", significando que a esquizofrenia os conduz à pobreza, a qual interfere em sua capacidade de trabalhar e ganhar a vida. A outra possibilidade é que o estresse de viver em isolamento e na pobreza em áreas urbanas contribua para o risco de desenvolver a doença. Entretanto, as taxas de esquizofrenia são mais altas em indivíduos que nasceram e foram criados em áreas urbanas, não apenas naqueles que se mudaram para lá quando adultos (Stilo & Murray, 2010).

Pessoas que nasceram em outro país que não aquele em que vivem atualmente (i.e., aqueles que têm condição de "migrantes") também têm taxas mais altas de esquizofrenia. Os indivíduos com maior risco para o transtorno são os que migram para empregos e áreas urbanas de baixa renda, onde têm mais probabilidade de sofrer exposição a poluentes ambientais, estresse e superlotação (McGrath, Saha, Chant, & Welham, 2008). Porém, à medida que as taxas de minorias étnicas em uma região aumentam, as taxas de esquizofrenia são mais baixas, sugerindo que esses indivíduos se beneficiem da menor exposição a discriminação e de mais oportunidades para apoio social em seus ambientes imediatos (Veling et al., 2007).

Outros fatores de risco para esquizofrenia, ou pelo menos para sintomas de psicose relacionados à herança sociocultural de um indivíduo, incluem adversidade na infância, abrangendo perda ou separação dos pais, abuso e ter sido alvo de *bullying*. Na idade adulta, os indivíduos mais vulneráveis ao primeiro episódio ou a episódios subsequentes de psicose são aqueles que vivenciaram eventos de vida gravemente estressantes, incluindo ter sido vítima de agressão (Stilo & Murray, 2010). Indivíduos com risco genético alto que são expostos a estressores ambientais são mais propensos do que aqueles que experimentam sintomas psicóticos leves a desenvolver um transtorno completo (van Os et al., 2009). Pessoas que usam *Cannabis* (maconha) também apresentam um risco elevado de desenvolver esquizofrenia. Embora há muito tempo estivessem cientes da ligação *Cannabis*-esquizofrenia, os pesquisadores acreditavam que pessoas com a doença usavam a droga para aliviar seus sintomas. Estudos de acompanhamento de longo prazo mostram, ao contrário, que as pessoas desenvolvem o transtorno após uso contínuo de *Cannabis*. Quanto mais usam a droga, maiores suas chances de ter esquizofrenia (McGrath et al., 2010).

Reconhecendo que as causas da doença são multifacetadas e se desenvolvem ao longo do tempo, Stilo e Murray (2010) propuseram uma hipótese da "cascata do desenvolvimento", que integra vulnerabilidades genéticas, dano nos períodos pré-natal e primeira infância, adversidade e abuso de droga como fatores que levam finalmente a alterações na dopamina expressas em psicose (ver Fig. 6.4).

Tratamento Assertivo na Comunidade (TAC)
Abordagem de tratamento na qual uma equipe de profissionais da psiquiatria, da psicologia, da enfermagem e do serviço social vai até os clientes em suas casas e seus locais de trabalho.

Tratamentos A coordenação de serviços é especialmente importante em programas voltados para ajudar pessoas com esquizofrenia. Uma abordagem à integração de vários serviços é o **Tratamento Assertivo na Comunidade (TAC)**, no qual uma equipe de profissionais da psiquiatria, da psicologia, da enfermagem e do serviço social vai até os clientes em suas casas e seus locais de trabalho. O foco do TAC é gerar capacitação e autodeterminação em seus "consumidores", o termo que os membros desse programa usam para se referirem a seus clientes. Normalmente, uma equipe de

FIGURA 6.4 Cascata do desenvolvimento que leva à esquizofrenia.

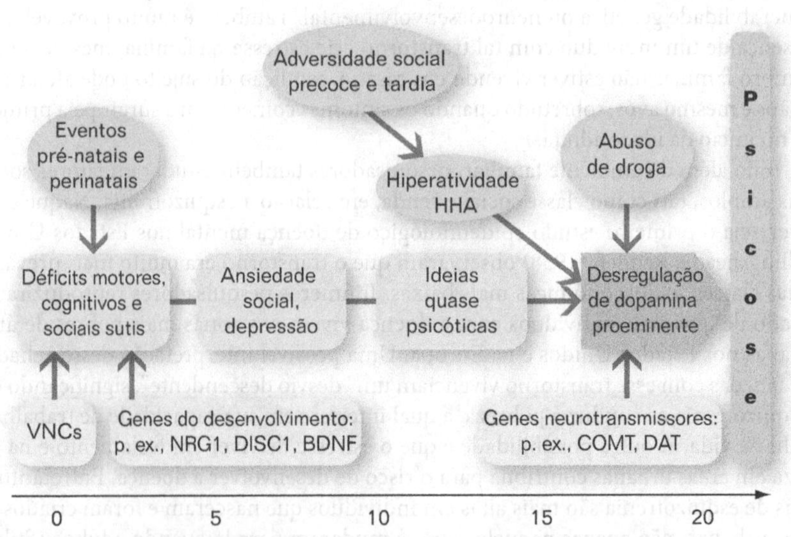

HHA – hipotálamo-hipófise-adrenal; VNCs – variantes do número de cópias.

cerca de uma dúzia de profissionais trabalha junto para ajudar cerca de 100 consumidores com problemas relacionados a adesão às recomendações médicas, gestão de finanças, obtenção de tratamento de saúde adequado e manejo da crises quando elas surgem. Essa abordagem envolve levar o tratamento aos clientes, em vez de esperar que eles venham a uma instituição em busca de ajuda, uma jornada que pode ser esmagadora demais para pessoas seriamente prejudicadas. Embora abordagens como o TAC sejam caras, os benefícios são impressionantes. Pesquisadores conduziram dezenas de estudos sobre a eficácia dessa iniciativa e concluíram que teve impacto positivo significativo sobre a redução de hospitalizações, a estabilização do abrigo na comunidade e a diminuição dos custos globais do tratamento (Bond, Drake, Mueser, & Latimer, 2001).

Por mais eficaz que ele possa ser, os críticos cobram que o TAC não é fornecido de uma maneira compatível com sua meta de capacitar os consumidores e, em vez disso, é coercivo e paternalista. Para resolver essa cobrança, os pesquisadores do TAC estão investigando a possibilidade de combiná-lo com outro programa, denominado Illness Management and Recovery (Gestão da Doença e Recuperação) (IMR). Na IMR, os consumidores recebem treinamento em formas eficazes de lidar com suas doenças e de buscar suas metas para recuperação. Seguindo os princípios da autodeterminação, o IMR é baseado na premissa de que os consumidores devem ter os recursos necessários para fazer escolhas informadas. Ele usa iguais e clínicos para fornecer intervenções estruturadas, com base em currículo. Embora uma investigação inicial do TAC-IMR revelasse que os provedores enfrentaram inúmeras dificuldades para implementar o programa, ele pareceu reduzir as taxas de hospitalização. Além disso, mesmo após o término do financiamento para o estudo, as equipes continuaram a fornecer os serviços (Salyers et al., 2010)

O Tratamento Assertivo na Comunidade envolve uma equipe altamente qualificada e colaborativa de psiquiatras, enfermeiros, assistentes sociais e outros profissionais da saúde mental.

6.7 Esquizofrenia: a perspectiva biopsicossocial

As definições e as abordagens diagnósticas à esquizofrenia estão passando por revisões significativas, mas, durante toda a década passada, os pesquisadores obtiveram uma grande dose de entendimento sobre suas possíveis causas. Talvez o mais empolgante seja a evolução de uma abordagem integrada às teorias que se focalizam nos mecanismos cerebrais subjacentes expressos nos déficits cognitivos. O tratamento está extrapolando o fornecimento de medicamento para um uso maior de intervenções psicológicas baseadas em evidência. Finalmente, os pesquisadores parecem estar dando mais valor ao papel das influências socioculturais. Juntos, esses avanços estão aumentando as chances de que indivíduos com esses transtornos recebam tratamento integral, o que aumenta suas chances de recuperação (Sungur et al., 2011).

Os profissionais, também, cada vez mais entendem a esquizofrenia a partir de uma perspectiva do ciclo de vida. As necessidades e preocupações de indivíduos com esse transtorno variam ao longo dos anos da idade adulta. Além do fato de que muitos realmente se recuperam, pesquisadores e profissionais da saúde mental estão reconhecendo que parte de seu trabalho envolve proporcionar formas de ajudar pessoas com esquizofrenia de longa duração a se adaptarem às mudanças envolvidas no processo de envelhecimento e na evolução da doença. A ideia de que a esquizofrenia é um transtorno do neurodesenvolvimento ressalta esse novo foco importante e fornece uma base para intervenções que levem em consideração as mudanças individuais ao longo do tempo.

Retorno ao caso: David Marshall

David foi finalmente capaz de voltar à faculdade em regime de meio período, morando em casa com Ann. Embora lutasse com a mudança em seu nível de funcionamento, ele conseguiu usar a terapia e o manejo de caso para entender suas limitações. Com isso, o objetivo é evitar a ocorrência de futuros estressores e a indução de episódios psicóticos. É difícil evitar completamente a ocorrência de quaisquer casos de psicose em um transtorno tão grave como a esquizofrenia. Entretanto, com as contingências e o apoio social adequados, será mais fácil para David tolerar o impacto de seus sintomas.

Reflexões da dra. Tobin: A mudança de David para os dormitórios representou um primeiro estressor de vida importante. Ainda que ele já estivesse frequentando a faculdade por um ano, viver com sua mãe parece ter proporcionado um sentimento de segurança que foi destruído quando ele se mudou. Foi difícil, no entanto, já que ele certamente desejava alcançar uma independência e queria ser capaz de fazê-lo. Mesmo não estando no mesmo nível de funcionamento de antes, David e Ann tinham suposto que, o que quer que ele estivesse passando, tinha terminado. Voltar para os dormitórios, contudo, revelou-se um estressor muito grande, e, portanto, os sintomas de David voltaram a aparecer.

Felizmente para David, Ann foi capaz de tomar uma atitude para ajudá-lo após ter se tornado claro que ele estava sofrendo de alguma coisa muito séria, que nenhum deles compreendia muito bem. Ter "detectado" o transtorno no início, entrando em um programa de tratamento, foi benéfico porque diminuiu a probabilidade de que sua vida fosse complicada pelas consequências de futuros episódios psicóticos. Porém, a prevenção de futuros episódios depende da participação de David na terapia e de sua adesão ao medicamento.

RESUMO

- A **esquizofrenia** é uma doença mental séria, visto seu impacto potencialmente amplo sobre a capacidade de o indivíduo levar uma vida produtiva e realizada. Embora um número significativo de pessoas com o transtorno consiga levar vidas livres de sintomas, muitas devem encontrar formas de adaptar suas vidas à realidade da doença.
- Há seis critérios diagnósticos para esquizofrenia (ver Tab. 6.2). Além deles e daqueles para transtornos psicóticos relacionados, os redatores do DSM-5 fornecem um conjunto de critérios de gravidade em diversas esferas de funcionamento. Esses autores conceituam esquizofrenia como um espectro ou conjunto de transtornos relacionados caracterizados por dimensões.
- Usando o DSM-IV-TR, os terapeutas podiam fazer diagnósticos de subtipos para fornecer mais informações sobre os sintomas presentes. Com o DSM-5, esses mesmos subtipos (desorganizado, paranoide, indiferenciado e residual) se tornaram especificadores. Os especificadores têm o mesmo propósito de fornecer mais informação diagnóstica, sem que sejam considerados transtornos distintos. A exceção a essa mudança é a **catatonia**, que se tornou um transtorno próprio. Essa exceção surgiu como resultado da evidência de que os sintomas de catatonia se desenvolvem de modo diferente dos outros especificadores.
- Identificada pela primeira vez como uma doença na década de 1800 por Benedict Morel, a esquizofrenia tem sido estudada por pesquisadores, incluindo clínicos, psiquiatras e psicólogos, que teorizam sua origem e identificam sintomas e categorias. À medida que os anos passam, os pesquisadores tentam desenvolver um conjunto de critérios diagnósticos mais precisos.
- A esquizofrenia pode seguir um de vários cursos. Quando os sintomas não interferem mais no comportamento de um paciente, este está em **remissão**. Comparada a outros transtornos psicológicos, o curso e o desfecho são mais insatisfatórios para pessoas com esquizofrenia.
- Por muito anos, até o início da década de 1980, sem critérios diagnósticos abrangentes a sua disposição, os psiquiatras usavam esquizofrenia como um termo genérico aplicado a maioria das pessoas que requeriam institucionalização por sintomas psicóticos. Atualmente, o DSM inclui um conjunto dos chamados transtornos "psicóticos" que compartilham três aspectos: (1) cada um é uma forma de psicose representando uma ruptura séria com a realidade, (2) a condição não é causada por um prejuízo cognitivo conhecido e (3) não há transtorno do humor como sintoma primário. Essas condições incluem **transtorno psicótico breve**, **transtorno esquizofreniforme** e **transtorno delirante (tipo erotomaníaco**, **grandioso**, **ciumento**, **persecutório** e **somático)**.
- As teorias explicando a origem da esquizofrenia têm se enquadrado tradicionalmente em duas categorias: biológica e psicológica. Na primeira parte deste século, travou-se um debate entre os proponentes de ambos os lados. Em época mais recente os pesquisadores começaram a aceitar que tanto a biologia quanto a experiência interagem na determinação da esquizofrenia e passaram a construir modelos teóricos complexos que incorporam múltiplos fatores. Isso inclui a **hipótese do neurodesenvolvimento**, a qual estabelece que a esquizofrenia é um transtorno do desenvolvimento que surge durante os anos da adolescência ou no início da idade adulta devido a alterações no controle genético do amadurecimento cerebral.
- O tratamento biológico primário para esquizofrenia são os medicamentos antipsicóticos, ou neurolépticos. As duas principais categorias de neurolépticos são os chamados antipsicóticos "típicos", ou "de primeira geração" e "atípicos" ou "de segunda geração". Os efeitos colaterais aflitivos e

o fracasso dos antipsicóticos típicos em tratar os sintomas negativos da esquizofrenia levaram os pesquisadores psiquiátricos a buscar alternativas que fossem mais eficazes, mas, ao mesmo tempo, não causassem **discinesia tardia**, um transtorno motor que consiste em movimentos involuntários da boca, dos braços e do tronco. Devido às muitas complexidades no tratamento biológico de indivíduos com esquizofrenia, pesquisadores e clínicos reconhecem cada vez mais a necessidade de levar em consideração o perfil médico e psiquiátrico do sujeito.

- De um ponto de vista psicológico, com cada vez mais evidências sugerindo anormalidades genéticas e neurofisiológicas específicas nos cérebros de pessoas com esquizofrenia, os pesquisadores estão cada vez mais interessados em descobrir mais sobre o papel dos déficits cognitivos na origem do transtorno. Entretanto, esses sintomas podem não estar no centro da condição. Antes, as funções cognitivas afetadas pela esquizofrenia podem ser mais fundamentais ao entendimento dos aspectos centrais da doença.
- Por muitos anos, as intervenções psicológicas mais comuns para pessoas com esquizofrenia envolviam tratamentos comportamentais visando diminuir a frequência de comportamentos mal-adaptativos de um indivíduo que interferem no ajustamento e funcionamento social. Contudo, essa forma de intervenção não é mais praticável, visto que a maioria dos indivíduos com esquizofrenia recebe tratamento na comunidade. Além disso, há poucos dados sobre sua eficácia, e, com os terapeutas focalizando o tratamento baseado em evidência, a profissão não pode justificar seu uso. Mais promissora é a terapia cognitivo-comportamental quando os profissionais a utilizam como adjuvante a tratamentos farmacológicos. Aqueles que usam terapia cognitivo-comportamental para tratar indivíduos com sintomas de psicose (TCCp) não tentam mudar seus delírios ou eliminar suas alucinações, mas procuram reduzir seu sofrimento e sua preocupação com esses sintomas. Pesquisadores também estão desenvolvendo intervenções que ajudam a tratar os déficits cognitivos dos indivíduos com esquizofrenia, particularmente daqueles que sofrem sobretudo de sintomas negativos.
- Tem havido muitas teorias em relação a esquizofrenia de um ponto de vista sociocultural. Pesquisadores contemporâneos têm abordado a questão tentando prever o desfecho ou a recuperação de adultos hospitalizados por esquizofrenia. O índice de emoção expressa (EE) fornece uma medida do grau em que os membros da família falam de formas que refletem críticas, sentimentos hostis e envolvimento emocional ou preocupação excessivos. Indo além do ambiente familiar, os pesquisadores também têm estudado fatores sociais mais amplos, como classe social e renda, em relação à esquizofrenia. Outros fatores de risco para esse transtorno, ou pelo menos para sintomas de psicose relacionados à herança sociocultural de um indivíduo, incluem adversidade na infância, como perda ou separação dos pais, abuso e ter sido alvo de *bullying*.
- A coordenação de serviços é especialmente importante nos programas voltados para ajudar pessoas com esquizofrenia.
- De um ponto de vista biopsicossocial, um desenvolvimento empolgante é a evolução de uma abordagem integrada às teorias que focaliza os mecanismos cerebrais subjacentes expressos nos déficits cognitivos. O tratamento está indo, além do fornecimento de medicamento, para o maior uso de intervenções psicológicas baseadas em evidência. Finalmente, os pesquisadores parecem estar dando mais valor ao papel das influências socioculturais. Juntos, esses avanços estão aumentando as chances de que indivíduos com esses transtornos recebam tratamento integral, o que aumenta suas chances de recuperação. Os profissionais, também, cada vez mais entendem a esquizofrenia a partir de uma perspectiva do ciclo de vida. A ideia de que essa doença seja um transtorno do neurodesenvolvimento ressalta esse novo foco importante e fornece uma base para intervenções que levam em consideração as mudanças ao longo do tempo.

TERMOS-CHAVE

Transtornos Depressivos e Transtorno Bipolar

SUMÁRIO

Objetivos de aprendizagem

7.1 Explicar os aspectos fundamentais de transtorno depressivo maior e transtorno depressivo persistente, incluindo suas prevalências.

7.2 Comparar e diferenciar transtornos bipolar tipo I, bipolar tipo II e ciclotímico.

7.3 Entender as teorias e os tratamentos de transtornos depressivos e transtorno bipolar.

7.4 Discutir as relações entre idade, gênero e suicídio.

7.5 Analisar o modelo biopsicossocial dos transtornos depressivos e do transtorno bipolar.

Relato de caso: Janice Butterfield

Informação demográfica: Mulher caucasiana de 47 anos de idade.

Problema apresentado: Janice foi encaminhada para psicoterapia após uma recente hospitalização por uma tentativa de suicídio. Ela relatou que o precipitante foi a perda de seu emprego em uma empresa imobiliária, onde tinha trabalhado por 25 anos. Disse que, embora entendesse que sua empresa tinha sido reduzida devido à economia, sentira profunda culpa pelo impacto negativo que seu desemprego teria sobre sua família. Janice contou que está casada há 27 anos e tem três filhas, uma das quais mora em casa. Outra está na faculdade, e a mais moça ingressará no início do próximo ano letivo. Relatou que tinha se sentido esmagada pelo estresse de sua situação financeira, visto que sua família contava principalmente com seu salário.

Junto com os sentimentos de culpa, Janice declarou que tinha se sentido tão deprimida e abatida que havia passado muitos dias das últimas duas semanas na cama e com frequência se pegava pensando em acabar com sua vida. Parou de tomar os analgésicos que tinham sido prescritos para sua dor crônica nas costas "a fim de economizar caso necessitasse deles mais tarde". Uma noite, quando seu marido estava fora de casa, ela tentou suicídio tomando de uma só vez todos os medicamentos que havia economizado. O marido de Janice voltou, encontrou-a inerte e correu para levá-la ao hospital a tempo de salvar-lhe a vida. Ela foi hospitalizada em uma unidade psiquiátrica e recebeu medicamentos até seus pensamentos suicidas e sua depressão grave diminuírem o suficiente para os profissionais não a considerarem mais uma ameaça a si mesma. Ela nunca estivera em terapia antes, mas seguiu o encaminhamento dos psiquiatras na unidade para iniciar uma psicoterapia semanal com fins de acompanhamento.

Durante sua primeira sessão de terapia, Janice relatou que já tinha pensado muitas vezes em fazer terapia. Explicou que suas depressões geralmente duravam cerca de 1 mês, mas, às vezes, até 3 meses. Nessas ocasiões, perdia alguns dias de trabalho, porém conseguia atravessar esses períodos e realizar sua rotina normal, embora com muita dificuldade. Costumava chorar em seu carro, porque seria muito doloroso fazê-lo na frente dos outros. "Eu só não queria ter nada a ver com a vida naqueles momentos", ela recordou. Sua depressão algumas vezes melhorava sozinha, bem como aumentavam seus pensamentos sobre buscar tratamento. Ela relatou que ocasionalmente tinha pensado em suicídio no passado quando se sentia deprimida, mas nunca antes fizera ou realizara um plano como o fez nesse episódio mais recente.

Janice continuou explicando como esses humores deprimidos sempre a pegavam "desprevenida", já que ocorriam logo após longos períodos em que se sentia feliz e cheia de energia. Declarou que esses humores em geral começavam após ter feito uma grande venda imobiliária, e ela se sentia "invencível" depois de tal êxito. Nesses momentos, ela descreveu que com frequência necessitava de muito pouco sono devido à quantidade aparentemente interminável de energia que possuía e começava a assumir muitos projetos e clientes novos no trabalho – muito mais do que seria esperado dela. Ao longo desses períodos, esbanjava dinheiro com roupas e joias, e em seu último período energético tinha comprado carros novos para ela e para o marido. Esses gastos não eram característicos de Janice, uma vez que ela se descreveu como normalmente frugal no aspecto financeiro. Devido a seus pensamentos em contínuo movimento, ela achava muito difícil se concentrar e ficava tão distraída que raras vezes era capaz de terminar qualquer coisa que tivesse começado ou assumido no trabalho. Ficava desapontada por ter que abrir mão de alguns de seus projetos, e seus sentimentos de alegria se transformavam em irritabilidade e raiva. Ela relatou que seu marido costumava ser o alvo de seu humor irritável, e isso causava grandes problemas em seu casamento. Comentou também que sentia como se ignorasse por completo sua família devido a seus hábitos de trabalho quando estava se sentindo particularmente cheia de energia. Disse: "Quando estava me sentindo muito bem, eu só conseguia pensar em mim mesma e no que era bom para mim. Eu parava de ser uma mãe e uma esposa". Seus períodos de gastos extremos corroeram as economias da família, o que, agora, era uma preocupação em especial com a perda do emprego. Isso também contribuiu para sua culpa em relação a pagar o curso pré-vestibular de sua filha mais nova. Janice nunca tinha conversado com seu marido ou com suas filhas sobre suas mudanças de humor. Ela declarou que sua preocupação era que, se tivesse contado à família sobre suas dificuldades pessoais, eles "me veriam como uma pessoa fraca, em vez de como a chefe da família".

História relevante: Janice nunca tinha recebido tratamento psiquiátrico ou terapia no passado, embora relate ter mudanças de humor desde os 19 anos. Ela estimava ter episódios de humor graves (maníacos ou depressivos) aproximadamente 3 a 4 vezes por ano. Ao refletir sobre a gravidade desses episódios, declarou perceber que seus comportamentos tinham sido mais "extremos" nos últimos anos do que quando era mais jovem. Relatou notar que o padrão em suas mudanças de humor começavam com um período de energia, logo seguido por um episódio depressivo e, então, um período de diversos meses de estabilidade. Mais recentemente, contudo, verificou que os períodos de estabilidade estavam durando apenas 1 ou 2 meses, enquanto os episódios de humor duravam mais tempo.

Formulação de caso: O diagnóstico de Janice para a unidade psiquiátrica foi episódio depressivo maior, e sua apresentação atual também satisfazia esses critérios. Entretanto, na primeira sessão de terapia ela relatou também ter uma história de episódios maníacos seguidos por períodos de depressão, os quais não tinha mencionado quando estava hospitalizada. Os sintomas maníacos que descreveu causaram problemas financeiros significativos para Janice, devido a suas farras de gastos excessivos. Em combinação com a perda do emprego, os problemas financeiros causaram estresse significativo e podem ter contribuído para a gravidade de seu episódio depressivo mais recente. Portanto, seu diagnóstico é transtorno bipolar tipo I, episódio mais recente deprimido.

Plano de tratamento: É recomendado que Janice continue a fazer psicoterapia semanalmente. Nesta, será necessário fazer um plano de segurança contra suicídio, em razão de sua história de ideação suicida no passado. A terapia deve se focalizar, a princípio, na psicoeducação, no manejo dos sintomas e na monitoração do humor. Ela também será encaminhada a um psiquiatra ambulatorial para conciliação de medicamentos, visto que a medicação psicoterapêutica é altamente recomendada no tratamento de transtorno bipolar.

Sarah Tobin, PhD

transtorno depressivo
Envolve períodos de sintomas nos quais um indivíduo vivencia um humor triste excepcionalmente intenso.

disforia
Humor triste excepcionalmente elevado.

transtorno depressivo maior
Transtorno no qual o indivíduo vivencia episódios de sintomas depressivos agudos, mas de tempo limitado.

episódio depressivo maior
Período no qual o indivíduo vivencia sintomas psicológicos e físicos intensos acompanhando sentimentos de tristeza esmagadora (disforia).

As pessoas podem vivenciar altos e baixos no dia a dia, mas, quando suas perturbações de humor chegam a um ponto de significância clínica, pode-se considerar que elas tenham um transtorno depressivo ou bipolar. No DSM-5, esses dois transtornos envolvem um conjunto de critérios que permite aos clínicos estabelecer alterações no humor que se desviam significativamente do estado emocional basal ou habitual do indivíduo.

7.1 Transtornos depressivos

Um **transtorno depressivo** envolve períodos de sintomas nos quais o indivíduo vivencia um humor triste excepcionalmente intenso. Esse elemento essencial do transtorno é conhecido como **disforia**.

Transtorno depressivo maior

O **transtorno depressivo maior** envolve períodos de sintomas depressivos agudos, mas de tempo limitado, que são chamados de **episódios depressivos maiores** (ver Tab. 7.1). O transtorno depressivo persistente (distimia) é uma perturbação do humor crônica, mas menos grave, na qual o indivíduo não vivencia um episódio depressivo maior. As pessoas recebem um diagnóstico de transtorno depressivo maior recorrente se tiverem tido dois ou mais episódios depressivos maiores com um intervalo de pelo menos dois meses consecutivos sem satisfazer os critérios para um episódio depressivo maior.

TABELA 7.1 Critérios diagnósticos para um transtorno depressivo maior

Pela maior parte do tempo durante um período de duas semanas, a pessoa vivencia pelo menos cinco dos seguintes critérios. Ela deve experimentar uma mudança do funcionamento anterior, e pelo menos um dos dois primeiros sintomas deve estar presente. Durante este período de duas semanas, a maioria destes sintomas deve estar presente quase todos os dias.

- Humor deprimido a maior parte do dia
- Interesse ou prazer acentuadamente diminuídos em todas ou na maioria das atividades diárias
- Perda de peso não intencional ou aumento ou diminuição incomuns no apetite
- Insônia ou hipersonia
- Agitação ou retardo psicomotor observáveis pelos outros
- Fadiga ou perda de energia
- Sentimentos de inutilidade ou culpa excessiva ou inadequada
- Dificuldade para manter a concentração ou tomar decisões
- Pensamentos recorrentes de morte ou pensamentos, planos ou tentativas de suicídio
- Os sintomas não são atribuíveis a uma condição médica ou a uso de uma substância
- Os sintomas causam sofrimento ou prejuízo significativos

O transtorno depressivo maior pode ser – e frequentemente é – diagnosticado com uma variedade de outros transtornos, entre os quais os da personalidade, os relacionados a substâncias e os de ansiedade, por exemplo. Muitas condições podem imitar o transtorno depressivo maior, incluindo aquelas que estão associadas com os transtornos discutidos no Capítulo 6, que englobam ou se relacionam com esquizofrenia. Estas abrangem transtorno esquizoafetivo, esquizofrenia, transtorno esquizofreniforme e transtorno delirante. Portanto, o clínico deve excluir esses transtornos específicos antes de atribuir o diagnóstico de transtorno depressivo maior ao cliente.

A prevalência ao longo da vida de transtorno depressivo maior nos Estados Unidos é de 16,6% da população adulta (Kessler, Chiu, Demler, Merikangas, & Walters, 2005). A cada ano, 6,7% da população adulta recebe um diagnóstico de transtorno depressivo maior, sendo 30,4% desses casos (2,0% da população adulta) classificados como graves. A Figura 7.1 resume essas estatísticas de prevalência global. As estatísticas de prevalência global não contam toda a história, contudo, visto que há diferenças de gênero e idade significativas. As mulheres são 70% mais propensas que os homens a vivenciar transtorno depressivo maior em algum momento na vida. Comparados a adultos de 60 anos e mais velhos, os adultos de 59 anos e mais jovens têm aproximadamente duas vezes mais propensão de ter sido acometido pelo transtorno depressivo maior. Olhando apenas a prevalência de 12 meses, pessoas de 18 a 29 anos são 200% mais propensas que adultos de 60 anos e mais velhos a ter vivenciado esse transtorno (Kessler, Berglund et al., 2005). A idade média de início da doença é 32 anos (Kessler, Berglund et al., 2005).

MINICASO

Transtorno depressivo maior, episódio recorrente

Jonathan é um trabalhador da construção civil de 37 anos cuja esposa o levou a um serviço psiquiátrico. Embora tenha funcionado de forma normal durante os últimos anos, Jonathan de repente se tornou gravemente perturbado e deprimido. No momento da internação, estava agitado, disfórico e suicida, chegando ao ponto de comprar uma arma para se matar. Ele tinha perdido o apetite e desenvolvido insônia durante as três semanas anteriores. A cada dia que passava, se sentia mais exausto, menos capaz de pensar com clareza ou de se concentrar, e desinteressado de tudo e de todos. Ele tinha se tornado hipersensível em suas relações com os vizinhos, os colegas de trabalho e a família, insistindo que os outros estavam sendo muito críticos a seu respeito. Este foi o segundo episódio na história de Jonathan, o primeiro tendo ocorrido 5 anos antes, após a perda de seu emprego devido a uma demissão em massa em seu trabalho.

Prevalência

- **Prevalência de 12 meses:** 6,7% da população adulta dos EUA
- **Grave:** 30,4% desses casos (p. ex., 2,0% da população adulta dos EUA) são classificados como "graves"

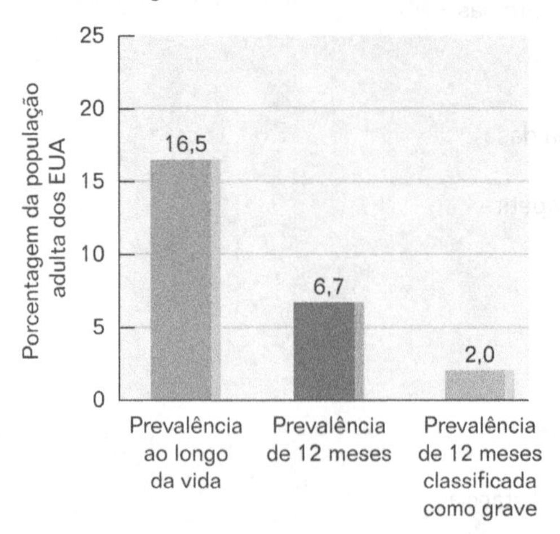

FIGURA 7.1 Prevalência de transtorno depressivo maior nos Estados Unidos.

Transtorno depressivo persistente (distimia)

A perturbação do humor que ocorre com o transtorno depressivo maior pode assumir uma forma crônica, contínua. Pessoas com transtorno depressivo persistente (distimia) têm, por pelo menos 2 anos (1 ano para crianças e adolescentes), um conjunto mais limitado dos sintomas que ocorrem com o transtorno depressivo maior, incluindo distúrbios do sono e do apetite, energia baixa ou fadiga, autoestima baixa, dificuldade com concentração e tomada de decisão e sentimentos de desesperança. Entretanto, as pessoas com transtorno distímico no momento presente não satisfazem os critérios para um episódio depressivo maior, o qual requer que o cliente satisfaça cinco dos critérios na Tabela 7.1.

Apesar de não vivenciarem todos os sintomas de um episódio depressivo maior, as pessoas com transtorno depressivo persistente nunca estão livres de seus sintomas por mais de 2 meses. Além disso, elas tendem a apresentar outros transtornos psicológicos sérios, incluindo um risco aumentado para desenvolver transtorno depressivo maior, transtorno da personalidade e transtorno por uso de substância.

Aproximadamente 2,5% da população adulta desenvolverá esse transtorno no curso de suas vidas, com um pico na faixa etária de 45 a 59 anos (Kessler, Berglund et al., 2005). A prevalência de 12 meses para transtorno distímico é de 1,5% da população dos Estados Unidos, com quase metade desse percentual (8% da população adulta) classificada como grave (Kessler, Chiu et al., 2005). Conforme acontece com o transtorno depressivo maior, os sintomas de transtorno distímico assumem uma forma diferente em adultos mais velhos, que são mais propensos a relatar alterações no funcionamento físico do que no psicológico (Oxman, Barrett, Sengupta, & Williams Jr, 2000).

transtorno depressivo persistente (distimia)
Transtorno depressivo envolvendo depressão crônica de menor intensidade do que os transtornos depressivos maiores.

transtorno disruptivo da desregulação do humor
Transtorno depressivo em crianças que exibem irritabilidade crônica e grave e têm explosões de raiva frequentes.

Transtorno disruptivo da desregulação do humor

O diagnóstico de transtorno disruptivo da desregulação do humor é usado para crianças que exibem irritabilidade crônica e grave e têm explosões de raiva frequentes que ocorrem, em média, três ou mais vezes por semana durante pelo menos um ano e em pelo menos duas situações. Esses acessos devem ser inadequados para o desenvolvimento. Entre esses episódios, as crianças com esse transtorno são extremamente irritáveis ou coléricas. Os critérios especificam que o diagnóstico não deve ser atribuído a crianças cujo primeiro episódio ocorra em idade inferior a 6 anos ou superior a 18 anos. O transtorno deve ter tido seu início antes dos 10 anos de idade.

Os autores do DSM-5 reconheceram que esse transtorno poderia ser caracterizado como "birras", mas acreditavam na importância de ter um transtorno destinado a crianças que poderiam de outra forma ser diagnosticadas com transtorno bipolar. Dados de acompanhamento de crianças que apresentam essas explosões de irritabilidade e raiva sugerem que, em vez de desenvolver transtorno bipolar, elas correm o risco de desenvolver transtornos depressivos e/ou de ansiedade quando chegam à idade adulta.

MINICASO

Transtorno depressivo persistente (distimia)

Miriam é uma professora universitária de 34 anos que, durante os últimos três anos, tem tido sentimentos persistentes de humor deprimido, inferioridade e pessimismo. Ela diz que, desde sua formatura na faculdade, nunca mais se sentiu feliz de verdade e que, em anos recentes, seus pensamentos e sentimentos têm sido caracterizados como especialmente deprimidos. Seu apetite é baixo, e ela luta com a insônia. Durante as horas de vigília, não tem energia e acha muito difícil fazer seu trabalho. Com frequência fica olhando pela janela de seu escritório, consumida por pensamentos do quanto é inadequada. Ela não consegue cumprir muitas de suas responsabilidades e, pelos últimos três anos, tem recebido avaliações consistentemente deficientes como professora. A convivência com seus colegas tem se tornado cada vez mais difícil. Por consequência, ela passa a maior parte de seu tempo livre sozinha em seu escritório.

Transtorno disfórico pré-menstrual

As mulheres que vivenciam humor deprimido ou mudanças no humor, irritabilidade, disforia e ansiedade durante a fase pré-menstrual que retrocedem após o início do período menstrual na maioria dos ciclos dos últimos 12 meses podem ser diagnosticadas com **transtorno disfórico pré-menstrual (TDPM)**. Esse transtorno estava anteriormente no Apêndice (i.e., não era uma condição diagnosticável) do DSM-IV-TR. Ao torná-lo parte da nomenclatura psiquiátrica-padrão, os autores do DSM-5 acreditavam que o resultado poderia ser melhores diagnóstico e tratamento para mulheres que de fato vivenciam uma alteração do humor exagerada antes de seu ciclo menstrual mensal. Os críticos argumentam que o diagnóstico de TDPM torna patológicas as variações mentais normais no humor que as mulheres podem experimentar. Entretanto, o argumento contrário é que a maioria delas não vivencia alterações de humor graves todos os meses. Ao incluir o TDPM como um diagnóstico, as mulheres com esses sintomas podem receber tratamento que, de outro modo, talvez não estivesse disponível para elas.

transtorno disfórico pré-menstrual (TDPM)
Alterações no humor, irritabilidade, disforia e ansiedade que ocorrem durante a fase pré-menstrual do ciclo menstrual mensal e retrocedem após o início do período menstrual na maioria dos ciclos dos últimos 12 anos.

7.2 Transtornos envolvendo alternâncias no humor

O **transtorno bipolar** envolve uma experiência muito disruptiva de **humor eufórico**, que também ocorre em alternância com um episódio depressivo maior. O transtorno ciclotímico envolve alternâncias entre disforia e estados eufóricos mais breves, menos intensos e menos disruptivos chamados de episódios hipomaníacos.

transtorno bipolar
Transtorno do humor envolvendo episódios maníacos – experiências intensas e muito disruptivas de humor elevado, possivelmente alternando com episódios depressivos maiores.

humor eufórico
Estado de sentimento que é mais alegre e exultante do que a média, possivelmente mesmo de êxtase.

Transtorno bipolar

Os médicos diagnosticam pessoas que têm episódios maníacos, mesmo que elas nunca tenham tido um episódio depressivo, como tendo transtorno bipolar, um termo que substituiu "depressão maníaca". Um indivíduo deve vivenciar um episódio maníaco para que um profissional o diagnostique com transtorno bipolar, como define a Tabela 7.2.

As duas principais categorias de transtorno bipolar são tipo I e tipo II. Um diagnóstico de transtorno bipolar tipo I descreve um curso clínico no qual o indivíduo vivencia um ou mais episódios maníacos com a possibilidade, embora não a necessidade, de experimentar um ou mais episódios depressivos maiores. Em contrapartida, um diagnóstico de transtorno bipolar tipo II significa que o indivíduo teve um ou mais episódios depressivos

TABELA 7.2 Critérios diagnósticos para um episódio maníaco

Um período distinto de humor anormal e persistentemente elevado, expansivo ou irritável e de atividade ou energia aumentadas de forma anormal e persistente,* durando pelo menos 1 semana e presente a maior parte do dia, quase todos os dias (ou de qualquer duração se a hospitalização for necessária).

Durante o período de perturbação do humor e de energia ou atividade aumentadas, três (ou mais) dos seguintes sintomas (quatro se o humor for apenas irritável) estão presentes em um grau significativo e representam uma mudança perceptível do comportamento habitual:

- autoestima excessiva e grandiosidade
- necessidade de sono diminuída (p. ex., sente-se repousado(a) após apenas 3 horas de sono)
- mais falante do que o normal ou pressão para continuar falando
- fuga de ideias ou experiência subjetiva de que os pensamentos estão acelerados
- distratibilidade (i.e., atenção muito facilmente atraída para estímulos triviais ou irrelevantes), como relatado ou observado
- aumento na atividade dirigida ao objetivo (socialmente, no trabalho ou na escola ou sexualmente) ou agitação psicomotora
- envolvimento excessivo em atividades que têm um alto potencial para consequências dolorosas (p. ex., envolver-se em farras de compras desenfreadas, indiscrições sexuais ou investimentos comerciais insensatos)

Este episódio deve representar uma mudança claramente observável no funcionamento mas não ser grave o suficiente a ponto de requerer hospitalização para prevenir dano a si mesmo ou aos outros.

* O aumento na atividade ou energia é novo no DSM-5.

HISTÓRIAS REAIS

Carrie Fisher: Transtorno bipolar

"Eu superei os meus problemas... Eu sou mentalmente doente. Não tenho vergonha de dizer isso. Eu sobrevivi, e ainda estou sobrevivendo, mas vamos em frente. Antes eu do que você."

Carrie Fisher é uma atriz, escritora e roteirista norte-americana que participou de 37 filmes – conhecida principalmente por ter interpretado a princesa Leia Organa na trilogia *Guerra nas estrelas*. Também escreveu quatro romances, um dos quais, *Wishful Drinking*, foi transformado em uma peça em forma de monólogo, representada em teatros de todo o país. No livro, ela conta sua vida – sua infância em uma família de Hollywood, sua ascensão à fama, suas lutas contra as drogas e o álcool e suas batalhas com o transtorno bipolar. Carrie fala sobre suas experiências com humor e honestidade, revelando a realidade de sua doença mental.

Nascida em 1956 em Beverly Hills, Califórnia, Carrie é filha da atriz Debbie Reynolds e do cantor Eddie Fisher. Fruto de um casamento de Hollywood, parecia estar destinada a ser uma estrela desde o início. Quando tinha 2 anos, seu pai deixou sua mãe por Elizabeth Taylor, a melhor amiga de Debbie. A mídia publicou essa história com destaque, embora, em seu livro, Carrie afirme que não acredita serem suas experiências da infância a causa dos problemas que encontrou mais tarde na vida. "Queixar-me da minha infância ou mesmo de uma considerável (?) porção de minha vida seria tão pouco atraente quanto incorreto. Eu tive uma vida muito privilegiada enquanto crescia."

Carrie começou a atuar aos 12 anos, aparecendo em Las Vegas com sua mãe, e mais tarde abandonou o ensino médio a fim de sair para a estrada com ela. Em 1973, apareceu com sua mãe no musical da Broadway *Irene* e, 2 anos mais tarde, após frequentar a escola dramática em Londres, fez sua estreia no filme *Shampoo*, com Burt Reynolds, em 1975. Dois anos depois, ela se tornou instantaneamente uma celebridade internacional e um ícone por seu papel na trilogia *Guerra nas estrelas*. De acordo com Carrie, foi neste ponto que começou seu abuso pesado de cocaína e álcool, tendo já experimentado maconha aos 13 anos de idade. Olhando para trás, Carrie lembra que usava drogas como uma forma de automedicar seus episódios de humor extremos: "Eu costumava pensar que era uma viciada em drogas, pura e simples – apenas alguém que não conseguia parar de usá-las por vontade própria... e assim eu era. Mas na verdade eu era gravemente maníaco-depressiva". Ela recebeu esse diagnóstico pela primeira vez quando tinha 24 anos, embora não tenha buscado qualquer tratamento naquela época. Como ela descreve, "[...] [Meu psiquiatra] queria me dar remédios em vez de realmente me tratar. Então, fiz a única coisa racional que podia fazer diante de tal insulto – parei de falar com o [psiquiatra], voei para Nova York e casei com Paul Simon uma semana depois".

Carrie foi casada com o cantor Paul Simon de 1983 a 1984, ainda que os dois tenham namorado entre idas e vindas por um total de 12 anos. Em 1992, teve uma filha, Billie, com seu companheiro Bryan Lourd.

Apesar de suas batalhas crônicas com o abuso de substância e o transtorno bipolar, Carrie continou a aparecer em filmes e em programas de televisão ao longo de toda a década de 1980. Seu abuso de substância levou a uma hospitalização na metade da década de 1980, inspirando seu primeiro romance, *Postais do abismo*, um relato semiautobiográfico de uma atriz sofrendo de abuso de substância, publicado em 1987. O livro tornou-se um filme de sucesso pelo qual ela recebeu a aclamação da crítica.

Ao longo de toda a década de 1990, Carrie continuou a aparecer em filmes e se tornou bem conhecida em Hollywood por seu talento como roteirista. Em 1997, sofreu um surto psicótico após uma busca por medicamentos para tratar sua depressão crônica. Ela descreve essa experiência em *Wishful Drinking*: "Agora, qualquer um que tenha permanecido acordado por seis dias sabe que há muita chance de acabar psicótico. De qualquer forma, eu acabei, e parte de como aquilo se manifestou foi que eu pensava que tudo na televisão era sobre mim... Eu assistia à CNN, e na época Versace tinha acabado de ser assassinado por

Depois de lutar por muitos anos com o abuso de substância e o transtorno bipolar, Carrie Fischer é agora uma ativista contra a estigmatização da doença mental.

aquele homem, Cunanin, e a polícia estava vasculhando freneticamente a costa leste atrás dele. Então, eu era Cunanin, Versace e a polícia. Isso é uma programação desgastante". Ela foi hospitalizada por 6 dias e então passou 6 meses recebendo tratamento ambulatorial. Tendo agora aceito seu diagnóstico de transtorno bipolar e por fim reconhecido sua necessidade de terapia, passou a fazer palestras contra a estigmatização da doença mental. Desde aquela época, tem sido uma voz ativa para falar sobre a necessidade de financiamento do governo para o tratamento da doença mental.

Em *Wishful Drinking*, Carrie descreve suas experiências com a mudança entre mania e depressão. "Eu tenho dois humores... Um é Roy, o Roy brincalhão, a viagem selvagem de um humor. E Pam, a Pam sedimento, que fica à margem e soluça... às vezes a maré sobe, às vezes baixa." Ela também descreve alguns dos vários tratamentos que recebeu para sua doença, incluindo eletroconvulsoterapia (TEC).

"Por que sinto que precisava de TEC? Bem, ela tinha sido recomendada por vários psiquiatras ao longo dos anos, para tratar minha depressão. Mas nem me atrevia a considerá-la pois me parecia bárbaro demais. Minha única exposição a ela foi com Jack Nicholson em *Um estranho no ninho*, que não era exatamente um exemplo atraente. Das convulsões a morder um bastão aos espasmos, parecia traumático, perigoso e humilhante. Quer dizer, o que sabemos com certeza sobre ela? Não há um monte de riscos? E se alguma coisa der errado e meu cérebro explodir?

"Porém, estava me sentindo esmagada e totalmente derrotada. Eu não me sentia necessariamente *morrendo* – mas me sentia um pouco como se não estivesse viva. A segunda razão de eu decidir receber TEC é que estava deprimida. Profundamente deprimida. Parte disso podia ser atribuída a meu transtorno do humor, que era, sem dúvida, a provável fonte da intensidade emocional. Isso é o que pode transformar uma simples tristeza em uma tristeza ao quadrado."

"Às vezes", ela escreve no final de *Wishful Drinking*, "ser bipolar pode ser um desafio devorador, requerendo muita energia e mesmo mais coragem; então, se você está vivendo com essa doença e funcionando apesar de tudo, é razão para ter orgulho, não para ter vergonha".

---

maiores e pelo menos um que chamamos de **episódio hipomaníaco**. Os critérios para um episódio hipomaníaco, mostrados na Tabela 7.3, são semelhantes aos de um episódio maníaco, mas envolvem uma duração mais curta (4 dias em vez de 1 semana).

episódio hipomaníaco Período de humor exaltado não tão extremo como um episódio maníaco.

Os indivíduos que estão em episódio maníaco, hipomaníaco ou depressivo maior podem apresentar aspectos do polo oposto, mas não em um grau suficientemente extremo para satisfazer os critérios diagnósticos. Por exemplo, pessoas em um episódio maníaco podem relatar que se sentem tristes ou vazias, cansadas ou suicidas. O DSM-5 usa um especificador de "aspectos mistos" para aplicar a casos nos quais um indivíduo vivencia episódios de mania ou hipomania quando aspectos depressivos estão presentes, bem como quando o sujeito vivencia episódios de depressão no contexto de transtorno depressivo maior ou transtorno bipolar quando aspectos de mania/hipomania estão presentes. A existência dessa categoria "mista" adicional descreve aquelas pessoas

TABELA 7.3 Critérios diagnósticos para um episódio hipomaníaco

Um período distinto de humor anormal e persistentemente elevado, expansivo ou irritável e de atividade ou energia aumentadas de forma anormal e persistente,* durando pelo menos 1 semana e presente a maior parte do dia, quase todos os dias (ou de qualquer duração se a hospitalização for necessária).

Durante o período de perturbação do humor e de energia ou atividade aumentadas, três (ou mais) dos seguintes sintomas (quatro se o humor for apenas irritável) estão presentes em um grau significativo e representam uma mudança perceptível do comportamento habitual:

- autoestima excessiva e grandiosidade
- necessidade de sono diminuída (p. ex., sente-se repousado(a) após apenas 3 horas de sono)
- mais falante do que o normal ou pressão para continuar falando
- fuga de ideias ou experiência subjetiva de que os pensamentos estão acelerados
- distratibilidade (i.e., atenção muito facilmente atraída para estímulos triviais ou irrelevantes), como relatado ou observado
- aumento na atividade dirigida ao objetivo (socialmente, no trabalho ou na escola ou sexualmente) ou agitação psicomotora
- envolvimento excessivo em atividades que têm um alto potencial para consequências dolorosas (p. ex., envolver-se em farras de compras desenfreadas, indiscrições sexuais ou investimentos comerciais insensatos)

*O aumento na atividade ou energia é novo no DSM-5.

MINICASO

Transtorno bipolar tipo I, episódio atual maníaco

Isabel é uma corretora de imóveis de 38 anos que, na última semana, demonstrou sinais de comportamento estranho, o qual começou com o desenvolvimento de um plano irreal para criar seu próprio império imobiliário. Ela ficou sem dormir ou comer por três dias, passando a maior parte de seu tempo no computador desenvolvendo planos financeiros rebuscados. Nos três dias seguintes, fez depósitos para sete casas, juntas avaliadas em mais de 3 milhões de dólares, embora não tivesse os recursos financeiros para financiar nem mesmo uma delas. Ela visitou vários bancos locais, onde era conhecida e respeitada, e fez uma cena com cada gerente de contas que expressara ceticismo em relação a seu plano. Em um caso, empurrou raivosamente a mesa do bancário, arrancou o telefone dele da parede e gritou a plenos pulmões que o banco a estava impedindo de ter um lucro multimilionário. A polícia foi chamada e a levou para um pronto-socorro psiquiátrico, do qual foi transferida para avaliação e tratamento intensivos.

cujos sintomas podem, simultaneamente ou em um tempo próximo, apresentar os sintomas de humor opostos.

O transtorno bipolar tem taxas de prevalência ao longo da vida de 3,9% na população dos Estados Unidos (Kessler, Berglund et al., 2005) nos últimos 12 meses de 2,6% (Kessler, Chiu et al., 2005). Daqueles diagnosticados com transtorno bipolar em um determinado ano, quase 83% (2,2% da população adulta) têm casos classificados como "graves". Pelo menos metade de todos os casos começa antes que a pessoa alcance os 25 anos (Kessler, Chiu et al., 2005). Contudo, aproximadamente 60% de todos os indivíduos com transtorno bipolar podem viver livres de sintomas se receberem tratamento adequado (Perlis et al., 2006).

De todos os transtornos psicológicos, o transtorno bipolar é o que tem mais probabilidade de ocorrer em pessoas que também têm problemas com abuso de substância. Indivíduos com transtornos bipolar e por uso de substância têm um início mais precoce de transtorno bipolar, episódios mais frequentes e maiores chances de ter transtornos relacionados a ansiedade e a estresse, bem como comportamento agressivo, problemas com a lei e risco de suicídio (Swann, 2010). Como você pode ver na Figura 7.2, o transtorno bipolar pode fazer as pessoas vivenciarem uma variedade de humores.

Os clínicos diagnosticam pessoas com **transtorno bipolar, ciclagem rápida** se elas tiverem quatro ou mais episódios que satisfaçam os critérios para transtorno maníaco, hipomaníaco ou depressivo maior nos últimos 12 meses. Em alguns indivíduos, a ciclagem pode ocorrer em 1 semana ou mesmo em 1 dia. Os fatores que predizem a ciclagem rápida incluem início mais precoce, pontuações de depressão mais altas, pontuações de mania mais altas e avaliação global do funcionamento mais baixa. História de ciclagem rápida no ano anterior e uso de antidepressivos também predizem ciclagem rápida (Schneck et al., 2008). Condições médicas como hipotireoidismo, distúrbios nos ciclos de sono-vigília e uso de medicamentos antidepressivos também podem contribuir para o desenvolvimento de ciclagem rápida (Papadimitriou, Calabrese, Dikeos, & Christodoulou, 2005).

transtorno bipolar, ciclagem rápida
Forma de transtorno bipolar envolvendo quatro ou mais episódios que satisfaçam os critérios para transtorno maníaco, hipomaníaco ou depressivo maior nos últimos 12 meses.

Transtorno ciclotímico

Os sintomas do **transtorno ciclotímico** são mais crônicos e menos graves que os do transtorno bipolar. As pessoas com esse transtorno preencheram os critérios para um episódio hipomaníaco muitas vezes ao longo de pelo menos 2 anos (1 ano para crianças e adolescentes). Também tiveram numerosos períodos com sintomas de depressão, mas nunca preencheram os critérios para um episódio de depressão maior. Durante esse tempo, adultos, crianças ou adolescentes nunca ficaram sem esses sintomas em algum momento por mais de 2 meses.

transtorno ciclotímico
Transtorno do humor com sintomas mais crônicos e menos graves que os do transtorno bipolar.

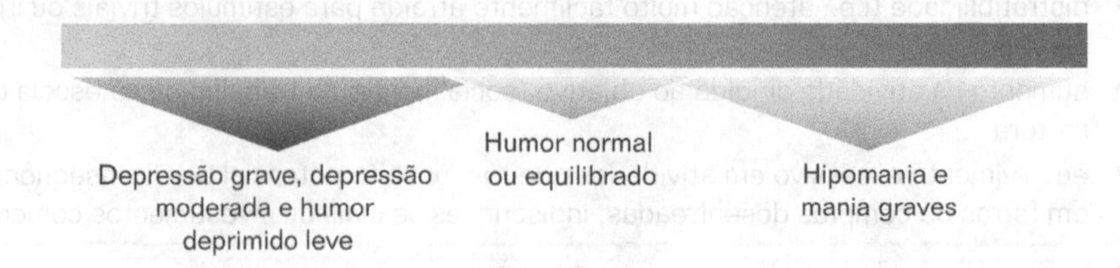

FIGURA 7.2 Variação de humores presentes em pessoas com transtorno bipolar.

MINICASO

Transtorno ciclotímico

Larry é caixa de banco, tem 32 anos e buscou tratamento para suas variações de humor, que começaram quando tinha 26 anos. Por vários anos, colegas de trabalho, família e amigos lhe repetiram que é muito mal-humorado. Ele reconhece que seu humor nunca é muito estável, embora às vezes lhe digam que parece mais calmo e agradável do que o habitual. Infelizmente, esses intervalos são bastante breves, durando algumas semanas e, em geral, terminando de modo repentino. Sem aviso, ele pode vivenciar ou um humor um pouco deprimido ou um período de exaltação. Durante os períodos depressivos, sua confiança, sua energia e sua motivação são muito baixas. Nos períodos hipomaníacos, ele se oferece de boa vontade para estender seu dia de trabalho e empreender desafios profissionais irrealistas. Nos finais de semana, age de maneira promíscua e provocativa, frequentemente se sentando do lado de fora de seu edifício, fazendo comentários e gestos sedutores para as mulheres que passam. Larry desconsidera os pedidos de seus familiares para procurar ajuda profissional, insistindo que é de sua natureza ser um pouco imprevisível. Também afirma que não quer qualquer "dr. Freud" privando-o dos períodos em que se sente fantástico.

7.3 Teorias e tratamento de transtorno depressivo e transtorno bipolar

Perspectivas biológicas

Há muito tempo cientes da tendência de os transtornos do humor ocorrerem com mais frequência entre membros da família com parentesco biológico, os pesquisadores que trabalham na perspectiva biológica estão tentando localizar os contribuintes genéticos para essas doenças. Entretanto, é muito provável que existam múltiplos genes interagindo de formas complexas com fatores de risco ambientais, complicando tremendamente o trabalho desses estudiosos (Kamali & McInnis, 2011).

Os pesquisadores estimam que parentes de primeiro grau são 15 a 25% mais propensos a ter transtorno depressivo maior do que não parentes. Visto de outra forma, isso se traduz em uma estatística conhecida como "razão de chances", a qual indica que parentes de primeiro grau tendo depressão maior são 2 a 4 vezes mais propensos a desenvolver o transtorno. Além disso, os filhos de pais deprimidos têm mais propensão a transtorno depressivo maior do que os pais de crianças deprimidas, um fato que representa um problema em estudos de famílias e mostra o quanto é difícil separar influências hereditárias de ambientais. Contudo, como visto no Capítulo 4, os estudos de herança familiar não podem separar fatores genéticos de ambientais. Podemos supor que filhos de pais deprimidos crescem em lares significativamente diferentes daqueles de crianças cujos pais não têm transtornos depressivos maiores. Estudos comparando gêmeos idênticos ou monozigóticos (MZ) com gêmeos fraternos ou dizigóticos (DZ) fornecem evidências mais fortes em favor de uma interpretação genética. Com base em inúmeros estudos envolvendo essas comparações, os pesquisadores estimam que as influências genéticas sobre o transtorno depressivo maior estejam na variação de 30 a 40%. Porém, a predisposição genética interage com os fatores ambientais, que incluem estresse, apoio social e eventos de vida (Lau & Eley, 2010).

O funcionamento alterado da serotonina parece desempenhar um papel importante no desenvolvimento de transtorno depressivo maior em indivíduos com predisposição genética. A melhor evidência disso vem de estudos nos quais os indivíduos são experimentalmente privados de triptofano, um aminoácido que ajuda o corpo a fabricar serotonina (Cowen, 2008). Uma segunda área de pesquisa sobre anormalidades bioquímicas em pessoas com transtorno depressivo maior trata do fator neurotrófico derivado do cérebro (BDNF), uma proteína envolvida em manter os neurônios vivos e capazes de adaptarem-se e mudar em resposta a experiência. Os pesquisadores estão constatando que pessoas com transtorno depressivo maior parecem ter herdado uma versão de um gene que codifica o BDNF, resultando em níveis mais baixos em áreas das regiões cerebrais envolvidas no controle do humor (Lau & Eley, 2010).

O medicamento antidepressivo costuma ser prescrito para indivíduos que sofrem de transtorno depressivo maior.

Comparado com o transtorno depressivo maior, o transtorno bipolar tem um padrão de herança genética até mais forte, com uma hereditariedade estimada de 60%. Em uma análise abrangente de 367 genes possivelmente envolvidos no transtorno bipolar, uma equipe de pesquisadores do National Institute of Mental Health estreitou a busca a um defeito no gene "PCLO" (chamado de gene "*piccolo*"). Esse gene parece desempenhar um papel na transmissão sináptica (Choi et al., 2011). Varreduras cerebrais e testagem neuropsicológica de indivíduos com transtorno bipolar sugerem que eles tenham dificuldades na atenção, na memória e na função executiva compatíveis com anormalidades no córtex visual primário, nos lobos frontais, nos lobos temporais e no córtex cingulado (Benabarre et al., 2005). Outras pesquisas sugerem que a incapacidade de inibir respostas que possam ter um componente genético pode consequentemente servir como um endofenótipo para transtorno bipolar (Schulze et al., 2011).

O medicamento antidepressivo é a forma mais comum de tratamento biológico para pessoas com transtorno depressivo maior. Os médicos prescrevem antidepressivos de quatro categorias principais de inibidores seletivos da recaptação de serotonina (ISRSs), inibidores da recaptação de serotonina e norepinefrina (ISRSNs), antidepressivos tricíclicos e inibidores da monoaminoxidase (IMAOs).

Os ISRSs bloqueiam a recaptação de serotonina, permitindo mais disponibilidade desse neurotransmissor para ação nos sítios receptores. Esses medicamentos incluem fluoxetina, citalopram, escitalopram, paroxetina e sertralina. Comparados a outros antidepressivos, os ISRSs têm menos efeitos colaterais desagradáveis, como sedação, ganho de peso, constipação, alterações da pressão arterial e boca seca. Entretanto, eles não são livres de efeitos colaterais. As queixas relatadas mais comuns são náusea, agitação e disfunção sexual. Os IRSNs aumentam os níveis de norepinefrina e serotonina por meio do bloqueio de sua recaptação. Eles incluem duloxetina, venlafaxina e desvenlafaxina.

Comparados aos ISRSs, os IRSNs parecem ser mais eficazes do ponto de vista estatístico, mas não clínico, e têm uma chance maior de reações adversas (Machado & Einarson, 2010), incluindo pensamentos ou tentativas de suicídio, bem como sintomas alérgicos, distúrbios gastrintestinais, fraqueza, náusea, vômito, confusão, perda de memória, irritabilidade e ataques de pânico, entre outras reações desagradáveis. Em 2010, o fabricante do Cymbalta (Eli Lilly) também obteve a aprovação da Food and Drug Administration (FDA) para comercializar o medicamento para dor lombar crônica e iniciou uma publicidade extensiva para essa finalidade.

Os antidepressivos tricíclicos (TCAs) derivam seu nome do fato de terem uma estrutura química de três anéis. Esses medicamentos, como amitriptilina, desipramina, imipramina e nortriptilina, são particularmente eficazes para aliviar a depressão em pessoas que têm alguns dos sintomas biológicos mais comuns, tais como distúrbios do apetite e do sono. Embora o processo exato pelo qual os antidepressivos tricíclicos funcionam ainda não seja claro, sabemos que bloqueiam a recaptação prematura de aminas biogênicas de volta para os neurônios pré-sinápticos, desse modo aumentando seus efeitos excitatórios sobre os neurônios pós-sinápticos.

Os médicos acreditam que os efeitos antidepressivos dos IMAOs, como fenelzina e tranilcipromina, ocorrem porque os medicamentos inibem a enzima monoaminoxidase, que converte as aminas biogênicas, como a norepinefrina e a serotonina, em substâncias inertes, de modo que não possam excitar os neurônios pós-sinápticos. Os IMAOs prolongam a vida dos neurotransmissores, desse modo aumentando o fluxo neuronal. Esses medicamentos são eficazes sobretudo no tratamento de depressão em pessoas com depressão crônica de muitos anos de duração e que não responderam aos

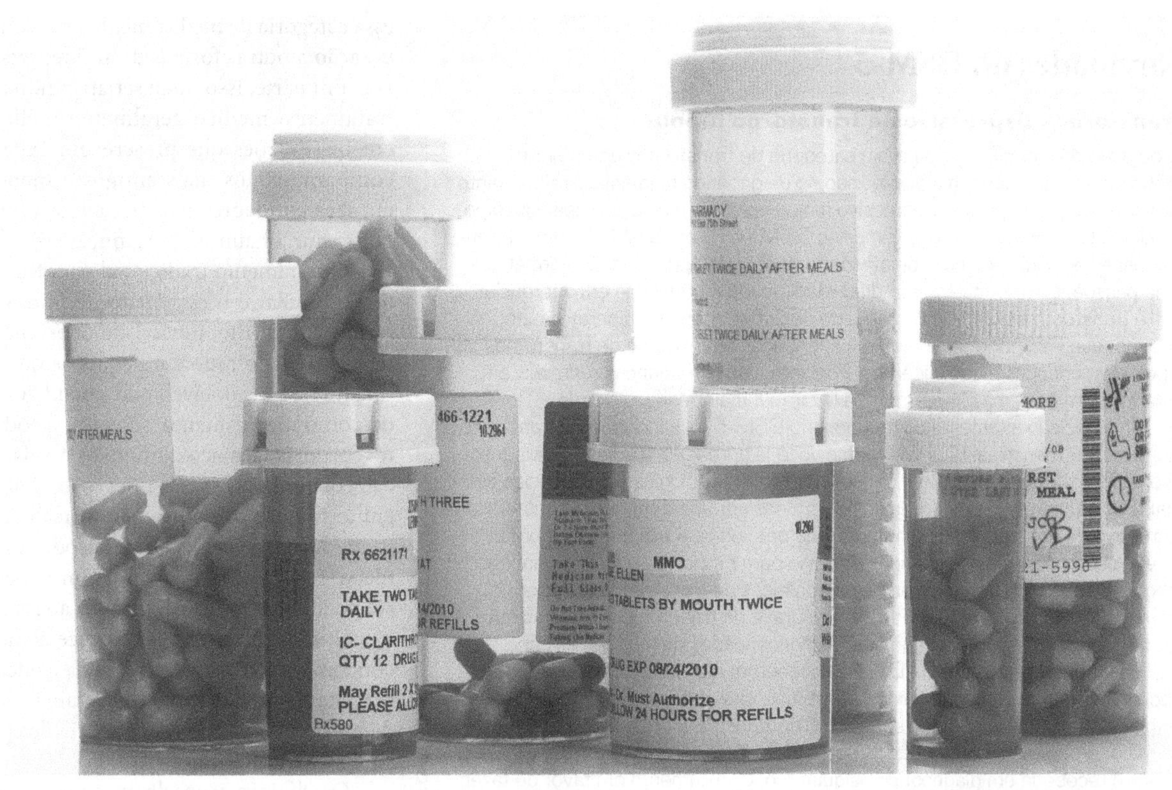

Os medicamentos antidepressivos oferecem alívio para muitos indivíduos que sofrem de transtornos do humor e são usados com frequência em combinação com outros modos de tratamento, como psicoterapia, para ajudar os pacientes a tratarem seus sintomas.

tricíclicos. Entretanto, os clínicos não prescrevem IMAOs tão comumente quanto os outros dois tipos de medicamentos, porque suas interações com outras substâncias podem causar complicações sérias. De maneira específica, pessoas usando IMAOs não podem tomar certos medicamentos para alergia ou ingerir alimentos ou bebidas que contenham uma substância chamada tiramina (p. ex., cerveja, queijo, chocolate), porque a combinação pode provocar uma crise hipertensiva drástica e perigosa.

Os medicamentos antidepressivos levam um tempo para atuar - de 2 a 6 semanas antes que os sintomas de um cliente comecem a diminuir. Uma vez que a depressão tenha retrocedido, o médico geralmente aconselha o cliente a continuar com o fármaco por mais 4 ou 5 meses - e por muito mais tempo para clientes com uma história de episódios depressivos graves recorrentes. Devido aos efeitos colaterais do medicamento e às preocupações do cliente, os clínicos consideraram útil desenvolver programas terapêuticos envolvendo visitas regulares no início do tratamento, tentar educar os clientes sobre os fármacos e continuar monitorando a adesão ao tratamento.

Os estudos sobre a eficácia dos antidepressivos sofrem do fenômeno "efeito gaveta" - o fato de que tendemos a arquivar e nem mesmo considerar para publicação estudos que não conseguem estabelecer benefícios significativos de uma intervenção, tal como um medicamento. Em uma análise de 74 estudos sobre antidepressivos registrados na FDA, 31% deles, totalizando 3.349 participantes, não foram publicados. Dos estudos publicados, 94% dos ensaios clínicos de medicamentos relataram achados positivos. Essa tendência a publicar apenas resultados positivos limita de forma drástica nossa capacidade de avaliar a eficácia dos antidepressivos, porque estamos vendo apenas uma fatia dos dados reais (Turner, Matthews, Linardatos, Tell, & Rosenthal, 2008). Complicando ainda mais as coisas, alguns pesquisadores questionaram se as pessoas com depressão menos grave poderiam ter apresentado resultados positivos devido a suas expectativas de benefício, fato conhecido como efeito placebo (Kirsch et al., 2008).

Embora tenha havido relatos da mídia sobre o risco de suicídio mais alto com ISRSs, uma investigação de todos os suicídios nos anos entre 1996 e 1998 revelou uma taxa mais baixa de suicídio entre indivíduos que estavam recebendo tratamento com

Novidades no DSM-5

Transtornos depressivos e transtorno bipolar

O objetivo das modificações para a categoria de transtornos do humor no DSM-5 foi proporcionar maior precisão no diagnóstico mediante o refinamento dos critérios para episódio depressivo maior, episódio maníaco e episódio hipomaníaco. Um dos maiores problemas no DSM-IV-TR era uma falha em diferenciar esses episódios do nível de atividade, tristeza ou perturbação normal de uma pessoa. Em particular, essa dificuldade levou a uma falha em diferenciar entre transtorno bipolar e transtorno de déficit de atenção/hiperatividade, que, por sua vez, pode ter levado a diagnósticos em excesso de transtorno bipolar em crianças e adolescentes. Portanto, essas mudanças representam uma melhora leve, mas importante, e levarão a maior especificidade.

Uma decisão altamente controversa no DSM-5 foi a inclusão do transtorno disfórico pré-menstrual (TDPM). Como você já aprendeu, a adição do diagnóstico de TDPM foi recebida com críticas por tornar patológicas experiências normais nas mulheres. De modo similar, os críticos argumentam que o transtorno disruptivo da desregulação do humor torna patológica a experiência "normal" de explosões de raiva nas crianças. A razão para propor esse novo diagnóstico foi que ele reduziria a frequência de diagnósticos de transtorno bipolar em crianças. Ao separar irritabilidade crônica grave de transtorno bipolar, os autores afirmam que as crianças não serão diagnosticadas de maneira errônea.

Finalmente, os autores do DSM-5 receberam muitas críticas quando decidiram omitir a chamada "exclusão de luto" presente no DSM-IV-TR. Isso significa que um indivíduo que satisfaz os critérios para um episódio depressivo maior e perdeu um ente querido nos últimos dois meses (que era a exclusão de luto) receberia um diagnóstico psiquiátrico. O argumento em favor de fazer essa mudança foi que, em um indivíduo vulnerável, o luto poderia desencadear um episódio depressivo maior que seria adequado diagnosticar. Além disso, em uma longa nota de esclarecimento, os autores do DSM-5 sustentam que o pesar associado com o luto normal é diferente dos sintomas que ocorrem em indivíduos que desenvolvem um transtorno depressivo verdadeiro.

essa categoria de medicamentos em comparação a outras formas de antidepressivos. Em parte, isso pode ser atribuído ao tratamento médico geralmente melhor em instituições que prescrevem ISRSs, comparados aos mais antigos e menos eficazes antidepressivos tricíclicos (Gibbons, Hur, Bhaumik, & Mann, 2005).

O tratamento tradicional para transtorno bipolar é o carbonato de lítio, referido como lítio, um sal de ocorrência natural (encontrado em pequenas quantidades na água potável) que, quando usado como medicamento, substitui o sódio no corpo. O fármaco diminui os níveis de catecolamina no sistema nervoso, o que, em termos de comportamento, acalma o indivíduo que vivencia um episódio maníaco. Pesquisadores examinaram a eficácia do lítio em inúmeros estudos ao longo das últimas três décadas, e parece clara a conclusão de que essa substância é eficaz no tratamento de sintomas de mania aguda e na prevenção de reincidência de episódios maníacos (Shastry, 2005).

Os clínicos aconselham pessoas que têm episódios maníacos frequentes (i.e., dois ou mais por ano) a permanecer com lítio continuamente como uma medida preventiva. A desvantagem é que, ainda que seja uma substância natural no corpo, o lítio pode ter efeitos colaterais, tais como distúrbios do sistema nervoso central, desconfortos gastrintestinais e efeitos cardíacos mais sérios. Devido a esses efeitos colaterais, algumas pessoas que vivenciam episódios maníacos são relutantes ou mesmo não estão dispostas a tomar lítio de modo contínuo. Além disso, o fármaco interfere na euforia que pode acompanhar, pelo menos, a primeira manifestação de um episódio maníaco. Por isso, as pessoas com esse transtorno que apreciam esses sentimentos prazerosos podem resistir a tomar o medicamento. É lamentável que, quando a euforia se intensifica para um episódio plenamente desenvolvido (*full-blown*), já é muito tarde, porque o julgamento delas é embotado por seus sintomas maníacos de grandiosidade e exaltação. Para ajudar a superar esse dilema, os profissionais podem orientar seus clientes a participar de grupos de lítio, nos quais os membros que o utilizam com regularidade dão apoio uns aos outros em relação à importância de permanecer sob a medicação.

Devido à natureza variável do transtorno bipolar, medicamentos adicionais são frequentemente benéficos para tratar alguns sintomas. Por exemplo, é possível que pessoas em um episódio depressivo precisem tomar um medicamento antidepressivo além do lítio pela duração do episódio. Entretanto, isso pode ser problemático para quem é propenso a desenvolver mania, porque um antidepressivo poderia provocar hipomania ou mania. Indivíduos com sintomas psicóticos podem se beneficiar de medicamento antipsicótico até que esses sintomas perturbadores retrocedam. Já pessoas com ciclagem rápida apresentam um desafio para os clínicos devido às mudanças súbitas que ocorrem em seus sintomas e comportamento.

Os psicofarmacologistas relatam que pessoas com ciclagem rápida, sobretudo aquelas para as quais o lítio não foi suficiente, parecem responder positivamente a prescrições de medicamento anticonvulsivante, como carbamazepina ou valproato, embora estes, sozinhos, não sejam tão eficazes quanto o lítio (Kessing, Hellmund, Geddes, Goodwin, & Andersen, 2011).

Para alguns clientes com transtornos do humor, o medicamento é ineficaz ou lento para aliviar sintomas que são graves e possivelmente fatais. Mesmo com o melhor tratamento, entre 60 e 70% dos indivíduos com transtorno depressivo maior não alcançam o alívio dos sintomas (Rush et al., 2006). Uma combinação de fatores genéticos, fisiológicos e ambientais está envolvida na determinação da resposta ao medicamento. Os pesquisadores esperam melhorar a eficácia dos medicamentos por meio da **farmacogenética**, o uso de testes genéticos para determinar quem irá e quem não irá melhorar com um determinado medicamento, incluindo antidepressivos (Crisafulli et al., 2011) e lítio (McCarthy, Leckband, & Kelsoe, 2010).

farmacogenética
O uso de testes genéticos para determinar quem irá e quem não irá melhorar com um determinado medicamento.

Hoje, os profissionais têm diversas alternativas somáticas ao medicamento para depressão resistente a tratamento. Conforme foi visto no Capítulo 4, uma alternativa é a eletroconvulsoterapia (ECT) (Lisanby, 2007). Clínicos e clientes não têm certeza de como exatamente essa terapia funciona, mas as hipóteses mais atuais estão centralizadas nas alterações induzidas pela ECT nos receptores de neurotransmissores e nos opiáceos naturais do corpo. Como discutimos no Capítulo 4, a estimulação cerebral profunda (DBS) é outro tratamento somático usado para o transtorno depressivo maior (bem como para o transtorno obsessivo-compulsivo e os transtornos do movimento).

Os ritmos circadianos são as variações diárias que regulam padrões biológicos como os ciclos de sono-vigília. Com base na hipótese de que pelo menos alguns transtornos do humor refletem uma interrupção nos ritmos circadianos, pesquisadores estão propondo o uso de tratamentos que "reajustam" o relógio corporal do sujeito. Estes incluem terapia luminosa, na qual o indivíduo fica sentado em frente a uma luz brilhante por um período de tempo, tal como 30 minutos pela manhã. Uma vantagem característica dessa terapia é que seus efeitos colaterais são mínimos e quase inteiramente ausentes após a redução da dosagem ou a interrupção do tratamento (Pail et al., 2011). Os pesquisadores também acreditam que o lítio possa reajustar os ritmos circadianos de pelo menos alguns indivíduos com transtorno bipolar (McClung, 2007).

Embora as intervenções somáticas forneçam ajuda efetiva e, às vezes, vital para muitas pessoas, a maioria dos terapeutas considera esses tratamentos insuficientes por si só. Por isso, os terapeutas normalmente recomendam psicoterapia individual, de família e de grupo como um adjuvante para o indivíduo entender tanto a etiologia do transtorno como as estratégias para prevenir reincidências. Vamos passar agora às contribuições das várias perspectivas que tratam dessas questões psicológicas.

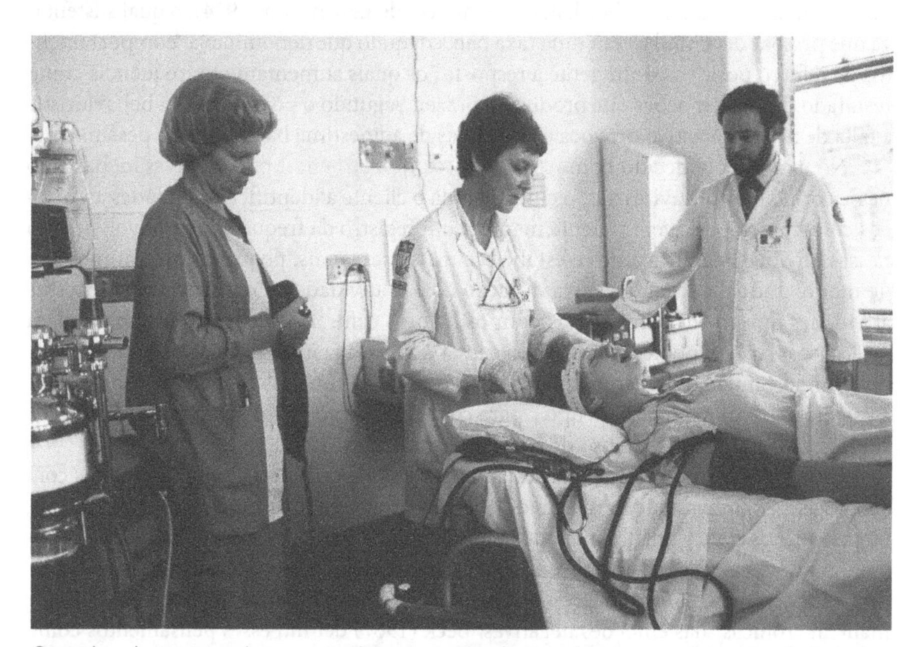

Considerada no passado um procedimento arriscado e controverso, a eletroconvulsoterapia é agora um procedimento altamente regulado e seguro para indivíduos com depressão grave que não responderam a outras opções de tratamento.

Perspectivas psicológicas

Abordagens psicodinâmicas

As primeiras teorias psicanalíticas sugeriam que pessoas com transtornos depressivos tinham sofrido uma perda no início de suas vidas que as afetou em um nível intrapsíquico, profundo (Abraham, 1911/1968). A teoria do apego focaliza-se nos sentimentos de segurança ou insegurança do indivíduo em relação à forma como seus cuidadores o criaram na infância. Bowlby propôs que pessoas com um estilo de apego inseguro têm um risco maior de desenvolver um transtorno depressivo na idade adulta (Bowlby, 1980). Seguindo as ideias de Bowlby, Bemporad (1985) sugeriu que crianças inseguramente apegadas se tornavam preocupadas com a necessidade de serem amadas pelos outros. Quando adultas, elas formam relacionamentos nos quais supervalorizam o apoio de seus parceiros. Quando esses relacionamentos terminam, são esmagadas por sentimentos de inadequação e perda.

As explicações psicanalíticas do transtorno bipolar propõem que os episódios maníacos são respostas defensivas por meio das quais os indivíduos repelem sentimentos de inadequação, perda e desamparo. Eles desenvolvem sentimentos de grandiosidade e exaltação ou se tornam hiperenergéticos como uma defesa inconsciente contra o mergulho em um estado de melancolia e desespero. Em uma investigação, o nível de uso de negação e mecanismos de defesa narcisistas estava relacionado ao grau de sintomas maníacos (Sharma & Sinha, 2010).

Os modelos de tratamento para transtornos depressivos estão cada vez mais avançando na direção da aplicação de técnicas cognitivo-comportamentais; entretanto, também há evidências dos efeitos benéficos da terapia de base psicodinâmica. As abordagens contemporâneas apoiadas na perspectiva psicodinâmica envolvem tratamentos curtos (8 ou 10 sessões) e focalizados. Uma revisão de oito estudos que compararam a terapia psicodinâmica de curto prazo a outros métodos mostrou que essa técnica é pelo menos tão eficaz quanto a terapia cognitivo-comportamental (TCC) no tratamento de transtorno depressivo maior (Lewis, Dennerstein, & Gibbs, 2008).

Abordagens comportamentais e cognitivo-comportamentais

Uma das primeiras formulações comportamentais das teorias da depressão diz respeito aos sintomas de depressão como resultado da falta de reforço positivo (Lazarus, 1968; Skinner, 1953). De acordo com essa visão, as pessoas deprimidas se retiram da vida porque não têm mais incentivos para serem ativas. Os behavioristas comportamentais baseiam sua abordagem no modelo de Lewinsohn (1974), o qual sustentava que pessoas deprimidas têm uma taxa baixa daquilo que denominava "comportamentos de reforço positivo contingente à resposta", os quais aumentam em frequência como resultado de realizar ações que produzem prazer. Segundo o ponto de vista behaviorista, a falta de reforço positivo provoca os sintomas de autoestima baixa, culpa e pessimismo.

ativação comportamental
Terapia comportamental para depressão na qual o clínico ajuda o cliente a identificar atividades associadas com humor positivo.

No método conhecido como **ativação comportamental** para depressão, baseado nesses princípios behavioristas, o clínico ajuda o cliente a identificar atividades associadas com humor positivo. O cliente mantém um registro da frequência de envolvimento nessas atividades gratificantes e estabelece metas semanais, pequenas, que aumentam de modo gradual a frequência e a duração dessas atividades. Preferencialmente, essas atividades devem ser compatíveis com os valores centrais do cliente. Alguns podem preferir passar o tempo explorando as artes, outros realizando atividade física. A ativação comportamental parece adequada sobretudo para aqueles que não são "inclinados à psicologia", para terapia de grupo e para contextos como hospitais, casas de repouso e centros de tratamento de abuso de substância (Sturmey, 2009).

Cada vez mais, os profissionais estão integrando abordagens comportamentais com abordagens cognitivas que focalizam o papel de pensamentos disfuncionais como causas, ou pelo menos como contribuintes, dos transtornos do humor. Lembre-se que a perspectiva cognitiva é baseada na ideia de que os pensamentos das pessoas levam a suas emoções. Indivíduos com transtornos depressivos pensam de formas repetitivamente negativas, que mantêm crônicas suas emoções negativas. Beck (1967) definiu esses pensamentos como a tríade cognitiva: uma visão negativa de si mesmo, do mundo e do futuro. Um sentido de perda diminui profundamente a autoestima desses sujeitos, fazendo-os sentir que não

TABELA 7.4 Exemplos de distorções cognitivas

Tipo de distorção	Definição	Exemplo
Generalização excessiva	Se for verdadeiro em um caso, se aplica a qualquer caso, mesmo que seja apenas ligeiramente semelhante.	"Eu rodei na minha primeira prova de português, então provavelmente vou rodar em todas elas."
Abstração seletiva	Os únicos eventos que a pessoa leva a sério são aqueles que representam fracassos, privação, perda ou frustração.	"Embora tenha vencido a eleição para o grêmio estudantil, eu não sou realmente popular porque nem todos votaram em mim."
Responsabilidade excessiva	Eu sou responsável por todas as coisas ruins que acontecem a mim ou àqueles de quem sou próximo.	"É minha culpa que minha amiga não conseguiu a bolsa de estudos – eu devia tê-la alertado sobre o quando a entrevista seria difícil."
Supor causalidade temporal	Se foi verdadeiro no passado, então sempre será verdadeiro.	"Meu último namoro foi um desastre, meu próximo namorado provavelmente vai me odiar também."
Fazer autorreferências excessivas	Eu sou o centro da atenção de todo mundo, e eles podem ver quando faço besteira.	"Quando eu tropecei no galho na calçada, todos puderam ver o quanto sou desajeitado."
Catastrofizar	Sempre pensar o pior e ter certeza de que aquilo acontecerá.	"Visto que me saí muito mal na prova de contabilidade, nunca vou me dar bem no mundo dos negócios."
Pensamento dicotômico	Ver tudo em um extremo ou outro em vez de como misto ou intermediário.	"Eu não aguento pessoas que mentem porque nunca posso confiar nelas."

FONTE: Adaptada de A. T. Beck, A. J. Rush, B. F. Shaw e G. Emery em *Cognitive Therapy of Depression*. Copyright ©1979 Guilford Publications, Inc. Reimpressa com permissão.

podem ter o que precisam para se sentir bem em relação a si mesmos. Eles supõem que são inúteis e impotentes e que seus esforços para melhorar suas vidas estão fadados ao fracasso. No curso de suas experiências diárias, fazem interpretações errôneas que perpetuam o ciclo de pensamentos e emoções negativos (Beck, Rush, Shaw, & Emery, 1979; Beck & Weishaar, 1989). Essas interpretações equivocadas incluem fazer deduções arbitrárias, saltar incorretamente para conclusões, generalizar em excesso de forma errada a partir de suas experiências e pegar detalhes fora do contexto e, então, interpretá-los mal (ver Tab. 7.4).

Os profissionais que conduzem terapia comportamental com clientes que têm transtornos depressivos seguem os princípios gerais que delineamos no Capítulo 4. Eles começam com uma avaliação cuidadosa da frequência, qualidade e variedade de atividades e interações sociais na vida de seu cliente, focalizando as fontes de reforço positivo e negativo. Com base nessa análise, os terapeutas de orientação comportamental ajudam seus clientes a fazer mudanças em seus ambientes e ensinam as habilidades sociais necessárias. Esses profissionais também os encorajam a aumentar seu envolvimento em atividades que considerem positivamente gratificantes.

Os terapeutas dessa orientação também acreditam que a educação é um componente essencial da terapia. Indivíduos com transtornos depressivos perpetuam suas emoções negativas ao estabelecer metas irrealistas, as quais, portanto, são incapazes de atingir. Os clínicos atribuem exercícios para casa que encorajam os clientes a fazer mudanças comportamentais graduais, que aumentarão a probabilidade de que possam alcançar suas metas e, portanto, se sentir recompensados. Outra técnica envolve um contrato comportamental combinado com autorreforço. Por exemplo, o terapeuta e o cliente podem concordar que uma pessoa se beneficiaria de conhecer pessoas novas ou sair com velhos amigos. Eles então estabeleceriam um esquema de recompensas no qual combinam a atividade social com alguma coisa que o cliente identifique como uma recompensa desejável. Outros métodos que o profissional de orientação comportamental usaria incluem instrução mais extensiva, modelagem, treinamento (*coaching*), dramatização, ensaio e, talvez, trabalhar com o cliente em uma situação do mundo real.

Já os profissionais que praticam a terapia de base cognitiva (TCC), também chamada de terapia cognitiva (TC), trabalham com seus clientes para tentar mudar a natureza de seus processos de pensamento a fim de que fiquem menos deprimidos. Assim como a terapia de orientação comportamental, a TCC envolve uma colaboração ativa entre o cliente e o terapeuta. Em comparação à terapia de orientação comportamental, entretanto, a TCC focaliza-se também nos pensamentos disfuncionais do cliente e em como modificá-los por meio da reestruturação cognitiva. A pesquisa comparando TCC e TC a qualquer outra forma de terapia ou medicamento apoia sua maior eficácia tanto no curto como no longo prazo, em particular para transtornos depressivos moderados ou leves. Além disso, a TCC também pode ser uma intervenção eficaz para clientes com transtorno bipolar, ajudando-os a lidar com os períodos nos quais seus sintomas estão começando a surgir, mas ainda não estão totalmente desenvolvidos (Driessen & Hollon, 2010).

Os profissionais que tratam de pessoas com transtorno bipolar costumam se voltar primeiro para as intervenções farmacológicas. Todavia, também tendem a incorporar intervenções psicológicas visando ajudar os clientes a desenvolver melhores estratégias de enfrentamento na tentativa de minimizar a probabilidade de recaída (Bowden, 2005). A psicoeducação é um aspecto especialmente importante do tratamento de pessoas com transtorno bipolar, pois as ajuda a entender a natureza da doença e por que o medicamento é tão importante para controlar os sintomas. Muitas pessoas que vivenciaram um episódio maníaco são tentadas a abandonar seu medicamento na esperança de experimentar mais uma vez o "barato" excitante desses episódios. Se puderem desenvolver um entendimento dos riscos envolvidos na falta de adesão e também uma melhor compreensão de medicamentos como o lítio, elas têm mais probabilidade de aderir ao programa de tratamento.

terapia interpessoal (TIP) Forma de psicoterapia de tempo limitado para tratar pessoas com transtorno depressivo maior, com base na suposição de que o estresse interpessoal induz um episódio de depressão em uma pessoa geneticamente vulnerável a esse transtorno.

Abordagens interpessoais Pesquisadores desenvolveram originalmente a **terapia interpessoal (TIP)** como uma intervenção breve, entre 12 e 16 semanas, a partir da teoria interpessoal. Essa abordagem é fiel a um conjunto de diretrizes derivadas de dados de pesquisa. Embora envolva muitas das técnicas que a maioria dos terapeutas usa espontaneamente, a terapia interpessoal as estrutura em uma abordagem sistemática, incluindo manuais para guiá-los na aplicação do método.

Podemos dividir a terapia interpessoal em três fases amplas. A primeira envolve avaliar a magnitude e a natureza da depressão usando medidas de avaliação quantitativas. Os métodos de entrevista também determinam os fatores que precipitaram o episódio atual. Nesse ponto, dependendo do tipo de sintomas depressivos que o indivíduo apresenta, o terapeuta considera o tratamento com medicamentos antidepressivos.

Na segunda fase, o terapeuta e o cliente colaboram para formular um plano de tratamento centrado no problema principal. Normalmente, esses problemas estão relacionados a luto, disputas interpessoais, transições de papel e dificuldades nos relacionamentos interpessoais derivados de habilidades sociais inadequadas. O terapeuta executa o plano de tratamento na terceira fase, com os métodos variando de acordo com a natureza precisa do problema principal do cliente. Em geral, o profissional usa uma combinação de técnicas, tais como encorajar a autoexploração, fornecer apoio, educar o cliente sobre a natureza da depressão e fazer comentários sobre suas habilidades sociais ineficazes. A terapia focaliza o aqui e agora, em vez de a infância ou questões do desenvolvimento. Uma análise de larga escala de estudos conduzidos ao longo de 30 anos sobre essa abordagem mostrou que, comparada a TCC e medicamentos, a TIP interpessoal foi bem mais eficaz (Bowden, 2005).

Para clientes que não podem usar medicamentos antidepressivos ou quando o uso de medicamentos não é viável, a TIP é uma intervenção especialmente valiosa, na medida em que pessoal não médico pode administrá-la ou os clientes, com instrução, podem aprendê-la (Weissman, 2007). Além disso, para indivíduos com transtornos da personalidade, a TIP pode ser menos eficaz que a TCC, que é mais estruturada e também focaliza menos as dificuldades interpessoais (Carter et al., 2011).

Um terapeuta interpessoal colabora cuidadosamente com cada cliente para gerar um plano de tratamento único, baseado nos sintomas do sujeito e em áreas específicas de preocupação.

A terapia interpessoal e do ritmo social (IPSRT) (Frank, 2007) é uma abordagem biopsicossocial ao tratamento de pessoas com transtorno bipolar que propõe que as recaídas possam resultar da experiência de eventos de vida estressantes, distúrbios nos ritmos circadianos (p. ex., ciclos de sono-vigília, apetite, energia) e problemas nos relacionamentos pessoais. De acordo com o modelo IPSRT, os episódios de humor tendem a surgir de falta de adesão ao medicamento, eventos de vida estressantes e interrupções nos ritmos sociais. Os terapeutas que estão usando essa abordagem se dedicam a educar os clientes sobre a adesão ao medicamento, dando-lhes a oportunidade de explorar seus sentimentos em relação ao transtorno e ajudando-os a desenvolver *insight* sobre as formas como a doença alterou suas vidas. Eles trabalham com os clientes prestando atenção cuidadosa à regularidade das rotinas diárias (incluindo o momento dos eventos e a estimulação que decorre deles) e ao grau em que eventos de vida, tanto positivos como negativos, influenciam as rotinas diárias. O objetivo da IPSRT é aumentar a estabilidade nos ritmos sociais de um cliente.

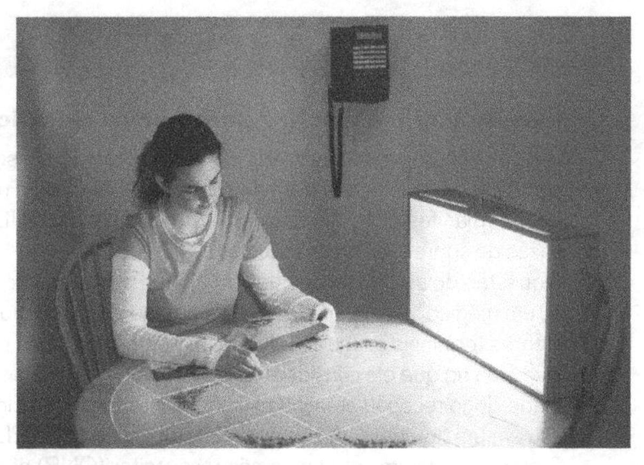

A terapia interpessoal e do ritmo social incorpora abordagens biológicas ao tratamento, como a terapia luminosa para regular os ritmos circadianos de um indivíduo.

Os médicos que aceitam o modelo IPSRT acreditam que a redução do estresse interpessoal em clientes com transtorno bipolar é importante por várias razões. Primeiro, eventos de vida estressantes afetam os ritmos circadianos porque promovem no indivíduo uma sensação de maior excitação do sistema nervoso autônomo. Segundo, muitos eventos de vida, tanto estressantes como não estressantes, causam alterações nas rotinas diárias. Terceiro, estressores de vida mais importantes afetam o humor de uma pessoa e também levam a alterações significativas nos ritmos sociais (Frank, 2007). Os terapeutas ajudam o cliente a estabilizar os ritmos ou as rotinas sociais enquanto melhoram seus relacionamentos interpessoais. Pesquisadores que empregam a IPSRT verificaram que essa forma de tratamento psicossocial intensivo promove melhor funcionamento nos relacionamentos e satisfação de vida entre pessoas com transtorno bipolar, em particular quando combinada com intervenções farmacológicas (Frank, Maggi, Miniati, & Benvenuti, 2009).

Ao reverem os resultados de praticamente todos os estudos publicados sobre intervenções para transtornos do humor, Hollon e Ponniah (2010) concluíram que a TCC e a terapia comportamental receberam o apoio mais forte, sobretudo para indivíduos com depressão menos grave ou crônica. Pessoas com transtornos depressivos bipolares mais graves também se beneficiam das terapias cognitivo-comportamental, interpessoal e comportamental acima e além dos efeitos dos medicamentos e talvez mesmo como uma abordagem de primeira linha, como os terapeutas atualmente implementam na Inglaterra.

Perspectivas socioculturais

De acordo com a perspectiva sociocultural, os indivíduos desenvolvem transtornos depressivos em resposta a circunstâncias de vida estressantes. Essas circunstâncias podem envolver eventos específicos, como vitimização sexual; estresse crônico, como pobreza e ser pai/mãe solteiro; ou estresse episódico, como luto ou perda de emprego. As mulheres têm mais propensão à exposição a esses estressores do que os homens, um fato que pode explicar, pelo menos em parte, a frequência mais alta do diagnóstico de transtornos depressivos em mulheres (Hammen, 2005).

Entretanto, estresses agudos e crônicos parecem desempenhar um papel diferencial na predisposição de um indivíduo a sintomas depressivos. Exposição a um estresse agudo, como a morte de um ente querido ou um acidente de automóvel, poderia precipitar um episódio depressivo maior. Porém, exposição a tensões crônicas de más condições de trabalho, problemas de saúde, problemas interpessoais e adversidades financeiras podem interagir com a predisposição genética e a personalidade para levar a sentimentos de desesperança mais persistentes. Além disso, uma vez ativados, os sentimentos de depressão e desesperança podem exacerbar a exposição a ambientes estressantes que, por sua vez, pode aumentar ainda mais os sentimentos de tensão crônica do indivíduo (Brown & Rosellini, 2011).

Você decide

Ordens de não ressuscitar para pacientes suicidas

Os médicos encorajam (ou às vezes exigem) os pacientes, sejam eles doentes terminais ou não, a orientá-los sobre como desejam ser tratados caso necessitem de sustentação da vida. Frequentemente, para tal "diretiva antecipada", também conhecida como uma "manifestação da vontade", os pacientes especificam se desejam ou não ter sustentação de vida artificial caso sejam incapazes de sobreviver por si mesmos.

A questão de se os médicos devem ajudá-los a terminar suas próprias vidas, um processo conhecido como "suicídio assistido por um médico", veio a público na década de 1990, quando o dr. Jack Kevorkian, um médico de Michigan, passou a fornecer a pacientes terminais os meios para acabar com suas vidas por intermédio de injeções farmacológicas. O envolvimento público de Kevorkian no que ele considerava uma campanha justa para aliviar o sofrimento das pessoas e lhes permitir "morrer com dignidade" logo recebeu atenção nacional e internacional. Ele foi preso por 8 anos após o suicídio assistido televisionado que realizou em um homem com esclerose lateral amiotrófica (ELA), uma doença terminal do sistema nervoso.

O propósito de uma ordem de não ressuscitar (ONR) não é acarretar a morte de um paciente, mas deixar claro seus desejos em relação à sustentação da vida. Como tal, os médicos respeitam a ONR quando precisam tomar decisões de vida e morte. Em contrapartida, quando indivíduos que têm transtornos psicológicos e desejam terminar com suas vidas implementam os mesmos planos que um paciente médico com uma doença potencialmente fatal, os profissionais os tratam para evitar que cometam suicídio. O tratamento pode incluir hospitalização involuntária.

A obrigação de respeitar os desejos de terminar com a vida pode apresentar um conflito ético para os profissionais da saúde mental quando tratam indivíduos suicidas que preencheram uma ONR declarando que não desejam obter sustentação da vida. A questão é se ter um transtorno psicológico sério que seja incapacitante, resistente a tratamento e debilitante é diferente de ter uma doença médica de igual modo intratável e dolorosa.

P: *Você decide:* O direito à autonomia do indivíduo, respeitado com uma ONR, difere nesse tipo de caso (Cook, Pan, Silverman, & Soltys, 2010)?

Do lado positivo, crenças religiosas fortes e espiritualidade podem se combinar com o apoio social que os membros de uma comunidade religiosa fornecem para diminuir as chances de desenvolver depressão mesmo naqueles com alto risco. Entre os filhos adultos de indivíduos com transtorno depressivo maior, aqueles com as crenças mais fortes foram menos propensos a vivenciar uma recaída ao longo de um período de 10 anos.

7.4 Suicídio

Embora não seja um transtorno diagnosticável, o suicídio é um aspecto diagnóstico potencial de um episódio depressivo maior. Definimos suicídio como um "ato destrutivo autoinfligido, fatal, com explícita ou suposta intenção de morrer" (Goldsmith, Pellman, Kleinman, & Bunney, 2002, p. 27). O comportamento suicida vai de um *continuum* de pensamento sobre acabar com a própria vida ("ideação suicida") passando pelo desenvolvimento de um plano e comportamento suicida não fatal ("tentativa de suicídio"), ao fim real da própria vida ("suicídio") (Centers for Disease Control and Prevention, 2011c).

As taxas de suicídio completado nos Estados Unidos são muito mais baixas do que outras causas relatadas de morte, somando quase 35 mil no ano de 2007 (Xu, Kochanek, Murphy, & Tejada-Vera, 2010). Entretanto, o baixo relato provavelmente se deva à dificuldade de estabelecer a causa da morte como intencional em vez de como dano involuntário. As taxas de suicídio mais altas por idade são para pessoas de 45 a 54 anos (17,7 por 100 mil pessoas). Indivíduos de 75 a 84 anos vêm em segundo lugar (16,3) e têm as taxas mais altas de suicídio por disparos de armas de fogo (12,2). Contudo, os números absolutos de suicídio são quase duas vezes mais altos em adultos mais jovens (aproximadamente 9.400) do que na faixa etária de 55 a 64 anos (5.069). Nos Estados Unidos, homens brancos são muito mais propensos do que não brancos a cometer suicídio.

Ao redor do mundo, há cerca de um milhão de suicídios a cada ano, com uma taxa de mortalidade global de 16 por 100 mil. As taxas de suicídio mais altas no mundo encontram-se, para homens, na Ucrânia (52,1 por 100 mil) e, para mulheres, no Sri Lanka (16,8 por 100 mil), e as taxas mais baixas (quase zero) em diversos países da América Latina e

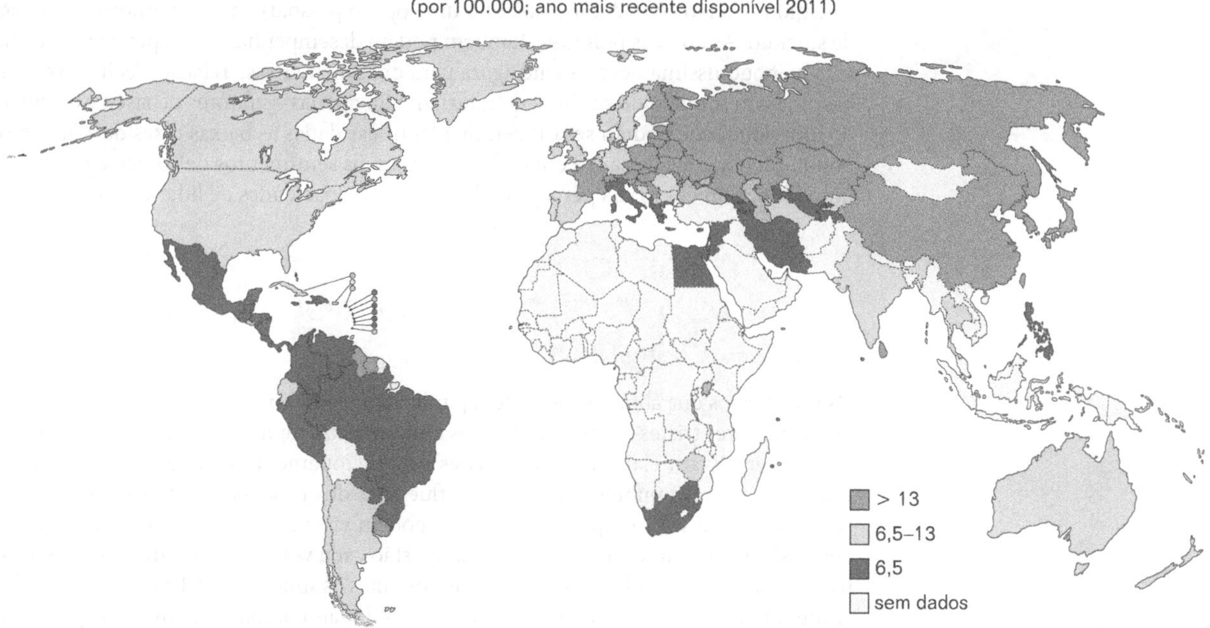

FIGURA 7.3 **Mapa de taxas de suicídio.**

do Caribe, Jordânia e Irã (ver Fig. 7.3). Em um terço das nações, os adultos jovens têm o risco de suicídio mais alto, refletindo aumentos mundiais nessa faixa etária, comparados a adultos mais velhos. Na Europa e na América do Norte, a depressão e transtornos por uso de álcool são um fator de risco importante para o suicídio, com mais de 90% dos suicídios (nos Estados Unidos) associados com um transtorno psicológico (Goldsmith et al., 2002). Em contrapartida, a impulsividade desempenha um papel proeminente nos suicídios de pessoas de países asiáticos (Organização Mundial da Saúde, 2011).

A perspectiva biopsicossocial é particularmente adequada para entender por que as pessoas cometem suicídio e, em muitos aspectos, se compara ao entendimento fornecido a partir de uma estrutura integrativa para transtornos depressivos maiores. As teorias biológicas enfatizam as contribuições genéticas e fisiológicas que também contribuem para as causas de transtornos do humor. As teorias psicológicas focalizam-se nos processos cognitivos distorcidos e sentimentos extremos de desesperança que caracterizam as vítimas de suicídio. De um ponto de vista sociocultural, as variações de um país para outro e dentro de uma mesma nação sugerem que existem contribuições relacionadas às crenças religiosas e aos valores de um indivíduo, bem como ao grau em que ele é exposto a estresses de vida.

A perspectiva da psicologia positiva fornece uma estrutura para entender por que alguns indivíduos, apesar de apresentarem um alto risco pelas razões supracitadas, não cometem suicídio. A hipótese-tampão do suicídio (Johnson, Wood, Gooding, Taylor, & Tarrier, 2011) descreve três aspectos da resiliência. Primeiro, podemos distinguir a resiliência como uma dimensão separada do risco. A pessoa pode estar em risco de cometer suicídio, mas, se tiver alta resiliência, provavelmente não o fará. Segundo, podemos ver tanto o risco como a resiliência como dimensões bipolares: a pessoa pode ter um, ambos ou nenhum desses aspectos aumentados. Terceiro, a resiliência é um construto psicológico, tal como a crença do indivíduo na capacidade de superar adversidade. A resiliência não é um correlato estatístico de suicídio, como viver em um ambiente estressante. Um indivíduo pode viver em um ambiente muito estressante (de alto risco), mas sentir que pode enfrentar com êxito essas circunstâncias (alta resiliência).

Os fatores que parecem envolver resiliência alta incluem a capacidade de fazer avaliações positivas das circunstâncias da vida e de se sentir no controle dessas circunstâncias. Do lado negativo, resiliência baixa ocorre com altos níveis de perfeccionismo e desesperança. Além disso, a capacidade de solucionar problemas, altos níveis de autoestima, confiança na própria capacidade de solucionar problemas, sentimentos gerais de apoio social e apoio da família, pessoas significativas, apego seguro e crenças sobre o suicídio (i.e., não considerar o suicídio uma opção pessoal) parecem amortecer o risco de suicídio. As crenças religiosas também podem desempenhar um papel na resiliência, mas há pouquíssima pesquisa até agora para documentar essa relação. As intervenções baseadas no modelo de resiliência tratariam não apenas os fatores de risco específicos do indivíduo, que podem ser difíceis de identificar dadas as baixas taxas de suicídio na população, mas avaliariam e então fortaleceriam os sentimentos de controle pessoal do indivíduo, bem como sua percepção das próprias capacidades de lidar com o estresse.

7.5 Transtornos depressivos e transtorno bipolar: a perspectiva biopsicossocial

Os transtornos que abordamos neste capítulo abrangem uma variedade de perturbações, desde humores tristes crônicos e aflitivos a alternâncias rápidas entre mania e depressão. Embora envolvam claramente alterações no funcionamento dos neurotransmissores, esses transtornos também refletem as influências dos processos cognitivos e dos fatores socioculturais. Visto que os indivíduos podem vivenciar os sintomas de transtornos depressivos por muitos anos, os terapeutas estão cada vez mais utilizando intervenções não farmacológicas, sobretudo para casos nos quais os sintomas são leves ou moderados. A situação para clientes com transtorno bipolar é mais complicada, uma vez que a terapia permanente de manutenção com medicamentos provavelmente seja mais necessária.

Contudo, mesmo que os sintomas indiquem uma forte influência da biologia, é importante que todos os clientes com transtornos do humor tenham acesso a uma variedade de serviços terapêuticos. Com o desenvolvimento das abordagens baseadas em evidência, que integram esferas do funcionamento, são muito boas as chances de que indivíduos com esses transtornos tenham cada vez mais a capacidade de obter tratamento que lhes permita regular seus humores e levar vidas mais plenas e produtivas.

Retorno ao caso: Janice Butterfield

Após várias semanas de terapia, a depressão de Janice tinha começado a apresentar melhora. Assim que a depressão diminuiu, entretanto, ela parou de tomar seu medicamento. Conforme discutiu em sua primeira sessão de terapia, ela achava importante parecer forte para sua família e associava problemas psicológicos com fraqueza. Apesar de suas preocupações sobre admitir suas lutas psicológicas, continuou indo à psicoterapia semanal, e as sessões concentraram-se em seus sentimentos sobre seu diagnóstico e a importância de tomar seu medicamento para prevenir futuras mudanças de humor, embora ela se sentisse estável no momento. Usando exemplos das consequências passadas de suas mudanças de humor, Janice estava lentamente sendo capaz de entender melhor que o impacto sobre sua família seria muito pior se continuasse atravessando ciclos de humor do que caso se esforçasse para manter a estabilidade.

Reflexões da dra. Tobin: Ainda que seja uma reação natural sentir desânimo diante de um desafio como perder um emprego e ter que encontrar uma forma de apoiar sua família, a resposta de Janice foi além da esfera normal de depressão que a maioria das pessoas pode experimentar, e ela satisfazia os critérios diagnósticos para depressão maior. A descrição de Janice de seus episódios depressivos passados também era congruente com esse diagnóstico. Além disso, foi revelado que ela vivenciara episódios maníacos no passado que tinham não apenas afetado demais sua vida, mas colocado sua família em grande risco financeiro. Infelizmente, foi apenas quando tentou suicídio que Janice por fim procurou a ajuda de que necessitava. Não é incomum que indivíduos com transtorno bipolar deixem de usar o medicamento, já que passam longos períodos se sentindo "normais", ou o que é conhecido como seu basal. Esse era especialmente o caso de Janice, visto que passara toda sua vida sem procurar tratamento e tinha dificuldade para entender a necessidade de tomar o medicamento quando não estava se sentindo depressiva ou maníaca.

Janice descreveu ter vivenciado uma piora de seus episódios de humor com o passar do tempo. Isso é típico de indivíduos com transtorno bipolar que vivem sem tratamento por muitos anos. Embora ela tenha hesitado em falar sobre seus problemas com sua família, será importante incluí-los no tratamento na medida em que podem ajudá-la a entender quando seu humor pode começar a mudar, porque indivíduos com transtorno bipolar podem ter dificuldade para reconhecer tais mudanças.

RESUMO

- Os transtornos depressivos e o transtorno bipolar envolvem uma alteração no estado emocional, ou humor, de uma pessoa. Essa alteração pode ser vivenciada na forma de depressão extrema, exaltação excessiva ou uma combinação desses estados emocionais. Um episódio é um período de tempo limitado durante o qual sintomas intensos específicos de um transtorno são evidentes.
- O **transtorno depressivo maior** envolve episódios agudos, mas de tempo limitado, de sintomas depressivos, tais como sentimentos de desânimo extremo, perda de interesse em aspectos da vida anteriormente prazerosos, sintomas corporais e alterações no comportamento alimentar e no sono. Indivíduos com transtorno depressivo maior também têm sintomas cognitivos, tais como visão negativa de si mesmos, sentimentos de culpa, incapacidade de se concentrar e indecisão. Os episódios depressivos podem ser melancólicos e sazonais. O **transtorno depressivo persistente** é uma nova adição ao DSM-5 e é uma consolidação de depressão maior crônica e transtorno distímico. Os sintomas são caracterizados por depressão que não é tão profunda ou intensa como aquela vivenciada no transtorno depressivo maior, mas tem um curso de maior duração. Pessoas com transtorno distímico têm, por pelo menos 2 anos, sintomas depressivos, tais como energia baixa, autoestima baixa, concentração pobre, dificuldade para tomar decisões, sentimentos de desesperança e distúrbios do apetite e do sono.
- **Transtorno bipolar** e **transtorno ciclotímico** apresentam alternâncias no humor. O transtorno bipolar envolve uma experiência intensa e muito perturbadora de exaltação extrema, ou **euforia**, chamada de episódio maníaco, que é caracterizado por níveis anormalmente aumentados de pensamento, comportamento e emotividade que causam prejuízo significativo. Os episódios bipolares nos quais tanto a mania quanto a depressão são exibidas podem ser rotulados com especificadores para indicar sintomas mistos. O transtorno ciclotímico envolve uma oscilação entre **disforia** e estados mais breves, menos intensos e menos perturbadores, chamados de **episódios hipomaníacos**. No transtorno bipolar tipo I, o indivíduo vivencia um ou mais episódios maníacos, com a possibilidade, embora não a necessidade, de ter experimentado um ou mais episódios depressivos maiores. No transtorno bipolar tipo II, o indivíduo teve um ou mais episódios depressivos e pelo menos um episódio maníaco.
- Os profissionais têm explicado os transtornos depressivos e bipolares em termos de abordagens biológica, psicológica e sociocultural. A evidência mais convincente apoiando um modelo biológico implica o papel da genética, sendo bem estabelecido que esses transtornos ocorrem em famílias. As teorias biológicas focalizam-se no funcionamento hormonal e dos neurotransmissores. As teorias psicológicas mudaram das primeiras abordagens psicanalíticas para pontos de vista mais contemporâneos que enfatizam os aspectos comportamentais, cognitivos e interpessoais da perturbação do humor. O ponto de vista comportamental supõe que a depressão seja resultado de uma redução no reforço positivo, de habilidades sociais deficientes ou da ruptura causada por experiências de vida estressantes. De acordo com a perspectiva cognitiva, pessoas deprimidas reagem a experiências estressantes com a ativação de um conjunto de pensamentos denominado tríade cognitiva: uma visão negativa de si mesmo, do mundo e do futuro. Distorções negativas são erros que as pessoas cometem na forma de tirar conclusões a partir de suas experiências, aplicando regras ilógicas, tais como deduções arbitrárias ou generalização. A teoria interpessoal diz respeito a um modelo de entendimento dos transtornos depressivos e bipolares que enfatiza o funcionamento social perturbado.
- Os terapeutas também baseiam os tratamentos de transtornos depressivos e bipolares nas perspectivas biológica, psicológica e sociocultural. O medicamento antidepressivo é a forma mais comum de tratamento somático para pessoas que estão deprimidas, e o carbonato de lítio é o fármaco mais amplamente utilizado para quem tem transtorno bipolar. Em casos relacionados com depressão incapacitante e alguns casos extremos de mania aguda, o clínico pode recomendar eletroconvulsoterapia. As intervenções psicológicas mais eficazes para tratar pessoas com transtornos depressivos e bipolares são aquelas baseadas nas abordagens comportamentais e cognitivas. As intervenções socioculturais e interpessoais focalizam o tratamento de sintomas de humor no contexto de um sistema interpessoal, tal como um relacionamento íntimo.
- Embora nenhuma categoria diagnóstica formal se aplique especificamente a pessoas que cometem suicídio, muitos suicidas têm transtornos depressivos ou bipolares, e alguns sofrem de outros transtornos psicológicos sérios. Os clínicos explicam o ato dramático do suicídio a partir dos pontos de vista biológico, psicológico e sociocultural. O tratamento de clientes suicidas varia de forma considerável dependendo do contexto, bem como da intenção e da letalidade. A maioria das abordagens de intervenção incorpora apoio e envolvimento terapêutico direto.

TERMOS-CHAVE

Ativação comportamental 176
Disforia 164
Episódio depressivo maior 164
Episódio hipomaníaco 169
Farmacogenética 175
Humor eufórico 167
Terapia interpessoal (TIP) 178
Transtorno bipolar 167
Transtorno bipolar, ciclagem rápida 170
Transtorno ciclotímico 170
Transtorno depressivo 164
Transtorno depressivo maior 164
Transtorno depressivo persistente (distimia) 166
Transtorno disfórico pré-menstrual (TDPM) 167
Transtorno disruptivo da desregulação do humor 166

Transtornos de Ansiedade, Obsessivo--compulsivo e Relacionados a Trauma e a Estressores

SUMÁRIO

Objetivos de aprendizagem

8.1 Diferenciar entre uma resposta de medo normal e um transtorno de ansiedade.

8.2 Descrever o transtorno de ansiedade de separação.

8.3 Descrever as teorias e os tratamentos de fobias específicas.

8.4 Descrever as teorias e os tratamentos de transtorno de ansiedade social.

8.5 Comparar transtorno de pânico a agorafobia.

8.6 Descrever o transtorno de ansiedade generalizada.

8.7 Comparar transtorno obsessivo-compulsivo a transtorno dismórfico corporal e acumulação.

8.8 Identificar os transtornos relacionados a trauma e a estresse.

8.9 Explicar a perspectiva biopsicossocial sobre transtornos de ansiedade, obsessivo-compulsivo e relacionados a traumas e a estressores.

Relato de caso: Bárbara Wilder

Informação demográfica: Bárbara é uma mulher caucasiana de 30 anos.

Problema apresentado: Aos 18 anos, Bárbara ingressou no exército para ajudar a pagar a faculdade. Logo após sua formatura como bacharel em administração, os Estados Unidos declararam guerra ao Iraque, e Bárbara foi enviada para sua primeira missão militar, que durou 18 meses. Ela voltou mais três vezes antes de ser ferida em uma incursão policial militar, tão gravemente que a parte inferior de sua perna esquerda precisou ser amputada e ela foi forçada a interromper o serviço militar.

Enquanto recebia tratamento no Centro Médico dos Veteranos (VA), os médicos de Bárbara perceberam que ela parecia constantemente "nervosa". Quando solicitada a fornecer detalhes sobre o ferimento em sua perna, ficava muito ansiosa e arredia. Declarou que tinha dificuldade para dormir porque estava tendo pesadelos frequentes. Suspeitando de que ela pudesse estar sofrendo de transtorno de estresse pós-traumático (TEPT), os médicos do VA a encaminharam à clínica de Cuidados Primários à Saúde Comportamental (Primary Care Behavioral Health). Bárbara relatou que, na verdade, estava passando por uma grande quantidade de estresse desde o retorno de sua última missão militar. Descreveu o tempo que passou no Iraque como incrivelmente perigoso e estressante. Ela trabalhava na unidade de polícia militar e era encarregada da guarda de prisioneiros de guerra. Seu posto era atacado com frequência, e tiroteios eram uma ocorrência comum. Também testemunhou inúmeros incidentes nos quais civis e colegas soldados foram feridos e mortos.

Embora estivesse sob constante ameaça de ferimento ou morte enquanto estava no Iraque e testemunhasse muitas cenas grotescas, Bárbara relatou que, nas três primeiras missões, fora geralmente capaz de permanecer focada em seu trabalho sem sentir medo excessivo. Entretanto, com o passar do tempo e com repetidas missões longas, passou a achar cada vez mais difícil não ser afetada pelos eventos que aconteciam a seu redor. No início do que seria sua última missão, ela lembrou que se sentia como se estivesse começando a ter "um colapso mental". Quando foi ferida na incursão, tinha certeza de que tinha morrido e permaneceu em estado de choque por quase 12 horas. Quando recuperou a consciência, descreveu que "simplesmente perdeu o controle" e começou a gritar para a equipe médica a sua volta. Ela agora lembra muito pouca coisa daquele dia, mas recorda o sentimento de medo total que tomou conta de se corpo e permanece com ela até o tempo presente.

Além das dificuldades emocionais que enfrentou quando voltou da guerra para casa, Bárbara também teve que se readaptar à vida em sua comunidade e a não ter mais a vida de um soldado. Essa adaptação foi difícil não apenas porque ela tinha ficado longe de seus amigos e familiares por muito tempo, mas também porque sentia uma dor esmagadora associada com as memórias de combate. Apesar disso, Bárbara está lidando bem com seu ferimento – fazendo fisioterapia no VA e acostumando-se à vida como uma amputada. Entretanto, não havia como negar que era uma pessoa diferente do que tinha sido antes de sua época como soldado, devido tanto a seu ferimento como às experiências de horror a que tinha sobrevivido no Iraque.

Bárbara havia planejado originalmente voltar à faculdade para fazer mestrado em administração quando seu contrato com o exército expirasse. Porém, desde que voltou para os Estados Unidos, seis meses atrás, abandonou esse plano. Ela raramente sai da casa onde mora com seus pais. Nos dois primeiros meses após seu retorno, ingeriu álcool em excesso diariamente. Percebeu que beber apenas parecia piorar sua ansiedade e, então, abandonou completamente a bebida. Embora declarasse nunca falou sobre sua experiência no Iraque, pelo menos uma vez por dia ela é assombrada por visões vívidas e perturbadoras de imagens violentas que testemunhou na guerra. Essas visões também lhe vêm em pesadelos. Ela comentou que deve ter revisto a imagem de sua perna explodida milhares de vezes em sua mente. Relatou sentir como se estivesse em um estado de constante ansiedade e que era sensível sobretudo a ruídos altos e inesperados. Como resultado, reconheceu que era frequentemente irritável e nervosa perto de outras pessoas, até ficando enraivecida com muita facilidade. Expressou medos de que nunca seria capaz de fazer nada na vida e que não se sentia motivada a ter uma vida independente. Antes sociável e extrovertida, Bárbara não tem mais desejo algum de ver seus amigos e, na maioria das vezes, ignora seus pais. Descreveu se sentir emocionalmente "entorpecida" e muito isolada de seus sentimentos – um grande afastamento de seu temperamento habitual.

História relevante: Bárbara comentou que sempre tinha sido "um pouco ansiosa", mas que nunca vivenciara essa ansiedade como uma interferência em seu funcionamento diário. Antes de seu envolvimento com o exército, descreveu ser uma pessoa normal, extrovertida, em geral satisfeita com sua vida. Não relatou qualquer história de doença mental em sua família imediata.

Sintomas: Bárbara relatou que, desde seu retorno do Iraque, tem vivenciado com frequência uma série de sintomas aflitivos que interferem significativamente em sua vida. Seus sintomas incluem dificuldade para dormir, pesadelos, *flashbacks* durante o dia, inquietação, sensações de distanciamento dos outros, interesse diminuído, "entorpecimento" emocional, esquiva de falar sobre o trauma e hipervigilância, raiva aumentada e irritabilidade pelos últimos seis meses.

Formulação de caso: Os sintomas de Bárbara satisfazem os critérios do DSM-5 requeridos para transtorno de estresse pós-traumático. Durante seus vários anos no Iraque, ela foi repetidas vezes exposta a situações perigosas e potencialmente fatais, bem como testemunhou muitos eventos horríveis como soldado. Embora fosse capaz de lidar de forma adequada com a situação a princípio, com o passar do tempo sua determinação foi abalada, e ela começou a responder a seu ambiente com medo e horror, especialmente com respeito ao incidente no qual perdeu parte de sua perna esquerda. Seus sintomas nos últimos seis meses podem ser categorizados pelos principais critérios requeridos de TEPT: lembranças intrusivas, esquiva/entorpecimento, hiperexcitação, duração (pelo menos um mês) e significância funcional. Bárbara desenvolveu um padrão de abuso de álcool em reação ao trauma que vivenciou, mas com o apoio da família foi capaz de superá-lo, e seu uso de bebidas não retornou. Portanto, ela não satisfaz os critérios para abuso de álcool.

Plano de tratamento: Após a avaliação psicológica determinar que estava sofrendo de TEPT, Bárbara foi encaminhada para psicoterapia individual semanal, bem como para uma terapia de grupo semanal para TEPT no VA. A psicoterapia para TEPT consiste em fornecer reestruturação cognitiva e alguma exposição ao trauma, por meio de escrita e conversa sobre o evento. O propósito da terapia de grupo é fornecer apoio social para veteranos e trabalhar o treinamento de habilidades de enfrentamento.

Sarah Tobin, PhD

8.1 Transtornos de ansiedade

transtornos de ansiedade
Transtornos caracterizados por medo e ansiedade excessivos e distúrbios relacionados no comportamento.

ansiedade
Resposta global e orientada ao futuro, envolvendo tanto componentes cognitivos como emocionais, na qual um indivíduo fica excessivamente apreensivo, tenso e inquieto sobre a perspectiva de algum acontecimento terrível.

O aspecto determinante central dos **transtornos de ansiedade** é a experiência de um sentimento de **ansiedade** crônico e intenso – a sensação de medo sobre o que poderia acontecer no futuro. A ansiedade vivenciada por pessoas com transtornos de ansiedade leva-as a ter grande dificuldade para funcionar no dia a dia. Elas também experimentam **medo**, que é a resposta emocional a uma ameaça iminente real ou imaginada. Além de ter os sentimentos indesejáveis associados com a ansiedade, essas pessoas fazem o possível para evitar situações que provoquem essa resposta emocional. Como resultado, podem ter dificuldade para realizar seus trabalhos, desfrutar de seus momentos de lazer ou participar de atividades sociais com seus amigos e familiares.

De todos os transtornos psicológicos, os de ansiedade são os mais prevalentes depois dos transtornos por uso de substância. Eles têm uma prevalência ao longo da vida de 28,8% e uma prevalência global de 12 meses de 18,1%. De todos os casos de prevalência de 12 meses, quase 23% são classificados como graves. A porcentagem de pessoas que relatam prevalência na vida entre todos os transtornos de ansiedade é mais alta entre as idades de 30 e 44 anos, com uma queda acentuada para 15,3% entre pessoas com mais de 60 anos (Kessler, Chiu, Demler, Merikangas, & Walters, 2005) (Fig. 8.1).

Demografia (para prevalência ao longo da vida)

- **Sexo:** Mulheres têm 60% mais probabilidade do que homens de vivenciar um transtorno de ansiedade ao longo de suas vidas.
- **Raça:** Negros não hispânicos têm 20% menos probabilidade de vivenciar um transtorno de ansiedade durante suas vidas, e hispânicos têm 30% menos probabilidade do que brancos não hispânicos.
- **Idade:**

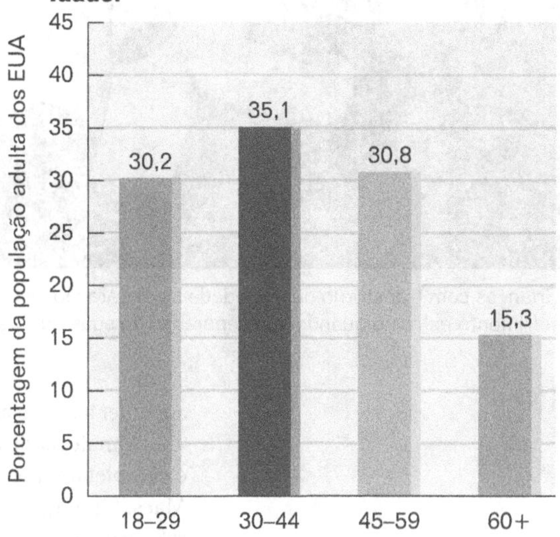

FIGURA 8.1 Demografia da prevalência de transtornos de ansiedade ao longo da vida.

Transtorno de ansiedade de separação

As crianças com **transtorno de ansiedade de separação** têm ansiedade intensa e inadequada com relação a afastar-se da casa ou dos cuidadores. Muitos bebês passam por uma fase do desenvolvimento na qual ficam ansiosos e agitados quando são separados de seus cuidadores. Na ansiedade de separação, entretanto, essas emoções continuam por muito mais tempo do que é apropriado para a idade.

Os sintomas de transtorno de ansiedade de separação giram em torno de um núcleo de sofrimento emocional envolvendo situações nas quais essas crianças são afastadas de seus cuidadores. Mesmo a perspectiva de separação causa ansiedade extrema. As crianças com esse transtorno evitam situações nas quais precisem ser separadas de suas figuras de ligação. Antes de situações cotidianas comuns, como quando os cuidadores saem para trabalhar, ou mesmo antes de ir dormir à noite, ficam demasiadamente angustiadas. Elas podem insistir para que um dos genitores permaneça ao seu lado até adormecerem ou podem suplicar para dormir na cama dos pais devido a pesadelos envolvendo separação. Algumas podem se recusar a dormir na casa de um amigo ou ir para um acampamento ou para a escola. Quando separadas, temem que alguma coisa terrível aconteça com seus pais ou com elas próprias. Seus pensamentos temerosos podem ser extremos, como, por exemplo, acreditar que, se forem separadas, serão sequestradas. Para evitar separação, queixam-se de sintomas físicos, como dores de estômago, que exigiriam a presença dos cuidadores. Quando não estão com uma figura de apego, se tornam apavoradas, infelizes, saudosas, socialmente retraídas e tristes. Também são exigentes, intrusivas e carentes de atenção constante. Às vezes, elas se apegam tanto a um dos genitores que não o deixam fora de sua vista.

Os epidemiologistas estimam que 4,1% das crianças tenham transtorno de ansiedade de separação diagnosticável, que, em cerca de um terço destas, persiste até a idade adulta (Shear, Jin, Ruscio, Walters, & Kessler, 2006). Pessoas com essa condição também têm um risco maior de subsequentemente desenvolver outros transtornos de ansiedade e do humor, como transtorno de pânico (Biederman et al., 2005).

medo
A resposta emocional a uma ameaça iminente real ou imaginada.

transtorno de ansiedade de separação
Um transtorno da infância caracterizado por ansiedade intensa e inadequada, durando pelo menos 4 semanas, com relação a afastar-se de casa ou dos cuidadores.

Os sintomas de ansiedade de separação parecem variar com a idade do indivíduo. Crianças na faixa etária de 5 a 8 anos apresentam mais sinais do que as de 9 a 12 anos. As crianças menores relatam ter mais pesadelos e sofrimento excessivo à separação. Os adolescentes são mais propensos a relatar sintomas físicos que os impedem de ir à escola. Alguns estudos mostram diferenças de sexo, com as meninas relatando frequências mais altas de sintomas de ansiedade de separação, e outros apresentando um padrão igual de relato desses sinais. Os pais tendem a relatar os sintomas dos filhos diferentemente das próprias crianças, e os clínicos são mais propensos a diagnosticar crianças com o transtorno quando seus pais os relatam. Entretanto, pais e filhos fornecem perspectivas diferentes sobre os sintomas. Os pais são mais inclinados a relatar que a criança apresenta sintomas de prejuízo, o que significa que a criança tem mais probabilidade de receber um diagnóstico. As crianças são mais propensas a relatar sobre o sofrimento interior que sentem. Essas diferenças na perspectiva indicam que o clínico deve considerar tanto a perspectiva das crianças quanto a dos cuidadores ao avaliar a presença desse transtorno (Allen, Lavallee, Herren, Ruhe, & Schneider, 2010).

Teorias e tratamento de transtorno de ansiedade de separação Um modelo biopsicossocial é particularmente apropriado para entender o transtorno de ansiedade de separação. Parece haver um componente ge-

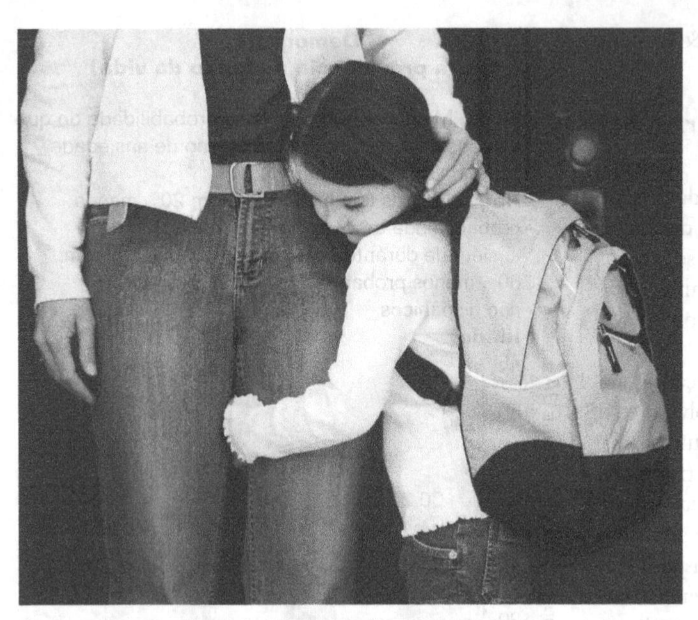

Crianças com transtorno de ansiedade de separação vivenciam sofrimento extremo quando são separadas de suas guardas primárias.

nético forte, como evidenciam análises baseadas em dados de gêmeos (Eley, Rijsdijk, Perrin, O'Connor, & Bolton, 2008).

Entretanto, também há contribuições ambientais importantes para o desenvolvimento desse transtorno. Pesquisadores que estudam o risco de um adulto desenvolver sintomas internalizantes, como aqueles vistos em crianças com transtorno de ansiedade social, verificaram que as taxas são mais altas em indivíduos geneticamente vulneráveis que crescem em ambientes de baixa renda (South & Krueger, 2011).

As crianças podem desenvolver transtorno de ansiedade de separação em resposta a desastres naturais ou provocados pelo homem. Após os ataques terroristas de 11 de setembro, estima-se que quase 13% das crianças em idade escolar da cidade de Nova York tiveram um diagnóstico provável de transtorno de ansiedade de separação (Hoven et al., 2005). É possível que diferenças de temperamento enraizadas na biologia façam algumas crianças vivenciarem reatividade aumentada a esses tipos de situações. Dos pontos de vista psicodinâmico e de sistemas familiares, os transtornos de ansiedade da infância são resultado de fracasso em aprender a negociar as tarefas normais do desenvolvimento de separar-se dos pais.

A maioria das crianças diagnosticadas com transtorno de ansiedade de separação é completamente livre de sintomas em um curto período de 18 meses (Foley, Pickles, Maes, Silberg, & Eaves, 2004). Porém, para aquelas que necessitam tratamento, a tarefa principal do clínico é ajudá-las a obter controle sobre situações provocadoras de ansiedade. As técnicas comportamentais que os profissionais usam para tratar medos e ansiedades em crianças incluem dessensibilização sistemática, exposição prolongada e modelagem. A gestão de contingências e a autogestão também são úteis para ensinar a criança a reagir mais positivamente e com mais competência diante de uma situação provocadora de medo. Os terapeutas podem aplicar técnicas comportamentais de forma individual ou em combinações. Por exemplo, uma criança com transtorno de ansiedade de separação pode aprender técnicas de relaxamento junto com estratégias cognitivas para pensar de maneira mais positiva sobre separação (Jurbergs & Ledley, 2005).

A terapia cognitivo-comportamental (TCC) parece ser a mais promissora para o tratamento de crianças com esse transtorno. Pesquisadores investigando a eficácia dessa abordagem desenvolveram uma forma de TCC que os clínicos podem administrar de forma intensiva e por tempo limitado, assim as crianças não têm que se comprometer com semanas ou meses de terapia. Em uma versão de TCC de tempo limitado, meninas com transtorno de ansiedade de separação frequentam um acampamento por uma semana onde recebem TCC intensiva em um contexto de grupo (Santucci, Ehrenreich, Trosper, Bennett, & Pincus, 2009) (ver Tab. 8.1).

Mutismo seletivo

mutismo seletivo
Transtorno que se origina na infância, no qual o indivíduo conscientemente se recusa a falar.

Recusar-se a falar em situações específicas é o aspecto central do **mutismo seletivo**. Crianças com esse transtorno são capazes de usar a linguagem normal, mas tornam-se quase completamente silenciosas sob certas circunstâncias, com mais frequência na sala de aula. As estimativas da prevalência desse transtorno variam de 0,2 a 2,0%, começando entre as idades de 3 e 6 anos, com ocorrências iguais entre meninos e meninas (Kearney & Vecchio, 2007). A ansiedade pode estar na origem do mutismo seletivo visto que as crianças costumam apresentar mais esse comportamento na escola do que em casa (Shriver, Segool, & Gortmaker, 2011).

Os métodos behavioristas que utilizam modelagem e exposição parecem particularmente adequados para tratar crianças com mutismo seletivo. O profissional criaria uma hierarquia de respostas desejadas, a princípio recompensando a criança por fazer

TABELA 8.1 Programa de eventos do tratamento de verão para meninas com transtorno de ansiedade de separação

Dia	Conteúdo do grupo	Separação	Atividades de exposição
Segunda-feira 10 às 15h	Crianças e pai(s): psicoeducação; interação entre pensamentos, sentimentos, comportamentos; razão da exposição ("surfando a onda" da ansiedade; SUDs), recompensas, início da reestruturação cognitiva (identificar pensamento ansioso; gerar pensamento de enfrentamento) Grupo de discussão de pais (11h30 a 12h30): habilidades de reforço diferenciais (ignorância ativa, criação de sistema de recompensa), tolerar a aflição na criança e em si mesmo, estruturar exposições *in vivo*	Os pais levam os participantes à loja; a separação ocorre 15 minutos após a escolha das contas (aprox. às 13h15)	Montagem de bijuteria (13 às 15h)
Terça-feira 10 às 15h	Criança e pai(s): a reestruturação cognitiva continua (identificar armadilha de pensamento, avaliar evidência de pensamento preocupado) Grupo de discussão de pais (11h a meio-dia): solução de problema em torno da implementação de exposição ou sistema de recompensa, permitir autonomia	Na clínica, antes da partida para a atividade (aprox. ao meio-dia)	Pintura de cerâmica; almoço e uso de transporte público sem o(s) pai(s)
Quarta-feira 10 às 15h	Grupo de crianças: exposição interoceptiva, incluindo identificação de sintomas somáticos e prática repetida evocando e perpetuando sintomas relevantes Sem grupo de pais	Na clínica, após revisão do dever de casa (aprox. às 10h15)	Boliche (meio-dia às 15h); almoço no jardim do boliche
Quinta-feira 10 às 15h	Grupo de crianças (10h a meio-dia): RMP, incluindo medição de SUD's antes e após a prática e quando usar RMP Grupo de pais (14 a 15h, enquanto os participantes saem para a atividade de exposição): revisão das habilidades de TCC ensinadas às crianças, solução de problemas em torno de atividade à noite e dormir fora de casa, planejar exposição após o fim do tratamento	Imediatamente	Excursão na cidade; almoço a caminho da atividade; "Bravery Bingo" (Bingo dos Valentes)
Sexta-feira 18 às 21h	n/a	Imediatamente	Noite de filme
Sábado 18h – manhã	n/a	Imediatamente	Dormir fora de casa
Domingo 8 às 9h	Crianças e pai(s): cerimônia de premiação, estabelecimento de meta para as próximas semanas, prevenção de recaída (p. ex., deslize vs. recaída)	n/a	n/a

FONTE: Santucci et al., 2009.
Legenda: SUDs: Unidades subjetivas de sofrimento; RMP: Relaxamento muscular progressivo.

Uma fobia comum é um medo excessivo de aranhas.

qualquer expressão oral, e então progredindo para palavras e sentenças, depois evoluindo talvez de casa para a clínica e, finalmente, para a escola. Outra abordagem comportamental usa a gestão de contingências, na qual as crianças recebem recompensas de seu interesse se realizarem o comportamento desejado de falar. A gestão de contingências parece sobremaneira adequada para uso em casa pelos pais. Dos dois métodos, a modelagem mais terapia de exposição parece ser o mais eficaz, mas a gestão de contingências em casa, apesar de tudo, pode ser um adjuvante importante (Vecchio & Kearney, 2009)

Fobias específicas

A **fobia** é um medo irracional associado com determinado objeto ou situação. Muitas pessoas temem coisas comuns, como aranhas ou alturas. Em uma **fobia específica**, entretanto, o medo ou a ansiedade são acentuados e intensos. As pessoas com fobia específica fazem de tudo para evitar o objeto ou a situação que são o alvo de seu medo. Se não podem evitá-los, suportam a situação com grande ansiedade e sofrimento. Como em todos os transtornos de ansiedade, uma fobia específica envolve sofrimento significativo. Além disso, ela não é uma condição transitória, mas deve estar presente por pelo menos seis meses para justificar um diagnóstico.

fobia
Medo irracional associado com determinado objeto ou situação.

fobia específica
Medo irracional e persistente de determinado objeto, atividade ou situação.

Quase qualquer objeto ou situação pode ser o alvo de uma fobia. As pessoas podem ter fobia a qualquer coisa, de dirigir a seringas. As quatro categorias de fobias específicas incluem animais, ambiente natural (tempestades, alturas, incêndios), sangue-injeção-ferimento (ver sangue, submeter-se a um procedimento médico invasivo) e realizar atividades em situações particulares (dirigir, voar, ficar em um espaço fechado). Uma quinta categoria de fobias específicas inclui uma variedade de outros estímulos ou situações, como o medo de palhaços por parte das crianças ou o medo de um adulto de contrair uma doença específica.

No total, a prevalência ao longo da vida para fobia específica é de 12,5% (Kessler et al., 2005). As taxas mais altas envolvem medo de situações naturais, particularmente de alturas, estimadas entre 3,1 e 5,3%. A prevalência de fobia de animais varia de 3,3 a 7%. Que essas são as duas formas mais comuns de fobia específica é indicado pelo fato de que entre pessoas com qualquer forma de fobia específica, 50% têm medo de animais ou de alturas (LeBeau et al., 2010).

Teorias e tratamento de fobias específicas

Como você acabou de ver, existem muitos tipos de fobias específicas, variando do comum ao relativamente obscuro. Entretanto, o fato de elas estarem agrupadas indica que há um tema ou elemento comum subjacente a sua causa e, talvez, a seu tratamento. Conforme acontece no transtorno de pânico, as explicações primárias das fobias específicas se baseiam nas perspectivas biológica e psicológica. Contudo, como também acontece no transtorno de pânico, a existência de uma fobia específica em um indivíduo pode ter impacto significativo também sobre pessoas próximas. Consequentemente, o tratamento às vezes envolve companheiros e membros da família.

Na perspectiva biológica, os pesquisadores acreditam que a ansiedade associada com fobias específicas possa estar ligada a anormalidades no córtex insular anterior (Rosso et al., 2010). Essa área do cérebro situa-se entre os lobos temporal e frontal,

MINICASO

Fobia específica, ambiente natural

Herbert é um advogado de 32 anos que busca tratamento para seu medo irracional de tempestades. Ele tem essa fobia desde a idade de 4 anos e durante toda sua vida desenvolveu várias estratégias para lidar com seu medo. Sempre que possível, evita sair quando uma tempestade está prevista. Ele não apenas permanece dentro de casa, mas assegura-se de estar em uma peça sem janelas e sem aparelhos elétricos. À medida que seu trabalho foi crescendo em responsabilidade, Herbert descobriu que não pode mais se dar o luxo de se ausentar devido a seu medo, que sabe ser irracional.

associados com emoção e autoconsciência. Curiosamente, fobias específicas diferentes parecem apresentar padrões de ativação cerebral diferentes (Lueken et al., 2011).

O tratamento de fobias específicas com base na perspectiva biológica focaliza os sintomas. Como no transtorno de pânico, os clínicos prescreveriam medicamentos ansiolíticos, como benzodiazepínicos. Entretanto, ao contrário desse transtorno, as fobias específicas são de natureza mais circunscrita, e as situações são geralmente evitadas com mais facilidade. Portanto, os profissionais prescreveriam medicamentos apenas quando a fobia específica interferisse na capacidade do indivíduo de realizar as atividades diárias.

A abordagem comportamental às fobias específicas enfatiza o condicionamento que ocorre quando o indivíduo aprende a associar sensações físicas desagradáveis com um certo tipo de estímulo ou situação. Os behavioristas supõem que possa haver algum valor adaptativo em ter tais reações porque talvez elas devam realmente ser temidas, tal como um encontro com uma cobra mortal. Todavia, a natureza mal-adaptativa dos sintomas desenvolve-se quando os indivíduos começam a generalizar essa reação a todos os estímulos naquela categoria, incluindo os inofensivos. Também pode haver aspectos relativos ao desenvolvimento nas fobias específicas. As crianças pequenas tendem a temer objetos ou situações que elas podem ver; quando ficam mais velhas, os objetos se tornam mais abstratos (tal como "o bicho-papão") (Davis & Ollendick, 2011). Na outra extremidade do espectro de idade, adultos mais velhos com fobias específicas podem não relatar sintomas, mas atribuir erroneamente sua ansiedade a uma condição física (Coelho et al., 2010).

De acordo com a visão cognitivo-comportamental, indivíduos com fobias específicas têm "sistemas de alarme" a perigos hiperativos e percebem as coisas como perigosas porque interpretam os estímulos de forma equivocada. Por exemplo, a percepção errada de um objeto ou uma situação como incontrolável, imprevisível, perigosa ou repugnante está correlacionada com sentimentos de vulnerabilidade. Essas atribuições poderiam explicar a fobia comum de aranhas, um inseto sobre o qual as pessoas têm muitas ideias erradas e apreensões. Na categoria sangue-ferimento-injeção, em comparação, repugnância e medo de contaminação desempenham um papel proeminente (de Jong & Peters, 2007). Pessoas com fobias também tendem a superestimar a probabilidade de um desfecho perigoso após exposição ao estímulo temido (de Jong & Merckelbach, 2000).

A dessensibilização sistemática é um método comportamental eficaz para tratar fobia específica; nele, o cliente aprende a substituir o medo por relaxamento mediante uma série de passos graduais. A ideia de que os clientes aprendem a substituir respostas mal-adaptativas (medo ou ansiedade) por adaptativas (relaxamento) forma a base para os quatro tipos de tratamentos comportamentais envolvendo terapia de exposição (ver Tab. 8.2).

Na técnica comportamental denominada **imersão**, o cliente é totalmente mergulhado na sensação de ansiedade, em vez de ser aclimatado de forma mais gradual à situação temida. A **imersão *in vivo*** envolve a exposição do cliente à situação temida real. O terapeuta pode levá-lo à situação que produz o medo, tal como o topo de um edifício alto para um cliente que tenha medo de altura. Uma variante dessa técnica é a **imersão imaginária**, na qual o clínico expõe o cliente virtualmente à situação temida. Embora necessite de mais estudos controlados, uma série de investigações relatam achados promissores sobre a capacidade da terapia de exposição à realidade virtual para reduzir os sintomas (Parsons & Rizzo, 2008).

É provável que a imersão *in vivo* seja o mais estressante de todos os tratamentos descritos; portanto, tem uma alta taxa de desistência (Choy, Fyer & Lipsitz, 2007). Uma

imersão
Uma técnica comportamental na qual o cliente é mergulhado na sensação de ansiedade ao ser exposto à situação temida em sua totalidade.

imersão *in vivo*
Uma técnica comportamental na qual o cliente é exposto à situação temida real.

imersão imaginária
Uma técnica comportamental na qual o cliente é exposto por meio da imaginação à situação temida.

TABELA 8.2 Métodos de exposição usados na terapia comportamental de fobias

	Exposição gradual	Exposição total imediata
Imaginação	Dessensibilização sistemática	Imersão imaginária
Ao vivo	Gradual *in vivo*	Imersão *in vivo*

exposição gradual
Um procedimento no qual os clientes gradualmente se expõem a situações provocadoras de ansiedade cada vez mais desafiadoras.

alternativa é um método *in vivo* gradual, envolvendo uma exposição progressiva a estímulos cada vez mais provocadores de ansiedade. No método de **exposição gradual**, os clientes inicialmente confrontam situações que causam apenas ansiedade menor e, então, pouco a pouco, progridem para aquelas que geram maior ansiedade. Com frequência o terapeuta tenta ser encorajador e modelar a resposta não ansiosa desejada. Ao tratar um cliente chamado Tan, que tem medo de lugares fechados, o terapeuta poderia entrar com ele em salas cada vez menores. Ver seu terapeuta não demonstrar qualquer sinal de medo poderia levar Tan a modelar a resposta do profissional. Este poderia também oferecer elogio, para reforçar ainda mais a nova resposta que Tan está aprendendo. Como ilustrado na Tabela 8.2, os tratamentos comportamentais variam de acordo com a natureza da exposição do cliente ao estímulo fóbico (ao vivo ou imaginária) e com o grau de intensidade com o qual o estímulo é confrontado (exposição total imediata ou exposição em passos graduais).

O reforço positivo é implícito em todas as técnicas comportamentais. O terapeuta torna-se tanto um guia como uma fonte de apoio e elogio pelos sucessos do cliente. Ele também pode achar útil incorporar algumas técnicas da perspectiva cognitiva ao tratamento comportamental, porque pensamentos mal-adaptativos são frequentemente parte das dificuldades do cliente. O tratamento cognitivo-comportamental concentra-se em ajudar o cliente a aprender formas de pensamento mais adaptativas sobre situações e objetos que antes eram ameaçadores.

A reestruturação cognitiva pode auxiliar o cliente a ver a situação temida de maneira mais racional, contestando suas crenças irracionais sobre o estímulo temido. Por exemplo, um terapeuta pode mostrar a Victor, com fobia de elevador, que suas crenças sobre as consequências desastrosas que resultariam de andar em um elevador são irrealistas e exageradas. Victor também pode aprender a técnica de "falar consigo mesmo" quando nessa situação, dizendo que seus medos são ridículos, que nada de ruim vai realmente acontecer e que logo chegará a seu destino.

interrupção do pensamento
Método cognitivo-comportamental no qual o cliente aprende a parar de ter pensamentos provocadores de ansiedade.

Na **interrupção do pensamento**, o indivíduo aprende a interromper pensamentos provocadores de ansiedade. Na terapia, o cliente deve alertar o terapeuta quando o pensamento provocador de ansiedade estiver presente; nesse ponto, o terapeuta grita, "Pare!". Fora da terapia, o cliente mentalmente verbaliza um grito semelhante toda vez que o pensamento provocador de ansiedade vier a sua mente.

Transtorno de ansiedade social

transtorno de ansiedade social
Transtorno de ansiedade caracterizado por medo acentuado, ou intenso, de ansiedade em situações sociais nas quais o indivíduo pode ser examinado pelos outros.

A característica do **transtorno de ansiedade social** é um medo acentuado, ou intenso, de ansiedade em situações sociais nas quais o indivíduo pode ser examinado pelos outros. Algumas pessoas com transtorno de ansiedade social vivenciam seus sintomas apenas quando estão em uma situação de desempenho. Porém, em outras, o transtorno também pode ocorrer em contextos sociais comuns. Basicamente, a ansiedade que a pessoa vivencia é centralizada em um desejo de evitar humilhação ou constrangimento. Mesmo um simples ato como beber pode provocar sintomas de medo ou ansiedade. O DSM-5 introduziu este como um novo termo diagnóstico, mas ainda inclui fobia social entre parênteses para associá-lo ao diagnóstico anterior no DSM-IV-TR.

A prevalência ao longo da vida de transtorno de ansiedade social é de 12,1% nos Estados Unidos, tornando-o a segunda forma mais comum de transtorno de ansieda-

MINICASO

Transtorno de ansiedade social, tipo somente desempenho

Ted é um estudante universitário de 19 anos que relata ficar aterrorizado ante a perspectiva de falar em classe. Sua ansiedade sobre essa questão é tão intensa que ele se matriculou em turmas muito grandes de aulas expositivas, onde se senta no fundo da sala, reclinando-se em sua cadeira para tornar-se o mais invisível possível. Algumas vezes, um de seus professores chama aleatoriamente os alunos para responder a certas perguntas. Quando isso ocorre, Ted começa a suar e tremer. Às vezes, sai correndo da sala de aula para voltar ao dormitório por algumas horas e tenta se acalmar.

de. Dos 6,8% que desenvolvem esse transtorno ao longo de um período de 12 meses, quase 30% são classificados como graves (Kessler et al., 2005).

Teorias e tratamento de transtorno de ansiedade social Assim como ocorre nos transtornos de ansiedade que já comentamos, as abordagens biológicas ao transtorno de ansiedade social são focadas em anormalidades nos mecanismos cerebrais envolvidos no medo e na ansiedade. Entretanto, estudos sobre as contribuições genéticas para esse transtorno sugerem que os genes podem ter uma participação no seu desenvolvimento. Pesquisadores estabeleceram algumas associações entre transtorno de ansiedade social e os traços de timidez e neuroticismo, que podem ser, em parte, herdados (Stein & Vythilingum, 2007).

As categorias de medicamentos que demonstraram maior eficácia para o transtorno de ansiedade social são os inibidores seletivos da recaptação de serotonina (ISRSs) e os inibidores seletivos da recaptação de serotonina e norepinefrina (IRSNs). Os outros fármacos usados para tratar esse transtorno com igual eficácia têm desvantagens consideráveis. Os benzodiazepínicos têm potencial significativo para abuso; ademais, podem na verdade interferir no tratamento que utiliza métodos psicológicos, tais como exposição a situações temidas. Os IMAOs, que também podem tratar de maneira eficaz sintomas de ansiedade social, têm efeitos colaterais potencialmente perigosos (Jorstad-Stein & Heimberg, 2009).

O transtorno de ansiedade social causa sofrimento porque impede um indivíduo de participar de atividades sociais que ele normalmente apreciaria.

Além de quaisquer contribuições genéticas que possam tornar algumas crianças mais propensas a desenvolver transtorno de ansiedade social, há certas mudanças que ocorrem na infância e na adolescência que também podem aumentar o risco de um indivíduo desenvolver esse transtorno. Em particular, a capacidade de pensar sobre como você é visto pelos outros, que aparece na adolescência, pode interagir com a vulnerabilidade fisiológica para levar ao aparecimento de sintomas (Roberson-Nay & Brown, 2011).

A abordagem baseada na perspectiva cognitivo-comportamental considera as pessoas com transtorno de ansiedade social incapazes de ter uma visão realista de como os outros realmente as percebem. Como em outras formas de terapia cognitivo-comportamental, o terapeuta tenta reestruturar os pensamentos do cliente em combinação com exposição real ou imaginária. Praticamente qualquer forma de terapia cognitivo--comportamental parece ser muito eficaz, incluindo tratamento de grupo ou individual. Para clientes que não respondem a psicoterapia ou medicamento, há sinais promissores sobre os benefícios de métodos alternativos, incluindo entrevista motivacional, terapia de aceitação e compromisso e consciência plena/meditação. Porém, o tratamento do transtorno de ansiedade social pode ser sobremaneira desafiador, porque os clientes podem tender ao isolamento social e, portanto, ter menos oportunidades de se expor no curso de suas vidas diárias a situações desafiadoras. Ao contrário de pessoas com outros tipos de transtornos de ansiedade, as habilidades sociais prejudicadas de indivíduos com transtorno de ansiedade social podem levá-los a vivenciar reações negativas dos outros, desse modo confirmando seus medos. Todavia, do lado positivo, a TCC é por si só um método eficaz que pode ser administrado em uma variedade de contextos de tratamento, da prática privada a centros de saúde mental e aconselhamento da comunidade (Jorstad-Stein & Heimberg, 2009).

Transtorno de pânico e agorafobia

No DSM-IV-TR, a agorafobia não era considerada um diagnóstico separado do transtorno de pânico. O DSM-5, congruente com as pesquisas mais recentes e com a CID, separa agora os dois transtornos, embora ambos os diagnósticos possam ser atribuídos se o indivíduo satisfizer os critérios. Nós os apresentamos em uma seção porque a maior parte da pesquisa sobre teorias e tratamento foi conduzida com base na categorização diagnóstica do DSM-IV-TR.

transtorno de pânico
Transtorno de ansiedade no qual um indivíduo tem ataques de pânico repetidos ou tem constante apreensão e preocupação sobre a possibilidade de ataques recorrentes.

ataque de pânico
Período de intenso medo e desconforto físico acompanhado pelo sentimento de estar sendo oprimido e prestes a perder o controle.

Transtorno de pânico

As pessoas com **transtorno de pânico** vivenciam períodos de intenso desconforto físico conhecidos como **ataques de pânico**, durante os quais o indivíduo sente-se oprimido por uma variedade de sensações físicas desagradáveis. Estas incluem aflição respiratória (falta de ar, hiperventilação, sensação de sufocação), distúrbios autônomos (sudorese, dor de estômago, agitação ou tremor, palpitações cardíacas) e anormalidades sensoriais (tontura, entorpecimento, formigamento). Nessa situação, as pessoas também podem achar que estão "ficando loucas" ou perdendo o controle. Os sintomas de ataque de pânico mais comumente relatados são palpitações ("coração disparado") e tontura (Craske et al., 2010).

Ter um ataque de pânico ocasional não é suficiente para justificar a atribuição desse diagnóstico ao cliente. Os ataques devem acontecer mais de uma vez. Além disso, o profissional precisa ver evidências de que o cliente estava temeroso de ter outro ataque por pelo menos um mês. Também é possível que ele atribuísse esse diagnóstico após estabelecer que o cliente se envolveu em comportamentos mal-adaptativos para evitar outro ataque, tal como deliberadamente se afastar de situações nas quais este poderia ocorrer. O medo de ter outro ataque ou a esquiva deliberada de possíveis situações que possam fazer o indivíduo tê-lo diferencia o transtorno de pânico de outros transtornos psicológicos que podem envolver ataques de pânico. O DSM-5 inclui especificadores para ataques dessa natureza, indicando a natureza dos sintomas vivenciados, tais como palpitações, sudorese, tremores, dor no peito, náusea, calafrios, medo de ficar "louco" e medo de morrer.

agorafobia
Ansiedade intensa desencadeada pela exposição real ou antecipada a situações nas quais as pessoas podem ser incapazes de obter ajuda caso se tornem incapacitadas.

Agorafobia

Na **agorafobia**, o indivíduo sente intenso medo ou ansiedade desencadeados pela exposição real ou antecipada a situações como usar transporte público; estar em um espaço fechado, como um cinema, ou em um espaço aberto, como um estacionamento; e sair de casa sozinho. Pessoas com agorafobia temem não as situações em si, mas a possibilidade de não conseguir ajuda ou de não poder escapar se tiverem sintomas de pânico ou outros sintomas constrangedores ou incapacitantes. Esse medo ou essa ansiedade são desproporcionais ao perigo real envolvido na situação. Caso a pessoa seja forçada a enfrentar tal circunstância, fica extremamente temerosa ou ansiosa ou requer a presença de um acompanhante. Como nos outros transtornos psicológicos, esses sintomas devem persistir ao longo do tempo (neste caso, pelo menos seis meses) e causar considerável sofrimento, bem como não podem ser devidos a outro transtorno psicológico ou médico.

Estima-se que ataques de pânico ocorram em 20% ou mais de amostras adultas; o transtorno de pânico tem uma prevalência ao longo da vida muito mais baixa, entre 3 e 5%. Entre uma variedade de estudos, contextos e critérios diagnósticos, aproximadamente 25% das pessoas que satisfazem os critérios do DSM-5 para transtorno de pânico com a síndrome de agorafobia atenderiam aos critérios para apenas agorafobia (Wittchen, Gloster, Beesdo-Baum, Fava, & Craske, 2010).

teoria da sensibilidade à ansiedade
A crença de que o transtorno de pânico é causado em parte pela tendência a interpretar manifestações cognitivas e somáticas de estresse e ansiedade de uma maneira catastrófica.

Teorias e tratamento de transtorno de pânico e agorafobia

Os pesquisadores que estudam as contribuições biológicas para o transtorno de pânico se focalizam na norepinefrina, o neurotransmissor envolvido na preparação do corpo para reagir a situações estressantes. Níveis mais altos de norepinefrina podem tornar um indivíduo mais propenso a vivenciar medo, ansiedade e pânico. A serotonina também pode ter uma participação no aumento da probabilidade de uma pessoa desenvolver transtorno de pânico devido ao papel desse neurotransmissor na ansiedade (Kalk, Nutt, & Lingford-Hughes, 2011). Além disso, de acordo com a **teoria da sensibilidade à ansiedade**, pessoas que desenvolvem transtorno de pânico têm responsividade aumentada à presença de dióxido de carbono no sangue. Consequentemente, são mais propensas a pânico devido à sensação de sufocamento (Pérez Benitez et al., 2009).

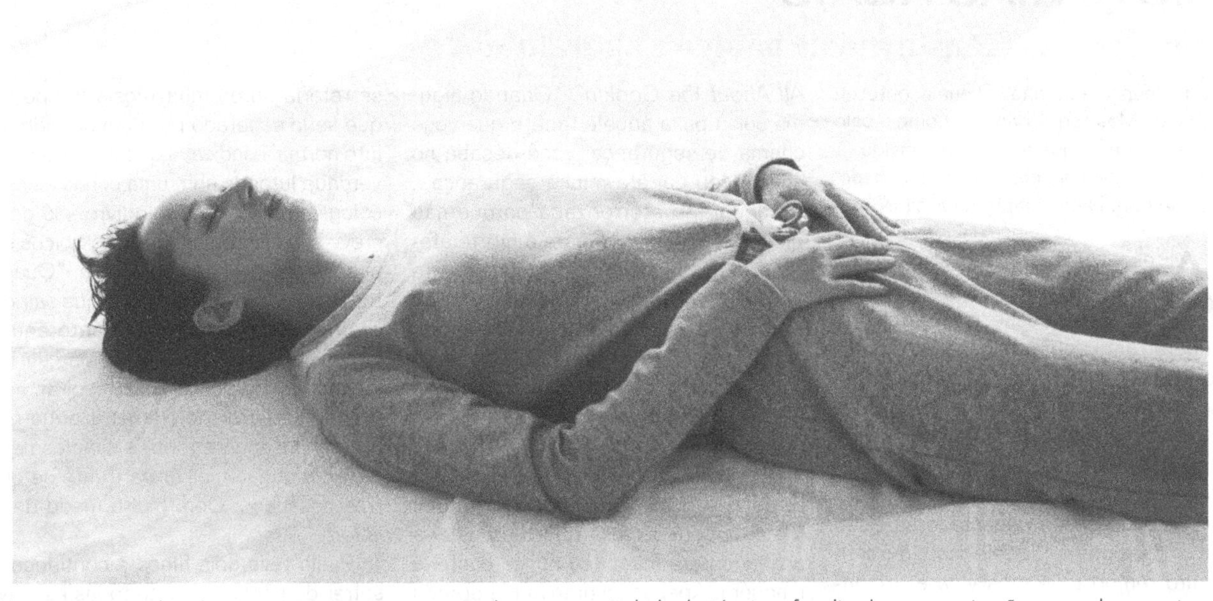

No treinamento do relaxamento, os pacientes aprendem uma variedade de técnicas focalizadas na respiração e no relaxamento a fim de superar os sintomas fisiológicos da ansiedade.

Os medicamentos ansiolíticos mais eficazes para transtorno de pânico e agorafobia são os benzodiazepínicos, que aumentam a disponibilidade de GABA, um neurotransmissor inibitório. Entretanto, visto que eles podem levar os clientes a dependência ou a abuso, os médicos preferem prescrever ISRSs ou IRSNs (Pollack & Simon, 2009).

De um ponto de vista do condicionamento clássico, o transtorno de pânico resulta de **reações de medo condicionadas** nas quais o indivíduo associa sensações corporais desagradáveis com memórias do último ataque de pânico, provocando o desenvolvimento de um ataque de pânico completo mesmo após alterações biológicas mensuráveis terem ocorrido. Com base nessa noção, o modelo cognitivo-comportamental de transtornos de ansiedade preconiza que os indivíduos com transtorno de pânico vivenciam um ciclo vicioso que começa com o sentimento das sensações corporais desagradáveis de um ataque de pânico. Essas sensações, por sua vez, levam a pessoa a sentir que o ataque é imprevisível e incontrolável e que ela não tem a capacidade de impedir sua ocorrência (White, Brown, Somers, & Barlow, 2006).

reações de medo condicionadas
Associações adquiridas entre um sinal interno ou externo e sentimentos de ansiedade intensa.

O **treinamento do relaxamento** é uma técnica comportamental usada para ajudar os clientes a obter controle sobre as reações corporais envolvidas nos ataques de pânico. Após o treinamento, ele deve ser capaz de relaxar o corpo inteiro ao se defrontar com uma situação temida. A hiperventilação, um sintoma comum nos ataques de pânico, é tratada às vezes com uma forma de contracondicionamento. Nessa abordagem, o cliente hiperventila intencionalmente e, então, inicia uma respiração lenta, uma resposta que é

treinamento do relaxamento
Uma técnica comportamental usada no tratamento de transtornos de ansiedade que envolve padrões progressivos e sistemáticos de tensão e relaxamento muscular.

MINICASO

Transtorno de pânico e agorafobia

Frieda é uma ex-funcionária dos Correios de 28 anos que buscou tratamento devido a ataques de pânico recorrentes, que a levaram a ficar com medo de dirigir. Ela ficou tão apavorada com a perspectiva de ter um ataque de pânico no trabalho que solicitou licença médica. Embora saísse de casa em companhia de sua mãe, agora é incapaz de sair sob quaisquer circunstâncias, e sua família está preocupada com a possibilidade de ela se tornar totalmente reclusa.

HISTÓRIAS REAIS

Paula Deen: Transtorno de pânico e agorafobia

"Que doença eu tenho? O que aconteceu comigo? Meu terror não tem nome – pelo menos nenhum que eu já tenha ouvido. Estou sozinha com ele. Com muito medo de ir *lá fora*. Nem sempre foi assim."

A ascensão à fama de Paula Deen poderia nunca ter ocorrido se ela não tivesse a coragem de superar um caso debilitante de transtorno de pânico com agorafobia. Embora Paula seja hoje uma autora norte-americana mundialmente famosa de diversos livros de culinária mais vendidos, proprietária de vários restaurantes de sucesso e apresentadora de seu próprio programa de televisão, durante muito tempo teve uma vida atormentada por uma ansiedade inexorável e uma incapacidade de sair de sua casa a maior parte do tempo. Seu livro de memórias, *It Ain't All About the Cookin'*, é um relato carismático e sincero de sua ascensão improvável, triunfante, à fama após sofrer de um transtorno psicológico que manteve em segredo por quase 20 anos.

Paula nasceu em 1947 em Albany, Georgia, e lembra de ter tido uma infância muito feliz, com pais e avós amorosos e um irmão. Em *It Ain't All About the Cookin'*, ela descreve uma adolescência típica com muitos bons amigos e namorados. Foi na juventude que ela percebeu pela primeira vez seu amor pela comida e pela cozinha. "Não apenas o ato de comer, mas o que ele significava na vida: comida como conforto, comida como amizade, comida como expressão sensual."

Aos 18 anos, ela se casou com seu primeiro marido, Jimmy, que lutou contra o alcoolismo ao longo de todo o casamento. Logo após terem se casado, contudo, a vida de Paula mudou para sempre quando seu pai morreu tragicamente, aos 40 anos, como resultado de complicações de uma cirurgia cardíaca.

"Este foi o exato momento em que meus ataques de pânico realmente começaram", ela escreve em *It Ain't All About the Cookin'*. "Quando alguma coisa puxa aquele tapete que você chama de segurança, você desaba no chão. Meu pai era minha segurança... Eu fiquei tão aterrorizada porque não tinha ideia do motivo para a morte afetar minha vida tão cedo... Eu finalmente entendi... a razão de papai ter morrido era porque *eu* ia morrer cedo... e então, aos 19 anos, após aquele período terrível, passei a acordar muitas manhãs me perguntando se aquele era o dia em que ia morrer. Eu levantava e checava meu pulso, sentia meu coração, tossia tentando cuspir o sangue que afinal me diria com certeza que tudo estava acabado para mim... eu nunca contei a ninguém. Apenas levantava esperando morrer. E esses pensamentos simplesmente continuaram por 20 anos, mais ou menos."

Quatro anos depois da morte de seu pai, a mãe de Paula descobriu que tinha câncer ósseo. Após a amputação de uma perna não ter conseguido impedir que o câncer se espalhasse, sua mãe faleceu. Mesmo que já estivesse sofrendo de ansiedade grave e ataques de pânico frequentes, Paula lembra que foi após a morte da mãe que sua saúde mental tomou um rumo pior. "Eu estava muito mal... com 23 anos, uma sensação de destruição iminente pairava sobre mim, como se estivesse vivendo em um vale escuro eterno. Todos os dias achava que ia morrer ou, ainda pior, alguém que eu amava ia morrer. A escuridão ainda não tinha um nome." Embora fosse evidente que Paula estava pranteando a perda de ambos os genitores, a "escuridão" a que ela se referia durou muito mais tempo do que seria esperado para um período de luto normal e indicava que ela estava na verdade lutando com uma condição psicológica muito séria. No livro, ela descreve seus sintomas, que são típicos de pessoas sofrem de agorafobia. "Quase todas as vezes em que tinha que sair de casa sozinha, no último minuto aquele pânico começava e me fazia cair de joelhos. Eu não conseguia respirar, não conseguia parar de tremer. Sentia-me fraca, nauseada e tonta e simplesmente sabia que ia morrer na frente de outras pessoas... Com muito medo de ir *lá fora*."

Paula teve dois filhos e continuou a sofrer de pânico durante todas as suas gestações e enquanto criava seus fi-

Paula Deen encontrou conforto na cozinha lidando com o transtorno de ansiedade.

lhos. Ela era com frequência incapaz de sair de casa sem grande dificuldade, mesmo para percorrer pequenas distâncias. Lidando com seu relacionamento perturbado com seu marido, além de um conjunto de problemas financeiros, ela recorda esse tempo como o mais negro em sua vida, ainda que preferisse manter seu sofrimento escondido de sua família. Quando por fim ela reuniu coragem para procurar ajuda para sua condição, sendo incapaz de pagar um psiquiatra, Paula buscou o auxílio de um ministro da igreja que tinha formação em psicologia. Ela ficou desencorajada ao descobrir que ele não a apoiava e não estava disposto a ajudá-la, em vez disso insistindo em que ela apoiasse seu marido alcoolista. Frustrada e atolada na ansiedade, com frequência se sentindo "aleijada pelo medo que sentia", encontrou consolo em sua cozinha e aperfeiçoou sua habilidade para preparar a deliciosa e tradicional comida sulista. "A única coisa em que podia confiar era no meu forno... cozinhar não me deu asas para voar, mas me deu um chão, um sentimento de segurança simplesmente em sentir os bons aromas da minha infância. Eu estava em minha própria casa, estava cozinhando, estava alimentando minha família; eu era quase como uma verdadeira esposa, eu disse para mim mesma."

A família de Paula mudou-se para Savannah, e, com a ajuda de algumas vizinhas, ela conseguiu se abrir sobre sua doença e ganhar a confiança para dar uma virada em sua vida. Ela afinal soube o nome do que estava sofrendo ao ouvir sobre isso no programa de televisão *Phil Donahue* – e também soube que não estava sozinha em sua luta. "Finalmente – finalmente o sofrimento tinha um nome. Agorafobia... ele disse que os agorafóbicos tinham uma ansiedade terrível a respeito de ficar em lugares ou em situações constrangedoras dos quais poderiam não ser capazes de escapar. *Aquela era eu.*" Ela imediatamente se identificou com todos os sintomas descritos no programa. A partir dali, começou a sair de casa por períodos de tempo cada vez mais longos, conseguindo por fim um emprego como caixa de banco. Paula sofreu um revés em seu progresso após ser mantida sob a mira de um revólver enquanto trabalhava no banco, e voltou a se sentir indefesa contra sua agorafobia. Foi o apoio de uma amiga próxima que a ajudou mais uma vez a começar a se recuperar de sua doença. Ela escreve: "Um dia, eu estava deitada na cama e, bem – quer saber? De repente, as palavras de Denise fizeram sentido para mim. Simples assim. 'Levante dessa cama', ela tinha dito. Então, esta manhã específica, levantei da minha cama, parei na frente do espelho e me olhei. Eu tinha apenas 40 anos, mas estava presa dentro do meu quarto e morrendo por dentro. Em voz alta, sussurrei para minha imagem no espelho; 'eu não posso mais fazer isso, apenas não posso'". Outra vez, Paula lentamente começou a se recuperar, passo a passo e dia a dia.

Ela afinal se divorciou de seu marido e, assim, começou sua firme ascensão à fama. Bem casada e feliz novamente em 2004, Paula agora olha o passado, suas batalhas com a agorafobia, o que a ajuda a apreciar sua boa sorte e seu sucesso. "Você nunca pode ter certeza de que o sucesso ou a felicidade irão durar para sempre", ela escreve, lembrando as batalhas que travou para chegar onde está agora. Duas constantes em sua vida que a ajudaram a superar a dor são sua família amorosa e seu amor por cozinhar.

incompatível com a hiperventilação. Após esse treinamento, ele pode iniciar a respiração lenta aos primeiros sinais desse sintoma. Portanto, aprende que é possível exercer controle voluntário sobre a hiperventilação. No método conhecido como terapia de controle do pânico (TCP), o terapeuta combina treinamento da respiração, psicoeducação e reestruturação cognitiva para ajudar os indivíduos a reconhecer e finalmente controlar os sinais corporais associados com ataques de pânico (Hofmann, Rief, & Spiegel, 2010).

terapia de controle do pânico (TCP)
Tratamento que consiste em reestruturação cognitiva, exposição a sinais corporais associados com ataques de pânico e treinamento da respiração.

MINICASO

Transtorno de ansiedade generalizada

Gina é uma mãe solteira de 32 anos com dois filhos que busca ajuda profissional para seus sentimentos de ansiedade de longa duração. Apesar de sua vida ser relativamente estável em termos financeiros e interpessoais, ela se preocupa a maior parte do tempo com problemas financeiros que desenvolverá, com a possibilidade de seus filhos ficarem doentes e com a situação política do país que dificultará sua vida e a de seus filhos. Embora tente repudiar essas ideias como excessivas, ela acha praticamente impossível controlar sua preocupação. A maior parte do tempo, ela se sente desconfortável e tensa, e às vezes sua tensão se torna tão extrema que começa a tremer e a suar. Tem dificuldade para dormir à noite. Durante o dia, é inquieta e tensa. Ela consultou uma variedade de médicos especialistas, e nenhum deles foi capaz de diagnosticar um problema físico.

Transtorno de ansiedade generalizada

transtorno de ansiedade generalizada
Transtorno de ansiedade caracterizado por ansiedade e preocupação que não estão associadas com um determinado objeto, situação ou evento, mas parecem ser um aspecto constante da vida diária de uma pessoa.

Em comparação às formas de transtornos de ansiedade sobre as quais você acabou de aprender, o **transtorno de ansiedade generalizada** não tem um foco específico. As pessoas com esse transtorno sentem-se ansiosas a maior parte do tempo, ainda que não consigam necessariamente dizer por quê. Além da ansiedade, elas se preocupam demais, esperando com apreensão que o pior lhes aconteça. Seus sintomas abrangem uma variedade de experiências físicas e psicológicas, incluindo inquietação geral, distúrbios do sono, sensação de ficar facilmente cansado, irritabilidade, tensão muscular e problema para concentrar-se a ponto de suas mentes ficarem em branco. Não há uma situação em particular que possam identificar como a origem de sua ansiedade, e elas acham muito difícil controlar sua preocupação.

O transtorno de ansiedade generalizada tem uma prevalência ao longo da vida de 5,7%. Em um período de 12 meses, a prevalência é relatada em 3,1%; destes, 32% são classificados como graves (Kessler et al., 2005).

Teorias e tratamento de transtorno de ansiedade generalizada

Os pesquisadores acreditam que as pessoas com transtorno de ansiedade generalizada vivenciam seus sintomas devido a alterações nos sistemas GABA, serotonérgicos e noradrenérgicos (Nutt & Malizia, 2001). O apoio para a noção de que há um componente biológico para esse transtorno é o achado de uma sobreposição na vulnerabilidade genética com o traço de personalidade de neuroticismo (ver Cap. 3). Em outras palavras, pessoas que são propensas a desenvolvê-lo herdaram um estilo de personalidade neurótica subjacente (Hettema, Prescott, & Kendler, 2004).

Os sintomas de transtorno de ansiedade generalizada talvez sejam mais bem entendidos de um ponto de vista psicológico como produtos de distorções cognitivas (Aikins & Craske, 2001). As pessoas com transtorno de ansiedade generalizada tornam-se facilmente angustiadas e preocupadas pelos menores aborrecimentos e por pequenos contratempos da vida. Se alguma coisa dá errado em sua existência diária, como uma pane no carro, uma discussão com um colega ou um problema de reparo em casa, elas exageram a extensão da questão e ficam apreensivas em excesso sobre o desfecho. Sua atenção desvia-se do problema em si para suas preocupações, aumentando ainda mais seu nível de preocupação. Como resultado, essas pessoas são menos eficientes em suas tarefas diárias, de modo que, na verdade, têm mais com que se preocupar à medida que mais coisas dão errado para elas. A falta de confiança delas em sua capacidade de controlar ou lidar com seus sentimentos e reações de ansiedade agrava ainda mais o problema.

A TCC baseia-se na suposição de que distorções cognitivas contribuem para a ansiedade generalizada (Borkovec & Ruscio, 2001). Nesse tipo de terapia, os clientes aprendem a reconhecer pensamentos ansiosos, a buscar alternativas mais racionais para a preocupação e a agir para testar essas alternativas. Os profissionais que usam essa abordagem tentam romper o ciclo de pensamentos e preocupações negativos. Quando esse ciclo é rompido, o indivíduo pode desenvolver um sentido de controle sobre o comportamento e se tornar mais proficiente em lidar com os pensamentos ansiosos e reduzi-los. A longo prazo, os clientes podem se beneficiar mais da psicoterapia do que de intervenções psicofarmacológicas (Falsetti & Davis, 2001).

MINICASO

Transtorno obsessivo-compulsivo, com *insight* pobre

Mark é um estudante do ensino médio de 16 anos encaminhado para tratamento por sua professora, que ficou perturbada pela preocupação irracional do aluno sobre o perigo representado por uma tomada elétrica na parede de sua sala de aula. Mark suplicava diariamente para que a professora desligasse a tomada a fim de impedir que alguém fosse eletrocutado de modo acidental ao passar por ela. A professora lhe disse que sua preocupação era infundada, mas ele continuou tão angustiado que se sentia compelido, quando entrava e saía da sala de aula, a examinar dentro da tomada com uma lanterna para ter certeza de que não havia um fio solto exposto. Durante a aula, ele não conseguia pensar em nada mais além da tomada.

8.2 Transtorno obsessivo-compulsivo e transtornos relacionados

> **Novidades no DSM-5**
>
> **Definição e categorização dos transtornos de ansiedade**
>
> O DSM-5 trouxe mudanças importantes na definição e na categorização dos transtornos de ansiedade. O TOC é categorizado com transtorno dismórfico corporal, transtorno de acumulação, tricotilomania (transtorno de arrancar o cabelo) e transtorno de escorração (*skin-picking*). Os transtornos de estresse agudo e pós-traumático passaram a ter sua própria categoria de "Transtornos Relacionados a Traumas e Estressores". A agorafobia tornou-se um transtorno separado, assim como na CID-10. Além disso, o transtorno de ansiedade social tinha sido chamado de fobia social no DSM-IV-TR. A mudança reflete o fato de que esse transtorno não é uma "fobia", no sentido de representar medo de outras pessoas, embora o termo *fobia social* ainda apareça entre parênteses. Finalmente, vários transtornos estavam no grupo de transtornos com origem na infância (uma designação agora retirada) passaram para o agrupamento de transtornos de ansiedade.

Uma **obsessão** é um pensamento, um impulso ou uma imagem que o indivíduo vivencia como intrusivos e indesejados. Os sujeitos tentam ignorar ou suprimir a obsessão ou tentam neutralizá-la envolvendo-se em algum outro pensamento ou em outra ação. O pensamento ou a ação que a pessoa usa para tentar neutralizar a obsessão são conhecidos como **compulsão**, um comportamento ou ato mental repetitivo realizados de acordo com regras rígidas que o indivíduo se sente compelida a realizar. As compulsões, entretanto, não precisam ser combinadas com obsessões.

No chamado **transtorno obsessivo-compulsivo (TOC)**, as pessoas vivenciam obsessões ou compulsões em tal grau que acham difícil conduzir suas atividades diárias. Como parte do transtorno, podem vivenciar sofrimento e prejuízo significativos em seu funcionamento ocupacional e social. O número de indivíduos que busca ajuda para sintomas semelhantes a TOC (Leckman et al., 2010) é muito maior que aquele de sujeitos diagnosticados com o transtorno.

As compulsões mais comuns envolvem a repetição de um determinado comportamento, tal como lavagem e limpeza, contagem, ordenação de itens, checagem ou pedido de garantia. Elas também podem tomar a forma de rituais mentais, como contar até um certo número toda vez que um pensamento indesejado vem à mente. Alguns indivíduos com TOC apresentam tiques, um padrão de sintomas motores anormais, tais como espasmos, vocalizações e caretas.

Em geral, parece haver quatro dimensões principais para os sintomas de TOC: obsessões associadas com compulsões de checagem, a necessidade de ter simetria e de colocar as coisas em ordem, obsessões sobre limpeza associadas com compulsões de lavar e comportamentos relacionados a acumulação (Mataix-Cols, Rosario-Campos, & Leckman, 2005). A Tabela 8.3 mostra exemplos de itens da Lista Yale-Brown de Obsessões e Compulsões, um instrumento comumente usado para avaliar indivíduos com TOC.

obsessão
Pensamento, palavra, frase ou imagem indesejados que repetida ou persistentemente vêm à mente da pessoa e causam sofrimento.

compulsão
Comportamento repetitivo e aparentemente intencional realizado em resposta a impulsos incontroláveis ou de acordo com um conjunto de regras ritualísticas ou estereotipadas.

transtorno obsessivo-compulsivo (TOC)
Transtorno de ansiedade caracterizado por obsessões ou compulsões recorrentes que consomem tempo excessivo ou causam sofrimento ou prejuízo significativos.

O TOC tem uma prevalência ao longo da vida de 1,6%. A prevalência de 12 meses é um pouco mais baixa, 1%; destes, cerca da metade é classificada como grave (Kessler et al., 2005).

Teorias e tratamento de transtorno obsessivo-compulsivo A base biológica para o TOC pode ser a presença de anormalidades nos gânglios basais, áreas subcorticais do cérebro envolvidas no controle dos movimentos motores. Contribui para os sintomas uma falha do córtex pré-frontal em inibir pensamentos, imagens ou impulsos indesejados. Essa explicação é apoiada por achados de varreduras do cérebro que mostram níveis de atividade aumentados nos centros cerebrais de controle motor dos gânglios basais e lobos frontais (Cocchi et al., 2012).

A clomipramina ou outros ISRSs, como fluoxetina ou sertralina, são o tratamento biológico mais eficaz disponível para o transtorno obsessivo-compulsivo (Kellner, 2010). Em casos extremos nos quais nenhum outro tratamento fornece alívio dos sintomas, pessoas

Algumas pessoas com transtorno obsessivo-compulsivo se preocupam incessantemente com germes e sujeira e sentem impulsos irresistíveis de limpar e higienizar.

TABELA 8.3 Exemplo de itens da lista Yale-Brown de obsessões e compulsões

Escala	Exemplo de itens
Obsessões agressivas	O medo poderia prejudicar a própria pessoa Medo de proferir obscenidades O medo será responsável pelo acontecimento de alguma coisa terrível (p. ex., incêndio, arrombamento)
Obsessões de contaminação	Preocupações ou repugnância de resíduos ou secreções corporais (p. ex., urina, fezes, saliva) Incomodado por substâncias ou resíduos pegajosos
Obsessões sexuais	Pensamentos, imagens ou impulsos sexuais proibidos ou perversos Comportamento sexual em relação aos outros (agressivo)
Obsessões de acumulação/poupança	Diferenciar de passatempos e preocupação com objetos de valor monetário ou sentimental
Obsessões religiosas	Preocupação com sacrilégio e blasfêmia Preocupação excessiva com certo/errado, moralidade
Obsessões com necessidade de simetria ou exatidão	Acompanhadas por pensamento mágico (p. ex., preocupação que outra pessoa sofra um acidente a menos que as coisas estejam no lugar certo)
Obsessões diversas	Medo de dizer certas coisas Números de sorte/azar Cores com significado especial Medos supersticiosos
Obsessões somáticas	Preocupação com doença ou infecção Preocupação excessiva com parte do corpo ou aspecto da aparência (p. ex., dismorfofobia)
Compulsões de limpeza/lavagem	Lavagem de mãos excessiva ou ritualizada Banho, escovação dos dentes, arrumação ou rotina de higiene excessivos ou ritualizados
Compulsões de checagem	Checagem de fechaduras, forno, aparelhos, etc. Checagem de que algo terrível não prejudicou/não prejudicará a pessoa Checagem de que não cometeu erros ao realizar uma tarefa
Rituais de repetição	Reler e reescrever Necessidade de repetir atividades rotineiras (p. ex., entrar/sair pela porta, levantar da cadeira/sentar)
Compulsões de contagem	Checar presença
Compulsões de ordenação/arranjo	Checar presença
Compulsões de acumulação/coleção	Diferenciar de passatempos ou preocupação com objetos de valor monetário ou sentimental (p. ex., lê cuidadosamente o lixo eletrônico, classifica o lixo)
Compulsões diversas	Faz listas para tudo Necessidade de contar, perguntar, confessar Necessidade de tocar, bater ou esfregar Rituais envolvendo piscar os olhos ou olhar fixo

FONTE: De W. K. Goodman, L. H. Price, S. A. Rasmussen, C. Mazure, P. Delgado, G. R. Heninger e D. S. Charney (1989a), "The Yale-Brown Obsessive-Compulsive Scale II. Validity" em *Archives of General Psychiatry*, 46, p. 1012–1016. Reimpressa com permissão de Wayne Goodman.

Você decide

Neurocirurgia psiquiátrica

Como discutimos no Capítulo 4, a neurocirurgia psiquiátrica está cada vez mais sendo utilizada com o objetivo de dar aos médicos um instrumento para controlar os sintomas do TOC. Entretanto, em que medida a intervenção cirúrgica é justificável para controlar a existência de sintomas psicológicos? Além disso, essa cirurgia não é reversível. O debate sobre a psicocirurgia remonta a meados do século XX, quando o médico Walter Freeman viajou pelos Estados Unidos realizando aproximadamente 18 mil leucotomias nas quais separava os lobos frontais do resto do cérebro para controlar os comportamentos intratáveis de pacientes psiquiátricos. A ideia era que, separando os lobos frontais do sistema límbico, os pacientes não seriam mais controlados por seus impulsos.

Como acontecia no início do século XX, quando os médicos empregavam lobotomias para tratar sintomas de outro modo intratáveis de pacientes psiquiátricos, é possível que as futuras gerações considerem as cingulotomias e intervenções semelhantes excessivamente punitivas e mesmo bárbaras? Ao mesmo tempo, com sintomas que são tão graves e incapacitantes, qualquer método que possa controlá-los deve ser usado, mesmo que imperfeito?

Gillett (2011) levantou essas questões em relação ao uso das atuais psicocirurgias. Ao alterarem o cérebro do indivíduo por meio dessas técnicas radicais, os psiquiatras estão interferindo com um sistema complexo de interações que compõem a personalidade do sujeito. Apenas porque "funcionam", e porque não existem outros métodos disponíveis atualmente, isso justifica fazer mudanças permanentes no cérebro do indivíduo? As vítimas das leucotomias realizadas por Freeman "melhoraram" na medida em que o comportamento delas se tornou mais dócil, mas elas nunca mais foram as mesmas.

P: *Você decide:* É apropriado transformar a pessoa usando métodos permanentes cuja base para sua eficácia não pode ser cientificamente estabelecida? Como Gillett conclui, "queime, aqueça, cutuque, congele, dê choques, corte, estimule ou de outro modo abale (mas não agite) o cérebro e você afetará a psique" (p. 43).

com TOC podem ser tratadas com neurocirurgia psiquiátrica. Por exemplo, estimulação cerebral profunda de áreas do cérebro envolvidas no controle motor pode ajudar a aliviar os sintomas pela redução da atividade do córtex pré-frontal, que, por sua vez, pode auxiliar a reduzir a frequência de pensamentos obsessivo-compulsivos (Le Jeune et al., 2010).

A perspectiva cognitivo-comportamental para o entendimento do TOC preconiza que padrões de pensamento mal-adaptativos contribuem para o desenvolvimento e a manutenção de sintomas do transtorno. Indivíduos com TOC podem ser pré-ativados para reagir excessivamente a eventos produtores de ansiedade em seu ambiente. Essa pré-ativação pode colocar o TOC em um espectro dos chamados transtornos internalizantes, que incluiriam outros transtornos de ansiedade e do humor que envolvem um padrão semelhante de reatividade de sobressalto (Vaidyanathan, Patrick, & Cuthbert, 2009). Para pessoas com TOC, essas experiências transformam-se em imagens perturbadoras, que elas então tentam suprimir ou neutralizar por meio de rituais compulsivos. Os sintomas são complicados pelas crenças no perigo e no significado de seus pensamentos, ou suas "metacognições", que levam essas pessoas a se preocupar, ruminar e sentir que devem monitorar cada um de seus pensamentos (Solem, Håland, Vogel, Hansen, & Wells, 2009).

As intervenções psicológicas fornecem um suplemento importante ou uma substituição para o medicamento que trata sintomas de TOC (Anand, Sudhir, Math, Thennarasu, & Janardhan Reddy, 2011). Por exemplo, os terapeutas podem usar a interrupção do pensamento para ajudar os clientes a reduzir o pensamento obsessivo, como na exposição a situações que provocam rituais compulsivos ou obsessões (Bakker, 2009). O profissional pode combinar exposição com prevenção de resposta, na qual instrui o cliente a parar de realizar comportamentos compulsivos, e terapia de saciação, na qual os clientes confrontam seus pensamentos obsessivos por tanto tempo que estes perdem seu significado (Khodarahimi, 2009).

Transtorno dismórfico corporal

transtorno dismórfico corporal (TDC)
Um transtorno no qual os indivíduos são preocupados com a ideia de que uma parte de seu corpo é feia ou defeituosa.

As pessoas com **transtorno dismórfico corporal (TDC)** estão preocupadas com a ideia de que uma parte de seu corpo é feia ou defeituosa. Essa preocupação vai muito além da insatisfação comum que muitas pessoas sentem sobre o tamanho ou a forma de seu corpo ou a aparência de uma parte do corpo. Pessoas com TDC podem se examinar constantemente, se arrumar em um grau excessivo ou buscar a reafirmação dos outros sobre sua aparência. Na verdade, quase todas realizam pelo menos um comportamento compulsivo (Phillips et al., 2010). Elas não se veem apenas como gordas ou acima do peso, mas acreditam que sua constituição física é muito pequena ou que não têm músculos suficientes.

Embora aproximadamente 29% dos estudantes universitários estejam preocupados com suas imagens corporais, apenas 14% destes satisfazem os critérios para TDC. De modo geral, em qualquer ponto no tempo, 2,5% das mulheres e 2,2% dos homens satisfazem os critérios para TDC, embora os homens possam vivenciar mais sofrimento por seus sintomas do que as mulheres. As áreas de preocupação mais comum são a pele, o cabelo e o nariz. Entretanto, os homens são mais propensos a ser preocupados com a constituição física e com a perda de cabelo. As mulheres são mais preocupadas com seu peso e quadris. O TDC é frequentemente acompanhado por transtornos depressivo maior, de ansiedade social, obsessivo-compulsivo e alimentares. Até um terço desses indivíduos pode ser delirante, tal como estar convencido de que os outros estão rindo ou falando sobre o defeito imaginado em sua aparência. Pessoas com TDC têm uma taxa de suicídios completados 45 vezes maior do que a taxa da população em geral nos Estados Unidos (Phillips, Menard, Fay, & Pagano, 2005). A Tabela 8.4 mostra exemplos de itens de avaliação da versão para Transtorno Dismórfico Corporal da Escala de Transtorno Obsessivo-compulsivo de Yale-Brown (BDD-YBOCS) com a variação de sintomas associados ao transtorno.

Também existem aspectos transculturais no TDC. No Japão, a crença da pessoa de que sua aparência física é ofensiva aos outros é *shubo-kyufo*, um subtipo de *taijin kyofusho*, ou "medo de relações interpessoais". A síndrome *koro* ou *suoyang* ("redução do pênis", em chinês) envolve o medo de retração genital para dentro do corpo. Os indivíduos que sofrem de *koro* também vivenciam outros sintomas de TDC (Fang & Hofmann, 2010).

TABELA 8.4 Modificação da Escala Obsessivo-compulsiva de Yale-Brown para transtorno dismórfico corporal

Esta modificação da Escala Obsessivo-compulsiva de Yale-Brown usa os seguintes critérios para determinar a gravidade dos sintomas do cliente em relação a defeitos corporais reais ou presumidos

1. Tempo ocupado por pensamentos sobre o defeito corporal
2. Interferência devida a pensamentos sobre o defeito corporal
3. Sofrimento associado com pensamentos sobre o defeito corporal
4. Resistência contra pensamentos sobre o defeito corporal
5. Grau de controle sobre pensamentos relacionados ao defeito corporal
6. Tempo passado em atividades relacionadas ao defeito corporal, como checagem no espelho, arrumação, exercício excessivo, camuflagem, picar a pele, perguntar aos outros sobre o defeito
7. Interferência devida às atividades relacionadas ao defeito corporal
8. Sofrimento associado com atividades relacionadas ao defeito corporal
9. Resistência contra compulsões
10. Grau de controle sobre o comportamento compulsivo
11. Percepção da natureza da preocupação excessiva sobre o defeito
12. Esquiva de atividades em função da preocupação sobre o defeito

FONTE: http://www.veale.co.uk/wp-content/uploads/2010/11/BDD-YBOCS-Adult.pdf.

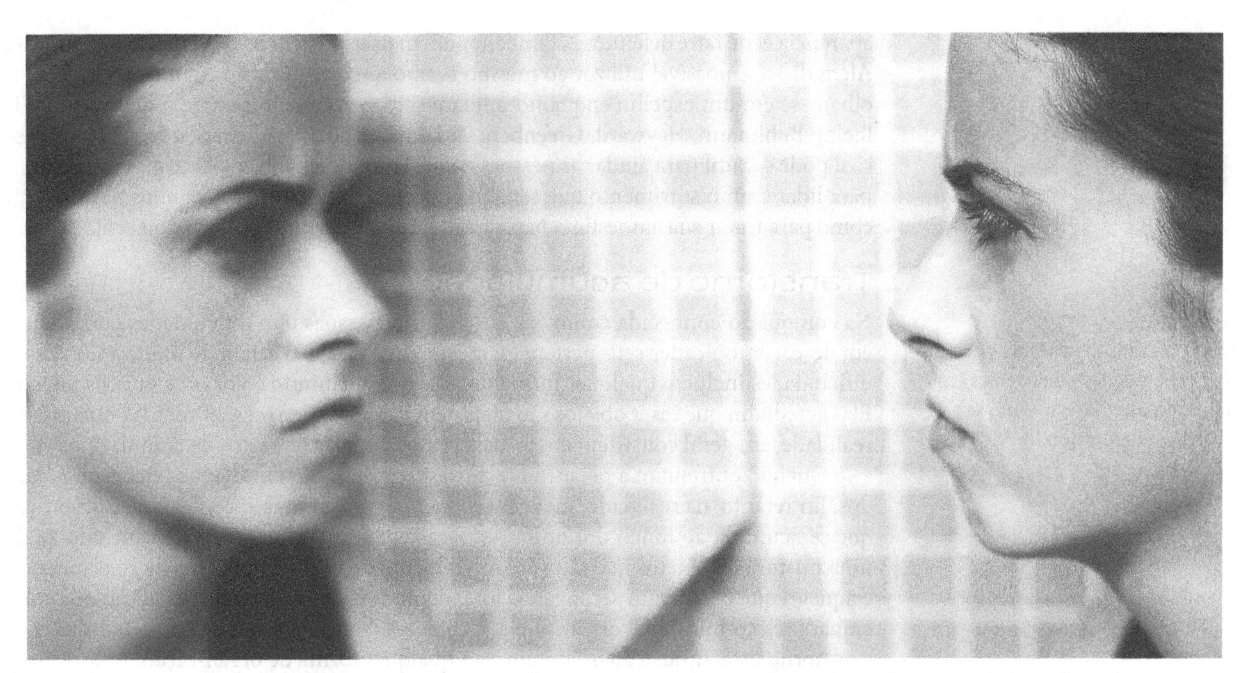

Os indivíduos com transtorno dismórfico corporal com frequência sentem que sua aparência é muito mais imperfeita do que realmente é para os outros.

O tratamento, de uma perspectiva biológica, envolve medicamentos, particularmente ISRSs, que podem reduzir os sintomas associados de depressão e ansiedade bem como os sintomas de TDC de sofrimento, preocupações corporais e compulsões. Uma vez utilizando ISRSs, as pessoas com o transtorno podem ter qualidade de vida, funcionamento global e percepção de seu transtorno melhorados (Bjornsson, Didie, & Phillips, 2010). Embora ajudem a melhorar os sintomas de TDC, os medicamentos não tratam os componentes cognitivos do transtorno, nem são eficazes (Williams, Hadjistavropoulos, & Sharpe, 2006).

Do ponto de vista biopsicossocial, consideramos que indivíduos com TDC têm uma predisposição biológica; contudo, fundamentais ao desenvolvimento do transtorno foram as experiências que eles podem ter tido na adolescência, tais como serem ridicularizados em razão de sua aparência ou sensibilizados de alguma outra forma, em particular pela rejeição. Uma vez que comecem a acreditar que sua aparência física é defeituosa ou se desvia do ideal ao qual aspiram, eles se tornam preocupados com essa crença. Em outras palavras, o processo cognitivo subjacente ao TDC é atenção excessiva focada em sua imagem corporal negativa. Reforçando suas preocupações estão os rituais de checagem nos quais se envolvem, que temporariamente diminuem seus níveis de ansiedade. De modo similar, eles aprendem a evitar o contato com outras pessoas, o que novamente serve como reforço (Veale, 2010).

Os terapeutas que tratam clientes a partir de uma perspectiva cognitivo-comportamental se concentram em ajudá-los a entender que a aparência é apenas um aspecto de sua identidade total, enquanto os desafiam a questionar suas suposições de que sua

MINICASO

Transtorno dismórfico corporal, com *insight* pobre

Lídia é uma mulher de 43 anos cujo cirurgião local encaminhou à clínica de saúde mental. Nos últimos 8 anos, ela tinha consultado cirurgiões plásticos de todo o País para encontrar um que realizasse uma cirurgia para reduzir o tamanho de suas mãos, que considera "muito gordas". Até conseguir essa cirurgia, ela não sairá de casa sem usar luvas. O cirurgião plástico concorda com os membros da família e com os amigos de Lídia que a percepção dela de suas mãos é distorcida e que a cirurgia plástica seria inadequada e irresponsável.

aparência é, de fato, defeituosa. Também podem usar prevenção de resposta e exposição. Além disso, é possível utilizar ao mesmo tempo a reestruturação cognitiva. Os clientes olham-se em um espelho enquanto mudam seus pensamentos sobre o que veem (Wilhelm, Buhlmann, Hayward, Greenberg, & Dimaite, 2010). Ademais, a terapia interpessoal pode ser útil para ajudar as pessoas com TDC a desenvolver estratégias melhoradas para lidar com o sofrimento que sentem em seus relacionamentos com os outros, bem como para tratar sua autoestima baixa e seu humor deprimido (Bjornsson et al., 2010).

Transtorno de acumulação

acumulação
Uma compulsão na qual as pessoas têm dificuldades persistentes em descartar as coisas, mesmo se tiverem pouco valor.

Na compulsão conhecida como **acumulação**, as pessoas têm dificuldades persistentes em descartar ou ceder seus pertences, mesmo que eles não sejam de muito valor. Essas dificuldades incluem qualquer forma de descarte, incluindo colocar os objetos no lixo. Elas acreditam que esses objetos são úteis, têm valor estético ou sentimental, quando, na realidade, em geral consistem em jornais velhos, sacolas ou restos de comida.

Quando enfrentam a perspectiva de descartá-los, esses indivíduos ficam angustiados. Entretanto, na realidade, suas casas podem se tornar inabitáveis devido à desordem que se acumula ao longo dos anos. As peças em seus espaços de estar enchem-se de uma mistura de objetos que são verdadeiramente de valor, como itens de colecionador, e aqueles que costumam ser jogados fora, como revistas velhas. Ao contrário dos colecionadores comuns, que organizam seus objetos de modo sistemático, as pessoas com transtorno de acumulação os juntam sem qualquer forma de organização.

Os adultos mais velhos parecem ser mais propensos do que adultos mais jovens a desenvolver o transtorno de acumulação. Visto que o transtorno apenas se tornou um diagnóstico por si mesmo no DSM-5, os únicos dados de prevalência disponíveis são as estimativas que os autores citam, que são de 2 a 6% dos adultos. Uma porcentagem substancial de adultos com esse transtorno também tem sintomas depressivos comórbidos (Hall, Tolin, Frost, & Steketee, 2013).

O tratamento do transtorno de acumulação que segue uma abordagem biopsicossocial parece ter a maior eficácia (Tolin, 2011). Os tratamentos biológicos têm incluído tradicionalmente os ISRSs, mas os pesquisadores acreditam que o transtorno também possa ter um componente neurocognitivo que justificaria o tratamento por meio da abordagem à função cognitiva. Nesse sentido, a terapia cognitivo-comportamental não pode tratar apenas de mudanças no comportamento de acumulação, mas também precisa ajudar os clientes com esse transtorno a melhorar suas funções relacionadas com atenção. O auxílio prático de organizadores profissionais pode ser útil como suplemento aos medicamentos e ao tratamento cognitivo-comportamental. Amigos, membros da família e autoridades locais também podem ser consultados para ajudar a desobstruir a moradia do indivíduo.

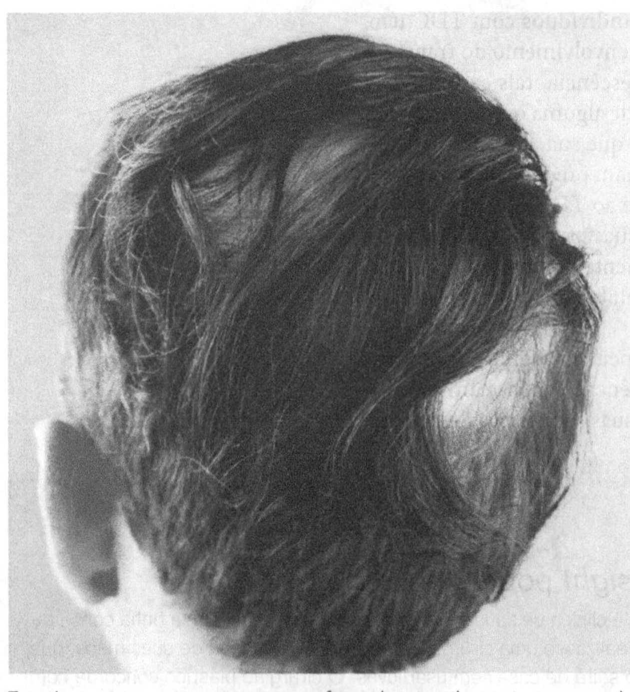

Este homem, como muitos que sofrem de tricotilomania, tem perda de cabelos acentuada como resultado de impulsos frequentes e incontroláveis de arrancá-los.

Tricotilomania (transtorno de arrancar o cabelo)

Um diagnóstico de **tricotilomania (transtorno de arrancar o cabelo)** é feito em indivíduos que arrancam seus cabelos em resposta a um senso de tensão ou ânsia crescentes. Após arrancá-los, eles sentem alívio, prazer ou gratificação. Pessoas com tricotilomania são perturbadas por seu comportamento incontrolável e podem achar que suas áreas de funcionamento social, ocupacional ou outras são prejudicadas devido a esse transtorno. Elas sentem-se incapazes de parar esse comportamento, mesmo quando resulta em áreas de calvície e perda de sobrancelhas, cílios, pêlos das axilas e pêlos púbicos.

À medida que ficam mais velhos, os indivíduos aumentam o número de locais do corpo dos quais arrancam cabelos (Flessner, Woods, Franklin, Keuthen, & Piacentini, 2009).

Os indivíduos com esse transtorno vivenciam prejuízo significativo em áreas da vida, variando de intimidade sexual a atividades sociais, exames médicos e cortes de cabelo. Também podem desenvolver uma diversidade de sintomas físicos, incluindo o desenvolvimento de bolas de pêlos (tricobezoares) que se instalam em seu trato gastrintestinal, causando dor abdominal, náusea, vômitos, fraqueza e perda de peso. Eles ainda podem desenvolver infecções de pele, dor ou sangramento do couro cabeludo e síndrome do túnel carpal. Psicologicamente, podem sofrer de autoestima baixa, vergonha e constrangimento, humor deprimido, irritabilidade e propensão a discussão. O prejuízo aparece cedo na vida e continua ao longo da meia-idade e da terceira idade (Duke, Keeley, Geffken, & Storch, 2010).

tricotilomania (transtorno de arrancar o cabelo)
A necessidade compulsiva, persistente, de arrancar os próprios cabelos.

A tricotilomania diagnosticável é bastante rara, com uma taxa de prevalência atual estimada de 0,6% da população da comunidade. Entretanto, ela pode ser subnotificada porque as pessoas com esse transtorno mantêm segredo sobre o que estão fazendo e tendem a arrancar cabelos apenas quando estão sozinhas (Duke, Bodzin, Tavares, Geffken, & Storch, 2009).

No DSM-IV-TR, a tricotilomania era incluída na categoria dos transtornos do controle dos impulsos, mas, no DSM-5, ela mudou para a categoria que inclui transtorno obsessivo-compulsivo e transtornos relacionados. Além disso, seu nome mudou para *arrancar cabelos*, o que os autores do DSM-5 concordam que descreve melhor o transtorno do que classificá-lo como uma "mania", um termo considerado inadequado nesse caso.

Pode haver dois tipos de arrancar cabelos. No tipo "focalizado", que pode responder por um quarto dos casos, o indivíduo tem consciência de ter o impulso de arrancar e pode desenvolver comportamentos ou rituais compulsivos para evitar fazê-lo. No arrancar cabelos "automático", o indivíduo está envolvido em outra tarefa ou está absorvido em pensamentos enquanto realiza o comportamento. Os indivíduos que se enquadram na categoria de arrancar cabelos automático vivenciam estresse e ansiedade pronunciados. Para aqueles que têm o tipo focalizado, depressão e deficiências também tendem a ocorrer junto com estresse e ansiedade (Duke et al., 2010).

A hereditariedade parece desempenhar um papel importante na tricotilomania, sendo estimada em 80% (Novak, Keuthen, Stewart, & Pauls, 2009). Anormalidades em um gene no cromossomo 1 conhecido como SLTRK1 podem ter uma participação no transtorno; esse gene também é ligado ao transtorno de Tourette (Abelson et al., 2005). Os pesquisadores também identificaram anormalidades em SAPAP3, um gene relacionado ao glutamato, que, por sua vez, está envolvido no TOC (Zuchner et al., 2009). Os neurotransmissores serotonina, dopamina e glutamato também parecem desempenhar um papel no desenvolvimento de tricotilomania (Duke et al., 2009). Estudos de imagem cerebral de indivíduos com tricotilomania indicam que eles também podem ter anormalidades nas vias neurais no cérebro envolvidas na geração e supressão de hábitos motores; essas vias também parecem ter algo a ver com a regulação do afeto (Chamberlain et al., 2010).

MINICASO

Tricotilomania (transtorno de arrancar o cabelo)

Na maior parte de sua infância e adolescência, Janet, 15 anos, teve uma existência razoavelmente isolada, sem amigos íntimos. Embora nunca tenha discutido sua infelicidade com alguém, ela com frequência se sentia muito deprimida e sem esperanças. Quando criança, deitava na cama muitas noites, secretamente puxando seus cabelos. Com o tempo, esse comportamento aumentou a ponto de ela arrancar os cabelos do couro cabeludo, mecha por mecha. Em geral, ela puxava uma mecha, a examinava, mordia e ou a cuspia fora ou a engolia. Visto que seus cabelos eram grossos e encaracolados, a perda de cabelo não era visível inicialmente, e Janet o mantinha penteado com cuidado para ocultar os pontos de falha. Uma de suas professoras percebeu que ela estava puxando seus cabelos em aula e, ao examinar mais de perto, viu as falhas na cabeça da jovem. Ela encaminhou Janet ao psicólogo da escola, que chamou a mãe da menina e recomendou ajuda profissional.

TABELA 8.5 Questionário de sintomas de tricotilomania

1. Você atualmente arranca seus cabelos?
2. Em qualquer ponto em sua vida, incluindo agora, você teve períodos incontroláveis de arrancar cabelos?
3. Você sente (ou sentiu no passado) impulsos de arrancar seus cabelos?
4. Você tenta (ou tentou no passado) resistir a arrancar seus cabelos?
5. Você sente (ou sentiu no passado) alívio quando arranca seus cabelos?
6. Você deseja (ou desejou no passado) que o impulso de arrancar os cabelos desaparecesse?
7. Você foi diagnosticado(a) com tricotilomania por um profissional?
8. Você sente, ou sentiu no passado, vergonha, reserva ou sofrimento em relação a seu comportamento de arrancar cabelos?

FONTE: Shusterman et al., 2009.

Correspondente a essas anormalidades no funcionamento dos neurotransmissores e do cérebro, o modelo de regulação da tricotilomania sugere que indivíduos com esse transtorno busquem um estado ideal de excitação emocional que lhes forneça maior incentivo quando estão pouco estimulados e os acalme quando estão superestimulados. Ao mesmo tempo, arrancar os cabelos pode levá-los de um estado afetivo negativo a um positivo. Usando o questionário de sintomas de tricotilomania (ver Tab. 8.5), pesquisadores que conduziram um estudo pela internet verificaram que indivíduos que arrancavam os cabelos vivenciavam mais dificuldade para controlar suas emoções do que aqueles que não exibiam tal comportamento. Havia subgrupos entre aqueles que arrancavam os cabelos. Estes variavam quanto a ser mais propensos a vivenciar tédio *versus* ansiedade ou tensão e quanto à intensidade global das emoções que pareciam impulsioná-los a arrancar cabelos. Os pesquisadores sugeriram que esses subgrupos no questionário pareciam corresponder aos subtipos automático *versus* focalizado do transtorno (Shusterman, Feld, Baer, & Keuthen, 2009).

Os vários tratamentos farmacológicos para tricotilomania incluem antidepressivos, antipsicóticos atípicos, lítio e naltrexona. Destes, a naltrexona parece ter mostrado os resultados mais promissores. Entretanto, os resultados de estudos controlados não são convincentes e não parecem justificar o uso de medicamentos quando considerados em relação aos efeitos colaterais, que podem incluir obesidade, diabetes, neurotoxicidade, *delirium*, encefalopatia, tremores e hipertireoidismo, entre outros (Duke et al., 2010).

O tratamento comportamental de treinamento de reversão de hábitos (TRH) é considerado a abordagem mais eficaz como tratamento de tricotilomania. Esse método não apenas previne os efeitos colaterais do medicamento, mas é mais bem-sucedido na redução dos sintomas de arrancar cabelos (Duke, et al., 2010). Todavia, para indivíduos resistentes a tratamento, uma combinação de medicamento e TRH pode ser necessária (Franklin, Zagrabbe, & Benavides, 2011).

No TRH, o indivíduo aprende uma nova resposta para competir com o hábito de arrancar cabelos, tal como fechar o punho. O aspecto-chave é que a nova resposta seja incompatível com o hábito indesejável. Quando foi desenvolvido pela primeira vez várias décadas atrás, o TRH era administrado em apenas uma sessão. Desde aquela época, os clínicos ampliaram a duração do tratamento e acrescentaram vários componentes cognitivos, incluindo automonitoração e reestruturação cognitiva. Por exemplo, os clientes podem aprender a contestar suas distorções cognitivas e suas crenças perfeccionistas. Também foi demonstrado que combinar terapia de aceitação e compromisso (ACT) com TRH produz alívio dos sintomas de arrancar cabelos. A TCC pode ajudar no tratamento de crianças e adolescentes com tricotilomania, com muito pouca alteração do protocolo básico usado para adultos. Em um estudo, 77% daqueles que receberam tratamento permaneciam livres de sintomas após seis meses (Tolin, Franklin, Diefenbach, Anderson, & Meunier, 2007).

Transtorno de escoriação (*skin-picking*)

Um novo diagnóstico no *DSM-5*, considera-se que os indivíduos têm **transtorno de escoriação (*skin-picking*)** se picam, beliscam ou furam repetidamente sua própria pele. A escoriação pode ser de pele saudável, pele com irregularidades leves (como verrugas) e pele com espinhas, calos ou crostas. As pessoas com esse transtorno picam essas áreas do corpo ou com suas próprias unhas ou com instrumentos como pinças. Esses indivíduos passam uma quantidade de tempo considerável envolvidos em beliscar a pele, talvez até várias horas por dia. Quando não estão beliscando sua pele, pensam em fazê-lo e tentam resistir a esses impulsos. Eles podem tentar encobrir a evidência de suas lesões com roupas ou ataduras e sentem-se envergonhados e constrangidos por seu comportamento.

transtorno de escoriação (*skin-picking*)
Picar repetidamente a própria pele.

Visto que é um diagnóstico novo, os dados epidemiológicos são limitados, mas o DSM-5 estima a prevalência em pelo menos 1,4% de adultos, três quartos dos quais são mulheres. Pesquisadores acreditam que o transtorno de escoriação seja válido como um diagnóstico distinto de tricotilomania (Lochner, Grant, Odlaug, & Stein, 2012). Entretanto, os dois transtornos compartilham aspectos em termos de causas e de abordagens de tratamento eficazes (Snorrason, Belleau, & Woods, 2012).

8.3 Transtornos relacionados a trauma e a estressores

transtorno de apego reativo
Transtorno envolvendo uma perturbação grave na capacidade de relacionar-se com os outros, de modo que o indivíduo não responde às pessoas, é apático e prefere ficar sozinho em vez de interagir com amigos ou familiares.

transtorno de interação social desinibida
Diagnóstico dado a crianças que se envolvem em comportamento inadequado do ponto de vista cultural, excessivamente familiar, com pessoas que são relativos estranhos.

Os indivíduos expostos a traumas ou a estressores podem desenvolver um de um conjunto de transtornos. Esses transtornos incluem, como critério diagnóstico, a condição de que haja um evento real que precipite os sintomas. O DSM-5 inclui nesse grupo condições que estavam originalmente na categoria de transtornos de ansiedade traumáticos e relacionados a estressores junto com transtornos da infância que podem ser atribuídos a exposição a estresse ou a trauma.

Transtorno de apego reativo e transtorno de interação social desinibida

As crianças com **transtorno de apego reativo** têm problemas graves na forma como se relacionam com os outros. Elas são emocionalmente afastadas e inibidas, bem como mostram pouco afeto positivo e incapacidade de controlar suas emoções. Quando angustiadas, não buscam conforto. O diagnóstico de **transtorno de interação social desinibida** costuma ser aplicado a crianças que se envolvem em comportamento inadequado do ponto de vista cultural, excessivamente familiar, com pessoas que são relativos estranhos.

Esses transtornos são colocados entre aqueles relacionados a traumas e a estressores porque são encontrados em crianças que vivenciaram um padrão de abuso de negligência social, de mudanças repetidas de cuidadores primários ou de criação em instituições com proporções altas de crianças por cuidador. Por consequência, elas têm sua capacidade de interagir com outras crianças e adultos bastante prejudicada.

Pesquisadores conduzindo um estudo longitudinal sobre crianças romenas anteriormente institucionalizadas verificaram que elas se desenvolveram de maneira desinibida/socialmente indiscriminada durante a primeira infância como resultado do cuidado deficiente. O transtorno delas não melhorou, o mesmo quando a qualidade de seu cuidado foi aumentada (ver Fig. 8.2). As crianças com transtorno de apego reativo também receberam cuidado mais deficiente e são mais propensas a ter estilos de apego inseguro à medida que crescem (Gleason et al., 2011).

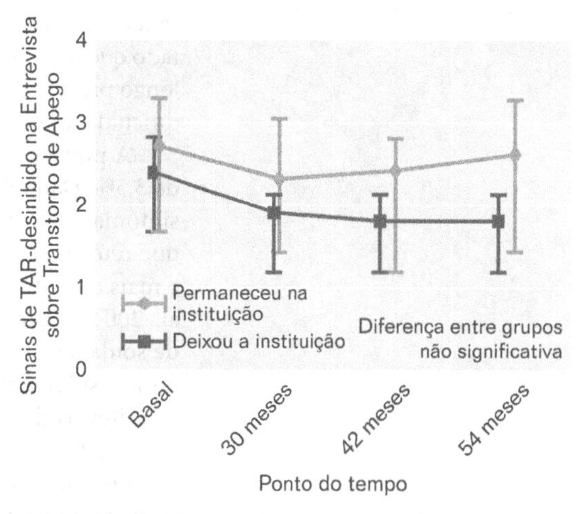

FIGURA 8.2 Sinais de transtorno de apego reativo (TAR) indiscriminadamente social/desinibido ao longo de pontos do tempo por situação de colocação em 54 meses.

MINICASO

Transtorno de estresse agudo

Brendan é um assistente jurídico de 29 anos que era psicologicamente saudável até duas semanas atrás, quando sobreviveu a um incêndio que destruiu seu apartamento e muitos prédios em seu bairro. Desde o incêndio, ele tem sido atormentado por imagens em que acorda e vê seu quarto tomado pela fumaça. Embora tenha sido tratado e liberado após algumas horas do pronto-socorro, ele se descreveu em um estado de confusão, emocionalmente insensível às preocupações de seus amigos e familiares e parecendo entorpecido. Continuou a vivenciar esses sintomas por várias semanas, depois das quais eles desapareceram de maneira gradual.

Transtorno de estresse agudo e transtorno de estresse pós-traumático

Quando expostas a ameaça de morte, a ferimento sério, real ou ameaçado ou a violação sexual, as pessoas correm o risco de desenvolver **transtorno de estresse agudo**. Ser exposto à morte de outros ou a qualquer um desses eventos, reais ou ameaçados, a outras pessoas, também pode levar ao desenvolvimento desse transtorno. Pessoas que chegam primeiro à cena de um acidente ou policiais que regularmente são expostos aos detalhes de casos de abuso infantil também podem vivenciá-lo.

transtorno de estresse agudo
Transtorno de ansiedade que se desenvolve após um evento traumático e dura por até um mês com sintomas como despersonalização, entorpecimento, amnésia dissociativa, ansiedade intensa, hipervigilância e prejuízo do funcionamento diário.

Os sintomas de transtorno de estresse agudo enquadram-se em quatro categorias: intrusão de lembranças angustiantes do evento; sintomas dissociativos, como se sentir entorpecido e separado dos outros; esquiva de situações que poderiam servir como lembretes do evento; e hiperexcitação, incluindo distúrbios do sono e irritabilidade. Os sintomas podem persistir por alguns dias a um mês após o evento traumático.

Os acontecimentos que podem causar transtorno de estresse agudo podem levar ao transtorno de mais longa duração conhecido como **transtorno de estresse pós-traumático (TEPT)**. Tecnicamente, se o indivíduo vivenciar sintomas de transtorno de estresse agudo por mais de um mês, é atribuído o diagnóstico de TEPT. Além disso, este envolve mudanças negativas na cognição, incluindo perda de memória para o evento, autoculpa excessiva, distanciamento dos outros e incapacidade de vivenciar emoções positivas.

transtorno de estresse pós-traumático (TEPT)
Transtorno de ansiedade no qual o indivíduo vivencia diversos sintomas angustiantes por mais de um mês após um evento traumático, como revivência do acontecimento traumático, esquiva de lembretes do trauma, entorpecimento da responsividade geral e excitação aumentada.

Na década de 1980, quando o diagnóstico de TEPT foi acrescentado ao DSM, a mídia chamou atenção para as consequências psicológicas de combate vivenciadas por veteranos da Guerra do Vietnã. Essa foi a guerra mais divulgada, mas certamente não a única a produzir baixas psicológicas. Relatos de disfunção psicológica após exposição a combate surgiram após a Guerra Civil e receberam cada vez mais atenção após as duas guerras mundiais do século XX, com descrições de condições chamadas de choque pós-guerra, neurose traumática, estresse de combate e fadiga de combate. Também foi relatado que os sobreviventes dos campos de concentração sofreram efeitos psicológicos de longo prazo, incluindo a "síndrome do sobrevivente" de depressão crônica, ansiedade e dificuldades nos relacionamentos interpessoais.

A prevalência ao longo da vida de TEPT é de 6,8% com uma prevalência anual de 3,5%. Daqueles que desenvolvem TEPT em um determinado ano, 37% vivenciam sintomas graves (Kessler et al., 2005). Entre os soldados do exército norte-americano que retornaram do Afeganistão, 6,2% satisfaziam os critérios diagnósticos de TEPT, e mais do dobro dessa taxa, 12,9%, entre aqueles que retornaram do Iraque (Hoge et al., 2004). Visto que os combates continuaram nessas duas zonas de guerra, o número de soldados que desenvolveram problemas de saúde mental, sobretudo TEPT, continuou a subir. Estima-se que quase 17% dos veteranos da Guerra do Iraque satisfaçam os critérios de triagem para esse transtorno (Hoge, Terhakopian, Castro, Messer, & Engel, 2007).

Os sintomas de TEPT e transtornos relacionados, como depressão, podem persistir por muitos anos. Os sobreviventes do desastre da plataforma de petróleo do Mar do Norte, em 1980, continuaram a vivenciar sintomas de TEPT junto com transtornos de ansiedade (não incluindo TEPT), transtornos depressivos e transtornos por uso de substância que eram significativamente mais altos do que os de um grupo de comparação correspondente (ver Fig. 8.3) (Boe, Holgersen, & Holen, 2011).

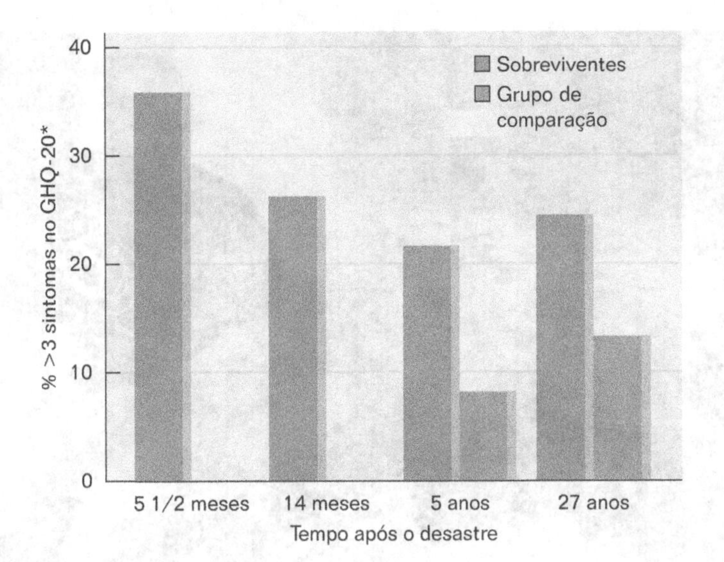

FIGURA 8.3 Porcentagem de sobreviventes de longo prazo do desastre do Mar do Norte que ainda vivenciava sintomas após 27 anos.

* N. de R.T.: General Health Questionnaire.

Teorias e tratamento de transtorno de estresse pós-traumático

Uma experiência traumática é um evento externo que afeta o indivíduo e, portanto, não tem "causalidade" biológica. Entretanto, pesquisadores atribuem parte do impacto de experiências traumáticas às mudanças que causam no cérebro, as quais o tornam preparado ou hipersensível a possível perigo no futuro. Os indivíduos com TEPT exibem alterações no hipocampo, a estrutura responsável por consolidar a memória. Como resultado, são incapazes de diferenciar situações relativamente inofensivas (como fogos de artifício) daquelas nas quais o trauma real ocorreu (combate). Eles continuam a revivenciar o evento com excitação aumentada e esquiva do trauma (Hayes et al., 2011).

Os antidepressivos ISRSs são os únicos medicamentos aprovados pela Food and Drug Administration para pessoas com TEPT. Contudo, as taxas de resposta de pacientes com TEPT a esses medicamentos raramente são maiores que 60%, e menos de 20 a 30% alcançam a remissão total de seus sintomas. A pesquisa não apoia o uso de benzodiazepínicos no tratamento desse transtorno, ainda que esses medicamentos possam aliviar a insônia e a ansiedade (Berger et al., 2009). Embora os pesquisadores acreditem que o medicamento antipsicótico risperidona poderia beneficiar indivíduos com TEPT, os achados de um estudo de larga escala com quase 300 veteranos não forneceram apoio empírico para seu uso na redução de sintomas (Krystal et al., 2011).

De um ponto de vista psicológico, pessoas com TEPT têm um estilo de processamento de informação tendencioso que, devido ao trauma que vivenciaram, faz sua atenção inclinar-se a sinais potencialmente ameaçadores. Portanto, elas são mais propensas a se sentir sob ameaça e também a evitar situações que percebam como potencialmente ameaçadoras (Huppert, Foa, McNally, & Cahill, 2009). A personalidade e o estilo de enfrentamento também predizem respostas ao trauma. As pessoas mais inclinadas a ter TEPT após exposição a um trauma apresentam altos níveis de neuroticismo, negatividade, afetividade, sintomas psicológicos anteriores e história de abuso da infância

MINICASO

Transtorno de estresse pós-traumático

Nos últimos 10 anos, Steve tem sofrido de *flashbacks* nos quais revive o horror de seus 9 meses de serviço militar ativo na Guerra do Golfo. Eles ocorrem inesperadamente no meio do dia, e Steve é jogado de volta para a realidade emocional de suas experiências da guerra. Esses *flashbacks*, bem como os pesadelos que ele costuma ter, se tornaram uma fonte constante de tormento. Steve encontrou no álcool a única fuga dessas visões e da angústia que sente. Com frequência, ele rumina sobre como poderia ter feito mais para prevenir as mortes de seus companheiros soldados e sente que seus amigos, em vez dele, deveriam ter sobrevivido.

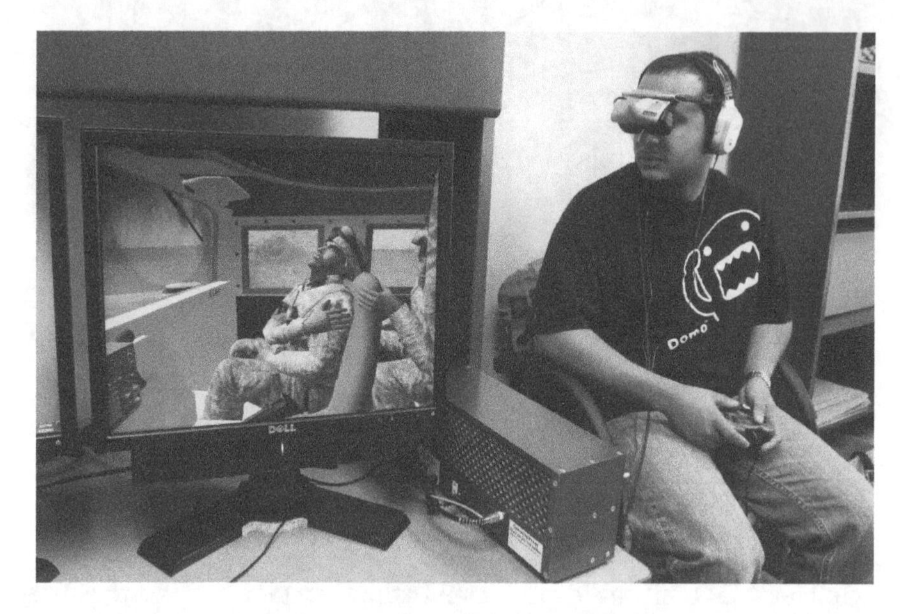

Um veterano do exército sofrendo de TEPT usa a tecnologia de realidade virtual para expor-se a imagens provocadoras de ansiedade como parte de seu tratamento em um hospital de veteranos.

(Baschnagel, Gudmundsdottir, Hawk, & Gayle Beck, 2009; Engelhard & van den Hout, 2007; Rademaker, van Zuiden, Vermetten, & Geuze, 2011).

Bárbara parece ter sido uma exceção nesse sentido; ela não parecia ter alto nível de neuroticismo, negatividade ou ter sido vítima de abuso da infância. Sua exposição prolongada a combate violento junto com a perda de sua perna pareciam explicar seu desenvolvimento do transtorno.

Considerada geralmente o tratamento psicológico mais eficaz para TEPT, a TCC combina algum tipo de exposição (*in vivo* ou imaginária) com relaxamento e reestruturação cognitiva. Entretanto, os profissionais relutam em adotar esses métodos no tratamento (Couineau & Forbes, 2011). Além disso, devido a altas taxas de desistência e falta de resposta quando esses modelos são empregados, pesquisadores estão investigando a eficácia de métodos alternativos, incluindo terapia interpessoal, repetição de mantras e terapia de aceitação e compromisso (Bomyea & Lang, 2011).

Na dessensibilização e reprocessamento por movimentos oculares (EMDR), os clínicos pedem para o cliente pensar sobre uma memória traumática enquanto se concentram no movimento rápido do dedo do profissional por 10 a 12 movimentos oculares. Embora esteja sendo usada em grau cada vez maior, a EMDR não tem eficácia associada com algum tipo de terapia de exposição (Comitê sobre Tratamento de Transtorno de Estresse Pós-traumático, 2008).

Uma visão alternativa ao TEPT vem do ponto de vista da psicologia positiva, com a proposição de que as pessoas podem crescer com a experiência do trauma. De acordo com essa abordagem, o trauma tem o potencial de permitir que os clientes encontrem interpretações positivas de suas experiências (Helgeson, Reynolds, & Tomich, 2006); particularmente benéficos podem ser os traços pessoais de otimismo e abertura a novas experiências (Zoellner, Rabe, Karl, & Maercker, 2008).

8.4 Transtornos de ansiedade, obsessivo-compulsivo e relacionados a trauma e a estressores: a perspectiva biopsicossocial

Os transtornos que abordamos neste capítulo abrangem um amplo espectro de problemas, variando de respostas específicas, aparentemente idiossincrásicas, a sentimentos difusos e indiferenciados de medo. Existem diferenças entre os transtornos nos sintomas e nas causas, mas parece haver semelhanças importantes na medida em que todos envolvem regiões do cérebro implicadas na resposta a situações temíveis ou ameaçadoras. Talvez o que determine se um indivíduo tem propensão a desenvolver um transtorno de ansiedade seja a combinação única de confluência de genética, funcionamento cerebral, experiências de vida e contexto social apresentada por cada pessoa. Entre esses transtornos, também parece haver semelhanças na abordagem de tratamento, com os métodos cognitivo-comportamentais talvez mostrando a mais alta eficácia.

Retorno ao caso: Bárbara Wilder

O terapeuta de Bárbara decidiu não usar intervenções farmacológicas, mas, em vez disso, iniciar tratamento com TCC. Primeiro, Bárbara aprendeu a contestar os pensamentos de que ainda estava em perigo a maior parte do tempo. Então, por meio de técnicas de exposição imaginária, acostumou-se a discutir suas experiências no Iraque sem provocar medo ou ansiedade, reaprendendo a associar suas memórias da guerra com relaxamento.

Além da terapia individual, o terapeuta de Bárbara sugeriu que ela participasse de terapia de grupo. Nessas sessões, ela reuniu-se por 90 minutos por semana durante 10 semanas com outros sete veteranos da Guerra do Iraque. Conseguiu falar sobre suas memórias traumáticas e dar apoio a outros veteranos enquanto eles discutiam suas experiências. Ao interagir com veteranos com quem podia se relacionar, reaprendeu como interagir com outras pessoas socialmente, o que diminuiu seus sentimentos de irritabilidade e raiva em relação aos outros em sua vida.

Um mês após iniciar seu tratamento no VA, Bárbara começou a sentir algum alívio de seus sintomas de TEPT, embora continuasse a ter pesadelos ocasionais. Usando as habilidades de enfrentamento que aprendeu na terapia, conseguiu se recuperar dos *flashbacks* e começou a participar da vida novamente. Ela teve uma recuperação física completa após receber uma prótese na perna. No período de dois meses, seu entorpecimento emocional, sua irritabilidade e os sintomas de ansiedade desapareceram por completo. Bárbara frequentemente comentava com seu terapeuta que sentia que voltara a ser "ela mesma". Vários meses mais tarde, conseguiu um emprego de meio período em uma loja de eletrônicos e inscreveu-se em um programa de MBA de meio período em uma faculdade comunitária próxima. Ela mudou-se para seu próprio apartamento, algumas quadras distante da casa de seus pais, e começou a encontrar novamente seus antigos amigos que ainda viviam por perto. Bárbara continua a frequentar o VA para terapia individual semanal, e, embora os eventos que tenha vivenciado no Iraque continuem a assombrá-la, aprendeu a conviver com as memórias e começou a se ajustar à vida civil.

Reflexões da dra. Tobin: Ficou claro em sua primeira apresentação que Bárbara exibia os sintomas clássicos de TEPT. Felizmente, ela conseguiu utilizar os recursos disponíveis para obter ajuda e alívio de seu sofrimento. O tratamento de intervenção precoce para pessoas com TEPT é fundamental para evitar o prolongamento dos sintomas para toda a vida, e Bárbara foi capaz de voltar a sua vida anterior como resultado do tratamento precoce de seu transtorno. No caso de muitos veteranos de guerra que lutaram em épocas passadas (como no Vietnã), os recursos necessários não estavam disponíveis quando voltavam para casa. Esses veteranos atualmente constituem uma grande população do sistema VA, embora as taxas de TEPT continuem a aumentar para soldados que lutam nas guerras do Iraque e do Afeganistão.

RESUMO

- Os **transtornos de ansiedade** são caracterizados pela experiência de excitação fisiológica, apreensão ou sentimentos de medo, hipervigilância, esquiva e, às vezes, um medo ou fobia específicos.
- O **transtorno de ansiedade de separação** é um transtorno da infância caracterizado por ansiedade intensa e inadequada sobre ser separado de casa ou dos cuidadores. Muitos bebês passam por uma fase do desenvolvimento na qual ficam ansiosos e agitados quando são separados de seus cuidadores. No transtorno de ansiedade de separação, essas emoções continuam por mais tempo que o adequado para a idade. Mesmo a perspectiva de separação causa ansiedade extrema. Embora pareça haver um componente genético forte para esse transtorno, os fatores ambientais também contribuem. Para crianças que necessitam de tratamento, as técnicas comportamental e cognitivo-comportamental podem ser mais eficazes. Outro transtorno da infância que tem como aspecto central a ansiedade é o **mutismo seletivo**, no qual uma criança se recusa a falar em situações específicas, como na sala de aula. Os métodos behavioristas que usam modelagem e exposição parecem ser particularmente adequados ao tratamento de crianças com essa condição.
- O **transtorno de pânico** é caracterizado por **ataques de pânico** frequentes e recorrentes – sensações intensas de medo e desconforto físico. Esse transtorno muitas vezes é comórbido com agorafobia, um transtorno novo no DSM-5. A **agorafobia** apresenta-se com ansiedade in-

tensa em torno do pensamento ou da experiência de estar em um lugar público, em particular, o **medo** de ficar preso ou de ser incapaz de escapar de um lugar público é comum. As perspectivas biológica e cognitivo-comportamental têm sido sobremaneira úteis para entender e tratar esse transtorno. Alguns especialistas explicam o transtorno de pânico como um "medo do medo" adquirido, no qual o indivíduo se torna hipersensível aos primeiros sinais de um ataque de pânico, e o medo de um ataque completo leva-o a ficar indevidamente apreensivo e esquivo de outro ataque. O tratamento com base na perspectiva cognitivo-comportamental envolve métodos como treinamento do relaxamento e **imersão *in vivo*** ou **imaginária** como forma de romper o ciclo negativo iniciado pelo medo do indivíduo de ter um ataque de pânico. Fármacos também podem ajudar a aliviar os sintomas, sendo em geral prescritos os medicamentos ansiolíticos e antidepressivos.

- **Fobias** específicas são medos irracionais de determinados objetos ou de situações específicas. Os behavioristas cognitivos afirmam que experiências de aprendizagem anteriores e um ciclo de pensamentos negativos, mal-adaptativos, causam fobias específicas. Os tratamentos recomendados pelas abordagens comportamental e cognitivo-comportamental incluem imersão, dessensibilização sistemática, imaginação, exposição *in vivo* e modelagem participante, bem como procedimentos visando mudar os pensamentos mal-adaptativos do indivíduo, tais como reestruturação cognitiva, autoafirmações de enfrentamento, interrupção do pensamento e aumentos na autoeficácia. O tratamento com base na perspectiva biológica envolve medicamento.
- **Transtorno de ansiedade social** é um medo de ser observado pelos outros ao agir de forma humilhante ou constrangedora. As abordagens cognitivo-comportamentais ao transtorno de ansiedade social consideram que o transtorno se deve a um medo irrealista de crítica, que faz esses pacientes perderem a capacidade de se concentrar em seu desempenho, em vez disso desviando sua atenção para o quanto se sentem ansiosas, o que, então, os faz cometer erros e, portanto, se tornar mais temerosos. Os métodos comportamentais que fornecem exposição *in vivo*, junto com reestruturação cognitiva e treinamento de habilidades sociais, parecem ser os mais eficazes para ajudar essas pessoas. Medicamento é o tratamento recomendado, segundo a perspectiva biológica, para casos graves desse transtorno.
- Pessoas que são diagnosticadas com **transtorno de ansiedade generalizada** têm uma série de preocupações irreais que se disseminam para várias esferas da vida. A abordagem cognitivo-comportamental a esse transtorno enfatiza a natureza irrealista dessas preocupações e o considera um ciclo vicioso. As abordagens de tratamento cognitivo-comportamental recomendam interromper o ciclo negativo de preocupação ensinando aos indivíduos técnicas que lhes permitam sentir que controlam a preocupação. O tratamento biológico enfatiza o uso de medicamento.
- No **transtorno obsessivo-compulsivo**, os indivíduos desenvolvem obsessões ou pensamentos dos quais não conseguem se livrar e **compulsões**, que são comportamentos irresistíveis, repetitivos. Um entendimento cognitivo-comportamental desse transtorno considera os sintomas o produto de uma associação aprendida entre ansiedade e os pensamentos ou atos, os quais temporariamente podem produzir alívio da ansiedade. Uma série de evidências apoia uma explicação biológica do transtorno, com a pesquisa mais recente sugerindo que ele esteja associado com um excesso de serotonina. O tratamento com medicamentos, como clomipramina, parece ser eficaz, embora os métodos cognitivo-comportamentais que envolvem exposição e interrupção do pensamento também sejam bastante eficazes. **Transtorno dismórfico corporal, acumulação, tricotilomania (transtorno de arrancar o cabelo)** e **transtorno de escoriação (*skin-picking*)** são agrupados com o TOC no DSM-5.
- Indivíduos que são expostos a traumas ou a estressores podem desenvolver um conjunto de transtornos. O DSM-5 inclui nesse grupo alguns que estavam originalmente na categoria de transtornos de ansiedade traumáticos e relacionados a estressores, incluindo os de estresse pós-traumático e de estresse agudo junto com os da infância **transtorno de apego reativo** e **transtorno de interação social desinibida**. Esse conjunto de transtornos impõe, como critério diagnóstico, a condição de que haja um evento real que precipite os sintomas. Crianças com transtorno de apego reativo têm perturbações graves na forma como se relacionam com os outros e são emocionalmente retraídas e inibidas. Em contrapartida, aquelas com transtorno do envolvimento social desinibido apresentam comportamento inadequado do ponto de vista cultural, excessivamente familiar, com pessoas que são relativos estranhos. Esses dois transtornos são encontrados em crianças que vivenciaram negligência social por meio de mudanças repetidas de cuidadores primários ou que foram criadas em instituições com proporções altas de criança por cuidador. A pesquisa indica que crianças com esses transtornos continuam a ter problemas mesmo se suas circunstâncias melhorarem.
- No **transtorno de estresse pós-traumático**, o indivíduo é incapaz de recuperar-se da ansiedade associada com um evento de vida traumático, tal como uma tragédia ou um desastre, um acidente ou a participação em combate. As consequências do evento traumático incluem *flashbacks*, pesadelos e pensamentos intrusivos que se alternam com tentativas do indivíduo de negar até mesmo a ocorrência do evento. Algumas pessoas vivenciam uma resposta mais breve, mas muito perturbadora, a um evento traumático; essa condição, chamada de **transtorno de estresse agudo**, dura de 2 dias a 4 semanas e envolve os tipos de sintomas que indivíduos com TEPT vivenciam durante um período de tempo muito mais longo. As abordagens cognitivo-comportamentais consideram o transtorno o resultado de pensamentos negativos e mal-adaptativos sobre o próprio papel na causa dos eventos traumáticos, de sentimentos de ineficácia e isolamento dos outros e de uma perspectiva negativa sobre a vida como consequência da experiência. O tratamento pode envolver ensinar a pessoas com TEPT novas habilidades de enfrentamento, de modo a possibilitar que lidem com o estresse de maneira mais eficaz e reestabeleçam laços sociais com outras pessoas que possam fornecer apoio contínuo. Uma combinação de técnicas como, por exemplo, terapia de apoio e manejo do estresse, imersão imaginária e dessensibilização geralmente é útil.

TERMOS-CHAVE

Acumulação 204
Agorafobia 194
Ansiedade 186
Ataque de pânico 194
Compulsão 199
Exposição gradual 192
Fobia 190
Fobia específica 190
Imersão 191
Imersão imaginária 191
Imersão *in vivo* 191
Interrupção do pensamento 192
Medo 187
Mutismo seletivo 188
Obsessão 199
Reações de medo condicionadas 195
Teoria da sensibilidade à ansiedade 194
Terapia de controle do pânico (TCP) 197
Transtorno de ansiedade de separação 187
Transtorno de ansiedade generalizada 198
Transtorno de ansiedade social 192
Transtorno de apego reativo 207
Transtorno de escoriação (*skin-picking*) 207
Transtorno de estresse agudo 208
Transtorno de estresse pós-traumático (TEPT) 208
Transtorno de interação social desinibida 207
Transtorno de pânico 194
Transtorno dismórfico corporal (TDC) 202
Transtorno obsessivo-compulsivo (TOC) 199
Transtornos de ansiedade 186
Treinamento do relaxamento 195
Tricotilomania (transtorno de arrancar o cabelo) 205

Transtornos Dissociativos e de Sintomas Somáticos

SUMÁRIO

Objetivos de aprendizagem

9.1 Especificar os sintomas dos transtornos dissociativos.

9.2 Identificar os sintomas e os tratamentos de transtornos de sintomas somáticos.

9.3 Reconhecer os fatores psicológicos que afetam outras condições médicas.

9.4 Explicar a perspectiva biopsicossocial para os transtornos dissociativos e de sintomas somáticas.

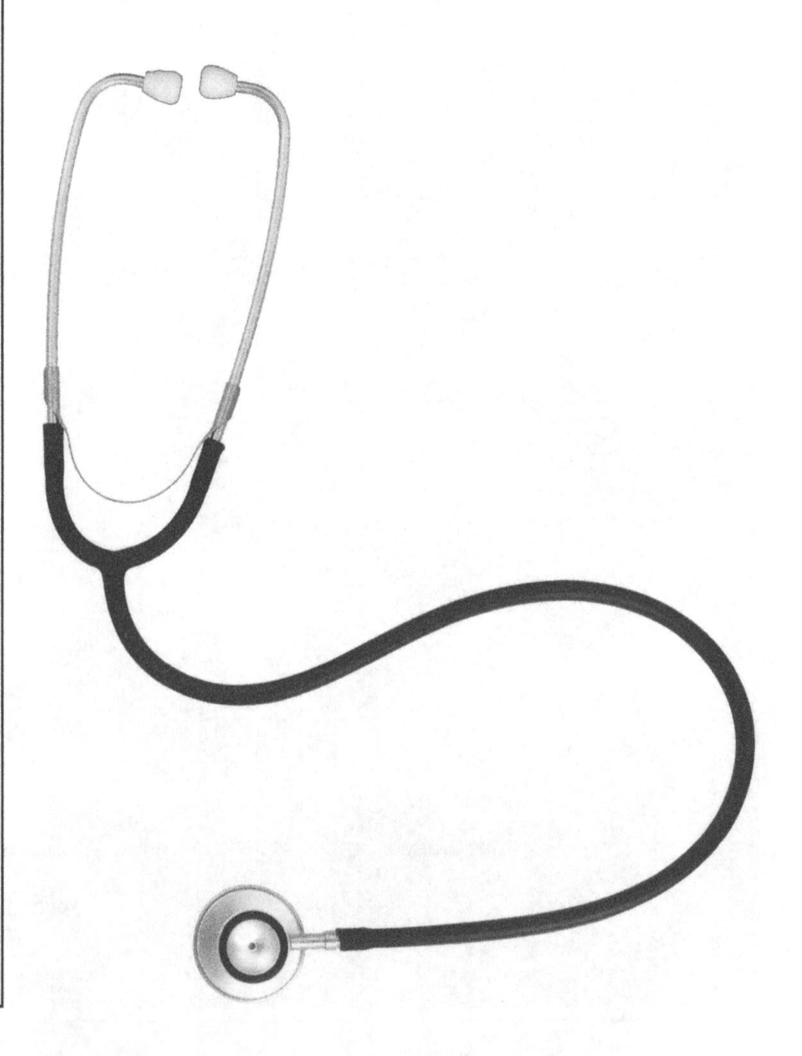

Relato de caso: Rose Marston

Informação demográfica: Mulher caucasiana de 37 anos.

Problema apresentado: Rose foi encaminhada para uma avaliação psicológica por seu médico, dr. Stewart, que ficou preocupado com o fato de que ela pudesse estar sofrendo de sintomas de um transtorno psicológico. No ano anterior, Rose havia marcado consultas semanais com o dr. Stewart, entre outros médicos, devido a sua preocupação de que estivesse sofrendo de uma condição física grave. Entretanto, o dr. Stewart não foi capaz de detectar qualquer doença ou síndrome real que possam ter causado as dores de estômago frequentes de que Rose se queixava. Durante a avaliação, Rose relatou que estava insatisfeita com a insistência do dr. Stewart de que ela não estava sofrendo de uma condição física e consultou outros profissionais da saúde, como médicos homeopatas e até mestres de reiki. Admitiu esperar que um deles descobrisse que ela sofria de uma condição médica diagnosticável, e muitos até sugeriram que passasse por uma avaliação psicológica, o que recusou. Ela finalmente concordou com a recomendação após muita insistência do dr. Stewart.

Rose contou que tinha perdido seu emprego recentemente após alegar estar doente quase todos os dias durante os últimos três meses. Declarou que achava mais importante gastar seu tempo consultando médicos e também que preferia não sair de casa por medo de exacerbar seus sintomas. Disse que ficava angustiada pela quantidade de tempo que tinha passado se preocupando com sua dor de estômago, mas também era oprimida por sentimentos de culpa se não dirigisse suas atividades para tentar determinar a causa desses sintomas físicos. Descreveu que seus sintomas começaram como uma leve irritação estomacal e que, durante o ano anterior, tinham aumentado a ponto de seu estômago lhe causar dor constante e intensa. Relatou ter tentado diversos medicamentos, todos sem sucesso.

Ao longo da avaliação, ela declarou que se sentia "devastada" sobre como sua preocupação com seus sintomas físicos tinha interferido em sua vida, mas achava que precisava se focar em encontrar um diagnóstico. Além de perder o emprego, seu namorado de dois anos tinha recentemente terminado o relacionamento, e ela admitia que tinha se distanciado dele desde que suas preocupações com seus sintomas físicos começaram. Achava, além disso, que a preocupação com seus sintomas físicos obscureciam quaisquer pensamentos sobre seu relacionamento.

O médico que conduziu a avaliação pediu para Rose descrever quaisquer estressores maiores recentes em sua vida, e ela relatou que tinha perdido seu tio favorito, que morrera de câncer no ano anterior. Quando mencionou essa perda, ela imediatamente começou a chorar e admitiu que sentia nunca ter lamentado a morte do tio e, em vez disso, ter afastado seus sentimentos em relação ao falecimento dele a maior parte do tempo.

Após a avaliação, o médico entrou em contato com o dr. Stewart para consultar sobre seu caso, com o que Rose tinha concordado ao assinar uma liberação de informação. O dr. Stewart disse ao médico que os sintomas físicos de Rose pareciam ser indicativos de uma intolerância tardia a lactose, mas que ela tinha se recusado a aceitar esse diagnóstico. Seus sintomas podem ter piorado como resultado de ela não ter obtido o tratamento adequado. O dr. Stewart também comentou que ela parecia estar agindo de forma muito diferente desde a morte de seu tio.

História relevante: Rose tinha consultado anteriormente um psiquiatra por depressão antes dos 30 anos. A depressão começou após sua formatura na faculdade e variou em gravidade até ela ter sofrido um episódio tão intenso a ponto de pensar em suicídio. Ela tinha recebido um tratamento eficaz com antidepressivos. Na época da avaliação, Rose não estava tomando qualquer medicamento psiquiátrico há cerca de cinco anos porque achou que o tratamento anterior com medicamento tinha sido tão eficaz que podia ser interrompido.

Formulação de caso: Rose satisfaz os critérios para transtorno de sintomas somáticos, moderado a grave, com dor predominante. Esse diagnóstico é baseado em sua ansiedade excessiva em resposta a seus sintomas físicos, a ponto de sua vida ter sofrido um impacto significativo (i.e., perda do emprego e do relacionamento romântico). Suas preocupações sobre seus sintomas são persistentes e desproporcionais à gravidade real deles, e sua recusa em aceitar um diagnóstico leve de intolerância a lactose satisfaz os critérios para os sintomas desse transtorno. A ansiedade em relação a seus sintomas é grave e persistente (durando mais de seis meses), e ela tem lhes dedicado uma quantidade de tempo e energia objetivamente excessiva. Os sintomas de Rose podem ter originado do sofrimento causado pela morte de seu tio, devido a seu relato de que tinha evitado processar sua reação.

Plano de tratamento: Após a avaliação e a consulta com o dr. Stewart, o médico encaminhou Rose para um terapeuta especializado em tratamento cognitivo-comportamental para transtornos somáticos. Nessa abordagem baseada em evidência, o terapeuta de Rose deve se concentrar em avaliar suas preocupações excessivas a respeito de sua condição física com reestruturação cognitiva e também com estratégias comportamentais a fim de aumentar seu engajamento às recomendações do dr. Stewart para melhorar seus sintomas físicos.

Sarah Tobin, PhD

9.1 Transtornos dissociativos

A mente humana parece capaz de dissociar, ou separar, as funções mentais. Você pode pensar intensivamente sobre um problema enquanto pratica sua corrida, talvez nem mesmo percebendo que correu um quilômetro sem ter consciência do ambiente ao redor. Nos transtornos dissociativos, a separação das funções mentais ocorre em um grau muito mais extremo. Os transtornos dissociativos levantam questões intrigantes sobre as formas como o sentido de identidade (*self*) das pessoas evolui ao longo do tempo; a memória e o sentido de realidade podem se tornar fragmentados. Em contrapartida, os transtornos de sintomas somáticos, que são discutidos posteriormente neste capítulo, levantam questões sobre a relação mente-corpo.

Principais formas de transtornos dissociativos

Em geral, admitimos como certa a ideia de que cada indivíduo tem uma personalidade e um sentido de identidade (*self*). Entretanto, no **transtorno dissociativo de identidade (TDI)**, parece que o indivíduo desenvolveu mais de uma personalidade com sua identidade associada. Cada personalidade separada parece ter suas próprias formas características de perceber, de se relacionar e de pensar. Por definição, as pessoas com TDI têm pelo menos duas identidades distintas e, quando habitam uma identidade, não têm consciência de que também habitam a outra. Como resultado, suas experiências não têm continuidade. Elas têm grandes lacunas em memórias importantes sobre si mesmas e suas vidas. Podem esquecer acontecimentos cotidianos comuns, mas também experiências de natureza traumática que tiveram, tal como vitimização ou abuso.

transtorno dissociativo de identidade (TDI) Transtorno dissociativo, anteriormente denominado transtorno da personalidade múltipla, no qual um indivíduo desenvolve mais de uma identidade ou personalidade.

As pessoas com **amnésia dissociativa** são incapazes de lembrar informações sobre um acontecimento ou conjunto de acontecimentos em suas vidas. Sua amnésia não se deve a esquecimento comum, contudo. O que elas costumam esquecer é um acontecimento específico de suas vidas, sobretudo aqueles de natureza traumática ou estressante. A amnésia delas pode envolver um estado de fuga no qual viajam ou perambulam sem saber sua identidade.

amnésia dissociativa Incapacidade de lembrar detalhes pessoais e experiências importantes; geralmente está associada com acontecimentos traumáticos ou muito estressantes.

MINICASO

Transtorno dissociativo de identidade

Myra é uma mulher jovem, solteira, que trabalha como vendedora em uma grande livraria. Ela mora sozinha, não tem vida social e sai apenas para ver seus parentes; veste-se de maneira conservadora, que seus colegas ridicularizam como hipócrita. Em sua adolescência, envolveu-se em um relacionamento íntimo com um homem de meia-idade que era bastante abusivo. Embora os outros a alertassem sobre esse relacionamento perturbado, Myra alega que não tem lembrança dessa pessoa e até se pergunta às vezes se os outros não inventaram a história para aborrecê-la. Aos 25 anos, diz que está se guardando sexualmente para o casamento, todavia demonstra total desinteresse em buscar qualquer relacionamento íntimo com homens. Até agora, isso descreve Myra como seus amigos e familiares a conhecem. Entretanto, *alter egos* residem dentro do corpo de Myra, e eles têm outros nomes e se comportam de formas totalmente incongruentes com a personalidade de "Myra". "Rita" é extravagante, extrovertida e desinibida em suas paixões sexuais.Envolveu-se em inúmeros casos amorosos com uma variedade de personagens repugnantes que pegava em cabarés e discotecas. "Rita" tem consciência de "Myra" e a considera com extremo desprezo. Uma terceira personalidade, "Joe", ocasionalmente surge do apartamento de Myra. Vestido com um terno masculino completo, "Joe" vai ao centro fazer compras. De acordo com "Joe", "Rita" não passa de uma "cadela", que vai se meter em "grandes apuros algum dia", Os *alter egos* de Myra são alheios aos detalhes de sua vida.

Sua percepção comum de quem você é envolve saber que vive dentro de seu próprio corpo. A **despersonalização** é a condição na qual as pessoas sentem que estão separadas de seu corpo. Elas podem ter experiências de irrealidade, como se fossem um observador externo, ou de embotamento emocional ou físico. A **desrealização** é uma condição na qual as pessoas têm um sentido de irrealidade ou separação de seu ambiente. O **transtorno de despersonalização/desrealização** é uma condição na qual as pessoas têm uma ou ambas as experiências de despersonalização e desrealização.

despersonalização
Condição na qual as pessoas se sentem separadas de seu próprio corpo.

desrealização
Condição na qual as pessoas têm um sentido de irrealidade ou separação de seu ambiente.

transtorno de despersonalização/desrealização
Transtorno dissociativo no qual o indivíduo vivencia episódios recorrentes e persistentes de despersonalização.

Teorias e tratamento de transtornos dissociativos

Acontecimentos traumáticos podem levar pessoas a vivenciar uma separação de suas experiências conscientes, do sentido de identidade (*self*) ou de sentimentos de continuidade ao longo do tempo. No desenvolvimento normal, as pessoas integram as percepções e as memórias que têm de si mesmas e de suas experiências. Em um transtorno dissociativo, o indivíduo está tentando bloquear ou separar da consciência acontecimentos que causaram extrema dor psicológica, quando não física.

Indivíduos com transtorno dissociativo de identidade aprenderam a lidar com circunstâncias de vida extremamente estressantes por meio da criação de personalidades "alternativas" as quais controlam de forma inconsciente seu pensamento e comportamento quando eles vivenciam estresse.

HISTÓRIAS REAIS

Herschel Walker: Transtorno dissociativo de identidade

"Ao olhar para trás, apenas agora posso ver que eu estava fugindo de alguma coisa que nem sequer podia começar a nomear."

Herschel Walker talvez seja um dos jogadores profissionais de futebol americano mais bem-sucedidos de todos os tempos. Ele recebeu o prestigiado Troféu Heisman em seu primeiro ano de faculdade, na Universidade da Georgia, e jogou 11 temporadas na Liga Nacional de Futebol Americano (NFL). Embora Herschel seja famoso por seus talentos no campo, as dificuldades que enfrentou na infância quase o impediram de atingir qualquer uma das conquistas que acumulou ao longo dos anos. Ao desenvolver personalidades alternativas quando jovem, ele foi capaz de superar os desafios em sua vida e alcançar imenso sucesso como atleta profissional. Usando essas personalidades alternativas para enfrentar situações estressantes, finalmente perdeu sua capacidade de controle quando seus "*alter egos*" assumiam sua identidade regular e, em 2001, foi diagnosticado com transtorno dissociativo de identidade (TDI). Em sua autobiografia, *Breaking Free: My Life with Dissociative Identity Disorder*, Herschel revela os desafios que enfrentou e continua a enfrentar em sua vida pessoal devido a sua luta contra o TDI. No livro, relata os momentos importantes de sua vida e como eles foram afetados por seu transtorno. Ele diferencia sua experiência com o TDI de exemplos mais populares na mídia. Por exemplo, seus *alter egos* não têm outro nome nem falam ou se vestem de forma diferente. Ele admite que seu caso é leve quando comparado a outros. Na verdade, afirma que as pessoas nem mesmo percebiam quando estava em um estado alterado. Ele transformava sua personalidade no momento.

Herschel nasceu em 1962, em Wrightsville, Georgia, um dos sete filhos de pais operários. Quando criança, lutou contra um problema de peso e uma gagueira grave que o tornava quase incapaz de falar com os outros por medo do ridículo e de constrangimento. Recorda ter sido importunado e intimidado todos os dias na escola por seus colegas. Era tão torturado por seu impedimento de fala que frequentemente tinha medo de falar em classe, ainda que fosse um aluno estudioso e gostasse de aprender. Embora descreva sua família como carinhosa e apoiadora, tinha dificuldades para se aproximar dela em busca de apoio emocional. Também sofria de um medo debilitante de ficar no escuro como resultado de visões e pesadelos assustadores que tinha quando tentava dormir. A fim de encontrar um sentido de alívio da ansiedade, Herschel se retirava para um mundo de fantasia no qual se sentia seguro e protegido de qualquer dano que seus medos pudessem lhe causar. Ele não contava essas dificuldades que enfrentava a pessoa alguma e, em vez disso, desenvolveu várias personalidades (ou *alter egos*) em sua mente para lidar com as provocações e intimidações que estava enfrentando. Essas personalidades assumiam aquelas características que ele achava não possuir a fim de lidar com os constantes constrangimentos e a tortura emocional.

Em *Breaking Free*, Herschel descreve como esse sistema de enfrentamento o modificou. "Quando a escolha que fazia para lidar com a dor funcionava, eu a usava novamente quando um tipo semelhante de situação ameaçadora ocorria. Por meio de repetição, o hábito de uma outra identidade assumir o comando tornou-se uma rotina, e o cérebro é uma máquina maravilhosamente eficiente que consegue levar qualquer processo em que você esteja envolvido – de dirigir um carro a caminhar para nos afastarmos de comentários negativos nocivos – do nível consciente para o subconsciente. Isso era o que o TDI fazia por mim, e, por estar crescendo, eu não tinha consciência do que estava fazendo."

No ensino médio, Herschel se esforçou muito nos estudos, ganhando os prêmios mais importantes em sua escola. Também começou a se esforçar nos esportes, correndo vários quilômetros por dia e entrando para as equipes de futebol e de atletismo da escola. Perdeu o peso que causava a

Herschel Walker, uma lenda do futebol americano, escreveu um livro, *Breaking Free: My Life with Dissociative Identity Disorder*, no qual relata não lembrar da temporada em que ganhou o Troféu Heisman, muito menos do dia da cerimônia.

provocação de seus colegas e finalmente superou o impedimento de fala. Ele destacava-se tanto no atletismo como no futebol, embora sua força e coragem no campo de futebol chamassem mais atenção dos recrutadores das faculdades. Com muitas ofertas, Herschel decidiu frequentar a Universidade da Geórgia, ajudando sua escola a ganhar o Campeonato Nacional em seu primeiro ano. No mesmo ano, recebeu o prestigiado Troféu Heisman. Em vez de continuar e terminar seu último ano de faculdade, entrou para uma nova liga de futebol profissional que rivalizava com a NFL, a United States Football League. Também se casou com sua namorada da faculdade. Herschel jogou com a liga por duas temporadas antes de ela se dissolver e, então, foi selecionado para o Dallas Cowboys. Ele jogou em quatro times diferentes ao longo de sua carreira de 11 temporadas na NFL. Durante todo o tempo, seu TDI o ajudou a enfrentar os muitos desafios – tanto físicos como emocionais – que vieram junto com sua carreira. Sempre que enfrentava estresse ou dor, seus *alter egos* assumiam o controle. "Meus *alter egos* funcionavam como um tipo de comunidade, me apoiando... Eu não queria vivenciar o tipo de depressão que conheci quando criança", ele escreve em *Breaking Free*, "então me tornei um tipo de escavadeira emocional – uma máquina, uma força poderosa, alguma coisa que você gira a chave, liga o motor, engata uma marcha. A máquina vai, quase sempre para a frente, nivelando os altos e baixos do terreno que cruza em um plano, liso, regular, indefinido".

Entretanto, seus *alter egos* nem sempre o ajudavam a enfrentar os problemas de forma positiva. Eles com frequência mantinham suas emoções a distância, impedindo-o de ficar próximo dos colegas de time e das pessoas queridas – especialmente de sua esposa. Muitas vezes, era incapaz de lembrar certos episódios de sua vida quando seus *alter egos* entravam em cena. Foi apenas quando seu casamento e sua vida em geral começaram a desmoronar que ele percebeu que precisava de ajuda. Ainda que seu casamento nunca tenha se recuperado, Herschel começou a colocar sua vida em ordem em 2001, após procurar ajuda de um amigo psicólogo, o dr. Jerry Mungadze, na Unidade de Transtornos Dissociativos e Relacionados a Trauma no Cedars Hospital em DeSoto, Texas. Ele foi diagnosticado com TDI e iniciou um tratamento intensivo, que o ajudou a identificar e obter o controle sobre seus *alter egos*, formando uma identidade inteira coesa a partir das identidades separadas que tinha mantido a maior parte de sua vida.

Desde então, Herschel iniciou uma carreira nas artes marciais mistas e recentemente apareceu em uma temporada do *Celebrity Apprentice* com Donald Trump. Ele vive em Dallas, Texas, e com frequência dá palestras motivacionais para pessoas que foram diagnosticadas com TDI. Em *Breaking Free*, Herschel escreve: "espero que meu legado seja mais do que as minhas realizações no campo de futebol e no atletismo. Prefiro ser lembrado por abrir meu coração e compartilhar minha experiência com o TDI de modo que outros possam entender essa condição".

Os terapeutas, apesar de tudo, enfrentam a assustadora tarefa de diagnosticar e tratar os sintomas dissociativos de um indivíduo. Em primeiro lugar, devem determinar se a condição é real ou falsificada (intencional ou involuntariamente). As pessoas podem simular um transtorno dissociativo de forma deliberada para obter atenção ou evitar punição. Elas podem de modo inconsciente desenvolver um desses transtornos, entretanto, porque estão buscando atenção por terem o tipo de diagnóstico de que tratam alguns filmes (p. ex., ou *Sybill* ou *As três faces de Eva)*.

MINICASO

Amnésia dissociativa com fuga dissociativa

Em transe, Norma entrou no centro de atendimento de crises de saúde mental, as lágrimas escorrendo pelo rosto. "Eu não tenho ideia de onde moro ou de quem sou! Por favor, alguém pode me ajudar?" A equipe do centro ajudou-a a vasculhar sua bolsa, mas não pode encontrar algo além de uma fotografia de uma menininha de cabelos louros. Norma parecia exausta e foi levada para um leito, no qual logo adormeceu. A equipe do centro chamou a polícia local para descobrir se havia um informe de pessoa desaparecida. Como se descobriu, a menininha na fotografia era a filha de Norma, que tinha sido atropelada por um carro no estacionamento de um *shopping center*. Embora muito ferida e com uma perna quebrada, a criança estava repousando confortavelmente na ala pediátrica de um hospital. Sua mãe, porém, tinha desaparecido. Parece que ela tinha vagado por várias horas, deixando sua carteira e outros documentos de identificação com a assistente social na emergência do hospital. Quando acordou, Norma conseguiu lembrar quem era e as circunstâncias do acidente, mas não lembrava coisa alguma do que tinha acontecido desde então.

Você decide

Transtorno dissociativo de identidade

A possibilidade de que um indivíduo possa não ser responsável por ações cometidas enquanto outras personalidades estão no controle do seu comportamento leva a questões legais fascinantes. Naturalmente, em teoria, é possível que um dos *alter egos* cometa um crime sem que os outros, ou mesmo o hospedeiro, estejam conscientes ou no controle. Contudo, é óbvio que condenar um *alter ego* significa que o hospedeiro (junto com todos os outros *alter egos*) também será colocado na prisão. Em outro nível, entretanto, a questão diz respeito à definição legal de insanidade. Um sujeito com transtorno dissociativo de identidade é capaz de controlar sua própria mente se parte dela se dividiu e está agindo de modo independente?

Existem três possíveis abordagens para defender um cliente que legitimamente tem esse diagnóstico. Na abordagem "*alter ego* no controle", o réu alega que uma personalidade alternativa estava no controle no momento do crime. Na abordagem "cada *alter ego*", a acusação deve determinar se cada uma das personalidades satisfaz o padrão de insanidade. Já na abordagem "hospedeiro-*alter ego*", a questão é se a personalidade hospedeira satisfaz o padrão de insanidade.

O transtorno dissociativo de identidade raras vezes é bem-sucedido como defesa legal depois de um clamor público que houve após a decisão, em 1974, de que o estuprador em série Billy Milligan era insano devido a ausência de uma personalidade integrada (Estado vs. Milligan, 1978). Desde então, os casos tiveram uma variedade de desfechos, variando do julgamento de que personalidades múltiplas não impedem a responsabilidade criminal (Estado vs. Darnall, 1980) à regra de que personalidades alternativas não são uma desculpa para a incapacidade de distinguir o certo do errado (Estado vs. Jones, 1998). Os tribunais norte-americanos julgaram dois casos mais recentes nos Estados de Washington (Estado vs. Greene, 1998) e West Virginia (Estado vs. Lockhart, 2000) com base na falta de evidência científica e/ou padrões de confiabilidade adequados para o diagnóstico do transtorno (Farrell, 2010). A questão-chave para os psicólogos e psiquiatras forenses é determinar a diferença entre simulação e transtorno real (Farrell, 2011).

Existem, hoje, dois instrumentos disponíveis para auxiliar no diagnóstico correto. A Entrevista Clínica Estruturada para Transtornos Dissociativos-Revisada do DSM-IV (SCID-D-R) (Steinberg, 1994; ver Tab. 9.1), que a profissão tem padronizado rigorosamente, inclui estruturação, apresentação e pontuação cuidadosa das questões. Os profissionais que desenvolveram e conduziram pesquisas sobre esse instrumento enfatizam que apenas médicos e avaliadores experientes que entendem as questões do diagnóstico e do tratamento dos transtornos dissociativos devem administrá-lo.

O DSM-5 considera válido o diagnóstico do transtorno dissociativo de identidade. Os precedentes criados por julgamentos de que o diagnóstico não é admissível devido a falha em satisfazer os padrões científicos, portanto, podem ser derrubados ao longo do tempo. Apesar de tudo, esse diagnóstico é, na melhor das hipóteses, desafiador e potencialmente fácil de falsificar, sobretudo se um profissional de forma inadvertida plantar a ideia de usar o diagnóstico como defesa.

P: *Você decide:* O transtorno dissociativo de identidade deve ser considerado admissível em casos criminais? Por quê?

Em casos verdadeiros de transtorno dissociativo, quando os sintomas não parecem falsificados, o consenso atual é que esses indivíduos foram submetidos a trauma emocional ou físico. Um grande estudo ambulatorial psiquiátrico demonstrou que pessoas com sintomas dissociativos tinham altas taxas de prevalência de abuso físico e sexual na infância (Foote, Smolin, Kaplan, Legatt, & Lipschitz, 2006). Entretanto, muitas pessoas sem um transtorno dissociativo podem pensar em acontecimentos traumáticos de sua infância (Kihlstrom, 2005). Seguindo a mesma ordem de ideias, as experiências traumáticas na infância podem levar a outros tipos de transtornos; portanto, por que alguns indivíduos expostos a trauma desenvolvem um transtorno dissociativo, mas outros não?

TABELA 9.1 Itens da SCID-D-R

Escala	Itens
Amnésia	Você já sentiu como se houvesse grandes lacunas em sua memória?
Despersonalização	Você já sentiu que estava observando a si mesmo(a) de um ponto fora de seu corpo, como se estivesse se vendo a distância (ou assistindo a um filme de você mesmo(a)? Você já sentiu como se uma parte do seu corpo ou todo o seu ser lhe fosse estranho? Você já sentiu como se fosse duas pessoas diferentes, uma seguindo os movimentos da vida e a outra parte observando silenciosamente?
Desrealização	Você já sentiu como se ambientes ou pessoas que lhe são familiares parecessem desconhecidos ou irreais? Você já se sentiu confuso(a) quanto ao que é real e irreal em seu ambiente? Você já sentiu como se seu ambiente ou outras pessoas estivessem se desvanecendo?
Confusão de identidade	Você já sentiu como se houvesse uma luta acontecendo em seu interior? Você já se sentiu confuso quanto a quem é?
Alteração de identidade	Você já agiu como se fosse uma pessoa completamente diferente? Outras pessoas já lhe disseram que você parece uma pessoa diferente? Você já se encontrou de posse de coisas (p. ex., sapatos) que lhe pertencem, mas que não pode lembrar como as conseguiu?

FONTE: Steinberg, 1994.

Supondo que as pessoas com transtornos dissociativos estejam reagindo a traumas com sintomas dissociativos, a principal meta do tratamento será integrar as partes discrepantes dentro da consciência de si mesmo, da memória e do tempo da pessoa. Os clínicos podem utilizar hipnoterapia para ajudar os clientes a lembrar as experiências traumáticas que parecem ter causado a dissociação. Gradualmente, por meio de sugestão pós-hipnótica, os clientes podem ser capazes de trazer aquelas experiências de volta

MINICASO

Transtorno de despersonalização/desrealização

Robert entrou no consultório do psiquiatra em um estado de extrema agitação, quase em pânico. Ele descreveu a natureza aterrorizante de seus "ataques de nervos", que começaram vários anos atrás, mas que agora alcançavam proporções catastróficas. Durante esses "ataques", ele sente como se estivesse flutuando no ar, acima de seu corpo, observando tudo o que faz, mas se sentindo totalmente desconectado de suas ações. Relata que sente como se seu corpo fosse uma máquina controlada por forças externas: "Eu olho para minhas mãos e meus pés e me pergunto o que os faz se moverem". Entretanto, os pensamentos de Robert não são delírios. Está consciente de que suas percepções alteradas não são normais. O único alívio que experimenta de seus sintomas vem quando atinge a si mesmo com um objeto pesado até que a dor finalmente penetre em sua consciência. Seu medo de ferir-se com gravidade aumenta sua principal preocupação de que esteja perdendo a razão.

à consciência. De maneira alternativa, os profissionais podem usar técnicas cognitivo--comportamentais para ajudá-los a desenvolver um sentido coerente de si mesmos e de suas experiências. Os clientes que dissociam experiências traumáticas podem se beneficiar do questionamento daquelas suposições centrais arraigadas sobre si mesmos que estejam contribuindo para seus sintomas. Por exemplo, eles podem acreditar que são responsáveis por seu abuso, que é errado demonstrar raiva de seus abusadores ou que não podem lidar com suas memórias dolorosas.

O tratamento de condições dissociativas com frequência envolve não apenas esses transtornos propriamente ditos, mas também aqueles do humor, de ansiedade e de estresse pós-traumático associados.

9.2 Transtornos de sintomas somáticos e transtornos relacionados

sintomas somáticos
Sintomas envolvendo problemas físicos e/ou preocupações sobre sintomas médicos.

No grupo de transtornos em que os **sintomas somáticos** são proeminentes, as pessoas vivenciam problemas físicos e/ou preocupações sobre sintomas médicos. O termo "somático" vem da palavra grega "soma", que significa corpo. Os transtornos de sintomas somáticos são de natureza psicológica, porque, embora possam ou não ter uma condição médica diagnosticada, as pessoas com esses transtornos buscam tratamento tanto para seus sintomas físicos como para comportamentos, pensamentos e sentimentos angustiantes associados. Mesmo esses transtornos sendo relativamente raros, até 23% das pessoas com sintomas sem uma explicação clínica que buscam tratamento médico podem ter um transtorno de sintomas somáticos (Steinbrecher, Koerber, Frieser, & Hiller, 2011). Por exemplo, em mais de metade dos pacientes encaminhados a cardiologistas por palpitações cardíacas ou dor no peito, não é encontrada, ao exame físico, qualquer doença cardíaca (Jonsbu et al., 2009).

Os transtornos nesta categoria são fascinantes, em particular quando nos fazem pensar sobre a interação complexa entre mente e corpo. Além disso, nos fazem perceber que nem sempre podemos entender completamente o papel das condições físicas na contribuição para sintomas psicológicos. Esses transtornos também têm uma história intrigante, visto que entre eles estavam antecedentes de casos centrais para que Freud reconhecesse o papel da mente inconsciente na personalidade.

Indivíduos com transtorno de sintomas somáticos sofrem de perturbações físicas que vão além do que pode ser explicado por uma condição médica.

Transtorno de sintomas somáticos

As pessoas com **transtorno de sintomas somáticos** têm sintomas físicos que podem ou não ser explicados por uma condição médica; elas também têm pensamentos, sentimentos e comportamentos mal-adaptativos. Esses sintomas perturbam suas vidas diárias. Os indivíduos com esse transtorno pensam em um grau desproporcional sobre a seriedade de seus sintomas, sentem-se extremamente ansiosos em relação a eles e gastam uma grande quantidade de tempo e energia preocupando-se com os sintomas ou com sua saúde.

O transtorno de sintomas somáticos é bastante raro, mas está presente com frequência mais alta que o esperado entre pacientes que buscam tratamento para dor crônica (Reme, Tangen, Moe, & Eriksen, 2011). Em um pequeno número de casos, o indivíduo sofre de uma condição médica diagnosticável, mas suas queixas são muito superiores ao que em geral seria associado a ela, e seu nível de prejuízo também é muito mais extremo. Embora possa parecer que as pessoas com esse diagnóstico estejam fabricando os sinto-

MINICASO

Transtorno de sintomas somáticos, com dor predominante

Helen, uma mulher de 29 anos, está buscando tratamento porque seu clínico disse que não havia mais nada que pudesse fazer por ela. Quando indagada sobre seus problemas físicos, ela recitou uma ladainha de queixas, incluindo episódios frequentes em que não podia lembrar o que lhe tinha acontecido e outras vezes em que sua visão ficava tão enevoada que não podia ler as palavras em uma página impressa. Helen gosta de cozinhar e de fazer coisas em casa, mas fica facilmente cansada e com falta de ar sem razão aparente. Com frequência não consegue comer as refeições elaboradas que prepara, porque fica nauseada e propensa a vomitar qualquer comida com mesmo uma pitada de tempero. De acordo com seu marido, ela perdeu todo o interesse pela intimidade sexual, e eles têm relações apenas cerca de uma vez a cada poucos meses, em geral por insistência dele. Helen queixa-se de câimbras dolorosas durante seus períodos menstruais e, em outras ocasiões, diz sentir que seu "interior está em fogo". Devido a outras dores nas costas, nas pernas e no peito, ela deseja ficar na cama a maior parte do dia. Helen vive em uma casa vitoriana grande e antiga, da qual se aventura a sair apenas raramente "porque preciso me deitar quando minhas pernas doem".

mas de modo intencional, na verdade elas não estão conscientemente sintonizadas às formas de expressão física desses problemas psicológicos.

Os clientes também podem vivenciar dor em tal grau que suas vidas são consumidas pela busca de alívio. Uma condição médica diagnosticável pode existir, mas o clínico não considera que ela justifique a quantidade e a natureza da dor. Também há clientes com transtornos dolorosos para os quais não existe qualquer condição médica diagnosticável. Como resultado de seus sintomas, pessoas cujo sintoma principal é a dor podem se ver em uma busca de alívio interminável, gastando tempo e dinheiro consideráveis à procura de uma cura, mas incapazes de encontá-la porque não há causa física aparente.

transtorno de sintomas somáticos
Transtorno que envolve sintomas físicos, os quais podem ou não ser explicados por uma condição médica, acompanhados por pensamentos, sentimentos e comportamentos mal-adaptativos.

Transtorno de ansiedade de doença

As pessoas com **transtorno de ansiedade de doença** temem ou acreditam de maneira equivocada que reações corporais normais representam os sintomas de uma doença séria. Elas ficam facilmente alarmadas em relação a sua saúde e buscam exames e procedimentos médicos desnecessários para excluir ou tratar suas doenças exageradas ou imaginadas. A preocupação delas não é com os sintomas em si, mas com a possibilidade de ter uma patologia grave. Além de vivenciar ansiedade em relação a sua doença, essas pessoas estão preocupadas com suas crenças errôneas sobre a seriedade de seus sintomas.

transtorno de ansiedade de doença
Transtorno de sintomas somáticos caracterizado pela interpretação equivocada de funções corporais normais como sinais de doença séria.

Transtorno conversivo (transtorno de sintomas neurológicos funcionais)

O aspecto essencial do **transtorno conversivo (transtorno de sintomas neurológicos funcionais)** é que o indivíduo vivencia uma mudança em uma função corporal não devida a uma condição médica subjacente. O termo "conversivo" refere-se à presumida transformação de conflito psicológico em sintomas físicos. As formas que esse transtorno pode tomar variam de anormalidades dos movimentos, como dificuldade para caminhar ou paralisia, a anormalidades sensoriais, como incapacidade de ouvir ou ver.

transtorno conversivo (transtorno de sintomas neurológicos funcionais)
Transtorno de sintomas somáticos que envolve a tradução de impulsos inaceitáveis ou conflitos perturbadores em sintomas físicos.

Os clientes com transtorno conversivo apresentam uma ampla variedade de perturbações físicas, incluindo "pseudoconvulsões"* (convulsões não reais, ainda que assim pareçam), transtornos dos movimentos, paralisia, fraqueza, distúrbios da fala, cegueira e outros transtornos sensoriais e prejuízo cognitivo. Os sintomas podem ser tão graves que os sujeitos são incapazes de trabalhar. Mais de metade está presa ao leito ou requer dispositivos de apoio (tecnologia assistiva). Embora os profissionais devam excluir diagnósticos médicos antes de atribuir um diagnóstico de transtorno conversivo, praticamente nenhum dos clientes com esses sintomas tem uma condição médica (Rosebush & Mazurek, 2011).

* N. de R. T.: Crises pseudoepilépticas.

MINICASO

Transtorno conversivo, com perda sensorial

Tiffany, uma bancária de 32 anos, acreditava que já tinha sofrido mais estresse do que uma pessoa podia suportar. Sempre tinha pensado em si mesma como alguém a quem coisas estranhas costumavam acontecer e, em geral, dava mais importância às situações do que era justificado. Uma noite, dirigindo por uma estrada com neve, ela acidentalmente atropelou um homem idoso que caminhava pelo acostamento, causando-lhe um ferimento quase fatal. Nos meses seguintes, viu-se presa a longos procedimentos legais, que a distraíram de seu trabalho e causaram um tremendo estresse emocional em sua vida. Ao acordar na manhã de uma segunda-feira, ela permaneceu vacilante ao redor da cama, incapaz de ver qualquer coisa além das sombras de objetos no quarto. A princípio, pensou que estava apenas tendo dificuldade para acordar. À medida que a manhã passava, entretanto, percebeu que estava perdendo a visão. Ela esperou dois dias antes de consultar um médico. Enquanto se preparava para a consulta, demonstrava uma estranha falta de preocupação com o que parecia ser uma condição médica séria.

O transtorno de conversão é um fenômeno raro, afetando 1 a 3% daqueles a quem os médicos encaminham para tratamento de saúde mental. A condição, que costumava ocorrer em famílias, em geral aparece entre as idades de 10 e 35 anos e é observada com mais frequência em mulheres e em pessoas com menos educação. Talvez até metade dos indivíduos com esse transtorno também sofram de um transtorno dissociativo (Sar, Akyuz, Kundakci, Kiziltan, & Dogan, 2004). De fato, a CID-10 classifica os transtornos de conversão como uma forma de transtorno dissociativo.

Os profissionais enfrentam um desafio significativo ao diagnosticar o transtorno conversivo. Eles devem se assegurar de que a pessoa que apresenta sintomas do tipo conversão realmente não tenha um déficit neurológico subjacente. O problema é exacerbado pela possibilidade de que fatores psicológicos, como o estresse, se traduzam em funcionamento cerebral alterado que, por sua vez, afeta a capacidade do indivíduo de mover a parte do corpo afetada (Ellenstein, Kranick, & Hallett, 2011). Dadas as dificuldades no diagnóstico, o DSM-5 enfatiza a importância de um exame neurológico completo, além de acompanhamento, para determinar se os sintomas representam uma condição médica subjacente (Hurwitz, 2004).

simulação
A fabricação de sintomas físicos ou psicológicos por algum motivo oculto.

transtorno factício autoimposto
Transtorno no qual as pessoas falsificam sintomas ou transtornos não com o propósito de obter algum ganho específico, mas devido a uma necessidade interior de desempenhar o papel de doente.

transtorno factício imposto a outro
Condição na qual uma pessoa induz sintomas físicos em outra, a qual está sob seus cuidados.

ganho primário
O alívio da ansiedade ou da responsabilidade devido ao desenvolvimento de sintomas físicos ou psicológicos.

Condições relacionadas a transtornos de sintomas somáticos

A **simulação** envolve a falsificação deliberada de sintomas de uma doença física ou de um transtorno psicológico por um motivo oculto, tal como receber benefícios de incapacidade ou de seguro. Presente no DSM-IV-TR, a simulação não é um diagnóstico no DSM-5. Pesquisadores acreditam que deduzir a intenção do cliente não deve ser parte do processo de diagnóstico (Berry & Nelson, 2010).

No **transtorno factício autoimposto**, as pessoas apresentam um padrão de falsificação de sintomas físicos ou psicológicos ou uma combinação dos dois. O indivíduo falsifica esses sintomas não para obter ganho econômico, mas com o propósito de assumir o papel de doente. Em casos extremos, conhecidos mais informalmente como síndrome de Munchausen, toda a existência do sujeito se torna consumida pela busca de tratamento médico, em cujo caso é chamado de transtorno factício autoimposto. O indivíduo também pode falsificar a doença de outra pessoa em casos de **transtorno factício imposto a outro** (ou síndrome de Munchausen por procuração).

Os clínicos supõem que os clientes se envolvam em uma simulação a fim de obter um benefício direto, tal como licença remunerada do trabalho, pagamentos de seguro ou alguma outra recompensa palpável. Algumas dessas situações implicam o que chamamos de **ganho primário**, ou seja, os benefícios diretos de ocupar o papel de doente. A difícil questão que os profissionais enfrentam em casos de simulação não é tentar tratar os sintomas, mas detectar casos reais.

MINICASO

Transtorno de ansiedade de doença, tipo busca de cuidado

Beth é uma mãe de 48 anos com dois filhos, os quais recentemente saíram de casa. Durante o ano anterior, seus períodos menstruais tornaram-se muito mais pesados e mais irregulares. Buscando uma explicação, ela começou a passar seus dias lendo tudo o que pôde encontrar sobre câncer uterino. Embora os livros médicos especificassem distúrbio menstrual como um aspecto comum da menopausa, um artigo de jornal mencionava a possibilidade de câncer uterino. Ela logo marcou uma consulta com sua ginecologista, que fez exames e concluiu que seus sintomas eram quase certamente devidos à proximidade da menopausa. Convencida de que sua médica estava tentando protegê-la de saber "a terrível verdade", Beth consultou um ginecologista após o outro, em busca de alguém que diagnosticasse de maneira adequada o que estava certa tratar-se de uma doença fatal. Ela decidiu sair de seu emprego como vendedora de uma loja de departamentos por duas razões. Primeiro, estava preocupada que longas horas em pé na caixa registradora agravassem sua condição médica. Segundo, achava que não podia ficar amarrada a um emprego que estava interferindo em suas consultas médicas.

O transtorno factício apresenta um desafio clínico diferente. Os clientes falsificam ou exageram seus sintomas de forma deliberada, mas não estão tentando obter um ganho primário. Eles podem ser motivados por **ganho secundário**, que é a simpatia e a atenção que recebem dos outros quando estão doentes. Ao contrário das pessoas com transtorno conversivo, então, aquelas com transtorno factício têm consciência de que estão produzindo seus sintomas, porém seus motivos são mais internos do que externos. Elas "sabem" que estão fabricando seus sintomas, mas não sabem por quê. Pessoas com transtorno conversivo, em outras palavras, acreditam que estão enfermas e legitimamente assumem o papel de doente. Já indivíduos com simulação sabem que não estão doentes, e, portanto, quaisquer recompensas que recebam pela doença são obtidas de modo ilegal (Kanaan & Wessely, 2010).

ganho secundário
A simpatia e a atenção que uma pessoa doente recebe das outras pessoas.

Teorias e tratamento de transtornos de sintomas somáticos e de transtornos relacionados

Os transtornos de sintomas somáticos e os transtornos relacionados têm raízes históricas que remontam ao tempo de Freud e dos primeiros psicanalistas, muitos dos quais tentaram explicar casos incomuns em que supunham serem os sintomas de seus pacientes um reflexo do que seriam conflitos subjacentes. Naquela época, referiam-se a transtorno conversivo como "histeria" (significando literalmente "útero errante"). Eles não podiam encontrar uma base fisiológica para os sintomas, que tendiam a desaparecer após o indivíduo receber tratamento por meio de hipnose ou psicanálise, reforçando a noção de que os sintomas tinham causas psicológicas. O entendimento atual desses transtornos tende a focalizar-se nos sintomas de ansiedade que podem estar associados e nas distorções cognitivas presentes nos pensamentos dos clientes sobre si mesmos e seus sintomas.

Embora não causados fisicamente *per se*, os sintomas de transtorno conversivo são quase sempre precipitados por alguma forma de trauma, físico ou psicológico. Seja qual for a causa, é muito provável que possam ser entendidos do ponto de vista psicodinâmico ou cognitivo-comportamental. De acordo com a formulação geral de Freud de histeria, os profissionais que utilizam uma abordagem psicodinâmica visam identificar e trazer à consciência os conflitos subjacentes associados com os sintomas do indivíduo. Por meio desse processo, o cliente ganha percepção e autoconsciência e se torna capaz de expressar emoções diretamente, e não por intermédio de sua manifestação física.

Terapeutas cognitivo-comportamentais tentam ajudar seus clientes a identificar e mudar seus pensamentos ligados a seus sintomas físicos. O modelo subjacente é baseado na premissa de que as pessoas catastrofizam suas sensações corporais normais. Uma vez que comecem a exagerar a importância de seus sintomas, indivíduos com esse transtorno se tornam ainda mais sensibilizados a sinais corporais internos, os quais,

A hipnoterapia pode ser eficaz para ajudar os indivíduos a recontar memórias que são muito perturbadoras para lembrar de forma consciente.

por sua vez, os levam a concluir que estão verdadeiramente doentes (Witthoft & Hiller, 2010). Ao aplicar a terapia cognitivo-comportamental a clientes com transtornos de sintomas somáticos e transtornos relacionados, os terapeutas os ajudam a alcançar uma avaliação mais realista das reações de seus corpos. Por exemplo, em um estudo, indivíduos que não tinham doença cardíaca, porém se queixavam de palpitações ou dor no peito, foram expostos a exercício em uma esteira enquanto eram ensinados a interpretar seus batimentos cardíacos aumentados não como um sinal de doença, mas como uma reação normal ao esforço (Jonsbu, Dammen, Morken, Moum, & Martinsen, 2011).

Hipnoterapia e medicação são duas abordagens adicionais usadas para tratar o transtorno conversivo. Na hipnoterapia, o terapeuta instrui o cliente hipnotizado a, por exemplo, mover o membro paralisado. O terapeuta então faz a sugestão pós-hipnótica para permitir ao cliente manter o movimento após ser tirado do estado hipnótico. Os inibidores seletivos da recaptação de serotonina (ISRSs) são os medicamentos que tendem a ser mais usados no tratamento de transtorno conversivo, mas quase não há investigações controladas de sua eficácia (Rosebush & Mazurek, 2011).

A abordagem mais promissora para tratar pessoas com ansiedade de doença envolve a terapia cognitivo-comportamental. Os profissionais baseiam essa abordagem na suposição de que, subjacente ao transtorno, existe um nível incomumente alto de **ansiedade de saúde**, que definimos como a preocupação com sintomas físicos e doença. Esse tipo de terapia focaliza-se em ensinar os indivíduos a reestruturar suas crenças mal-adaptativas sobre seus sintomas físicos e obter interpretações mais realistas das reações de seus corpos. Ela também combina treinamento de *mindfulness* com terapia cognitivo-comportamental. Nessa abordagem, os clínicos encorajam os clientes a alcançar uma compreensão de seus sintomas. Por exemplo, aqueles que acreditam ter câncer podem aprender a interpretar seu problema não como o fato de que têm tal doença, mas de que temem tê-la (Sorensen, Birket-Smith, Wattar, Buemann & Salkovskis, 2011).

ansiedade de saúde
Preocupação sobre sintomas físicos e doença.

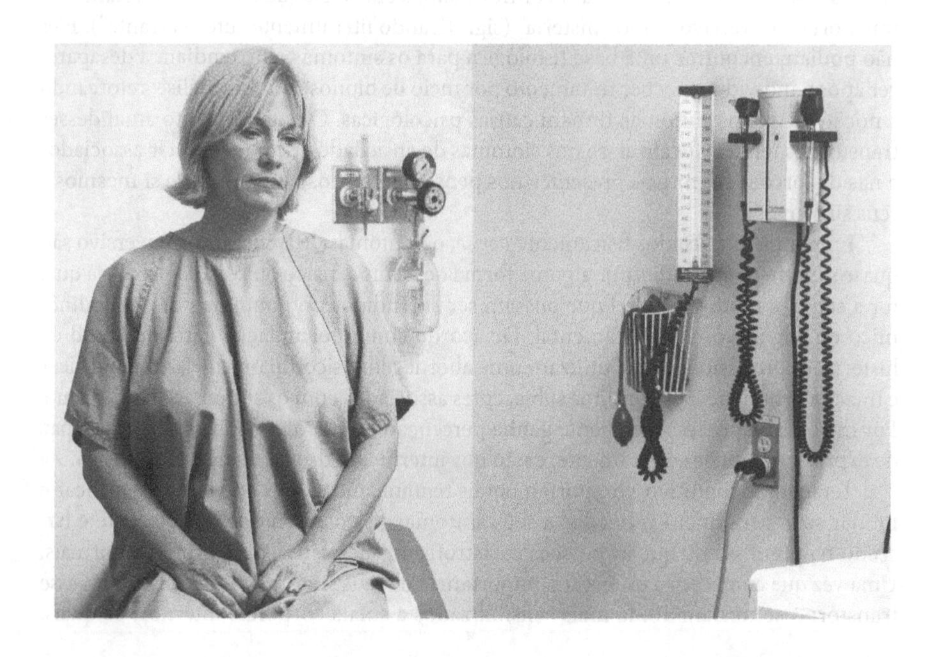

Ambientes médicos podem ser uma fonte de ansiedade significativa para alguns indivíduos.

A simulação e o transtorno factício diferem em aspectos importantes. Como discutimos anteriormente, um cliente pode estar motivado a simular devido a qualquer um de diversos incentivos externos, incluindo desejo de sair do trabalho ou da escola, evitar condenação criminal, obter drogas, receber remuneração, evitar serviço militar ou escapar de uma situação intolerável. As pessoas com transtorno factício não sabem por que têm seus sintomas, embora saibam que os fabricam. Em ambos os casos, o tratamento de escolha envolve a confrontação direta do cliente pelo clínico (McDermott, Leamon, Feldman, & Scott, 2009).

Novidades no DSM-5

Transtornos de sintomas somáticos e transtornos relacionados

O DSM-5 trouxe uma série de mudanças significativas para toda a categoria do que chamamos agora de transtornos de sintomas somáticos. Os autores do DSM-5 reconhecem que a terminologia para o que era chamado de transtornos somatoformes no DSM-IV-TR era potencialmente confusa. Também reconhecem que transtornos de sintomas somáticos, fatores psicológicos que afetam outras condições médicas e transtornos factícios envolvem todos a presença de sintomas físicos e/ou preocupação com doença médica. Além disso, admitem que a mente e o corpo interagem, de modo que os médicos não podem separar os sintomas físicos de sua base psicológica, ou vice-versa. Complicando ainda mais o sistema anterior, de acordo com os autores do DSM-5, está o fato de que nem sempre é inteiramente possível determinar que um sintoma psicológico não tenha uma base física.

O termo "transtorno de ansiedade de doença" substituiu "hipocondria". Esse diagnóstico será dado a indivíduos que não têm sintomas físicos, mas são muito ansiosos, especificando se eles buscam cuidado ou não.

O transtorno conversivo tem agora transtorno de sintomas neurológicos funcionais entre parênteses acompanhando o diagnóstico. Os indivíduos terão que passar por um exame neurológico completo antes que os profissionais da saúde determinem que seus sintomas não têm uma base neurológica.

Além de melhorar a terminologia, os autores do DSM-5 esperam que suas revisões levem à melhora da coleta de dados sobre esse grupo de transtornos. Inconsistências nos critérios diagnósticos combinam-se com as diferentes perspectivas, da psicodinâmica à cognitivo-comportamental, como o principal foco teórico para produzir uma situação na qual não existem dados epidemiológicos sólidos sobre um grupo de transtornos cuja prevalência pode, agora, ser estimada com mais exatidão.

9.3 Fatores psicológicos que afetam outras condições médicas

Até agora examinamos transtornos nos quais os indivíduos estão vivenciando sintomas físicos que não têm uma causa fisiológica. A categoria diagnóstica denominada **fatores psicológicos que afetam outras condições médicas** inclui condições nas quais a doença física de um cliente é afetada adversamente por um ou mais estados psicológicos. Estas podem incluir depressão, estresse, negação de um diagnóstico ou envolvimento em comportamentos negativos ou mesmo perigosos relacionados à saúde.

fatores psicológicos que afetam outras condições médicas
Transtornos nos quais os clientes têm uma doença ou um sintoma médico que parecem ser exacerbados por fatores psicológicos ou comportamentais.

Na Tabela 9.2, delineamos diversos exemplos de condições médicas que podem ser afetadas por fatores psicológicos. Especificar tal interação fornece aos profissionais da saúde um entendimento mais claro de como os dois interagem. Presumivelmente, uma vez que as identifique, o profissional pode tratar essas questões e trabalhar para ajudar a melhorar a condição médica do cliente.

MINICASO

Fatores psicológicos que afetam outras condições médicas

Brenda tem 41 anos e é uma gerente de uma grande cadeia de lojas de pontas de estoque. Apesar de seu sucesso, ela luta contra depressão agitada, que a faz se sentir impaciente e irritável a maior parte do tempo. Ela reconhece que suas dificuldades emocionais têm relação com problemas com seus pais e se ressente de sofrer cronicamente de uma tensão interior que sempre foi parte de sua personalidade. Mais jovem de uma família de quatro filhos, ela percebia que durante toda sua infância teve que fazer "duas vezes mais" que seus irmãos para obter a atenção e o afeto de seus pais. Agora, adulta, é motivada por uma busca pelo sucesso que de fato a deixa fisicamente doente. Tem dores de cabeça e de estômago intensas a maioria dos dias, contudo reluta em procurar ajuda médica porque não quer se afastar do trabalho.

TABELA 9.2 Fatores psicológicos que afetam outras condições médicas

Condições médicas	Possível fator psicológico
Hipertensão (pressão arterial alta)	Estresse ocupacional crônico aumentando o risco de hipertensão arterial.
Asma	Ansiedade exacerbando os sintomas respiratórios do indivíduo.
Câncer	Negar a necessidade de intervenções cirúrgicas.
Diabetes	Não estar disposto a alterar o estilo de vida para monitorar a glicose ou mudar a alimentação.
Cefaleia tensional crônica	Estresses familiares contínuos que contribuem para a piora dos sintomas.
Doença cardiovascular	Recusa a consultar um cardiologista para avaliação apesar de desconforto torácico.

Conceitos relevantes para entender os fatores psicológicos que afetam outras condições médicas

Transtornos mentais, estresse, estados emocionais, traços de personalidade e habilidades de enfrentamento pobres são apenas alguns dos fatores psicológicos que podem afetar as condições médicas de um indivíduo. Essa categoria de transtornos reconhece as interações complexas por meio das quais condições psicológicas e físicas afetam umas às outras.

Estresse e enfrentamento

Na psicologia, o termo **estresse** refere-se à reação emocional desagradável que uma pessoa tem quando percebe um acontecimento como ameaçador. Essa reação pode incluir excitação fisiológica aumentada, refletindo elevação de reatividade do sistema nervoso simpático. Um **acontecimento de vida estressante** é um estressor que perturba a vida do indivíduo. A tentativa de uma pessoa de reduzir o estresse é chamada de **enfrentamento**. Quando o enfrentamento não é bem-sucedido, e o estresse não diminui, o indivíduo pode buscar atenção clínica para problemas médicos ou psicológicos que se desenvolveram como consequência da constante excitação fisiológica causada por estresse crônico.

estresse
A reação emocional desagradável que uma pessoa tem quando um acontecimento é percebido como ameaçador.

acontecimento de vida estressante
Um acontecimento que perturba a vida do indivíduo.

enfrentamento
Processo por meio do qual as pessoas reduzem o estresse.

Quais são os tipos de acontecimentos que se qualificam como estressores? A forma mais comum de descrever estressores é por meio das escalas de avaliação de acontecimentos de vida estressantes, que visam quantificar o grau em que os indivíduos são expostos a experiências que poderiam ameaçar sua saúde. Uma das mais conhecidas é a Escala de Avaliação do Reajustamento Social (EARS) (Holmes & Rahe, 1967), que avalia o estresse de vida em termos de unidades de mudança de vida (UMV). No desenvolvimento do índice UMV, os pesquisadores calcularam quão fortemente cada tipo de acontecimento estava associado com doença física. A lógica por trás dessa medida é que, quanto mais um acontecimento faz você ter de ajustar suas circunstâncias de vida, mais prejudicial ele é para sua saúde. O Inventário de Estresse de Estudantes Universitários (IEEU) (Renner & Mackin, 1998) é um bom exemplo de uma escala de acontecimentos de vida estressantes. Ao contrário da EARS, que é usada em adultos de todas as idades, o IEEU avalia os tipos de estressores mais familiares a estudantes universitários de idade tradicional (90% das pessoas na amostra tinham menos de 22 anos). O acontecimento mais estressante no IEEU é o estupro, que tem uma pontuação UMV de 100. Entretanto, falar diante da classe tem uma pontuação de 72, que também é bastante alta. Tirar notas máximas tem uma pontuação moderadamente alta de 51. O acontecimento menos estressante no IEEU é comparecer a um evento esportivo (pontuação UMV = 20).

As escalas de acontecimentos de vida têm seus méritos porque são bastante fáceis de completar e apresentam um conjunto de critérios objetivos que nos permitem comparar as pessoas ao longo de escalas que contêm valores estabelecidos. Entretanto, nem sempre é fácil quantificar o estresse. Você e seu melhor amigo podem vivenciar cada um o mesmo acontecimento potencialmente estressante, tal como estar atrasado para a aula. Porém, você pode ficar muito mais perturbado com essa situação do que seu amigo. Seu dia será muito menos agradável que o dele, e, se seu atraso fosse repetitivo, você poderia estar em risco para uma doença relacionada a estresse.

Os modelos cognitivos de estresse dão maior ênfase a como você interpreta os acontecimentos do que a se você vivenciou ou não um determinado acontecimento. De acordo com esses modelos, é avaliar um acontecimento como estressante que determina se ele terá impacto negativo sobre o estado emocional. As pessoas não diferem apenas em como interpretam os acontecimentos: as circunstâncias que vivenciam também as afetam. Se o professor de seu amigo não faz chamada, mas o seu faz, há uma razão para você se sentir mais estressado do que ele por estar atrasado.

Como esse exemplo mostra, o estresse está nos olhos de quem vê, ou pelo menos na mente. Mesmo um acontecimento relativamente menor pode levá-lo a vivenciar estresse se você interpretá-lo de forma negativa. O modelo cognitivo de estresse pressupõe, além disso, que esses "pequenos" acontecimentos podem ter um grande impacto, sobretudo quando se acumulam em um curto período de tempo. Acontecimentos chamados de **aborrecimentos** podem ter efeitos significativos sobre a saúde quando há uma quantidade suficiente deles e você os interpreta negativamente. Se está não apenas atrasado para a aula, mas começa uma discussão com seu amigo, tropeça, derrama seu café e perde o ônibus para casa, você terá tantos acontecimentos com potencial para causar estresse em uma tarde quanto alguém vivenciando um acontecimento de vida "maior", como sair para um encontro romântico pela primeira vez.

No lado positivo, você pode equilibrar os aborrecimentos com o que os pesquisadores chamam de **alegrias**, que são acontecimentos em pequena escala que aumentam seu sentimento de bem-estar. Talvez você abra sua página do Facebook e encontre um comentário agradável de um ex-colega do ensino médio. O sorriso que esse comentário traz a seu rosto pode compensar por alguns dos estresses que possa ter sentido por estar atrasado, tropeçar ou perder o ônibus. As alegrias são especialmente importantes, segundo o movimento da psicologia positiva, porque são consideradas contribuições para os sentimentos de felicidade do dia a dia das pessoas.

É maravilhoso quando a vida coloca algumas alegrias em seu caminho, mas, quando isso não acontece, você precisa encontrar outras formas de reduzir o estresse pelo uso do enfrentamento se quiser manter sua saúde mental. As duas formas básicas de enfrentamento são o **enfrentamento focado no problema** e o **enfrentamento focado na emoção** (Lazarus & Folkman, 1984). No enfrentamento focado no problema, você tenta reduzir o estresse agindo para mudar o que quer que torne a situação estressante. Se está constantemente atrasado para a aula porque o ônibus está lotado e tende a chegar 5 ou

aborrecimentos
Um acontecimento relativamente menor que pode causar estresse.

alegrias
Acontecimentos que aumentam seus sentimentos de bem-estar.

enfrentamento focado no problema
Enfrentamento no qual o indivíduo toma uma atitude para reduzir o estresse mudando o que quer que torne a situação estressante.

enfrentamento focado na emoção
Um tipo de enfrentamento no qual uma pessoa não muda coisa alguma em relação à própria situação, mas, em vez disso, tenta melhorar seus sentimentos sobre ela.

Os problemas de controle da raiva desta mulher tornam-lhe difícil lidar com situações cotidianas de uma maneira racional e calma.

10 minutos após o esperado, então você deveria enfrentar o problema pegando o ônibus anterior, mesmo que isto signifique ter de acordar mais cedo que o normal. Em contrapartida, no enfrentamento focado na emoção, você não muda a situação, mas, em vez disso, muda a forma de se sentir em relação a ela. Talvez seu professor não se importe se você chegar um pouquinho atrasado, então não precisa ser tão rígido consigo mesmo. A esquiva é outra estratégia focada na emoção. Esse método de enfrentamento é semelhante ao mecanismo de defesa de negação. Em vez de pensar sobre uma experiência estressante, você simplesmente a tira de sua mente.

Qual é a melhor das duas formas de enfrentamento? A resposta é: depende. Algumas situações são manejadas de maneira mais eficaz por meio do enfrentamento focado no problema. Em situações variáveis, você provavelmente se sairá melhor se usar essa estratégia. Se está estressado porque suas notas estão caindo, em vez de não pensar no problema, seria melhor você tentar mudar a situação estudando mais. Se está estressado porque perdeu seu telefone celular, e talvez não o encontre, então o melhor é você usar o enfrentamento focado na emoção, tal como dizer a si mesmo que afinal precisava mesmo de um modelo mais moderno.

À medida que envelhecem, as pessoas são capazes de usar estratégias de enfrentamento que aliviem mais efetivamente seu estresse. Ao comparar uma amostra de adultos mais velhos moradores da comunidade com estudantes universitários, Segal, Hook e Coolidge (2001) verificaram que os adultos mais jovens receberam pontuações mais altas nas seguintes estratégias disfuncionais de enfrentamento: concentrar-se nas emoções e descarregá-las; separar-se mentalmente; e usar álcool e drogas. Os adultos mais velhos, em comparação, eram mais propensos a usar o controle dos impulsos e apelar para sua religião como estratégias de enfrentamento. Esses achados estão de acordo com os de outros pesquisadores (Labouvie-Vief & Diehl, 2000), os quais indicaram que adultos mais velhos usam mais enfrentamento focado no problema e outras estratégias que lhes permitam canalizar seus sentimentos negativos para atividades produtivas.

As estratégias de enfrentamento podem desempenhar um papel importante na probabilidade de um indivíduo sofrer ou não de problemas de saúde. Uma pessoa capaz de lidar com o estresse de maneira efetiva vivencia menos consequências adversas dele. Além disso, como você pode saber por experiência própria, situações que criam altos níveis de estresse em uma pessoa nem sempre têm consequências negativas. Algumas pessoas prosperam em um estilo de vida repleto de desafios e novas experiências, se sentindo energizadas por estarem sob constante pressão, como foi demonstrado em um estudo clássico de DeLongis, Folkman e Lazarus (1988).

Beber álcool para lidar com o estresse é uma estratégia de enfrentamento mal-adaptativa, visto que causa outros problemas para os indivíduos estressados, particularmente se beberem em excesso.

O estresse desempenha um papel importante em uma variedade de condições médicas por meio de sua interação com estado e função do sistema imune (Schneiderman, Ironson, & Siegel, 2005). Um acontecimento estressante pode iniciar um conjunto de reações dentro do corpo que diminui sua resistência a doença. Essas reações também podem agravar os sintomas de um transtorno físico crônico relacionado a estresse.

Há inúmeros achados paradoxais da pesquisa sobre estresse, funcionamento do sistema imune e saúde. Tanto muita como pouca coisa podem colocar o indivíduo em risco de desenvolver desfechos de saúde insatisfatórios, variando de doença cardíaca a doença de Alzheimer e a algumas formas de câncer. Além disso, embora ter uma rede social grande seja, em geral, algo benéfico para o funcionamento do sistema imune, se a rede do indivíduo for muito grande, os estressores de vida podem ter um impacto mais negativo sobre sua saúde do que deveriam. Em termos de personalidade, ter uma postura geralmente otimista em relação à vida costuma ser benéfico, mas, diante de estressores difíceis ou de longo prazo, o otimismo está associado com funcionamento imunológico mais deficiente e, por fim, com desfechos de saúde negativos (Segerstrom, Roach, Evans, Schipper, & Darville, 2010).

Os fatores socioculturais também desempenham um papel na causa e no agravamento de transtornos relacionados a estresse. Por exemplo, viver em um ambiente social rigoroso que ameace a segurança da pessoa, interfira no estabelecimento de relacionamentos sociais e envolva altos níveis de conflito, abuso e violência é uma condição relacionada a situação socioeconômica mais baixa. A exposição crônica aos estresses de tal ambiente pode levar a uma série de mudanças nos hormônios que acabam tendo efeitos prejudiciais sobre a saúde cardiovascular, interagindo com o risco genético e fisiológico de um indivíduo. Tanto a saúde cardiovascular como o funcionamento do sistema imune parecem ser sensíveis ao grau de estresse que uma pessoa vivencia em razão de estar em uma condição socioeconômica mais baixa. O sistema límbico, que medeia as respostas de uma pessoa ao estresse, parece desempenhar um papel importante na explicação dessas conexões entre classe social e saúde (McEwen & Gianaros, 2010).

Expressão emocional

O enfrentamento do estresse pode ajudar a regular a emoção de ansiedade e, assim, reduzi-lo. Entretanto, há ocasiões em que expressar as emoções pode melhorar o bem-estar físico e mental. Confrontar ativamente as emoções que surgem de um acontecimento perturbador ou traumático pode ter benefícios a longo prazo para a saúde (Pennebaker, 1997). Em um estudo clássico, os pesquisadores instruíram um grupo de estudantes universitários de 1º ano a escrever sobre a experiência de vir para a faculdade. Um grupo-controle escreveu sobre temas superficiais. Aqueles que escreveram sobre vir para a faculdade relataram que sentiam mais saudades de casa do que os indivíduos-controle. Todavia, eles tiveram menos consultas médicas, e, no final do ano, os estudantes que escreveram estavam indo tão bem ou melhor do que os indivíduos-controle em termos de média de notas e experiência de humores positivos. Os pesquisadores concluíram que confrontar os sentimentos e pensamentos relativos a uma experiência estressante pode ter efeitos positivos duradouros, embora o impacto inicial de tal confrontação possa ser perturbador (Pennebaker, Colder, & Sharp, 1990).

Pennebaker e colaboradores estenderam seus achados a uma variedade de populações. Em uma metanálise de 146 estudos randomizados, expor as emoções teve um efeito positivo e significativo para pessoas com uma ampla variedade de preocupações emocionais (Frattaroli, 2006). Mais recentemente, pesquisadores identificaram efeitos positivos sobre a saúde mental até mesmo no ato de escrever em páginas de redes sociais, incluindo a manutenção de *blogs* (Ko & Kuo, 2009).

Crianças que foram perseguidas na escola podem sofrer consequências psicológicas em longo prazo.

Acontecimentos de vida estressantes, como sair de casa para a faculdade, podem ser prejudiciais à saúde física se o indivíduo tiver dificuldade para lidar com o estresse que possa estar vivenciando.

Estilo de personalidade

Uma das áreas pesquisadas com mais profundidade sobre a ligação entre personalidade e saúde envolve o **padrão de comportamento Tipo A**, um padrão de comportamentos que inclui ser inflexível, competitivo, impaciente, cínico, desconfiado e hostil em relação aos outros e irritado com facildade (ver Tab. 9.3). Os níveis de excitação emocional constantemente altos mantêm a pressão arterial e o sistema nervoso simpático dessas pessoas em estafa, colocando-as em risco de desenvolver doença cardíaca e em maior risco de ataques cardíacos e acidente vascular cerebral. As pessoas com os padrões de comportamento Tipo A estão em risco não apenas porque seus corpos são colocados sob estresse, mas também porque seus estilos de vida inflexíveis e competitivos com frequência incluem comportamentos de alto risco de tabagismo, álcool em excesso e falta de exercícios (Mainous et al., 2010).

Outro fator da personalidade de risco significativo para doença cardíaca ocorre entre pessoas que vivenciam forte afeto depressivo, mas mantêm seus sentimentos ocultos – a chamada **personalidade Tipo D**. Ao contrário do "A" no Tipo A, que não é um acrônimo, o "D" em Tipo D corresponde a "Desesperado/em *distress*".* As personalidades Tipo D vivenciam emoções que incluem ansiedade, irritação e humor deprimido. Esses indivíduos têm um risco aumentado para doença cardíaca devido à tendência a vivenciar emoções negativas enquanto inibem sua expressão em situações sociais. Além de alto risco de ficar doentes ou de morrer dessa doença, esses indivíduos têm uma qualidade de vida reduzida e se beneficiam menos de tratamentos médicos. Os psicólogos acreditam que a ligação entre personalidade e doença cardíaca para essas pessoas se deva, em parte, a uma resposta imune prejudicada ao estresse (Denollet & Pedersen, 2011).

padrão de comportamento Tipo A
Padrão de comportamentos que incluem ser inflexível, competitivo, impaciente, cínico, desconfiado e hostil em relação aos outros e facilmente irritado.

personalidade Tipo D
Pessoas que vivenciam emoções que incluem ansiedade, irritação e humor deprimido.

medicina comportamental
Abordagem interdisciplinar às condições médicas afetadas por fatores psicológicos que tem suas raízes na teoria da aprendizagem.

Aplicações à medicina comportamental

Visto que os fatores psicológicos que contribuem para uma condição médica variam tanto, os profissionais devem conduzir uma avaliação cuidadosa de como a saúde de cada cliente em particular é afetada por seu comportamento. O campo da **medicina comportamental** aplica o conjunto crescente de evidências científicas no tocante aos relacionamentos mente-corpo para ajudar a melhorar a saúde física das pessoas tratando suas relações com os fatores psicológicos de estresse, emoções, padrões de comportamento e personalidade. Além disso, médicos que trabalham com a medicina comportamental frequentemente se aliam a psicólogos e outros profissionais da saúde mental para auxiliar os clientes a adotarem estratégias para aprender e manter comportamentos que irão aumentar seu funcionamento físico. Ao melhorar a complacência com as doenças médicas, esses médicos podem ajudar seus clientes a terem uma saúde melhor e a evitar outras complicações.

A psicoeducação é um componente importante da medicina comportamental. Os clientes precisam entender como seu comportamento influencia o desenvolvimento ou a piora dos sintomas de doenças crônicas. Então, o clínico pode trabalhar com o cliente para desenvolver formas específicas de melhorar seus hábitos de saúde. Por exemplo, controle da dieta e exercícios são fundamentais para prevenir e reduzir as complicações sérias de doença cardiovascular. Eles podem ensinar a seus clientes formas de acrescentar esses novos hábitos de saúde a seus regimes diários. De modo similar, os profissionais podem treinar pessoas com transtornos do sono a melhorar seus hábitos de sono. As pessoas podem lidar com a dor crônica, que contribui para sintomas depressivos, por meio de estratégias como o *biofeedback*.

Os clientes também podem aprender a lidar com o estresse e a melhorar seus métodos de enfrentamento. Para quem tem um estilo de personalidade que esteja contribuin-

* N. de R. T.: Estresse de tipo negativo.

TABELA 9.3 Você é Tipo A?

O Inventário de Atividades de Jenkins avalia o grau em que uma pessoa tem padrão de personalidade e comportamento propensos a doença coronariana. Pessoas com pontuações altas, referidas como Tipo A, tendem a ser competitivas, impacientes, inquietas, agressivas e pressionadas por tempo e responsabilidades. Nos itens a seguir, você pode ver quais respostas refletiriam essas características.
Você tem dificuldade para encontrar tempo para cortar ou cuidar de seus cabelos?
Seu cônjuge ou seus amigos já lhe disseram que você come muito rápido?
Com que frequência você realmente "coloca palavras na boca das pessoas" a fim de acelerar as coisas?
As pessoas que você conhece concordariam que você tende a ficar facilmente irritado(a)?
Com que frequência você se pega apressado(a) para chegar a lugares mesmo quando há tempo de sobra?
No trabalho, você sempre mantêm duas funções em andamento ao mesmo tempo, mudando rapidamente de uma para a outra?

FONTE: De C. D. Jenkins, S. J. Zyzanski e R. H. Rosenman, *The Jenkins Activity Survey*. Copyright © 1965, 1966, 1969, 1979 por The Psychological Corporation, © Reimpressa com permissão do autor.

do para seus sintomas, a tarefa se torna mais desafiadora. A psicoterapia fornece um adjuvante útil ao tratamento médico. No caso de pessoas que sofrem infartos do miocárdio, os quais frequentemente desencadeiam depressão, é crucial que os profissionais da saúde tratem tanto as reações emocionais relativas à experiência como as físicas.

A medicina comportamental também está se voltando cada vez mais para intervenções que a profissão um dia considerou "alternativas" (i.e., alternativas à medicina tradicional), incluindo *mindfulness*, relaxamento e meditação. Os clínicos ensinam os clientes a monitorar sem julgar seus estados corporais internos (como batimentos cardíacos e respiração), percepções, estados afetivos, pensamentos e imaginação. Ao fazê-lo, eles têm a possibilidade de alcançar os sentimentos de que podem controlar as reações de seus corpos. Com relação à saúde, ao observarem suas reações corporais dessa forma objetiva, obtêm um entendimento mais diferenciado de quais aspectos de suas experiências os afetam e quais não. Podem ver suas doenças como tendo papéis naturais e não impedindo sua capacidade de desfrutar a vida em geral (Carmody, Reed, Kristeller, & Merriam, 2008).

Por exemplo, pessoas com padrão de comportamento Tipo A podem se beneficiar do treinamento que visa melhorar a consciência de suas reações ao estresse, de métodos de lidar com situações estressantes e de intervenções comportamentais para aumentar sua complacência aos conselhos médicos no sentido de reduzir seus riscos cardiovasculares. Particularmente importante é um sentido de domínio, ou seja, a crença de que você tem a capacidade de manejar ou controlar os problemas que encontra na vida. Pessoas que sentem ter um maior controle sobre suas circunstâncias de vida têm um risco reduzido de desenvolver problemas cardiovasculares ou de saúde relacionados (Roepke & Grant, 2011). Cada vez mais, os clínicos estão constatando que os esforços para melhorar a saúde das pessoas por meio do tratamento apenas de suas necessidades médicas não terão os efeitos a longo prazo desejados, a menos que eles também incorporem essas questões psicológicas no tratamento.

9.4 Transtornos dissociativos e de sintomas somáticos: a perspectiva biopsicossocial

Embora sejam transtornos muito diferentes, os transtornos que abordamos neste capítulo compartilham os aspectos de envolver interações complexas entre a mente e o corpo, questões sobre a natureza da personalidade e distinções entre sintomas psicológicos "reais" e "falsificados". Também examinamos o papel do estresse nos transtornos psicológicos e em relação a doenças médicas e sintomas físicos.

A biologia desempenha um claro papel na vulnerabilidade aumentada de alguns indivíduos a transtornos psicológicos, e sobretudo aos transtornos abordados neste capítulo. Uma pessoa pode ter uma condição física conhecida ou não diagnosticada afetada por certos estressores em particular, o que então desencadeia os sintomas de um transtorno de sintomas somáticos ou de transtorno relacionado. Entretanto, seja qual for o papel da biologia, as explicações cognitivo-comportamentais fornecem abordagens úteis ao tratamento. Mesmo pessoas cuja condição médica seja claramente documentada, como no transtorno doloroso crônico, podem se beneficiar de aprender a reformular seus pensamentos sobre seu transtorno, quando não seus comportamentos reais relacionados à saúde. Ao mesmo tempo, estamos aprendendo mais sobre como o estresse afeta o funcionamento físico, incluindo o impacto da discriminação social sobre condições crônicas como doença cardíaca e diabetes.

É bastante provável que as conexões mente-corpo envolvidas nesses transtornos sejam examinadas mais profundamente à medida que o trabalho no DSM-5 se desenvolve. As conexões históricas se dissiparão entre esses chamados transtornos "neuróticos" que pareciam afetar muitos dos pacientes de Freud. Apesar disso, elas conservarão, se não sua nomenclatura, sua fascinação.

Retorno ao caso: Rose Marston

Rose foi submetida a 16 sessões de terapia individual semanais, focalizando-se em técnicas específicas de terapia cognitivo-comportamental, como psicoeducação, técnicas de automonitoração em que registrou o número de minutos gastos por dia pensando sobre seus sintomas, técnicas de estruturação cognitiva, exposição e prevenção de resposta e exercícios de retreinamento perceptual. Esses exercícios concentraram-se em ensinar Rose a olhar para seu corpo de uma forma mais holística e objetiva e a tirar o foco de seu estômago. Durante cada sessão, ela e seu terapeuta discutiam o que aconteceu durante a semana anterior, revisavam a "lição de casa" e estabeleciam uma agenda para a sessão. Usando essa abordagem altamente estruturada, Rose começou a sentir alívio de seus sintomas após as primeiras semanas de tratamento. Além disso, começou a tratar sua intolerância a lactose por meio de uma combinação de controle da dieta e medicamento. Ao final das 16 semanas, sua dor havia desaparecido, e ela tinha se reconciliado com seu namorado, reconhecendo a carga colocada sobre o relacionamento deles em razão das constantes preocupações com sua dor de estômago. Sua depressão também diminuiu, e ela e seu clínico concordaram que não precisaria tomar um antidepressivo. Continuou a visitar seu clínico uma vez por mês para verificação, a fim de rever seu progresso e avaliar quaisquer reincidências dos sintomas.

Reflexões da dra. Tobin: É provável que a aparente sensibilidade de Rose a seus sintomas físicos bastante leves tenha contribuído para sua depressão anterior. Embora esta tenha sido temporariamente tratada com antidepressivos, era evidente que suas preocupações persistiram até os estressores concomitantes de rompimento com o namorado e perda de emprego terem levado a uma exacerbação dos sintomas. No caso de Rose, foi útil que ela estivesse altamente motivada para tratamento, o que contribuiu para seu desfecho positivo. Ainda que indivíduos com transtorno de sintomas somáticos possam se sentir muito desconfortáveis em relevar o grau de seus sintomas e pensamentos sobre eles, a motivação de Rose para o tratamento permitiu que revelasse o grau de seus pensamentos e crenças a respeito de seu desconforto estomacal. Essa informação possibilitou a seu clínico adaptar o tratamento com sucesso a suas preocupações específicas. Mesmo requerendo monitoração constante de sua ingestão de lactose, ela felizmente será capaz de manter seus sintomas físicos sob controle, o que eliminará a fonte de sua preocupação e angústia psicológica.

RESUMO

- Este capítulo abrangeu três conjuntos de condições: transtornos dissociativos, transtornos de sintomas somáticos e fatores psicológicos que afetam outras condições médicas. Em cada um desses conjuntos de condições, o corpo expressa conflito psicológico e estresse de uma forma incomum.
- Os **transtornos dissociativos** ocorrem quando a mente humana parece capaz de dissociar, ou separar, funções mentais. As principais formas de transtornos dissociativos incluem **transtorno dissociativo de identidade (TDI), amnésia dissociativa, despersonalização, transtorno de despersonalização/desrealização** e **desrealização.**

- Entre os profissionais da saúde mental, o ponto de vista geral em relação aos transtornos dissociativos é que algum tipo de acontecimento traumático leva as pessoas com esses transtornos a vivenciar uma separação de suas experiências conscientes, sentido de identidade ou sentimentos de continuidade ao longo do tempo. Os profissionais, contudo, enfrentam a tarefa desafiadora de diagnosticar e tratar os sintomas dissociativos de um indivíduo.
- O **transtorno de sintomas somáticos** envolve a expressão de questões psicológicas por meio de sintomas corporais que não podem ser explicados por nenhuma condição médica conhecida ou pelos efeitos de uma substância. A diferença entre transtorno de sintomas somáticos e transtorno de conversão é que o primeiro está relacionado com sintomas corporais múltiplos e recorrentes, em vez de uma única queixa física.
- O aspecto fundamental do **transtorno conversivo (transtorno de sintomas neurológicos funcionais)** é que o indivíduo vivencia uma mudança em uma função corporal que não se deve a uma condição médica subjacente. O termo "conversivo" refere-se à presumida transformação de conflito psicológico em sintomas físicos.
- As condições relacionadas aos transtornos de sintomas somáticos incluem **simulação**, o fingimento deliberado de sintomas de doença física ou de transtorno psicológico por um motivo oculto, como receber benefícios por incapacidade ou de seguro; e **transtorno factício**, no qual as pessoas mostram um padrão de falsificar sintomas físicos, psicológicos ou uma combinação dos dois.
- A categoria diagnóstica que chamamos de **fatores psicológicos que afetam outras condições médicas** inclui condições nas quais a doença física de um cliente é afetada adversamente por um ou mais estados psicológicos, como depressão, estresse, negação de um diagnóstico ou envolvimento em comportamentos negativos ou mesmo perigosos relacionados à saúde.
- Transtornos mentais, estresse, estados emocionais, traços de personalidade e habilidades de enfrentamento deficientes são apenas alguns dos fatores psicológicos que podem afetar as condições médicas de um indivíduo. Essa categoria de transtornos reconhece as interações complexas pelas quais as condições psicológicas e físicas podem afetar umas às outras.
- O **enfrentamento** do estresse pode ajudar a regular a emoção de ansiedade e assim reduzir o **estresse**. Entretanto, há ocasiões em que expressar as emoções pode melhorar o bem-estar físico e mental. Confrontar ativamente as emoções que surgem de um acontecimento perturbador ou traumático pode ter benefícios a longo prazo para a saúde.
- Visto que os fatores psicológicos que contribuem para uma condição médica são muito amplos, os clínicos devem conduzir uma avaliação cuidadosa de como a saúde de cada cliente é afetada por seu comportamento. O campo da **medicina comportamental** aplica o conjunto crescente de evidências científicas no tocante aos relacionamentos mente-corpo para ajudar a melhorar a saúde física das pessoas por meio do foco em suas relações com os fatores psicológicos de estresse, emoções, padrões de comportamento e personalidade.
- A biologia desempenha claramente um papel para tornar alguns indivíduos mais vulneráveis a transtornos psicológicos, e sobretudo aos transtornos discutidos aqui. Uma pessoa pode ter uma condição física conhecida ou não diagnosticada que pode ser afetada por certos **acontecimentos de vida estressantes**, que então desencadeiam os sintomas de um transtorno de sintomas somáticos. Porém, seja qual for o papel da biologia, as explicações cognitivo-comportamentais fornecem abordagens úteis ao tratamento.

TERMOS-CHAVE

Transtornos Alimentares; Transtornos da Eliminação; Transtornos do Sono-Vigília; e Transtornos Disruptivos, do Controle de Impulsos e da Conduta

SUMÁRIO

Objetivos de aprendizagem

10.1 Identificar as características, as teorias e os tratamentos dos transtornos alimentares.

10.2 Entender os sintomas e as teorias dos transtornos da eliminação.

10.3 Reconhecer os indicadores de transtornos do sono-vigília.

10.4 Diferenciar entre transtornos disruptivos, do controle de impulsos e da conduta.

10.5 Analisar o modelo biopsicossocial para os transtornos alimentares, da eliminação, do sono-vigília e do controle de impulsos.

Relato de caso: Rosa Nomirez

Informação demográfica: Rosa é uma mulher hispânica de 25 anos.

Problema apresentado: Rosa procurou voluntariamente um centro de saúde mental da comunidade por sentimentos de depressão. Durante a avaliação de admissão, declarou que vinha se sentindo abatida e deprimida por vários meses; e, visto que sua depressão não tinha se resolvido sozinha, decidiu procurar tratamento. Ela declarou que isso não foi uma decisão fácil, já que em geral era capaz de lidar com emoções difíceis sozinha. Rosa também relatou que as pessoas próximas a ela estavam preocupadas com a sua saúde e insistam há algum tempo para que procurasse tratamento, embora declarasse que não podia entender por que estavam preocupadas. O médico notou que Rosa parecia gravemente abaixo do peso e frágil. Ela disse que estava se sentindo deprimida sobretudo porque, conforme descreveu, "eu me sinto um monstro gordo o tempo todo". A jovem estimava que esses sentimentos tiveram origem quando estava grávida de sua filha, agora com 14 meses. Ela havia parado de trabalhar após dar à luz a fim de se concentrar na criação da filha, enquanto seu marido sustentava a família. Confessou que teve dificuldade para voltar a seu peso normal depois do parto e que acreditava ter ainda aparência de grávida. Ela observou: "tudo o que posso ver no espelho é meu estômago e como ele me faz parecer enorme". Comentou que não sabia seu peso atual e que tinha medo de se pesar por temer continuar engordando. Ela exclamou: "eu me sinto tão envergonhada por ainda estar tão gorda. Sinto como se nunca mais fosse voltar ao normal!".

Rosa relatou que seguia uma dieta de aproximadamente 300 a 400 calorias por dia e que estava "fazendo suas próprias regras" em termos de consumo calórico desde que as preocupações com seu peso começaram. Nessa época, tinha procurado dicas de dieta em um mecanismo de busca da internet. Descobriu uma comunidade virtual dedicada a apoiar mulheres que queriam perder peso e permanecer magras. Esses *sites* "pró-ana",** como ela os descreveu, ofereciam apoio de outros usuários, bem como dicas úteis não apenas para como restringir sua ingestão calórica, mas como ocultá-la dos outros cuja preocupação achava aborrecedora e que interferiam em suas metas de perder peso. Ela tinha usado os *sites* diariamente por cerca de 6 meses. Seu marido descobriu-os no computador e, reconhecendo o perigo que constituíam, suplicou-lhe que parasse de acessá-los. Rosa declarou que não entendia por que ele não queria que acessasse os *sites*, visto que manter um peso corporal baixo era muito importante para ela e o pensamento de engordar lhe causava intensos sentimentos de ansiedade.

Embora declarasse que raramente se sentia interessada em sexo e que não tinha ficado menstruada por quase 4 meses, Rosa explicou que ela e seu marido haviam tentado ter outro filho por cerca de 6 meses. O médico indagou sobre quaisquer outras mudanças psicológicas que ela tivesse observado. Rosa disse que se sentia cansada a maior parte do tempo, mas, afora isso, negava outras dificuldades. "Em geral eu apenas penso na minha filha e em permanecer magra. Na verdade, não há tempo para eu me preocupar com qualquer outra coisa." Ela declarou ainda que, quando sai em público, com frequência compara seu corpo a outros. Isso tinha se tornado uma fonte de ansiedade esmagadora, e, portanto, ela normalmente preferia ficar em casa para não se sentir "julgada por estar gorda", como explicou.

De acordo com Rosa, sua família tinha sido "constantemente chata" com ela em relação a seu peso. "Eles não entendem como me sinto. Tentam me forçar a comer, e isso só me deixa mais desconfortável e de-

---

* N. de R.T.: *Sites* destinados à promoção da anorexia nervosa. Consistem na ideia de defesa do quadro não como transtorno, mas como autocontrole, realização e parte essencial da identidade. Seria, assim, uma opção de vida.

primida. Parece que estão debochando porque sabem o quanto sou repugnante, por isso costumo evitar ficar com eles agora." Ela relatou que seus pais imigraram da Colômbia quando ela era um bebê. Desde então, vários parentes tinham se mudado para perto. Ainda que Rosa descrevesse sua família como unida, explicou que era difícil para os membros mais velhos entender as diferenças entre a cultura colombiana e a norte-americana, na qual ela se sentia pressionada a ser magra e atraente. "Simplesmente não é assim de onde eles vêem, e portanto não sabem como é para mim."

História relevante: Rosa relatou que, quando adolescente, ocasionalmente tinha episódios de comer demais e vomitar, embora achasse os efeitos da purgação aversivos. Confessou que tinha sido preocupada com seu peso corporal "desde que consigo lembrar" e que em geral tenta manter um peso corporal baixo. Entretanto, seus comportamentos alimentares restritivos tornaram-se mais graves após o nascimento de sua filha. Ela negava uma história familiar de transtornos alimentares.

Formulação de caso: Rosa satisfaz os critérios diagnósticos para anorexia nervosa, tipo compulsão alimentar purgativa. O Critério A estabelece que o indivíduo deve manter um peso corporal significativamente abaixo do que é esperado para sua idade e altura. Com permissão, o médico obteve o peso de Rosa em sua consulta médica mais recente e determinou que estava abaixo de 85% de seu peso esperado. Ela também satisfaz o Critério B porque apresenta medo intenso de ganhar peso ainda que esteja com um peso corporal abaixo da média. Rosa satisfaz o Critério C porque não consegue reconhecer a gravidade de seu peso corporal baixo.

Mesmo Rosa relatando sentimentos de depressão, o médico determinou que seus sintomas depressivos são secundários à anorexia. Parece que seus sentimentos de depressão estão diretamente relacionados a sua preocupação aumentada com o peso, portanto o profissional não lhe dará um diagnóstico adicional de depressão. É evidente que a preocupação da jovem com seu peso a afastou das pessoas mais próximas, ou seja, seu marido e sua família imediata.

Plano de tratamento: Rosa era resistente ao conselho de seu médico de que devia receber tratamento para sua anorexia. Com sua permissão, ele entrou em contato com o marido e os familiares de Rosa, os quais concordaram que o tratamento era crucial para ela. Após discutir a questão com seu marido, ela concordou em ir a uma primeira consulta em um programa de tratamento-dia especializado em transtornos alimentares, onde, depois da avaliação, Rosa decidiu que procurar tratamento seria melhor para ela e seu relacionamento conjugal, bem como ajudaria a reduzir seus sentimentos de depressão. Concordou em assinar um contrato para participar do programa de tratamento por pelo menos 2 meses.

Sarah Tobin, PhD

Os transtornos que abordamos neste capítulo incluem os alimentares, da eliminação e uma variedade de outros nos quais os indivíduos exibem falta de controle sobre seus impulsos. Os transtornos alimentares envolvem dificuldades que os indivíduos têm em relação à comida e ao controle sobre sua alimentação, dieta ou excreção do alimento. Os transtornos da eliminação estão relacionados especificamente a dificuldades que afetam sobretudo crianças ou adolescentes que têm dificuldade para controlar as funções biológicas de micção e defecação, em geral devido a perturbações psicológicas. Os transtornos do sono-vigília igualmente dizem respeito ao controle sobre processos biológicos que com frequência têm uma relação com funções psicológicas. Por fim, os transtornos do controle de impulsos refletem déficits na capacidade do indivíduo de regular um ou mais de uma variedade de comportamentos relacionados com determinados desejos, interesses e expressão de emoções.

10.1 Transtornos alimentares

As pessoas que têm **transtornos alimentares** vivenciam alterações persistentes da alimentação ou do comportamento relacionado à alimentação que resultam em mudanças no consumo ou na absorção do alimento. Esses transtornos prejudicam significativamente o funcionamento físico e psicossocial do indivíduo.

transtornos alimentares
Diagnóstico para pessoas que vivenciam alterações persistentes do comportamento alimentar ou relacionados à alimentação que resultam em mudanças no consumo ou na absorção do alimento.

Características da anorexia nervosa

Os clínicos fazem o diagnóstico de anorexia nervosa (AN) em um indivíduo quando ele apresenta três tipos básicos de sintomas: alimentação com grave restrição, que o leva a ter um peso corporal anormalmente baixo, medo intenso e irrealista de ficar gordo ou de ganhar peso e autopercepção perturbada da forma ou do peso corporal. Em outras palavras, as pessoas com esse transtorno alimentar restringem sua ingestão de alimento, ficam preocupadas com ganhar peso e sentem que estão acima do peso, embora possam estar seriamente abaixo dele. O DSM-IV-TR usava a expressão "medo intenso" de ganhar peso como um critério, mas o DSM-5 enfatiza o comportamento ("comportamento persistente que interfere no ganho de peso"). Na categoria da AN, os indivíduos podem ser classificados como "tipo restritivo", significando que estes não se envolvem em compulsão alimentar, e "tipo compulsão alimentar purgativa", quando tal compulsão está presente.

anorexia nervosa (AN)
Transtorno alimentar caracterizado por incapacidade de manter o peso normal, medo intenso de ganhar peso e percepção corporal distorcida.

A escassez de nutrientes que ocorre em pessoas com anorexia nervosa as leva a desenvolver uma série de alterações de saúde, algumas das quais podem ser fatais. Seus ossos, músculos, cabelos e unhas tornam-se fracos e quebradiços; elas desenvolvem hipotensão arterial, respiração e pulso lentos, e são letárgicas, lentas e cansadas. Seu sistema gastrintestinal funciona de forma anormal, e elas podem ficar estéreis. Mais seriamente, o coração e o cérebro sofrem danos, o que lhes possibilita vivenciar múltiplas falhas orgânicas. Essas alterações podem ter consequências fatais. Um acompanhamento de 35 anos de mais de 500 indivíduos com AN produziu uma estimativa de mortalidade de 4,4% (Millar et al., 2005). Embora a maioria das mortes por AN ocorra em adultos jovens, um estudo norueguês de mortes relacionadas a esse transtorno revelou que 43% delas ocorreram em mulheres com 65 anos e mais velhas (Reas et al., 2005). Mulheres com AN morrem não apenas pelas complicações de seu transtorno, mas também por suicídio. As taxas mais altas de tentativas de suicídio (25%) ocorrem em mulheres que têm depressão comórbida e a forma de compulsão alimentar purgativa do transtorno (Forcano et al., 2011).

As pessoas que têm AN vivenciam uma perturbação central em sua imagem corporal. Elas estão insatisfeitas com seus corpos e acreditam que eles são maiores do que são na realidade. Em um estudo de IRMf, mulheres com AN apresentaram padrões de excitação distintos em áreas do cérebro relacionadas ao processamento da emoção (Mohr et al., 2010). As mulheres com AN também parecem se envolver em processos de comparação social quando veem os corpos de outras. Um estudo de IRMf comparou a ativação do sistema límbico de mulheres com AN quando observam seus próprios corpos e quando viam os de outras. Suas amígdalas mostraram maior ativação ao ver os corpos de outras mulheres (Vocks et al., 2010). Aquelas que apresentam a forma restritiva de AN parecem não valorizar a magreza tanto quanto repelem a ideia de estar acima do peso (Cserjési et al., 2010).

A prevalência de AN ao longo da vida é de 0,9% para mulheres e de 0,3% para homens. Além disso, pessoas com AN têm altas taxas de transtornos do humor, de ansiedade, do controle de impulsos e por uso substância. A maioria dos indivíduos que desenvolvem anorexia nervosa entre os primeiros anos da adolescência e o final da se-

MINICASO

Anorexia nervosa, tipo restritivo

Lorraine é estudante universitária do primeiro ano e tem 18 anos. Desde que mudou-se da casa para a faculdade, tem perdido peso regularmente. A princípio, queria perder alguns quilos, acreditando que isso a faria parecer mais *sexy*. Ela parou de comer no refeitório porque serviam alimentos com muito amido, preferindo, em vez disso, preparar suas próprias refeições de baixa caloria. Em 2 meses, tornou-se obcecada por dietas e exercícios, bem como pelo medo de que pudesse estar ganhando peso e ficando gorda. Ela parou de menstruar, e seu peso caiu de 49 para 36 kg. Independentemente das repetidas expressões de preocupação de seus amigos por ela parecer cadavérica, Lorraine insistia que estava gorda. Quando foi para casa para o dia de Ação de Graças, seus pais ficaram tão alarmados que insistiram que ela procurasse ajuda profissional.

HISTÓRIAS REAIS

Portia de Rossi: Anorexia nervosa

"Eu tinha perdido o controle. Tinha perdido o controle e podia perder de novo sem aviso. E, se perdesse o controle novamente, podia ficar gorda de novo. Teria que começar esta coisa mais uma vez. Eu fracassaria na única coisa em que sabia que era boa."

Nascida na Austrália como Amanda Lee Rogers, a atriz Portia de Rossi percorreu um longo caminho desde que iniciou sua carreira de modelo profissional aos 12 anos de idade. Foi naquela época, como ela recorda em seu livro de memórias, *Unbearable Lightness: A Story of Loss and Gain*, que começou a se focar obsessivamente em seu peso. No livro, ela escreve: "Desde quando eu era uma menina de 12 anos tirando fotos no meu quintal para apresentar a agências de modelo, não lembro de um dia em que meu peso não tenha sido um fator determinante para minha autoestima. Meu peso era meu humor e, quanto mais esforço eu fazia para não comer e levá-lo a um nível aceitável, mais satisfação sentia à medida que a restrição e a negação se transformavam em uma inacreditável sensação de realização".

Após o falecimento inesperado de seu pai, quando ela tinha 9 anos, Portia e seu irmão mais velho foram criados pela mãe. Embora sua mãe apoiasse sua busca pela perfeição e a ajudasse ao longo de sua ascensão à fama, Portia não a culpa por criar pressão para ela perder peso: "isso sempre foi interno". Descreve seu impulso interno como "a voz de um sargento" que ela desenvolveu e que a mandava continuar se esforçando para perder peso e manter um registro rigoroso de sua ingestão alimentar e exercícios.

Quando adolescente, Portia lembra de "aprontar-se" para as sessões de fotografia, que consistia em perder peso em um curto período de tempo antes da sessão. Com a ajuda da mãe, restringia sua dieta de forma rigorosa ou não comia absolutamente coisa alguma nos dias anteriores às sessões. "Para mim, perder peso antes de um trabalho era como um atleta treinando para uma competição." Logo, o foco intenso de Portia na dieta antes das sessões de fotografia se tornaram uma presença constante em sua vida. Após tentativas malsucedidas de medicamentos emagrecedores para manter seu peso, seguiu o exemplo que suas colegas modelos estabeleceram e começou a comer e vomitar. Ela escreve: "Ao contrário das outras meninas, eu não vomitava porque tinha que comer para impressionar o cliente, mas porque eu queria comer. Nada era melhor após um trabalho do que comida. Era a única coisa que acabava com todos os sentimentos ruins. Como uma borracha, isso me permitia começar novamente, esquecer os sentimentos de insegurança e inabilidade que vivenciara naquele dia. Mas o ritual reconfortante de me recompensar com comida começou a produzir efeitos negativos à medida que os trabalhos começaram a ser agendados um atrás do outro. Em vez de uma semana passando fome para neutralizar o peso ganho por comer frituras, sorvetes e doces, tinha um ou dois dias para entrar nos eixos, para ser a modelo 86-61-89 que constava em minha ficha. O cliente estava esperando uma imagem minha que não era quem eu era de fato. Eles queriam uma jovem autoconfiante que fosse naturalmente magra, linda, à vontade em sua pele. Na verdade, eu era uma menina de aparência média, saindo da puberdade, com sua acne e seu ganho de peso apenas esperando para expor a mentira que eu era. Então, vomitava."

Depois de alguns anos como modelo, Portia descobriu seu amor pela atuação. Ela lembra de amar atuar no início, porque era capaz de fugir de si mesma por algum tempo. Após algumas aparições de visibilidade em filmes australianos, mudou-se para Los Angeles, onde finalmente teve sua grande chance. Aos 25 anos, uniu-se ao elenco da popular série de televisão, *Ally McBeal*, interpretando Nelle Porter, a nova advogada corajosa e franca contratada pela firma de advocacia que o programa retratava. Uma das primeiras coisas que fez quando conseguiu o trabalho foi comprar uma esteira para colocar no seu quarto, como vira seus colegas de elenco fazerem, então podia se exercitar durante os intervalos de almoço.

Embora estivesse orgulhosa de sua realização, entrar para o programa marcou um novo capítulo em sua vida no qual ela começou a vivenciar imensa pressão para ser magra, junto com a pressão que sentia a partir de si mesma para fazer parte da turma de Hollywood. Além de sentir a pressão para ser magra, Portia se deparou com a percepção de que era homossexual. Passou a ser atormentada pelo medo de que o público descobrisse sobre sua sexualidade, o que prejudicaria sua imagem como estrela de Hollywood. Enquanto escondia essa parte de si mesma, continuou lutando com seu peso durante todo seu trabalho em *Ally McBeal*.

Ela lembra de gostar de seu trabalho no ambiente da série, mas intensos sentimentos de insegurança continuavam a atormentá-la. Ironicamente, a marca registrada da personagem que interpretava era a confian-

Portia de Rossi

ça que exalava, e Portia lutava para manter essa imagem no programa. Aumentando seu sofrimento estava o fato de não compartilhar seus sentimentos com pessoa alguma, e ela lembra de dirigir para casa todos os dias depois das filmagens chorando sozinha por horas.

Quando começou em *Ally McBeal*, Portia estava comendo demais e vomitando com frequência, embora isso não a fizesse alcançar seu peso desejado, e se sentia indigna de seu sucesso. Um incidente no cenário de um comercial que ia fotografar para uma campanha de beleza catapultou-a para o que eventualmente se tornaria anorexia. Portia ficou mortificada quando não conseguiu entrar em qualquer dos figurinos que os estilistas lhe tinham fornecido. Lembra de se sentir arrasada quando disseram que ela era um tamanho 36. Após esse incidente, começou a ver uma nutricionista, que lhe forneceu uma lista de alimentos saudáveis e pediu que preenchesse um diário de alimentação. A nutricionista, Suzanne, também a ensinou a medir suas porções de comida com uma escala a fim de conseguir uma perda de peso bem-sucedida. Portia estava entusiasmada por ter alguma orientação com sua dieta, embora logo tenha levado as recomendações da nutricionista a um extremo doentio. "Suzanne tinha estabelecido meu consumo de calorias para uma perda de peso ideal em 1.400 calorias por dia. Eu o reestabeleci para 1.000. Problema resolvido." Essa contagem de calorias diárias começou a diminuir à medida que continuava a perder peso. A perda de peso nunca a deixava satisfeita, e ela constantemente diminuía sua meta de peso. Começou a se exercitar com frequência durante todo o dia, incluindo no caminho para sua consulta com Suzanne, quando estacionava a fim de dar uma corrida porque ficar sentada no carro por um período prolongado a fazia se sentir ansiosa. Mesmo que estivesse vendo fielmente sua nutricionista, ocultava sua restrição alimentar extrema, criando um diário de alimentação falso que imitava o que deveria ter sido sua ingestão alimentar.

À medida que seu peso diminuía, Portia era encorajada pela atenção positiva que estava recebendo da mídia, incluindo capas de revista, e constante cobertura dos fotógrafos. A reação de seus amigos e de sua família, entretanto, era muito diferente. Quando a visitou em Los Angeles, sua melhor amiga comentou que ela parecia muito magra. Portia lembra sua reação a esse comentário. "Que engraçado: muito magra. Justamente esta manhã, no estúdio, tive que encolher minhas nádegas enquanto caminhava pelo escritório em plano aberto porque, se caminhasse de maneira normal, a parte onde meus quadris encontram minhas coxas saltava para fora de modo ritmado a cada passo: protuberância gorda esquerda, protuberância gorda direita, protuberância gorda esquerda, e o diálogo sugerido: 'Você queria me ver?' Muito magra." Isso ressalta os padrões extremos e irrealistas de Portia sobre sua aparência, os quais também a conduziram às profundezas da anorexia.

O peso de Portia continuou a cair, graças a uma combinação de rigorosa restrição calórica (para poucas centenas de calorias ao dia) e quantidades extremas de exercícios. Ela utilizava diversos truques, como manter seu apartamento a 15° C para que seu corpo queimasse mais calorias e não usar pasta de dentes a fim de evitar ingestão "acidental" de calorias em excesso. Também parou de menstruar. Sua perda de peso não passou despercebida pela mídia, embora ela não entendesse por que havia razão para preocupação. Como ela escreve, "Alguns deles disseram que eu estava anoréxica. Não era verdade. Com 45 kg eu estava bastante pesada para ser anoréxica".

Com essa mentalidade distorcida que é típica daqueles que sofrem de anorexia nervosa, Portia continuou seu caminho para perder peso, até que chegou a apavorantes 37 kg. Na época, estava rodando seu primeiro filme importante como atriz principal, *O alvo errado*.* Ela teve dificuldades físicas importantes enquanto realizava esse trabalho, o qual exigia que atuasse em muitas cenas de ação. Devido a sua restrição dietética e baixo peso corporal, suas articulações doíam a ponto de mal poder se mover sem extremo sofrimento. Ela afinal colapsou enquanto filmava uma cena particularmente desafiadora, recebendo atendimento médico imediato. Os resultados de seus exames médicos indicaram que tinha osteoporose, cirrose hepática e lúpus. Pela primeira vez, foi forçada a enfrentar a realidade de sua obsessão com a perda de peso. Tinha passado fome quase até a morte, e assim começou sua longa e difícil jornada para a recuperação.

No livro, Portia equipara a anorexia com seu primeiro amor. "Nós nos conhecemos e fomos instantaneamente atraídas uma pela outra. Passamos cada momento do dia juntas... perder a anorexia foi doloroso – como perder o senso de propósito. Eu não sabia mais o que fazer sem ela para considerar... Sem a anorexia, não tinha nada. Sem ela, eu era nada. Não era nem mesmo um fracasso; simplesmente me sentia como se não existisse." À medida que começou a comer e a ganhar peso, ela lutava mais uma vez contra a bulimia devido a seus sentimentos de culpa por comer alimentos que tinha restringido por mais de um ano. Seu regime de tratamento incluiu ver um terapeuta, tomar pílulas de reposição hormonal e antidepressivos para ajudar a reduzir sua obsessão por comida. Em 10 meses, Portia recuperou 36 quilos. Enquanto lentamente se recuperava, também teve que aceitar sua sexualidade. Ao ir morar com uma namorada, aprendeu como comer o que queria em vez de estar sempre refreando seus desejos, que ela reconhecia levarem a comportamentos dietéticos obsessivos. Na época em que começou a namorar sua atual esposa, Ellen DeGeneres, em 2004, Portia tinha se recuperado completamente da anorexia. Ela agora tem um estilo de vida saudável e ativo, livre das restrições de seu transtorno alimentar. "Eu nunca mais quis pensar sobre comida e peso", ela escreve. "Para mim, isso é a definição de recuperado."

* N. de T.: Título em português para o filme *Who is Cletis Tout?*

Indivíduos com anorexia nervosa vivenciam sofrimento associado com sentirem-se "gordos" apesar de terem um peso corporal baixo.

gunda década de vida tem o transtorno por 1,7 anos. Os homens têm uma prevalência ao longo da vida 25% menor que a das mulheres (Hudson, Hiripi, Pope, & Kessler, 2007).

Características da bulimia nervosa

As pessoas com o transtorno alimentar **bulimia nervosa** apresentam uma compulsão alimentar durante a qual ingerem uma quantidade excessiva de comida durante um curto período (p. ex., 2 horas). Durante esses episódios, elas sentem uma falta de controle que as faz sentir que não podem parar de comer ou regular o quanto comem. A fim de evitar ganhar peso, realizam **purgação**, por meio da qual compensam as calorias adicionadas por métodos inadequados, como vômito autoinduzido, abuso de laxantes, diuréticos ou outros medicamentos e jejum ou exercícios excessivos. Além de se envolver nesses comportamentos, elas baseiam sua autoavaliação em quanto pesam e em sua forma corporal. Para receber um diagnóstico de bulimia, esses episódios não devem ocorrer apenas durante episódios de anorexia nervosa.

As pessoas com bulimia podem se envolver nas compulsões alimentares e purgar uma ver por semana (Wilson & Sysko, 2009). Anteriormente, os clínicos que atribuíam um diagnóstico de bulimia nervosa diferenciavam entre subtipos chamados de "purgativos" ou "não purgativos". No DSM-IV-TR, indivíduos diagnosticados com o tipo purgativo eram aqueles que induziam vômito, administravam um enema ou tomavam laxantes ou diuréticos. Os que recebiam o diagnóstico não purgativo eram aqueles que tentavam compensar o que comiam por meio de jejum ou de exercício excessivo. Mais uma vez, contudo, os autores do DSM-5 encontraram evidências de que esta não era uma distinção válida e removeram os subtipos (van Hoeken, Veling, Sinke, Mitchell, & Hoek, 2009).

bulimia nervosa
Transtorno alimentar que envolve a alternância entre comer grandes quantidades de alimento em um curto período de tempo e, em seguida, compensar as calorias adicionais por meio de vômitos ou outras ações externas para evitar o ganho de peso.

purgação
Eliminação de alimento por métodos inadequados, como vômito ou uso excessivo de laxantes.

Os indivíduos com bulimia nervosa desenvolvem uma série de problemas médicos. Os mais sérios ocorrem com a purgação. Por exemplo, o xarope de ipecac,* medicamento usado para induzir o vômito, tem efeitos tóxicos graves quando alguém o toma com regularidade e em grandes doses. As pessoas que induzem o vômito de modo frequente também sofrem deterioração dentária, porque o material regurgitado é altamente ácido. Os laxantes, os diuréticos e as pílulas para emagrecer que os bulímicos usam também podem ter efeitos tóxicos. Algumas pessoas com bulimia nervosa também apresentam comportamentos perigosos, tais como usar enemas, regurgitar e então remastigar sua comida** ou fazer sauna em excesso na tentativa de perder peso. Além dos efeitos da desidratação que comer e purgar causam, essas pessoas correm o risco de dano gastrintestinal permanente, retenção de líquido nas mãos e nos pés e destruição do músculo cardíaco ou colapso de válvula cardíaca.

* N. de R.T.: Derivado da raiz da ipecacuanha, induz o vômito ao irritar a mucosa gástrica.

** N. de R.T.: Também chamado mericismo.

MINICASO

Bulimia nervosa

Cynthia é uma professora de dança de 26 anos que luta com o seu peso desde a adolescência. Um problema particular para ela foi seu amor por carboidratos de alto teor calórico. De modo regular, ingere compulsivamente uma variedade de doces e depois obriga-se a vomitar.

Ao longo dos anos, Cynthia desenvolveu diversos problemas físicos em função da frequência de seus ciclos de compulsão e purgação. Ela avalia a qualidade dos seus dias em termos como "gorda" ou "magra" conforme aparece para si mesma no espelho.

A prevalência de bulimia nervosa ao longo da vida é de 1,5% entre as mulheres e de 0,5% entre os homens. Pesquisadores estimam a prevalência de bulimia nervosa em qualquer tempo em 1,3% entre mulheres universitárias, mas compulsão alimentar (8,5%), jejum (8,1%) e exercício excessivo (14,9%) são muito mais comuns. A maioria (59,7%) das universitárias têm preocupações com seu peso e sua forma corporal. Essas estimativas permaneceram relativamente estáveis ao longo de um período de 15 anos, de 1990 a 2004 (Crowther, Armey, Luce, Dalton, & Leahey, 2008). Os padrões de alimentação perturbados em universitários tende a melhorar com o tempo. Um acompanhamento de 20 anos de uma amostra de estudantes do ensino superior de ambos os sexos mostrou que 75% não tinham mais sintomas no início da meia-idade. Entretanto, 4,5% ainda tinham um transtorno alimentar clinicamente significativo (Keel, Gravener, Joiner Jr, & Haedt, 2010).

Embora a bulimia nervosa receba mais atenção entre as mulheres e seja mais prevalente nelas, os homens também vivenciam o transtorno. Um levantamento pela internet de mais de 6.500 membros de uma organização de manutenção da saúde revelou que porcentagens substanciais de homens tinham períodos de comer descontrolado (20%), de compulsão alimentar pelo menos uma vez por semana (8%), de jejum (4%), de uso de laxantes (3%), de exercício excessivo (6%) e de checagem do corpo (9%). As mulheres eram mais propensas que os homens a apresentar quase todos esses comportamentos, mas não havia diferenças de sexo significativas no uso de laxantes e de exercícios para evitar o ganho de peso após um período de compulsão alimentar (Striegel-Moore et al., 2009).

Uma compulsão alimentar é uma perda de controle ao comer que envolve consumo de uma grande quantidade de alimento (geralmente não saudável) em um curto período de tempo. Os indivíduos com bulimia nervosa purgam após uma compulsão, a fim de evitar o ganho de peso.

Transtorno de compulsão alimentar

O transtorno de compulsão alimentar é um novo diagnóstico adicionado ao DSM-5 que inclui indivíduos que apresentam uma **compulsão alimentar** em um período de tempo limitado, perdem o controle sobre o ato de comer e realizam o comportamento pelo menos duas vezes por semana por 6 meses. Para qualificar-se como um transtorno de compulsão alimentar, as compulsões devem ocorrer com uma grande ingestão de alimento, a pessoa deve comer mesmo após se sentir saciada ou sem fome, comer sozinha e sentir repugnância de si mesmo ou culpa após a comilança. Visto que essa compulsão não ocorre em associação com comportamentos compensatórios, é possível que os indivíduos com esse transtorno ganhem uma quantidade de peso significativa.

transtorno de compulsão alimentar
Ingestão de grandes quantidades de comida durante um curto período de tempo, mesmo após se sentir saciado, acompanhada de falta de controle sobre o tipo e a quantidade de comida.

Teorias e tratamento dos transtornos alimentares

Os transtornos alimentares refletem um conjunto complexo de interações entre a vulnerabilidade genética de um indivíduo, experiências com comida, imagem corporal e exposição a influências socioculturais. De um ponto de vista biológico, os pesquisadores estão particularmente interessados na dopamina, que desempenha um papel nos sentimentos de recompensa e prazer, incluindo aqueles relacionados ao ato de comer. De acordo com essa visão, indivíduos com compulsão alimentar sentem alívio da depressão e da ansiedade, as quais reforçam o comportamento da compulsão. Assim como as pessoas que são dependentes de substâncias, os indivíduos com compulsão alimentar vivenciam sintomas de retraimento entre os episódios, persistem no comportamento mesmo sabendo que ele é prejudicial, se sentem compelidos a realizá-lo e se sentem privados quando não podem fazê-lo. A purgação, por sua vez, também teria propriedades positivamente recompensadoras para esses indivíduos que consideram com orgulho e prazer sua capacidade de permanecer magros (Broft, Berner, Martinez, & Walsh, 2011).

Os pesquisadores conduziram estudos de uma linhagem de ratos com uma mutação recessiva letal relacionada ao funcionamento do sistema imune que leva a ingestão alimentar reduzida. Essa mutação pode ter uma ligação com funcionamento do sistema imune alterado em seres humanos (Clarke, Weiss, & Berrettini, 2011). A pesquisa sobre a genética da AN em humanos identificou anormalidades envolvendo genes receptores de serotonina e dopamina que estão concentrados no sistema límbico e, portanto, podem desempenhar um papel na alteração da regulação emocional em indivíduos com essa doença. O processamento anormal das emoções em pessoas com o transtorno também pode estar associado com variações em outro gene relacionado com neuroticismo, humor depressivo e processamento seletivo de estímulos emocionais. Essas anormalidades podem estar no centro dos problemas associados a emoção não consciente alterada que influenciam os pensamentos, os sentimentos e a autorregulação do comportamento alimentar do indivíduo (Hatch et al., 2010).

Embora os profissionais tenham usado inibidores seletivos da recaptação de serotonina (ISRSs) para tratar indivíduos com AN, esses fármacos parecem ter eficácia limitada até que sejam administrados após os clientes terem alcançado níveis de peso aceitáveis (Holtkamp et al., 2005). De maneira similar, os ISRSs têm eficácia limitada no tratamento de bulimia nervosa (Herpertz et al., 2011). Entretanto, indivíduos obesos com transtorno de compulsão alimentar (i.e., bulimia não purgativa) podem se beneficiar de um tratamento de 6 meses com esses medicamentos (Leombruni et al., 2008).

Dadas as evidências mistas das intervenções farmacológicas para os transtornos alimentares, os clínicos consideram de escolha os métodos psicoterapêuticos. As perspectivas psicológicas para os transtornos alimentares focalizam os sintomas centrais de alterações na imagem corporal, um conjunto de diversos componentes (Fig. 10.1). O componente cognitivo-afetivo envolve atitudes e afetos em relação ao próprio corpo. O componente cognitivo-afetivo da imagem corporal inclui avaliação da própria aparência (satisfação ou insatisfação) e a importância do peso e da forma para a autoestima de um indivíduo. O componente perceptual da imagem corporal inclui a forma como os sujeitos representam mentalmente seus corpos. Aqueles com transtornos alimentares em geral superestimam o tamanho do próprio corpo. O componente comportamental inclui checagem do corpo, tal como pesagem frequente ou medição de partes dele, e esquiva, que é o uso de roupas largas ou evitação de situações sociais que exponham o corpo do indivíduo à visão dos outros (Ahrberg, Trojca, Nasrawi, & Vocks, 2011).

Os tratamentos psicológicos para os transtornos alimentares que seguem esse modelo adotam uma abordagem multifacetada focada em mudanças na imagem corporal.

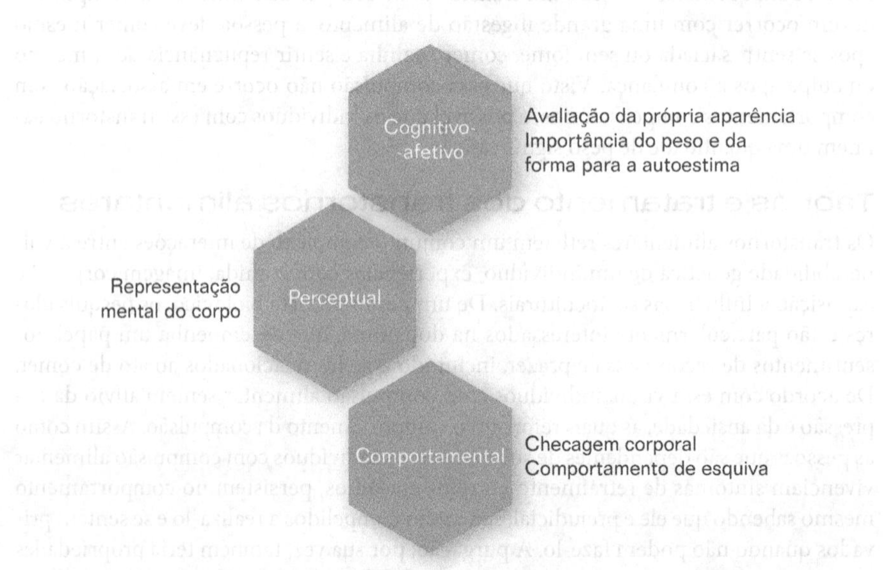

FIGURA 10.1 Componentes da imagem corporal.

Seu objetivo principal é identificar e mudar as suposições mal-adaptativas do indivíduo em relação à forma e ao peso de seu corpo. Além disso, os clínicos tentam reduzir a frequência de comportamentos mal-adaptativos, como checagem e esquiva (Hrabosky, 2011). Na terapia cognitivo-comportamental, os profissionais tentam mudar o que são vieses seletivos em pessoas com transtornos alimentares que as levam a se focarem nas partes de seus corpos de que não gostam. Segundo, usando terapia de exposição na qual os clientes veem seus próprios corpos ("confrontação do espelho"), tentam reduzir as emoções negativas que eles comumente vivenciariam. As intervenções comportamentais concentram-se em reduzir a frequência de checagem corporal. Terceiro, os clínicos podem tratar o componente da imagem corporal relativo a superestimativa de tamanho ajudando os clientes a verem seus corpos de forma mais holística na frente de um espelho, ensinando-lhes técnicas de *mindfulness* para reduzir suas cognições e afetos negativos sobre seus corpos e fornecendo-lhes psicoeducação sobre como suas crenças reforçam sua imagem corporal negativa (Delinsky, 2011).

Novidades no DSM-5

Reclassificação dos transtornos alimentares, da eliminação, do sono-vigília e transtornos disruptivos, do controle de impulsos e da conduta

O DSM-5 reflete uma série de mudanças entre as categorias dos transtornos que apresentamos neste capítulo. Além disso, diagnósticos foram acrescentados e retirados para ser compatível com a pesquisa mais recente sobre esses importantes transtornos psicológicos.

Em relação aos transtornos da alimentação, a alteração mais significativa no DSM-5 foi mudar todos eles para uma nova categoria denominada "Transtornos da alimentação" que também incluem transtornos da alimentação da infância.

Uma nova categoria chamada de "Transtorno de compulsão alimentar", que estava no apêndice do DSM-IV-TR, foi acrescentada aos transtornos da alimentação com base em uma revisão abrangente da literatura (Wonderlich, Gordon, Mitchell, Crosby & Engel, 2009) que mostrou haver validade suficiente para o diagnóstico que justifique sua inclusão. Ao mesmo tempo, o DSM-5 eliminou os dois subtipos de bulimia nervosa (com e sem purgação). Os autores do DSM-5 decidiram incluir transtorno de compulsão alimentar para reduzir o número de diagnósticos atribuídos a transtorno da alimentação "sem outra especificação". Eles acreditavam haver evidências suficientes para que ele fosse um diagnóstico próprio.

Outros transtornos da alimentação, anteriormente na seção de transtornos da infância do DSM-IV-TR, foram mudados para a mesma categoria dos transtornos da alimentação. Os transtornos da excreção ganharam seu próprio capítulo.

Os transtornos do ciclo de sono-vigília receberam uma revisão importante, visto que os autores do DSM-5 se esforçaram para desenvolver um sistema de classificação que estivesse em maior conformidade com o sistema usado por especialistas do sono.

Na perspectiva sociocultural, os clínicos usam intervenções incorporando um componente familiar para os clientes com transtornos alimentares que ainda estão na adolescência e que tiveram sintomas por apenas um breve período. No chamado "modelo de Maudsley", as famílias entram em tratamento por 10 a 20 sessões durante um período de 6 a 12 meses. Na primeira fase da terapia, os pais se encarregam completamente da alimentação e do peso de seu filho enquanto, ao mesmo tempo, recebem treinamento para encontrar meios eficazes de fazer isso. De modo gradual, a criança pode recuperar sua autonomia. Embora o modelo de Maudsley não tenha passado no teste de estudos controlados em termos de eficácia, comparado à terapia individual, há razões para adotar essa abordagem, em particular porque ela está disponível de forma generalizada (Wilson, Grilo, & Vitousek, 2007).

Transtorno alimentar restritivo/evitativo

No **transtorno alimentar restritivo/evitativo**, os indivíduos demonstram uma aparente falta de interesse em comer ou por comida. Agem assim porque estão preocupados com as consequências aversivas. Além disso, podem evitar o alimento com base em suas características sensoriais (cor, cheiro, textura, temperatura ou gosto). As pessoas podem desenvolver esse transtorno como resultado de uma resposta negativa condicionada a ter uma experiência aversiva enquanto comem, tal como se engasgar.

transtorno alimentar restritivo/evitativo
Transtorno no qual os indivíduos evitam comer por preocupação com as consequências aversivas ou restringem a ingestão de alimento com características sensoriais específicas.

Incluído anteriormente como um transtorno da alimentação da primeira infância no DSM-IV-TR, esse diagnóstico é agora aplicável a indivíduos de qualquer idade que não tenham outro transtorno alimentar ou condição médica concomitante ou que estejam seguindo restrições alimentares prescritas pela cultura. Como resultado de seu transtorno, eles perdem uma quantidade significativa de peso (ou deixam de alcançar o ganho de peso esperado), apresentam uma deficiência nutricional significativa, tornam-se dependentes da alimentação por meio de um tubo estomacal ou de suplementos nutricionais orais e apresentam interferência acentuada em seu funcionamento psicossocial.

Como resultado da inclusão deste transtorno no DSM-5, os pesquisadores acreditam que a frequência do transtorno alimentar "não especificado" será cortada pela metade, levando a melhores chances de diagnóstico e tratamento adequados (Ornstein et al., 2013). Adultos jovens parecem particularmente propensos a esse transtorno, com um estudo estimando que 25% das mulheres e 20% dos homens com idade de faculdade tenham uma alimentação restrita (Quick & Byrd-Bredbenner, 2012). As normas sociais podem reforçar esse comportamento, visto que certas redes de amigos tendem a estabelecer expectativas de hábitos alimentares restritos (Howland, Hunger, & Mann, 2012).

Transtornos alimentares associados com a infância

Os autores do DSM-5 mudaram os transtornos alimentares da primeira infância do DSM-IV-TR para a categoria global de transtornos alimentares em adolescentes e adultos. Pesquisadores no campo esperavam que essa reclassificação lhes permitisse avaliar mais sistematicamente a incidência, a etiologia e a eficácia do tratamento dessas condições (Williams, Riegel, & Kerwin, 2009).

pica
Condição na qual uma pessoa ingere substâncias não comestíveis, como sujeira ou fezes; comumente associada com retardo mental.

As crianças com **pica** ingerem substâncias não comestíveis, como tinta, cordão, cabelo, excrementos de animais e papel. Esse é um transtorno sério porque mesmo uma incidência pode fazer a criança vivenciar consequências médicas significativas devido a envenenamento por chumbo ou lesão ao trato gastrintestinal. A pica é a causa mais séria de autolesão que ocorre em pessoas com deficiências do desenvolvimento intelectual. Os profissionais que a tratam devem usar não apenas uma estratégia de tratamento comportamental para reduzir os comportamentos prejudiciais do indivíduo, mas instituir a prevenção, retirando da casa substâncias potencialmente perigosas (Williams, Kirkpatrick-Sanchez, Enzinna, Dunn & Borden-Karasack, 2009).

transtorno de ruminação
Transtorno alimentar no qual o bebê ou a criança regurgitam o alimento após ter sido engolido e então cospem fora ou engolem novamente.

No **transtorno de ruminação**,* o bebê ou a criança regurgitam e remastigam o alimento após tê-lo engolido. Pesquisadores que investigaram esse transtorno (quando era incluído, com o transtorno alimentar, como um transtorno da infância) identificaram cinco problemas comuns nessas crianças, incluindo (1) desenvolvimento atrasado ou ausente das habilidades de mamar e comer; (2) dificuldade de tolerar comida ou bebida; (3) relutância em comer com base no gosto, na textura e em outros fatores sensoriais; (4) falta de apetite ou interesse na comida; e (5) o uso de comportamentos alimentares para confortar, se acalmar ou autoestimular-se. Vinte e cinco a 45% das crianças com desenvolvimento normal e 80% daquelas com deficiência intelectual têm problemas de alimentação de diversos graus. Entretanto, há muitas variações na forma de os clínicos relatarem esses problemas, e, portanto, os epidemiologistas não têm estimativas exatas de sua prevalência. O quadro clínico se complica ainda mais pelo fato de que muitos fatores diferentes podem contribuir para problemas de alimentação em crianças, variando de uma experiência de sufocação a história médica, temperamento e anormalidades fisiológicas que criam problemas de alimentação (Bryant-Waugh, Markham, Kreipe, & Walsh, 2010).

10.2 Transtornos da eliminação

transtornos da eliminação
Transtornos caracterizados por incontinência inadequada para a idade começando na infância.

enurese
Transtorno da eliminação no qual o indivíduo é incontinente de urina e urina nas roupas ou na cama após a idade em que se espera que a criança seja continente.

encoprese
Transtorno da eliminação no qual o indivíduo é incontinente de fezes e evacua nas roupas ou em outro lugar impróprio.

Os **transtornos da eliminação** são caracterizados por incontinência inadequada para a idade e em geral diagnosticados na infância. Eles incluem enurese e encoprese. Indivíduos com **enurese** urinam na cama ou na roupa após terem alcançado a idade de 5 anos, quando deveriam estar completamente treinados no uso do banheiro. Para receber esse diagnóstico, a criança deve apresentar sintomas de enurese por três meses consecutivos. Na **encoprese**, uma criança que tenha pelo menos 4 anos de idade evacua repetidas vezes em suas roupas ou em outro lugar impróprio.

Em torno de 20 a 25% das crianças de 4 anos ainda molham a cama, e 30% daquelas com 3 anos ainda se sujam (von Gontard, 2011). Aos 5 anos, a enurese afeta cerca de 5 a

* N. de R.T.: Ou mericismo.

10% da população e continua a diminuir até a prevalência ser de aproximadamente 1% em indivíduos de 15 anos e mais velhos. Os meninos são mais propensos que as meninas a vivenciar essa condição (Brown, Pope, & Brown, 2011). Esses comportamentos, então, são bastante comuns antes do período que o diagnóstico especifica.

Existem subtipos de enurese com base na hora do dia em que a criança extravasa urina inadequadamente (enurese exclusivamente diurna, exclusivamente noturna ou noturna e diurna). Os subtipos de encoprese diferenciam crianças com constipação e incontinência por extravasamento daquelas sem essa característica. Pesquisadores acreditam que essas distinções são importantes porque podem diferenciar as crianças que têm e as que não têm uma base fisiológica para seus sintomas (von Gontard, 2011).

Esses transtornos podem ter um impacto negativo sobre o subsequente ajustamento da criança devido a seus efeitos sobre a autoestima dela. As melhores intervenções para enurese são uma abordagem multifacetada envolvendo o alarme de urina. O contato com a urina ativa o alarme de urina, levando a criança a experimentar um pequeno estímulo aversivo. Como resultado desse estímulo, ela desenvolve uma resposta de evitação condicionada que pode desencadear contrações musculares no esfincter externo da bexiga. Outros métodos podem ser combinados com esse sistema, mas ele tem claramente um papel central no tratamento (Brown et al., 2011).

Se tiverem a forma de encoprese retentiva, crianças podem se beneficiar do treinamento comportamental que as recompensa por aumentar sua ingestão de líquido, garantindo que incluam o tempo no banheiro como parte de seus horários diários, e por incorporar mais fibras em sua dieta. Para ser eficaz, esse treinamento deve encorajar as crianças a aumentar a ingestão de líquidos saudáveis, como água, e não líquidos com alto conteúdo de açúcar, como sucos ou refrigerantes (Kuhl et al., 2010). Outra abordagem de orientação mais psicológica se concentra na raiva não resolvida que uma criança pode estar expressando em resposta a problemas familiares, incluindo conflito entre os pais, a chegada de um irmão recém-nascido e um irmão mais velho que a atormenta. O tratamento que lida com esses problemas do sistema familiar pode ajudar a reduzir os sintomas da criança por meio da diminuição dos estresses familiares (Reid & Bahar, 2006).

10.3 Transtornos do sono-vigília

Um grande progresso está sendo feito na ciência do sono e no tratamento de perturbações do sono-vigília, tanto que a medicina do sono é agora um campo independente. Pesquisadores e médicos na medicina do sono normalmente adotam uma abordagem biopsicossocial, examinando as contribuições genéticas e neurofisiológicas (p. ex., Barclay & Gregory, 2013), as interações psicológicas e os fatores sociais e culturais que afetam a qualidade e a quantidade do sono do indivíduo. Além disso, pessoas com transtornos do sono-vigília também podem ter outros transtornos psicológicos ou doenças médicas. Portanto, os profissionais precisam ser cuidadosos ao realizar uma avaliação completa quando os clientes se apresentam com problemas relacionados ao sono. Pela mesma razão, ter os sintomas de transtorno do sono-vigília tratados pode ajudar a melhorar a qualidade de vida global (Morin, Savard, & Ouellet, 2013).

O DSM-5 organiza os transtornos do sono-vigília no que os autores acreditam ser um sistema clinicamente útil que tem uma base na pesquisa empírica. Esse sistema combina conjuntos de transtornos relacionados do DSM-IV-TR em alguns casos e separa outros que são mais bem compreendidos como entidades separadas. Os especialistas do sono têm um sistema diagnóstico mais refinado que o do DSM-5, significando que um cliente que busque ajuda de uma clínica do sono pode ter um diagnóstico ligeiramente diferente daquele fornecido pelo DSM-5.

Os critérios diagnósticos do DSM-5 para os transtornos do sono-vigília também refletem o progresso na disponibilidade de tecnologia na avaliação e no diagnóstico diferencial. Muitos desses diagnósticos usam agora a **polissonografia**, que é um estudo do sono que registra as ondas cerebrais, os níveis de oxigênio sanguíneo, a taxa cardíaca, a respiração, os movimentos oculares e os movimentos das pernas.

polissonografia
Estudo do sono que registra as ondas cerebrais, os níveis de oxigênio sanguíneo, a taxa cardíaca, a respiração, os movimentos oculares e os movimentos das pernas.

Resumimos as principais categorias dos transtornos do sono-vigília na Tabela 10.1. Como você pode ver, eles se enquadram nas categorias de transtorno de insônia/transtorno de hipersonolência/narcolepsia, transtornos do sono relacionados à respiração e parassonias. Para serem diagnosticáveis, os sintomas devem estar presentes por um período de tempo significativo, ocorrer com relativa frequência e causar sofrimento ao indivíduo. Esses transtornos afetam muitas pessoas, talvez até 30% dos adultos na população em geral apenas no caso da insônia (Cole, 2011). Se você é como muitos universi-

TABELA 10.1 Transtornos do sono-vigília

Transtorno (ou categoria)	Transtornos específicos da categoria	Sintomas predominantes
Transtorno de insônia		Dificuldade para iniciar ou manter o sono, junto com despertar matinal precoce.
Narcolepsia		Períodos recorrentes de uma necessidade irreprimível de dormir, de cair no sono ou de cochilar no mesmo dia. O diagnóstico também requer episódios de abertura do maxilar, perda do tônus muscular facial ao rir, líquido cerebrospinal (LCS) anormal ou alterações do sono na polissonografia.
Transtorno de hipersonolência		Períodos recorrentes de sono ou de cair no sono durante o dia, episódios de sono principal prolongado ou dificuldade em permanecer totalmente acordado após súbito despertar.
Transtornos do sono relacionados à respiração	Apneia e hipopneia obstrutivas do sono Hipopneia	Episódios frequentes de **apneia** e **hipopneia** enquanto adormecido conforme indicado na polissonografia, junto com ronco, bufos/suspiros ou pausas respiratórias durante o sono e sonolência diurna, fadiga ou sono não reparador.
	Apneia central do sono	Episódios frequentes de apneia durante o sono.
	Hipoventilação relacionada ao sono	Episódios de respiração (ventilação) diminuída durante o sono.
Transtorno do sono-vigília do ritmo circadiano		Padrões persistentes de interrupção do sono devidos principalmente a ritmo circadiano alterado ou desalinhamento entre o ritmo circadiano interno e o horário de sono-vigília requerido pelo ambiente ou por horário de trabalho ou social do indivíduo. Inclui tipo fase do sono atrasada (atraso no tempo do período de sono principal), tipo fase do sono avançada (ciclos de sono-vigília adiantados várias horas em relação ao convencional), tipo sono-vigília irregular, tipo sono-vigília não de 24 horas e tipo trabalho em turnos.
Parassonias	Transtornos de despertar do sono não REM	Episódios recorrentes de despertar do sono incompleto acompanhado por **sonambulismo** ou **sonambulismo** não associado com **movimentos oculares rápidos (REMs)**.
	Transtorno de pesadelo	Ocorrências repetidas de sonhos prolongados, disfóricos e bem lembrados que normalmente envolvem ameaças à vida da pessoa.
	Transtorno comportamental do sono REM	Episódios frequentes de despertar durante o sono associado com falar e/ou comportamentos motores que ocorrem durante o sono REM.
	Síndrome das pernas inquietas	Um impulso de movimentar as pernas junto com sensações desconfortáveis e desagradáveis nos membros inferiores, impulsos que começam ou pioram durante períodos de repouso ou de inatividade que são parcial ou totalmente aliviados por movimento e são piores ou apenas ocorrem ao anoitecer ou à noite.

MINICASO

Samuel, apneia e hipopneia obstrutivas do sono

Samuel é um gerente de supermercado casado, tem 68 anos e busca aconselhamento conjugal porque sua esposa decidiu que não deseja mais ser despertada por seus roncos, insistindo para que durmam em quartos separados. Além disso, ele se sente constantemente cansado e sonolento durante o dia. O conselheiro encaminha Samuel a um especialista do sono que conduz uma polissonografia, mostrando que ele apresenta períodos de suspensão da respiração em média a cada quatro minutos. Ele está sendo avaliado agora para tratamento pelo especialista de sono, que está explorando opções, incluindo um dispositivo mecânico preso sobre o nariz, que permitiria a Samuel e sua esposa retomarem seus padrões de sono anteriores na mesma cama.

tários, é muito provável que já tenha sido afetado por um ou mais desses transtornos em função do ambiente típico dos dormitórios ou dos prédios de apartamentos povoados de estudantes, em que o ruído em horários noturnos interfere tanto na qualidade como na quantidade do sono.

apneia
Ausência total de fluxo de ar.

hipopneia
Redução no fluxo de ar.

sonambulismo
Levantar da cama durante o sono e perambular enquanto aparentemente adormecido.

terrores do sono
Despertares repentinos do sono geralmente começando com um grito de pânico.

movimentos oculares rápidos (REMs)
Fase do sono que envolve movimentos frequentes dos olhos por trás das pálpebras fechadas; EEGs semelhantes aos feitos durante a vigília.

10.4 Transtornos disruptivos, do controle de impulsos e da conduta

Esse agrupamento de transtornos inclui diagnósticos atribuídos a indivíduos que têm dificuldade para regular suas emoções e seu comportamento e cujo transtorno viola os direitos dos outros. Embora pessoas com diversas outras condições também vivenciem dificuldades na autorregulação de seu comportamento, esses transtornos têm em comum a qualidade de colocar os indivíduos em conflito significativo com normas sociais ou figuras de autoridade. Em outras palavras, o sujeito com um desses transtornos tende a "meter-se em problemas", pura e simplesmente.

Esses transtornos não necessariamente compartilham uma causa subjacente, e o grau em que as dificuldades de autorregulação dizem respeito a emoções ou a comportamento também varia. Apesar disso, eles têm em comum uma tendência de quem os apresenta a exibir sintomas externalizantes. Esses indivíduos estão na extremidade de um espectro internalizante-externalizante caracterizado por ausência de inibição ("desinibição") e constrangimento junto com altos níveis de emocionalidade negativa. Novamente, em termos simples, se considera que pessoas com esses transtornos estão "atuando" ("agindo impulsivamente/agindo inconscientemente").

Transtorno de oposição desafiante

A maioria das crianças passa por períodos de negativismo e de desafio leve, sobretudo na adolescência, e a maior parte dos pais se queixa de hostilidade e discussões ocasionais em seus filhos; entretanto, e se tais comportamentos estiverem presentes a maior parte do tempo? As crianças e os adolescentes com **transtorno de oposição desafiante** apresentam humor irritado ou irritável, comportamento questionador e desafiador e espírito vingativo, que resultam em problemas familiares ou escolares significativos. Esse transtorno é muito mais extremo do que a rebeldia normal da infância ou da adolescência e é mais do que uma fase. Os jovens que o apresentam repetidamente perdem a razão, discutem, se recusam a fazer o que é pedido e incomodam de forma deliberada as outras pessoas. Eles são suscetíveis, ressentidos, agressivos, rancorosos e donos da verdade. Em vez de verem a si mesmos como a causa de seus problemas, culpam outras pessoas e insistem que são vítimas das circunstâncias. Alguns jovens que se comportam dessa maneira são mais opositores com seus pais do que com estranhos, mas a maioria tem problemas em todas as esferas. Na medida em que o comportamento deles interfere em seu desempenho escolar e relacionamentos sociais, eles perdem o respeito pelos professores e a amizade dos pares. Essas perdas podem levá-los a sentirem-se inadequados e deprimidos.

transtorno de oposição desafiante
Transtorno caracterizado por humor irritado ou irritável, comportamento questionador ou desafiador e espírito vingativo, que resultam em problemas familiares ou escolares significativos.

O transtorno de oposição desafiante costuma se tornar evidente entre as idades de 8 e 12 anos. Meninos pré-adolescentes são mais propensos a desenvolvê-lo do que meninas da mesma idade, mas, após a puberdade, ele tende a ser igualmente comum em homens e mulheres. Em alguns casos, esse transtorno progride para transtorno da

Meninos que são diagnosticados com transtorno de oposição desafiante podem desenvolver transtorno da personalidade antissocial, embora muitos superem o transtorno quando chegam ao final da adolescência.

conduta; na verdade, a maioria das crianças com transtorno da conduta tem histórias de desafio de oposição. Entretanto, muitas crianças com transtorno de oposição desafiante o superam quando chegam à adolescência, desde que não tenham outro transtorno, tal como transtorno de déficit de atenção/hiperatividade (TDAH) (Mannuzza, Klein, & Moulton, 2008).

Os terapeutas aplicam algumas das intervenções utilizadas para TDAH quando trabalham com indivíduos que apresentam transtornos de oposição desafiante ou da conduta. Profissionais que tratam crianças com transtorno da conduta enfrentam desafios ainda maiores do que aqueles que tratam indivíduos com TDAH porque alcoolismo e abuso caracterizam o ambiente familiar de muitas delas. Embora não seja verdade para todas as crianças com transtorno de oposição desafiante, muitas (sobretudo os meninos) infelizmente irão desenvolver transtorno da personalidade antissocial na idade adulta, e uma pequena porcentagem irá se envolver em comportamento criminoso sério (Loeber & Burke, 2011). As meninas com transtorno de oposição desafiante correm um risco mais alto de desenvolver depressão, em particular se apresentarem sinais de incapacidade de regular suas emoções e uma tendência ao desafio (Hipwell et al., 2011).

Uma combinação de abordagens comportamentais, cognitivas e de aprendizagem social é a estratégia mais útil no trabalho com jovens com transtornos do comportamento disruptivo (Brown et al., 2008). O objetivo do tratamento é ajudar o jovem a aprender comportamentos adequados, tais como cooperação e autocontrole, e a desaprender comportamentos problemáticos, como agressão, furto e mentira. A terapia focaliza-se no reforço, no contrato comportamental, na modelagem e no treinamento do relaxamento; além disso, pode ocorrer no contexto de terapia de grupo de iguais e de treinamento parental. É lamentável que a intervenção profissional em jovens que têm transtornos do comportamento disruptivo ocorra frequentemente durante a adolescência, um estágio do desenvolvimento que alguns especialistas no campo consideram muito tardio. As intervenções comportamentais que começam durante a infância são em geral mais promissoras.

transtorno explosivo intermitente
Transtorno do controle de impulsos que envolve incapacidade de conter os impulsos de expressar sentimentos de raiva fortes e comportamentos violentos associados.

Transtorno explosivo intermitente

O aspecto principal do **transtorno explosivo intermitente** é o fracasso em controlar os impulsos agressivos. Os indivíduos podem ter acessos de raiva verbais (birras, discursos, discussões) ou físicos nos quais se tornam agressivos ou destrutivos de formas desproporcionais a quaisquer estresse ou provocação. Esses acessos de raiva físicos, em pelo menos três ocasiões em um período de 12 meses, podem causar dano ao indivíduo, a outras pessoas ou à propriedade. Entretanto, mesmo se apresentarem agressividade verbal ou física sem causar dano, os indivíduos ainda podem receber esse diagnóstico.

A raiva demonstrada pelas pessoas com esse transtorno é desproporcional a quaisquer provocação ou estresse em particular, e suas ações não são premeditadas. Depois, elas podem se sentir significativamente angustiadas, sofrer consequências interpessoais ou ocupacionais, legais ou financeiras. A magnitude dos acessos de agressividade é desproporcional à provocação para sua raiva. Além disso, os acessos de raiva não são premeditados.

MINICASO

Transtorno explosivo intermitente

Ed, um professor do ensino médio de 28 anos, tem acessos imotivados e violentos, de comportamento agressivo. Durante esses episódios, atira qualquer objeto que esteja ao alcance de suas mãos e grita impropérios. Ele logo se acalma, contudo, e sente intenso arrependimento por qualquer dano que tenha causado, explicando que não sabia o que deu nele. No episódio mais recente, atirou um pote de café em outro colega na sala dos professores, causando-lhe um ferimento sério. Após a ambulância levar o homem ferido para o hospital, o supervisor de Ed chamou a polícia. Ele foi levado sob custódia e imediatamente suspenso de seu trabalho.

Indivíduos com transtorno explosivo intermitente podem sofrer consequências negativas em seus relacionamentos interpessoais devido a seus acessos agressivos frequentes e não provocados.

Uma estimativa de 4 a 7% das pessoas na população dos Estados Unidos têm transtorno explosivo intermitente; destas, 70% têm pelo menos três acessos de raiva por ano, com uma média de 27 anuais (Kessler et al., 2006). Pessoas com esse transtorno são mais vulneráveis a uma série de ameaças a sua saúde física, incluindo doença cardíaca coronariana, hipertensão, acidente vascular cerebral, diabetes, artrite, dor nas costas/pescoço, úlcera, cefaleias e outra dor crônica (McCloskey, Kleabir, Berman, Chen, & Coccaro, 2010). Elas frequentemente têm transtornos bipolar, da personalidade, tal como antissocial ou *borderline*, transtorno por uso de substância (em particular álcool) e transtornos cognitivos concomitantes.

O transtorno explosivo intermitente parece ter um forte componente familiar não explicado por quaisquer condições comórbidas associadas (Coccaro, 2010). Pesquisadores acreditam que ele possa resultar de anormalidades no sistema de serotonina causando perda da capacidade de inibir os movimentos (Coccaro, Lee, & Kavoussi, 2010). Outros estudos mostram padrões EEG alterados que predispõem indivíduos a esses acessos explosivos (Bars, Heyrend, Simpson, & Munger, 2001).

Cognições errôneas também contribuem para o desenvolvimento desse transtorno. As pessoas que o apresentam têm um conjunto de crenças negativas de que outras pessoas desejam prejudicá-las, crenças que podem ter adquirido por meio de punições rigorosas que receberam de seus pais ou cuidadores quando crianças. Elas acham, portanto, que sua violência é justificada. Além disso, podem ter aprendido por modelagem que a agressão é a forma de lidar com conflito ou frustração. Somada a esses processos psicológicos está a aprovação da violência associada com o papel de gênero masculino, uma visão que explicaria em parte a maior prevalência desse transtorno em homens.

Visto o possível papel de anormalidades serotonérgicas nesse transtorno, pesquisadores investigaram a utilidade dos ISRSs no tratamento. Embora eficazes para reduzir comportamentos agressivos, entretanto, esses medicamentos apenas resultam em remissão total ou parcial em menos de 50% dos casos (Coccaro, Lee, & Kavoussi, 2009). Estabilizadores do humor usados no tratamento de transtorno bipolar (lítio, oxcarbazepina, carbamazepina) também têm alguns efeitos na redução de comportamento agressivo, mas há poucos estudos bem controlados (Jones et al., 2011).

A terapia cognitivo-comportamental também pode ser benéfica. Em uma abordagem, uma variante da terapia de manejo da raiva usa treinamento de relaxamento, reestruturação cognitiva, exposição imaginária hierárquica e prevenção de recaída por um período de 12 semanas, nas modalidades individual e de grupo. Uma investigação controlada desse modelo de terapia mostrou melhoras nos níveis de raiva, agressão e depressão que persistiram por pelo menos 3 meses após o tratamento (McCloskey, Noblett, Deffenbacher, Gollan, & Coccaro, 2008).

Transtorno da conduta

transtorno da conduta
Transtorno do controle de impulsos que envolve violações repetidas dos direitos dos outros e das normas e leis da sociedade.

Indivíduos com **transtorno da conduta** violam os direitos dos outros e as normas ou as leis da sociedade. Seus comportamentos delinquentes incluem ser agressivo com pessoas e animais (p. ex., ameaças [*bullying*] e atos de crueldade com animais), destruição de propriedade, fraude ou roubo e violações sérias de regras (tais como faltar às aulas ou fugir de casa).

Os profissionais diferenciam entre transtorno da conduta com início na infância (antes dos 10 anos) e transtorno da conduta com início adolescente (Brown et al., 2008). Em todo o mundo, as taxas desse transtorno são em média de 3,2%, com constância notável entre os países, embora suas definições pareçam variar, pelo menos por continente (Canino, Polanczyk, Bauermeister, Rohde, & Frick, 2010). Entretanto, o transtorno da conduta varia em gravidade. Casos mais sérios implicam prisão e comportamento delinquente estável, e casos leves envolvem traquinagens, mentiras insignificantes ou travessuras em grupo.

Pesquisadores acreditam que indivíduos geneticamente vulneráveis são mais propensos a desenvolver transtorno da conduta quando expostos a certos ambientes severos. Eles estudaram o desenvolvimento de problemas de conduta em mais de 1.100 pares de gêmeos de 5 anos de idade e suas famílias devido às contribuições genéticas e aos maus-tratos físicos pelos pais. Entre gêmeos idênticos cujo cogêmeo tinha problemas de conduta (i.e., aqueles com alto risco genético), a probabilidade de um diagnóstico de transtorno da conduta foi de quase 25% quando seus pais os maltratavam fisicamente. Em contrapartida, aquelas crianças com risco genético baixo que foram submetidas a maus-tratos físicos tinham apenas 2% de chance de desenvolver o transtorno (Jaffee et al., 2005). O gene específico que parece estar envolvido no transtorno da conduta também contém um gene que regula o crescimento de certos tumores (Dick et al., 2011).

transtornos do controle de impulsos
Transtornos psicológicos nos quais as pessoas repetidas vezes se envolvem em comportamentos potencialmente prejudiciais, se sentindo incapazes de se conter e vivenciando uma sensação de desespero se suas tentativas de realizá-los são frustradas.

piromania
Transtorno do controle de impulsos envolvendo o desejo irreprimível, persistente e coercivo de iniciar incêndios.

Infelizmente, sabemos que crianças agressivas e antissociais provavelmente terão problemas sérios quando adultos. Em um estudo longitudinal clássico, apenas um sexto da amostra original estava completamente livre de transtornos psicológicos na idade adulta. Mais de um quarto tinha transtorno da personalidade antissocial (Robins, 1966). Estudos subsequentes confirmaram esse panorama pessimista, com resultados indicando que pelo menos 50% das crianças com transtorno da conduta desenvolvem transtorno da personalidade antissocial (ver Cap. 14), uma probabilidade que aumenta mais ainda na presença de outros diagnósticos, como transtorno depressivo maior (Fombonne, Wostear, Cooper, Harrington, & Rutter, 2001).

Indivíduos com piromania são frequentemente fixados em todos os aspectos relacionados a fogo, incluindo acender um fósforo.

Transtornos do controle de impulsos

Pessoas com **transtornos do controle de impulsos** repetidas vezes se envolvem em comportamentos frequentemente prejudiciais, os quais sentem que não podem controlar. Antes de se deixarem levar por seus impulsos, esses indivíduos vivenciam tensão e ansiedade que podem aliviar apenas cedendo a tais impulsos. Após realizá-los, vivenciam uma sensação de prazer ou gratificação, ainda que posteriormente possam se arrepender do comportamento.

Piromania

Pessoas com **piromania** deliberadamente provocam incêndios, sentem tensão e excitação antes de cometerem o ato, são fascinadas por chamas e curiosas sobre fogo e seus contextos situacionais, sentem prazer, gratificação ou alívio quando provocam ou testemunham incêndios ou enquanto participam de suas consequências. Para ser diagnosticado com piromania, o indivíduo não deve provocar incêndios por razões monetárias ou ter outras condições médicas ou psiquiátricas. Incêndio culposo é o ateamento de fogo deliberado por um propósito impróprio (p. ex., ganho monetário), e um incendiário não sente o alívio demonstrado por pessoas com piromania.

Você decide

Implicações legais dos transtornos do controle de impulsos

Por definição, os transtornos do controle de impulsos são aqueles que envolvem desejos irresistíveis. Indivíduos com transtornos como cleptomania e piromania realizam atos ilegais de, respectivamente, roubar e atear fogo. Os que apresentam transtorno explosivo intermitente também podem cometer atos ilegais durante um de seus acessos violentos. Quando as pessoas com esses transtornos encontram o sistema judiciário, então, surge a questão: elas devem ser consideradas doentes ou seu comportamento deve ser visto como uma forma de comportamento ilegal e desviante, semelhante à psicopatia?

As pessoas com cleptomania cometem atos de roubo em resposta a um fracasso em resistir aos impulsos. O roubo pode lhes dar alívio momentâneo de seu impulso guiado pela ansiedade, mas, no final, ele leva apenas a sofrimento e disfunção significativos em suas vidas diárias. Uma diferença fundamental entre cleptomania e transtorno da personalidade antissocial está nos sentimentos de culpa e remorso que acompanham o roubo. Pessoas com cleptomania sentem intenso arrependimento; além disso, não buscam adquirir os objetos que roubam por qualquer razão monetária em particular (Aboujaoude, Gamel, & Koran, 2004). De maneira similar, indivíduos com piromania, por definição, não buscam recompensa financeira por suas ações. Aqueles com transtorno explosivo intermitente não procuram cometer atos violentos, estão apenas respondendo a impulsos irresistíveis. Pessoas com jogo patológico roubam ou enganam não em razão de ganho material, mas a fim de sustentar seu hábito de jogar.

De um ponto de vista, não devemos considerar os transtornos do controle de impulsos iguais a esses transtornos "volitivos", os quais devem desculpar um indivíduo da responsabilidade moral e legal por suas ações. Um prejuízo cognitivo que minimiza ou nega a memória das consequências negativas dos comportamentos adictivos anteriores da pessoa causa o transtorno volitivo. Uma vez que o comportamento comece, aumenta a extensão do prejuízo (Campbell, 2003).

A terminologia que os profissionais da saúde mental usam para descrever cleptomania e piromania sugere, entretanto, que os indivíduos com esses transtornos são de algum modo atraídos pelas oportunidades de roubar e de provocar incêndios. Muitas pessoas externas às profissões da saúde mental não entendem a natureza desses transtornos. No caso da piromania, os bombeiros, os investigadores do seguro, a polícia e mesmo os profissionais da saúde mental podem deixar de avaliar totalmente os critérios diagnósticos para o transtorno. Outra crença popular e errônea é que incendiários em série são piromaníacos. De fato, os clínicos diagnosticam piromania em uma porcentagem muito pequena de incendiários crônicos. Com frequência vemos pessoas com piromania como se extraíssem um prazer sexual de seu comportamento. Na realidade, isso ocorre em apenas uma minoria de casos. De acordo com Doley (2003), a falta de informações precisas sobre piromania significa que não é possível determinar se existem realmente pessoas com piromania ou se elas são responsáveis por seu comportamento.

P: *Você decide:* Devemos tratar pessoas com transtornos do controle de impulsos, cujo comportamento pode ser ilegal e potencialmente prejudicial aos outros, como criminosos ou como vítimas de transtornos psicológicos?

Entre pacientes psiquiátricos hospitalizados, 3,4% tinham sintomas correntes de piromania, e 5,9% tinham sintomas ao longo da vida congruentes com tal diagnóstico (Grant, Levine, Kim, & Potenza, 2005). A maioria das pessoas com piromania é formada por homens. Entretanto, ela parece ser rara mesmo entre incendiários. Entre uma amostra de 90 transgressores repetidos, pesquisadores finlandeses verificaram que apenas 3 satisfaziam os critérios do DSM-IV-TR para o transtorno (Lindberg, Holi, Tani, & Virkkunen, 2005).

A piromania parece ser uma condição crônica se o indivíduo não receber tratamento. Alguns sujeitos que apresentam, porém, podem mudar para outro comportamento adictivo ou impulsivo, tal como cleptomania ou jogo patológico. Um estudo intensivo de 21 participantes com uma história de piromania ao longo da vida descreveu os gati-

MINICASO

Cleptomania

Glória é uma executiva de 45 anos, elegante e atraente, com um salário confortável e um estilo de vida agitado. Nos últimos anos, ela tem estado sob considerável estresse e trabalhado longas horas como resultado de reorganizações em sua empresa. Quando adolescente, Glória ocasionalmente pegava objetos pequenos e baratos, como presilhas de cabelo e esmalte de unhas, das drogarias, ainda que tivesse dinheiro para pagar por eles. Ultimamente, recomeçou a furtar em lojas. Desta vez, seu comportamento tem uma intensidade que ela não pode controlar. Durante sua hora de almoço, com frequência visita uma das grandes lojas de departamentos perto de seu escritório, anda pelos corredores até encontrar alguma coisa que prenda sua atenção e então a enfia dentro de sua bolsa ou seu bolso. Embora tenha jurado para si mesma que nunca mais irá roubar, todos os dias sente uma tensão tão grande que não consegue ficar fora das lojas.

lhos mais prováveis para o comportamento como estresse, tédio, sentimentos de inadequação e conflito interpessoal (Grant & Kim, 2007).

Conforme ocorre com os outros transtornos do controle de impulsos, a piromania pode refletir anormalidades no funcionamento da dopamina em áreas do cérebro que envolve adições comportamentais. Contudo, o tratamento para essa condição que segue o modelo cognitivo-comportamental parece ser o mais promissor. As técnicas usadas na terapia cognitivo-comportamental nesse caso incluem exposição imaginária e prevenção de resposta, reestruturação cognitiva da resposta a impulsos e treinamento do relaxamento (Grant, 2006).

cleptomania
Transtorno do controle de impulsos que envolve o desejo persistente de roubar.

Cleptomania

Pessoas com o transtorno do controle de impulsos **cleptomania** são movidas por um desejo persistente de roubar. Ao contrário dos larápios de lojas ou dos ladrões, elas na verdade não desejam ter o objeto ou o dinheiro que ele vale. Antes, buscam a excitação causada pelo ato de roubar. Apesar da emoção que obtêm de roubar, essas pessoas preferiam não ser dirigidas a esse comportamento e sentem que seu impulso é desagradável, indesejado, intrusivo e sem sentido. Visto que na verdade não querem ou necessitam dos objetos que roubam, elas não têm usos específicos para eles e podem dá-los ou jogá-los fora. A fim de fechar o diagnóstico de cleptomania, os profissionais não podem explicar melhor o roubo do indivíduo por transtornos da personalidade antissocial, da conduta ou bipolar (em um episódio maníaco). Ainda que o roubo de lojas seja relativamente comum, a cleptomania parece ser muito menos.

A cleptomania tem um número significativo de efeitos sobre a vida do indivíduo, o maior deles sendo o medo ou a realidade da prisão. Em um estudo de 101 adultos (73% mulheres), 69% foram presos e 21% foram encarcerados. Mais da metade foi presa em duas ou mais ocasiões. Seus sintomas começaram quando tinham 19 anos, em média, e eles roubam de lojas pelo menos duas vezes por semana. A maioria roubava peças de vestuário, artigos domésticos e itens de mercearia. Em menor grau, também roubavam de seus amigos, parentes e nos locais de trabalho. Esse estudo reproduziu outras investigações de menor escala ao relatar que as pessoas com essa condição tendem a ter altas taxas de prevalência ao longo da vida de transtornos depressivos (43%), de ansiedade (25%), outros transtornos do controle dos impulsos (42%) e abuso ou dependência de drogas (18%) concomitantes. Tentativas de suicídio são comuns entre pessoas com cleptomania (Grant, Odlaug, Davis, & Kim, 2009).

Uma mulher com cleptomania sente o impulso irresistível de roubar objetos, mesmo que pequenos e baratos, enquanto está na fila em uma cafeteria.

Uma razão de a cleptomania se enquadrar nos transtornos do controle de impulsos é que as pessoas com essa condição sentem um desejo ou estado de fissura antes do roubo e um senso de gratificação após roubar. Pesquisadores acreditam que esses aspectos da cleptomania também tenham semelhanças com dependência de substâncias.

Semelhante à tolerância, os indivíduos com cleptomania relatam que precisam se envolver em comportamentos cada vez mais arriscados a fim de vivenciar a mesma gratificação. Eles também vivenciam sintomas similares a abstinência, na medida em que, entre os episódios, sofrem de insônia, agitação e irritabilidade. Estudos da neurobiologia da cleptomania sugerem que, como os transtornos por uso de substância, ela ocorre com funções alteradas do receptor de dopamina, serotonina e opiáceo, bem como com mudanças nas estruturas cerebrais semelhantes àquelas observadas em pessoas com dependência de cocaína (Grant, Odlaug, & Kim, 2010).

A naltrexona, um medicamento terapêutico usado no tratamento de dependência de substâncias, parece ter valor no tratamento da cleptomania (Grant, Kim & Odlaug, 2009). Os tratamentos cognitivo-comportamentais também são eficazes. Estes incluem sensibilização encoberta, dessensibilização imaginária, dessensibilização sistemática, terapia de aversão, treinamento do relaxamento e ajuda para os clientes encontrarem fontes de satisfação alternativas (Hodgins & Peden, 2008).

10.5 Transtornos alimentares, da eliminação, do sono-vigília e do controle de impulsos: a perspectiva biopsicossocial

Os transtornos que abordamos neste capítulo representam uma ampla variedade de sintomas que envolvem uma combinação de causas biológicas, dificuldades emocionais e influências socioculturais. Uma abordagem biopsicossocial, portanto, parece apropriada para entender cada um deles. Além disso, esses transtornos têm um curso evolutivo. Os alimentares e os oposicionais/da conduta parecem se originar no início da vida. No decorrer da idade adulta, os indivíduos podem desenvolver transtornos do controle de impulsos, e, no final da vida, alterações fisiológicas podem predispor adultos mais velhos a transtornos do sono-vigília.

No caso de cada categoria de transtorno, os clientes podem se beneficiar de uma abordagem multifacetada na qual os clínicos levam em consideração essas influências do desenvolvimento e biopsicossociais. Alguns transtornos, como aqueles na categoria de sono-vigília, podem ser mais bem diagnosticados por meio de testes fisiológicos, como a polissonografia, ainda que o tratamento possa focalizar o controle comportamental do sono. Indivíduos com sintomas de transtornos alimentares também devem ser avaliados para doenças médicas, mas o tratamento efetivo também requer uma abordagem multifacetada e multidisciplinar entre profissionais da saúde mental e física. Os componentes psicológicos e socioculturais dos transtornos do controle de impulsos tendem a ser mais proeminentes tanto no diagnóstico como no tratamento, embora possa haver contribuições biológicas também para cada um deles.

Essa ampla variedade de transtornos fornece um excelente exemplo de por que uma abordagem abrangente e integrativa, que adota uma visão do ciclo de vida, pode ser tão importante no entendimento e no tratamento de transtornos psicológicos. À medida que a pesquisa nessas áreas progride, é provável que clientes no futuro se beneficiem cada vez mais de intervenções que tirem partido dessa visão multifacetada.

Retorno ao caso: Rosa Nomirez

Rosa manteve seu envolvimento no programa de tratamento-dia, que consistia em psicoterapia individual duas vezes por semana e diversas sessões de terapia de grupo semanais. Ela via uma nutricionista que a ajudou a entender os perigos de restringir sua dieta e, como uma condição do tratamento, mantinha uma dieta de pelo menos 1.500 calorias por dia. A princípio, lutou com a mudança em sua dieta, que lhe causava muita ansiedade porque estava preocupada sobre ficar acima do peso. Seu trabalho nas terapias individual e de grupo visava manter uma imagem corporal saudável e diminuir suas crenças irrealistas sobre estar acima do peso.

À medida que as semanas passavam, Rosa continuava a ganhar peso, e sua imagem corporal distorcida começou a melhorar. Seu marido e os familiares, antes uma fonte de tensão e ansiedade, se tornaram um fator importante em sua recuperação da anorexia por meio do forte apoio e encorajamento. Embora continuasse preocupada em ficar acima do peso, aprendeu a importância da nutrição e assumiu uma visão mais realista de seu corpo. A depressão de Rosa diminuiu após as primeiras semanas de tratamento, e ela decidiu permanecer no programa por um total de 3 meses. Após sair do programa de tratamento-dia, continuou a ver seu terapeuta semanalmente.

Reflexões da dra. Tobin: É raro que alguém como Rosa se apresente para tratamento devido a preocupação real sobre perda de peso, dada a visão em geral distorcida que esses indivíduos têm de que estão acima do peso, mesmo quando, por padrões objetivos, estão na verdade gravemente abaixo dele. De fato, ela ignorava o encorajamento de sua família para obter tratamento nesse sentido. Se ela fosse uma adolescente, teria sido aceitável que sua família a trouxesse para tratamento. Neste caso, entretanto, foi sua experiência de depressão que a motivou a buscar ajuda. Mesmo vivenciando alguns sintomas de depressão, não é incomum que indivíduos que sofrem de um transtorno alimentar e de seus sintomas justifiquem um diagnóstico independente de depressão. Ainda que tivesse vivenciado alguns comportamentos de transtorno alimentar na adolescência, Rosa foi capaz de manter um peso normal durante grande parte de sua vida adulta jovem. Esse padrão variável é bastante típico no caso de transtornos alimentares. Por seu relato, ela continuou a manter uma imagem corporal negativa, embora isso não se manifestasse em sintomas até que ficou grávida de sua filha e foi confrontada com o ganho de peso real. Isso serviu como um estressor desencadeante de um padrão de dieta restritiva que levou a perda de peso extrema.

Finalmente, é importante considerar o aspecto cultural deste caso. A família de Rosa vinha de uma cultura muito menos fixada no peso corporal e na aparência física. A diferença entre as experiências de Rosa, crescendo na sociedade norte-americana, na qual há pressão para as mulheres manterem um peso corporal baixo, e a cultura de sua família era uma grande fonte de tensão para ela. Sua família era incapaz de entender suas lutas com o peso e a imagem corporal, o que servia para aumentar seus sentimentos de isolamento. Essas diferenças representam a realidade da ênfase na aparência física, que é mais proeminente em países mais desenvolvidos, como os Estados Unidos, e leva a taxas mais altas de transtornos alimentares nessas nações.

RESUMO

- Pessoas com **anorexia nervosa** vivenciam quatro tipos de sintomas: (1) recusam-se ou são incapazes de manter o peso normal; (2) têm um medo intenso de ganhar peso ou de ficar gordas, embora possam estar seriamente abaixo do peso; (3) têm uma percepção distorcida do peso ou da forma de seu corpo; e (4) vivenciam amenorreia, se pós-púberes. Pessoas com **bulimia nervosa** alternam entre comer grandes quantidades de comida em um curto período (**compulsão alimentar**) e, então, compensam pelas calorias ingeridas vomitando ou realizando outros atos extremos (**purgação**). Anormalidades bioquímicas nos sistemas neurotransmissores de norepinefrina e serotonina, talvez com uma base genética, parecem estar envolvidas nos **transtornos alimentares.** A perspectiva psicológica considera que esses transtornos se desenvolvem em pessoas que sofrem de uma grande quantidade de tumulto e dor interior e que se tornam obcecadas com questões corporais, frequentemente apelando para a comida em busca de conforto e apoio. De acordo com as teorias cognitivas, ao longo do tempo, pessoas com transtornos alimentares se tornam presas em seus padrões patológicos devido a resistência em mudar. Na perspectiva sociocultural, os transtornos alimentares têm sido explicados em termos de teorias de sistemas familiares e, mais amplamente, em termos de atitudes da sociedade com relação a alimentação e dieta. O tratamento desses transtornos requer uma combinação de abordagens. Embora medicamentos, sobretudo aqueles que afetam a serotonina, sejam às vezes prescritos, também é claro que a psicoterapia é necessária, em particular a que utiliza técnicas cognitivo-comportamentais e interpessoais. A terapia, de modo especial quando o cliente é um adolescente, também pode ser um componente importante de um plano de intervenção.
- Os **transtornos da eliminação** são mais comuns em crianças com menos de 15 anos, mas podem ser diagnosticados em indivíduos de qualquer idade. A **enurese** envolve incontinência de urina, e a **encoprese** envolve incontinência de fezes.
- Os transtornos do sono-vigília incluem insônia, narcolepsia, hipersonolência, transtornos do sono relacionados à respiração, transtornos do ritmo circadiano e parassonias. Cada um desses transtornos é caracterizado por um grave problema nos padrões de sono. A insônia pode ser identificada por uma incapacidade de adormecer ou de permanecer adormecido, enquanto a narcolepsia e a hipersonolência envolvem dormir muito frequentemente e em horários inadequados. Os transtornos do sono relacionados à respiração e os do ritmo circadiano, bem como as parassonias, podem ser caracterizados por movimentos ou comportamentos corporais anormais, que podem interromper os ciclos de sono ou vigília.
- As pessoas com **transtornos do controle de impulsos** repetidas vezes se envolvem em comportamentos potencialmente prejudiciais, se sentindo incapazes de parar

e vivenciando uma sensação de desespero se forem impedidos de realizar seu comportamento impulsivo. O **transtorno de oposição desafiante** é caracterizado por humor irritado ou irritável, comportamento questionador ou desafiador e espírito vingativo, que resultam em problemas familiares ou escolares significativos.

- As pessoas com **piromania** são movidas pelo desejo intenso de preparar, provocar e observar incêndios. Esse transtorno parece ter suas raízes em problemas da infância e em comportamento incendiário. Na idade adulta, as pessoas com piromania normalmente têm várias características disfuncionais, tais como problemas com abuso de substâncias, bem como dificuldades de relacionamento. Alguns programas de tratamento são destinados a crianças que apresentam os primeiros sinais de desenvolvimento desse transtorno. Com adultos, várias abordagens são utilizadas, com o objetivo de focalizar os problemas psicológicos mais amplos do cliente, tais como autoestima baixa, depressão, problemas de comunicação e incapacidade de controlar a raiva.
- As pessoas com **cleptomania** são movidas por um impulso persistente de roubar, não porque desejem possuir os objetos roubados, mas porque sentem excitação quando estão envolvidas no ato de roubar. Além de recomendar medicamento, os médicos comumente tratam esses clientes com terapias comportamentais, como sensibilização encoberta, para ajudá-los a controlar o impulso de roubar.
- Pessoas com **transtorno explosivo intermitente** sentem uma incapacidade recorrente de resistir a atos agressivos ou destrutivos. Os teóricos propõem que uma interação de fatores biológicos e ambientais leve a essa condição. Em termos de biologia, a serotonina parece estar envolvida. Em termos de fatores psicológicos e socioculturais, esses estudiosos concentram-se nas qualidades reforçadoras das explosões emocionais, bem como nos efeitos desses comportamentos sobre os sistemas familiares e os relacionamentos íntimos. O tratamento pode envolver a prescrição de medicamento, embora os métodos psicoterapêuticos também sejam incluídos na intervenção.

TERMOS-CHAVE

Anorexia nervosa (AN) 239
Apneia 249
Bulimia nervosa 242
Cleptomania 254
Encoprese 246
Enurese 246
Hipopneia 249
Movimentos oculares rápidos (REMs) 249
Pica 246
Piromania 252
Polissonografia 247
Purgação 242
Sonambulismo 249
Terrores do sono 249
Transtorno da conduta 252
Transtorno alimentar restritivo/evitativo 245
Transtorno de compulsão alimentar 243
Transtorno de oposição desafiante 249
Transtorno de ruminação 246
Transtorno explosivo intermitente 250
Transtornos alimentares 238
Transtornos da eliminação 246
Transtornos do controle de impulsos 252

Transtornos Parafílicos, Disfunções Sexuais e Disforia de Gênero

SUMÁRIO

Objetivos de aprendizagem

11.1 Identificar os padrões de comportamentos sexuais que representam transtornos psicológicos.

11.2 Comparar e diferenciar os transtornos parafílicos e as teorias de seu desenvolvimento.

11.3 Reconhecer sintomas de disfunção sexual e entender os métodos de tratamento para tais disfunções.

11.4 Compreender as teorias e os sintomas de disforia de gênero.

11.5 Explicar a perspectiva biopsicossocial dos transtornos parafílicos, das disfunções sexuais e da disforia de gênero.

Relato de caso: Shaun Boyden

Informação demográfica: Homem caucasiano de 38 anos.

Problema apresentado: Shaun foi submetido a uma avaliação psicológica ordenada pela justiça após ser preso por raptar e agredir sexualmente um menino de 7 anos. Esse foi o primeiro encontro de Shaun com o sistema legal e sua primeira avaliação psicológica. Durante a consulta, ele admitiu que, desde os 16 anos, vinha espreitando crianças pequenas, às vezes fazendo sexo com elas. Relatou que, embora seus desejos de fazer sexo com crianças nunca causassem qualquer sofrimento, as fantasias, os pensamentos e os desejos eram frequentemente tão intensos que se sentia forçado a realizá-los.

Na época da avaliação, Shaun estava casado há oito anos, e declarou que sua esposa não tinha conhecimento de seus impulsos sexuais anormais. Explicou que eles raras vezes faziam sexo, e, quando faziam, Shaun tinha que fantasiar sobre crianças a fim de se excitar. Ele só gostava de sexo quando envolvia crianças.

Shaun descreveu que, enquanto crescia, era raro se interessar por meninas, e percebeu que, quando chegou à puberdade aos 16 anos, começou a ter fantasias sexuais sobre crianças e ficava sexualmente excitado quando estava perto delas, sobretudo de meninos. Por fim, sua atração se tornou exclusiva por meninos. Sem saber se seus pares vivenciavam os mesmos sentimentos, manteve sua forte atração por crianças para si e se distraía namorando mulheres. Entretanto, quando ficou mais velho, descobriu ser cada vez mais difícil ignorar seus fortes sentimentos e impulsos. Shaun formou-se no ensino médio e foi para a faculdade, onde se formou em engenharia da computação. Durante todo o curso, namorou mulheres, mas lembra que nunca foi de fato capaz de se excitar sexualmente com elas. Nesse ponto, começou a fantasiar sobre menininhos a fim de excitar-se e chegar ao orgasmo.

Após se formar, Shaun iniciou seu primeiro relacionamento sério com uma mulher, a mãe de um menino de 3 anos. Sua namorada com frequência o deixava cuidar de seu filho. Ele relatou que, quando o filho de sua namorada tinha 5 anos, o molestou pela primeira vez, não sendo mais capaz de controlar seus impulsos quando estava sozinho com a criança. Os assédios continuaram por cinco anos, até seu relacionamento com a mãe da criança terminar. Durante aquele tempo, sua namorada nunca descobriu sobre seu comportamento com o filho dela. O rompimento foi muito difícil para Shaun porque descobriu que tinha se tornado dependente da satisfação que alcançava fazendo sexo com o menino e se preocupava a respeito de como seria capaz de obter isso no futuro. Relatou que se preocupou com as implicações morais de ter relações sexuais com o filho de sua namorada apenas algumas vezes ao longo do relacionamento. Comentou que, embora compreendesse ser ilegal, era tão natural para ele que raramente se preocupava com quaisquer possíveis consequências. Entretanto, devido às demandas de seu trabalho, era difícil achar tempo o suficiente para estabelecer contato com as crianças a ponto de poder ficar sozinho com elas.

Três anos após seu relacionamento anterior terminar, Shaun começou a namorar aquela que seria sua futura esposa, Anne. Ele obtinha muita satisfação e estabilidade do relacionamento com Anne e descobriu que seus impulsos de fazer sexo com crianças diminuíram significativamente nos primeiros anos de seu matrimônio. Após cerca de cinco anos de casamento, Anne e Shaun começaram a brigar com frequência, e ele costumava se sentir ansioso e preocupado. Anne queria ter filhos, mas Shaun era ferrenhamente contra, pois sabia que não seria capaz de resistir a seus impulsos. À medida que suas brigas pioravam, ele percebeu que suas fantasias sobre crianças voltaram e começou a pensar em maneiras de ficar perto delas.

Shaun por fim se demitiu do emprego em uma empresa de engenharia e conseguiu outro como assistente em uma creche, após convencer sua esposa de que precisava trabalhar em um ambiente menos estressante que o da empresa onde tinha trabalhado por anos. Ele estava hesitante em começar a ceder a seus impulsos imediatamente neste novo emprego, ainda que sentisse sua ansiedade piorar quanto mais tempo passava com as crianças. Ele passou a usar a maior parte de seu tempo livre planejando formas de poder ficar sozinho com apenas uma. Finalmente, a supervisora da creche o designou para levar um menino de 7 anos para casa porque os pais não tinham conseguido buscá-lo. Desconfiado de um carro solitário em um estacionamento escuro, um policial aproximou-se e descobriu que Shaun tinha molestado o menino. O policial prendeu Shaun e o acusou de sequestro e agressão sexual a um menor.

História relevante: Shaun tinha vivenciado seus impulsos pedofílicos desde os 16 anos. Ele relatou que tinha sido abusado sexualmente "algumas vezes" por seu pai quando tinha 5 ou 6 anos, ainda que fosse incapaz de lembrar muitos detalhes.

Formulação de caso: Da mesma forma que muitos indivíduos diagnosticados com transtorno pedofílico, Shaun se apresentava como um indivíduo "normal" sem história criminal ou evidência de transtorno psicológico. Embora às vezes parecesse levemente ansioso às outras pessoas, seus colegas de trabalho comentaram que nunca teriam acreditado que ele era um pedófilo. Shaun tinha sido capaz de ocultar com sucesso seus impulsos e suas fantasias e, até ser preso pelo policial, tinha mantido as aparências de uma vida normal. Ficou evidente pela avaliação, entretanto, que satisfazia todos os critérios necessários para transtorno pedofílico e que tinha cedido a seus impulsos muitas vezes. Visto que suas atrações eram limitadas a meninhos, seu diagnóstico especifica isso.

Plano de tratamento: Shaun concordou em começar a frequentar sessões semanais de psicoterapia visando seus impulsos pedofílicos por meio de técnicas cognitivo-comportamentais. Ele também recebeu medicamento antiandrogênico, para reduzir os impulsos sexuais.

Sarah Tobin, PhD

11.1 Que padrões de comportamento sexual representam transtornos psicológicos?

Quando se trata da sexualidade, decidir que padrões de comportamento representam transtornos psicológicos se torna mais complicado, talvez, do que em outras áreas do comportamento humano. Ao avaliar a "normalidade" de um determinado comportamento sexual, o contexto é extremamente importante, assim como os costumes e a moral, que mudam ao longo do tempo. As atitudes e os comportamentos relacionados com a sexualidade estão em contínua evolução. Por exemplo, embora não seja um transtorno sexual, a adição de sexo pela internet está se tornando cada vez mais prevalente, e os clínicos estão cada vez mais atendendo clientes com problemas relacionados à *web*. Um levantamento de mais de 1.500 profissionais da saúde mental revelou 11 categorias de comportamento problemático entre seus clientes, sendo a segunda mais prevalente relacionada com pornografia na internet (ver Fig. 11.1).

Durante décadas, houve pouca pesquisa científica sobre transtornos sexuais. Em 1886, o psiquiatra austro-alemão Richard Freihurr von Krafft-Ebing escreveu um tratado abrangente denominado *Psychopatia sexualis* (1886/1950), no qual documentou uma variedade de formas do que chamava de "perversidade sexual", a qual também associava fantasia sexual e a compulsão de matar.

Os três indivíduos a quem é creditada a abertura dos caminhos para a pesquisa contemporânea sobre a sexualidade humana foram Alfred Kinsey, William Masters e Virginia Johnson. Kinsey foi o primeiro a conduzir um levantamento de larga escala

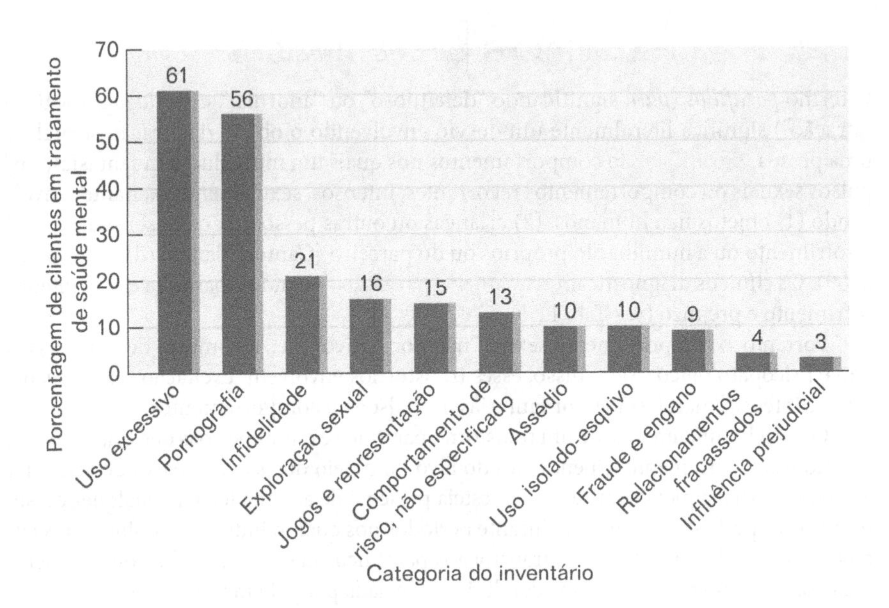

FIGURA 11.1 Porcentagem de profissionais que relatam experiências problemáticas da internet em seus clientes.
FONTE: Mitchell, Becker-Blease, & Finkelhor (2005).

do comportamento sexual nos Estados Unidos (1948; 1953). Masters e Johnson (1966, 1970) foram os primeiros pesquisadores a estudar em laboratório o comportamento sexual.

Nas décadas que se seguiram, psicólogos, junto com especialistas no campo emergente da medicina sexual, continuaram a expandir nosso conhecimento do comportamento sexual humano, mas ainda há muito a aprender.

Alfred Kinsey iniciou um estudo revolucionário sobre comportamentos sexuais que mudou a maneira como os norte-americanos viam as normas relacionadas à sexualidade humana.

William Masters e Virginia Johnson estavam entre os primeiros pesquisadores a estudar em laboratório o comportamento sexual humano.

11.2 Transtornos parafílicos

parafilias
Comportamentos nos quais um indivíduo tem fantasias, impulsos sexuais ou comportamentos recorrentes e intensos envolvendo (1) objetos não humanos, (2) crianças ou outras pessoas não consensuais ou (3) o sofrimento ou a humilhação próprios ou do parceiro.

transtorno parafílico
Diagnóstico no qual uma parafilia causa sofrimento e prejuízo.

O termo *parafilias* (*para* significando "defeituoso" ou "anormal", e *philia* significando "atração") significa literalmente um desvio envolvendo o objeto da atração sexual de uma pessoa. **Parafilias** são comportamentos nos quais um indivíduo tem fantasias, impulsos sexuais ou comportamentos recorrentes, intensos, sexualmente excitantes envolvendo (1) objetos não humanos, (2) crianças ou outras pessoas não consensuais ou (3) o sofrimento ou a humilhação próprios ou do parceiro (Cantor, Blanchard, & Barbaree, 2009). Os clínicos diagnosticam **transtorno parafílico** quando a parafilia causa intenso sofrimento e prejuízo (ver Tab. 11.1).

Portanto, o comportamento sexual "não normativo" (i.e., incomum) de uma pessoa não é psicopatológico. Além disso, esses transtornos envolvem "excitação sexual recorrente e intensa" manifestada por fantasias, impulsos ou comportamentos.

O aspecto fundamental de um transtorno parafílico é que as pessoas que o apresentam são tão psicologicamente dependentes do alvo do desejo que são incapazes de vivenciar excitação sexual a menos que esse alvo esteja presente de alguma forma. Qualquer desses transtornos pode ser exacerbado durante períodos nos quais o indivíduo se sinta especialmente estressado. Entretanto, os transtornos parafílicos não são caprichos ou devaneios fugazes. Cada um representa uma condição vivenciada por pelo menos 6 meses.

As pessoas com esses transtornos sentem-se recorrentemente forçadas a pensar ou a realizar seu comportamento incomum. Mesmo que, na verdade, não satisfaçam seus impulsos ou fantasias, elas ficam obcecadas por pensamentos sobre realizá-los. A atração delas pode se tornar tão forte e envolvente que elas perdem de vista qualquer outro objetivo que não seja alcançar a satisfação sexual. Por definição, os transtornos parafílicos causam intenso sofrimento pessoal ou prejuízo no funcionamento social, profissional e em outras áreas da vida.

Esses transtornos começam na adolescência e tendem a ser crônicos, embora diminuam em pessoas de 60 anos ou mais velhas (Guay, 2009). Existem pouquíssimos dados sobre a prevalência dessas condições porque as pessoas não relatam voluntariamente que os têm. Além disso, ainda que ter um transtorno parafílico não seja ilegal, ceder a impulsos parafílicos pode sê-lo e resultar na prisão do indivíduo, o qual, ao ser solto, pode, ainda, ser fichado como criminoso sexual. A maioria dos criminosos sexuais fichados cometeu crimes contra indivíduos menores de 14 anos (70%); quase todas as vítimas (90%) têm 18 anos ou menos (Ackerman, Harris, Levenson, & Zgoba, 2011).

TABELA 11.1 Transtornos parafílicos

Transtorno	Características
Transtorno pedofílico	Excitação sexual por crianças ou adolescentes
Transtorno exibicionista	Obter excitação sexual ao expor seus órgãos genitais a estranhos desavisados
Transtorno voyeurista	Obter prazer sexual ao observar a nudez ou a atividade sexual de outras pessoas
Transtorno fetichista e parcialismo	Fetichismo é a excitação sexual por um objeto Parcialismo é a excitação sexual por uma parte do corpo
Transtorno frotteurista	Desejos sexuais e fantasias sexualmente excitantes de se esfregar ou acariciar uma pessoa sem seu consentimento
Transtornos do masoquismo sexual e sadismo sexual	Masoquismo é excitar-se por ser feito sofrer Sadismo é excitar-se por infligir sofrimento a outra pessoa
Transtorno transvéstico	Uso de roupas do sexo oposto associado com intenso sofrimento ou prejuízo

MINICASO

Transtorno pedofílico, tipo não exclusivo

Logo após seu casamento, Kirk começou a desenvolver um relacionamento inadequadamente íntimo com Amy, sua enteada de 8 anos. Pareceu começar de modo inocente, quando ele tirava folgas para lhe dar banhos de espuma e esfregar suas costas. Mas, após apenas dois meses vivendo na mesma casa, o comportamento de Kirk ultrapassou a fronteira do afeto físico parental normal. Após sua esposa sair para o trabalho todas as manhãs, ele convidava a menina para deitar na cama dele com o pretexto de que ela podia assistir a desenhos na televisão do quarto. Ele começava acariciando o cabelo de Amy e pouco a pouco prosseguia para comportamento mais sexualmente explícito, encorajando-a a tocar seus órgãos genitais, dizendo que seria "bom" para ela aprender sobre como os "papais" são. Confusa e amedrontada, Amy fazia o que ele pedia. Kirk reforçava a submissão a suas exigências ameaçando-a de que negaria tudo e a castigaria severamente se ela contasse para alguém sobre o segredo deles. Isso persistiu por mais de dois anos, até que um dia a esposa de Kirk voltou para casa de forma inesperada e o flagrou envolvido nesse comportamento.

Examinaremos os critérios diagnósticos específicos junto com a literatura atual sobre os transtornos parafílicos; entretanto, há considerável sobreposição em termos da associação entre eles e com outros transtornos psicológicos, uso de substância e comportamento sexual de risco ou busca de novidade. Além disso, esses transtornos são mais prevalentes em homens do que em mulheres (Långström & Seto, 2006).

Transtorno pedofílico

transtorno pedofílico Transtorno parafílico no qual um adulto é sexualmente excitado por crianças ou adolescentes.

As pessoas diagnosticadas com **transtorno pedofílico** são sexualmente excitadas por crianças e adolescentes. Os clínicos usam esse diagnóstico para adultos que tenham pelo menos 18 anos e que sejam pelo menos 5 anos mais velhos do que as crianças por quem são atraídos. O aspecto fundamental desse transtorno é que o indivíduo vivencia uma excitação sexual quando está com crianças que pode ser igual àquela que teria com sujeitos fisicamente maduros, se não ainda maior.

Não sabemos a prevalência do transtorno pedofílico porque as pessoas que o apresentam raramente buscam tratamento, dada a ilegalidade de seu comportamento caso cedam a seus impulsos com menores de idade. A partir dos dados sobre a prevalência de casos de abuso sexual infantil nos Estados Unidos, podemos ter uma ideia da prevalência desse transtorno. Entre crianças sobre as quais os relatos de maus-tratos são feitos, aproximadamente 10% envolvem casos de abuso sexual (U.S. Department of Health and Human Services, 2005). Visto de uma perspectiva diferente, cerca de dois terços de todas as vítimas de agressão sexual são crianças e adolescentes. Quase dois terços das vítimas são mulheres, a vasta maioria de perpetradores são homens e em torno de um terço dos criminosos são parentes das crianças vitimizadas (Snyder, 2000).

A adição de sexo na internet com crianças e adolescentes e o envolvimento em "salas de bate-papo" estão começando a ser pesquisados por profissionais da saúde mental. Em um estudo, uma operação policial pegou 51 criminosos sexuais em salas de bate-papo na internet que satisfaziam os critérios para diagnósticos de transtorno depressivo maior, transtorno de adaptação e transtorno por uso de substâncias. Nenhum foi diagnosticado com transtorno pedofílico. Os criminosos da internet dividiam-se em dois grupos. Aqueles que eram "movidos por contato" usavam as salas de bate-papo para arranjar encontros com as vítimas em potencial. Os criminosos "movidos por fantasia" envolviam suas vítimas em algum tipo de sexo virtual, pretendendo alcançar o clímax sexual durante o bate-papo. A maioria não satisfazia os

Indivíduos com transtorno pedofílico sofrem de impulsos incontroláveis de envolver-se em atividade sexual com crianças pequenas.

MINICASO

Transtorno exibicionista, excitado sexualmente pela exposição dos órgãos genitais a indivíduos fisicamente maduros

Ernie está na prisão pela quarta vez nos últimos dois anos por exposição pública. Conforme explicou para o psicólogo forense que o entrevistou, ele se "exibiu" muito mais frequentemente do que foi apanhado. Em cada caso, ele escolhe como vítima uma mulher desavisada, de idade universitária, e salta na frente dela de detrás da soleira de uma porta, de uma árvore ou de um carro estacionado na beira da calçada. Nunca tocou qualquer dessas mulheres; em vez disso, foge da cena após se ter exposto. Em algumas ocasiões, ele se masturba logo após a exposição, fantasiando que sua vítima foi arrebatada por sua proeza sexual e lhe implorou para que fizessem amor com ela. Desta vez, sua última vítima respondeu chamando a polícia para localizá-lo. Ernie sentia-se esmagado e humilhado por uma enorme sensação de inadequação sexual.

critérios para transtorno da personalidade antissocial, e 94% estavam enfrentando o sistema de justiça criminal pela primeira vez. A maior parte deles era branca, tinha alguma educação universitária e uma situação ocupacional de classe média ou superior (Briggs, Simon, & Simonsen, 2011).

Transtorno exibicionista

As pessoas que se envolvem em exibicionismo têm fantasias, impulsos e comportamentos que sugerem a obtenção de excitação sexual ao expor seus órgãos genitais a um estranho desavisado. No **transtorno exibicionista**, tais fantasias, impulsos e comportamentos causam sofrimento ou prejuízo significativos.

transtorno exibicionista
Transtorno parafílico no qual uma pessoa tem impulsos sexuais intensos e fantasias excitantes envolvendo a exposição dos órgãos genitais a um estranho.

Esse transtorno começa no início da idade adulta e persiste ao longo de toda a vida. Em um estudo de uma pequena amostra de pacientes masculinos ambulatoriais com essa condição (Grant, 2005), pesquisadores verificaram que quase todos também tinham outro transtorno psiquiátrico, incluindo transtornos depressivo maior e por abuso de substância. Mais de metade tinha pensamentos suicidas. Esse foi um dos poucos estudos em um contexto clínico de indivíduos com o transtorno que não eram criminosos sexuais. Em outra investigação de homens de uma amostra policial, aproximadamente um quarto também sofria de outro transtorno psicológico (Bader, Schoeneman-Morris, Scalora, & Casady, 2008). Os dados dessas amostras são congruentes com os achados da amostra nacional sueca de delinquentes não clínicos, não criminosos, cujo exibicionismo também estava relacionado à presença de outros transtornos psicológicos (Långström & Seto, 2006).

A existência de condições comórbidas, como transtorno depressivo maior e abuso de substância, junto com a relutância desses sujeitos a se apresentarem, impõe inúmeros desafios tanto para o desenvolvimento de um entendimento das causas do transtorno como para o planejamento de seu tratamento (Murphy & Page, 2008). O passo mais importante no tratamento é avaliar corretamente o próprio transtorno, bem como essas condições comórbidas (Morin & Levenson, 2008).

Transtorno voyeurista

As pessoas que se envolvem em voyeurismo obtêm prazer sexual ao observar a nudez ou a atividade sexual de outras, as quais não sabem que estão sendo observadas. Os indivíduos com **transtorno voyeurista** excitam-se sexualmente ao observar uma pessoa desavisada que esteja nua, no processo de se despir ou praticando atividade sexual. O voyeurismo, a parafilia mais comum, está relacionado com exibicionismo, e as pessoas com qualquer desses transtornos são propensas a se envolver em comportamentos sadomasoquistas e no travestismo cruzado (Långström, 2010; Långström & Seto, 2006).

transtorno voyeurista
Transtorno parafílico no qual o indivíduo tem uma compulsão a obter gratificação sexual de observar a nudez ou a atividade sexual dos outros.

Infelizmente, existem poucos dados sobre o transtorno voyeurista. Ao contrário do transtorno exibicionista, é improvável que policiais apreendam pessoas com essa condição, e esses indivíduos são menos propensos a procurar tratamento.

Este homem obtém excitação sexual realizando atividades voyeuristas, como olhar de binóculos vítimas desavisadas.

Transtorno fetichista

As pessoas com **transtorno fetichista** são excitadas sexualmente por um objeto. Em um transtorno relacionado, o **parcialismo**, a excitação é provocada pela presença de uma parte do corpo específica. Novamente, como em todos os transtornos parafílicos, a atração por objetos ou partes do corpo deve ser recorrente, intensa e ter durado pelo menos 6 meses. Há uma ampla variedade de objetos e uma série de diferentes partes do corpo pelas quais as pessoas com transtorno fetichista podem desenvolver atração. Entretanto, estes não incluem artigos de vestuário associados com travestismo ou objetos, como vibradores, usados na estimulação genital tátil.

transtorno fetichista
Transtorno parafílico no qual o indivíduo é preocupado com um objeto e depende mais dele que da intimidade sexual com um(a) parceiro(a) para obter gratificação sexual.

parcialismo
Parafilia na qual a pessoa está interessada somente em uma parte do corpo para obter gratificação sexual, como os pés.

Em um estudo da internet de larga escala, uma equipe de pesquisadores suecos investigou a frequência de fetiches específicos entre 381 "Grupos do Yahoo!" dedicados ao tema (Scorolli, Ghirlanda, Enquist, Zattoni, & Jannini, 2007). Eles a estimaram contando o número de grupos e a quantidade de membros e de mensagens neles. Quase metade de todos os fetiches contados dessa maneira envolviam os pés e os dedos dos pés, e, de todos os objetos preferidos, os mais frequentes envolviam aqueles usados nas pernas ou nos pés. Na tentativa de interpretar esses achados, os autores do estudo observaram que eles eram compatíveis com a visão de Freud de que os pés são um símbolo do pênis. Uma preferência por pés e por objetos a eles relacionados pode, de acordo com essa visão, refletir as consequências adultas do complexo de castração associado com a fase edípica do desenvolvimento. A explicação comportamental mais simples é que esse fetiche foi adquirido por meio de condicionamento simples no qual a pessoa aprendeu a associar liberação da tensão sexual com a presença da parte do corpo ou do objeto específicos.

MINICASO

Transtorno fetichista, objeto(s) inanimado(s)

Por vários anos, Tom arrombou carros e roubou botas ou sapatos, e esteve perto de ser apanhado em diversas ocasiões. Ele sente grande prazer na excitação que vivencia toda vez que se envolve no comportamento ritualista de procurar um sapato ou uma bota e ir para um lugar secreto para acariciá-los e se masturbar. Em sua casa, tem um armário com dezenas de sapatos de mulher, e ele escolhe dessa coleção aquele com o qual irá se masturbar. Às vezes, fica sentado em uma sapataria para observar as mulheres experimentando calçados. Após uma mulher experimentar e rejeitar um determinado par de sapatos, Tom o apanha do chão e leva até o caixa, explicando ao vendedor que são um presente para sua esposa. Com grande ansiedade e expectativa, corre para casa para envolver-se mais uma vez em seu ritual masturbatório.

Indivíduos com um fetiche obtêm excitação sexual de objetos cotidianos, não sexuais, como os pés.

Transtorno frotteurista

O termo "frotteurismo" deriva da palavra francesa *frotter* (que significa "esfregar") e *frotteur* (a pessoa que faz a fricção). A pessoa com **transtorno frotteurista** tem impulsos sexuais e fantasias sexualmente excitantes recorrentes e intensos de se esfregar em uma pessoa desavisada ou acariciá-la. Entre homens diagnosticados com transtornos parafílicos, aproximadamente 10 a 14% cometeram atos de frotteurismo (Långström, 2010).

Homens com transtorno frotteurista procuram lugares superlotados nos quais possam se esfregar com segurança em suas vítimas desavisadas. Caso sejam apanhados, podem fingir que o ato não foi intencional. Há poucas informações sobre o transtorno, em parte porque o ato é difícil de detectar. No caso de alguém suspeitar de que o indivíduo esteja praticando esse comportamento, ele ou ela podem facilmente desaparecer na multidão antes que um policial os apanhe.

Transtornos de masoquismo sexual e sadismo sexual

O termo "masoquismo" refere-se a buscar prazer na dor. Pessoas com o **transtorno de masoquismo sexual** são sexualmente excitadas por serem espancadas, imobilizadas ou feitas sofrer de outra forma. De maneira inversa, pessoas com **transtorno de sadismo sexual** se tornam sexualmente excitadas pelo sofrimento físico ou psicológico de outra pessoa.

Como é o caso para vários dos transtornos parafílicos, há muito pouca informação na forma de pesquisa científica sobre os transtornos de masoquismo sexual e sadismo sexual. Além de as pessoas com esses transtornos tenderem a não procurar tratamento porque não sentem necessidade de mudar, em geral realizam esses comportamentos de forma secreta, os quais, com frequência, envolvem comportamento consensual.

transtorno frotteurista
Transtorno parafílico no qual o indivíduo tem impulsos sexuais intensos e fantasias sexualmente excitantes de se esfregar em um estranho desavisado ou acariciá-lo.

transtorno de masoquismo sexual
Transtorno parafílico caracterizado pela atração por obter gratificação sexual mediante estimulação dolorosa aplicada ao próprio corpo.

transtorno de sadismo sexual
Transtorno parafílico no qual a gratificação sexual é obtida de atividades que ferem, ou de impulsos de ferir, outra pessoa.

Transtorno transvéstico

O transvestismo, também chamado de "vestuário cruzado", refere-se ao comportamento de vestir roupas do sexo oposto. O termo diz respeito mais comumente a homens, que são a maioria dos indivíduos que apresentam esse comportamento. Um clínico diagnosticaria um indivíduo com **transtorno transvéstico** apenas se ele demonstrasse os sintomas de um transtorno parafílico, ou seja, sofrimento ou prejuízo. Os psicólogos considerariam um homem que costuma usar roupas de mulher e sente prazer sexual nesse comportamento um travesti, mas não o diagnosticariam com o transtorno (Blanchard, 2010).

Teorias e tratamento dos transtornos parafílicos

Como mencionamos no início desta seção, decidir o que é "normal" na área da sexualidade é uma questão repleta de dificuldades e controvérsias. Os críticos do DSM argumentaram contra incluir vários dos transtornos parafílicos no DSM-5 porque isso torna patológico

MINICASO

Transtorno frotteurista

Bruce, que trabalha como entregador em uma grande cidade, anda de metrô durante todos os dias. Ele exulta com a oportunidade de viajar em metrôs lotados, nos quais se torna sexualmente estimulado se esfregando em mulheres desavisadas. Tendo desenvolvido algumas técnicas cautelosas, Bruce com frequência é capaz de tirar vantagem das mulheres sem que elas compreendam o que ele está fazendo. À medida que o dia avança, seu nível de excitação sexual aumenta, de modo que à noite, na hora do *rush*, ele visa uma mulher particularmente atraente e apenas nesse ponto do dia se permite chegar ao orgasmo.

MINICASO

Transtorno de sadismo sexual e masoquismo sexual

Durante vários anos, Ray insistiu que sua esposa, Jeanne, o submetesse a comportamento sexual degradante e abusivo. Nos primeiros anos do relacionamento, os pedidos de Ray envolviam súplicas bastante inocentes para que Jeanne o beliscasse e mordesse seu peito durante o sexo. Com o tempo, entretanto, seus pedidos por dor aumentaram, e a natureza da dor mudou. Atualmente, eles realizam o que chamam de "sessões especiais", durante as quais Jeanne algema o marido à cama e aplica-lhe várias formas de tortura. Ela colabora com os pedidos dele para que o surpreenda com novas formas de infligir dor; então, ela desenvolveu um repertório de comportamentos, variando de queimar a pele de Ray com fósforos a cortá-lo com lâminas de barbear. O casal não tem interesse em intimidade sexual que não envolva dor.

o chamado comportamento sexual "desviante" (i.e. infrequente). Além disso, afirmaram que infringir a lei não é o suficiente para determinar que um indivíduo que apresenta um comportamento parafílico tem um transtorno psicológico. Essa crítica é direcionada em particular aos transtornos exibicionista, voyeurista e frotteurista, que não envolvem "vítimas" no mesmo sentido que os outros transtornos parafílicos (Hinderliter, 2010).

transtorno transvéstico
Diagnóstico aplicado a indivíduos que se envolvem em comportamento transvéstico e têm os sintomas de um transtorno parafílico.

Os pesquisadores e os defensores no campo do sadismo sexual e do masoquismo sexual criticaram totalmente a inclusão desses transtornos no DSM-5, argumentando que eles não compartilham as qualidades das outras parafilias porque envolvem adultos consensuais (Wright, 2010). De qualquer modo, os pesquisadores argumentam que os profissionais devem basear as decisões sobre diagnósticos psiquiátricos mais na evidência empírica do que em considerações políticas ou morais (Shindel & Moser, 2011).

Ao definirem os transtornos nessa área como envolvendo intenso sofrimento ou prejuízo, entretanto, os autores do DSM-5 esperavam evitar o problema de julgar a normalidade de um transtorno, e em vez disso, basearam os critérios diagnósticos na experiência subjetiva de sofrimento de um indivíduo ou no grau de prejuízo na vida diária. Contudo, há muitos desafios para os pesquisadores que tentam entender as causas de um transtorno que representa tanto prejuízo e tem tantas ramificações legais. Além de identificar pessoas com a condição, o problema se torna muito mais difícil porque mesmo aqueles que estão disponíveis para exame pelos pesquisadores podem não representar a população da qual são retirados. Por exemplo, a maioria das pessoas disponíveis para estudos de transtornos envolvendo atos criminosos, como transtorno pedofílico, tende a ter sido presa. Aqueles que não foram presos simplesmente não estão disponíveis para estudo.

Perspectivas biológicas Dadas essas qualificações, o que sabemos sobre pessoas com transtornos parafílicos? A maior parte das informações nessa área é baseada em pesquisas com pessoas com transtorno pedofílico, talvez porque elas sejam mais propensas a entrar no sistema de justiça criminal. Evidentemente, esse transtorno tem aspectos únicos, mas as informações sobre como os indivíduos o desenvolvem podem ser úteis para que entendamos os outros.

De um ponto de vista biológico, os transtornos parafílicos implicam uma combinação de influências de fatores genéticos, hormonais e sensoriais em interação com influências cognitivas, culturais e contextuais (Guay, 2009). Uma teoria dos transtornos pedofílicos é que eles resultam de transtornos neurodesenvolvimentais precoces, envolvendo particularmente o lobo temporal, que os pesquisadores acreditam esteja relacionado com a alteração da excitação sexual. Entretanto, essas alterações também poderiam ser resultado de abuso físico ou vitimização sexual precoce. Os pesquisadores também identificaram níveis de serotonina alterados em pessoas com esse

O transvestismo é considerado um transtorno psicológico apenas quando causa sofrimento ao indivíduo como resultado do comportamento de vestir roupas do sexo oposto. O transvestismo também é distinto da transgeneridade, uma vez que os indivíduos normalmente se identificam com seu gênero biológico.

MINICASO

Transtorno transvéstico, com autoginefilia

À noite, quando sua esposa sai de casa para seu emprego de meio período, Phil frequentemente vai para um lugar secreto em sua oficina. Em um armário fechado, mantém um pequeno guarda-roupa feminino de calcinhas, meias, saltos altos, vestidos, maquiagem e uma peruca e vestidos. Depois de fechar todas as cortinas da casa e tirar o telefone do gancho, Phil veste-se com essas roupas e fantasia que está sendo perseguido por vários homens. Após cerca de duas horas, ele em geral se masturba até chegar ao orgasmo, enquanto imagina que um parceiro sexual o está perseguindo. Depois desse ritual, secretamente empacota as roupas femininas e as joga fora. Embora limite suas atividades transvésticas às noites, ele pensa nelas com frequência durante o dia, o que o deixa sexualmente excitado e o faz desejar que pudesse escapar do trabalho, ir para casa e vestir suas roupas especiais. Sabendo que não pode, usa roupas íntimas femininas por baixo de suas roupas de trabalho e vai furtivamente ao banheiro masculino para se masturbar em resposta à estimulação sexual que obtém de sentir a sensação sedosa da peça contra seu corpo.

transtorno; porém essas alterações também podem estar relacionadas à presença de outros transtornos psicológicos nesses indivíduos (Hall, 2007).

A castração como tratamento para homens com transtorno parafílico, em particular o pedofílico, visa destruir a produção de testosterona do corpo por meio de castração cirúrgica (remoção dos testículos) ou química, na qual o indivíduo recebe medicamentos que suprimem a produção de testosterona. O custo da castração química é alto, variando de 5 a 20 mil dólares norte-americanos por ano. Devido à despesa desse tratamento de manutenção, o Estado do Texas continua a usar a castração cirúrgica como única opção. Outros oito Estados dos Estados Unidos podem obrigar os criminosos a submeterem-se a castração química ou cirúrgica.* Embora a castração possa parecer um método eficaz, um terço dos homens castrados pode continuar tendo relações sexuais. Também há efeitos colaterais que podem aumentar o risco do indivíduo para câncer ou doença cardíaca (Guay, 2009). Além disso, há questões éticas significativas envolvidas que devem ser pesadas em relação à necessidade de proteger o público de criminosos sexuais (Thibaut, De La Barra, Gordon, Cosyns, & Bradford, 2010).

Clínicos que tratam transtornos parafílicos com base na perspectiva biológica podem, em vez disso, usar medicamentos psicotrópicos a fim de alterar os níveis de neurotransmissores do indivíduo. Pesquisadores testaram a eficácia de antidepressivos, incluindo fluoxetina, sertralina, fenelzina e mirtazapina, para quase todos os transtornos parafílicos. Outras categorias de medicamentos psicotrópicos testados incluem anticonvulsivantes, ansiolíticos, estabilizadores do humor, neurolépticos e antagonistas de opiáceo. Outros fármacos que envolvem receptores de GABA ou de glutamato podem funcionar pela diminuição da atividade da dopamina, um neurotransmissor que participa na excitação sexual (Hall, 2007). Infelizmente, a maioria desses estudos, incluindo aqueles relacionados a castração química, é fundamentada em amostras pequenas, sem controles experimentais. Além disso, muitos dos participantes nesses estudos tinham mais de um transtorno parafílico e/ou outro diagnóstico psiquiátrico. Entretanto, para indivíduos que têm um risco moderado ou alto de reincidência, os dados disponíveis apoiam o uso de inibidores seletivos da recaptação de serotonina (ISRSs) em combinação com hormônios femininos que produzem uma forma de castração química (Guay, 2009).

A World Federation of Societies of Biological Psychiatry (Federação Mundial das Sociedades de Psiquiatria Biológica) propôs diretrizes para o tratamento de pessoas com transtorno parafílico, as quais são ordenadas de acordo com a gravidade dos sintomas do indivíduo. O objetivo do tratamento é controlar as fantasias, as compulsões e os comportamento sexuais sem gerar impacto sobre a atividade sexual convencional e o desejo sexual do indivíduo. A psicoterapia é o tratamento recomendado no primeiro nível. Se malsucedida, são acrescentados medicamentos psicotrópicos (ISRSs). Com níveis crescentes de

* N de R. T.: No Brasil, a castração química é considerada ilegal, uma vez que fere a Constituição em seu artigo 5º, inciso XLVII, que prevê a impossibilidade de existência de pena de morte, de caráter perpétuo, de banimento e cruéis, inciso III, que refere que ninguém será submetido a tortura nem a tratamento desumano ou degradante.

gravidade definidos de acordo com a eficácia do tratamento, os médicos acrescentam tratamento hormonal, começando com antiandrógenos e progredindo para progesterona e, finalmente, neuro-hormônios que agem sobre as áreas na hipófise que controlam a liberação de hormônios sexuais. Neste ponto no tratamento, apropriado apenas para os casos mais graves, a meta é a supressão completa do desejo e da atividade sexual (Thibaut et al., 2010).

Novidades no DSM-5

A reorganização dos transtornos sexuais

Os transtornos sexuais passaram por uma reconsideração importante no DSM-5. As mudanças mais significativas envolvidas declaram que os profissionais não considerem as parafilias transtornos a menos que envolvam sofrimento e prejuízo. Essa mudança reconhece o *continuum* ao longo do qual o comportamento sexual se encontra e remove o estigma associado com comportamentos sexuais que não causam sofrimento ou dano ou prejudicam os outros.

As disfunções sexuais sofreram mudanças revelantes. O transtorno do desejo sexual hipoativo é diagnosticado apenas para homens; as mulheres recebem um diagnóstico de interesse/excitação sexual hipoativos. Os transtornos, anteriormente separados, de vaginismo (incapacidade de permitir a penetração) e dispareunia (dor com a relação sexual) foram combinados em um só, denominado transtorno da dor gênito-pélvica/penetração, porque é difícil diferenciar um do outro.

Em outras mudanças, o termo "precoce" foi acrescentado entre parênteses após ejaculação "prematura", e transtorno orgásmico masculino foi reclassificado como ejaculação "retardada". Esses dois termos refletem o desejo, mais uma vez, de eliminar o estigma sobre uma variante na sexualidade humana.

Finalmente, a reclassificação do que era chamado de "transtorno da identidade de gênero" no DSM-IV-TR para o novo termo de "disforia de gênero", junto com outras mudanças nessa categoria, fornece uma visão renovada desses transtornos que não apenas está mais em consonância com a evidência de pesquisa, mas também traz um maior entendimento para pessoas que vivenciam o sofrimento emocional de uma incompatibilidade entre seu sexo biológico e seu próprio senso de identidade.

Embora baseadas em evidência empírica, portanto, as mudanças do DSM-5 na área de transtornos sexuais também esclarecem de formas importantes as muitas variedades de sexualidade humana "normal". À medida que se materializam nas comunidades psicológica e psiquiátrica, essas mudanças darão as direções para abordagens bem-sucedidas ao tratamento de pessoas cuja sexualidade lhes causa sofrimento.

Perspectivas psicológicas O entendimento psicanalítico de Freud das parafilias foi a perspectiva psicológica dominante ao longo de todo o século XX. Ele acreditava que esses transtornos eram perversões representando fatores biológicos e psicológicos no início do desenvolvimento (Thibaut et al., 2010). De acordo com John Money (1973/1996), em contrapartida, as parafilias são a expressão de **mapas de amor** – as representações das fantasias sexuais e das práticas sexuais preferidas de um indivíduo. As pessoas formam mapas de amor no início da vida, durante o que Money considera um período crítico do desenvolvimento: os anos finais da infância, quando um indivíduo pela primeira vez começa a descobrir e a testar ideias sobre a sexualidade. "Erros de impressão" nesse processo podem resultar no estabelecimento de hábitos e práticas sexuais que se desviam da norma. Uma parafilia, de acordo com essa visão, deve-se a um mapa do amor distorcido. De certa forma, o indivíduo com um transtorno dessa natureza é programado para realizar fantasias que são socialmente inaceitáveis e potencialmente prejudiciais.

mapas de amor
Representações das fantasias e das práticas sexuais preferidas de um indivíduo.

A maior parte da literatura psicológica sobre transtornos parafílicos focaliza o transtorno pedofílico. Um tema comum nessa literatura é a ideia de um "ciclo vítima-para-abusador" ou "fenômenos de abusados-abusadores", significando que os abusadores foram eles próprios abusados em algum ponto de suas vidas, provavelmente quando eram crianças. Argumentando contra essas explicações está o fato de que a maioria das vítimas de abuso não termina abusando ou molestando crianças. No entanto, algumas pessoas com transtorno pedofílico que sofreram abuso na infância apresentam uma preferência por vítimas em faixa etária que combina com a idade que tinham quando sofreram o abuso, o que sugere que estejam reproduzindo os comportamentos que foram dirigidos contra elas quando crianças.

Os tratamentos segundo a perspectiva psicológica parecem mais eficazes quando combinam terapia individual com o de grupo. A perspectiva cognitivo-comportamental é particularmente útil para ajudar os clientes a reconhecer suas distorções e negações. Ao mesmo tempo, eles se beneficiam do treinamento na empatia, de modo que possam entender como suas vítimas estão se sentindo. Completando a equação conforme essa perspectiva, os profissionais também podem ensinar os clientes a controlar seus impulsos sexuais. A prevenção de recaída, semelhante à usada no tratamento de indivíduos com transtornos aditivos, ajuda-os a aceitar que, mesmo se escorregarem, isso não

A World Federation of Societies of Biological Psychiatry (Federação Mundial das Sociedades de Psiquiatria Biológica) propôs diretrizes para o tratamento de indivíduos com transtorno parafílico, as quais são ordenadas de acordo com a gravidade dos sintomas do sujeito.

significa que não possam superar seu transtorno. Os clínicos não recomendam mais o treinamento da aversão, no qual ensinam os clientes a associar desfechos negativos com atração sexual por crianças e recondicionamento masturbatório para desviar sua orientação das crianças (Hall, 2007).

Mais recentemente, os pesquisadores acreditam que o tratamento mais eficaz envolva uma combinação de medicamentos hormonais para reduzir os níveis de andrógenos (hormônio sexual masculino) e psicoterapia (Hughes, 2007). Ainda assim, na melhor das circunstâncias, parece que o máximo que podemos esperar é que os indivíduos possam lidar com seus impulsos, não que possam mudar sua atração por crianças (Hall, 2007).

11.3 Disfunções sexuais

disfunção sexual
Anormalidade na resposta e nas reações sexuais de um indivíduo.

A excitação sexual leva a um conjunto de alterações fisiológicas em todo o corpo, frequentemente culminando em orgasmo. Uma **disfunção sexual** envolve uma divergência acentuada da resposta de um indivíduo no ciclo de resposta sexual junto com sentimentos de sofrimento ou prejuízo significativos. Para considerá-la uma disfunção sexual, os terapeutas não devem ser capazes de atribuir essa divergência a um transtorno psicológico, aos efeitos de uma substância, como droga de abuso ou medicamento, ou a uma condição médica geral.

Os profissionais avaliam se a disfunção sexual de uma pessoa é vitalícia ou adquirida e generalizada ou situacional. Um indivíduo com uma disfunção vitalícia a vivenciou desde que se tornou sexualmente ativo. Pessoas com disfunções sexuais adquiridas eram, em algum momento anterior, assintomáticas. Aquelas disfunções que são situacionais ocorrem com apenas certos tipos de estimulação sexual, situações ou parceiros. As disfunções generalizadas afetam o indivíduo em todas as situações sexuais.

Masters e Johnson (1966, 1970), com base na observação sistemática das respostas sexuais de homens e mulheres sob condições laboratoriais controladas, identificaram quatro fases do ciclo de resposta sexual – excitação, platô, orgasmo e resolução. Durante o estágio de excitação, o interesse sexual do indivíduo aumenta, e o corpo se prepara para a relação sexual (lubrificação vaginal na mulher, ereção peniana no homem). A excitação sexual continua a subir durante a fase de platô, e na fase de orgasmo o indivíduo vivencia contrações musculares na área genital que trazem intensas sensações de prazer. A fase de resolução é o período de retorno a um estado fisiologicamente normal. Contudo, as pessoas diferem em seus padrões típicos de atividade sexual; algumas progridem de fase com mais facilidade, e outras, em um ritmo mais lento. Nem todo encontro sexual envolve necessariamente todas as fases, entretanto, e a excitação e o desejo podem surgir de maneira simultânea a partir do processamento de estímulos sexuais (Basson, 2001).

Fatores fisiológicos e condições de saúde crônicas estão fortemente relacionados ao risco de desenvolver transtornos sexuais. Estes serão delineados quando se aplicarem aos transtornos específicos a seguir, mas diversos fatores de risco parecem se aplicar de forma geral, incluindo diabetes, doença cardiovascular, outras doenças geniturinárias, transtornos psicológicos, outras doenças crônicas e tabagismo. No caso de algumas dessas condições, é o medicamento, e não a condição em si, que coloca o indivíduo em risco, como os fármacos anti-hipertensivos (Lewis et al., 2010).

Existem poucos dados de prevalência confiáveis sobre esses transtornos (Lewis et al., 2010). A razão para isso é que as definições de muitos deles são muito variáveis. Apenas recentemente, pesquisadores começaram de modo sistemático a chegar a critérios mensuráveis com base nos métodos de avaliação únicos que tais transtornos requerem. Felizmente, o trabalho para o DSM-5 está levando a procedimentos diagnósticos melhorados e mais rigorosos que, por fim, levarão a fontes de dados mais confiáveis.

O Índice de Função Sexual Feminina (Rosen et al., 2000) é uma medida empírica usada em uma série de estudos para investigar a prevalência de disfunções sexuais em mulheres e como uma medida da eficácia do tratamento. Você pode ver exemplos de itens dessa medida na Tabela 11.2.

Transtornos da excitação

As pessoas cujos transtornos sexuais ocorrem durante as fases iniciais do ciclo de resposta sexual têm desejo sexual baixo ou ausente ou são incapazes de alcançar a excitação fisiológica. Como resultado, podem evitar ter ou ser incapazes de ter relações sexuais.

O homem com **transtorno do desejo sexual masculino hipoativo** tem um nível de atividade sexual anormalmente baixo e pode não ter interesse nessa atividade. Além disso, ele ou tem bem poucas fantasias sexuais ou não as tem. Uma mulher com **transtorno do interesse/excitação sexual feminino** está interessada em ter relações sexuais, mas seu corpo não responde fisiologicamente durante a fase de excitação.

No DSM-IV-TR, a definição desse transtorno refere-se a "desejo" em vez de interesse/excitação. Isso constitui um desafio no diagnóstico de mulheres, de acordo com os pesquisadores nesse campo. Alguns relatos indicam que desejo sexual baixo é relativamente prevalente entre as mulheres, com estimativas em algumas amostras de até 55%, embora a maioria dos estudos ao redor do mundo coloque a prevalência próxima de 40%. Entretanto, a porcentagem de mulheres que sofrem por terem desejo sexual baixo é muito menor. Portanto, a questão para elas é que a perda do desejo poderia não ser o melhor ou o único critério a ser usado ao diagnosticar uma disfunção sexual. Antes, como no DSM-5, pode ser mais correto dizer que o transtorno envolve uma variedade de comportamentos, incluindo perda de interesse, de excitação, de pensamentos eróticos, do prazer na atividade sexual ou de intensidade das sensações durante a atividade sexual (Brotto, 2010).

transtorno do desejo sexual masculino hipoativo
Disfunção sexual na qual o indivíduo tem um nível de interesse na atividade sexual anormalmente baixo.

transtorno do interesse/excitação sexual feminino
Disfunção sexual caracterizada por incapacidade persistente ou recorrente de alcançar e manter respostas de excitação fisiológicas e psicológicas normais durante a atividade sexual.

MINICASO

Transtorno do interesse/excitação feminino, adquirido

Com as pressões de gerenciar um trabalho na área da publicidade e criar filhos gêmeos de 3 anos, Carol diz que não tem "tempo ou energia" para relações sexuais com seu marido, Bob. Na verdade, eles não são sexualmente íntimos desde o nascimento dos filhos. A princípio, Bob tentou ser compreensivo e respeitar o fato de que Carol estava se recuperando de uma gravidez e um parto muito difíceis. À medida que os meses passavam, entretanto, ele se tornou cada vez mais impaciente e crítico. Quanto mais ele a pressionava por proximidade sexual, mais irritada e deprimida ela se tornava. Carol sente que ama Bob, mas não pensa sobre sexo e não consegue se imaginar tendo relações novamente. Ela está entristecida pelo efeito que essa mudança teve sobre seu casamento, mas sente pouca motivação para tentar mudar.

TABELA 11.2 Escalas e exemplos de itens do índice de função sexual feminina (FSFI)

Escala de desejo

Durante as últimas 4 semanas, com que **frequência** você sentiu desejo ou interesse sexual?

- Quase sempre ou sempre
- A maior parte do tempo (mais de metade do tempo)
- Às vezes (cerca de metade do tempo)
- Poucas vezes (menos de metade do tempo)
- Quase nunca ou nunca

Escala de excitação

Durante as últimas 4 semanas, com que **frequência** você se sentiu sexualmente excitada ("acesa") durante a atividade sexual?

- Sem atividade sexual
- Quase sempre ou sempre
- A maior parte do tempo (mais de metade do tempo)
- Às vezes (cerca de metade do tempo)
- Poucas vezes (menos de metade do tempo)
- Quase nunca ou nunca

Escala de lubrificação

Durante as últimas 4 semanas, com que **frequência** você ficou lubrificada ("molhada") durante a atividade sexual?

- Sem atividade sexual
- Quase sempre ou sempre
- A maior parte do tempo (mais de metade do tempo)
- Às vezes (cerca de metade do tempo)
- Poucas vezes (menos de metade do tempo)
- Quase nunca ou nunca

Escala de orgasmo

Durante as últimas 4 semanas, quando teve estimulação ou relação sexual, o quanto foi **difícil** para você chegar ao orgasmo (clímax)?

- Sem atividade sexual
- Extremamente difícil ou impossível
- Muito difícil
- Difícil
- Levemente difícil
- Não foi difícil

Escala de satisfação

Durante as últimas 4 semanas, o quanto você ficou **satisfeita** com seu relacionamento sexual com seu parceiro?

- Muito satisfeita
- Moderadamente satisfeita
- Igualmente satisfeita e insatisfeita
- Moderadamente insatisfeita
- Muito insatisfeita

TABELA 11.2 Escalas e exemplos de itens do índice de função sexual feminina (FSFI) (*Continuação*)

Escala de dor
Durante as últimas 4 semanas, como você avaliaria seu **nível** (grau) de desconforto ou dor durante ou após a penetração vaginal? • Não tentou ter relações sexuais • Muito alto • Alto • Moderado • Baixo • Muito baixo ou nenhuma dor

FONTE: (Rosen et al., 2000) http://www.fsfi-questionnaire.com/

Os homens com transtorno erétil não conseguem, durante a atividade sexual, alcançar ou manter uma ereção que seja suficiente para lhes permitir iniciar ou manter a relação. Mesmo que sejam capazes de obter uma ereção, são incapazes de penetrar ou de sentir prazer durante um encontro sexual. Embora anteriormente problemas fisiológicos ou psicológicos tenham sido considerados causadores desse transtorno, clínicos e pesquisadores entendem agora que ele tem múltiplas causas, as quais não podem separar com clareza nessas duas categorias (Segraves, 2010). Uma estimativa muito grosseira da prevalência de transtorno erétil é de 26 a 28 por 1.000 homens-anos, com taxas mais altas entre sujeitos mais velhos (Lewis et al., 2010).

transtorno erétil
Disfunção sexual na qual o homem não consegue alcançar ou manter uma ereção durante a atividade sexual que seja suficiente para lhe permitir iniciar ou manter a relação.

Transtornos envolvendo o orgasmo

A incapacidade de alcançar o orgasmo, um atraso angustiante em alcançá-lo, ou intensidade reduzida do orgasmo constituem o transtorno do orgasmo feminino. Embora versões anteriores do DSM considerassem o orgasmo resultante da estimulação clitorial distinto daquele resultante do intercurso sexual, o DSM-IV-TR retirou esse critério, reconhecendo que as mulheres podem ter orgasmo por meio de uma ampla variedade de tipos de estimulação. O DSM-5 igualmente não diferencia entre as fontes do orgasmo na definição dos critérios para esse transtorno. Essas mudanças refletem o reconhecimento de que nem todas as mulheres vivenciam da mesma forma o ciclo de resposta sexual descrito por Masters e Johnson (1966).

transtorno do orgasmo feminino
Disfunção sexual na qual a mulher vivencia problemas para ter um orgasmo durante a atividade sexual.

Os fatores relacionados ao transtorno do orgasmo feminino relatados pelas mulheres incluem estresse, ansiedade, depressão, satisfação do relacionamento e alterações relativas à idade na área genital que podem levar a dor, desconforto, irritação ou sangramento (Laumann & Waite, 2008). As mulheres são mais propensas que os homens a relatar dificuldades sexuais envolvendo a qualidade subjetiva da experiência. Os homens são mais inclinados a descrever problemas físicos para alcançar ou manter a ereção.

MINICASO

Transtorno erétil, adquirido

Brian tem 34 anos e namora a mesma mulher há mais de um ano. Esse é seu primeiro relacionamento sério e a primeira pessoa com quem teve intimidade sexual. Durante os últimos 6 meses, eles têm tentado frequentemente ter relações sexuais, mas todas as vezes têm ficado frustrados pela incapacidade de Brian de manter uma ereção por mais de alguns minutos. Sempre que isso acontece, ele fica muito aborrecido, apesar da reafirmação de sua namorada de que as coisas irão funcionar melhor da próxima vez. Seu nível de ansiedade aumenta toda vez em que pensa que já passou dos 30 anos, é sexualmente ativo pela primeira vez em sua vida e está encontrando tais dificuldades frustrantes. Ele teme ser "impotente" e nunca ser capaz de ter uma vida sexual normal.

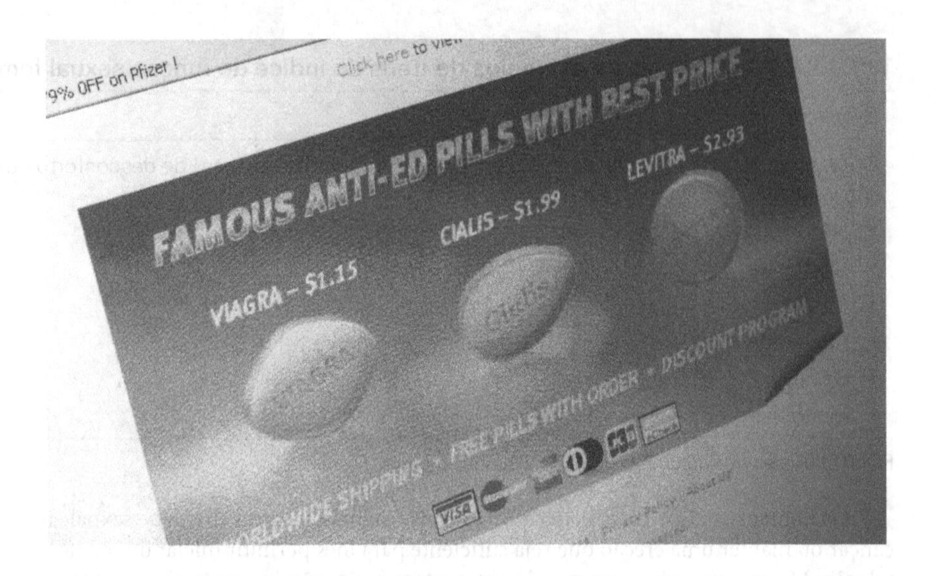

Propagandas de medicamentos para problemas de ereção como esta são encontradas na internet com frequência.

A diferença entre a natureza das dificuldades orgásmicas para homens e mulheres levou um grupo de clínicos e de cientistas sociais denominado The Working Group for a New View of Women's Sexual Problems (Grupo de Trabalho para a Nova Visão dos Problemas Sexuais das Mulheres) a criticar o DSM por não ter levado em consideração o maior foco nas mulheres nos aspectos relacionais da sexualidade e as variações individuais nas experiências sexuais delas. Eles propuseram que a profissão defina problemas sexuais como dificuldades em qualquer aspecto da sexualidade - emocional, físico ou relacional. Os pesquisadores também acreditam que mais estudos são necessários para entender as experiências das mulheres de distintas culturas, de diferentes faixas etárias e diversas orientações sexuais (Graham, 2010).

Homens com atraso acentuado na ejaculação ou que raramente, ou nunca, ejaculam têm **ejaculação retardada**. Aqueles com **ejaculação prematura (precoce)** chegam ao orgasmo em um encontro sexual com estimulação sexual mínima antes, durante ou logo após a penetração e antes de desejar (menos de um minuto). Independentemente do nome dado a esses transtornos, os clínicos preferem aplicar um diagnóstico psiquiátrico apenas quando o indivíduo está angustiado pela condição. A taxa de prevalência para ejaculação prematura tem ampla variação, de 8 a 30%, e parece depender da faixa etária e do país (Lewis et al., 2010).

ejaculação retardada
Uma disfunção sexual na qual um homem vivencia problemas em ter um orgasmo durante a atividade sexual; também conhecida como orgasmo masculino inibido.

ejaculação prematura (precoce)
Uma disfunção sexual na qual um homem alcança o orgasmo bem antes do que deseja, talvez mesmo antes da penetração.

Transtornos envolvendo dor

Os clínicos diagnosticam transtornos sexuais dolorosos, que envolvem a experiência de dificuldade em um relacionamento sexual devido a sensações dolorosas nos órgãos

MINICASO

Transtorno do orgasmo feminino, vitalício

Como muitas de suas amigas, quando era adolescente, Margaret com frequência imaginava como seria uma relação sexual e o orgasmo. Quando se tornou sexualmente ativa, na faculdade, ela percebeu que talvez estivesse perdendo alguma coisa, visto que não sentia "foguetes disparando" como tinha imaginado. Na verdade, ela nunca foi capaz de experimentar o orgasmo quando estava com um homem em tipo algum de atividade sexual. Quando Margaret se apaixonou por Howard, esperou ardentemente que as coisas melhorassem. Entretanto, ainda que ele a fizesse sentir mais prazer sexual que qualquer outro, sua resposta a ele sempre parava um pouco antes do clímax. Ela chegava a cada encontro sexual com ansiedade e, depois, tendia a se sentir deprimida e inadequada. Para evitar deixar Howard preocupado, porém, Margaret decidiu que seria melhor fingir ter orgasmos do que ser honesta com ele. Após 5 anos juntos, ela ainda não lhe contou que não tem orgasmos e se sente muito constrangida de procurar ajuda profissional, apesar de seu sofrimento contínuo.

Você decide

Tratamento para criminosos sexuais

Os transtornos parafílicos constituem um desafio ético para os psicólogos devido a sua ligação potencial com prejuízo de outras pessoas, particularmente de crianças e adolescentes. O tratamento deve ser equilibrado com uma variedade de dilemas éticos que envolvem os direitos dos clientes, os quais incluem a confidencialidade, o consentimento informado e o direito à autodeterminação. Esses direitos também devem ser considerados em relação ao dever do profissional de prevenir dano, tanto para os outros como para o cliente. Visto que o tratamento é com frequência ordenado pela justiça, a questão vem a ser se isso representa mais punição do que terapia.

Os assistentes sociais David Prescott e Jill Levenson (2010), ambos com experiência extensiva no tratamento de criminosos sexuais, sugerem que os clínicos possam conduzir o tratamento determinado pela justiça de uma maneira compatível com o código de ética médica. O tratamento determinado, em vez de representar punição, eles argumentam, visa ajudar os criminosos a corrigir os comportamentos que eram prejudiciais para os outros ou para eles mesmos. Além disso, os padrões éticos que os profissionais acatam a respeito da confidencialidade são congruentes com o componente de "dever de advertir" da terapia do criminoso sexual: "A comunicação obrigatória supera o privilégio" (Prescott & Levenson, 2010, p. 278). Segundo, em relação à questão do direito do cliente à autodeterminação, os criminosos sexuais não são os únicos indivíduos obrigados por lei a receber terapia. Os abusadores de crianças e os motoristas presos por dirigir intoxicados são dois exemplos disso, mas há outros casos nos quais o sistema judiciário dá a membros de uma família, por exemplo, um ultimato para receber tratamento por comportamentos como jogo compulsivo.

Indivíduos que escolhem trabalhar com criminosos sexuais, de acordo com Prescott e Levenson (2010), o fazem por compaixão e por um desejo de reabilitar seus clientes de modo que possam se tornar membros ativos da sociedade. Eles encontraram uma forma de empatizar com clientes que cometeram atos sexualmente violentos sem julgar os criminosos e um modo de superar a "reação humana natural" de "desprezo" (p. 282) por essas pessoas.

P: *Você decide:* Você concorda que os princípios dos direitos humanos e as diretrizes éticas apresentadas por associações profissionais servem para proteger os criminosos sexuais quando eles entram em terapia? O sistema judiciário deve mesmo oferecer terapia a criminosos sexuais ou esses indivíduos devem simplesmente ser encarcerados? Em contrapartida, a reabilitação é uma meta realista, como Prescott e Levenson alegam, ou não há ajuda possível para os criminosos sexuais?

genitais decorrentes do intercurso, como **transtorno da dor gênito-pélvica/penetração**, que pode afetar tanto homens como mulheres. O indivíduo vivencia dor genital recorrente ou persistente antes, durante e após a relação sexual.

transtorno da dor gênito-pélvica/penetração Disfunção sexual que afeta tanto homens quanto mulheres e envolve dor genital recorrente ou persistente antes, durante ou após a relação sexual.

Teorias e tratamento de disfunções sexuais

Podemos ver melhor as disfunções sexuais como uma interação de fatores fisiológicos, psicológicos e socioculturais complexos, os quais os profissionais que trabalham no campo com base em uma perspectiva biopsicossocial entendem. Na tentativa de ajudar um cliente com uma disfunção sexual, o clínico deve primeiro conduzir uma avaliação abrangente, que inclua exame físico e testagem psicológica e envolva o(a) parceiro(a) do(a) cliente, se adequado. Além disso, deve avaliar o uso de substâncias do indivíduo, verificando não apenas drogas e álcool, mas também todos os medicamentos, sem esquecer os psiquiátricos.

Perspectivas biológicas Talvez uma das disfunções sexuais mais pesquisadas seja o transtorno erétil, para a qual a profissão considera, cada vez mais, fortes contribuições biológicas. Em 1970, Masters e Johnson afirmaram que praticamente todos os homens (95%) com transtorno erétil (TE) tinham problemas psicoló-

MINICASO

Ejaculação prematura (precoce), vitalícia

Jeremy, 45 anos, é um corretor de investimentos que tem lutado com o problema de ejaculação prematura desde que pode se lembrar. Desde sua primeira experiência com relação sexual na faculdade, tem sido incapaz de controlar seus orgasmos. Ele costumeiramente ejacula segundos após a penetração. Devido a esse problema, seus relacionamentos ao longo dos anos foram tensos e difíceis. Em cada caso, a pessoa que ele estava namorando na época ficava frustrada, e Jeremy se sentia constrangido demais para continuar o relacionamento. Por um período que durou vários anos, ele evitou completamente relações sexuais, sabendo que cada experiência de fracasso o faria se sentir deprimido e furioso.

gicos, tais como ansiedade e estresse profissional, tédio com parceiras sexuais de longo prazo e outras dificuldades de relacionamento. Desde aquela época, pesquisadores chegaram a conclusões muito diferentes como resultado de dispositivos de avaliação novos e mais sofisticados sensíveis à presença de anormalidades fisiológicas. Os profissionais da saúde consideram que mais de metade dos casos de TE são atribuíveis a problemas físicos de natureza vascular, neurológica ou hormonal ou a funcionamento prejudicado causado por drogas, álcool e tabagismo.

Os medicamentos para tratar TE incluem a prescrição de Viagra, Levitra e Cialis. Estes estão todos na categoria dos inibidores da fosfodiesterase (PDE), os quais atuam aumentando o fluxo sanguíneo para o pênis durante a estimulação sexual. O que torna esses medicamentos atraentes é o fato de serem muito menos invasivos do que os tratamentos anteriores para disfunção erétil, tais como cirurgia e implantes, e muito menos embaraçosos do que bombas de vácuo ou injeções penianas. Eles funcionam quando acompanhados pela experiência de excitação sexual, ao contrário de outros tratamentos, nos quais o homem alcança uma ereção de forma artificial e independente do que está acontecendo sexualmente com ele ou com seu(sua) parceiro(a).

As alterações hormonais acontecem com o climatério, a perda gradual do potencial reprodutor que ocorre em homens e mulheres, mas é mais pronunciada nas mulheres durante a menopausa. Modificações nos níveis de estrogênio podem levar a uma série de sintomas físicos que afetam a sexualidade, incluindo secura vaginal e diminuição gradual do tamanho da vagina e do tônus muscular, mas essas alterações não afetam a capacidade de excitação da mulher durante a atividade sexual. Elas também vivenciam um declínio na testosterona livre, o hormônio sexual masculino, mas não está claro se esse declínio está relacionado a mudanças no desejo e na satisfação sexual. Uma variedade de doenças crônicas também pode interferir no desejo e na resposta sexual de uma mulher, incluindo diabetes, lesão da medula espinal, esclerose múltipla, hipotireoidismo (níveis tireoidianos baixos) e o resultado de cirurgia de câncer envolvendo o útero. Os medicamentos que agem sobre os sistemas de serotonina e dopamina também podem interferir nas respostas sexuais delas (Both, Laan, & Schultz, 2010).

MINICASO

Transtorno da dor gênito-pélvica/penetração, ao longo da vida

Shirley é uma mulher solteira de 30 anos que tem tentado fazer sexo com muitos homens diferentes ao longo dos últimos 10 anos. Apesar de sua capacidade de alcançar o orgasmo pela masturbação, é incapaz de suportar a penetração durante a relação. Em sua própria mente, ela tem uma sensação de prontidão, mas seus músculos vaginais inevitavelmente se contraem de modo que seu parceiro é incapaz de penetrar. É evidente para Shirley que esse problema tem suas raízes em uma experiência traumática da infância. Ela foi sexualmente abusada por um primo mais velho. Embora reconheça que deve buscar ajuda profissional, fica muito constrangida e tem se convencido de que o problema irá desaparecer se ela puder encontrar o homem certo que entenderá suas dificuldades.

O tratamento do transtorno de interesse/excitação sexual feminino que segue a perspectiva biológica incorpora terapia de reposição hormonal (estrogênio e progesterona), creme de estrogênio aplicado diretamente à vagina e terapia de testosterona (Traish, Feeley, & Guay, 2009). Os médicos também receitam às mulheres um inibidor da PDE, mas sua eficácia ainda não foi demonstrada (Both et al., 2010).

O transtorno da dor gênito-pélvica/penetração representa um conjunto diferente de desafios. De um ponto de vista biológico, os sintomas físicos podem vir de diversas fontes, tais como distúrbios nas fibras musculares na área pélvica (o chamado "assoalho pélvico"). Ao tratá-los, entretanto, o profissional pode ser incapaz de rastrear a causa exata da dor. A melhor abordagem parece ser multifacetada, incluindo a aplicação de corticosteroides e fisioterapia para promover relaxamento muscular e melhorar a circulação sanguínea. Ele também pode usar estimulação nervosa elétrica para aliviar a dor e prescrever agentes farmacológicos como amitriptilina e pregabalina (Bergeron, Morin, & Lord, 2010).

As disfunções sexuais podem ser disruptivas e frustrantes para os casais íntimos.

Perspectivas psicológicas Reconhecendo o papel dos fatores fisiológicos, a perspectiva psicológica enfatiza os efeitos contribuintes adicionais, quando não o papel causal, das cognições, emoções e atitudes em relação à sexualidade. As associações entre estímulos sexuais e sentimentos prazerosos também desempenham um papel importante na excitabilidade sexual. No caso do TE, por exemplo, uma equipe de pesquisadores identificou recentemente como um fator predisponente a crença dos homens no "mito do macho" de infalibilidade sexual. Tal crença os torna mais propensos a desenvolver pensamentos disfuncionais (p. ex., "Sou incompetente") quando têm uma experiência sexual malsucedida. Quando o homem ativa esses pensamentos, eles prejudicam sua capacidade de processar estímulos eróticos e de ter pensamentos e imagens sexuais. Ao desviar seu foco de atenção da relação para seus sentimentos de incompetência e tristeza, ele então será menos capaz de alcançar e manter uma ereção durante encontros sexuais futuros (Nobre, 2010).

Tanto os homens quanto as mulheres podem se agarrar a "autoesquemas sexuais" negativos, tais como sentimentos de desamor, inadequação e inutilidade, que então transferem para situações sexuais, tornando-se ansiosos quando sentem que uma incapacidade de alcançar um orgasmo fará seu parceiro(a) ficar cansado(a). O aspecto subjacente que se aplica tanto a homens como a mulheres que têm disfunções sexuais é a crença em sua própria incompetência em situações sexuais (Nobre & Pinto-Gouveia, 2009). Na Tabela 11.3, reproduzimos uma porção da escala que avalia as respostas de homens a situações sexuais malsucedidas.

A qualidade do relacionamento também pode contribuir para a disfunção sexual, particularmente para as mulheres, cujo desejo sexual é sensível a fatores interpessoais, incluindo a frequência de interações positivas (Both et al., 2010). Pesquisadores também estão descobrindo aqueles fatores cognitivos envolvidos no transtorno da dor gênito-pélvica/penetração que se combinam com as causas físicas, tais como catastrofizar sobre dor e ter níveis baixos de autoeficácia.

O tratamento central de disfunções sexuais que envolvem distúrbios da excitação e do orgasmo segue os princípios que Masters e Johnson (1970) estabeleceram, ou seja, tratar ambos os parceiros como um casal, reduzindo a ansiedade sobre o desempenho sexual, e o desenvolvimento de habilidades específicas como o **foco sensorial**, no qual a interação não visa levar ao orgasmo, mas vivenciar sensações prazerosas durante as fases anteriores a ele. Esse procedimento reduz os níveis de ansiedade do casal até final-

foco sensorial
Método de tratar disfunções sexuais no qual a interação não visa levar ao orgasmo, mas vivenciar sensações prazerosas durante as fases anteriores a ele.

HISTÓRIAS REAIS

Sue William Silverman: Adição de sexo

"Eu não posso mudar todos os meus comportamentos em um mês. Tudo o que posso fazer é me esforçar, seguir em frente, continuar tentando."

Em *Love Sick: One Woman's Journey Through Sexual Addiction*, a autora Sue William Silverman conta a história de sua batalha contra a adição de sexo e documenta sua permanência no programa hospitalar intensivo de 28 dias em que começou a lutar contra sua adição pela primeira vez. Sue entrou no programa de tratamento apenas a pedido de seu terapeuta, Ted, o qual tinha reconhecido que sua adição estava destruindo lentamente cada aspecto de sua vida.

A unidade hospitalar que Sue frequentava era povoada de outras mulheres que lutavam contra a adição de sexo. Ela descreve: "A única outra vez em que estive cercada por mulheres (meninas, na verdade) foi quando morei no dormitório de uma faculdade. Exceto que não me sentia cercada por meninas então. Minha atenção era sempre atraída para fora da minha janela, para homens que perturbavam as noites de Boston". As interações de Sue com as outras mulheres a ajudaram a obter uma perspectiva diferente sobre sua adição, ao ver como as outras eram afetadas pela adição de sexo de um ponto de vista mais objetivo.

No hospital, Sue é obrigada a manter esquemas rígidos, diários, que incluem terapia de grupo e individual com Ted, horários de refeições regulares e horários para reflexão pessoal. Semelhante aos Alcoólicos Anônimos, ela tem que passar por um programa de 12 passos até a recuperação. À medida que avança no livro de exercícios que utiliza ao longo do tratamento, ela reflete sobre muitos encontros sexuais passados com homens e como ela repetidamente buscava afeto sexual na esperança de obter uma sensação de realização genuína, embora os encontros apenas a deixassem mais necessitada.

Sue percebe que, como resultado de sua constante necessidade por realização sexual e de uma tendência a mudar sua identidade com base no homem cuja atenção estava buscando, nunca tinha aproveitado o tempo para entender sua própria identidade. Descreve que, em vez de sua identidade verdadeira, ela era uma versão diferente de si mesma – uma persona adicta, que tinha procurado todos aqueles homens. Ela escreve: "Quando estou sob o poder total daquela mulher adicta, quando estou *mais* doente, eu sou, ironicamente, totalmente capaz de nadar, ir a festas, socializar: *ser o que parece ser normal*. Sim, todos estes anos eu convenci não apenas a mim mesma, mas também aos outros, que meu comportamento é normal porque, na força da adição, posso *parecer* normal.... Agora, entretanto, quando a adição está regredindo, quando estou em abstinência, ainda que esteja ficando melhor, tudo me assusta e pareço destruída. Exceto que não estou; estou no processo de me tornar normal". Sue está no processo não apenas de se recuperar de sua adição, mas de se tornar ela mesma.

No livro, Sue descreve como a terapia a ajudou a reconhecer o perigo de sua adição e as consequências de seus comportamentos. "Durante meses, como um mantra, meu terapeuta tem me dito: 'Esses homens a estão matando'. Não sei se ele quer dizer emocional, espiritual ou fisicamente. Eu não pergunto. Ele explica que confundo sexo com amor, repetindo de forma compulsiva esse padrão destrutivo com um homem após o outro. Eu faço isso porque, quando menina, aprendi que sexo é amor com meu pai, o primeiro homem perigoso que me desamou sexualmente." Sue explica que seu pai a molestou desde que era uma menina até ela sair de casa para ir para a faculdade em Boston. Uma vez aí, Sue se viu passando a maior parte de seu tempo a pensar em sexo e a procurar homens para fazê-lo. Iniciou uma sequência de casos sexuais que continuaram até a época em que entrou no hospital. Cada um começava logo após conhecer cada um dos homens, e ela alcançava um sentimento intenso de satisfação durante cada encontro sexual, seguido por sentimentos de vazio e, então, pelo desejo imediato de buscar outro encontro sexual.

"A intensidade é um 'barato' do adicto'", meu terapeuta diz, não amor. Para adormecer a vergonha e o medo associados tanto com o passado quanto com meu comportamento sexual atual, eu me medicava, paradoxalmente, usando o sexo, ele explica. Mas às vezes aquele 'barato' para de funcionar. Em geral após uma orgia assustadora."

Sue também sofreu de comportamento alimentar perturbado e estava perigosamente magra quando entrou no programa de tratamento. Alguns dos grupos de terapia no programa focalizavam a conexão entre sua imagem corporal e sua adição, e ela reflete sobre seus pensamentos a respeito de seu corpo: "....Mas *ele* não sou *eu* – embora meu corpo seja parte de mim – quanto mais magro, melhor. Menos corpo, menos problema. Sem corpo. *Sem* problemas. Se nenhum homem for capaz de ver meu corpo, então não terei que continuar fazendo sexo."

Ao longo de todo o livro, Sue fala sobre seu casamento, que, na época de sua entrada no tratamento, tinha se dissolvido a ponto de ela e o marido mal se falarem e dormirem em quartos separados. Ela escreve que se casou como uma forma de buscar normalidade e estabilidade. Seu marido, Andrew, não tem conhecimento de sua batalhas com a adição de sexo, e, quando entra para o programa, ela apenas lhe diz que está buscando tratamento para depressão. Sue recebe visitas breves de seu marido enquanto está no hospital, e o relacionamento deles lhe oferece um senso de segurança que a ajuda a atravessar a dificuldade de se tornar e permanecer sóbria. No programa, ela

A escritora Sue William Silverman relata sua luta contra a adição de sexo em *Love Sick: One Woman's Journey Through Sexual Addiction.*

descobre que deseja alcançar um senso de equilíbrio e estabilidade em sua vida. Chama isso de "um estado de nulidade: Eu não vou me embebedar, nem vou ter que lutar tanto para ficar sóbria". Contudo, com seu terapeuta, ela passa a perceber que estabilidade significa mais do que não ceder a seus comportamentos adictivos, mas descobrir quem é e genuinamente tornar-se essa pessoa.

Quando deixa o hospital, Sue continua a frequentar a terapia individual e um grupo semanal de Adictos de Sexo Anônimos. Por meio da força e da percepção que alcançou no tratamento, Sue começa o lento processo de recuperação. O livro termina descrevendo o primeiro dia de Sue em casa depois de deixar o hospital. Embora sinta falta da segurança da unidade e das mulheres que conheceu, ela encontra conforto em coisas comuns como fazer o jantar para o marido e começar a planejar seu futuro. "Agora preciso aprender que é no amor que vou esculpir minha própria vida", ela escreve.

---

mente eles serem capazes de se concentrar não em seus sentimentos de inadequação, mas no próprio encontro sexual. Os terapeutas também podem ensinar os parceiros a se masturbarem ou a incorporar métodos de estimulação sexual além do intercurso, tal como apenas a estimulação do clitóris.

Ampliando esses métodos, os terapeutas estão cada vez mais usando princípios derivados da terapia cognitivo-comportamental que reestruturam aqueles pensamentos do indivíduo que podem inibir a excitação e o desejo sexual. Ambos os parceiros também podem promover sua comunicação interpessoal e ter experiências íntimas mais positivas (Both et al., 2010). Para transtornos sexuais dolorosos, a terapia cognitivo-comportamental sozinha não parece ser eficaz, mas é mais benéfica quando integrada com relaxamento muscular, *biofeedback* e educação (Bergeron et al., 2010).

11.4 Disforia de gênero

Abordamos agora os transtornos que envolvem as dificuldades que os indivíduos vivenciam devido ao sentimento de incompatibilidade entre seu **sexo biológico** (i.e., o sexo determinado por seus cromossomos) e seu sentido interior de masculinidade ou feminilidade, denominado **identidade de gênero**. No DSM-5, o termo **disforia de gênero** refere-se ao sofrimento que pode acompanhar a incongruência entre o gênero que uma pessoa vivencia ou expressa e aquele que lhe é atribuído. Nem todos sofrem como resultado dessa incongruência, mas, o mais importante, muitos sofrem quando são incapazes de receber tratamento por meio de hormônios e/ou cirurgia. Portanto, nos critérios atuais para o transtorno, o indivíduo vivencia uma identificação com o outro sexo. O sentimento de estar "no corpo errado" causa desconforto e um senso de inadequação em relação a seu gênero atribuído. Essas duas condições devem estar presentes para que se estabeleça o diagnóstico. Logo, o problema clínico é a disforia, não a identidade de gênero do indivíduo.

sexo biológico
O sexo determinado pelos cromossomos de uma pessoa.

identidade de gênero
O sentido interior de masculinidade ou feminilidade de uma pessoa.

disforia de gênero
Sofrimento que pode acompanhar a incongruência entre o gênero que uma pessoa vivencia ou expressa aquele que lhe é atribuído.

TABELA 11.3 Questionário de Ativação do Esquema Cognitivo no Contexto Sexual: Versão Masculina

Leia cuidadosamente cada um dos episódios apresentados a seguir e indique o grau em que eles em geral aconteceram com você circulando um número (1 - nunca a 5 - frequentemente)
Estou sozinho com minha(meu) companheira(o). Ela(e) me olha como se quisesse fazer sexo e está indo a extremos para tentar me excitar. Entretanto, não estou com a mínima vontade. Então, em vez disso, finjo estar cansado e mudo de assunto. Contudo, ela(e) persiste. Ela(e) parece desapontada(o) e diz que não a(o) amo tanto quanto costumava amar. nunca aconteceu 1 2 3 4 5 aconteceu frequentemente
Estou acariciando minha(meu) parceira(o), e ela(e) está gostando e parece pronta(o) para o sexo. Ao tentar a penetração, percebo que minha ereção não está tão firme quanto costuma ser e a penetração total parece impossível. Eu tento em vão e finalmente desisto. nunca aconteceu 1 2 3 4 5 aconteceu frequentemente
Minha(meu) parceira(o) está me estimulando, e estou ficando muito excitado. Fico muito excitado e logo tento penetrá-la(o). Perco o controle e chego ao orgasmo muito rapidamente, em cujo ponto o intercurso para. Ela(e) parece muito desapontada(o), como se esperasse muito mais de mim. nunca aconteceu 1 2 3 4 5 aconteceu frequentemente
Estou completamente envolvido na relação sexual e começo a penetrar minha(meu) parceira(o). No início tudo está indo bem, mas o tempo passa e eu não consigo chegar ao orgasmo. Ela(e) parece estar ficando cansada(o). Não importa o quanto eu tente, o orgasmo parece cada vez mais longe do meu alcance. nunca aconteceu 1 2 3 4 5 aconteceu frequentemente
Circule todas as emoções que você sentiu quando imaginou o episódio que lhe acontece com mais frequência.
Preocupação Tristeza Desilusão Medo Culpa Vergonha Raiva Dor Prazer Satisfação

FONTE: Nobre & Pinto-Gouveia, 2009.

transexualismo
Termo usado às vezes para se referir à disforia de gênero, dizendo respeito especificamente a indivíduos que escolhem se submeter a cirurgia de redesignação sexual.

Outro termo que tem relação com o sentimento de identificação de gênero cruzado é **transexualismo**, que também se refere a esse fenômeno no qual uma pessoa tem um sentimento interior de pertencer ao outro sexo. Algumas pessoas com transtornos de disforia de gênero desejam viver como membros do outro sexo e podem agir e se vestir de acordo. Ao contrário dos indivíduos com transtorno transvéstico, essas pessoas não obtêm gratificação sexual do vestuário cruzado.

Os autores do DSM-5 apresentaram argumentos fortes a favor do uso do termo disforia de gênero para substituir transtorno da identidade de gênero, especificando se o indivíduo é uma criança ou um pós-adolescente. Uma razão para essa mudança proposta foi afastar o estigma associado ao rótulo da condição como um "transtorno". Ter identificação de gênero cruzado não implica necessariamente que um indivíduo esteja sofrendo ou que tenha um "transtorno" (Cohen-Kettenis & Pfafflin, 2010). Apenas se essa pessoa sente disforia por ter esse sexo é que um diagnóstico seria aplicado. Além disso, embora alguns grupos defendessem a noção de remover por inteiro a disforia de gênero da nomenclatura diagnóstica, fazê-lo poderia excluir indivíduos que desejem buscar cirurgia de redesignação sexual da cobertura de planos de saúde por falta de um diagnóstico médico (Corneil, Eisfeld, & Botzer, 2010).

MINICASO

Disforia de gênero

Dale descreve-se como uma mulher vivendo no corpo de um homem. Suas memórias de volta aos 4 anos de idade são de sentir desconforto com seu sexo atribuído. Quando era criança, as pessoas com frequência o confundiam com uma menina, porque seus maneirismos, estilo de brinquedo e roupas eram estereotipicamente femininos. Ele ficava contente de ter um nome ambíguo e, durante toda a adolescência, levou os outros a acreditar que era realmente uma garota. Os colegas o provocavam às vezes, mas isso não o incomodava, porque tinha orgulho de seus atributos femininos. Seus pais estavam cada vez mais alarmados e o mandaram para uma psicóloga quando tinha 15 anos. A profissional reconheceu que Dale tinha disforia de gênero e lhe explicou que não poderia buscar uma cirurgia de redesignação sexual até a idade adulta, porque um cirurgião insistiria em que tivesse a maturidade e a experiência de vida necessárias para tomar uma decisão tão drástica. Agora, aos 25 anos, Dale está prestes a realizar seu desejo de ter o corpo de uma mulher e está consultando especialistas em redesignação sexual em uma faculdade de medicina importante a fim de preparar-se para a cirurgia. Após uma avaliação inicial, o psicólogo lhe disse que ele precisava começar um processo de avaliação pré-cirúrgico que duraria pelo menos um ano e meio. Durante esse tempo, viveria publicamente como mulher. Isso envolveria se vestir como mulher e mudar todos os documentos que se referissem a ele como homem (tais como título eleitoral, cartões de crédito e carteira de motorista). Teria que fazer psicoterapia para avaliar sua saúde psicológica e prontidão para a cirurgia. Também tinha que começar a tomar hormônios que o fariam desenvolver características sexuais femininas secundárias. Após completar com sucesso o processo de avaliação, Dale seria capaz de entrar na próxima fase do processo de redesignação sexual, que iniciaria a transformação de suas características físicas.

Um pequeno número de indivíduos com disforia de gênero busca cirurgia de redesignação sexual. O procedimento é demorado, caro e traz consigo uma série de condições rigorosas, tais como requerer que o sujeito receba uma avaliação psicológica abrangente e um curso de psicoterapia antes de ser aceito para cirurgia. Entretanto, com base em uma investigação de acompanhamento de 5 anos de 42 adultos suecos, os resultados parecem levar a desfechos favoráveis, e nenhum dos participantes se arrependeu da decisão (Johansson, Sundbom, Höjerback, & Bodlund, 2010).

Teorias e tratamento de disforia de gênero

A psicologia da experiência transgenérica está passando por mudanças radicais. Enquanto, no passado, a profissão equiparava transgeneridade com um "transtorno", a nova terminologia está refletindo uma perspectiva teórica que não se focaliza de forma específica no que está "errado" com pessoas cuja autoidentificação difere de suas características biológicas ou de papéis sociais. Os profissionais que trabalham com indivíduos trangêneros* que vivenciam disforia de gênero adotam uma abordagem de três frentes à psicoterapia, incluindo psicológica, hormonal e possivelmente cirurgia de redesignação sexual. De maneira ideal, de acordo com a World Professional Association for Transgender Health (Associação Profissional Mundial para a Saúde dos Transgêneros) (WPATH), os clínicos forneceriam uma avaliação do bem-estar de um cliente sem consideração aos critérios diagnósticos. Entretanto, visto que um profissional deve fazer um diagnóstico para que os clientes possam receber cobertura dos planos de saúde, os profissionais assumem um papel de "porteiros", possivelmente interferindo em sua capacidade de estabelecer relacionamentos terapêuticos saudáveis (Corneil et al., 2010).

Uma vez que os clínicos continuarão a tratar indivíduos com disforia de gênero, novas abordagens estão surgindo com base na teoria transgênera que enfatiza uma visão mais fluida do gênero do que a dicotomia binária masculino-feminino (Nagoshi & Brzuzy, 2010). Os clínicos podem contestar essa visão usando a terminologia de gênero que o cliente preferir. Em vez de supor que as motivações, os comportamentos e as atitudes das pessoas se baseiam em suas identidades definidas pela sociedade, os médicos podem reconhecer que essas categorias são condicionais. Por exemplo, o profissional pode evitar usar termos como gênero "real" ou "biológico". Resumimos os Padrões de Cuidados para os Transtornos de Identidade de Gênero da Associação Psicológica Americana (escritos antes do DSM-5 ser publicado) na Tabela 11.4.

---

* N. de R. T.: Uma pessoa transgênera é conceituada como aquela que sente que sua identidade de gênero difere das expectativas convencionais de seu sexo.

Após inicialmente se revelar como lésbica e então como transgênera, Chaz Bono se submeteu ao processo de conversão de gênero feminino-para-masculino entre 2008 e 2010.

Embora a transgeneridade não seja considerada uma patologia no DSM-5, os clientes, apesar de tudo, continuam a enfrentar a transfobia, a estereotipagem negativa e o medo das pessoas transgêneras. Em vez de recomendar cirurgia de redesignação sexual a fim de ajudar seus clientes a lidar com as pressões sociais para adaptarem-se a um gênero ou outro, os terapeutas podem deixá-los criar suas próprias identidades de gênero. Como resultado, indivíduos transgêneros podem ter uma sensação melhorada de bem-estar à medida que lhes é permitido explorar mais abertamente e sem preconceitos suas identidades múltiplas, cruzadas.

11.5 Transtornos parafílicos, disfunções sexuais e disforia de gênero: a perspectiva biopsicossocial

Os transtornos sexuais constituem três conjuntos distintos de dificuldades envolvendo diversos aspectos do funcionamento e comportamento sexuais. Embora existam muitas perguntas não respondidas com relação a suas causas, necessitamos de uma perspectiva biopsicossocial para entender como os indivíduos adquirem e mantêm esses diferentes problemas ao longo do tempo. Além disso, pesquisadores e terapeutas estão cada vez mais desenvolvendo modelos que incorporam o tratamento integrado. Os profissionais na área da medicina sexual estão ampliando o âmbito de seu trabalho. A base de pesquisa cada vez maior que os autores do DSM-5 usaram reflete não apenas a expansão das abordagens empíricas aos transtornos sexuais, mas a adoção de uma abordagem mais ampla, mais inclusiva e socioculturalmente sensível a seu entendimento e tratamento.

TABELA 11.4 Padrões de cuidados para os transtornos da identidade de gênero da APA

Diretrizes para os médicos	Profissional da saúde mental	Médico prescrevendo hormônios	Médico realizando cirurgia de redesignação sexual
Competência	• Grau de mestrado ou doutorado • Treinamento supervisionado e documentado em psicoterapia • Treinamento especializado no tratamento de transtornos sexuais • Educação contínua no tratamento de transtornos da identidade de gênero	• Conhecedor dos aspectos médicos e psicológicos relevantes de tratar pacientes com transtornos da identidade de gênero	• Urologista, ginecologista, cirurgião plástico ou geral competentes em diagnóstico urológico • Treinamento supervisionado documentado em cirurgia de redesignação sexual • Educação contínua em cirurgia de redesignação sexual

TABELA 11.4 Padrões de cuidados para os transtornos da identidade de gênero da APA (*Continuação*)

Diretrizes para os candidatos	Critério de elegibilidade	Critérios de prontidão
Terapia hormonal	• Idade de maioridade legal • Realização de 3 meses de experiência de vida real OU psicoterapia com duração especificada por um profissional da saúde mental (geralmente 3 meses) • Conhecimento demonstrável dos efeitos e efeitos colaterais, benefícios sociais e riscos dos hormônios, bem como consentimento informado documentado	• Maior consolidação da identidade de gênero durante a psicoterapia ou a experiência da vida real • Progresso no domínio de outros problemas identificados levando a saúde mental estável • É provável que o(a) paciente tome os hormônios de maneira responsável
Cirurgia torácica mulher-para-homem	• Idade de maioridade legal • Conhecimento demonstrável dos efeitos e efeitos colaterais, benefícios sociais e riscos dos hormônios, bem como consentimento informado documentado. • Realização de 3 meses de experiência de vida real OU psicoterapia com duração especificada por um profissional da saúde mental (geralmente 3 meses)	• Maior consolidação da identidade de gênero durante a psicoterapia ou a experiência da vida real • Progresso no domínio de outros problemas identificados levando a saúde mental estável
Cirurgia de mama homem-para-mulher	• Idade de maioridade legal • Realização de 3 meses de experiência de vida real OU psicoterapia com duração especificada por um profissional da saúde mental (geralmente 3 meses) • O desenvolvimento das mamas por terapia hormonal foi alcançado (geralmente após 18 meses) • Conhecimento demonstrável dos efeitos e efeitos colaterais, benefícios sociais e riscos dos hormônios, bem como consentimento informado documentado	• Maior consolidação da identidade de gênero durante a psicoterapia ou a experiência da vida real • Progresso no domínio de outros problemas identificados levando a saúde mental estável
Cirurgia reconstrutiva genital e cirurgia afetando o sistema reprodutivo	• Idade de maioridade legal • Pelo menos 12 meses de experiência contínua da vida real em tempo integral • Pelo menos 12 meses de terapia hormonal contínua • Conhecimento demonstrável do custo, do tempo de hospitalização requerido, das prováveis complicações e dos requisitos de reabilitação pós-cirúrgica das várias abordagens cirúrgicas, bem como consentimento informado documentado • Conhecimento de diferentes cirurgiões competentes	• Progresso demonstrável na consolidação da identidade de gênero • Progresso demonstrável em lidar com trabalho, família e questões interpessoais em um estado de saúde mental significativamente melhor

FONTE: http://www.apa.org/pi/lgbt/resources/policy/gender-identity-report.pdf.

Retorno ao caso: Shaun Boyden

Como era evidente no caso de Shaun, indivíduos com transtorno pedofílico em geral não sofrem como resultado de seus impulsos. Portanto, a primeira questão tratada na psicoterapia foi envolver Shaun na terapia, para ajudá-lo a perceber o dano que tinha causado por meio de suas ações; em outras palavras, tornar seu transtorno "egodistônico". Basicamente, a questão era dificultar que continuasse negando os problemas que seus impulsos causavam. Algumas das consequências tratadas foram o trauma emocional que tinha causado às crianças que molestara, o efeito negativo sobre seu casamento e, talvez o mais proeminente para Shaun no momento, as ramificações legais. A terapia ainda focalizou seu pensamento distorcido sobre crianças e usou os treinamentos da empatia e do controle do impulso sexual. Também, Anne decidiu permanecer com Shaun, e eles começaram a frequentar terapia de casais para elaborar seu relacionamento.

Embora, a princípio, hesitasse em fazer qualquer esforço na terapia, Shaun finalmente foi capaz de perceber o mal que tinha causado aos outros com suas ações. Com essa percepção, foi capaz de começar a trabalhar o controle de seus impulsos e fantasias sobre crianças. Em combinação com medicamento antiandrogênico, a terapia começou a ajudá-lo a eliminar de maneira eficaz suas fantasias frequentes, e ele começou a vivenciar cada vez menos impulsos de fazer sexo com crianças. Ainda que começasse a reconhecer que teria que trabalhar para controlar seus impulsos pelo resto da vida, Shaun foi capaz de aceitar que seu transtorno era prejudicial para os outros e para seu relacionamento com sua esposa.

Reflexões da dra. Tobin: A história de Shaun é semelhante à de muitos outros indivíduos com transtorno pedofílico. Mesmo que, em algum nível, ele percebesse que o que estava fazendo às crianças era imoral e ilegal, seus pensamentos e ações não estavam associados com sofrimento. Como outros com transtorno pedofílico, tinha desenvolvido planos especiais para ter acesso a crianças, e seu comportamento pedofílico tornava-se mais intenso em épocas de estresse, tal como quando seu relacionamento com a esposa estava passando por um período difícil. A história de Shaun de abuso sexual por seu próprio pai era provavelmente um contribuinte para seu transtorno, e, quando seus sintomas forem reduzidos de forma significativa, pode ser adequado explorar o impacto dessa história.

Sarah Tobin, PhD

Resumo

- Quando se trata do comportamento sexual, a diferença entre normal e anormal talvez se torne ainda mais complicada do que em outras áreas do comportamento humano. Na avaliação da normalidade de um determinado comportamento sexual, o contexto é extremamente importante, assim como os costumes e a moral, que mudam ao longo do tempo.
- **Parafilias** são comportamentos nos quais um indivíduo tem fantasias, impulsos ou comportamentos recorrentes, sexualmente intensos, que envolvem (1) objetos inanimados, (2) crianças ou outras pessoas não consensuais ou (3) o sofrimento ou a humilhação próprios ou do(a) parceiro(a).
- Quando uma parafilia causa intenso sofrimento e prejuízo, os clínicos podem diagnosticar **transtorno parafílico.** Estes incluem os **transtornos pedofílico, exibicionista, fetichista, frotteurista, de masoquismo sexual, de sadismo sexual** e **transvéstico.**
- Os críticos do DSM argumentaram contra a inclusão de vários dos transtornos parafílicos no DSM-5 porque isso patologizaria o comportamento sexual não normativo. Ao definir esses transtornos como resultando em intenso sofrimento ou prejuízo, os autores do DSM-5 esperam evitar julgar a "normalidade" de um comportamento e, em vez disso, baseiam os critérios para um transtorno na experiência subjetiva de sofrimento de um indivíduo ou no grau de prejuízo na vida diária.
- De um ponto de vista biológico, os transtornos parafílicos envolvem uma combinação de influências que incluem fatores genéticos, hormonais e sensoriais em interação com influências cognitivas, culturais e contextuais. Uma teoria dos transtornos pedofílicos é que eles resultam de transtornos neurodesenvolvimentais precoces, associados particularmente ao lobo temporal, o qual os pesquisadores acreditam que esteja implicado na excitação sexual alterada. Entretanto, essas mudanças também poderiam ser resultado de abuso físico ou vitimização sexual precoces. Pesquisadores também identificaram níveis de serotonina alterados em pessoas com esse transtorno; contudo, essas alterações também podem estar relacionadas à presença de outros transtornos psicológicos nesses indivíduos. Profissionais que tratam transtornos parafílicos com base na perspectiva biológica podem usar medicamentos psicoterapêuticos a fim de modificar os níveis do neurotransmissor do indivíduo.
- A maioria dos estudos sobre transtornos parafílicos focaliza o transtorno pedofílico. Um tema comum na literatura psicológica é a ideia de um "ciclo vítima-para-abusador" ou de "fenômenos abusados-abusadores", significando que os abusadores foram eles próprios abusados em algum ponto de suas vidas, provavelmente quando eram crianças. Os tratamentos segundo a perspectiva psicológica parecem mais efetivos quando combinam terapias individual e de grupo. A perspectiva cognitivo-comportamental é útil

sobretudo para ajudar os clientes a reconhecerem suas distorções e negações. Ao mesmo tempo, eles se beneficiam do treinamento em empatia, de modo que possam entender como suas vítimas estão se sentindo. Completando a equação nessa perspectiva, os profissionais também podem treiná-los para controlar seus impulsos sexuais. Pesquisadores acreditam que o tratamento mais eficaz envolva uma combinação de medicamentos hormonais que visam reduzir os níveis de andrógeno (hormônio sexual masculino) e psicoterapia.

- A excitação sexual leva a um conjunto de alterações fisiológicas em todo o corpo que frequentemente culminam em orgasmo. Uma **disfunção sexual** envolve uma divergência acentuada da resposta de um indivíduo no ciclo de resposta sexual junto com sentimentos de sofrimento ou prejuízo significativos.
- Os **transtornos da excitação** podem ser diagnosticados em indivíduos que têm desejo sexual baixo ou ausente ou são incapazes de alcançar a excitação fisiológica durante as fases iniciais do ciclo de resposta sexual. Como resultado, eles podem evitar ou ser incapazes de ter relações sexuais. Esses transtornos incluem **transtorno do desejo sexual masculino hipoativo, transtorno do interesse/excitação sexual feminino** e **transtorno erétil.**
- Também existem outros transtornos relacionados ao orgasmo. A incapacidade de alcançar um orgasmo, um atraso angustiante em alcançá-lo ou intensidade reduzida do clímax constituem o **transtorno do orgasmo feminino.** Homem com um atraso acentuado na ejaculação ou que raramente, ou nunca, tem ejaculações podem ter **ejaculação retardada.**
- Os clínicos diagnosticam transtornos sexuais dolorosos, que envolvem dificuldades nos relacionamentos sexuais devido a sensações dolorosas nos órgãos genitais pelo intercurso como **transtorno da dor gênito-pélvica/penetração.** Esse transtorno pode afetar tanto homens quanto mulheres.
- Podemos visualizar melhor as disfunções sexuais por meio de uma lente biopsicossocial como uma interação de fatores fisiológicos, psicológicos e socioculturais complexos. Para ajudar a cliente com uma disfunção sexual, o clínico deve primeiro conduzir uma avaliação abrangente que inclua um exame físico e uma testagem psicológica, incluindo o(a) parceiro(a) do cliente, se adequado. Além disso, o profissional deve avaliar o uso de substâncias do indivíduo, incluindo não apenas drogas e álcool, mas também medicamentos, sem esquecer os psicoterapêuticos.
- Os autores do DSM-5 usam o termo **disforia de gênero** em vez de transtorno de identidade de gênero, especificando se o indivíduo é criança ou pós-adolescente. Nos critérios atuais para disforia de gênero, o indivíduo vivencia uma identificação com o sexo oposto. O sentimento de que está "no corpo errado" causa desconforto e um senso de inadequação sobre seu gênero atribuído. Ambas as condições devem estar presentes para que se atribua o diagnóstico. Outro termo que diz respeito ao sentimento de identificação de gênero cruzado é o **transexualismo**, o qual também se refere a este fenômeno no qual uma pessoa tem um sentimento interior de pertencer ao sexo oposto.
- As perspectivas teóricas sobre a experiência transgênera estão passando por mudanças radicais no campo da psicologia. Enquanto, no passado, a profissão equiparava transgeneridade a um "transtorno", a nova terminologia não se focaliza especificamente no que está "errado" com pessoas cuja autoidentificação difere de suas características biológicas ou papéis sociais.
- Os transtornos parafílicos, as disfunções sexuais e a disforia de gênero constituem três conjuntos distintos de dificuldades que envolvem diversos aspectos do funcionamento e comportamento sexuais. Embora possa haver perguntas não respondidas relativas a suas causas, necessitamos de uma perspectiva biopsicossocial para entender como os indivíduos adquirem e mantêm esses diferentes problemas ao longo do tempo.

Termos-chave

Disforia de gênero 279
Disfunção sexual 270
Ejaculação prematura (precoce) 274
Ejaculação retardada 274
Foco sensorial 277
Identidade de gênero 279
Mapa de amor 269
Parafilias 262
Parcialismo 265
Sexo biológico 279
Transexualismo 280
Transtorno da dor gênito-pélvica/penetração 275
Transtorno de masoquismo sexual 266
Transtorno de sadismo sexual 266
Transtorno do desejo sexual masculino hipoativo 271
Transtorno do interesse/excitação sexual feminino 271
Transtorno do orgasmo feminino 273
Transtorno erétil 273
Transtorno exibicionista 264
Transtorno fetichista 265
Transtorno frotteurista 266
Transtorno parafílico 262
Transtorno pedofílico 263
Transtorno transvéstico 267
Transtorno voyeurista 264

Transtornos Relacionados a Substâncias e Transtornos Aditivos

SUMÁRIO

Objetivos de aprendizagem

12.1 Explicar os aspectos fundamentais dos transtornos por uso de substâncias.

12.2 Diferenciar entre os transtornos relacionados a substâncias específicas.

12.3 Explicar as teorias e o tratamento de transtornos por uso de substâncias.

12.4 Identificar os sintomas de transtornos não relacionados a substâncias.

12.5 Analisar a perspectiva biopsicossocial sobre o desenvolvimento de transtornos por uso de substâncias.

Relato de caso: Carl Wadsworth

Informação demográfica: Carl é um homem afro-americano de 32 anos.

Problema apresentado: A irmã de Carl, Janice, marcou-lhe uma consulta com um terapeuta em uma clínica de terapia ambulatorial local após uma prisão por intoxicação em público. Janice declarou que a família estava "doente de preocupação" com ele. Relatou que o irmão vinha bebendo com muito mais frequência ao longo dos últimos anos, culminando em sua recente prisão por intoxicação em público. Ela também disse que Carl tem transtorno bipolar, embora não esteja tomando medicamento atualmente, razão pela qual ela e a família estavam preocupadas.

Durante sua sessão de admissão, a terapeuta percebeu que Carl parecia intoxicado. Ela decidiu não confrontá-lo sobre isso durante a consulta. Quando ele se apresentou para a consulta seguinte também intoxicado, a terapeuta lhe perguntou diretamente se tinha bebido antes da sessão, já que estava preocupada com a possibilidade de que seu uso de álcool interferisse na terapia. A resposta de Carl foi: "Talvez... só um pouquinho". Ela pediu-lhe que se abstivesse de beber antes da próxima consulta, com o que ele concordou. Quando ele apareceu para o terceiro encontro intoxicado mais uma vez, a terapeuta decidiu que precisava tratar esse problema antes que ele pudesse fazer qualquer progresso na terapia. Carl tinha expressado sentir vergonha de usar álcool, mas se achar incapaz de reduzir seu consumo. Ele descreveu sintomas de abstinência, como tremores e sensações nauseantes, se não bebesse nas primeiras horas após acordar de manhã. Declarou que havia trabalhado em uma loja de bebidas pelos últimos quatro anos, sendo difícil se abster de beber quando tinha acesso tão fácil a álcool. Ele concordou com a terapeuta que seria importante tratar seus problemas com álcool antes de começar a psicoterapia.

Janice ligou para a terapeuta na semana seguinte para lhe dizer que Carl havia se envolvido em um acidente de carro e tinha sido preso por dirigir sob influência de álcool. Ele tinha batido contra um poste de luz perto da casa dela, e seu nível de álcool no sangue na hora do acidente ultrapassava em mais de três vezes o limite legal. Janice relatou que Carl sofrera apenas uma concussão menor e alguns arranhões. Enquanto estava no hospital para observação, ele disse a Janice que estava pronto para parar de beber para sempre e queria ir para terapia. Ela explicou que Carl tinha perdido seu emprego após sua primeira prisão por intoxicação em público, e ele e a família estavam "dispostos a tentar tudo" para ajudá-lo a parar de beber. A terapeuta concordou em vê-lo, e ele compareceu à sessão seguinte sóbrio.

Carl contou a sua terapeuta sobre suas experiências com o transtorno bipolar e com lítio, um fármaco que os médicos normalmente prescrevem para tratar a condição. Descreveu que preferia beber a tomar o medicamento porque não tinha efeitos colaterais e que achava "chatos" os exames de sangue semanais enquanto usava lítio. Declarou que, na verdade, nunca tinha bebido muito álcool, já que seus pais são ambos ex-alcoolistas e se preocupava que pudesse ser suscetível ao alcoolismo. Seu hábito de beber tinha começado quatro anos antes, quando começara a trabalhar em uma loja de bebidas. Na época, estava estável com o medicamento e não tinha vivenciado qualquer prejuízo psicológico significativo por vários anos. "Eu não estava planejando beber no trabalho, mas meu chefe certamente gostava, então começamos a ficar bêbados juntos após fechar a loja à noite", Carl relatou. Visto que achava difícil beber pesado enquanto tomava lítio, decidiu parar o medicamento para poder beber com seu chefe, o qual o incitava a beber se ele recusasse sua oferta. Uma vez que Carl estava bebendo mais à noite e morando sozinho, ninguém da família havia notado o consumo. Após alguns meses bebendo todos os dias no trabalho, Carl relatou que começou a vivenciar sintomas de abstinência quando acordava de manhã; então começou a beber logo ao levantar e enquanto estava no trabalho. Continuou com essa rotina nos dois anos seguintes. Embora estivesse trabalhando durante esse tempo, ele era essencialmente incapaz de realizar quaisquer atividades fora do trabalho. Sua família ficou cada vez mais preocupada, sobretudo quando ele repetidas vezes aparecia intoxicado na casa de seus pais. Seus parentes insistiram que tentasse o Alcoólicos Anônimos (AA) e o advertiram dos perigos de beber, ainda que Carl negasse que estivesse tendo algum problema. Para mostrar à família que não tinha problema algum, ele parava de beber por 1 ou 2 semanas, mesmo que seu desejo pela bebida fosse tão intenso que não lhe permitisse ir além disso. Carl sentia-se cada vez mais deprimido à medida que ficava sem o medicamento, e seu consumo se tornou mais grave; entretanto, em vez de procurar tratamento, apenas bebia mais quando estava se sentindo particularmente deprimido.

Certo dia, enquanto estava no trabalho, Carl foi preso por intoxicação em público por agredir um cliente com palavras. Algumas vezes ele discutia no trabalho, embora seu chefe em geral não tomasse muito conhecimento. Entretanto, nesse incidente em particular, ele ameaçou violência contra um cliente, e seu chefe não teve escolha senão demiti-lo e denunciá-lo à polícia. Esta o manteve preso durante a noite e o libertou no dia seguinte, uma vez que o cliente havia preferido não dar queixa. Sem uma renda, Carl foi forçado a sair de seu apartamento e se mudar para a casa de Janice, que, felizmente para ele, morava perto. Preocupada com a possibilidade de Carl ter ficado fora de controle e sem saber como poderia ajudá-lo, ela ligou para a clínica a fim de marcar uma consulta.

"Ela me mantém confinado", Carl declarou sobre morar com a irmã durante esse tempo. Após ele ter aparecido para a terapia intoxicado, Janice retirou todas as bebidas alcoólicas de sua casa e o proibiu de sair desacompanhado. A princípio, Carl lutou com sintomas de abstinência graves, "e então de repente", disse, "me senti ótimo. Senti-me invencível, na verdade. Foi aí que soube que estava me tornando maníaco". Ele descreveu caminhar pela casa e incapacidade de dormir por três dias devido aos pensamentos acelerados e a uma abundância de energia. Após convencer a irmã de que precisava do carro dela emprestado para ir ao supermercado, dirigiu até uma loja de bebidas próxima, comprou uma garrafa de uísque e a bebeu inteira em questão de minutos. Na volta para casa, bateu em um poste de luz e foi subsequentemente preso.

História relevante: Carl relatou ter sido diagnosticado com transtorno bipolar quando tinha 18 anos, após um episódio maníaco no qual havia dormido cerca de quatro horas em um período de seis dias. "Eu estava morando sozinho, então ninguém percebeu o que estava acontecendo", ele declarou. Por fim, foi até um hospital, convencido de que estava tendo um ataque cardíaco. Ficou na unidade psiquiátrica do hospital por uma semana e começou a tomar lítio. Ao longo dos 10 anos seguintes, Carl ocasionalmente lutava com alguns sintomas de humor, como depressão ou pensamentos acelerados, embora esses sintomas não interferissem de modo significativo em sua vida. É importante destacar, contudo, o fato de Carl ter tido relacionamentos românticos adultos e interpessoais limitados. "Eu sou complicado demais para ter amigos, então prefiro ficar sozinho", ele explicou.

Quanto tinha 28 anos, a companhia telefônica para a qual trabalhava reduziu o pessoal e ele foi demitido. Carl ficou tão deprimido que tentou suicídio na casa de seus pais, onde sua mãe o descobriu. Voltou para o hospital por cerca de um mês e começou a receber pensão por incapacidade, o que lhe permitiu receber medicamento e terapia. Enquanto relatava sua história, Carl observou que raramente tinha bebido álcool durante esse tempo, devido sobretudo ao medicamento que tomava, mas também porque seus pais eram ex-alcoolistas e ele temia seguir o mesmo caminho caso passasse a beber. Seu consumo pesado começou após iniciar o trabalho na loja de bebidas. Visto ganhar o suficiente nesse trabalho para lhe permitir ter seu próprio apartamento, ele ficava hesitante em desapontar seu chefe recusando-se a beber com ele.

Formulação de caso: Uma distinção importante a fazer no caso de Carl é se seu uso de álcool ocorreu secundariamente, como resultado de seu transtorno bipolar, ou de forma independente, o que o qualificaria para um diagnóstico duplo. Conforme ele declarou em relação ao episódio que ocorreu na casa da irmã, o consumo pesado de álcool começou enquanto estava maníaco, acreditando que poderia aguentar beber uma grande quantidade da substância e ainda ser capaz de dirigir com segurança. Entretanto, essa foi a única vez em que relatou ter bebido ao vivenciar sintomas de humor.

Após cuidadosa consideração de seu caso, parece que os problemas iniciais de Carl com álcool começaram na ausência de sintomas de humor. Além disso, o consumo de álcool não pareceu causar seus sintomas de humor. Devido a essas duas diferenças, ele se qualifica para um diagnóstico duplo de transtorno por uso de álcool, grave, e transtorno bipolar. Ainda, satisfaz os critérios para transtorno bipolar tipo I devido à presença de episódios maníacos, em vez de hipomaníacos, que exigiu hospitalização e teve um grave impacto sobre seu funcionamento.

Plano de tratamento: Carl concordou em frequentar diariamente reuniões do AA local em conjunto com psicoterapia semanal. Também concordou em ver um psiquiatra para uma avaliação de medicamento.

Sarah Tobin, PhD

12.1 Aspectos fundamentais dos transtornos relacionados a substâncias

Uma **substância** é qualquer produto químico que altere o humor ou o comportamento de uma pessoa quando fumado, injetado, bebido, inalado, cheirado ou ingerido em forma de comprimido. Os transtornos relacionados a substâncias refletem padrões de uso (e abuso), intoxicação e abstinência.

A linha que separa uso de abuso de substância é difícil de traçar. O DSM-III e o DSM-IV-TR diferenciaram "abuso" de "dependência" de substância e delinearam dois conjuntos paralelos de transtornos para cada tipo de substância. O diagnóstico de abuso não trazia consigo qualquer implicação de que o indivíduo fosse adito da substância.

O DSM-5 combina abuso e dependência em uma única classificação dimensional. Os indivíduos recebem um diagnóstico com base na reunião de apenas dois critérios, mas eles são avaliados de acordo com o grau de gravidade de seus sintomas. Uma pessoa em um estado de **abstinência** apresenta alterações fisiológicas e psicológicas que variam de acordo com a substância real envolvida. A **tolerância** ocorre quando um indivíduo requer quantidades cada vez maiores da substância a fim de alcançar seus efeitos desejados ou quando sente menos seus efeitos após usar a mesma quantidade.

Um **transtorno por uso de substâncias** é um conjunto de sintomas cognitivos, comportamentais e fisiológicos que indica que o indivíduo continua usando uma substância ainda que ela cause problemas significativos em sua vida. Os profissionais diagnosticam transtornos por uso de substância avaliando o indivíduo em quatro categorias de sintomas: controle prejudicado, prejuízo social, uso arriscado e alterações farmacológicas. Eles então contam o número de sintomas demonstrados e usam essa quantidade para atribuir uma classificação de gravidade de leve a grave.

Embora muitas pessoas comumente se refiram a esses transtornos como representando uma "adição", os autores do DSM-5 preferem o termo "transtornos por uso de substâncias", por ser mais neutro. Eles acreditam que essa denominação, especificando de leve a moderado, é mais precisa e tem menos conotações negativas do que o termo "adição". De maneira similar, pessoas com esses transtornos não são referidas como "aditas", mas como indivíduos com transtorno por uso de substâncias. Esses termos ainda são usados na linguagem comum, naturalmente, mas, do ponto de vista do DSM-5, não são incluídos como terminologia diagnóstica oficial. O termo "adição" aparece no nome do capítulo apenas com fins descritivos.

As pessoas com transtornos por uso de substâncias sofrem uma variedade de efeitos significativos sobre sua vida diária. Com frequência negligenciam as obrigações profissionais, e seus compromissos com a casa e a família começam a deteriorar. Além de deixar o trabalho e a família de lado, elas podem começar a correr riscos pessoalmente perigosos e a colocar os outros em perigo, como ao dirigir ou operar máquinas enquanto intoxicadas. Problemas legais são outra possibilidade. Além de prisões por dirigir intoxicados, esses indivíduos podem enfrentar acusações de conduta desordeira ou comportamento agressivo. Esses transtornos também costumam envolver problemas

substância
Qualquer produto químico que altere o humor ou o comportamento de uma pessoa quando fumado, injetado, bebido, inalado ou engolido na forma de comprimido.

abstinência
Alterações fisiológicas e psicológicas que ocorrem quando um indivíduo para de usar uma substância.

tolerância
Grau em que o indivíduo requer quantidades cada vez maiores de uma substância a fim de alcançar seus efeitos desejados ou o grau em que sente menos seus efeitos após usar a mesma quantidade da substância.

transtorno por uso de substâncias
Conjunto de sintomas cognitivos, comportamentais e fisiológicos que indica que o indivíduo usa uma substância apesar de problemas significativos relacionados a ela.

Novidades no DSM-5

Combinando abuso e dependência

Os autores do DSM-5 combinaram abuso e dependência no que é agora chamado de um "transtorno por uso de substâncias". Os indivíduos recebem um diagnóstico com base na reunião de apenas dois critérios, mas são avaliados de acordo com o grau de gravidade de seus sintomas. Os críticos acreditam que o sistema revisado pode resultar em excesso de indivíduos com sintomas leves que não têm uma "adição" recebendo um diagnóstico de um transtorno relacionado a substâncias (Martin, Steinley, Vergés, & Sher, 2011). Entretanto, a classificação dimensional teoricamente permite considerar gradações de níveis do transtorno de leve a grave. Uma segunda mudança importante no DSM-5 foi a transição de abstinência de cafeína de um diagnóstico apenas de pesquisa para um diagnóstico clínico. Os autores do DSM-5 argumentaram que havia evidência suficiente de populações grandes o bastante para justificar o reconhecimento dessa condição como um diagnóstico psiquiátrico. Eles acreditavam, além disso, que, acrescentando esse diagnóstico, os clínicos seriam mais propensos a reconhecer, e então a tratar corretamente, indivíduos que têm esses sintomas. Muitos usuários de cafeína que sofrem de abstinência dessa substância atribuem seus sintomas a outros transtornos, levando à utilização desnecessária de tratamento de saúde e aos custos associados. A inclusão desse diagnóstico pode ajudá-los a receber as intervenções necessárias.

interpessoais devido ao fato de que o abuso e a dependência de drogas criam tensões nos relacionamentos com a família, com os amigos e com colegas de trabalho. Em casos extremos, esses transtornos também podem levar a problemas de saúde e mesmo à morte prematura.

Os transtornos relacionados a substâncias também incluem aqueles induzidos por substâncias, que envolvem os efeitos da própria substância.

intoxicação por substância
Experiência mal-adaptativa temporária de mudanças comportamentais ou psicológicas que se devem ao acúmulo de uma substância no corpo.

As pessoas recebem um diagnóstico de **intoxicação por substância** quando vivenciam os efeitos de uma droga sobre seu funcionamento psicológico e apresentam sinais de prejuízo significativo. O grau de intoxicação por substância que um indivíduo pode vivenciar depende da droga específica, da rapidez de sua ação e da duração de seus efeitos. A absorção eficiente de drogas injetadas ou fumadas na corrente sanguínea tende a levar a um tipo de intoxicação mais intensa do que aquela causada por drogas tomadas em forma de comprimido.

A segunda categoria de transtornos por uso de substâncias inclui aqueles que refletem os efeitos da abstinência em que os indivíduos desenvolvem mudanças comportamentais específicas para a substância em particular. Essas mudanças incluem alterações fisiológicas e cognitivas que estão relacionadas com a descontinuação da substância em questão. Outros transtornos também podem estar associados com uso de substâncias, incluindo transtorno psicótico, transtorno do humor, transtorno de ansiedade, disfunção sexual e transtorno do sono. As pessoas também podem apresentar outras comorbidades, como um transtorno de ansiedade ou do humor.

12.2 Transtornos associados com substâncias específicas

De acordo com a Substance Abuse and Mental Health Adiminstration (Agência de Serviços em Abuso de Substâncias e Saúde Mental) (SAMHSA) do governo dos Estados Unidos, estima-se que, em 2010, 22,6 milhões de norte-americanos com mais de 12 anos de idade tinham usado drogas ilícitas pelo menos uma vez nos 30 dias anteriores (i.e., eram usuários atuais) (SAMHSA, 2011). Esse número se traduz em uma estimativa de 8,9% da população. A *Cannabis* é a droga ilícita mais usada, com 17,4 milhões de norte-americanos relatando consumo no mês anterior. Podemos ver os números de usuários de todas as drogas ilícitas na Figura 12.1.

As taxas atuais de uso de drogas ilícitas relatadas pela SAMHSA (2011) variam consideravelmente por grupo demográfico. As três características por agrupamento mais comuns são raça/etnia, idade e gênero. A taxa de uso de droga ilícita no mês anterior é de 10,7% entre pessoas que se identificam como negras ou afro-americanas, seguida de 9,1% para brancos, 8,1% para hispânicos ou latinos e 3,5% para asiáticos. As taxas de uso de drogas ilícitas em geral declinam linearmente com a idade, indo do pico de 23% aos 18 a 20 anos a 1% aos 65 anos ou mais, embora tenha havido um ligeiro aumento para adultos de 50 a 59 anos no período entre 2008 e 2010, de 4,3 a 7,2%. Esse aumento reflete o envelhecimento da geração *Baby Boom* (nascidos entre 1946 e 1962), na qual a taxa de uso de drogas é mais alta do que a de coortes mais velhas. Os homens têm uma

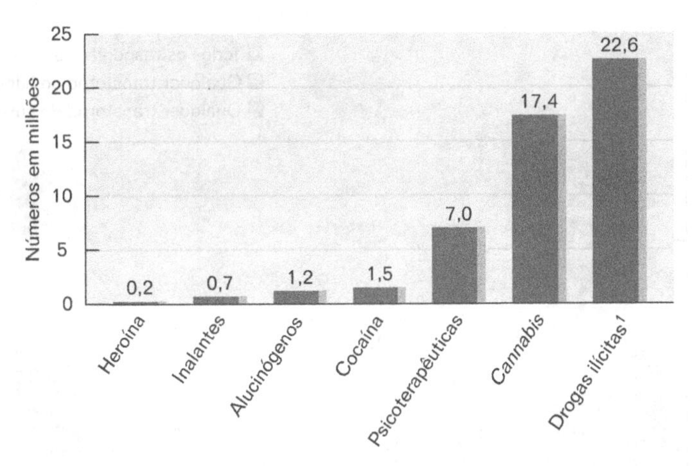

[1]As drogas ilícitas incluem *Cannabis*/haxixe, cocaína (incluindo *crack*), heroína, alucinógenos, inalantes ou medicamentos psicoterapêuticos lícitos usados sem indicação médica.

FIGURA 12.1 Uso de drogas ilícitas no mês anterior entre pessoas com mais de 12 anos de idade: Estados Unidos, 2010.

taxa mais alta de uso de drogas (11,2%) do que as mulheres (6,8%). O uso de drogas ilícitas tende a ser mais baixo em indivíduos com diploma universitário, nos que estão empregados, nos habitantes do sul e em pessoas que vivem em áreas rurais.

A maioria das drogas de abuso visa direta ou indiretamente o centro de recompensa do cérebro, cujos circuitos são inundados com dopamina, como você pode ver ilustrado na Figura 12.2. A hiperestimulação do sistema de recompensa produz os efeitos eufóricos que os abusadores buscam e que os levam a repetir o comportamento para reviver a experiência. As drogas são mais aditivas que os "baratos" naturais produzidos por atividades como comer e fazer sexo porque liberam muito mais dopamina (2 a 10 vezes mais) do que as recompensas naturais, e os efeitos duram muito mais tempo. Com o tempo, os neurônios nesses caminhos de dopamina "decrescem" ("desregulam") em resposta a essas ondas na dopamina, significando que eles próprios produzem menos dopamina ou reduzem o número de receptores desse neurotransmissor. Os usuários então precisam usar drogas para aumentar seus níveis de dopamina de volta para o normal. A fim de vivenciar os efeitos que experimentaram inicialmente com as drogas, eles também necessitam usar níveis cada vez mais altos; em outras palavras, desenvolvem tolerância.

Visto que aprendem a associar sentimentos prazerosos do uso da droga com os sinais que estavam no ambiente quando a consumiram, os usuários desenvolvem respostas classicamente condicionadas que mantêm sua adição. Além da dopamina, algumas drogas de abuso envolvem o glutamato, um neurotransmissor que participa da memó-

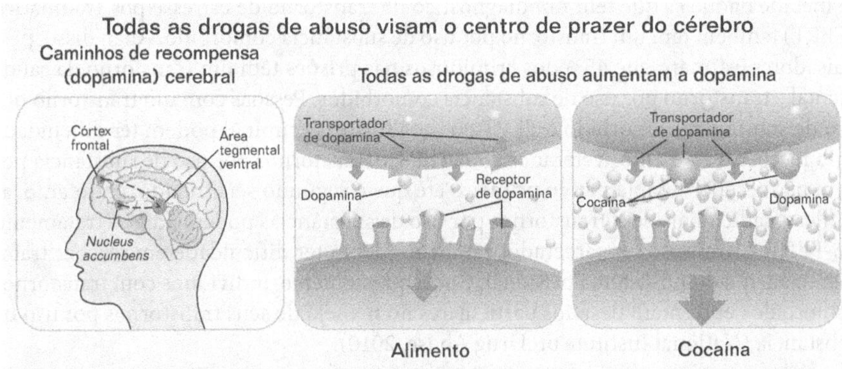

FIGURA 12.2 Efeitos de drogas de abuso sobre os caminhos da dopamina.

FIGURA 12.3 Comorbidade de uso de substâncias e transtornos psicológicos.

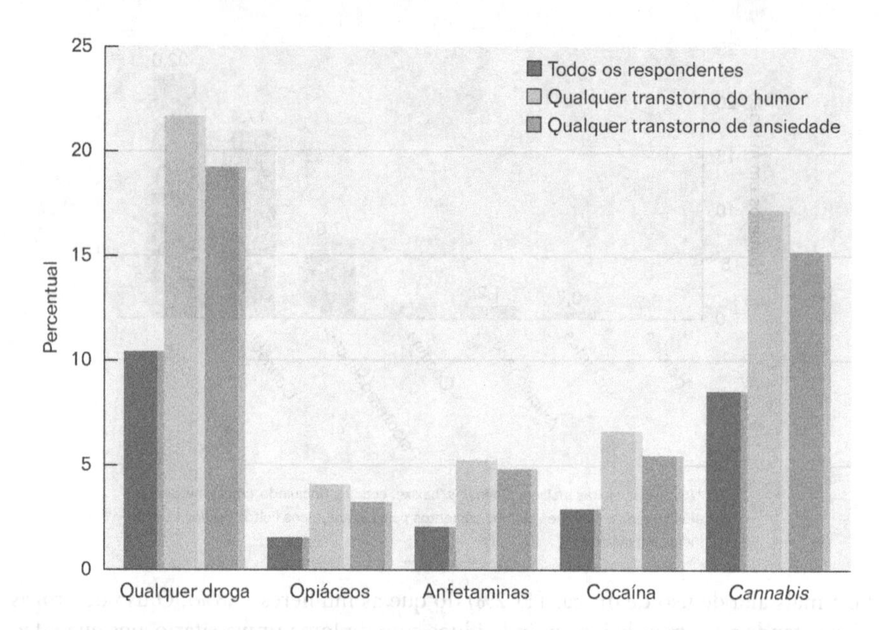

ria e da aprendizagem. Por consequência, o abuso de drogas de longo prazo pode baixar o nível de glutamato do indivíduo e, portanto, levá-lo a vivenciar prejuízos na memória.

Indivíduos com transtornos do humor e de ansiedade são mais propensos a abusar de substâncias, como podemos ver na Figura 12.3. Visto que não sabemos se o transtorno levou ao abuso de droga ou vice-versa, não podemos tirar conclusões de causa e efeito. As três possibilidades para essa comorbidade são: (1) drogas de abuso levaram os usuários a vivenciar sintomas, tais como psicose em usuários de *Cannabis*; (2) transtornos psicológicos podem levar a abuso de drogas quando os indivíduos tentam se automedicar; (3) fatores semelhantes, tais como predisposição genética, exposição precoce a estresse e trauma ou anormalidades cerebrais estruturais, causam tanto abuso de drogas como transtornos psicológicos (National Institute on Drug Abuse - NIDA, 2010).

O uso de drogas em geral inicia na adolescência, que é também a época de maior vulnerabilidade para outros transtornos psicológicos. O consumo precoce também é um fator de risco para posterior transtorno por uso de substâncias. Os riscos são particularmente prováveis em indivíduos que têm alta vulnerabilidade genética. Em um estudo que acompanhou adolescentes até o início da idade adulta, apenas os usuários pesados de *Cannabis* com uma determinada variante de gene tinham risco bem mais alto de desenvolver transtorno esquizofreniforme (Caspi et al., 2005).

Taxas mais altas de transtornos por uso de substâncias também ocorrem em indivíduos traumatizados física e emocionalmente. Essa é uma questão de particular preocupação para os veteranos que retornam das guerras do Iraque e do Afeganistão: quase metade daqueles que têm um diagnóstico de transtorno de estresse pós-traumático (TEPT) também tem um transtorno por uso de substância comórbido. Além disso, pesquisadores estimam que 45% dos criminosos nas prisões têm um transtorno da saúde mental e transtorno por uso de substância comórbidos. Pessoas com um transtorno por uso de substância comórbido e TEPT ou uma história criminal podem ter dificuldade para receber tratamento. Veteranos com TEPT e transtornos por uso de substância podem não receber terapia para o primeiro até que o segundo seja tratado; entretanto, as clínicas tradicionais para transtornos por uso de substâncias podem adiar o tratamento do TEPT. Criminosos encarcerados também podem ter dificuldade em receber tratamento adequado no sistema prisional. Consequentemente, indivíduos com transtornos comórbidos enfrentam desafios particulares no manejo de seus transtornos por uso de substância (National Institute on Drug Abuse, 2010).

Álcool

O uso de álcool está associado com diversas categorias de transtornos, incluindo aqueles por uso, intoxicação e abstinência. Estatísticas baseadas nos Estados Unidos

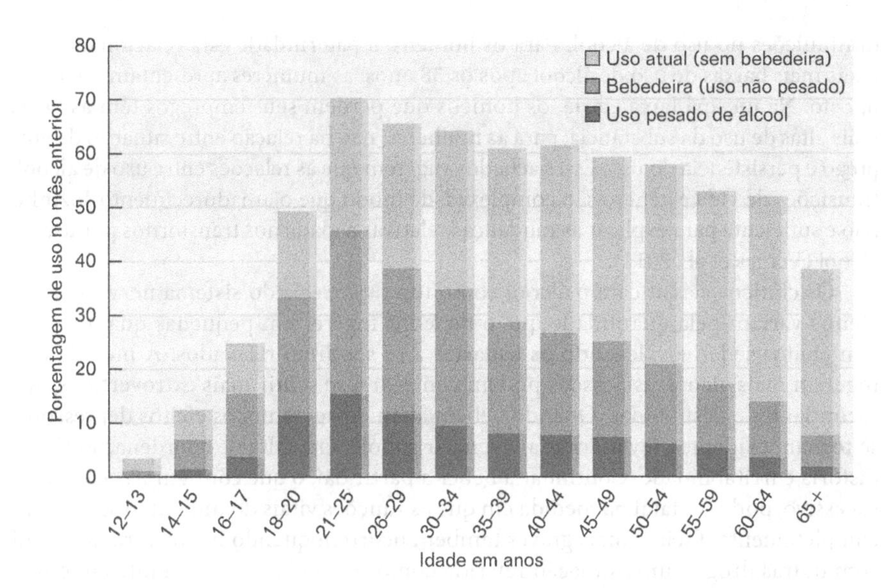

FIGURA 12.4 Uso de álcool atual, bebedeiras e consumo pesado entre pessoas de 12 anos ou mais: 2010.

mostram que o álcool é uma substância usada comumente. Mais de metade (51,8%) dos norte-americanos com mais de 12 anos relatou ter bebido pelo menos uma dose de bebida alcoólica no mês anterior à pesquisa. Quase um quarto (23,%) dos norte-americanos acima dos 12 anos de idade declarou já ter tomado uma bebedeira, significando consumo de cinco doses de bebida alcoólica em uma ocasião nos últimos 30 dias. O consumo pesado de álcool, definido como beber cinco ou mais doses de bebida alcoólica na mesma ocasião em pelo menos 5 dias no mês, foi encontrada em 6,7% dos norte-americanos com idade igual ou superior a 12 anos. As variáveis associadas com taxas mais altas de consumo de álcool foram as seguintes: ser homem, branco, casado, fumante, empregado e ter nível educacional e renda mais altos (Moore et al., 2005).

Os padrões de uso de álcool também estão relacionados com idade (Fig. 12.4). Adultos jovens de 18 a 25 anos têm as taxas mais altas de bebedeira e de consumo pesado. Desse grupo, os de 21 a 25 anos têm as taxas mais altas de consumo, com 45,5% envolvidos em bebedeira. As taxas de bebedeira e de consumo pesado diminuem drasticamente ao longo de toda a idade adulta; entre pessoas com 65 anos ou mais, 7,6% se envolvem em bebedeiras e 1,6% em consumo pesado.

O declínio nas bebedeiras e no consumo pesado são parte de um quadro mais amplo de "amadurecimento", semelhante à hipótese da maturidade da idade e dos transtornos da personalidade. Entretanto, o padrão de mudanças relacionadas à idade nos padrões de consumo não é tão nítido. Estudos longitudinais mostram que, embora as pessoas sejam menos propensas a começar a beber após a idade adulta jovem, muitas persistem durante toda a adultez em seus padrões anteriormente estabelecidos de transtorno por uso de álcool. Porém, certas transições de vida estão associadas com

MINICASO

Transtorno por uso de álcool

Rhona é uma dona de casa de 55 anos, casada com um empreiteiro de sucesso. Todas as tardes, ela prepara o primeiro de uma série de drinques. Em muitas noites, desmaia no sofá no momento em que seu marido chega em casa depois do trabalho. Rhona perdeu sua carteira de motorista há um ano, quando foi presa três vezes por dirigir intoxicada.

Embora sua família tenha pedido que tratasse seu transtorno, ela nega ter um problema porque pode "controlar" sua bebedeira. Mãe de três filhos adultos, começou a beber por volta dos 45 anos, quando seu filho mais novo foi para a faculdade. Antes disso ela se mantinha extremamente ocupada com as atividades extracurriculares dos filhos. Quando se encontrou sozinha, todas as tardes, consolou-se com um drinque. Depois de diversos anos, esse hábito se transformou em uma série de 5 ou 6 drinques fortes. Ultimamente, sua filha mais velha começou a insistir para que algo fosse feito por sua mãe. Ela não queria vê-la desenvolvendo doenças fatais relacionadas ao álcool, causa da morte prematura da sua avó.

diminuições no uso de álcool. Para os homens, a paternidade está relacionada com taxas mais baixas de uso de álcool após os 38 anos; as mulheres apresentam o padrão oposto. Na mesma faixa etária, os homens que perdem seus empregos têm as taxas mais altas de uso da substância; para as mulheres, não há relação entre situação de emprego e persistência do uso. Esses achados sugerem que as relações entre uso de álcool, transições de vida e gênero são complexas, de modo que o amadurecimento sozinho não é suficiente para explicar as mudanças relativas à idade nos transtornos por uso de álcool (Vergés et al., 2011).

depressor
Substância psicoativa que causa a depressão da atividade do sistema nervoso central.

Os clínicos classificam o álcool como um **depressor** do sistema nervoso. Seus efeitos variam pela quantidade que o bebedor ingere. Em pequenas quantidades, tem efeitos sedativos, levando os usuários a se sentirem relaxados. À medida que ingerem mais álcool, as pessoas podem começar a se sentir mais extrovertidas, autoconfiantes e desinibidas. Quando bebem além desse ponto, os efeitos depressores se tornam evidentes, levando-as a vivenciar sonolência, falta de coordenação física, disforia e irritabilidade. Continuar a beber a partir daí, o que configuraria consumo excessivo, pode ser fatal na medida em que as funções vitais do indivíduo se apagam completamente. Efeitos mais graves também ocorrem quando há mistura de álcool com outras drogas, uma situação referida como **potencialização**, significando que os efeitos das duas drogas tomadas juntas são maiores do que o efeito de cada substância sozinha. Combinar álcool com outro depressor, por exemplo, pode ser um desfecho fatal dessa potencialização.

potencialização
Combinação dos efeitos de duas ou mais substâncias psicoativas, de modo que o efeito total seja maior do que o de cada substância sozinha.

A taxa de absorção do álcool na corrente sanguínea depende em parte de uma série de fatores, incluindo a quantidade consumida, durante quanto tempo e se existe alimento presente no sistema digestivo. Outro fator é a taxa metabólica do bebedor (a taxa em que o corpo converte substâncias do alimento em energia). A pessoa média metaboliza o álcool a uma taxa de 9 a 10 g de 100% álcool por hora, que é equivalente a 30 ml de uísque por hora. Após um período de consumo pesado de álcool, uma pessoa tende a vivenciar uma síndrome de abstinência, incluindo uma variedade de fenômenos, entre os quais náusea e vômitos, tremores, sede extrema, cefaleia, cansaço, irritabilidade, depressão e tontura. Como ocorre com a absorção do álcool, a extensão da síndrome de abstinência reflete a quantidade e a taxa do consumo, bem como a taxa metabólica do indivíduo.

O álcool afeta quase todos os sistemas orgânicos do corpo, direta ou indiretamente. Seu uso a longo prazo pode levar a dano cerebral permanente, com sintomas de demência, blecautes, convulsões, alucinações e dano às partes periféricas do sistema nervoso. Duas formas de demência estão associadas com uso pesado de álcool a longo prazo: **encefalopatia de Wernicke** e **síndrome de Korsakoff**.

encefalopatia de Wernicke
Condição aguda e potencialmente reversível secundária à deficiência de tiamina (vitamina B1). Envolve *delirium*, distúrbios dos movimentos oculares, dificuldades no movimento e no equilíbrio e deterioração dos nervos periféricos para as mãos e os pés.

síndrome de Korsakoff
Forma de demência permanente associada com uso de álcool de longo prazo na qual o indivíduo desenvolve amnésia retrógrada e anterógrada, levando a incapacidade de lembrar eventos recentes ou de aprender informações novas.

A encefalopatia de Wernicke é uma condição aguda e potencialmente reversível envolvendo *delirium*, distúrbios dos movimentos oculares, dificuldades no movimento e no equilíbrio e deterioração dos nervos periféricos para as mãos e os pés. Não é o álcool, mas uma deficiência de tiamina (vitamina B1), que causa essa doença. O uso pesado de álcool a longo prazo tem efeitos nocivos sobre a capacidade do corpo de metabolizar nutrientes, e esses usuários frequentemente têm um padrão global de desnutrição. A ingestão adequada de tiamina pode reverter a encelopatia de Wernicke.

A síndrome de Korsakoff é uma forma permanente de demência na qual o indivíduo desenvolve **amnésia retrógrada**, uma incapacidade de lembrar eventos passados, e **amnésia anterógrada**, a incapacidade de lembrar informações novas. As chances de recuperação dessa síndrome são menos de 1 em 4, e cerca de 1 em 4 pessoas que têm esse transtorno requer institucionalização permanente.

amnésia retrógrada
Amnésia que envolve perda de memória para eventos passados.

amnésia anterógrada
Amnésia que envolve a incapacidade de lembrar informações novas.

O consumo pesado e crônico de álcool também causa uma série de alterações prejudiciais no fígado, no sistema gastrintestinal, na densidade óssea, nos músculos e no sistema imune. Quando param de ingerir álcool de forma repentina após períodos de uso crônico, as pessoas podem vivenciar distúrbios do sono, ansiedade profunda, tremores, hiperatividade do sistema nervoso simpático, psicose e convulsões ou podem morrer.

Teorias e tratamento de transtornos por uso de álcool

Os clínicos que criam intervenções para indivíduos que têm transtornos por uso de álcool começam conduzindo uma avaliação dos padrões de consumo de seus clientes. O "AUDIT", ou Alcohol Use Disorder Identification Test (Teste de Identificação de Transtornos por Uso de Álcool), mostrado na Tabela 12.1, é um desses instrumentos (National Institute on Alcohol Abuse and Alcoholism, 2007).

Perspectivas biológicas Estudos de gêmeos, de famílias e de adoção apontam consistentemente a importância de fatores genéticos como contribuintes para os transtornos relacionados ao álcool, com uma hereditariedade estimada de 50 a 60%. Entretanto, tentar localizar os genes envolvidos nesses transtornos é um grande desafio para os pesquisadores, em particular para aqueles que desejam encontrar os genes que controlam a quantidade de consumo de álcool (Heath et al., 2011). O maior sucesso em estudar a genética dos transtornos relacionados a essa substância vem de estudos que examinam associações com os genes envolvidos no metabolismo do álcool e na transmissão neural. Pesquisadores estão tentando associar variações em alguns desses genes não apenas com padrões de uso de álcool, mas também com fatores psicológicos, como traços de personalidade, e fatores fisiológicos, como dano orgânico relacionado ao álcool (Kimura & Higuchi, 2011). Análises de larga escala usando estudos de associação genômica ampla estão começando a identificar um grande número de possíveis genes ligados com transtorno por uso de álcool, o que pode abrir caminho para entendermos como o transtorno se desenvolve (Wang et al., 2011). Usando essas novas descobertas, os pesquisadores já identificaram um número relativamente grande de genes, sugerindo que o uso de álcool não apresentará um padrão de transmissão genética simples (Frank et al., 2012).

Os médicos prescrevem cada vez mais medicamentos como tratamento biológico para transtorno por uso de álcool, senão como única forma de tratamento, então em conjunto com terapias de base psicológica. Um grande número de estudos controlados apoiam o uso de naltrexona como auxiliar na prevenção de recaída entre pessoas com esse transtorno. Como antagonista do receptor de opiáceo, ela bloqueia os efeitos da produção de opiáceos induzidos por álcool do corpo, talvez por meio do envolvimento da dopamina (Hillemacher, Heberlein, Muschler, Bleich, & Frieling, 2011). O indivíduo que toma naltrexona tem menos probabilidade de vivenciar efeitos prazerosos do álcool e até mesmo de sentir prazer ao pensar sobre a substância. Como resultado, pessoas que tomam naltrexona sentem menos impulso de beber e, portanto, serão menos propensas sofrer uma recaída na qual se envolvem no consumo pesado. Uma forma injetável de naltrexona chamada nalmefene parece ser eficaz para promover a abstinência total (Garbutt et al., 2005).

O **dissulfiram** é um medicamento que opera pelos princípios da terapia da aversão. Se o indivíduo que usa esse fármaco consumir álcool em um período de duas semanas, vivenciará uma variedade de reações físicas desagradáveis, incluindo rubor, palpitações, frequência cardíaca aumentada, pressão arterial baixa, náusea e vômitos, sudorese e tontura. Esse medicamento atua sobretudo inibindo a ação de uma enzima que normalmente decompõe acetaldeído, um produto tóxico envolvido no metabolismo do etanol. Embora não seja tão eficaz quanto a naltrexona, indivíduos altamente motivados, em particular aqueles tratados em contextos supervisionados, que também são mais velhos, têm uma história de consumo mais longa e participam de encontros dos Alcoólicos Anônimos, têm usado o dissulfiram com eficácia (Arias & Kranzler, 2008).

dissulfiram
Um medicamento usado no tratamento de transtorno por uso de álcool que inibide a aldeído desidrogenase (ALDH) e causa reações físicas graves quando combinado com álcool.

O terceiro medicamento com eficácia demonstrada no tratamento de transtornos por uso de álcool é o acamprosato, um derivado de aminoácido. O acamprosato diminui o risco de recaída por meio da redução do impulso de beber e, desse modo, do impulso de usar álcool como uma forma de diminuir a ansiedade e outros estados psicológicos negativos. Esse fármaco parece atuar pela modulação de receptores de glutamato e de outras reações dentro da célula. Os indivíduos que parecem se beneficiar mais do acamprosato são aqueles que se tornaram dependentes de álcool em idade mais avançada, têm sinais psicológicos de maior dependência e níveis mais altos de ansiedade,

TABELA 12.1 Teste de identificação de transtornos por uso de álcool ("AUDIT")

Pontuação do AUDIT

Registre a pontuação para cada resposta na caixa em branco no final de cada linha, então o total desses números. O total máximo possível é 40.

As pontuações totais de 8 ou mais para homens até 60 anos ou de 4 ou mais para mulheres, adolescentes e homens com mais de 60 anos são consideradas avaliações positivas. Para pacientes com totais próximos dos pontos de corte, os clínicos podem desejar examinar as respostas individuais às perguntas e esclarecê-las durante o exame clínico.

Paciente: Visto que o consumo de álcool pode afetar sua saúde e interferir em certos medicamentos e tratamentos, é importante que façamos algumas perguntas sobre seu uso dessa substância. Suas respostas permanecerão confidenciais, então, por favor, seja honesto.

Coloque na caixa à direita o número de 0 a 4 que melhor descreve sua resposta a cada pergunta.

Perguntas	**0**	**1**	**2**	**3**	**4**	
1. Com que frequência você toma bebidas que contêm álcool?	Nunca	Mensalmente ou menos	2 a 4 vezes por mês	2 a 3 vezes por semana	4 ou mais vezes por semana	☐
2. Quantas doses de bebida alcoólica você toma em um dia normal quando está bebendo?	1 ou 2	3 ou 4	5 ou 6	7 a 9	10 ou mais	☐
3. Com que frequência você toma 5 ou mais doses em uma ocasião?	Nunca	Menos que mensalmente	Mensalmente	Semanalmente	Diariamente ou quase diariamente	☐
4. Com que frequência, durante o ano passado, você achou que não era capaz de parar de beber uma vez tendo começado?	Nunca	Menos que mensalmente	Mensalmente	Semanalmente	Diariamente ou quase diariamente	☐
5. Com que frequência, durante o ano passado, não conseguiu fazer o que normalmente se esperava de você por causa da bebida?	Nunca	Menos que mensalmente	Mensalmente	Semanalmente	Diariamente ou quase diariamente	☐
6. Com que frequência, durante o ano passado, você necessitou de uma primeira dose pela manhã para se sentir melhor após uma sessão de consumo pesado?	Nunca	Menos que mensalmente	Mensalmente	Semanalmente	Diariamente ou quase diariamente	☐
7. Com que frequência, durante o ano passado, você teve um sentimento de culpa ou remorso após beber?	Nunca	Menos que mensalmente	Mensalmente	Semanalmente	Diariamente ou quase diariamente	☐
8. Com que frequência, durante o ano passado, você foi incapaz de lembrar o que aconteceu na noite anterior em razão da bebida?	Nunca	Menos que mensalmente	Mensalmente	Semanalmente	Diariamente ou quase diariamente	☐
9. Você ou outra pessoa ficaram feridos em decorrência de seu uso de álcool?	Não		Sim, mas não no ano passado		Sim, durante o ano passado	☐
10. Um parente, um amigo, um médico ou outro profissional da saúde ficaram preocupados com seu consumo de álcool ou sugeriram que você parasse de beber?	Não		Sim, mas não no ano passado		Sim, durante o ano passado	☐
				Total		

FONTE: National Institute on Alcohol Abuse and Alcoholism, 2007.

Nota: Este questionário (o AUDIT) é reimpresso com permissão da Organização Mundial da Saúde. Para refletir os tamanhos-padrão das doses nos Estados Unidos, o número de doses na pergunta 3 foi mudado de 6 para 5. Um manual do AUDIT com diretrizes para uso em contexto de cuidados primários está disponível na internet em www.who.org.

embora a evidência em favor desse medicamento seja, em geral, positiva (Arias & Kranzler, 2008). As pessoas com motivação para se tornarem totalmente abstinentes no início do tratamento têm mais probabilidade de permanecer tomando o medicamento e, portanto, mais probabilidade de melhorar (Koeter, van den Brink, & Lehert, 2010).

Pesquisadores consideram outros medicamentos usados no tratamento de transtornos por uso de álcool menos eficazes com base na evidência disponível. Estes incluem anticonvulsivantes, inibidores seletivos da recaptção de serotonina (ISRSs), lítio e baclofen, que agem sobre receptores de GABA (Arias & Kranzler, 2008).

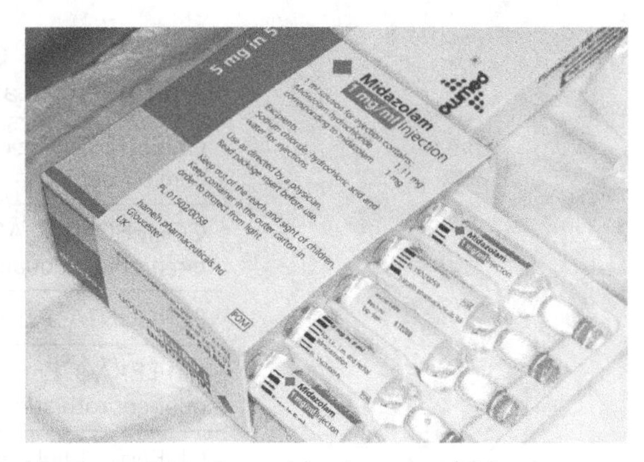

Medicamentos anticonvulsivantes, como Midazolam, podem ajudar a tratar indivíduos com transtornos por uso de álcool.

Perspectivas psicológicas As abordagens psicológicas atuais aos transtornos por uso de álcool são focalizadas nos sistemas cognitivos que guiam o comportamento de beber. De acordo com a **teoria do processo duplo**, um sistema envolve processos rápidos e automáticos que geram um impulso para beber álcool. Quanto mais positivas as associações que as pessoas têm com a substância, mais propensas são a consumi-la. O segundo sistema envolve o processamento controlado, aplicado, que regula esses impulsos automáticos. Quanto mais o indivíduo puder inibir o impulso automático, menos probabilidade tem de consumir quantidades excessivas de álcool (Bechara, Noel, & Crone, 2006). A teoria do processo duplo prevê que, à medida que se tornam mais capazes de inibir esse impulso, os indivíduos também devem reduzir seu comportamento de beber. Embora os resultados sejam promissores, pesquisadores aplicaram essa teoria apenas em um contexto experimental (Houben, Nederkoorn, Wiers, & Jansen, 2011).

teoria do processo duplo Teoria relativa ao uso de álcool que propõe a existência de processos automáticos que geram um impulso de beber álcool e um processamento controlado, aplicado, que regula esses impulsos automáticos.

Em geral, as expectativas a respeito do álcool envolvem um conjunto de contingências "se-então": se eu consumir álcool, então posso esperar que certos comportamentos e efeitos ocorram. Os indivíduos desenvolvem expectativas em relação à substância no início da vida, mesmo antes de a provarem pela primeira vez. Essas expectativas podem incluir o potencial do álcool para reduzir tensão, lidar com desafios sociais, fazer a pessoa sentir-se melhor ou mais *sexy* e tornar-se mais alerta mentalmente. Com base na noção de autoeficácia, as expectativas sobre o álcool também podem incluir as crenças das pessoas em sua capacidade de resistir ou de controlar seu consumo (Young, Connor, & Feeney, 2011.

Os fatores cognitivos também podem influenciar o que acontece quando uma pessoa consome álcool, sobretudo se ela se envolver em comportamentos impulsivos e potencialmente prejudiciais, tais como atividades sexuais de alto risco. A alta prevalência de bebedeiras nos *campi* universitários constitui uma preocupação particular por essa razão. De acordo com a **teoria da miopia alcoólica**, quando consomem quantidades maiores de álcool, os indivíduos são mais propensos a fazer escolhas arriscadas porque a tentação imediata (como sexo de risco) supera as consequências de longo prazo do comportamento (como desenvolver uma doença sexualmente transmissível) (Griffin, Umstattd, & Usdan, 2010).

teoria da miopia alcoólica Propõe que, à medida que consomem quantidades maiores de álcool, os indivíduos são mais propensos a fazer escolhas arriscadas porque a tentação imediata supera as consequências de longo prazo do comportamento.

Existem diversas abordagens psicológicas bem testadas ao tratamento de transtornos por uso de álcool. As mais bem-sucedidas estão relacionadas com intervenções cognitivo-comportamentais, abordagens motivacionais e manipulação da expectativa (Arias & Kranzler, 2008). Parte do tratamento eficaz desses transtornos também envolve a **prevenção de recaída**, na qual o clínico basicamente incorpora o "fracasso" no tratamento. Se o cliente reconhecer que deslizes ocasionais da abstinência estão sujeitos a ocorrer, então será menos provável que abandone por completo a terapia após sofrer um retrocesso temporário.

prevenção de recaída Método de tratamento com base no modelo de expectativa, no qual os indivíduos são encorajados a não considerar os lapsos da abstinência como sinais de fracasso.

O projeto COMBINE desenvolveu o protocolo mais abrangente para tratamento psicológico como parte de um projeto patrocinado pelo National Institute on Alcohol Abuse and Alcoholism (Instituto Nacional para Abuso de Álcool e Alcoolismo) (NIAAA). Nesse tratamento, conhecido como Intervenção Comportamental Combinada (CBI) (Miller, 2002), os participantes recebem até 20 sessões, de acordo com suas

TABELA 12.2 Comparações entre escuta reflexiva e outras respostas do terapeuta a afirmações do cliente

CLIENTE: Talvez eu beba demais às vezes, mas não acho que tenha um *problema* com o álcool...
CONFRONTAÇÃO: Você tem sim! Como pode sentar-se aí e me dizer que não tem um problema quando...
PERGUNTA: Por que você acha que não tem um problema?
REFLEXÃO: Então, por um lado você vê algumas razões para preocupação, e não quer ser rotulado como "tendo um problema".
CLIENTE: Minha esposa está sempre me dizendo que sou um alcoolista.
JULGAMENTO: E o que tem de errado nisso? Ela provavelmente tem algumas boas razões para pensar assim.
PERGUNTA: Por que ela pensa assim?
REFLEXÃO: E isso realmente o incomoda.
CLIENTE: Se eu parar de beber, o que devo fazer com os amigos?
CONSELHO: Eu acho que você terá que arranjar novos.
SUGESTÃO: Bem, você poderia simplesmente dizer a seus amigos que não bebe mais, mas que ainda quer andar com eles.
REFLEXÃO: É difícil para você imaginar como seria a vida sem o álcool.

FONTE: Miller, 2002, p. 13.

necessidades, começando duas vezes por semana e, depois, quinzenalmente ou menos, por até 16 semanas. A ênfase principal da CBI é em aumentar o reforço e o apoio social para abstinência. Os terapeutas prescrevem a terapia de aumento motivacional desde o início, significando que tentam induzir a própria motivação do cliente para mudança. O estilo clínico usado na CBI segue a perspectiva de entrevista motivacional (Tab. 12.2), na qual o profissional usa um estilo centrado no cliente, porém diretivo.

Os clínicos esperam que os familiares e outras pessoas significativas participem de todo o tratamento e os encorajam a isso; também estimulam a ajuda mútua e o envolvimento entre clientes, incluindo a participação nos Alcoólicos Anônimos (AA). A CBI inclui módulos de conteúdo focados nas habilidades de enfrentamento (p. ex., lidar com fissuras e impulsos), de recusar bebidas e de evitar a pressão social para beber; nas habilidades de comunicação; nas habilidades de assertividade; e nas habilidades de procurar emprego. Quando necessário, os profissionais também podem monitorar a sobriedade e fornecer consulta por telefone e intervenção na crise. Eles também colocam em prática procedimentos para usar com clientes que voltam a beber durante o tratamento. No final do período de terapia, os clientes entram na fase de manutenção e, então, completam o tratamento em uma sessão de conclusão.

O estudo COMBINE avaliou a eficácia da naltrexona e do acamprosato isolados e em combinação com CBI usando placebos e supervisão médica como condições de controle. Embora a CBI sozinha não tenha sido tão eficaz em produzir dias de abstinência quanto a CBI combinada com medicamento e supervisão logo após o tratamento, 1 ano após o término da terapia, o grupo de apenas CBI não diferia significativamente daquele que recebeu medicamento (Anton et al., 2006).

Perspectiva sociocultural Os pesquisadores e teóricos que trabalham de acordo com a perspectiva sociocultural consideram estressores na família, na comunidade e na cultura fatores que, quando combinados com vulnerabilidade genética, levam o indivíduo a desenvolver transtorno por uso de álcool. Pesquisadores deram apoio

A pressão do grupo e notas baixas na escola contribuem para altas taxas de consumo de álcool por adolescentes.

à perspectiva sociocultural em um estudo longitudinal referencial no início da década de 1980. Eles acompanharam indivíduos da infância ou adolescência até a idade adulta, a época em que a maioria dos que se tornam dependentes de álcool faz a transição do beber social ou ocasional para o transtorno por uso de álcool (Zucker & Gomberg, 1986). Aqueles com mais probabilidade de desenvolver esse transtorno na idade adulta tinham uma história de comportamento antissocial na infância, incluindo comportamento agressivo e sádico, problemas com a lei, rebeldia, realização mais baixa na escola, conclusão de menos anos de escola e taxa mais alta de vadiagem. Esses indivíduos também demonstravam uma variedade de comportamentos possivelmente indicativos de disfunção neural precoce, incluindo nervosismo e irritação quando bebês, hiperatividade quando crianças e coordenação física deficiente. Os pesquisadores concluíram que essas características refletiam uma vulnerabilidade de base genética, que, quando combinada com estresses ambientais, levava ao desenvolvimento de transtorno por uso de álcool.

Estudos mais recentes continuaram a apoiar a noção de que o ambiente familiar é influenciado por fatores socioculturais mais amplos. Em um estudo de dois anos com mais com 800 adolescentes suburbanos, aqueles que recebiam altos níveis de apoio social de suas famílias tinham menos probabilidade de consumir álcool. O efeito do apoio social parecia se dever principalmente ao fato de que as famílias que o forneciam também eram mais propensas a ter uma ênfase religiosa em casa. As notas escolares também estão correlacionadas com uso mais baixo de álcool por adolescentes. Aqueles que tiravam notas boas tinham mais probabilidade de receber níveis mais altos de apoio social de suas famílias, que, por sua vez, estava associado com taxas mais baixas de ingestão alcoólica. Os adolescentes que usavam álcool eram mais propensos a mostrar desempenho escolar mais insatisfatório durante o período do estudo (Mason & Windle, 2001).

Estimulantes

A categoria de drogas chamadas de **estimulantes** inclui substâncias que têm um efeito ativador sobre o sistema nervoso. Estas diferem em sua estrutura química, em seus efeitos físicos e psicológicos específicos e em seu perigo potencial ao usuário. Os estimulantes estão associados com transtornos que envolvem uso, intoxicação e abstinência.

estimulante
Substância psicoativa que tem um efeito ativador sobre o sistema nervoso central.

Anfetaminas

A **anfetamina** é um estimulante que afeta tanto o sistema nervoso central quanto o sistema nervoso autônomo. Além de despertar ou acelerar o sistema nervoso central, também causa hipertensão arterial, frequência cardíaca elevada, apetite diminuído e atividade física aumentada. Ela pode ser usada para propósitos mé-

anfetamina
Estimulante que afeta tanto o sistema nervoso central quanto o sistema nervoso autônomo.

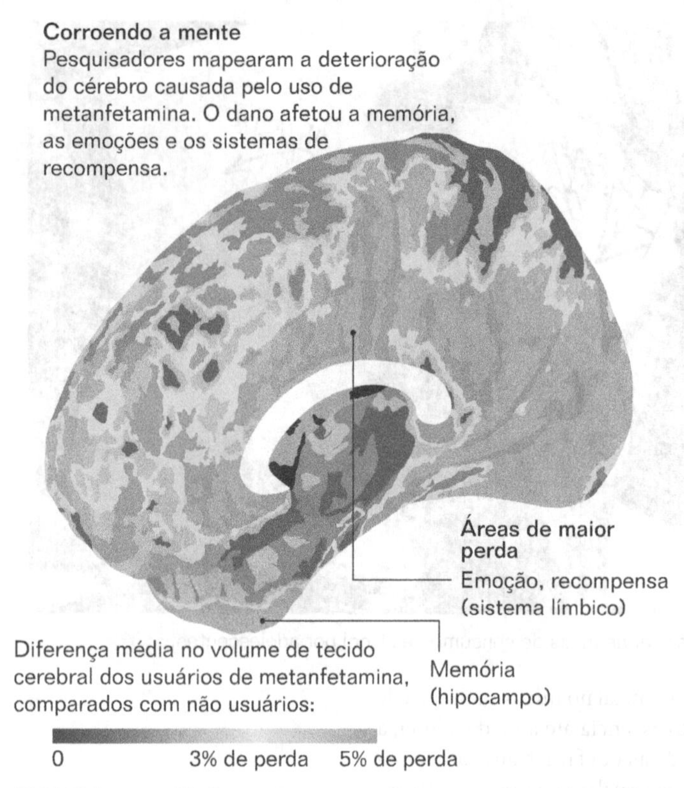
Corroendo a mente
Pesquisadores mapearam a deterioração do cérebro causada pelo uso de metanfetamina. O dano afetou a memória, as emoções e os sistemas de recompensa.
Áreas de maior perda
Emoção, recompensa (sistema límbico)
Memória (hipocampo)
Diferença média no volume de tecido cerebral dos usuários de metanfetamina, comparados com não usuários:
0
3% de perda
5% de perda

FIGURA 12.5 Efeitos a longo prazo da metanfetamina sobre o cérebro.

dicos, como no tratamento do transtorno de déficit de atenção/hiperatividade (TDAH), ou como pílula para emagrecer. Mesmo quando usada para fins médicos, entretanto, essas drogas podem causar dependência e ter efeitos colaterais desagradáveis ou perigosos. Conforme as doses aumentam, os usuários podem se tornar hostis, violentos e paranoides. Também podem vivenciar uma variedade de efeitos fisiológicos, incluindo febre, sudorese, cefaleia, visão borrada, tontura, dor no peito, náusea, vômitos e diarreia.

A **metanfetamina** é uma droga estimulante viciante que está relacionada à anfetamina, mas provoca efeitos mais intensos no sistema central. Seja tomada por via oral, inalada, injetada ou fumada, a metanfetamina causa um "barato" ou uma sensação de euforia e se torna viciante com muita rapidez. A superdosagem dessa substância pode causar superaquecimento do corpo e convulsões, e, se não tratada imediatamente, pode resultar em morte. O uso de longo prazo dessa substância pode levar os usuários a desenvolverem transtornos do humor, comportamento violento, ansiedade, confusão, insônia, problemas dentários graves ("boca de metanfetamina") e risco aumentado de doenças infecciosas, incluindo hepatite e HIV/aids. Os efeitos a longo prazo das metanfetaminas incluem dano cerebral grave, como mostra a Figura 12.5.

Em 2010, 353 mil adultos com mais de 12 anos de idade nos Estados Unidos (0,1%) eram usuários habituais de mentanfetaminas. Esses números representaram uma leve tendência de queda em relação a anos anteriores, durante os quais as porcentagens variaram de 0,3 a 0,2% da população norte-americana com mais de 12 anos (Substance Abuse and Mental Health Services Administration, 2011). Entretanto, o uso de mentanfetaminas começa em uma idade relativamente jovem. Em 2010, 1% dos estudantes do ensino médio nos Estados Unidos declarou ser usuário atual. Cerca de 1,5% de estudantes do ensino médio mais velhos declarou que utilizava metilfenidato para fins não médicos. As taxas de prevalência ao longo da vida entre esses estudantes eram muito mais altas para uso de anfetamina (11,1%) e metanfetamina (2,3%) (Johnston, O'Malley, Bachman, & Schulenberg, 2011).

metanfetamina
Droga estimulante viciante que está relacionada à anfetamina, mas provoca efeitos mais intensos no sistema nervoso central.

cocaína
Estimulante do sistema nervoso central altamente viciante que um indivíduo cheira, injeta ou fuma.

Cocaína

A **cocaína** é um estimulante do sistema nervoso central altamente viciante que pode ser cheirada, injetada ou fumada. Os usuários podem cheirar o sal cloridrato de cocaína em pó ou dissolvê-lo em água e então injetá-lo. *Crack* é o nome popular dado à forma de cocaína que é processada para formar um cristal solidificado que, quando aquecido, produz vapores que o indivíduo fuma. Os efeitos da cocaína incluem

MINICASO

Transtorno por uso de estimulantes, substância tipo anfetamina

Catherine é uma vendedora de 23 anos que tentou por três anos perder peso. Seu médico prescreveu anfetaminas, mas a advertiu sobre a possibilidade de se tornar dependente. Ela começou a emagrecer, mas também descobriu que gostava da energia extra e das sensações boas que os comprimidos causavam. Quando retornou a seu médico após ter perdido o peso desejado, Catherine lhe pediu outra receita para ajudá-la a manter sua nova figura. Quando ele recusou, ela perguntou a seus amigos até que encontrou o nome de um médico que estava disposto a lhe fornecer novas receitas. No decorrer de um ano, Catherine desenvolveu uma série de problemas psicológicos, incluindo depressão, pensamento paranoide e irritabilidade. Apesar de perceber que alguma coisa está errada, ela se sente compelida a continuar usando a droga.

sensações de euforia, alerta, fadiga reduzida e energia aumentada. Quanto mais rápido a corrente sanguínea absorve a droga e a distribui para o cérebro, mais intenso é o barato do usuário. Visto que essa sensação é relativamente curta (5 a 10 minutos), o usuário pode administrar a droga novamente em um padrão compulsivo.

Como as anfetaminas, a cocaína aumenta a temperatura corporal, a pressão arterial e a frequência cardíaca. Seus riscos incluem ataque cardíaco, insuficiência respiratória, acidente vascular cerebral, convulsões, dor abdominal e náusea. Em casos raros, o usuário pode sofrer morte súbita no primeiro uso de cocaína ou inesperadamente mais tarde. Outros efeitos adversos sobre o corpo desenvolvem-se ao longo do tempo e incluem alterações dentro do nariz (perda do sentido do olfato, corrimento nasal crônico e sangramentos nasais), bem como problemas com deglutição e rouquidão. Os usuários também podem sofrer gangrena intestinal grave devida a uma redução do fluxo sanguíneo para o sistema digestivo. Também podem ter reações alérgicas graves e risco aumentado de desenvolver HIV/aids e outras doenças transmitidas pelo sangue. Quando usam cocaína de forma compulsiva, as pessoas podem desenvolver inquietação, irritabilidade e ansiedade crônicas. Os usuários crônicos podem vivenciar paranoia grave na qual têm alucinações auditivas e perdem o contato com a realidade (National Institute on Drug Abuse, 2011b).

Como ilustrado na Figura 12.1, 1,5% dos adultos de 12 anos e mais velhos usou cocaína em 2010. As taxas de uso dessa droga são aproximadamente o dobro para homens em comparação às mulheres. A idade média do primeiro uso é 21,2 anos; em torno de 1.700 pessoas são iniciadas em seu uso por dia. Entre as drogas ilícitas, a cocaína (e o uso ilícito de analgésicos) perde apenas para a maconha na taxa de dependência no ano anterior (SAMHSA, 2011). As estimativas são de que 5,5% de estudantes universitários mais velhos usaram cocaína em algum ponto de suas vidas (Johnston et al., 2011).

Podemos ver o impacto da cocaína sobre a sinapse na Figura 12.6. Como outras drogas de abuso, ela exerce seus efeitos estimulando os receptores de dopamina. Pesquisadores acreditam que a cocaína vise especificamente uma área no mesencéfalo denominada área tegumentar ventral (VTA). Os caminhos a partir da VTA estendem-se até o *nucleus accumbens*, uma área-chave do cérebro envolvida na recompensa. Os efeitos da cocaína parecem se dever ao bloqueio da remoção da dopamina da sinapse, o qual resulta em um acúmulo de dopamina que amplifica o sinal para os neurônios receptores. A euforia que os usuários relatam parece corresponder a esse padrão de atividade da dopamina (National Institute on Drug Abuse, 2011h). Além da dopamina, a serotonina parece desempenhar um papel nos efeitos motivacionais e reforçadores da droga e também pode mediar, pelo menos em algum grau, os efeitos aversivos da cocaína (Nonkes, van Bussell, Verheij, & Homberg, 2011).

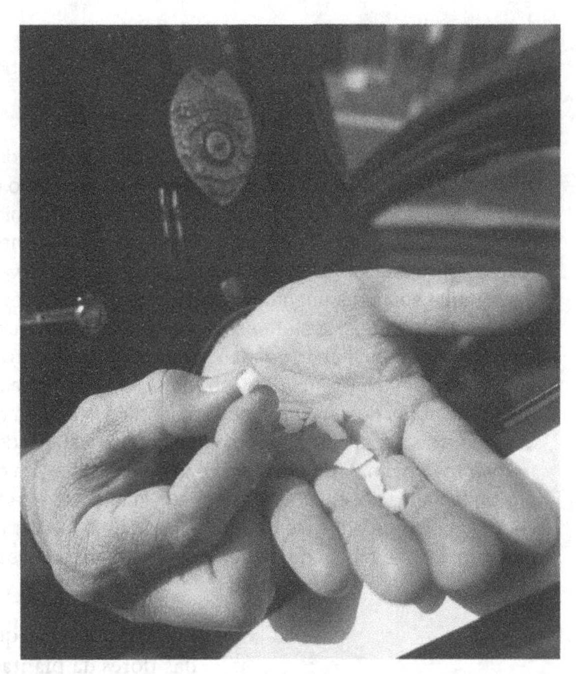

Um policial segura uma amostra de *crack* que foi confiscada de um usuário. O *crack* é altamente viciante porque produz um "barato" muito intenso mas breve.

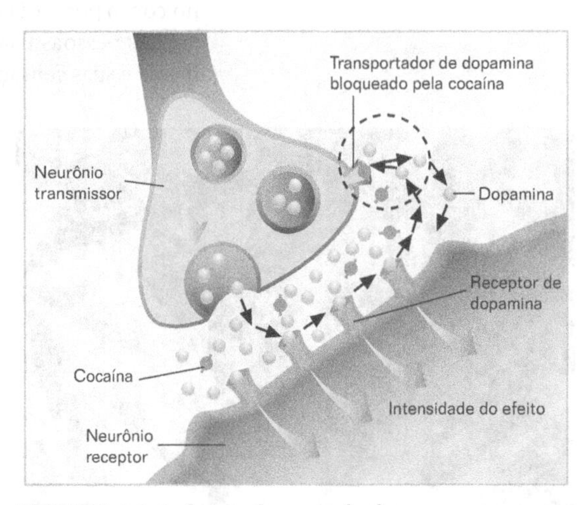

FIGURA 12.6 A cocaína no cérebro.
No processo de comunicação normal, a dopamina é liberada por um neurônio na sinapse, onde pode se ligar a seus receptores nos neurônios adjacentes. Normalmente, a dopamina é então reciclada de volta para o neurônio transmissor por uma proteína especializada chamada de transportador de dopamina. Se a cocaína estiver presente, ela se liga a esse transportador e bloqueia o processo de reciclagem normal, resultando em um aumento de dopamina na sinapse, que contribuiu para os efeitos prazerosos da droga.

Cannabis

A *cannabis* está associada com transtornos que envolvem uso, intoxicação e abstinência. A **maconha** é uma mistura de flores, hastes e folhas da planta do cânhamo *Cannabis sativa*, uma planta verde, alta e frondosa que cresce em climas quentes. Embora a planta contenha mais de 400 constituintes químicos, o ingrediente ativo principal na maconha é o delta-9-tetraidrocanabinol

MINICASO

Transtorno por uso de *Cannabis*

Gary, 22 anos, vive com seus pais desde que desistiu da faculdade 3 anos atrás, na metade de seu primeiro ano. Era um aluno mediano no ensino médio e, embora popular, não estava envolvido em muitas atividades extracurriculares. Quando entrou para a faculdade, ficou interessado nas oportunidades atraentes de novas experiências e começou a fumar maconha de modo casual com seus colegas de quarto. Entretanto, ao contrário dos colegas, que limitavam seu consumo às festas, Gary descobriu que uma dose noturna o ajudava a relaxar. Começou a racionalizar que também o ajudava a estudar, porque seu pensamento ficava mais criativo. À medida que o primeiro semestre passava, gradualmente perdeu o interesse pelos estudos, preferindo permanecer em seu quarto e escutar música enquanto se drogava. Ele percebeu que era fácil sustentar seu hábito vendendo maconha para outras pessoas no dormitório. Ainda que se convencesse de que não era de fato um traficante, Gary se tornou um dos principais fornecedores de maconha do *campus*. Quando recebeu suas primeiras notas do semestre, não se sentiu particularmente desencorajado pelo fato de ter sido reprovado. Antes, sentiu que podia se beneficiar de ter mais tempo para si. Mudou-se para casa e fez amizade com alguns adolescentes locais que frequentavam um parque próximo e lá compartilhavam drogas. Os pais de Gary tinham quase desistido dele, tendo ficado profundamente desencorajados por sua indolência e falta de produtividade. Sabiam que ele estava usando drogas, mas se sentiam perdidos em suas tentativas de fazê-lo buscar ajuda profissional. Aprenderam que o melhor era evitar discutir o problema com o filho, porque sempre acabavam em discussões violentas.

(THC). O haxixe, que contém uma forma de THC mais concentrada, deriva das resinas das flores da planta. A maconha e o haxixe que chegam às ruas nunca são THC puro; outras substâncias, como tabaco, são sempre misturadas a eles. Formas sintéticas de THC são usadas para fins médicos, tais como tratamento de asma e glaucoma e redução da náusea em pacientes com câncer submetidos a quimioterapia.

maconha
Substância psicoativa derivada da planta do cânhamo cujo ingrediente ativo principal é o delta-9-tetraidrocanabinol (THC).

A maneira mais comum de usar a maconha é fumando-a como cigarro ou em um cachimbo. Os usuários também podem misturar a droga com comida, servi-la na forma de chá ou injetá-a por via intravenosa. Quando fuma maconha, uma pessoa alcança níveis sanguíneos máximos em cerca de 10 minutos, mas os efeitos subjetivos da droga não se tornam aparentes por outros 20 a 30 minutos. O indivíduo pode vivenciar os efeitos da intoxicação por 2 a 3 horas, mas os metabólitos do THC podem permanecer no corpo por 8 dias ou mais.

As pessoas usam a maconha com a finalidade de alterar suas percepções do ambiente e suas sensações corporais. Os efeitos que elas buscam incluem euforia, aumento da sensação de sensualidade e sexualidade e consciência aumentada de estímulos internos e externos. Entretanto, o uso de maconha também provoca uma série de outros efeitos desagradáveis, incluindo prejuízo da memória de curto prazo, tempo de reação retardado, coordenação física prejudicada, julgamento alterado e tomada de decisão pobre. Em vez de sentirem-se eufóricos e relaxados, os usuários podem vivenciar paranoia e ansiedade, sobretudo quando ingerem altas doses.

A maconha, mostrada aqui em sua forma de planta, é a droga ilícita usada com maior frequência nos Estados Unidos.

Conforme já foi mencionado no capítulo, a maconha é a droga ilícita mais comumente usada nos Estados Unidos. Em 2010, pouco mais de 1 em 5 adultos (21,5%) de 18 a 25 anos era usuário. A maioria dos que usaram droga pela primeira vez (61,8%) escolhe a maconha, mais que o dobro do número dos que começaram com medicamentos psicoterapêuticos e a mais alta porcentagem de indivíduos de qualquer idade que começaram a usar uma droga ilícita. A idade média de início do uso de maconha em 2010 foi de 18,4 anos. Essa substância também tem os níveis mais altos de dependência do ano anterior (4,5 milhões, em 2010, nos Estados Unidos) (SAMHSA, 2011). A partir de 2010, quase metade (43,8%) dos estudantes do ensino médio mais velhos relatou uso de maconha pelo menos uma vez durante a vida, e cerca de dois terços disseram que ela os deixou moderadamente ou muito "chapados" (Johnston et al., 2011).

TABELA 12.3 Resumo dos efeitos da *Cannabis* sobre as funções executivas

Função executiva medida	Efeitos agudos	Efeitos residuais	Efeitos de longo prazo
Atenção/concentração	Prejudicada (usuários leves) Normal (usuários pesados)	Achados mistos	Em grande parte normal
Tomada de decisão e comportamento de risco	Achados mistos	Prejudicada	Prejudicada
Inibição/impulsividade	Prejudicada	Achados mistos	Achados mistos
Memória operacional	Prejudicada	Normal	Normal
Fluência verbal	Normal	Achados mistos	Achados mistos

Os efeitos agudos aparecem 0–6 horas após o último uso; os efeitos residuais aparecem 7 horas a 20 dias após o último uso; e os efeitos de longo prazo se apresentam 3 semanas ou mais após o último uso.

FONTE: Crean, Crane, & Mason, 2011, p. 3. American Society of Addiction Medicine.

O THC produz seus efeitos agindo sobre sítios específicos no cérebro, chamados de receptores de canabinoide. As regiões cerebrais com a mais alta densidade desses receptores são aquelas que influenciam o prazer, mas também estão envolvidas na memória, no pensamento, na concentração, na percepção de tempo, nas respostas sensoriais e na capacidade de realizar movimento coordenado. Muitos desses efeitos agudos sobre o funcionamento cognitivo são reversíveis contanto que o indivíduo não se envolva em uso crônico.

O uso pesado e contínuo de maconha pode produzir uma série de efeitos perniciosos sobre o funcionamento corporal, incluindo risco mais alto de ataque cardíaco e funcionamento respiratório prejudicado. Além de desenvolver dependência psicológica da droga, os usuários de longo prazo podem vivenciar desempenho educacional e ocupacional mais baixo, psicose e prejuízo cognitivo persistente. Particularmente de risco são os indivíduos que começam a usar maconha em uma idade precoce e continuam o consumo ao longo de toda a vida (Pope & Yurgelun-Todd, 2004). A Tabela 12.3 resume os achados de pesquisa sobre os efeitos do uso de *Cannabis* sobre os processos cognitivos que compõem o funcionamento executivo.

Alucinógenos

Incluídos nos transtornos por uso de alucinógenos estão uso e intoxicação, mas não abstinência. Os **alucinógenos** são drogas que fazem a pessoa vivenciar distorções profundas em sua percepção da realidade. Sob a influência dessas substâncias, os usuários veem imagens, ouvem sons e têm sensações que acreditam ser reais, embora não sejam. Em alguns casos, eles vivenciam mudanças de humor rápidas e intensas. Algumas pessoas que usam alucinógenos desenvolvem uma condição chamada de transtorno da percepção persistente por alucinógeno, na qual vivenciam *flashbacks* ou alucinações, delírios ou alterações no humor espontâneos semelhantes às mudanças que ocorrem

alucinógenos
Substâncias psicoativas que causam experiências perceptuais anormais na forma de ilusões ou alucinações, geralmente de natureza visual.

MINICASO

Transtorno por uso de outro alucinógeno

Candace é uma artista de 45 anos que tem usado LSD por vários anos, porque sente que isso aumenta sua inspiração para a pintura e torna seu trabalho visualmente mais excitante. Embora afirme saber quanto LSD pode tomar, algumas vezes é pega de surpresa e vivencia efeitos colaterais perturbadores, que começam com suor, visão borrada, descoordenação e tremor generalizado. Em geral, ela fica paranoide e ansiosa e pode agir de formas estranhas, como correr para fora de seu estúdio e ir para a rua, falando de forma incoerente. Em mais de uma ocasião, a polícia a pegou e levou ao pronto-socorro, onde os médicos prescreveram medicamento antipsicótico.

enquanto estão intoxicadas com a droga. Os efeitos e os riscos específicos de cada alucinógeno variam entre as quatro principais categorias de alucinógenos (National Institute on Drug Abuse, 2011c).

dietilamida do ácido lisérgico (LSD)
Forma de uma droga alucinógena que os usuários ingerem em pastilhas, em cápsulas e na forma líquida.

As pessoas tomam a **dietilamida do ácido lisérgico (LSD)** em pastilhas, cápsulas e, algumas vezes, na forma líquida. Os usuários apresentam mudanças drásticas em suas sensações e emoções. Podem sentir diversas emoções ao mesmo tempo ou mudar rapidamente de uma para outra. Em doses maiores, podem vivenciar delírios e alucinações visuais. Além disso, podem ter um sentido de tempo e identidade alterado, bem como vivenciar sinestesias nas quais "ouvem" cores e "veem" sons. Essas alterações perceptuais e de humor podem ser acompanhadas por pensamentos graves e aterrorizantes e por sentimentos de desespero, pânico, medo de perder o controle, de ficar louco ou de morrer. Mesmo após parar de tomar LSD, os usuários podem vivenciar *flashbacks*, levando-os a ficar significativamente angustiados e prejudicados em seu funcionamento social e ocupacional.

Ao contrário de outras substâncias, o LSD não parece produzir comportamento de busca de droga compulsivo, e a maioria dos usuários decide diminuir ou parar de usá-lo sem abstinência. Entretanto, produz tolerância, portanto eles podem precisar de doses maiores para alcançar os efeitos desejados. Dada a natureza imprevisível dos efeitos do LSD, esses aumentos nas doses podem ser perigosos. Essa substância também pode afetar outras funções orgânicas, incluindo aumento da temperatura corporal, da pressão arterial e da frequência cardíaca, sudorese, perda do apetite, boca seca, insônia e tremores.

peiote
Forma de droga alucinógena cujo ingrediente principal é a mescalina.

O **peiote** é um cacto pequeno, sem espinhos, cujo principal ingrediente ativo é a mescalina. Além de sua forma de ocorrência natural, a mescalina também pode ser produzida artificialmente. Os usuários mascam a coroa do cacto ou a encharcam de água para produzir um líquido; alguns preparam um chá fervendo o cacto em água para livrar a droga de seu gosto amargo. Usado como parte de cerimônias religiosas por nativos no norte do México e no sudoeste dos Estados Unidos, seus efeitos a longo prazo e não são conhecidos. Contudo, seus efeitos no corpo são semelhantes aos do LSD, com aumentos na temperatura corporal e na frequência cardíaca, movimentos descoordenados, sudorese extrema e rubor. Além disso, o peiote pode causar *flashbacks*, semelhantes àqueles associados com LSD.

psilocibina
Forma de droga alucinógena encontrada em certos cogumelos.

A **psilocibina** (4-fosforiloxi-N, N-dimetiltriptamina) e sua forma biologicamente ativa, psilocina (4-hidroxi-N, N-dimetiltriptamina), são substâncias encontradas em certos cogumelos. Os usuários fermentam os cogumelos ou os adicionam a outros alimentos para disfarçar seu gosto amargo. Os compostos ativos nos cogumelos que contêm psilocibina, assim como o LSD, alteram as funções autônomas, os reflexos motores, o comportamento e a percepção. Os indivíduos podem vivenciar alucinações, um sentido de tempo alterado e uma incapacidade de diferenciar entre fantasia e realidade. Grandes doses podem provocar *flashbacks*, prejuízos de memória e maior vulnerabilidade a transtornos psicológicos. Além do risco de envenenamento decorrente de erro ao identificar o cogumelo, os efeitos corporais podem incluir fraqueza muscular, perda de controle motor, náusea, vômitos e sonolência.

fenciclidina (PCP)
Forma de droga alucinógena desenvolvida originalmente como anestésico intravenoso.

Pesquisadores desenvolveram a **fenciclidina (PCP)** na década de 1950 como um anestésico intravenoso, mas ele não é mais usado na área médica porque os pacientes se tornavam agitados, delirantes e irracionais enquanto estavam se recuperando de seus efeitos. Os usuários podem facilmente misturar o pó branco cristalino com álcool, água ou corante colorido. A PCP pode estar disponível no mercado ilegal de drogas na forma de comprimido, cápsula ou pó colorido, os quais podem ser fumados, cheirados ou ingeridos por via oral. Quando fumam PCP, os indivíduos podem misturá-la com hortelã, salsa, orégano ou maconha.

A PCP faz os usuários vivenciarem um sentido de dissociação de seu ambiente e de sua própria identidade. Ela tem muitos efeitos adversos, incluindo sintomas que imitam esquizofrenia, alteração do humor, perda de memória, dificuldades com fala e pensamento, perda de peso e depressão. Embora esses efeitos negativos levassem à diminuição de sua popularidade como droga de rua, essa substância continua atraindo aqueles que ainda a utilizam porque sentem que ela os torna mais fortes, mais poderosos e invulneráveis. Além disso, apesar dos efeitos adversos de PCP, os usuários podem desenvolver fissuras fortes e comportamento compulsivo de busca.

Os efeitos fisiológicos da PCP são extensivos. Doses baixas a moderadas produzem aumentos na taxa respiratória, elevação na pressão arterial e na pulsação, dormência geral das extremidades e perda de coordenação muscular, bem como rubor e sudorese profusa. Em altas doses, causa queda na pressão arterial, na taxa de pulsação e na respiração, o que pode ser acompanhado por náusea, vômitos, visão borrada, movimentos oculares anormais, sialorreia, perda de equilíbrio e tontura. Os usuários podem se tornar violentos ou suicidas. Em altas doses, eles também podem ter convulsões, entrar em coma e até morrer. Aqueles que combinam PCP com outros depressores do sistema nervoso central (como álcool) podem se tornar comatosos.

Na categoria dos transtornos relacionados ao MDMA, a 3,4-metilenedioxi-metanfetamina, conhecida nas ruas como *ecstasy*, é uma substância sintética quimicamente semelhante a metanfetamina e a mescalina. Seus usuários vivenciam sentimentos de energia aumentada, euforia, calor emocional, percepções e sentido de tempo distorcidos e experiências táteis incomuns. Ingerido na forma de cápsula ou comprimido, o MDMA foi muito popular entre adolescentes e adultos jovens brancos em festas prolongadas conhecidas como "*raves*". A droga é usada agora por uma variedade mais ampla de grupos étnicos, incluindo homens homossexuais urbanos. Alguns combinam MDMA com outras drogas, incluindo maconha, cocaína, metanfetamina, cetamina e sildanefil, entre outras substâncias.

ecstasy (MDMA)
Droga alucinógena feita de uma substância sintética quimicamente semelhante a metanfetamina e mescalina.

Em 2010, 1,2 milhão de indivíduos norte-americanos com 12 anos ou mais (0,5% da população) usou alucinógenos; destes, quase 700 mil (0,3%) usavam MDMA. Entre estudantes de ensino médio mais velhos, 7,3% relataram ter usado MDMA pelo menos uma vez na vida, comparados a quase 2% que usaram PCP e 4% que usaram LSD.

Os usuários de MDMA podem vivenciar uma variedade de efeitos psicológicos desagradáveis, incluindo confusão, depressão, problemas de sono, fissuras pela droga e ansiedade grave. A droga pode ser neurotóxica, o que significa que, ao longo do tempo, os usuários podem vivenciar maior dificuldade para realizar tarefas cognitivas. Como os estimulantes, o MDMA pode afetar o sistema nervoso simpático, levando a aumentos na frequência cardíaca, na pressão arterial e na tensão muscular, bem como náusea, visão borrada, desmaio, calafrios ou sudorese e aperto involuntário dos dentes. Os in-

O MDMA, também conhecido como *ecstasy*, é uma droga puramente química que costuma ser combinada com outras substâncias químicas para produzir euforia duradoura.

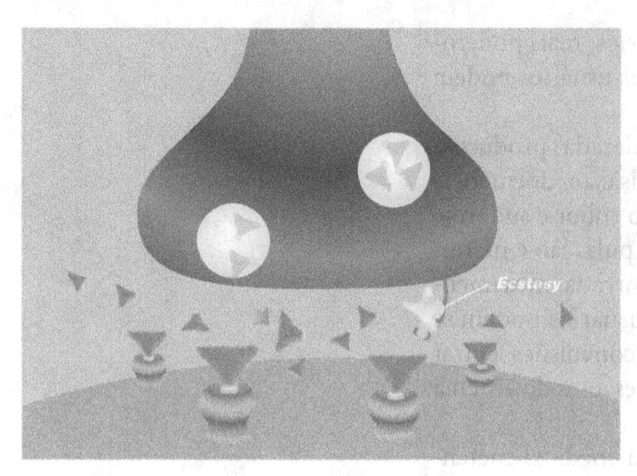

FIGURA 12.7 **O impacto do *ecstasy* (MDMA) sobre os neurônios serotonérgicos.**

divíduos também correm o risco de picos graves na temperatura corporal, que, por sua vez, podem levar a falha do fígado, do rim ou do sistema cardiovascular. Dosagens repetidas durante curtos períodos de tempo também podem interferir no metabolismo de MDMA, levando a acúmulo significativo e prejudicial no corpo (National Institute on Drug Abuse, 2011f).

O principal neurotransmissor envolvido com o MDMA é a serotonina. Como mostra a Figura 12.7, o MDMA se liga ao transportador de serotonina que é responsável por removê-la da sinapse. Como resultado, o MDMA amplia os efeitos da serotonina. Além disso, ele entra no neurônio, onde estimula a liberação excessiva de serotonina. Também tem efeitos semelhantes sobre a norepinefrina, o que leva a aumentos na atividade do sistema nervoso autônomo. A droga também libera dopamina, mas em menor grau.

Os pesquisadores acham difícil investigar os efeitos de longo prazo do uso de MDMA sobre o funcionamento cognitivo porque os usuários normalmente o tomam com outras substâncias. Entretanto, efeitos negativos significativos de seu uso isolado ocorrem sobre a memória verbal (Thomasius et al., 2006). Ademais, quando combinada com álcool, essa substância produz uma série de efeitos psicológicos adversos de longo prazo, incluindo paranoia, saúde física precária, irritabilidade, confusão e mau humor. Porém, quanto mais longo o período de abstinência da droga, menos frequente a vivência desses efeitos (Fisk, Murphy, Montgomery, & Hadjiefthyvoulou, 2011).

Opiáceos

opiáceo
Substância psicoativa que alivia a dor.

Os transtornos relacionados a opiáceos incluem uso, intoxicação e abstinência. Um **opiáceo** é uma substância que alivia a dor. Muitos medicamentos prescritos legalmente estão nessa categoria, incluindo hidrocodona, oxicodona, morfina, codeína e drogas relacionadas. Os médicos prescrevem produtos de hidrocodona mais geral para uma variedade de condições dolorosas, como dor de dente e relacionada a ferimentos. Eles com frequência usam morfina antes e após procedimentos cirúrgicos para aliviar a dor grave. Prescrevem codeína, no entanto, para dor leve. Além de esses medicamentos serem indicados por suas propriedades de alívio da dor, alguns deles – codeína e difenoxilato, por exemplo – são prescritos para aliviar tosses e diarreia grave.

Quando receitados por profissionais, esses medicamentos são muito eficazes para tratar a dor com segurança. Entretanto, devido a seu potencial para produzir euforia e dependência física, estão entre os medicamentos prescritos mais frequentemente abusados. Por exemplo, pessoas que abusam de oxicodona podem cheirá-la ou injetá-la, e, como resultado, sofrer uma séria reação de superdosagem.

Estima-se que 201,9 milhões de receitas tenham sido emitidas para analgésicos opiáceos em 2009, a maioria para produtos que contêm hidrocodona e oxicodona, em um curto período de tempo (2 a 3 semanas). De todas as receitas de opiáceos, 11,7% (9,3 milhões) foram para pacientes de 10 a 29 anos de idade. Além disso, mais da metade (56%) dessas receitas foram preenchidas por pacientes com prescrição recente de outro medicamento opiáceo (Volkow, McLellan, Cotto, Karithanom, & Weiss, 2011). O risco de morte por superdosagem entre pacientes com receitas de opiáceo é significa-

MINICASO

Transtorno por uso de opiáceo

Jimmy é um homem de 38 anos que mora na rua e é viciado em heroína há 10 anos. Ele começou a usar a droga por sugestão de um amigo que lhe disse que ela ajudaria a aliviar a pressão de seu casamento infeliz e de problemas financeiros. Em um curto período de tempo, Jimmy ficou dependente da droga e se envolveu no roubo de um anel a fim de sustentar seu hábito. Finalmente, perdeu sua casa e se mudou para um abrigo, onde os funcionários o encaminharam para um programa de tratamento de metadona.

Você decide

Prescrevendo medicamentos

Indivíduos que sofrem de dor crônica representam um tremendo desafio para os profissionais da saúde. O tratamento de dor crônica a longo prazo por meio de medicamentos traz com ele o risco de que os pacientes desenvolvam dependência. Além disso, visto que estes precisam aumentar as doses para obter o mesmo grau de alívio, sua sensibilidade a dor e seus níveis de dor poderiam na verdade aumentar. Ao mesmo tempo, eles podem ter medo de tomar um medicamento opiáceo que poderia ser benéfico devido à possibilidade de desenvolver uma adição. Esses pacientes podem sofrer imerecidamente se houver possibilidade de sua condição ser beneficiada pelo analgésico, em especial se forem doentes terminais. É irônico que alguns profissionais da saúde, bem como os pacientes, se preocupem com os riscos de adição entre pessoas que estão em seu últimos meses de vida.

Tratando da crise nacional relacionada ao uso excessivo de analgésicos, representantes do National Institute on Drug Abuse (2011g), propuseram diversas soluções. Primeiro, para diminuir o risco de adição, eles aconselham os clínicos a avaliar os pacientes para os possíveis fatores de risco, incluindo história pessoal ou familiar de abuso de drogas ou transtorno psicológico. Segundo, sugerem que os profissionais da saúde monitorem os pacientes para sinais de abuso usando indicadores, como pedidos antecipados ou frequentes de receitas de analgésicos.

Evidentemente, como o NIDA insiste, o desenvolvimento de medicamentos para dor eficazes e não viciantes é uma prioridade de saúde pública. O aumento da população de adultos mais velhos e o número crescente de soldados feridos nas guerras apenas aumentam a urgência dessa questão. Pesquisadores precisam explorar medicamentos alternativos que possam aliviar a dor mas que tenham menos potencial para abuso. Ao mesmo tempo, pesquisadores e profissionais em psicologia podem intervir e fornecer um maior entendimento do tratamento eficaz da dor crônica, incluindo a identificação de fatores que predispõem alguns pacientes a adição e o desenvolvimento de medidas para prevenir o abuso.

P: *Você decide:* Qual é a melhor maneira de equilibrar a necessidade do paciente por alívio da dor com a crise nacional e internacional cada vez maior relacionado ao abuso de analgésicos?

tivo. Em um estudo nacional de pacientes da Veterans Administration, o risco de morte por superdosagem estava diretamente relacionado à dose diária máxima de opiáceos prescrita (Bohnert et al, 2011). Em 2007, as mortes por superdosagem de medicamentos perderam apenas para acidentes de automóvel no *ranking* das principais causas de morte por ferimento não intencional. O número de mortes que envolviam analgésicos opiáceos foi quase duas vezes maior que o de óbitos envolvendo cocaína e quase seis vezes maior que o de mortes que envolviam heroína (Fig. 12.8) (Centers for Disease Control and Prevention, 2012).

A **heroína** é uma forma de opiáceo. Trata-se de uma droga analgésica sintetizada da morfina uma substância de ocorrência natural extraída da vagem da planta da papoula asiática. Os usuários a injetam, cheiram ou fumam. Uma vez ingerida, o corpo a converte em morfina, e então ela se liga aos receptores de opiáceo em todo o cérebro e o corpo, particularmente naquelas áreas envolvidas na percepção de recompensa e dor. Esses receptores também estão localizados no tronco cerebral, que contém estruturas controladoras da respiração, da pressão arterial e da excitação.

heroína
Substância psicoativa que é uma forma de opiáceo, sintetizada da morfina.

Os usuários vivenciam uma onda de sentimentos de euforia junto com boca seca, rubor da pele, peso nos braços e nas pernas e funcionamento mental comprometido. Logo em seguida, alternam entre sensações de vigília e sonolência. Se não injetarem a droga, podem não sentir qualquer euforia. Com seu uso continuado, eles desenvolvem tolerância, significando que precisam de quantidades cada vez maiores de heroína para sentir o mesmo efeito. Essa substância tem um alto potencial para adição, com estimativas de até 23% de todos os usuários desenvolvendo dependência (NIDA, 2011d).

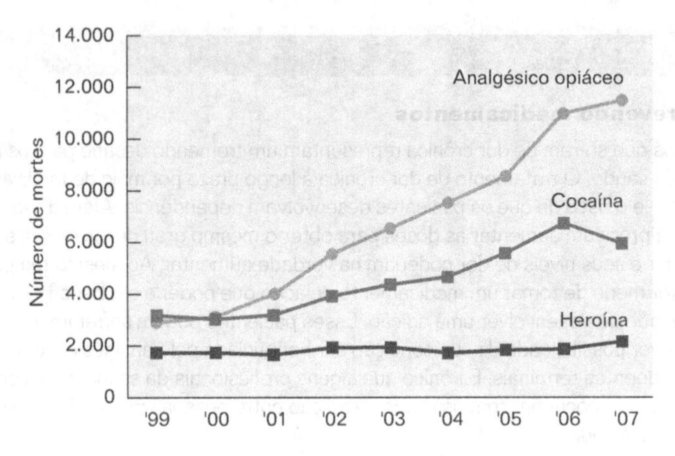

FIGURA 12.8 Mortes não intencionais por superdosagem de medicamentos de acordo com o tipo. Estados Unidos, 1999-2007.

São muitas as consequências graves para a saúde pelo uso da heroína, inclusive *overdoses* fatais, doenças infecciosas (relacionadas ao compratilhamento de agulhas), dano ao sistema cardiovascular, abscessos e doenças hepáticas e renais. Os usuários geralmente estão em mais estado geral e, portanto, mais suscetíveis a pneumonia e outras complicações pulmonares, bem como a danos cerebrais, hepáticos e renais provenientes de contaminantes tóxicos adicionados com frequência à heroína.

Os usuários crônicos de heroína experimentam grave abstinência se descontinuam seu uso. Os sintomas de abstinência podem incluir inquietação, dores musculares e ósseas, insônia, diarreia, vômitos, calafrios e chutes estereotipados. Durante a abstinência, os usuários experimentam graves fissuras, que podem começar 2 ou 3 dias após a interrupção do uso e duram até uma semana, embora elas possam surgir até anos após, quando o indivíduo experimenta certos gatilhos ou estresse. Também há perigo quando da suspensão abrupta, particularmente em usuários de longo prazo que estão em mau estado geral.

Como mostra a Figura 12.2, usuários ativos nos Estados Unidos afirmam que a heroína é uma das substâncias ilegais menos prováveis de ser associada a abuso. Contudo, 359 mil adultos nos Estados Unidos se declararam abusadores ou dependentes de heroína em 2010, um aumento em relação aos 214 mil em 2009 (Substance Abuse and Mental Health Administration, 2011). Em 2010, pesquisadores estimaram a prevalência ao longo da vida entre colegiais veteranos norte-americanos em 1,6%, um discreto aumento em relação aos 1,2% do ano anterior (Johnston et al., 2011).

Sedativos, hipnóticos e ansiolíticos

A categoria dos sedativos, hipnóticos e ansiolíticos (medicamentos contra a ansiedade) inclui medicamentos prescritos que atuam como depressores do sistema nervoso central. Um **sedativo** tem efeito tranquilizante ou calmante, um **hipnótico** induz o sono, e um **ansiolítico** é usado para tratar sintomas de ansiedade. Esses medicamentos depressores do sistema nervoso central podem ser úteis para tratar transtornos de ansiedade e do sono. Seus efeitos sedativos devem-se ao fato de que aumentam os níveis do neurotransmissor GABA, que inibe a atividade cerebral e, portanto, produz efeito calmante. Os transtornos nessa categoria são por uso, intoxicação e abstinência.

sedativo
Substância psicoativa que tem um efeito calmante sobre o sistema nervoso central.

hipnótico
Substância que induz sedação.

ansiolítico
Medicamento contra a ansiedade.

Esses medicamentos estão entre as drogas mais comumente abusadas nos Estados Unidos. Eles incluem benzodiazepínicos, barbitúricos e medicamentos para o sono não benzodiazepínicos, como zolpidem, eszopiclone e zaleplon. Em 2010, 7 milhões de pessoas com mais de 12 anos nos Estados Unidos (0,5%) usaram esses e outros medicamentos com propósitos não médicos. Embora seguros quando usados conforme prescritos, esses fármacos têm alto potencial para abuso e dependência. Quanto mais tempo a pessoa os usa, maior a quantidade necessária para obter seus efeitos sedativos. Além do risco de dependência, também podem causar efeitos danosos em indivíduos que tomam outros medicamentos prescritos ou sem receita (NIDA, 2011g). Entre estudantes veteranos de ensino médio em 2010, 7,5% relataram usar barbitúricos (para propósitos não médicos), e 8,5% declararam terem usado tranquilizantes em algum ponto de suas vidas (Johnston et al., 2011).

Para adultos mais velhos, o risco de abuso desses medicamentos prescritos também é alto, particularmente porque eles podem interagir com álcool e outros fármacos prescritos ou sem receita. Além disso, idosos com declínio cognitivo podem tomar seu medicamento de maneira incorreta, o que, por sua vez, pode levar a mais declínio cognitivo (Whitbourne & Whitbourne, 2011).

Cafeína

Os transtornos inclusos na categoria relacionada à cafeína são intoxicação e abstinência, mas não transtorno por uso de cafeína. A **cafeína** é um estimulante encontrado no café, no chá, no chocolate, em bebidas energéticas, em pílulas de dieta e em medicamentos para dor de cabeça. Ao ativar o sistema nervoso simpático pelo aumento da produção de adrenalina, a cafeína incrementa o nível de energia e alerta percebido pelo indivíduo. Também aumenta a pressão arterial e pode levar à elevação na produção de cortisol do corpo, o hormônio do estresse.

Bebidas energéticas como o Red Bull contêm altas quantidades de cafeína e de outros aditivos, como a taurina, para aumentar a energia. Essas bebidas colocam os consumidores em risco pela ingestão de quantidades excessivas de cafeína, o que pode levar a problemas de saúde importantes.

As bebidas energéticas como o Red Bull, introduzidas na Áustria em 1987 e nos Estados Unidos em 1997, estão se tornando um problema crescente devido aos altos níveis de cafeína que podem conter. O Red Bull contém 80 mg de cafeína, mas o Wired X505 contém 505 mg por lata. Em comparação, uma lata de Coca Cola contém 34,5 mg de cafeína. Em 2006, o consumo dessas bebidas no mundo aumentou em 17%, para 3,5 bilhões de litros, e o mercado para elas continua a crescer exponencialmente. Nos Estados Unidos, pelo menos 130 bebidas energéticas excederam o limite de 0,02% de cafeína, recomendado pela Food and Drug Administration (FDA), a qual não exigiu de forma agressiva nem que os fabricantes cumpram a recomendação, nem que coloquem rótulos de advertência. Embora essa substância seja um aspecto tão comum da vida diária que as pessoas tendem a não tomar conhecimento de seus perigos, a cafeína das bebidas energéticas e de outras fontes pode levar a muitas reações adversas e se tornar uma porta de entrada para outras formas de dependência de substâncias (Reissig, Strain, & Griffiths, 2009).

cafeína
Estimulante encontrado no café, no chá, no chocolate, em bebidas energéticas, em pílulas de dieta e em medicamentos para dor de cabeça.

Já sendo um diagnóstico na CID-10, o DSM-5 foi o primeiro manual de psiquiatria nos Estados Unidos a incluir abstinência de cafeína como um diagnóstico. Seus sintomas incluem cefaleia, cansaço e fadiga, insônia e sonolência, humor disfórico, dificuldade de concentração, depressão, irritabilidade, náusea, vômitos, dores musculares e rigidez. Estima-se que a abstinência de cafeína cause sofrimento e prejuízo significativos no funcionamento diário em 13% das pessoas, de acordo com estudos experimentais (Juliano & Friffiths, 2004).

MINICASO

Intoxicação de cafeína

Carla é uma estudante do primeiro ano de faculdade que se sentiu compelida a ser a melhor em todos os seus esforços e a se envolver em quantas atividades seu tempo e sua energia permitissem. À medida que seus compromissos aumentavam e seus estudos se tornavam mais pesados, Carla se tornou cada vez mais dependente de café, refrigerante e estimulantes vendidos sem receita para reduzir sua necessidade de sono. Durante a semana dos exames finais, exagerou. Por 3 dias diretos, consumiu aproximadamente 10 xícaras de café por dia, junto com alguns tubos de Aeroshot.* Além de seus sintomas corporais de inquietação, espasmos musculares, face corada, distúrbio estomacal e irregularidades cardíacas, Carla começou a divagar enquanto falava. Sua colega de quarto ficou preocupada e insistiu em levá-la ao pronto-socorro, onde o médico de plantão diagnosticou intoxicação de cafeína.

---

* N. de R. T.: Produto à venda nos Estados Unidos que consiste em um tubo com 100 mg de pó de cafeína e vitamina B, cujo conteúdo é aspirado pela boca; promete trazer todos os benefícios do café, eliminando todos os seus malefícios.

HISTÓRIAS REAIS

Robert Downey Jr.: Transtorno por uso de substâncias

Tendo Hollywood como cenário, a história de Robert Downey Jr. lembra a de muitos outros indivíduos que lutam contra o transtorno por uso de substâncias. Quando criança, seu pai, Robert Downey, um ator, produtor e diretor de cinema, o criou em um ambiente rico em uso de drogas e álcool devido a suas próprias lutas com o abuso de substâncias. O próprio Robert começou a usá-las na idade de 6 anos, quando seu pai lhe deu maconha. Em relação a essa época em sua vida, Robert disse: "Quando meu pai e eu consumíamos drogas juntos, era como se ele tentasse expressar seu amor por mim da única maneira que sabia". Esse vínculo entre filho e pai levou à dependência de substâncias de Robert mais tarde em sua vida.

Quando adolescente, ele começou a atuar em pequenos papéis nos filmes de seu pai e na Broadway, até que começou a protagonizar filmes. Durante a década de 1980, chamou atenção por seus papéis em diversos filmes estrelados por um mesmo grupo de atores adolescentes da época, incluindo *Mulher nota 1000 (Weird Science)* e *O rei da paquera (The Pick-up Artist)*, com Molly Ringwald. Sua grande chance veio em 1987, em *Abaixo de zero (Less than Zero)*, no qual desempenhou o papel de um jovem rico cuja vida foi consumida pelo uso de drogas. Ele recebeu muitos elogios por sua representação do personagem, sobre o qual declarou: "O papel era como o fantasma de um Natal futuro", fazendo referência a seu aumento constante no uso de drogas, o qual provocou anos de tumulto na vida do talentoso ator.

À medida que Robert começava a ganhar papéis maiores nos filmes, seus problemas relacionados ao uso de substâncias começaram a tomar conta de sua vida e, em grande parte, a impedir sua carreira profissional. Entre 1996 e 2001, foi preso várias vezes por uso de drogas, incluindo heroína, cocaína e maconha. Ele estava bebendo diariamente e passava grandes quantidades de tempo procurando e usando drogas. Em uma ocasião, em abril de 1996, Robert foi parado por excesso de velocidade no Sunset Boulevard, em Los Angeles, e preso por posse de heroína, de cocaína e de uma arma. Um mês depois, enquanto estava em liberdade condicional, invadiu a casa de um vizinho sob a influência de drogas e desmaiou em uma das camas. Ele foi subsequentemente colocado em liberdade vigiada por três anos com testagem para drogas obrigatória. Quando deixou de fazer um desses exames, foi colocado na prisão por quatro meses.

Semelhante às pessoas que lutam contra os transtornos por uso de substâncias para se livrar do ciclo da adição, Robert teve muitas passagens malsucedidas pela reabilitação. Ele citava com frequência seu uso precoce de drogas e a ligação de seu pai com as drogas como uma razão para sua dificuldade em parar, embora reconhecesse a enormidade de seus problemas. Em 1999, declarou a um juiz: "É como se eu tivesse uma arma em minha boca, com meu dedo no gatilho, e eu gostasse do sabor do metal".

Em 2000, passou um ano em uma instituição de tratamento de abuso de substâncias da Califórnia. Ao receber alta, juntou-se ao elenco do exitoso programa de televisão *Ally McBeal*. Mesmo seu papel sendo um enorme sucesso que levou a um aumento na audiência, ele foi cortado do programa após ser preso novamente por posse de drogas.

Em uma entrevista para Oprah Winfrey, em 2004, Robert declarou: "Quando alguém diz 'Será que eu realmente devo ir para a reabilitação?' Bem, uh, você é um desastre, você perdeu seu emprego, e sua esposa o deixou. Uh, você poderia, querer tentar... Eu finalmente disse 'sabe o que mais? Não acho que possa continuar desse jeito'. E procurei ajuda, corri atrás dela... você pode procurar ajuda de uma forma meia-boca e vai encontrar, mas não vai tirar proveito dela. Não é difícil superar esses problemas aparentemente sinistros... o difícil é decidir realmente fazê-lo".

Ainda que ele fosse obrigado pela justiça a ir para reabilitação, isso o ajudou a ser bem-sucedido em tornar-se abstinente do uso de drogas. Ao alcançar a sobriedade, Robert voltou para Hollywood e, depois de vários anos atuando em papéis menores em filmes independentes, sua carreira decolou após seu retorno no exitoso *Homem de ferro*. Depois desse sucesso, passou a atuar em papéis principais em diversos filmes de Hollywood, um feito que teria parecido inimaginável nos momentos mais difíceis de sua vida.

Particularmente perigosa é a combinação de cafeína e álcool, um problema que é mais grave nos *campi* universitários. Em um levantamento de estudantes universitários, mais de um quarto relatou que tinha misturado álcool e bebidas energéticas no mês anterior; destes, quase metade usou mais de três bebidas energéticas de uma vez (Malinauskas, Aeby, Overton, Carpenter-Aeby, & Barber-Heidal, 2007). Quando combinam álcool e cafeína, os usuários podem não perceber o quanto estão intoxicados e, como resultado, podem ter uma prevalência mais alta de consequências relacionadas ao álcool (Reissig et al., 2009).

Tabaco

Os riscos do tabaco para a saúde são bem conhecidos e estão associados sobretudo com fumar cigarros, que contêm alcatrão, monóxido de carbono e outros aditivos. A nicotina é a substância psicoativa encontrada nos cigarros. Prontamente absorvida na corrente sanguínea, também está presente no tabaco para mascar, no tabaco para cachimbo e nos charutos. O fumante típico dá 10 tragadas em um cigarro durante um período de 5 minutos; um indivíduo que fuma 1,5 maço de cigarros, portanto, dá 300 "tragadas" de nicotina por dia (National Institute on Drug Abuse, 2011a). As pessoas podem ser diagnosticadas com transtorno por uso ou abstinência de tabaco, mas não intoxicação.

nicotina
Substância psicoativa encontrada nos cigarros.

Quando entra na corrente sanguínea, a nicotina estimula a liberação de adrenalina (norepinefrina), que ativa o sistema nervoso autônomo e aumenta a pressão arterial, a frequência cardíaca e a respiração. Como outras substâncias psicoativas, ela aumenta o nível de dopamina, afetando os centros de recompensa e prazer do cérebro. As substâncias encontradas na fumaça do tabaco, como o acetaldeído, podem intensificar ainda mais os efeitos da nicotina no sistema nervoso central. Os sintomas de abstinência associados com a interrupção do uso de tabaco incluem irritabilidade, dificuldades de concentração e fortes fissuras por nicotina.

Embora as taxas de tabagismo estejam diminuindo nos Estados Unidos - de 26% da população com 12 anos ou mais, em 2002, para 23%, em 2010 – permaneceu a partir de 2010 uma taxa de 40,8% entre adultos jovens de 18 a 25 anos. A taxa entre adolescentes de 12 a 17 anos em 2010 era de 10,7% (SAMHSA, 2011). Entre estudantes de ensino médio mais velhos, entretanto, a taxa de prevalência estimada ao longo da vida é de 42,2% (Johnston et al., 2011).

Inalantes

Os inalantes são um grupo variado de substâncias que causam efeitos psicoativos pela produção de vapores químicos. Esses produtos não são em si prejudiciais; na verdade, são encontrados comumente em casa e no trabalho. Há quatro categorias de inalantes: solventes voláteis (diluentes ou removedores de tintas, líquidos de limpeza a seco, gasolina, cola e fluido de isqueiro), aerossóis (*sprays* que contêm propulsores e solventes), gases (isqueiros de butano e botijões de propano, éter e óxido nitroso) e nitritos (uma categoria especial de produtos usados como potenciadores sexuais). Os adolescentes mais jovens (de 12 a 15 anos) tendem a inalar cola, graxas de sapato, tintas, gasolina e fluido de isqueiro, enquanto os mais velhos (de 16 a 17 anos) inalam óxido nitroso, e os adultos (18 anos ou mais) são mais propensos a inalar nitritos. Na categoria dos transtornos por inalantes, os indivíduos podem ser diagnosticados por uso ou intoxicação, mas não por abstinência.

inalantes
Grupo variado de substâncias que causam efeitos psicoativos pela produção de vapores químicos.

Os efeitos de um inalante tendem a ser de curta duração; por isso, os usuários costumam estender seu barato inalando repetidamente durante um período de várias horas. Essas drogas têm efeitos semelhantes ao álcool, incluindo fala arrastada, perda de coordenação, euforia, tontura e, com o tempo, perda de inibição e controle. Os usuários podem vivenciar sonolência e cefaleias, mas, dependendo da substância, também podem se sentir confusos e nauseados. Os vapores deslocam o ar nos pulmões, causando hipoxia (privação de oxigênio), que é particularmente letal para os neurônios no sistema nervoso central. O uso de longo prazo também pode causar a deterioração da bainha de mielina em torno do axônio, levando a tremores, espasmos musculares e talvez dano muscular permanente. As substâncias químicas nos inalantes também podem causar insuficiência cardíaca e morte súbita (NIDA, 2011e).

Como mostra a Tabela 12.2, menos de 1% da população com mais de 12 anos nos Estados Unidos era usuário atual de inalantes. Entretanto, estima-se que 3,6% dos estudantes de ensino médio mais velhos tenham relatado seu uso em 2010 (Johnston et al., 2011).

Teorias e tratamento de transtornos por uso de substâncias

Visto que todas as substâncias psicoativas operam nos sistemas de recompensa e prazer no cérebro, existem semelhanças entre os mecanismos pelos quais as pessoas desenvolvem dependência de substâncias que não o álcool e aqueles envolvidos na própria dependência do álcool. Todavia, há diferenças importantes relacionadas à substância específica – por exemplo, quais caminhos de receptores ela envolve, o fator psicossocial associado à maneira como os usuários adquirem dependência e, finalmente, quais métodos são mais adequados para o tratamento.

Perspectivas biológicas

A evidência de pesquisa apoia claramente a importância da genética no desenvolvimento de problemas sérios com substâncias. Estudos extensivos em seres humanos e em cobaias animais (camundongos) sugerem possíveis anormalidades genéticas no receptor de opiáceo no cromossomo 1 (OPRM1), as quais poderiam estar envolvidas na suscetibilidade ao álcool e a outras substâncias, bem como na sensibilidade a dor. Uma segunda anormalidade genética aparece no cromossomo 15, em um agrupamento de subunidades de receptores nicotínicos (CHRNA-3, -5 e -4) envolvidas na dependência de nicotina. A terceira é uma anormalidade bastante estudada que afeta a catecol-O-metiltransferase (COMT), associada com sensibilidade a dor, ansiedade e abuso de substância (Palmer & de Wit, 2011). Os pesquisadores associaram alterações no gene que codifica o receptor de adenosina A2A no cromossomo 22 a diferenças individuais no consumo de cafeína e aos efeitos desta sobre o sono, eletrencefalogramas e ansiedade (Reissig et al., 2009).

Comparadas aos tratamentos biológicos para dependência de álcool, existe uma evidência fraca da eficácia de farmacoterapias (Arias & Kranzler, 2008). Não existem tratamentos aprovados pela FDA para dependência de cocaína, mentanfetaminas, maconha, alucinógenos, *ecstasy* ou opiáceos de prescrição. Existem, entretanto, diversos tratamentos para dependência de heroína que são particularmente eficazes quando combinados com intervenções comportamentais.

A desintoxicação assistida por médico é o primeiro passo no tratamento da dependência de heroína. Durante a desintoxicação, os indivíduos podem receber medicamentos para minimizar os sintomas de abstinência. Para prevenir a recaída, os médicos podem usar um ou mais entre três medicamentos diferentes. A **metadona** é um opiáceo sintético que bloqueia os efeitos da heroína ligando-se aos mesmos sítios receptores no sistema nervoso central. O próprio uso da metadona envolve tratamento especializado, que inclui aconselhamento de grupo e/ou individual junto com encaminhamentos para outros serviços médicos, psicológicos ou sociais. Desenvolvida há 30 anos, a metadona não é considerada um tratamento ideal devido a seu potencial para dependência, mesmo quando combinada com intervenções psicossociais. A **buprenorfina**, aprovada pela FDA em 2002, produz menos dependência física, risco mais baixo de superdosagem e menos efeitos de abstinência. Desenvolvida originalmente como um analgésico, ela também é aprovada para o tratamento de dependência de opiáceos. A FDA também aprovou a **naltrexona** para dependência de heroína, mas seu uso não é amplo porque os pacientes são menos propensos a cumprir o tratamento.

metadona
Opiáceo sintético que produz uma reação mais segura e mais controlada do que a heroína e que é usado para tratar adição de heroína.

buprenorfina
Medicamento usado no tratamento de adição de heroína.

naltrexona
Medicamento usado no tratamento de adição de heroína.

Para dependência de nicotina, podem usados tratamentos de base biológica. As terapias de reposição de nicotina (NRTs), incluindo chicletes e adesivos de nicotina, foram os primeiros tratamentos farmacológicos aprovados pela FDA. Estes liberam doses controladas da substância para aliviar os sintomas de abstinência. Outros produtos aprovados pela FDA incluem *sprays* nasais, inaladores e pastilhas. Entretanto, a capacidade do adesivo de tratar dependência foi posta em dúvida. Em um estudo de acompanhamento de quase 800 fumantes, não houve diferenças nas taxas de recaída entre os que usaram e os que não usaram o adesivo (Alpert, Connolly, & Biener, 2012). Outras abordagens biológicas à dependência de nicotina são medicamentos que não envolvem liberação de nicotina, incluindo bupropiona, um antidepressivo, e tartarato de vareniclina, que visa aos receptores de nicotina no cérebro.

Perspectivas psicológicas A abordagem cognitivo-comportamental ao entendimento dos transtornos por uso de substâncias fornece uma contraparte importante às teorias e aos tratamentos biológicos. Quer os indivíduos com dependência de substâncias que não o álcool recebam ou não tratamento biológico, a terapia cognitivo-comportamental (TCC) é agora amplamente entendida como um componente crucial do tratamento bem-sucedido (Arias & Kranzler, 2008).

Os princípios do tratamento de transtornos por uso de substâncias que não o álcool por meio da TCC são semelhantes àqueles envolvidos no tratamento de dependência de álcool. Como já foi observado no capítulo, há também um alto grau de comorbidade entre dependência de álcool e de outras drogas. Estudos bem controlados apoiam a eficácia da TCC para populações dependentes de uma ampla variedade de substâncias. Os clínicos podem combinar TCC com terapias motivacionais, bem como com intervenções comportamentais focalizadas na gestão de contingências. Além disso, podem facilmente adaptar a TCC a uma variedade de modalidades clínicas, contextos e faixas etárias. Dadas as limitações do tratamento apenas com medicamentos, a TCC também fornece um adjuvante eficaz tanto para os pacientes internados como para os ambulatoriais. A capacidade de ajudar os clientes a desenvolver habilidades de enfrentamento também é útil para promover a adesão a farmacoterapias como metadona e naltrexona. Visto serem breves e altamente focalizadas, essas intervenções são adaptáveis a clientes tratados por planos de saúde que podem não ter acesso a tratamento de mais longo prazo (Carroll, 2011).

12.3 Transtornos não relacionados a substâncias

Transtorno do jogo

As pessoas que têm **transtorno do jogo** são incapazes de resistir aos impulsos recorrentes de jogar apesar de saberem que isso ocasionará consequências negativas para si mesmos ou para os outros. O diagnóstico de transtorno do jogo no DSM-IV-TR incluía jogo patológico como um transtorno do controle dos impulsos. No DSM-5, ele aparece com os transtornos por uso de substância, uma vez que agora se tem a ideia de que apresenta muitos dos mesmos comportamentos, tais como fissuras, necessidades crescentes de realizar o comportamento e consequências sociais negativas. Os aspectos únicos do transtorno do jogo incluem comportamentos vistos quando as pessoas se envolvem na perseguição de uma aposta ruim, mentem sobre o quanto perderam, buscam empréstimos financeiros e cometem crimes para sustentar seu vício.

transtorno do jogo Transtorno não relacionado a substâncias que envolve o impulso persistente de jogar.

À medida que locais para jogos continuam a se tornar cada vez mais acessíveis, incluindo os jogos na internet, a incidência do transtorno do jogo parece estar aumentando. Entre países com jogo legalizado, as estimativas de prevalência ao longo da vida variam aproximadamente de 0,5 até 3,5% da população adulta (Stucki & Rihs-Middel, 2007). Nos Estados Unidos, embora a maioria dos adultos tenha jogado em algum ponto de suas vidas, estima-se que o transtorno do jogo seja diagnosticável em 0,6%. Além disso, quanto maior o número de ocasiões em que as pessoas jogaram, maiores suas chances de desenvolver transtorno – com a prevalência mais alta ocorrendo após terem jogado mil vezes em suas vidas.

O transtorno do jogo frequentemente existe junto com outros transtornos psicológicos. O risco mais alto de desenvolvê-lo ocorre entre indivíduos que preferem jogos que envolvem habilidade mental (como cartas), seguido por apostas em esportes, máquinas caça-níqueis e corridas de cavalos ou brigas de galo/cães (Kessler et al., 2008). Pessoas com esse transtorno que apostam em esportes tendem a ser homens jovens com transtornos por uso de substâncias. Existe mais probabilidade de que apostadores em máquinas caça-níqueis sejam mulheres mais velhas com taxas mais altas de outros transtornos psicológicos e que começam a jogar em uma idade mais tardia (Petry, 2003). Em geral, as mulheres são menos propensas que os homens a se envolver em jogos que dependem de estratégia, como o pôquer (Odlaug, Marsh, Kim, & Grant, 2011).

Indivíduos com transtorno do jogo frequentemente vivenciam problemas financeiros graves devido a sua incapacidade de parar de apostar dinheiro, não importa o quanto tentem.

Conforme já foi mencionado, inidvíduos com transtorno do jogo também têm altas taxas de outros transtornos, em particular dependência de nicotina (60%), dependência de outras substâncias (58%), transtorno do humor (38%) e transtorno de ansiedade (37%). É mais provável que os transtornos do humor e de ansiedade precedam o início de transtorno do jogo do que sejam consequência dele (Lorains, Cowlishaw, & Thomas, 2011). Infelizmente, a probabilidade de um indivíduo sempre ter sintomas de transtorno do jogo continua a prever comportamento de jogo. Um acompanhamento de veteranos da Guerra do Vietnã mostrou que mesmo após controlá-los para genética familiar, educação, uso de substância e outros transtornos, os homens com mais probabilidade de mostrar sinais da condição eram aqueles que apresentavam sintomas nos 10 anos anteriores (Scherrer et al., 2007).

Anormalidades em múltiplos neurotransmissores, incluindo dopamina, serotonina, noradrelina e opiáceo, podem contribuir para o transtorno do jogo. Os comportamentos repetitivos característicos desse transtorno podem ser vistos como resultado de um desequilíbrio entre dois mecanismos neurobiológicos concorrentes e relativamente separados – aqueles envolvidos nos impulsos e aqueles envolvidos no controle cognitivo (Grant, Chamberlain, Odlaug, Potenza, & Kim, 2010). Também pode haver contribuições genéticas, talvez relacionadas com anormalidades nos genes dos receptores de dopamina (Lobo et al., 2010).

De um ponto de vista comportamental, o transtorno do jogo pode se desenvolver em parte porque o jogo segue um esquema de reforço de razão variável quando as recompensas ocorrem, em média, a cada "X" número de vezes. Esse padrão de reforço produz comportamentos que são altamente resistentes a extinção. As máquinas caça-níqueis, em particular, produzem compensações nesse tipo de esquema, mantendo altas taxas de resposta pelos jogadores. O condicionamento clássico também está envolvido na manutenção desse comportamento, porque os jogadores aprendem a associar certos sinais ao jogo, incluindo seus estados ou humores internos e estímulos externos, como os anúncios de jogos.

Os fatores cognitivos também desempenham um papel importante no transtorno do jogo. Pessoas com essa condição parecem se envolver em um fenômeno conhecido como "desconto probabilístico das recompensas", no qual desconsideram ou desvalorizam as recompensas que poderiam obter no futuro comparadas àquelas que poderiam

TABELA 12.4 Distorções cognitivas comuns em pessoas com transtorno do jogo

Tipo de heurística	Distorções cognitivas derivadas de heurísticas	Exemplo
Representatividade	Falácia do jogador	Quando os eventos gerados por um processo aleatório se desviaram da média da população em um curto prazo, como, por exemplo, uma bola da roleta caindo no vermelho quatro vezes seguidas, os indivíduos podem acreditar erroneamente que o desvio oposto (p. ex., as bolas caírem no preto) se torna mais provável.
	Excesso de confiança	Indivíduos expressam um grau de confiança em seu conhecimento ou em sua capacidade que não é justificado pela realidade objetiva.
	Tendências a escolher números	Jogadores de loteria em geral tentam aplicar padrões aleatórios de longo prazo para sequências curtas em suas escolhas, como, por exemplo, evitar números duplicados e dígitos adjacentes na sequência de números.
Disponibilidade	Correlações ilusórias	Indivíduos acreditam, devido a experiências ou percepções anteriores, na correlação entre acontecimentos que não têm ligação, como, por exemplo, usar de novo um "chapéu da sorte" que usaram quando venceram anteriormente.
	Disponibilidade de vitórias dos outros	Quando veem e ouvem outros jogadores vencendo, indivíduos começam a acreditar que ganhar é uma ocorrência regular, o que lhes reforça a crença de que vencerão se continuarem a jogar.
	Viés de memória inerente	Indivíduos tendem a lembrar dos ganhos com maior facilidade do que das perdas. Eles então reformulam suas memórias em relação a experiências de jogo de uma forma que focaliza as positivas (ganhos) e desconsidera as negativas (perdas). Isso os faz racionalizar sua decisão de continuar jogando.
Outras distorções cognitivas	Ilusão de controle	Indivíduos têm uma expectativa de sucesso mais alta do que a probabilidade objetiva justificaria.
	Alternância e alternância dupla	Indivíduos reconhecem os erros e processam situações relacionadas a jogo de uma forma racional quando não estão participando de forma ativa, mas abandonam o pensamento racional quando tomam parte pessoalmente no jogo.

FONTE: Fortune & Goodie, 2011.

obter imediatamente (Petry, 2011). Elas também apresentam outras distorções cognitivas, muitas das quais envolvem mau julgamento das probabilidades de que seu jogo leve a desfechos bem-sucedidos, como mostrado na Tabela 12.4.

A perspectiva biopsicossocial parece ter particular relevância para o entendimento do transtorno do jogo. De acordo com o modelo de caminhos, a vulnerabilidade genética interage com as habilidades deficientes de enfrentamento e de solução de problemas desses indivíduos para torná-los particularmente suscetíveis às primeiras experiências de jogo, como ter sorte de principiante ("a grande vitória"). Isso, combinado com fatores socioculturais, pode empurrar o indivíduo para sintomas mais sérios. O modelo de caminhos prediz que há três caminhos principais que levam a três subtipos de pessoas com transtorno do jogo. O subtipo comportamentalmente condicionado refere-se àqueles que tinham poucos sintomas antes de desenvolver o transtorno, mas, por meio de exposição frequente a jogo, desenvolvem associações positivas, cognições distorcidas e tomada de decisão ruim em relação ao jogo. O subtipo emocionalmente vulnerável

modelo de caminhos
Abordagem ao transtorno do jogo que prediz a existência de três caminhos principais que levam a três subtipos.

diz respeito àquele que tinha depressão, ansiedade e talvez uma história de trauma preexistentes; o jogo ajuda esse indivíduo a se sentir melhor. O terceiro tipo de pessoa com transtorno do jogo tem impulsividade, dificuldades de atenção e características antissociais preexistentes. Para esse indivíduo, o risco de jogar proporciona emoções e excitação (Hodgins & Peden, 2008).

Pesquisadores estão começando a investigar a possibilidade de tratar transtorno do jogo com medicamentos que visem determinados neurotransmissores. Um conjunto de medicamentos é composto por aqueles que atuam nos opiáceos para reduzir o impulso de beber em pessoas com dependência de álcool, como naltrexona e sua forma de ação prolongada, nalmefine (Grant, Odlaug, Potenza, Hollander, & Kim, 2010). Outro medicamento promissor é a memantina, usada como tratamento para doença de Alzheimer. Pessoas com transtorno do jogo apresentaram melhora do controle cognitivo presumivelmente devido ao efeito do medicamento sobre os receptores de glutamato (Grant, Chamberlain et al., 2010).

Com base no modelo de caminhos, mesmo que seja encontrado um medicamento que possa reduzir o transtorno do jogo, indivíduos com essa condição ainda necessitariam de intervenções psicossociais. Embora muitos jogadores busquem ajuda dos Jogadores Anônimos, há poucos estudos sobre sua eficácia. A intervenção mais profundamente estudada é a TCC. Um tratamento cognitivo-comportamental típico envolveria os seguintes passos. Primeiro, o clínico ensina os clientes a entender os gatilhos para seu impulso de jogar, pedindo-lhes que descrevam seu padrão de comportamentos de jogo. Por exemplo, gatilhos comuns incluem tempo não estruturado ou livre; estados emocionais negativos; lembretes, como assistir a esportes ou propagandas; e ter algum dinheiro disponível. Ele também determinaria as ocasiões em que os sujeitos não jogam. Os clínicos usam essa informação para ajudar seus clientes a analisar as ocasiões em que jogam e aquelas em que não jogam. Após essa avaliação, eles continuam em sessões subsequentes a trabalhar para auxiliá-los a aumentar as atividades prazerosas, a pensar em formas de lidar com fissuras e impulsos, a se tornar mais assertivos e a corrigir suas cognições irracionais. No final do tratamento, ajudariam a preparar os clientes para retrocessos usando métodos de prevenção de recaída (Morasco, Ledgerwood, Weinstock, & Petry, 2009).

Além de classificar o transtorno do jogo como um transtorno não relacionado a substâncias, os autores do DSM-5 consideraram incluir o transtorno de jogos da internet nessa categoria. Contudo, por enquanto, eles o incluíram na Seção III como um transtorno que requer mais estudos. Ainda que haja ampla evidência a indicar que jogar pela internet está se tornando um comportamento problemático por si próprio, a pesquisa disponível não foi considerada suficientemente bem desenvolvida para justificar a inclusão no sistema de diagnóstico no presente momento. Grande parte dos dados em apoio a essa condição foi produzida por estudos conduzidos na Ásia e usou definições inconsistentes do fenômeno. Portanto, a força-tarefa do DSM-5 acreditou que mais investigações são necessárias para produzir estimativas de prevalência confiáveis. Outros transtornos que esse grupo considerou incluir foram "adição de sexo", "adição de exercícios" e "adição de compras", para citar apenas alguns. Entretanto, também acreditava que havia ainda menos estudos empíricos em artigos revisados por pares para justificar-lhes a inclusão mesmo na Seção III.

12.4 Transtornos por uso de substâncias: a perspectiva biopsicossocial

Como vimos neste capítulo, o modelo biopsicossocial é de extrema utilidade para entender o transtorno por uso de substância e as abordagens ao tratamento. A genética desempenha claramente um papel no desenvolvimento dessas doenças, e a ação das substâncias sobre o sistema nervoso central também desempenha um papel na manutenção da dependência. As questões de desenvolvimento em particular são fundamentais para entender a natureza desses transtornos, que frequentemente têm suas origens nos últimos anos da infância e no início da adolescência. Além disso, visto que álcool, drogas e medicamentos com alto potencial de abuso continuam a ser bastante acessíveis, os fatores socioculturais exercem grande influência na manutenção da dependência entre os usuários. As adições têm caracterizado o comportamento humano ao longo dos milênios; entretanto, com mais educação pública, em conjunto com avanços nas intervenções tanto genéticas quanto psicoterapêuticas, pode permitir que também vejamos igualmente avanços na prevenção.

Retorno ao caso: Carl Wadsworth

Carl a princípio teve algumas dificuldades para encontrar um grupo do AA no qual se sentisse à vontade, mas, depois que o encontrou, começou a frequentá-lo diariamente e permaneceu bastante motivado a se abster de beber. Ele fez amizade com muitos membros do grupo e, pela primeira vez em sua vida, sentiu que tinha um grupo de apoio de amigos. Carl iniciou um curso de medicamento estabilizador do humor que não requeria testes sanguíneos semanais e que resultou em bem menos efeitos colaterais do que o lítio, o que foi útil para encorajá-lo a continuar tomando regularmente seu medicamento. Na psicoterapia, Carl e seu terapeuta concentraram-se em processar o que ele estava aprendendo no AA, bem como em técnicas de monitoração do humor para seu transtorno bipolar. Ele continuará morando com Janice até se sentir estável o suficiente para procurar um emprego e recomeçar a se sustentar.

Reflexões da dra. Tobin: O caso de Carl é um pouco incomum, uma vez que em muitos indivíduos com essa condição o abuso e/ou dependência de substância começam mais cedo na vida. É interessante que Carl tenha sido capaz de se abster de beber por muitos anos antes de ser tentado por seu chefe. Até aquele momento, ele havia mostrado boa percepção de que poderia ser geneticamente predisposto a transtorno por uso de álcool, com base na história de seus pais. Na terapia, Carl pode explorar as razões para ter começado a beber a fim de ganhar a aprovação de seu chefe.

O caso de Carl é um bom exemplo da combinação destrutiva de transtorno por uso de álcool e outro transtorno psicológico. Infelizmente, a ocorrência dessa comorbidade não é rara, de modo especial entre aqueles que sofrem de transtornos do humor, devido aos efeitos de automedicação que o álcool às vezes propicia. O lapso de Carl no julgamento, quando concordou em beber com seu chefe, foi um fato infeliz, e demonstra o poder destrutivo da dependência de álcool, bem como a rapidez com que ela pode assumir o controle da vida da pessoa. Felizmente, os transtornos por uso de álcool costumam ter um bom prognóstico após intervenção adequada, e não são incuráveis. Carl terá que se esforçar para permanecer sóbrio e monitorar seu transtorno bipolar. Grande parte do foco de seu tratamento será manter seu humor estável a fim de prevenir recaída no abuso de álcool no futuro. O importante é que Carl parece estar muito motivado a permanecer abstinente e a reorganizar sua vida. Ter encontrado um grupo de apoio do AA no qual sente que pode confiar é um aspecto crucial de seu tratamento e será uma fonte de apoio maravilhosa que o ajudará em sua recuperação.

Resumo

- Uma **substância** é um produto químico que altera o humor ou o comportamento de uma pessoa quando fumado, injetado, bebido, inalado ou ingerido. **Intoxicação de substância** é a experiência mal-adaptativa temporária de alterações comportamentais ou psicológicas que se devem ao acúmulo de uma substância no corpo. Quando algumas substâncias são descontinuadas, as pessoas podem vivenciar sintomas de **abstinência**, que envolvem um conjunto de distúrbios físicos e alterações psicológicas. Para neutralizar os sintomas de abstinência, as pessoas tendem a usar mais da substância, provocando o desenvolvimento de **tolerância**. **Transtorno por uso de substância** é um agrupamento de sintomas cognitivos, comportamentais e fisiológicos que indicam que o indivíduo usa uma substância apesar de problemas significativos relacionados a ela.
- Aproximadamente 1 em 7 norte-americanos tem uma história de abuso ou dependência de álcool. Os efeitos de curto prazo do uso dessa substância são atraentes para muitas pessoas devido a suas qualidades sedativas, embora efeitos colaterais, como as ressacas, causem sofrimento. Os efeitos de longo prazo do consumo pesado são preocupantes e envolvem prejuízo sério a muitos órgãos do corpo, resultando em problemas médicos e

possivelmente demência. Pesquisadores no campo da dependência de álcool estavam entre os primeiros a propor o modelo biopsicossocial para explicar o desenvolvimento de um transtorno psicológico. Na esfera dos contribuintes biológicos, eles concentraram-se no papel da genética à luz do fato de a dependência ocorrer em famílias. Essa linha de pesquisa focalizou os marcadores e o mapeamento genético. As terapias psicológicas focalizam-se em conceitos derivados da teoria comportamental, bem como nas perspectivas cognitivo-comportamentais e da aprendizagem social. Por exemplo, de acordo com o bem aceito modelo de expectativa, as pessoas com transtorno por uso de álcool desenvolvem crenças problemáticas sobre essa substância cedo na vida por meio de reforço e observação. Os pesquisadores e os teóricos que trabalham conforme a perspectiva sociocultural consideram os estressores na família, na comunidade e na cultura fatores que levam a pessoa a desenvolver transtorno por uso de álcool.

- Os clínicos podem planejar o tratamento para problemas de álcool em vários graus com base nas três perspectivas. Em termos biológicos, medicamentos podem ser usados para controlar sintomas de abstinência ou aqueles associados com condições coexistentes ou para provocar náusea após ingestão de álcool. Os clínicos usam várias intervenções psicológicas, algumas das quais baseadas em técnicas comportamentais e cognitivo-comportamentais. O Alcoólicos Anônimos é um programa de recuperação de 12 passos construído sobre a premissa de que o alcoolismo é uma doença.
- Os **estimulantes** têm um efeito ativador sobre o sistema nervoso. As **anfetaminas** em quantidades moderadas causam euforia, confiança aumentada, loquacidade e energia. Em doses mais altas, o usuário tem reações mais intensas e, com o tempo, pode se tornar adito e desenvolver sintomas psicóticos. Usuários de **cocaína** vivenciam efeitos estimulantes por um período de tempo mais curto, contudo bastante intensos. Em doses moderadas, a substância leva a euforia, excitação sexual, potência, energia e loquacidade. Em doses mais altas, sintomas psicóticos podem se desenvolver. Além dos sintomas psicológicos perturbadores, problemas médicos sérios podem surgir do uso de cocaína. A ***Cannabis***, ou maconha, causa percepção e sensações corporais alteradas, bem como reações comportamentais e psicológicas mal-adaptativas. A maioria dos efeitos agudos da intoxicação de *Cannabis* é reversível, mas um longo período de abuso tem a probabilidade de levar a dependência e produzir efeitos psicológicos e físicos adversos. Os **alucinógenos** causam experiências perceptuais anormais na forma de ilusões e alucinações. Os opiáceos incluem substâncias de ocorrência natural (p.ex., morfina e ópio), bem como drogas semissintéticas (p.ex., heroína) e sintéticas (p. ex., metadona). Os usuários de **opiáceos** vivenciam um "barato", que envolve uma variedade de reações psicológicas e sensações corporais intensas, algumas das quais refletem sintomas potencialmente fatais, em particular durante episódios de abstinência. Os **sedativos, hipnóticos** e **ansiolíticos** são substâncias que induzem relaxamento, sono, tranquilidade e redução da consciência. Embora não seja considerada uma substância de abuso, altos níveis de **cafeína** podem causar uma série de problemas psicológicos e físicos. A **nicotina**, a substância química psicoativa encontrada no tabaco, é altamente viciante. A abstinência de nicotina pode resultar em transtornos do humor e do comportamento.
- O **transtorno do jogo** é caracterizado pelo impulso persistente de jogar. Indivíduos com esse transtorno podem se sentir incapazes de parar de participar de eventos de jogo, mesmo após perdas financeiras e materiais significativas.
- Vários programas de tratamento para pessoas com transtornos relacionados a substâncias surgiram de acordo com a perspectiva biopsicossocial. O tratamento biológico pode envolver a prescrição de substâncias que bloqueiam ou reduzem as fissuras. O tratamento comportamental envolve técnicas como a gestão de contingências, enquanto os terapeutas utilizam métodos cognitivo-comportamentais para ajudar os clientes a modificar seus pensamentos, expectativas e comportamentos associados com uso de drogas. Planos de **prevenção de recaída** detalhados são uma parte importante dos programas de tratamento relacionados ao álcool.

Termos-chave

Transtornos Neurocognitivos

SUMÁRIO

Objetivos de aprendizagem

13.1 Descrever as características dos transtornos neurocognitivos.

13.2 Identificar os sintomas de *delirium*.

13.3 Entender os sintomas, as teorias e o tratamento de transtorno neurocognitivo devido à doença de Alzheimer.

13.4 Explicar as diferenças entre transtornos neurocognitivos que não estão relacionados a doença de Alzheimer.

13.5 Identificar transtornos neurocognitivos devidos a lesão cerebral traumática.

13.6 Descrever os transtornos neurocognitivos induzidos por substâncias/medicamentos e devido a infecção por HIV.

13.7 Explicar os transtornos neurocognitivos devidos a outra condição médica.

13.8 Analisar os transtornos neurocognitivos por meio da perspectiva biopsicossocial.

Relato de caso: Irene Heller

Informação demográfica: Irene é uma mulher caucasiana de 76 anos de idade.

Problema apresentado: Irene foi encaminhada para testagem neuropsicológica por seu clínico geral, que observou um declínio significativo em sua memória e seu funcionamento motor em relação ao ano anterior. Durante uma avaliação física de rotina, o médico de Irene relatou que ela exibira prejuízos cognitivos e reflexos anormais. Ela foi encaminhada a um especialista particular para testagem neurocognitiva.

Durante a entrevista inicial, antes da testagem neuropsicológica ser realizada, Irene foi indagada sobre seu funcionamento cognitivo. Sua filha Jillian a acompanhou à consulta. Irene teve dificuldade para responder a algumas das perguntas na entrevista, e, portanto, Jillian forneceu a maior parte das informações. Relatou que a visita de sua mãe ao médico não foi o primeiro sinal de alguma anormalidade recente em seu comportamento e que, ao longo do mês anterior, tanto ela como seus irmãos perceberam que a mãe estava agindo de maneira estranha. Irene atualmente vive sozinha na cidade onde moram dois de seus filhos. Em duas ocasiões diferentes, os vizinhos de Irene, segundo seus próprios relatos, a tinham encontrado de camisola no estacionamento do edifício em que reside, tarde da noite, parecendo "totalmente fora da casinha". Eles a levaram de volta a seu apartamento, embora ela não se lembre desses incidentes.

Quando questionada sobre quaisquer mudanças físicas recentes que tivesse percebido, Irene declarou que estava tendo dificuldades para escrever porque não conseguia segurar canetas ou outros instrumentos de escrita. Como resultado, disse que não tinha sido capaz de pagar suas contas e que às vezes tinha problemas para preparar sua comida. Na verdade, ela notou que tinha perdido cerca de 4 kg ao longo dos últimos dois meses em razão disso. Jillian também contou ter percebido que recentemente sua mãe estava tendo dificuldades significativas para caminhar. Por isso, Irene preferia ficar em casa e tinha começado a deixar de lado muitas atividades que antes apreciava, incluindo passar um tempo com sua família e jogos de *bridge* semanais.

Jillian acrescentou que Irene em geral telefonava para ela e para seu irmão pelo menos uma vez por dia, e que eles faziam refeições juntos uma ou duas vezes por semana. Relatou que, durante os últimos dois meses, quando ela ou o irmão telefonavam para a mãe, sua fala às vezes era difícil de entender e Irene esquecia com quem estava falando no meio da conversa. Tudo isso era muito perturbador para Jillian, embora Irene não fosse capaz de confirmar muito do que a filha estava relatando. "Eu acho que às vezes tenho dificuldade para pagar minhas contas ou para telefonar para os meus filhos. Eu acho que só não sinto vontade nesses dias."

Jillian declarou que ela e seu irmão acreditavam que talvez o comportamento da mãe decorresse de razões médicas. Irene tinha sido diagnosticada com diabetes tipo II e, de acordo com a filha, tinha esquecido de verificar o açúcar sanguíneo e de aplicar insulina dois dias seguidos. Uma vez que não tinham falado com sua mãe, Jillian e seu irmão Steve não tinham conhecimento de que isso estava ocorrendo. Quando ficaram sem notícias de Irene, ambos foram à casa dela, encontrando-a quase inconsciente na sala. Após lhe administrarem insulina, os irmãos marcaram uma consulta com o clínico geral dela para o dia seguinte.

Após a entrevista clínica, Irene completou a testagem psicológica, que consistiu em uma bateria de testes cognitivos que visava medir seu funcionamento cognitivo global.

História relevante: Irene relatou que tinha permanecido relativamente saudável durante toda sua vida e que nunca vivenciara qualquer problema médico, emocional ou cognitivo. Jillian declarou que, dois anos antes da entrevista, sua mãe fora diagnosticada com diabetes tipo II e vinha usando insulina para regular seu açúcar sanguíneo. Ele também disse que, até seu recente declínio, Irene tinha permanecido bastante ativa e participado de muitas atividades sociais, sendo capaz de realizar todas as suas atividades da vida diária sem dificuldades.

Formulação de caso: O início bastante súbito dos sintomas de Irene é típico de transtorno neurocognitivo devido a doença vascular. Embora o início varie, normalmente ocorre de repente. Visto que Irene tinha parado de usar seu medicamento, estava se colocando em risco à saúde significativo. Além disso, congruente com os critérios diagnósticos, seu funcionamento estava significativamente prejudicado – ela tinha cessado suas atividades anteriores e até parado de pagar suas contas devido a suas dificuldades motoras.

Os resultados da testagem neuropsicológica indicaram que Irene de fato estava vivenciando um prejuízo significativo em sua memória de curto prazo e em sua capacidade de falar com influência e coerência; além disso, evidenciaram dificuldades em seu funcionamento executivo, incluindo organizar e sequenciar informações que lhe foram apresentadas. Em conjunto com o exame físico, Irene recebeu um diagnóstico de transtorno neurocognitivo devido a doença vascular, embora, até que ela faça uma imagem de ressonância magnética (IRM) para confirmar a existência de lesões cerebrais, esse diagnóstico seja preliminar.

Plano de tratamento: Irene será encaminhada para uma IRM a fim de confirmar seu diagnóstico, diante do qual receberá um encaminhamento para medicamento e atendimento domiciliar de acompanhamento, se necessário.

Sarah Tobin, PhD

13.1 Características dos transtornos neurocognitivos

transtorno neurocognitivo
Transtorno caracterizado por declínio adquirido em uma ou mais esferas de cognição, baseado em preocupações do cliente ou de alguém que o conheça bem e no desempenho em medidas de avaliação objetivas.

O funcionamento do cérebro afeta nossas capacidades de pensar, de lembrar e de prestar atenção. Os **transtornos neurocognitivos** que discutiremos neste capítulo têm duas características principais: eles envolvem declínio adquirido em uma ou mais esferas de cognição, baseado em preocupações do cliente ou de alguém que o conheça bem e no desempenho em medidas de avaliação objetivas. Existem muitas fontes de ferimentos ou lesões que podem afetar o cérebro de um indivíduo, tais como trauma, doença ou exposição a substâncias tóxicas, incluindo drogas. O DSM-5 fornece descrições para ajudar os clínicos a fornecer um diagnóstico que indique tanto o fato de o sujeito ter um transtorno neurocognitivo como, quando conhecida, a possível causa.

Como sede de todos os pensamentos, ações, motivações e memórias, o cérebro, quando danificado, pode causar uma variedade de sintomas. Alguns destes podem imitar esquizofrenia, transtornos do humor e transtornos da personalidade. As pessoas podem desenvolver delírios, alucinações, perturbações do humor e modificações extremas de personalidade em função de alterações cerebrais resultantes de doença, reações a medicamentos e exposição a substâncias tóxicas. Embora possamos pensar nesses sintomas como "psicológicos", eles devem necessariamente ter uma base fisiológica. Nos transtornos cognitivos, podemos identificar com clareza tal base.

Os profissionais usam testagem neuropsicológica e técnicas de neuroimagem, bem como a história médica, para decidir se os sintomas de um indivíduo se enquadram na categoria de um transtorno cognitivo. A testagem neuropsicológica ajuda-os a identificar padrões específicos de respostas que se ajustam a perfis de doença conhecidos. Eles combinam esse conhecimento com as histórias médicas de seu cliente para ver se um acontecimento específico desencadeou os sintomas. Além disso, a neuroimagem lhes fornece uma visão do interior do cérebro para ajudá-los a associar os sintomas com doenças ou lesões específicas. Ambos são requeridos para que um indivíduo receba o diagnóstico de um desses transtornos.

A Tabela 13.1 mostra as esferas englobadas nos transtornos neurocognitivos e os tipos de habilidades inclusas em cada um deles. Os clínicos incorporariam outros testes de baterias neuropsicológicas conforme necessário para ajudar a determinar o nível de funcionamento do cliente em cada uma desses âmbitos. Além disso, estabelecem que apresenta transtorno cognitivo maior ou leve com base em critérios indicados para cada esfera. Eles conduzem as avaliações de maior ou leve apoiados em entrevistas com o cliente e com os familiares ou pessoas significativas para ele. Por exemplo, um nível leve de prejuízo de memória envolveria o uso do indivíduo de anotações ou lembretes nas tarefas diárias. Já o prejuízo maior seria representado por sua incapacidade de manter o controle de listas curtas, incluindo completar uma tarefa no período de uma única sessão.

No DSM-5, o termo *transtorno neurocognitivo* substitui *demência*, usado no DSM-IV-TR para referir-se a uma forma de prejuízo cognitivo em que os indivíduos sofrem uma perda progressiva das funções cognitivas grave o bastante para interferir em suas atividades diárias normais e relacionamentos sociais. Os clínicos ainda usam o termo "demência", e o grupo de trabalho do DSM-5 considerou esse termo útil em contextos nos quais o pessoal da saúde esteja familiarizado com ele.

Transtornos neurocognitivos maiores são diagnosticados quando os indivíduos apresentam declínio cognitivo significativo com relação a um nível de desempenho anterior nas seis esferas da Tabela 13.1. Esse declínio é estabelecido com base na preocupação do indivíduo ou de alguém bem informado ou, preferivelmente, em uma avaliação neuropsicológica padronizada ou outra avaliação clínica quantificada. Além disso, esses déficits cognitivos devem interferir na capacidade do sujeito de realizar tarefas necessárias na vida diária, não ocorrem apenas com *delirium* e não podem ser mais bem explicados por outro transtorno psicológico. O diagnóstico de **transtorno neurocognitivo leve** é aplicado quando o indivíduo apresenta níveis modestos de declínio cognitivo. Esses declínios não são graves a ponto de interferir em sua capacidade de ter uma vida independente.

transtornos neurocognitivos maiores
Transtornos que envolvem declínio cognitivo significativo de um nível de desempenho anterior.

transtornos neurocognitivos leves
Transtornos que envolvem declínio cognitivo modesto de um nível de desempenho anterior.

TABELA 13.1 Esferas neurocognitivas no DSM-5

Esfera	Exemplos de habilidades relevantes	Exemplos de tarefa de avaliação
Atenção complexa	Atenção contínua	Manter a atenção ao longo do tempo
	Atenção seletiva	Separar sinais e distrações
	Atenção dividida	Prestar atenção a duas ou mais tarefas ao mesmo tempo
Função executiva	Planejamento	Decidir sobre uma sequência de ações
	Tomada de decisão	Realizar tarefas que requeiram escolha entre alternativas
	Memória operacional	Ser capaz de reter informações na memória enquanto manipula estímulos
	Flexibilidade mental/cognitiva	Alternar entre dois conceitos, tarefas ou regras de resposta (p. ex., selecionar números ímpares, então selecionar números pares)
Aprendizagem e memória	Período de atenção imediata	Lembrar uma série de dígitos ou palavras
	Memória recente	Codificar informações novas, como listas de palavras ou uma história curta
Linguagem	Linguagem expressiva	Ser capaz de nomear objetos
	Gramática e sintaxe	Falar sem erros enquanto realiza outras tarefas
	Linguagem receptiva	Ser capaz de entender definições de palavras e instruções
Perceptomotora	Percepção visual	Avaliar se uma figura pode ser "real" com base em sua representação no espaço bidimensional
	Visuoconstrutiva	Ser capaz de montar itens que requeiram coordenação mão-olho
	Práxis	Capacidade de imitar gestos
	Gnose	Reconhecer rostos e cores
Cognição social	Reconhecimento de emoções	Identificar emoções em imagens de rostos
	Teoria da mente	Ser capaz de considerar o estado mental de outra pessoa com base em figuras ou histórias

Após diagnosticar o nível de prejuízo cognitivo, o profissional determina qual doença parece ser responsável pelos sintomas cognitivos. Quando uma condição específica não puder ser diagnosticada, ele pode usar códigos que indiquem isso ou informar que existem múltiplas doenças contribuindo para os sintomas.

13.2 Delirium

delirium
Transtorno neurocognitivo que é de natureza temporária e envolve perturbações da atenção ou da consciência.

Pessoas que vivenciam ***delirium*** sofrem temporariamente de perturbações na atenção e na consciência. Os sintomas tendem a aparecer de repente e a variar ao longo do tempo em que elas têm o transtorno. O DSM-IV-TR definia *delirium* em termos de um distúrbio da "consciência", mas o DSM-5 usa o critério de uma perturbação da atenção ou da consciência. O centro do transtorno envolve um estado agudo de confusão ou prejuízo no processamento cognitivo que afeta a memória, a orientação, o funcionamento executivo, a capacidade de usar linguagem, a percepção visual e a aprendizagem. Para receber um diagnóstico de *delirium*, o indivíduo deve apresentar essas alterações na consciência ou percepção durante um curto período de tempo, como horas ou dias, com a tendência a variar ao longo do dia. Finalmente, uma condição médica geral deve causar o transtorno. Além disso, os clínicos especificam se o *delirium* resulta de intoxicação ou abstinência de substância, de um medicamento ou de outra(s) condição(ões) médica(s). O profissional também o classifica *delirium* como agudo (poucas horas ou dias) ou persistente (semanas ou meses).

O *delirium* pode se desenvolver por uma variedade de razões, incluindo intoxicação ou abstinência de substância, traumatismo craniano, febre alta e deficiência de vitamina. Pessoas de qualquer idade podem vivenciá-lo, mas é mais comum entre indivíduos adultos mais velhos hospitalizados por problemas médicos ou psiquiátricos, particularmente entre pacientes cirúrgicos com prejuízo cognitivo e sintomas depressivos preexistentes (Minden et al., 2005). Além da idade, os fatores de risco para *delirium* incluem história anterior de acidente vascular cerebral (AVC), demência, prejuízo sensorial e uso de múltiplos medicamentos prescritos ("polifarmácia"). As pessoas de risco podem desenvolvê-lo após infecções, retenção urinária ou uso de cateteres, desidratação, perda de mobilidade e transtornos que envolvem a frequência cardíaca. Alterações nos neurotransmissores podem estar envolvidas no *delirium*. Pessoas que o desenvolvem após um AVC podem fazê-lo devido a perda de oxigenação de neurônios no cérebro (Dahl, Rønning, & Thommessen, 2010). Aumentos nas respostas inflamatórias do sistema imune também podem contribuir para essa condição (Simone & Tan, 2011).

O *delirium* é uma condição temporária que pode ter uma ampla variedade de causas fisiológicas. Indivíduos que o vivenciam sofrem simultaneamente de vários distúrbios sensoriais.

A infecção é outro fator precipitante em indivíduos de risco. Em um levantamento de quase 1,3 milhão de pacientes estudados ao longo dos anos de 1998 a 2005, pesquisadores verificaram que as causas mais frequentes eram infecções, incluindo respiratórias, celulite e infecções do trato urinário e dos rins. A segunda maior causa de *delirium* consistia em algum tipo de transtorno do sistema nervoso central, incluindo câncer, demência, AVCs e convulsões. A terceira causa mais frequente envolvia transtornos metabólicos, doença cardiovascular e procedimentos ortopédicos. Entretanto, ao longo do estudo, a prevalência de *delirium* induzido por medicamento aumentou entre adultos mais velhos, o que sugere que ou os funcionários do hospital se tornaram mais familiarizados com esse diagnóstico, ou as pessoas nessa faixa etária estavam se tornando cada vez mais propensas a receber fármacos indutores de *delirium*. Tornar os profissionais da saúde conscientes dos efeitos adversos de medicamentos pode fundamentalmente ajudar a reduzir a prevalência desse problema em indivíduos de alto risco (Lin, Heacock, & Fogel, 2010).

Além dos sintomas cognitivos de desatenção e perda de memória, pessoas que vivenciam *delirium* também podem ter aluci-

TABELA 13.2 Escala de Avaliação de *Delirium*-Revisada-98 (DRS-R-98)

1. Distúrbio do ciclo sono-vigília
   0. Não presente
   1. Distúrbio leve da continuidade do sono à noite ou sonolência ocasional durante o dia
   2. Desorganização moderada do ciclo sono-vigília (p. ex., adormecer durante conversas, cochilos durante o dia ou diversos despertares breves durante a noite com confusão/alterações comportamentais ou muito pouco sono noturno)
   3. Ruptura grave do ciclo sono-vigília (p. ex., inversão do ciclo sono/vigília dia-noite ou fragmentação grave circadiana com múltiplos períodos de sono e vigília ou insônia grave

2. Distúrbios perceptuais e alucinações
   0. Não presentes
   1. Distúrbios perceptuais leves (p. ex., sensações de desrealização ou despersonalização; ou paciente pode não ser capaz de discriminar sonhos de realidade)
   2. Ilusões presentes
   3. Alucinações presentes

3. Delírios
   0. Não presentes
   1. Levemente desconfiado, hipervigilante ou preocupado
   2. Ideação incomum ou supervalorizada que não alcança proporções delirantes ou poderia ser plausível
   3. Delirante

4. Labilidade do afeto (apresentação externa de emoções)
   0. Não presente
   1. Afeto um pouco alterado ou incongruente à situação; alterações ao longo das horas; as emoções estão em geral sob controle
   2. O afeto é com frequência inadequado à situação e muda de forma intermitente ao longo de minutos; as emoções não estão consistentemente sob controle, embora respondam a reorientação pelos outros
   3. Desinibição das emoções grave e consistente; o afeto muda rapidamente, é inadequado ao contexto e não responde a reorientação pelos outros

5. Linguagem
   0. Linguagem normal
   1. Prejuízo leve, incluindo dificuldade para encontrar palavras ou problemas com nomeação ou fluência
   2. Prejuízo moderado, incluindo dificuldades de compreensão ou déficits na comunicação significativa (conteúdo semântico)
   3. Prejuízo grave, incluindo conteúdo semântico sem sentido, salada de palavras, mutismo ou compreensão gravemente reduzida

6. Anormalidades do processo de pensamento
   0. Processos de pensamento normais
   1. Tangencial ou circunstancial
   2. Associações algumas vezes vagamente conectadas, mas em grande parte compreensíveis
   3. Associações vagamente conectadas a maior parte do tempo

7. Agitação motora
   0. Sem inquietação ou agitação
   1. Leve inquietação de movimentos motores grosseiros ou leve impaciência
   2. Agitação motora moderada, incluindo movimentos exacerbados das extremidades, caminhar incessante, impaciência, remoção de cateteres intravenosos, etc.
   3. Agitação motora grave, tal como combatividade ou necessidade de limitação e isolamento

8. Retardo motor
   0. Sem lentidão de movimentos voluntários
   1. Frequência, espontaneidade ou velocidade de movimentos motores levemente reduzidos, em um grau que pode interferir um pouco na avaliação
   2. Frequência, espontaneidade ou velocidade de movimentos motores moderadamente reduzidos a ponto de interferir na participação em atividades ou no cuidado próprio
   3. Retardo motor grave com poucos movimentos espontâneos

(continua)

TABELA 13.2 Escala de Avaliação de *Delirium*-Revisada-98 (DRS-R-98) *(Continuação)*

9. Orientação
   0. Orientado para pessoa, lugar e tempo
   1. Desorientado para tempo (p. ex., em mais de 2 dias ou mês errado ou ano errado) ou para lugar (p. ex., nome do edifício, cidade, Estado), mas não para ambos
   2. Desorientado para tempo e lugar
   3. Desorientado para pessoa

10. Atenção
    0. Alerta e atento
    1. Levemente distraído ou dificuldade leve para manter a atenção, mas capaz de se reorientar com sugestão
    2. Desatenção moderada com dificuldade para concentrar-se e manter a atenção; na testagem formal, comete inúmeros erros e requer estímulo para reorientar-se ou para finalizar a tarefa
    3. Dificuldade grave para concentrar-se e/ou manter a atenção, com muitas respostas incorretas ou incompletas ou incapacidade de seguir instruções; distraído por outros ruídos ou acontecimentos no ambiente

11. Memória de curto prazo (definida como lembrança de informações [p.ex., 3 itens apresentados verbal ou visualmente] após um intervalo de cerca de 2 a 3 minutos)
    0. Memória de curto prazo intacta
    1. Lembra 2/3 itens; pode ser capaz de lembrar o terceiro item após sugestão de categoria
    2. Lembra 1/3 itens; pode ser capaz de lembrar outros itens após sugestão de categoria
    3. Lembra 0/3 itens

12. Memória de longo prazo
    0. Sem déficits de memória de longo prazo significativos
    1. Lembra 2/3 itens e/ou tem dificuldade leve para lembrar detalhes de outras informações de longo prazo
    2. Lembra 1/3 itens e/ou tem dificuldade moderada para lembrar outras informações de longo prazo
    3. Lembra 0/3 itens

13. Capacidade visuoespacial

Avaliar informal e formalmente. Considerar a dificuldade do paciente para percorrer áreas de convivência ou pelo ambiente (p. ex., perde-se). Testar formalmente por desenho ou cópia de um desenho, pela montagem de peças de quebra-cabeças ou pelo desenho de um mapa e identificação de cidades importantes, etc. Levar em consideração quaisquer prejuízos visuais que possam afetar o desempenho.

   0. Sem prejuízo
   1. Prejuízo leve, de modo que em geral o desenho e a maioria dos detalhes ou peças estão corretos; e/ou pouca dificuldade para percorrer seus ambientes
   2. Prejuízo moderado com avaliação distorcida do desenho global e/ou vários erros de detalhes ou peças; e/ou necessita reorientação repetida para não se perder em um ambiente novo apesar de problemas para localizar objetos familiares no ambiente imediato
   3. Prejuízo grave na testagem formal; e/ou repetidamente vagueia ou se perda no ambiente

FONTE: Trzepacz et al., 2001.

nações, delírios, disfunções nos ciclos de sono/vigília, alterações no humor e anormalidades dos movimentos (Jain, Chakrabarti, & Kulhara, 2011). Uma vez que tenham vivenciado essa condição, elas ficam mais propensas a complicações médicas que possam causar novas hospitalizações e risco aumentado de mortalidade (Marcantonio et al., 2005). Pessoas que vivenciam *delirium* após um AVC também têm taxas mais altas de desenvolvimento dessa condição em 2 anos (van Rijsbergen et al., 2011).

Existem vários testes especializados para avaliar *delirium*. A Escala de Avaliação de *Delirium*-Revisada-98 (DRS-R-98) (Trzepacz et al., 2001) é uma medida amplamente utilizada que foi traduzida para diversas línguas (Tab. 13.2) e tem validade e confiabilidade bem estabelecidas (Grover, Chakrabarti, Shah, & Kumar, 2011). A vantagem dessa escala é que, embora seja destinada a psiquiatras, outros profissionais (médicos, enfermeiros, psicólogos) e pesquisadores também podem utilizá-la. Ao preencher o instrumento, o clínico pode usar informações obtidas de membros da família, de visitantes, do pessoal do hospital, dos médicos, de prontuários e até de colegas de quarto de hospital.

MINICASO

Delirium devido a outra condição médica, agudo

Os colegas de Jack, um carpinteiro de 23 anos, o trouxeram para o pronto-socorro após ter desmaiado no trabalho com uma febre alta acompanhada por calafrios. Ao ser informado de que seria levado para o hospital, Jack repetiu diversas vezes a frase sem sentido: "O martelo não é bom". Eles ficaram assustados e perplexos com as sugestões bizarras de Jack de que estavam tentando roubar suas ferramentas e com vários outros comentários. Agarrando coisas no ar, ele insistia que as pessoas estavam atirando objetos nele. Jack não conseguia lembrar o nome de pessoa alguma no local; na verdade, não tinha certeza de onde estava. Inicialmente, ele resistiu às tentativas dos colegas de levá-lo para o hospital, pois acreditava que tinham formado um complô para prejudicá-lo.

Para tratar *delirium*, os clínicos podem usar uma abordagem farmacológica na qual administram antipsicóticos. A abordagem-padrão envolve o uso de haloperidol, mas podem ser usados antipsicóticos "fora da bula", como a risperidona. Essa combinação parece ajudar a resolver sintomas em até 84% dos casos em um período de 4 a 7 dias (Boettger, Breitbart, & Passik, 2011).

Entretanto, dadas as potenciais consequências negativas de longo prazo mesmo do *delirium* que é tratado, os clínicos dirigem seus esforços à prevenção. Em um programa pioneiro, uma equipe multidisciplinar dedicou-se a estudar pacientes de risco que vivenciam prejuízos cognitivos, do sono, motores ou sensoriais, envolvendo profissionais de diversas áreas, incluindo terapia recreativa, fisioterapia e geriatria, bem como voluntários treinados. Para aqueles indivíduos que sofriam de prejuízo cognitivo, por exemplo, a equipe focalizou-se em fornecer atividades cognitivamente estimulantes, como discussões de acontecimentos atuais ou jogos de palavras. Cada grupo de risco recebeu intervenções especializadas dirigidas a seus fatores de risco específicos. Ao longo de um período de 11 dias, a incidência de *delirium* no grupo de tratamento foi significativamente mais baixa que a de um grupo de comparação que recebera tratamento hospitalar habitual (Inouye et al., 1999). Estudos subsequentes validam a eficácia da intervenção, sobretudo quando ela visa uma população considerada de alto risco (Hempenius et al., 2011).

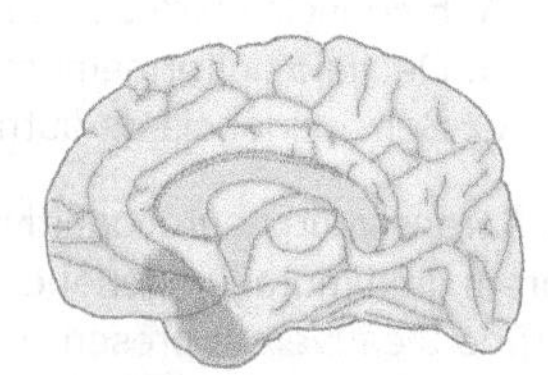

Doença de Alzheimer muito precoce

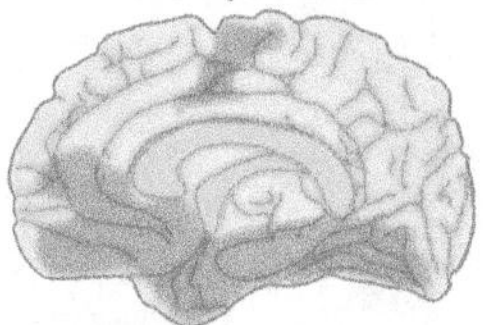

Doença de Alzheimer leve a moderada

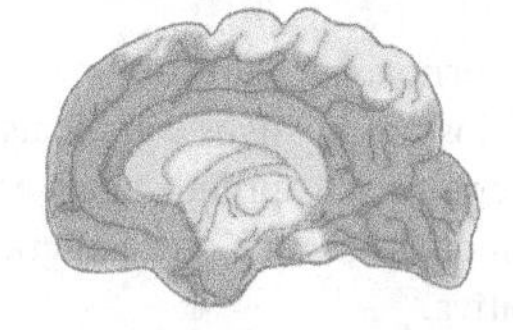

Doença de Alzheimer grave

À medida que a doença de Alzheimer progride, emaranhados neurofibrilares se espalham por todo o cérebro (áreas escuras). Placas também se espalham pelo cérebro, a partir do neocórtex. No estágio final, o dano é generalizado, e o tecido cerebral diminuiu de forma significativa.

FIGURA 13.1 Alterações no cérebro associadas com doença de Alzheimer.

13.3 Transtorno neurocognitivo devido à doença de Alzheimer

O **transtorno neurocognitivo devido à doença de Alzheimer** é associado com declínios progressivos e graduais na memória, na aprendizagem e pelo menos em uma outra esfera cognitiva. Apresentamos seus critérios diagnósticos na Tabela 13.3. Os primeiros sintomas de perda de memória precedem uma cascata de alterações que, por fim, levam a morte decorrente de uma complicação, como pneumonia.

A doença de Alzheimer foi relatada pela primeira vez em 1907 por um psiquiatra e neuropatologista alemão, Alois Alzheimer (1864-1915), que documentou o caso de "Auguste D.", uma mulher de 51 anos que se queixava de memória deficiente e desorientação em relação a tempo e lugar (Alzheimer, 1907/1987). Finalmente, Auguste se tornou deprimida e começou a alucinar. Ela apresentava os sintomas cognitivos clássicos, entendidos agora como parte dos critérios diagnósticos para o transtorno. Alzheimer foi incapaz de explicar esse processo de deterioração antes da morte dela, quando uma necropsia revelou que a maior parte do tecido em seu córtex cerebral tinha sofrido uma degeneração grave. Ao examinar o tecido cerebral em um microscópio, ele também descobriu que neurônios individuais tinham se degenerado e formado aglomerados anormais de tecido neural. Noventa anos mais tarde, uma descoberta de cortes do cérebro dessa mulher confirmaram que as alterações vistas em seu cérebro eram semelhantes àquelas normalmente encontradas em casos atuais da doença (Enserink, 1998) (ver Fig. 13.1).

Embora ainda não exista uma explicação para o que causa o processo de deterioração cerebral que forma o núcleo dessa doença, passamos a associar o termo doença de Alzheimer com a atrofia cerebral grave vista em Auguste D., bem como com alterações

TABELA 13.3 Critérios diagnósticos para transtorno neurocognitivo devido à doença de Alzheimer

Os critérios diagnósticos para transtorno neurocognitivo devido a doença de Alzheimer incluem os critérios diagnósticos para transtorno neurocognitivo maior ou leve, bem como os seguintes:

Para transtorno neurocognitivo maior, visto que doença de Alzheimer não pode ser diagnosticada definitivamente até a necropsia, os clínicos podem atribuir o diagnóstico de "provável" (quando 1 e 2 são satisfeitos) ou "possível" (quando apenas um dos dois é satisfeito):

1. Evidência de uma mutaçãoo genética conhecida como estando associada com doença de Alzheimer pela história familiar ou testagem genética
2. Todos os três destes sintomas:
   A. Evidência clara de declínio na memória e na aprendizagem e pelo menos em uma outra esfera cognitiva
   B. Declínio uniformemente progressivo e gradual nas funções cognitivas
   C. Sem evidência de outra doença degenerativa ou outra doença que possa contribuir para declínio cognitivo

Para transtorno neurocognitivo leve, "provável" é diagnosticado se a testagem genética ou a história familiar evidenciarem uma mutação genética, e "possível" se não houver indicação genética, mas todos os três sintomas citados no critério 2 estiverem presentes.

microscópicas características no tecido desse órgão. Ao longo de todo o restante do capítulo, vamos nos referir a transtorno neurocognitivo devido à doença de Alzheimer como "doença de Alzheimer" ou "DA". Onde não for observado de outro modo, também descreveremos as características de transtorno neurocognitivo maior, em vez de leve.

Prevalência de doença de Alzheimer

Transtorno neurocognitivo devido à doença de Alzheimer
Transtorno associado com declínios progressivos e graduais na memória, na aprendizagem e pelo menos em uma outra esfera cognitiva.

A imprensa popular relata a prevalência de doença de Alzheimer de forma ampla, mas incorreta. Seriam de 5 a 5,5 milhões, o que constituiria 12% da população norte-americana acima de 65 anos e 50% das pessoas acima dos 85 anos. A Organização Mundial da Saúde (2001) fornece uma estimativa de prevalência muito mais baixa: 5% dos homens e 6% das mulheres no mundo todo. A taxa de incidência de novos casos é menos de 1% ao ano em pessoas de 60 a 65 anos ou possivelmente de até 6,5% naquelas com 85 anos ou mais (Kawas, Gray, Brookmeyer, Fozard, & Zonderman, 2000).

Estudos de necropsia confirmam a estimativa mais baixa. Em uma comunidade rural da Pensilvânia, Estados Unidos, pesquisadores encontraram doença de Alzheimer como causa de morte em 4,9% das pessoas com 65 anos ou mais velhas (Ganguli, Dodge, Shen, Pandav, & DeKosky, 2005). Naturalmente, essa estimativa inclui apenas aqueles cujas mortes são confirmadas como resultado de doença de Alzheimer. Em muitos casos, outra doença, como pneumonia, é a verdadeira causa imediata de morte em pessoas com doença de Alzheimer avançada. Contudo, essa porcentagem é bem mais baixa do que seria esperado com base nos números publicados na mídia. Talvez um pouco surpreendentemente, entre os participantes com 100 anos de idade ou mais no New England Centenarian Study (Estudo de Centenários da Nova Inglaterra), cerca de 90% eram livres de sintomas até a idade de 92 anos (Perls, 2004).

A superestimação de doença de Alzheimer reforça nas mentes do público a noção de que quaisquer alterações cognitivas vivenciadas por pessoas na terceira idade (ou mais cedo) refletem o início da doença. A perda da memória operacional ocorre normalmente na terceira idade para a maioria dos indivíduos. Quando se tornam conscientes de seus problemas de memória, entretanto, as pessoas tendem a exagerar mesmo perdas pequenas, pensando que têm doença de Alzheimer. Infelizmente, essa consciência apenas piora a memória delas, perpetuando ainda mais o ciclo. Em vez de tomarem medidas preventivas, como praticar exercícios de memória ou outras atividades desafiadoras na área cognitiva, as pessoas nessa situação tendem a entrar em desespero (Jones, Whitbourne, Whitbourne, & Skultety, 2009).

O que parece ser a superestimação de doença de Alzheimer em relatórios epidemiológicos ocorre por diversas razões. Mais importante, os autores desses relatórios tendem a incluir outras formas de transtorno neurocognitivo devido à doença de Alzheimer em suas estimativas globais. Os transtornos neurocognitivos causados por outras doenças podem responder por até 55% dos casos (Jellinger & Attems, 2010) incluindo 20% causados somente por doença cardiovascular (Knopman, 2007). Como consequência, os "5,5 milhões", na verdade, incluem, talvez, até 2 a 3 milhões de pessoas que têm alguma forma de doença vascular ou outro transtorno neurológico. Visto que doença cardiovascular está relacionada a hipertensão (Sharp, Aarsland, Day, Sønnesyn, & Ballard, 2011) e diabetes (Knopman & Roberts, 2010), ambas podem ser controladas ou prevenidas por meio de dieta e exercício, é particularmente importante que adultos mais velhos e seus familiares recebam diagnósticos corretos de quaisquer sintomas neurocognitivos que estejam vivenciando. Outras razões para os dados incorretos sobre doença de Alzheimer incluem falha em considerar o nível de educação dos indivíduos que participam nas pesquisas epidemiológicas, variações na medida de sintomas e consideração inadequada de condições de saúde ou outras possíveis formas de demência (Whitbourne & Whitbourne, 2011).

Novidades no DSM-5

Recategorização dos transtornos neurocognitivos

As revisões no DSM-5 resultaram em mudanças de categorização importantes no conjunto de transtornos anterior que incluía *delirium* e demência. As revisões dividiram os transtornos em dois amplos grupos que consistem em transtornos neurocognitivos maiores e leves. Entre os muitos diagnósticos controversos adicionados ao DSM-5, o de transtorno neurocognitivo leve devido à doença de Alzheimer foi um dos mais fortemente criticados. O transtorno neurocognitivo leve envolve alterações cognitivas menores do funcionamento anterior que não interferem na capacidade do indivíduo de levar uma vida independente. Contudo, elas podem ser perceptíveis a ponto de o indivíduo precisar utilizar estratégias compensatórias em resposta.

Os críticos dessa nova categoria argumentam que ela aplica um rótulo diagnóstico a comportamentos que de outro modo não seriam considerados diagnosticáveis. Além disso, se os déficits não afetam a capacidade de o indivíduo levar uma vida independente na comunidade, os benefícios de atribuir-lhe um diagnóstico não são muito claros. Embora eliminar o termo "demência" ajude a reduzir o estigma que associamos com déficits de memória, rotular como um transtorno mental aquelas que podem ser alterações normais menores relacionadas à idade nega essa vantagem, de acordo com os críticos.

Em segundo lugar, o DSM-5 permite agora que o diagnóstico de "provável" seja aplicado não estão presentes quaisquer anormalidades na memória e na aprendizagem, apenas alguma perda de capacidades e uma história familiar de doença de Alzheimer. A diferenciação entre "provável" e "possível" pode ser de difícil compreensão para o público em geral, quando não para os profissionais. Ainda que os autores do DSM-5 evidentemente desejem indicar que provável é menos sério do que possível, indivíduos que ouvem os termos fora do contexto podem não perceber a nuança e tirar conclusões erradas sobre sua própria condição ou a de um parente.

Estágios de doença de Alzheimer

Por definição, os sintomas de doença de Alzheimer tornam-se progressivamente piores ao longo do tempo. A Tabela 13.4 mostra a sequência de progressão dos primeiros aos últimos estágios. Entretanto, nem todas as pessoas que apresentam os sintomas iniciais têm de fato a doença. Como você pode ver na Figura 13.2, alguns indivíduos permanecem saudáveis até a morte. Outros vivenciam problemas de memória (referidos aqui como "transtorno neurocognitivo leve amnéstico"), mas são capazes de compensá-los e nunca desenvolvem doença de Alzheimer. Naqueles que desenvolvem a doença, porém, a perda da função independente continua de maneira progressiva até a morte. Os fatores relacionados a declínio mais rápido nos estágios iniciais da doença incluem ter uma idade de início mais precoce, ter educação superior e condição cognitiva mais pobre quando se identificam pela primeira vez os sintomas da doença (Lopez et al., 2010).

Diagnóstico de doença de Alzheimer

Devido à importância do diagnóstico precoce para excluir transtornos neurocognitivos tratáveis, pesquisadores e clínicos dedicam energia e atenção significativas ao desenvolvimento de testes comportamentais para diagnosticar doença de Alzheimer em seus estágios iniciais. Um diagnóstico equivocado seria um erro fatal se a pessoa tivesse um transtorno neurocognitivo que teria sido reversível caso o profissional tivesse aplicado tratamento adequado quando os sintomas se tornaram evidentes pela primeira vez. De modo similar, se o indivíduo tivesse um transtorno com uma base estritamente psicológica, o clínico teria perdido uma oportunidade crucial para intervir. É de se

TABELA 13.4 Estágios da doença de Alzheimer

Sem doença de Alzheimer	Estágio inicial	Estágio intermediário	Estágio final
• Esquece coisas ocasionalmente • Coloca objetos no lugar errado, como chaves, óculos, contas, papéis • Esquece o nome ou os títulos de algumas coisas, como filmes, livros, nomes de pessoas • Alguma redução na capacidade de lembrar palavras quando fala • É distraído ou às vezes vago nos detalhes • Esquece de fazer coisas, tal como consultas médicas	• Perda de memória de curto prazo, geralmente menor • Não percebe os lapsos de memória • Alguma perda, geralmente menor, na capacidade de reter informação recebida recentemente • Esquece coisas e é incapaz de lembrá-las, tal como o nome de um bom amigo ou mesmo de um membro da família • Funciona em casa normalmente, com confusão mental mínima, mas pode ter problemas no trabalho ou em situações sociais • Os sintomas podem ser perceptíveis apenas para o cônjuge ou para parentes/amigos próximos	• A perda de memória de curto prazo aprofunda-se, pode começar a esquecer conversas completamente ou o nome da rua onde mora, o nome de entes queridos ou como dirigir um carro • A confusão mental aprofunda-se, tem problemas para pensar com lógica • Alguma perda de autoconsciência • Amigos e familiares percebem os lapsos de memória • Pode ficar desorientado, não saber onde está • Capacidade prejudicada de realizar mesmo operações aritméticas simples • Pode se tornar mais agressivo ou passivo • Dificuldade para dormir • Depressão	• Prejuízo cognitivo grave e perda de memória de curto prazo • Prejuízo da fala • Pode repetir conversas várias vezes • Pode não saber os nomes do cônjuge, dos filhos ou dos cuidadores ou qual o dia ou o mês • Capacidade de raciocínio e julgamento muito pobres • Negligência da higiene pessoal • Alterações de personalidade; pode se tornar abusivo, altamente ansioso, agitado, delirante ou mesmo paranoide • Pode necessitar assistência extensiva com atividades da vida diária

FONTE: Consumer Reports, 2009.

lamentar que os primeiros sintomas de doença de Alzheimer não forneçam uma base suficiente para o diagnóstico.

Apenas uma necropsia pode fazer o diagnóstico definitivo de doença de Alzheimer ao permitir que os patologistas observem as alterações características no tecido cerebral. Isso deixa os profissionais com a única opção de conduzir o diagnóstico por exclusão. Entretanto, nos estágios mais tardios da doença, há diretrizes diagnósticas que o profissional pode aplicar que têm 85 a 90% de precisão. Uma comissão conjunta do National Institute of Neurological and Communicative Disorders e da Stroke and the Alzheimer's

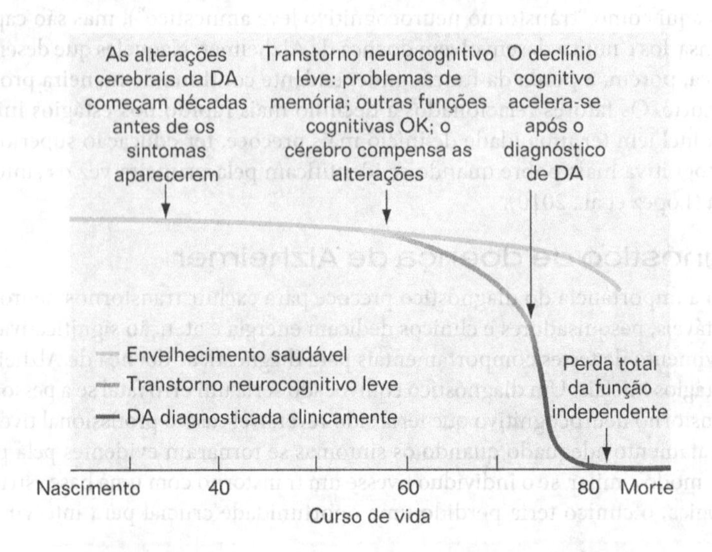

FIGURA 13.2 Mapa do curso de envelhecimento saudável, transtorno neurocognitivo leve e DA.

A fim de serem diagnosticados com doença de Alzheimer, indivíduos que apresentam sintomas devem passar por uma série de avaliações neurocognitivas, incluindo testes de memória.

Disease and Related Diseases Association desenvolveu essas diretrizes em 1984. Elas são referidas como as Diretrizes NINCDS/ADRDA (McKhann et al., 1984). O diagnóstico de doença de Alzheimer, que atualmente se baseia nos critérios da NINCDS/ADRDA, envolve avaliações médicas e neuropsicológicas completas. Mesmo com essas diretrizes muito rigorosas e completas, os diagnósticos aos quais elas levam são, na melhor das hipóteses, de "provável" doença de Alzheimer, o que reflete, mais uma vez, o fato de que apenas por meio de uma necropsia os médicos podem obter um diagnóstico correto.

Os profissionais estão usando cada vez mais técnicas de imagem cerebral para diagnosticar essa doença. A melhoria contínua da IRM tem resultado em uma explosão de estudos sobre o diagnóstico de doença de Alzheimer por meio de imagem cerebral. Além de usar essas imagens, os clínicos estão investigando a possibilidade de diagnosticar a doença a partir da quantidade de amiloide no líquido cerebrospinal.

Muitos psicólogos, contudo, permanecem com opinião firme de que o diagnóstico correto de doença de Alzheimer deve, em última análise, se basear na testagem neuropsicológica. Eles citam o custo, o caráter invasivo e a falta de associações claras relacionados ao comportamento desses métodos diagnósticos de base biológica. Alguns afirmam que até existirem tratamentos eficazes, o diagnóstico precoce não ajuda os clientes ou suas famílias, apenas lhes aumenta a ansiedade.

Em 2011, um grupo de pesquisadores e de clínicos se reuniu para revisar as Diretrizes NINCDS/ADRDA, levando em consideração o maior conhecimento das manifestações clínicas e das alterações biológicas envolvidas na doença de Alzheimer (McKhann et al., 2011). Esses profissionais também acreditavam ser importante reconhecer que as alterações de memória podem ou não ocorrer em indivíduos cujos cérebros apresentam sinais da doença. O objetivo deles era desenvolver critérios diagnósticos não dependentes das varreduras cerebrais caras e potencialmente invasivas usadas na pesquisa. O grupo reconhecia que ainda não há forma infalível de diagnosticar o transtorno em um indivíduo vivo, o que o levou a propor que os clínicos diagnostiquem o sujeito como tendo "provável" ou "possível" doença de Alzheimer. Também foi sugerida a existência de uma terceira categoria diagnóstica, "provável ou possível", com evidência de patologia cerebral. Isso não configuraria um diagnóstico clínico, mas seria destinado apenas para fins de pesquisa. Entretanto, os autores do DSM-5 adotaram essa terminologia, que é agora usada para indicar o nível de certeza do diagnóstico.

O instrumento clínico mais comumente usado para diagnosticar doença de Alzheimer é uma forma especializada do exame do estado mental, que chamamos de Miniexame do Estado Mental (MMSE) (Folstein, Folstein, & McHugh, 1975) (Tab. 13.5). Pessoas com doença de Alzheimer respondem de certas formas a diversos itens nesse instrumen-

TABELA 13.5 Miniexame do estado mental

Orientação para tempo	"Que dia é hoje?"
Registro	"Escute cuidadosamente. Eu vou dizer três palavras. Você as repete quando eu parar. Pronto? Aqui vão elas... CASA (pausa), CARRO (pausa), LAGO (pausa). Agora repita as palavras para mim." [Repita até 5 vezes, mas pontue apenas a última tentativa.]
Nomeação	"O que é isto?" (NOMEIE UM OBJETO COMUM)
Leitura	"Por favor, leia isto e faça o que pede." [Mostre ao examinando as palavras no formulário de estímulo.] FECHE OS OLHOS

to. Elas tendem a ser circunstanciais e repetivas, e lhes faltam riquezas de detalhes quando descrevem objetos, pessoas e acontecimentos. Como instrumento de avaliação, o MMSE pode fornecer indicações preliminares de que um indivíduo tem um transtorno neurocognitivo, quando não doença de Alzheimer, mas é apenas um instrumento de avaliação muito grosseiro, e os profissionais não devem usá-lo sozinho para fins de diagnóstico.

Um fato que aumenta a complexidade de separar as causas de transtorno neurocognitivo em outros transtornos que não doença de Alzheimer é que a depressão pode levar a sintomas semelhantes aos que aparecem nos estágios iniciais da doença. A depressão também pode coexistir com esta, em particular durante as fases inicial e intermediária, quando o indivíduo ainda está intacto cognitivamente o suficiente para ter consciência do início do transtorno e prever a deterioração que tem pela frente. Embora sejam diferentes de doença de Alzheimer, os sintomas de depressão podem servir para aumentar o risco de desenvolver essa patologia, sobretudo entre os homens. Em um estudo longitudinal de cerca de 1.400 adultos mais velhos, os homens que eram deprimidos tinham duas vezes mais risco de desenvolver doença de Alzheimer do que os que não eram (Dal Forno et al., 2005). Curiosamente, as autópsias cerebrais de 90 dos participantes que morreram no decorrer do estudo não mostraram as alterações cerebrais características da doença de Alzheimer (Wilson et al., 2007). Um estudo que associou solidão com o desenvolvimento dessa doença, tanto em homens como em mulheres, mostrou resultados semelhantes. Esses resultados fortalecem a ideia de que a solidão pode desencadear depressão, que, com o tempo, pode levar a deterioração cerebral e sintomas de transtorno neurocognitivo semelhantes aos de pessoas com doença de Alzheimer diagnosticável.

pseudodemência
Literalmente, falsa demência, um conjunto de sintomas causados por depressão que imita aqueles evidentes nos estágios iniciais de doença de Alzheimer.

Na avaliação de sintomas semelhantes a transtorno neurocognitivo, os clínicos devem estar cientes da **pseudodemência**, ou falsa demência, uma forma grave de depressão. É importante diferenciar entre pseudodemência e transtorno neurocognitivo porque é possível tratar a depressão com sucesso. Diversos indicadores podem ajudar o profissional a fazer essa distinção. Por exemplo, indivíduos deprimidos são mais conscientes de seu prejuízo cognitivo e se queixam com maior frequência de sua falta de memória. Em contrapartida, aqueles com doença de Alzheimer em geral tentam ocultar ou minimizar o grau de prejuízo ou justificá-lo quando não podem ocultar a perda. Ao longo da progressão do transtorno, as pessoas com doença de Alzheimer perdem a consciência da extensão de seus déficits cognitivos e podem mesmo relatar melhora à medida que perdem a capacidade para autoconsciência crítica. A ordem de desenvolvimento de sintomas também difere entre doença de Alzheimer e depressão. Em idosos deprimidos, as mudanças de humor precedem a perda de memória. O inverso é verdadeiro para aqueles com doença de Alzheimer. As pessoas com depressão são ansiosas,

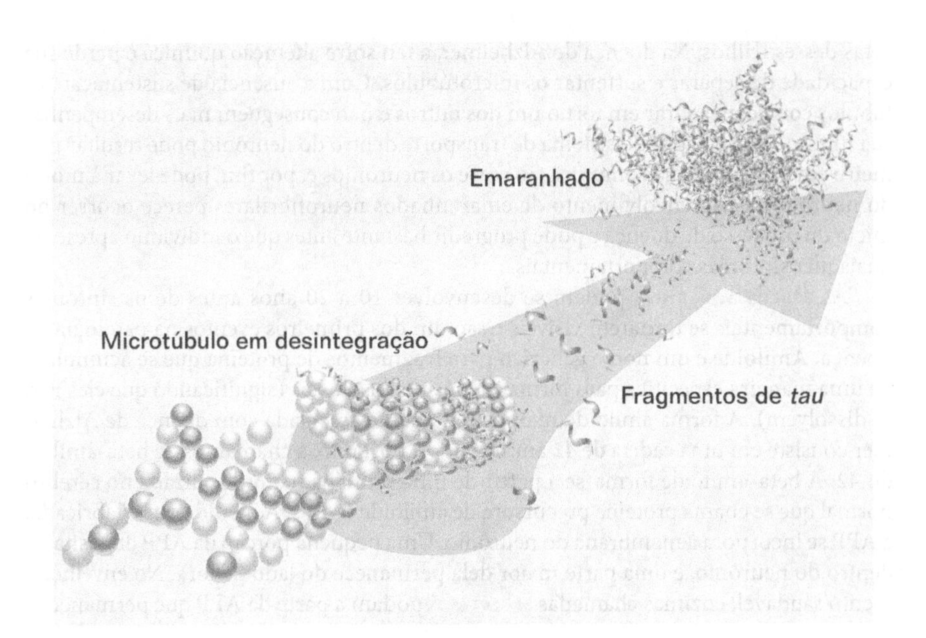

FIGURA 13.3 Emaranhado neurofibrilar.

têm dificuldade para dormir, apresentam padrões de apetite perturbados e vivenciam pensamentos suicidas, baixa autoestima, culpa e falta de motivação. Já aquelas com transtorno neurocognitivo, ao contrário, vivenciam insociabilidade, falta de cooperação, hostilidade, instabilidade emocional, confusão, desorientação e alerta reduzido. Pessoas com pseudodemência também são propensas a apresentar história de episódios depressivos anteriores que podem não ter sido diagnosticados. Seus problemas de memória e as outras queixas cognitivas têm um início muito repentino se comparados aos de pessoas com transtorno neurocognitivo, que vivenciam um curso descendente mais lento. Outra sugestão que pode ajudar a diferenciar entre doença de Alzheimer e pseudodemência é explorar o passado recente do indivíduo a fim de determinar se um acontecimento estressante ocorreu que possa ter precipitado o início de depressão. Testes de memória sensíveis também podem permitir ao clínico distinguir as duas condições. Aqueles que apresentam pseudodemência tendem a não responder quando não têm certeza da resposta correta. Em contrapartida, indivíduos com doença de Alzheimer adotam um critério razoavelmente liberal para criar respostas e, como resultado, dão muitas respostas incorretas. Uma ampla variedade de influências pode produzir sintomas semelhantes aos de doença de Alzheimer, como mostra a Figura 13.6.

Por fim, como vimos anteriormente, a doença de Alzheimer pode estar associada com outros transtornos neurocognitivos, ou estes podem ocorrer sozinhos. Visto que essas outras condições podem ser tratáveis, os clínicos devem tentar excluí-las antes de chegar a um diagnóstico final de doença de Alzheimer que, como você logo aprenderá, é essencialmente intratável.

Teorias e tratamento de doença de Alzheimer

Todas as teorias em relação à causa de doença de Alzheimer se focalizam em anormalidades biológicas que envolvem o sistema nervoso. Entretanto, as abordagens ao tratamento incorporam outras perspectivas, reconhecendo que, no presente momento, não há tratamentos biológicos que tenham mais do que efeitos breves na redução da gravidade dos sintomas.

Teorias As teorias biológicas de doença de Alzheimer tentam explicar o desenvolvimento de duas anormalidades características no cérebro: os emaranhados neurofibrilares e as placas amiloides. Os **emaranhados neurofibrilares** são constituídos de uma proteína chamada **tau** (Fig. 13.3), a qual parece desempenhar um papel na manutenção da estabilidade do microtúbulo, que forma a estrutura de sustentação interna do axônio. Os microtúbulos são como trilhos de trem que guiam os nutrientes do corpo celular para as terminações do axônio. As proteínas tau são como os dormentes ou cru-

emaranhados neurofibrilares Característica da doença de Alzheimer na qual o material dentro dos corpos celulares dos neurônios se enche de microfibrilas proteicas espiraladas, densamente empacotadas, ou pequenos fios.

tau Proteína que normalmente ajuda a manter a estrutura de sustentação interna dos axônios.

zetas desses trilhos. Na doença de Alzheimer, a tau sofre alteração química e perde sua capacidade de separar e sustentar os microtúbulos. Com a ausência de sustentação, os túbulos começam a girar em torno um dos outros e não conseguem mais desempenhar sua função. Esse colapso do sistema de transporte dentro do neurônio pode resultar primeiro em disfunções na comunicação entre os neurônios e, por fim, pode levar à morte do neurônio. O desenvolvimento de emaranhados neurofibrilares parece ocorrer no início do processo de doença e pode progredir bastante antes que o indivíduo apresente quaisquer sintomas comportamentais.

placas amiloides
Característica da doença de Alzheimer na qual agrupamentos de neurônios mortos ou em processo de morrer se misturam com fragmentos de moléculas de proteína.

As **placas amiloides** podem se desenvolver 10 a 20 anos antes de os sintomas comportamentais se tornarem visíveis e são um dos primeiros eventos na patologia da doença. Amiloide é um nome genérico para fragmentos de proteína que se acumulam de uma maneira específica para formar depósitos insolúveis (significando que eles não se dissolvem). A forma amiloide mais estreitamente associada com doença de Alzheimer consiste em uma cadeia de 42 aminoácidos, portanto, a chamamos de beta-amiloide-42. A beta-amiloide forma-se a partir de uma proteína maior localizada no cérebro normal que se chama proteína precursora de amiloide (APP). À medida que é fabricada, a APP se incorpora à membrana do neurônio. Uma pequena porção da APP deposita-se dentro do neurônio, e uma parte maior dela permanece do lado de fora. No envelhecimento saudável, enzimas chamadas **secretases** podam a parte da APP que permaneceu

secretases
Enzimas que podam parte da molécula de proteína precursora de amiloide que permanece do lado de fora do neurônio de modo a ser nivelada com a membrana externa deste.

Você decide

Diagnóstico precoce de doença de Alzheimer

Conforme você aprendeu no capítulo, não há tratamentos para a doença de Alzheimer, somente para seus sintomas, e mesmo esses tratamentos apenas protelam o declínio por uma questão de meses. Esses problemas levantam a questão de se o diagnóstico precoce dessa doença por meio de métodos potencialmente invasivos, como punções lombares e varreduras do cérebro, valem o custo e o esforço.

Por um lado, o diagnóstico precoce que exclui doença de Alzheimer é benéfico para indivíduos que têm uma forma tratável de um transtorno neurocognitivo. Ao identificar uma das muitas outras condições que podem levar a alterações cognitivas graves, os clínicos podem indicar procedimentos cirúrgicos, clínicos ou outros procedimentos de reabilitação para permitir que esses indivíduos retornem a seus níveis anteriores de atividade e envolvimento com trabalho, família e papéis sociais. Por outro lado, visto que os métodos de diagnóstico não são 100% precisos, os clínicos poderiam equivocadamente dizer às pessoas que não têm doença de Alzheimer que sua condição é intratável.

Em uma questão relacionada, existe a possibilidade de que a testagem genética identifique quem corre o risco de desenvolver a doença. Mais uma vez, não há tratamentos para a DA, portanto, se a pessoa for assintomática, quais poderiam ser os benefícios de informá-la de que tem um risco genético? O indivíduo poderia tentar métodos de intervenção que parecem ter alguns benefícios, como exercício físico, participação em atividades mentalmente desafiadoras ou evitar toxinas ambientais de potencial nocividade. Entretanto, esses são comportamentos que beneficiam a maioria das pessoas mais velhas, não apenas aqueles com um marcador genético para doença de Alzheimer.

Os defensores do diagnóstico precoce argumentam que esse conhecimento pode ser útil para permitir que os clientes façam planos com suas famílias para o futuro. No entanto, se a informação fosse acessível às companhias de seguros, incluindo aquelas administradas pelo governo, indivíduos de risco poderiam sofrer aumentos em seus prêmios ou restrições sobre como podem dispor de seus ativos. Por exemplo, se soubesse que iria desenvolver doença de Alzheimer e, portanto, necessitar de tratamento particular caro, você poderia resgatar seus ativos e colocar o dinheiro em uma poupança para seus filhos.

Essas são apenas algumas das questões práticas e éticas levantadas pela questão de se os indivíduos devem ou não receber um diagnóstico de uma doença que, na melhor das hipóteses, pode ser apenas "provável", e, na pior, não ter tratamento conhecido.

P: *Você decide:* Sob essas condições, você gostaria de saber se estivesse em risco de desenvolver doença de Alzheimer?

do lado de fora de modo que ela fique nivelada com a membrana externa do neurônio. Na doença de Alzheimer, alguma coisa dá errado nesse processo, e a APP não é podada no lugar correto, causando a formação de beta-amiloide-42. Os fragmentos cortados de beta-amiloide-42 finalmente se aglutinam em placas de beta-amiloide, os depósitos anormais que o corpo não pode eliminar ou reciclar (Fig. 13.4)

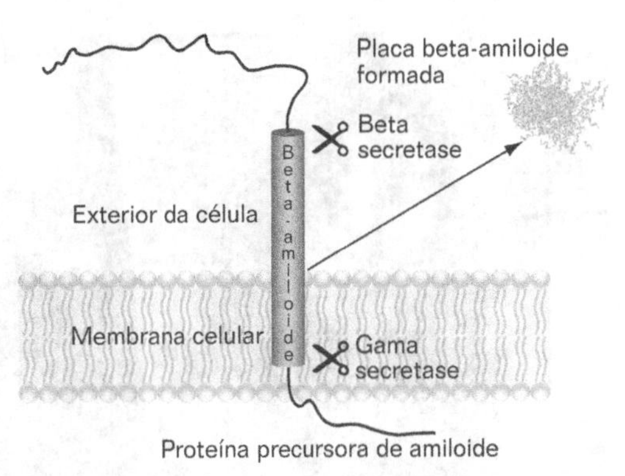

FIGURA 13.4 Desenvolvimento de placas amiloides.

Embora pesquisadores estejam testando várias teorias para determinar as causas da doença de Alzheimer, o mais provável é que um defeito subjacente na programação genética da atividade neural desencadeie quaisquer mudanças que possam ocorrer no cérebro como resultado de processos degenerativos. A teoria genética teve um impulso a partir da descoberta de que uma forma da doença, denominada doença de Alzheimer familiar de início precoce, que começa na idade incomumente jovem de 40 a 50 anos, ocorre com prevalência mais alta que o esperado em certas famílias. Outros genes parecem estar envolvidos em uma forma de doença de Alzheimer familiar de início tardio, a qual que começa nas idades mais esperadas de 60 a 65 anos. Pesquisadores postulam que esses genes levam a aumentos nas quantidades de proteína beta-amiloide.

Com a descoberta de padrões familiares de doença de Alzheimer de início precoce e os avanços na engenharia genética, pesquisadores identificaram vários genes que podem conter a chave para entender a causa da doença. O gene apoE no cromossomo 19 tem três formas comuns: e2, e3 e e4. Cada uma delas produz uma forma correspondente de apolipoproteina E (apoE) chamadas E2, E3 e E4. A presença do alelo e4 ativa o mecanismo para produção da forma E4 de apoE, o qual os pesquisadores acreditam que danifique os microtúbulos dentro do neurônio, que provavelmente têm um papel essencial na atividade da célula. Em geral, apoE2 e apoE3 protegem a proteína tau, que ajuda a estabilizar os microtúbulos. A teoria é que, se essa proteína não estiver protegida por apoE2 e apoE3, os microtúbulos irão se degenerar, por fim, levando à destruição do neurônio.

A maioria dos casos de doença de Alzheimer familiar de início precoce ocorre com defeitos nos chamados genes presenilina (PS1 e PS2), que, como o nome sugere, provavelmente estão envolvidos na causa do envelhecimento prematuro do cérebro. A idade média de início em famílias com mutações no gene PS1 é 45 anos (variando de 32 a 56) e 52 anos para pessoas com mutações do gene PS2 (de 40 a 85). O padrão de herança para os genes presenilina é autossômico dominante, significando que, se um dos genitores for portador do alelo que ocorre com a doença, os filhos têm uma chance de 50% de desenvolver o transtorno. Pesquisadores estão tentando determinar como os genes da presenilina 1 e 2 interagem com APP, beta-amiloide, placas e emaranhados. Eles estimam que os quatro genes, a presenilina 1 e 2, APP e apoE, respondam por aproximadamente metade do risco genético para doença de Alzheimer (St. George-Hyslop & Petit, 2005).

Ainda que a teoria genética seja atraente, necessitamos de outras teorias para explicar os outros 50% de pessoas que desenvolvem a doença, mas não têm risco genético. Pesquisadores estão considerando cada vez mais os comportamentos relacionados à saúde moderadores importantes do risco genético (Savica & Petersen, 2011). Um fator de risco comportamental importante é o tabagismo, que duplica o risco tanto de transtorno neurocognitivo vascular quanto de doença de Alzheimer. Não conhecemos os mecanismos exatos para o efeito do fumo sobre o cérebro, mas IRMs de tensor de difusão documentam uma perda de integridade estrutural na substância branca dos cérebros de fumantes (Gons et al., 2011).

Outro fator de risco comportamental é o sobrepeso, talvez devido a anormalidades na leptina, o hormônio regulador da obesidade (Doherty, 2011). Pessoas que têm síndrome metabólica, uma condição que as coloca em risco para diabetes e doença cardíaca, também têm taxas mais altas de doença de Alzheimer. Os pesquisadores também associam a síndrome metabólica com depressão e doença cerebrovascular (AVC) (Farooqui, Farooqui, Panza, & Frisardi, 2012). Inversamente, pessoas que têm dietas saudáveis têm um risco mais baixo de doença de Alzheimer. A dieta mediterrânea inclui alimentação rica em tomates e azeite de oliva, com baixas quantidades de carne vermelha e um copo ocasional de vinho tinto. Indivíduos que seguem essa dieta têm um risco mais baixo de desenvolver a doença (Gu, Luchsinger, Stern, & Scarmeas, 2010).

Adultos mais velhos que se exercitam regularmente podem prevenir o início de muitos problemas físicos relacionados à idade.

A falta de exercício físico está cada vez mais sendo considerada outro fator contribuinte para o risco de um indivíduo desenvolver doença de Alzheimer, em razão de seu efeito sobre os sistemas nervoso e cardiovascular e possível alteração da expressão genética em pessoas com alto risco para a doença (Archer, 2011). De maneira similar, participar de exercícios mentalmente desafiadores pode ajudar a reduzir o risco da doença, bem como ajudar a reduzir as alterações normais relacionadas à idade na memória e em outras funções cognitivas.

Há duas implicações importantes da pesquisa que documentam os fatores de risco comportamentais para doença de Alzheimer. Primeiro, as pessoas podem reduzir seu risco tirando proveito de comportamentos que contribuem para o seu desenvolvimento. Segundo, esses fatores de risco também aumentam a probabilidade de um indivíduo desenvolver doença cerebrovascular, depressão e outras causas de transtorno neurocognitivo. Consequentemente, isso apoia a argumentação de que as estimativas das estatísticas de prevalência de doença de Alzheimer são inflacionadas pela existência de outros transtornos neurocognitivos, passíveis de prevenção, relacionados aos fatores de risco da população em processo de envelhecimento. Os avanços nos esforços da saúde pública que visam reduzir a obesidade, o diabetes e o tabagismo devem levar a uma diminuição nas estimativas de doença de Alzheimer, se não a reduções reais no número de pessoas que de fato têm o transtorno.

Tratamento Evidentemente, o objetivo final da intensa pesquisa sobre a doença de Alzheimer é encontrar um tratamento eficaz, quando não uma prevenção ou a cura. Há muito otimismo na comunidade científica de que esse tratamento, quando descoberto, também beneficiará pessoas com outras doenças cerebrais degenerativas. Enquanto a pesquisa pela causa da doença de Alzheimer prossegue, os pesquisadores tentam encontrar medicamentos que aliviem seus sintomas.

Os medicamentos aprovados pela Food and Drug Administration para tratar sintomas de doença de Alzheimer leves a moderados incluem galantamina, rivastigmina e donepezil (Tab. 13.6). Apenas raras vezes outro fármaco, a tacrina, é prescrito devido

TABELA 13.6 Mecanismo de ação e efeitos colaterais de medicamentos para doença de Alzheimer

Nome do medicamento	Tipo e uso do medicamento	Como ele funciona	Efeitos colaterais comuns
Memantina	Antagonista de N-metil D-aspartato (NMDA) prescrito para tratar sintomas de DA moderados a graves	Bloqueia os efeitos tóxicos associados com excesso de glutamato e regula a ativação de glutamato	Tontura, cefaleia, constipação, confusão
Galantamina	Inibidor da colinesterase prescrito para tratar sintomas de DA leves a moderados	Previne a decomposição de acetilcolina e estimula os receptores nicotínicos a liberar mais acetilcolina no cérebro	Náusea, vômitos, diarreia, perda de peso, perda de apetite
Rivastigmina	Inibidor da colinesterase prescrito para tratar sintomas de DA leves a moderados	Previne a decomposição de acetilcolina e butirilcolina (uma substância química do cérebro semelhante à acetilcolina) no cérebro	Náusea, vômitos, diarreia, perda de peso, perda de apetite, fraqueza muscular
Donepezil	Inibidor da colinesterase prescrito para tratar sintomas de DA leves a moderados e moderados a graves	Previne a decomposição de acetilcolina no cérebro	Náusea, vômitos, diarreia

a preocupações sobre sua segurança. Esses medicamentos inibem a ação da acetilcolinesterase, a enzima que normalmente destrói acetilcolina após sua liberação na fenda sináptica. Visto que reduzem a velocidade de decomposição da acetilcolina, eles permitem que níveis mais altos dessa enzima permaneçam no cérebro, desse modo facilitando a memória. Todos têm efeitos colaterais significativos. A memantina está em uma categoria separada de medicamentos aprovados pela FDA para o tratamento de doença de Alzheimer nos estágios moderado a grave. Antagonista de NMDA, a memantina regula o glutamato, que, em quantidades excessivas, pode destruir neurônios.

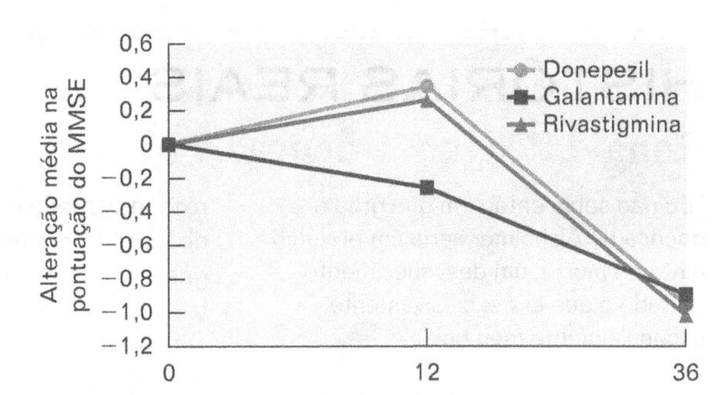

FIGURA 13.5 Comparação de medicamentos para doença de Alzheimer.

Os efeitos colaterais que a Tabela 13.6 mostra incluem aqueles considerados leves e, portanto, toleráveis. Entretanto, as anticolinesterases podem ter efeitos colaterais sérios, tais como desmaio, depressão, ansiedade, reações alérgicas graves, convulsões, frequência cardíaca lenta ou irregular, febre e tremor. Os efeitos colaterais da memantina podem incluir alucinações, convulsões, alterações da fala, cefaleia súbita e grave, agressividade, depressão ou ansiedade. Ao prescrever esses medicamentos, os profissionais devem pesar quaisquer benefícios em relação a esses efeitos colaterais, que podem eles próprios interagir com outros fármacos que o indivíduo esteja recebendo para outras condições de saúde, como aspirina e anti-inflamatórios não esteroides (AINEs), Tagamet (usado para tratar azia), certos antibióticos, antidepressivos e medicamentos que melhoram a respiração. Além disso, nenhum deles está disponível na forma genérica, podendo custar bem caro.

Os benefícios dos medicamentos atuais para tratar os sintomas de doença de Alzheimer são de curta duração. A memantina, prescrita para doença moderada a grave, mostra efeitos positivos por até 12 semanas (Schulza et al., 2011). Embora o donepezil possa reduzir os sintomas em até 39 a 63% (Lopez et al., 2010), passadas as primeiras 12 semanas de tratamento seus benefícios começam a diminuir. Após 3 anos, os indivíduos em qualquer das três anticolinesterases apresentam desempenho mais insatisfatório no MMSE do que apresentavam no início do tratamento (Fig. 13.5). A administração de níveis mais altos de anticolinesterases pode retardar um pouco a progressão, mas não impede a deterioração no funcionamento cognitivo ao longo de 3 anos de tratamento (Wattmo, Wallin, Londos, & Minthon, 2011). O donepezil pode reduzir a percepção dos cuidadores de sua carga e dos outros sintomas apresentados pelos pacientes de quem cuidam, mas esses efeitos não foram estudados após 12 semanas de tratamento (Carrasco, Aguera, Gil, Morinigo, & Leon, 2011). Outro medicamento, a galantamina, age como uma anticolinesterase e pode ter efeitos positivos por até 3 anos, mas também tem uma taxa de morte mais alta associada com seu uso (Scarpini et al., 2011). Medicamentos que tratam as alterações deletérias na tau estão sendo desenvolvidos, mas ainda não são adequados para uso em seres humanos (Navarrete, Pérez, Morales, & Maccioni, 2011).

Outras abordagens ao tratamento de transtorno neurocognitivo devido à doença de Alzheimer visam os radicais livres, que são moléculas que se formam dos fragmentos da decomposição de beta-amiloide. Os radicais livres muito provavelmente danificam

MINICASO

Transtorno neurocognitivo maior devido à doença de Alzheimer, provável

O marido de Ellen, uma mulher de 69 anos, a levou ao médico da família quando começou a ficar cada vez mais preocupado pelas falhas de memória e pelo comportamento estranho da esposa. Ele tinha ficado preocupado pela primeira vez alguns meses antes, quando ela não conseguia lembrar os nomes de objetos domésticos básicos, como colher e lava-louças. Seu esquecimento no dia a dia tornou-se tão problemático que ela repetidamente esquecia de alimentar o cachorro e passear com ele. À medida que as semanas passavam, ela parecia piorar. Esquecia comida queimando no forno e água transbordando na banheira. Porém, Ellen não tinha qualquer história de parentes diagnosticados com doença de Alzheimer de início precoce. Seu médico buscou consultoria com um neuropsicólogo, o qual determinou que ela apresentava prejuízos significativos na memória, na aprendizagem e na linguagem. Além disso, um exame médico completo não identificou outras possíveis causas dos sintomas cognitivos de Ellen, e ela não satisfazia os critérios para transtorno depressivo maior.

HISTÓRIAS REAIS

Ronald Reagan: Doença de Alzheimer

"Eu não sabia então em que grau a doença de Alzheimer seria um prelúdio lento da morte, um desvanecimento de tudo o que era exclusivamente, essencialmente meu pai."

—Patti Reagan Davis

Nascido em 1911, Ronald Reagan foi o presidente norte-americano mais velho a prestar o juramento de posse, aos 70 anos de idade. Ele cumpriu dois mandatos entre 1981 e 1989 e é lembrado como um dos presidentes mais populares da história recente. Suas políticas públicas e econômicas mudaram a face da nação, e, como chefe de Estado, ajudou, em parte, a acabar com a Guerra Fria entre os Estados Unidos e a ex-União Soviética. Em 1994, quatro anos após deixar a presidência, Reagan revelou publicamente que tinha sido diagnosticado com doença de Alzheimer. Faleceu em 2004, depois de passar seus últimos três anos de vida confinado a uma cama hospitalar em sua casa na Califórnia.

Natural de Illinois, Reagan frequentou a escola em Eureka antes de ir para Iowa a fim de começar sua carreira como locutor de rádio. Ele logo se mudou para Los Angeles e se lançou na carreira de ator, estrelando muitos filmes e programas de televisão populares. Depois de um período como porta-voz da General Electric, Reagan se envolveu na política. Foi governador da Califórnia por 10 anos antes de ser eleito presidente em 1980, tendo concorrido duas vezes antes sem sucesso e vencido o titular presidente Jimmy Carter.

Um artigo do *New York Times* de 1997 descreveu sua vida poucos anos após ele ter revelado seu diagnóstico. Na época da publicação, Reagan parecia inalterado, embora estivesse à beira de apresentar alguns dos sinais mais graves de Alzheimer. O artigo declarava: "Se, aos 86 anos de idade, o velho ator de cinema ainda aparenta saúde física vigorosa, a verdade é que o homem por trás do aperto de mão firme e raros cabelos grisalhos está contínua e definitivamente desaparecendo". Embora os sinais estivessem se tornando claros, Reagan ainda era capaz de realizar as atividades da vida diária, como se vestir, e continuava a participar de sua rotina regular, que envolvia jogar golfe, se exercitar e fazer aparições públicas ocasionais. Apesar de sua saúde exterior e uma rede de apoio extensiva, neste ponto sua condição começou a deteriorar.

Durante sua presidência, Ronald Reagan lutava notoriamente com sua memória, em particular quando se tratava de lembrar os nomes das pessoas. Em 1997, essa dificuldade era muito mais pronunciada, e a única pessoa de quem era capaz de lembrar com consistência era sua esposa, Nancy. Depois da revelação de seu diagnóstico, houve muita controvérsia quanto à possibilidade de ter apresentado ou não sintomas de doença de Alzheimer durante sua presidência. O artigo do *New York Times* cita o médico de Reagan, o qual confirmou que ele realmente não começou a evidenciar qualquer sintoma até pelo menos três anos após o seu último mandato.

"Diz-se com frequência que a doença de Alzheimer envolve uma família de vítimas", o artigo declara. "Como inexoravelmente desliga a comunicação, a doença produz solidão, frustração e confusão não apenas para o paciente, mas para cônjuge, parentes e amigos. Muitos amigos e auxiliares de longa data dizem que achavam doloroso demais comparar o Ronald Reagan afetado pelo Alzheimer a sua pessoa anterior."

Em 2001, quatro anos após o artigo, Reagan sofreu uma queda em sua casa e quebrou o quadril. Embora seu quadril tenha sido restaurado, ele não saía mais de casa, visto que sua condição tinha se deteriorado enormemente. Em seu livro, *The Long Goodbye*, a filha de Reagan, Patti Davis, lembra que os médicos tinham lhe dado apenas poucos meses de vida. No fim, ele viveu mais quatro anos. Seu livro retrata de modo pungente a dor e a luta que assombram não apenas os pacientes, mas as famílias daqueles que estão morrendo de doença de Alzheimer. Patti ressalta que o aspecto mais doloroso do processo de assistir um ente querido sofrer dessa condição é a duração do processo de deterioração física e mental, bem como o efeito psicológico que isso tem sobre a família.

"Eu sou uma filha que viveu sua vida sentindo falta do pai." Patti descreve seu pai como um homem que tinha pouco tempo para se envolver nas vidas de seus filhos, já que passou oito anos como líder de uma nação poderosa. A perturbação de assistir a longa e lenta morte de seu pai tornava-se ainda mais martirizante devido ao caráter pessoal reservado de Reagan. Como Patti descreve no livro, "Até minha mãe admitiu que havia uma parte dele – um âmago – que ela nunca pôde tocar".

O livro começou como uma coleção de notas de diário que Patti tinha escrito sobre suas experiências de assistir a seu pai sucumbir à doença. Segunda filha mais nova dos cinco filhos de Reagan, Patti estava frequentemente em conflito com as visões

Ronald Reagan começou a mostrar sinais pronunciados da doença de Alzheimer apenas poucos anos após completar dois mandatos consecutivos como presidente dos Estados Unidos.

sociais e políticas de seu pai. No livro, ela escreve sobre como o relacionamento deles mudou ao longo dos anos e como ela ficou a seu lado durante toda a progressão da doença. Não apenas o relacionamento de seu pai com ela se alterou no decorrer da patologia, mas a dinâmica familiar inteira mudou à medida que as diferenças entre eles foram afastadas à luz do desejo deles de ficarem juntos durante esse período difícil. Não é raro que as famílias se unam para enfrentar a lenta perda de um ente querido para a doença de Alzheimer.

"A doença de Alzheimer tranca todas as portas e saídas. Não há adiamento, não há fuga. O tempo torna-se o inimigo, e ele parecia se alongar perante nós como quilômetros de terras não cultivadas." Patti descreve a natureza insidiosa da doença e sua lenta progressão através dos anos como testemunhou em seu pai. Junto com observações que fazia dele enquanto ela crescia e à proporção que a doença cada vez mais mostrava seus efeitos, Patti recorda as memórias de Reagen ao longo de sua vida – fazendo um discurso no dia de seu casamento, nadando com ela no mar, cantando juntos na igreja. Essas memórias foram importantes para ajudar a família a enfrentar a dor da lenta perda do pai. "Você respira vida em suas próprias memórias porque logo ali, na sua frente, sentado na cadeira de sempre, ou caminhando pelo corredor ou olhando pela janela, está um lembrete do vazio que resta quando as memórias são apagadas. Então você dá as boas-vindas quando imagens ou fragmentos de conversas voltam. Você se agarra a eles, tira-lhes o pó e reza para que permaneçam brilhantes."

Em seu livro, Patti descreve o processo que sua mãe suportou enquanto lentamente perdia aquele que era seu marido há mais de 40 anos. "Minha mãe fala da solidão de sua vida agora. Ele está aqui, mas, de muitas maneiras, não está. Ela sente a solidão nas pequenas coisas – ele costumava colocar loção nas costas dela; agora não mais. E nas coisas enormes, avassaladoras – um futuro que será passado sentindo a falta dele."

Patti também abordou a questão da decisão de Nancy Reagan de manter os detalhes do sofrimento de seu marido longe do olhar atento da mídia. "Minha mãe chamou isso de um longo adeus – a forma como o Alzheimer lentamente arrebata uma pessoa. Foi um de seus únicos comentários públicos; de comum acordo, preferimos um manto de silêncio respeitoso quando o assunto se tratava da condição de meu pai. É uma frase comovente, e ela me disse que não queria repeti-la porque a levava às lágrimas." Mesmo no dia em que seu pai faleceu, em 5 de junho de 2004, Patti lembra de um repórter rondando a casa; os rumores de que ele estava próximo do fim de sua vida tinham vindo a público. Enquanto a família se reunia em torno do leito de Reagan em seus últimos momentos, Patti lembra de ouvir notícias na sala ao lado de que a condição dele era grave e como mais repórteres começaram a ligar e vir à casa. No final, a família estava preparada para a morte do pai, embora isso não apagasse a dor que sentiram quando sua batalha com o Alzheimer finalmente terminou.

"Haverá momentos", Patti escreve sobre a reação deles à morte do pai, "em que seremos animados pelas memórias, e outros em que a tristeza nos fará cair de joelhos. Especialmente minha mãe, que terá momentos de se perguntar por que ele teve que partir primeiro. Esperaremos que ele entre em nossos sonhos. Procuraremos por ele em cada brisa que entrar por cada janela aberta. Respiraremos fundo e aguardaremos que seu sussurro entre em nós – nos conte segredos e nos faça sorrir".

---

os neurônios no tecido cerebral circundante. Os antioxidantes podem desarmar os radicais livres e, portanto, constituir outro tratamento para a doença. O bioflavonoide, uma substância que ocorre naturalmente no vinho, no chá, nas frutas e nos vegetais, é um desses antioxidantes. Pesquisadores consideram que os bioflavonoides de ocorrência natural (p. ex., no mirtilo) tenham papéis preventivos importantes na redução do grau de perda de memória na terceira idade (Joseph, Shukitt-Hale, & Casadesus, 2005). Um estudo longitudinal de mais de 1.300 franceses revelou que essas substâncias foram benéficas na redução do risco de doença de Alzheimer (Commenges et al., 2000).

Visto que não existem tratamentos para curar a patologia, psicólogos comportamentais estão desenvolvendo estratégias para maximizar o funcionamento diário de pessoas com doença de Alzheimer. Eles com frequência direcionam esses esforços para os cuidadores, que são as pessoas (em geral membros da família) primariamente responsáveis por cuidar do indivíduo acometido. Os cuidadores costumam sofrer os efeitos adversos das constantes demandas que lhes são impostas, os quais chamamos de carga do cuidador (Tab. 13.7). Entretanto, é possível ensinar-lhes estratégias comportamentais que podem promover a independência do paciente e reduzir seus comportamentos perturbadores. Grupos de apoio também constituem um foro no qual os cuidadores aprendem formas de lidar com o estresse emocional inerente a seu papel.

As estratégias comportamentais que visam aumentar a independência do paciente incluem dar instruções, sugestões e orientação relativas aos passos envolvidos na manutenção própria. Por exemplo, o clínico pode encorajar o paciente a reaprender o passo a passo de vestir-se e então recompensá-lo positivamente com elogio e atenção por tê-los completado.

Por meio de modelagem, o paciente reaprende habilidades anteriores mediante imitação. Também podemos ensinar o cuidador a gerenciar o tempo, que envolve seguir um programa diário rigoroso. Como resultado, o paciente tem mais probabilidade de entrar em uma rotina regular de atividades diárias. Todos esses métodos beneficiam todos os envolvidos. O paciente recupera alguma independência, o que reduz a carga do cuidador, na medida em que o paciente pode realizar tarefas de autocuidados (ver Tab. 13.7).

As estratégias comportamentais também podem eliminar, ou pelo menos reduzir, a frequência de perambulação e agressão em um paciente de Alzheimer. Uma abordagem possível, que nem sempre é prática, envolve extinção. O cuidador ignora certos comportamentos perturbadores, com a intenção de eliminar o reforço que tem ajudado a mantê-los. Entretanto, a extinção não é prática para comportamentos que podem levar a dano ao paciente, como a perambulação fora de casa e caminhar pelas ruas. Uma possibilidade é dar-lhe reforço positivo por permanecer dentro de certos limites. Todavia, isso pode não ser suficiente, e, neste ponto, o cuidador precisa instalar barreiras protetoras. Outra possível abordagem é identificar situações particularmente problemáticas para o paciente, como no banho ou à mesa. O cuidador pode então usar métodos comportamentais nessas circunstâncias. Por exemplo, se o problema ocorrer durante as refeições, ele pode encorajar o paciente a reaprender o uso de uma faca e um garfo, em vez de lhe dar a comida na boca. Novamente, tal intervenção pode tanto reduzir a carga do cuidador como aumentar as habilidades funcionais do paciente (Callahan et al., 2006).

O cuidador pode implementar intervenções comportamentais por meio de terapia individual ou em um grupo de apoio. O facilitador do grupo pode ensinar esses métodos aos participantes. Além disso, os cuidadores podem compartilhar estratégias entre si com base em suas experiências. O apoio emocional que eles podem fornecer uns aos outros pode ser tão valioso quanto a instrução real que recebem. Finalmente, o paciente recebe cuidado de melhor qualidade quando a carga do cuidador é minimizada.

Você pode ver que, embora a perspectiva da doença de Alzheimer seja aterrorizante e dolorosa para todos os envolvidos, existem inúmeras intervenções disponíveis. Entretanto, até que os pesquisadores encontrem uma cura para o transtorno, os clínicos devem se contentar em medir seus ganhos menos como progresso na direção da cura e mais como sucesso em prolongar o período de funcionamento máximo para o indivíduo e seus familiares.

TABELA 13.7 Estratégias da APA para os cuidadores

Em 2011, a American Psychological Association lançou a Iniciativa dos Cuidadores, sob a liderança da então presidente Carol Goodheart. As *Estratégias para os cuidadores* resumem recursos, fatos e sugestões para os cuidadores: http://www.apa.org/pi/about/publications/caregivers/index.aspx.

Este resumo de cinco dicas sugere estratégias úteis para os cuidadores da família, sejam pais cuidando de filhos, companheiros de companheiros ou filhos dos pais:

1. **Reconheça o quanto as situações de cuidados são generalizadas.** Embora a situação de cada pessoa seja única, você não está sozinho nesta experiência.
2. **Aproveite os serviços de apoio.** Compartilhar suas experiências com outras pessoas pode lhe proporcionar ajuda prática e emocional.
3. **Concentre-se em estratégias de enfrentamento positivas.** Adapte as autoafirmações e as estratégias de enfrentamento supramencionadas até encontrar as que funcionam para você.
4. **Cuide de suas próprias necessidades.** Você precisa focar em sua saúde, tanto mental quanto física, se quiser ser um cuidador eficaz. Você também se sentirá melhor.
5. **Peça ajuda quando precisar.** Você não precisa ser um mártir. Pedir a ajuda dos outros aliviará seu estresse. Você pode se surpreender com a disposição das pessoas para oferecer ajuda.

FONTE: Whitbourne, S. K. (March, 2011). Family caregiving across the generations. *Psychology Today*, http://www.psychologytoday.com/blog/fulfillment-any-age/201103/family-caregiving-across-the-generations.

13.4 Transtornos neurocognitivos devidos a outros transtornos neurológicos além de doença de Alzheimer

Os sintomas de transtorno neurocognitivo podem ter inúmeras causas que incluem outras condições neurológicas degenerativas além de doença de Alzheimer. Cada um desses transtornos tem associado a si um diagnóstico separado. A Figura 13.6 mostra a sobreposição entre os sintomas desses transtornos neurológicos. Em vez de envolver um declínio na memória, como vemos na doença de Alzheimer, o **transtorno neurocognitivo frontotemporal** é refletido em alterações de personalidade, como apatia, falta de inibição, obsessão e perda de julgamento. Por fim, o indivíduo se torna negligente com os hábitos pessoais e perde a capacidade de se comunicar. O início do transtorno é lento e insidioso. Na necropsia, o cérebro apresenta atrofia nos córtices frontal e temporal, mas não há placas amiloides ou dano arterial.

transtorno neurocognitivo frontotemporal
Transtorno neurocognitivo que envolve a área frontotemporal do cérebro.

O **transtorno neurocognitivo com corpos de Lewy**, que os pesquisadores identificaram pela primeira vez em 1961, é muito semelhante à doença de Alzheimer, com perda progressiva de memória, linguagem, cálculo, raciocínio e outras funções mental superiores. Entretanto, o progresso da doença pode ser mais rápido do que o visto na DA. Os corpos de Lewy são estruturas esféricas minúsculas que consistem em depósitos de proteína em células nervosas coradas encontradas em regiões danificadas profundas nos cérebros de pessoas com doença de Parkinson. Um clínico diagnostica essa condição quando os corpos de Lewy estão espalhados mais difusamente em todo o cérebro. Não é claro se a condição chamada de transtorno neurocognitivo com corpos de Lewy é uma doença distinta ou uma variante de doença de Alzheimer ou de Parkinson (Serby & Samuels, 2001), embora alguns afirmem que essa é a segunda forma mais comum de transtorno neurocognitivo (McKeith et al., 2004). Com base em evidência neurológica, pesquisadores estão começando a diferenciar esse transtorno de doença de Alzheimer. Em um estudo, que usa tanto varredura por PET como autópsias, os investigadores verificaram que os déficits no córtex visual eram específicos dos cérebros de pessoas com transtorno neurocognitivo com corpos de Lewy (Gilman et al., 2005).

transtorno neurocognitivo com corpos de Lewy
Forma de transtorno neurocognitivo com perda progressiva de memória, linguagem, cálculo, raciocínio e outras funções mentais superiores, resultante do acúmulo de anormalidades em todo o cérebro chamadas de corpos de Lewy.

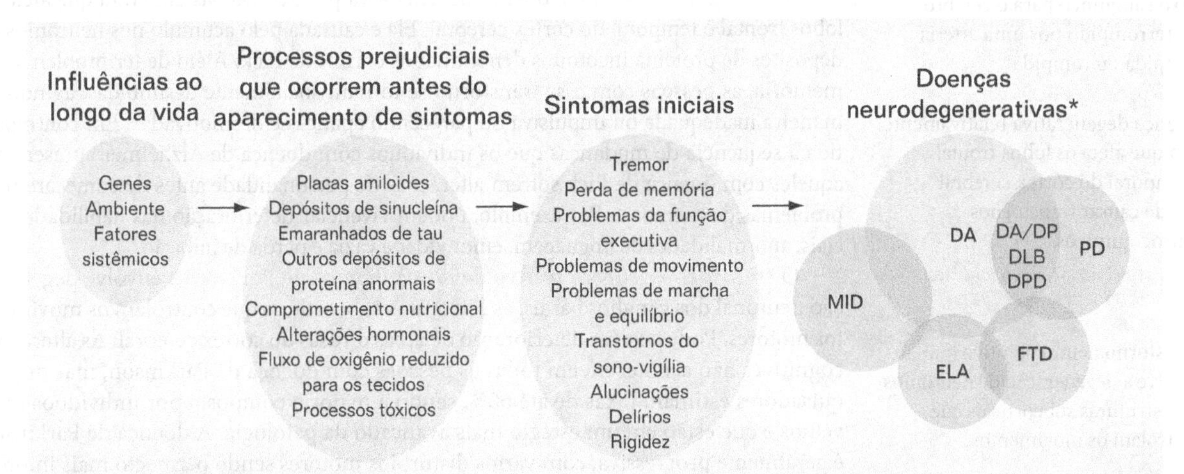

Como mostrado, a variedade de influências no decorrer da vida e os processos de dano que se estendem das influências nutricionais às toxinas pode conduzir a sintomas que mimetizam a doença de Alzheimer. Esses quadros podem ocorrer junto com a doença (mostrado por meio dos círculos que se sobrepõem) ou independentemente dela.

FIGURA 13.6 Outras doenças que podem causar deterioração na função cognitiva.
FONTE: National Institute of Aging (2005). *Progress report on Alzheimer's disease* 2004–2005: U.S. Department of Health and Human Services.

Como um dos indivíduos de maior notoriedade conhecidos por sofrer de transtorno neurocognitivo devido à doença de Parkinson, Michael J. Fox tem chamado atenção do público para a realidade dessa condição incapacitante.

Outra causa possível de transtorno neurocognitivo é uma doença cardiovascular que afete o suprimento de sangue para o cérebro. Essa condição, denominada **transtorno neurocognitivo vascular**, é altamente prevalente, e os pesquisadores a associam a uma variedade de fatores de risco cardiovasculares. A forma mais comum é referida como **demência multi-infarto (DMI)**, causada por ataques transitórios nos quais o fluxo sanguíneo para o cérebro é interrompido por uma artéria entupida ou rompida. O dano à artéria priva os neurônios circundantes de sangue e oxigênio, o que provoca a morte dos neurônios. Embora cada infarto seja muito pequeno para ser percebido a princípio, ao longo do tempo o dano progressivo causado pelos infartos leva o indivíduo a perder habilidades cognitivas. Seu prejuízo de memória parece ser semelhante ao envolvido na doença de Alzheimer. Todavia, há algumas diferenças significativas entre essas duas formas de transtornos. As pessoas com transtorno neurocognitivo vascular apresentam um conjunto particular de anormalidades físicas, como dificuldades para caminhar e fraqueza nos braços e nas pernas. Além disso, elas mostram um padrão de funcionamento cognitivo nitidatamente diferente do de pessoas com doença de Alzheimer.

No quadro clínico típico de transtorno neurocognitivo vascular, certas funções cognitivas permanecem intactas e outras mostram perda significativa, um padrão que os neurologistas chamam de deterioração irregular (desigual). Outro aspecto único desse transtorno é que ele apresenta uma degeneração gradual no funcionamento cognitivo: uma função que era relativamente intacta é perdida de repente ou se deteriora de modo grave, o que contrasta com o padrão gradual de deterioração na doença de Alzheimer.

Também não existe tratamento para reverter as perdas cognitivas no transtorno neurocognitivo. Entretanto, os indivíduos podem tomar medidas preventivas ao longo da vida adulta para se proteger do início subsequente de transtorno neurocognitivo vascular. Reduzir o risco de hipertensão e diabetes é uma forma importante de diminuir as chances de desenvolver transtornos cognitivos na terceira idade (Papademetriou, 2005).

A **doença de Pick** é uma doença degenerativa progressiva bastante rara que afeta os lobos frontal e temporal do córtex cerebral. Ela é causada pelo acúmulo nos neurônios de depósitos de proteína incomuns denominados corpos de Pick. Além de ter problemas de memória, as pessoas com esse transtorno se tornam socialmente desinibidas, agindo de maneira inadequada ou impulsiva ou parecendo apáticas e desmotivadas. Em contrapartida à sequência de mudanças que os indivíduos com doença de Alzheimer apresentam, aqueles com doença de Pick sofrem alterações de personalidade antes de começarem os problemas de memória. Por exemplo, podem vivenciar deterioração nas habilidades sociais, anormalidades de linguagem, emotividade vazia e perda de inibição.

O **transtorno neurocognitivo devido à doença de Parkinson** envolve degeneração neuronal dos gânglios basais, as estruturas subcorticais que controlam os movimentos motores. Pode ocorrer deterioração de áreas difusas do córtex cerebral. As alterações cognitivas não acontecem em todas as pessoas com doença de Parkinson, mas os pesquisadores estimam taxas de até 60%, sendo a maioria composta por indivíduos mais velhos e que estão em um estágio mais avançado da patologia. A doença de Parkinson é geralmente progressiva, com vários distúrbios motores sendo o aspecto mais impressionante do transtorno. Em repouso, as mãos, os artelhos ou a cabeça da pessoa podem tremer de modo involuntário. Os músculos tornam-se rígidos, e é difícil para ela iniciar um movimento, um sintoma chamado de **acinesia**. Uma desaceleração geral da atividade motora, conhecida como **bradicinesia**, também ocorre, assim como perda da coordenação motora fina. Por exemplo, algumas pessoas com doença de Parkinson caminham em uma marcha lenta, vacilante. Elas têm dificuldade para começar a caminhar e, quando começam, têm dificuldade para parar. Além dessas anormalidades motoras, mostram sinais de deterioração cognitiva, como rastreamento lento em tarefas de

transtorno neurocognitivo vascular
Forma de transtorno neurocognitivo resultante de uma doença vascular que causa privação do suprimento de sangue para o cérebro.

demência multi-infarto (DMI)
Forma de transtorno neurocognitivo causado por ataques transitórios nos quais o fluxo sanguíneo para o cérebro é interrompido por uma artéria entupida ou rompida.

doença de Pick
Doença degenerativa relativamente rara que afeta os lobos frontal e temporal do córtex cerebral e pode causar transtornos neurocognitivos.

transtorno neurocognitivo devido à doença de Parkinson
Transtorno neurocognitivo que envolve a degeneração de neurônios nas estruturas subcorticais que controlam os movimentos.

acinesia
Distúrbio motor no qual os músculos de uma pessoa se tornam rígidos e é difícil iniciar um movimento.

bradicinesia
Distúrbio motor que envolve uma desaceleração geral da atividade motora.

reconhecimento visual, flexibilidade conceitual diminuída e retardamento em testes de resposta motora. O rosto dos indivíduos também parece sem expressão, e a fala se torna empolada, perdendo sua qualidade rítmica normal. Além disso, eles têm dificuldade para produzir palavras em testes que exigem fluência verbal. Entretanto, muitas funções cognitivas, como atenção, concentração e memória imediata, permanecem intactas.

Embora seja principalmente uma doença que envolve perda do controle motor, o transtorno neurocognitivo devido à doença de Huntington é um transtorno neurológico degenerativo que também pode afetar a personalidade e o funcionamento cognitivo. Pesquisadores atribuíram a doença de Huntington a uma anormalidade no cromossomo 4 que causa a acumulação de uma proteína, conhecida agora como huntingtina, que a faz chegar a níveis tóxicos. Os sintomas aparecem primeiro durante a idade adulta, entre 30 e 50 anos. A doença envolve a morte de neurônios nas estruturas subcorticais que controlam o comportamento motor.

Diversos distúrbios ocorrem com a doença de Huntington, os quais variam de alteração do funcionamento cognitivo a alterações sociais e de personalidade. Associamos a doença com distúrbios de humor, alterações de personalidade, irritabilidade e temperamento explosivo, risco de suicídio, mudanças na sexualidade e uma série de déficits cognitivos específicos. Devido a esses sintomas, os clínicos podem diagnosticar o transtorno incorretamente como esquizofrenia ou como um transtorno do humor, mesmo que o indivíduo não tenha uma história sugestiva dessas condições. As pessoas com doença de Huntington também podem parecer apáticas devido à diminuição de sua capacidade de planejar, iniciar ou realizar atividades complexas. Sua atividade motora descontrolada interfere na manutenção do desempenho de qualquer comportamento, mesmo que mantenham uma postura ereta, e, por fim, a maioria desses paciente permanece acamada.

O transtorno neurocognitivo devido à doença do príon, também conhecido como doença de Creutzfeldt-Jakob, é um transtorno neurológico raro denominado doença do príon, a qual os pesquisadores acreditam que seja causada por um agente infeccioso e que resulta em acúmulos anormais de proteína no cérebro. Os sintomas iniciais são fadiga, alterações do apetite, problemas de sono e dificuldades de concentração. À medida que a doença progride, o indivíduo mostra cada vez mais sinais de perda neurocognitiva e, por fim, morre. Subjacente a esses sintomas está um dano generalizado conhecido como encefalopatia espongiforme, significando que grandes orifícios se desenvolvem no tecido cerebral. A doença parece ser transmitida para seres humanos do gado que foi alimentado com restos de animais mortos infectados com a doença (particularmente ovelhas, nas quais a doença é conhecida como paraplexia enzoótica (*scrapie*). Em 1996, na Inglaterra, uma epidemia da "doença da vaca louca", junto com casos relatados da doença em seres humanos, levou a uma proibição de importação de carne bovina britânica. Preocupações com essa doença continuam a existir em países europeus, bem como nos Estados Unidos.

transtorno neurocognitivo devido à doença de Huntington
Condição hereditária causadora de transtorno neurocognitivo que envolve deterioração generalizada das estruturas cerebrais subcorticais e de partes do córtex frontal que controlam os movimentos.

transtorno neurocognitivo devido à doença do príon (também conhecido como doença de Creutzfeldt-Jakob)
Doença neurológica transmitida de animais para seres humanos que leva a demência e morte resultante de acúmulos anormais de proteína no cérebro.

doença do príon
Doença causada por uma partícula de proteína anormal que infecta o tecido cerebral.

13.5 Transtorno neurocognitivo devido a lesão cerebral traumática

O traumatismo craniano que resulta em uma alteração ou perda de consciência, ou em amnésia pós-traumática, é chamado de lesão cerebral traumática, ou LCT. Os critérios diagnósticos para transtorno neurocognitivo devido a lesão cerebral traumática requerem evidência de impacto na cabeça junto com perda de consciência, amnésia após o trauma, desorientação e confusão e anormalidades neurológicas, como convulsões. Os sintomas devem ocorrer imediatamente após o trauma ou depois da recuperação da consciência e passado o período agudo pós-lesão.

De acordo com os Centers for Disease Control and Prevention (2011), estima-se que 1,7 milhão de pessoas por ano nos Estados Unidos vivencie LCT (ver Fig. 13.7). Crianças de 0 a 4 anos, adolescentes de 15 a 19 anos e adultos a partir dos 65 anos apresentam o risco mais alto. As taxas de hospitalização e morte mais elevadas devido a essa condição ocorrem em adultos a partir dos 75 anos. As pessoas nessas faixas etárias sofrem LCTs acidentais por diferentes razões. As crianças e os adolescentes são mais propensos a sofrer esses traumatismos em decorrência de quedas, ferimentos na prática

lesão cerebral traumática (LCT)
Dano ao cérebro causado por exposição a trauma.

transtorno neurocognitivo devido a lesão cerebral traumática
Transtorno no qual há evidência de impacto na cabeça junto com sintomas cognitivos e neurológicos que persistem passado o período agudo pós-ferimento.

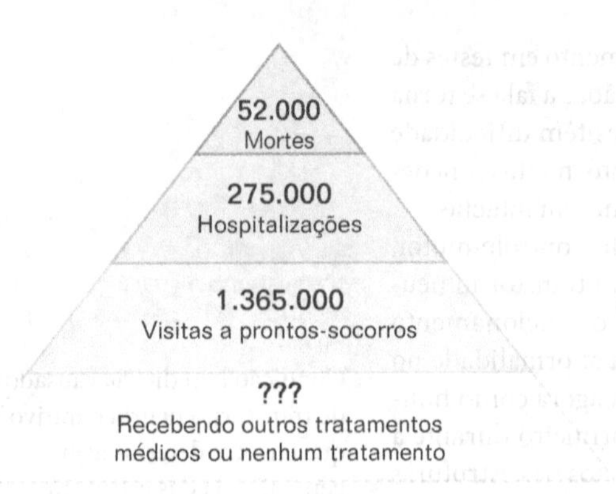

FIGURA 13.7 Estimativas de prevalência e riscos associados de lesão cerebral traumática.

de esportes e acidentes. Em adultos mais velhos, as quedas são a causa mais comum.

Doze a 20% dos veteranos das guerras do Iraque e do Afeganistão podem ter vivenciado LCTs resultantes de ferimentos de dispositivos explosivos improvisados (DEIs). A maioria desses casos é de gravidade relativamente leve, significando que envolveram perda de consciência por 30 minutos ou menos ou amnésia pós-traumática de 24 horas ou menos. A maior parte dessas vítimas de LCT se recupera em 6 meses após o ferimento, mas o mesmo não acontece com um subgrupo de veteranos. Outro grupo pode ter sintomas indetectáveis até após sua baixa. Não apenas a LCT traz consigo riscos de saúde significativos, mas os veteranos que vivenciam esses traumas têm um risco mais alto de desenvolver transtorno de estresse pós-traumático (TEPT), ansiedade e transtornos de adaptação (Carlson et al., 2010). Ao contrário dos veteranos de guerra anteriores, aqueles que lutaram nas guerras do Iraque e do Afeganistão eram menos propensos a sofrer traumatismos cranianos, porque seus capacetes modernos ofereciam melhor proteção do que aqueles usados por soldados em guerras anteriores. No entanto, eles sobreviviam à explosão mas sofriam ferimentos graves na cabeça (e outros).

As pessoas que sofrem LCT leve podem vivenciar uma condição relacionada conhecida como **síndrome pós-concussional (SPC)**, na qual elas continuam a ter sintomas como fadiga, tontura, falta de concentração, problemas de memória, cefaleia, insônia e irritabilidade. Os indivíduos com maior risco de desenvolver SPC são aqueles que tiveram um transtorno de ansiedade ou depressivo antes de seu ferimento e estresse pós-traumático agudo por aproximadamente 5 dias após o ferimento. Entretanto, a SPC também pode se desenvolver em sujeitos traumatizados com essas características mesmo que não tenham sofrido LCT leve (Meares et al., 2011).

síndrome pós-concussional (SPC)
Transtorno no qual um conjunto de sintomas físicos, emocionais e cognitivos persiste de semanas a anos.

Atletas profissionais também podem sofrer LCTs leves, em particular aqueles que praticam esportes de contato, como futebol e hóquei. Suas lesões podem não ser avaliadas de forma adequada no momento em que ocorrem, levando-os a voltar a jogar antes de estarem totalmente prontos para fazê-lo. Embora possam parecer recuperados o suficiente para voltar ao campo, é possível que sofram prejuízos mentais que só mais tarde serão evidentes. Em um estudo com atletas universitários de ambos os sexos envolvidos em esportes de alto contato, pesquisadores encontraram prejuízos de memória até naqueles(as) jogadores(as) que não pareciam ter sofrido uma concussão (Killam, Cautin, & Santucci, 2005). Contudo, ao contrário das vítimas de trauma, os atletas são mais propensos a retornar ao funcionamento pré-lesão em 2 dias a 2 semanas (Iverson, 2005).

13.6 Transtornos neurocognitivos induzidos por substâncias/medicamentos e devido a infecção por HIV

Uma ampla variedade de doenças infecciosas pode causar as alterações que ocorrem com transtorno neurocognitivo. Estas incluem neurossífilis, encefalite, tuberculose, meningite e infecções localizadas no cérebro. Pessoas que sofrem uma insuficiência renal podem ter sintomas de transtorno neurocognitivo como resultado do acúmulo de substâncias tóxicas que os rins não conseguem eliminar do sangue. Pessoas com certos tipos de tumores cerebrais também vivenciam prejuízos cognitivos e outros sintomas de transtorno neurocognitivo.

O funcionamento cognitivo dos indivíduos também pode ser afetado negativamente por anoxia (privação de oxigênio para o cérebro), que pode ocorrer durante cirurgia sob anestesia geral ou resultar de envenenamento por monóxido de carbono. A anoxia pode ter efeitos graves sobre muitas funções cerebrais porque os neurônios morrem com rapidez se privados de oxigênio. Visto que os neurônios cerebrais não se substituem, a perda neuronal significativa pode levar a prejuízos no pensamento concreto e em funções como capacidade de aprender coisas novas, atenção, concentração e rastreamento. Os efeitos emocionais de dano ao cérebro devido a anoxia podem incluir embotamento afetivo e desinibição, bem como depressão. Isso pode reduzir drasticamente a capacidade da pessoa de planejar, iniciar e realizar atividades.

A exposição a certas drogas e a toxinas ambientais pode causar dano ao cérebro e resultar em uma condição chamada de transtorno neurocognitivo induzido por substância/medicamento. Essas toxinas incluem emanações intensas de tintas domésticas, estireno usado na fabricação de plásticos e combustíveis destilados do petróleo.

Deficiências nutricionais também podem causar declínio cognitivo. Pessoas gravemente subnutridas são propensas a desenvolver uma deficiência de folato, um nutriente fundamental, o que leva a atrofia cerebral progressiva. Se a deficiência não for corrigida por melhorias da dieta, o indivíduo pode se tornar deprimido e apresentar vários prejuízos cognitivos, como déficits da memória e do raciocínio abstrato.

As perdas cognitivas que ocorrem com distúrbios físicos e reações tóxicas podem ser reversíveis se a pessoa receber tratamento imediato e adequado. Entretanto, se ela deixar de receber intervenção para uma demência tratável nos primeiros estágios, o dano cerebral se torna irreversível. Quanto mais generalizado o dano estrutural ao cérebro, menores as chances de a pessoa algum dia recuperar as funções perdidas.

Antes da introdução das terapias antirretrovirais para aids, a demência nos estágios finais da doença era uma complicação comum e devastadora (Gisslen et al., 2007). Com as melhorias no tratamento, essa condição, conhecida como complexo de demência aidética, passou a ser menos prevalente. Porém, continuam a surgir casos entre pessoas que não são diagnosticadas e tratadas, uma situação que é particularmente verdadeira em países em desenvolvimento (Wu, Zhao, Tang, Zhang-Nunes, & McArthur, 2007).

13.7 Transtornos neurocognitivos devidos a outra condição médica

Amnésia é a incapacidade de lembrar informações já aprendidas ou de registrar memórias novas. No DSM-5, pessoas com esse problema recebem um diagnóstico de **transtorno neurocognitivo maior devido a outra condição médica**. Aquelas com transtorno neurocognitivo maior devido a uma condição médica geral são incapazes de lembrar informações aprendidas previamente ou de registrar memórias novas. Nas edições anteriores do DSM, o termo "amnésia" era usado para referir-se a esse tipo de perda de memória. No DSM-5, indica-se que essa forma de transtorno neurocognitivo é causada por uma condição médica geral. Eles podem resultar de uma ampla variedade de problemas médicos, incluindo traumatismo craniano, perda de oxigenação ou herpes simples. Quando drogas ou medicamentos causam prejuízo de memória sério, a condição é referida como transtorno amnéstico persistente induzido por substâncias. Uma série de substâncias pode causar essa condição, incluindo medicamentos, drogas ilícitas ou toxinas ambientais como chumbo, mercúrio, inseticidas e solventes industriais. A causa mais comum dessa forma de transtorno neurocognitivo é o uso crônico

amnésia
Incapacidade de lembrar informações aprendidas anteriormente ou de registrar memórias novas.

transtorno neurocognitivo maior devido a outra condição médica
Transtornos cognitivos que envolvem a incapacidade de lembrar informações previamente aprendidas ou de registrar memórias novas.

MINICASO

Transtorno neurocognitivo maior devido a outra condição médica

Harvey é dono de uma livraria, tem 57 anos e vive em uma cidade pequena. Um dia, enquanto ia para o trabalho de bicicleta, foi atropelado por um carro e levado ao pronto-socorro. Além de ter uma perna quebrada, sofreu um ferimento na cabeça e era incapaz de lembrar qualquer coisa que tivesse acontecido durante as duas semanas anteriores. Além disso, não tinha ideia de quantos anos tinha, onde tinha nascido ou se era casado. Essa incapacidade de lembrar seu passado pessoal era fonte de grande sofrimento para Harvey. Em contrapartida, não tinha problemas para lembrar da viagem de ambulância até o hospital ou o nome do médico do pronto-socorro que o examinara primeiro. Após permanecer três dias no hospital, foi transferido para uma instituição de reabilitação por três meses, onde a terapia de memória o ajudou a aprender estratégias mnemônicas para lembrar informações importantes.

de álcool. A perda de memória deve persistir ao longo do tempo para que o possa ser atribuído o diagnóstico de transtorno neurocognitivo devido a outra condição médica. Para algumas pessoas, especialmente aquelas que abusam do álcool de forma crônica, esse transtorno persiste por toda a vida, causando prejuízo tão grave que elas podem requerer cuidado em instituição. Para outras, como aquelas cuja condição resulta de medicamentos, a recuperação completa é possível.

13.8 Transtornos neurocognitivos: a perspectiva biopsicossocial

Podemos entender melhor os prejuízos cognitivos que ocorrem com os transtornos discutidos neste capítulo, por definição, a partir de um ponto de vista biológico. Entretanto, a perspectiva biológica ainda não produziu um tratamento viável para um dos mais devastadores desses transtornos, a doença de Alzheimer. Até os pesquisadores encontrarem uma cura, os indivíduos e familiares cujas vidas são afetadas pela doença devem estar dispostos a tentar uma variedade de abordagens para aliviar o sofrimento. Muitos programas de pesquisa estão sendo conduzidos atualmente a fim de explorar estratégias para reduzir o estresse imposto aos cuidadores. Algumas delas envolvem métodos inovadores de alta tecnologia, como redes de computadores. Outras adotam a abordagem mais tradicional de fornecer apoio emocional a indivíduos com doença de Alzheimer e a suas famílias. A aplicação de métodos de terapia cognitivo-comportamentais e outros para ajudar as pessoas a enfrentar essa patologia é outra abordagem útil. Parece que o ponto de partida em toda essa pesquisa sobre o entendimento e tratamento de pessoas afetadas pela doença de Alzheimer é que não é necessário que os psicólogos aguardem até que os pesquisadores biomédicos descubram uma cura. Eles podem fazer muita coisa para melhorar a qualidade de vida desses sujeitos e para ajudá-los a manter seu funcionamento e sua dignidade enquanto possível.

Retorno ao caso: Irene Heller

A IRM de Irene mostrou múltiplas lesões vasculares em seu córtex cerebral e nas estruturas subcorticais de seu cérebro, confirmando o diagnóstico de transtorno neurocognitivo vascular. O qualificador de "com perturbação comportamental" foi acrescentado a seu diagnóstico devido a sua história de surtos de perambulação que tinham ocorrido com o início de seus sintomas.

Após seu diagnóstico, Irene imediatamente começou a tomar medicação, e, após algumas semanas, ela e sua família começaram a perceber que tinha retornado a seu nível de funcionamento "pré-mórbido" (anterior). Por recomendação do neuropsicólogo que consultara para fazer os testes, Irene começou a frequentar um grupo de apoio para pessoas que tinham sido diagnosticadas com transtorno neurocognitivo vascular oferecido em um centro comunitário de sua cidade. Ela frequenta com entusiasmo as sessões semanais e tem se beneficiado visivelmente do apoio social do grupo bem como aprendido mais sobre a doença e como ela afeta cada pessoa de forma diferente. O grupo de apoio também lhe ensinou a prestar atenção a quaisquer mudanças em sua cognição ou em seus movimentos e a buscar consulta imediatamente com seu clínico no caso de quaisquer dificuldades. Em razão da melhora de sua memória, a saúde de Irene permaneceu estável, visto que estava lembrando de aplicar sua insulina conforme prescrito. Ela tem prazer em participar de suas atividades regulares novamente e de passar um tempo com sua família, não mais sobrecarregada por dificuldades motoras. Irene será submetida a uma bateria de testagem neuropsicológica breve a cada seis meses para monitorar qualquer outra deterioração em sua cognição e para avaliar a eficácia de seu regime de tratamento.

Reflexões da dra. Tobin: O transtorno neurocognitivo vascular pode resultar de um AVC. Devido à deterioração desigual e irregular dos sintomas de Irene, é mais provável que seus sintomas resultem de um processo mais gradual de doença cerebrovascular. Em muitos casos, pessoas adultas vivem algum tempo com sintomas leves de transtorno neurocognitivo. Irene teve a felicidade de ter filhos atentos que perceberam seus sintomas logo após terem surgido, e foi possível buscar tratamento que pode retardar o desenvolvimento do transtorno. Ela também teve a sorte de seu diagnóstico ter sido apoiado na consideração cuidadosa de múltiplas fontes de testagem, uma vez que muitos adultos mais velhos com transtorno neurocognitivo vascular são diagnosticados incorretamente com doença de Alzheimer, que é irreversível e requer plano e curso de tratamento diferentes.

Resumo

- **Transtornos neurocognitivos** (anteriormente chamados de "*delirium*, demência, transtornos amnésticos e outros transtornos cognitivos") são aqueles cuja característica central é prejuízo cognitivo resultante de causas como trauma cerebral, doença ou exposição a substâncias tóxicas.
- ***Delirium*** é um estado temporário no qual os indivíduos apresentam um embotamento da consciência em que não têm conhecimento do que está acontecendo e são incapazes de se concentrar ou de prestar atenção. Eles vivenciam alterações cognitivas nas quais a memória é nebulosa e ficam desorientados; também podem ter vários outros sintomas, como fala desconexa, delírios, alucinações e perturbações emocionais. O *delirium*, que é causado por uma alteração no metabolismo do cérebro, pode resultar de vários fatores, incluindo intoxicação ou abstinência de substância, traumatismo craniano, febre alta e deficiência de vitamina. O início é geralmente rápido, e a duração, breve.
- O transtorno neurocognitivo mais bem conhecido é o **transtorno neurocognitivo devido à doença de Alzheimer**. Seus sintomas são caracterizados por prejuízo cognitivo progressivo que envolve a memória, as capacidades de comunicação, as habilidades de julgamento, a coordenação motora e a capacidade de aprender informações novas. Além de vivenciar disfunções cognitivas, os indivíduos com essa condição sofrem alterações em sua personalidade e seu estado emocional. A doença de Alzheimer é especificada de acordo com subtipos: com *delirium*, com delírios, com humor deprimido ou não complicada. É um desafio fazer esse diagnóstico porque algumas condições, como **transtorno neurocognitivo vascular** e transtorno depressivo maior, imitam os sintomas de doença de Alzheimer.
- **Transtorno neurocognitivo devido a outra condição médica** é aquele no qual as pessoas são incapazes de lembrar informações aprendidas anteriormente ou de registrar memórias novas, uma condição referida como **amnésia** no DSM-VI-TR. Esse transtorno deve-se ou ao uso de substâncias ou a condições médicas como traumatismo craniano, perda de oxigenação e herpes simples.
- Pesquisadores estão cada vez mais reconhecendo a **lesão cerebral traumática (LCT)** como uma causa importante de disfunção mental e física. Os sintomas incluem cefaleias, distúrbios do sono, sensibilidade a luz e ruído e desempenho cognitivo diminuído em testes de atenção, memória, linguagem e tempo de reação. Esses indivíduos também podem sofrer de depressão, ansiedade, acessos emocionais, alterações de humor ou afeto inadequado.
- A perspectiva biológica é predominante entre as teorias relativas à causa de doença de Alzheimer. A pesquisa atual focaliza anormalidades no sistema nervoso – de forma específica, dois tipos de alterações estruturais no cérebro. A primeira é a formação de **emaranhados neurofibrilares**, na qual o material celular dentro dos corpos celulares dos neurônios é substituído por microfibrilas espiraladas densamente empacotadas, ou pequenos fios, de proteína. A segunda envolve o desenvolvimento de **placas amiloides**, que são agrupamentos de neurônios mortos ou em processo de morrer misturados com fragmentos de moléculas de proteína. Embora não exista cura para essa doença, medicamentos, como os agentes anticolinesterase, podem retardar o progresso do declínio cognitivo. Na ausência de uma cura biológica, as perspectivas psicológicas têm levado ao uso de medicamentos psicofarmacológicos para aliviar sintomas secundários, como a depressão. Pesquisadores estão explorando os contribuintes sociais, como o papel de certos comportamentos, na prevenção do desenvolvimento da doença. Além disso, especialistas estão refinando técnicas comportamentais para tratar os sintomas e desenvolvendo estratégias para aliviar a carga dos cuidadores.

Termos-chave

Transtornos da Personalidade

SUMÁRIO

Objetivos de aprendizagem

14.1 Entender a natureza dos transtornos da personalidade e o sistema diagnóstico alternativo no DSM-5.

14.2 Identificar as características, as teorias e os tratamentos dos transtornos da personalidade do Grupo A.

14.3 Identificar as características, as teorias e os tratamentos dos transtornos da personalidade do Grupo B.

14.4 Identificar as características, as teorias e os tratamentos dos transtornos da personalidade do Grupo C.

14.5 Analisar a perspectiva biopsicossocial sobre os transtornos da personalidade.

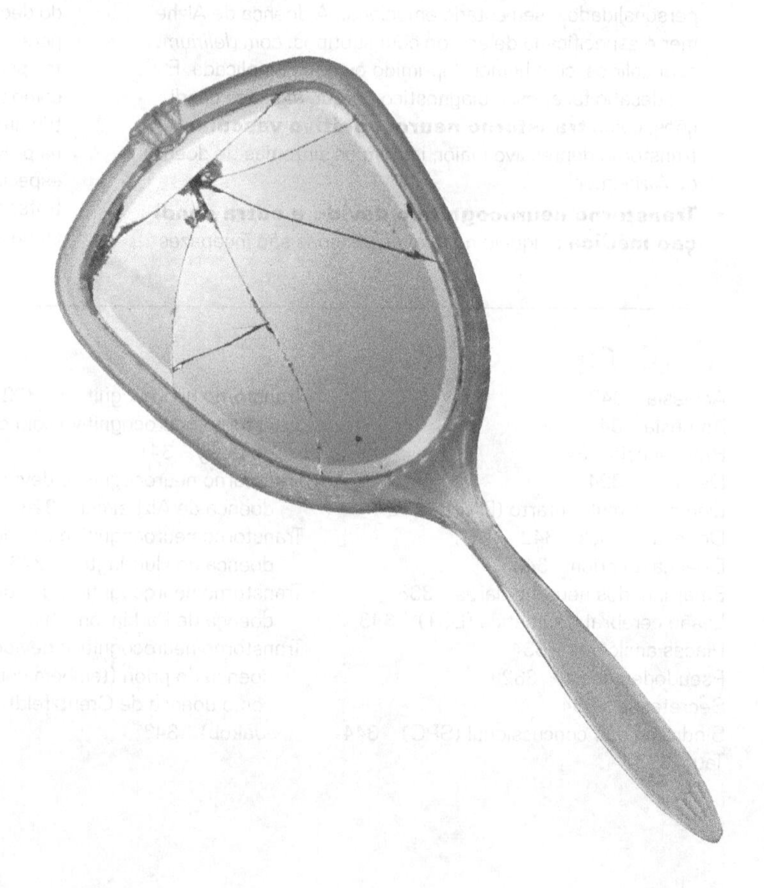

Relato de caso: Harold Morrill

Informação demográfica: Harold é um homem caucasiano de 21 anos de idade.

Problema apresentado: Harold apresentou-se para uma avaliação de emergência no centro de orientação de sua universidade devido a ideação suicida autorrelatada. Ele declarou à orientadora que tinha um desejo forte, penetrante de se matar. Apresentou-se irritado e emocionalmente perturbado, demonstrando facilidade para frustração em relação à orientadora várias vezes durante a entrevista. Harold relatou que esta não foi a primeira vez que quis se matar e, sem ter sido questionado, mostrou à orientadora uma grande cicatriz vertical em seu antebraço esquerdo indicando uma tentativa de suicídio anterior. Contou que tinha 17 anos na época em que cortou seu pulso e que o fizera sob a influência de álcool e cocaína. Comentou que mal se lembrava do incidente. Após essa tentativa de suicídio, tinha sido internado na unidade psiquiátrica de um hospital e fora estabilizado com medicamento, embora tenha parado de tomá-lo por conta própria quando recebeu alta, contra as recomendações de seus médicos.

Harold ficou muito agitado quando foram feitas perguntas sobre seu passado durante a avaliação; em um determinado ponto, chegou a gritar com a orientadora e ameaçar sair da sala. Quando ela conseguiu acalmá-lo, ele disse aos prantos: "Eu estou tão cansado de me sentir assim"; então, concordou em continuar com a avaliação. Isso contrastou com sua apresentação inicial como um jovem agradável e educado, mesmo quando descreveu seus sentimentos sobre acabar com a vida.

Harold relatou ter poucos relacionamentos interpessoais íntimos. Declarou que não tinha amigo íntimo na faculdade e tinha trocado de dormitório quatro vezes apenas durante seu primeiro ano. Foi vago ao descrever o raciocínio por trás disso, comentando apenas que "todos os meus colegas de quarto eram completos idiotas". Ele continuou discutindo seus vários relacionamentos românticos durante os últimos quatro anos, quando começou a namorar. Disse que cada relacionamento durava poucas semanas, sendo o mais longo de dois meses. Quando descreveu os relacionamentos, relatou que geralmente terminavam devido a discussões "explosivas". Ao ser indagado sobre a natureza das discussões, declarou que, em cada caso, tinha acusado a mulher de infidelidade e logo acabado o relacionamento. Harold elaborou que achava que "ninguém jamais poderia me fazer feliz. Eu nem sei por que tento. Nada do que faço me faz sentir melhor, então fico tentando coisas novas e procurando pessoas novas. Mas nada disso funciona". Ele relacionava isso a seus pensamentos atuais de suicídio e a suas tentativas de suicídio passadas. Quando questionado sobre sua família, relatou que tinha "nojo" dela e de como seus parentes o tratavam quando criança (ver História relevante, a seguir).

Harold comentou que costuma abusar de álcool – até sete dias por semana – e que normalmente bebe a ponto de apagar. Descreveu que gosta de ir a bares e que o fazia com uma identidade falsa antes dos 21 anos. Explicou que gostava de conhecer pessoas novas e que beber "o ajudava a não ficar tão entediado o tempo todo". Também revelou uma história de abuso de drogas, incluindo maconha, cocaína e *ecstasy*, desde os 13 anos de idade. Confessou que havia sido surpreendido com substâncias pela polícia no *campus*, embora tivesse evitado ir preso. Ele foi preso por dirigir embriagado durante seu primeiro ano de faculdade e tinha frequentado aulas de educação contra o álcool, as quais chamou de "um total desperdício de tempo". Após a prisão, perdeu sua carteira de motorista, o que o aborreceu muito já que em geral gostava de dirigir para bares em outras cidades próximas quando estava se sentindo cansado da sua. Ele recuperou a carteira e vinha frequentando bares e bebendo muito até três semanas antes da avaliação atual.

Harold declarou que, nas últimas três semanas, tinha passado a maior parte do tempo sozinho em seu quarto, pensando em "por que alguém desejaria passar seu tempo com uma pessoa tão nojenta. Por isso é que eu queria morrer". Ele também tinha largado seu emprego de meio período em um supermercado e estava assistindo apenas a poucas aulas por semana. Não conseguia lembrar um acontecimento específico que tenha causado sua depressão atual. Enquanto era indagado sobre sua presente depressão, Harold começou a chorar e implorou a ajuda da avaliadora. "Eu só sei que vou me matar." Ele mostrou à avaliadora marcas de queimadura em suas pernas que pareciam ter sido feitas recentemente. Ela perguntou-lhe sobre sua ideação suicida atual e conseguiu que fizessem um contrato de segurança, significando que ele concordava em não se ferir e afirmava que, caso seus pensamentos sobre morte se tornassem muito fortes, telefonaria para o pronto-socorro ou para o centro de orientação. Então, Harold perguntou à avaliadora se poderia ser sua terapeuta. Ela descreveu a política do centro de orientação, de que o avaliador não podia aceitar para psicoterapia clientes que estavam sendo avaliados. "Exatamente como toda mulher", ele retrucou. "Você não quer ficar comigo. De qualquer maneira, acho que você é terrível em seu trabalho."

História relevante: Harold declarou que tinha frequentado sessões de terapia no passado, mas que "tinha odiado cada um deles", fazendo referência a seus profissional ao explicar por que nunca permanecia muito tempo em terapia. Ele tinha consultado cinco profissionais diferentes desde os 14 anos, mas descreveu as experiências como "desagradáveis e simplesmente esquisitas. Eles não conseguiram nada de mim". Quando a orientadora lhe perguntou por que tinha feito terapia na adolescência, declarou: "Acho que minha mãe pensava que eu era confuso. Eu não achava que precisasse". Ele descreveu sua infância como "um desastre" e seu pai como um alcoolista grave, que era com frequência abusivo do ponto de vista emocional e, às vezes, do físico. Relatou que sua mãe tinha dois empregos para sustentar a família, e portanto ele passava grande parte do tempo sozinho em casa quando criança.

Formulação de caso: Os comportamentos e a história relatada de Harold durante a avaliação satisfazem os critérios para um transtorno da personalidade como definido pelo DSM-5, e seus sintomas satisfazem os critérios para transtorno da personalidade *borderline*. Embora ele frequentemente abuse de substâncias, seu transtorno da personalidade não foi resultado desse uso; em vez disso, é um reflexo de sua impulsividade e incapacidade de enfrentar emoções fortes, o que é típico de indivíduos *borderline*.

Seus sintomas de depressão nas últimas três semanas satisfazem os critérios para um episódio depressivo maior, ainda que não se saiba se isso tem sido recorrente para Harold ou se este foi um episódio intenso singular. Essa recorrência é possível, dadas suas tentativas de suicídio anteriores, embora estas possam estar relacionadas à instabilidade que é característica de seus sintomas *borderline*, e transtorno depressivo maior foi excluído como diagnóstico.

Plano de tratamento: A terapia comportamental dialética, ou TCD, é atualmente o tratamento preferido para transtorno da personalidade *borderline*. Uma vez que fez um plano de segurança com a orientadora, Harold foi encaminhado a um programa ambulatorial de TCD particular não muito distante do *campus* da universidade. Também foi encaminhado ao psiquiatra da faculdade para uma consulta de medicamento.

Sarah Tobin, PhD

Neste capítulo, nosso foco desloca-se para o conjunto de transtornos que representam padrões de prejuízos de longa duração na autocompreensão, nas formas de relacionar-se com os outros e nos traços de personalidade de um indivíduo. Como discutimos no Capítulo 4, um traço de personalidade é um padrão persistente de perceber, relacionar-se e pensar sobre o ambiente e os outros, um padrão que caracteriza a maioria das interações e experiências das pessoas. A maior parte delas é capaz de tirar partido de seus traços de personalidade de uma maneira flexível, ajustando suas respostas às necessidades da situação. Entretanto, quando as pessoas se tornam rigidamente fixadas em um determinado traço ou conjunto de traços, elas podem se colocar em risco de desenvolver um transtorno da personalidade.

14.1 A natureza dos transtornos da personalidade

Quando um traço de personalidade se torna um transtorno? O que pode ser uma forma característica de responder pode se transformar em um padrão fixo que prejudique a capacidade da pessoa de funcionar de maneira satisfatória. Talvez você seja o tipo de pessoa que goste que seu quarto seja "exatamente assim". Se alguém mudar seus livros de lugar ou alterar a organização de suas roupas nos cabides, você se sente um pouco incomodado. Em que momento seu desagrado com uma mudança na ordem de seus pertences se torna tão problemático que você deixa de ser um pouco exigente para ter um transtorno da personalidade que envolve rigidez extrema? Esse padrão comportamental deve colocá-lo em uma categoria diagnóstica com um conjunto distinto de critérios que o separam de pessoas com outros traços de personalidade e comportamentos relacionados?

Novidades no DSM-5

Dimensionando os transtornos da personalidade

A área dos transtornos da personalidade talvez tenha recebido a maior atenção dos clínicos e dos pesquisadores enquanto aguardavam pela divulgação das revisões finais do DSM-5. Os clínicos começaram a contestar o sistema de categorização nos primeiros DSMs mesmo quando a Associação Psiquiátrica Americana estava desenvolvendo o DSM-IV. Os autores do DSM-5 propuseram um sistema de conciliação para acomodar tanto os críticos quanto os apoiadores do sistema de categorias. A revisão proposta do DSM-5 teria mantido seis dos transtornos e acrescentado um sistema de classificação dimensional de traços de personalidade patológicos. Essas mudanças resolveriam a crítica de que não podemos dividir facilmente a personalidade em pedaços separados e distintos. Entretanto, tais mudanças não foram implementadas, e, ao aprovar as alterações do DSM-5, o Conselho de Diretores da Associação Psiquiátrica Americana rejeitou a ideia de reformular os transtornos da personalidade e manteve o sistema do DSM-IV-TR. Junto com o voto, o Conselho decidiu mudar o novo sistema de classificação dimensional para a Seção III do DSM-5, na qual ele poderia continuar sendo testado.

Os apoiadores e os críticos do DSM-5 já estão discutindo um DSM-5.1 que eliminará inteiramente todas as categorias e usará, em vez disso, o sistema dimensional, que permite aos profissionais classificar os traços de personalidade de todos os seus clientes.

A história dos transtornos da personalidade, que são menos "doenças" do que formas características dos indivíduos de se relacionarem com os outros e de vivenciarem o *self*, complica ainda mais essas questões diagnósticas. Como resumir as muitas facetas complexas da personalidade em um conjunto distinto de unidades? Ao contrário dos transtornos do humor e de ansiedade, que as pessoas podem "superar", os transtornos da personalidade são, por definição (nas mentes de muitos psicólogos), características permanentes do indivíduo. Os traços de personalidade podem mudar, e mudam, ao longo do tempo. Contudo, os profissionais estão acostumados a pensar nesses transtornos como profundamente enraizados, e muitas dessas condições foram enquadradas em uma perspectiva psicanalítica com tradição e história longas. É conveniente para os profissionais descrever seus clientes como "*borderline*" em vez de listar todos os traços de personalidade que cada indivíduo exibe.

É muito provável que a tensão entre as abordagens categórica e dimensional aos transtornos persista no futuro próximo. Os pesquisadores esperam poder fornecer um sistema que tenha utilidade diagnóstica e empírica, finalmente melhorando a natureza do tratamento que podem oferecer aos clientes que apresentam essas formas de psicopatologia.

Os transtornos da personalidade no DSM-5

Um **transtorno da personalidade** é um padrão arraigado de relacionar-se com outras pessoas, situações e acontecimentos com um tipo rígido e mal-adaptativo de experiência interior e comportamento, o qual remonta à adolescência ou ao início da vida adulta. Como conceituados no DSM-5, os transtornos da personalidade representam uma coleção de conjuntos de comportamentos distinguíveis, enquadrados em 11 categorias distintas. Encaixando-se na definição geral de um transtorno psicológico, um transtorno da personalidade desvia-se acentuadamente da cultura do indivíduo e leva a sofrimento ou prejuízo. Os tipos de comportamentos que esses transtornos representam podem envolver, por exemplo, dependência excessiva, medo esmagador de intimidade, preocupação intensa, comportamento exploratório ou raiva incontrolável. Com suas definições atuais, esses padrões de comportamento devem se manifestar em pelo menos duas destas quatro áreas para ajustar-se aos critérios diagnósticos: (1) cognição, (2) afetividade, (3) funcionamento interpessoal e (4) controle do impulso. Como resultado desses comportamentos, o indivíduo vivencia sofrimento ou prejuízo.

transtorno da personalidade
Padrão arraigado de relacionar-se com outras pessoas, situações e acontecimentos com um tipo rígido e mal-adaptativo de experiência interior e comportamento, o qual remonta à adolescência ou ao início da vida adulta.

O DSM-5 agrupa os 11 diagnósticos em três agrupamentos com base nas características compartilhadas. O Grupo A inclui transtornos da personalidade paranoide, esquizoide e esquizotípica, que compartilham aspectos que envolve comportamento estranho e excêntrico. O Grupo B inclui transtornos da personalidade antissocial, *borderline*, histriônica e narcisista, que compartilham atitudes e comportamentos excessivamente dramáticos, emocionais e erráticos ou imprevisíveis. O Grupo C inclui transtornos da personalidade esquiva, dependente e obsessivo-compulsiva, que compartilham comportamentos ansiosos e temerosos. Esses agrupamentos não são apoiados em dados empíricos, como bem enfatizam os autores do DSM-5. Talvez eles sejam mais bem conceituados como um sistema de categorização grosseiro, possivelmente útil em alguns contextos clínicos ou educacionais.

Visto que os transtornos da personalidade se enquadram em categorias separadas, os clínicos, quando avaliam indivíduos para um possível diagnóstico, devem decidir quantos dos critérios um cliente satisfaz em cada categoria e atribuir um diagnóstico com base nisso. O cliente tem ou não tem o transtorno. O profissional pode começar tentando comparar os sintomas mais proeminentes que o indivíduo apresenta com os critérios diagnósticos. Se o sujeito não se ajustar aos critérios para aquele transtorno, o médico pode ou mudar para outro transtorno ou decidir que o clínico tem um transtorno da personalidade "sem outra especificação" (tecnicamente, a décima segunda categoria de transtorno da personalidade).

Na atualidade, estudos tanto nos Estados Unidos como no Reino Unido produziram uma prevalência global entre amostras nacionalmente representativas de 9 a 10%. Os transtornos da personalidade são bastante comórbidos com dependência de drogas. Por exemplo, entre pessoas com transtorno da personalidade antissocial, a taxa de prevalência ao longo da vida de dependência de álcool é de 27%, e de dependência de nicotina, de 59% (Trull, Jahng, Tomko, Wood, & Sher, 2010).

Sistema diagnóstico alternativo de transtorno da personalidade na Seção III do DSM-5

Ainda enquanto os autores estavam escrevendo o DSM-IV, um grupo de pesquisadores proeminentes declarou abertamente que o sistema diagnóstico categórico era falho. Eles afirmaram que os diagnósticos requeriam distinções sutis demais, as quais, eles sustentaram, não eram claras o suficiente e havia muitos critérios sobrepostos. Logo, os clínicos não podiam justificar empiricamente os diagnósticos, e constataram que era mais comum usar o diagnóstico menos preciso de "transtorno da personalidade sem outra especificação" (Widiger & Trull, 2007). Uma segunda falha importante com os sistema de classificação categórica é que ele não permitia a possibilidade de comportamento "um pouco" antissocial ou narcisista: os clientes ajustavam-se ou não a uma categoria diagnóstica.

No processo de revisão do DSM-IV-TR, os painéis de transtornos da personalidade desenvolveram uma série de modelos alternativos para fugir do sistema diagnóstico categórico. De uma só vez, pesquisadores propuseram eliminar inteiramente as categorias e substituí-las por classificações dimensionais, tais como as escalas baseadas no Modelo dos Cinco Fatores. Contudo, as categorias pareciam ter seu valor e, contanto que os pesquisadores pudessem delinear critérios distintos com base empírica, os autores do DSM-5 propuseram uma possível conciliação. Eles reformularam os 12 transtornos da personalidade originais (11 categorias mais "sem outra especificação) em seis (mais uma categoria adicional para indivíduos que não se enquadravam nestas). Em cada transtorno da personalidade, os autores estabeleceram critérios de base empírica (Livesley, 2011) ao longo das dimensões de relacionamentos pessoais (*self*) e interpessoais. Esse sistema dimensional é mostrado na Tabela 14.1. Além disso, nessa estrutura, os profissionais teriam avaliado todos os clientes em um conjunto consistente de cinco traços de personalidade. No final, decidiram que o sistema dimensional passaria para a Seção III, na qual receberia mais estudos, e então, no futuro, a questão seria revista.

Nas dimensões apresentadas na Seção III, mostradas na Tabela 14.1, os clínicos podem atribuir classificações ao longo de quatro conjuntos de critérios. Os dois primeiros refletem o "funcionamento" da personalidade, significando como o indivíduo a expressa em sua identidade e auto-orientação. Os dois segundos evidenciam sua personalidade nos relacionamentos com outras pessoas em termos da capacidade de entender-lhes os pontos de vista e de formar relacionamentos íntimos. Os clínicos classificam os indivíduos de leve a extremo nessas esferas. O terceiro conjunto de critérios envolve classificações dos traços de personalidade específicos do indivíduo. Nesse sistema, uma pessoa

TABELA 14.1 Estrutura do transtorno da personalidade da Seção III do DSM-5

	Funcionamento da personalidade		Funcionamento interpessoal		Traços de personalidade
	Identidade	Autodirecionamento	Empatia	Intimidade	
Antissocial	Egocentrismo, autoestima derivada de ganho, poder ou prazer pessoal	Fixação de metas baseada em gratificação pessoal; ausência de padrões internos pró-sociais associados com fracasso em sujeitar-se a comportamento ético legal ou culturalmente normativo	Falta de preocupação com sentimentos, necessidades ou sofrimento dos outros; ausência de remorso após ferir ou maltratar alguém	Incapacidade para relacionamentos mutuamente íntimos, visto que exploração é um meio primário de se relacionar com os outros, incluindo por fraude e coerção; uso de dominância ou intimidação para controlar os outros	**Antagonismo:** Manipulação Falsidade Insensibilidade Hostilidade **Desinibição:** Irresponsabilidade Impulsividade Assunção de risco
Evitativa	Autoestima baixa associada com autoavaliação como socialmente incapaz, pessoalmente desagradável ou inferior; sentimentos excessivos de vergonha ou inadequação	Padrões irrealistas para comportamento associado com relutância em perseguir metas, assumir riscos pessoais ou iniciar atividades novas que envolvem contato interpessoal	Preocupação e sensibilidade a crítica ou rejeição, associadas com inferência distorcida dos pontos de vista dos outros como negativos	Relutância em envolver-se com pessoas a menos que certo de ser apreciado; mutualidade diminuída em relacionamentos íntimos devido a medos de ser envergonhado ou ridicularizado pelos outros	**Distanciamento** Afastamento Intimidade Esquiva Anedonia **Afetividade negativa** Ansiedade
Borderline	Autoimagem acentuadamente empobrecida, mal desenvolvida ou instável, com frequência associada a excessiva autocrítica; sentimentos crônicos de vazio; estados dissociativos sob estresse	Instabilidade nas metas, nas aspirações, nos valores ou nos planos de carreira	Capacidade comprometida de reconhecer os sentimentos e as necessidades dos outros associada com hipersensibilidade interpessoal (i.e., propenso a sentir-se menosprezado ou insultado); percepções dos outros seletivamente tendenciosas a atributos negativos ou vulnerabilidades	Relacionamentos íntimos intensos, instáveis e conflituosos, marcados por desconfiança, carência e preocupação ansiosa com abandono real ou imaginado; relacionamentos íntimos frequentemente vistos em extremos de idealização e desvalorização e se alternando entre envolvimento excessivo e afastamento	**Afetividade negativa** Labilidade emocional Ansiedade Separação Hostilidade Depressão **Desinibição** Impulsividade Assunção de risco **Antagonismo** Hostilidade
Narcisista	Referência excessiva aos outros para autodefinição e regulação da autoestima; autoavaliação exagerada pode ser inflacionada ou deflacionada ou vacilar entre os extremos; a regulação emocional reflete flutuações na autoestima	Fixação de metas baseada em obter a aprovação dos outros; os padrões pessoais são irracionalmente altos a fim de se ver como excepcional, ou muito baixos com base em um senso de direito com frequência inconsciente das próprias motivações	Capacidade prejudicada de reconhecer ou identificar-se com os sentimentos e as necessidades dos outros; excessivamente sintonizado com as reações dos demais, mas apenas se percebidas como relevantes a si próprio; superestima ou subestima o próprio efeito sobre os outros	Relacionamentos largamente superficiais e existem para servir à regulação da autoestima; mutualidade limitada por pouco interesse genuíno nas experiências dos outros e predominância de uma necessidade de ganho pessoal	**Antagonismo** Grandiosidade Busca de atenção

(continua)

TABELA 14.1 Estrutura do transtorno da personalidade da Seção III do DSM-5 (*Continuação*)

	Funcionamento da personalidade		Funcionamento interpessoal		Traços de personalidade
	Identidade	Autodirecionamento	Empatia	Intimidade	
Transtorno da personalidade obsessivo-compulsiva	Senso de identidade derivado predominantemente de trabalho ou produtividade; experiência e expressão de emoções fortes restritas	Dificuldade em concluir tarefas e atingir metas associada a padrões internos de comportamento rígidos e exageradamente elevados e inflexíveis; atitudes excessivamente meticulosas e moralistas	Dificuldades em compreender e valorizar ideias, sentimentos e comportamentos das outras pessoas	Relacionamentos vistos como secundários a trabalho e produtividade; rigidez e teimosia afetam negativamente os relacionamentos com os outros	**Compulsividade** Perfeccionismo rígido **Afetividade negativa** Perseveração
Transtorno da personalidade esquizotípica	Limites confusos entre si mesmo e os outros; autoconceito distorcido; expressão emocional frequentemente não congruente com contexto ou experiência interna	Metas incoerentes ou irreais; padrões internos pouco claros	Dificuldade importante em compreender o impacto de seus atos sobre os outros; interpreta mal, frequentemente, as motivações e os comportamentos das outras pessoas	Prejuízos acentuados em desenvolver relacionamentos íntimos associados com desconfiança e ansiedade	**Psicoticismo** Excentricidade Desregulação cognitiva e perceptual Crenças e experiências incomuns **Distanciamento** Afetividade restrita Afastamento **Afetividade negativa** Desconfiança

deve ter um prejuízo significativo em ambas as áreas de funcionamento da personalidade para receber um diagnóstico de transtorno da personalidade. Com respeito aos traços de personalidade, o indivíduo deve exibir sinais patológicos em pelo menos uma de cinco esferas de traço: antagonismo, desinibição, distanciamento, afetividade negativa e compulsividade (ver Tab. 14.3). Os profissionais podem classificar todos os clientes nesses traços de personalidade se tal avaliação for conceitualmente útil. O novo sistema diagnóstico reduz o conjunto de 79 critérios do DSM-IV-TR para 25 critérios centrais. Os pofissionais podem usar a categoria restante de "traço de transtorno da personalidade especificado" para pessoas que apresentam prejuízo significativo no funcionamento da personalidade, mas que se classificam na extremidade mal-adaptativa de um ou mais traços.

Nesse modelo alternativo, o indivíduo teria que satisfazer os critérios gerais para transtorno da personalidade mostrados na Tabela 14.2. O modelo de traço na Tabela 14.3 é orientado para personalidade anormal, não normal, e, portanto, não é o mesmo que o Modelo de Cinco Fatores. Por exemplo, o distanciamento nesse sistema é uma va-

TABELA 14.2 Critérios gerais para um transtorno da personalidade da Seção III

Esta descrição resume os critérios de traço de personalidade da Seção III do DSM-5.

- Prejuízo na personalidade moderado ou maior refletido no funcionamento pessoal e interpessoal (Tab. 14.1)
- Um ou mais traços de personalidade patológicos (Tab. 14.3)
- Esses prejuízos são relativamente inflexíveis, generalizados através de uma variedade de situações, estáveis ao longo do tempo, e podem ser rastreados até a adolescência ou início da idade adulta.
- Outro transtorno psicológico não explica melhor esses prejuízos, nem eles são atribuíveis aos efeitos fisiológicos de uma substância ou de outra condição médica.
- Os prejuízos não são mais bem entendidos como normais para o nível de desenvolvimento ou o contexto social e cultural de um indivíduo.

TABELA 14.3 Esferas da personalidade no sistema de classificação da Seção III do DSM-5

Afetividade negativa envolve vivenciar emoções negativas frequente e intensamente.
Facetas do traço: Labilidade emocional, ansiedade, insegurança na separação, perseveração, submissão, hostilidade, depressão, desconfiança, afetividade restrita (–).
Distanciamento envolve afastamento das outras pessoas e das interações sociais.
Facetas do traço: Afetividade restrita, depressão, desconfiança, afastamento, anedonia, esquiva de intimidade.
Antagonismo envolve comportamentos que colocam a pessoa em desacordo com as outras.
Facetas do traço: Manipulação, sedução, grandiosidade, busca de atenção, insensibilidade, hostilidade.
Desinibição envolve iniciar comportamentos por impulso, sem refletir sobre possíveis consequências futuras. Compulsividade é o polo oposto desta esfera.
Facetas do traço: Irresponsabilidade, impulsividade, distratibilidade, assunção de risco, perfeccionismo rígido (–).
Psicoticismo envolve experiências incomuns e bizarras.
Facetas do traço: Crenças e experiências incomuns, excentricidade, desregulação cognitiva e perceptual.

riante patológica de introversão (ou extroversão baixa). Ao desenvolverem esses fatores para o DSM-5, os autores deixaram claro que, embora estas sejam dimensões bipolares (i.e., bidirecionais), as pessoas com um desses transtornos pontuariam na extremidade mal-adaptativa das esferas de distanciamento, antagonismo, desinibição e afetividade negativa. Entretanto, o quinto traço no Modelo de Cinco Fatores, abertura a experiência, não se ajusta a essa estrutura porque não é um aspecto de qualquer dos transtornos da personalidade. Em vez disso, os autores introduziram no DSM-5 a dimensão de psicoticismo no que associam com transtorno da personalidade esquizotípica.

14.2 Transtornos da personalidade do Grupo A

O Grupo A dos transtornos da personalidade no DSM-5 inclui aqueles caracterizados por comportamento excêntrico. Em outras palavras, indivíduos com esses transtornos apresentam características que poderiam levar os outros a vê-los como ligeiramente bizarros, incomuns ou peculiares.

Transtorno da personalidade paranoide

Pessoas com **transtorno da personalidade paranoide** são desconfiadas ao extremo e estão sempre de guarda contra possível perigo ou dano. Sua visão de mundo é muito estreitamente focada, na medida em que buscam confirmar suas expectativas de que os outros irão tirar vantagem delas, tornando quase impossível confiarem mesmo em seus amigos e associados. Elas podem acusar um cônjuge ou companheiro(a) de infidelidade, mesmo se não existir evidência que o justifique. Por exemplo, podem acreditar que uma chamada inexplicável que aparece em uma conta telefônica é prova de um caso extraconjugal. São incapazes de assumir a responsabilidade por seus erros e, em vez disso, projetam a culpa nos outros. Se essas pessoas forem criticadas, se tornam hostis. Também tendem a interpretar mal comentários inocentes e acontecimentos insignificantes, atribuindo-lhes um sentido oculto ou ameaçador. Podem guardar rancor por anos, com base em

transtorno da personalidade paranoide
Transtorno da personalidade cujo aspecto marcante é que o indivíduo suspeita indevidamente dos outros e está sempre de guarda contra possível perigo ou dano.

MINICASO

Transtorno da personalidade paranoide

Anita é uma programadora de computadores que sempre se preocupa com o fato de que as outras pessoas vão explorar seu conhecimento. Ela considera "altamente confidencial" o novo programa de gerenciamento de banco de dados que está criando. Teme mesmo que, quando sair do escritório à noite, alguém entrará de forma furtiva e roubará suas anotações. Sua desconfiança dos outros permeia todas as suas relações interpessoais. Suas suspeitas de que está sendo enganada contaminam até suas transações rotineiras em bancos e lojas. Anita gosta de pensar em si mesma como racional e capaz de tomar decisões objetivas; considera sua incapacidade de confiar nas outras pessoas uma reação natural a um mundo cheio de "alpinistas corporativos" oportunistas e hipócritas.

um desrespeito real ou imaginado por parte de outra pessoa. Embora indivíduos com este transtorno possam ser relativamente bem-sucedidos em certos tipos de empregos que requeiram vigilância aumentada, sua vida emocional tende a ser isolada e limitada.

Uma certa dose de pensamento e comportamento paranoide poderia ser adequada em algumas situações, como em ambientes políticos perigosos nos quais as pessoas devem estar alertas apenas para permanecerem vivas; entretanto, pessoas com transtorno da personalidade paranoide pensam e se comportam de formas que não estão relacionadas com seu ambiente. Particularmente frustrante para os parentes e conhecidos dessas pessoas é sua recusa em buscar ajuda profissional, porque elas não reconhecem a natureza de seu problema. No caso improvável de buscarem terapia, sua rigidez e defensiva tornam muito difícil para o profissional, fazer progresso e trabalhar visando qualquer tipo de mudança duradoura.

A pesquisa sobre as taxas de divórcio de pessoas com transtorno da personalidade histriônica e paranoide indica que essas condições interferem na qualidade dos relacionamentos interpessoais (Disney, Weinstein, & Oltmanns, 2012). Com sua cautela e desconfiança, parece evidente que esses indivíduos tenham dificuldade em estabelecer o tipo de intimidade interpessoal que ajuda a manter a qualidade de um relacionamento íntimo de longo prazo.

Transtorno da personalidade esquizoide

transtorno da personalidade esquizoide Transtorno da personalidade caracterizado primariamente por uma indiferença a relacionamentos sociais, bem como por uma gama muito limitada de experiência e expressão emocional.

Uma indiferença a relacionamentos sociais e sexuais caracteriza o **transtorno da personalidade esquizoide**, bem como uma gama limitada de experiência e expressão emocional. Indivíduos com este transtorno preferem ficar sozinhos do que com outras pessoas e parecem não ter qualquer desejo por aceitação ou amor, mesmo por suas famílias. O envolvimento sexual com outros tem pouco apelo. Como se poderia esperar, os outros os percebem como frios, reservados, retraídos e isolados, contudo o indivíduo esquizoide costuma não tomar conhecimento e ser insensível aos sentimentos e pensamentos alheios.

Ao longo de toda a vida, as pessoas com transtorno da personalidade esquizoide buscam situações que envolvam interação mínima com os outros. Aquelas capazes de tolerar o ato de trabalhar são, em geral, atraídas por empregos nos quais passem todas as suas horas de trabalho sozinhas. Elas raramente se casam, preferem viver sozinhas, talvez em uma única peça, onde defendem sua privacidade e evitam quaisquer relações com vizinhos. Não parecem ser particularmente angustiadas ou um risco para os outros. Entretanto, seu isolamento autoimposto e suas limitações emocionais são mal-adaptativos a seu funcionamento social.

Os transtornos da personalidade tanto paranoide quanto esquizoide teriam sido eliminados no novo sistema do DSM-5, trazendo o número total de transtornos da personalidade para apenas seis. Os pesquisadores acreditavam que a pesquisa existente não apoiava sua inclusão continuada na nomenclatura psiquiátrica, visto que não podiam ser unicamente identificados (Hopwood & Thomas, 2012); entretanto, no sistema atual, eles permanecem como diagnósticos.

MINICASO

Transtorno da personalidade esquizoide

Pedro, que trabalha como guarda de segurança noturno em um banco, gosta de sua ocupação porque pode entrar no mundo privado de seus pensamentos sem interrupções de outras pessoas. Ainda que seus vários anos de serviço o tornem elegível para uma posição de segurança diurna, ele tem repetidamente rejeitado essas oportunidades porque o trabalho diurno exigiria que lidasse com funcionários e clientes do banco. Pedro mora há mais de 20 anos em um pequeno quarto em uma pensão. Não tem televisão nem rádio e tem resistido a quaisquer tentativas dos outros residentes para envolvê-lo em atividades sociais. Ele deixou claro que não está interessado em conversa fiada e prefere ser deixado em paz. Os vizinhos, os colegas de trabalho e mesmo os membros de sua família (os quais ele também evita) o percebem como uma pessoa peculiar que parece impressionantemente fria e isolada. Quando seu irmão morreu, Pedro decidiu não comparecer ao funeral porque não queria ser incomodado por todos os pêsames e compaixão de parentes e outras pessoas.

MINICASO

Transtorno da personalidade esquizotípica

Joe é um calouro de universidade que criou um sistema elaborado para decidir quais matérias fazer de acordo com o número da cadeira. Ele não fará uma matéria que tenha o número 5, porque acredita que, se o fizer, poderá ter que "apelar para a Quinta Emenda". Raramente conversa com as pessoas em seu dormitório, pois acredita que pretendem roubar suas ideias. Adquiriu uma reputação de ser um pouco "excêntrico" devido a sua maneira bizarra de se vestir, sua tendência à reclusão e seus desenhos ameaçadores de animais sinistros exibidos na porta de seu quarto. O som do elevador próximo, ele alega, é na verdade um conjunto de vozes entoando um cântico monástico.

Transtorno da personalidade esquizotípica

Confusões e distorções no sentido básico de identidade do indivíduo são um aspecto central do transtorno da personalidade esquizotípica. Falta a esses indivíduos um sentido claro de direção ou motivação, e eles não possuem um conjunto claro de padrões contra o qual comparar seu comportamento. Não apenas têm dificuldade para entender seu próprio senso de individualidade e motivação, mas também dificuldade para entender os motivos e os comportamentos dos outros. Eles associam a confusão que sentem em relação a si mesmos e aos outros com uma falta de confiança, o que lhes causa dificuldade para estabelecer relacionamentos íntimos.

transtorno da personalidade esquizotípica
Transtorno da personalidade que envolve primariamente crenças, comportamento, aparência e estilo interpessoal estranhos. As pessoas com esse transtorno podem ter ideias ou preocupações bizarras, tais como pensamento mágico e crenças em fenômenos psíquicos.

Os traços de personalidade patológica das pessoas com esse transtorno estão no limite extremamente mal-adaptativo da dimensão de psicoticismo. Elas podem defender ideias excêntricas e ter crenças e experiências incomuns, bem como dificuldade para formar percepções e cognições precisas sobre seu mundo. Como mostramos na Tabela 14.1, também têm afeto restrito e tendências a afastamento, que refletem o traço de personalidade patológico de distanciamento. Elas expressam afetividade negativa, como desconfiança extrema.

O isolamento social, a excentricidade, a comunicação peculiar e a adaptação social pobre que vêm com o transtorno da personalidade esquizotípica inserem esses sujeitos no espectro esquizofrênico (Camisa et al., 2005). De acordo com essa visão, os sintomas do transtorno representam uma forma latente de esquizofrenia, significando que pessoas com sintomas esquizotípicos são vulneráveis ao desenvolvimento de uma psicose plena se expostas a circunstâncias de vida difíceis que desafiem sua capacidade de manter contato com a realidade. Em apoio a essa posição, pesquisadores verificaram que adolescentes com transtorno da personalidade esquizotípica e aqueles com um defeito genético específico ligado à esquizofrenia apresentavam padrões de desempenho semelhantes em medidas de síndromes prodrômicas, como sintomas de desorganização, problemas com foco de atenção e tolerância prejudicada a estresse (Shapiro, Cubells, Ousley, Rockers, & Walker, 2011).

O tratamento para pessoas com transtorno da personalidade esquizotípica é comparável às intervenções que costumam ser utilizadas para tratar esquizofrenia. Especificamente, os medicamentos que agem sobre a dopamina são mais eficazes e podem ajudar a aliviar os déficits cognitivos na memória e no funcionamento executivo (McClure et al., 2010).

14.3 Transtornos da personalidade do Grupo B

Os transtornos da personalidade do Grupo B incluem aqueles que são marcados por comportamentos dramáticos, emocionais ou erráticos. Esses comportamentos incluem impulsividade, senso de identidade (*self*) inflado (ou aparentemente inflado) e tendência a buscar estimulação.

transtorno da personalidade antissocial
Transtorno da personalidade caracterizado por falta de consideração pela moral ou pelos padrões legais da sociedade e por estilo de vida impulsivo e arriscado.

Transtorno da personalidade antissocial

Sinônimo de "psicopatas" ou "sociopatas" no passado, o DSM-5 define as pessoas que recebem o diagnóstico de transtorno da personalidade antissocial como altamente impulsivas e incapazes de se arrepender de suas ações. A televisão retrata assassinos em série com essas

MINICASO

Transtorno da personalidade antissocial

Tommy era o líder de uma gangue de rua de adolescentes que tinha a reputação de ser a mais perversa do bairro. Ele cresceu em uma atmosfera doméstica caótica, tendo sua mãe vivido com diversos homens violentos que tinham sério envolvimento com tráfico de drogas e prostituição. Aos 18 anos, Tommy foi preso por ter assaltado e esfaqueado brutalmente uma mulher mais velha. Essa foi a primeira de uma longa série de prisões por crimes que variavam de tráfico de drogas a roubos de carros e falsificação. Em um período, entre penas de prisão, ele conheceu uma mulher em um bar e casou com ela no dia seguinte. Duas semanas mais tarde, espancou-a por ela ter se queixado de seu consumo de álcool incessante e seu envolvimento com indivíduos obscuros. Tommy a abandonou quando ela ficou grávida e se recusou a pagar pensão para a criança. Agora como traficante de drogas e líder de uma cadeia de prostituição infantil, ele não demonstra arrependimento pelo que fez, alegando que "a vida me guiou nessa direção".

características e mais um pouco. Entretanto, podemos encontrar pessoas com personalidade antissocial operando em situações muito mais mundanas. O fenômeno do "psicopata de colarinho branco" descreve executivos corporativos que exploram impiedosamente tanto investidores quanto empregados, buscando seu próprio ganho à custa das contas bancárias e do sustento de suas vítimas (Jonson, 2011). Esses indivíduos também cometem atos de *bullying* no local de trabalho, aumentando o risco de supervisão injusta (Boddy, 2011).

Características do transtorno da personalidade antissocial

O diagnóstico de comportamento antissocial tem suas origens no trabalho de Hervey Cleckley, cujo livro de 1941, *The Mask of Sanity*, representou a primeira tentativa científica de listar e categorizar os comportamentos da personalidade "psicopática".* Cleckley (1976) desenvolveu um conjunto de critérios para **psicopatia**, um agrupamento de traços formam o núcleo da personalidade antissocial. Os traços específicos da psicopatia incluem ausência de remorso ou vergonha por atos prejudiciais cometidos contra outras pessoas; julgamento pobre e fracasso em aprender com a experiência; egocentrismo extremo e incapacidade para o amor; falta de reatividade emocional aos outros; impulsividade; ausência de "nervosismo"; e desonestidade, falsidade e insinceridade. Cleckley usou o termo "demência semântica" para se referir à incapacidade do psicopata de reagir adequadamente a expressões de emotividade. As outras pessoas podem achar difícil enxergar as verdadeiras características dos psicopatas porque eles são capazes de disfarçar seus comportamentos egocêntricos e impulsivos por trás de um verniz de charme superficial e aparente inteligência.

psicopatia
Agrupamento de traços que formam o núcleo da personalidade antissocial.

A noção de psicopatia de Cleckley permanece um conceito-chave nas descrições de transtorno da personalidade antissocial. Com base no trabalho desse pesquisador, o psicólogo canadense Robert D. Hare desenvolveu a Lista de Verificação de Psicopatia-Revisada (PCL-R) (Hare, 1997), um instrumento de avaliação cujos dois fatores são traços de personalidade psicopática centrais e estilo de vida antissocial (Tab. 14.4). Os traços de personalidade centrais incluem loquacidade e charme superficial, senso de grandioso autoestima, mentira patológica, falta de empatia com os outros, ausência de remorso ou culpa e indisposição em aceitar a responsabilidade pelos próprios atos. O traço de estilo de vida antissocial gira em torno da impulsividade, uma característica que pode levar a comportamentos expressos em um estilo de vida instável, delinquência juvenil, problemas comportamentais precoces, ausência de metas de longo prazo realistas e necessidade por estimulação constante (Hare & Neumann, 2005).

Os critérios diagnósticos no DSM-5 requerem que um indivíduo apresente um padrão invasivo de 3 de 7 possíveis comportamentos, incluindo fracasso em ajustar-se às normas sociais, falsidade, impulsividade, agressividade, desconsideração pela segurança

* N. de R. T.: O conceito de personalidade psicopática já havia sido descrito anteriormente pelo psiquiatra alemão Kurt Schneider (1887-1967), noção que englobava diferentes alterações de personalidade, e não somente o grupo das personalidades antissociais, o qual se constituía em um dos 10 grupos por ele descritos sob esse conceito.

TABELA 14.4 Itens e fatores nas escalas PCL-R

PCL-R	PCL:YV	PCL:SV
F1		P1
Interpessoal	**Interpessoal**	**Interpessoal**
1. Loquacidade – charme superficial 2. Senso grandioso de autoestima 4. Mentira patológica 5. Enganador – manipulador	1. Gestão de impressão 2. Senso grandioso de autoestima 4. Mentira patológica 5. Manipulação para ganho pessoal	1. Superficial 2. Grandioso 3. Falso
Afetivo	**Afetivo**	**Afetivo**
6. Ausência de remorso ou culpa 7. Afeto frívolo 8. Insensível – falta de empatia 16. Fracasso em aceitar responsabilidade	6. Ausência de remorso 7. Afeto frívolo 8. Insensível – falta de empatia 16. Fracasso em aceitar responsabilidade	4. Ausência de remorso 5. Falta de empatia 6. Não aceita responsabilidade
F2		P2
Estilo de vida	**Comportamental**	**Estilo de vida**
3. Necessidade de estimulação 9. Estilo de vida parasítico 13. Ausência de metas de longo prazo realistas 14. Impulsividade 15. Irresponsabilidade	3. Busca de estimulação 9. Orientação parasítica 13. Ausência de metas 14. Impulsividade 15. Irresponsabilidade	7. Impulsivo 9. Não tem objetivos 10. Irresponsabilidade
Antissocial	**Antissocial**	**Antissocial**
10. Controles comportamentais pobres 12. Problemas comportamentais precoces 18. Delinquência juvenil 19. Revogação de liberdade condicional 20. Versatilidade criminal	10. Controle pobre da raiva 12. Problemas comportamentais precoces 18. Comportamento criminoso sério 19. Violações sérias da liberdade 20. Versatilidade criminal	8. Controles comportamentais pobres 11. Comportamento antissocial adolescente 12. Comportamento antissocial adulto

Os itens da PCL-R, PCL:YV e PCL:SV são de Hare,[14,20] Forth et al.[24] e Hart et al.,[23] respectivamente. Reimpressa com permissão dos detentores dos direitos autorais, RD Hare e Multi-Health Systems. Note que os títulos dos itens não podem ser pontuados sem referência aos critérios formais contidos nos manuais publicados. Os itens da PCL-R 11, Comportamento sexual promíscuo, e 17, Relacionamentos conjugais de muito curto prazo, contribuem para a pontuação total, mas não têm influência em qualquer dos fatores. Os itens da PCL:YV 11, Comportamento sexual impessoal, e 17, Relacionamentos interpessoais instáveis, contribuem para a pontuação total, mas não têm influência em qualquer dos fatores. F1 e F2 são os fatores da PCL-R originais, mas com a adição do item 20. As Partes 1 e 2 (P1 e P2) são descritas no manual da PCL:SV.[23]
FONTE: Hare & Neumann, 2009.

própria ou alheia, irresponsabilidade e ausência de remorso. Embora na verdade não vivenciem sentimentos de remorso, as pessoas com esse transtorno da personalidade podem fingir seu arrependimento por prejudicar os outros a fim de sair de uma situação difícil quando são apanhadas. Esses indivíduos também se esforçam para apresentar-se sob a luz mais favorável possível. Você poderia pensar neles como os "bajuladores" que podem enrolar qualquer um por qualquer coisa, como pedir dinheiro ou favores que eles não têm intenção de pagar ou retribuir.

Existe uma diferença entre transtorno da personalidade antissocial e comportamento antissocial. Roubar, mentir e trapacear são exemplos de comportamento antissocial. Também existe uma diferença entre este e comportamento criminoso. O termo "criminoso" tem significado no sistema legal, mas não é um conceito psicológico. Contudo, muitos indivíduos que acabam na prisão satisfazem os critérios psicológicos para transtorno da personalidade antissocial. Ao mesmo tempo, nem todos os indivíduos com esse transtorno se envolvem em comportamento explicitamente criminoso; em vez disso, sua condição pode se manifestar em comportamentos como problemas no trabalho, promiscuidade e agressividade.

Os comportamentos antissociais típicos incluem mentir, trapacear e roubar.

O transtorno da personalidade antissocial parece surgir na infância, tanto em termos de desenvolvimento de traços psicopáticos como em taxas de violação da lei. Podemos considerar um certo grau de comportamento antissocial normativo em adolescentes; entretanto, esse comportamento pode ter consequências para toda a vida se ele levá-los a abandonar a escola, a acumular uma ficha criminal e prisões e a desenvolver uma adição de drogas (Salekin, 2008).

Ao longo da idade adulta, indivíduos com esse transtorno parecem se tornar menos propensos a cometer atos criminosos (Moran, 1999). A taxa de homicídios para pessoas com mais de 35 anos é mais baixa do que para aquelas com menos de 34 anos, e ainda mais baixa para as com mais de 50 anos (Bureau of Justice Statistics, 2011). No total, as taxas para crime violento caem de aproximadamente 1.000 por 100 mil entre pessoas de 35 a 39 anos para 93 por 100 mil entre sujeitos com mais de 60 anos (Federal Bureau of Investigation, 2004). Menos de 1% de todos os prisioneiros, federais e estaduais tem mais de 65 anos, e 5% têm de 55 a 64 anos (Glaze, 2011). Os componentes da psicopatia que envolvem impulsividade, desvio social e comportamento antissocial são menos proeminentes em internos de prisões que estão na faixa dos 40 anos ou mais (Harpur & Hare, 1994). Talvez os indivíduos antissociais vivenciem um esgotamento ou tenham se tornado mais competentes em evitar ser descobertos, ou talvez alguns dos casos mais extremos sejam eliminados da população porque essas pessoas são mortas ou presas no curso de suas atividades criminosas.

Outra possibilidade é que o envelhecimento traga consigo uma redução dos comportamentos impulsivos que associamos com transtornos da personalidade antissocial, bem como histriônica e *borderline*. A **hipótese do amadurecimento** sugere que indivíduos mais velhos sejam mais capazes de controlar suas tendências de alto risco (Segal, Coolidge & Rosowsky, 2000). Um estudo longitudinal de homens da adolescência à meia-idade apoia essa hipótese. Os traços de personalidade relacionados com comportamento antissocial diminuíram em uma grande maioria de homens na meia-idade (Morizot & Le Blanc, 2005).

hipótese do amadurecimento
Proposição de que pessoas com personalidade antissocial e outros transtornos do Grupo B se tornam mais capazes de controlar seus comportamentos à medida que envelhecem.

Teorias do transtorno da personalidade antissocial

Como vimos, o transtorno da personalidade antissocial representa um padrão de comportamento profundamente arraigado, com efeitos amplos sobre os indivíduos e as pessoas com as quais eles têm contato. Nesta seção, vamos considerar as explicações mais convincentes para o desenvolvimento desse transtorno da personalidade. É importante

Você decide

Transtorno da personalidade antissocial e culpabilidade moral

Se o transtorno da personalidade antissocial é uma condição psicológica, as pessoas que satisfazem o diagnóstico devem ser consideradas responsáveis por atos criminosos que possam cometer? E quanto a pessoas que têm o traço de personalidade de psicopatia? Elas são de algum modo mais ou menos culpáveis? A questão da responsabilidade criminal permeia a literatura ética sobre o transtorno da personalidade antissocial e o traço de personalidade relacionado de psicopatia. De acordo com Robert Hare, quando o sistema judicial aplica a um criminoso o termo "psicopatia" em vez de "transtorno da personalidade antissocial", é provável que ele receba uma sentença mais rigorosa, porque a corte percebe a pessoa (em geral um homem) como desprovida de quaisquer qualidades redentoras. O filósofo canadense Ishtiyaque Haji contesta a ideia de que pessoas com altos níveis de psicopatia sejam mentalmente saudáveis e, portanto, responsáveis por seus crimes (Haji, 2010). Ele refere que esses indivíduos têm menos responsabilidade moral por seus crimes do que aqueles que não têm altos níveis do traço de psicopatia. Segundo Haji, a insensibilidade emocional, que é uma marca da psicopatia, torna o indivíduo menos capaz de avaliar as consequências morais de suas ações.

Levando esse argumento mais além, considere os fatores que podem levar um indivíduo a desenvolver altos níveis do traço de psicopatia. Talvez a falta de sensibilidade emocional tenha relação com uma anormalidade do desenvolvimento do cérebro, como alguns pesquisadores sugerem. Se eles verdadeiramente não conseguem vivenciar empatia, como podem perceber o dano que podem estar causando a uma vítima? De maneira similar, se não possuem a base neurológica para aprender o medo, e portanto são menos propensos a evitar as consequências negativas da atividade criminosa, seria essa falha do desenvolvimento cerebral um fato que os torna semelhantes a pessoas que têm uma doença física? Sem a capacidade de estimar a punição que pode decorrer de um crime, indivíduos com altos níveis de psicopatia não podem aprender com suas experiências e parecem condenados a continuar sendo "emocionalmente depravados" (nas palavras de Haji).

A questão de se as pessoas com altos níveis de psicopatia têm um prejuízo verdadeiro que as impede de reconhecer as implicações morais de suas ações sem dúvida continuará. Cada caso de assassinato em série cometido por um indivíduo com transtorno da personalidade antissocial ou por alguém com altos níveis de psicopatia parece levantar a questão novamente. Com evidências cada vez mais sofisticadas sobre os fatores neurodesenvolvimentais que predispõem indivíduos ao desenvolvimento desse transtorno, podemos afinal entender a questão com maior clareza.

P: *Você decide:* Pessoas com transtorno da personalidade antissocial devem ser consideradas responsáveis por seus comportamentos ilegais?

lembrar que algumas dessas investigações dizem respeito a criminosos, que podem ou não ter recebido o diagnóstico específico de transtorno da personalidade antissocial.

Perspectivas biológicas Estudos de herança familiar fornecem fortes evidências a favor das explicações genéticas do transtorno da personalidade antissocial, do traço de personalidade de psicopatia e do comportamento antissocial, com estimativas de hereditariedade de até 80%. Para explicar essa variação genética, a atenção deles está concentrada nos genes relacionados à atividade da serotonina e da dopamina. Um em particular é a monoaminoxidase A, uma enzima codificada pelo gene MAOA. Uma mutação nesse gene resulta em níveis anormalmente altos de dopamina, serotonina e norepinefrina. Altos níveis desses neurotransmissores estão associados com maior impulsividade. Pesquisadores também acreditam que dependência química da mãe durante a gravidez possa levar a influências epigenéticas por meio da metilação de DNA (Gunter, Vaughn, & Philibert, 2010). A subnutrição no início da vida pode atuar como outro fator de risco para o desenvolvimento de transtorno da personalidade antissocial. Em um estudo de crianças testadas dos 3 aos 17 anos, aquelas que vivenciaram malnutrição aos 3 anos mostraram mais agressividade e atividade motora enquanto cresciam. Aos 17 anos,

HISTÓRIAS REAIS

Ted Bundy: Transtorno da personalidade antissocial

"... o filho da puta mais frio e insensível que você jamais vai conhecer."

O abominável assassino em série Ted Bundy nasceu em 1946, em Burlington, Vermont. Embora a identidade de seu pai seja desconhecida, várias fontes suspeitaram de que talvez seu avô tenha sido abusivo e violento com sua mãe. Isso fez com que o rapaz nutrisse durante toda a vida um ressentimento contra sua mãe por ela nunca ter revelado quem era seu pai. Por sua vez, ele admirava seu avô, que era conhecido por seu fanatismo e propensão à violência. A mãe de Ted lembra que, quando criança, ele tinha comportamentos estranhos, incluindo colocar facas em torno da cama dela enquanto ela dormia, despertando para encontrá-lo em pé sobre ela e sorrindo.

Ted e sua mãe mudaram-se para o Estado de Washington, onde ela se casou com Johnny Bundy, que o adotou formalmente. O casal teve quatro filhos deles e, ainda que tentassem incluir Ted em todas as suas atividades, ele preferia ficar de fora dos assuntos da família e manter-se isolado. Ted descreveu vários relatos de sua infância a biógrafos, embora em geral pareça que se apresentava como um homem charmoso e extrovertido. Entretanto, no íntimo ele não sentia desejo de ter qualquer relação com os outros e tinha dificuldade para manter amigos e namoradas.

Após abandonar a faculdade, Ted começou a trabalhar em um centro de atendimento telefônico a suicidas e matriculou-se em uma faculdade comunitária onde estudou psicologia. Finalmente, entrou para a faculdade de direito na Universidade de Utah, mas, no final de seu primeiro ano, parou de frequentar as aulas. Ele mudou-se de volta para o Noroeste Pacífico (Estados de Washington e Oregon) e trabalhou em campanhas políticas; em torno dessa época, mulheres jovens começaram a desaparecer. Os analistas de perfil nos casos das mulheres assassinadas tinham Ted em sua lista de suspeitos, embora tivessem dificuldades de acreditar que um jovem atraente e motivado pudesse ser capaz de tais crimes. Entre os anos de 1974 e 1978, Ted foi responsável pelos macabros assassinatos de pelo menos 30 mulheres em Utah, Washington, Oregon, Idaho e Flórida. Os detalhes desses assassinatos são pavorosos. Em seu livro *The Bundy Murders*, Kevin M. Sullivan descreve que "O planejamento, a caça, a captura e o subsequente assassínio de suas vítimas (sem mencionar sua inclinação pela necrofilia) constituiriam um processo demorado". Ted declaradamente abordava suas jovens vítimas em lugares públicos, com frequência à luz do dia, e fingia ser ou uma figura de autoridade ou estar ferido antes de levá-las para uma área isolada onde as molestava, agredia e, por fim, assassinava.

Ted escapou da prisão após sua primeira captura. Foi afinal condenado pelo assassinato de Kimberly Leach. Em *The Bundy Murders*, Kevin M. Sullivan descreve esse assassinato: "Ele estava intoxicado, mas não com álcool. Sua intoxicação era o profundo e perverso desejo ao qual ele tinha sucumbido há muito tempo. Esse desejo, que tinha tão completamente assumido o controle e suplantado todos os outros aspectos de sua vida, nunca parou de procurar vítimas enquanto ele estava vivo".

Após sua condenação, Bundy foi sentenciado à morte por eletrocussão no Estado da Flórida, em 1989. *The Bundy Murders* descreveu como Ted alcançou uma notoriedade na mídia durante seu julgamento e o tempo subsequente passado no corredor da morte. No decorrer do julgamento, ele tentou usar sua experiência na faculdade de direito para defender-se de uma condenação.

O dr. Emmanuel Tanay, professor de psiquiatria na Wayne State University, conduziu uma entrevista clínica com Ted a fim de julgá-lo inocente por razão de insanidade. Um relato da entrevista segue-se:

"Bundy é um homem de 32 anos de aparência bonita, vestido com a elegância casual de um jovem professor universitário. Ele estava meticulosamente arrumado, com unhas bem cuidadas e cabelos recém-lavados. Estava no comando total da situação. O delegado e seus auxiliares pareciam mais membros de sua comitiva do que policiais guardando um prisioneiro... No início da entrevista, o sr. Bundy comentou sobre as precauções de segurança, dizendo que elas eram resultado da 'mística de Bundy', que tinha se desenvolvido como resultado das atividades dos noticiários. Isso foi apresentado na forma de uma queixa; contudo, foi minha impressão que o sr. Bundy estava sentindo orgulho de sua condição de celebridade. Nas quase três horas que passei com ele, considerei que estava com um humor alegre,

Executado em 1989 por assassinato, Ted Bundy admitiu ser responsável pela morte de pelo menos 30 pessoas.

até jovial; era espirituoso, mas não superficial, e falava livremente; porém, uma comunicação significativa nunca foi estabelecida. Ele foi indagado sobre sua aparente falta de preocupação tão fora de sintonia com as acusações que enfrentava. Reconheceu que estava enfrentando uma possível sentença de morte, entretanto: 'Vou atravessar essa ponte quando eu chegar lá'. O sr. Bundy tem uma incapacidade de reconhecer a importância das provas apresentadas contra ele. Seria simplista caracterizar isso como meramente mentira na medida em que age como se sua percepção da importância das provas fosse real... Em seu processo de tomada de decisão, ele é guiado por suas necessidades emocionais, às vezes em detrimento de seus interesses legais. Sua necessidade patológica de desafiar a autoridade, de manipular seus associados e seus adversários, fornece-lhe 'emoções' em detrimento de sua capacidade de cooperar com seu advogado."

No final, Ted decidiu não alegar insanidade. Como Sullivan escreve, "na mente de Bundy, tudo o que já tinha feito estava aparentemente fora da esfera da 'insanidade'. A remoção e o confisco das cabeças de suas vítimas e ter feito sexo com os cadáveres não constituíam, em sua mente, uma aberração mental. Ele referia-se a esse tipo de coisa apenas como 'meu problema'. Cometer assassinato, Ted Bundy disse uma vez ao escritor, nada mais era do que se 'expressar (*acting out*)'".

Após o tribunal ter rejeitado sua última apelação, Ted Bundy foi executado na cadeira elétrica na manhã de 24 de janeiro de 1989. Sobre sua execução, Sullivan escreve: "Aparentemente, Bundy estava livre de quaisquer sentimentos de animosidade para com aqueles que ajudaram a colocá-lo lá, uma vez que fazia gestos corporais conciliatórios (acenos de cabeça, etc.) para as pessoas que entravam na sala. Mas, quando chegou o momento de sua última declaração, ele falou apenas em dar seu 'amor a minha família e amigos', deixando às vítimas de sua raiva homicida pouco mais do que um tapa na cara final".

elas tinham uma probabilidade mais alta de transtorno da conduta, um precursor do transtorno da personalidade antissocial (Liu, Raine, Venables, & Mednick, 2004).

O hipocampo, a estrutura cerebral envolvida no processamento da memória de curto prazo, parece funcionar anormalmente em indivíduos com psicopatia. Embora o volume do hipocampo não pareça diferir entre amostras de psicopatas e não psicopatas, essas estruturas cerebrais parecem ter formas anormais em pessoas com a condição (Boccardi et al., 2010). Estudos de neuroimagem também indicam que sujeitos com altos níveis de psicopatia têm déficits no funcionamento do lobo frontal, significando que são menos capazes de inibir o estímulo de áreas corticais do cérebro envolvidas na agressão (Pridmore, Chambers, & McArthur, 2005).

Perspectivas psicológicas Estreitamente relacionada à perspectiva biológica é a hipótese de que o transtorno da personalidade antissocial cause déficits neuropsicológicos refletidos em padrões anormais de aprendizagem e atenção. Lembre que Cleckley acreditava que indivíduos psicopatas não apresentam reatividade emocional. David Lykken (1957) levou essa ideia para o laboratório e demonstrou que indivíduos psicopatas expostos a estímulos aversivos de fato fracassaram em demonstrar a resposta de medo normal. Portanto, eles não aprendem com suas experiências negativas. Chamamos esse déficit de evitação passiva do condicionamento clássico, significando que as respostas corretas envolvem aprender a evitar responder a um estímulo anteriormente punido. A aprendizagem deficiente da evitação passiva em pessoas com altos níveis do traço de personalidade de psicopatia pode estar relacionada com déficits na ativação dos circuitos do sistema límbico responsáveis pelo processamento emocional (Birbaumer et al., 2005).

As pessoas com altos níveis de psicopatia também têm dificuldades para processar estímulos emocionais negativos tais como expressões faciais tristes (Sommer et al., 2006). Pesquisadores acreditam que esse déficit de processamento emocional poderia estar relacionado à incapacidade que esses indivíduos têm de desenvolver um senso de moralidade. Uma vez que não conseguem empatizar com suas vítimas, não sentem remorso por prejudicá-las.

A hipótese de modulação da resposta tenta explicar o fracasso de indivíduos com altos níveis de psicopatia em aprender com as experiências negativas e em processar informações emocionais (Glass & Newman, 2009). De acordo com essa explicação, as pes-

Indivíduos com transtorno da personalidade antissocial podem ter comportamentos manipuladores devido a uma ausência de remorso por prejudicar outras pessoas.

soas têm um foco dominante e não dominante de sua atenção em qualquer situação. Por exemplo, você pode estar concentrando sua atenção agora em sua leitura, mas, ao mesmo tempo, no segundo plano, está cercado por ruídos, como música, outros estudantes conversando ou o som do tráfego. Embora sua resposta primária neste momento seja tentar entender o que está lendo, você poderia mudar para os sinais secundários se alguma coisa exigisse sua atenção, como outro estudante lhe falando diretamente. Você precisa prestar atenção suficiente àqueles sinais secundários para mudar se necessário, mas não tanto que lhe impeça de realizar sua tarefa principal.

Segundo a hipótese de modulação da resposta, indivíduos com altos níveis do traço de psicopatia são incapazes de prestar atenção suficiente aos sinais secundários para mudar (i.e., modular) sua atenção quando necessário. Portanto, em uma tarefa de evitação passiva, eles prestam atenção apenas às experiências nas quais receberão uma recompensa e não aprendem com aquelas nas quais incorrem em punição. Em seu comportamento no mundo exterior, esse padrão se traduziria em uma tendência a focalizar apenas o que podem obter de uma situação (dinheiro, poder ou outras metas desejadas), sem considerar que, se buscarem essas recompensas, o resultado pode ser a punição. Da mesma forma, eles se concentram em seu próprio prazer, mas não na dor que podem causar às pessoas que prejudicam.

A maioria das pesquisas sobre psicopatia está focada nos homens e, na verdade, os pesquisadores a princípio desenvolveram e testaram a hipótese de modulação da resposta em populações masculinas. Curiosamente, quando examinaram tanto o processamento de emoções quanto a aprendizagem de evitação passiva em mulheres, os estudiosos não encontraram diferenças entre mulheres com altos níveis e baixos níveis de psicopatia. É possível que as mulheres, comparadas aos homens, sejam mais capazes de prestar atenção a respostas não dominantes (Vitale, MacCoon, & Newman, 2011).

As primeiras experiências de vida também podem servir como influências importantes na possibilidade de um indivíduo desenvolver transtorno da personalidade antissocial. Os pais de pessoas com esse transtorno são mais propensos a ter sido sobrecarregados, a não ter competências parentais e a exibir, eles próprios, comportamentos antissociais (Lykken, 2000).

Tratamento de transtorno da personalidade antissocial

A visão aceita por muitos anos no campo da psicopatologia era que pessoas com transtorno da personalidade antissocial eram intratáveis. Seus traços de incapacidade de aprender com as experiências negativas e de vivenciar empatia parecem torná-las resistentes a abordagens que envolvem percepção (*insight*) ou intervenções comportamentais. Os problemas de trabalhar com esses indivíduos incluem as próprias características do transtorno: aparente falta de motivação para mudar, tendência à fraude e manipulação e falta de emoção profunda ou duradoura. Ao investigar desfechos de psicoterapias, pesquisadores devem tentar chegar a metas de tratamento razoáveis. Devem medir a eficácia da terapia em termos de nova prisão ou reincidência (retorno dos sintomas) ou devem se concentrar, em vez disso, nas mudanças no desempenho do trabalho, nos relacionamentos com os outros e no envolvimento em atividades não criminosas (como esportes ou passatempos) (Salekin, Worley, & Grimes, 2010)?

Apesar desses desafios ao sucesso do tratamento, as intervenções mais eficazes são aquelas que estão menos focadas em desenvolver empatia e consciência ou personalidade. Antes, o tratamento efetivo deve convencer os participantes de que eles são responsáveis por seu próprio comportamento. Além disso, os terapeutas devem ajudar os clientes a desenvolver formas mais pró-sociais de satisfazer suas necessidades pelo uso de suas forças. A terapia cognitivo-comportamental parece adequada para infratores adolescentes e adultos (Hare & Neumann, 2009).

Transtorno da personalidade *borderline*

O termo "*borderline*" neste transtorno da personalidade diz respeito a suas origens, na década de 1930, como uma condição na "fronteira" (*border*) entre formas neuróticas e

MINICASO

Transtorno da personalidade *borderline*

Lisa é uma executiva de 28 anos com longa história de problemas interpessoais. No escritório, seus colegas a veem como intensamente mal-humorada e imprevisível. Em alguns dias, é agradável e "alto-astral", mas em outros exibe uma raiva incontrolável. As pessoas com frequência são atingidas por suas atitudes inconsistentes em relação a seus supervisores. Ela vacila entre idealizá-los e desvalorizá-los. Por exemplo, pode elogiar a inteligência de seu supervisor um dia e expressar uma crítica arrasadora no dia seguinte. Seus colegas de trabalho mantêm distância dela, porque ficaram aborrecidos com suas constantes exigências por atenção. Ela também ganhou uma reputação no escritório por seus envolvimentos promíscuos com uma variedade de pessoas, homens e mulheres. Em várias ocasiões, colegas a repreenderam por envolver-se inadequadamente nas vidas pessoais de seus clientes. Um dia, após perder uma de suas contas, ela ficou tão perturbada que cortou os pulsos. Esse incidente levou seu supervisor a insistir que Lisa procurasse ajuda profissional.

psicóticas de psicopatologia, no limite da esquizofrenia. Os critérios desse transtorno são muito diferentes agora do que eram na época, refletindo que sofreram revisões contínuas, mas a terminologia permanece conosco hoje.

Características do transtorno da personalidade *borderline* O diagnóstico de **transtorno da personalidade *borderline*** (TPB) baseia-se na demonstração por parte do indivíduo de pelo menos 5 de possíveis 9 comportamentos, incluindo esforços frenéticos para evitar abandono; relacionamentos instáveis e intensos; transtorno de identidade; impulsividade em áreas como sexualidade, gastos ou direção imprudente; comportamento suicida recorrente; instabilidade afetiva; sentimentos crônicos de vazio; dificuldade para controlar a raiva; e sentimentos ocasionais de paranoia ou sintomas dissociativos. No sistema de classificação dimensional na Seção III, os profissionais avaliarão os indivíduos ao longo das dimensões de personalidade e funcionamento interpessoal, bem como em relação ao grau em que apresentam traços de personalidade negativos.

transtorno da personalidade *borderline* (TPB)
Transtorno da personalidade caracterizado por um padrão invasivo de controle do impulso pobre e instabilidade no humor, nos relacionamentos interpessoais e no senso de identidade.

As pessoas com esse transtorno são mais do que inseguras. Elas literalmente contam com os outros para ajudá-las a se sentirem "completas". Mesmo após ter ultrapassado o tempo costumeiro de questionamento da identidade na adolescência, permanecem inseguras e em conflito sobre suas metas de vida. Seus sentimentos crônicos de vazio também as levam a quase transformar suas identidades nas das pessoas às quais são

Homens que sofrem de transtorno da personalidade *borderline* são mais propensos a apresentar sintomas antissociais do que as mulheres.

próximas. Infelizmente para elas, quanto mais buscam a reafirmação e proximidade dos outros, mais os afastam. Como resultado, seus sentimentos perturbados apenas ficam mais intensos, e elas se tornam cada vez mais exigentes, mal-humoradas e imprudentes. Dessa forma, os sintomas do transtorno passam a ser cíclicos e se autoperpetuam, com frequência chegando ao ponto em que a pessoa requer hospitalização.

cisão
Defesa comum em pessoas com transtorno da personalidade *borderline*, na qual os indivíduos percebem os outros, ou a si próprios, como todo-bom ou todo-mau, o que geralmente resulta em relacionamentos interpessoais perturbados.

Um termo que a profissão usa para descrever a forma como pessoas com TPB se relacionam com os outros é **cisão**. Isso significa que a preocupação delas com sentimentos de amor pelo objeto de seu desejo e sua atenção pode facilmente se transformar em raiva e ódio extremos quando esse objeto as rejeita. Elas podem aplicar essa dicotomia todo-bom *versus* todo-mau a outras experiências e pessoas também. O desespero intenso no qual podem mergulhar também pode levá-las a gestos suicidas, ou como uma forma de obter atenção ou para extrair sentimentos de realidade da dor física que esse ato causa. Esses chamados "parassuicídios" podem levar a hospitalização, na qual os clínicos detectam que o ato foi um gesto, e não um desejo real de morrer na verdade.

Os indivíduos que têm TPB melhoram ao longo do tempo, pelo menos em termos da gravidade de seus sintomas. Em um estudo longitudinal de 10 anos com 175 indivíduos com esse transtorno, uma equipe de importantes pesquisadores no campo verificou que 85% não tinham mais sintomas, embora melhorassem a taxas mais lentas do que pessoas com transtorno depressivo maior ou outros transtornos da personalidade. Entretanto, seu funcionamento social global e as pontuações na Avaliação Global do Funcionamento (GAF) permaneceram mais baixos ao longo do tempo do que os de indivíduos com outros transtornos da personalidade. Portanto, ainda que possam vivenciar melhora do funcionamento em termos de sua condição psiquiátrica, as pessoas continuam sendo desafiadas quando se trata de seu emprego e de relacionamentos interpessoais (Gunderson et al., 2011).

A prevalência ao longo da vida de TPB nos Estados Unidos é de 7%. A prevalência é muito mais alta (15 a 20%) em hospitais psiquiátricos e em clínicas ambulatoriais (Gunderson, 2011). Houve um tempo em que os pesquisadores acreditavam que as mulheres eram mais propensas a ter TPB do que os homens, mas eles consideram a prevalência igual entre os gêneros. Entretanto, existem diferenças de gênero em sintomas específicos e em outros transtornos que ocorrem em conjunto com um diagnóstico de TPB. Os homens com TPB são mais propensos a ter transtorno por uso de substância e características de personalidade antissocial. As mulheres têm taxas mais altas de transtornos do humor, de ansiedade, alimentares e de estresse pós-traumático. Essas diferenças na natureza dos transtornos associados podem explicar as estimativas anteriores de taxas mais altas do TPB em mulheres, que os clínicos tinham mais probabilidade de encontrar em contextos de saúde mental. Em contrapartida, eles têm mais probabilidade de ver homens em programas de transtorno por uso de substância (Sansone, Dittoe, Hahn, & Wiederman, 2011).

Teorias e tratamento de TPB Os sintomas de TPB estão ligados a uma série de fatores biológicos, incluindo alta hereditariedade (42 a 68%) e anormalidades nas amígdalas e no córtex pré-frontal, áreas do cérebro envolvidas no processamento e na regulação emocional. As pessoas com TPB também podem ter anormalidades nos neurotransmissores e nos hormônios que participam na regulação de respostas emocionais e na sensibilidade a dor (Gunderson, 2011). Embora os fatores biológicos possam sem dúvida criar uma vulnerabilidade ao desenvolvimento de TPB, a perspectiva biológica é mais proeminente na abordagem adotada por profissionais que fornecem o tratamento. As alterações no funcionamento emocional formam um componente importante do diagnóstico de TPB, e, correspondentemente, os pesquisadores concentraram seus esforços na identificação dos processos psicológicos específicos que contribuem para esses problemas emocionais. Indivíduos com TPB parecem incapazes de regular as emoções (**desregulação emocional**) e apresentam limitações na capacidade de suportar estresse (tolerância a estresse) e esquiva de situações, bem como sentimentos emocionalmente desconfortáveis (esquiva experiencial).

desregulação emocional
Falha na percepção, compreensão ou aceitação das emoções; inabilidade para controlar a intensidade ou duração das emoções; dificuldades em vivenciar frustração em relação aos seus objetivos; inabilidade em engajar-se em condutas direcionadas a um objetivo quando submetido a frustração.

Você poderia ser capaz de imaginar como essas dificuldades podem se traduzir em sintomas de TPB na vida diária quando indivíduos com esse transtorno se deparam com situações estressantes. Mais do que as outras pessoas, eles não gostam de situações emocionalmente tensas, sentem desconforto quando sob tensão e têm grande dificuldade de lidar com sua raiva quando alguma coisa dá errado. Pesquisadores que investigaram as relações entre esses três tipos de perturbação emocional em uma amostra de pacientes ambulatoriais adultos jovens verificaram que, após controlar para sintomas depressivos, a esquiva experiencial teve a mais alta relação com sintomas de TPB (Iverson, Follette, Pistorello, & Fruzzetti, 2011).

As primeiras experiências da infância desempenham um papel importante no desenvolvimento desse transtorno e incluem negligência ou experiências traumáticas e dificuldades conjugais ou psiquiátricas em casa. Além disso, crianças inseguramente apegadas são mais propensas a desenvolvê-lo quando adultos (Gunderson, 2011).

Como já foi salientado, pessoas com TPB vivenciam desafios significativos no funcionamento social, mas podem obter alívio relevante de seus sintomas. O tratamento com a maior eficácia demonstrada é a **terapia comportamental dialética (TCD)**, uma forma de psicoterapia. A psicóloga Marsha Linehan desenvolveu esse tipo de terapia do comportamento especificamente para tratar indivíduos com TPB (Linehan, Cochran, & Kehrer, 2011). Na TCD, o terapeuta integra tratamentos comportamentais de apoio e cognitivos com o objetivo de reduzir a frequência de atos autodestrutivos do cliente e aumentar sua capacidade de lidar com o sofrimento emocional.

terapia comportamental dialética (TDC)
Abordagem de tratamento para pessoas com transtorno da personalidade *borderline* que integra tratamentos de apoio e cognitivo-comportamental para reduzir a frequência de atos autodestrutivos e melhorar a capacidade do cliente de lidar com emoções perturbadoras, como raiva e dependência.

O termo "dialética" na TCD refere-se ao processo de mão dupla no qual o profissional aceita os clientes como eles são, mas também os confronta em relação a seus comportamentos problemáticos, movendo-os lentamente para o maior controle sobre seus sentimentos e comportamentos. Os terapeutas que trabalham a partir dessa perspectiva ajudam seus clientes a encontrar novas formas de analisar seus problemas e de desenvolver soluções mais saudáveis. Os clínicos auxiliam os clientes a regular suas emoções, a desenvolver maior efetividade para lidar com relacionamentos sociais, tolerar sofrimento emocional e desenvolver habilidades de autogestão. Usando um processo denominado *mindfulness* central, os profissionais que usam TCD ensinam seus clientes a equilibrar suas emoções, sua razão e sua intuição à medida que abordam os problemas de vida.

Outro tratamento com base em evidência para TPB, a psicoterapia focada na transferência utiliza os relacionamentos cliente-clínico como a estrutura para ajudar os clientes a alcançar um maior entendimento de seus sentimentos e suas motivações

TABELA 14.5 Necessidades envolvidas nos princípios básicos do tratamento eficaz para clientes com TPB

Necessidade do terapeuta de:	Explicação
Assumir um papel primário no tratamento	Um terapeuta discute o diagnóstico, avalia o progresso, monitora a segurança e supervisiona a comunicação com outros profissionais e familiares.
Fornecer uma estrutura terapêutica	O terapeuta estabelece e mantém metas e papéis, particularmente delineando os limites em sua disponibilidade e um plano para lidar com os possíveis impulsos suicidas do paciente ou outras emergências.
Apoiar o cliente	O terapeuta valida as emoções de sofrimento e desespero do cliente, oferecendo afirmações de esperança de que a mudança é possível.
Envolver o cliente no processo terapêutico	O terapeuta reconhece que o progresso depende dos esforços ativos do cliente para assumir o controle sobre seu comportamento.
Assumir um papel ativo no tratamento	O terapeuta á ativo na terapia, concentra-se em situações no aqui e agora e ajuda o cliente a associar seus sentimentos a acontecimentos no passado.
Lidar com as ameaças de suicídio ou os atos autolesivos do cliente	O terapeuta expressa preocupação e escuta pacientemente as ameaças, mas se comporta de forma criteriosa (i.e., nem sempre recomendando hospitalização).
Ser autoconsciente e estar pronto para consultar colegas	O terapeuta pode requerer consultoria quando o relacionamento com o cliente se torna problemático.

FONTE: Adaptada de Gunderson, 2011.

MINICASO

Transtorno da personalidade histriônica

Lynette é uma professora de escola, tem 44 anos e é conhecida por seu comportamento estranho e paqueras inadequadas. Vários de seus alunos se queixaram ao diretor sobre seu comportamento sedutor durante reuniões individuais. Ela costuma cumprimentar os alunos com entusiasmo e aparente preocupação com o bem-estar deles, o que leva alguns a achá-la a princípio atraente e envolvente; entretanto, eles invariavelmente ficam desencantados quando percebem o quanto ela é superficial. Para os colegas, ela gaba-se das menores realizações como se fossem vitórias importantes; contudo, se não consegue alcançar um objetivo desejado, fica de mau humor e se desfaz em lágrimas. É tão desesperada pela aprovação dos outros que mudará sua história para se ajustar a qualquer um com quem esteja conversando no momento. Visto que está sempre criando crises e nunca retribui a preocupação dos outros, as pessoas se tornaram imunes e indiferentes a seus frequentes apelos por ajuda e atenção.

inconscientes (Levy et al., 2006). O tratamento de base psiquiátrica incorpora terapia psicodinâmica desenvolvida para o tratamento de TPB, junto com intervenções familiares e tratamento farmacológico (Gunderson & Links, 2008).

Independentemente da abordagem de tratamento específica que utilizam, os clínicos têm maior chance de sucesso se seguirem um conjunto de princípios básicos (Tab. 14.5). Esses princípios criam as condições para o profissional auxiliar o cliente porque o foco deles é fornecer os aspectos-chave que podem ser terapêuticos para pessoas com esse transtorno específico. Embora muitos desses princípios pudessem ser generalizados para além de clientes com TPB, a necessidade de estabelecer fronteiras, expectativas, estrutura e apoio claros é particularmente importante para indivíduos com esse diagnóstico. O último princípio encoraja os terapeutas a buscarem apoio quando os sintomas do cliente levam a dificuldades na terapia. Por exemplo, o sintoma de cisão apresentado por indivíduos com TPB pode levá-los a desvalorizar ou idealizar o profissional. Nesses casos, o terapeuta pode vivenciar reações complicadas, e lhe seria benéfico obter a perspectiva externa de um supervisor ou consultor.

Transtorno da personalidade histriônica

transtorno da personalidade histriônica
Transtorno da personalidade caracterizado por reações emocionais exageradas, beirando a teatralidade, no comportamento cotidiano.

Os profissionais diagnosticam **transtorno da personalidade histriônica** em pessoas que apresentam prazer extremo quando são o centro das atenções e que se comportam da forma que for necessária para garantir que isso aconteça. Elas são excessivamente preocupadas com sua aparência física e com frequência tentam chamar atenção para si de maneiras tão extremas que seu comportamento parece caricato. Além disso, são percebidas como paqueradoras e sedutoras, exigem reafirmação, elogio e aprovação dos outros e ficam furiosas quando não conseguem. Desejam gratificação imediata de seus desejos e reagem com exagero às menores provocações, geralmente de uma forma desproporcional - por exemplo, chorando ou desmaiando. Embora seus relacionamentos sejam superficiais, elas supõem que são íntimos e se referem a conhecidos como "amigos queridos". São influenciadas pelos outros com facilidade, não possuem capacidade analítica e veem o mundo em termos amplos, impressionistas. Este transtorno, em uma época, foi considerado sinônimo da caracterização de Freud do indivíduo "histérico" (normalmente uma mulher). Com o declínio no pensamento psicanalítico, esse transtorno caiu em desuso (Blashfield, Reynolds, & Stennett, 2012) e, na verdade, quase foi eliminado na reelaboração proposta do DSM-5.

Transtorno da personalidade narcisista

transtorno da personalidade narcisista (TPN)
Transtorno da personalidade primariamente caracterizado por senso inflado e irrealista da própria importância e falta de sensibilidade pelas necessidades das outras pessoas.

As pessoas que satisfazem os critérios para o diagnóstico de **transtorno da personalidade narcisista (TPN)** baseiam em excesso sua autoestima nas opiniões alheias. Veem-se como excepcionais e têm um senso forte de direito. Visto que se consideram excepcionais, elas podem estabelecer seus padrões pessoais em nível irrealisticamente alto. De modo inverso, podem se considerar no direito de fazer qualquer coisa que desejem e, portanto, estabelecem seus padrões pessoais em um patamar baixo demais. Seus prejuízos no estabelecimento de metas também incluem uma tentativa constante de obter a aprovação das outras pessoas.

MINICASO

Transtorno da personalidade narcisista

Chad é um homem de 26 anos de idade que tentou desesperadamente ter sucesso como ator. No entanto, conseguiu apenas pequenos papéis, sendo forçado a se sustentar trabalhando como garçom. Apesar de sua falta de êxito, gaba-se a outras pessoas em relação a todos os papéis que rejeita por não serem bons o suficiente para ele. Buscando uma chance de atuar, tem explorado de forma egoísta qualquer um que ele perceba como uma possível conexão para essa oportunidade. Chad demonstra imenso ressentimento em relação a conhecidos que tenham obtido papéis importantes e desvaloriza suas realizações, comentando que eles têm apenas sorte, e, se alguém tenta lhe fazer uma crítica construtiva, reage com indignação, recusando-se a falar com a pessoa por semanas. Por causa do que considera sua formidável aparência, acha que merece de todos um tratamento especial. No restaurante, Chad tem discussões recorrentes com seu supervisor, porque insiste ser um "profissional" e que, por isso, não deveria ter de rebaixar-se recolhendo os pratos sujos das mesas. Ele irrita os demais, pois sempre busca elogios sobre sua roupa, seu cabelo, sua inteligência e sua sagacidade. Chad está tão centrado em si mesmo que mal percebe outras pessoas, sendo totalmente insensível a suas necessidades e problemas.

Em termos de seu próprio senso de identidade, pessoas com TPN derivam sua autodefinição e autoestima da forma como acreditam ser vistas pelos outros. Entretanto, embora sensíveis às opiniões alheias, são incapazes de empatizar com as demais. Elas direcionam inteiramente qualquer preocupação relativa aos outros no sentido de determinar se as pessoas gostam delas ou não. Em seus relacionamentos pessoais especiais, não conseguem estabelecer uma proximidade verdadeira com um parceiro íntimo porque estão focadas demais em si mesmas, em seus sentimentos e em como são percebidas. Seu senso de direito é traduzido em traços de personalidade de grandiosidade, e seu desejo por admiração as leva a buscar reconhecimento sempre que possível.

Ainda que pessoas com TPN possam parecer pensar em si mesmas como melhores que os outros, essa grandiosidade pode mascarar uma vulnerabilidade subjacente em seu senso de identidade. Alguns indivíduos com TPN podem ter de fato um senso de identidade inflado e grandioso; por consequência, os terapeutas se referem a eles como pessoas com níveis altos de narcisismo grandioso. Todavia, os profissionais caracterizam outros mais precisamente como sujeitos que têm níveis altos de narcisismo vulnerável, que são aqueles que dependem em excesso das outras pessoas para confirmar seu valor. Eles são mais sensíveis a rejeição, mais propensos a sentir vergonha e menos capazes de apoiar seu sentido frágil de identidade construindo fantasias grandiosas, e podem parecer tímidos e mesmo empáticos. Quando sentem que não alcançaram seus padrões, são mais inclinados a se tornar socialmente retraídos. As pessoas com níveis mais altos de narcisismo grandioso são mais ameaçadas por fracasso na esfera das realizações pessoais. Aquelas com altos níveis de narcisismo vulnerável, em contrapartida, reagem de maneira mais negativa quando sentem que alguém importante para elas as está humilhando ou traindo (Besser & Priel, 2010). O DSM-5 não faz essa distinção explicitamente, mas os clínicos e os pesquisadores afirmam que ela é uma diferenciação importante (Pincus, 2011).

Estudos de prevalência revelam uma ampla variação nas estimativas de TPN na população. Na média entre esses trabalhos, os pesquisadores acreditam que o TPN possa ocorrer em cerca de 1% da população. Entretanto, as taxas são muito mais altas entre indivíduos que procuram tratamento clínico, com estimativas de 2 a 36% (Dhawan, Kunik, Oldham, & Coverdale, 2010).

A abordagem psicanalítica freudiana tradicional considera o narcisismo como o fracasso do indivíduo em progredir para além dos primeiros estágios altamente autofocalizados do desenvolvimento psicossexual. Os teóricos que operam de acordo com a estrutura das relações objetais consideram o sujeito narcisista como alguém que fracassou em formar um senso de identidade (*self*) coeso e integrado. Esse indivíduo expressa insegurança, paradoxalmente, em um sentido inflado de autoimportância enquanto tenta compensar o apoio parental da infância (Kohut, 1966, 1971). Na falta de uma base firme de uma identidade saudável, esses indivíduos desenvolvem uma identidade falsa (*self* falso) baseada de forma precária em noções grandiosas e irrealistas sobre sua competência e utilidade (Masterson, 1981). Podemos entender o transtorno da personalidade narcisista, então, como a expressão no adulto dessa insegurança e necessidade de atenção da infância.

Os profissionais que trabalham conforme a perspectiva psicodinâmica tentam fornecer uma experiência desenvolvimentista corretiva, usando empatia para apoiar a busca do cliente por reconhecimento e admiração. Ao mesmo tempo, o clínico tenta orientá-lo para uma avaliação mais realista de que ninguém é perfeito. À medida que sentem que seus terapeutas os apoiam cada vez mais, os clientes se tornam menos grandiosos e autocentrados (Kohut, 1971).

Teóricos cognitivo-comportamentais concentram-se nas ideias mal-adaptativas que seus clientes mantêm, incluindo a visão de que são pessoas excepcionais, merecedoras de tratamento muito melhor que os seres humanos comuns. Essas crenças impedem-lhes de perceber suas experiências realisticamente, e eles encontram problemas quando suas ideias grandiosas sobre si mesmos se chocam com suas experiências de fracasso no mundo real. De modo correspondente, os profissionais que trabalham na perspectiva cognitivo-comportamental estruturam intervenções que funcionem com as tendências egocêntricas e de autoengrandecimento do cliente, e não contra elas. Por exemplo, em vez de tentar convencer o cliente a agir de forma menos egoísta, o terapeuta poderia tentar mostrar que há formas melhores de alcançar metas pessoais importantes. Ao mesmo tempo, o terapeuta evita se render às exigências do cliente por favores e atenção especiais. Quando o profissional estabelece e segue um plano com metas de tratamento claras, o cliente pode aprender como estabelecer limites em outras áreas da vida (Beck, Freeman, & Davis, 2004).

Transpondo essas perspectivas teóricas, mais eficaz no tratamento de pessoas com TPN é fornecer-lhes reafirmação e, ao mesmo tempo, encorajá-las a desenvolver uma visão mais realista de si mesmas e dos outros. Infelizmente, pessoas com TPN são difíceis de tratar porque tendem a não ter percepção (*insight*) de seu transtorno. Além disso, os terapeutas que as tratam podem vivenciar com relação a elas fortes reações negativas devido à própria natureza dos sintomas de grandiosidade e direito, que as leva a criticar e humilhar seus terapeutas (Dhawan et al., 2010). O perfeccionismo extremo desses sujeitos também pode obstruir o tratamento. Elas preencheram suas vidas com sucesso e realizações que preservam sua autoestima e repelem suas inseguranças. Como resultado, é particularmente difícil para eles confrontar suas ansiedades e seguranças internas (Ronningstam, 2011).

Indivíduos com transtorno da personalidade narcisista frequentemente dedicam suas vidas a buscar aprovação dos outros, apesar de terem muito pouca preocupação com o bem-estar alheio.

14.4 Transtornos da personalidade do Grupo C

No Grupo C dos transtornos da personalidade do DSM-5, encontramos um conjunto de transtornos que envolvem pessoas que parecem ansiosas ou temerosas e podem aparentar bastante limitação. Elas tendem a ser introspectivas e podem chamar pouca atenção para si mesmas, em contraste com aqueles indivíduos com transtornos da personalidade do Grupo B.

Transtorno da personalidade esquiva

As pessoas com **transtorno da personalidade esquiva** definem-se como carentes de habilidades sociais e desprovidas das qualidades desejáveis que fariam os demais gostarem de sua companhia. São mais do que "tímidas". Em vez disso, seus sentimentos de vergonha e inadequação são tão fortes que preferem não conviver com os outros. Elas afastam-se quase por completo de encontros sociais e têm especial propensão a evitar qualquer situação com o potencial de constrangê-las. Podem estabelecer padrões irrealisticamente altos para si mesmas, que, por sua vez, as levam a evitar situações nas quais se sintam fadadas a fracassar. Convencidas de que são socialmente inferiores aos outros, as pessoas com transtorno da personalidade esquiva apresentam extrema sensibilidade à rejeição e ao ridículo, interpretando o comentário mais inocente como crítica. Em vez de correrem o risco de as pessoas zombarem delas ou as rejeitarem, preferem ficar sozinhas. O envolvimento em um relacionamento íntimo constitui uma ameaça grave porque temem a vergonha e o ridículo caso exponham suas falhas a um parceiro. Essas pessoas têm pontuações altas no polo negativo dos traços de personalidade de distanciamento e afetividade negativa. Elas são retraídas, improváveis de vivenciar intimidade, e incapazes de sentir prazer. Sua afetividade negativa assume a forma de ansiedade crônica e extrema.

transtorno da personalidade esquiva
Transtorno da personalidade no qual as pessoas têm uma estimativa baixa de suas habilidades sociais e temem a desaprovação, a rejeição e a crítica ou a vergonha ou o embaraço.

Pesquisadores acreditam que o transtorno da personalidade esquiva exista ao longo de um *continuum* que se estende do traço de personalidade normal de acanhamento ao transtorno de ansiedade social. De acordo com essa visão, o transtorno da personalidade esquiva é uma forma mais grave de transtorno de ansiedade social (Rettew, 2000). Os dados de um estudo longitudinal que envolveu mais de 34 mil adultos revelaram que pessoas com transtorno da personalidade esquiva eram mais propensas a continuar a vivenciar sintomas de transtorno de ansiedade social mesmo após ajustar para uma série de fatores demográficos (Cox, Turnbull, Robinson, Grant, & Stein, 2011). É possível que a ligação entre transtorno de ansiedade social e transtorno da personalidade esquiva seja o fato de ambos envolverem autocrítica excessiva.

As explicações psicológicas contemporâneas desse transtorno incluem a ênfase da abordagem psicodinâmica no medo do indivíduo de apego nos relacionamentos (Sheldon & West, 1990). As abordagens cognitivo-comportamentais consideram que o transtorno da personalidade esquiva reflete a hipersensibilidade do indivíduo à rejeição devido a experiências na infância de crítica parental extrema (Carr & Francis, 2010). De acordo com essa abordagem, as atitudes disfuncionais que esses sujeitos mantêm giram em torno da crença central de que são falhos e indignos da consideração de outras pessoas. Devido

MINICASO

Transtorno da personalidade esquiva

Max é funcionário do setor de expedição de uma grande empresa de equipamentos. Seus colegas de trabalho o descrevem como um solitário, porque não mantém conversas casuais e evita almoçar com os outros. Mal sabem que todos os dias ele luta com o desejo de interagir com eles, mas é tímido demais para seguir adiante. Recentemente, ele rejeitou uma promoção para se tornar gerente porque percebeu que o cargo exigiria uma quantidade considerável de contato diário com os outros. O que o incomodava mais em relação a esse cargo era não apenas que exigiria interação com as pessoas, mas também que ele poderia cometer erros que os outros perceberiam. Embora tenha 42 anos, Max quase nunca namorou. Toda vez que se interessa por uma mulher, fica paralisado pela ansiedade só de pensar em falar com ela, que dirá de convidá-la para sair. Quando suas colegas falam com ele, enrubesce e nervosamente tenta terminar a conversa o mais rápido possível.

Um homem com transtorno da personalidade esquiva permanece em casa sozinho e evita contato social de qualquer tipo por uma parte significativa do tempo devido a medos excessivos de embaraço ou rejeição pelos outros.

a sua inutilidade percebida, esperam que as pessoas não gostem deles; portanto, evitam se tornar íntimos dos outros para se proteger do que acreditam ser a inevitável rejeição. Contribuindo para seu dilema estão suas percepções distorcidas de experiências com os demais. Sua sensibilidade a rejeição os faz interpretarem de forma equivocada comentários aparentemente neutros e até positivos. Feridos por essa suposta rejeição, voltam-se para si mesmos, estabelecendo ainda mais distância entre eles e os outros.

O objetivo principal dos terapeutas que trabalham na estrutura cognitivo-comportamental é romper o ciclo negativo de esquiva do sujeito. Os clientes aprendem a articular os pensamentos automáticos e as atitudes disfuncionais que interferem em sua capacidade de estabelecer relacionamentos com os outros. Embora enfatizem a irracionalidade dessas crenças, os clinicos o fazem em uma atmosfera sustentadora. A fim de que essas intervenções obtenham sucesso, entretanto, o cliente deve aprender a confiar no terapeuta, em vez de vê-lo como mais uma outra pessoa que pode ridicularizá-lo ou rejeitá-lo.

Terapeutas cognitivo-comportamentais também podem usar a exposição gradual para apresentar situações sociais que sejam cada vez mais difíceis de o cliente confrontar. Eles também podem treinar o cliente em habilidades específicas visando melhorar seus relacionamentos íntimos. Os terapeutas, independentemente da orientação, devem ser pacientes ao extremo em suas tentativas de construir um relacionamento terapêutico. A própria natureza da condição de esquiva torna o prognóstico do tratamento ruim, sobretudo porque esses clientes tendem a ser intensamente sensíveis à possibilidade de qualquer forma de avaliação negativa (Millon, Davis, Millon, Escovar, & Meagher, 2000).

Transtorno da personalidade dependente

transtorno da personalidade dependente
Transtorno da personalidade cuja característica principal é o indivíduo ser extremamente passivo e com tendência a se agarrar a outras pessoas, a ponto de ser incapaz de tomar quaisquer decisões ou de agir de forma independente.

Os indivíduos com **transtorno da personalidade dependente** são fortemente centralizados nos outros. Entretanto, são tão adesivos e passivos que podem obter o oposto de seus desejos, uma vez que os outros se tornam impacientes com a falta de autonomia deles. Convencidos de sua inadequação, eles não conseguem tomar mesmo as decisões mais triviais sozinhos. Os demais podem caracterizá-los como um "carrapato". Quando ficam sozinhas, as pessoas com transtorno da personalidade dependente se sentem desesperadas e abandonadas. Ficam com medo de que as pessoas próximas vão abandoná-las. Não conseguem iniciar atividades novas sozinhas porque sentem que cometerão erros a menos que os outros orientem suas ações. Vão a extremos para evitar que as pessoas deixem de gostar delas – por exemplo, concordando com as opiniões dos outros, mesmo quando pensam que estão erradas. Às vezes, assumem responsabilidades que ninguém mais quer, a fim de que os outros as aprovem e apreciem. Se alguém as critica,

MINICASO

Transtorno da personalidade dependente

Betty nunca viveu sozinha; mesmo enquanto estava na faculdade 30 anos atrás, viajava todos os dias de casa até lá. Ela era conhecida por seus colegas como alguém dependente dos outros. Contando com os demais para fazer escolhas por ela, Betty fazia tudo que seus amigos aconselhavam, quer isso envolvesse a escolha de matérias ou as roupas que deveria usar cada dia. Uma semana após a formatura, ela se casou com Ken, que tinha sido seu namorado todo o último ano. Ela era particularmente atraída por Ken porque o estilo dominador dele a aliviava da responsabilidade de tomar decisões. Como costumava fazer com todas as pessoas próximas em sua vida, Betty acata qualquer coisa sugerida por Ken, mesmo que não concorde totalmente. Ela teme que ele fique irritado e a deixe se ela virar a mesa. Embora queira arranjar um emprego fora de casa, Ken tem insistido em que seja uma dona de casa em tempo integral, e ela tem se submetido a seus desejos. Entretanto, quando fica em casa sozinha, liga para as amigas e suplica desesperadamente que venham tomar um café. A mais leve crítica de Ken, de seus amigos ou de qualquer pessoa pode deixá-la deprimida e aborrecida o dia inteiro.

se sentem destruídas. Elas tendem a se lançar de modo incondicional nos relacionamentos e, portanto, ficam devastadas quando eles terminam. Essa dependência extrema as faz buscar urgentemente outro relacionamento para preencher o vazio.

A pesquisa sobre os traços de personalidade de indivíduos com transtorno da personalidade dependente indica que estes têm níveis incomumente altos de sociabilidade (amabilidade). Embora nossa tendência seja de pensar em sociabilidade (amabilidade) como um traço adaptativo, em níveis altos essa característica pode se tornar uma tendência a ser excessivamente dócil, abnegado e adesivo (Samuel & Gore, 2012).

Transtorno da personalidade obsessivo-compulsiva

As pessoas com **transtorno da personalidade obsessivo-compulsiva (TPOC)** definem seu senso de identidade (*self*) em termos de sua produtividade no trabalho. Acabamos de ver que pessoas com TPN também podem se tornar excessivamente orientadas a realizações no trabalho para aumentar seu senso de identidade (*self*). Já aquelas com TPOC não estão buscando aprovação por suas realizações profissionais, mas se atiram ao trabalho a ponto de excluir seus relacionamentos sociais. Infelizmente, o perfeccionismo extremo que caracteriza essas pessoas em relação ao trabalho torna difícil completarem uma tarefa porque podem sempre enxergar uma falha no que fizeram. Os produtos de seu trabalho nunca são bons o suficiente para satisfazer seus padrões irrealistas. Também podem ser moralistas em excesso porque se apegam a padrões escrupulosos demais, os quais a maioria das pessoas acharia difícil satisfazer.

transtorno da personalidade obsessivo-compulsiva (TPOC)
Transtorno da personalidade que envolve intenso perfeccionismo e inflexibilidade manifestados em preocupação, indecisão e rigidez comportamental.

Os indivíduos com TPOC têm muita dificuldade para entender como as outras pessoas se sentem, particularmente quando esses sentimentos diferem dos seus. Os outros, por sua vez, os consideram rígidos e teimosos. Visto terem padrões tão altos para si mesmos, esses indivíduos são muito críticos com as pessoas que eles consideram não corresponder às suas próprias expectativas.

O traço de personalidade patológica de compulsividade que as pessoas com TPOC têm em um grau excessivo reflete esse perfeccionismo rígido. As coisas devem ser "exatamente assim", ou esses indivíduos ficam infelizes ao extremo. Também vivenciam uma grande dose de afeto negativo e tendem a repassar repetidas vezes o que fizeram, procurando falhas. Essa é a qualidade de perseveração.*

As palavras "obsessivo" e "compulsivo" aplicadas ao TPOC têm um significado diferente daquele do contexto do transtorno obsessivo-compulsivo (TOC). As pessoas com TPOC não vivenciam obsessões e compulsões. O termo hifenizado nesse caso refere-se a essa tendência de personalidade rigidamente compulsiva (i.e., fixada em certas rotinas) e também à preocupação obsessiva com perfeccionismo. Isso pode parecer um detalhe insignificante, mas é uma distinção importante para se ter em mente. Além disso,

* N. de R. T.: Esse conceito difere do concetio clássico de perseveração, considera um distúrbio de pensamento caracterizado pela repetição continuada e anormalmente persistente na exposição de uma ideia.

MINICASO

Transtorno da personalidade obsessivo-compulsiva

Desde que se lembra, Trevor sempre foi uma pessoa preocupada com limpeza e ordem. Quando criança, seu quarto era meticulosamente arrumado. Os amigos e os parentes o repreendiam pela organização excessiva. Por exemplo, ele insistia em arrumar os brinquedos em seu armário de acordo com a cor e a categoria. Na faculdade, seus regimes de administração doméstica rígidos tanto espantavam quanto irritavam seus companheiros de quarto. Ele era tirânico em sua insistência de manter o quarto organizado e livre de bagunça. Trevor continuou esse padrão até sua vida adulta. Ele é infeliz por não ter encontrado uma mulher que compartilhe seus hábitos pessoais, mas se consola mergulhando em sua coleção de discos raros de músicas da década de 1940. Trevor, um arquivista, orgulha-se de nunca ter faltado um dia de trabalho, independentemente de problemas de saúde e de crises familiares. Entretanto, sua chefe não lhe oferece uma promoção porque sente que ele é atento demais a detalhes, o que o faz atrasar o trabalho do escritório na medida em que confere repetida vezes tudo o que faz. Ele aumenta seu senso de importância procurando oportunidades de assumir o controle no escritório. Por exemplo, quando seus colegas estão planejando uma festa, ele tende a atrasar as coisas devido a suas irritantes preocupações com cada detalhe do acontecimento. Com muita frequência, seus colegas tentam evitar que ele se envolva porque não concordam com sua rigidez, presente até mesmo nessas questões triviais.

o TPOC é uma alteração da personalidade, não um alteração que envolve ansiedade ou mesmo comportamentos fora de controle, como é refletido na proposta dos autores do DSM-5 de remover TOC dos transtornos de ansiedade.

É importante não esquecer que há uma diferença entre a pessoa esforçada, bem organizada, com padrões altos e preocupação em fazer o trabalho direito, e a pessoa com um TPOC. Aqueles que apresentam esse transtorno são improdutivos, e sua busca da perfeição acaba sendo mais autoderrotista do que construtiva.

De um ponto de vista psicodinâmico, Freud acreditava que as pessoas com estilo obsessivo-compulsivo não progrediram além do estágio anal do desenvolvimento psicossexual ou estão constantemente retornando a ele. Os teóricos psicodinâmicos não se focalizam mais por inteiro nos estágios psicossexuais; em vez disso, dão mais atenção aos fatores cognitivos e às experiências de aprendizagem anteriores como centrais ao desenvolvimento de TPOC.

Da perspectiva da teoria cognitivo-comportamental, as pessoas com esse transtorno têm expectativas irrealistas sobre serem perfeitas e evitar erros (Beck et al. 2004).

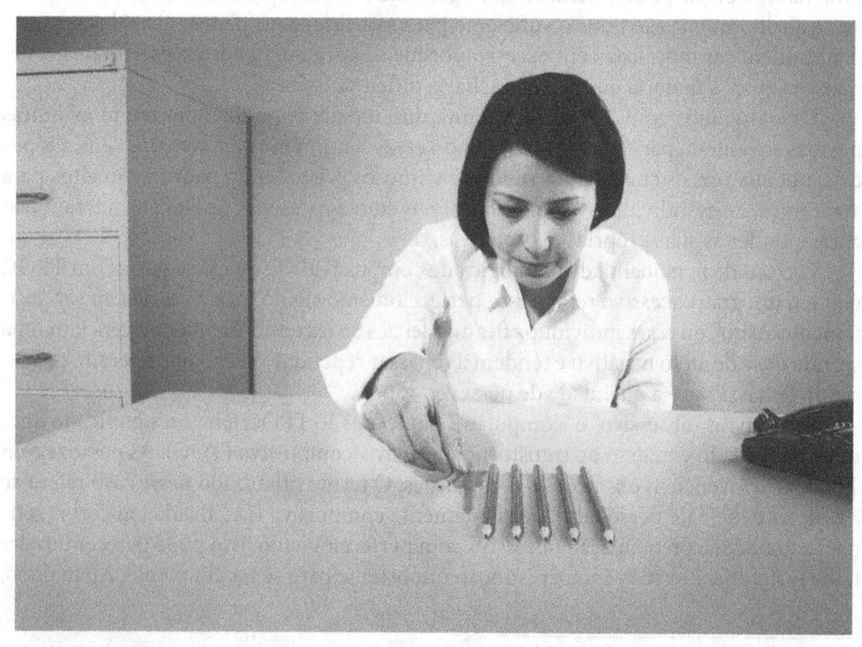

Uma mulher com transtorno da personalidade obsessivo-compulsiva é tão impulsionada à ordem e à perfeição que é incapaz de tolerar a ansiedade que sente quando objetos perto dela estão desorganizados.

Seus sentimentos de autoestima dependem de comportarem-se de formas que se ajustem a um ideal abstrato de perfeccionismo. Se não conseguem alcançar esse ideal (o que eles sentem que, inevitavelmente, devem fazer), esses sujeitos se consideram inúteis. Nessa estrutura, o transtorno da personalidade obsessivo-compulsiva tem base em uma forma problemática de ver a si mesmo.

Os terapeutas que utilizam o tratamento cognitivo-comportamental para clientes com TPOC enfrentam desafios em função dos aspectos característicos desse transtorno da personalidade. A pessoa com TPOC tende a intelectualizar, a ruminar sobre atos passados e a preocupar-se com cometer erros. A terapia cognitivo-comportamental, com seu foco em examinar os processos de pensamento do cliente, pode reforçar essa tendência ruminativa. Consequentemente, os terapeutas podem usar técnicas comportamentais mais tradicionais, como interromper o pensamento com a intenção de fazer o cliente "parar" quando for dominado por preocupação ruminativa (Millon et al., 2000). Os profissionais poderiam também encontrar utilidade no uso da terapia interpessoal metacognitiva, um procedimento que faz o cliente "pensar sobre seu pensamento". Nesse procedimento, os clínicos ajudam seus clientes a retroceder e aprender a identificar seus padrões de pensamento ruminativo problemáticos no contexto da construção de uma aliança terapêutica sustentadora (Dimaggio et al., 2011).

14.5 Transtornos da personalidade: a perspectiva biopsicossocial

Os transtornos da personalidade representam uma mistura fascinante de disposições pessoais e padrões de comportamento de longa data e perturbações na identidade e nos relacionamentos interpessoais.

Embora tendamos a nos concentrarmos nesses transtornos conforme aparecem em um ponto no tempo, é evidente que eles evoluem ao longo da vida de um indivíduo. Os autores do DSM muito provavelmente continuarão a refinar e a elaborar sua base científica, senão sua classificação. Podemos esperar que os profissionais da saúde mental desenvolvam não apenas um melhor entendimento dessa forma de transtorno, mas também, talvez, uma avaliação mais rica dos fatores que contribuem para o crescimento e a mudança da personalidade normal ao longo da vida.

Retorno ao caso: Harold Morrill

Harold foi inscrito para um contrato de um ano em um centro de TCD local, onde frequentava sessões de psicoterapia duas vezes por semana e três grupos de terapia semanais. O programa era focado em ensinar regulação da emoção e habilidades sociais. Adotando um relacionamento de apoio com Harold, seu terapeuta foi capaz de modelar a regulação emocional correta e a validação de uma ampla variedade de emoções, de modo que Harold não sentisse a necessidade de apelar para medidas extremas a fim de obter a atenção dos outros.

Reflexões da dra. Tobin: Como muitos indivíduos com transtorno da personalidade *borderline*, Harold cresceu no que é conhecido como um ambiente invalidante – com pais que eram mais ou menos ausentes em sua criação. Ele descobriu que agir de maneira extrema era a única forma de chamar atenção de seus cuidadores, e, portanto, isso se tornou sua única forma de relacionar-se com os outros. Ele exibiu isso até mesmo na avaliação de admissão, mostrando à avaliadora as marcas de sua automutilação, ameaçando sair da sala e espontaneamente se desfazendo em lágrimas. Além disso, demonstrou instabilidade interpessoal em seu pedido para a avaliadora ser sua terapeuta e, então, em seguida, virando-se contra ela (ou "desvalorizando-a") quando informado que não podia vê-lo para terapia. Ao contrário das mulheres com transtorno da personalidade *borderline* (que constituem a maioria desses pacientes), que com frequência apresentam depressão, os homens são mais inclinados a afeto irritado e mais propensos a abusar de substâncias como mecanismo de enfrentamento. As mulheres tendem mais a ser sexualmente promíscuas ou a ter comportamentos alimentares perturbados a fim de enfrentar suas emoções extremas.

É típico de um indivíduo com transtorno da personalidade de *borderline* apresentar-se para tratamento apenas após uma tentativa de suicídio ou ter forte ideação suicida, visto que o transtorno é egossintônico – significando que é raro o indivíduo entender que seu comportamento é anormal. Com o tratamento adequado, as chances de Harold continuar a vivenciar humor e padrões de relação altamente instáveis e inconstantes diminui muito. Você pode estar se perguntando por que Harold não foi encaminhado para tratamento de abuso de substâncias. Foi opinião da avaliadora de admissão que o abuso de substância, em especial seu uso de álcool, era secundário a seu transtorno da personalidade. É normal que os programas de tratamento de TCD requeiram que os clientes se abstenham de usar substâncias durante o transcurso da terapia. Além disso, com habilidades de regulação do humor mais adequadas, o abuso de substâncias de Harold pode diminuir. Caso continue a abusar de substâncias durante seu tratamento, ele será então encaminhado para um programa de tratamento de transtorno por uso de substância específico.

RESUMO

- Um **transtorno da personalidade** é um padrão arraigado de relacionar-se com outras pessoas, situações e acontecimentos, com um modelo rígido e mal-adaptativo de experiência e comportamento interior, que remonta à adolescência ou ao início da vida adulta. No DSM-5, os transtornos da personalidade representam uma coleção de conjuntos de comportamentos distinguíveis, enquadrando-se em 11 categorias diferentes. Esses 11 diagnósticos são reunidos em três agrupamentos com base em características compartilhadas. O Grupo A inclui os **transtornos da personalidade paranoide**, **esquizoide** e **esquizotípica**, que compartilham características de comportamento bizarro e excêntrico. O Grupo B abrange os **transtornos da personalidade antissocial**, ***borderline***, **histriônica** e **narcisista**, que compartilham atitudes e comportamentos excessivamente dramáticos, emocionais e erráticos ou imprevisíveis. O Grupo C compreende os **transtornos da personalidade esquiva**, **dependente** e **obsessivo-compulsiva**, que compartilham comportamentos ansiosos e temerosos.
- Visto que os transtornos da personalidade são agrupados em categorias distintas, os profissionais que avaliam indivíduos para um possível diagnóstico devem decidir quantos dos critérios um cliente satisfaz em cada categoria e atribuir-lhe um diagnóstico com base nisso. Ou o cliente tem o transtorno ou não o tem. O profissional pode começar tentando comparar os sintomas mais proeminentes apresentados pelo indivíduo com os critérios diagnósticos. Se o cliente não se ajustar aos critérios para aquele transtorno, o clínico pode mudar para outro ou decidir que o sujeito tem um transtorno da personalidade "sem outra especificação".
- O diagnóstico de comportamento antissocial tem suas origens no trabalho de Hervey Cleckley, cujo livro de 1941, *The Mask of Sanity*, representou a primeira tentativa científica de listar e categorizar os comportamentos da personalidade "psicopática". Cleckley (1976) desenvolveu um conjunto de critérios para **psicopatia**, um conjunto de traços que inclui ausência de remorso ou vergonha por atos prejudiciais cometidos contra outras pessoas; julgamento pobre e fracasso em aprender com a experiência; egocentrismo extremo e incapacidade para o amor; falta de reatividade emocional aos outros; impulsividade; ausência de "nervosismo"; e desonestidade, falsidade e insinceridade. Com base no trabalho de Cleckley, o psicólogo canadense Robert D. Hare desenvolveu a Lista de Verificação de Psicopatia-Revisada (PCL-R) (Hare, 1997), um instrumento de avaliação cujos dois fatores são traços de personalidade psicopática centrais e estilo de vida antissocial. Os traços de personalidade centrais incluem loquacidade e charme superficial, senso de autoestima grandioso, mentira patológica, falta de empatia com outros, ausência de remorso ou culpa e indisposição em aceitar a responsabilidade pelos próprios atos.
- Há uma diferença entre transtorno da personalidade antissocial e comportamento antissocial. O transtorno representa um padrão de comportamento profundamente arraigado, com efeitos amplos tanto sobre o indivíduo como sobre as pessoas com as quais ele entra em contato. De um ponto de vista biológico, estudos de herança familiar fornecem fortes evidências em favor de explicações genéticas desse transtorno, do traço de personalidade de psicopatia e de comportamento antissocial com estimativas de hereditariedade de até 80%. Estreitamente relacionada à perspectiva biológica é a hipótese de que o transtorno da personalidade antissocial causa déficits neuropsicológicos refletidos em padrões anormais de aprendizagem e atenção. A visão aceita por muitos anos no campo da psicopatologia era que os transtornos da personalidade eram intratáveis. Apesar desses desafios ao tratamento bem-sucedido, as intervenções mais eficazes são aquelas menos focalizadas no desenvolvimento de empatia e consciência ou personalidade. Em vez disso, o tratamento eficaz deve convencer os participantes de que são responsáveis por seus próprios comportamentos.

TERMOS-CHAVE

Cisão 366
Desregulação emocional 366
Hipótese do amadurecimento 360
Psicopatia 358
Terapia comportamental dialética (TCD) 367
Transtorno da personalidade 351
Transtorno da personalidade antissocial 357
Transtorno da personalidade *borderline* (TPB) 365
Transtorno da personalidade dependente 372
Transtorno da personalidade esquiva 371
Transtorno da personalidade esquizoide 356
Transtorno da personalidade esquizotípica 357
Transtorno da personalidade histriônica 368
Transtorno da personalidade narcisista (TPN) 368
Transtorno da personalidade obsessivo-compulsiva (TPOC) 373
Transtorno da personalidade paranoide 355

Questões Legais e Éticas*

SUMÁRIO

Objetivos de aprendizagem

15.1 Explicar os padrões éticos, incluindo competência, consentimento informado, relacionamento com clientes/ estudantes/colaboradores de pesquisa e manutenção de registros.

15.2 Explicar as questões éticas e legais no fornecimento de serviços, incluindo internação de clientes, direito e recusa a tratamento e alternativas menos restritivas.

15.3 Entender as questões forenses no tratamento psicológico, tais como defesa de insanidade, capacidade para ser julgado e finalidade da pena.

* N. de R. T.: Este capítulo compreende as normas legais e éticas vigentes nos Estados Unidos. No Brasil, consulte o *site* do Conselho Federal de Psicologia: site.cfp.org.br/legislacao/codigo-de-etica/

Relato de caso: Mark Chen

Informação demográfica: Mark é um homem ásio-americano de 19 anos.

Problema apresentado: Todas as semanas, por oito meses, Mark tem frequentado psicoterapia individual em uma clínica ambulatorial particular após ser apresentado inicialmente para tratamento depois de um episódio depressivo maior. Ele nunca tinha recebido tratamento psiquiátrico, e, após confidenciar à diretora-residente de seu dormitório que vinha tendo dificuldades com sua transição para a universidade, ela lhe deu informações sobre clínicas de terapia próximas, visto que a pequena faculdade não tinha um centro de orientação próprio. Logo após iniciar a terapia, o clínico o encaminhou para um psiquiatra, que prescreveu um inibidor seletivo da recaptação de serotonina (ISRS). O jovem respondeu bem tanto à terapia quanto ao antidepressivo, e seus sintomas desapareceram em cerca de quatro semanas, embora ainda vivenciasse um humor persistentemente baixo. Mark continuou indo às sessões semanais de psicoterapia para trabalhar as questões subjacentes a sua depressão. Seu humor tem estado bastante estável, e ele tem menos queixas sobre sintomatologia depressiva a maior parte do tempo desde que iniciou o tratamento. Começou a se envolver mais com atividades extracurriculares na faculdade e a participar de mais eventos sociais. Durante as últimas três sessões, entretanto, tem apresentado mais sintomas depressivos. Relatou dormir cerca de 10 a 12 horas por noite e, mesmo assim, não se sentir descansado. Está comendo apenas uma vez por dia, tem dificuldade para se concentrar e vivencia episódios de choro frequentes, sem motivo. Esses sintomas são semelhantes aos que descreveu quando se apresentou pela primeira vez para terapia. Também admitiu que não tem saído de seu quarto exceto para ir à sessões de terapia. Durante sua sessão mais recente, o afeto de Mark era acentuadamente deprimido e desanimado. Chorou enquanto relatava se sentir cada vez mais sem esperanças e ter pensamentos recorrentes sobre acabar com sua vida. Ele não conseguiu identificar um estressor específico para este episódio atual, comentando que "de repente as coisas simplesmente parecem tão... sem sentido". Declarou que vem tendo pensamentos sobre suicídio há cerca de duas semanas, mas que os pensamentos tinham se tornado muito mais prevalentes nos últimos dias.

Durante a sessão, o terapeuta de Mark respondeu a seu relato de pensamento suicida realizando uma avaliação de segurança. Perguntou-lhe se tinha pensado sobre como cometeria o ato, ao que Mark respondeu que estava de posse de uma corda em casa e planejava enforcar-se em seu quarto do dormitório pendurando-a em uma viga do teto. O profissional então perguntou quão forte era essa intenção de cometer suicídio, e o rapaz respondeu que tinha planejado se enforcar aquela manhã, mas tinha decidido vir a uma última sessão de terapia para "se despedir".

Recentemente, na terapia, Mark tinha discutido como sentia uma pressão significativa de sua família para tirar notas altas na faculdade. Cursava economia e ciência política e explicou que estava encontrando dificuldade para acompanhar todas as matérias e alcançar notas "aceitáveis". Grande parte de seu trabalho na terapia tinha se concentrado em sua autoimagem baixa e propensão a desvalorizar não apenas suas realizações, mas também suas capacidades de se sair bem na faculdade e em outras áreas. Mark vinha trabalhando com seu terapeuta para aprender estratégias que ajudassem a gerar sentimentos de autoestima e para ter orgulho de suas realizações até agora. Durante esse trabalho, frequentemente se esforçava para encontrar formas de sentir orgulho de si mesmo e de seu trabalho. Atribuía isso a sua família, e como, em suas próprias palavras, "eles nunca acham que eu sou bom o suficiente, não importa o que eu faça. Eu sempre tenho que fazer melhor. Eles nunca estão satisfeitos". Ele declarou que seus pais tinham sido uma fonte de constante pressão durante sua vida inteira.

Mark não tem irmãos e, portanto, acreditava que isso contribuía para a "tortura" por parte deles. Embora reconhecesse que isso era uma fonte de sofrimento, achava difícil "contrariar" e se valorizar, pois nunca tinha aprendido a fazer isso sozinho. Ao longo de toda a terapia, Mark e seu terapeuta discutiram formas de melhorar o relacionamento com sua família. Mark achou isso difícil, visto que ele e seus pais sempre discutiam quando se falavam por telefone. Várias vezes, tinha pensado em cortar o contato com eles de forma definitiva. Entretanto, havia um problema, uma vez que seus pais o sustentavam financeiramente. Devido a seu foco intensivo no trabalho escolar, Mark tinha pouco tempo para fazer amizades na faculdade e com frequência ficava sozinho em seu quarto. Ele relatou que, mesmo quando tinha tempo, estava sempre preocupado com os estudos e achava muito difícil relaxar.

História relevante: Mark tinha vivenciado três episódios antes de iniciar a terapia. Seu primeiro episódio depressivo tinha durado aproximadamente oito meses e se resolvido sem intervenção. Os outros dois duraram em torno de 2 a 3 meses cada e também se resolveram sozinhos. Embora esses dois episódios tenham sido muito mais curtos do que o primeiro, o intervalo entre eles tinha diminuído bastante. O período entre iniciar a terapia e seu episódio depressivo atual foi o mais longo entre os episódios até aquela data. Ainda que relatasse pensamentos de suicídio durante seus episódios depressivos anteriores, ele nunca tivera um plano ou uma intenção clara de se suicidar. Mark relatou que não tinha certeza sobre alguma história de depressão ou de transtornos do humor em sua família.

Formulação de caso: Devido a seus episódios depressivos anteriores e ausência de um episódio maníaco, Mark carrega um diagnóstico de transtorno depressivo maior, recorrente. Além disso, atualmente satisfaz os critérios para um episódio depressivo maior. Acrescentamos o qualificador "grave" ao diagnóstico, devido a sua intenção e plano de cometer suicídio.

Plano de tratamento: O terapeuta de Mark determinou que ele constituía uma ameaça significativa para si mesmo, com base em seu relato de que tinha plano e intenção de cometer suicídio. Perguntou-lhe se concordava em fazer um contrato para proteger sua segurança. Ele permitiria que Mark saísse da sessão apenas se concordasse em telefonar para o 911* caso sentisse um aumento na intenção de cometer suicídio. O rapaz não afirmou que estaria seguro caso fosse para casa, e o terapeuta informou que precisaria ser imediatamente hospitalizado. Ele pediu uma ambulância, que transportou Mark para um hospital psiquiátrico próximo para ser estabilizado.

Sarah Tobin, PhD

Os psicólogos são orientados tanto em seu trabalho clínico quanto nas pesquisas pelas diretrizes profissionais estabelecidas pela organização profissional maior, a American Psychological Association (APA). Essas diretrizes não têm poder legal, mas Estados e territórios individuais nos Estados Unidos estabelecem códigos rigorosos exigidos para que psicólogos e outros profissionais da saúde obtenham e mantenham suas licenças. Não apenas é requerido que os profissionais sigam esses padrões, mas eles devem regularmente recertificar sua capacidade de fornecer serviços por meio da obtenção de educação contínua, a fim de garantir que sejam capazes de praticar de acordo com os mais altos padrões.

15.1 Padrões éticos

Para ser considerado "psicólogo", muitos Estados norte-americanos requerem que o indivíduo seja aprovado em um conjunto rígido de requisitos de licenciamento, e todos têm um conselho de psicólogos que executa os requisitos legais para obter e reter uma licença na área. Esses requisitos normalmente incluem ser aprovado em um exame, obter um certo número de horas de treinamento supervisionado, receber recomendações de outros profissionais licenciados e, para permanecer licenciado, participar de um determinado número de horas de educação contínua.

Como discutimos no Capítulo 2, os psicólogos seguem os Princípios Éticos de Psicólogos e o Código de Conduta (Código de Ética) da APA (2010). Os "princípios gerais"

* N. de R. T.: Número de emergência da Polícia nos Estados Unidos, corresponde ao "190" no Brasil.

não são regras obrigatórias, mas se destinam à consideração dos psicólogos para chegar a um curso de ação ético. Em contrapartida, os "Padrões Éticos" são regras obrigatórias. Deixar de segui-las poderia resultar em sanções, incluindo perda da qualidade de membro da APA e da licença profissional estadual. Ao tomar decisões sobre seu comportamento profissional, os psicólogos devem considerar esse Código de Ética, bem como quaisquer leis e regulamentos aplicáveis de seus conselhos de psicologia estaduais.

Existem 10 padrões contidos no Código de Ética, que resumimos na Tabela 15.1. Desde a escrita da primeira versão, em 1953, a APA reescreveu esse código para atualizar-se às mudanças na comunicação eletrônica e, mais recentemente, para estabelecer códigos que os psicólogos nas Forças Armadas devem seguir a fim de garantir que não participem de conduta antiética durante o interrogatório de prisioneiros militares. A APA também é ativa no desenvolvimento de códigos de conduta para sessões de psicoterapia pela internet (Fisher & Fried, 2008). Vamos nos concentrar aqui em diversos componentes fundamentais do Código de Ética que se generalizam para várias das áreas específicas.

TABELA 15.1 Resumo do código de ética da APA

Padrão	Resumo
1: Resolução de questões de ética	Como os psicólogos devem resolver conflitos éticos, relatar violações da ética e cooperar com comissões de ética profissional.
2: Competência	Estabelece que os psicólogos devem trabalhar em seus limites de competência, com base em seu treinamento, sua experiência, em consulta e supervisão; descreve o que devem fazer em emergências; estabelece os critérios para delegar trabalho a outros; descreve como resolver problemas e conflitos pessoais que poderiam interferir em sua capacidade de fornecer serviços.
3: Relações humanas	Fornece os critérios que os psicólogos devem seguir quando se relacionam com funcionários, clientes e estagiários; descreve como devem evitar conflitos de interesse; regula a natureza do consentimento informado na pesquisa, na prática clínica ou na consultoria, incluindo a administração de serviços psicológicos por meio de corporações.
4: Privacidade e sigilo	Estabelece os princípios para proteger os participantes de pesquisas e clientes; determina que qualquer informação pública (tal como pesquisa publicada) inclua passos razoáveis para proteger a identidade da pessoa ou da organização.
5: Propaganda e outras declarações públicas	Instrui os psicólogos a não dar declarações falsas por meio de propaganda ou outros canais públicos, em apresentações na mídia e em testemunhos; estabelece os limites para solicitação em pessoa de clientes potenciais ou de pessoas que necessitam de tratamento.
6: Manutenção de registros e honorários	Fornece as condições que os psicólogos devem seguir na manutenção de seus registros, na cobrança dos clientes por serviços e no fornecimento de relatórios para os pagadores do serviço ou para fontes de financiamento de pesquisas.
7: Educação e treinamento	Regula as atividades dos psicólogos na sala de aula, como supervisores ou instrutores e como desenvolvedores de programas de educação e treinamento.
8: Pesquisa e publicação	Oferece diretrizes específicas para psicólogos que conduzem pesquisas, incluindo informar os participantes sobre seus direitos de oferecer estímulos para participação na pesquisa, usar fraude na pesquisa, entrevistar os participantes, fornecer tratamento humanitário para animais, relatar os resultados do estudo, evitar plágios e tomar precauções ao publicar artigos de pesquisa.
9: Avaliação	Descreve o código para psicólogos na condução de avaliações, incluindo a maneira como os dados da avaliação devem ser coletados, o uso de consentimento informado, a liberação de dados do teste, os princípios de construção do instrumento, a pontuação e a interpretação dos resultados da avaliação e a manutenção da segurança do teste.
10: Terapia	Estabelece códigos para psicólogos que fornecem terapia, incluindo a obtenção de consentimento informado, condução de terapia com indivíduos, casais, famílias e grupos, interrupção e término da terapia e evitação de intimidades sexuais com clientes, parentes de clientes e ex-clientes.

Novidades no DSM-5

Implicações éticas do novo sistema diagnóstico

Após a liberação do projeto do DSM-5, no final de 2011, várias organizações profissionais da área da saúde mental escreveram uma resposta conjunta ao que consideraram consequências potencialmente desastrosas da adição de alguns diagnósticos e remoção de outros. Por exemplo, ao eliminar a categoria de "síndrome de Asperger", os críticos alegam que estão deixando sem tratamento muitos milhares de indivíduos que sofrem de seus sintomas. No Capítulo 13, discutimos os possíveis problemas envolvidos na ampliação do diagnóstico de demência para incluir indivíduos com prejuízos cognitivos leves. Essas mudanças criariam o problema oposto de potencialmente rotular de forma errônea indivíduos que vivenciam alterações normais na memória relacionadas à idade.

O DSM-5 foi escrito de uma maneira que visa refletir as evidências científicas mais recentes do modo mais objetivo possível. É inevitável, entretanto, haver espaço para debate à medida que pesquisadores e terapeutas examinam os estudos de pesquisa disponíveis e as evidências que eles deduzem do trabalho com seus clientes. Também há implicações sociais e políticas de mudanças no sistema de diagnóstico. Se os indivíduos não receberem um diagnóstico, como pode acontecer com as crianças anteriormente diagnosticadas com transtorno autista, não poderão se qualificar para certos tipos de seguros, que cobririam os custos de sua educação, seu tratamento e seus medicamentos. Os políticos, então, são confrontados com a tomada de decisão sobre como alocar recursos públicos para tratamento, educação e pesquisa.

Outra alteração significativa no DSM-5 que tem amplas implicações é a mudança do diagnóstico de transtorno depressivo maior nos casos de pessoas que estão sofrendo o luto após a perda de um ente querido. No DSM-IV-TR, essas pessoas eram excluídas do diagnóstico de transtorno depressivo maior, uma situação chamada de "exclusão do luto". A eliminação dessa excessão poderia significar que um profissional diagnosticaria com transtorno depressivo maior um indivíduo que vivencia sintomas depressivos após a morte de alguém próximo. Essa pessoa teria agora um diagnóstico psiquiátrico que poderia interferir em sua capacidade de encontrar um emprego em certos setores.

Se os clínicos não atribuírem um diagnóstico a alguém com sintomas clinicamente significativos, isso significa que seus clientes serão incapazes de obter medicamentos para tratar seus sintomas? De maneira inversa, a fim de continuar fornecendo serviços a clientes que podem não se qualificar mais para um diagnóstico, os profissionais devem encontrar formas de contornar as mudanças nas diretrizes para garantir a atribuição de um diagnóstico?

Infelizmente, visto que sintomas psicológicos em muitos casos são mais difíceis de identificar do que sintomas físicos, o debate sobre as categorias e os critérios diagnósticos apropriados sem dúvida continuará ao longo de cada edição subsequente do DSM. Manter-se a par desses debates contínuos pode, em última análise, ajudar você e as pessoas que conhece a receber o melhor tratamento possível. Se você continuar sua carreira profissional na saúde mental, será vital que se mantenha atualizado com a literatura e as questões diagnósticas mais recentes para fornecer o melhor tratamento possível a seus próprios clientes.

Competência

Como podemos ver pelo Padrão 2, espera-se que os psicólogos tenham competência apropriada para realizar terapia, consultoria, ensino e pesquisa. Eles adquirem essa competência, em primeiro lugar, em seu treinamento após a formatura. A APA fornece credenciamento a programas de doutoramento clínico nos Estados Unidos a fim de garantir que esses programas forneçam aos futuros psicólogos amplitude e profundidade suficientes para formar a base de suas carreiras na prestação de serviços de saúde mental. Ao completar seu curso, os graduados de PhD e PsyD (doutor em psicologia) devem obter supervisão intensiva como residentes e estagiários de pós-doutorado. Eles devem, então, ser aprovados em um exame de licenciamento estadual. Para manter sua licença, devem assistir e completar um número mínimo de cursos de educação contínua a cada um ou dois anos após o licenciamento.

O resultado desse treinamento intensivo é que os psicólogos tenham a competência para avaliar, conceituar e fornecer intervenções aos clientes que aceitam para tratamento. Em uma nota relacionada, o Padrão 5 também instrui os psicólogos a serem sinceros sobre suas áreas de especialidade. Os profissionais que alegam ser, por exemplo, psicólogos do esporte devem ter recebido treinamento nesse campo, preferivelmente com credenciais de treinamento adequadas. Quando anunciam sua especialidade, eles devem ter o conhecimento adequado, incluindo familiaridade atual com o campo, a fim de serem capazes de oferecer esses serviços.

O profissional também deve ter o que poderíamos chamar de "competência emocional" para ser capaz de fornecer serviços a seus clientes. Em uma faixa de variações aceitáveis, eles devem estar livres de um transtorno psicológico diagnosticável. No caso de desenvolverem tal transtorno, devem receber tratamento e considerar a suspensão de sua prática até que seus sintomas estejam em remissão ou minimamente sob controle. Para garantir que os profissionais da saúde mental satisfaçam esses padrões de competência, é esperado que conduzam autoavaliações regulares, nas quais avaliam de maneira objetiva sua competência para realizar seu trabalho. Eles podem então se beneficiar da busca de supervisão ou consulta de outro profissional, talvez um com mais experiência ou conhecimentos.

Uma testemunha depõe em uma audiência no tribunal para defender um parente com transtorno psicológico.

Em um tribunal de justiça, os advogados com frequência pedem que psicólogos deem testemunho pericial, tal como opinar sobre os limites da memória de testemunhas oculares ou sobre a natureza de um diagnóstico psiquiátrico. Nesse caso, eles devem deixar claros os limites de suas áreas de especialidade. Se não tiverem especialidade em uma determinada área, devem obter a consultoria de um especialista.

Ainda mais complicado do que o papel da testemunha pericial é a tarefa de conduzir avaliações em casos de proteção infantil. Essas avaliações são necessárias em situações nas quais há preocupações sobre o bem-estar da criança. Por exemplo, se houve evidência ou acusações que envolvem abuso, um tribunal poderia chamar um profissional da saúde mental para fazer recomendações sobre o tratamento da criança. Um juiz poderia indicar como agente do tribunal um clínico ou um órgão de proteção infantil, ou, ainda, um dos genitores poderia contratar o profissional. Em alguns casos, o clínico é um **guardião *ad litem***, alguém indicado pelo tribunal para representar ou tomar decisões por uma pessoa (p. ex., menor ou adulto incapacitado) que seja legalmente incapaz de fazê-lo em um processo legal civil.

guardião *ad litem*
Alguém indicado pelo tribunal para representar ou tomar decisões por uma pessoa (p. ex., um menor ou um adulto incapacitado) que seja legalmente incapaz de fazê-lo em um processo legal civil.

Outros desafios apresentam-se quando os clientes buscam os serviços de clínicos com necessidades que vão além da área de competência do profisional. Nesses casos, ele deve fazer um encaminhamento ou obter supervisão adequada. Por exemplo, um profissional que não trate adultos mais velhos com demência pode receber um encaminhamento de uma cliente de meia-idade que busca ajuda para sua mãe que está vivenciando problemas de memória. A menos que seja qualificado para fornecer avaliações de funcionamento cognitivo em adultos mais velhos, ele deve recomendar que outra pessoa avalie a mãe.

Para auxiliar psicólogos na avaliação de suas competências em assuntos que podem estar fora de sua especialidade, a APA desenvolveu diretrizes em áreas de tratamento específicas. Ela aprovou uma variedade de instruções práticas e critérios relacionados como política da APA em áreas como tratamento de clientes homossexuais e bissexuais (Tab. 15.2), avaliações de proteção à criança (Tab. 15.3), prática psicológica com adultos mais velhos (Tab. 15.4), prática psicológica com meninas e mulheres (Tab. 15.5) e avaliação e intervenção relacionadas com pessoas com deficiências (Tab. 15.6). Essas diretrizes visam educar aqueles que atuam na área e fornecer recomendações sobre conduta profissional. Dessa forma, são instrumentos úteis para psicólogos na prática a

TABELA 15.2 Diretrizes para psicoterapia com clientes homossexuais e bissexuais

1. Psicólogos entendem que homossexualidade e bissexualidade não são indicativos de doença mental.
2. Psicólogos são encorajados a reconhecer como suas atitudes e seu conhecimento sobre questões homossexuais e bissexuais podem ser relevantes para a avaliação e o tratamento, bem como a buscar consultoria ou fazer encaminhamentos adequados quando indicado.
3. Psicólogos empenham-se para entender as formas em que a estigmatização social (i.e., preconceito, discriminação e violência) representam riscos para a saúde mental e o bem-estar de clientes homossexuais e bissexuais.
4. Psicólogos empenham-se para entender como visões incorretas e preconceituosas de homossexualidade e bissexualidade podem afetar a apresentação do cliente no tratamento e no processo terapêutico.
5. Psicólogos empenham-se para ter o conhecimento sobre a importância dos relacionamentos homossexuais e bissexuais e respeitá-los.
6. Psicólogos empenham-se para entender as circunstâncias e os desafios específicos enfrentados por clientes homossexuais e bissexuais.
7. Psicólogos reconhecem que as famílias de indivíduos homossexuais e bissexuais podem incluir pessoas que não sejam legal ou biologicamente parentes.
8. Psicólogos empenham-se para entender como a orientação homossexual ou bissexual de uma pessoa pode ter impacto sobre sua família de origem e sobre o relacionamento do cliente com esta.
9. Psicólogos são encorajados a reconhecer as questões ou os desafios de vida específicos que estão relacionados a normas, valores e crenças culturais múltiplas e frequentemente conflitantes que os membros homossexuais e bissexuais de minorias raciais e étnicas enfrentam.
10. Psicólogos são encorajados a reconhecer os desafios específicos que indivíduos bissexuais vivenciam.
11. Psicólogos empenham-se para entender os problemas e riscos especiais que existem para os jovens homossexuais e bissexuais.
12. Psicólogos consideram as diferenças de geração no contexto de populações homossexuais e bissexuais e os desafios específicos que adultos mais velhos homossexuais e bissexuais podem enfrentar.
13. Psicólogos são encorajados a reconhecer os desafios específicos que indivíduos homossexuais e bissexuais enfrentam com dificuldades físicas, sensoriais e cognitivo-emocionais.
14. Psicólogos apoiam o fornecimento de educação e treinamento profissional sobre questões homossexuais e bissexuais.
15. Psicólogos são encorajados a aumentar seu conhecimento e entendimento de homossexualidade e bissexualidade por meio de educação contínua, treinamento, supervisão e consultoria.
16. Psicólogos empenham-se razoavelmente para estar familiarizados com os recursos de saúde mental, educacionais e comunitários para pessoas homossexuais e bissexuais.

Questões éticas

Ainda que uma pessoa possa estar em extremo sofrimento, em sua internação em um hospital psiquiátrico, o profissional deve obter o consentimento informado.*

* N. de R. T.: Nos Estados Unidos.

FONTE: American Psychological Association, 2012b.

fim de desenvolver e manter competências e/ou aprender sobre novas áreas de prática. A APA também exerce um papel credencial na profissão, fornecendo certificação de programas de treinamento clínico, aprovação dos chamados campos de "especialidade" (tais como neuropsicologia ou gerontopsicologia), bem como padrões de currículo para programas que variam de treinamento em psicologia do ensino médio a pós-graduação.

Consentimento informado

Embora normalmente pensemos apenas em pesquisa quando ouvimos o termo "consentimento informado", esse critério para comportamento ético se aplica a outros contextos,

TABELA 15.3 Diretrizes para avaliações psicológicas nas questões de proteção à criança

1. O propósito principal da avaliação é fornecer resultados ou opiniões relevantes, profissionalmente sólidas em questões nas quais a saúde e o bem-estar de uma criança possam ter sido e/ou vir a ser prejudicados.
2. Em casos de proteção infantil, o interesse e o bem-estar da criança são soberanos.
3. A avaliação aborda as necessidades psicológicas e do desenvolvimento específicas da criança e/ou dos genitores que são relevantes para as questões de proteção infantil, tais como abuso físico, abuso sexual, negligência e/ou dano emocional sério.
4. O papel do psicólogo que conduz avaliações é o de um especialista que se empenha em manter uma postura imparcial e objetiva.
5. As consequências sérias da avaliação psicológica em questões de proteção infantil impõem uma carga pesada sobre os psicólogos.
6. Psicólogos obtêm competência especializada.
7. Psicólogos estão cientes de preconceitos pessoais e sociais e empreendem uma prática não discriminatória.
8. Psicólogos evitam relacionamentos múltiplos.
9. Com base na natureza das questões de encaminhamento, o âmbito da avaliação é determinado pelo avaliador.
10. Psicólogos que realizam avaliações psicológicas em questões de proteção da criança obtêm o consentimento informado apropriado de todos os participantes adultos e, quando adequado, informam a criança participante. Os psicólogos precisam ser particularmente sensíveis às questões de consentimento.
11. Psicólogos informam os participantes sobre a revelação de informações e os limites do sigilo.
12. Psicólogos usam múltiplos métodos de obtenção de dados.
13. Psicólogos não interpretam nem excessivamente nem de maneira inadequada dados clínicos ou de avaliações.
14. Psicólogos, ao conduzir uma avaliação em questões de proteção infantil, fornecem uma opinião relativa ao funcionamento psicológico de um indivíduo apenas após examiná-lo de modo adequado, visando apoiar suas afirmações ou conclusões.
15. As recomendações, se oferecidas, são baseadas em se a saúde e o bem-estar da criança foram e/ou podem ser seriamente prejudicados.
16. Psicólogos esclarecem os arranjos financeiros.
17. Psicólogos mantêm registros adequados.

FONTE: American Psychological Association, 1999.

incluindo terapia. Isso ocorre porque é esperado que os psicólogos clínicos forneçam a seus clientes conhecimento antecipado sobre o que podem esperar do tratamento. No início da terapia, os clínicos devem fornecer aos clientes uma declaração por escrito que resuma as metas do tratamento, o processo de terapia, os direitos do cliente, as responsabilidades do terapeuta, os riscos do tratamento, as técnicas que serão utilizadas, o valor do investimento e os limites do sigilo. Se o tratamento envolver medicamento, o profissional deve informar o cliente dos possíveis efeitos colaterais de curto e de longo prazo. O profissional tem a responsabilidade de garantir que o indivíduo esteja ciente dessas questões, receba respostas a quaisquer perguntas e tenha a oportunidade de recusar tratamento. Assim, o cliente está preparado para decidir se deseja ou não continuar no tratamento.

Existem possíveis complicações. A psicoterapia não é um procedimento preciso, e nem sempre é possível prever seu curso, seus riscos ou seus benefícios. A tarefa do profissional, entretanto, é dar a melhor estimativa no início da terapia e fornecer outras informações à medida que a terapia prossiga. A maioria das pessoas é capaz de discutir esses assuntos com o profissional e de fazer uma escolha informada. Porém há casos

TABELA 15.4 Diretrizes para a prática psicológica com adultos mais velhos

Atitudes	
Diretriz 1.	Psicólogos são encorajados a trabalhar com adultos mais velhos em seu âmbito de competência e a buscar consultoria ou fazer encaminhamentos adequados quando indicado.
Diretriz 2.	Psicólogos são encorajados a reconhecer como suas atitudes e crenças sobre envelhecimento e sobre indivíduos mais velhos podem ser relevantes para a avaliação e o tratamento dessas pessoas, bem como são estimuladas a buscar consultoria ou mais educação sobre essas questões quando indicado.
Conhecimento geral sobre desenvolvimento adulto, envelhecimento e adultos mais velhos	
Diretriz 3.	Psicólogos empenham-se para obter conhecimento sobre a teoria e a pesquisa do envelhecimento.
Diretriz 4.	Psicólogos empenham-se para estar cientes das dinâmicas sociais/psicológicas do processo de envelhecimento.
Diretriz 5.	Psicólogos empenham-se para entender a diversidade no processo de envelhecimento, particularmente como os fatores socioculturais, como gênero, etnia, condição socioeconômica, orientação sexual, condição de deficiência e residência urbana/rural, podem influenciar a experiência e a expressão de saúde e de problemas psicológicos na terceira idade.
Diretriz 6.	Psicólogos empenham-se para estar familiarizados com as informações atuais sobre os aspectos biológicos e relacionados à saúde do envelhecimento.
Questões clínicas	
Diretriz 7.	Psicólogos empenham-se para estar familiarizados com o conhecimento atual sobre alterações cognitivas em adultos mais velhos.
Diretriz 8.	Psicólogos empenham-se para entender os problemas na vida diária de adultos mais velhos.
Diretriz 9.	Psicólogos empenham-se para estar informados sobre psicopatologia na população em processo de envelhecimento e cientes da prevalência e da natureza dessa psicopatologia quando fornecem serviços para adultos mais velhos.
Avaliação	
Diretriz 10.	Psicólogos empenham-se para estar familiarizados com a teoria, a pesquisa e a prática dos vários métodos de avaliação destinados a adultos mais velhos, bem como se esforçam para conhecer os instrumentos de avaliação que são psicometricamente adequados para uso com essa população.
Diretriz 11.	Psicólogos empenham-se para entender os problemas de utilizar na avaliação de adultos mais velhos instrumentos criados para indivíduos mais jovens; também se esforçam para desenvolver habilidade em adaptar avaliações a fim de acomodar as características e os contextos específicos dessa população.
Diretriz 12.	Psicólogos empenham-se no desenvolvimento de habilidades para reconhecer alterações cognitivas em adultos mais velhos e para conduzir e interpretar a avaliação cognitiva e avaliações da capacidade funcional.
Intervenção, consultoria e prestações de outros serviços	
Diretriz 13.	Psicólogos empenham-se para estar familiarizados com a teoria, a pesquisa e a prática de vários métodos de intervenção com adultos mais velhos, particularmente com a evidência de pesquisa atual sobre sua eficácia com essa faixa etária.
Diretriz 14.	Psicólogos empenham-se para estar familiarizados e desenvolver habilidade na aplicação de intervenções psicoterapêuticas específicas e de modificações ambientais com adultos mais velhos e suas famílias, incluindo adaptação de intervenções para uso com essa faixa etária.
Diretriz 15.	Psicólogos empenham-se para entender as questões relativas à prestação de serviços nos contextos específicos em que os adultos mais velhos são normalmente localizados ou encontrados.
Diretriz 16.	Psicólogos empenham-se para reconhecer questões relacionadas à prestação de serviços de prevenção e promoção da saúde relativos a adultos mais velhos.
Diretriz 17.	Psicólogos empenham-se para entender as questões relativas à prestação de serviços de consultoria na assistência a adultos mais velhos.
Diretriz 18.	No trabalho com adultos mais velhos, psicólogos são encorajados a entender a importância da interligação com outras disciplinas e a fazer encaminhamentos para outras disciplinas e/ou trabalhar com elas em equipes colaborativas e em uma variedade de locais, quando apropriado.
Diretriz 19.	Psicólogos empenham-se para entender as questões éticas e/ou legais especiais envolvidas na prestação de serviços a adultos mais velhos.
Educação	
Diretriz 20.	Psicólogos são encorajados a aumentar seu conhecimento, seu entendimento e suas habilidades com relação ao trabalho com adultos mais velhos por meio de educação contínua, treinamento, supervisão e consultoria.

FONTE: *Das Diretrizes para a prática psicológica com adultos mais velhos*, 2004 (relatório publicado). Copyright © pela American Psychologial Association. Reimpressa com permissão.

TABELA 15.5 Diretrizes para a prática psicológica com meninas e mulheres

Diretriz 1.	Psicólogos empenham-se para estar cientes dos efeitos da socialização, estereotipagem e eventos de vida únicos no desenvolvimento de meninas e mulheres de diferentes grupos culturais.
Diretriz 2.	Psicólogos são encorajados a reconhecer e a utilizar informações sobre opressão, privilégio e desenvolvimento da identidade quando podem afetar meninas e mulheres.
Diretriz 3.	Psicólogos empenham-se para entender o impacto de preconceito e discriminação sobre a saúde física e mental daquelas com quem trabalham.
Diretriz 4.	Psicólogos empenham-se para utilizar práticas afirmativas sensíveis a gênero e cultura na prestação de serviços para meninas e mulheres.
Diretriz 5.	Psicólogos são encorajados a reconhecer como sua socialização, suas atitudes e seu conhecimento sobre gênero podem afetar sua prática com meninas e mulheres.
Diretriz 6.	Psicólogos são encorajados a empregar intervenções e abordagens que foram consideradas eficazes no tratamento de questões de interesse para meninas e mulheres.
Diretriz 7.	Psicólogos empenham-se para adotar práticas e relacionamentos terapêuticos que promovam a iniciativa, a capacitação e o aumento de alternativas e escolhas para meninas e mulheres.
Diretriz 8.	Psicólogos empenham-se para fornecer avaliações e diagnósticos apropriados, imparciais, em seu trabalho com mulheres e meninas.
Diretriz 9.	Psicólogos empenham-se para considerar os problemas de meninas e mulheres em seu contexto sociopolítico.
Diretriz 10.	Psicólogos empenham-se para conhecer e utilizar recursos de saúde mental, de educação e da comunidade relevantes para meninas e mulheres.
Diretriz 11.	Psicólogos são encorajados a entender e a trabalhar para mudar vieses institucionais e sistêmicos que possam ter um impacto sobre meninas e mulheres.

FONTE: Diretrizes para prática psicológica com meninas e mulheres, American Psychological Association, fevereiro de 2007. http://www.apa.org/about/division/girlsandwomen.pdf.

especiais, quando clientes potenciais são incapazes de entender as questões para dar um consentimento informado, os quais incluem crianças e pessoas que são incapazes de entender a natureza total do tratamento devido a deficiências cognitivas ou outras deficiências psicológicas. Nesses casos, o profissional deve trabalhar com a família do indivíduo ou com outros guardiões legalmente constituídos.

Sigilo

Vários dos padrões no Código de Ética da APA abrangem a questão do sigilo. Isso significa que o cliente pode esperar privacidade para tudo o que ocorrer na terapia. O sigilo há muito tempo é considerado uma parte sagrada do relacionamento clínico-cliente e é rigorosamente mantido por psicólogos licenciados (Fisher & Vacanti-Shova, 2012). Nos Estados Unidos, existem salvaguardas contra a revelação de informações confidenciais nas leis da maioria dos Estados. A fim de aderir aos mais altos padrões de prática profissional, os clínicos devem ter um protocolo claramente articulado relativo à forma como informarão os clientes sobre a natureza, a extensão e os limites do sigilo.

O conteúdo da terapia é comunicação privilegiada. Em outras palavras, o terapeuta pode não revelar qualquer informação sobre o cliente em um tribunal de justiça sem a permissão expressa do sujeito. A proteção oferecida pelo sigilo permite que os clientes em terapia discutam com liberdade seus sintomas, problemas nos relacionamentos com outras pessoas e as histórias da infância, todos os quais contêm informações extremamente pessoais e delicadas. O sigilo também protege os indivíduos de pesquisa de terem a informação que confiam a um pesquisador revelada ao público sem seu consentimento expresso.

Entretanto, existem exceções ao sigilo. Há casos legais nos quais o tribunal tem o direito de receber informações que surjam no contexto (Barsky & Gould, 2002). Estes incluem casos de custódia de filhos, julgamentos nos quais um réu esteja usando deficiência mental como defesa em um processo criminal e quando um tribunal designa um psicólogo para determinar se um réu é capaz para ser julgado. Uma limitação é que

TABELA 15.6 Diretrizes para avaliação e intervenção relacionadas com pessoas com deficiências

Consciência da deficiência, treinamento, acessibilidade e diversidade	
Diretriz 1.	Psicólogos empenham-se para aprender sobre vários paradigmas e modelos de deficiência e suas implicações para a prestação de serviços.
Diretriz 2.	Psicólogos empenham-se para examinar suas crenças e reações emocionais em relação a várias deficiências e determinam como estas poderiam influenciar seu trabalho.
Diretriz 3.	Psicólogos empenham-se para aumentar seu conhecimento e suas habilidades sobre o trabalho com indivíduos com deficiências por meio de treinamento, supervisão, educação e consulta a especialista.
Diretriz 4.	Psicólogos empenham-se para aprender sobre as leis federais e estaduais que apoiam e protegem pessoas com deficiências.
Diretriz 5.	Psicólogos empenham-se para fornecer um ambiente físico e de comunicação livre de barreiras no qual os clientes com deficiências possam ter acesso a serviços psicológicos.
Diretriz 6.	Psicólogos empenham-se para usar linguagem adequada e comportamento respeitoso com indivíduos com deficiências.
Diretriz 7.	Psicólogos empenham-se para entender tanto as experiências comuns compartilhadas por pessoas com deficiências como os fatores que influenciam a experiência pessoal de deficiência dos indivíduos.
Diretriz 8.	Psicólogos empenham-se para reconhecer a diversidade social e cultural nas vidas de pessoas com deficiências.
Diretriz 9.	Psicólogos empenham-se para aprender como as atitudes e os equívocos, o ambiente social e a natureza da deficiência de uma pessoa influenciam o desenvolvimento ao longo da vida.
Diretriz 10.	Psicólogos empenham-se para reconhecer que as famílias de indivíduos com deficiências têm forças e desafios.
Diretriz 11.	Psicólogos empenham-se para reconhecer que pessoas com deficiências têm um risco aumentado para abuso e tratam adequadamente as situações relacionadas a esse assunto.
Diretriz 12.	Psicólogos empenham-se para aprender sobre as oportunidades e os desafios apresentados pela tecnologia assistiva.
Testagem e avaliação	
Diretriz 13.	Ao avaliar pessoas com deficiências, psicólogos empenham-se para considerar a deficiência como uma dimensão de diversidade em conjunto com outras dimensões individuais e contextuais.
Diretriz 14.	Dependendo do contexto e das metas da avaliação e da testagem, psicólogos empenham-se para aplicar a abordagem de avaliação que seja a mais psicometricamente sólida, justa, abrangente e adequada a clientes com deficiências.
Diretriz 15.	Psicólogos empenham-se para determinar se as acomodações são adequadas aos clientes para produzir uma pontuação de teste válida.
Diretriz 16.	De modo coerente com as metas da avaliação e das barreiras à avaliação relacionadas a deficiência, psicólogos em contextos clínicos empenham-se para equilibrar adequadamente as perspectivas quantitativas, qualitativas e ecológicas e para articular tanto os pontos fortes quanto as limitações da avaliação.
Diretriz 17.	Psicólogos em contextos clínicos empenham-se para aumentar a equidade e a relevância na interpretação dos dados da avaliação de clientes que têm deficiências, aplicando abordagens que reduzam possível viés e equilibrem e integrem dados de múltiplas fontes.
Intervenções	
Diretriz 18.	Psicólogos empenham-se para reconhecer que há uma ampla variedade de respostas individuais à deficiência, colaboram com seus clientes que as apresentam – e, quando adequado, com suas famílias – para planejar, desenvolver e implementar intervenções psicológicas.
Diretriz 19.	Psicólogos empenham-se para estar cientes da estrutura terapêutica e do impacto do ambiente sobre seu trabalho com clientes com deficiências.
Diretriz 20.	Psicólogos empenham-se para reconhecer que as intervenções em pessoas com deficiências podem se concentrar em aumentar o bem-estar e também reduzir o sofrimento e melhorar os déficits nas habilidades.
Diretriz 21.	Ao trabalhar com sistemas que apoiam, tratam ou educam pessoas com deficiências, psicólogos empenham-se para manter soberanas as perspectivas dos clientes e para defender a autodeterminação, a integração, as escolhas e as alternativas menos restritivas para o cliente.
Diretriz 22.	Psicólogos empenham-se para reconhecer e tratar questões de promoção de saúde para indivíduos com deficiências.

FONTE: American Psychological Association, 2012a.

Tatiana Tarasoff (esquerda), aluna da Universidade da Califórnia, foi esfaqueada até a morte nos degraus de sua casa por Prosenjit Poddar (direita), que tinha contado a seu terapeuta que pretendia matá-la.

o psicólogo não pode revelar quaisquer declarações do réu em relação ao crime, a menos que o indivíduo dê permissão explícita.

O princípio do sigilo também tem limites em casos que envolvem abuso. Cada Estado note-americano requer alguma forma de relato obrigatório por profissionais quando eles ficam sabendo em primeira mão de casos que englobam abuso ou negligência infantil. O abuso, que pode ser físico ou sexual, é um ato cometido por um cuidador que causa ferimento físico ou emocional sério. Negligência é a sonegação intencional de alimento, vestuário, abrigo ou tratamento médico. O propósito do relato obrigatório é proteger as vítimas de abuso e negligência contínuos, iniciar medidas de intervenção clínica com o indivíduo abusado e deter, punir e reabilitar abusadores. Os psicólogos incluem os indivíduos vulneráveis, aqueles portadores de deficiências físicas ou intelectuais. Também são vulneráveis os idosos incapacitados que não podem se proteger. Alguns Estados norte-americanos requerem que os psicólogos relatem não apenas abuso financeiro, emocional, físico ou sexual, mas também a autonegligência por pessoas com mais de 60 anos que não atendem a suas necessidades de alimentação, vestuário, abrigo seguro, cuidado pessoal e tratamento médico.

Outra exceção ao princípio do sigilo envolve casos nos quais o profissional fica sabendo que um cliente está planejando ferir outra pessoa, os quais colocam o psicólogo diante do **dever de alertar** (ou **de outro modo proteger**). O dever de alertar requer que o terapeuta informe a pretensa vítima sobre possíveis perigos representados pelo comportamento do cliente.

dever de alertar (ou de outro modo proteger)
Responsabilidade do profissional de saúde de notificar uma vítima potencial da intenção prejudicial de um cliente em relação a ela.

As leis do dever de alertar têm suas origens no famoso caso Tarasoff *versus* Regentes da Universidade da Califórnia ("Tarasoff v The Regents of the University of California 551 P 2d 334, [California 1976]"), o qual envolveu uma estudante universitária chamada Tatiana Tarasoff, baleada e esfaqueada mortalmente por um homem chamado Prosenjit Poddar, um estudante de graduação que viera da Índia, em 1967, para estudar eletrônica e arquitetura naval na Universidade da Califórnia, Berkeley. Poddar conheceu Tarasoff, uma jovem que vivia com seus pais próximo ao *campus*. Ele começou a persegui-la com intenções românticas, mas ela não estava interessada, rejeitando sua proposta de casamento. Isso foi em março de 1969. Poddar ficou arrasado e disse a seu colega de quarto que queria explodir a casa de Tarasoff. O colega aconselhou-o a procurar tratamento e, em junho de 1969, Poddar consultou um psiquiatra nos serviços de saúde da universidade, o qual prescreveu medicamentos antipsicóticos e o encaminhou

O tiroteio de 2007 na Virginia Tech, causado por um estudante, chamou atenção não apenas para a importância de tratar estudantes universitários com transtornos da saúde mental, mas também para as implicações da regra "dever de alertar".

a um psicólogo para terapia. Em agosto de 1969, Poddar contou ao psicólogo sobre Tarasoff, anunciando repetidamente seus pensamentos homicidas. Após o psicólogo dizer que iria contê-lo se continuasse a expressar esses pensamentos, Poddar de repente interrompeu a terapia. Embora o psicólogo e o psiquiatra tenham contado as intenções de Poddar à polícia, a qual então o confrontou, o rapaz negou sua intenção, e a justiça não tomou outras medidas. Poddar começou a perseguir Tarasoff e, em outubro de 1969, encontrou-a em casa sozinha e a matou. Depois, entregou-se às autoridades. Os pais de Tarasoff processaram a Universidade e a polícia e, finalmente, em dezembro de 1976, a Suprema Corte da Califórnia decidiu em favor dos pais. A questão essencial era "se o psicoterapeuta deve, sob pena de uma ação civil por danos, reconhecer que um paciente constitui um sério risco de dano ou morte a uma terceira pessoa identificada e, então, deve alertar ou de outro modo proteger essa terceira pessoa" (Herbert, 2002) (p. 419).

As ramificações dessa decisão histórica continuam a ser sentidas por psicólogos que lutam para diferenciar entre as ameaças sérias de seus clientes e fantasias aleatórias. Na tentativa de fazer essa distinção, os profissionais recorrentemente pesam o direito de sigilo do cliente em relação à preocupação pelos direitos das outras pessoas. Em um caso mais recente, em abril de 2007, um estudante do Instituto Politécnico e da Universidade Estadual de Virginia chamado Seung-Hui Cho matou 32 pessoas e feriu outras 25. Ele tinha recebido tratamento de uma instituição de saúde mental após ter demonstrado comportamento de ameaça e assédio no *campus*. Na versão do Estado da Virginia do estatuto Tarasoff do dever de alertar, os profissionais da saúde mental devem "estar encarregados" de um indivíduo a fim de implicar responsabilidade pelo dever de alertar. Embora Cho não nomeasse vítimas específicas, o caso mais uma vez levantou questões sobre as responsabilidades legais dos profissionais da saúde mental quando seus clientes expressam intenções homicidas ou suicidas.

Relacionamentos com clientes, estudantes e colaboradores de pesquisa

O Código de Ética da APA esclarece que os psicólogos devem tomar medidas para garantir que conduzam todas as relações com outros indivíduos, incluindo outros psicólogos, com o máximo profissionalismo. Na terapia, papéis e limites claros são essenciais a fim de que os clientes se sintam seguros e confiantes e o terapeuta mantenha a objetividade e a efetividade. Quando um profissional viola os limites em um relacionamento terapêutico, as consequências podem ser catastróficas para os clientes.

Você decide

Relacionamentos múltiplos entre clientes e psicólogos

O Código de Ética da APA proíbe explicitamente relacionamentos múltiplos entre psicólogos e seus clientes. Entretanto, dada a natureza do relacionamento terapeuta-cliente, é quase inevitável que relacionamentos múltiplos possam se desenvolver. Ao avaliarmos a ética de um relacionamento múltiplo, devemos diferenciar entre sexual e não sexual. Os relacionamentos sexuais são proibidos por pelo menos dois anos após o término de um relacionamento terapêutico. Os limites em torno dos relacionamentos sexuais, porém, podem ser muito mais sombrios. Em comunidades rurais ou em cidades pequenas, por exemplo, os psicólogos podem achar quase impossível evitar esses dilemas em situações que variam de vendas no varejo e educação até prestação de outros serviços profissionais. As interações sociais entre os terapeutas e seus clientes também podem ser um problema, mesmo em comunidades maiores, com múltiplos círculos sociais. No Capítulo 3, discutimos a ética enfrentada pelos psicólogos no sistema legal. Aqui, vamos examinar de forma mais geral os relacionamentos múltiplos na medida em que afetam os psicólogos em sua prática clínica.

De acordo com a pesquisa sobre relacionamentos múltiplos (Lamb, Catanzaro, & Moorman, 2004), as interações sociais, de fato, são o maior grupo de situações nas quais os psicólogos potencialmente enfrentam as complicações de encontrar seus clientes. Esses profissionais também relataram relacionamentos nas esferas dos negócios, relações financeiras e afiliações religiosas, os quais tinham mais probabilidade de ocorrer entre psicólogos e seus ex-clientes do que com seus clientes atuais. Na área da intimidade sexual, os pesquisadores pediram aos terapeutas que indicassem se alguma vez existiu a possibilidade de eles terem relacionamentos com seus clientes. Todavia, ainda que possam ter ficado tentados, esses psicólogos não levaram adiante seu interesse devido a ética, valores e moral pessoais. Também era altamente improvável que tivessem um relacionamento sexual com um ex-cliente. Pelo menos metade dos psicólogos também indicou que desejava evitar relacionamentos duplos e/ou não queria tirar vantagem das dinâmicas de poder desiguais entre eles e seus clientes. Bem poucos respondentes mencionaram que se abstiveram desses relacionamentos devido a possíveis repercussões legais ou pelo risco de sofrer sanções de seus pares ou de suas associações profissionais.

Os resultados desse levantamento sugerem que os psicólogos aderem a padrões éticos altos em seus relacionamentos com clientes atuais e passados. Como os autores do estudo reconheceram, entretanto, é possível que os participantes mais culpados de relacionamentos múltiplos fossem os menos propensos a responder.

P: *Você decide:* Voltando à questão ética, considere os prós e os contras dos relacionamentos múltiplos. Uma vez que um relacionamento profissional tenha terminado, é absolutamente necessário que o psicólogo não se envolva com um ex-cliente, sobretudo se tiveram uma ligação estreita durante o tratamento? No entanto, você pode argumentar que a própria natureza do relacionamento cliente-terapeuta é tal que ambos devem respeitar os limites, mesmo por anos após o tratamento ter terminado. Os códigos de ética devem ser tão rigorosos quanto o são na área dos relacionamentos múltiplos?

A forma mais extrema de violação do relacionamento terapêutico envolve intimidade sexual com clientes, que é explicitamente proibido nos códigos de ética das profissões da saúde mental. Na verdade, psicólogos são proibidos de envolver-se sexualmente com um cliente por pelo menos dois anos após o término do tratamento (ou mais tempo em muitos casos).

Os psicólogos também devem se abster de **relacionamentos múltiplos**, em particular com seus clientes em um contexto de terapia. O Código de Ética da APA define que um relacionamento múltiplo ocorre quando um psicólogo tem, ao mesmo tempo e com uma mesma pessoa, um papel profissional e outro que poderia prejudicar a "objetividade, a competência ou a efetividade do profissional no exercício de suas funções como psicólogo" ou de outro modo se arriscar a explorar ou prejudicar o outro indivíduo. Contudo, relacionamentos múltiplos com razoável improbabilidade de causarem prejuízo ou risco de exploração ou dano não são antiéticos.

relacionamentos múltiplos
Relacionamentos antiéticos ocorrem quando um psicólogo tem, ao mesmo tempo e com uma mesma pessoa, um papel profissional e outro que poderia prejudicar a "objetividade, a competência ou a efetividade do profissional no exercício de suas funções como psicólogo" ou de outro modo se arriscar a explorar ou prejudicar o outro indivíduo.

Existem outros limites em torno dos psicólogos em suas relações com os demais, incluindo evitar dano a terceiros, evitar conflitos de interesse e explorar outras pessoas com as quais tenham um relacionamento profissional. Quando colaboram em pesquisas, os psicólogos devem dar ou receber crédito apenas pelo trabalho que realmente realizaram.

Manutenção de registros

Em uma era de uso crescente de registros de saúde eletrônicos (incluindo manutenção de arquivos em computadores e dispositivos portáteis), a necessidade de proteger os clientes torna-se ainda mais crítica. Questões como essa levaram à aprovação em 1996, pelo Congresso norte-americano, de uma série de regras complexas quanto aos registros de pacientes. Essa legislação, a **Health Insurance Portability and Accountability Act of 1996 (HIPAA) (Lei de Portabilidade e Responsabilidade dos Planos de Saúde de 1996)**, entrou em vigor em diversos estágios a partir de 2003 até 2008. Para aplicar as novas regras da HIPAA, há penas pecuniárias por falha da parte do empregador, do provedor do serviço de saúde ou da companhia de seguros.

Health Insurance Portability and Accountability Act of 1996 (HIPAA) (Lei de Portabilidade e Responsabilidade dos Planos de Saúde de 1996) Legislação dos Estados Unidos visa garantir cobertura adequada e proteger os consumidores contra perda do plano de saúde quando mudam ou perdem seus empregos.

O Título I da HIPAA protege os trabalhadores e suas famílias de perda de plano de saúde em caso de mudança ou perda de emprego. Antes da HIPAA, as pessoas que mudavam de um emprego para outro podiam perder seu plano de saúde se tivessem uma história de doença grave. Por exemplo, se um homem que foi tratado de uma condição cancerosa começasse um emprego novo, poderia se deparar com o fato perturbador de não receber cobertura de plano de saúde devido a sua doença.

O Título II visa regular as formas pelas quais os profissionais e os planos de saúde mantêm e transmitem registros médicos, a chamada informação de saúde protegida. Em uma era eletrônica, quando as organizações frequentemente enviam registros de saúde e informações de cobrança via internet, os profissionais da saúde devem ter o cuidado especial de proteger registros médicos confidenciais.

O Código de Ética também rege a forma de os psicólogos cobrarem honorários por seus serviços. Eles devem informar os clientes sobre os valores antes de iniciar qualquer intervenção e devem chegar a um acordo sobre os arranjos de cobrança. As práticas de cobrança também devem estar de acordo com a lei. Supreendentemente, os psicólogos podem fazer permutas com seus clientes, isto é, aceitar mercadorias, serviços ou outra remuneração não monetária em troca de serviços psicológicos. Entretanto, não podem fazê-lo se esse arranjo for contraindicado do ponto de vista clínico ou constituir uma exploração de seus clientes.

15.2 Questões éticas e legais no fornecimento de serviços

Os psicólogos e outros profissionais da saúde mental defrontam-se com uma série de questões para garantir que seus clientes recebam o melhor tratamento possível. Ao mesmo tempo, os profissionais devem equilibrar os direitos dos clientes com os da comunidade, questões que criam dilemas éticos e legais.

Internação de clientes

Na melhor de todas as possíveis situações, os próprios clientes que necessitam de tratamento psicológico o buscam. Porém, os clientes nem sempre estão em posição de julgar quando precisam dos cuidados de um psicólogo. Nesses casos, o profissional da saúde mental podem considerar a recomendação de **internação**, um procedimento de emergência para hospitalização involuntária. Os profissionais iniciam os procedimentos de internação nos casos de pessoas que, se não hospitalizadas, têm a probabilidade de prejudicar a si mesmas ou a outras pessoas como resultado de doença mental.

Internação Procedimento de emergência para hospitalização psiquiátrica involuntária.

O conceito de internação deriva do princípio legal de que o Estado tem a autoridade de proteger aqueles que são incapazes de proteger a si mesmos. A lei refere-se a essa autoridade como ***parens patriae***. Essa responsabilidade é exercida por vários profissionais, tais como psicólogos, médicos e enfermeiros especializados, que são autorizados a

parens patriae A autoridade do Estado de proteger aqueles que são incapazes de se proteger.

Uma audiência é realizada para determinar se um cliente deve receber tratamento psicológico involuntário. Essas audiências envolvem testemunho pericial de psicólogos que avaliaram o cliente.

assinar uma petição para uma internação de tempo limitado (em geral 10 dias). Se um profissional da saúde não for acessível, um policial pode preencher os papéis de internação. Nessa petição, o profissional declara por que deixar de hospitalizar o indivíduo resultaria na probabilidade de prejuízo sério devido a doença mental. Em alguns casos, a petição, talvez feita por um membro da família, chega a um juiz distrital. Após ouvir as razões para a internação, o magistrado pode emitir um mandado para deter a pessoa mentalmente doente a fim de que ela receba uma avaliação profissional qualificada. Uma vez hospitalizada a pessoa, petições e audiências subsequentes podem ser necessárias para estender o período de internação.

Mais de uma dezena de Estados norte-americanos concede agora a policiais, psiquiatras, profissionais da saúde mental e familiares a opção de coagir os indivíduos mentalmente doentes que infringiram a lei ao tratamento em vez de prendê-los. Aqueles que apoiam a legislação que permite o tratamento ambulatorial involuntário de pacientes afirmam que as vantagens para a sociedade, além dos benefícios terapêuticos para o indivíduo, superam os riscos. Em 1999, o Estado de Nova York promulgou a "Lei de Kendra", que prevê um programa de tratamento ambulatorial involuntário por ordem judicial, denominado tratamento ambulatorial assistido (AOT). A lei recebeu esse nome após a trágica morte de Kendra Webdale, que foi empurrada na frente de um trem do metrô em Manhattan por um estranho que tinha esquizofrenia não tratada. A evidência recente mostra que o programa resultou em diminuição das hospitalizações e aumento tanto no envolvimento dos serviços como na adesão aos medicamentos (Swartz et al., 2010).

Direito a tratamento

A internação em hospitais psiquiátricos, voluntária ou involuntária, é apenas o início da história para pessoas que ingressam nessas instituições. Uma vez internado, o cliente entra em um mundo desconhecido para a maioria, o que o faz se sentir amedrontado e confuso. Se hospitalizado contra sua vontade, pode se sentir ultrajado. Para minimizar essas reações, os profissionais da saúde tentam assegurar que tratamento adequado seja fornecido aos clientes e que eles entendam seus direitos legais imediatamente após a entrada na instituição. Já discutimos a importância de obter o consentimento informado, quando possível, antes de iniciar o tratamento, para garantir que os clientes compreendam a natureza do tratamento, as opções disponíveis e seus direitos.

direito a tratamento
Direito legal da pessoa que entra em um hospital psiquiátrico de receber tratamento adequado.

Talvez o direito legal mais importante da pessoa que entra em um hospital psiquiátrico seja o **direito a tratamento**. Pode parecer estranho que precisemos de leis para garantir que os pacientes nos hospitais recebam tratamento, mas, quando você ler a história legal desses estatutos, entenderá por que eles são necessários. O direito a tratamento surgiu como resultado de um caso legal referencial, Wyatt *versus* Stickney ("Wyatt v. Stickney, 325 F. Supp. 781 [M.D. Ala. 1971]; 344 F. Supp. [M.D. Ala. 1972]"). Nesse caso, um paciente chamado Ricky Wyatt instituiu uma ação judicial coletiva contra o comissário de saúde mental do Estado do Alabama, dr. Stickney, em resposta às condições horripilantes nas instituições psiquiátricas e de retardo mental. Essas instituições não forneciam sequer um mínimo de tratamento e eram tão desumanas que, na verdade, eram prejudiciais para a saúde mental do paciente. Na época, o tribunal baseou-se em um princípio apresentado por um acadêmico da área jurídica que invocava o direito constitucional ao devido processo ao tomar a decisão contra o Estado do Alabama. Em outras palavras, o tribunal decidiu que os profissionais da saúde mental não podem internar pessoas em uma instituição que deve ajudá-los a menos que possam garantir que a institucionalização irá auxiliá-los, de outro modo, a internação constitui o equivalente a prisão sem um julgamento. De maneira similar, pessoas com transtornos psiquiátricos são, portanto, habilitadas a tratamento na comunidade, em vez de relegadas a instituições. A fim de preencher as condições dessa lei, o governo é obrigado a fornecer financiamento para tratamento com base na comunidade.

Os pacientes também têm direito a um ambiente humano, o que inclui privacidade, vestuário adequado, oportunidades para interação social, correio, telefonemas e privilégios de visitação, mobília confortável, exercícios físicos e dieta adequada. Um direito relacionado é o de liberdade e segurança ("Youngberg v. Romeo, 457 U.S. 307 [1982]"), que inclui o direto de se movimentar na enfermaria e receber proteção contra pacientes violentos. Reclusão e restrições mecânicas são proibidas a menos que indicado pelo clínico e, quando as utilizam, os profissionais podem fazê-lo apenas por um tempo limitado e apenas para finalidades apropriadas (La Fond, 1994).

Recusa de tratamento e alternativa menos restritiva

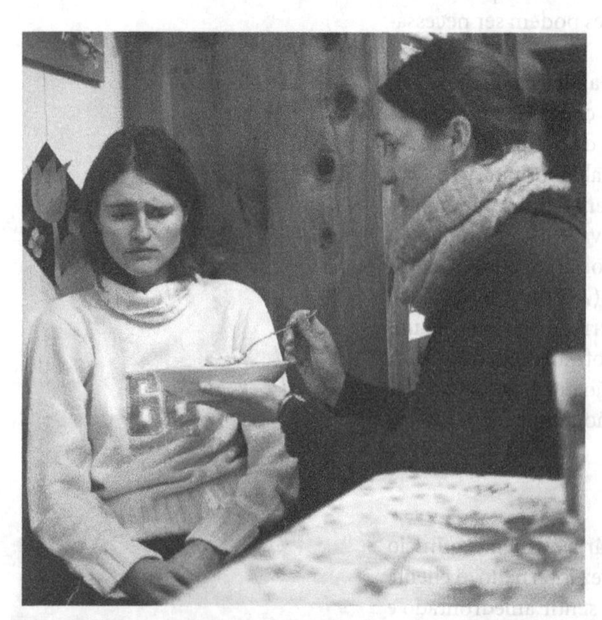
Esta mulher é paciente em um programa de tratamento-dia de transtorno alimentar, no qual parte de sua terapia envolve ingerir uma certa quantidade de calorias por dia. Visto que tem capacidade de tomar decisões, ela se reserva o direto de recusar esse tratamento, mesmo que seus clínicos achem que este é de seu melhor interesse.

Assim como têm direito a tratamento, os clientes também têm o direito de recusar tratamentos não desejados. É aceito em nossa sociedade que adultos competentes tenham o direito de aceitar ou de recusar tratamento. Em vista dos efeitos colaterais sérios de certos medicamentos psicoterapêuticos, Estados norte-americanos promulgaram leis que dão ao cliente o direito de recusar fármacos não desejados. Nesses casos, o profissional deve obter uma ordem por escrito de um tribunal, documentando a necessidade de medicação.

De maneira similar, os clientes podem considerar severos, ou mesmo punitivos, tratamentos como a aplicação de ruído aversivo ou choque desagradável e, portanto, podem recusá-los se forem capazes de dar ou negar consentimento informado. Entretanto, clientes cognitivamente comprometidos, incapazes de tomar decisões informadas sobre essas intervenções, podem requerer a proteção da lei. Um tribunal pode, nesses casos, aplicar uma doutrina denominada **julgamento substitutivo**, indicada para pessoas consideradas incapazes de tomar essas decisões de tratamento por si próprias. O julgamento substitutivo é uma análise subjetiva do que o cliente decidiria se fosse cognitivamente capaz de tomar a decisão. Por exemplo, um juiz poderia ter de imaginar se o indivíduo aprovaria a administração de choque aversivo como um tratamento que visa interromper seu comportamento potencialmente fatal de bater a cabeça.

Os clientes também têm o direito de colocação no que chamamos de **alternativa menos restritiva** ao tratamento em uma instituição, significando serviços de proteção ao adulto tornem sua liberdade não mais restrita que a de um adulto vulnerável e que não sejam mais intrusivas que o necessário para alcançar e assegurar os serviços essenciais. Esse direito foi estabelecido nos Estados Unidos em 1975 por uma decisão referencial na Suprema Corte ("O'Connor v. Donaldson [1975] 95 S. Ct. 2486"). Em 1943, Kenneth Donaldson, um homem de 34 anos e pai de três crianças que trabalhava em uma fábrica da General Electric, apresentou o que pareciam ser sintomas de esquizofrenia paranoide. Enviado para um hospital estadual, recebeu 23 tratamentos de eletrochoque e retomou a vida normal. Em meados de 1950, ele desenvolveu delírios paranoides de que estava sendo envenenado. Por insistência de seu pai, foi internado no Chattahoochee State Hospital, na Flórida, em 1956, onde permaneceu por 15 anos. Negando firmemente que estivesse doente, ele recusou todos os tratamentos quando foi hospitalizado. Entretanto, Donaldson nunca exibiu sinais de comportamento ameaçador. Seu transtorno, que os clínicos diagnosticaram como esquizofrenia paranoide, entrou em remissão logo após sua internação. Contudo, foi mantido no hospital por quase duas décadas, durante as quais teve negado muitos privilégios fundamentais.

julgamento substitutivo
Análise subjetiva do que o cliente decidiria se fosse cognitivamente capaz de tomar a decisão.

alternativa menos restritiva
Ambiente de tratamento que forneça o menor número de restrições à liberdade do cliente.

A evidência mostrou que o confinamento de Donaldson era um simples regime de tratamento custodial forçado, não um programa para aliviar ou curar sua suposta doença. Inúmeras testemunhas tinham atestado que ele nada tinha recebido além de tratamento custodial enquanto esteve no hospital. Por períodos substanciais, foi simplesmente mantido em um quarto grande que abrigava 60 pacientes, muitos dos quais sob internação por crimes. Os pedidos de Donaldson por privilégios básicos, treinamento ocupacional e uma oportunidade de discutir seu caso com o superintendente do hospital, D. J. B. O'Connor ou outros membros da equipe foram negados repetidas vezes.

A decisão da suprema corte a favor de Donaldson, junto com diversos casos menos conhecidos, abriu caminho para mudanças importantes no sistema de saúde mental. Esse caso estabeleceu o princípio legal de que apresentar doença psiquiátrica não é razão suficiente para confinar uma pessoa em um hospital mental.

15.3 Questões forenses no tratamento psicológico

Na interface entre psicologia e a lei, os psicólogos forenses fornecem aconselhamento ao sistema judicial de muitas formas. Já vimos que podem servir como testemunhas periciais. Contudo, é mais comum as questões forenses no tratamento psicológico envolverem determinar se um indivíduo que cometeu um crime deve ir para a prisão ou deve ser tratado em uma instituição psiquiátrica.

A defesa de insanidade

Insanidade é um termo legal que se refere à falta de responsabilidade moral do indivíduo pelo cometimento de atos criminosos. A **defesa de insanidade**, apresentada pelo advogado em nome de seu cliente, é o argumento de que, devido à existência de um transtorno mental, o sujeito não pode ser considerado legalmente responsável por atos criminosos. O direito criminal tem base no princípio de que as pessoas têm livre escolha em suas ações e que, se infringirem a lei, devem ser consideradas responsáveis. Julgamos que indivíduos considerados "insanos" não possuem liberdade de escolha no controle de seus comportamentos, bem como a competência mental para diferenciar o certo do errado. A defesa de insanidade originou-se de uma tentativa de proteger pessoas com transtornos mentais da pena por comportamento prejudicial resultante de seu estado psicológico perturbado.

A defesa de insanidade surgiu de vários precedentes legais e das tentativas de esclarecimento por parte dos advogados. Em 1843, o tribunal proferiu a **Regra de M'Naghten** em um caso referencial que envolvia um lenhador escocês chamado Daniel M'Naghten. Sob a crença delirante de que Deus o estava comandando, M'Naghten matou um oficial do governo inglês. Quando foi a julgamento, a defesa argumentou que ele

insanidade
Termo legal que se refere à falta de responsabilidade moral do indivíduo pelo cometimento de atos criminosos.

defesa de insanidade
Argumento, apresentado pelo advogado de defesa, de que, devido à existência de um transtorno mental, seu cliente não deve ser considerado legalmente responsável por atos criminosos.

Regra de M'Naghten
"Teste do certo e errado" usado em casos de defesa de insanidade para determinar se um réu deve ser considerado responsável por um crime.

HISTÓRIAS REAIS

Susanna Kaysen: Internação involuntária

"Você acha que precisa de um descanso?"

"Sim", eu disse.

Ele afastou-se para a sala ao lado, onde eu podia ouvi-lo falando ao telefone.

Tenho pensado muitas vezes nos 10 minutos seguintes – meus últimos 10 minutos. Eu tive o impulso, então, de me levantar e sair pela porta pela qual tinha entrado, caminhar várias quadras até a parada do bonde e esperar pelo trem que me levaria de volta para meu namorado problemático, para meu emprego na loja de cozinhas. Mas eu estava muito cansada.

Ele entrou de volta na sala, apressado, satisfeito consigo mesmo.

"Eu consegui um leito para você", disse. "Vai ser um descanso. Apenas por algumas semanas, certo?" Ele soava conciliatório, ou suplicante, e eu estava com medo.

"Vou na sexta-feira", eu disse. Era terça-feira, talvez na sexta-feira eu não quisesse ir.

Ele veio com sua barriga na minha direção. "Não. Você vai agora."

Eu pensei que isso era despropositado. "Tenho um encontro para o almoço", eu disse.

"Esqueça o almoço", ele disse. "Você não vai almoçar. Você vai para o hospital." Ele pareceu triunfante.

Em 1967, Susanna Kaysen, então com 19 anos, foi internada no Hospital McLean, em Belmont, Massachusetts, após uma tentativa de suicídio na qual consumiu 50 comprimidos de aspirina junto com vodca. Em seu livro, *Garota interrompida*, ela fornece sua própria percepção de sua experiência que contrasta com os documentos de sua internação que ela obteve mais tarde. Ao longo de todo o livro, Susanna questiona o julgamento de seu psiquiatra que decidiu interná-la, uma decisão que resultou em uma hospitalização de quase dois anos. Ela discute a doença mental de um ponto de vista filosófico e usa sua vivência, bem como as experiências de seus colegas pacientes, como uma forma de questionar se ela de fato tinha necessidade de tratamento hospitalar, se era realmente "louca". Como podemos notar pelo trecho citado, o livro também ressalta as mudanças que ocorreram nos últimos 50 anos em procedimentos e leis relativos a hospitalizações psiquiátricas involuntárias. Embora seu terapeuta na época talvez considerasse Susanna uma ameaça para si mesma, dada sua tentativa de suicídio e uma história de alguns comportamentos autolesivos (cortar-se e bater os pulsos), seu processo de internação não incluiu uma avaliação de risco completa e foi fundamentado apenas no julgamento clínico do profissional.

Quando Susanna foi internada no McLean, os profissionais a diagnosticaram com transtorno da personalidade *borderline*. Examinando seu caso agora, parece que seus sintomas apontam mais para um diagnóstico de episódio depressivo maior. Em *Garota interrompida*, Susanna contempla o significado de seu diagnóstico à época e se seus sintomas, como são descritos no DSM, combinam com sua experiência verdadeira. "Portanto, essas são as acusações contra mim", ela escreve. "Eu só as li 25 anos depois. 'Um transtorno de caráter' é o que eles me disseram então... É um quadro muito preciso de mim aos 18, menos algumas peculiaridades como direção imprudente e compulsões alimentares. É correto, mas não é profundo. Naturalmente, ele não tem que ser profundo. Não é nem mesmo um estudo de caso. É um conjunto de diretrizes, uma generalização. Tive vontade de tentar desmenti-las, mas então eu estaria aberta a mais acusações de 'defensiva' e 'resistencial'".

No livro, Susanna discute sua transição de volta à vida independente após a hospitalização e o estigma que enfrentou quando se candidatava a empregos, uma vez que tinha que informar o endereço, o qual era bem conhecido por ser o do McLean.

"Em Massachusetts, a Rua Mill, 115 é um endereço famoso. Candidatar-se a um emprego, alugar um apartamento, tirar carteira de motorista: tudo era problemático. A requisição para a carteira de motorista até perguntava, 'Você já foi hospitalizado por doença mental?' Oh, não. Eu gosto tanto de Belmont que decidi me mudar para a Rua Mill, 115."

'Você está morando na Rua Mill, número 115?', perguntou uma pessoinha que dirigia uma loja de artigos de costura na Praça Harvard, onde eu estava tentando conseguir um emprego.

'Uh-huh.'

'E há quanto tempo você mora lá?'

'Oh, algum tempo.' Eu fiz um gesto para trás com a mão.

'E presumo que faz algum tempo que você não trabalha?' Ele inclinou-se para trás, divertindo-se.

'Não', eu disse. 'Eu estive pensando sobre as coisas.'

Não consegui o emprego.

Quando saí da loja meus olhos encontraram os dele, e ele me deu um olhar de tão terrível intimidade que eu me encolhi. Eu sei quem você é, dizia aquele olhar.

O que éramos nós, que eles podiam saber tão rápido e tão bem?"

Susanna Kaysen escreveu sobre sua experiência em uma clínica psiquiátrica em *Garota interrompida*. No livro, ela questiona a realidade de seu diagnóstico e se deveria ter sido hospitalizada por seus sintomas.

No tempo que passou no McLean, Susanna pensava bastante sobre as implicações de sua hospitalização para sua própria saúde mental. Às vezes, ao longo do livro, parece que ela está tentando argumentar consigo mesma e justificar sua internação voluntária. Poderíamos argumentar que isso era realmente prejudicial para ela, que tinha de se convencer que precisava estar lá. Pelos padrões atuais, consideraríamos isso antiético, visto que seu tratamento estava causando mais mal do que bem. Também pelos padrões éticos atuais, os profissionais da saúde mental considerariam a duração de sua hospitalização quase inimaginável, visto que a duração média está agora perto de uma semana para a maioria das hospitalizações. Na época do livro, entretanto, a permanência de um paciente era ditada pela capacidade da família de pagar a hospitalização. Atualmente, os profissionais se focalizam em estabilizar o paciente da forma mais eficiente possível, de modo que ele possa retornar com segurança para a comunidade. No fim, o hospital permitiu que Susanna assinasse sua própria alta, e ela se mudou para seu próprio apartamento.

"Talvez eu estivesse apenas flertando com a loucura do modo como flertava com meus professores e com meus colegas de aula. Eu não estava convencida de que era louca, embora temesse estar. Algumas pessoas dizem que ter alguma opinião consciente sobre a questão é um sinal de sanidade, mas não tenho certeza se é verdade. Ainda penso sobre isso... É uma frase comum, eu sei. Mas significa alguma coisa particular para mim: os túneis, as telas de segurança, os garfos de plástico, a linha divisória cintilante sempre inconstante que, como todas as fronteiras, acena e pede para ser cruzada. Eu não quero cruzá-la novamente."

não devia ser considerado responsável pelo assassinato porque seu transtorno mental o impedia de saber a diferença entre certo e errado. Ele acreditava que estava seguindo os comandos de um poder superior e, portanto, não viu nada de errado em seu comportamento. Por isto a Regra de M'Naghten é referida como o "teste do certo e errado".

A maioria das jurisdições nos Estados Unidos adotou essa regra, mas legisladores e tribunais por fim modificaram e ampliaram a definição. Os legisladores depois acrescentaram o "teste do impulso irresistível" à Regra de M'Naghten para levar em consideração a possibilidade de que alguns comportamentos perturbados podem resultar da incapacidade das pessoas de inibir ações que se sentem compelidas a realizar. Embora possam saber que um ato é errado, são incapazes de parar de agir de acordo com seus impulsos.

Regra de Durham
Ampliação da defesa de insanidade baseada na determinação de que o indivíduo não é criminalmente responsável se o ato ilegal decorreu da presença de um transtorno psicológico.

diretrizes do American Law Institute (ALI)
Diretrizes que propõe que as pessoas não são responsáveis por comportamento criminoso se seu transtorno mental as impede de reconhecer a ilicitude de seu comportamento.

Posteriormente, a **Regra de Durham** ampliou a defesa de insanidade após uma decisão judicial de 1954 determinar que uma pessoa não é criminalmente responsável se o "ato ilegal foi o produto de doença ou defeito mental". Sua intenção era proteger indivíduos com funcionamento psicológico perturbado devido a uma variedade de condições, incluindo transtornos da personalidade. Essa ampliação da defesa de insanidade deixava a cargo dos especialistas em doença mental provar se um réu era ou não mentalmente perturbado, mesmo quando não havia evidência de psicose notória.

Em uma tentativa de desenvolver padrões uniformes para a defesa de insanidade, as **diretrizes do American Law Institute (ALI)**, em 1962 (Sec. 4.01), assumiram uma posição intermediária, entre os códigos pré-Regra de Durham e a postura liberal que a Regra de Durham assume. De acordo com o ALI, as pessoas não são responsáveis por comportamento criminoso se seu transtorno mental as impede de reconhecer a ilicitude (uma variação da Regra de M'Naghten) ou de exercer a força de vontade necessária para controlar seus atos (a regra do impulso irresistível). O termo importante aqui é "reconhecer". Em outras palavras, saber o que é certo e o que é errado não equivale a entender que o comportamento é errado. Um aspecto importante do código do ALI é a exclusão da defesa de insanidade de pessoas cujo único comportamento mal-adaptativo seja a conduta criminosa ou de outro modo antissocial repetida. A diretriz do ALI é um padrão de insanidade mais viável do que a Regra de Durham, porque tira a questão de culpa ou inocência das mãos dos especialistas em saúde mental e a coloca nas mãos

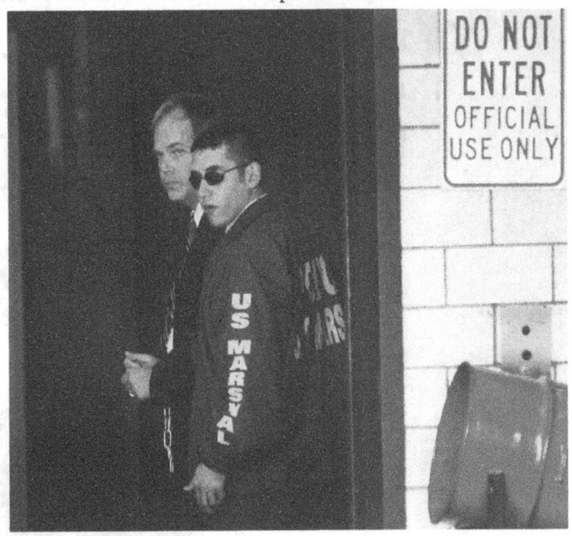

O caso de John Hinckley, que em 1981 tentou assassinar o presidente Ronald Reagan, despertou a preocupação do público sobre o possível abuso da defesa de insanidade. Hinckley, que foi declarado insano pelos tribunais, não foi para a prisão: em vez disso, foi internado para tratamento no Hospital Sta. Elizabeth, em Washington, D.C., onde ainda permanece.

do júri, que pode então fazer uma determinação baseada na evidência relacionada ao próprio crime.

Nos anos que se seguiram à publicação dos padrões do ALI, os tribunais aplicaram a defesa de insanidade de modo muito mais amplo. Entretanto, a situação mudou mais uma vez após John Hincley ter tentado assassinar o presidente norte-americano Ronald Reagan, em 1981. Hinckley era obcecado pela atriz Jodie Foster e acreditava que, se matasse o presidente, ela ficaria tão impressionada que se apaixonaria e casaria com ele. Quando o caso foi a julgamento, o júri determinou que as ações de Hinckley justificavam a defesa de insanidade. Ele foi mandado para o Hospital Sta. Elizabeth, em Washington, onde permanece até hoje. Esse caso trouxe à atenção do país a raramente usada, mas controversa, alegação de insanidade da forma como tinha sido ampliada por meio dos padrões de Durham e do ALI. O público ficou sobremaneira ultrajado sobre a possibilidade de que um assassino pudesse escapar da acusação de assassinato em razão de ter um transtorno mental.

Em resposta ao caso Hinckley, o Congresso aprovou a Lei de Reforma da Defesa de Insanidade de 1984, que acrescentou o critério de "transtorno grave" à defesa de insanidade. Isso significava que pessoas com transtornos da personalidade não seriam mais capazes de alegar insanidade. A lei também mudou o ônus da prova. Anteriormente, a defesa precisava fornecer uma dúvida razoável em relação ao argumento da acusação de que o réu era são. Após a Lei de Reforma, a defesa deve provar que o réu se enquadra na definição legal de insanidade, que é um argumento mais difícil de sustentar.

Os Estados norte-americanos variam individualmente na natureza da defesa de insanidade que utilizam nos processos criminais. Alguns decidiram separar a questão da culpa daquela do transtorno mental, permitindo a alegação de "culpado, mas mentalmente doente". O tribunal não exime do crime réus que usam essa alegação, mas lhes dá consideração especial na sentença.

Em parte devido à tempestade de críticas após o caso Hinckley, entretanto, o tribunal tomou um caminho muito diferente em 1992. Dessa vez, o caso envolvia um homem de 31 anos, Jeffrey Dahmer, que confessou o assassinato e desmembramento de 17 meninos e homens jovens e explicou que foi forçado a matar por uma compulsão de fazer sexo com cadáveres. O julgamento ocorreu em Milwaukee pelos 15 assassinatos que Dahmer alegou ter cometido em Wisconsin. O advogado de defesa de Dahmer argumentou que os crimes de seu cliente apenas poderiam ter sido cometidos por alguém

Lyle e Erik Menendez continuam cumprindo penas de prisão perpétua pelo assassinato de seus pais em 1989.

que se enquadrasse na definição legal de insanidade. O júri rejeitou sua alegação de culpado, mas mentalmente doente, porque acreditou que ele era responsável por seus crimes e capaz de reconhecer a ilicitude de sua conduta. Ele foi condenado a penas de prisão perpétua consecutivas pelo assassinato de cada uma de suas vítimas. Em 1994, Dahmer foi morto, aos 34 anos, por outro presidiário.

Outros casos bastante divulgados a partir do caso de Dahmer trouxeram à tona mais, sutilezas na defesa de insanidade como a interpretamos atualmente. Na Califórnia, os irmãos Menendez admitiram o assassinato premeditado de seus pais em resposta, eles alegaram, aos anos de abuso sexual e emocional. Os irmãos, de 23 e 26 anos à época do crime, admitiram as mortes, mas alegaram que agiram em legítima defesa. Seus advogados apresentaram o argumento de "legítima defesa imperfeita", afirmando que agiram movidos pela crença equivocada de que seus pais estavam prestes a matá-los, uma crença baseada em uma história ao longo da vida de abuso físico, emocional e sexual. A defesa alegou que, na noite dos assassinatos, um dos irmãos, em estado mental alterado, pegou sua espingarda, carregou-a e disparou contra seus genitores. A acusação, que provou seu caso, alegou que os irmãos, em vez disso, foram motivados pelos 14 milhões de dólares que herdariam após a morte dos pais.

A defesa de impulso irresistível apareceu no caso muito divulgado de Lorena Bobbitt, uma mulher da Virginia que alegou estar temporariamente insana como resultado de anos de abuso físico e psicológico por seu marido, levando-a a decepar-lhe o pênis. Ela alegou que, naquele momento, estava dominada pelo que ela chamou de "figuras", ou imagens mentais, dos atos abusivos dele contra ela. O júri concluiu que ela estava temporariamente insana e a absolveu de todas as acusações de ferimento perverso e ilícito. Como manda a lei da Virgínia, o juiz do caso internou Lorena Bobbitt em um hospital psiquiátrico para determinar se constituía perigo para si mesma ou para os outros. Após o período de 45 dias, ela foi libertada.

Outra variante, ainda, da defesa de insanidade ocorreu no caso de Andrea Yates, que, em junho de 2001, afogou seus cinco filhos na banheira de sua casa no Texas. Yates tinha uma história de depressão pós-parto profunda após os nascimentos de seus dois últimos filhos. Embora seu caso parecesse merecer a alegação de insanidade, o tribunal a condenou por homicídio em março de 2002. Em 2006, um tribunal de apelação der-

Quando Lee Boyd Malvo tinha 17 anos, ele e John Allen Muhammed atiraram ao acaso e mataram 10 pessoas na área de Washington, D.C., no que ficou conhecido como o "tiroteio de Beltway". A alegação de insanidade de Malvo foi rejeitada por um júri, e ele foi condenado a cumprir seis prisões perpétuas consecutivas.

rubou o veredito com base no fato de que uma das testemunhas periciais do julgamento tinha apresentado falso testemunho em relação ao estado mental de Yates na época dos assassinatos. Em julho de 2006, o tribunal a transferiu da instituição de saúde mental de alta segurança para um hospital de saúde mental de baixa segurança.

Os julgamentos de Lee Boyd Malvo e John Allen Muhammed apresentaram o caso de dois indivíduos que tinham cometido homicídios; contudo, apesar de ambos terem cometido os mesmos crimes, apenas um se qualificava para a defesa de insanidade. O par foi preso em outubro de 2002 após cometer ataques com arma de fogo nos quais mataram 10 pessoas na área de Washington, D.C. A acusação afirmou que Muhammed, um homem na faixa dos 40 anos, tinha realizado o tiroteio e ordenado que Malvo, de 17 anos, o ajudasse. Os advogados de defesa de Malvo alegaram a defesa de insanidade com base em que ele fora doutrinado e, portanto, tinha uma forma de doença mental. Visto ser um adolescente sob o poder de um homem muito mais velho, ele não diferenciava o certo do errado. Entretanto, o júri rejeitou essa versão de defesa de insanidade.

A situação oposta ocorreu no caso de Theodore Kaczynski, conhecido como o "Unabomber". Durante um período de 18 anos, Kaczynski montou uma campanha, de sua cabana em Montana, contra o "sistema industrial-tecnológico". Ele admitiu que matara três pessoas e que tinha mutilado muitas outras enviando bombas em pacotes para endereços do governo. A partir dessa história e de avaliação clínica extensiva, havia provas convincentes de que ele tinha esquizofrenia, tipo paranoide. Entretanto, ele recusou-se a usar a defesa de insanidade porque não considerava que tivesse um transtorno psicológico.

Capacidade para ser julgado

capacidade para ser julgado
Previsão feita por um especialista em saúde mental quanto à estabilidade cognitiva e emocional do réu durante o período do julgamento.

A **capacidade para ser julgado** determina se um réu tem consciência e é capaz de participar em processos criminais contra sua pessoa. Essa determinação é baseada no princípio de que as pessoas devem ser capazes de participar de sua própria defesa. Para estabelecê-la, um perito forense avalia a capacidade cognitiva, o vigor emocional e os sintomas em curso do réu. Em alguns casos, o tribunal pode exigir o adiamento do julgamento até que os sintomas do réu diminuam, se necessário, determinando que o indivíduo receba medicamentos. Embora existam instrumentos estruturados com o propósito de fazer essas determinações, a maioria dos peritos forenses se baseia em seu julgamento clínico (Bartol & Bartol, 2012).

Compreensão da finalidade da pena

Separado do problema da capacidade para ser julgado está o questionamento sobre a capacidade de uma pessoa mentalmente doente condenada por um crime capital entender a natureza e a finalidade de uma pena de morte. O caso de Scott Louis Panetti, que a Suprema Corte dos Estados Unidos ouviu em 2007, ressalta algumas das complexidades dessa questão.

Por quase duas décadas, o caso de Scott Louis Panetti foi o foco de discussão e controvérsia legal. A pena de morte de Panetti no Texas foi derrubada sob a premissa de que ele não tinha compreensão da razão de estar sendo condenado à morte.

Em 1992, Panetti matou seus sogros enquanto mantinha como refém sua ex-mulher e sua filha de 3 anos. Ainda que tivesse uma longa história de doença mental e hospitalizações psiquiátricas, o tribunal do Texas o condenou à morte. Em 2003, Panetti apresentou uma petição ao tribunal de apelações do Estado do Texas para determinar sua capacidade para ser executado. Ele afirmava sua convicção de que forças satânicas tinham ordenado sua execução para impedi-lo de pregar o Evangelho. Seus advogados de defesa alegaram que, visto que Panetti não podia entender por que o júri o condenara à morte, essa pena constituiria punição cruel e incomum e, portanto, violaria a Oitava Emenda da Constituição norte-americana. O Departamento de Justiça Criminal do Texas rejeitou esse argumento, afirmando que a pena de morte nesses casos não deveria se basear no fato de um condenado compreender ou não as razões para a execução, mas na culpabilidade moral do sujeito no momento em que cometeu o crime.

Em 2007, a Suprema Corte dos Estados Unidos impediu a execução de Panetti e devolveu o caso ao Tribunal Distrital em Austin, Texas. A corte baseou essa decisão em parte nos argumentos que a American Psychological Association, a American Psychiatric Association e a National Alliance on Mental Illness apresentaram. Essas organizações apresentaram em conjunto uma súmula que afirmava que indivíduos com condições psicóticas, como Panetti, podem vivenciar delírios e uma ruptura da compreensão da realidade. Além disso, esses indivíduos podem ser incapazes de associar eventos e entender causa e efeito, ou seja, a ligação entre o crime e a pena.

Perspectivas finais sobre questões forenses

Como podemos observar pela discussão das questões forenses, há um conjunto inteiro de conhecimentos se formando na fronteira entre a psicologia e a lei. Os profissionais da saúde mental estão desempenhando um papel cada vez mais importante no sistema legal e, ao mesmo tempo, estão percebendo que precisam se familiarizar com uma série de questões forenses. Evidentemente, as áreas de intersecção entre a psicologia e a lei continuarão a crescer à medida que a sociedade busca intervenções que sejam humanas, éticas e eficazes.

Retorno ao caso: Mark Chen

Mark foi hospitalizado por cinco dias. Enquanto estava na unidade, profissionais da saúde mental o avaliaram com cuidado, concentrando-se em seu potencial suicida e seus sintomas depressivos. Frequentou terapia de grupo e trabalhou com um psiquiatra para mudar seu regime medicamentoso. Quando se estabilizou e não apresentou mais pensamentos suicidas, recebeu alta do hospital. Seus pais o buscaram e decidiram que Mark ficaria com eles pelo resto do semestre e retornaria à faculdade no próximo ano.

Antes de sua hospitalização, os pais de Mark não tinham conhecimento de que seu filho vivenciava dificuldades psicológicas. Para surpresa de Mark, eles declararam que entendiam sua necessidade de ficar em casa para se recuperar. Visto que seus pais moravam há várias horas de distância de sua faculdade, o rapaz e seu terapeuta decidiram ter sessões semanais por telefone a fim de continuar seu trabalho juntos. O trabalho deles focalizou o relacionamento entre Mark e seus pais, e o jovem usou seu tempo em casa para conversar com eles sobre como a pressão que tinham feito sobre ele tinha sido fonte de muito estresse.

Reflexões da dra. Tobin: Os terapeutas às vezes se defrontam com a difícil decisão de hospitalizar seus clientes de terapia. O clínico de Mark realizou os passos adequados para determinar seu nível de segurança. Ele tinha grande necessidade de ser hospitalizado, já que parecia ser uma ameaça imediata à própria vida; portanto, o profissional foi obrigado, conforme a ética, a quebrar a confidencialidade e interná-lo no hospital. Felizmente, o jovem e seu terapeuta tinham uma aliança forte o suficiente para Mark sentir que podia vir a "uma última sessão", em vez de acabar com sua vida. Isso pode ter sido um "grito de socorro", porque o rapaz sabia que o profissional seria capaz de ajudá-lo.

O primeiro episódio depressivo de Mark foi grave, tendo durado em torno de oito meses. Geralmente, quanto mais grave o inicial, mais persistente e grave se tornarão os subsequentes. Considerando que o trabalho atual com seu terapeuta é o primeiro tratamento psicológico que o jovem recebe, uma parte do tratamento será ajudá-lo a obter um senso de *insight* de suas lutas psicológicas. Por exemplo, no futuro, caso comece a perceber o mesmo padrão de sintomas que levaram a seu episódio depressivo atual, Mark será capaz de reconhecer que esses sintomas podem se tornar mais graves se não levá-los ao conhecimento de seu terapeuta ou do psiquiatra.

Finalmente, conduzir psicoterapia por telefone, ou "teleterapia", está se tornando uma forma cada vez mais comum de realizar terapia, a qual está inserida no Código de Ética da APA. Se ambas as partes concordam que será a melhor forma de manter a aliança terapêutica durante um certo período de tempo, como no caso de Mark, ela pode ser uma alternativa saudável à interrupção total da terapia. Uma vez que Mark planejava voltar para a faculdade e continuar a trabalhar com seu terapeuta, parece que a teleterapia foi uma forma adequada de continuar o trabalho deles e evitar uma ruptura em seu progresso.

Resumo

- Os profissionais têm vários papéis e responsabilidades. Esperamos que tenham a competência intelectual de avaliar, conceituar e tratar clientes que aceitam para tratamento, além da capacidade emocional de lidar com as questões clínicas que surgem. Ao iniciar o trabalho, eles devem obter o consentimento informado do cliente para assegurar que este entenda os objetivos do tratamento, o processo de terapia, seus direitos, as responsabilidades do terapeuta, os riscos do tratamento, as técnicas serão utilizadas, as questões financeiras e os limites da confidencialidade.
- A confidencialidade é o princípio de que o terapeuta deve salvaguardar as revelações na terapia como privadas. Com apenas poucas exceções, o conteúdo da terapia é comunicação privilegiada; ou seja, o profissional não pode relevar qualquer informação sobre o cliente em um tribunal sem a permissão expressa do indivíduo. As exceções à confidencialidade incluem casos que envolvem relato obrigatório e o **dever de alertar (ou de outro modo proteger)**. Os profissionais da saúde mental são obrigados por lei a relatar informações relacionadas a abuso ou negligência de crianças ou de outras pessoas que sejam incapazes de se proteger. O dever de alertar diz respeito à responsabilidade do profissional de tomar medidas para informar uma possível vítima que um cliente tem intenção de prejudicá-la.
- Em seus relacionamentos com os clientes, esperamos que os terapeutas sejam fiéis aos mais altos padrões de conduta ética e profissional. Eles devem evitar relacionamentos inadequados, como intimidade sexual com clientes, e manter neutralidade e distância em suas relações com eles. Ao tratar dos aspectos comerciais da prática da psicoterapia, os profissionais da saúde mental enfrentam vários desafios, particularmente quando operam nos sistemas de planos de saúde. Às vezes, os profissionais devem exercer papéis que apresentam desafios éticos únicos (p. ex., testemunho pericial, avaliações de custódia de filhos e avaliação de pessoas com demência).
- Os terapeutas às vezes são envolvidos no processo de **internação**, um procedimento de emergência para a hospitalização involuntária de uma pessoa que, do contrário, está propensa a causar dano a si mesma ou a terceiros como resultado de doença mental. Os clientes hospitalizados têm **direito a tratamento** – o direito a um ambiente humano com comodidades e conforto adequados, além de liberdade e segurança. Também têm o direito de recusar tratamento indesejado, a menos que um tribunal considere que correm o risco de se prejudicar ou de causar dano a outros na falta de intervenção necessária. Os clientes têm, ainda, o direito à **alternativa menos restritiva** ao tratamento em uma instituição.
- As principais questões forenses que dizem respeito ao campo da saúde mental envolvem a **defesa de insanidade** e a **capacidade para ser julgado.** A defesa de insanidade é o argumento apresentado pelo advogado, em nome do cliente, que estabelece que, devido à existência de um transtorno mental, a lei não deve considerá-lo legalmente responsável por atos criminosos. Várias controvérsias surgiram durante as duas últimas décadas em relação à defesa de insanidade, visto que os tribunais têm lutado com questões de avaliação da responsabilidade de um réu em casos bem divulgados que envolvem atos violentos e assassinatos. A capacidade para ser julgado determina se um réu tem consciência e é capaz de participar nos processos criminais contra sua pessoa.

Termos-chave

Glossário

A

Abordagem multicultural Terapia que se baseia na consciência, no conhecimento e nas habilidades do contexto sociocultural do cliente.

Aborrecimentos Um acontecimento relativamente menor que pode causar estresse.

Abstinência Alterações fisiológicas e psicológicas que ocorrem quando um indivíduo para de usar uma substância.

Acinesia Distúrbio motor no qual os músculos de uma pessoa se tornam rígidos e é difícil iniciar um movimento.

Acontecimento de vida estressante Um acontecimento que perturba a vida do indivíduo.

Acumulação Uma compulsão na qual as pessoas têm dificuldades persistentes em descartar as coisas, mesmo se tiverem pouco valor.

Afeto inadequado O grau em que a expressividade emocional de uma pessoa não corresponde ao conteúdo do que está sendo discutido.

Afeto restrito Limitação da gama de expressões externas de emoções.

Afrouxamento de associações Fluxo de pensamentos que é vago, não focalizado e ilógico.

Agorafobia Ansiedade intensa desencadeada pela exposição real ou antecipada a situações nas quais as pessoas podem ser incapazes de obter ajuda caso se tornem incapacitadas.

Alegrias Acontecimentos que aumentam seus sentimentos de bem-estar.

Alelo Uma de duas variações diferentes de um gene.

Alternativa menos restritiva Ambiente de tratamento que forneça o menor número de restrições à liberdade do cliente.

Alucinação Percepção falsa que não corresponde aos estímulos objetivos presentes no ambiente.

Alucinógenos Substâncias psicoativas que causam experiências perceptuais anormais na forma de ilusões ou alucinações, geralmente de natureza visual.

Ambientoterapia Uma abordagem de tratamento, usada em um serviço psiquiátrico de pacientes internados, na qual todas as facetas do meio, ou ambiente, são componentes do tratamento.

Amnésia Incapacidade de lembrar informações aprendidas anteriormente ou de registrar memórias novas.

Amnésia anterógrada Amnésia que envolve a incapacidade de lembrar informações novas.

Amnésia dissociativa Incapacidade de lembrar detalhes pessoais e experiências importantes; geralmente está associada com acontecimentos traumáticos ou muito estressantes.

Amnésia retrógrada Amnésia que envolve perda de memória para eventos passados.

Anfetamina Estimulante que afeta tanto o sistema nervoso central quanto o sistema nervoso autônomo.

Anorexia nervosa (AN) Transtorno alimentar caracterizado por incapacidade de manter o peso normal, medo intenso de ganhar peso e percepção corporal distorcida.

Ansiedade Resposta global e orientada ao futuro, envolvendo tanto componentes cognitivos como emocionais, na qual um indivíduo fica excessivamente apreensivo, tenso e inquieto sobre a perspectiva de algum acontecimento terrível.

Ansiedade de saúde Preocupação sobre sintomas físicos e doença.

Ansiolítico Medicamento contra a ansiedade.

Apneia Ausência total de fluxo de ar.

Associabilidade Falta de interesse em relacionamentos sociais.

Associação livre Um método usado na psicanálise no qual o cliente fala livremente, dizendo tudo o que lhe vem à mente.

Ataque de pânico Período de intenso medo e desconforto físico acompanhado pelo sentimento de estar sendo oprimido e prestes a perder o controle.

Atitudes disfuncionais Regras ou valores pessoais mantidos pelos indivíduos que interferem no ajustamento adequado.

Ativação comportamental Terapia comportamental para depressão na qual o clínico ajuda o cliente a identificar atividades associadas com humor positivo.

Autoeficácia A percepção do indivíduo de competência em várias situações de vida.

Automonitoração Uma técnica de autorrelato na qual o cliente mantém um registro da frequência de comportamentos especificados.

Autorrealização Na teoria humanista, a realização máxima do potencial do indivíduo para crescimento psicológico.

Autorrelato comportamental Método de avaliação comportamental no qual o indivíduo fornece informações sobre a frequência de determinados comportamentos.

Avaliação comportamental Uma forma de mensuração baseada no registro objetivo do comportamento do indivíduo.

Avaliação multicultural Processo de avaliação no qual os profissionais levam em consideração a herança cultural, étnica e racial da pessoa.

Avaliação neuropsicológica Um processo de obter informações sobre o funcionamento cerebral de um cliente com base no desempenho em testes psicológicos.

Avaliação psicológica Uma ampla variedade de técnicas de medidas, todas as quais envolvem pessoas fornecendo informações mensuráveis sobre seu funcionamento psicológico.

Avolição Falta de iniciativa, não querer agir ou falta de energia e vontade para agir.

B

Biopsicossocial Um modelo no qual a interação de fatores biológicos, psicológicos e socioculturais é vista como um aspecto que influencia o desenvolvimento do indivíduo.

Bradicinesia Distúrbio motor que envolve uma desaceleração geral da atividade motora.

Bulimia nervosa Transtorno alimentar que envolve a alternância entre comer grandes quantidades de alimento em um curto período de tempo e, em seguida, compensar as calorias adicionais por meio de vômitos ou outras ações externas para evitar o ganho de peso.

Buprenorfina Medicamento usado no tratamento de adição de heroína.

C

Cafeína Estimulante encontrado no café, no chá, no chocolate, em bebidas energéticas, em pílulas de dieta e em medicamentos para dor de cabeça.

Capacidade para ser julgado Previsão feita por um especialista em saúde mental quanto à estabilidade cognitiva e emocional do réu durante o período do julgamento.

Casa de passagem Um serviço de tratamento da comunidade para clientes desinstitucionalizados que receberam alta de um hospital, mas ainda não estão prontos para a vida independente.

Catatonia Condição na qual o indivíduo apresenta distúrbios psicomotores marcantes.

Centrado no cliente Abordagem baseada na crença mantida por Rogers de que as pessoas são inerentemente boas e que o potencial para autoaperfeiçoamento está no interior do indivíduo.

Centro de saúde mental da comunidade Clínica ambulatorial que fornece serviços psicológicos em uma escala de honorários móvel para atender indivíduos que vivem em determinada área geográfica.

Cisão Defesa comum em pessoas com transtorno da personalidade borderline, na qual os indivíduos percebem os outros, ou a si próprios, como todo-bom ou todo-mau, o que geralmente resulta em relacionamentos interpessoais perturbados.

Classificação internacional de doenças (CID) O sistema diagnóstico da Organização Mundial da Saúde.

Cleptomania Transtorno do controle de impulsos que envolve o desejo persistente de roubar.

Cliente Uma pessoa que busca tratamento profissional.

Clínico A pessoa que fornece tratamento.

Cocaína Estimulante do sistema nervoso central altamente viciante que um indivíduo cheira, injeta ou fuma.

Comportamento-alvo Um comportamento de interesse ou uma preocupação em uma avaliação.

Compulsão Comportamento repetitivo e aparentemente intencional realizado em resposta a impulsos incontroláveis ou de acordo com um conjunto de regras ritualísticas ou estereotipadas.

Comórbido Caso em que múltiplas condições diagnósticas são observadas de forma simultânea no mesmo indivíduo.

Condicionamento clássico A aprendizagem de uma ligação entre um estímulo originalmente neutro e outro naturalmente evocador que produz uma reação reflexiva automática.

Condicionamento operante Um processo de aprendizagem no qual um indivíduo adquire comportamentos por meio de reforço.

Condição-placebo Condição em um experimento na qual os participantes recebem um tratamento semelhante ao experimental, mas sem o aspecto-chave do tratamento de interesse.

Confiabilidade Quando usado com relação a diagnóstico, esse termos refere-se ao grau de consistência com que os clínicos fornecem diagnósticos entre indivíduos que têm um conjunto particular de sintomas.

Consideração positiva incondicional Um método na terapia centrada no cliente em que o médico demonstra total aceitação do que o cliente diz, faz e sente.

Contracondicionamento O processo de substituir uma resposta indesejada a um estímulo por uma resposta aceitável.

D

Defesa de insanidade Argumento, apresentado pelo advogado de defesa, de que, devido à existência de um transtorno mental, seu cliente não deve ser considerado legalmente responsável por atos criminosos.

Deficiência intelectual (transtorno do desenvolvimento intelectual) Diagnóstico usado para caracterizar indivíduos que têm déficits intelectuais e adaptativos que se tornaram evidentes pela primeira vez quando eles eram crianças.

Delírio Crença falsa profundamente arraigada e não compatível com a inteligência ou a herança cultural do cliente.

Delirium Transtorno neurocognitivo que é de natureza temporária e envolve perturbações da atenção ou da consciência.

Demência multi-infarto (DMI) Forma de transtorno neurocognitivo causado por ataques transitórios nos quais o fluxo sanguíneo para o cérebro é interrompido por uma artéria entupida ou rompida.

Depressor Substância psicoativa que causa a depressão da atividade do sistema nervoso central.

Despersonalização Condição na qual as pessoas se sentem separadas de seu próprio corpo.

Desrealização Condição na qual as pessoas têm um sentido de irrealidade ou separação de seu ambiente.

Desregulação emocional Falha na percepção, compreensão ou aceitação das emoções; inabilidade para controlar a intensidade ou duração das emoções; dificuldades em vivenciar frustração em relação aos seus objetivos; inabilidade em engajar-se em condutas direcionadas a um objetivo quando submetido a frustração.

Dessensibilização sistemática Uma variação do contracondicionamento que envolve apresentar ao cliente imagens progressivamente mais provocadoras de ansiedade enquanto em um estado relaxado.

Desvio de inteligência (QI) Um índice de inteligência derivado da comparação da pontuação do indivíduo em um teste de inteligência com a pontuação média para o grupo de referência daquele indivíduo.

Dever de alertar (ou de outro modo proteger) Responsabilidade do profissional de saúde de notificar uma vítima potencial da intenção prejudicial de um cliente em relação a ela.

Diagnóstico diferencial O processo de excluir sistematicamente diagnósticos alternativos.

Diagnóstico principal O transtorno que é considerado a razão primária de o indivíduo buscar ajuda profissional.

Dietilamida do ácido lisérgico (LSD) Forma de uma droga alucinógena que os usuários ingerem em pastilhas, em cápsulas e na forma líquida.

Direito a tratamento Direito legal da pessoa que entra em um hospital psiquiátrico de receber tratamento adequado.

Diretrizes do American Law Institute (ALI) Diretrizes que propõe que as pessoas não são responsáveis por comportamento criminoso se seu transtorno mental as impede de reconhecer a ilicitude de seu comportamento.

Discalculia Padrão de dificuldades no sentido numérico, na capacidade de aprender fatos matemáticos e de realizar cálculos corretos.

Discinesia tardia Transtorno motor que consiste em movimentos involuntários da boca, dos braços e do tronco.

Discriminação social Tratamento preconceituoso de uma classe de indivíduos, visto na perspectiva sociocultural como uma das causas de problemas psicológicos.

Disforia Humor triste excepcionalmente elevado.

Disforia de gênero Sofrimento que pode acompanhar a incongruência entre o gênero que uma pessoa vivencia ou expressa aquele que lhe é atribuído.

Disfunção sexual Anormalidade na resposta e nas reações sexuais de um indivíduo.

Dissulfiram Um medicamento usado no tratamento de transtorno por uso de álcool que inibide a aldeído desidrogenase (ALDH) e causa reações físicas graves quando combinado com álcool.

Doença de Pick Doença degenerativa relativamente rara que afeta os lobos frontal e temporal do córtex cerebral e pode causar transtornos neurocognitivos.

Doença do príon Doença causada por uma partícula de proteína anormal que infecta o tecido cerebral.

Duplo-cego Um procedimento experimental no qual nem a pessoa que administra o tratamento nem aquela que o recebe sabem se o participante está no grupo experimental ou no de controle.

E

Ecolalia Emitir os mesmos sons repetidas vezes.

Economia de fichas Uma forma de manejo da contingência na qual um cliente que realiza atividades desejadas ganha fichas ou passes que mais tarde podem ser trocados por benefícios palpáveis.

Ecstasy (MDMA) Droga alucinógena feita de uma substância sintética quimicamente semelhante a metanfetamina e mescalina.

Ego Na teoria psicanalítica, a estrutura da personalidade que dá ao indivíduo os poderes mentais de julgamento, memória, percepção e tomada de decisão, permitindo que ele se adapte às realidades do mundo externo.

Eixo Uma classe de informação no DSM-IV relativa a um aspecto do funcionamento do indivíduo.

Ejaculação prematura (precoce) Uma disfunção sexual na qual um homem alcança o orgasmo bem antes do que deseja, talvez mesmo antes da penetração.

Ejaculação retardada Uma disfunção sexual na qual um homem vivencia problemas em ter um orgasmo durante a atividade sexual; também conhecida como orgasmo masculino inibido.

Eletrencefalograma (EEG) Uma medida das mudanças na atividade elétrica do cérebro.

Eletroconvulsoterapia (ECT) A aplicação de choque elétrico à cabeça com o objetivo de induzir convulsões terapeuticamente benéficas.

Emaranhados neurofibrilares Característica da doença de Alzheimer na qual o material dentro dos corpos celulares dos neurônios se enche de microfibrilas proteicas espiraladas, densamente empacotadas, ou pequenos fios.

Encefalopatia de Wernicke Condição aguda e potencialmente reversível secundária à deficiência de tiamina (vitamina B1). Envolve delirium, distúrbios dos movimentos oculares, dificuldades no movimento e no equilíbrio e deterioração dos nervos periféricos para as mãos e os pés.

Encoprese Transtorno da eliminação no qual o indivíduo é incontinente de fezes e evacua nas roupas ou em outro lugar impróprio.

Endofenótipos Anormalidades biocomportamentais ligadas às causas genéticas e neurológicas dos transtornos mentais.

Enfrentamento Processo por meio do qual as pessoas reduzem o estresse.

Enfrentamento focado na emoção Um tipo de enfrentamento no qual uma pessoa não muda coisa alguma em relação à própria situação, mas, em vez disso, tenta melhorar seus sentimentos sobre ela.

Enfrentamento focado no problema Enfrentamento no qual o indivíduo toma uma atitude para reduzir o estresse mudando o que quer que torne a situação estressante.

Entrevista clínica Uma série de perguntas que o médico administra na interação face a face com o cliente.

Entrevista Clínica Estruturada para Transtornos do DSM-IV (SCID) Uma entrevista clínica amplamente utilizada.

Entrevista comportamental Processo de avalição em que os clínicos fazem perguntas sobre frequência, antecedentes e consequências do comportamento-alvo.

Entrevista estruturada Uma série padronizada de perguntas de avaliação, com um fraseado e uma ordem predeterminados.

Entrevista motivacional (EM) Um estilo diretivo, centrado no cliente, para induzir mudança de comportamento, ajudando-o a explorar e resolver ambivalências.

Entrevista não estruturada Uma série de perguntas abertas para determinar as razões de o cliente estar em tratamento, seus sintomas, estado de saúde, história familiar e história de vida.

Enurese Transtorno da eliminação no qual o indivíduo é incontinente de urina e urina nas roupas ou na cama após a idade em que se espera que a criança seja continente.

Epigenética A ciência que tenta identificar as formas como o ambiente influencia os genes a produzirem fenótipos.

Epigênese Processo por meio do qual o ambiente "liga" ou "desliga" os genes.

Episódio depressivo maior Período no qual o indivíduo vivencia sintomas psicológicos e físicos intensos acompanhando sentimentos de tristeza esmagadora (disforia).

Episódio hipomaníaco Período de humor exaltado não tão extremo como um episódio maníaco.

Espectroscopia de prótons por ressonância magnética (MRS) Um método de varredura que mede a atividade metabólica de neurônios e, portanto, pode indicar áreas de dano cerebral.

Esquizofrenia Transtorno com uma variedade de sintomas envolvendo distúrbios no conteúdo e na forma do pensamento, na percepção, no afeto, no sentido de self,* na motivação, no comportamento e no funcionamento interpessoal.

Estágios psicossexuais De acordo com a teoria psicanalítica, a sequência normal de desenvolvimento pela qual todos os indivíduos passam entre a infância e a idade adulta.

Estigma Um rótulo que faz certas pessoas serem consideradas diferentes, defeituosas e separadas dos membros convencionais da sociedade.

Estilo do apego A forma como uma pessoa se relaciona com a figura do cuidador.

Estimulante Substância psicoativa que tem um efeito ativador sobre o sistema nervoso central.

Estimulação cerebral profunda (ECP) Tratamento somático no qual o neurocirurgião implanta o microeletrodo que libera estimulação elétrica baixa, constante, para uma pequena região do cérebro, alimentado por uma bateria implantada.

Estresse A reação emocional desagradável que uma pessoa tem quando um acontecimento é percebido como ameaçador.

Estudo de associação genômica ampla (GWAS) Método genético no qual pesquisadores varrem o genoma inteiro de indivíduos que não são parentes para encontrar as variações genéticas associadas a determinada doença.

Estudo de caso Investigação intensiva sobre um indivíduo descrito detalhadamente.

Estudo de ligação genômica ampla Método genético no qual pesquisadores estudam as famílias de pessoas com traços ou transtornos psicológicos específicos.

Exame do estado mental Um método de avaliar objetivamente o comportamento e o funcionamento de um cliente em uma série de esferas, com atenção particular aos sintomas associados com transtorno psicológico.

Explicações científicas Consideram os transtornos psicológicos resultado de causas que podemos medir objetivamente, como alterações biológicas, processos de aprendizagem falhos ou estressores emocionais.

Explicações espirituais Consideram os transtornos psicológicos produto de possessão por espíritos malignos ou demoníacos.

Explicações humanitárias Consideram os transtornos psicológicos resultado de crueldade, estresse ou condições de vida pobres.

Exposição gradual Um procedimento no qual os clientes gradualmente se expõem a situações provocadoras de ansiedade cada vez mais desafiadoras.

F

Farmacogenética O uso de testes genéticos para determinar quem irá e quem não irá melhorar com um determinado medicamento.

Fase ativa Período no curso da esquizofrenia no qual sintomas psicóticos estão presentes.

Fatores psicológicos que afetam outras condições médicas Transtornos nos quais os clientes têm uma doença ou um sintoma médico que parecem ser exacerbados por fatores psicológicos ou comportamentais.

Fenciclidina (PCP) Forma de droga alucinógena desenvolvida originalmente como anestésico intravenoso.

Fenilcetonúria (PKU) Condição na qual as crianças nascem com falta de uma enzima chamada fenilalanina hidroxase.

Fenótipo A expressão do programa genético nos atributos físicos e psicológicos do indivíduo.

Fobia Medo irracional associado com determinado objeto ou situação.

Fobia específica Medo irracional e persistente de determinado objeto, atividade ou situação.

Foco sensorial Método de tratar disfunções sexuais no qual a interação não visa levar ao orgasmo, mas vivenciar sensações prazerosas durante as fases anteriores a ele.

Formulação cultural Inclui a avaliação do clínico com relação ao grau de identificação do cliente com a cultura de origem, as crenças desta sobre transtornos psicológicos, as formas como a cultura interpreta eventos em particular e os apoios culturais disponíveis para o cliente.

Formulação de caso A análise de um clínico dos fatores que poderiam ter influenciado o estado psicológico atual do cliente.

G

Ganho primário O alívio da ansiedade ou da responsabilidade devido ao desenvolvimento de sintomas físicos ou psicológicos.

Ganho secundário A simpatia e a atenção que uma pessoa doente recebe das outras pessoas.

Genética molecular O estudo de como os genes traduzem informações de hereditariedade.

Genótipo A constituição genética de um organismo.

Guardião *ad litem* Alguém indicado pelo tribunal para representar ou tomar decisões por uma pessoa (p. ex., um menor ou um adulto incapacitado) que seja legalmente incapaz de fazê-lo em um processo legal civil.

H

Health Insurance Portability and Accountability Act of 1996 (HIPAA) (Lei de Portabilidade e Responsabilidade dos Planos de Saúde de 1996) Legislação dos Estados Unidos visa garantir cobertura adequada e proteger os consumidores contra perda do plano de saúde quando mudam ou perdem seus empregos.

Heroína Substância psicoativa que é uma forma de opiáceo, sintetizada da morfina.

Hipnótico Substância que induz sedação.

Hipopneia Redução no fluxo de ar.

Hipótese do amadurecimento Proposição de que pessoas com personalidade antissocial e outros transtornos do Grupo B se tornam mais capazes de controlar seus comportamentos à medida que envelhecem.

Hipótese do neurodesenvolvimento Teoria que propõe que a esquizofrenia é um transtorno do neurodesenvolvimento que surge durante os anos da adolescência ou início da idade adulta devido a alterações no controle genético do amadurecimento cerebral.

Humor eufórico Estado de sentimento que é mais alegre e exultante do que a média, possivelmente mesmo de êxtase.

I

Id Na teoria psicanalítica, a estrutura da personalidade que contém os instintos sexuais e agressivos.

Identidade de gênero O sentido interior de masculinidade ou feminilidade de uma pessoa.

Imagem de ressonância magnética (IRM ou MRI) O uso de ondas de rádio em vez de raios X para construir uma imagem do cérebro vivo baseada no conteúdo de água de vários tecidos.

Imagem de ressonância magnética funcional (IRMf ou fMRI) Uma variação da IRM tradicional que torna possível construir uma imagem da atividade do cérebro.

Imagem de tensor de difusão (DTI) Um método para investigar anormalidades na substância branca do cérebro.

Imersão Uma técnica comportamental na qual o cliente é mergulhado na sensação de ansiedade ao ser exposto à situação temida em sua totalidade.

Imersão imaginária Uma técnica comportamental na qual o cliente é exposto por meio da imaginação à situação temida.

Imersão *in vivo* Uma técnica comportamental na qual o cliente é exposto à situação temida real.

Inalantes Grupo variado de substâncias que causam efeitos psicoativos pela produção de vapores químicos.

Incidência A frequência de novos casos em um determinado período de tempo.

Inclusão Uma política governamental para integrar totalmente na sociedade pessoas com deficiências cognitivas e físicas.

Incoerente Linguagem que é incompreensível.

Insanidade Termo legal que se refere à falta de responsabilidade moral do indivíduo pelo cometimento de atos criminosos.

Internação Procedimento de emergência para hospitalização psiquiátrica involuntária.

Interrupção do pensamento Método cognitivo-comportamental no qual o cliente aprende a parar de ter pensamentos provocadores de ansiedade.

Intoxicação por substância Experiência mal-adaptativa temporária de mudanças comportamentais ou psicológicas que se devem ao acúmulo de uma substância no corpo.

Inventário clínico de autorrelato Um teste psicológico com perguntas padronizadas de categorias de respostas fixas que o testado completa independentemente, autorrelatando o grau em que as respostas são caracterizações precisas.

J

Julgamento substitutivo Análise subjetiva do que o cliente decidiria se fosse cognitivamente capaz de tomar a decisão.

L

Lesão cerebral traumática (LCT) Dano ao cérebro causado por exposição a trauma.

Levantamento Um instrumento de pesquisa usado para obter informações de uma amostra de pessoas considerada representativa de uma determinada população, no qual os participantes devem responder a perguntas sobre o tópico de interesse.

Libido Uma pressão instintual por gratificação de desejos sexuais e agressivos.

M

Maconha Substância psicoativa derivada da planta do cânhamo cujo ingrediente ativo principal é o delta-9-tetraidrocanabinol (THC).

Manejo da contingência Uma forma de terapia comportamental que envolve o princípio de recompensar o cliente por comportamentos desejados e não recompensá-lo pelos indesejados.

***Manual diagnóstico e estatístico de transtornos mentais* (DSM)** Um livro publicado pela American Psychiatric Association que contém termos e definições-padrão de transtornos psicológicos.

Mapas de amor Representações das fantasias e das práticas sexuais preferidas de um indivíduo.

Mapeamento genético A tentativa por pesquisadores biológicos de identificar a estrutura de um gene e as características que ele controla.

Mecanismos de defesa Tática que mantém pensamentos, instintos e sentimentos inaceitáveis fora da consciência e, portanto, protege o ego contra ansiedade.

Medicina comportamental Abordagem interdisciplinar às condições médicas afetadas por fatores psicológicos que tem suas raízes na teoria da aprendizagem.

Medo A resposta emocional a uma ameaça iminente real ou imaginada.

Metadona Opiáceo sintético que produz uma reação mais segura e mais controlada do que a heroína e que é usado para tratar adição de heroína.

Metanfetamina Droga estimulante viciante que está relacionada à anfetamina, mas provoca efeitos mais intensos no sistema nervoso central.

Metilação do DNA Processo que pode desligar um gene *enqua*Nto um grupo químico, metil, se liga a ele.

Modalidade Forma como o clínico oferece psicoterapia.

Modelagem participante Uma forma de terapia na qual o terapeuta primeiro mostra ao cliente um comportamento desejado e, então, o orienta na mudança do comportamento.

Modelo de caminhos Abordagem ao transtorno do jogo que prediz a existência de três caminhos principais que levam a três subtipos.

Modelo diátese-estresse A proposta de que as pessoas nascem com uma predisposição (ou "diátese") que os coloca em risco de desenvolver um transtorno psicológico se expostas a determinadas experiências de vida extremamente extressantes.

Modelo dos Cinco Fatores A troca do traço propõe que há cinco disposições básicas na personalidade.

Modelo experimental de caso único (SCED) Modelo no qual a mesma pessoa serve como sujeito em ambas as condições, experimental e de controle.

Movimentos oculares rápidos (REMs) Fase do sono que envolve movimentos frequentes dos olhos por trás das pálpebras fechadas; EEGs semelhantes aos feitos durante a vigília.

Mutismo seletivo Transtorno que se origina na infância, no qual o indivíduo conscientemente se recusa a falar.

N

Naltrexona Medicamento usado no tratamento de adição de heroína.

Neologismos Palavras inventadas ("novas").

Neurocirurgia psiquiátrica Tratamento em que um neurocirurgião opera regiões cerebrais.

Neuroimagem Método de avaliação que fornece um quadro das estruturas ou do nível de atividade do cérebro e, portanto, é um instrumento útil para "examinar" o cérebro.

Neuromodulação Forma de neurocirurgia psiquiátrica na qual eletrodos implantados permanentemente disparam respostas em circuitos cerebrais específicos, quando necessário.

Neurotransmissor Uma substância química que um neurônio libera dentro da fenda sináptica, onde ela passa pela sinapse e é absorvida pelo neurônio receptor.

Nicotina Substância psicoativa encontrada nos cigarros.

O

Observação *in vivo* Processo envolvendo o registro de comportamento em seu contexto natural, tal como a sala de aula ou a casa.

Observações análogas Avaliações que acontecem em um ambiente ou contexto, como um consultório de um terapeuta ou laboratório, designado especificamente para observação do comportamento-alvo.

Obsessão Pensamento, palavra, frase ou imagem indesejados que repetida ou persistentemente vêm à mente da pessoa e causam sofrimento.

Opiáceo Substância psicoativa que alivia a dor.

P

Paciente No modelo médico, uma pessoa que recebe tratamento.

Padronização Um critério psicométrico que especifica claramente as instruções para administração e pontuação de um teste.

Padrão de comportamento Tipo A Padrão de comportamentos que incluem ser inflexível, competitivo, impaciente, cínico, desconfiado e hostil em relação aos outros e facilmente irritado.

Parafilias Comportamentos nos quais um indivíduo tem fantasias, impulsos sexuais ou comportamentos recorrentes e intensos envolvendo (1) objetos não humanos, (2) crianças ou outras pessoas não consensuais ou (3) o sofrimento ou a humilhação próprios ou do parceiro.

Paranoia A crença ou percepção irracional de que os outros desejam lhe fazer mal.

Parcialismo Parafilia na qual a pessoa está interessada somente em uma parte do corpo para obter gratificação sexual, como os pés.

Parens patriae A autoridade do Estado de proteger aqueles que são incapazes de se proteger.

Peiote Forma de droga alucinógena cujo ingrediente principal é a mescalina.

Pensamento de processo secundário Na teoria psicanalítica, o tipo de pensamento envolvido na solução de problema lógica e racional.

Pensamentos automáticos Ideias tão profundamente enraizadas que o indivíduo nem mesmo tem consciência de que elas levam a sentimentos de infelicidade e desencorajamento.

Personalidade Tipo D Pessoas que vivenciam emoções que incluem ansiedade, irritação e humor deprimido.

Perspectiva biológica Uma perspectiva teórica na qual se supõe que alterações nas emoções, no comportamento e em processos cognitivos são causadas por anormalidades no funcionamento do corpo.

Perspectiva cognitiva Uma perspectiva teórica na qual se supõe que a anormalidade seja causada por processos de pensamento mal-adaptativos que resultam em comportamento disfuncional.

Perspectiva comportamental Uma perspectiva teórica que supõe que a anormalidade seja causada por experiências incorretas de aprendizagem.

Perspectiva familiar Perspectiva teórica na qual se supõe que a anormalidade seja causada por perturbações no padrão de interações e relacionamentos na família.

Perspectiva humanista Abordagem à personalidade e ao transtorno psicológico que considera as pessoas como motivadas pela necessidade de entenderem a si mesmas e o mundo, bem como de obter maior enriquecimento de suas experiências realizando seu potencial individual único.

Perspectiva psicodinâmica A orientação teórica na psicologia que enfatiza os determinantes inconscientes do comportamento.

Perspectiva sociocultural A perspectiva teórica que enfatiza as formas como os indivíduos são influenciados por pessoas, instituições e forças sociais no mundo em torno deles.

Perspectiva teórica Uma orientação ao entendimento das causas de comportamento humano e ao tratamento de anormalidade.

Pesquisa qualitativa Um modelo de análise de dados que fornece à pesquisa métodos para examinar relações complexas que não se prestam facilmente a processos estatísticos convencionais.

Pica Condição na qual uma pessoa ingere substâncias não comestíveis, como sujeira ou fezes; comumente associada com retardo mental.

Piromania Transtorno do controle de impulsos envolvendo o desejo irreprimível, persistente e coercivo de iniciar incêndios.

Placas amiloides Característica da doença de Alzheimer na qual agrupamentos de neurônios mortos ou em processo de morrer se misturam com fragmentos de moléculas de proteína.

Plano de tratamento O resumo de como a terapia deve ser realizada.

Poligênico Um modelo de herança no qual mais de um gene participa no processo de determinar certa característica.

Polimorfismo de nucleotídeo único (SNP) (pronunciado "snip") Uma pequena variação genética que pode ocorrer na sequência do DNA de uma pessoa.

Polissonografia Estudo do sono que registra as ondas cerebrais, os níveis de oxigênio sanguíneo, a taxa cardíaca, a respiração, os movimentos oculares e os movimentos das pernas.

Potencialização Combinação dos efeitos de duas ou mais substâncias psicoativas, de modo que o efeito total seja maior do que o de cada substância sozinha.

Prática baseada em evidência na psicologia Tomada de decisão clínica que integra a melhor evidência de pesquisa disponível e a experiência clínica no contexto da herança cultural, das preferências e das características dos clientes.

Prevalência O número de pessoas que já tiveram um transtorno em um determinado momento ou durante um período especificado.

Prevenção de recaída Método de tratamento com base no modelo de expectativa, no qual os indivíduos são encorajados a não considerar os lapsos da abstinência como sinais de fracasso.

Princípio da realidade Na teoria psicanalítica, a força motivacional que leva o indivíduo a confrontar as restrições do mundo externo.

Princípio do prazer Na teoria psicanalítica, uma força motivadora orientada à gratificação imediata e total de necessidades e desejos sensuais.

Programa de tratamento-dia Um programa estruturado em um serviço de tratamento da comunidade que fornece atividades semelhantes às de um hospital psiquiátrico.

Pseudodemência Literalmente, falsa demência, um conjunto de sintomas causados por depressão que imita aqueles evidentes nos estágios iniciais de doença de Alzheimer.

Psicocirurgia Forma de cirurgia no cérebro cujo propósito é reduzir as perturbações psicológicas.

Psicologia do ego Perspectiva teórica baseada na teoria psicodinâmica enfatizando o ego como a força principal na personalidade.

Psicologia positiva Perspectiva que enfatiza o potencial para crescimento e mudança ao longo da vida.

Psicólogo Profissional da saúde mental que oferece serviços psicológicos.

Psicólogo clínico Um profissional da saúde mental.

Psicopatia Agrupamento de traços que formam o núcleo da personalidade antissocial.

Psicoterapia individual Tratamento psicológico no qual o terapeuta trabalha em uma base pessoal com o cliente.

Psilocibina Forma de droga alucinógena encontrada em certos cogumelos.

Psiquiatras Pessoas com diplomas em medicina que recebem treinamento avançado especializado em diagnóstico e tratamento de pessoas com transtornos psicológicos.

Purgação Eliminação de alimento por métodos inadequados, como vômito ou uso excessivo de laxantes.

R

Reações de medo condicionadas Associações adquiridas entre um sinal interno ou externo e sentimentos de ansiedade intensa.

Reestruturação cognitiva Uma das técnicas fundamentais da terapia cognitivo-comportamental, na qual os clientes aprendem a reformular ideias negativas em outras mais positivas.

Reforço O "fortalecimento" de um comportamento.

Reforço indireto Uma forma de aprendizagem na qual um novo comportamento é adquirido pelo processo de observar outra pessoa receber reforço pelo mesmo comportamento.

Regra de Durham Ampliação da defesa de insanidade baseada na determinação de que o indivíduo não é criminalmente responsável se o ato ilegal decorreu da presença de um transtorno psicológico.

Regra de M'Naghten "Teste do certo e errado" usado em casos de defesa de insanidade para determinar se um réu deve ser considerado responsável por um crime.

Relacionamentos múltiplos Relacionamentos antiéticos ocorrem quando um psicólogo tem, ao mesmo tempo e com uma mesma pessoa, um papel profissional e outro que poderia prejudicar a "objetividade, a competência ou a efetividade do profissional no exercício de suas funções como psicólogo" ou de outro modo se arriscar a explorar ou prejudicar o outro indivíduo.

Relações objetais A representação inconsciente de um indivíduo de pessoas importantes em sua vida.

Remissão Termo usado para referir-se à situação em que os sintomas do indivíduo não interferem mais em seu comportamento e estão abaixo dos requeridos para um diagnóstico do DSM.

Retardo mental Uma condição, presente desde a infância, caracterizada por funcionamento intelectual geral significativamente abaixo da média (um QI de 70 ou abaixo).

S

Secretases Enzimas que podam parte da molécula de proteína precursora de amiloide que permanece do lado de fora do neurônio de modo a ser nivelada com a membrana externa deste.

Sedativo Substância psicoativa que tem um efeito calmante sobre o sistema nervoso central.

Sexo biológico O sexo determinado pelos cromossomos de uma pessoa.

Simulação A fabricação de sintomas físicos ou psicológicos por algum motivo oculto.

Síndrome alcoólica fetal (SAF) Uma condição associada com deficiência intelectual em uma criança cuja mãe consumiu grandes quantidades de álcool regularmente durante a gravidez.

Síndrome de Down Uma forma de deficiência intelectual causada por formação cromossômica anormal durante a concepção.

Síndrome de Korsakoff Forma de demência permanente associada com uso de álcool de longo prazo na qual o indivíduo desenvolve amnésia retrógrada e anterógrada, levando a incapacidade de lembrar eventos recentes ou de aprender informações novas.

Síndrome de Rett Uma condição na qual a criança se desenvolve normalmente até os 4 anos de idade e, então, começa a apresentar prejuízos neurológicos e cognitivos, incluindo desaceleração do crescimento da cabeça e alguns dos sintomas de transtorno do espectro autista.

Síndrome do X frágil Um transtorno genético causado por uma mudança em um gene chamado FMRI.

Síndrome pós-concussional (SPC) Transtorno no qual um conjunto de sintomas físicos, emocionais e cognitivos persiste de semanas a anos.

Síndromes ligadas à cultura Padrões recorrentes de comportamento ou experiência anormais que são limitados a sociedades ou a áreas culturais específicas.

Sintomas extrapiramidais (EPS) Transtornos motores envolvendo rigidez muscular, tremores, movimentos vacilantes, inquietação e espasmos musculares afetando a postura.

Sintomas negativos Os sintomas de esquizofrenia, incluindo embotamento afetivo, alogia, avolição e anedonia, que envolvem funcionamento abaixo do nível de comportamento normal.

Sintomas positivos Os sintomas de esquizofrenia, incluindo delírios, alucinações, fala e comportamento perturbados, que são exageros ou distorções de pensamentos, emoções e comportamento normais.

Sintomas somáticos Sintomas envolvendo problemas físicos e/ou preocupações sobre sintomas médicos.

Sistema multiaxial Uma classificação e um sistema diagnósticos multidimensionais no DSM-IV-TR resumindo informações relevantes sobre o funcionamento físico e psicológico de um indivíduo.

Sonambulismo Levantar da cama durante o sono e perambular enquanto aparentemente adormecido.

Substância Qualquer produto químico que altere o humor ou o comportamento de uma pessoa quando fumado, injetado, bebido, inalado ou engolido na forma de comprimido.

Superego Na teoria psicanalítica, a estrutura da personalidade que inclui a consciência e o ideal do ego; ele incorpora as proibições sociais e exerce controle sobre a busca de gratificação instintual.

T

Tau Proteína que normalmente ajuda a manter a estrutura de sustentação interna dos axônios.

Taxa de concordância Razões de concordância entre pessoas diagnosticadas com um determinado transtorno e seus parentes.

Teoria centrada na pessoa A teoria humanista que se focaliza na singularidade de cada indivíduo, na importância de permitir que cada um alcance a realização máxima do potencial e na necessidade de o indivíduo confrontar honestamente a realidade de suas experiências no mundo.

Teoria da aprendizagem social Perspectiva que se focaliza em entender como as pessoas desenvolvem transtornos psicológicos por meio de seus relacionamentos com os outros e da observação de outras pessoas.

Teoria da miopia alcoólica Propõe que, à medida que consomem quantidades maiores de álcool, os indivíduos são mais propensos a fazer escolhas arriscadas porque a tentação imediata supera as consequências de longo prazo do comportamento.

Teoria da sensibilidade à ansiedade A crença de que o transtorno de pânico é causado em parte pela tendência a interpretar manifestações cognitivas e somáticas de estresse e ansiedade de uma maneira catastrófica.

Teoria do processo duplo Teoria relativa ao uso de álcool que propõe a existência de processos automáticos que geram um impulso de beber álcool e um processamento controlado, aplicado, que regula esses impulsos automáticos.

Terapia cognitivo-comportamental (TCC) Método de tratamento no qual os médicos se concentram em mudar pensamentos e comportamentos mal-adaptativos.

Terapia comportamental dialética (TDC) Abordagem de tratamento para pessoas com transtorno da personalidade borderline que integra tratamentos de apoio e cognitivo-comportamental para reduzir a frequência de atos autodestrutivos e melhorar a capacidade do cliente de lidar com emoções perturbadoras, como raiva e dependência.

Terapia de aceitação e compromisso (ACT) Uma forma de terapia cognitiva que ajuda os clientes a aceitarem toda a gama de suas experiências subjetivas, tais como pensamentos e sentimentos angustiantes, enquanto se comprometem com tarefas visando alcançar mudança de comportamento que levará a uma melhor qualidade de vida.

Terapia de controle do pânico (TCP) Tratamento que consiste em reestruturação cognitiva, exposição a sinais corporais associados com ataques de pânico e treinamento da respiração.

Terapia de grupo Tratamento psicológico no qual o terapeuta facilita a discussão entre diversos clientes que falam sobre seus problemas.

Terapia familiar Tratamento psicológico no qual o terapeuta trabalha com diversos ou todos os membros da família.

Terapia interpessoal (TIP) Forma de psicoterapia de tempo limitado para tratar pessoas com transtorno depressivo maior, com base na suposição de que o estresse interpessoal induz um episódio de depressão em uma pessoa geneticamente vulnerável a esse transtorno.

Terrores do sono Despertares repentinos do sono geralmente começando com um grito de pânico.

Testagem adaptativa Testagem na qual as respostas dos clientes a perguntas anteriores determinam quais são as questões subsequentes.

Teste projetivo Uma técnica na qual são apresentados ao testado um item ou uma tarefa ambíguos, e ele deve responder fornecendo seu próprio significado ou sua percepção.

Tipo ciumento de transtorno delirante Transtorno delirante no qual os indivíduos acreditam falsamente que seu parceiro romântico lhes seja infiel.

Tipo erotomaníaco de transtorno delirante Transtorno delirante no qual os indivíduos acreditam falsamente que outra pessoa está apaixonada por eles.

Tipo grandioso de transtorno delirante Uma visão exagerada de si mesmo como possuindo qualidades e capacidades pessoais especiais e extremamente favoráveis.

Tipo persecutório de transtorno delirante Transtorno delirante no qual os indivíduos acreditam falsamente que alguém os está tratando de maneira malévola.

Tipo somático de transtorno delirante Transtorno delirante no qual os indivíduos acreditam falsamente que tenham uma condição médica.

Tique Movimento ou vocalização involuntários recorrentes e rápidos.

Tolerância Grau em que o indivíduo requer quantidades cada vez maiores de uma substância a fim de alcançar seus efeitos desejados ou o grau em que sente menos seus efeitos após usar a mesma quantidade da substância.

Tomografia axial computadorizada (TAC ou CAT) Uma série de raios X obtidos de vários ângulos em torno do corpo, os quais são integrados por um computador para produzir uma imagem composta.

Tomografia computadorizada por emissão de fóton único (SPECT) Uma variante da PET que permite uma análise mais longa e detalhada das imagens.

Tomografia por emissão de pósitron (PET) Uma medida da atividade cerebral na qual uma pequena quantidade de açúcar radioativo é injetada na corrente sanguínea do indivíduo, após o que um computador mede os diversos níveis de radiação em diferentes partes do cérebro e produz uma imagem multicolorida.

Traços de personalidade Padrão contínuo de percepção, relacionamento e pensamento acerca do ambiente e dos outros.

Transexualismo Termo usado às vezes para se referir à disforia de gênero, dizendo respeito especificamente a indivíduos que escolhem se submeter a cirurgia de redesignação sexual.

Transtorno alimentar restritivo/evitativo Transtorno no qual os indivíduos evitam comer por preocupação com as consequências aversivas ou restringem a ingestão de alimento com características sensoriais específicas.

Transtorno bipolar Transtorno do humor envolvendo episódios maníacos – experiências intensas e muito disruptivas de humor elevado, possivelmente alternando com episódios depressivos maiores.

Transtorno bipolar, ciclagem rápida Forma de transtorno bipolar envolvendo quatro ou mais episódios que satisfaçam os critérios para transtorno maníaco, hipomaníaco ou depressivo maior nos últimos 12 meses.

Transtorno ciclotímico Transtorno do humor com sintomas mais crônicos e menos graves que os do transtorno bipolar.

Transtorno conversivo (transtorno de sintomas neurológicos funcionais) Transtorno de sintomas somáticos que envolve a tradução de impulsos inaceitáveis ou conflitos perturbadores em sintomas físicos.

Transtorno da comunicação social (pragmática) Transtorno envolvendo déficits no uso social de comunicação verbal e não verbal.

Transtorno da conduta Transtorno do controle de impulsos que envolve violações repetidas dos direitos dos outros e das normas e leis da sociedade.

Transtorno da dor gênito-pélvica/penetração Disfunção sexual que afeta tanto homens quanto mulheres e envolve dor genital recorrente ou persistente antes, durante ou após a relação sexual.

Transtorno da fluência de início na infância (tartamudez) Transtorno da comunicação também conhecido como tartamudez, ou gagueira, que envolve um distúrbio na fluência e padronização normal da fala. É caracterizado por verbalizações como repetições ou prolongamentos de sons, palavras quebradas, bloqueio de sons, substituições de palavras para evitar termos problemáticos ou palavras expressas com excesso de tensão.

Transtorno da linguagem Transtorno da comunicação caracterizado por ter um vocabulário limitado e deficiente, falar em sentenças curtas com estruturas gramaticais simplificadas, omitir palavras ou frases fundamentais ou juntar palavras em ordem peculiar.

Transtorno da personalidade Padrão arraigado de relacionar-se com outras pessoas, situações e acontecimentos com um tipo rígido e mal-adaptativo de experiência interior e comportamento, o qual remonta à adolescência ou ao início da vida adulta.

Transtorno da personalidade antissocial Transtorno da personalidade caracterizado por falta de consideração pela moral ou pelos padrões legais da sociedade e por estilo de vida impulsivo e arriscado.

Transtorno da personalidade *borderline* (TPB) Transtorno da personalidade caracterizado por um padrão invasivo de controle do impulso pobre e instabilidade no humor, nos relacionamentos interpessoais e no senso de identidade.

Transtorno da personalidade dependente Transtorno da personalidade cuja característica principal é o indivíduo ser extremamente passivo e com tendência a se agarrar a outras pessoas, a ponto de ser incapaz de tomar quaisquer decisões ou de agir de forma independente.

Transtorno da personalidade esquiva Transtorno da personalidade no qual as pessoas têm uma estimativa baixa de suas habilidades sociais e temem a desaprovação, a rejeição e a crítica ou a vergonha ou o embaraço.

Transtorno da personalidade esquizoide Transtorno da personalidade caracterizado primariamente por uma indiferença a relacionamentos sociais, bem como por uma gama muito limitada de experiência e expressão emocional.

Transtorno da personalidade esquizotípica Transtorno da personalidade que envolve primariamente crenças, comportamento, aparência e estilo interpessoal estranhos. As pessoas com esse transtorno podem ter ideias ou preocupações bizarras, tais como pensamento mágico e crenças em fenômenos psíquicos.

Transtorno da personalidade histriônica Transtorno da personalidade caracterizado por reações emocionais exageradas, beirando a teatralidade, no comportamento cotidiano.

Transtorno da personalidade narcisista (TPN) Transtorno da personalidade primariamente caracterizado por senso inflado e irrealista da própria importância e falta de sensibilidade pelas necessidades das outras pessoas.

Transtorno da personalidade obsessivo-compulsiva (TPOC) Transtorno da personalidade que envolve intenso perfeccionismo e inflexibilidade manifestados em preocupação, indecisão e rigidez comportamental.

Transtorno da personalidade paranoide Transtorno da personalidade cujo aspecto marcante é que o indivíduo suspeita indevidamente dos outros e está sempre de guarda contra possível perigo ou dano.

Transtorno de ansiedade de doença Transtorno de sintomas somáticos caracterizado pela interpretação equivocada de funções corporais normais como sinais de doença séria.

Transtorno de ansiedade de separação Um transtorno da infância caracterizado por ansiedade intensa e inadequada, durando pelo menos 4 semanas, com relação a afastar-se de casa ou dos cuidadores.

Transtorno de ansiedade generalizada Transtorno de ansiedade caracterizado por ansiedade e preocupação que não estão associadas com um determinado objeto, situação ou evento, mas parecem ser um aspecto constante da vida diária de uma pessoa.

Transtorno de ansiedade social Transtorno de ansiedade caracterizado por medo acentuado, ou intenso, de ansiedade em situações sociais nas quais o indivíduo pode ser examinado pelos outros.

Transtorno de apego reativo Transtorno envolvendo uma perturbação grave na capacidade de relacionar-se com os outros, de modo que o indivíduo não responde às pessoas, é apático e prefere ficar sozinho em vez de *interagir* com amigos ou familiares.

Transtorno de Asperger Termo usado anteriormente para descrever indivíduos com transtorno do espectro autista de alto funcionamento.

Transtorno de compulsão alimentar Ingestão de grandes quantidades de comida durante um curto período de tempo, mesmo após se sentir saciado, acompanhada de falta de controle sobre o tipo e a quantidade de comida.

Transtorno de déficit de atenção/hiperatividade (TDAH) Transtorno do neurodesenvolvimento envolvendo um padrão persistente de desatenção e/ou hiperatividade.

Transtorno de despersonalização/desrealização Transtorno dissociativo no qual o indivíduo vivencia episódios recorrentes e persistentes de despersonalização.

Transtorno de escoriação (*skin-picking*) Picar repetidamente a própria pele.

Transtorno de estresse agudo Transtorno de ansiedade que se desenvolve após um evento traumático e dura por até um mês com sintomas como despersonalização, entorpecimento, amnésia dissociativa, ansiedade intensa, hipervigilância e prejuízo do funcionamento diário.

Transtorno de estresse pós-traumático (TEPT) Transtorno de ansiedade no qual o indivíduo vivencia diversos sintomas angustiantes por mais de um mês após um evento traumático, como revivência do acontecimento traumático, esquiva de lembretes do trauma, entorpecimento da responsividade geral e excitação aumentada.

Transtorno de interação social desinibida Diagnóstico dado a crianças que se envolvem em comportamento inadequado do ponto de vista cultural, excessivamente familiar, com pessoas que são relativos estranhos.

Transtorno delirante compartilhado Transtorno delirante no qual uma ou mais pessoas desenvolvem um sistema delirante como resultado de um relacionamento íntimo com uma pessoa psicótica delirante.

Transtorno de masoquismo sexual Transtorno parafílico caracterizado pela atração por obter gratificação sexual mediante estimulação dolorosa aplicada ao próprio corpo.

Transtorno de oposição desafiante Transtorno caracterizado por humor irritado ou irritável, comportamento questionador ou desafiador e espírito vingativo, que resultam em problemas familiares ou escolares significativos.

Transtorno depressivo Envolve períodos de sintomas nos quais um indivíduo vivencia um humor triste excepcionalmente intenso.

Transtorno depressivo maior Transtorno no qual o indivíduo vivencia episódios de sintomas depressivos agudos, mas de tempo limitado.

Transtorno depressivo persistente (distimia) Transtorno depressivo envolvendo depressão crônica de menor intensidade do que os transtornos depressivos maiores.

Transtorno de pânico Transtorno de ansiedade no qual um indivíduo tem ataques de pânico repetidos ou tem constante apreensão e preocupação sobre a possibilidade de ataques recorrentes.

Transtorno de ruminação Transtorno alimentar no qual o bebê ou a criança regurgitam o alimento após ter sido engolido e então cospem fora ou engolem novamente.

Transtorno de sadismo sexual Transtorno parafílico no qual a gratificação sexual é obtida de atividades que ferem, ou de impulsos de ferir, outra pessoa.

Transtorno desintegrativo da infância Um transtorno no DSM-IV-TR no qual a criança se desenvolve normalmente pelos primeiros dois anos e, então, começa a perder as habilidades de linguagem, sociais e motoras, bem como outras funções adaptativas, incluindo controle do intestino e da bexiga.

Transtorno de sintomas somáticos Transtorno que envolve sintomas físicos, os quais podem ou não ser explicados por uma condição médica, acompanhados por pensamentos, sentimentos e comportamentos mal-adaptativos.

Transtorno de Tourette Transtorno envolvendo uma combinação de movimento e tiques vocais crônicos.

Transtorno disfórico pré-menstrual (TDPM) Alterações no humor, irritabilidade, disforia e ansiedade que ocorrem durante a fase pré-menstrual do ciclo menstrual mensal e retrocedem após o início do período menstrual na maioria dos ciclos dos últimos 12 anos.

Transtorno dismórfico corporal (TDC) Um transtorno no qual os indivíduos são preocupados com a ideia de que uma parte de seu corpo é feia ou defeituosa.

Transtorno disruptivo da desregulação do humor Transtorno depressivo em crianças que exibem irritabilidade crônica e grave e têm explosões de raiva frequentes.

Transtorno dissociativo de identidade (TDI) Transtorno dissociativo, anteriormente denominado transtorno da personalidade múltipla, no qual um indivíduo desenvolve mais de uma identidade ou personalidade.

Transtorno do desejo sexual masculino hipoativo Disfunção sexual na qual o indivíduo tem um nível de interesse na atividade sexual anormalmente baixo.

Transtorno do desenvolvimento da coordenação Transtorno motor caracterizado por prejuízo marcante no desenvolvimento da coordenação motora.

Transtorno do espectro autista Transtorno do neurodesenvolvimento que envolve prejuízos na esfera da comunicação social e o desempenho de comportamentos restritos e repetitivos.

Transtorno do interesse/excitação sexual feminino Disfunção sexual caracterizada por incapacidade persistente ou recorrente de alcançar e manter respostas de excitação fisiológicas e psicológicas normais durante a atividade sexual.

Transtorno do jogo Transtorno não relacionado a substâncias que envolve o impulso persistente de jogar.

Transtorno do movimento estereotipado Transtorno no qual o indivíduo repete voluntariamente comportamentos não funcionais, tais como se balançar ou bater a cabeça, que podem ser prejudiciais a seu bem-estar físico.

Transtorno do orgasmo feminino Disfunção sexual na qual a mulher vivencia problemas para ter um orgasmo durante a atividade sexual.

Transtorno do som da fala Transtorno da comunicação no qual o indivíduo articula mal, substitui ou omite sons da fala.

Transtorno erétil Disfunção sexual na qual o homem não consegue alcançar ou manter uma ereção durante a atividade sexual que seja suficiente para lhe permitir iniciar ou manter a relação.

Transtorno específico da aprendizagem Atraso ou déficit em uma habilidade acadêmica que é evidente quando a realização e as habilidades de um indivíduo estão substancialmente abaixo do que seria esperado para outros de idade, educação e nível de inteligência comparáveis.

Transtorno específico da aprendizagem com prejuízo na expressão escrita Transtorno da aprendizagem no qual a escrita do indivíduo é caracterizada por soletração pobre, erros gramaticais e de pontuação e desorganização de parágrafos.

Transtorno específico da aprendizagem com prejuízo na leitura (dislexia) Transtorno da aprendizagem no qual o indivíduo omite, distorce ou substitui palavras quando lê e o faz de uma forma lenta e hesitante.

Transtorno específico da aprendizagem com prejuízo na matemática Transtorno da aprendizagem no qual o indivíduo tem dificuldade com tarefas e conceitos matemáticos.

Transtorno esquizoafetivo Transtorno envolvendo a experiência de um episódio depressivo maior, um episódio maníaco ou um episódio misto ao mesmo tempo em que satisfaz os critérios diagnósticos para esquizofrenia.

Transtorno esquizofreniforme Transtorno caracterizado por sintomas psicóticos que são essencialmente os mesmos encontrados na esquizofrenia, exceto pela duração; de maneira específica, duram de 1 a 6 meses.

Transtorno exibicionista Transtorno parafílico no qual uma pessoa tem impulsos sexuais intensos e fantasias excitantes envolvendo a exposição dos órgãos genitais a um estranho.

Transtorno explosivo intermitente Transtorno do controle de impulsos que envolve incapacidade de conter os impulsos de expressar sentimentos de raiva fortes e comportamentos violentos associados.

Transtorno factício autoimposto Transtorno no qual as pessoas falsificam sintomas ou transtornos não com o propósito de obter algum ganho específico, mas devido a uma necessidade interior de desempenhar o papel de doente.

Transtorno factício imposto a outro Condição na qual uma pessoa induz sintomas físicos em outra, a qual está sob seus cuidados.

Transtorno fetichista Transtorno parafílico no qual o indivíduo é preocupado com um objeto e depende mais dele que da intimidade sexual com um(a) parceiro(a) para obter gratificação sexual.

Transtorno frotteurista Transtorno parafílico no qual o indivíduo tem impulsos sexuais intensos e fantasias sexualmente excitantes de se esfregar em um estranho desavisado ou acariciá-lo.

Transtorno neurocognitivo Transtorno caracterizado por declínio adquirido em uma ou mais esferas de cognição, baseado em preocupações do cliente ou de alguém que o conheça bem e no desempenho em medidas de avaliação objetivas.

Transtorno neurocognitivo com corpos de Lewy Forma de transtorno neurocognitivo com perda progressiva de memória, linguagem, cálculo, raciocínio outras funções mentais superiores, resultante do acúmulo de anormalidades em todo o cérebro chamadas de corpos de Lewy.

Transtorno neurocognitivo devido à doença de Alzheimer Transtorno associado com declínios progressivos e graduais na memória, na aprendizagem e pelo menos em uma outra esfera cognitiva.

Transtorno neurocognitivo devido à doença de Huntington Condição hereditária causadora de transtorno neurocognitivo que envolve deterioração generalizada das estruturas cerebrais subcorticais e de partes do córtex frontal que controlam os movimentos.

Transtorno neurocognitivo devido à doença de Parkinson Transtorno neurocognitivo que envolve a degeneração de neurônios nas estruturas subcorticais que controlam os movimentos.

Transtorno neurocognitivo devido à doença do príon (também conhecido como doença de Creutzfeldt-Jakob) Doença neurológica transmitida de animais para seres humanos que leva a demência e morte resultante de acúmulos anormais de proteína no cérebro.

Transtorno neurocognitivo devido a lesão cerebral traumática Transtorno no qual há evidência de impacto na cabeça junto com sintomas cognitivos e neurológicos que persistem passado o período agudo pós-ferimento.

Transtorno neurocognitivo frontotemporal Transtorno neurocognitivo que envolve a área frontotemporal do cérebro.

Transtorno neurocognitivo maior devido a outra condição médica Transtornos cognitivos que envolvem a incapacidade de lembrar informações previamente aprendidas ou de registrar memórias novas.

Transtorno neurocognitivo vascular Forma de transtorno neurocognitivo resultante de uma doença vascular que causa privação do suprimento de sangue para o cérebro.

Transtorno obsessivo-compulsivo (TOC) Transtorno de ansiedade caracterizado por obsessões ou compulsões recorrentes que consomem tempo excessivo ou causam sofrimento ou prejuízo significativos.

Transtorno parafílico Diagnóstico no qual uma parafilia causa sofrimento e prejuízo.

Transtorno pedofílico Transtorno parafílico no qual um adulto é sexualmente excitado por crianças ou adolescentes.

Transtorno por uso de substâncias Conjunto de sintomas cognitivos, comportamentais e fisiológicos que indica que o indivíduo usa uma substância apesar de problemas significativos relacionados a ela.

Transtorno psicótico breve Transtorno caracterizado pelo início súbito de sintomas psicóticos que são limitados a um período de menos de um mês.

Transtorno transvéstico Diagnóstico aplicado a indivíduos que se envolvem em comportamento transvéstico e têm os sintomas de um transtorno parafílico.

Transtorno voyeurista Transtorno parafílico no qual o indivíduo tem uma compulsão a obter gratificação sexual de observar a nudez ou a atividade sexual dos outros.

Transtornos alimentares Diagnóstico para pessoas que vivenciam alterações persistentes do comportamento alimentar ou relacionados à alimentação que resultam em mudanças no consumo ou na absorção do alimento.

Transtornos da comunicação Condições que envolvem prejuízo na linguagem, na fala e na comunicação.

Transtornos da eliminação Transtornos caracterizados por incontinência inadequada para a idade começando na infância.

Transtornos de ansiedade Transtornos caracterizados por medo e ansiedade de excessivos e distúrbios relacionados no comportamento.

Transtornos do controle de impulsos Transtornos psicológicos nos quais as pessoas repetidas vezes se envolvem em comportamentos potencialmente prejudiciais, se sentindo incapazes de se conter e vivenciando uma sensação de desespero se suas tentativas de realizá-los são frustradas.

Transtornos do neurodesenvolvimento Condições que iniciam na infância e têm um impacto importante no funcionamento social e cognitivo, envolvendo déficits sérios na interação social e nas habilidades de comunicação, bem como comportamento, interesses e atividades bizarros.

Transtornos neurocognitivos leves Transtornos que envolvem declínio cognitivo modesto de um nível de desempenho anterior.

Transtornos neurocognitivos maiores Transtornos que envolvem declínio cognitivo significativo de um nível de desempenho anterior.

Tratamento Assertivo na Comunidade (TAC) Abordagem de tratamento na qual uma equipe de profissionais da psiquiatria, da psicologia, da enfermagem e do serviço social vai até os clientes em suas casas e seus locais de trabalho.

Tratamentos psicofarmacológicos Tratamentos somáticos que visam reduzir os sintomas do indivíduo alterando aqueles níveis de neurotransmissores que os pesquisadores acreditam estar envolvidos no transtorno.

Treinamento do relaxamento Uma técnica comportamental usada no tratamento de transtornos de ansiedade que envolve padrões progressivos e sistemáticos de tensão e relaxamento muscular.

Tricotilomania (transtorno de arrancar o cabelo) A necessidade compulsiva, persistente, de arrancar os próprios cabelos.

Validade O grau em que um teste, um diagnóstico ou uma avaliação caracterizam com precisão e clareza o estado psicológico de uma pessoa.

Variável dependente A variável cujo valor é o resultado da manipulação que o experimentador faz da variável independente.

Variável independente A variável cujo nível é ajustado ou controlado pelo experimentador.

Créditos

FOTOS

SUMÁRIO

Página xvii (l): © Krista Bettino, (r): Photodisc/ Getty Images RF; p. xviii (l): Yagi Studio/ Digital Vision/Getty Images RF, (r): Don Farrall/Stone/Getty Images; p. xix (l): Steve Cole/Getty Images RF, (r): Alexstar/Veer RF; p. xx (t): Alexstar/Veer RF, (b): Brand X Pictures/PunchStock RF; p. xxi (l): Brand X Pictures/PunchStock RF, (r): © Paul Grecaud/ Alamy RF; p. xxii: (l) fStop/ PunchStock RF, (r): Brand X Pictures/ PunchStock RF; p. xiv (l): © Eye-Stock/ Alamy, (r): Photodisc/Getty Images RF;
p. xxiii: © Ocean/CORBIS RF.

CAPÍTULO 1

Abertura: © Krista Bettino; p. 4: Yuri Arcurs/ Cutcaster RF; p. 5: altrendo images; p. 7: © BananaStock/PunchStock RF; p. 9 (l): © Scala/ Art Resource, NY, (r): © The Print Collector/ Alamy; p. 10 (top): © Tom Wagner/Alamy, (bottom): Library of Congress Prints & Photographs Division [LC-USZ62-9797] PD; p. 11: McGraw-Hill Companies, Inc./Gary He, fotógrafo; p. 12: NYPL/Science Fonte/ Photo Researchers/Getty Images; p. 13: Chris Ryan/OJO Images/Getty Images RF; p. 18: SuperStock/Getty Images RF; p. 22: © Martin Shields/Alamy.

CAPÍTULO 2

Abertura: © Photodisc/Getty Images RF; p. 27: Tetra Images/Getty Images RF; p. 36: © Alex Mares-Manton/Asia Images/ CORBIS; p. 38: © Geri Engberg/The Image Works; p. 39: © James Shaffer/PhotoEdit; p. 40 (t): © Sonda Dawes/The Image Works, (b): John Moore/ Getty Images; p. 42: © Brian David Stevens/ CORBIS.

CAPÍTULO 3

Abertura: Yagi Studio/Digital Vision/Getty Images RF; p. 48: Will & Deni McIntyre/ Photo Researchers, Inc.; p. 60: Spencer Grant/ Photo Researchers/Getty Images; p. 61: © Amy Etra/PhotoEdit; p. 62: © Andrea Morini/ Getty Images RF; p. 65: Footage supplied by Goodshoot/PunchStock RF; p. 66: Library of Congress Prints and Photographs Division [LC-USZ62-29499] PD; p. 68: © Mark Harmel/Alamy.

CAPÍTULO 4

Abertura: Don Farrall/Stone/Getty Images; p. 82: Vladimir Piskunov/Vetta/Getty Images RF RF; p. 84: © AF archive/Alamy; p. 85 (tl): © Jon Helgason/Alamy RF, (tr): Ted Humble-Smith/Photonica/Getty Images, (b): © Creatas/PunchStock RF; p. 86: Michael Blann/Digital Vision/Getty Images RF; p. 88: © Rainer Jensen/dpa/ CORBIS; p. 91: ASSOCIATED PRESS RF; p. 92: John Lund/Marc Romane/age footstock RF; p. 94: Rubberball/Getty Images RF; p. 96: © Bettmann/CORBIS.

CAPÍTULO 5

Abertura: Steve Cole/Getty Images RF; p. 106: moodboard/Getty Images RF; p. 107: © Bonnie Korman (2010) www.fragilexfiles.com; p. 108: Betty Udesen KRT/Newscom; p. 111: Realistic Reflections RF; p. 112: Joanne Rathe/The Boston Globe via Getty Images; p. 113: Cortesia de Mary Black Foundation e Carroll Foster; p. 115: © Megan Sorel Photography; p. 117: Drew Farrell/ Photoshot/Getty Images; p. 125: © Stockbyte/ PictureQuest RF; p. 131: NICHOLAS KAMM/AFP/Getty Images/ Newscom.

CAPÍTULO 6

Abertura: Alexstar/Veer RF; p. 142: © Roy McMahon/CORBIS RF; p. 146: Rubberball Getty Images RF; p. 149: © Big Cheese Photo/ Jupiter Images; p. 151: Cortesia de Vincent Magnotta; p. 152: Cortesia de John D & Catherine T. MacArthur Foundation; p. 154 (t): ASSOCIATED PRESS RF, (b): JGI/Blend Images/LLC RF; p. 159: © Terry Vine/Blend Images/LLC RF.

CAPÍTULO 7

Abertura: Alexstar/Veer RF; p. 168: FilmMagic/Jason LaVeris/Contributor/ Getty Images; p. 172: SW Productions/ Getty Images RF; p. 173: Jeffrey Coolidge/ Getty Images RF; p. 175: WILL & DENI MCINTYRE/ Photo Researchers/Getty Images; p. 178: Geoff Manasse/Getty Images RF; p. 179: © Scientifica/Visuals Unlimited/CORBIS.

CAPÍTULO 8

Abertura: © Brand X Pictures RF/ PunchStock RF; p. 188: Design Pics/ Kelly Redinger RF; p. 190: Design Pics/Yuri Arcurs RF; p. 193: © Comstock/age footstock RF; p. 195: PhotoAlto/John Dowland/PhotoAlto Agency RF Collections/Getty Images RF; p. 196: Paul Drinkwater/NBC/NBCU Photo Bank; p. 199: © Zigzag Images/Alamy RF; p. 202: ASSOCIATED PRESS RF; p. 204: Herman Agopian/Riser/Getty Images; p. 209: George Skene/Orlando Sentinel/MCT via Getty Images.

CAPÍTULO 9

Abertura: Brand X Pictures RF/PunchStock RF; p. 217: © Steve Atkins Photography/ Alamy; p. 218: Tom Lau/Landov; p. 222: © Ariel Skelley/Blend Images LLC RF; p. 226 (t): © Alistair Heap/Alamy, (b): UpperCut Images/Getty Images RF; p. 229: © Ocean/ CORBIS RF; p. 230: Stockbyte/ Getty Images RF; p. 231: ASSOCIATED PRESS RF; p. 232: West Rock/Taxi/Getty Images.

CAPÍTULO 10

Abertura: © Paul Grecaud/Alamy RF; p. 240: © AF archive/Alamy; p. 242: © BananaStock/ PunchStock RF; p. 243: Jack Star/PhotoLink/ Getty Images RF; p. 250: The McGraw-Hill Companies Inc./Ken Karp, fotógrafo; p. 251: Ingram Publishing; p. 252: Redfx/Alamy; p. 254: The McGraw-Hill Companies, Inc./ Christopher Kerrigan, fotógrafo.

CAPÍTULO 11

Abertura: fStop/PunchStock RF; p. 261(t): © Bettmann/CORBIS, (b): NBC/NBCU Photo Bank via Getty Images; p. 263: © Bubbles Photolibrary/Alamy; p. 265: © ColorBlind Images/Blend Images LLC RF; p. 266: ASSOCIATED PRESS RF; p. 267: The McGraw-Hill Companies, Inc./ Jill Braaten, fotógrafo; p. 270: ASSOCIATED PRESS RF; p. 274: © Stuwdamdorp/Alamy; p. 277: © PhotoAlto/PunchStock RF; p. 279: Cortesia de Sue William Silverman/ www.SueWilliamSilverman.com; p. 282: © Clinton Wallace/Globe Photos/ ZUMAPRESS.com/Alamy.

CAPÍTULO 12

Abertura: Brand X Pictures RF/PunchStock RF; p. 297: Dr. P. Marazzi/Photo Researchers, Inc.; p. 299: © BananaStock/ PunchStock RF; p. 301: © Royalty-Free/ CORBIS RF; p. 302: © travelib india/Alamy RF; p. 305: © Scott Houston/Sygma/ CORBIS; p. 309: © The McGraw-Hill Companies/Jill Braaten, fotógrafo; p. 310: © Armando Gallo/Retna

Ltd./ CORBIS; p. 314: © Brand X Pictures RF.

CAPÍTULO 13

Abertura: © Eye-Stock/Alamy; p. 324: ASSOCIATED PRESS RF; p. 331: © BSIP/ CORBIS; p. 336: © ColorBlind Images/ Blend Images LLC RF; p. 338: Fotografias de Carol M. Highsmith Archive, Library of Congress, Prints and Photographs Division PD; p. 342: © Jens Kalaene/dpa/CORBIS.

CAPÍTULO 14

Abertura: © Photodisc/Getty Images RF; p. 360: ASSOCIATED PRESS RF; p. 362: AP Photo; p. 363: © PhotoAlto/ PictureQuest RF; p. 365: © Somos Photography/Veer; p. 370: © Flint/CORBIS RF; p. 372: © Design Pics/ Nathan Lau RF; p. 374: ASSOCIATED PRESS RF.

CAPÍTULO 15

Abertura: © Ocean/CORBIS RF; p. 383: © Design Pics Inc./Alamy; p. 389: ASSOCIATED PRESS; p. 390: AP Photo/ The Roanoke Times, Alan Kim; p. 393: David R. Frazier Photolibrary, Inc.; p. 394: © Quinn Palmer/Demotix/CORBIS; p. 396: © Ed Quinn/CORBIS; p. 397: AP Photo/ Ron Edmonds/File; p. 398: © Ted Soqui/ Sygma/ CORBIS; p. 399: © BRENDAN MCDERMID/ Reuters/CORBIS; p. 400: BRETT COOMER/ KRT/Newscom.

TEXTO

CAPÍTULO 1

p. 18 De Dear Theo: The Autobiography of Vincent van Gogh edited by Irving Stone. ©1937 by Irving Stone. Tabela 1.2, p.12 Fonte: Healthypeople.gov; http://www .healthypeople.gov/2020/topicsobjectives 2020/pdfs/MentalHealth.pdf. Figura 1.1, p.20 Fonte: Rizvi, S. L., & Nock, M. K. (2008). Single-case experimental designs for the evaluation of treatments for selfinjurious and suicidal behaviors. Suicide and Life-Threatening Behavior, 38, 498–510. Usado com permissão de John Wiley & Sons Inc.

CAPÍTULO 2

Tabela 2.1, p.29 Reimpressa com permissão de Diagnostic and Statistical Manual of Mental Disorders, Fourth Edition, Text Revision. Copyright © 2000 American Psychiatric Association. Tabela 2.2, p.31 Reprinted with permission from the Diagnostic and Statistical Manual of Mental Disorders, Fourth Edition, Text Revision. Copyright © 2000 American Psychiatric Association. Tabela 2.3, p.31 Reimpressa com permissão de Diagnostic and Statistical Manual of Mental Disorders, Fourth Edition, Text Revision. Copyright © 2000 American Psychiatric Association. Tabela 2.4, p.32 Reimpressa com permissão de Diagnostic and Statistical Manual of Mental Disorders, Fourth Edition, Text Revision. Copyright © 2000 American Psychiatric Association. Ch 2, p.40 De "The Devil and Daniel Johnston" escrito e dirigido por Jeff Feuerzeig. ©2005 by Yip! Jump, L.L.C

CAPÍTULO 3

Tabela 3.3, p.49 Fonte: First, M. B., & Gibbon, M. (2004). The Structured Clinical Interview for DSM-IV Axis I Disorders (SCID-I) and the Structured Clinical Interview for DSM-IV Axis II Disorders (SCID-II). Em M. J. Hilsenroth & D. L. Segal (Eds.), Comprehensive handbook of psychological assessment, Vol. 2: Personality assessment. (pp. 134–143). Usado com permissão de John Wiley & Sons Inc. Tabela 3.4, p.53 Roid, G. H., & Barram, R. A. (2004). Essentials of Stanford-Binet Intelligence Scales (SB5) assessment. Usada com permissão de John Wiley & Sons Inc. Tabela 3.7, p.57 Clinical and Validity Scales of the MMPI-2, com itens adaptados. Fonte: MMPI®-2 (Minnesota Multiphasic Personality Inventory®-2) Manual for Administration, Scoring, and Interpretation. Copyright © 2001 by the Regents of the University of Minnesota. Todos os direitos reservados. Usado com permissão de University of Minnesota Press. Tabela 3.8, p.57 Fonte: Ben-Porath, Y. (2010). An introduction to the MMPI-2-RF (Reconstructed Form). Usado com permissão. Figura 3.2, p.58 Ben's MMPI-2 Profile. Fonte: MMPI®-2 (Minnesota Multiphasic Personality Inventory®-2) Manual for Administration, Scoring, and Interpretation. Copyright © 2001 by the Regents of the University of Minnesota. Todos os direitos reservados. Usado com permissão de University of Minnesota Press. Figura 3.3, p.62 Fonte: http://www .granddriver.net/data/media/ docs/UIowa_ trailMaking.pdf. Figura 3.4, p.63 Reproduzido com permissão especial do editor, Psychological Assessment Resources, Inc., 16204 North Florida Avenue, Lutz, Florida 33549 from the Wiscosin Card Sorting Test by David A. Grant., PhD and Esta A. Berg, PhD, Copyright 1981, 1993 by Psychological Assessment Resources, Inc. (PAR). Outras reproduções são proibidas sem permissão de PAR. Ch 3 p.64 De The Key to Genius by D. Jablow Hersman e Julian Lieb. ©1988 by D. Jablow Hershman and Julian Lieb. Usado com permissão de Prometheus Books. p. 96–97 De Bitter Fame: A Life of Sylvia Plath by Anne Stevenson. Copyright © 1989 Anne Stevenson. Usado com permissão de Houghton Mifflin Company.

CAPÍTULO 4

Figura 4.1, p.74 Fonte: NHGRI, www.genome .gov Figura 4.2, p.76 Fonte: National Institute on Aging. (2010). 2009 progress report on Alzheimer's disease: U.S. Department of Health and Human Services. Tabela 4.2, p.78 Fonte: http://www.nimh.nih .gov/health/ publications/mental-healthmedications/ complete-index.shtml Figura 4.5, p.80 Fonte: http://www.dandebat.dk/ eng-person3. htm. Tabela 4.7, p.90 Fonte: Adaptada de A. T. Beck, A. J. Bush, B. F. Shaw, & G. Emery in Cognitive Therapy of Depression. Copyright © 1979 Guilford Publications, Inc. Reimpresso com permissão.

CAPÍTULO 5

Tabela 5.1, p.105 Fonte: http://www.aamr. org/content_106.cfm?navID=23. Cortesia de American Association on Intellectual and Developmental Disabilities. Tabela 5.2, p.108 Fonte: Bertrand, J., Floyd, R. L., Weber, M. K., O'Connor, M., E.P., R., Johnson, K. A., & D.E., C. (2004). National Task Force on FAS/ FAE. Fetal Alcohol Syndrome: Guidelines for Referral and Diagnosis. Atlanta, GA. p.116 Reimpresso e editorado com permissão de Free Press, a Division of Simon & Schuster, Inc. e Andrew Lownie Literary Agency from Born on a Blue Day: Inside the Mind of an Autistic Savant by Daniel Tammet. Copyright © 2006 by Daniel Tammet. Todos os direitos reservados. Tabela 5.4, p.123 Fonte: Barkley, R. A., & Murphy, K. R. (2011). The nature of executive function (EF) deficits in daily life activities in adults with ADHD and their relationship to performance on EF tests. Journal of Psychopathology and Behavioral Assessment, 33(2), 137–158. Usada com permissão de Springer. Figura 5.1, p.124 Fonte: Polanczyk, G., de Lima, M. S., Horta, B. L., Biederman, J., & Rohde, L. A. (2007). The worldwide prevalence of ADHD: A systematic review and metaregression analysis. The American Journal of Psychiatry, 164(6), 942–948. Usada com permissão de American Psychiatric Publishing. Tabela 5.5, p.127 Gersten, R., Beckman, S., Clarke, B., Foegen, A., Marsh, L., Star, J. R., & Witzel, B. (2009). Assisting students struggling with mathematics: Response to intervention (TR1) for elementary and middle schools (NCEE 2009-4060). Washington, D.C.: National Center for Education Evaluation and Regional Assistance, Institute of Education Sciences, U.S. Department of Education.

CAPÍTULO 6

p.152 De The Center Cannot Hold: My Journey Through Madness de Elyn Saks. ©2007 by Elyn Saks. Usado com permissão de Hyperion. Todos os direitos reservados. Figura 6.1, p.161 Fonte: From Technology Review. Usado com permissão. Figura 6.2, p.166 Fonte: Reichenberg, A. (2010). The assessment of neuropsychological functioning in schizophrenia. Dialogues in Clinical Neuroscience, 12(3), 383–392. Usado com permissão do editor, Les Laboratoires Servier, Neuilly-sur-Seine, France. Figura 6.3, p.167 Fonte: Genevsky, A., Garrett, C. T., Alexander, P. P., & Vinogradov, S. (2010). Cognitive training in schizophrenia: a Neuroscience-based approach. Dialogues in Clinical

Neuroscience, 12 (3), 416–421. Usado com permissão do editor, Les Laboratoires Servier, Neuilly-sur-Seine, France. Figura 6.4, p.168 Fonte: Stilo, S. A., & Murray, R. M. (2010). The epidemiology of schizophrenia: replacing dogma with knowledge. Dialogue in Clinical Neuroscience, 12 (3), 305–315. Usado com permissão do editor, Les Laboratoires Servier, Neuillysur-Seine, France.

CAPÍTULO 7

Figura 7.1, p.166 Fonte: http://www.nimh.nih.gov/statistics/1MDD_ADULT.shtml p.168 De Wishful Drinking by Carrie Fisher. ©2008 by Deliquesce Inc. Usado com permissão de Simon & Schuster. Figura 7.2, p.170 Fonte: http://www.nimh.nih.gov/ health/publications/bipolar-disorder/ complete-index.shtml. Tabela 7.4, p.177 Adaptada de A.T. Beck, A.J. Bush, B.F. Shaw, & G. Emery in Cognitive Therapy of Depression. Copyright© 1979 Guilford Publications, Inc. Reimpressa com permissão. Figura 7.3, p.181 Fonte: http://www.who.int/mental_health/prevention/suicide/ suicideprevent/en/. Usada com permissão de WHO.

CAPÍTULO 8

Figura 8.1, p.187 Fonte: http://nimh.nih. gov/ statistics/1ANYANX_ADULT.shtml p.196 Reimpressa e adaptada com permissão de Simon & Schuster, Inc., from Paula Deen It Ain't All About the Cookin' by Paula Deen with Sherry Suib Cohen. ©2007 by Paula Deen. Todos os direitos reservados. Tabela 8.1, p.189 Fonte: Santucci, L. C., Ehrenreich, J. T., Trosper, S. E., Bennett, S. M., & Pincus, D. B. (2009). Development and preliminary evaluation of a one-week summer treatment program for separation anxiety disorder. Cognitive and Behavioral Practice, 16 (3), 317–331. Usada com permissão de Elsevier. Tabela 8.2, p.191 Fonte: de W. K. Goodman, L. H. Price, S. A. Rasmussen, C. Mazure, P. Delgado, G. R. Heninger, e D. S. Charney (1989a), "The Yale-Brown Obsessive-Compulsive Scale II. Validity" in Archives of General Psychiatry, 46, pp. 1012– 1016. Reimpresso com permissão de Wayne Goodman. Tabela 8.4, p.202 Fonte: http://www.veale.co.uk/wp-content/ uploads/2010/11/BDD-YBOCS-Adult.pdf ©1997, Katharine A. Phillips, M.D., Eric Hollander, M.D. Figura 8.2, p.207 Gleason, M. M., Fox, N. A., Drury, S., Smyke, A., Egger, H. L., Nelson, C. A., III, . . . Zeanah, C. H. (2011). Validity of evidence-derived criteria for reactive attachment disorder: Indiscriminately social/disinhibited and emotionally withdrawn/inhibited types. Journal of the American Academy of Child & Adolescent Psychiatry, 50(3), 216–231. Usada com permissão de Elsevier. Figura 8.3, p.208 Fonte: Boe, H. J., Holgersen, K, & Holen, A. (2011). Mental Health outcomes and predictors of chronic disorders after the North Sea oil rig disaster: 27-year longitudinal follow-up study. Journal of Nervous and Mental Disease,199 (1), 49–54. Usada com permissão de Wolters Kluwer.

CAPÍTULO 9

p.218 De Breaking Free: My Life with Dissociative Identity Disorder by Herschel Walker com Gary Brozek e Charlene Maxfield. ©2008 by Herschel Walker. Usada com permissão de Touchstone and Howard Books, uma divisão de Simon & Schuster, Inc. Tabela 9.1, p.221 Fonte: Steinberg, M. (1994). Structured clinical interview for DSM-IV dissociative disorders—Revised (SCID-D-R). Washington DC: American Psychiatric Association. Tabela 9.3, p.233 De C.D. Jenkins, S.J. Zyzanski and R. H. Rosenman, The Jenkins Activity Survey. Copyright© 1965, 1966, 1969, 1979 by The Psychological Corporation. Copyright © 2001 by C.D. Jenkins, S.J. Zyzanski and R.H. Rosenman. Reimpressa com permissão do autor.

CAPÍTULO 10

p.240 "Unbearable Lightness: A Story of Loss and Gain" de Portia de Rossi Atria Books, uma divisão de Simon & Schuster. Tabela 10.1, p.248 Fonte: Fortune, E. E., & Goodie, A. S. (2011). Cognitive distortions as a component and treatment focus of pathological gambling: A review. Psychology of Addictive Behaviors. Usada com permissão de American Psychological Association. Tabela 10.2, p.257 Shusterman, A., Feld, L., Baer, L., & Keuthen, N. (2009). Affective regulation in trichotillomania: Evidence from a large-scale internet survey. Behaviour Research and Therapy, 47(8), 637–644. Usada com permissão de American Psychological Association.

CAPÍTULO 11

Figura 11.1, p.261 Fonte: Mitchell, K. J., Becker-Blease, K. A., & Finkelhor, D. (2005). Inventory of Problematic Internet Experiences Encountered in Clinical Practice. Professional Psychology: Research and Practice, 36, 498-509. Usada com permissão de American Psycological Association. Tabela 11.2, p.272 Fonte: Rosen, R., Brown, C., Heiman, J., Leiblum, S., Meston, C., Shabsigh, R., . . . D'Agostino, R., Jr. (2000). The Female Sexual Function Index (FSFI): A multidimensional self-report instrument for the assessment of female sexual function. Journal of Sex & Marital Therapy, 26, 191–208. Usada com permissão de Taylor & Francis. p.278 De Love Sick: One Woman's Journey through Sexual Addiction de Sue William Silverman. ©2001 by Sue William Silverman. Usada com permissão de W.W. Norton & Company, Inc. Tabela 11.3, p.280 Fonte: Nobre, P. J., & Pinto-Gouveia, J. (2009). Cognitive schemas associated with negative sexual events: A comparison of men and women with and without sexual dysfunction. Archives of Sexual Behavior, 38, 842–851. Usado com permissão de Springer. Tabela 11.4, p.283 Fonte: APA Standards of Care for the Treatment of Gender Identity Disorders. Usado com permissão de American Psychological Association.

CAPÍTULO 12

Figura 12.1, p.291 Substance Abuse and Mental Health Services Administration. (2011). Resultados de 2010 National Survey on Drug Use and Health: Summary of National Findings, NSDUH Series H–41, HHS Publication No. (SMA) 11–4658. Rockville MD: Substance Abuse and Mental Health Services Administration. Figura 12.2, p.292 Substance Abuse and Mental Health Services Administration. (2011). Resultados de 2010, da National Survey on Drug Use and Health: Summary of National Findings, NSDUH Series H–41, HHS Publication No. (SMA) 11–4658. Rockville MD: Substance Abuse and Mental Health Services Administration. Figura 12.3, p.292 Fonte: http://nida.nih. gov/scienceofaddiction/brain.html. Tabela 12.1, p.296 Fonte : National Institute on Alcohol Abuse and Alcoholism. (2007). Helping patients who drink too much: A clinician's guide. Tabela 12.2, p.298 Miller, W. R. (2002). Project COMBINE Combined Behavioral Intervention Therapist Manual. Figura 12.5, p.300 Fonte: http:// amphetamines.com/braindamage.html de The New York Times 7/20/04. Figura 12.6, p.301 Fonte: National Institute on Drug Abuse. (2011h). Research Report Series, de http://www.drugabuse.gov/Research Reports/Cocaine/Cocaine.html. Figura 12.7, p.306 Fonte: http://www.drugabuse.gov/ publications/teaching-packets/neurobiology-ecstasy. Figura 12.8, p.308 National Center for Injury Prevention and Control. Centers for Disease Control and Prevention. (2010). Unintentional drug poisoning in the United States. Figura 13.4, p.335 Fonte: National Institute on Drug Abuse. (2010). Comorbidity: Addiction and other illnesses. Bethesda MD: National Institute on Drug Abuse.

CAPÍTULO 13

Tabela 13.1, p.323 Fonte: Trzepacz, P. T., Mittal, D., Torres, R., Kanary, K., Norton, J., & Jimerson, N. (2001). Validation of the Delirium Rating Scale-Revised–98: Comparison with the Delirium Rating Scale and the Cognitive Test for Delirium. The Journal of Neuropsychiatry and Clinical Neurosciences, 13(2), 229–242. American Psychiatric Publishing. Figura 13.1, p.326 Fonte: http://www.cdc.gov/ traumaticbraininjury/statistics.html Alzheimers/Publications/adfact.htm. Tabela 13.3, p.328 Fonte: Consumer Reports.

(2009). Evaluating prescription drugs used to treat: Alzheimer's Disease, de http:// www. consumerreports.org/health/ resources/ pdf/best-buy-drugs/Alzheimers FINAL. pdf. Usado com permissão. Tabela 13.4, p.329 Fonte: Reproduzido com permissão especial do editor, Psychological Assessment Resources, Inc., 16204 North Florida Avenue, Lutz, Florida 33549, from the Mini Mental State Examination, de Marshal Folstein e Susan Folstein. Copyright 1975, 1998, 2001 by Mini Mental LLC. Publicado em 2001 por Psychological Assessment Resources, Inc. Outras reproduções são proibidas sem permissão de PAR, Inc. O MMSE também pode ser adquirida da PAR, Inc. pelo telefone (813) 968-3003. Figura 13.2, p.330 Fonte: National Institute on Aging. (2011). Alzheimer's disease fact sheet. (NIH Publication No. 11-6423). Recuperados 11/23/11 http://www.nia.nih.gov/. Figura 13.2, p.330 Fonte: National Institute on Aging. (2005). Progress report on Alzheimer's disease 2004-2005: U.S. Department of Health and Human Services. Figura 13.4, p.335 National Institute on Aging. (2005). Progress report on Alzheimer's disease 2004-2005: U.S. Department of Health and Human Services. Tabela 13.6, p.336 Fonte: Fonte: Whitbourne, S.K. (March, 2011). Family caregiving across the generations. Psychology Today. Usado com permissão. p. 338-339 Fonte: Ronald Reagan: Alzheimer's Disease—Trechos de The Long Goodbyeby Patti Davis, p. Prefácio, x, xiii, 12, 18, 22, 194-195. NY: Random House. Figura 13.6, p.341 Fonte: http:// www.nia.nih. gov/AboutNIA/Budget Requests/FY2001/ DirectorsStatement.htm. Figura 13.7, p.343 Fonte: Santoro, A., Siviero, P., Minicuci, N., Bellavista, E., Mishto, M., Olivieri, F., . . . Franceschi, C. (2010). Effects of donepezil, galantamine and rivastigmine in 938 Italian patients with Alzheimer's disease: a prospective, observational study. CNS Drugs, 24 (2), 163-176. Usada com permissão de Wolters Kluer.

CAPÍTULO 14

Tabela 14.4, p.359 Fonte: Hare, R. D., & Neumann, C. S. (2009). Psychopathy: Assessment and forensic implications. [Artigo]. Canadian Journal of Psychiatry, 54 (12), 791-802. Usada com permissão. p.362 From The Bundy Murders: A Comprehensive History by Kevin M. Sullivan. ©2009 by Kevin M. Sullivan. Usada com permissão de McFarland & Company, Inc. Publishers. Tabela 14.5, p.367 Fonte: Gunderson, J. G. (2011). Clinical practice. Borderline personality disorder. New England Journal of Medicine, 364 (21), pp.037-2042. Usada com permissão de Massachusetts Medical Society.

CAPÍTULO 15

Tabela 15.2, p.384 American Psychological Association. (2012b). Guidelines for psychological practice with lesbian, gay, and bisexual clients. American Psychologist, 67(1), 10-42. Usada com permissão de American Psychological Association. Tabela 15.3, p.385 Guidelines for psychological evaluations in child protection matters, Committee on Professional Practice and Standards Board of Professional Affairs, 1998 (relatório publicado). Copyright © by the American Psychological Association. Reimpressa com permissão. Tabela 15.4, p.386 Guidelines for Psychological Practice with Older Adults from Guidelines for Psychological Practice with Older Adults, 2004 (relatório publicado). Copyright © by the American Psychological Association. Reimpressa com permissão. Tabela 15.5, p.387 Guidelines for Psychological Practice with Girls and Women, American Psychological Association, February 2007. http://www .apa.org/about/ divisi on/girlsandwomen.pdf Copyright © by the American Psychological Association. Reimpressa com permissão. Tabela 15.6, p.388 American Psychological Association. (2012a). Guidelines for assessment of and intervention with persons with disabilities. American Psychologist, 67(1), 43-62. p.396 De Girl, Interrupted by Susanna Kaysen. Copyright © 1993 by Susanna Kaysen. Usada com permissão deTurtle Bay Books, uma divisão de Random House, Inc.

Referências

A

Abelson, J. F., Kwan, K. Y., O'Roak, B. J., Baek, D. Y., Stillman, A. A., Morgan, T. M., . . . State, M. (2005). Sequence variants in SLITRK1 are associated with Tourette's syndrome. *Science, 310*(5746), 317–320.

Aboujaoude, E., Gamel, N., & Koran, L. M. (2004). Overview of kleptomania and phenomenological description of 40 patients. *Primary Care Companion Journal of Clinical Psychiatry, 6*(6), 244–247.

Abraham, K. (1911/1968). Notes on the psychoanalytic investigation and treatment of manic-depressive insanity and allied conditions. In K. Abraham (Ed.), *Selected papers of Karl Abraham*. New York: Basic Books.

Ackerman, A. R., Harris, A. J., Levenson, J. S., & Zgoba, K. (2011). Who are the people in your neighborhood? A descriptive analysis of individuals on public sex offender registries. *International Journal of Law and Psychiatry, 34*, 149–159.

Adler, L. A., Barkley, R. A., Wilens, T. E., & Ginsberg, D. L. (2006). Differential diagnosis of attention-deficit/hyperactivity disorder and comorbid conditions. *Primary Psychiatry, 13*(5), 1–14.

Ahrberg, M., Trojca, D., Nasrawi, N., & Vocks, S. (2011). Body image disturbance in binge eating disorder: A review. *European Eating Disorders Review, 19*(5), 375–381.

Aikins, D. E., & Craske, M. G. (2001). Cognitive theories of generalized anxiety disorder. *Psychiatric Clinics of North America, 24*(1), 57–74, vi.

Ainsworth, M. D. S., Blehar, M. C., Waters, E., & Wall, S. (1978). *Patterns of attachment: A psychological study of the strange situation*. Oxford, England: Lawrence Erlbaum.

Aliane, V., Pérez, S., Bohren, Y., Deniau, J.-M., & Kemel, M.-L. (2011). Key role of striatal cholinergic interneurons in processes leading to arrest of motor stereotypes. *Brain: A Journal of Neurology, 134*(1), 110–118.

Allen, J. L., Lavallee, K. L., Herren, C., Ruhe, K., & Schneider, S. (2010). *DSM-IV* criteria for childhood separation anxiety disorder: Informant, age, and sex differences. *Journal of Anxiety Disorders, 24*(8), 946–952.

Alpert, H. R., Connolly, G. N., & Biener, L. (2012). A prospective cohort study challenging the effectiveness of population-based medical intervention for smoking cessation. *Tobacco Control.*

Altarac, M., & Saroha, E. (2007). Lifetime prevalence of learning disability among US children. *Pediatrics, 119 Suppl 1*, S77–83.

Alzheimer, A. (1907/1987). About a peculiar disease of the cerebral cortex. *Alzheimer's Disease and Associated Disorders, 1*, 7–8.

American Psychiatric Association. (2000). *DSM-IV: Diagnostic and Statistical Manual of Mental Disorders Text Revision.* Washington, DC: American Psychiatric Association.

American Psychiatric Association. (2013). *DSM-5: Diagnostic and Statistical Manual of Mental Disorders.* Washington, DC: American Psychiatric Association.

American Psychological Association Presidential Task Force on Evidence-Based Practice. (2006). Evidence-based practice in psychology. *American Psychologist, 61*(4), 271–285.

American Psychological Association. (1999). Guidelines for psychological evaluations in child protection matters. *American Psychologist, 54*(8), 586–593.

American Psychological Association. (2002). Guidelines on multicultural education, training, research, practice, and organizational change for psychologists, American Psychological Association, from http://www.apa.org/pi/oema/resources/policy/multicultural-guidelines.aspx

American Psychological Association. (2004). Guidelines for psychological practice with older adults. *American Psychologist, 59*(4), 236–260.

American Psychological Association. (2007). Guidelines for psychological practice with girls and women. *American Psychologist, 62*(9), 949–979.

American Psychological Association. (2010). Ethical principles of psychologists and code of conduct. Retrieved 1/20/2012, from http://www.apa.org/ethics/code/index.aspx

American Psychological Association. (2012a). Guidelines for assessment of and intervention with persons with disabilities. *American Psychologist, 67*(1), 43–62.

American Psychological Association. (2012b). Guidelines for psychological practice with lesbian, gay, and bisexual clients. *American Psychologist, 67*(1), 10–42.

Anand, N., Sudhir, P. M., Math, S. B., Thennarasu, K., & Janardhan Reddy, Y. C. (2011). Cognitive behavior therapy in medication non-responders with obsessive-compulsive disorder: A prospective 1-year follow-up study. *Journal of Anxiety Disorders, 25*(7), 939–945.

Andreasen, N. C. (2010). The lifetime trajectory of schizophrenia and the concept of neurodevelopment. *Dialogues in Clinical Neuroscience, 12*, 409–415.

Anton, R. F., O'Malley, S. S., Ciraulo, D. A., Cisler, R. A., Couper, D., Donovan, D. M., . . . Zweben, A. (2006). Combined pharmacotherapies and behavioral interventions for alcohol dependence: The COMBINE study: A randomized controlled trial. *Journal of the American Medical Association, 295*(17), 2003–2017.

Archer, T. (2011). Physical exercise alleviates debilities of normal aging and Alzheimer's disease. *Acta Neurologica Scandinavica, 123*(4), 221–238.

Arias, A. J., & Kranzler, H. R. (2008). Treatment of co-occurring alcohol and other drug use disorders. *Alcohol Research & Health, 31*(2), 155–167.

Ayllon, T., & Azrin, N. H. (1965). The measurement and reinforcement of behavior of psychotics. *Journal of Experimental Analysis of Behavior, 8*, 351–383.

B

Bader, S. M., Schoeneman-Morris, K. A., Scalora, M. J., & Casady, T. K. (2008). Exhibitionism: Findings from a Midwestern police contact sample. *International Journal of Offender Therapy and Comparative Criminology, 52*, 270–279.

Bakker, G. M. (2009). In defense of thought stopping. *Clinical Psychologist, 13*(2), 59–68.

Bakkevig, J. F., & Karterud, S. (2010). Is the Diagnostic and Statistical Manual of Mental Disorders, Fourth Edition, histrionic personality disorder category a valid construct? *Comprehensive Psychiatry, 51*, 462–470.

Bandura, A. (1971). Psychotherapy based upon modeling principles. In A. E. Bergin & S. L. Garfield (Eds.), *Handbook of psychotherapy and behavior change* (pp. 653–708). New York: Wiley.

Banerjee, P., Grange, D. K., Steiner, R. D., & White, D. A. (2011). Executive strategic processing during verbal fluency performance in children with phenylketonuria. *Child Neuropsychology, 17*(2), 105–117.

Barclay, N. L., & Gregory, A. M. (2013). Quantitative genetic research on sleep: A review of normal sleep, sleep disturbances and associated emotional, behavioural, and health-related difficulties. *Sleep Medicine Reviews, 17*(1), 29–40. doi:10.1016/j.smrv.2012.01.008.

Barkley, R. A. (1997). *ADHD and the nature of self-control.* New York, NY: Guilford Press.

Barkley, R. A., & Murphy, K. R. (2011). The nature of executive function (EF) deficits in daily life activities in adults with ADHD and their relationship to performance on EF tests. *Journal of Psychopathology and Behavioral Assessment, 33*(2), 137–158.

Bars, D. R., Heyrend, F. L., Simpson, C. D., & Munger, J. C. (2001). Use of visual-evoked potential studies and EEG data to classify aggressive, explosive behavior of youths. *Psychiatric Services, 52*(1), 81–86.

Barsky, A. E., & Gould, J. W. (2002). *Clinicians in court: A guide to subpoenas, depositions, testifying, and everything else you need to know.* New York: Guilford Press.

Bartol, C. R., & Bartol, A. M. (2012). *Introduction to forensic psychology: Research and application.* Los Angeles, CA: Sage Publications.

Baschnagel, J. S., Gudmundsdottir, B., Hawk, L. W., Jr., & Gayle Beck, J. (2009). Post-trauma symptoms following indirect exposure to the September 11th terrorist attacks: The predictive role of dispositional coping. *Journal of Anxiety Disorders, 23*(7), 915–922.

Basson, R. (2001). Using a different model for female sexual response to address women's problematic low sexual desire. *Journal of Sex and Marital Therapy, 27*, 395–403.

Bastiaansen, L., Rossi, G., Schotte, C., & De Fruyt, F. (2011). The structure of personality disorders: Comparing the *DSM-IV-TR* Axis II classification with the five-factor model framework using structural equation modeling. *Journal of Personality Disorders, 25*(3), 378–396.

Batty, M., Meaux, E., Wittemeyer, K., Rogé, B., & Taylor, M. J. (2011). Early processing of emotional faces in children with autism: An event-related potential study. *Journal of Experimental Child Psychology, 109*(4), 430–444.

Bayliss, A. P., & Tipper, S. P. (2005). Gaze and arrow cueing of attention reveals individual differences along the autism spectrum as a function of target context. *British Journal of Psychology, 96*(Pt 1), 95–114.

Bechara, A., Noel, X., & Crone, E. A. (2006). Loss of willpower: Abnormal neural mechanisms of impulse control and decision making in addiction. In R. W. Wiers & A. W. Stacy (Eds.), *Handbook of implicit cognition and addiction* (pp. 215–232). Thousand Oaks, CA: Sage Publications, Inc.

Beck, A. T. (1967). *Depression: Clinical, experimental, and theoretical aspects.* New York: Harper & Row.

Beck, A. T., & Weishaar, M. (1989). Cognitive therapy. In A. Freeman, K. M. Simon, L. E. Beutler, & H. Arkowitz (Eds.), *Comprehensive handbook of cognitive therapy* (pp. 21–36). New York: Plenum Press.

Beck, A. T., Freeman, A., & Davis, D. D. (2004). *Cognitive therapy of personality disorders* (2nd ed.). New York: Guilford Press.

Beck, A. T., Rush, A. J., Shaw, B. F., & Emery, G. (1979). *Cognitive therapy of depression: A treatment manual.* New York: Guilford Press.

Bemporad, J. R. (1985). Long-term analytic treatment of depression. In E. E. Beckham & W. R. Leber (Eds.), *Handbook of depression: Treatment, assessment, and research* (pp. 82–89). Homewood, IL: Dorsey Press.

Ben-Porath, Y. (2010). *An introduction to the MMPI-2-RF (Reconstructed Form).* University of Minnesota.

Benabarre, A., Vieta, E., Martínez-Arán, A., Garcia-Garcia, M., Martín, F., Lomeña, F., . . . Valdés, M. (2005). Neuropsychological disturbances and cerebral blood flow in bipolar disorder. *Australian and New Zealand Journal of Psychiatry, 39*(4), 227–234.

Berger, W., Mendlowicz, M. V., Marques-Portella, C., Kinrys, G., Fontenelle, L. F., Marmar, C. R., et al. (2009). Pharmacologic alternatives to antidepressants in posttraumatic stress disorder: A systematic review. *Progress in Neuro-Psychopharmacology & Biological Psychiatry, 33*(2), 169–180.

Bergeron, S., Morin, M., & Lord, M.-J. (2010). Integrating pelvic floor rehabilitation and cognitive-behavioural therapy for sexual pain: What have we learned and were do we go from here? *Sexual and Relationship Therapy, 25*, 289–298.

Berry, D. T. R., & Nelson, N. W. (2010). *DSM-5* and malingering: A modest proposal. *Psychological Injury and the Law.*

Bertrand, J., Floyd, R. L., Weber, M. K., O'Connor, M., Riley, E.P., Johnson, K. A., & Cohen, D.E. (2004). National Task Force on FAS/FAE. Fetal Alcohol Syndrome: Guidelines for Referral and Diagnosis. Atlanta, GA.

Besser, A., & Priel, B. (2010). Grandiose narcissism versus vulnerable narcissism in threatening situations: Emotional reactions to achievement failure and interpersonal rejection. *Journal of Social and Clinical Psychology, 29*, 874–902.

Biederman, J., Mick, E., Faraone, S. V., & Burback, M. (2001). Patterns of remission and symptom decline in conduct disorder: A four-year prospective study of an ADHD sample. *Journal of the American Academy of Child & Adolescent Psychiatry, 40*(3), 290–298.

Biederman, J., Petty, C., Faraone, S. V., Hirshfeld-Becker, D. R., Henin, A., Rauf, A., . . . Rosenbaum, J. F. (2005). Childhood antecedents to panic disorder in referred and nonreferred adults. *Journal of Child and Adolescent Psychopharmacology, 15*(4), 549–561.

Biederman, J., Petty, C., Fried, R., Fontanella, J., Doyle, A. E., Seidman, L. J., & Faraone, S. V. (2006). Impact of psychometrically defined deficits of executive functioning in adults with attention deficit hyperactivity disorder. *The American Journal of Psychiatry, 163*(10), 1730–1738.

Birbaumer, N., Veit, R., Lotze, M., Erb, M., Hermann, C., Grodd, W., & Flor, H. (2005). Deficient fear conditioning in psychopathy: A functional magnetic resonance imaging study. *Archives of General Psychiatry, 62*, 799–805.

Bjornsson, A. S., Didie, E. R., & Phillips, K. A. (2010). Body dysmorphic disorder. *Dialogues Clin Neurosci, 12*(2), 221–232.

Blanchard, R. (2010). The *DSM* diagnostic criteria for transvestic fetishism. *Archives of Sexual Behavior, 39*, 363–372.

Blashfield, R. K., Reynolds, S. M., & Stennett, B. (2012). The death of histrionic personality disorder. In T. A. Widiger (Ed.), *The Oxford handbook of personality disorders* (pp. 603–627). New York: Oxford University Press. doi:10.1093/oxfordhb/9780199735013.013.0028

Bleuler, E. (1911). *Dementia praecox oder gruppe der schizophrenien. (Dementia praecox or the group of schizophrenias).* Leipzig: F. Deuticke.

Boccardi, M., Ganzola, R., Rossi, R., Sabattoli, F., Laakso, M. P., Repo-Tiihonen, E., . . . Tiihonen, J. (2010). Abnormal hippocampal shape in offenders with psychopathy. *Human Brain Mapping, 31*, 438–447.

Boddy, C. R. (2011). Corporate psychopaths, bullying and unfair supervision in the workplace. *Journal of Business Ethics, 100*, 367–379.

Boe, H. J., Holgersen, K. H., & Holen, A. (2011). Mental health outcomes and predictors of chronic disorders after the North Sea oil rig disaster: 27-year longitudinal follow-up study. *Journal of Nervous and Mental Disease, 199*(1), 49–54.

Boettger, S., Breitbart, W., & Passik, S. (2011). Haloperidol and risperidone in the treatment of delirium and its subtypes. *The European Journal of Psychiatry, 25*(2), 59–67.

Bohnert, A. S., Valenstein, M., Bair, M. J., Ganoczy, D., McCarthy, J. F., Ilgen, M. A., & Blow, F. C. (2011). Association between opioid prescribing patterns and opioid overdose-related deaths. *Journal of the American Medical Association, 305*(13), 1315–1321.

Bomyea, J., & Lang, A. J. (2011). Emerging interventions for PTSD: Future directions for clinical care and research. *Neuropharmacology.*

Bond, G. R., Drake, R. E., Mueser, K. T., & Latimer, E. (2001). Assertive community treatment for people with severe mental illness: Critical ingredients and impact on patients. *Disease Management and Health Outcomes, 9,* 141–159.

Borkovec, T. D., & Ruscio, A. M. (2001). Psychotherapy for generalized anxiety disorder. *Journal of Clinical Psychiatry, 62*(Suppl11), 37–42.

Both, S., Laan, E., & Schultz, W. W. (2010). Disorders in sexual desire and sexual arousal in women, a 2010 state of the art. *Journal of Psychosomatic Obstetrics & Gynecology, 31,* 207–218.

Bowden, C. L. (2005). Treatment options for bipolar depression. *Journal of Clinical Psychiatry, 66*(Suppl1), 3–6.

Bowlby, J. (1980). *Attachment and loss: Volume III: Loss: Sadness and depression.* New York: Basic Books.

Breggin, P. R., & Barkley, R. A. (2005). Issue 11: Is Ritalin overprescribed? In R. P. Halgin (Ed.), *Taking sides: Clashing views on controversial issues in abnormal psychology,* 3rd ed. (pp. 176–195). New York: McGraw-Hill.

Briggs, P., Simon, W. T., & Simonsen, S. (2011). An exploratory study of Internet-initiated sexual offenses and the chat room sex offender: Has the Internet enabled a new typology of sex offender? *Sexual Abuse: Journal of Research and Treatment, 23,* 72–91.

Broft, A. I., Berner, L. A., Martinez, D., & Walsh, B. T. (2011). Bulimia nervosa and evidence for striatal dopamine dysregulation: A conceptual review. *Physiology & Behavior, 104*(1), 122–127.

Brotto, L. A. (2010). The *DSM* diagnostic criteria for hypoactive sexual desire disorder in women. *Archives of Sexual Behavior, 39,* 221–239.

Brown, M. L., Pope, A. W., & Brown, E. J. (2011). Treatment of primary nocturnal enuresis in children: A review. *Child: Care, Health and Development, 37*(2), 153–160.

Brown, R. T., Antonuccio, D. O., DuPaul, G. J., Fristad, M. A., King, C. A., Leslie, L. K., . . . Vitiello, B. (2008). Oppositional defiant and conduct disorders. In R. T. Brown, D. O. Antonuccio, G. J. DuPaul, M. A. Fristad, C. A. King, L. K. Leslie, G. S. McCormick, W. E. Pelham, Jr., J. C. Piacentini & B. Vitiello (Eds.), *Childhood mental health disorders: Evidence base and contextual factors for psychosocial, psychopharmacological, and combined interventions* (pp. 33–41). Washington, DC: American Psychological Association.

Brown, T. A., & Rosellini, A. J. (2011). The direct and interactive effects of neuroticism and life stress on the severity and longitudinal course of depressive symptoms. *Journal of Abnormal Psychology, 120*(4), 844–856.

Bryant-Waugh, R., Markham, L., Kreipe, R. E., & Walsh, B. T. (2010). Feeding and eating disorders in childhood. *International Journal of Eating Disorders, 43*(2), 98–111.

Bureau of Justice Statistics. (2011). Homicide trends in the U.S. Retrieved 12/20/2011, from http://bjs.ojp.usdoj.gov/content/homicide/tables/oagetab.cfm

Büttner, G., & Shamir, A. (2011). Learning disabilities: Causes, consequences, and responses. *International Journal of Disability, Development and Education, 58*(1), 1–4.

C

Callahan, C. M., Boustani, M. A., Unverzagt, F. W., Austrom, M. G., Damush, T. M., Perkins, A. J., . . . Hendrie, H. C. (2006). Effectiveness of collaborative care for older adults with Alzheimer disease in primary care: A randomized controlled trial. *Journal of the American Medical Association, 295*(18), 2148–2157.

Camisa, K. M., Bockbrader, M. A., Lysaker, P., Rae, L. L., Brenner, C. A., & O'Donnell, B. F. (2005). Personality traits in schizophrenia and related personality disorders. *Psychiatry Research, 133,* 23–33.

Campbell, W. G. (2003). Addiction: A disease of volition caused by a cognitive impairment. *Canadian Journal of Psychiatry, 48*(10), 669–674.

Canino, G., Polanczyk, G., Bauermeister, J. J., Rohde, L. A., & Frick, P. J. (2010). Does the prevalence of CD and ODD vary across cultures? *Social Psychiatry and Psychiatric Epidemiology, 45*(7), 695–704.

Cantor, J. M., Blanchard, R., & Barbaree, H. (2009). Sexual disorders. In P. H. Blaney & T. Millon (Eds.), *Oxford textbook of psychopathology* (2nd ed.) (pp. 527–548). New York: Oxford University Press.

Carlson, K. F., Nelson, D., Orazem, R. J., Nugent, S., Cifu, D. X., & Sayer, N. A. (2010). Psychiatric diagnoses among Iraq and Afghanistan war veterans screened for deployment-related traumatic brain injury. *Journal of Traumatic Stress, 23*(1), 17–24.

Carlsson, A. (1988). The current status of the dopamine hypothesis of schizophrenia. *Neuropsychopharmacology, 1,* 179–186.

Carmody, J., Reed, G., Kristeller, J., & Merriam, P. (2008). Mindfulness, spirituality, and health-related symptoms. *Journal of Psychosomatic Research, 64*(4), 393–403.

Carr, S. N., & Francis, A. J. P. (2010). Do early maladaptive schemas mediate the relationship between childhood experiences and avoidant personality disorder features? A preliminary investigation in a non-clinical sample. *Cognitive Therapy and Research, 34,* 343–358.

Carrasco, M. M., Aguera, L., Gil, P., Morinigo, A., & Leon, T. (2011). Safety and effectiveness of donepezil on behavioral symptoms in patients with Alzheimer disease. *Alzheimer Dis Assoc Disord, 25*(4), 333–340.

Carroll, K. M. (2011). Cognitive-behavioral therapies. In M. Galanter & H. D. Kleber (Eds.), *Psychotherapy for the treatment of substance abuse* (pp. 175–192). Arlington, VA: American Psychiatric Publishing, Inc.

Carter, J. D., Luty, S. E., McKenzie, J. M., Mulder, R. T., Frampton, C. M., & Joyce, P. R. (2011). Patient predictors of response to cognitive behaviour therapy and interpersonal psychotherapy in a randomised clinical trial for depression. *Journal of Affective Disorders, 128*(3), 252–261.

Caspi, A., Moffitt, T. E., Cannon, M., McClay, J., Murray, R., Harrington, H., . . . Craig, I. W. (2005). Moderation of the effect of adolescent-onset cannabis use on adult psychosis by a functional polymorphism in the catechol-O-methyltransferase gene: Longitudinal evidence of a gene X environment interaction. *Biological Psychiatry, 57*(10), 1117–1127.

Centers for Disease Control and Prevention. (2005). QuickStats: Percentage of children aged 5–17 years ever having diagnoses of Attention Deficit/Hyperactivity Disorder (ADHD) or Learning Disability (LD), by sex and diagnosis—United States, 2003. *Morbidity and Mortality Weekly Report, 54*(43), 1107. Atlanta, GA.

Centers for Disease Control and Prevention. (2007). Prevalence of autism spectrum disorder—Autism and developmental disabilities monitoring network, six sites, United States, 2000; Prevalence of autism spectrum disorder—Autism and developmental disabilities monitoring network, 14 sites, United States, 2002; and Evaluation of a methodology for a collaborative multiple source surveillance network for autism spectrum disorders—Autism and developmental disabilities monitoring network, 14 sites, United States, 2002. *Morbidity and Mortality Weekly Report, 56*(SS-1), 1–40.

Centers for Disease Control and Prevention. (2011). Fetal alcohol spectrum disorders Retrieved 10/29/2011, from http://www. cdc.gov/ncbddd/fasd/data.html

Centers for Disease Control and Prevention. (2011). How many people have TBI? Retrieved 11/22/2011, from http://www.cdc .gov/traumaticbraininjury/statistics.html

Centers for Disease Control and Prevention. (2011). Suicide: Definitions, from http://www.cdc.gov/violenceprevention/suicide/definitions.html

Centers for Disease Control and Prevention. (2012). CDC Grand Rounds: Prescription drug overdoses — a U.S. epidemic. *Morbidity and Mortality Weekly Report, 61, No. 1.*

Chamberlain, S. R., Hampshire, A., Menzies, L. A., Garyfallidis, E., Grant, J. E., Odlaug, B. L., . . . Sahakian, B. J. (2010). Reduced brain white matter integrity in trichotillomania: A diffusion tensor imaging study. *Arch Gen Psychiatry, 67*(9), 965–971.

Choi, K. H., Higgs, B. W., Wendland, J. R., Song, J., McMahon, F. J., & Webster, M. J. (2011). Gene expression and genetic variation data implicate PCLO in bipolar disorder. *Biological Psychiatry, 69*(4), 353–359.

Choy, Y., Fyer, A. J., & Lipsitz, J. D. (2007). Treatment of specific phobia in adults. *Clinical Psychology Review, 27*(3), 266–286.

Clarke, T. K., Weiss, A. R., & Berrettini, W. H. (2011). The genetics of anorexia nervosa. *Clinical Pharmacology and Therapeutics*, Dec. 21.

Cleckley, H. M. (1976). *The mask of sanity* (5th ed.). St. Louis: Mosby.

Coccaro, E. F. (2010). A family history study of intermittent explosive disorder. *Journal of Psychiatric Research, 44*(15), 1101–1105.

Coccaro, E. F., Lee, R. J., & Kavoussi, R. J. (2009). A double-blind, randomized, placebo-controlled trial of fluoxetine in patients with intermittent explosive disorder. *Journal of Clinical Psychiatry, 70*(5), 653–662.

Coccaro, E. F., Lee, R., & Kavoussi, R. J. (2010). Inverse relationship between numbers of 5-HT transporter binding sites and life history of aggression and intermittent explosive disorder. *Journal of Psychiatric Research, 44*(3), 137–142.

Cocchi, L., Harrison, B. J., Pujol, J., Harding, I. H., Fornito, A., Pantelis, C., et al. (2012). Functional alterations of large-scale brain networks related to cognitive control in obsessive-compulsive disorder. *Human Brain Mapping, 33*(5), 1089–1106.

Coelho, C. M., Goncalves, D. C., Purkis, H., Pocinho, M., Pachana, N. A., & Byrne, G. J. (2010). Specific phobias in older adults: Characteristics and differential diagnosis. *International Psychogeriatrics, 22*(5), 702–711.

Cohen-Kettenis, P. T., & Pfafflin, F. (2010). The *DSM* diagnostic criteria for gender identity disorder in adolescents and adults. *Archives of Sexual Behavior, 39*, 499–513.

Cole, C. S. (2011). Sleep and primary care of adults and older adults. In N. S. Redeker & G. McEnany (Eds.), *Sleep disorders and sleep promotion in nursing practice* (pp. 291–308). New York: Springer Publishing Co.

Collins, F. L., Jr., Leffingwell, T. R., & Belar, C. D. (2007). Teaching evidence-based practice: Implications for psychology. *Journal of Clinical Psychology, 63*(7), 657–670.

Commenges, D., Scotet, V., Renaud, S., Jacqmin-Gadda, H., Barberger-Gateau, P., & Dartigues, J. F. (2000). Intake of flavonoids and risk of dementia. *European Journal of Epidemiology, 16*(4), 357–363.

Committee on Treatment of Posttraumatic Stress Disorder, I. o. M. (2008). *Treatment of posttraumatic stress disorder: An assessment of the evidence.* Washington, DC: National Academies Press.

Consumer Reports. (2009). Evaluating prescription drugs used to treat: Alzheimer's Disease, from http://www.consumerreports.org/health/resources/pdf/best-buy-drugs/AlzheimersFINAL.pdf

Cook, R., Pan, P., Silverman, R., & Soltys, S. M. (2010). Do-not-resuscitate orders in suicidal patients: Clinical, ethical, and legal dilemmas. *Psychosomatics: Journal of Consultation Liaison Psychiatry, 51*(4), 277–282.

Corneil, T. A., Eisfeld, J. H., & Botzer, M. (2010). Proposed changes to diagnoses related to gender identity in the *DSM*: A World Professional Association for Transgender Health consensus paper regarding the potential impact on access to health care for transgender persons. *International Journal of Transgenderism, 12*, 107–114.

Costa, P. T., Jr., & McCrae, R. R. (1992). *NEO-PI-R manual.* Odessa, FL: Psychological Assessment Resources.

Couineau, A.-L., & Forbes, D. (2011). Using predictive models of behavior change to promote evidence-based treatment for PTSD. *Psychological Trauma: Theory, Research, Practice, and Policy, 3*(3), 266–275.

Cowen, P. J. (2008). Serotonin and depression: Pathophysiological mechanism or marketing myth? *Trends in Pharmacological Science, 29*(9), 433–436.

Cox, B. J., Turnbull, D. L., Robinson, J. A., Grant, B. F., & Stein, M. B. (2011). The effect of avoidant personality disorder on the persistence of generalized social anxiety disorder in the general population: Results from a longitudinal, nationally representative mental health survey. *Depression and Anxiety, 28*, 250–255.

Cox, D. J., Cox, B. S., & Cox, J. C. (2011). Self-reported incidences of moving vehicle collisions and citations among drivers with ADHD: A cross-sectional survey across the lifespan. *The American Journal of Psychiatry, 168*(3), 329–330.

Coyle, J. T., Balu, D., Benneyworth, M., Basu, A., & Roseman, A. (2010). Beyond the dopamine receptor: Novel therapeutic targets for treating schizophrenia. *Dialogues in Clinical Neuroscience, 12*, 359–382.

Craske, M. G., Kircanski, K., Epstein, A., Wittchen, H. U., Pine, D. S., Lewis-Fernandez, R., et al. (2010). Panic disorder: A review of *DSM-IV* panic disorder and proposals for *DSM-V*. *Depression and Anxiety, 27*(2), 93–112.

Crean, R. D., Crane, N. A., & Mason, B. J. (2011). An evidence-based review of acute and long-term effects of cannabis use on executive cognitive functions. *Journal of Addiction Medicine, 5*(1), 1–8.

Crisafulli, C., Fabbri, C., Porcelli, S., Drago, A., Spina, E., De Ronchi, D., & Serretti, A. (2011). Pharmacogenetics of antidepressants. *Frontiers in Pharmacology, 2*(6).

Crowther, J. H., Armey, M., Luce, K. H., Dalton, G. R., & Leahey, T. (2008). The point prevalence of bulimic disorders from 1990 to 2004. *International Journal of Eating Disorders, 41*(6), 491–497.

Cserjési, R., Vermeulen, N., Luminet, O., Marechal, C., Nef, F., Simon, Y., & Lénárd, L. (2010). Explicit vs. implicit body image evaluation in restrictive anorexia nervosa. *Psychiatry Research, 175*(1–2), 148–153.

D

Dahl, M. H., Rønning, O. M., & Thommessen, B. (2010). Delirium in acute stroke—Prevalence and risk factors. *Acta Neurologica Scandinavica, 122*(Suppl 190), 39–43.

Dal Forno, G., Palermo, M. T., Donohue, J. E., Karagiozis, H., Zonderman, A. B., & Kawas, C. H. (2005). Depressive symptoms, sex, and risk for Alzheimer's disease. *Annals of Neurology, 57*(3), 381–387.

Dalton, K. M., Nacewicz, B. M., Johnstone, T., Schaefer, H. S., Gernsbacher, M. A., Goldsmith, H. H., . . . Davidson, R. J. (2005). Gaze fixation and the neural circuitry of face processing in autism. *Nature Neuroscience, 8*(4), 519–526.

Dana, R. H. (2002). Multicultural assessment: Teaching methods and competence evaluations. *Journal of Personality Assessment, 79*(2), 195–199.

Davis, T. E., III, & Ollendick, T. H. (2011). Specific phobias. In D. McKay & E. A. Storch (Eds.), *Handbook of child and adolescent anxiety disorders* (pp. 231–244). New York, NY: Springer Science + Business Media.

Dawson, G., Webb, S. J., Carver, L., Panagiotides, H., & McPartland, J. (2004). Young children with autism show atypical brain responses to fearful versus neutral facial expressions of emotion. *Developmental Science, 7*(3), 340–359.

de Guise, E., Leblanc, J., Gosselin, N., Marcoux, J., Champoux, M. C., Couturier, C., et al. (2010). Neuroanatomical correlates of the clock drawing test in patients with traumatic brain injury. *Brain Injury, 24*(13–14), 1568–1574.

de Jong, P. J., & Merckelbach, H. (2000). Phobia-relevant illusory correlations: The role of phobic responsivity. *Journal of Abnormal Psychology, 109*(4), 597–601.

de Jong, P. J., & Peters, M. L. (2007). Blood-injection-injury fears: Harm- vs. disgust-relevant selective outcome associations. *Journal of Behavior Therapy and Experimental Psychiatry, 38*(3), 263–274.

Delinsky, S. S. (2011). Body image and anorexia nervosa. In T. F. Cash & L. Smolak (Eds.), *Body image: A handbook of science, practice, and prevention* (2nd ed.) (pp. 279–287). New York, NY: Guilford Press.

DeLongis, A., Folkman, S., & Lazarus, R. S. (1988). The impact of daily stress on health and mood: Psychological and social resources as mediators. *Journal of Personality and Social Psychology, 54*, 486–495.

Denollet, J., & Pedersen, S. S. (2011). Type D personality in patients with cardiovascular disorders. In R. Allan & J. Fisher (Eds.), *Heart and mind: The practice of cardiac psychology* (2nd ed.) (pp. 219–247). Washington, DC: American Psychological Association.

Derogatis, L. R. (1994). *Manual for the symptom check list-90 revised (SCL-90-R)*. Minneapolis, MN: National Computer Systems.

Deutsch, A. (1949). *The mentally ill in America* (2nd ed.). New York: Columbia University Press.

Dhawan, N., Kunik, M. E., Oldham, J., & Coverdale, J. (2010). Prevalence and treatment of narcissistic personality disorder in the community: A systematic review. *Comprehensive Psychiatry, 51*, 333–339.

Dick, D. M., Aliev, F., Edwards, A., Agrawal, A., Lynskey, M., Lin, P., . . . Bierut, L. (2011). Genome-wide association study of conduct disorder symptomatology. *Molecular Psychiatry, 16*(8), 800–808.

Dickerson, F. B., Tenhula, W. N., & Green-Paden, L. D. (2005). The token economy for schizophrenia: Review of the literature and recommendations for future research. *Schizophrenia Research, 75*, 405–416.

Dimaggio, G., Carcione, A., Salvatore, G., Nicolò, G., Sisto, A., & Semerari, A. (2011). Progressively promoting metacognition in a case of obsessive-compulsive personality disorder treated with metacognitive interpersonal therapy. *Psychology and Psychotherapy: Theory, Research and Practice, 84*, 70–83.

Disney, K. L., Weinstein, Y., & Oltmanns, T. F. (2012). Personality disorder symptoms are differentially related to divorce frequency. *Journal of Family Psychology, 26*, 959–965. doi:10.1037/a0030446

Dodson, W. W. (2005). Pharmacotherapy of adult ADHD. *Journal of Clinical Psychology, 61*(5), 589–606.

Doherty, G. H. (2011). Obesity and the ageing brain: Could leptin play a role in neurodegeneration? *Current Gerontology and Geriatric Research, 2011*, 708154.

Doley, R. (2003). Pyromania: Fact or fiction? *British Journal of Criminology, 43*(4), 797–807.

Driessen, E., & Hollon, S. D. (2010). Cognitive behavioral therapy for mood disorders: Efficacy, moderators and mediators. *Psychiatric Clinics of North America, 33*(3), 537–555.

Dudley, M., Goldney, R., & Hadzi-Pavlovic, D. (2010). Are adolescents dying by suicide taking SSRI antidepressants? A review of observational studies. *Australasian Psychiatry, 18*(3), 242–245.

Duke, D. C., Bodzin, D. K., Tavares, P., Geffken, G. R., & Storch, E. A. (2009). The phenomenology of hairpulling in a community sample. *Journal of Anxiety Disorders, 23*(8), 1118–1125.

Duke, D. C., Keeley, M. L., Geffken, G. R., & Storch, E. A. (2010). Trichotillomania: A current review. *Clinical Psychology Review, 30*(2), 181–193.

E

Edelstein, B., Martin, R. R., & McKee, D. R. (2000). Assessment of older adult psychopathology. In S. K. Whitbourne (Ed.), *Psychopathology in later life* (pp. 61–88). New York: Wiley.

Eley, T. C., Rijsdijk, F. V., Perrin, S., O'Connor, T. G., & Bolton, D. (2008). A multivariate genetic analysis of specific phobia, separation anxiety and social phobia in early childhood. *Journal of Abnormal Child Psychology: An official publication of the International Society for Research in Child and Adolescent Psychopathology, 36*(6), 839–848.

Ellenstein, A., Kranick, S. M., & Hallett, M. (2011). An update on psychogenic movement disorders. *Current Neurology and Neuroscience Reports, 4*(11), 396–403.

Ellis, A. (2005). *The myth of self-esteem*. Buffalo, NY: Prometheus.

Engelhard, I. M., & van den Hout, M. A. (2007). Preexisting neuroticism, subjective stressor severity, and posttraumatic stress in soldiers deployed to Iraq. *Canadian Journal of Psychiatry, 52*(8), 505–509.

Enserink, M. (1998). First Alzheimer's disease confirmed. *Science, 279*, 2037.

F

Fakier, N., & Wild, L. G. (2011). Associations among sleep problems, learning difficulties and substance use in adolescence. *Journal of Adolescence, 34*(4), 717–726.

Falsetti, S. A., & Davis, J. (2001). The nonpharmacologic treatment of generalized anxiety disorder. *Psychiatric Clinics of North America, 24*(1), 99–117.

Fang, A., & Hofmann, S. G. (2010). Relationship between social anxiety disorder and body dysmorphic disorder. *Clinical Psychology Review, 30*(8), 1040–1048.

Faraone, S. V., Perlis, R. H., Doyle, A. E., Smoller, J. W., Goralnick, J. J., Holmgren, M. A., & Sklar, P. (2005). Molecular genetics of attention-deficit/hyperactivity disorder. *Biological Psychiatry, 57*(11), 1313–1323.

Farooqui, A. A., Farooqui, T., Panza, F., & Frisardi, V. (2012). Metabolic syndrome as a risk factor for neurological disorders. *Cellular and Molecular Life Sciences, 69*(5), 741–762.

Farrell, H. M. (2010). Dissociative identity disorder: No excuse for criminal activity. *Current Psychiatry, 10*(6), 33–40.

Farrell, H. M. (2011). Dissociative identity disorder: Medicolegal challenges. *Journal of the American Academy of Psychiatry and the Law, 39*(3), 402–406.

Federal Bureau of Investigation. (2004). Age-specific arrest rates and race-specific arrest rates for selected offenses 1993–2001: Uniform crime reports, from http://www.fbi.gov/about-us/cjis/ucr/additional-ucr-publications/age_race_arrest93-01.pdf

First, M. B., & Gibbon, M. (2004). The structured clinical interview for *DSM-IV* Axis I Disorders (SCID-I) and the structured clinical interview for *DSM-IV* Axis II Disorders (SCID-II). In M. J. Hilsenroth & D. L. Segal (Eds.), *Comprehensive handbook of psychological assessment, Vol. 2: Personality assessment* (pp. 134–143). Hoboken, NJ: John Wiley & Sons, Inc.

Fisher, C. B., & Fried, A. L. (2008). Internet-mediated psychological services and the American Psychological Association Ethics Code. In D. N. Bersoff (Ed.), *Ethical conflicts in psychology* (4th ed.) (pp. 376–383). Washington, DC: American Psychological Association.

Fisher, C. B., & Vacanti-Shova, K. (2012). The responsible conduct of psychological research: An overview of ethical principles, APA Ethics Code standards, and federal regulations. In S. J. Knapp, M. C. Gottlieb, M. M. Handelsman, & L. D. VandeCreek (Eds.), *APA handbook of ethics in psychology, Vol 2: Practice, teaching, and research* (pp. 335–369). Washington, DC: American Psychological Association.

Fisk, J. E., Murphy, P. N., Montgomery, C., & Hadjiefthyvoulou, F. (2011). Modelling the adverse effects associated with ecstasy use. *Addiction, 106*(4), 798–805.

Flessner, C. A., Woods, D. W., Franklin, M. E., Keuthen, N. J., & Piacentini, J. (2009). Cross-sectional study of women with trichotillomania: A preliminary examination of pulling styles, severity, phenomenology, and functional impact. *Child Psychiatry and Human Development, 40*(1), 153–167.

Foley, D. L., Pickles, A., Maes, H. M., Silberg, J. L., & Eaves, L. J. (2004). Course and short-term outcomes of separation anxiety disorder in a community sample of twins. *Journal of the American Academy of Child and Adolescent Psychiatry, 43*(9), 1107–1114.

Folstein, M. F., Folstein, S. E., & McHugh, P. R. (1975). Mini-Mental State: A practical method for grading the cognitive state of patients for the clinician. *Journal of Psychiatric Research, 12*, 189–198.

Fombonne, E., Wostear, G., Cooper, V., Harrington, R., & Rutter, M. (2001). The Maudsley long-term follow-up of child and adolescent depression: 1. Psychiatric outcomes in adulthood. *British Journal of Psychiatry, 179*(3), 210–217.

Foote, B., Smolin, Y., Kaplan, M., Legatt, M. E., & Lipschitz, D. (2006). Prevalence of dissociative disorders in psychiatric outpatients. *The American Journal of Psychiatry, 163*(4), 623–629.

Forcano, L., Ýlvarez, E., Santamaría, J. J., Jimenez-Murcia, S., Granero, R., Penelo, E., . . . Fernández-Arand, F. (2011). Suicide attempts in anorexia nervosa subtypes. *Comprehensive Psychiatry, 52*(4), 352–358.

Forman, E. M., Herbert, J. D., Moitra, E., Yeomans, P. D., & Geller, P. A. (2007). A randomized controlled effectiveness trial of acceptance and commitment therapy and cognitive therapy for anxiety and depression. *Behavior Modification, 31*(6), 772–799.

Forsyth, K., Maciver, D., Howden, S., Owen, C., & Shepherd, C. (2008). Developmental coordination disorder: A synthesis of evidence to underpin an allied health professions' framework. *International Journal of Disability, Development and Education, 55*(2), 153–172.

Fortune, E. E., & Goodie, A. S. (2011). Cognitive distortions as a component and treatment focus of pathological gambling: A review. *Psychology of Addictive Behaviors.*

Frank, E. (2007). Interpersonal and social rhythm therapy: A means of improving depression and preventing relapse in bipolar disorder. *Journal of Clinical Psychology, 63*(5), 463–473.

Frank, E., Maggi, L., Miniati, M., & Benvenuti, A. (2009). The rationale for combining interpersonal and social rhythm therapy (IPRST) and pharmacotherapy for the treatment of bipolar disorders. *Clinical Neuropsychiatry: Journal of Treatment Evaluation, 6*(2), 63–74.

Frank, J., Cichon, S., Treutlein, J., Ridinger, M., Mattheisen, M., Hoffmann, P., . . . Rietschel, M. (2012). Genome-wide significant association between alcohol dependence and a variant in the ADH gene cluster. *Addiction Biology, 17*(1), 171–180.

Frankl, V. (1963). *Man's search for meaning.* New York: Simon & Schuster.

Franklin, M. E., Zagrabbe, K., & Benavides, K. L. (2011). Trichotillomania and its treatment: A review and recommendations. *Expert Review of Neurotherapeutics, 11*(8), 1165–1174.

Franklin, T. B., & Mansuy, I. M. (2011). The involvement of epigenetic defects in mental retardation. *Neurobiology of Learning and Memory, 96*(1), 61–67.

Frattaroli, J. (2006). Experimental disclosure and its moderators: A meta-analysis. *Psychological Bulletin, 132*(6), 823–865.

Freeman, R. D., Soltanifar, A., & Baer, S. (2010). Stereotypic movement disorder: Easily missed. *Developmental Medicine & Child Neurology, 52*(8), 733–738.

Freud, S. (1911). Formulations of the two principles of mental functioning (J. Strachey, Trans.). In J. Strachey (Ed.), *The standard edition of the complete psychological works of Sigmund Freud* (Vol. 12). London: Hogarth.

Freud, S. (1923). The ego and the id (J. Strachey, Trans.). In J. Strachey (Ed.), *The standard edition of the complete psychological works of Sigmund Freud* (Vol. 19). London: Hogarth.

Freud, S. (1913–14/1963). *Further recommendations in the technique of psychoanalysis.* New York: Collier.

Furness, D. L., Dekker, G. A., & Roberts, C. T. (2011). DNA damage and health in pregnancy. *Journal of Reproductive Immunology, 89*(2), 153–162.

G

Ganguli, M., Dodge, H. H., Shen, C., Pandav, R. S., & DeKosky, S. T. (2005). Alzheimer disease and mortality: A 15-year epidemiological study. *Archives of Neurology, 62*(5), 779–784.

Garbutt, J. C., Kranzler, H. R., O'Malley, S. S., Gastfriend, D. R., Pettinati, H. M., Silverman, B. L., . . . Ehrich, E. W. (2005). Efficacy and tolerability of long-acting injectable naltrexone for alcohol dependence: A randomized controlled trial. *Journal of the American Medical Association, 293*(13), 1617–1625.

Geary, D. C. (2011). Consequences, characteristics, and causes of mathematical learning disabilities and persistent low achievement in mathematics. *Journal of Developmental and Behavioral Pediatrics, 32*(3), 250–263.

Genevsky, A., Garrett, C. T., Alexander, P. P., & Vinogradov, S. (2010). Cognitive training in schizophrenia: A neuroscience-based approach. *Dialogues in Clinical Neuroscience, 12*, 416–421.

Gersten, R., Beckman, S., Clarke, B., Foegen, A., Marsh, L., Star, J. R., & Witzel, B. (2009). Assisting students struggling with mathematics: Response to intervention (TR1) for elementary and middle schools (NCEE 2009-4060). Washington, DC: National Center for Education Evaluation and Regional Assistance, Institute of Education Sciences, U.S. Department of Education.

Gibbons, R. D., Hur, K., Bhaumik, D. K., & Mann, J. J. (2005). The relationship between antidepressant medication use and rate of suicide. *Archives of General Psychiatry, 62*(2), 165–172.

Gillett, G. (2011). The gold-plated leucotomy standard and deep brain stimulation. *Journal of Bioethical Inquiry, 8*(1), 35–44.

Gilman, S., Koeppe, R. A., Little, R., An, H., Junck, L., Giordani, B., . . . Wernette, K. (2005). Differentiation of Alzheimer's disease from dementia with Lewy bodies utilizing positron emission tomography with [18F]fluorodeoxyglucose and neuropsychological testing. *Experimental Neurology, 191 Suppl 1*, S95–S103.

Gisslen, M., Hagberg, L., Brew, B. J., Cinque, P., Price, R. W., & Rosengren, L. (2007). Elevated cerebrospinal fluid neurofilament light protein concentrations predict the development of AIDS dementia complex. *Journal of Infectious Diseases, 195*(12), 1774–1778.

Glass, S. J., & Newman, J. P. (2009). Emotion processing in the criminal psychopath: The role of attention in emotion-facilitated memory. [Article]. *Journal of Abnormal Psychology, 118*, 229–234.

Glaze, L. E. (2011). Correctional population in the United States, 2010, from http://bjs.ojp.usdoj.gov/index.cfm?ty=pbdetail&iid=2237

Gleason, M. M., Fox, N. A., Drury, S., Smyke, A., Egger, H. L., Nelson, C. A., III, . . . Zeanah, C. H. (2011). Validity of evidence-derived criteria for reactive attachment disorder: Indiscriminately social/disinhibited and emotionally withdrawn/inhibited types. *Journal of the American Academy of Child & Adolescent Psychiatry, 50*(3), 216–231.

Goldsmith, S. K., Pellman, R. C., Kleinman, A. M., & Bunney, W. E. (Eds.) (2002). *Reducing suicide: A national imperative.* Washington, DC: The National Academies Press.

Gómez-de-Regil, L., Kwapil, T. R., Blanqué, J. M., Vainer, E., Montoro, M., & Barrantes-Vidal, N. (2010). Predictors of outcome in the early course of first-episode psychosis. *The European Journal of Psychiatry, 24*, 87–97.

Gons, R. A., van Norden, A. G., de Laat, K. F., van Oudheusden, L. J., van Uden, I. W., Zwiers, M. P., . . . de Leeuw, F. E. (2011). Cigarette smoking is associated with reduced microstructural integrity of cerebral white matter. *Brain, 134*(Pt 7), 2116–2124.

Gottesman, I. I., & Gould, T. D. (2003). The endophenotype concept in psychiatry: Etymology and strategic intentions. *American Journal of Psychiatry, 160*(4), 636–645.

Gottesman, I. I., & Shields, J. (1972). *Schizophrenia and genetics: A twin study vantage point*. New York: Academic Press.

Gottesman, I. I., & Shields, J. (1973). Genetic theorizing and schizophrenia. *British Journal of Psychiatry, 122*(566), 15–30.

Govind, V., Gold, S., Kaliannan, K., Saigal, G., Falcone, S., Arheart, K. L., . . . Maudsley, A. A. (2010). Whole-brain proton MR spectroscopic imaging of mild-to-moderate traumatic brain injury and correlation with neuropsychological deficits. *Journal of Neurotrauma, 27*(3), 483–496.

Graham, C. A. (2010). The *DSM* diagnostic criteria for female orgasmic disorder. *Archives of Sexual Behavior, 39*, 256–270.

Grant, J. E. (2005). Clinical characteristics and psychiatric comorbidity in males with exhibitionism. *Journal of Clinical Psychiatry, 66*, 1367–1371.

Grant, J. E. (2006). SPECT imaging and treatment of pyromania. *Journal of Clinical Psychiatry, 67*(6), 998.

Grant, J. E., Chamberlain, S. R., Odlaug, B. L., Potenza, M. N., & Kim, S. W. (2010). Memantine shows promise in reducing gambling severity and cognitive inflexibility in pathological gambling: A pilot study. *Psychopharmacology, 212*(4), 603–612.

Grant, J. E., & Kim, S. W. (2007). Clinical characteristics and psychiatric comorbidity of pyromania. *Journal of Clinical Psychiatry, 68*(11), 1717–1722.

Grant, J. E., Kim, S. W., & Odlaug, B. L. (2009). A double-blind, placebo-controlled study of the opiate antagonist, naltrexone, in the treatment of kleptomania. *Biological Psychiatry, 65*(7), 600–606.

Grant, J. E., Levine, L., Kim, D., & Potenza, M. N. (2005). Impulse control disorders in adult psychiatric inpatients. *American Journal of Psychiatry, 162*(11), 2184–2188.

Grant, J. E., Odlaug, B. L., & Kim, S. W. (2010). Kleptomania: Clinical characteristics and relationship to substance use disorders. *The American Journal of Drug and Alcohol Abuse, 36*(5), 291–295.

Grant, J. E., Odlaug, B. L., Davis, A., & Kim, S. W. (2009). Legal consequences of kleptomania. *Psychiatric Quarterly, 80*(4), 251–259.

Grant, J. E., Odlaug, B. L., Potenza, M. N., Hollander, E., & Kim, S. W. (2010). Nalmefene in the treatment of pathological gambling: Multicentre, double-blind, placebo-controlled study. *British Journal of Psychiatry, 197*(4), 330–331.

Griffin, J. A., Umstattd, M. R., & Usdan, S. L. (2010). Alcohol use and high-risk sexual behavior among collegiate women: A review of research on alcohol myopia theory. *Journal of American College Health, 58*(6), 523–532.

Gross, C. G. (1999). "Psychosurgery"in renaissance art. *Trends in Neurosciences, 22*, 429–431.

Grover, S., Chakrabarti, S., Shah, R., & Kumar, V. (2011). A factor analytic study of the Delirium Rating Scale-Revised-98 in untreated patients with delirium. *Journal of Psychosomatic Research, 70*(5), 473–478.

Gu, Y., Luchsinger, J. A., Stern, Y., & Scarmeas, N. (2010). Mediterranean diet, inflammatory and metabolic biomarkers, and risk of Alzheimer's disease. *Journal of Alzheimer's Disease, 22*(2), 483–492.

Guay, D. R. P. (2009). Drug treatment of paraphilic and nonparaphilic sexual disorders. *Clinical Therapeutics: The International Peer-Reviewed Journal of Drug Therapy, 31*, 1–31.

Gunderson, J. G. (2011). Clinical practice. Borderline personality disorder. *New England Journal of Medicine, 364*, 2037–2042.

Gunderson, J. G., & Links, P. S. (2008). *Borderline personality disorder: A clinical guide* (2nd ed.). Washington, DC: American Psychiatric Press, Inc.

Gunderson, J. G., Stout, R. L., McGlashan, T. H., Shea, M. T., Morey, L. C., Grilo, C. M., . . . Skodol, A. E. (2011). Ten-year course of borderline personality disorder: Psychopathology and function from the Collaborative Longitudinal Personality Disorders study. *Archives of General Psychiatry, 68*, 827–837.

Gunter, T. D., Vaughn, M. G., & Philibert, R. A. (2010). Behavioral genetics in antisocial spectrum disorders and psychopathy: A review of the recent literature. *Behavioral Sciences & the Law, 28*, 148–173.

Gur, R. E., & Gur, R. C. (2010). Functional magnetic resonance imaging in schizophrenia. *Dialogues in Clinical Neuroscience, 12*, 333–343.

H

Haji, I. (2010). Psychopathy, ethical perception, and moral culpability. *Neuroethics, 3*, 135–150.

Hall, B. J., Tolin, D. F., Frost, R. O., & Steketee, G. (2013). An exploration of comorbid symptoms and clinical correlates of clinically significant hoarding symptoms. *Depression and Anxiety, 30*(1), 67–76. doi:10.1002/da.22015

Hall, R. C. (2007). A profile of pedophilia: Definition, characteristics of offenders, recidivism, treatment outcomes, and forensic issues. *Mayo Clinic Proceedings, 82*, 457–471.

Hammen, C. (2005). Stress and depression. *Annual Review in Clinical Psychology, 1*, 293–319.

Hare, R. D. (1997). *Hare psychopathy checklist—Revised (PCL-R)*. Odessa, FL: Personality Assessment Resources.

Hare, R. D., & Neumann, C. S. (2005). Structural models of psychopathy. *Current Psychiatry Reports, 7*, 57–64.

Hare, R. D., & Neumann, C. S. (2009). Psychopathy: Assessment and forensic implications. *Canadian Journal of Psychiatry, 54*, 791–802.

Harpur, T. J., & Hare, R. D. (1994). Assessment of psychopathy as a function of age. *Journal of Abnormal Psychology 103*, 604–609.

Hatch, A., Madden, S., Kohn, M., Clarke, S., Touyz, S., & Williams, L. M. (2010). Anorexia nervosa: Towards an integrative neuroscience model. *European Eating Disorders Review, 18*(3), 165–179.

Hayes, J. P., LaBar, K. S., McCarthy, G., Selgrade, E., Nasser, J., Dolcos, F., et al. (2011). Reduced hippocampal and amygdala activity predicts memory distortions for trauma reminders in combat-related PTSD. *Journal of Psychiatric Research, 45*(5), 660–669.

Heath, A. C., Whitfield, J. B., Martin, N. G., Pergadia, M. L., Goate, A. M., Lind, P. A., . . . Montgomery, G. W. (2011). A quantitative-trait genome-wide association study of alcoholism risk in the community: Findings and implications. *Biological Psychiatry, 70*(6), 513–518.

Helgeson, V. S., Reynolds, K. A., & Tomich, P. L. (2006). A meta-analytic review of benefit finding and growth. *Journal of Consulting and Clinical Psychology, 74*(5), 797–816.

Hempenius, L., van Leeuwen, B. L., van Assert, D. Z. B., Hoekstra, H. J., Wiggers, T., Slaets, J. P. J., & de Bock, G. H. (2011). Structured analyses of interventions to prevent delirium. *International Journal of Geriatric Psychiatry, 26*(5), 441–450.

Herbert, P. B. (2002). The duty to warn: A reconsideration and critique. *Journal of the American Academy of Psychiatry and the Law, 30*(3), 417–424.

Herpertz, S., Hagenah, U., Vocks, S., von Wietersheim, J., Cuntz, U., Zeeck, A., & Wagstaff, K. (2011). The diagnosis and treatment of eating disorders. *Deutsches Ärzteblatt International, 108*(40), 678–685.

Hettema, J. M., Prescott, C. A., & Kendler, K. S. (2004). Genetic and environmental sources of covariation between generalized anxiety disorder and neuroticism. *American Journal of Psychiatry, 161*(9), 1581–1587.

Hillemacher, T., Heberlein, A., Muschler, M. A., Bleich, S., & Frieling, H. (2011). Opioid modulators for alcohol dependence. *Expert Opinion on Investigational Drugs, 20*(8), 1073–1086.

Hinderliter, A. C. (2010). Disregarding science, clinical utility, and the *DSM*'s definition of mental disorder: The case of exhibitionism, voyeurism, and frotteurism. *Archives of Sexual Behavior, 39*, 1235–1237.

Hipwell, A. E., Stepp, S., Feng, X., Burke, J., Battista, D. R., Loeber, R., & Keenan,

K. (2011). Impact of oppositional defiant disorder dimensions on the temporal ordering of conduct problems and depression across childhood and adolescence in girls. *Journal of Child Psychology and Psychiatry, 52*(10), 1099–1108. doi: 10.1111/j.1469-7610.2011.02448.x

Hirvonen, J., van Erp, T. G., Huttunen, J., Aalto, S., Nagren, K., Huttunen, M., . . . Cannon, T. D. (2005). Increased caudate dopamine D2 receptor availability as a genetic marker for schizophrenia. *Archives of General Psychiatry, 62*, 371–378.

Hodgins, D. C., & Peden, N. (2008). Cognitive-behavioral treatment for impulse control disorders. *Revista Brasileira de Psiquiatria, 30*(Suppl 1), S31–S40.

Hoffman, E. J., & State, M. W. (2010). Progress in cytogenetics: Implications for child psychopathology. *Journal of the American Academy of Child and Adolescent Psychiatry, 49*, 736–751.

Hofmann, S. G., Rief, W., & Spiegel, D. A. (2010). Psychotherapy for panic disorder. In D. J. Stein, E. Hollander, & B. O. Rothbaum (Eds.), *Textbook of anxiety disorders* (2nd ed.) (pp. 417–433). Arlington, VA: American Psychiatric Publishing, Inc.

Hogan, M. F. (2003). The President's New Freedom Commission: Recommendations to transform mental health care in America. *Psychiatric Services, 54*, 1467–1474.

Hoge, C. W., Castro, C. A., Messer, S. C., McGurk, D., Cotting, D. I., & Koffman, R. L. (2004). Combat duty in Iraq and Afghanistan, mental health problems, and barriers to care. *New England Journal of Medicine, 351*(1), 13–22.

Hoge, C. W., Terhakopian, A., Castro, C. A., Messer, S. C., & Engel, C. C. (2007). Association of posttraumatic stress disorder with somatic symptoms, health care visits, and absenteeism among Iraq war veterans. *Americal Journal of Psychiatry, 164*(1), 150–153.

Hollingshead, A. B., & Redlich, F. C. (1958). *Social class and mental illness: A community study*. New York: Wiley.

Hollon, S. D., & Ponniah, K. (2010). A review of empirically supported psychological therapies for mood disorders in adults. *Depression and Anxiety, 27*(10), 891–932.

Holmes, T. H., & Rahe, R. H. (1967). The social readjustment rating scale. *Journal of Psychosomatic Research, 11*, 213–218.

Holtkamp, K., Konrad, K., Kaiser, N., Ploenes, Y., Heussen, N., Grzella, I., & Herpertz-Dahlmann, B. (2005). A retrospective study of SSRI treatment in adolescent anorexia nervosa: Insufficient evidence for efficacy. *Journal of Psychiatric Research, 39*(3), 303–310.

Hopper, K., Harrison, G., Janca, A., & Sartorius, N. (2007). *Recovery from schizophrenia: An international perspective: A report from the WHO Collaborative Project, the international study of schizophrenia*. New York: Oxford University Press.

Hopwood, C. J., & Thomas, K. M. (2012). Paranoid and schizoid personality disorders. In T. A. Widiger (Ed.), *The Oxford handbook of personality disorders* (pp. 582–602). New York: Oxford University Press. doi:10.1093/oxfordhb/9780199735013.013.0027.

Houben, K., Nederkoorn, C., Wiers, R. W., & Jansen, A. (2011). Resisting temptation: Decreasing alcohol-related affect and drinking behavior by training response inhibition. *Drug and Alcohol Dependence, 116*(1–3), 132–136.

Hoven, C. W., Duarte, C. S., Lucas, C. P., Wu, P., Mandell, D. J., Goodwin, R. D., . . . Susser, E. (2005). Psychopathology among New York city public school children 6 months after September 11. *Archives of General Psychiatry, 62*(5), 545–552.

Howe, E. (2008). Ethical considerations when treating patients with schizophrenia. *Psychiatry (Edgmont), 5*, 59–64.

Howland, M., Hunger, J. M., & Mann, T. (2012). Friends don't let friends eat cookies: Effects of restrictive eating norms on consumption among friends. *Appetite, 59*(2), 505–509. doi:10.1016/j.appet.2012.06.020

Hrabosky, J. I. (2011). Body image and binge-eating disorder. In T. F. Cash & L. Smolak (Eds.), *Body image: A handbook of science, practice, and prevention* (2nd ed.) (pp. 296–304). New York: Guilford Press.

Huang, X.-Q., Lui, S., Deng, W., Chan, R. C. K., Wu, Q.-Z., Jiang, L.-J., . . . Gong, Q.-Y. (2010). Localization of cerebral functional deficits in treatment-naive, first-episode schizophrenia using resting-state fMRI. *NeuroImage, 49*(4), 2901–2906.

Hudson, J. I., Hiripi, E., Pope, H. G., Jr., & Kessler, R. C. (2007). The prevalence and correlates of eating disorders in the National Comorbidity Survey Replication. *Biological Psychiatry, 61*(3), 348–358.

Hughes, J. R. (2007). Review of medical reports on pedophilia. *Clinical Pediatrics, 46*, 667–682.

Hunsley, J., & Mash, E. J. (2007). Evidence-based assessment. *Annual Review of Clinical Psychology, 3*, 29–51.

Huppert, J. D., Foa, E. B., McNally, R. J., & Cahill, S. P. (2009). Role of cognition in stress-induced and fear circuitry disorders. In G. Andrews, D. S. Charney, P. J. Sirovatka, & D. A. Regier (Eds.), *Stress-induced and fear circuitry disorders: Advancing the research agenda for DSM-V* (pp. 175–193). Arlington, VA: American Psychiatric Publishing, Inc.

Hurwitz, T. A. (2004). Somatization and conversion disorder. *Canadian Journal of Psychiatry, 49*(3), 172–178.

Hyman, S. E. (2011). Diagnosis of mental disorders in light of modern genetics. In D. A. Regier, W. E. Narrow, E. A. Kuhl, & D. J. Kupfer (Eds.), *The conceptual evolution of DSM-5* (pp. 3–17). Washington, DC: American Psychiatric Publishers.

I

Inouye, S. K., Bogardus, S. T., Charpentier, P. A., Leo-Summers, L., Acampora, D., Holford, T. R., & Cooney, L. M., Jr. (1999). A multicomponent intervention to prevent delirium in hospitalized older patients. *The New England Journal of Medicine, 340*(9), 669–676.

Iverson, G. L. (2005). Outcome from mild traumatic brain injury. *Current Opinion in Psychiatry, 18*(3), 301–317.

Iverson, K. M., Follette, V. M., Pistorello, J., & Fruzzetti, A. E. (2011). An investigation of experiential avoidance, emotion dysregulation, and distress tolerance in young adult outpatients with borderline personality disorder symptoms. *Personality Disorders: Theory, Research, and Treatment.*

J

Jablensky, A. (2010). The diagnostic concept of schizophrenia: Its history, evolution, and future prospects. *Dialogues in Clinical Neuroscience, 12*, 271–287.

Jaffee, S. R., Caspi, A., Moffitt, T. E., Dodge, K. A., Rutter, M., Taylor, A., & Tully, L. A. (2005). Nature × nurture: Genetic vulnerabilities interact with physical maltreatment to promote conduct problems. *Development and Psychopathology, 17*(1), 67–84.

Jain, G., Chakrabarti, S., & Kulhara, P. (2011). Symptoms of delirium: An exploratory factor analytic study among referred patients. *General Hospital Psychiatry, 33*(4), 377–385.

Jarry, J. L. (2010). Core conflictual relationship theme-guided psychotherapy: Initial effectiveness study of a 16-session manualized approach in a sample of six patients. *Psychology and Psychotherapy: Theory, Research and Practice, 83*(4), 385–394.

Jellinger, K. A., & Attems, J. (2010). Prevalence and pathology of vascular dementia in the oldest-old. *Journal of Alzheimer's Disease, 21*(4), 1283–1293.

Jobe, T. H., & Harrow, M. (2010). Schizophrenia course, long-term outcome, recovery, and prognosis. *Current Directions in Psychological Science, 19*, 220–225.

Johansson, A., Sundbom, E., Höjerback, T., & Bodlund, O. (2010). A five-year follow-up study of Swedish adults with gender identity disorder. *Archives of Sexual Behavior, 39*, 1429–1437.

Johnson, J., Wood, A. M., Gooding, P., Taylor, P. J., & Tarrier, N. (2011). Resilience to suicidality: The buffering hypothesis. *Clinical Psychology Review, 31*(4), 563–591.

Johnson, J. G., Cohen, P., Kasen, S., Smailes, E., & Brook, J. S. (2001). Association of maladaptive parental behavior with psychiatric disorder among parents and their offspring. *Archives of General Psychiatry, 58*(5), 453–460.

Johnston, L. D., O'Malley, P. M., Bachman, J. G., & Schulenberg, J. E. (2011). Monitoring the future national survey results on drug use, 1975–2010. Volume I: Secondary school students (p. 744). Ann Arbor, MI: Institute for Social Research, The University of Michigan.

Jones, K. M., Whitbourne, S. K., Whitbourne, S. B., & Skultety, K. M. (2009). Identity processes and memory controllability in middle and later adulthood. *Journal of Applied Gerontology, 28*(5), 582–599.

Jones, R. M., Arlidge, J., Gillham, R., Reagu, S., van den Bree, M., & Taylor, P. J. (2011). Efficacy of mood stabilisers in the treatment of impulsive or repetitive aggression: Systematic review and meta-analysis. *British Journal of Psychiatry, 198*(2), 93–98.

Jonsbu, E., Dammen, T., Morken, G., Lied, A., Vik-Mo, H., & Martinsen, E. W. (2009). Cardiac and psychiatric diagnoses among patients referred for chest pain and palpitations. *Scandinavian Cardiovascular Journal, 43*(4), 256–259.

Jonsbu, E., Dammen, T., Morken, G., Moum, T., & Martinsen, E. W. (2011). Short-term cognitive behavioral therapy for non-cardiac chest pain and benign palpitations: A randomized controlled trial. *Journal of Psychosomatic Research, 70*(2), 117–123.

Jonson, R. (2011). *The psychopath test: A journey through the madness industry*. New York: Penguin.

Jorstad-Stein, E. C., & Heimberg, R. G. (2009). Social phobia: An update on treatment. *Psychiatric Clinics of North America, 32*(3), 641–663.

Joseph, J. A., Shukitt-Hale, B., & Casadesus, G. (2005). Reversing the deleterious effects of aging on neuronal communication and behavior: Beneficial properties of fruit polyphenolic compounds. *American Journal of Clinical Nutrition, 81*(1 Suppl), 313S–316S.

Juliano, L. M., & Griffiths, R. R. (2004). A critical review of caffeine withdrawal: Empirical validation of symptoms and signs, incidence, severity, and associated features. *Psychopharmacology (Berlin), 176*(1), 1–29.

Jung, C. G. (1916). General aspects of dream psychology. In H. Read, M. Fordham, & G. Adler (Eds.), *The collected works of C. G. Jung* (Vol. 8, pp. 237–280). Princeton, NJ: Princeton University Press.

Jung, C. G. (1961). *Memories, dreams, reflections*. New York: Pantheon.

Jurbergs, N., & Ledley, D. R. (2005). Separation anxiety disorder. *Pediatric Annals, 34*(2), 108–115.

K

Kalk, N. J., Nutt, D. J., & Lingford-Hughes, A. R. (2011). The role of central noradrenergic dysregulation in anxiety disorders: Evidence from clinical studies. *Journal of Psychopharmacology, 25*(1), 3–16.

Kamali, M., & McInnis, M. G. (2011). Genetics of mood disorders: General principles and potential applications for treatment resistant depression. In J. F. Greden, M. B. Riba, & M. G. McInnis (Eds.), *Treatment resistant depression: A roadmap for effective care* (pp. 293–308). Arlington, VA: American Psychiatric Publishing, Inc.

Kanaan, R. A., & Wessely, S. C. (2010). The origins of factitious disorder. *History of the Human Sciences, 23*(2), 68–85.

Kane, J. M., & Correll, C. U. (2010). Pharmacologic treatment of schizophrenia. *Dialogues in Clinical Neuroscience, 12*, 345–357.

Kawas, C., Gray, S., Brookmeyer, R., Fozard, J., & Zonderman, A. (2000). Age-specific incidence rates of Alzheimer's disease: The Baltimore Longitudinal Study of Aging. *Neurology, 54*(11), 2072–2077.

Kearney, C. A., & Vecchio, J. L. (2007). When a child won't speak. *The Journal of Family Practice, 56*(11), 917–921.

Keel, P. K., Gravener, J. A., Joiner Jr., T. E., & Haedt, A. A. (2010). Twenty-year follow-up of bulimia nervosa and related eating disorders not otherwise specified. *International Journal of Eating Disorders, 43*(6), 492–497.

Kellner, M. (2010). Drug treatment of obsessive-compulsive disorder. *Dialogues in Clinical Neuroscience, 12*(2), 187–197.

Kessing, L. V., Hellmund, G., Geddes, J. R., Goodwin, G. M., & Andersen, P. K. (2011). Valproate v. lithium in the treatment of bipolar disorder in clinical practice: Observational nationwide register-based cohort study. *British Journal of Psychiatry, 199*, 57–63.

Kessler, R. C., Adler, L., Barkley, R., Biederman, J., Conners, C. K., Demler, O., . . . Zaslavsky, A. M. (2006). The prevalence and correlates of adult ADHD in the United States: Results from the National Comorbidity Survey replication. *The American Journal of Psychiatry, 163*(4), 716–723.

Kessler, R. C., Berglund, P., Demler, O., Jin, R., Merikangas, K. R., & Walters, E. E. (2005). Lifetime prevalence and age-of-onset distributions of *DSM-IV* disorders in the National Comorbidity Survey Replication. *Archives of General Psychiatry, 62*(6), 593–602.

Kessler, R. C., Chiu, W. T., Demler, O., Merikangas, K. R., & Walters, E. E. (2005). Prevalence, severity, and comorbidity of 12-month *DSM-IV* disorders in the National Comorbidity Survey Replication. *Archives of General Psychiatry, 62*(6), 617–627.

Kessler, R. C., Coccaro, E. F., Fava, M., Jaeger, S., Jin, R., & Walters, E. (2006). The prevalence and correlates of *DSM-IV* intermittent explosive disorder in the National Comorbidity Survey Replication. *Archives of General Psychiatry, 63*(6), 669–678.

Kessler, R. C., Green, J. G., Adler, L. A., Barkley, R. A., Chatterji, S., Faraone, S. V., . . . Van Brunt, D. L. (2010). Structure and diagnosis of adult attention-deficit/hyperactivity disorder: Analysis of expanded symptom criteria from the Adult ADHD Clinical Diagnostic Scale. *Archives of General Psychiatry, 67*(11), 1168–1178.

Kessler, R. C., Hwang, I., LaBrie, R., Petukhova, M., Sampson, N. A., Winters, K. C., & Schaffer, H. J. (2008). *DSM-IV* pathological gambling in the National Comorbidity Survey Replication. *Psychological Medicine: A Journal of Research in Psychiatry and the Allied Sciences, 38*(9), 1351–1360.

Khodarahimi, S. (2009). Satiation therapy and exposure response prevention in the treatment of obsessive compulsive disorder. *Journal of Contemporary Psychotherapy, 39*(3), 203–207.

Kihlstrom, J. R. (2005). Dissociative disorders. *Annual Review of Clinical Psychology, 1*(1), 227–253.

Killam, C., Cautin, R. L., & Santucci, A. C. (2005). Assessing the enduring residual neuropsychological effects of head trauma in college athletes who participate in contact sports. *Archives of Clinical Neuropsychology, 20*(5), 599–611.

Kimura, M., & Higuchi, S. (2011). Genetics of alcohol dependence. *Psychiatry and Clinical Neurosciences, 65*(3), 213–225.

Kinsey, A. C., Pomeroy, W. B., & Martin, C. E. (1948). *Sexual behavior in the human male*. Philadelphia: Saunders.

Kinsey, A. C., Pomeroy, W. B., Martin, C. E., & Gebhard, P. H. (1953). *Sexual behavior in the human female*. Philadelphia: Saunders.

Kirsch, I., Deacon, B. J., Huedo-Medina, T. B., Scoboria, A., Moore, T. J., & Johnson, B. T. (2008). Initial severity and antidepressant benefits: Ameta-analysis of data submitted to the Food and Drug Administration. *PLoS Medicine, 5*(2), e45.

Knapp, S., & VandeCreek, L. (2001). Ethical issues in personality assessment in forensic psychology. *Journal of Personality Assessment, 77*(2), 242–254.

Knopman, D. S. (2007). Cerebrovascular disease and dementia. *British Journal of Radiology, 80 Spec No 2*, S121–127.

Knopman, D. S., & Roberts, R. (2010). Vascular risk factors: Imaging and neuropathologic correlates. *Journal of Alzheimer's Disease, 20*(3), 699–709.

Ko, H.-C., & Kuo, F.-Y. (2009). Can blogging enhance subjective well-being through self-disclosure? *CyberPsychology & Behavior, 12*(1), 75–79.

Kodituwakku, P. W. (2009). Neurocognitive profile in children with fetal alcohol spectrum disorders. *Developmental Disabilities Research Reviews, 15*(3), 218–224.

Kodituwakku, P. W., & Kodituwakku, E. L. (2011). From research to practice: An integrative framework for the development of interventions for children with fetal alcohol spectrum disorders. *Neuropsychology Review, 21*(2), 204–223.

Koegel, R. L., Koegel, L. K., & McNerney, E. K. (2001). Pivotal areas in intervention for autism. *Journal of Clinical Child Psychology, 30*(1), 19–32.

Koeter, M. W. J., van den Brink, W., & Lehert, P. (2010). Effect of early and late compliance on the effectiveness of acamprosate in the treatment of alcohol dependence. *Journal of Substance Abuse Treatment, 39*(3), 218–226.

Kohut, H. (1966). Forms and transformations of narcissism. *Journal of the American Psychoanalytic Association, 14*, 243–272.

Kohut, H. (1971). *The analysis of the self.* New York: International Universities Press.

Krafft-Ebing, R. V. (1886/1950). *Psychopathia sexualis.* New York: Pioneer Publications.

Krystal, J. H., Rosenheck, R. A., Cramer, J. A., Vessicchio, J. C., Jones, K. M., Vertrees, J. E., et al. (2011). Adjunctive risperidone treatment for antidepressant-resistant symptoms of chronic military service-related PTSD: A randomized trial. *JAMA: Journal of the American Medical Association, 306*(5), 493–502.

Kuhl, E. S., Hoodin, F., Rice, J., Felt, B. T., Rausch, J. R., & Patton, S. R. (2010). Increasing daily water intake and fluid adherence in children receiving treatment for retentive encopresis. *Journal of Pediatric Psychology, 35*(10), 1144–1151.

Kurlan, R. (2010). Tourette's syndrome. *The New England Journal of Medicine, 363*(24), 2332–2338.

L

La Fond, J. Q. (1994). Law and the delivery of involuntary mental health services. *American Journal of Orthopsychiatry, 64*(2), 209–222.

Labouvie-Vief, G., & Diehl, M. (2000). Cognitive complexity and cognitive-affective integration: Related or separate domains of adult development? *Psychology and Aging, 15*(3), 490–504.

Laing, R. D. (1959). *The divided self.* New York: Penguin.

Lamb, D. H., Catanzaro, S. J., & Moorman, A. S. (2004). A preliminary look at how psychologists identify, evaluate, and proceed when faced with possible multiple relationship dilemmas. *Professional Psychology: Research and Practice, 35*(3), 248–254.

Lambert, M., Karow, A., Leucht, S., Schimmelmann, B. G., & Naber, D. (2010). Remission in schizophrenia: Validity, frequency, predictors, and patients' perspective 5 years later. *Dialogues in Clinical Neuroscience, 12*, 393–407.

Långström, N. (2010). The *DSM* diagnostic criteria for exhibitionism, voyeurism, and frotteurism. *Archives of Sexual Behavior, 39*, 317–324.

Långström, N., & Seto, M. C. (2006). Exhibitionistic and voyeuristic behavior in a Swedish national population survey. *Archives of Sexual Behavior, 35*, 427–435.

Lau, J. Y. F., & Eley, T. C. (2010). The genetics of mood disorders. *Annual Review of Clinical Psychology, 6*, 313–337.

Laumann, E. O., & Waite, L. J. (2008). Sexual dysfunction among older adults: Prevalence and risk factors from a nationally representative U.S. probability sample of men and women 57–85 years of age. *Journal of Sexual Medicine, 5*, 2300–2311.

Lazarus, A. A. (1968). Learning theory and the treatment of depression. *Behaviour Research and Therapy, 6*, 83–89.

Lazarus, R. S., & Folkman, S. (1984). *Stress, appraisal, and coping.* New York: Springer.

Le Jeune, F., Vérin, M., N'Diaye, K., Drapier, D., Leray, E., Du Montcel, S. T., et al. (2010). Decrease of prefrontal metabolism after subthalamic stimulation in obsessive-compulsive disorder: A positron emission tomography study. *Biological Psychiatry, 68*(11), 1016–1022.

LeBeau, R. T., Glenn, D., Liao, B., Wittchen, H. U., Beesdo-Baum, K., Ollendick, T., et al. (2010). Specific phobia: A review of *DSM-IV* specific phobia and preliminary recommendations for *DSM-V*. *Depression and Anxiety, 27*(2), 148–167.

Lebel, C., Roussotte, F., & Sowell, E. R. (2011). Imaging the impact of prenatal alcohol exposure on the structure of the developing human brain. *Neuropsychology Review, 21*(2), 102–118.

Leckman, J. F., Denys, D., Simpson, H. B., Mataix-Cols, D., Hollander, E., Saxena, S., et al. (2010). Obsessive-compulsive disorder: A review of the diagnostic criteria and possible subtypes and dimensional specifiers for *DSM-V*. *Depression and Anxiety, 27*(6), 507–527.

Leombruni, P., Pierò, A., Lavagnino, L., Brustolin, A., Campisi, S., & Fassino, S. (2008). A randomized, double-blind trial comparing sertraline and fluoxetine 6-month treatment in obese patients with binge eating disorder. *Progress in Neuro-Psychopharmacology & Biological Psychiatry, 32*(6), 1599–1605.

LePage, J. P., DelBen, K., Pollard, S., McGhee, M., VanHorn, L., Murphy, J., . . . Mogge, N. (2003). Reducing assaults on an acute psychiatric unit using a token economy: A 2-year follow-up. *Behavioral Interventions, 18*(3), 179–190.

Levy, K. N., Clarkin, J. F., Yeomans, F. E., Scott, L. N., Wasserman, R. H., & Kernberg, O. F. (2006). The mechanisms of change in the treatment of borderline personality disorder with transference focused psychotherapy. *Journal of Clinical Psychology, 62*, 481–501.

Levy, K. N., Ellison, W. D., Scott, L. N., & Bernecker, S. L. (2011). Attachment style. *Journal of Clinical Psychology, 67*(2), 193–201.

Lewinsohn, P. M. (1974). A behavioral approach to depression. In R. J. Friedman & M. M. Katz (Eds.), *The psychology of depression: Contemporary theory and research.* Oxford, England: John Wiley & Sons.

Lewis, A. J., Dennerstein, M., & Gibbs, P. M. (2008). Short-term psychodynamic psychotherapy: Review of recent process and outcome studies. *Australian and New Zealand Journal of Psychiatry, 42*(6), 445–455.

Lewis, R. W., Fugl-Meyer, K. S., Corona, G., Hayes, R. D., Laumann, E. O., Moreira, E. D., Jr., . . . Segraves, T. (2010). Definitions/epidemiology/risk factors for sexual dysfunction. *Journal of Sexual Medicine, 7*, 1598–1607.

Lichtenstein, P., Yip, B. H., Bjork, C., Pawitan, Y., Cannon, T. D., Sullivan, P. F., & Hultman, C. M. (2009). Common genetic determinants of schizophrenia and bipolar disorder in Swedish families: A population-based study. *Lancet, 373*, 234–239.

Lin, R. Y., Heacock, L. C., & Fogel, J. F. (2010). Drug-induced, dementia-associated and non-dementia, non-drug delirium hospitalizations in the United States, 1998–2005: An analysis of the National Inpatient Sample. *Drugs & Aging, 27*(1), 51–61.

Lindberg, N., Holi, M. M., Tani, P., & Virkkunen, M. (2005). Looking for pyromania: Characteristics of a consecutive sample of Finnish male criminals with histories of recidivist fire-setting between 1973 and 1993. *BMC Psychiatry, 5*, 47.

Linehan, M. M., Cochran, B. N., & Kehrer, C. A. (2001). Dialectical behavior therapy for borderline personality disorder. In D. H. Barlow (Ed.), *Clinical handbook of psychological disorders: A step-by-step treatment manual* (3rd ed.) (pp. 470–522). New York: Guilford Press.

Lisanby, S. H. (2007). Electroconvulsive therapy for depression. *New England Journal of Medicine, 357*(19), 1939–1945.

Liu, J., Raine, A., Venables, P. H., & Mednick, S. A. (2004). Malnutrition at age 3 years and externalizing behavior problems at ages 8, 11, and 17 years. *American Journal of Psychiatry, 161*, 2005–2013.

Livesley, W. J. (2011). An empirically-based classification of personality disorder. *Journal of Personality Disorders, 25*, 397–420.

Lobo, D. S., Souza, R. P., Tong, R. P., Casey, D. M., Hodgins, D. C., Smith, G. J., . . . Kennedy, J. L. (2010). Association of functional variants in the dopamine D2-like receptors with risk for gambling behaviour in healthy Caucasian subjects. *Biological Psychology, 85*(1), 33–37.

Lochner, C., Grant, J. E., Odlaug, B. L., & Stein, D. J. (2012). DSM-5 field survey: Skin picking disorder. *Annals of Clinical Psychiatry, 24*(4), 300–304.

Loeber, R., & Burke, J. D. (2011). Developmental pathways in juvenile externalizing and internalizing problems. *Journal of Research on Adolescence, 21*(1), 34–46.

Lopez, O. L., Schwam, E., Cummings, J., Gauthier, S., Jones, R., Wilkinson, D., . . . Schindler, R. (2010). Predicting cognitive decline in Alzheimer's disease: An integrated analysis. *Alzheimers and Dementia, 6*(6), 431–439.

Lorains, F. K., Cowlishaw, S., & Thomas, S. A. (2011). Prevalence of comorbid disorders in problem and pathological gambling: Systematic review and meta-analysis of population surveys. *Addiction, 106*(3), 490–498.

Lovaas, O. I. (1987). Behavioral treatment and normal educational and intellectual functioning in young autistic children. *Journal of Consulting and Clinical Psychology, 55*(1), 3–9.

Luciana, M. (2003). Practitioner review: Computerized assessment of neuropsychological function in children: Clinical and research applications of the Cambridge Neuropsychological Testing Automated Battery (CANTAB). *Journal of Child Psychology and Psychiatry, 44*(5), 649–663.

Lueken, U., Kruschwitz, J. D., Muehlhan, M., Siegert, J., Hoyer, J., & Wittchen, H.-U. (2011). How specific is specific phobia? Different neural response patterns in two subtypes of specific phobia. *NeuroImage, 56*(1), 363–372.

Lykken, D. I. (1957). A study of anxiety in the sociopathic personality. *Journal of Abnormal and Social Psychology, 55*, 6–10.

Lykken, D. T. (2000). The causes and costs of crime and a controversial cure. *Journal of Personality, 68*, 559–605.

M

Machado, M., & Einarson, T. R. (2010). Comparison of SSRIs and SNRIs in major depressive disorder: A meta-analysis of head-to-head randomized clinical trials. *Journal of Clinical Pharmacy and Therapeutics, 35*(2), 177–188.

Maher, W. B., & Maher, B. A. (1985). Psychopathology: I. From ancient times to the eighteenth century. In G. A. Kimble & K. Schlesinger (Eds.), *Topics in the history of psychology* (Vol. 2, pp. 251–294). Hillsdale, NJ: Lawrence Erlbaum.

Mainous, A. G., 3rd, Everett, C. J., Diaz, V. A., Player, M. S., Gebregziabher, M., & Smith, D. W. (2010). Life stress and atherosclerosis: A pathway through unhealthy lifestyle. *International Journal of Psychiatry in Medicine, 40*(2), 147–161.

Makrygianni, M. K., & Reed, P. (2010). A meta-analytic review of the effectiveness of behavioural early intervention programs for children with Autistic Spectrum Disorders. *Research in Autism Spectrum Disorders, 4*(4), 577–593.

Malinauskas, B. M., Aeby, V. G., Overton, R. F., Carpenter-Aeby, T., & Barber-Heidal, K. (2007). A survey of energy drink consumption patterns among college students. *Nutrition Journal, 6*, 35.

Mannuzza, S., Klein, R. G., & Moulton, J. L., III. (2008). Lifetime criminality among boys with attention deficit hyperactivity disorder: A prospective follow-up study into adulthood using official arrest records. *Psychiatry Research, 160*(3), 237–246.

Mao, A. R., Babcock, T., & Brams, M. (2011). ADHD in adults: Current treatment trends with consideration of abuse potential of medications. *Journal of Psychiatric Practice, 17*(4), 241–250.

Marcantonio, E. R., Kiely, D. K., Simon, S. E., John Orav, E., Jones, R. N., Murphy, K. M., & Bergmann, M. A. (2005). Outcomes of older people admitted to postacute facilities with delirium. *Journal of the American Geriatrics Society, 53*(6), 963–969.

Marco, E. M., Adriani, W., Ruocco, L. A., Canese, R., Sadile, A. G., & Laviola, G. (2011). Neurobehavioral adaptations to methylphenidate: The issue of early adolescent exposure. *Neuroscience and Biobehavioral Reviews, 35*(8), 1722–1739.

Marom, S., Munitz, H., Jones, P. B., Weizman, A., & Hermesh, H. (2005). Expressed emotion: Relevance to rehospitalization in schizophrenia over 7 years. *Schizophrenia Bulletin, 31*, 751–758.

Martel, M. M., Nikolas, M., Jernigan, K., Friderici, K., Waldman, I., & Nigg, J. T. (2011). The dopamine receptor D4 gene (DRD4) moderates family environmental effects on ADHD. *Journal of Abnormal Child Psychology: An official publication of the International Society for Research in Child and Adolescent Psychopathology, 39*(1), 1–10.

Martin, C. A., Drasgow, E., Halle, J. W., & Brucker, J. M. (2005). Teaching a child with autism and severe language delays to reject: Direct and indirect effects of functional communication training. *Educational Psychology, 25*(2–3), 287–304.

Martin, C. S., Steinley, D. L., Vergés, A., & Sher, K. J. (2011). The proposed 2/11 symptom algorithm for *DSM-5* substance-use disorders is too lenient. *Psychological Medicine: A Journal of Research in Psychiatry and the Allied Sciences, 41*(9), 2008–2010.

Maslow, A. H. (1962). *Toward a psychology of being*. Princeton, NJ: Van Nostrand.

Mason, W. A., & Windle, M. (2001). Family, religious, school and peer influences on adolescent alcohol use: A longitudinal study. *Journal of Studies on Alcohol, 62*(1), 44–53.

Masters, W. H., & Johnson, V. E. (1966). *Human sexual response*. Boston: Little Brown.

Masters, W. H., & Johnson, V. E. (1970). *Human sexual inadequacy*. Boston: Little Brown.

Masterson, J. F. (1981). *The narcissistic and borderline disorders: An integrated developmental approach*. New York: Brunner/Mazel.

Mataix-Cols, D., Rosario-Campos, M. C., & Leckman, J. F. (2005). A multidimensional model of obsessive-compulsive disorder. *American Journal of Psychiatry, 162*(2), 228–238.

Matsuishi, T., Yamashita, Y., Takahashi, T., & Nagamitsu, S. (2011). Rett syndrome: The state of clinical and basic research, and future perspectives. *Brain & Development, 33*(8), 627-631.

Maulik, P. K., Mascarenhas, M. N., Mathers, C. D., Dua, T., & Saxena, S. (2011). Prevalence of intellectual disability: A meta-analysis of population-based studies. *Research in Developmental Disabilities, 32*(2), 419–436.

May, R. (1983). *The discovery of being: Writings in existential psychology*. New York: Norton.

McCarthy, M. J., Leckband, S. G., & Kelsoe, J. R. (2010). Pharmacogenetics of lithium response in bipolar disorder. *Pharmacogenomics, 11*(10), 1439–1465.

McCloskey, M. S., Kleabir, K., Berman, M. E., Chen, E. Y., & Coccaro, E. F. (2010). Unhealthy aggression: Intermittent explosive disorder and adverse physical health outcomes. *Health Psychology, 29*(3), 324–332.

McCloskey, M. S., Noblett, K. L., Deffenbacher, J. L., Gollan, J. K., & Coccaro, E. F. (2008). Cognitive-behavioral therapy for intermittent explosive disorder: A pilot randomized clinical trial. *Journal of Consulting and Clinical Psychology, 76*(5), 876–886.

McClung, C. A. (2007). Circadian genes, rhythms and the biology of mood disorders. *Pharmacol Ther, 114*(2), 222–232.

McClure, M. M., Harvey, P. D., Goodman, M., Triebwasser, J., New, A., Koenigsberg, H. W., . . . Siever, L. J. (2010). Pergolide treatment of cognitive deficits associated with schizotypal personality disorder: Continued evidence of the importance of the dopamine system in the schizophrenia spectrum. *Neuropsychopharmacology, 35*, 1356–1362.

McCrae, R. R., & Costa, P. T., Jr. (1987). Validation of the five-factor model of personality across instruments and observers. *Journal of Personality and Social Psychology, 52*(1), 81–90.

McDermott, B. E., Leamon, M. H., Feldman, M. D., & Scott, C. L. (2009). Factitious disorder and malingering. In J. A. Bourgeois, R. E. Hales, J. S. Young, & S. C. Yudofsky (Eds.), *The American Psychiatric Publishing board review guide for psychiatry* (pp. 387–396). Arlington, VA: American Psychiatric Publishing, Inc.

McEvoy, J. P. (2007). The costs of schizophrenia. *Journal of Clinical Psychiatry, 68 Suppl 14*, 4–7.

McEwen, B. S., & Gianaros, P. J. (2010). Central role of the brain in stress and adaptation: Links to socioeconomic status, health, and disease. *Annals of the New York Academy of Science, 1186*, 190–222.

McGrath, J., Saha, S., Chant, D., & Welham, J. (2008). Schizophrenia: A concise overview of incidence, prevalence, and mortality. *Epidemiological Review, 30*, 67–76.

McGrath, J., Welham, J., Scott, J., Varghese, D., Degenhardt, L., Hayatbakhsh, M. R., . . . Najman, J. M. (2010). Association between cannabis use and psychosis-related outcomes using sibling pair analysis in a cohort of young adults. *Archives of General Psychiatry, 67*, 440–447.

McGuffin, P. (2004). Nature and nurture interplay: Schizophrenia. *Psychiatrische Praxis, 31*, S189–S193.

McKeith, I., Mintzer, J., Aarsland, D., Burn, D., Chiu, H., Cohen-Mansfield, J., . . . Reid, W. (2004). Dementia with Lewy bodies. *Lancet Neurology, 3*(1), 19–28.

McKhann, G., Drachman, D., Folstein, M., Katzman, R., Price, D., & Stadlan, E. M. (1984). Clinical diagnosis of Alzheimer's Disease: Report of the NINCDS-ADRDA Work Group under the auspices of Department of Health and Human Services Task Force on Alzheimer's Disease. *Neurology, 34*, 939–944.

McKhann, G. M., Knopman, D. S., Chertkow, H., Hyman, B. T., Jack Jr., C. R., Kawas, C. H., . . . Phelps, C. H. (2011). The diagnosis of dementia due to Alzheimer's disease: Recommendations from the National Institute on Aging-Alzheimer's Association workgroups on diagnostic guidelines for Alzheimer's disease. *Alzheimer's and Dementia, 7*(3), 263–269.

McKnight-Eily, L. R., Presley-Cantwell, L. R., Strine, T. W., Chapman, D. P., Perry, G. S., & Croft, J. B. (2008). Perceived insufficient rest or sleep—Four states, 2006. *Morbidity and Mortality Weekly Report, 57*(8), 200–203.

Meares, S., Shores, E. A., Taylor, A. J., Batchelor, J., Bryant, R. A., Baguley, I. J., . . . Marosszeky, J. E. (2011). The prospective course of postconcussion syndrome: The role of mild traumatic brain injury. *Neuropsychology, 25*(4), 454–465.

Meyers, J. E., & Rohling, M. L. (2009). CT and MRI correlations with neuropsychological tests. *Applied Neuropsychology, 16*(4), 237–253.

Mick, E., Byrne, D., Fried, R., Monuteaux, M., Faraone, S. V., & Biederman, J. (2011). Predictors of ADHD persistence in girls at 5-year follow-up. *Journal of Attention Disorders, 15*(3), 183–192.

Millar, H. R., Wardell, F., Vyvyan, J. P., Naji, S. A., Prescott, G. J., & Eagles, J. M. (2005). Anorexia nervosa mortality in Northeast Scotland, 1965–1999. *Am J Psychiatry, 162*(4), 753–757.

Miller, W. R. (2002). Project COMBINE, Combined Behavioral Intervention Therapist Manual.

Miller, W. R., & Rose, G. S. (2009). Toward a theory of motivational interviewing. *American Psychologist, 64*(6), 527–537.

Millon, T., Davis, R., Millon, C., Escovar, L., & Meagher, S. (2000). *Personality disorders in modern life*. New York: Wiley.

Minden, S. L., Carbone, L. A., Barsky, A., Borus, J. F., Fife, A., Fricchione, G. L., & Orav, E. J. (2005). Predictors and outcomes of delirium. *General Hospital Psychiatry, 27*(3), 209–214.

Minshew, N. J., & Williams, D. L. (2007). The new neurobiology of autism: Cortex, connectivity, and neuronal organization. *Archives of Neurology, 64*(7), 945–950.

Mitchell, K. J., Becker, K. A., & Finkelhor, D. (2005). Inventory of problematic internet experiences encountered in clinical practice. *Professional Psychology: Research and Practice, 36*, 498–509. doi: 10.1037/0735-7028.36.5.498.

Mohr, H. M., Zimmermann, J., Röder, C., Lenz, C., Overbeck, G., & Grabhorn, R. (2010). Separating two components of body image in anorexia nervosa using fMRI. *Psychological Medicine: A Journal of Research in Psychiatry and the Allied Sciences, 40*(9), 1519–1529.

Molina, V., Sanz, J., Sarramea, F., Benito, C., & Palomo, T. (2005). Prefrontal atrophy in first episodes of schizophrenia associated with limbic metabolic hyperactivity. *Journal of Psychiatric Research, 39*, 117–127.

Money, J., & Ehrhardt, A. (1973/1996). *Man and woman, boy and girl*. Northvale, NJ: Jason Aronson.

Moore, A. A., Gould, R., Reuben, D. B., Greendale, G. A., Carter, M. K., Zhou, K., & Karlamangla, A. (2005). Longitudinal patterns and predictors of alcohol consumption in the United States. *American Journal of Public Health, 95*(3), 458–465.

Moran, P. (1999). The epidemiology of antisocial personality disorder. *Social Psychiatry and Psychiatric Epidemiology, 34*, 231–242.

Morasco, B. J., Ledgerwood, D. M., Weinstock, J., & Petry, N. M. (2009). Cognitive-behavioral approaches to pathological gambling. In G. Simos (Ed.), *Cognitive behaviour therapy: A guide for the practising clinician*(Vol. 2) (pp. 112–126). New York: Routledge/Taylor & Francis Group.

Morey, L. C. (1992). *Personality Assessment Inventory professional manual*. Odessa, FL: Psychological Assessment Resources.

Morin, C. M., Savard, J., & Ouellet, M. (2013). Nature and treatment of insomnia. In A. M. Nezu, C. Nezu, P. A. Geller, & I. B. Weiner (Eds.), *Handbook of psychology, Vol. 9: Health psychology* (2nd ed.) (pp. 318–339). Hoboken, NJ: John Wiley & Sons, Inc.

Morin, J. W., & Levenson, J. S. (2008). Exhibitionism: Assessment and treatment. In D. R. Laws & W. T. O'Donohue (Eds.), *Sexual deviance: Theory, assessment, and treatment* (2nd ed.) (pp. 76–107). New York: Guilford Press.

Morizot, J., & Le Blanc, M. (2005). Searching for a developmental typology of personality and its relations to antisocial behavior: A longitudinal study of a representative sample of men. *Journal of Personality, 73*, 139–182.

Mukherjee, N., Kang, C., Wolfe, H. M., Hertzberg, B. S., Smith, J. K., Lin, W., . . . Gilmore, J. H. (2009). Discordance of prenatal and neonatal brain development in twins. *Early Human Development, 85*, 171–175.

Murphy, K. (2005). Psychosocial treatments for ADHD in teens and adults: A practice-friendly review. *Journal of Clinical Psychology, 61*(5), 607–619.

Murphy, W. D., & Page, I. J. (2008). Exhibitionism: Psychopathology and theory. In D. R. Laws & W. T. O'Donohue (Eds.), *Sexual deviance: Theory, assessment, and treatment* (2nd ed.) (pp. 61–75). New York: Guilford Press.

Mychasiuk, R., Ilnytskyy, S., Kovalchuk, O., Kolb, B., & Gibb, R. (2011). Intensity matters: Brain, behaviour and the epigenome of prenatally stressed rats. *Neuroscience, 180*, 105–110.

N

Nagahama, Y., Okina, T., Suzuki, N., Nabatame, H., & Matsuda, M. (2005). The cerebral correlates of different types of perseveration in the Wisconsin Card Sorting Test. *Journal of Neurology, Neurosurgery & Psychiatry, 76*(2), 169–175.

Nagoshi, J. L., & Brzuzy, S. I. (2010). Transgender theory: Embodying research and practice. *Affilia: Journal of Women & Social Work, 25*, 431–443.

Nass, R., & Ross, G. (2008). Developmental disabilities. In W. G. Bradley, R. B. Daroff, G. M. Fenichel, & J. Jankovic (Eds.), *Neurology in clinical practice*. Philadelphia, PA: Butterworth-Heinemann.

National Institute on Alcohol Abuse and Alcoholism. (2007). Helping patients who drink too much: A clinician's guide.

National Institute on Drug Abuse. (2010). Comorbidity: Addiction and other illnesses. Bethesda, MD: National Institute on Drug Abuse.

National Institute on Drug Abuse. (2011a). NIDA InfoFacts: Cigarettes and other tobacco products, from http://www.drugabuse.gov/publications/infofacts/cigarettes-other-tobacco-products

National Institute on Drug Abuse. (2011b). NIDA InfoFacts: Cocaine, from http://drugabuse.gov/pdf/infofacts/Cocaine10.pdf

National Institute on Drug Abuse. (2011c). NIDA InfoFacts: Hallucinogens-LSD, Peyote, Psilocybin, and PCP, from http://www.drugabuse.gov/publications/infofacts/hallucinogens-lsd-peyote-psilocybin-pcp

National Institute on Drug Abuse. (2011d). NIDA InfoFacts: Heroin, from http://www.drugabuse.gov/publications/infofacts/heroin

National Institute on Drug Abuse. (2011e). NIDA InfoFacts: Inhalants, from http://www.drugabuse.gov/publications/infofacts/inhalants

National Institute on Drug Abuse. (2011f). NIDA InfoFacts: MDMA (Ecstasy), from http://www.drugabuse.gov/publications/infofacts/mdma-ecstasy

National Institute on Drug Abuse. (2011g). Prescription drugs: Abuse and addiction. *Research report series*, from http://www.drugabuse.gov/publications/research-reports/prescription-drugs

National Institute on Drug Abuse. (2011h). *Research report series*, from http://www.drugabuse.gov/ResearchReports/Cocaine/Cocaine.html

Navarrete, L. P., Pérez, P., Morales, I., & Maccioni, R. B. (2011). Novel drugs affecting tau behavior in the treatment of Alzheimer's disease and tauopathies. *Current Alzheimer Research, 8*(6), 678–685.

Neumann, N., Dubischar-Krivec, A. M., Braun, C., Löw, A., Poustka, F., Bölte, S., & Birbaumer, N. (2010). The mind of the mnemonists: An MEG and neuropsychological study of autistic memory savants. *Behavioural Brain Research, 215*(1), 114–121.

Nobre, P. J. (2010). Psychological determinants of erectile dysfunction: Testing a cognitive-emotional model. *Journal of Sexual Medicine, 7*, 1429–1437.

Nobre, P. J., & Pinto-Gouveia, J. (2009). Cognitive schemas associated with negative sexual events: A comparison of men and women with and without sexual dysfunction. *Archives of Sexual Behavior, 38*, 842–851.

Nonkes, L. J. P., van Bussel, I. P. G., Verheij, M. M. M., & Homberg, J. R. (2011). The interplay between brain 5-hydroxytryptamine levels and cocaine addiction. *Behavioural Pharmacology, 22*(8), 723–738.

Novak, C. E., Keuthen, N. J., Stewart, S. E., & Pauls, D. L. (2009). A twin concordance study of trichotillomania. *American Journal of Medical Genetics Series B: Neuropsychiatry of Genetics, 150B*(7), 944–949.

Nutt, D. J., & Malizia, A. L. (2001). New insights into the role of the GABA(A)-benzodiazepine receptor in psychiatric disorder. *British Journal of Psychiatry, 179*, 390–396.

O

O'Brian, S., Jones, M., Packman, A., Menzies, R., & Onslow, M. (2011). Stuttering severity and educational attainment. *Journal of Fluency Disorders, 36*(2), 86–92.

O'Connor, M. J., Frankel, F., Paley, B., Schonfeld, A. M., Carpenter, E., Laugeson, E. A., & Marquardt, R. (2006). A controlled social skills training for children with fetal alcohol spectrum disorders. *Journal of Consulting and Clinical Psychology, 74*(4), 639–648.

O'Connor v. Donaldson. (1975). 95 S. Ct. 2486.

Odlaug, B. L., Marsh, P. J., Kim, S. W., & Grant, J. E. (2011). Strategic vs nonstrategic gambling: Characteristics of pathological gamblers based on gambling preference. *Annals of Clinical Psychiatry, 23*(2), 105–112.

Ollikainen, M., Smith, K. R., Joo, E. J., Ng, H. K., Andronikos, R., Novakovic, B., . . . Craig, J. M. (2010). DNA methylation analysis of multiple tissues from newborn twins reveals both genetic and intrauterine components to variation in the human neonatal epigenome. *Human Molecular Genetics, 19*, 4176–4188.

Ornstein, R. M., Rosen, D. S., Mammel, K. A., Callahan, S., Forman, S., Jay, M., & . . . Walsh, B. (2013). Distribution of eating disorders in children and adolescents using the proposed *DSM-5* criteria for feeding and eating disorders. *Journal of Adolescent Health*. doi:10.1016/j.jadohealth.2013.03.025.

Ouyang, L., Grosse, S., Raspa, M., & Bailey, D. (2010). Employment impact and financial burden for families of children with fragile X syndrome: Findings from the National Fragile X Survey. *Journal of Intellectual Disability Research, 54*(10), 918–928.

Oxman, T. E., Barrett, J. E., Sengupta, A., & Williams Jr., J. W. (2000). The relationship of aging and dysthymia in primary care. *The American Journal of Geriatric Psychiatry, 8*(4), 318–326.

P

Pail, G., Huf, W., Pjrek, E., Winkler, D., Willeit, M., Praschak-Rieder, N., & Kasper, S. (2011). Bright-light therapy in the treatment of mood disorders. *Neuropsychobiology, 64*(3), 152–162.

Palmer, A. A., & de Wit, H. (2011). Translational genetic approaches to substance use disorders: Bridging the gap between mice and humans. *Human Genetics*.

Papademetriou, V. (2005). Hypertension and cognitive function. Blood pressure regulation and cognitive function: A review of the literature. *Geriatrics, 60*(1), 20–22, 24.

Papadimitriou, G. N., Calabrese, J. R., Dikeos, D. G., & Christodoulou, G. N. (2005). Rapid cycling bipolar disorder: Biology and pathogenesis. *International Journal of Neuropsychopharmacology, 8*(2), 281–292.

Parsons, T. D., & Rizzo, A. A. (2008). Affective outcomes of virtual reality exposure therapy for anxiety and specific phobias: A meta-analysis. *Journal of Behavior Therapy and Experimental Psychiatry, 39*(3), 250–261.

Pennebaker, J. W. (1997). *Opening up: The healing power of expressing emotions (rev. ed.)*. New York: Guilford.

Pennebaker, J. W., Colder, M., & Sharp, L. K. (1990). Accelerating the coping process. *Journal of Personality and Social Psychology, 58*, 528–537.

Pérez Benítez, C. I., Shea, M. T., Raffa, S., Rende, R., Dyck, I. R., Ramsawh, H. J., et al. (2009). Anxiety sensitivity as a predictor of the clinical course of panic disorder: A 1-year follow-up study. *Depression and Anxiety, 26*(4), 335–342.

Perlis, R. H., Ostacher, M. J., Patel, J. K., Marangell, L. B., Zhang, H., Wisniewski, S. R., . . . Thase, M. E. (2006). Predictors of recurrence in bipolar disorder: Primary outcomes from the Systematic Treatment Enhancement Program for Bipolar Disorder (STEP-BD). *American Journal of Psychiatry, 163*(2), 217–224.

Perls, T. (2004). Centenarians who avoid dementia. *Trends in Neuroscience, 27*(10), 633–636.

Petry, N. M. (2003). A comparison of treatment-seeking pathological gamblers based on preferred gambling activity. *Addiction, 98*(5), 645–655.

Petry, N. M. (2011). Discounting of probabilistic rewards is associated with gambling abstinence in treatment-seeking pathological gamblers. *Journal of Abnormal Psychology, 121*(1).

Phillips, K. A., Menard, W., Fay, C., & Pagano, M. E. (2005). Psychosocial functioning and quality of life in body dysmorphic disorder. *Comprehensive Psychiatry, 46*(4), 254–260.

Phillips, K. A., Wilhelm, S., Koran, L. M., Didie, E. R., Fallon, B. A., Feusner, J., & Stein, D. J. (2010). Body dysmorphic disorder: Some key issues for *DSM-V. Depression and Anxiety, 27*(6), 573–591.

Pincus, A. L. (2011). Some comments on nomology, diagnostic process, and narcissistic personality disorder in the *DSM-5* proposal for personality and personality disorders. *Personality Disorders: Theory, Research, and Treatment, 2*, 41–53.

Pinninti, N. R., Rissmiller, D. J., & Steer, R. A. (2010). Cognitive-behavioral therapy as an adjunct to second-generation antipsychotics in the treatment of schizophrenia. *Psychiatric Services, 61*, 940–943.

Polanczyk, G., de Lima, M. S., Horta, B. L., Biederman, J., & Rohde, L. A. (2007). The worldwide prevalence of ADHD: A systematic review and metaregression analysis. *The American Journal of Psychiatry, 164*(6), 942–948.

Pollack, M. H., & Simon, N. M. (2009). Pharmacotherapy for panic disorder and agoraphobia. In M. M. Antony & M. B. Stein (Eds.), *Oxford handbook of anxiety and related disorders* (pp. 295–307). New York: Oxford University Press.

Pope, H. G., Jr., & Yurgelun-Todd, D. (2004). Residual cognitive effects of long-term cannabis use. In D. Castle & R. Murray (Eds.), *Marijuana and madness: Psychiatry and neurobiology* (pp. 198–210). New York: Cambridge University Press.

Prescott, D. S., & Levenson, J. S. (2010). Sex offender treatment is not punishment. *Journal of Sexual Aggression, 16*, 275–285.

Pridmore, S., Chambers, A., & McArthur, M. (2005). Neuroimaging in psychopathy. *Australian and New Zealand Journal of Psychiatry, 39*, 856–865.

PubMedHealth. (2011a). Developmental reading disorder.

PubMedHealth. (2011b). Down syndrome: Trisomy 21.

PubMedHealth. (2011c). Fragile X syndrome.

PubMedHealth. (2011d). Phenylketonuria: PKU; Neonatal phenylketonuria.

PubMedHealth. (2011e). Tay-Sachs disease.

Q

Quick, V. M., & Byrd-Bredbenner, C. (2012). Weight regulation practices of young adults. Predictors of restrictive eating. *Appetite, 59*(2), 425–430. doi:10.1016/j.appet.2012.06.004.

Qiu, M.-g., Ye, Z., Li, Q.-y., Liu, G.-j., Xie, B., & Wang, J. (2011). Changes of brain structure and function in ADHD children. *Brain Topography, 24*(3-4), 243–252.

Quinn, P. O. (2005). Treating adolescent girls and women with ADHD: Gender-specific issues. *Journal of Clinical Psychology, 61*(5), 579–587.

R

Rabin, L. A., Barr, W. B., & Burton, L. A. (2005). Assessment practices of clinical neuropsychologists in the United States and Canada: A survey of INS, NAN, and APA Division 40 members. *Archives of Clinical Neuropsychology, 20*(1), 33–65.

Rademaker, A. R., van Zuiden, M., Vermetten, E., & Geuze, E. (2011). Type D personality and the development of PTSD symptoms: A prospective study. *Journal of Abnormal Psychology, 120*(2), 299–307.

Ramchandani, P. (2004). Treatment of major depressive disorder in children and adolescents. *British Medical Journal, 328*(7430), 3–4.

Ravindran, L. N., & Stein, M. B. (2009). Pharmacotherapy of PTSD: Premises, principles, and priorities. *Brain Research, 1293*, 24–39.

Ravindran, L. N., & Stein, M. B. (2011). Pharmacotherapy for social anxiety disorder in adolescents and young adults. In C. A. Alfano & D. C. Beidel (Eds.), *Social anxiety in adolescents and young adults: Translating developmental science into practice* (pp. 265–279). Washington, DC: American Psychological Association.

Reas, D. L., Kjelsas, E., Heggestad, T., Eriksen, L., Nielsen, S., Gjertsen, F., & Gotestam, K. G. (2005). Characteristics of anorexia nervosa-related deaths in Norway (1992–2000): Data from the National Patient Register and the Causes of Death Register. *International Journal of Eating Disorders, 37*(3), 181–187.

Reichenberg, A. (2010). The assessment of neuropsychological functioning in schizophrenia. *Dialogues in Clinical Neuroscience, 12*, 383–392.

Reid, H., & Bahar, R. J. (2006). Treatment of encopresis and chronic constipation in young children: Clinical results from interactive parent-child guidance. *Clinical Pediatrics, 45*(2), 157–164.

Reissig, C. J., Strain, E. C., & Griffiths, R. R. (2009). Caffeinated energy drinks—a growing problem. *Drug and Alcohol Dependence, 99*(1–3), 1–10.

Reme, S. E., Tangen, T., Moe, T., & Eriksen, H. R. (2011). Prevalence of psychiatric disorders in sick listed chronic low back pain patients. *European Journal of Pain, 15*(10), 1075–1080.

Renner, M. J., & Mackin, R. S. (1998). A life stress instrument for classroom use. *Teaching of Psychology, 25*, 46–48.

Resnick, R. J. (2005). Attention deficit hyperactivity disorder in teens and adults: They don't all outgrow it. *Journal of Clinical Psychology, 61*(5), 529–533.

Rettew, D. C. (2000). Avoidant personality disorder, generalized social phobia, and shyness: Putting the personality back into personality disorders. *Harvard Review of Psychiatry, 8*, 283–297.

Richings, C., Cook, R., & Roy, A. (2011). Service evaluation of an integrated assessment and treatment service for people with intellectual disability with behavioural and mental health problems. *Journal of Intellectual Disabilities, 15*(1), 7–19.

Rizvi, S. L., & Nock, M. K. (2008). Single-case experimental designs for the evaluation of treatments for self-injurious and suicidal behaviors. *Suicide and Life-Threatening Behavior, 38*, 498–510.

Robbins, C. A. (2005). ADHD couple and family relationships: Enhancing communication and understanding through Imago Relationship Therapy. *Journal of Clinical Psychology, 61*(5), 565–577.

Roberson-Nay, R., & Brown, R. C. (2011). Neurodevelopmental aspects of social anxiety. In C. A. Alfano & D. C. Beidel (Eds.), *Social anxiety in adolescents and young adults: Translating developmental science into practice* (pp. 53–71). Washington, DC: American Psychological Association.

Roberts, R. E., Alegría, M., Roberts, C. R., & Chen, I. G. (2005). Mental health problems of adolescents as reported by their caregivers: A comparison of European, African, and Latino Americans. *The Journal of Behavioral Health Services & Research, 32*, 1–13.

Robins, L. N. (1966). *Deviant children grow up: A sociological and psychiatric study of sociopathic personality.* Baltimore: Williams & Wilkins.

Roepke, S. K., & Grant, I. (2011). Toward a more complete understanding of the effects of personal mastery on cardiometabolic health. *Health Psychology, 57*(2), 539–548.

Rogers, C. R. (1951). *Client-centered therapy: Its current practice implications, and theory.* Boston: Houghton Mifflin.

Roid, G. H., & Barram, R. A. (2004). *Essentials of Stanford-Binet Intelligence Scales (SB5) assessment.* Hoboken, NJ: Wiley.

Ronningstam, E. (2011). Narcissistic personality disorder: A clinical perspective. *Journal of Psychiatric Practice, 17*, 89–99.

Rosebush, P. I., & Mazurek, M. F. (2011). Treatment of conversion disorder in the 21st century: Have we moved beyond the couch? *Current Treatment Options in Neurology, 13*(3), 255–266.

Rosen, R., Brown, C., Heiman, J., Leiblum, S., Meston, C., Shabsigh, R., . . . D'Agostino, R., Jr. (2000). The Female Sexual Function Index (FSFI): A multidimensional self-report instrument for the assessment of female sexual function. *Journal of Sex & Marital Therapy, 26*, 191–208.

Rosso, I. M., Makris, N., Britton, J. C., Price, L. M., Gold, A. L., Zai, D., et al. (2010). Anxiety sensitivity correlates with two indices of right anterior insula structure in specific animal phobia. *Depression and Anxiety, 27*(12), 1104–1110.

Rush, A. J., Trivedi, M. H., Wisniewski, S. R., Nierenberg, A. A., Stewart, J. W., Warden, D., . . . Fava, M. (2006). Acute and longer-term outcomes in depressed outpatients requiring one or several treatment steps: A STAR*D report. *American Journal of Psychiatry, 163*(11), 1905–1917.

Rylands, A. J., McKie, S., Elliott, R., Deakin, J. F., & Tarrier, N. (2011). A functional magnetic resonance imaging paradigm of expressed emotion in schizophrenia. *Journal of Nervous and Mental Disease, 199*, 25–29.

S

Salekin, R. T. (2008). Psychopathy and recidivism from mid-adolescence to young adulthood: Cumulating legal problems and limiting life opportunities. *Journal of Abnormal Psychology, 117*, 386–395.

Salekin, R. T., Worley, C., & Grimes, R. D. (2010). Treatment of psychopathy: A review and brief introduction to the mental model approach for psychopathy. *Behavioral Sciences & the Law, 28*, 235–266.

Salyers, M. P., McGuire, A. B., Rollins, A. L., Bond, G. R., Mueser, K. T., & Macy, V. R. (2010). Integrating assertive community treatment and illness management and recovery for consumers with severe mental illness. *Community Mental Health Journal, 46*, 319–329.

Samuel, D. B., & Gore, W. L. (2012). Maladaptive variants of Conscientiousness and Agreeableness. *Journal of Personality, 80*, 1669–1696. doi:10.1111/j.1467-6494.2012.00770.x.

Sansone, R. A., Dittoe, N., Hahn, H. S., & Wiederman, M. W. (2011). The prevalence of borderline personality disorder in a consecutive sample of cardiac stress test patients. *Prim Care Companion CNS Disord, 13*.

Santangelo, S. L., & Tsatsanis, K. (2005). What is known about autism: Genes, brain, and behavior. *American Journal of Pharmacogenomics, 5*(2), 71–92.

Santucci, L. C., Ehrenreich, J. T., Trosper, S. E., Bennett, S. M., & Pincus, D. B. (2009). Development and preliminary evaluation of a one-week summer treatment program for separation anxiety disorder. *Cognitive and Behavioral Practice, 16*(3), 317–331.

Sar, V., Akyuz, G., Kundakci, T., Kiziltan, E., & Dogan, O. (2004). Childhood trauma, dissociation, and psychiatric comorbidity in patients with conversion disorder. *American Journal of Psychiatry, 161*(12), 2271–2276.

Savica, R., & Petersen, R. C. (2011). Prevention of dementia. *Psychiatr Clin North Am, 34*(1), 127–145.

Scarpini, E., Bruno, G., Zappalà , G., Adami, M., Richarz, U., Gaudig, M., . . . Schäuble, B. (2011). Cessation versus continuation of galantamine treatment after 12 months of therapy in patients with Alzheimer's disease: A randomized, double blind, placebo controlled withdrawal trial. *Journal of Alzheimer's Disease, 26*(2), 211–220.

Scarr, S., & McCartney, K. (1983). How people make their own environments: A theory of genotype → environment effects. *Child Development, 54*(2), 424–435.

Scherrer, J. F., Slutske, W. S., Xian, H., Waterman, B., Shah, K. R., Volberg, R., & Eisen, S. A. (2007). Factors associated with pathological gambling at 10-year follow-up in a national sample of middle-aged men. *Addiction, 102*(6), 970–978.

Schneck, C. D., Miklowitz, D. J., Miyahara, S., Araga, M., Wisniewski, S., Gyulai, L., . . . Sachs, G. S. (2008). The prospective course of rapid-cycling bipolar disorder: Findings from the STEP-BD. *The American Journal of Psychiatry, 165*(3), 370–377.

Schneiderman, N., Ironson, G., & Siegel, S. D. (2005). Stress and health: Psychological, behavioral, and biological determinants. *Annual Review of Clinical Psychology, 1*(1), 607–628.

Schulza, J. B., Rainer, M., Klünemann, H.-H., Kurz, A., Wolf, S., Sternbergf, K., & Tennigkeit, F. (2011). Sustained effects of once-daily memantine treatment on cognition and functional communication skills in patients with moderate to severe Alzheimer's disease: Results of a 16-week open-label trial. *Journal of Alzheimer's Disease, 25*(3), 463–475.

Schulze, K. K., Walshe, M., Stahl, D., Hall, M. H., Kravariti, E., Morris, R., . . . Bramon, E. (2011). Executive functioning in familial bipolar I disorder patients and their unaffected relatives. *Bipolar Disorders, 13*(2), 208–216.

Scorolli, C., Ghirlanda, S., Enquist, M., Zattoni, S., & Jannini, E. A. (2007). Relative prevalence of different fetishes. *International Journal of Impotence Research, 19*, 432–437.

Segal, D. L., Coolidge, F. L., & Rosowsky, E. (2000). Personality disorders. In S. K. Whitbourne (Ed.), *Psychopathology in later life*. New York: Wiley.

Segal, D. L., Hook, J. N., & Coolidge, F. L. (2001). Personality dysfunction, coping styles, and clinical symptoms in younger and older adults. *Journal of Clinical Geropsychology, 7*(7), 201–212.

Segerstrom, S. C., Roach, A. R., Evans, D. R., Schipper, L. J., & Darville, A. K. (2010). The structure and health correlates of trait repetitive thought in older adults. *Psychology and Aging*.

Segraves, R. T. (2010). Considerations for an evidence-based definition of premature ejaculation in the *DSM-V*. *Journal of Sexual Medicine, 7*, 672–679.

Seltzer, M. M., Krauss, M. W., Shattuck, P. T., Orsmond, G., Swe, A., & Lord, C. (2003). The symptoms of autism spectrum disorders in adolescence and adulthood. *Journal of Autism and Developmental Disorders, 33*, 565–581.

Serby, M., & Samuels, S. C. (2001). Diagnostic criteria for dementia with Lewy bodies reconsidered. *American Journal of Geriatric Psychiatry, 9*(3), 212–216.

Shah, D. B., Pesiridou, A., Baltuch, G. H., Malone, D. A., & O'Reardon, J. P. (2008). Functional neurosurgery in the treatment of severe obsessive compulsive disorder and major depression: Overview of disease circuits and therapeutic targeting for the clinician. *Psychiatry (Edgmont), 5*(9), 24–33.

Shapiro, D. I., Cubells, J. F., Ousley, O. Y., Rockers, K., & Walker, E. F. (2011). Prodromal symptoms in adolescents with 22q11.2 deletion syndrome and schizotypal personality disorder. *Schizophrenia Research, 129*, 20–28.

Sharma, P., & Sinha, U. K. (2010). Defense mechanisms in mania, bipolar depression and unipolar depression. *Psychological Studies, 55*(3), 239–247.

Sharp, S. I., Aarsland, D., Day, S., Sønnesyn, H., & Ballard, C. (2011). Hypertension is a potential risk factor for vascular dementia: Systematic review. *International Journal of Geriatric Psychiatry, 26*(7), 661–669.

Shastry, B. S. (2005). Bipolar disorder: An update. *Neurochemistry International, 46*(4), 273–279.

Shear, K., Jin, R., Ruscio, A. M., Walters, E. E., & Kessler, R. C. (2006). Prevalence and correlates of estimated *DSM-IV* child and adult separation anxiety disorder in the National Comorbidity Survey Replication. *American Journal of Psychiatry, 163*(6), 1074–1083.

Shedler, J. (2010). The efficacy of psychodynamic psychotherapy. *American Psychologist, 65*(2), 98–109.

Sheldon, A. E., & West, M. (1990). Attachment pathology and low social skills in avoidant personality disorder: An exploratory study. *Canadian Journal of Psychiatry, 35*, 596–599.

Shenton, M. E., Whitford, T. J., & Kubicki, M. (2010). Structural neuroimaging in schizophrenia: From methods to insights to treatments. *Dialogues in Clinical Neuroscience, 12*, 317–332.

Shindel, A. W., & Moser, C. A. (2011). Why are the paraphilias mental disorders? *Journal of Sexual Medicine, 8*, 927–929.

Shriver, M. D., Segool, N., & Gortmaker, V. (2011). Behavior observations for linking assessment to treatment for selective mutism. *Education & Treatment of Children, 34*(3), 389–411.

Shusterman, A., Feld, L., Baer, L., & Keuthen, N. (2009). Affective regulation in trichotillomania: Evidence from a large-scale internet survey. *Behaviour Research and Therapy, 47*(8), 637–644.

Sigman, M., & Ruskin, E. (1999). Continuity and change in the social competence of children with autism, Down syndrome, and developmental delays. *Monographs of the Society for Research in Child Development, 64*(1), v–114.

Simone, M. J., & Tan, Z. S. (2011). The role of inflammation in the pathogenesis of delirium and dementia in older adults: A review. *CNS Neuroscience & Therapeutics, 17*(5), 506–513.

Skinner, B. F. (1953). *Science and human behavior.* New York: Free Press.

Snorrason, I., Belleau, E. L., & Woods, D. W. (2012). How related are hair pulling disorder (trichotillomania) and skin picking disorder? A review of evidence for comorbidity, similarities and shared etiology. *Clinical Psychology Review, 32*(7), 618–629. doi:10.1016/j.cpr.2012.05.008.

Snyder, H. N. (2000). Sexual assault of young children as reported to law enforcement: Victim, incident, and offender characteristics. Washington, DC: U.S. Department of Justice.

Solem, S., Håland, Å. T., Vogel, P. A., Hansen, B., & Wells, A. (2009). Change in metacognitions predicts outcome in obsessive-compulsive disorder patients undergoing treatment with exposure and response prevention. *Behaviour Research and Therapy, 47*(4), 301–307.

Sommer, M., Hajak, G., Döhnel, K., Schwerdtner, J., Meinhardt, J., & Muller, J. L. (2006). Integration of emotion and cognition in patients with psychopathy. *Progress in Brain Research, 156*, 457–466.

Sorensen, P., Birket-Smith, M., Wattar, U., Buemann, I., & Salkovskis, P. (2011). A randomized clinical trial of cognitive behavioural therapy versus short-term psychodynamic psychotherapy versus no intervention for patients with hypochondriasis. *Psychological Medicine, 41*(2), 431–441.

South, S. C., & Krueger, R. F. (2011). Genetic and environmental influences on internalizing psychopathology vary as a function of economic status. *Psychological Medicine: A Journal of Research in Psychiatry and the Allied Sciences, 41*(1), 107–117.

Spetie, L., & Arnold, L. E. (2007). Ethical issues in child psychopharmacology research and practice: Emphasis on preschoolers. *Psychopharmacology, 191*(1), 15–26.

St. George-Hyslop, P. H., & Petit, A. (2005). Molecular biology and genetics of Alzheimer's disease. *Comptes Rendus Biologies, 328*(2), 119–130.

Stade, B. C., Bailey, C., Dzendoletas, D., Sgro, M., Dowswell, T., & Bennett, D. (2009). Psychological and/or educational interventions for reducing alcohol consumption in pregnant women and women planning pregnancy. *Cochrane Database Syst Rev*(2), CD004228.

State v. Darnall. (1980). 161, 614 P. 2d 120 (Or. Ct. App. 1980).

State v. Greene. (1998). 960 P.2d 980 (Wash. Ct. App. 1998).

State v. Jones. (1998). 743 P. 2d 276 P 2d 1183, 1185 (Washington Court Appellate 1987) affiliated 759.

State v. Lockhart. (2000). 542 S.E.2d 443 (W. Va. 2000).

State v. Milligan. (1978). No. 77-CR-11-2908 (Franklin County, Ohio, December 4, 1978).

Stein, D. J., & Vythilingum, B. (2007). Social anxiety disorder: Psychobiological and evolutionary underpinnings. *CNS Spectrum, 12*(11), 806–809.

Steinberg, M. (1994). *Structured clinical interview for DSM-IV dissociative disorders—Revised (SCID-D-R).* Washington, DC: American Psychiatric Association.

Steinbrecher, N., Koerber, S., Frieser, D., & Hiller, W. (2011). The prevalence of medically unexplained symptoms in primary care. *Psychosomatics, 52*(3), 263–271.

Stilo, S. A., & Murray, R. M. (2010). The epidemiology of schizophrenia: Replacing dogma with knowledge. *Dialogues in Clinical Neuroscience, 12*, 305–315.

Striegel-Moore, R. H., Rosselli, F., Perrin, N., DeBar, L., Wilson, G. T., May, A., & Kraemer, H. C. (2009). Gender difference in the prevalence of eating disorder symptoms. *International Journal of Eating Disorders, 42*(5), 471–474.

Stucki, S., & Rihs-Middel, M. (2007). Prevalence of adult problem and pathological gambling between 2000 and 2005: An update. *Journal of Gambling Studies, 23*(3), 245–257.

Sturmey, P. (2009). Behavioral activation is an evidence-based treatment for depression. *Behavior Modification, 33*(6), 818–829.

Substance Abuse and Mental Health Services Administration. (2011). Results from the 2010 National Survey on Drug Use and Health: Summary of National Findings, NSDUH Series H-41, HHS Publication No. (SMA) 11-4658. Rockville, MD: Substance Abuse and Mental Health Services Administration.

Sullivan, P. F., Kendler, K. S., & Neale, M. C. (2003). Schizophrenia as a complex trait: Evidence from a meta-analysis of twin studies. *Archives of Genera; Psychiatry, 60*, 1187–1192.

Sunderland, T., Hill, J. L., Mellow, A. M., Lawlor, B. A., Gundersheimer, J., Newhouse, P. A., & Grafman, J. H. (1989). Clock drawing in Alzheimer's disease: A novel measure of dementia severity. *Journal of the American Geriatrics Society, 37*(8), 725–729.

Sungur, M. B., Soygür, H., Güner, P., Üstün, B., Çetin, İ., & Falloon, I. R. (2011). Identifying an optimal treatment for schizophrenia: A 2-year randomized controlled trial comparing integrated care to a high-quality routine treatment. *International Journal of Psychiatry in Clinical Practice, 15*, 118–127.

Swann, A. C. (2010). The strong relationship between bipolar and substance-use disorder. *Annals of the New York Academy of Sciences, 1187*, 276–293.

Swartz, M. S., Wilder, C. M., Swanson, J. W., Van Dorn, R. A., Robbins, P. C., Steadman, H. J., . . . Monahan, J. (2010). Assessing outcomes for consumers in New York's assisted outpatient treatment program. *Psychiatric Services, 61*(10), 976–981.

T

Tarasoff v. The Regents of the University of California. 551 P 2d334 (California 1976).

Terracciano, A., McCrae, R. R., Brant, L. J., & Costa, P. T. J. (2005). Hierarchical linear modeling analyses of the NEO-PI-R Scales in the Baltimore Longitudinal Study of Aging. *Psychology and Aging, 20*(3), 493–506.

Thibaut, F., De La Barra, F., Gordon, H., Cosyns, P., & Bradford, J. M. (2010). The World Federation of Societies of Biological Psychiatry (WFSBP) guidelines for the biological treatment of paraphilias. *World Journal of Biological Psychiatry, 11*, 604–655.

Thioux, M., Stark, D. E., Klaiman, C., & Schultz, R. T. (2006). The day of the week when you were born in 700 ms: Calendar computation in an autistic savant. *Journal of Experimental Psychology: Human Perception and Performance, 32*(5), 1155–1168.

Thomasius, R., Zapletalova, P., Petersen, K., Buchert, R., Andresen, B., Wartberg, L., . . . Schmoldt, A. (2006). Mood, cognition and serotonin transporter availability in current and former ecstasy (MDMA) users: The longitudinal perspective. *Journal of Psychopharmacology, 20*(2), 211–225.

Tiwari, A. K., Zai, C. C., Muller, D. J., & Kennedy, J. L. (2010). Genetics in schizophrenia: Where are we and what next? *Dialogues in Clinical Neuroscience, 12*, 289–303.

Tolin, D. F. (2011). Understanding and treating hoarding: A biopsychosocial perspective. *Journal of Clinical Psychology, 67*(5), 517–526. doi:10.1002/jclp.20795.

Tolin, D. F., Franklin, M. E., Diefenbach, G. J., Anderson, E., & Meunier, S. A. (2007).

Pediatric trichotillomania: Descriptive psychopathology and an open trial of cognitive behavioral therapy. *Cognitive Behaviour Therapy, 36*(3), 129–144.

Tombaugh, T. N., Stormer, P., Rees, L., Irving, S., & Francis, M. (2006). The effects of mild and severe traumatic brain injury on the auditory and visual versions of the Adjusting-Paced Serial Addition Test (Adjusting-PSAT). *Archives of Clinical Neuropsychology, 21*(7), 753–761.

Tomiatti, M., Gore, W. L., Lynam, D. R., Miller, J. D., & Widiger, T. A. (2012). A five-factor measure of histrionic personality traits. In A. M. Columbus (Ed.), *Advances in psychology.*

Traish, A. M., Feeley, R. J., & Guay, A. T. (2009). Testosterone therapy in women with gynecological and sexual disorders: A triumph of clinical endocrinology from 1938 to 2008. *Journal of Sexual Medicine, 6*, 334–351.

Trull, T. J., Jahng, S., Tomko, R. L., Wood, P. K., & Sher, K. J. (2010). Revised NESARC personality disorder diagnoses: Gender, prevalence, and comorbidity with substance dependence disorders. *Journal of Personality Disorders, 24*, 412–426.

Trzepacz, P. T., Mittal, D., Torres, R., Kanary, K., Norton, J., & Jimerson, N. (2001). Validation of the Delirium Rating Scale-Revised-98: Comparison with the Delirium Rating Scale and the Cognitive Test for Delirium. *The Journal of Neuropsychiatry and Clinical Neurosciences, 13*(2), 229–242.

Turner, E. H., Matthews, A. M., Linardatos, E., Tell, R. A., & Rosenthal, R. (2008). Selective publication of antidepressant trials and its influence on apparent efficacy. *The New England Journal of Medicine, 358*(3), 252–260.

U

UK ECT Review Group. (2003). Efficacy and safety of electroconvulsive therapy in depressive disorders: A systematic review and meta-analysis. *The Lancet, 361*(9360), 799–808.

U.S. Department of Health and Human Services, A. o. C., Youth, and Families. (2005). Child maltreatment 2003. Washington, DC: U.S. Government Printing Office.

V

Vaidyanathan, U., Patrick, C. J., & Cuthbert, B. N. (2009). Linking dimensional models of internalizing psychopathology to neurobiological systems: Affect-modulated startle as an indicator of fear and distress disorders and affiliated traits. *Psychological Bulletin, 135*(6), 909–942.

Vaivre-Douret, L., Lalanne, C., Ingster-Moati, I., Boddaert, N., Cabrol, D., Dufier, J.-L., . . . Falissard, B. (2011a). Subtypes of developmental coordination disorder: Research on their nature and etiology. *Developmental Neuropsychology, 36*(5), 614–643.

Vaivre-Douret, L., Lalanne, C., Ingster-Moati, I., Boddaert, N., Cabrol, D., Dufier, J. L., . . . Falissard, B. (2011b). Subtypes of developmental coordination disorder: Research on their nature and etiology. *Developmental Neuropsychology, 36*(5), 614–643.

van Haren, N. E. M., Schnack, H. G., Cahn, W., van den Heuvel, M. P., Lepage, C., Collins, L., . . . Kahn, R. S. (2011). Changes in cortical thickness during the course of schizophrenia. *Archives of General Psychiatry, 68*, 871–880.

van Hoeken, D., Veling, W., Sinke, S., Mitchell, J. E., & Hoek, H. W. (2009). The validity and utility of subtyping bulimia nervosa. *International Journal of Eating Disorders, 42*(7), 595–602.

van Os, J., Linscott, R. J., Myin-Germeys, I., Delespaul, P., & Krabbendam, L. (2009). A systematic review and meta-analysis of the psychosis continuum: Evidence for a psychosis proneness-persistence-impairment model of psychotic disorder. *Psychological Medicine, 39*, 179–195.

van Rijsbergen, M. W. A., Oldenbeuving, A. W., Nieuwenhuis-Mark, R. E., Nys, G. M. S., Las, S. G. M., Roks, G., & de Kort, P. L. M. (2011). Delirium in acute stroke: A predictor of subsequent cognitive impairment?: A two-year follow-up study. *Journal of the Neurological Sciences, 306*(1–2), 138–142.

Veale, D. (2010). Cognitive behavioral therapy for body dysmorphic disorder. *Psychiatric Annals, 40*(7), 333–340.

Vecchio, J., & Kearney, C. A. (2009). Treating youths with selective mutism with an alternating design of exposure-based practice and contingency management. *Behavior Therapy, 40*(4), 380–392.

Veling, W., Selten, J. P., Susser, E., Laan, W., Mackenbach, J. P., & Hoek, H. W. (2007). Discrimination and the incidence of psychotic disorders among ethnic minorities in the Netherlands. *International Journal of Epidemiology, 36*, 761–768.

Vergés, A., Jackson, K. M., Bucholz, K. K., Grant, J. D., Trull, T. J., Wood, P. K., & Sher, K. J. (2011). Deconstructing the age-prevalence curve of alcohol dependence: Why "maturing out" is only a small piece of the puzzle. *Journal of Abnormal Psychology, 121*, 511–523.

Vitale, J. E., MacCoon, D. G., & Newman, J. P. (2011). Emotion facilitation and passive avoidance learning in psychopathic female offenders. *Criminal Justice and Behavior, 38*, 641–658.

Vocks, S., Busch, M., Grönemeyer, D., Schulte, D., Herpertz, S., & Suchan, B. (2010). Neural correlates of viewing photographs of one's own body and another woman's body in anorexia and bulimia nervosa: An fMRI study. *Journal of Psychiatry & Neuroscience, 35*(3), 163–176.

Volkmar, F. R., Klin, A., Schultz, R. T., Rubin, E., & Bronen, R. (2000). Asperger's disorder. *The American Journal of Psychiatry, 157*(2), 262–267.

Volkow, N. D., McLellan, T. A., Cotto, J. H., Karithanom, M., & Weiss, S. R. (2011). Characteristics of opioid prescriptions in 2009. *Journal of the American Medical Association, 305*(13), 1299–1301.

Volkow, N. D., Wang, G.-J., Kollins, S. H., Wigal, T. L., Newcorn, J. H., Telang, F., . . . Swanson, J. M. (2009). Evaluating dopamine reward pathway in ADHD: Clinical implications. *JAMA: Journal of the American Medical Association, 302*(10), 1084–1091.

von Gontard, A. (2011). Elimination disorders: A critical comment on *DSM-5* proposals. *European Child & Adolescent Psychiatry, 20*(2), 83–88.

W

Walker, J. C., Dosen, A., Buitelaar, J. K., & Janzing, J. G. E. (2011). Depression in Down syndrome: A review of the literature. *Research in Developmental Disabilities, 32*(5), 1432–1440.

Wang, K.-S., Liu, X., Zhang, Q., Pan, Y., Aragam, N., & Zeng, M. (2011). A meta-analysis of two genome-wide association studies identifies 3 new loci for alcohol dependence. *Journal of Psychiatric Research, 45*(11), 1419–1425.

Wasserstein, J. (2005). Diagnostic issues for adolescents and adults with ADHD. *Journal of Clinical Psychology, 61*(5), 535–547.

Wattmo, C., Wallin, A. K., Londos, E., & Minthon, L. (2011). Long-term outcome and prediction models of activities of daily living in Alzheimer disease with cholinesterase inhibitor treatment. *Alzheimer Disease and Associated Disorders, 25*(1), 63–72.

Wechsler, D. (2002). *Wechsler Preschool and Primary Scale of Intelligence (WIPPSI-III).* San Antonio, TX: Psychological Corporation.

Wechsler, D. (2003). *Wechsler Intelligence Scale for Children-IV (WISC-IV).* San Antonio, TX: Psychological Corporation.

Wechsler, D. (2008). *Wechsler Adult Intelligence Scale–Fourth Edition.* San Antonio, TX: Psychological Corporation.

Weiner, I. B., & Greene, R. L. (2008). *Handbook of personality assessment.* Hoboken, NJ: John Wiley & Sons, Inc.

Weiss, M., & Murray, C. (2003). Assessment and management of attention-deficit hyperactivity disorder in adults. *Canadian Medical Association Journal, 168*(6), 715–722.

Weissman, M. M. (2007). Recent non-medication trials of interpersonal psychotherapy for depression. *International Journal of Neuropsychopharmacology, 10*(1), 117–122.

Whitbourne, S. K., & Meeks, S. (2011). Psychopathology, bereavement, and aging. In K. W. Schaie & S. L. Willis (Eds.), *Handbook of the psychology of aging* (7th ed.) (pp. 311–324). London: Elsevier.

Whitbourne, S. K., & Whitbourne, S. B. (2011). *Adult development and aging: Biopsychosocial perspectives* (4th ed.). Hoboken, NJ: Wiley.

White, K. S., Brown, T. A., Somers, T. J., & Barlow, D. H. (2006). Avoidance behavior in panic disorder: The moderating influence of perceived control. *Behaviour Research and Therapy, 44*(1), 147–157.

Widiger, T. A., & Trull, T. J. (2007). Plate tectonics in the classification of personality disorder: Shifting to a dimensional model. *American Psychologist, 62*, 71–83.

Wilens, T. E., Faraone, S. V., & Biederman, J. (2004). Attention-deficit/hyperactivity disorder in adults. *JAMA: Journal of the American Medical Association, 292*(5), 619–623.

Wilens, T. E., Martelon, M., Joshi, G., Bateman, C., Fried, R., Petty, C., & Biederman, J. (2011). Does ADHD predict substance-use disorders? A 10-year follow-up study of young adults with ADHD. *Journal of the American Academy of Child & Adolescent Psychiatry, 50*(6), 543–553.

Wilhelm, S., Buhlmann, U., Hayward, L. C., Greenberg, J. L., & Dimaite, R. (2010). A cognitive-behavioral treatment approach for body dysmorphic disorder. *Cognitive and Behavioral Practice, 17*(3), 241–247.

Willhite, R. K., Niendam, T. A., Bearden, C. E., Zinberg, J., O'Brien, M. P., & Cannon, T. D. (2008). Gender differences in symptoms, functioning and social support in patients at ultra-high risk for developing a psychotic disorder. *Schizophrenia Research, 104*, 237–245.

Williams, D. E., Kirkpatrick-Sanchez, S., Enzinna, C., Dunn, J., & Borden-Karasack, D. (2009). The clinical management and prevention of pica: A retrospective follow-up of 41 individuals with intellectual disabilities and pica. *Journal of Applied Research in Intellectual Disabilities, 22*(2), 210–215.

Williams, J., Hadjistavropoulos, T., & Sharpe, D. (2006). A meta-analysis of psychological and pharmacological treatments for body dysmorphic disorder. *Behaviour Research and Therapy, 44*(1), 99–111. doi: 10.1016/j.brat.2004.12.006

Williams, K. E., Riegel, K., & Kerwin, M. L. (2009). Feeding disorder of infancy or early childhood: How often is it seen in feeding programs? *Children's Health Care, 38*(2), 123–136.

Wilson, G. T., & Sysko, R. (2009). Frequency of binge eating episodes in bulimia nervosa and binge eating disorder: Diagnostic considerations. *International Journal of Eating Disorders, 42*(7), 603–610.

Wilson, G. T., Grilo, C. M., & Vitousek, K. M. (2007). Psychological treatment of eating disorders. *American Psychologist, 62*(3), 199–216.

Wilson, R. S., Krueger, K. R., Arnold, S. E., Schneider, J. A., Kelly, J. F., Barnes, L. L., . . . Bennett, D. A. (2007). Loneliness and risk of Alzheimer disease. *Archives of General Psychiatry, 64*(2), 234–240.

Wittchen, H. U., Gloster, A. T., Beesdo-Baum, K., Fava, G. A., & Craske, M. G. (2010). Agoraphobia: A review of the diagnostic classificatory position and criteria. *Depression and Anxiety, 27*(2), 113–133.

Witthoft, M., & Hiller, W. (2010). Psychological approaches to origins and treatments of somatoform disorders. *Annual Review of Clinical Psychology, 6*, 257–283.

Wonderlich, S. A., Gordon, K. H., Mitchell, J. E., Crosby, R. D., & Engel, S. G. (2009). The validity and clinical utility of binge eating disorder. *International Journal of Eating Disorders, 42*(8), 687–705.

World Health Organization. (2010). *International Classification of Diseases* (10th Revision) *(ICD-10)*. http://www.who .int/classifications/icd/en/

World Health Organization. (2001). The World Health Report 2001. Mental health: New understanding, new hope, from http://www.who.int/whr2001/2001/main/en/index.htm

World Health Organization. (2011). Suicide rates per 100,000 by country, year and sex, from http://www.who.int/mental_health/prevention/suicide_rates/en/

Wright, S. (2010). Depathologizing consensual sexual sadism, sexual masochism, transvestic fetishism, and fetishism. *Archives of Sexual Behavior, 39*, 1229–1230.

Wu, Y. C., Zhao, Y. B., Tang, M. G., Zhang-Nunes, S. X., & McArthur, J. C. (2007). AIDS dementia complex in China. *Journal of Clinical Neuroscience, 14*(1), 8–11.

Wyatt v. Stickney. 325 F. Supp. 781 (M.D. Ala. 1971); 344 F. Supp. (M.D. Ala. 1972).

Wykes, T., Steel, C., Everitt, B., & Tarrier, N. (2008). Cognitive behavior therapy for schizophrenia: Effect sizes, clinical models, and methodological rigor. *Schizophr Bulletin, 34*, 523–537.

Xu, Z., Kochanek, K. D., Murphy, S. L., & Tejeda-Vera, B. (2010). Deaths: Final data for 2007 *National Vital Statistics Reports (Volume 58 No. 19)*. Hyattsville, MD: National Center for Health Statistics.

Yalom, I. D. (1995). *The theory and practice of group psychotherapy* (4th ed.). New York: Basic Books.

Young, R. M., Connor, J. P., & Feeney, G. F. X. (2011). Alcohol expectancy changes over a 12-week cognitive–behavioral therapy program are predictive of treatment success. *Journal of Substance Abuse Treatment, 40*(1), 18–25.

Youngberg v. Romeo. 457 U.S. 307 (1982).

Z

Zhang, J., & Wheeler, J. J. (2011). A meta-analysis of peer-mediated interventions for young children with autism spectrum disorders. *Education and Training in Autism and Developmental Disabilities, 46*(1), 62–77.

Zoellner, T., Rabe, S., Karl, A., & Maercker, A. (2008). Posttraumatic growth in accident survivors: Openness and optimism as predictors of its constructive or illusory sides. *Journal of Clinical Psychology, 64*(3), 245–263.

Zubin, J., & Spring, B. (1977). Vulnerability: A new view of schizophrenia. *Journal of Abnormal Psychology, 86*(2), 103–126.

Zuchner, S., Wendland, J. R., Ashley-Koch, A. E., Collins, A. L., Tran-Viet, K. N., Quinn, K., . . . Murphy, D. L. (2009). Multiple rare SAPAP3 missense variants in trichotillomania and OCD. *Molecular Psychiatry, 14*(1), 6–9.

Zucker, R. A., & Gomberg, E. S. (1986). Etiology of alcoholism reconsidered: The case for a biopsychosocial process. *American Psychologist, 41*(7), 783–793.

Índice Onomástico

F

G

H

N

O

P

Q

R

S

T

Índice

Páginas em negrito indicam definições de termos.

A

J

K

L

M

N

O

Q

R

U

Classificação do DSM-5

TRANSTORNOS DO NEURODESENVOLVIMENTO

Deficiências Intelectuais

Deficiência Intelectual (Transtorno do Desenvolvimento Intelectual)
Atraso Global do Desenvolvimento
Deficiência Intelectual (Transtorno do Desenvolvimento Intelectual) Não Especificada

Transtornos da Comunicação

Transtorno da Linguagem
Transtorno da Fala
Transtorno da Fluência com Início na Infância (Gagueira)
Transtorno da Comunicação Social (Pragmática)
Transtorno da Comunicação Não Especificado

Transtorno do Espectro Autista

Transtorno do Espectro Autista

Transtorno de Déficit de Atenção/Hiperatividade

Transtorno de Déficit de Atenção/Hiperatividade
Outro Transtorno de Déficit de Atenção/Hiperatividade Especificado
Transtorno de Déficit de Atenção/Hiperatividade Não Especificado

Transtorno Específico da Aprendizagem

Transtorno Específico da Aprendizagem
Transtorno do Desenvolvimento da Coordenação
Transtorno do Movimento Estereotipado

Transtornos de Tique

Transtorno de Tourette
Transtorno de Tique Motor ou Vocal Persistente (Crônico)
Transtorno de Tique Transitório
Outro Transtorno de Tique Especificado
Transtorno de Tique Não Especificado

Outros Transtornos do Neurodesenvolvimento

Outro Transtorno do Neurodesenvolvimento Especificado
Transtorno do Neurodesenvolvimento Não Especificado

ESPECTRO DA ESQUIZOFRENIA E OUTROS TRANSTORNOS PSICÓTICOS

Transtorno (da Personalidade) Esquizotípica
Transtorno Delirante
Transtorno Psicótico Breve
Transtorno Esquizofreniforme
Esquizofrenia
Transtorno Esquizoafetivo
Transtorno Psicótico Induzido por Substância/Medicamento
Transtorno Psicótico Devido a Outra Condição Médica
Catatonia Associada a Outro Transtorno Mental (Especificador de Catatonia)
Transtorno Catatônico Devido a Outra Condição Médica
Catatonia Não Especificada
Outro Transtorno do Espectro da Esquizofrenia e Outro Transtorno Psicótico Especificado
Transtorno do Espectro da Esquizofrenia e Outro Transtorno Psicótico Não Especificado

TRANSTORNO BIPOLAR E TRANSTORNOS RELACIONADOS

Transtorno Bipolar Tipo I
Transtorno Bipolar Tipo II
Transtorno Ciclotímico
Transtorno Bipolar e Transtorno Relacionado Induzido por Substância/Medicamento
Transtorno Bipolar e Transtorno Relacionado Devido a Outra Condição Médica
Outro Transtorno Bipolar e Transtorno Relacionado Especificado
Transtorno Bipolar e Transtorno Relacionado Não Especificado

TRANSTORNOS DEPRESSIVOS

Transtorno Disruptivo da Desregulação do Humor
Transtorno Depressivo Maior
Transtorno Depressivo Persistente (Distimia)
Transtorno Disfórico Pré-menstrual
Transtorno Depressivo Induzido por Substância/Medicamento
Transtorno Depressivo Devido a Outra Condição Médica
Outro Transtorno Depressivo Especificado
Transtorno Depressivo Não Especificado

TRANSTORNOS DE ANSIEDADE

Transtorno de Ansiedade de Separação
Mutismo Seletivo
Fobia Específica
Transtorno de Ansiedade Social (Fobia Social)
Transtorno de Pânico
Agorafobia
Transtorno de Ansiedade Generalizada
Transtorno de Ansiedade Induzido por Substância/Medicamento
Transtorno de Ansiedade Devido a Outra Condição Médica
Outro Transtorno de Ansiedade Especificado
Transtorno de Ansiedade Não Especificado

TRANSTORNO OBSESSIVO-COMPULSIVO E TRANSTORNOS RELACIONADOS

Transtorno Obsessivo-compulsivo
Transtorno Dismórfico Corporal
Transtorno de Acumulação
Tricotilomania (Transtorno de Arrancar o Cabelo)
Transtorno de Escoriação (*Skin-picking*)
Transtorno Obsessivo-compulsivo e Transtorno Relacionado Induzido por Substância/Medicamento
Transtorno Obsessivo-compulsivo e Transtorno Relacionado Devido a Outra Condição Médica
Outro Transtorno Obsessivo-compulsivo e Transtorno Relacionado Especificado
Transtorno Obsessivo-compulsivo e Transtorno Relacionado Não Especificado

TRANSTORNOS RELACIONADOS A TRAUMA E A ESTRESSORES

Transtorno de Apego Reativo
Transtorno de Interação Social Desinibida
Transtorno de Estresse Pós-traumático (inclui Transtorno de Estresse Pós-traumático em crianças de 6 anos ou menos)
Transtorno de Estresse Agudo
Transtornos de Adaptação
Outro Transtorno Relacionado a Trauma e a Estressores Especificado
Transtorno Relacionado a Trauma e a Estressores Não Especificado

TRANSTORNOS DISSOCIATIVOS

Transtorno Dissociativo de Identidade
Amnésia Dissociativa
Transtorno de Despersonalização/Desrealização
Outro Transtorno Dissociativo Especificado
Transtorno Dissociativo Não Especificado

TRANSTORNO DE SINTOMAS SOMÁTICOS E TRANSTORNOS RELACIONADOS

Transtorno de Sintomas Somáticos
Transtorno de Ansiedade de Doença
Transtorno Conversivo (Transtorno de Sintomas Neurológicos Funcionais)
Fatores Psicológicos que Afetam Outras Condições Médicas
Transtorno Factício (inclui Transtorno Factício Autoimposto, Transtorno Factício Imposto a Outro)

Outro Transtorno de Sintomas Somáticos e Transtorno Relacionado Especificado
Transtorno de Sintomas Somáticos e Transtorno Relacionado Não Especificado

TRANSTORNOS ALIMENTARES

Pica
Transtorno de Ruminação
Transtorno Alimentar Restritivo/Evitativo
Anorexia Nervosa
Bulimia Nervosa
Transtorno de Compulsão Alimentar
Outro Transtorno Alimentar Especificado
Transtorno Alimentar Não Especificado

TRANSTORNOS DA ELIMINAÇÃO

Enurese
Encoprese
Outro Transtorno da Eliminação Especificado
Transtorno da Eliminação Não Especificado

TRANSTORNOS DO SONO-VIGÍLIA

Transtorno de Insônia
Transtorno de Hipersonolência
Narcolepsia

Transtornos do Sono Relacionados à Respiração

Apneia e Hipopneia Obstrutivas do Sono
Apneia Central do Sono
Hipoventilação Relacionada ao Sono
Transtornos do Sono-Vigília do Ritmo Circadiano

Parassonias

Transtornos de Despertar do Sono Não REM
Transtorno do Pesadelo
Transtorno Comportamental do Sono REM
Síndrome das Pernas Inquietas
Transtorno do Sono Induzido por Substância/Medicamento
Outro Transtorno de Insônia Especificado
Transtorno de Insônia Não Especificado
Outro Transtorno de Hipersonolência Especificado
Transtorno de Hipersonolência Não Especificado
Outro Transtorno do Sono-Vigília Especificado
Transtorno do Sono-Vigília Não Especificado

DISFUNÇÕES SEXUAIS

Ejaculação Retardada
Transtorno Erétil
Transtorno do Orgasmo Feminino
Transtorno do Interesse/Excitação Sexual Feminino
Transtorno da Dor Gênito-pélvica/Penetração
Transtorno do Desejo Sexual Masculino Hipoativo
Ejaculação Prematura (Precoce)
Disfunção Sexual Induzida por Substância/Medicamento
Outra Disfunção Sexual Especificada
Disfunção Sexual Não Especificada

DISFORIA DE GÊNERO

Disforia de Gênero
Outra Disforia de Gênero Especificada
Disforia de Gênero Não Especificada

TRANSTORNOS DISRUPTIVOS, DO CONTROLE DE IMPULSOS E DA CONDUTA

Transtorno de Oposição Desafiante
Transtorno Explosivo Intermitente
Transtorno da Conduta
Transtorno da Personalidade Antissocial
Piromania
Cleptomania
Outro Transtorno Disruptivo, do Controle de Impulsos ou da Conduta Especificado
Transtorno Disruptivo, do Controle de Impulsos e da Conduta Não Especificado

TRANSTORNOS RELACIONADOS A SUBSTÂNCIAS E TRANSTORNOS ADITIVOS

Transtornos Relacionados a Substâncias

Transtornos Relacionados ao Álcool

Transtorno por Uso de Álcool
Intoxicação por Álcool
Abstinência de Álcool
Outros Transtornos Induzidos por Álcool
Transtorno Relacionado ao Álcool Não Especificado

Transtornos Relacionados à Cafeína

Intoxicação por Cafeína
Abstinência de Cafeína
Outros Transtornos Induzidos por Cafeína
Transtorno Relacionado à Cafeína Não Especificado

Transtornos Relacionados a Cannabis

Transtorno por Uso de *Cannabis*
Intoxicação por *Cannabis*
Abstinência de *Cannabis*
Outros Transtornos Induzidos por *Cannabis*
Transtorno Relacionado a *Cannabis* Não Especificado

Transtornos Relacionados a Alucinógenos

Transtorno por Uso de Fenciclidina
Transtorno por Uso de Outros Alucinógenos
Intoxicação por Fenciclidina
Intoxicação por Outros Alucinógenos
Transtorno Persistente da Percepção Induzido por Alucinógenos
Outros Transtornos Induzidos por Fenciclidina
Outros Transtornos Induzidos por Alucinógenos
Transtorno Relacionado a Fenciclidina Não Especificado
Transtorno Relacionado a Alucinógenos Não Especificado

Transtornos Relacionados a Inalantes

Transtorno por Uso de Inalantes
Intoxicação por Inalantes
Outros Transtornos Induzidos por Inalantes
Transtorno Relacionado a Inalantes Não Especificado

Transtornos Relacionados a Opioides

Transtorno por Uso de Opioides
Intoxicação por Opioides
Abstinência de Opioides
Outros Transtornos Induzidos por Opioides
Transtorno Relacionado a Opioides Não Especificado

Transtornos Relacionados a Sedativos, Hipnóticos ou Ansiolíticos

Transtorno por Uso de Sedativos, Hipnóticos ou Ansiolíticos
Intoxicação por Sedativos, Hipnóticos ou Ansiolíticos
Abstinência de Sedativos, Hipnóticos ou Ansiolíticos
Transtorno Relacionado a Sedativos, Hipnóticos ou Ansiolíticos Não Especificado

Transtornos Relacionados a Estimulantes

Transtorno por Uso de Estimulantes
Intoxicação por Estimulantes
Abstinência de Estimulantes
Outros Transtornos Induzidos por Estimulantes
Transtorno Relacionado a Estimulantes Não Especificado

Transtornos Relacionados ao Tabaco

Transtorno por Uso de Tabaco
Abstinência de Tabaco
Outros Transtornos Induzidos por Tabaco
Transtorno Relacionado a Tabaco Não Especificado

Transtornos Relacionados a Outras Substâncias (ou Substâncias Desconhecidas)

Transtorno por Uso de Outra Substância (ou Substância Desconhecida)
Intoxicação por Outra Substância (ou Substância Desconhecida)
Abstinência de Outra Substância (ou Substância Desconhecida)
Transtornos Induzidos por Outra Substância (ou Substância Desconhecida)

Transtorno Relacionado a Outra Substância (ou Substância Desconhecida) Não Especificado

Transtornos Não Relacionados a Substância

Transtorno do Jogo

TRANSTORNOS NEUROCOGNITIVOS

Delirium
Outro *Delirium* Especificado
Delirium Não Especificado

Transtornos Neurocognitivos Maiores e Leves

Transtorno Neurocognitivo Maior ou Leve Devido à Doença de Alzheimer

Provável Transtorno Neurocognitivo Maior Devido à Doença de Alzheimer
Possível Transtorno Neurocognitivo Maior Devido à Doença de Alzheimer
Transtorno Neurocognitivo Leve Devido à Doença de Alzheimer

Transtorno Neurocognitivo Frontotemporal Maior ou Leve

Provável Transtorno Neurocognitivo Maior Devido a Degeneração Lobar Frontotemporal
Possível Transtorno Neurocognitivo Maior Devido a Degeneração Lobar Frontotemporal
Transtorno Neurocognitivo Leve Devido a Degeneração Lobar Frontotemporal

Transtorno Neurocognitivo Maior ou Leve com Corpos de Lewy

Provável Transtorno Neurocognitivo Maior com Corpos de Lewy
Possível Transtorno Neurocognitivo Maior com Corpos de Lewy
Transtorno Neurocognitivo Leve com Corpos de Lewy

Transtorno Neurocognitivo Vascular Maior ou Leve

Provável Transtorno Neurocognitivo Vascular Maior
Possível Transtorno Neurocognitivo Vascular Maior
Transtorno Neurocognitivo Vascular Leve

Transtorno Neurocognitivo Maior ou Leve Devido a Lesão Cerebral Traumática

Transtorno Neurocognitivo Maior Devido a Lesão Cerebral Traumática
Transtorno Neurocognitivo Leve Devido a Lesão Cerebral Traumática

Transtorno Neurocognitivo Maior ou Leve Induzido por Substância/Medicamento

Transtorno Neurocognitivo Maior ou Leve Devido a Infecção por HIV

Transtorno Neurocognitivo Maior Devido a Infecção por HIV
Transtorno Neurocognitivo Leve Devido a Infecção por HIV

Transtorno Neurocognitivo Maior ou Leve Devido à Doença do Príon

Transtorno Neurocognitivo Maior Devido à Doença do Príon
Transtorno Neurocognitivo Leve Devido à Doença do Príon

Transtorno Neurocognitivo Maior ou Leve Devido à Doença de Parkinson

Transtorno Neurocognitivo Maior Provavelmente Devido à Doença de Parkinson
Transtorno Neurocognitivo Maior Possivelmente Devido à Doença de Parkinson
Transtorno Neurocognitivo Leve Devido à Doença de Parkinson

Transtorno Neurocognitivo Maior ou Leve Devido à Doença de Huntington

Transtorno Neurocognitivo Maior Devido à Doença de Huntington
Transtorno Neurocognitivo Leve Devido à Doença de Huntington

Transtorno Neurocognitivo Maior ou Leve Devido a Outra Condição Médica

Transtorno Neurocognitivo Maior Devido a Outra Condição Médica
Transtorno Neurocognitivo Leve Devido a Outra Condição Médica

Transtorno Neurocognitivo Maior ou Leve Devido a Múltiplas Etiologias

Transtorno Neurocognitivo Maior Devido a Múltiplas Etiologias
Transtorno Neurocognitivo Leve Devido a Múltiplas Etiologias

Transtorno Neurocognitivo Não Especificado

Transtorno Neurocognitivo Não Especificado

TRANSTORNOS DA PERSONALIDADE

Transtornos da Personalidade do Grupo A

Transtorno da Personalidade Paranoide
Transtorno da Personalidade Esquizoide
Transtorno da Personalidade Esquizotípica

Transtornos da Personalidade do Grupo B

Transtorno da Personalidade Antissocial
Transtorno da Personalidade *Borderline*
Transtorno da Personalidade Histriônica
Transtorno da Personalidade Narcisista

Transtornos da Personalidade do Grupo C

Transtorno da Personalidade Evitativa
Transtorno da Personalidade Dependente
Transtorno da Personalidade Obsessivo-compulsiva

Outros Transtornos da Personalidade

Mudança de Personalidade Devido a Outra Condição Médica
Outro Transtorno da Personalidade Especificado
Transtorno da Personalidade Não Especificado

TRANSTORNOS PARAFÍLICOS

Transtorno Voyeurista
Transtorno Exibicionista
Transtorno Frotteurista
Transtorno do Masoquismo Sexual
Transtorno do Sadismo Sexual
Transtorno Pedofílico
Transtorno Fetichista
Transtorno Transvéstico
Outro Transtorno Parafílico Especificado
Transtorno Parafílico Não Especificado

OUTROS TRANSTORNOS MENTAIS

Outro Transtorno Mental Especificado Devido a Outra Condição Médica
Transtorno Mental Não Especificado Devido a Outra Condição Médica
Outro Transtorno Mental Especificado
Transtorno Mental Não Especificado

TRANSTORNOS DO MOVIMENTO INDUZIDOS POR MEDICAMENTOS E OUTROS EFEITOS ADVERSOS DE MEDICAMENTOS

Parkinsonismo Induzido por Neuroléptico
Parkinsonismo Induzido por Outro Medicamento
Síndrome Neuroléptica Maligna
Distonia Aguda Induzida por Medicamento
Acatisia Aguda Induzida por Medicamento
Discinesia Tardia
Distonia Tardia
Acatisia Tardia
Tremor Postural Induzido por Medicamento
Outro Transtorno do Movimento Induzido por Medicamento
Síndrome da Descontinuação de Antidepressivos
Outros Efeitos Adversos dos Medicamentos

OUTRAS CONDIÇÕES QUE PODEM SER FOCO DA ATENÇÃO CLÍNICA

Problemas de Relacionamento

Problemas Relacionados à Educação Familiar

Problema de Relacionamento entre Pais e Filhos
Problema de Relacionamento com Irmão
Educação Longe dos Pais
Criança Afetada por Sofrimento na Relação dos Pais

Outros Problemas Relacionados a Grupo de Apoio Primário

Sofrimento na Relação com o Cônjuge ou Parceiro Íntimo
Ruptura da Família por Separação ou Divórcio
Nível de Expressão Emocional Alto na Família
Luto sem Complicações

Abuso e Negligência

Problemas de Maus-tratos e Negligência Infantil

Abuso Físico Infantil
Abuso Físico Infantil Confirmado
Abuso Físico Infantil Suspeitado
Outras Circunstâncias Relacionadas a Abuso Físico Infantil
Abuso Sexual Infantil
Abuso Sexual Infantil Confirmado
Abuso Sexual Infantil Suspeitado
Outras Circunstâncias Relacionadas a Abuso Sexual Infantil
Negligência Infantil
Negligência Infantil Confirmada
Negligência Infantil Suspeitada
Outras Circunstâncias Relacionadas a Negligência Infantil
Abuso Psicológico Infantil
Abuso Psicológico Infantil Confirmado
Abuso Psicológico Infantil Suspeitado
Outras Circunstâncias Relacionadas a Abuso Psicológico Infantil

Problemas de Maus-tratos e Negligência de Adultos

Violência Física de Cônjuge ou Parceiro
Violência Física de Cônjuge ou Parceiro Confirmada
Violência Física de Cônjuge ou Parceiro Suspeitada
Outras Circunstâncias Relacionadas a Violência Física de Cônjuge ou Parceiro
Violência Sexual de Cônjuge ou Parceiro
Violência Sexual de Cônjuge ou Parceiro Confirmada
Violência Sexual de Cônjuge ou Parceiro Suspeitada
Outras Circunstâncias Relacionadas a Violência Sexual de Cônjuge ou Parceiro

Negligência de Cônjuge ou Parceiro

Negligência de Cônjuge ou Parceiro Confirmada
Negligência de Cônjuge ou Parceiro Suspeitada
Outras Circunstâncias Relacionadas a Negligência de Cônjuge ou Parceiro

Abuso Psicológico de Cônjuge ou Parceiro

Abuso Psicológico de Cônjuge ou Parceiro Confirmado
Abuso Psicológico de Cônjuge ou Parceiro Suspeitado
Outras Circunstâncias Relacionadas a Abuso Psicológico de Cônjuge ou Parceiro

Abuso de Adulto por Não Cônjuge ou Não Parceiro

Abuso Físico de Adulto por Não Cônjuge ou Não Parceiro Confirmado
Abuso Físico de Adulto por Não Cônjuge ou Não Parceiro Suspeitado
Abuso Sexual de Adulto por Não Cônjuge ou Não Parceiro Confirmado
Abuso Sexual de Adulto por Não Cônjuge ou Não Parceiro Suspeitado
Abuso Psicológico de Adulto por Não Cônjuge ou Não Parceiro Confirmado
Abuso Psicológico de Adulto por Não Cônjuge ou Não Parceiro Suspeitado
Outras Circunstâncias Relacionadas a Abuso de Adulto por Não Cônjuge ou Não Parceiro

Problemas Educacionais ou Profissionais

Problemas Educacionais

Problema Acadêmico ou Educacional

Problemas Profissionais

Problema Relacionado a Condição Atual de Preparação Militar
Outro Problema Relacionado a Emprego

Problemas de Moradia e Econômicos

Problemas de Moradia

Os Sem-teto
Moradia Inadequada
Desentendimento com Vizinho, Locatário ou Locador
Problema Relacionado a Moradia em Instituição Especial

Problemas Econômicos

Falta de Alimento Adequado ou de Água Potável para Consumo
Pobreza Extrema
Baixa Renda
Seguro Social ou Previdência Social Insuficientes
Moradia ou Problema Econômico Não Especificado

Outros Problemas Relacionados ao Ambiente Social

Problema Relacionado à Fase da Vida
Problema Relacionado a Morar Sozinho
Dificuldade de Aculturação
Exclusão ou Rejeição Social
Alvo de Discriminação ou Perseguição Adversa (Percebida)
Problema Não Especificado Relacionado ao Ambiente Social

Problemas Relacionados a Crimes ou Interação com o Sistema Legal

Vítima de Crime
Condenação em Processo Cível ou Criminal Sem Prisão
Prisão ou Outro Encarceramento
Problemas Relacionados à Libertação da Prisão
Problemas Relacionados a Outras Circunstâncias Legais

Outras Consultas de Serviços de Saúde para Aconselhamento e Opinião Médica

Aconselhamento Sexual
Outro Aconselhamento ou Consulta

Problemas Relacionados a Outras Circunstâncias Psicossociais, Pessoais e Ambientais

Problema Religioso ou Espiritual
Problemas Relacionados a Gravidez Indesejada
Problemas Relacionados a Múltiplas Gestações
Desentendimento com Provedor de Assistência Social, Inclusive Oficial de Condicional, Gerente de Caso ou Assistente Social
Vítima de Terrorismo ou Tortura
Exposição a Desastre, Guerra ou Outras Hostilidades
Outro Problema Relacionado a Circunstâncias Psicossociais
Problema Não Especificado Relacionado a Circunstâncias Psicossociais Não Especificadas

Outras Circunstâncias da História Pessoal

Outra História Pessoal de Trauma Psicológico
História Pessoal de Autolesão
História Pessoal de Preparação Militar
Outros Fatores de Risco Pessoais
Problema Relacionado ao Estilo de Vida
Comportamento Antissocial Adulto
Comportamento Antissocial de Criança ou Adolescente

Problemas Relacionados a Acesso a Atendimento Médico ou Outro Atendimento de Saúde

Indisponibilidade ou Inacessibilidade de Instalações de Atendimento de Saúde
Indisponibilidade ou Inacessibilidade de Outras Agências de Ajuda

Não Adesão a Tratamento Médico

Não Adesão a Tratamento Médico
Sobrepeso ou Obesidade
Simulação
Perambulação Associada a Algum Transtorno Mental
Funcionamento Intelectual *Borderline*